HUNGARIAN-ENGLISH STANDARD DICTIONARY

HUNGARIAN-ENGLISH STANDARD DICTIONARY

By
T. Magay
L. Kiss

**HIPPOCRENE BOOKS
NEW YORK**

ISBN 0-7818-0390-X

Co-edition of Hippocrene Books New York and
Akadémiai Kiadó Budapest

Copyright by Akadémiai Kiadó, Budapest 1991

All rights reserved. No part of this publication may be
reproduced, stored in a retrieval system, or transmitted,
in any form or by any means, electronic, mechanical,
photocopying, recording, or otherwise, without the prior
permission of the editors

HIPPOCRENE BOOKS, Inc.
171 Madison Ave,
New York, NY 10016

Printed in Hungary

Preface

The present dictionary, half-way between the "Pocket" and "Concise", contains more than 30,000 headwords and some 20,000 examples of usage and set phrases.

In selecting the vocabulary we have concentrated on the contemporary language as spoken and written by the man in the street. Essentially practical and modern in content, the dictionary gives a remarkably wide coverage of commercial and technical vocabulary to especially meet the interest of young people. Out of the idiomatic expressions and set phrases we have hopefully chosen those that are part of everyday language. It is hoped that for its size you will find in this dictionary all that you need to make you able to express yourself in English.

When using the dictionary you have to bear in mind the following. Firstly, headwords spelt in the same way but radically different in meaning (called "homographs" in linguistics) appear as separate headwords with superior numbers, e.g. **ég**[1] ... **ég**[2]. Secondly, a number of Hungarian words figure in two or more "word classes" or "parts of speech" (e.g. *nouns* or *verbs, adjectives* or *adverbs* etc.). The various word classes are differentiated by means of bold Arabic numerals. Thirdly, the overwhelming majority of Hungarian words have more than one meaning. For this reason, the various meanings (or senses) of the headword, and their translations are separated by a double vertical stroke (‖). The order of senses is that of frequency. Wherever it was felt necessary, *information on usage* has been given either in the form of italicised guidewords or labels preceding or following the translations (i.e. the equivalents or their synonyms). *Syntactical information* is given in various forms such as prepositional usage following the translations, the asterisk (*) marking irregular verbs in English, superior circle (°) indicating irregular plural forms of nouns, the abbreviation *ut.* referring to the postpositional use of adjectival phrases.

As you will probably find, this is an easy access dictionary in that it lists all headwords in a strictly alphabetical order. Similarly, the layout of each dictionary entry is governed by the simple rule of the alphabet. However in some cases where, owing to the large number of examples and/or idiomatic expressions, no alphabetic arrangement was feasible, some logic of the language has been preferred. In any case, you had better plod through the entire entry to make sure you find what you are looking for.

Pronunciation
Kiejtés

Phonetic Chart of Hungairian Speech Sounds

In the left column the letters of the Hungarian alphabet are given followed by the phonetic symbols representing the Hungarian vowels and consonants. This is followed by examples, first English or foreign words with approximate sound correspondences, and finally Hungarian examples in which the respective sounds occur.
Note that the stress of Hungarian words falls always on the first syllable.

Vowels*

a	[a]	as in *card*, but darker and shorter	**kar** arm, **ablak** window
á	[a:]	as in *baa*, but more open; German *Haar*	**tál** dish, **hálás** thankful
e	[e]	as in *get*, *pen*	**ember** man
é	[e:]	as in *cake*; French *thé*, German *See*	**kép** picture
i	[i]	as in *lip*, only somewhat tenser	**kit** whom
í	[i:]	as in *tea*	**híd** bridge
o	[ɔ]	as in *not* in Scottish pronunciation; French *pomme*	**toll** pen
ó	[ɔ:]	as in *all*, short; French *beau*, German *Boot*	**tó** lake
ö	[ø]	as in French *le*, German *Löffel*	**öröm** joy
ő	[ø]	as in French *deux*, German *schön*, *Öl*	**nő** woman
u	[u]	as in *put*, but more rounded	**ugrik** jump
ú	[u:]	as in *too*, *boot*	**húz** pull
ü	[y]	as in French *tu*, German *dünn*	**ül** sit
ű	[y:]	as in French *sûr*, *rue*, German *früh*	**tű** needle

*There are no diphthongs in Hungarian, except *au* [aʊ] in some words of foreign origin, as in **autó, augusztus** etc.

Consonants

a) *Represented by single letters of the Hungarian alphabet*

Consonants for which the phonetic symbol is the same as the letter itself, and which therefore cause no pronunciation difficulties, are as follow:

b, d, f, k, l, m, n, p, t, v, and **z**.

As for the rest:

c	[ts]	as in *tsetse*, *hats*	**ceruza** pencil
g	[g]	as in *get*, *give*	**gazdag** rich
h	[h]	as in *hip*, *he*. Finally, however, and within a word preceding a consonant, it is mute	**ház** house, **méh** [me:] bee
j	[j]	as in *yet*, *you*	**jó** good
r	[r]	always rolled as in Scottish *rule*, *Burns*	**óra** watch, class
s	[ʃ]	as in *ship*, *shoe*	**só** salt, **és** and

b) *Double letters*, such as **bb, cc, dd** etc. represent consonants which are always pronounced *long*, as in *unnatural*.

c) *Digraphs*
i.e. the combination of two—or in one case three—letters which represent a single speech sound, as *gh* in English *tough*.

cs	[tʃ]	as in *church*	**csúcs** summit
dz	[dz]	short, as in *roads, bids*	**fogódznak** they cling on
		long, between two vowels	**edző** ['eddzøː] coach
dzs	[dʒ]	short as in *page*	**lándzsa** ['laːndʒa] lance
		long, in a few foreign words	**bridzs** [briddʒ] bridge
gy	[dj]	as in *due, during;* French *adieu*	**magyar** Hungarian
ly	[j]	as in *yet, you*	**gólya** stork
ny	[nj] or [ɲ]	as in *new*; French *cognac, vigne*	**nyak** neck
sz	[s]	as in *see, slow*	**szép** nice
ty	[tj]	as in *student;* French *Étienne*	**tyúk** hen
zs	[ʒ]	as in *measure, usual;* French *jour*	**zseb** pocket

Abbreviations and Signs
Rövidítések és jelek

a	adjective	melléknév
adv	adverb	határozószó
áll	állattan	zoology
ált	általában	generally
átv	átvitt értelemben	figuratively
(átv is)	átvitt értelemben is használatos	figuratively also
bány	bányászat	mining
biol	biológia	biology
biz	bizalmas, kötetlen szóhasználat	colloquial/informal usage
conj	conjunction	kötőszó
csill	csillagászat	astronomy
el	elektronika, távközlés, villamosság	electronics, communications, electricity
elít	elítélő/rosszalló értelemben	pejoratively, derogatory expression
épít	építészet	architecture
etc.	and so on	s a többi, stb.
fényk	fényképészet	photography
fil	filozófia	philosophy
film	filmművészet	cinematic art, motion pictures
fiz	fizika, atomfizika	physics, nuclear physics
GB	British usage	brit szóhasználat
geol	geológia	geology
hajó	hajózás	nautical term
hiv	hivatalos nyelven	in official usage, formal
int	interjection	indulatszó
ir	irodalmi, választékos	literary; refined
iron	ironikus, gúnyos	ironical
isk	iskolai élet nyelvében	schools, school slang
(jelzőként)	jelzőként használt főnév	attributively, as a modifier
jog	jogtudomány	law, legal term
kat	katonai (szó)	military (term)
kb.	körülbelül	approximately
ker	kereskedelem	commerce, commercial term
kif	az angolban ilyen kifejezéssel v. szerkezettel	in English expressed with the phrase..., construed as ...
konkr	konkrétan	literally
közg	közgazdaságtudomány	economics
közl	közlekedés	traffic
mat	matematika és geometria	mathematics and geometry
mezőg	mezőgazdaság(tan)	agriculture
műsz	műszaki (szakszó)	technology
műv	művészet	art
n	noun	főnév
nép	népnyelvben	in folk-speech
növ	növénytan	botany
num	numeral	számnév
nyelvt	nyelvtudomány	linguistics, philology
nyomd	nyomdászat	printing
orv	orvostudomány	medicine, medical term
összet	összetételben	in compounds
pénz	pénzügy, bankszakma	banking, finance
pl.	például	for example, e.g.
pl	plural	többes szám(ú ige áll utána)
pol	politika	politics
post	postposition	névutó

pref	prefix	előképző; előtag; igekötő
pron	névmás	pronoun
pszich	pszichológia	psychology
rendsz	rendszerint	usually, chiefly
rep	repülés	aviation, flying
röv	rövidítés	abbreviation
sg	something	valami, vm
sing.	singular	egyes szám(ú ige áll utána)
sk	skót	Scottish
sp	sport	sports
stb.	s a többi	and so on, etc.
suff	rag; utótag	suffix
swhere	somewhere	valahol, vhol; valahova, vhova
sy	somebody	valaki, vk
szính	színház	theatre, drama
szt	számítástechnika	computers
tex	textil	textile
tört	történelem	history, historical
tréf	tréfásan	humorously, jocularly
tud	tudományos (neve, nyelvben)	science, scientific term
tv	televízió	television
ua.	ugyanaz (mint)	the same (as)
US	American usage	amerikai szóhasználat
ut.	csak utótételben használatos	appositively, in apposition only
v.	vagy	or
v	verb	ige
vall	vallás; egyház	religion; church
vegy	vegyészet	chemistry
vhol	valahol	somewhere, swhere
vhova	valahova	somewhere, swhere
vk	valaki	somebody, sy
vm	valami	something, sg
vulg	durva, közönséges, illetlen	vulgar (usage)
zene	zene(tudomány)	music(ology)
~	a címszót pótolja	stands for the headword
→	lásd még	see also, see under
=	ugyanaz, mint	same as
*	rendhagyó ige, lásd a függelékben	irregular verb, see Appendix
°	rendhagyó főnév, lásd a függelékben	irregular noun, see Appendix
‖	a jelentéseket választja el	separates senses

A, Á

a[1] *(határozott névelő)* the
a[2] *n zene* A, a || **A-dúr** A major; ~-**moll** A minor
Á, á[1] *n* (the letter) Á/á || ~**tól zéig/cettig** from a to z, from beginning to end
á[2] *int* oh, ah
à *(darabonként)* at || **4 db szék** ~ **400 Ft** four chairs at 400 forints each
abba *pron* into that, there || ~ **nem megyek bele** I won't consent to that; count me out
abbahagy *v* stop (doing sg), cease || *(végleg)* give* up
abbamarad *v* cease, be* broken off
abban *pron* in that || ~ **maradtunk, hogy** we agreed to; ~ **az esetben, ha eljönne** should he come
abból *pron* from/of that, out of that || ~ **semmi sem lesz** nothing will come of that
ABC-áruház *n* supermarket
ábécé *n* alphabet, ABC
ábécérend *n* alphabetical order
ablak *n* window; *(toló)* sash-window; *(szárnyas)* casement-window; *(földig érő)* French window || *(jegypénztáré)* (ticket) counter || ~**ot betör/kitör** smash/break* the window; **az** ~ **az utcára nyílik** the window looks/opens onto the street
ablakkeret *n* window/sash-frame
ablakmélyedés *n* bay of a window
ablaknyílás *n* window opening
ablakpárkány *n* window-sill/ledge
ablakrács *n* window grille
ablakredőny *n* rolling shutter
ablakszárny *n* casement; *(tolóablaké)* sash
ablaktok *n* window-frame
ablaktörlő *n* *(járművön)* windscreen-wiper
ablaküveg *n* window-glass, sheet-glass
abnorm(ál)is *a* abnormal
abortusz *n* abortion, miscarriage
ábra *n* illustration, picture; *(szövegközi)* figure; *(mértani)* figure || **tudja, mi az** ~ *biz* know the score
abrak *n* fodder, forage
ábránd *n* fancy, daydream; *(üres)* illusion || ~**okat kerget** chase after rainbows
ábrándos *a* dreamy, fanciful
ábrándozás *n* daydream(ing), reverie
ábrándoz|ik *v* be* daydreaming
ábrázat *n* visage, countenance, face
ábrázol *v* *(rajzol)* represent, delineate; *(személyt)* portray || *(leír)* describe; *(kép vkt/vmt)* depict
ábrázolás *n* *(rajzban)* delineation, portrayal, representation || *(írásban)* description
ábrázoló geometria *n* descriptive geometry
abroncs *n* *(keréken)* tyre, *US* tire
abrosz *n* table-cloth
abszcissza *n mat* abscissa
abszolút *a* absolute || ~ **érték** absolute value; ~ **hallás** absolute pitch; ~ **többség** absolute majority
abszolúte *adv* absolutely, entirely
abszorbeál *v* absorb
abszorpció *n* absorption
absztinens 1. *a* abstinent; *(csak alkoholtól)* teetotal 2. *n* teetotaller (*US* -taler), (total) abstainer
absztrakció *n* abstraction
absztrakt 1. *a* abstract; *(művészet így is)* nonfigurative, nonobjective, nonrepresentational 2. *n (rezümé)* abstract
abszurd *a* absurd, preposterous
abszurdum *n* absurdity || ~! nonsense!
acél *n* steel
acéláru *n* steel goods *pl*; steelware
acélipar *n* steel industry
acélkék *a* steel blue
acélmű *n (gyár)* steel-works *pl v. sing.*
acélos *a* steely, hard as steel *ut.*; *csak átv* firm || ~ **búza** durum/red wheat; ~ **izmok** muscles of steel
acélszürke *a* steel-grey
acetilén *n* acetylene
Achilles-sarok *n vké* (sy's) Achilles' heel
ács *n* carpenter
acsarkod|ik *v* have* a grudge (*vkre* against sy)
ácskapocs *n* cramp (iron), clamp
ácsmunka *n* carpentry
ácsol *v (állványt)* scaffold

ácsorog

ácsorog v stand* about; *(tétlenül)* lounge, loaf
ad v ált give*, present; *(adományoz)* grant, donate; ‖ *(rádió, tévé)* broadcast*, transmit ‖ *(színházban stb. játsszák)* be* on ‖ *(árut)* give*, sell* *(vmennyiért for)* ‖ ~**om X urat** *(telefonon)* I'll put you through to Mr. X; **angolórákat** ~ **give*** English lessons; **a Lear királyt** ~**ják** King Lear is on (at the theatre); **ivásra** ~**ja magát** take* to drink; **ezt mennyiért** ~**ja?** what is the price of this?, how much is this?; **majd** ~**ok én neked!** I'll give you what for!; **semmit se** ~**ok rá** *(vmre)* I don't care a rap/fig for it, *(vkre)* I have no great opinion of him/her; **sokat** ~ **vmre** lay* great stress on sg
ad acta tesz v shelve, pigeonhole
adag n *(orvosság)* dose; *(élelmiszer)* ration, portion; *(étkezésnél)* helping ‖ *biz* **jó** ~ **munka** a good piece of work; **szűkös** ~**okkal** on short rations
adagol v ált portion/measure out; *(gyógyszert)* dose; *(gépbe)* feed* [machine]
adagoló n *(készülék)* feeder
adalék n *(cikk)* contribution (to sg)
adalékanyag n additive, admixture
ádámcsutka n Adam's apple
adandó alkalommal adv when opportunity offers/arises
adás n ált giving (to) ‖ *(rádió, tévé)* broadcast(ing), transmission
adásszünet n *(rádióban, tévében tervszerű)* intermission ‖ *(üzemzavar)* break (in transmission)
adásvétel n sale and purchase, trading
adásvételi szerződés n contract of sale
adat¹ v vknek vmt have* sg given to sy
adat² n ~**(ok)** data *(többnyire sing.); (tények)* fact(s) ‖ *(feljegyzés)* entry; *(tétel)* item ‖ **részletes** ~**ok** details; **személyi** ~**ok** sy's particulars
adatbank n data bank
adatbázis n data base
adatfeldolgozás n *(gépi)* data processing
adathordozó n data carrier
adatlap n data sheet
adatszolgáltatás n information
ádáz a ferocious, fierce
addig adv *(hely)* as far as that ‖ *(idő)* till, until, up to that time ‖ ~ **is** meanwhile, in the meantime
addigi a till then ut.
addigra adv by that time
adekvát a adequate, suitable, proper
adjunktus n kb. GB senior lecturer, US assistant/associate professor, lecturer

adminisztráció n administration, management
adminisztrál v administer, manage
adminisztratív a administrative, executive; ~ **dolgozók** clerical/office workers
adminisztrátor n administrator, executive, office worker
admirális n admiral
adó¹ n *(állami)* tax; *(községi)* rate(s) ‖ ~ **alá esik** be* taxable, be liable/subject to tax; **egyenes** ~ direct tax; **kivetett** ~ indirect/assessed tax; ~**t csökkentő kedvezmények** allowances from taxable income; ~**t fizet** pay* tax *(vm után* on sg); ~**t kivet vkre/vmre** tax sy/sg, levy a tax on sy/sg
adó² n = **adóállomás**
adóalany n taxpayer, ratepayer
adóalap n taxable income
adóállomás n radio station
adóbehajtás n collection of taxes
adóbevallás n tax return
adóbevétel n revenue
adócsalás n tax fraud/evasion
adód|ik v vm happen, present itself, offer, come* about ‖ *vmből* issue (from), derive (from) ‖ **ha alkalom** ~**ik** if an opportunity presents itself
adófizetés n payment of taxes/rates
adófizető n taxpayer; *(községi)* ratepayer
adogat v *(teniszben)* serve
adóhátralék n back taxes *pl*, tax arrears *pl* ‖ ~ **ban van** be * in arrears with one's taxes
adóhivatal n tax/revenue office ‖ ~ **i tisztviselő** revenue officer
adóív n *(értesítés)* tax notice ‖ *(űrlap)* tax return form
adókedvezmény n tax allowance
adókivetés n imposition of taxes, taxation
adóköteles a taxable, liable to tax ut.
adókulcs n rate of tax
adomány n gift, donation
adományoz v donate ‖ *(kitüntetést)* award
adományozó n giver, donor
adomáz|ik v tell*/relate anecdotes
adómentes a tax-free, exempt from tax ut.
adómentesség n tax exemption ‖ ~**et élvez** be* exempt from paying tax
adópótlék n surtax
adoptál v adopt
adórendszer n tax system
adós 1. a in debt ut., owing ut. ‖ ~ **vknek vmvel** owe sy sg; ~ **marad a válasszal** make* no reply **2.** n debtor ‖ ~**a marad vknek** remain sy's debtor (v. in sy's debt)

adóslevél *n* bond; *biz* IOU (= I owe you)
adósság *n* debt ‖ ~**ba veri magát run*/get*** *into* debt ~**ot csinál** contract a debt
adószedő *n* t*a*x-collector
adótartozás *n* unp*a*id t*a*x(es)
adóteher *n* *(nagyobb adók)* b*u*rden of t*a*x(*a*tion)
adottság *n (körülmények)* circumstances, cond*i*tions ‖ *(vké)* m*a*kings of sy *pl*; *(tehetség)* n*a*tural endowments of sy *pl*; *(hajlam)* bent; *(képesség)* cap*a*city, ab*i*lity, *a*ptitude ‖ **a helyi** ~**ok** the local cond*i*tions
adóvégrehajtó *n* b*ai*liff
adó-vevő (készülék) *n* transce*i*ver, walkie-t*a*lkie
adózás *n* tax*a*tion
adóz|ik *v (adót fizet)* pay* t*a*x(es)/rates (*vm után* on) ‖ **elismeréssel** ~**ik vknek** pay (a) tr*i*bute to sy
Adriai-tenger *n* the Adri*a*tic Sea, the Adri*a*tic
adriai-tengeri *a* Adri*a*tic
adu *n* trump ‖ *átv* trump card
advent *n* *A*dvent
ad-vesz *v* trade, buy* and sell*
aerobic *n* aerobics *sing*.
aeroszolos doboz *n* a*e*rosol (spray)
ÁFA *n* VAT
afelé *adv* in the direction of → **felé**
afelett *adv* concerning → **felett**
afelől *adv* *(amiatt)* ~ **biztos lehetsz** you may be sure of that ‖ *(vm felől)* ~ **érdeklődött, hogy** he inqu*i*red ab*o*ut/ whether ...
affektál *v* pose, affect p*o*ses, attit*u*dinize
affektálás *n* affect*a*tion, attit*u*dinizing
afféle *pron* of that sort *ut*., a sort of
afgán *a/n A*fghan
Afganisztán *n* Afgh*a*nistan
áfonya *n* cr*a*nberry ‖ **fekete** ~ wh*o*rtleberry, b*i*lberry; *US* h*u*ckleberry, bl*u*eberry
aforizma *n* *a*phorism, m*a*xim
Afrika *n A*frica
afrikai *a/n* African
ág *n (fáé)* branch; *(nagyobb)* bough; *(gally)* twig ‖ *(folyóé)* branch, arm ‖ *(családé)* line (of descent), branch ‖ *(tudományé, szakmáé)* branch
agancs *n* antlers *pl*
agár *n* greyhound ‖ **sovány, mint az** ~ as thin as a rake
ágas-bogas *a (tárgy)* br*a*nchy, r*a*mose
ágaskod|ik *v (ló)* rear, prance ‖ *(ember)* stand* on t*i*p-toe
ágazat *n (fáé)* branches *pl* ‖ *(egyéb)* section, sector ‖ **gazdasági** ~**ok** sectors of the economy
ágazati *a* sectoral; departmental

agg *a* very old, *a*ged; el*í*t senile
aggály *n (kétely)* misg*i*ving; *(lelkiismereti)* scr*u*ple ‖ *(aggodalom)* anxi*e*ty, worry
aggályoskod|ik *v* be* *a*nxious/w*o*rried (ab*o*ut d*o*ing sg), w*o*rry (ab*o*ut)
aggastyán *n* very old man°
aggaszt *v* w*o*rry ‖ ~**ja vm** be* w*o*rried ab*o*ut sg
aggasztó *a* al*a*rming, disqu*i*eting ‖ **állapota** ~ his cond*i*tion is g*i*ving cause for al*a*rm
aggkor *n* (extr*e*me) old age
aggkori gyengeség *n* senile deb*i*lity
agglegény *n* (elderly) bachelor
agglomeráció *n* conurb*a*tion
aggodalmas *a a*nxious, w*o*rried, une*a*sy
aggodalmaskod|ik *v* = **aggályoskodik**
aggodalmaskodó *a* anxious, apprehensive
aggodalom *n* anxi*e*ty, worry ‖ ~**ra van ok** there is room for une*a*siness (at)
aggódás *n* anxi*e*ty, apprehension, worry
aggód|ik *v (vmért, vkért, vm/vk miatt)* be* *a*nxious (for/ab*o*ut sg/sy), worry (ab*o*ut sg/sy) ‖ **ne** ~**j!** don't worry!
agitál *v pol* c*a*nvass, *a*gitate (*vm mellett* for, *ellen* ag*a*inst)
agónia *n* de*a*th *a*gony, death throes *pl*
agonizál *v* be* dying, be* at death's door
agrárállam *n* agric*u*ltural/agr*a*rian co*u*ntry
agrár-ipari *a* agric*u*ltural-ind*u*strial, agro-ind*u*strial
agrárkérdés *n* the land question
agrármérnök *n* agric*u*ltural engin*e*er
agrárpolitika *n* agric*u*ltural policy
agrártudomány *n* agric*u*ltural science
agrártudományi egyetem *n* agric*u*ltural college
agresszió *n* (act of) aggression, att*a*ck
agresszív *a* aggr*e*ssive, provoc*a*tive
agresszivitás *n* aggress*i*veness
ágrólszakadt *a* down-and-o*u*t
agronómia *n* agronomy
agronómus *n* agr*o*nomist, agric*u*lturist
agrotechnika *n* agric*u*ltural engin*e*ering
agy *n (koponyában)* brain; *tud* cerebrum (*pl* -s *v*. cerebra) ‖ *átv* brains *pl* ‖ *(puskáé)* b*u*tt(-end), stock; *(keréké)* hub ‖ **az** ~**ára megy vm** it is driving him mad
ágy *n (fekhely)* bed ‖ *(folyóé, gépé)* bed ‖ ~**ban fekszik** lie*/be* in bed; *(betegen)* keep*/take* to one's bed; **felkel az** ~**ból** get* up, get* out of bed; **lefekszik az** ~**ba** go* to bed; **ma** ~**ban maradok** I('ll) have a l*i*e-in tod*a*y
agyafúrt *a* cr*a*fty, c*u*nning, shrewd, *a*rtful

agyag *n* clay, potter's earth, loam || **égetett** ~ baked clay, terracotta; **~ból való** earthen, made of (baked) clay *ut*.
agyagedény *n* earthen pot/vessel, earthenware
agyagipar *n* ceramics *sing.*, pottery, ceramic/earthenware industry
agyagos *a* clayey, loamy
agyalágyult *a* soft-headed, idiotic
agyar *n* tusk || *(erős szemfog)* fang
ágyás *n (kertben)* (flower)bed
ágyaz *v (fekhelyet)* make* the bed(s)
agyba-főbe ver *v* thrash sy within an inch of his life
ágybetét *n* (spring) mattress
agydaganat *n* brain-tumour (*US* -or)
ágyék *n* loins *pl*
ágyékcsigolya *n* lumbar vertebra *pl*
ágyéki *a* lumbar
agyér-elmeszesedés *n* cerebral arteriosclerosis
agyhártyagyulladás *n* meningitis
ágyhuzat *n* bed linen
agyi *a* cerebral
agyideg *n* cerebral nerve
ágykabát *n* bed-jacket
agykéreg *n* cortex
agylágyulás *n* softening of the brain
agymosás *n* brainwashing
agymunka *n* brain-work
agyműködés *n* cerebral activity/function
ágynemű *n* bed-clothes *pl*, bed linen
agyondicsér *v* praise sy to the skies
agyondolgozza magát *v* overwork, work oneself to death
agyonhajszol *v (munkával)* work sy to death, over-fatigue || **~t** tired/fagged out *ut*.
agyonhallgat *v* hush up sg
agyonkínoz *v* torment/torture to death
agyonlő *v* shoot* sy dead || **agyonlövi magát** shoot* oneself
agyonnyom *v* crush/squash sg/sy to death
agyonsújt *v (ütéssel)* strike* sy dead; *(áram/villám)* electrocute
agyontapos *v* trample/tread* sy/sg down
agyonüt *v* strike* sy dead || **~i az időt** kill time; **ha ~nek, se tudom** I don't know it for the life of me
agyonver *v* beat* sy to death
ágyrajáró *n* night-lodger
agyrázkódás *n* concussion (of the brain)
agyrém *n* phantasm, nightmare
agysebészet *n* brain surgery
agysérülés *n* cerebral lesion
ágytál *n* bedpan
agytekervény *n* cerebral convolution
ágyterítő *n* bedspread

agytröszt *n* brains trust, *US* brain trust
ágyú *n* cannon, (large) gun || **~t elsüt** fire a cannon/gun
ágyúcső *n* gun-barrel
ágyúgolyó *n* cannon-shot/ball, shell
ágyúlövés *n* cannon-shot, gunshot
ágyútöltelék *n* cannon fodder
ágyútűz *n* gunfire, shell-fire, cannonade || **~ alá vesz** shell, strafe
agyvelő *n* brain, cerebrum
agyvelőgyulladás *n* cerebritis, encephalitis
agyvérzés *n* cerebral h(a)emorrhage, apoplexy, stroke || **~t kap** have* a stroke
ah! *int* ah!
ahá! *int* I see!
ahány *pron* as many
ahányféle *pron* all the kinds/sorts/brands
ahányszor *adv* as often as, as many times as, whenever
ahelyett *adv* instead of [doing sg]
áhítat *n (összejövetel)* devotions *pl* || *(ima)* prayers *pl*
áhítatos *a* = **ájtatos**
ahogy *adv (mód)* as || *(amint)* as soon as || **~ akarod** as you like/wish; **~ tudom** as far as I know
ahol *adv* where || **a város, ~ élünk** the town where we live; **~ csak** wherever
ahonnan *adv* from where, whence, wherefrom || **a ház, ~ kilépett** the house he came out of; **~ csak** from wherever
ahova *adv* where, *ir* whither || **~ megyek** the place I am going to; (that's) where I'm going; **~ csak** wherever
aj! *int* oh!
ajaj! *int biz (sopánkodva)* oh dear!; *US* (that's) too bad!
ajak *n* lip || **ajkába harap** bite* one's lips; **ajkát biggyeszti** purse one's lips, pout
ajakrúzs *n* lipstick
ajándék *n* gift, present || **~ba kap** receive as a present; **~ot ad vknek** give* sy a present, present a gift to sy; **~ lónak ne nézd a fogát** don't look a gift-horse in the mouth
ajándékbolt *n* gift/souvenir shop
ajándékműsor *n (rádióban stb.)* listener's choice, request programme
ajándékoz *v* present (sy with sg)
ajándékozás *n* presentation
ajánl *v (javasol)* suggest (that), advise (sy that ... *v.* sy to ...); *vmt vknek* recommend (sg to sy *v.* sy sg); *(árut)* offer [sg for sale] || *(könyvet vknek)* dedicate [a book] to sy || **~va ad fel levelet** register a letter, have* a letter registered

ajánlás *n ált* recommendation; *(jelölté)* nomination ‖ *(könyvé)* dedication ‖ ~**i díj** *(levélé)* registration fee
ajánlat *n ált* offer; *(indítvány)* move, proposition ‖ *(árverésen)* bid(ding); *(árlejtésen)* tender ‖ ~**ot tesz** make* an offer for sg; *(vállalkozó)* tender for [a piece of work], make* a tender for sg
ajánlatos *a (célszerű)* advisable, expedient ‖ **nem** ~ unadvisable, not to be recommended
ajánlattevő *n* offerer; *(árverésen)* bidder
ajánlkoz|ik *v vmre* offer to do sg
ajánló 1. *a* ~ **sorok** (letter of) recommendation 2. *n (állásba stb.)* reference
ajánlólevél *n* (letter of) recommendation; references *pl*
ajánlott *a* recommended ‖ ~ **irodalom** further reading; ~ **levél** registered letter; ~ **útvonal** recommended route
ajkú *a/n* **magyar** ~ Hungarian-speaking; **magyar** ~**ak** native speakers of Hungarian, Hungarian-speakers; **idegen** ~**ak** non-Hungarian-speakers
ájtatos *a* devout, pious
ájtatosság *n (ima)* prayer
ajtó *n* door ‖ ~**n belép** enter by/through the door; ~**t becsuk** close/shut* the door; ~**t bezár** lock the door ~**t mutat vknek** show* sy the door
ajtócsengő *n* doorbell
ajtófélfa *n* door-post/jamb
ajtónálló *n* doorman°, doorkeeper, porter
ajtónyílás *n (falban)* doorway
ajtószám *n* door-number
ajtószárny *n* door-leaf°
ajtótok *n* door-case/frame
ajtózár *n* door-lock
ajtózseb *n (autóban)* map pocket
ájulás *n* swoon, faint(ing fit), collapse ‖ ~ **környékezi be*** on the point of fainting, feel* faint; ~**ba esik** faint
ájult *a* in a faint *ut.*, unconscious
akác *n* (**fehér**) ~ robinia, locust(-tree)
akácfa *n (fája)* locust (wood)
akácméz *n* acacia-honey
akad *v vmben, vmn* get* stuck/caught (in/on) ‖ *(előadódik)* occur, is* to be found, turn up ‖ ~ **még pár forintom** I happen to have a few forints; **kezébe** ~ **fall*/get*** into the hands of sy
akadály *n (tárgy)* obstacle; *(úton)* obstruction; ‖ *(gátló körülmény)* obstacle, difficulty ‖ *sp (futóé)* obstacles *pl*; *(lóversenyen)* jump; *(sövény)* fence ‖ ~**ba ütközik** meet* with difficulties; **forgalmi** ~ traffic jam; **nincs** ~**a annak, hogy elmenj** there is nothing to stop you (*v.* prevent you from) going
akadályfutás *n* steeplechase

akadályoz *v* hinder (*vmt* sg, *vkt vmben* sy in sg) ‖ ~ **vkt vmben** prevent sy (from) doing sg; ~**za a forgalmat** is obstructing the traffic
akadályoztatás esetén *adv* if unable to come/attend
akadálytalan *a* unhindered, unimpeded ‖ ~**ul** without mishap
akadályverseny *n* obstacle-race; *(lovas)* steeplechase
akadémia *n (tudományos)* academy ‖ *(főiskola)* college ‖ **Magyar Tudományos Akadémia** the Hungarian Academy of Sciences
akadémiai *a* of the Academy *ut.*
akadémikus 1. *a* academic 2. *n* academician, member of the Academy
akadozás *n (gépé)* stalling
akadoz|ik *v (gép)* work irregularly, keep* stalling
akar *v (kíván)* want (sg *v.* to do sg), wish (sg to happen *v.* for sg) ‖ *(vmt birtokolni)* want (to have) sg ‖ *(szándékozik)* intend to, be* about to, be* going to ‖ ~**tam írni, de elfelejtettem** I meant to write but forgot (to); **ahogy** ~**od** as you like; **akár** ~ **(ja), akár nem** whether he wants to or not; **el** ~ **menni** he wants to leave; **ha** ~**ja** if you like; **mit** ~**sz?** what do you want?; **mit** ~**sz ezzel mondani?** what do you mean (by that)?; **tégy, ahogy** ~**sz** do as you wish/please
akár 1. *adv (megengedés)* ~ **el se gyere** you might as well stay away; **miattam** ~ **el is mehet** he can go for all I care; 2. *conj (hasonlítás)* just/quite like ‖ **olyan,** ~ **az anyja** he is just like his mother; *(választás)* ~ **hiszi,** ~ **nem** believe it or not; ~ **tetszik,** ~ **nem** whether you like it or not
akarat *n* will, wish ‖ **szabad** ~ free will; ~**om ellenére** against my wishes; ~**tal** on purpose, intentionally
akaraterő *n* will-power, strength of will
akaratlan *a* unintentional, involuntary; *(véletlen)* accidental; *(önkéntelen)* spontaneous
akaratos *a* self-willed, obstinate
akárcsak *conj* just like, (the) same as ... ‖ ~ **az apja** he takes* after his father
akárhányszor *pron (minden alkalommal)* every time, as often as, whenever
akárhogy(an) *adv* however, whatever/whichever way ‖ ~ **is** is no matter how; ~ **van is** in any case
akárhol *adv (ahol éppen)* wherever ‖ *(bárhol)* anywhere, no matter where
akárhonnan *adv (mindegy honnan)* from wherever ‖ *(bárhonnan)* from anywhere

akárhova

akárhova *adv (ahova csak)* no matter where, wherever ‖ *(bárhova)* anywhere
akárki *pron (aki csak)* whoever ‖ *(bárki)* no matter who, anyone ‖ ~ **más** anyone else
akármeddig *adv (hely)* however far ‖ *(idő)* any length of time, indefinitely
akármekkora *pron* no matter how large
akármelyik *pron* any, no matter which; *(csak ha két dologról van szó)* either ‖ ~ **napon** any day
akármennyi *pron* however much/many, no matter how much/many
akármennyire *adv* however much, no matter how ‖ ~ **szeretem is** much as I love him (*v.* like it)
akármennyiszer *pron* however often
akármerre *adv* wherever, no matter where
akármerről *adv* from whatever/whichever direction, from wherever/anywhere
akármi *pron (mellékmondat elején)* whatever, whatsoever ‖ *(főmondatban és mellékmondat elején)* anything ‖ ~ **más** anything else; ~ **megfelel** anything will do; ~ **történjék is** come what may, in any event
akármikor *adv (bármely időben)* (at) any time, no matter when, whenever you wish/like ‖ *(valahányszor)* whenever, every time ‖ ~ **nem állíthatsz be oda!** you can't just turn up there (at) any odd time
akármilyen *pron* nem ~ **ember az!** he's not just anybody
akarnok *n* man°/woman° of unscrupulous ambition, careerist, climber
akaródz|ik *v* nem ~**ik dolgozni** I don't feel like working
akarva-akaratlan *adv* willy-nilly
akaszt *v (embert)* hang *(múlt ideje:* hanged) ‖ *(tárgyat vmre)* hang* (up) *(múlt ideje:* hung) (sg on sg), suspend (sg from swhere)
akasztó *n (vállfa)* hanger ‖ *(kabátra varrott)* loop
akasztófa *n* gallows *sing. v. pl*, gallows tree
akasztófahumor *n* gallows humour (*US* -or)
akasztófáravaló *n* rascal, gallows-bird
akasztós szekrény *n* wardrobe
akcentus *n* accent ‖ **idegen(es)** ~**sal beszél** speak* with (*v.* have*) a foreign accent
akció *n (cselekmény)* action, activity; *(vállalkozás, sajtó)* campaign ‖ ~**ba lép** go* into action, take* action/steps
akciófilm *n* action film
aki *pron* who ‖ ~ **csak** whoever; ~**k** who; **azok,** ~**k** (the) people who, who; **az,** ~ the person/one who ...; ~**é**

whose; ~**ért** for whom; ~**hez** to whom; ~**nek** to whom; ~**nél** *(hely)* with whom, at whose place; *(hasonlítás)* than who; **ő az,** ~**re gondolok** he is the person/one I'm thinking of; ~**ről** about/of whom; ~**t,** ~**ket** whom; **ő az,** ~**t láttam** he is the man (whom) I saw; ~**től** from/of whom; ~**vel** with whom
akklimatizálód|ik *v* become*/get* acclimatized (to), acclimatize oneself (to)
akkor *adv* then, at the/that time ‖ **az** ~ **volt** that was a long time ago; ~ **jött, amikor elmentem** he came when I left
akkora *pron* such a ... ‖ ~**, mint az apja** be* as tall as his father; ~**t kiáltott** he gave such a shout
akkorára *adv (idő)* by that time, by then
akkord *n (zenei)* chord
akkori *a* of that/the time *ut*., then
akkoriban *adv* in those days, at that time
akkorra *adv* by then, by that time
akkumulátor *n* battery ‖ **kimerült az** ~ the battery is flat/dead
akkutöltő *n* battery charger
akna *n bány* (mine) shaft; *(szellőző)* airshaft; *(autójavításhoz)* pit ‖ *(robbanó)* mine ‖ ~**ra fut** strike* a mine
aknamunka *n* intrigues *pl*, machinations *pl*
aknász *n bány* miner ‖ *kat biz* sapper
aknaszedő hajó *n* mine-sweeper
aknatűz *n* shell-fire
aknavető *n (löveg)* mortar
aknazár *n* mine barrage/blockade
akol *n* sheep-fold, pen
ákombákom *n* scrawl, scribble
aközben *adv* meanwhile, (in the) meantime
aközött *adv* ~ **kell választanom, hogy ...** I have* to choose between ...ing and ...ing
akrobata *n* acrobat
akrobatamutatvány *n* acrobatic feat/stunt/trick ‖ ~**ok** acrobatics *pl*
akrobatika *n* acrobatics *sing.*
akt *n* nude
akta *n* document, paper, file ‖ **a Kovács-ügy** ~**i** the file on Kovács, the Kovács file
aktatáska *n* briefcase
aktív *a* active ‖ *kat* = **tényleges** ‖ ~ **választójog** right to vote, suffrage
aktíva *n (szerv)* action committee ‖ *(ember)* activist, political/party worker ‖ *ker* ~**k és passzívák** assets and liabilities
aktivitás *n* activity
aktivizál *v* activate
aktkép *n* nude
aktuális *a* timely, topical, current ‖ **már nem** ~ be* out of date

aktualitás *n* topicality, timeliness, up-to--dateness
aktus *n* act; *(ünnepi)* ceremony || **nemi** ~ sexual act
akusztika *n tud* acoustics *sing.*; *(teremé)* acoustics *pl*
akvarell *n (festés, kép)* watercolour *(US* -or)
akvárium *n* aquarium *(pl* -s *v.* -ria)
alá 1. *post* under, underneath, below, beneath || **adó** ~ **esik** be* subject/liable to taxation; **vk befolyása** ~ **kerül** fall* under sy's influence **2.** *adv* **fel s** ~ up and down
aláás *v átv* undermine, subvert; *(egészséget)* ruin
alabárdos *n* halberdier
alabástrom *n* alabaster
alább *adv (hol)* lower down, below || *(hová)* lower/farther down, down under || ~ **adja** *átv* come* down a peg (or two), climb down; **az** ~ **említett** the undermentioned; **lásd** ~ see below
alábbhagy *v* diminish, lessen; *(fájdalom, hideg)* abate
alábbi *a* undermentioned, following || **az** ~**akban** in what follows; **az** ~ **fejezet** the passage (quoted) below
alábecsül *v* underrate, undervalue
alábuk|ik *v* dive, submerge
alacsony *a ált* low; *(ember)* short, small || *(érték, mérték)* low || ~ **ár** low price; ~ **termetű** of small stature *ut.*, small, short
alacsonyan *adv* low || ~ **fekvő** low-lying; ~ **repül** fly* low
alacsonyrendű *a* inferior, lower
aládúcol *v* underpin, shore up, buttress
aláfestés *n átv* emphasis, stress || **zenei** ~ background music
alagcső *n* drain(-pipe)
alagcsövezés *n* drainage, draining
alagsor *n* basement
alagút *n* tunnel
alágyújt *v* light* a fire under sg
aláhúz *v (írást)* underline, underscore || *átv* stress, emphasize, underline
aláhúzás *n* underlining, scoring
aláír *v* sign || ~**om** *átv* I agree with it
aláírás *n (cselekvés)* signing (one's name) || *(aláírt név)* signature || ~**ával ellát** sign sg, set* one's hand to sg
aláíró *n/a* signer; *(okmányé)* signatory *(vmé* to)
alája *adv* below, under (it)
alak *n ált* form, shape; *(emberé)* figure, stature, build || *biz (személyről)* fellow, chap, character || *(ir. műben)* character; *(képen)* figure || *nyelvt* form || **furcsa egy** ~ a strange chap/figure; **jó** ~**ja van** she has* a good/fine figure

alaki *a* formal || ~ **hiba** formal defect
alakiság *n* formalities *pl*
alakít *v ált* form, shape; *(ruhát)* alter || *(jellemet stb.)* shape, mould *(US* mold) || *(szerepet)* act, play || *(kormányt)* form; *(bizottságot)* set* up
alakítás *n ált* formation, forming, shaping; *(ruháé)* altering || *(színészi)* interpretation
alakítható *a (tárgy, főleg fém)* ductile, malleable || *(jellem)* pliable
alakíthatóság *n* plasticity, pliability
alakoskodás *n* dissimulation, hypocrisy
alakoskod|ik *v* dissimulate, dissemble
alaktalan *a* formless; *(ember)* deformed
alakú *suff* -shaped, -formed, -like || **jó** ~ well-shaped/proportioned, shapely
alakul *v (alakot ölt)* take* shape, assume a form, be* formed || *vmvé* become*, turn into sg, form into sg || *(létrejön)* come* into being, be* formed || **úgy** ~**t, hogy** it so happened that
alakulás *n* formation || **az árak** ~**a** changes/variations in price(s) *pl*
alakulat *n ált* configuration || *geol* formation || *kat* formation; corps *(pl* ua.), unit
alakuló közgyűlés *n* inaugural meeting
alakváltozat *n* variant
alakzat *n* form(ation), figure, configuration
alámerül *v* submerge, dive; *(hajó)* sink*
alamizsna *n* alms *pl*
alámos *v (folyó)* wash away, hollow out
alamuszi *a (sunyi)* shifty, sly
alant *adv* below, down there
alantas *a (alárendelt)* subordinate, inferior || *(aljas)* base, vulgar
alanti *a* **az** ~ **fejezetben** hereunder, in the passage below
alany *n nyelvt* subject || *mezőg* stock
alap *n konkr* base; *(házé)* foundation || *(nem anyagi)* basis *(pl* bases) || *(pénz)* funds *pl* || *(pl. képzőművészeti)* foundation || *(háttér)* background || ~**jában véve** basically, essentially; ~**ul szolgál** serve as a basis; ~**ul vesz vmt** take* sg as a/one's basis; **az iratok** ~**ján** on the evidence of the documents; **milyen** ~**on (gyanúsítod)?** on what grounds (do you suspect him)?; **nincs semmi** ~**ja** have* nothing to support it, have* no foundation; **vmnek** ~**ján** on the basis/strength of sg, on (the) grounds of, by reason of sg
alapanyag *n* basic (raw) material, base
alapár *n* basic price
alapbér *n (munkásé)* basic wage
alapdíj *n* minimum charge
alapegység *n* (fundamental) unit, standard

alapelem *n (vmnek része)* essential element/component
alapelv *n* (fundamental/basic) principle; ~ül elfogad accept as a principle
alapeszme *n* governing/basic idea
alapfal *n* foundation/basement wall
alapfeltétel *n* primary condition
alapfizetés *n* basic wage/salary
alapfokú *a* lower/first grade || ~ **nyelvtanfolyam** a course for beginners
alaphang *n* keynote, pitch-note
alapismeretek *n* fundamentals, rudiments (of sg), elements
alapít *v (intézményt stb.)* found, establish || *átv* vmre base [one's opinion etc.] on sg
alapítás *n* foundation, establishment
alapító *a/n* founder || ~ **okirat** deed of foundation; ~ **tag** founder member
alapítvány *n* foundation, endowment, fund || ~**t tesz** *(vmely célra)* endow (sg), found (sg)
alapkérdés *n* fundamental question
alapkőletétel *n* laying of the foundation-stone
alapkutatás *n* basic research
alapmű *n* standard work
alapművelet *n* **a négy** ~ the (first) four rules of arithmetic
alapokmány *n* charter
alapos *a (ember)* thorough(-going); *(ok)* sound; *(tudás)* thorough, profound, deep || ~ **gyanú** well-founded/grounded suspicion; ~ **munka** solid/painstaking (piece of) work
alaposan *adv* thoroughly, exhaustively, soundly || ~ **rászolgált** he richly deserved it
alaposság *n* thoroughness, soundness
alapoz *v (házat)* lay* the foundations (of) || *(festő)* prime, ground
alapozás *n (házé)* (laying the) foundations *pl*, groundwork || *(festésnél)* priming
alapozófesték *n* ground coat, *GB* undercoat, primer
alapozókrém *n* foundation cream
alapötlet *n* theme
alaprajz *n* ground-plan, sketch
alapszabály *n* ált fundamental rule || ~**ok** constitution
alapszám *n* radix *(pl* radices), base
alapszókincs *n* basic vocabulary
alaptalan *a (vád)* unfounded; *(gyanú)* groundless || ~ **hírek** false rumours *(US* -ors)
alaptermészet *n* true nature (of sy)
alapterület *n* (basic) area
alaptőke *n* capital
alapul *v* be* founded/based (up)on sg
alapvető *a* fundamental, essential, basic || ~ **fontosságú** of primary importance *ut.*

alapvonal *n mért* base; *műsz* base-line; *(futball)* goal(-)line; *(tenisz)* baseline
alapzat *n (házé)* foundation, groundwork
álarc *n* mask; *átv* disguise || ~**ot ölt** mask oneself
álarcos *a* masked || ~ **felvonulás** masquerade
álarcosbál *n* masked ball, fancy-dress ball
alárendel *v* vknek, vmnek subordinate (to), place under (sy) || **alá van rendelve vmnek** be* subordinate(d) to sg
alárendelt *a/n* vknek, vmnek subordinate, inferior (to) || ~**je vknek** inferior to sy; ~ **útvonal** minor (*v.* non-priority) road
alárendeltség *n* subordination
alátámaszt *v (átv is)* prop/shore up; support; *(csak átv)* back up
alátámasztás *n* propping up, shoring; buttressing || *átv* support(ing)
alátesz *v* put* sg under sg
alátét *n* pad, support, underlay; *(csavarhoz)* washer || **(asztali)** ~ (table-)mat; *(pohár alá)* coaster
alátétlemez *n* washer, bolster plate
alátol *v* vmt vmnek push sg under sg
alatt *post (hely)* under, below, underneath, beneath || *(idő)* in, during; in the course of || **a 20. szám** ~ under/at number 20; **ez** ~ **az idő** ~ during this time; **fagypont** ~ below zero; **öt nap** ~ (with)in five days; **percek** ~ in a matter of minutes; **rövid idő** ~ within a short time
alatta *adv* ~ **áll** stand* underneath; ~ **fekvő** subjacent; ~ **marad** *átv* fall* short of sg; **alattunk laknak** they live* on the floor below us
alatti *a* to be found under/at *ut.* || **a Nádor utca 12.** ~ **lakásán** at/in his flat in Nádor utca 12
alattomban *adv* by stealth, on the sly
alattomos *a* sneaking, sly, treacherous
alattomosság *n* slyness, (act of) treachery
alattvaló *n* subject
alávet *v* vkt vmnek submit/subject sy to sg; *vmt vmnek* subject sg to sg || ~**i magát vmnek** submit (oneself) to sg
alázat *n* humility, humbleness || ~**tal** humbly
alázatos *a* humble, submissive
alázatoskod|ik *v* cringe, humble oneself
albán *a/n* Albanian
Albánia *n* Albania
albániai *a* Albanian, of Abania *ut.*
albérlet *n* ~**be megy** rent a room/flat, *biz* move into digs; ~**ben lakik** live in lodgings (*v. GB* digs)

albérleti szoba *n* (furnished) room, lodgings *pl*, *GB biz* digs *pl*
albérlő *n* lodger; *US* roomer
album *n* album
álca *n* (rovar) larva (*pl* larvae), grub
álcáz *v* mask, disguise; *(kat is)* camouflage
alcím *n* (a mű címét kiegészítő) subtitle; *(cikk egy-egy szakaszáé)* subheading
alcsalád *n* áll subfamily
áld *v* bless ‖ **Isten ~jon!** goodbye!, farewell!
áldás *n* (papi) blessing, benediction; *(asztali)* grace *átv* ‖ *(haszon)* boon, blessing ‖ **~át adja vmre** give* one's blessing to sg
áldásos *a* blessed, beneficent
áldatlan *a* unfortunate, unblessed ‖ **~ állapotok** evil conditions
áldomás *n* drink, toast (to sy) ‖ **~t iszik vmre** drink* to (the success of) sg
áldott *a* ált blessed ‖ **~ állapotban van** be* pregnant; **minden ~ nap** every blessed/single day
áldoz *v* (Istennek) sacrifice, offer (sg to God) ‖ *átv* devote [time etc.] to, sacrifice sg to sg ‖ **~ vmre** *(= költ)* make* a sacrifice for sg, spend* [a lot of money] on sg
áldozás *n vall* Holy Communion
áldozat *n vall (aktus)* sacrifice, offering ‖ *(lemondással járó)* sacrifice ‖ *(vm rosszé)* victim (of) ‖ **~ot hoz vkért/vmért** make sacrifices for sy/sg; **~ul esik** fall* victim/prey (to); **a halálos ~ok száma** death toll; **baleset ~a lett** be* killed in an accident
áldozatkész *a* willing to make sacrifices *ut.*
áldozatkészség *n* generosity
áldoz|ik *v vall* receive the sacrament, receive (Holy) Communion, communicate
áldozócsütörtök *n* Ascension Day
alelnök *n* vice-president
alexponált *a* under-exposed
alezredes *n* lieutenant-colonel (*röv* Lt-Col.)
alfa *n* alpha
alfabetikus *a* alphabetical
alfaj *n áll, növ* subspecies (*pl* ua.)
alfanumerikus *a szt* alphanumeric
alfa-részecske *n* alpha particle
alföld *n* lowland, (the) lowlands *pl*, plain ‖ **az A~** the Great Hungarian Plain
alga *n* alga (*pl* algae)
algebra *n* algebra
algebrai *a* algebraic(al); **~lag** algebraically
algoritmus *n* algorithm
alhadnagy *n* (GB és US hadseregben) 2nd lieutenant; *(tengerészetben)* sub-lieutenant, *US* master-sergeant

alibi *n* alibi ‖ **~t igazol** produce/establish an alibi
alig *adv (éppen hogy)* hardly, scarcely, barely ‖ **~ hallom** I can only just hear it; **~ ismerem** I hardly know him; **~ valami** barely/scarcely any; **már ~ várom** I can hardly wait (to do sg)
alig-alig *adv* barely, hardly, just
aligátor *n* alligator
aligha *adv* scarcely, hardly ‖ **ő már ~ jön meg** he is not likely to arrive
alighanem *adv* (most) probably, in all probability, very likely
alighogy *adv (mihelyt)* hardly, scarcely, no sooner (than)
alj *n (szoknya)* skirt
alja *n (alsó rész)* bottom, lower part, foot; *(hegyé)* foot (of the hill) ‖ *(üledék)* dregs *pl*, sediment ‖ **a kávé ~** coffee grounds *pl*; **a lap ~n** at the foot of the page
aljas *a* base, mean, vile ‖ **~ gazember** dirty rascal/dog
aljasság *n* baseness, meanness, vileness
aljnövényzet *n* undergrowth
aljzat *n el* (wall) socket, (power) point
alkalmas *a vmre* (be*) suitable, fit, right (mind: for sg), be* suited to (sg) ‖ *(illő)* appropriate (for) ‖ **~ időben** at a convenient time; **katonai szolgálatra ~** (be*) fit for (military) service; **nem ~ vmre vk** be* not cut out for sg
alkalmasság *n (megfelelés)* fitness, suitability, aptitude, aptness
alkalmassági vizsgálat *n* aptitude test
alkalmatlan *a (vmre személy)* unfit(ted)/unsuitable for *ut.*, unsuited to *ut.*; *(állásra)* unqualified for *ut.*; *(tárgy vmre)* unfit/unsuitable for *ut.* ‖ *(kellemetlen)* inconvenient; *(rosszkor történő)* inopportune
alkalmatlankodás *n* importunity ‖ **bocsássa meg ~omat** excuse my troubling/bothering you
alkalmatlankod|ik *v vknek* bother sy, be* a trouble to sy ‖ **nem akarok ~ni** I don't want to intrude (on sy)
alkalmatlanság *n (személyé)* unfitness (for), inaptitude (to, for); *(dologé)* unsuitability (for); *(időbeli)* inopportunity ‖ *(kellemetlenség)* inconvenience, bother, nuisance
alkalmaz *v vmt vmre* apply (to), employ (for, to), use (for); *(eljárást, módszert)* adopt ‖ *vkt* employ, engage ‖ **a törvényt ~za** enforce the law; **gyakorlatban ~** put* into practice; **színpadra ~** adapt (sg) [for the stage]
alkalmazás *n vmé* application, employing, employment, use; *(eljárásé)* adoption ‖ *(színre)* adaptation ‖ *vké* employment ‖ **~ban van** have* a job, be* employed

alkalmazható *a vm* be* *a*pplicable (to), can* be appl*ie*d (to) || *vk* empl*o*yable, s*ui*table || **ez a szabály nem** ~ this rule c*a*nnot be appl*ie*d (to sg)
alkalmazkodás *n vkhez* f*i*tting in with sy || *vmhez* adj*u*stment to sg
alkalmazkod|ik *v vkhez* f*i*t in with sy || *vmhez* adj*u*st (oneself) to sg, ad*a*pt (oneself) to sg || **jól/könnyen tudott** ~**ni** (s)he ad*a*pted (very) well
alkalmazkodó *a* ad*a*ptable, fl*e*xible
alkalmazkodóképesség *n* adaptab*i*lity, flexib*i*lity
alkalmazott 1. *a* appl*ie*d || ~ **matematika** appl*ie*d mathem*a*tics **2.** *n* employ*ee* || **az** ~**ak** staff, personn*e*l
alkalmi *a a*lt occ*a*sional, inc*i*dental; *(véletlen)* c*a*sual; chance; *(zsúri stb.)* ad hoc || ~ **ár** special/b*a*rgain price; ~ **munkát vállal** (under)t*a*ke* odd jobs; ~ **vétel** (special) b*a*rgain
alkalmilag *adv* occ*a*sionally, now and ag*ai*n/then
alkalom *n* occ*a*sion; *(lehetőség)* opport*u*nity, chance || **vmnek alkalmából** on the occ*a*sion of; **az** ~**hoz illően öltözött** (be*) pr*o*perly dressed; **alkalmat ad** give* an opport*u*nity to, give* sy a chance; **ez** ~**mal** this time
alkar *n* f*o*rearm
alkat *n a*lt str*u*cture, build, constr*u*ction; *(emberé)* constit*u*tion, build; *(testi)* phys*i*que
alkati *a orv* constit*u*tional || ~ **hiba** malform*a*tion
alkatrész *n (gépé stb.)* part || *(pót~)* spare part(s), spares *pl*
alkohol *n vegy a*lcohol, sp*i*rit || *(szeszes ital)* alcoh*o*lic drinks *pl*, *a*lcohol; *(rövidital*o*k)* sp*i*rits *pl* || **tiszta** ~ pure *a*lcohol
alkohollellenes *a a*nti-*a*lcoholist
alkoholista *a*/*n* alcoh*o*lic, hab*i*tual/hard dr*i*nker
alkoholizmus *n a*lcoholism
alkoholmentes ital *n* n*o*nalcoh*o*lic/soft drink
alkoholos *a* alcoh*o*lic || ~ **befolyásoltság állapotában** in an int*o*xicated state
alkoholszonda *n* br*e*athalyser, US drunk*o*meter
alkoholtilalom *n* prohib*i*tion
alkony *n* tw*i*light, n*i*ghtfall, dusk
alkonyod|ik *v* night is* falling
alkot *v (teremt)* cre*a*te; *(képez)* form, make* up || *(szellemi művet)* comp*o*se, write*, prod*u*ce || **fogalmat** ~ **magának vmről** form an id*e*a of sg
alkotás *n (folyamat)* cre*a*tion || *(mű)* work, pr*o*duct
alkotmány *n (országé)* constit*u*tion

alkotmánybíróság constit*u*tional court
alkotmányellenes *a a*nti-constit*u*tional
alkotmányjog *n* constit*u*tional law
alkotmányos *a* constit*u*tional || ~ **úton** by constit*u*tional means
alkotmányosság *n* constit*u*tionalism
alkotó 1. *a* cre*a*tive, constr*u*ctive **2.** *n (műalkotásé)* cre*a*tor, m*a*ker; *(zenei)* comp*o*ser; *(irodalmi)* wr*i*ter || **a film** ~**i** the Cr*e*dits, cr*e*dit list
alkotóelem *n* = **alkotórész**
alkotómunka *n* cre*a*tive work
alkotórészek *n pl* constituent/component parts, c*o*mponents
alkotószabadság *n* st*u*dy leave, *kb.* s*a*bbatical (l*e*ave/year)
alkóv *n* *a*lcove, rec*e*ss
alku *n* b*a*rgain, deal || ~**t köt** drive*/ concl*u*de a b*a*rgain; **áll az** ~! it's a b*a*rgain!
alkudozás *n* b*a*rgaining; *pol* negoti*a*tion
alkudoz|ik *v (vkvel vmről/vmn)* h*a*ggle (with sy *o*ver sg)
álkulcs *n* skeleton/m*a*ster key
alkusz|ik *v* b*a*rgain *(vkvel vmre* with sy for sg)
áll¹ *v vhol* stand*, be* on one's feet || *(gép, munka)* be* at a st*a*ndstill; *(vonat)* stop || *(vhová)* place oneself sw*h*ere, go* sw*h*ere || *(ruha stb.)* become*/fit/suit sy || *(igaz)* be* true (of sy); hold* (good) || *(olvashatő)* read* || *(vmből)* cons*i*st of sg, be* comp*o*sed of sg, be* made up of sg || *(vmben)* cons*i*st in sg || *átv (vkn, vmn)* dep*e*nd on (sy, sg); it rests with (sy, sg) || ~**j! ki vagy?** halt! who goes th*e*re?; **az** ~ **rajta, hogy** it says/reads ...; **csak rajtam** ~ it is* up to no-one but me, it dep*e*nds on me al*o*ne; **esőre** ~ **az idő** it looks like rain; **ha így** ~ **a dolog** if that's how things stand/are; **hogy** ~**tok?** *(játékban)* what is the score?; **munkába** ~ beg*i*n* work, take* a job; **5:1-re** ~**nak** the score stands at 5—1; ~**ja a hideget** he can take the cold; ~**ja az ígéretét** keep* one's pr*o*mise; **amit mondtam, (azt)** ~**om** I stand* by what I said, I keep* my word; **nem** ~**hatom** I can't end*u*re/stand him/her
áll² *n* chin || ~**ig fegyverben** armed to the teeth; **majd leesett az** ~**a** he stood g*a*ping, he st*a*red open-m*o*uthed
állag *n (anyag)* s*u*bstance || *(állapot)* cond*i*tion
állagmegóvás *n* conserv*a*tion
állam *n* state
államadósság *n* p*u*blic/national debt
államalapítás *n* found*a*tion of a/the state
államapparátus *n* app*a*ratus of the state

állambiztonsági *a* state security || ~ **szervek** (state) security organs/police
államcsíny *n* coup (d'état) *(pl* coups d'état)
államcsőd *n* national/state bankruptcy
államellenes *a* anti-state || ~ **cselekedet** subversive/seditious act
államelnök *n* president (of the state)
államférfi(ú) *n* statesman°
államforma *n* form of state
államfő *n* head of state; *(király)* sovereign, monarch
államháztartás *n* (state) budget, state/public finances *pl*
állami *a* state, public; *US* governmental || ~ **adóbevétel** inland (*v. US* internal) revenue; ~ **bevétel** public revenue; ~ **gazdaság** state farm; ~ **gondozott** child° in care; ~ **iskola** state school; *US* public school; ~ **kezelésbe vesz** nationalize; ~ **szerv** state/government institution/organization, (public) authority; ~ **tisztviselő** civil servant; ~ **tulajdon** state/national property; ~ **tulajdonban levő** state-owned; ~ **vállalat** state enterprise, state-owned firm/company
államigazgatás *n* public administration
államjog *n* constitutional law
államkincstár *n* the (state) Treasury; *(GB néha)* the Exchequer
államkölcsön *n* government loan
államnyelv *n* official language [of the state]
államosít *v* nationalize, take* sg into public ownership
államosítás *n* nationalization, taking into public ownership, takeover
államosított *a* nationalized
állampolgár *n* subject, *US* citizen || **angol** ~ British subject; **idegen** ~ alien; **magyar** ~ Hungarian subject
állampolgári *a* civic || ~ **hűség** allegiance
állampolgárság *n* nationality, *US* citizenship || ~ **megszerzése** naturalization
államrend *n* *(szervezet)* political/social system || *(nyugalom)* public order || **demokratikus** ~ democratic state
államrendőrség *n* state police
államszövetség *n* confederation
államtitkár *n* under-secretary (of state)
államtitok *n* state secret
államügy *n* affair of state, state/public affair
államügyész *n* public prosecutor; *US* district attorney; **legfőbb** ~ *GB* Attorney General
államvagyon *n* public/state property

államvasút *n* **Magyar Államvasutak (MÁV)** Hungarian State Railways; **Brit Államvasutak British Rail (BR)**
államvizsga *n* state examination
államvizsga|ik *v* sit*/take* the state examination
állandó 1. *a (tartós)* permanent, lasting, constant, stable, steady; *(rendszeres)* regular; *(szakadatlan)* continuous, perpetual; *(változatlan)* unchanging; *(rögzített)* fixed, stationary; *(örökös, elit)* continual, perpetual || ~ **alkalmazás** permanent/steady employment/job; ~ **hadsereg** standing/regular army; ~ **lak(ó)hely** permanent address/residence; ~ **lakos** resident; ~ **vevő** regular customer **2.** *n mat* constant
állandóan *adv* constantly, permanently, steadily, continually || ~ **elkésik** be* habitually late
állandósul *v* become* stable/steady, settle
állandósulás *n* stabilization, consolidation
állapot *n* state (of affairs), condition, status || ~ **a javul** is (getting) better, his health is improving; **jó** ~ **ban van** be* in good condition/repair; *(épület)* be* in a good state of preservation; **rossz** ~ **ban van** *(tárgy)* be* in bad condition/repair; *(ember)* be* in bad shape
állapotos asszony *n* expectant mother
állás *n (nem ülés)* stand(ing), upright position || *(nem működés)* standstill || *(helyzet)* state, position; || *(alkalmazás)* job, employment; *(hivatal)* position; *(társadalmi)* rank, status || *(csillagoké)* constellation || *(megerősített fedezék)* dugout, trench, entrenchment || *(istállóban)* stall || *(buszoké)* bay || ~ **t foglal vm ügyben** take* a stand on sg; ~ **t keres** look for a job; *(hirdetésben)* "Situations Wanted"; ~ **t kínál** *(hirdetésben)* "Situations vacant"; **a játék** ~ **a** the score (of the game); **a dolgok** ~ **a** the state of things, the circumstances *pl*; **magas** ~ **ban** in a high position; **nincs** ~ **a** have* no job, be* unemployed; **tanári** ~ employment as a teacher, teaching
állásfoglalás *n* attitude, stand(point), position taken up [in a case]
álláshalmozás *n* pluralism
álláskínálat *n* [employment] opportunity, opening, vacancy
álláskközvetítő iroda *n* employment bureau/agency
álláspont *n* point of view, viewpoint, stand(point) || **mi az** ~ **od/~ja ebben a kérdésben?** what's your posi-

állástalan 22

tion on this *i*ssue?; **kifejti az ~ját** *a*rgue/state one's case
állástalan *a/n* jobless, having no job *ut.*, unempl*o*yed ‖ **az ~ok** the unempl*o*yed
állásváltoztatás *n* change of job
állat *n ált a*nimal; *ir (főleg emlős)* beast; *(házi)* domestic/f*a*rm *a*nimal
állatállomány *n (házi)* l*i*vestock
állatfaj *n* species *(pl* species), breed
állati *a (állatvilághoz tartozó) a*nimal ‖ *biz* ~ **jó** smashing, re*a*lly great
állatias *a* be*a*stly, br*u*tal, brute
állatkereskedés *n* p*e*t-shop
állatkert *n* zool*o*gical g*a*rdens *pl*, zoo
állatkínzás *n* cr*u*elty to *a*nimals
állatmese *n a*nimal f*a*ble/st*o*ry
állatorvos *n* veterin*a*ry s*u*rgeon; *biz* vet; *US* veterin*a*rian
állatorvosi *a* veterin*a*rian
állatorvostan *n* veterin*a*ry sci*e*nce/s*ur*gery
állatorvostudományi egyetem *n* vet*e*rinary c*o*llege/school
állatöv *n* z*o*diac
állattan *n* zo*o*logy
állattani *a* zo*o*logical
állattenyésztés *n a*nimal h*u*sbandry, l*i*vestock-f*a*rming/breeding/r*a*ising
állattenyésztő *n* st*o*ck-breeder
állatvédő egyesület *n* s*o*ciety for the prevention of cru*e*lty to *a*nimals
állatvilág *n a*nimal k*i*ngdom, f*a*una
állcsont *n* j*a*w-bone, m*a*ndible
álldogál *v* stand* ab*ou*t, l*oi*ter, loaf ar*ou*nd
allegória *n a*llegory
allergia *n a*llergy
allergiás *a* all*e*rgic (*v*m*re* to)
állít *v (v*m*t v*h*ová)* place, put*, stand* (sg *s*where) ‖ *(mondva)* assert, state, maint*a*in, claim ‖ **azt ~ja, hogy** he claims/ *a*rgues that ...; **bíróság elé ~ vkt** bring* sy to court/tr*i*al; **szobrot ~** put* up a st*a*tue (*v*k*nek* to sy)
állítás *n (vhová)* pl*a*cing, p*u*tting, s*e*tting ‖ *(kijelentés)* ass*e*rtion, st*a*tement ‖ **saját ~a szerint** by his own acc*o*unt
állítható *a (szabályozható)* adj*u*stable
állítmány *n* pr*e*dicate
állítmánykiegészítő *a* (pred*i*cative) c*o*mplement, pred*i*cative *a*djunct
állító *a (igenlő)* aff*i*rmative, ass*e*rtive, p*o*sitive
állítólag *adv* supp*o*sedly, all*e*gedly ‖ **~ nőtlen** he is supp*o*sed to be unm*a*rried; **~ gazdag** he is said/rep*u*ted to be rich, he is rep*u*tedly rich; **~ jön** he is said to be coming
állítólagos *a* all*e*ged, so-c*a*lled
állkapocs *n* jaw

álló *a (vhol)* standing ‖ *(nem mozgó)* st*a*tionary, fixed ‖ *(függőleges)* vertical, *u*pright ‖ *(vmből)* cons*i*sting/comp*o*sed of sg *ut.* ‖ **~ helyzetben van** stand*; **a vezetése alatt ~ sereg** the *a*rmy *u*nder his comm*a*nd; **egy ~ esztendeig** (for) a whole year
állócsillag *n* fixed star
állóeszköz(ök) *n* fixed *a*ssets *pl*
állóhely *n* st*a*nding room
állólámpa *n* st*a*ndard (*v. US* floor) lamp
állomány *n (személyi)* staff ‖ *kat* eff*e*ctive force ‖ *(készlet)* stock ‖ **~ba (föl)- vesz** eng*a*ge, empl*o*y; **~ba kerül** bec*o*me* member of the p*e*rmanent staff
állomás *n* st*a*tion ‖ **az ~on** at the st*a*tion
állomásfőnök *n* st*a*tionmaster
állomásfőnökség *n* st*a*tionmaster's *o*ffice
állomáshely *n kat* g*a*rrison, st*a*tion; *(diplomáciai)* post
állóóra *n (nagy)* gr*a*ndfather-clock; *(kisebb)* clock
állott *a (ital, étel)* stale; *(üzletben)* sh*o*pworn
állóvíz *n* st*a*nding/st*a*gnant w*a*ter
allűr *n* affect*a*tion, m*a*nnerism ‖ **furcsa ~jei vannak** he is very aff*e*cted
állva *adv* on foot ‖ **~ marad** rem*a*in st*a*nding, stand* still
állvány *n ált* stand; *(fából)* w*oo*den frame; *(épülethez)* sc*a*ffolding; *(festőé)* e*a*sel; *(könyvnek, iratnak)* shelf°; *(műszeré)* tr*i*pod
állványoz *v* put* up (*v.* erect) sc*a*ffolding
alma *n a*pple ‖ **az ~ nem esik messze a fájától** like f*a*ther like son
almabor *n* cider
almacsutka *n a*pple-core
almafa *n a*pple-tree
almakompót *n* stewed *a*pple
almalé *n a*pple-juice
almanach *n a*lmanac, ye*a*r-book
almás *a* **~ pite** *a*pple-cake/tart/pie; **~ rétes** *a*pple-turnover
álmatlan *a* sl*e*epless, w*a*keful
álmatlanság *n* sl*e*eplessness, ins*o*mnia
álmélkodás *n* am*a*zement, w*o*nder
álmélkod|ik *v (vmn)* w*o*nder (at sg), be* am*a*zed (to see sg)
álmod|ik *v* dream* (*v*k*ről, v*m*ről* of/ ab*ou*t), have* a dream ‖ **arról ne is ~j!** it's out of the qu*e*stion!
álmodozás *n* r*e*verie, d*a*ydream(ing)
álmodoz|ik *v* d*a*ydream*
álmodozó *n* d*a*ydreamer; *(idealista)* st*a*rgazer
álmos *a* sl*e*epy, dr*o*wsy
álmosít *v* make* sl*e*epy/dr*o*wsy
álmoskönyv *n* dream-book

álmosság *n* sleepiness, drowsiness
álnév *n* pseudonym; *(írói)* pen-name
álnok *a* perfidious, treacherous
álnokság *n* perfidy, treachery
alól *post* from beneath/under/below || **az asztal** ~ from under the table; **ez** ~ **a fa** ~ from under this tree
álom *n (amit álmodunk)* dream || *(alvás)* sleep, slumber || **álmában beszél** talk in one's sleep; **álmai teljesültek** his/her dreams came true; ~**ba merül** fall* asleep; ~**ba ringat** rock/lull/send* to sleep; **elnyomta az** ~ sleep overcame him; **rossz** ~ nightmare; **szép álmokat!** sweet dreams!; **téli** ~ winter sleep
álomfejtés *n* oneiromancy
álomkóros *a* suffering from sleeping-sickness *ut.*; *átv* lethargic
álomvilágban él *v* live in a dream world
alorvos *n* junior doctor; *GB* houseman°; *US* intern
alosztály *n* subdivision; **áll** subclass
alpakka *n* German/nickel silver
alperes *n* defendant; *(válóperben)* respondent
alpesi *a* alpine || ~ **számok** *sp* Alpine/Nordic events
alpinista *n* mountaineer
alpinizmus *n* mountaineering
Alpok *n pl* **az** ~ the Alps
alpolgármester *n* deputy mayor
álprobléma *n* pseudo-problem
alrend *n* **áll** suborder
álruha *n* disguise || ~**t ölt** disguise oneself, put* on a disguise
álruhás *a* disguised
alsó 1. *a* lower, under, bottom || ~ **ajak** lower lip; ~ **fokú** lower-grade; ~ **fokú oktatás** primary education; ~ **tagozat** *isk kb.* primary (*US* elementary) school; junior school; *(nem hiv)* the lower school; **vmnek az** ~ **része** the lower part of sg, the bottom of sg 2. *n (ruha)* underclothes *pl*, underclothing, underwear || *(kártya)* knave, jack
alsóbbrendű *a (vmnél)* inferior (to sg), subordinate (to sg) || ~ **út** minor road
alsóéves *n* first/second-year student
alsóház *n (parlamenti)* Lower House; *GB* House of Commons; *US* House of Representatives
alsóing *n GB* vest; *US* undershirt
alsókar *n* forearm, lower arm
alsónadrág *n (férfi)* (under)pants, briefs, *US* shorts *(mind: pl)*
alsónemű *n* underwear, underclothes *pl*; *(női) biz* undies *pl*
alsórendű *a* low(er)
alsószoknya *n* (waist) slip, petticoat
álszemérem *n* prudery, prudishness

álszemérmes *a* prudish
álszent 1. *a* hypocritical, pharisaic(al) 2. *n* hypocrite, pharisee
álszenteskedés *n* hypocrisy, pharisaism
álszerénység *n* mock/false modesty
alsz|ik *v* sleep*, be* asleep || **mélyen** ~**ik** be* fast/sound asleep; ~**ik, mint a bunda** sleep* like a top/log; **nyugtalanul** ~**ik** have* a restless night; **aludni megy** go* to bed
alt *a/n (nő)* contralto; *(énekes; férfi, fiú)* alto || ~ **(szólam)** contralto part
altábornagy *n* lieutenant-general
által 1. *post* by, by means of, by way of, by the aid of, through, per || **ez** ~ **a hiba** ~ because of this error/mistake 2. *adv* ~**a** by/through him/her
általában *adv* in general, generally (speaking), usually, commonly, as a rule
általános *a* general; *(mindenkire/mindenre kiterjedő)* universal, common, overall; *(közkeletű)* everyday; *(igével)* be* current || ~ **iskola** *kb.* primary school, *(US így is:)* grade school; ~ **mérnök** civil engineer; ~ **műveltség** general education, *US* liberal education; ~ **vélemény az, hogy** ...it is generally held that ..., the consensus is that
általánosan *adv* generally, universally || ~ **elterjedt** *(szokás)* wide-spread; *(szó)* widely used
általánosítás *n* generalization
általánosság *n* generality, universality || ~**ban** in general, generally; **nagy** ~**ban** largely, on the whole
altat *v (gyereket)* lull (sy) to sleep || *orv* anaesthetize *(US* anes-)
áltat *v* delude, mislead*, deceive || ~**ja magát** delude/kid oneself
altatás *n orv* (general) anaesthesia *(US* anes-)
áltatás *n* delusion
altató 1. *a (hatású)* sleep-inducing, soporific 2. *n (szer)* sleeping draught/pill; *(erősebb)* opiate, narcotic
altatódal *n* lullaby, cradle-song
altatóorvos *n* anaesthetist; *US* anesthesiologist
altemplom *n* crypt
alternatív *a* alternative || ~ **katonai szolgálat** alternative military service
alternatíva *n* alternative, choice, option
altest *n* lower trunk, lower parts *pl*
altesti *a* abdominal
aludttej *n* curdled/sour milk, *US* clabber
alufólia *n* (tin)foil, aluminium *(US* aluminum) foil
alul 1. *adv (hol)* (down) below, underneath, at the bottom; *(házban)* downstairs 2. *post* **áron** ~ **ad** *átv* sell* below cost (price), sell* below (its) value

aluli *a* kritikán ~ beneath all criticism *ut.*; **18 éven** ~ under (the age of) 18 *ut.*

alulírott *a/n* undersigned || ~ **Kiss Pál** ... The undersigned, P.K. ...; **mi,** ~**ak** we, the undersigned

aluljáró *n (autóknak)* underpass; *(gyalogosoknak)* subway

alulmarad *v* lose*, be* beaten, succumb; *(mennyiségileg)* fall* short of sg

alulnézet *n* bottom-view; *átv* worm's-eye view

alulról *adv* from below/beneath || ~ **jövő** coming from below *ut.*

alultáplált *a* underfed

alumínium *n* aluminium; *US* aluminum

alumíniumipar *n* aluminium *(US* aluminum*)* industry

alumíniumötvözet *n* aluminium *(US* aluminum*)* alloy

aluszékony *a* sleepy, drowsy

aluszékonyság *n* sleepiness

alvad *v* congeal; *(vér)* clot; *(tej)* curdle

alvajáró *n* sleep-walker, somnambulist

alvállalkozó *n* subcontractor

alvás *n* sleep; *ir* slumber

alváz *n* frame; *(autóé)* chassis; *(vagoné)* underframe; *(forgó~)* bogie

alvázvédelem *n* underseal; *US* undercoat

alvilág *n (ókori)* the nether world || *(bűnözőké)* underworld; *(US)* gangland

alvilági *a (ókori)* infernal || ~ **élet** life of the underworld, low life

alvó *a* sleeping, slumbering

alvóbaba *n* sleeping-doll

a. m. = *annyi mint* that is (to say), i.e.

ám 1. *adv/int (nyomatékként)* well, then, really || **igen** ~, so that's all very well but; ~ **legyen!** so be it!, all right!, my blessings; **de nem** ~! oh no, by no means **2.** *conj (azonban)* yet, though; again

amarra *adv (rá)* onto that one || *(felé)* in that direction, that way

amarról *adv (felől)* from that direction, from (over) there

amatőr *a/n* amateur || ~ **(fény)kép** amateur photo(graph), snap(shot); ~ **játékos** amateur (player)

amatőrcsapat *n* amateur team

amaz *pron* that (one), yonder

ámbár *conj* (al)though, albeit

ambíció *n* ambition, spirit, energy, urge

ambiciózus *a* ambitious

ambivalens *a* ambivalent

ámbraillatú *a* amber-scented

ambulancia *n (hely)* outpatient department, outpatients *pl* || *(járóbeteg-rendelés)* outpatient/ambulant treatment

ambuláns beteg *n* outpatient

ameddig *adv (hely)* as far as, to || *(idő)* as/so long as, till || ~ **élek** as long as I live

amekkora *pron* as large/great as

amellett *adv (azonkívül)* yet, besides, in addition || ~, **hogy** apart from the fact that; ~ **vagyok, hogy menjünk** I am in favour *(US* -or*)* of going

amely *pron* which, that || ~**ek közül** from among which; ~**(ek)ből** from/of which; **az autó, amellyel jöttem** the car I came in

amelyik *pron* which, that || **a könyv,** ~**ben megtalálod** the book you'll find it in; ~**ünk előbb ér oda, az** ... whoever gets there first

ámen *n/int* amen

amennyi *pron* as much as || ~ **tetszik** as much as you want/like

amennyiben *conj (amely mértékben)* in so far as, inasmuch as || *(ha)* if || ~ **eljön** if he comes, should he come

amennyire *adv* as/so far as || ~ **én tudom** as far as I know; **annyira ..., ~ ...** as/so ... as

amennyiszer *adv* as often as, as many times as

Amerika *n* America

Amerika-ellenes *a* anti-American

amerikai *a/n* American; **A~ Egyesült Államok** United States of America *(röv* U.S.A. *v.* USA*), biz* the States; ~ **angol (nyelv)** American English; ~ **mogyoró** peanut, groundnut; ~ **nagybácsi** rich uncle; **az** ~**ak** the Americans

amerikáner *n műsz* breast-drill

amerikanista *n* Americanist

amerikanisztika *n* American studies *pl*

amerikanizálód|ik *v* become* American(ized)

amerikás magyar *n* ⟨Hungarian returned from America *(after long stay there)*⟩

amerre *adv* where || ~ **csak** wherever; **megy,** ~ **lát** go* whither/where he can

amerről *adv* from where || ~ **csak** from whatever direction

amfiteátrum *n* amphitheatre

ami *pron* that, which || **az(t), ~(t)** what; ~ **engem illet** as for myself, as far as I am concerned; ~ **azt illeti** as a matter of fact

amiatt *adv (vm miatt)* on account of, because (of), owing to || **elkeseredett ~, hogy haza kellett mennie** the thought that he had to go home depressed him (*v.* made him despondent)

amiért *adv* on account of, because (of)

amíg *adv (vmely idő alatt)* as long as, while || *(időpontig)* till, until || **addig**

várj, ~ vissza nem jövök wait until I return; **~ csak él** while (s)he lives
amikor *adv* when || **~ csak** whenever; every time; **már ~!** it depends; **~ra** by the time
amilyen *pron* such as; as || **~ korán csak lehet** as early as possible
amint 1. *conj (mihelyt)* as soon as, no sooner than; *(amíg)* while, when || **~ lehet** as soon as possible **2.** *adv* as || **~ a 4. sz. ábrán látható** as can be seen (*v.* as shown) in Fig. 4
aminthogy *conj* as || **~ igaz is** true as it is
amióta *adv* (ever) since
amire 1. *conj (amikorra)* by the time ... || *(és erre)* (and) then, thereupon **2.** *adv (hely)* on which || **ez az, ~ gondolok** that's what I am thinking of, that's what I mean
ámít *v* delude, deceive
ámítás *n* delusion, deception
amnesztia *n* amnesty, general pardon || **~t ad** grant pardon/amnesty
amnesztiarendelet *n* decree of amnesty
amoda *adv* over there, that way, yonder
amolyan *pron* **ez ~ kabátféle** it's a sort of coat
amonnan *adv* from (over) there
amortizáció *n* amortization || **~s kölcsön** sinking loan
amortizálódik *v* be* amortized
amott(an) *adv* (over) there, yonder
amper *n* ampere *(röv* amp) || **öt ~ erősségű** five-amp
ampermérő *n* ammeter
amplitúdó *n* amplitude
ampulla *n* ampoule, *US* ampule
amputál *v* amputate, cut* off [a limb]
amputálás *n* amputation, cutting off (of limb)
amúgy *adv (egyébként)* otherwise || **~ is** ..., anyway, in any case; **~ sem tudnék eljönni** I couldn't come anyway
ámul *v* marvel *(US* -l), wonder, be* amazed
ámulat *n* amazement || **~ba ejt** amaze
amulett *n* amulet, charm, mascot
-án *suff* **huszadikán, 20-án** on the 20th, on 20(th) May/etc.
anakronizmus *n* anachronism
analfabéta *a/n* illiterate
analfabetizmus *n* illiteracy
analitika *n* analytics *sing.*
analitikus 1. *a* analytic(al) || **~ geometria** analytical geometry; **~ módszer** analytical method **2.** *n* analyst
analizál *v* analyse *(US* -yze)
analízis *n* analysis *(pl* -ses)
analóg *a vmvel* analogous (to/with) || **~ számítógép** analogue computer
analógia *n* analogy || **~ alapján** by analogy, analogically
anamnézis *n* case history
ananász *n* pineapple
anarchia *n* anarchy
anarchikus *a* anarchic(al)
anarchista *n* anarchist
anatómia *n* anatomy
anatómiai *a* anatomical
anatómus *n* anatomist
Andok *n pl* the Andes
andokbeli, andesekbeli *a/n* Andean
anekdota *n* anecdote
anekdotáz|ik *v* tell*/relate anecdotes
anélkül *adv* **~, hogy** without so much as ..., without ...ing
anesztézia *n* anaesthesia *(US* anes-)
aneszteziológus *n* anaesthetist *(US* anes-), *US* anesthesiologist
Anglia *n* England; *(tágabb ért.)* Great Britain, the United Kingdom
angliai *a* English, of England *ut.*; *(tágabb ért.)* British, of Great Britain *ut.*
anglicizmus *n (idegen nyelvben)* anglicism || *(angolban)* English idiom
anglikán *a* Anglican || **az ~ egyház** the Church of England
anglisztika *n* English studies *pl*
angol 1. *a* English; *(tágabb értelemben)* British || **~ anyanyelvű** English-speaking; **~ anyanyelvűek** native speakers of English; **~ nyelvű** English, (written) in English *ut.*; **~ nyelvtudás** (one's) English; **~ szakos tanár = angoltanár**; **~ származású** of English birth/descent *ut.*, English-born; **~ tanszék** Department of English, English Department; **az ~ nyelv** the English language, English **2.** *n (férfi)* Englishman°; *(nő)* Englishwoman°; *(tágabb értelemben)* British subject || *(nyelv)* the English language, English || **az ~ok** the English, *(tágabb ért.)* the British
angolbarát *a/n* Anglophile, pro-English/British
angolkór *n* rickets *sing v. pl,* rachitis
angolkóros *a* rickety, rachitic
angol—magyar *a (kapcsolatok stb.)* Anglo-Hungarian [relations]; *(szótár)* English-Hungarian [dictionary]
angolna *n* eel
angolóra *n* English lesson/class || **az ~n** in during the English class
angolos *a* English, English-like || **~an távozik** take* French leave; **~an kérem** *(húst)* I want it rare/underdone
angolpark *n* amusement park, funfair
angolság *n* **helyes ~** good English, the King's/Queen's English, standard English; **jó ~gal beszél** speak* good/idiomatic English

angolszalonna *n* bacon; *(szeletelt)* sliced bacon
angolszász *a* Anglo-Saxon || **az ~ világ** the English-speaking world
angoltanár *n* teacher of English, English teacher/master
angolul *adv* (in) English || **hogy van ~?** what is the English for...?, how do you say it/that in English?; **~ beszél** speak* English; **~ beszélő** English-speaking; **~ beszélők** (native) speakers of English; **~ tanul** learn* English; **tud(sz) ~?** can you speak* English?; **~ van írva** is written in English
angóramacska *n* Angora cat
angóraszövet *n* angora, mohair
angyal *n* angel
anilinfesték *n* aniline colour(s) *v.* US -or(s)
animációs film *n* (animated) cartoon
ánizs *n* anise; *(ízesítő)* aniseed
ankét *n* conference, public inquiry
annak *pron (birtokos)* of that; *(részeshatározó)* to/for that || **~ adom, aki** I give* it to the person/one who; **~ az embernek a háza** the house of that man°, that man's house; **~ ellenére, hogy** in spite of, notwithstanding
annál *adv (hely)* at/with that || *(középfok mellett)* all the, so much the || **~ a háznál** at that house; **~ is inkább, mert** (all) the more so since; **~ kevésbé** all the less, let alone; **~ rosszabb** so much the worse, worse than that; **mennél gyorsabb, ~ jobb** the quicker the better
anód *n* anode, US *főleg:* plate
anódfeszültség *n* anode voltage
anomália *n* anomaly
anorák *n* anorak, shower coat
antagonisztikus *a* antagonistic
antagonizmus *n* antagonism
Antarktisz *n* the Antarctic
antarktiszi *a* Antarctic
antenna *n* aerial, antenna || **televíziós ~** TV antenna/aerial
antialkoholista 1. *a* teetotal 2. *n* total abstainer, teetotaller (US -totaler)
antibiotikum *n* antibiotic
antidemokratikus *a* undemocratic, antidemocratic
antifasiszta *a/n* antifascist, anti-nazi
antigén *n* antigen
antik *a (ókori)* antique, ancient || *(bútor stb.)* period, antique || **~ tárgy** antique
antikvárium *n* second-hand bookshop
antikvitás *n (kor)* antiquity || *(műtárgyak)* antiquities *pl*
antilop *n* antelope
antimarxista *a/n* anti-Marxist

antipátia *n* antipathy (to/towards, against), aversion (to), repugnance (to)
antipatikus *a* antipathetic, repugnant
antiszemita 1. *a* anti-Semitic 2. *n* anti-Semite
antiszemitizmus *n* anti-Semitism
antitest *n* antibody
antológia *n* anthology
antropológia *n* anthropology
anya *n* mother || **~m!** Mother!; **anyja lánya** she is like her mother; **anyja neve** *(űrlapon)* mother's maiden name; **Anyák napja** Mothering Sunday, US Mother's Day; **az ~d!** damn you!
anyaállat *n* dam
anyacsavar *n* nut
anyaföld *n* mother earth
anyag *n fil* matter || *(különféle)* material, substance; *tex* material, cloth, fabric; *biz* stuff; *(készítménye)* ingredient(s) || *(gyűjtemény)* material || *(írásműé)* subject-matter, material, theme; *(vitáé)* topic || **a múzeum ~a** the museum's collection (of ...); **a per ~a** the grounds *pl (v.* cause) for litigation; **szerves ~** organic substance
anyagbeszerző *n* buyer
anyagcsere *n* metabolism
anyagellátás *n* supply of material(s)
anyaghiány *n* shortage of materials
anyaghiba *n* blemish, fault, defect
anyagi 1. *a (anyaggal kapcsolatos)* material || *(pénzügyi)* financial || **~ eszközök** financial means; **~ javak** material goods/assets; **jó ~ körülmények között él** be* comfortably off; **meghaladja ~ erőmet** (sg) is beyond my means/purse; **rosszak az ~ körülményei** be* badly off/situated, *biz* be* hard up 2. *n* **~ak** material resources, pecuniary means; **előteremti a szükséges ~akat** raise the necessary funds
anyagias *a* (grossly) materialistic
anyagilag *adv* materially, financially
anyagpazarlás *n* waste of material(s)
anyagraktár *n* store, warehouse
anyagtakarékosság *n* economy
anyagveszteség *n* loss of material
anyai *a* maternal; *(érzelmi)* motherly; **~ ágon** on my/your/his/her mother's side; **~ örömöknek néz elébe** be* expecting a baby
anyajegy *n* birthmark
anyajuh *n* ewe
anyakirályné *n* queen mother; *(özvegy ~)* queen dowager
anyakönyv *n* register of births, marriages and deaths; *(iskolai)* roll/register of students

anyakönyvi *a* ~ **hivatal** register/registry office; ~ **kivonat** birth/marriage/death certificate
anyakönyvvezető *n* registrar
anyaméh *n (szerv)* womb, uterus *(pl* uteri*)*
anyanyelv *n* mother tongue, native language, vernacular
anyanyelvi *a* in one's/the mother tongue *ut.*, vernacular; ~ **szinten beszél egy nyelvet** (s)he has a native-like command of [a foreign language]
anyanyelvű *a* = **ajkú**
anyaország *n* mother-country, native country, homeland, motherland
anyás *a* attached to (v. dependent on) the mother *ut.* ‖ ~ **csavar** (nut and) bolt
anyaság *n* motherhood, maternity
anyasági segély *n GB* maternity grant
anyaszült meztelen *a* stark naked
anyatej *n* mother's milk ‖ **az** ~**jel szívta magába** has imbibed it from infancy
annyi *pron* so much/many, as much/many ‖ ~ **bizonyos, hogy** ... this much (v. one thing) is certain that; ~ **könyvem van, mint neki** I've got as many books as he (has); ~ **mint** *(röv a. m.)* that is (to say), i.e.; **2 meg 4 az** ~**, mint 6** 2 and 4 make 6
annyian *adv* so many, in such great number ‖ ~ **vannak, hogy be sem lehet férni** it's so crowded that you can't get in
annyiban *adv* so much, so far as ‖ ~ **hagy** leave* at that, let* alone
annyifelé *adv* in so many directions
annyira *adv (távolság)* as far as ‖ *(fok)* so, so much (that), to such a degree (v. an extent), that much ‖ ~ **elfoglalt, hogy** ... he is so busy that; **azért nincs** ~ **hideg** it isn't all that cold; **már nem fáj** ~ it doesn't hurt so much now
annyira-amennyire *adv* more or less, somehow (or other)
annyiszor *adv* so many times, so often
annyit *pron* so much/many; **csak** ~ **mondott ...** all he said was ...; **ez** ~ **jelent, hogy ...** what this/it amounts to is that ...
annyival is inkább *adv* all the more so (as/since)
anyós *n* mother-in-law *(pl* mothers-in-law*)*
anyu(ka) *n GB* Mum(my), Ma, *US* Mom(my)
aorta *n* aorta
apa *n* father ‖ ~**m!** Father!, *biz* Dad!; **apjára ütött** he takes* after his father; ~**ról fiúra** from father to son; **apja fia** (he is) a chip of(f) the old block
apaállat *n* sire, male

apáca *n* nun
apácarend *n* order of nuns, sisterhood
apácazárda *n* convent, nunnery
apad *v (tenger)* ebb, be* on the ebb; *(folyó)* fall*; *(ár)* subside ‖ **a Duna** ~ **the Danube is falling;** ~**nak a készletek** supplies are dwindling (v. running low)
apafej *n biz, kb.* old man/fruit
apai *a* paternal; *(érzelmi)* fatherly ‖ ~ **ágon** on my/your/his/her father's side; ~ **örökség** patrimony, paternal inheritance; ~**t-anyait belead vmbe** (go* at it) hammer and tongs, (go* at it) full blast
apály *n* ebb(-tide) ‖ ~ **és dagály** ebb and flow; ~ **van** the tide is on the ebb
apartheidellenes *a* antiapartheid
apaság *n* paternity, fatherhood
apát *n* abbot
apatikus *a* apathetic, listless
apátlan *a* fatherless ‖ ~**-anyátlan árva** orphan, parentless child°
apátság *n (hivatal)* abbacy ‖ *(épület)* abbey
apellál *v vkhez* appeal to sy; *vmre* refer to sg
apelláta *n* **ez ellen nincs** ~ *kb.* take it or leave it
aperitif *n* aperitif
apó *n* old man°, granddad
ápol *v (beteget)* nurse, tend, attend on ‖ *(barátságot)* cultivate; *(érzést)* entertain, cherish; *(kultúrát)* foster, promote ‖ *(gondoz)* take* care of, look after, attend to; *(kertet)* cultivate ‖ *(lovat)* groom, curry
ápolás *n (gondozás)* care (of), nursing (of) ‖ ~**t igényel** vk need/require nursing
ápolatlan *a (külső)* unkempt, neglected
ápoló *n (férfi)* (male) nurse; *(állatkerti)* keeper
ápolónő *n* (hospital) nurse
ápolószemélyzet *n* nursing staff, hospital nurses *pl*
ápolt 1. *a (külső)* well-groomed, spruce, trim, neat; *(kéz)* manicured **2.** *n (beteg)* (in-)patient; *(elmegyógyintézeti)* mental patient
áporodott *a (étel, ital)* stale, off; *(levegő)* stuffy
após *n* father-in-law *(pl* fathers-in-law*)*
apostol *n vall* apostle ‖ *átv* **a béke** ~**a** advocate of peace; **az** ~**ok lován megy** *GB biz* go* on shanks's mare/pony
apparátus *n (gépi)* apparatus, outfit ‖ **állami** ~ state machinery/apparatus, the machinery of government
Appenninek *n pl* the Apennines
ápr. *n* = *április* April, Apr.
apraja-nagyja *n* **a falu** ~ the whole village, young and old (alike)

apránként *adv* little by little, gradually, bit by bit
április *n* April || ~**ban,** ~ **folyamán** in (the course/month of) April; ~ **bolondja** April fool; ~ **elseje** All/April Fool's Day
áprilisi *a* April, of/in April *ut.* || ~ **eső** April shower; **egy** ~ **napon** on a day in April; ~ **tréfa** All Fool's Day hoax/joke
aprít *v* chop (up), cut* (up) into small pieces || **van mit a tejbe** ~**ania** he is well off
apró 1. *a* small, little, tiny, puny, minute || ~ **kiadások** petties *pl*; ~ **munkák** odd jobs **2.** *n* = **aprópénz; az** ~**t tartsa meg** keep the change
apró-cseprő *a* trivial, trifling, insignificant
apró fa *n* firewood, kindling, matchwood
apróhirdetés *n* classified ad(vertisement), small ad; *(álláskeresőé)* want ad || ~**t tesz közzé** insert an advertisement
apró jószág *n* poultry *pl*
aprólék *n* *(szárnyasé)* giblets *pl*
aprólékos *a* *(részlet)* minute [particular] || *(ember)* meticulous; *elit* fussy
aprólékosság *n* meticulousness
aprómunka *n* *(háztartási)* chores *pl*
aprópénz *n* (small) change || **mennyi** ~**e(d) van?** how much have you got in change? → **apró 2.**
apropó *int* by the way/bye!, that reminds me!
apróra *adv* *(finomra)* into small pieces, finely || ~ **elbeszél** relate in detail
apróság *n* *(dolog)* trifle, bagatelle || *(gyerek)* tiny tot || ~ **ok** *(gyerekek)* the little ones; *(dolgok)* oddments, odds and ends
aprósütemény *n* = **teasütemény**
apu *n* *biz* Dad(dy), Papa, Pop
ár¹ *n* *(árué)* price, cost || **mi az** ~**a?** what is the price (of it)?; **10 forint az** ~**a** it costs 10 forints; **milyen** ~**on?** at what price?, for how much?; **bármely** ~**on** at any cost, at all costs, whatever the cost may be; ~ **on alul ad el** sell* at a sacrifice, sell* below cost (price); **nagy** ~**a van** it commands a high price; ~ **at leszállít** reduce/cut* the price
ár² *n* *(áradás)* inundation, flood; *(folyón)* current; *(tengeré)* tide || ~ **és apály** ebb and flow; **úszik az** ~**ral** go*/swim* with the tide, go* with the stream; ~ **ellen úszik** go* against the stream
ár³ *n* *(cipészé)* awl; *(fűző)* bodkin
arab 1. *a* Arabian, Arab(ic) || **az** ~ **államok** the Arab states; ~ **ló** Arab (horse); ~ **számok** Arabic numerals **2.** *n* *(ember)* Arab; *(nyelv)* Arabic

árad *v* *(folyó)* rise*, swell*, flood || *(vmből* ömlik*)* flow, stream || **kellemes illat** ~ **belőle** it gives* off a pleasant scent
áradás *n* ált rise, swelling, growth || *(árvízé)* flood || **tavaszi** ~**ok** spring floods
áradat *n* deluge, tide, torrent
áradozás *n* *(dicsérő)* extravagant praise
áradoz|ik *v* praise sy/sg exuberantly
áradozó *a* exuberant, effusive; *elit* gushing
árajánlat *n* quotation || ~**ot kér** invite tenders (for), call for bids (for); ~**ot tesz** *(versenytárgyaláson)* make* a tender (for), tender (for)
áram *n* *el* (electric) current, power || ~ **alatti** live; **nincs** ~ the current/power/electricity is off
áramellátás *n* power/current supply
áramerősség *n* current strength
áramfejlesztő *n* *(gép)* generator
áramfogyasztás *n* current consumption
áramforrás *n* source of current
áramhiány *n* power failure, blackout
áramkorlátozás *n* power cut
áramkör *n* (electric) circuit
áramlás *n* stream, flow; *átv* flood
áramlat *n* *(vízé)* current || *átv* trend, tendency
áraml|ik *v* stream, flow
áramszolgáltatás *n* current/power supply
áramszünet *n* power cut
áramtalanít *v* cut* off the current
áramütés *n* electric shock; *(halálos)* electrocution || **halálos** ~ **érte** (s)he was electrocuted
áramvonalas *a* streamlined
arany 1. *a* *(aranyból való)* gold || ~ **ékszer** gold jewel(lery) (*US* jewelry); ~ **középút** the golden mean **2.** *n* gold; *(pénzdarab)* gold coin/piece || **nem mind** ~**, ami fénylik** all that glitters is not gold
arány *n* proportion, ratio; *(méret)* dimension || **számtani/mértani** ~ arithmetical/geometric proportion; **százalékos** ~ percentage; ~**ban áll vmvel** be* in proportion to sg, be* proportional/proportionate to sg; **2:1** ~**ban győztek** they won 2-1 (two-one)
aranyalap *n* gold standard
aranybánya *n* *(átv is)* goldmine; bonanza || **ez valóságos** ~ it's a veritable goldmine
aranyélete van *kif* live like a lord
aranyér *n* *orv* piles *pl*, haemorrhoids (*US* hem-) *pl*
aranyérc *n* gold ore
aranyérem *n* gold medal

aranyeres *a (beteg)* haemorrhoidal (patient) *(US* hem-)
aranyérmes *n* gold medallist *(US* -l-)
arányérzék *n* sense of proportion
aranyeső *n növ* laburnum
aranyfedezet *n* gold reserve/cover
aranyfoglalatú *a* set in gold *ut.*
aranygaluska *n* ⟨sweet gnocchi with custard and grated walnut⟩
aranygyűrű *n* gold ring
aranyhal *n* goldfish *(pl* goldfish)
aranyifjú *n kb.* playboy
aranykeretes *a* in a gilt/gold(en) frame *ut.*
aranyköpés *n* wisecrack, witticism
aránylag *adv* relatively, comparatively ‖ ~ **jól** fairly well
aranylakodalom *n* golden wedding
aranylánc *n* gold chain
aranylemez *n (hanglemez)* golden disc
arányl|ik *v* be* in proportion to; **2 úgy** ~**ik a 4-hez, mint 6 a 12-höz** 2 is to 4 as 6 is to 12
aranyműves *n* goldsmith
aranyóra *n* gold watch
aranyos *a* golden ‖ *átv* charming, dear, sweet, lovely
arányos *a* proportional, proportionate ‖ **egyenesen/fordítottan** ~ **vmvel** (be*) in direct/inverse proportion to sg
arányosan *adv* proportionally, proportionately ‖ ~ **csökkent** scale down
arányosság *n* proportion(ateness)
aranyoz *v* gild*
aranyozás *v (művelet)* gilding, gold-plating ‖ *(bevonat)* gilding, gilt
aranyozott *a* gilt, gilded ‖ ~ **ékszer** plate(d) jewellery *(US* jewelry)
aránypár *n* proportion
aranypénz *n* gold piece/coin
aranypróba *n* gold test ‖ *(jelzés)* hallmark
aranysárga *a* golden yellow
arányszám *n* proportion(al number); *(statisztikai)* rate ‖ **a születések** ~**a** birth-rate
aranyszívű *a* with/having a heart of gold *ut.*
aranyszőke *a* gold-blond(e)
aránytalan *a* disproportionate, not proportionate (with) *ut.*, ill-proportioned ‖ ~**ul** *(méretben)* out of all proportion; ~**ul nagy** disproportionately large/big
aránytalanság *n* disproportion(ateness)
aranytárgy *n* gold article
aranytartalék *n* gold reserve
aranyvaluta *n* gold standard/currency
aranyvasárnap *n* the Sunday before Christmas
árapály *n* ebb and flow, flux and reflux
arasznyi *a* the length of a span *ut.*, a span long/wide ‖ *átv* very short, brief

áraszt *v (fényt)* shed*, send* forth; *(hőt)* give* off/out, radiate; *(folyadékot)* flood; *(illatot)* exude, breathe
arat *v (termést)* reap, harvest; *(betakarít)* gather in [the crops] ‖ **győzelmet** ~ gain a victory; **sikert** ~ have* a success, meet* with success
aratás *n* harvest(ing), reaping
arató *n* reaper, harvester, harvest-hand
arató-cséplő gép *n* combine (harvester)
áraz *v* price [an article]
árboc *n* mast
árbockötélzet *n* rigging
árbocvitorla *n* mainsail
arborétum *n* arboretum *(pl* -ta *is)*
arc *n* face; *(orca)* cheek ‖ *(arculat)* image ‖ **vknek vmt az** ~**ába vág** cast* sg in sy's teeth; ~**ába szökött a vér** the blood rushed to his face; **megmutatja igazi** ~**át** show* one's (true) colours *(US* -ors); ~**ul üt** slap sy in the face *(v.* on the cheek); ~**cal vm felé** facing sg
arcápolás *n* beauty treatment, facial
arcápoló szerek *n pl* beauty products, cosmetics
arcátlan *a* insolent, impudent, impertinent; *biz* cheeky
arcátlanság *n* impudence, *biz* cheek
arcbőr *n* skin of the face, complexion
arccsont *n* cheek-bone
árcédula *n* price-tag
arcél *n* profile
arcfestés *n* making-up, make-up
archaikus *a* archaic
archaizál *v* archaize
archeológia *n* archaeology *(US* archeol-)
archeológus *n* archaeologist *(US* archeol-)
archívum *n* archives *pl*
arcidegzsába *n* (facial) neuralgia, face-ache
arcizom *n* facial muscle ‖ **arcizma se(m) rezdült** *biz* (s)he didn't bat an eye(lid)
arckép *n* portrait, likeness (of sy)
arcképcsarnok *n* portrait gallery
arcképes igazolvány *n* identity/registration card
arckifejezés *n* (facial) expression, look
arckrém *n* face-cream, cold cream
arcpakolás *n* face-pack
arcszín *n* complexion, colour(ing) *(US* -or-)
arcú *suff* -faced, -featured ‖ **szép** ~ *(nő)* pretty; *(férfi)* handsome
arculat *n (arc)* face ‖ *átv* aspect
arculcsapás *n (pofon)* slap in the face ‖ *átv* humiliation, snub ‖ **az igazság** ~**a** a flagrant miscarriage of justice
arcvíz *n* lotion

arcvonal *n* front (line), battle-front
arcvonás|ok *n pl* features
árcsökkenés *n* a fall/drop in prices
árcsökkentés *n* cut in prices, price cut/reduction
árdrágítás *n* profiteering, evasion of price control(s), *biz* rip-off
árellenőrzés *n* price control
áremelés *n* raising/rise of prices
áremelkedés *n* rise in prices, price rise/increase
aréna *n* arena; *(bikaviadalé)* bullring
árengedmény *n* discount, rebate, (price) reduction
árengedményes vásár *n* sale
árfolyam *n* *(tőzsdei)* (current) price(s), quotation(s) ‖ *(devizáé)* rate of exchange, (exchange) rate ‖ **hivatalos** ~ official rate; **napi** ~ current rate
árfolyamcsökkenés *n* falling/bear market
árfolyam-emelkedés *n* rising/bull market
árfolyam-ingadozás *n* fluctuations of exchange (rate) *pl* (*v.* of the market)
árfolyamjegyzék *n* *(tőzsdei)* Stock Exchange list of quotations
argentin *a* Argentine, Argentinian
Argentína *n* Argentina, the Argentine
argó *n* *(tolvajnyelv)* argot ‖ *(főleg ifjúsági)* slang
árgus szemmel figyel *v* watch (sg/sy) like a hawk/lynx
árhivatal *n* price control board; *GB* Price Commission
ária *n* aria
árindex *n* price index (number)
arisztokrácia *n* aristocracy; *GB* peerage
arisztokrata *n* aristocrat
arisztokratikus *a* aristocratic, courtly
aritmetika *n* arithmetic
árjegyzék *n* price-list, catalogue ‖ ~**i ár** list/catalogue price
árjelzés *n* price mark ‖ ~**sel ellát** mark
árkád(sor) *n* arcade
árkedvezmény *n* (price) redutcion
árkon-bokron túl *adv* over hedge and ditch
árkülönbözet *n* difference in price(s)
árlap *n* price-list
árlejtés *n* (public) tender
árleszállítás *n* price reduction/cut; *(kiárusítás)* sale
armatúra *n* ált fittings *pl* ‖ *vill* armature
ármegállapítás *n* price fixing
árny *n* *(árnyék)* shade ‖ *(kísértet)* ghost, shadow, shade
árnyal *v* shade, tint; *(átv is)* tinge
árnyalat *n* shade of colour (*US* -or), nuance ‖ **egy** ~**tal jobb** a shade better; ~**nyi különbség** a slight difference

árnyalt *a* nuanced, subtle
árnyas *a* shady, shaded
árnyék *n* *(ahová a nap nem süt)* shade; *(amit vm/vk vet)* shadow ‖ ~**ba borít** throw* a shadow on/over (sg); ~**ot vet** cast* a/one's/it's shadow (on/over sy/sg); *átv vkre* put* sy in the shade, eclipse sy
árnyékkormány *n* shadow cabinet
árnyékol *v* *(árnyékot vet)* shade, overshadow ‖ *(rajzot)* shade; *(vonalkáz)* hatch, hachure, line ‖ *vill* screen, shield
árnyékolás *n* *(rajzban)* shading, shadowing; *(térképen)* hachures *pl*, hatching ‖ *vill* shield(ing), screen(ing)
árnyékos *a* shaded, shady
árnyékszék *n* privy, latrine
árnyjáték *n* shadow play/show/pantomime
árnykép *n* silhouette
árnyoldal *n* the dark/shady/unfavourable side of sg, drawback
árok *n* ditch; *(ásott)* trench; *(vízlevezető)* drainage ditch
árokpart *n* bank/side of ditch, dyke
aroma *n* aroma, flavour (*US* -or)
aromás *a* aromatic; *(illat)* fragrant
árpa *n növ* barley ‖ *(szemen)* sty(e)
árpadara *n* coarse barley-meal, grist
árpagyöngy *n* pearl barley
árpolitika *n* price/pricing policy
arra *adv (abban az irányban)* in that direction, that way ‖ ~ **a fára** on(to) that tree; ~ **fogta magát és elment** *biz* (thereupon) he upped and left; ~ **nézve pedig** as regards, as to/for; ~ **nézz!** look that way!
arrább *adv* further/farther on
arrafelé *adv (irány)* in that direction, that way ‖ *(hely)* thereabouts ‖ **milyen az élet** ~**?** what is life like in those parts?
árrendezés *n* price adjustment
árrendszer *n* price system
arrogáns *a* arrogant, overbearing
arról 1. *adv (abból az irányból)* from that direction, from there ‖ *(vmről le)* from/off that ‖ ~ **a fáról esett le** it fell from that tree **2.** *pron* of/about/from that, thereof ‖ ~ **van szó, hogy** the question/point is that, the matter at issue is that
árszabályozás *n* price regulation/control
árszint *n* price level
árt *v (vknek/vmnek)* harm (sy), hurt* (sy), do* (sy) harm; *átv* be* harmful/injurious (to sy/sg) ‖ *(vknek étel, klíma stb.)* disagree with (sy), [food] doesn't agree with (sy) ‖ **a légynek sem** ~ he wouldn't hurt a fly; **nem fog** ~**ani** it won't hurt (you to ...), it will do you good; **vmbe** ~**ja magát** interfere/meddle in sg

ártalmas *a* injurious, bad for *ut.* ‖ **egészségre** ~ unhealthy
ártalmatlan *a (méreg)* innocuous ‖ *(ember/tréfa)* harmless, inoffensive ‖ ~**ná tesz** render harmless
ártalom *n* harm, hurt, injury, damage
ártámogatás *n* price support
ártatlan *a (erkölcsileg)* innocent; *(tréfa stb.)* harmless ‖ *(szűz)* pure, intact ‖ *jog* innocent, not guilty ‖ **adja az** ~**t** play the innocent, look as if butter wouldn't melt in his mouth; ~ **hazugság** white lie; ~ **vmben** (be*) innocent of sg; ~**nak mondja magát** plead not guilty
ártatlanság *n* innocence, guiltlessness
ártér *n* flood/inundation/catchment area
artéria *n* artery
artériás *a* arterial
árterület *n* = **ártér**
artézi kút *n* artesian well
artikuláció *n* articulation, utterance
artista *n* artiste, acrobat
artistamutatvány(ok) *n (pl)* acrobatics *pl*
ártó *a* harmful, mischievous
áru *n* goods *pl*, merchandise (*pl* ua.); commodity, wares *pl*, article ‖ ~**ba bocsát** offer (*v.* put* up) for sale, put* on the market
áruállomány *n* stock/goods on hand
áruátvétel *n* receipt of goods
árubehozatal *n* importation/importing of goods, imports *pl*
árubeszerző *n* buyer
árubőség *n* profusion of wares/commodities, abundance of goods
árucikk *n* article, commodity, goods *pl*
árucsere *n* barter, exchange of goods
árucsere-egyezmény *n* barter agreement
árudíjszabás *n* goods tariff
árufajta *n* kind/sort/type of goods, brand (of goods), line (in goods)
árufeladás *n* dispatch(ing)/forwarding of goods/parcels
áruforgalom *n ker* trade; *(vasúti)* goods traffic ‖ *(egy üzleté)* turnover
áruház *n* (department) store
áruházlánc *n* chain of department stores
áruhiány *n* shortage/lack of goods/commodities
áruhitel *n* commercial/commodity credit, trade loan
árujegyzék *n* list of goods; *(számlát helyettesítő)* invoice; *(hajózásnál)* shipping bill
árukapcsolás *n* tie-in/up (sale)
árukészlet *n* stock (in/on hand), goods in/on stock *pl*
árukiadás *n* dispatch, goods delivery (office); *(mint felirat így is)* goods here

árukínálat *n* supply of goods
árukivitel *n* export/exportation (of goods), (merchandise) exports *pl*
árukölcsön *n* commodity loan, credit
árul *v* sell*
árulás *n (elárulás)* betrayal; *pol, kat* treachery, treason ‖ ~**sal** by treason
árulkod|ik *v vkre* inform on/against sy; *isk* peach/tell* on sy ‖ *vmről* reveal sg
áruló 1. *a pol* traitorous, treacherous, treasonable ‖ *(nyom stb.)* telltale, telling ‖ ~ **jel** telltale sign, giveaway, clue **2.** *n* traitor ‖ ~**vá válik** turn traitor
áruminta *n* sample(s)
árumintavásár *n* (international) industrial/sample/trade fair
áruraktár *n* warehouse, store(house)
árurendelés *n* order ‖ **postai** ~ mail order
árus *n* seller, retailer; *(piaci)* stallholder; *(utcai)* vendor, huckster
árusít *v* sell*, market; *(utcán)* vend, hawk ‖ **kicsiben** ~ sell* by retail
árusítás *n* selling, sale
árusítóhely *n* stand, stall, pitch
áruszállítás *n* transport (of goods); *(hajón és US vasúton, repülőn is)* shipment
árutőzsde *n* merchandise exhange
áruügylet *n* transaction
árva 1. *a* ~ **gyermek** orphan; **egy** ~ **lélek sem** not a (blessed) soul **2.** *n* orphan
árvácska *n* pansy
árvaház *n* orphanage, home for orphans
árvalányhaj *n* feather grass, needlegrass
árváltozás *n* change in price(s)
árverés *n (nyilvános)* (sale by) auction, *US* sale (at auction)
árvetés *n* calculation, costing
árviszonyok *n pl* price conditions/relations
árvíz *n* (high) flood, floods *pl*, inundation
árvízjelző szolgálat *n* flood-warning service
árvízkár *n* flood damage
árvízkárosult *n* flood victim
árvízvédelem *n* flood prevention/control
árvízveszély *n* flood danger/warning/alert
arzén *n* arsenic
arzenál *n* arsenal
árzuhanás *n* slump (in prices)
ás *v* dig* (out/up)
ásatag *a átv* fossilized, antiquated
ásatás *n* excavation ‖ ~**okat végez** make* excavations, excavate (for sg)
ásít *v (ember, állat)* yawn
ásítás *n* yawn
ásítoz|ik *v* keep* yawning
áskálódás *n* intriguing, machinations *pl*

áskálód|ik v intrigue, plot, scheme (vk ellen against sy)
ásó n spade
ásvány n mineral
ásványi a mineral || ~ **kincsek** mineral resources
ásványolaj n mineral oil
ásványtan n mineralogy
ásványvíz n mineral water
asz n zene A flat || **A~-dúr** A flat major; **~-moll** A flat minor
ász n ace (in cards) || **pikk** ~ the ace of spades; **~t hív** lead*/play an ace
aszalt a dried, desiccated
aszály n drought; US drouth
aszályos a droughty, drought-stricken || ~ **év** year of drought
aszerint adv ~, **hogy** accordingly, according as, according to
aszfalt n asphalt || **átv city** streets pl
aszfaltbetyár n elit kerb-crawler
aszfaltburkolat n asphalt road surface
aszfaltoz v cover with asphalt, asphalt
aszimmetria n asymmetry
aszimmetrikus a asymmetrical
aszociális a unsocial, unsociable
aszott a (föld) arid, parched || (növény) withered || (arc) wasted
aszpik n aspic(-jelly)
aszpirin n aspirin
asszimiláció n assimilation (to)
asszimilálód|ik v (táplálék) assimilate, be assimilated || vk assimilate; vmhez adapt (oneself) to sg
asszisztál v vknek vmhez help/assist sy in sg
asszisztencia n the assistants pl, hospital staff
asszisztens n ált assistant; (filmgyári) assistant; (csak nő) continuity girl; (műtőben) instrument/surgical nurse; (orvosi rendelőben) (doctor's) assistant; (magánorvosi rendelőben) receptionist
asszó n (fencing-)bout
asszociáció n association
asszociál v associate (sg with sg)
asszony n (married) woman° || ~ **om** Madam
asszonyi a womanly, woman's
asztal n table || **~hoz ül sit*** down to table; (étkezni) sit* down to dinner; **~nál ül sit***/**be*** at the table; (étkezéskor) sit* at dinner/lunch
asztaldísz n centre-piece, table decoration
asztalfiók n table-drawer
asztalfő n head of table || **az ~n ül sit*** at the head of the table
asztali a of the table ut.; (összet) table- || ~ **lámpa** reading lamp
asztalitenisz n table-tennis

asztalka n small/occasional table
asztalláb n table-leg
asztalos n joiner; (műbútor~) cabinet-maker
asztalosmester n (self-employed) joiner
asztalosmunka n joiner's work, joinery; (finomabb) cabinet-work
asztalosműhely n joiner's workshop
asztaltárs n table companion, fellow diner
asztma n asthma
asztmás a asthmatic, suffering from asthma ut.
asztrológia n astrology
asztrológus n astrologer, star-gazer
asztronómia n astronomy
asztronómus n astronomer
aszú n tokaji ~ (old) Tokay
át 1. pref (vmnek felszínén) across; (vm felett) over; (keresztül) through, across, along; (útiránynál) via, by way of || (időben) throughout, during || **napokon** ~ for days (on end) 2. adv ~ **meg** ~ thoroughly, throughout
átad v vmt vknek hand sg over to sy, hand/give* sg to sy; (közelből, továbbadásra) pass sg to sy || (hőt stb.) transmit || ~**ja magát vmnek** abandon oneself to sg, give* oneself up to sg; ~**ja ülőhelyét vknek** give* up one's/the seat to sy; ~ **vkt a hatóságnak** hand sy over to the authorities
átadás n vmé vknek handing over; (közelből továbbadásra) passing || sp pass || (pl. új útszakaszé) opening; (új épületé) handing over || (kényszerből) surrender(ing)
átadó a/n **van két ~ jegyem** I have* two spare tickets; **e sorok ~ja** the bearer of this letter
átalakít v (épületet) rebuild*, reconstruct; convert (into); (helyiséget vm célra) fit up/out for sg; (ruhát) alter; (kormányt) reshuffle; (törtet) convert || vmvé transform sg into sg, convert sg to/into sg; (korszerűvé vmt) refashion sg, reshape sg
átalakítás n ált transformation, conversion, change, changing; (korszerűvé) refashioning, reshaping; (ruháé) alteration
átalakul v be* transformed/changed (into), turn into (sg) || fiz ~ **gőzzé** be* converted (in)to vapour (US -or), vaporize
átalakulás n transformation, change || ~**on megy át** undergo* a change/transformation, be* changed/transformed (into)
átalány n lump/global sum || ~**ban** in a/one lump (sum)
átalánydíjszabás n flat-rate tariff

átall *v* be* loath to do sg ‖ **nem** ~**ja ...ni** have* the face/cheek to; *(vm alantast)* stoop to sg

átáll *v vhová* change sides ‖ *(más módszerre)* switch/change over (from sg) to sg

átállás *n (vknek az oldalára)* changing sides ‖ *vmre* switch(ing)/changing over to sg, changeover, switchover

átállít *v (kapcsolót)* switch over (to) ‖ *(vmt más funkcióra)* convert (to) ‖ *(intézményt)* reorganize; *(más termelésre üzemet)* retool; rejig ‖ **váltót** ~ *GB* switch the points

átállítás *n (intézményé)* reorganization; *(más funkcióra)* conversion (to), changeover; *(más termelésre)* retooling

átáz|ik *v (ember)* be*/get* drenched (to the skin); *(tárgy)* get* soaked/wet through ‖ **teljesen** ~**ik** become*/get* soaking wet

átáztat *v* soak thoroughly, drench

átbocsát *v (anyagot)* let* through; *(fényt)* transmit

átbocsátóképesség *n* permeability

átbúj|ik *v (nehezen)* creep*/wriggle through sg; *(könnyen)* slip through sg

átbukfencez|ik *v* somersault

átbuk|ik *v vm fölött* fall* over sg

átcsábít *v átv* lure over, win* over (with promises)

átcsap *v vmn* sweep* through/across ‖ *vmbe* go*/change over into ‖ **az ellenkezőjébe csap át** change/turn (*v.* pass over) into its opposite

átcsempész *v* smuggle through/over/across

átcsoportosít *v* regroup, rearrange

átcsúsz|ik *v ált* slip/slide* through ‖ *(vizsgán)* scrape/get* through (an examination) ‖ **a kocsi** ~**ott az úttest másik oldalára** the car/van slid across the carriageway

átdob *v vhová* throw*/hurl across to; *vm fölött* throw*/hurl over sg

átdolgoz *v (ír v. zeneművet)* rewrite*, revise; *(ir művet)* adapt [a novel/play etc.]; *(tervet)* redraft, rework ‖ **színpadra** ~ dramatize (sg), arrange (sg) for the stage

átdolgozás *n* revision, rewriting; *(ir műé)* adaptation; *(színpadra)* dramatization; *(tervé)* redraft

átdöf *v* pierce (through with sg), stab; *(szarvval)* gore; *(karddal)* run* sy through with a/one's sword

átdug *v* pass sg through (a hole/etc.)

ateista 1. *a* atheist, atheistic **2.** *n* atheist

ateizmus *n* atheism

átejt *v biz* do* sy, lead* sy up the garden path; *US* pull a fast one ‖ ~**ettek** you've been done!

átél *v (időben)* live/go*/pass through ‖ *átv* experience, see*, undergo* ‖ *(újra)* relive, live over again ‖ *(színész szerepét)* live (one's/the part) ‖ **nehéz időket éltünk át** we have lived through (some) hard times

átélés *n (eseményé)* experience ‖ *(művészi)* feeling (for)

átellenes *a* opposite, facing sg *ut.*

átemel *v* lift over/across

átenged *v vknek vmt* give* up, yield, make* over *(mind:* to) ‖ *vhol* let* sy (pass) through to; *(vizsgán)* let* sy through, pass sy (in an examination) ‖ **jogot** ~ **vknek** cede a right to sy

átépít *v* rebuild*, reconstruct

átépítés *n* rebuilding, reconstruction

átépül *v* be* rebuilt

átér *v vmeddig* reach across, span [distance] sg ‖ *(átjut)* get* to, reach ‖ *(átfog)* span; *(körülér)* go* round sg, encircle

áteresz *n (víznek)* culvert, gutter

átereszt *v* = **átbocsát, átenged**

áteresztő *a* permeable; **át nem eresztő** impermeable

átérez *v vmt (tudatában)* be* conscious/aware of sg, feel* the significance of sg ‖ *(érzelmileg)* feel* for (sy), feel (great) empathy with (sy) ‖ ~**te felelősségét** he felt the full weight of his responsibility

átértékel *v (pénzt)* revalue, revalorize

átérzés *n* feeling, empathy

átes|ik *v (tárgy fölött)* fall* over; *(tárgyon át)* fall* through ‖ *(túljut vmn)* get* over sg ‖ **alapos kivizsgáláson esett át** (s)he underwent a thorough examination; ~**ik a ló másik oldalára** swing* to the other extreme; **betegségen** ~**ik** get* over an illness; **ezen át kell esni** this is* inevitable/unavoidable

átevez *v vmn* row over/across

átevickél *v vmn* flounder over sg

átfagy *v* freeze* through ‖ = **átfázik**

átfárad *v* **legyen szíves** ~**ni ide** would you kindly come over here

átfáz|ik *v* freeze* *(v.* be* chilled) to the bone/marrow, get* chilled through; *(meghűl)* catch* a (severe) cold ‖ **nagyon** ~**tunk** we felt frozen to the marrow

átfedés *n* (over)lap, overlapping

átfér *v* will go through

átfest *v* paint over, repaint

átfésül *v (hajat)* comb (out) (one's hair) ‖ *(írást)* touch up, put* the finishing touches to ‖ *(rendőrség területet)* rake [a district for sg], comb

átfog *v (kezével)* grasp, seize, grip ‖ *átv* span, comprehend ‖ ~ **egy oktávot** he can span an octave

átfogó

átfogó 1. *a* overall, comprehensive, all-embracing; *(elme)* keen, sharp [mind] ‖ **az egész nemzetet** ~ nationwide; ~ **kép** overall picture **2.** *n (háromszögé)* hypotenuse

átfoly|ik *v* flow/run* through/across

átfordít *v* turn over

átfordul *v* turn over, turn on to the other side

átforrósod|ik *v* become* (gradually) very hot; *(motor)* run* hot; *(csapágy)* heat up ‖ *átv* become* heated/enthusiastic

átfúr *v* bore through, pierce, perforate

átfurakod|ik *v (tömegen)* make* one's way through [a crowd]

átfúródás *n orv* perforation

átfúród|ik *v* be* perforated

átfut *v vhová* run* over/across to; *vmn* run*/hurry through sg ‖ *(átolvas)* take* a quick look at sg, skim through [a book] ‖ **hideg futott át rajta** he had *(v.* sg gave him) the shivers

átgázol *v (folyón)* wade through/across ‖ *vkn* ride* roughshod over, trample on/over

átgondol *v* give* sg (one's) careful consideration, consider; *(tervet)* think* over; *(újra)* rethink* ‖ **jól** ~**va a dolgot** on mature consideration

átgondolt *a* **jól** ~ well/carefully thought-out; ~ **terv** a well thought-out plan; **nem kellően** ~ ill-advised, unadvised

átgurít *v* roll (sg) over

átgurul *v* roll over

áthág *v (törvényt stb.)* break*, transgress

áthágás *n* infringement, transgression

áthághatatlan *a* insurmountable

áthajít *v* = **átdob**

áthajol *v vmn* lean* over

áthajóz|ik *v* sail across/through ‖ ~**ik Angliába** cross (the Channel) to England

áthalad *v (vonat állomáson, út vhol)* pass through; *(vk úttesten)* cross [the road]

áthaladás *n (állomáson)* passing through; *(úttesten)* crossing

áthaladási elsőbbség *n* right of way, priority

átharap *v* bite* through

áthárít *v* ~**ja a felelősséget vkre** shift the responsibility on to sy

áthárul *v vkre* fall* to sy('s lot) to, devolve (up)on, pass to

átható *a* **ált** penetrating, pervasive ‖ *(hang)* piercing; *(pillantás)* searching; *(szag)* pervasive, penetrating

áthatol *v vmn* make* one's way through sg ‖ *(erővel)* break* (*US* plow) through sg

áthatolhatatlan *a* impenetrable

áthelyez *v vhová* move sg/sy swhere, remove sg ‖ *(vkt más állásba)* move, transfer, post sy to (swhere) ‖ *(időpontot)* put* off (till *v.* untíl), postpone (till *v.* untíl)

áthelyezés *n vké/vmé* transfer ‖ ~**ét kérte** he applied for a transfer

Athén *n* Athens

athéni *a* Athenian

áthevül *v vm* get* very warm/hot, heat; *(motor)* run* hot ‖ *átv* become* heated up

áthidal *v (híddal)* bridge (over); *épít* span ‖ *(nehézséget)* surmount, iron out

áthidalás *n (művelet)* bridging ‖ *átv* surmounting [of difficulties]

áthidalhatatlan *a átv* insuperable, irreconcilable

áthidaló megoldás *n* compromise

áthív *v vkt* ask sy (to come) over

áthívat *v* send* for sy

áthoz *v (tárgyat)* bring* over; *(magával)* bring* along, fetch ‖ *(könyvelésben)* bring*/carry forward

áthozat 1. *v* have* sg brought over, have* sg fetched **2.** *n* [amount/sum] brought forward, carry-forward *(röv* B/F, b/f)

áthúz *v vhová* pull through (to) ‖ *(ágyat)* change the bedclothes ‖ *(szöveget)* delete, cross/strike* out ‖ ~**ta terveimet** he frustrated my designs

áthúzód|ik *v vm vhová* spread* across to

áthűl *v vm* chill ‖ = **átfázik**

áthűt *v* chill through

átigazol *v (játékost)* transfer

átír *v (hibás szöveget)* rewrite* ‖ *(fonetikusan)* transcribe ‖ *(zeneművet)* arrange for (piano etc.) ‖ *(ingatlant)* transfer/convey [property] to sy by deed, make* over [property] to sy; *US* deed

átirányít *v (vhová)* direct (to), redirect (to); *(közlekedésben)* re-route

átírás *n (szövegé)* copy, rewriting ‖ *(fonetikus)* (phonetic) transcription ‖ *(átruházás)* transfer

átírási illeték *n* transfer duty/fee

átirat *n (zenei)* transcription, arrangement

átírat *n (ingatlant stb.)* make* over (to), have* (sg) transferred to sy by deed

átismétel *v* go* over [a lesson] again

átitat *v vmt vmvel* soak, saturate, impregnate *(mind:* sg with sg) ‖ *átv* imbue with

átível *v* span

átizzad *v (ember)* drip with sweat ‖ *(ruhát)* sweat* through [one's clothes]

átjár *v vhová* go* frequently over to

átjárás *n* passage ‖ *(út)* way through ‖ **az** ~ **tilos!** no thoroughfare

átjáró n *(út)* passage(-way) ‖ *(szính stb. sorok között)* gangway; *főleg US* aisle
átjön v come* over; *(látogatóba)* come*/call (a)round (to see sy)
átjut v *(túljut)* (manage to) get* across; *(nehézségen)* get* over
átkapcsol v *(áramot)* switch over *(vmre to)* ‖ *(telefonon)* connect sy (with another line) ‖ ~**om Smith úrhoz** I'm putting you through to Mr. Smith
átkarol v vkt embrace
átkarolás n *(átölelés)* embrace
átkel v vmn cross sg
átkelés n crossing; *(óceánon)* passage
átkelőhajó n ferry(boat)
átkelőhely n *(gyalogosoké)* (pedestrian) crossing; *US* crosswalk ‖ *(folyón)* crossing(-place/point)
átképez v retrain
átképzés n retraining
átképzős n adult trainee
átképző tanfolyam n training programme
átkeresztel v rename; *biz* rechristen
átkerül v be* transferred to
átkiabál v shout across/over
átkísér v escort/see* (sy) across
átkos a cursed; *(végzetes)* fatal
átkoz v curse
átkozódás n *(cselekedet)* cursing ‖ *(kifejezés)* curse, swearword(s)
átkozód|ik v curse, swear*
átkozott a damned ‖ ~**(ul) hideg volt** it was awfully/damned cold
átköltözés n *(költözködés)* moving
átköltöz(köd)|ik v move house; (re)move *(vhonnan* from, *vhová* to)
átköt v *(csomagot)* tie up (with a string)
átkötöz v tie/bind* up
átkutat v search through, examine thoroughly; *(terepet kat)* reconnoitre (*US* -ter); *(zsebeket)* go* through [one's pockets]
átküld v send* over to, remit; vkt vmért send* sy (over) for sg (v. to fetch sg); vkért send* for sy
átlag 1. n average; *(számításban)* mean ‖ ~**on felül(i)/alul(i)** above/below (the) average *ut.*; ~**át kiszámítja vmnek** average sg **2.** *adv* on average
átlagár n average price
átlagbér n average wage
átlagember n man° in the street
átlagjövedelem n average income
átlagkereset n **havi** ~ average monthly earnings *pl* (v. wage)
átlagos a average, mean; ordinary, common ‖ ~ **képességű** of middling ability *ut.*
átlagosan *adv* on average ‖ ~ **kitesz** average out (at sg), average [so much]

átlagsebesség n average speed
átlagteljesítmény n average output
átlagtermelés n average production
atlanti a Atlantic
Atlanti-óceán n **az** ~ the Atlantic (Ocean)
atlanti-óceáni a Atlantic
átlapoz v *(könyvet)* leaf through [a book] ‖ *(másik oldalra)* turn the page
atlasz n *(térképes)* atlas
átlát v *átv vmn* see* through sg; *vkn* see* through sy ‖ *vmt* comprehend, realize
átlátszatlan a opaque, not transparent
átlátsz|ik v show* through
átlátszó a transparent ‖ ~ **kifogás** hollow pretext; ~ **hazugság** transparent lie
átlendül v *(tárgyon)* swing*/jump over (to)
átlép v *vmn* step over/across, cross ‖ *vmt* cross ‖ *(mértéket)* exceed ‖ ~**i a határt** *átv* go* too far
atléta n athlete, sportsman°
atlétatermetű a athletic
atlétatrikó n vest, singlet; *US* undershirt
atlétika n athletics *sing.*
atlétikai a athletic, athletics
atletizál v practise (v. go* in for) athletics
átló n diagonal (line)
átlós a diagonal, transversal ‖ ~**an** diagonally
átlő v *vmt* shoot* through ‖ *vhová* shoot*/fire over/across ‖ *(labdát)* shoot*/kick (the ball) over (to)
átlyukaszt v make* a hole in sg, perforate; *(jegyet)* punch
átmásol v *(rajzot)* trace; *(szöveget, szalagot stb.)* copy
átmász|ik v climb over
átmegy v *vhol* pass (through), walk through/across; *(kocsival)* drive* across ‖ *vhová* go* over/across to; *(úttesten)* cross ‖ *(bajokon, megpróbáltatáson stb.)* undergo* (sg) ‖ ~ **a hídon** cross the bridge; ~ **a szomszédba** go* next door; ~ **egy másik iskolába** change schools, transfer to another school; **átment (a vizsgán)** (s)he passed (the examination), (s)he got through the exam; **betegségen megy át** go* through a disease (v. an illness); **támadásba megy át** take* the offensive; **változáson megy át** undergo* a change
átmeleged|ik v warm up; *(csapágy)* heat (up)
átmelegít v make* (sg) thoroughly warm; *vkt* warm sy up
átmelegsz|ik v = **átmelegedik**
átmenet n transition (from ... to); ~ **nélkül** suddenly, abruptly

átmeneti *a* transition(al); *(ideiglenes)* temporary, provisional, makeshift ‖ ~ **időre** ad interim, pro tem.; ~ **idő(szak)** transition (period); ~ **intézkedés** interim/temporary measure

átmenetileg *adv* temporarily, for the time being, provisionally

átmenő *a* transit, passing (through) ‖ ~ **forgalom** *(közlekedésben)* through traffic; *(kiegészítő tábla szövege)* except for access; *ker* transit trade

átment *v vmt* preserve for posterity

átmérő *n* diameter; *(csőé)* bore, diameter ‖ ~**je 30 cm is*** one foot in diameter

atmoszféra *n* atmosphere ‖ *átv* atmosphere, climate

atmoszferikus *a* atmospheric(al)

átmulat *v* ~ **egy éjszakát** *biz* whoop it up all night

átnedvesed|ik *v* become* damp, get* wet

átnedvesít *v* wet through/thoroughly

átnéz *v (nyíláson)* peep through; *(vm fölött)* look over/across ‖ *(szomszédba)* biz drop in (on sy), look in (on sy) ‖ *(írást)* look/go* through/over; *(futólag)* glance/run*/skim through; *(átjavítva)* revise ‖ **a következő folyóiratokat néztem át** I've checked (*v.* I've been through) the following periodicals

átnyergel *v átv* change one's opinions/profession/party

átnyom *v* press/put* through; *(szitán)* rub through [a sieve]

átnyújt *v vknek vmt* hand (over) sg to sy, hand sy sg; *(ünnepélyesen)* present sg to sy (*v.* sy with sg)

átnyúl|ik *v (térben)* extend stretch/over, *(időben)* extend into [October etc.]

átok *n* curse ‖ **átkokat szór rá** call down curses upon sy

átolvas *v (szöveget)* read* through; *(futólag)* look over, skim* through ‖ *(pénzt)* count over

atom *n* atom; *(összet.)* atomic, nuclear

atombiztos *a* nuclear-proof

atombomba *n* atomic/atom bomb, A-bomb

atomcsapadék *n* fallout

atomcsendegyezmény *n* (nuclear) test ban, test-ban treaty, A-bomb ban

atomenergia *n* atomic/nuclear energy/power

atomerőmű *n* nuclear/atomic power station

atomfegyver *n* atomic/nuclear weapon

atomfegyver-kísérlet *n* nuclear/atomic weapon test

atomfegyvermentes övezet *n* nuclear-free zone

atomfelhő *n* atomic cloud

atomfizika *n* nuclear/atomic physics *sing.*

atomfizikus *n* nuclear/atomic physicist

atomháború *n* nuclear/atomic war(fare)

atomhajtású *a* nuclear-powered

atomhulladék *n* atomic/nuclear waste

atomkísérlet *n* atomic/nuclear test, A-test

atomkorszak *n* nuclear/atomic age

atomkutatás *n* nuclear/atomic research

atomkutató *n* nuclear/atomic scientist

atommag *n* nucleus

atomrakéta *n* nuclear-powered rocket, nuclear missile

atomreaktor *n* (nuclear) reactor

atomrobbantás *n* atomic blast

atomsorompó-egyezmény *n* nonproliferation agreement/treaty

atom-tengeralattjáró *n* A-submarine; nuclear(-powered) submarine

atomtöltet *n* nuclear warhead

atomtudós *n* nuclear scientist

atomvédelem *n* nuclear defence

atomvédelmi *a* antiatomic

átölel *v* embrace, clasp in one's arms

átöltöz(köd)és *n* changing, change (of one's clothes)

átöltöz(köd)|ik *v* get* changed, change (one's clothes)

átöltöztet *v* change the clothes of sy

átönt *v* pour over (into)

átpártol *v* change sides

átpártolás *n* changing sides

átprogramoz *v szt* reprogram

átragad *v (betegség vkre)* be* infected with [disease]

átrágja magát *v (könyvön)* plough/wade through

átrajzol *v (másol)* trace ‖ *(újra)* redraw*

átrak *v (árut)* transfer, transship

átrakás *n (árué)* transfer, transshipment

átrakod|ik *v* transship [goods/cargo]

átrándul *v vhova* make* a short trip (to), make* an excursion (to)

átráz *v biz (becsap)* do* (sy), have* sy on; *US* put* (sy) on

átrendez *v* rearrange, regroup

átrepül *v (vm fölött)* fly* over/across ‖ **vhová** fly* to ‖ ~**i az óceánt** fly* across/over the sea

átrobog *v* rattle/rush through

átrohan *v vmn, vhol* rush/dash through/over ‖ **vhova** run*/rush over to

átruccan *v* = **átrándul**

átruház *v (vkre értéket)* transfer, *US* deed (sg to sy); *(jogot)* grant (to)

átruházás *n (értéké)* transfer(ence); *(jogé)* grant

átruházható *a* transferable

átsegít v *(átkelőhelyen)* help sy cross the road (v. cross over); *(bajon)* help (sy) through (sg), tide (sy) over (sg)
átsétál v walk/stroll (over/across) *(vhova to)*
átsiet v hurry over/across (to)
átsikl|ik v *(hibán)* pass/skate over sg, overlook (sg) ‖ *(tényeken)* disregard
átsugárz|ik v shine* through
átsuhan v vmn glide over/across sg ‖ **mosoly suhant át az arcán** a smile flickered/flitted across his face
átsül v *(hús)* be* done (to a turn) ‖ **jól ~t** be* well-done
átsüt v **jól át van sütve** be* well-done; **nincs jól ~ve** be* underdone, be* (done) rare
átszab v refashion
átszakad v break* through, burst*
átszakít v burst*, break*
átszalad v vhova dash/run*/pop over to
átszáll v vmn át fly* across/through ‖ *(járművön)* change ‖ **~ a 7-es buszra** change to the number seven bus; **át kell szállni vonatról buszra** have* to change/transfer from the train to a bus; **hol kell ~ni ... felé?** *(villamoson, buszon)* where do I change for ...?
átszállás n *(közlekedési)* change
átszállít v vhova transport to
átszállóhely n *(vasúti)* junction
átszámít v convert (into)
átszámítás n conversion (into)
átszámítási a **~ árfolyam** rate of exchange, exchange rate; **~ táblázat** conversion table
átszámol v *(újra)* count over, re-count; *(ellenőriz)* verify
átszámoz v renumber
átszel v *(vág)* cut* through/across, intersect
átszervez v *(intézményt)* reorganize
átszervezés n reorganization
átszitál v sift, pass (sg) through a sieve
átszól v call over to sy
átsző v vmvel interweave* sg with sg; *(átv is)* lace sg with sg
átszök|ik v vhová flee* to; *(ellenséghez)* go*/run* over to
átszúr v pierce, stab
átszűr v strain, filter
átszűrőd|ik v *(folyadék)* seep/ooze through; *(hang)* filter/come* through; *(fény)* glimmer/filter through
áttanulmányoz v examine, study
attasé n attaché
áttekercsel v rewind*
áttekint v vmt survey, look over ‖ **~ették a helyzetet** they surveyed/discussed the situation
áttekintés n *(szemle)* survey, view ‖ *(tárgyköré)* summary; *(könyvcímben)* outlines pl; *(eseményeké)* review ‖ **(rövid) ~t ad vmről** offer a (brief) survey of sg
áttekinthetetlen a *(túl nagy)* vast, immense ‖ *(zavaros)* confused, puzzling
áttekinthető a *(jól elrendezett)* clearly/lucidly/well arranged
áttelel v spend* the winter, live through the winter; *(alvó állat)* hibernate
áttér v *(másik oldalra)* cross (over) (to) ‖ *(más témára)* pass over/on to; *(más módszerre)* switch over to, turn to ‖ *(más hitre)* be* converted (v. US convert) to ‖ **más foglalkozásra tér át** change jobs, turn to another occupation; **más témára tér át** change the subject
átterel v **~i a forgalmat** divert the traffic
áttérés n *(más módszerre)* change-over, switch-over ‖ *(vallási)* conversion (to)
átterjed v spread* (over) *(vhová to)*
áttesz v vmt máshová put*/shift over to, transfer to ‖ *(székhelyét)* transfer [one's seat] to another place ‖ *(vkt áthelyez)* move, transfer to ‖ *(vmt más/későbbi időpontra)* rearrange, put* back (until v. till v. to) ‖ *(más nyelvre)* translate (into) ‖ **tedd át múlt időbe** put it into the past tense
áttétel n *(áthelyezés)* transfer, removal ‖ műsz *(gear)* transmission ‖ orv metastasis *(pl -ses)*
áttételes a orv metastatic ‖ műsz **~ hajtás** gear drive
áttetsz|ik v show* through
áttetsző a semi-transparent, translucent
attól 1. pron from that ‖ **~ az embertől** from that man°; **~ félek, hogy** I am afraid that; **ez ~ van, hogy** this is due to 2. adv **~ fogva** from that time, since then, ever since; **esik az eső, de ~ még jöhetsz** it's raining but that's no reason for you not to come
áttol v vhová push over/across; vmn keresztül push through
áttölt v *(folyadékot)* pour (sg) into another [container]; *(lefejt)* decant
áttör v vmt break* through ‖ vmn break* through ‖ *(ételt szitán)* rub through [a sieve], mash ‖ **~i a védőgátat** burst* the dyke (v. US dike); **~ a kordonon** *(tömeg)* surge over (v. overflow) the barriers; **~ a tömegen** squeeze through the crowd
áttörés n *(átv is)* breakthrough ‖ **~i kísérlet** attempted breakthrough
attrakció n attraction, feat
áttüzesed|ik v become* red-hot

átugr|ik *v vmn* jump/clear sg || *(kihagy)* skip, leave* out, bypass

átúsz|ik *v (folyót)* swim* [a river]

átutal *v (pénzt)* remit, transfer || **szíveskedjék csekken ~ni** kindly remit by cheque

átutalás *n (pénzé)* remittance

átutalási betétszámla *n kb.* current account; *US* checking account

átutazás *n* transit

átutaz|ik *v vmn* travel *(US* -l) (in transit) through/across

átutazó 1. *a* passing, transit || ~ **vendég** temporary guest **2.** *n* transit passenger || ~**ban van vhol** be* on one's way through, passing through (swhere)

átutazóvízum *n* transit visa

átültet *v növ* transplant, replant; *(más cserépbe)* repot || *orv (bőrt)* graft; *(szervet)* transplant || *(szöveget)* translate (from ... into), render (into)

átültetés *n növ* transplantation || *orv (szervé)* transplant, transplanting an organ || *(fordítás)* translation

átüt *v vm vmn* show* through

átütemez *v* reschedule

átütemezés *n* rescheduling, reschedule

átütő *a* ~ **erő** penetrating force; ~ **siker** resounding success, éclat

átüzen *v* send* word (to), send* a message (to)

átvág *v (mezőkön)* take* a short cut [across the fields], make* a beeline for || *vmt* cut* through; *(kétfelé)* cut* in two/half

átvállal *v* take* sg upon oneself, undertake* || **tartozást** ~ assume a debt

átvált *v (pénzt)* exchange (vmre for), convert into || *el (másik csatornára, tévét)* switch over; *(vasúti váltót)* throw* over (the points) || *műsz* switch over (automatically), change over, shift

átváltási árfolyam *n* rate of exchange, exchange rate

átváltható *a (valuta)* convertible (into); *(igével)* can be converted (into)

átváltozás *n* transformation, conversion

átváltoz|ik *v* = **átalakul**

átváltoztat *v vkt* transform, convert, change; *vmt* transmute || *(büntetést)* commute [sentence]

átvergőd|ik *v vmn* struggle/plough *(US* plow) through, fight* one's way through; *(nehézségeken)* muddle through

átvérz|ik *v (seb)* bleed* through; *(kötés)* blood seeps/shows* through; ~**ett kötés** bloodstained bandage

átvesz *v vktől vmt* take* over sg from sy, receive; *(hivatalát)* take* over [one's duties] || *(korábbi hibákat)* inherit; *(rossz szokást)* adopt || *(szót más nyelvből)* borrow, adopt || ~**i a kitüntetést** receive the decoration/award; ~**i az üzenetet** take* a message; **köszönettel átvettem** received with thanks

átvészel *v (megpróbáltatást)* go*/live through, (manage to) survive; *(betegséget)* pull through [a crisis], get* over [an illness]

átvétel *n ált* taking over; *(árué, pénzé)* receipt (of) || **a hatalom ~e** takeover (of power), coming (in)to power; ~**kor fizetve** cash on delivery; ~**t elismer** acknowledge receipt

átvételi elismervény *n* (acknowledgement of) receipt, acceptance certificate

átvevő *n* receiver, recipient; *(küldeményé)* addressee

átvezet *v (út vmn)* lead*/pass through; *(híd)* pass over || *(vkt úttesten)* see* (sy) across/over, help sy cross the road

átvilágít *v (röntgennel)* x-ray

átvilágítás *n (röntgen)* x-ray(ing)

átvillan *v* flash across/through || ~**t az agyamon** it flashed across/through my mind

átvirrasztott *v* ~**ja az éjszakát** *(álmatlanságból)* not sleep* a wink (all night); *(szándékkal)* sit*/be* up all (through the) night

átvisz *v vmt vhol* take*/carry (sg) over (sg); *vkt vhol* help sy cross over || *(tételt)* carry/bring* forward, carry over || *sp biz (lécet)* clear [the bar]

átvitel *n (erőé)* transmission || *(könyvelésben)* carried/brought forward *(röv* B/F, b/f)

átvitt értelemben *adv* figuratively, in a figurative sense

átvizsgál *v ált* examine, check; *(szöveget)* revise, go* through (sg); *(gépet)* service; *(terepet)* comb, search

átvizsgálás *n* examination, checking; scrutiny; *(szövegé)* revision; *(autóé)* service

átvonul *v vmn, vhol* pass through

atya *n* father

atyafi *n (rokon)* relation, relative, kinsman°|| *elit, tréf* yokel; (country) bumpkin

atyafiság *n (viszony)* kinship || ~**ban vagyok vele** we are relatives

atyai *a* fatherly, paternal || ~ **ház** paternal roof

au *int* ~, **de megütöttem a lábam!** ouch! I've hurt my foot!

audiovizuális *a* audiovisual, AV

auditórium *n* auditorium, lecture room/theatre

aug. *n* = **augusztus** August, Aug.

augusztus *n* August || ~**ban,** ~ **folyamán** in (the course/month of) August; ~ **5-én** on 5th August, on August 5th *(ki-*

mondva: on the fifth of August, on August the fifth)
augusztusi *a* August, in/of August *ut.* ‖ ~ **napok** August days; **egy** ~ **napon** on a day in August, on a certain August day
aukció *n* auction, sale (by auction)
aula *n* assembly/great hall
ausztrál *a/n* Australian
Ausztrália *n* Australia
ausztráliai *a/n* Australian
Ausztria *n* Austria
ausztriai *a/n* Austrian
autentikus *a* authentic, genuine
autó *n* (motor)car; *US* automobile, *biz* auto ‖ ~**n**/~**val megy** go*/travel (*US* -l) by car; *(de: egy bizonyos autóval)* in [my/Peter's *v.* the big yellow etc.] car; **vkt** ~**n visz** drive* sy, take* sy in one's car
autóalkatrészek *n pl* spare parts; *GB* (car)spares
autóantenna *n* car aerial
autóatlasz *n* road-atlas
autóbaleset *n* car accident; *(halálos)* fatal accident
autóbusz *n* bus; *(emeletes)* double-decker; *(távolsági)* coach ‖ **a 12-es** ~ **the/a** number twelve bus, bus number twelve; **autóbusszal** by bus; *(távolságival)* by coach
autóbuszjárat *n* bus line/service
autóbuszjegy *n* bus ticket
autóbuszkalauz *n* bus conductor
autóbusz-közlekedés *n* bus service; *(távolsági)* coach service
autóbuszmegálló *n* bus-stop; *(távolsági)* coach-stop
autóbusz-pályaudvar *n* coach station
autóbuszvezető *n* bus-driver; *GB* busman°
autodidakta 1. *a* self-taught/educated **2.** *n* autodidact, a self-taught person
autóduda *n* (car) horn
autóemelő *n* jack
autóforgalom *n* motor traffic
autogejzír *n* gas water-heater; *GB* geyser
autogram *n* autograph, signature
autógumi *n* tyre, *US* tire
autógyár *n* motor works *sing.*, car factory
autóipar *n* motor/car industry
autójavító (műhely) *n* (car) repair shop
autókarambol *n* (motor)car accident/ collision/crash
autókirándulás *n* drive, car excursion
autóklub *n* automobile/motoring club; *GB* Automobile Association, Royal Automobile Club
autóközlekedés *n* motor traffic

automata 1. *a* ~ **büfé** *GB* food and drink dispensers *pl*; *US* automat; ~ **sebváltó** automatic transmission **2.** *n* *(pénzbedobós)* automat, slot machine, coin-operated machine; *US (cigaretta-, büféáru- stb.)* vending machine
automatika *n* automation
automatikus *a* automatic ‖ ~**an** automatically
automatizál *v* automate, make* automatic ‖ ~**t** automated
automatizálás *n* automation
autómentő *a/n* ~ **(kocsi)** breakdown van; *US* tow truck, wrecker; ~ **szolgálat** recovery/breakdown service
autómosó *n (hely)* carwash
autonóm *a* autonomous, self-governing
autonómia *n* autonomy, self-government
autópálya *n* motorway; *US* expressway, freeway; **fizető** ~ *US* turnpike; **az M7-es** ~ the M7 motorway
autópályadíj *n* toll
autóparkoló *n* car park; *US* parking lot
autórádió *n* car radio
autós *n* motorist
autósiskola *n* driving school
autósport *n* motoring
autóstop *n* ~**pal utazik** hitchhike, thumb a lift; ~**ot kér** hitch a ride, thumb a lift/ride
autóstoppos *n* hitchhiker, thumber ‖ ~**t felvesz** give* sy a lift
autószerelő *n* car/motor mechanic
autószerencsétlenség *n* car accident/ crash; *(tömeges)* pile-up
autószerviz *n* service station
autoszifon *n* (soda) siphon
autótérkép *n* road map
autóút *n (úttest)* motor road ‖ *(megtett út)* motor tour, drive ‖ **ötórás** ~ it's a five-hour drive, it's five hour's drive
autóverseny *n* motor/car race, car rally
autóversenypálya *n* motor racing track, motoring (race) course
autóversenyző *n* car racer
autóvezetés *n* (car) driving
autóvezető *n* (car) driver
autózás *n* motoring; *(rövid)* drive, ride
autóz|ik *v* go* for a drive/ride; *biz* go* for a spin
avagy *conj* or (else)
avantgárd *n/a* avant-garde
avar *n* fallen leaves *pl*
avas *a* rancid, rank
avat *v (emlékművet)* dedicate; *(épületet)* inaugurate, open ‖ **doktorrá** ~ **vkt** confer the degree of doctor on sy
avatatlan *a (titokba)* uninitiated ‖ *(illetéktelen) (főnévvel)* outsider

avatott *a (szakértő)* expert ‖ ~ **ismerője vmnek** (great) authority on sg

avégett *adv* ~, **hogy** for the purpose of ...ing, in order to ..., with a view to ...; ~ **jött, hogy** he came (in order) to

az[1] *(határozott névelő)* the

az[2] *pron* that *(pl* those) ‖ ~ **a fiú** that boy (over there); ~, **aki** (he) who; ~, **ami** what, that which; **ez** ~ that's it, here it is; **ez nem** ~ that's not the one (I meant), that's the wrong one; **ki** ~? who is that/it?; **én vagyok** ~ it's me; **mi** ~? what's that?, what's the matter?; ~**ok az emberek, akik** (those) people who

azalatt *adv* meanwhile, in the meantime ‖ **míg te olvasol,** ~ **én írok** I'll do some writing while you read *(v.* are reading)

azáltal *adv* thereby, by that means ‖ ~, **amit mondott** by what he said; ~, **hogy nem adta vissza** by not returning it

ázás *n* soaking, getting wet, drenching

azaz *conj* that is (to say), namely *(röv* i.e.) ‖ **50,** ~ **ötven forint** 50 say fifty forints

azbesztlap *n* asbestos sheet

azelőtt *adv (vm előtt)* before, earlier ‖ *(régebben)* previously, formerly, in former times ‖ ~ **én is szerettem** I, too, used to like it; ~, **hogy** ... before ...; **egy hónappal** ~ a month earlier; **mint** ~ as in the past; **úgy, mint** ~ just as before

azelőtti *a* former, old, previous, original

azért *adv/pron (azon okból)* therefore, for that reason, on account of that, that is why *v.* that's why ‖ *(amiatt, cél)* for ‖ ~ **a könyvért jöttem** I have come for that book; ~ **is!** for all that!, still ...; **de** ~ **csak menjünk** we should go all the same; **ez** ~ **van, mert** the reason for this is that; ~, **hogy** *(azzal a céllal)* in order that/to; ~ **se(m) megyek el!** I won't go, never fear; I just won't go

áz|ik *v (lében)* soak, steep ‖ *(esőben)* get* wet ‖ **bőrig** ~**ik** get* wet through, be*/get* soaked to the skin

aziránt *adv* ~ **érdeklődöm, hogy** I'm inquiring about

aznap *adv* that day; *(ugyanazon a napon)* the same day ‖ ~ **reggel** that morning

azon[1] *adv/pron vmn* on that ‖ ~ **az áron** at that price; ~ **belül** (well) within it/sg; ~ **leszek, hogy** I'm anxious to see that [everything is in order etc.]; I shall do my best to ...

azon[2] **1.** *pron (az a ...)* that *(pl* those) **2.** *adv* ~ **nyomban** there and then, on the spot

azonban *conj* but, however ‖ **ő** ~ **tévedett** he, however, was wrong

azonkívül *adv* besides, as well, moreover

azonnal *adv* immediately, instantly, at once, straight/right away, forthwith ‖ ~ **jövök!** just a minute!, shall be back in a minute

azonnali hatállyal *adv* with immediate effect, effective immediately

azonos *a vmvel/vkvel* identical with sg/sy, the same as sg/sy *ut.* ‖ ~ **értékű** equivalent, of the same value *ut.*; ~ **mértékben** to the same extent, in equal measure

azonosít *v* identify (with)

azonosítás *n* identification, identifying

azonosítható *a* identifiable ‖ **nem** ~ unidentifiable

azonosság *n* identity, sameness ‖ ~**ot megállapít** establish the identity, identify

azontúl *adv (idő)* after that, thereafter, from that time on

azóta *adv* since then, since that time, ever since ‖ ~, **hogy** since; **két év telt el** ~ two years have passed since; ~ **vár rá** she has been waiting for him ever since

ázott *a* soaked, drenched

azt *pron (tárgy)* that; *vkt* him, her ‖ ~, **aki** him who; ~ **mondják, hogy** it is said that, they say (that); ~ **már nem!** that won't do!

aztán *adv (azután)* then, afterwards, after that ‖ **de** ~ **ott légy!** don't (you) forget to *(v.* you'd better) be there!; **hát** ~?, **na és** ~? so what

áztat *v* soak, wet; *(vegyszerben)* steep ‖ **könnyekkel** ~ bathe in tears

azúrkék *a* azure (blue)

azután *adv/conj* afterwards, after that, then, next ‖ **évekkel** ~ years after

azzal *pron/adv vmvel* with that ‖ ~ **a feltétellel, hogy** on condition that; ~ **a kéréssel fordult hozzám** he requested me to ..., he asked if I would...; ~ **csak azt éri el** all he will get (done) this way is; ~ **már el is szaladt** having said this he ran away; ~ **már meg is csinálta** *kif* no sooner said than done

Ázsia *n* Asia

ázsiai *a/n* Asian, Asiatic

ázsió *n* **nagy az** ~**ja** be* in great demand

azsúr[1] *n (kézimunka)* hem-stitch, openwork

azsúr[2] *adv* ~**ban van** have* no arrears, be* up to date *(v.* not behind) with

B

-ba, -be *suff* **a)** *(helyhatározó)* to; **Angliába megy** go* to England/Britain; **a városba megy** go* to the town || in, *in*to; **bemegy a házba** go* *in*(to) the house || for; **elutazott Sopronba** (s)he left for Sopron; **bejut a döntőbe** qualify for the f*i*nal || *(elöljáró nélkül)* **útba igazít** direct sy, show* sy the way; **a szobába lép** *e*nter the room **b)** *(időhatározó)* **sok időmbe került** it took me a long time **c)** *(véghatározó)* into, in; **belemegy a játékba** enter *i*nto a/the game || to; **beleszokik vmbe** accustom/ad*a*pt ones*e*lf to sg **d)** *(vmként)* as; **ajándékba kap vmt** rece*i*ve/get* sg as a present **e)** *(okhatározó)* of, with; **belefárad vmbe** get* tired of sg; *biz* be(come)* fed up with sg **f)** *(csereérték, viszontszolgáltatás, elöljáró nélkül)* **5 forintba került** it cost (sy) 5 fts; **sokba kerül** cost* much

bab *n növ* bean; *(gyűjtőnévként)* beans *pl* || **nem ~ra megy a játék** there is* a great deal at stake

báb *n (játékbaba)* doll || *(bábjátékhoz, kézre húzható)* (glove) p*u*ppet; *(zsinóros)* marion*e*tte || *átv* (mere) p*u*ppet, plaything || *(teke)* (*n*ine)pin || *(rovaré)* p*u*pa *(pl* -as *v.* -ae); *(lepkéé)* chrysalis

baba *n (játék)* doll || *(csecsemő)* baby

bába *n* m*i*dwife°

babakelengye *n* lay*e*tte

bábaképző *n* (school of) m*i*dwifery

babakocsi *n (játékbabáé)* doll's pram || = **gyermekkocsi**

babapiskóta *n* sponge f*i*ngers *pl*

babaruha *n (csecsemőé)* baby's clothes *pl* || *(játékbabáé)* doll's clothes *pl*

bábáskod|ik *v átv* be* in at the birth of sg

bábeli zűrzavar *n* a v*e*ritable B*a*bel

babér *n (növény)* l*au*rel, bay || *átv* l*au*rels *pl*, gl*o*ry

babérkoszorú *n* l*au*rel wreath

babérlevél *n (konyhai)* bay leaf°

bábfilm *n* p*u*ppet film

babfőzelék *n* dish of (boiled) beans

babgulyás *n* Hung*a*rian bean goul*a*sh

bábkormány *n* p*u*ppet government

babona *n* superst*i*tion

babonás *a* superst*i*tious

babrál *v (zavarában)* f*i*ddle with, f*i*nger || *(javító szándékkal)* t*i*nker with

babszem *n* (a) bean

bábszínház *n* p*u*ppet theatre; *(bábjáték)* p*u*ppet-show

bábu *n* → **báb**

babusgat *v* f*o*ndle, d*a*ndle, car*e*ss

bacilus *n* germ, bac*i*llus *(pl* -c*i*lli)

bacilusgazda *n* (dis*ea*se/germ-)c*a*rrier

bácsi *n u*ncle || **János ~** *U*ncle John

bádog *n* sheet m*e*tal, tin (plate)

bádogos *n* t*i*nsmith, t*i*nman°

bagatellizál *v* play down (sg), make* light of; *elít* triv*i*alize

bagatell ügy *n* tr*i*fling m*a*tter, a mere bagat*e*lle

bagó *n* **~ért dolgozik** work for p*ea*nuts *(v.* a song)

bagoly *n* owl || **~ mondja verébnek, nagyfejű** it's (a case of) the pot c*a*lling the kettle black

bagóz|ik *v átv* smoke like a ch*i*mney

bágyadt *a* weak, w*ea*ry, l*a*nguid

bágyadtság *n* w*ea*riness, l*a*ssitude, l*a*nguor || **~ot érez** *biz* feel* like a wet rag

bágyasztó *a* *e*nervating, w*ea*rying, exh*au*sting, t*i*ring || **~ hőség** oppr*e*ssive heat

baj *n* ált tr*ou*ble; *(súlyos)* m*i*sery, grief, misf*o*rtune; *(enyhébb)* b*o*ther; *(betegség)* tr*ou*ble, compl*ai*nt || **annyi ~ legyen!** n*e*ver mind!; **az a ~, hogy** the tr*ou*ble is that; **~ban van** have* tr*ou*ble, be* in tr*ou*ble; **~t okoz** cause harm/tr*ou*ble; **ez/az (már) ~** that's too bad; **ez az ő ~a** that's his pr*o*blem; *biz* that's his f*u*neral; **mi (a) ~?** what's the m*a*tter?, what is it?, what's wrong?; *biz* what's up?; **mi a ~a?** vknek what's the m*a*tter with him/her?; *vmnek* what's the m*a*tter *(v.* what's wrong) with it?; **nem ~!** it does not m*a*tter!

báj *n* charm, gr*a*ce(fulness)

bajkeverő *n* tr*ou*ble/m*i*schief-maker

bajlód|ik *v vmvel* take* tr*ou*ble/pains with/*o*ver sg, b*o*ther ab*ou*t/with sg || **sokat ~ik a gyomrával** his st*o*mach gives* him a lot of tr*ou*ble

bajnok *n sp* champion || *(hős)* hero

bajnokcsapat *n* ch*a*mpion team

bajnoki *a* **~ cím** t*i*tle, ch*a*mpionship; **a ~ cím birtokosa/védője** t*i*tleholder, def*e*nder; **~ mérkőzés** l*ea*gue match, tie

bajnoknő *n* (lady/w*o*man°) ch*a*mpion

bajnokság *n* ch*a*mpion-ship

bajonett *n* b*a*yonet

bajor *a/n* Bav*a*rian

Bajorország *n* Bav*a*ria

bajos *a (nehéz)* d*i*fficult, tr*ou*blesome || *(kényes)* d*e*licate, *a*wkward

bájos *a* ch*a*rming, del*i*ghtful, l*o*vely

bajtárs *n kat* c*o*mrade, mate

bajusz *n* moust*a*che *(US* m*u*s-); *(macskáé)* wh*i*skers *pl*

bajuszos *a* moust*a*chioed, with a moust*a*che *ut. (US* m*u*s-)

bak *n (őz, nyúl, antilop stb.)* buck; *(hím állat)* male || *(állvány)* trestle; *(favágóé)* sawhorse, *US* buck || *(kocsin)* (coach-)box, driver's seat

baka *n biz* foot-soldier, infantryman°

bakancs *n* (hobnail/heavy) boots *pl*, brogue

bakelit *n* bakelite

bakfis *n* teenage girl, *US* bobby-soxer

baki *n biz* slip (of the tongue), slip-up

bakiz|ik *v biz* make* a slip/mistake, slip up

bakkecske *n* he/billy-goat

baklövés *n* blunder; *(vizsgán)* howler

baktat *v* trudge; *(ló)* amble

bakter *n (vasúti)* track-watchman°

bakterház *n* watch-box [on railway-line]

bakteriológia *n* bacteriology

bakteriológus *n* bacteriologist

Baktérítő *n* Tropic of Capricorn

baktérium *n* bacterium *(pl* -ria) || ~ **okozta** bacterial

bakugrás *n* leapfrog

bal *a/n* left || ~ **lábbal kel fel** get* out of the bed on the wrong side; ~ **oldal** the left, the left-hand side; left side → **baloldal; az út** ~ **oldalán** on the left-hand side of the road; ~ **parti** of the left bank *ut.*, left-bank; ~**ra** (to the) left; ~**ra át!** left turn!; ~**ra kanyarodik** turn left; ~**ra kanyarodni tilos!** no left turn; ~**ra nézz!** eye's left!; ~**ról** from the left; ~**ról jobbra** *(képen)* from left to right; ~**ul üt ki** turn out badly

bál *n* ball, dance

bála *n* bale

Balaton *n* Lake Balaton || **a** ~**nál** by/at Lake Balaton

balatoni *a* of Lake Balaton *ut.* || ~ **nyaraló** a summer house by Lake Balaton; ~ **bor** wine from the lake/Balaton region

balek *n biz* dupe; mug

balerina *n* ballerina, ballet-dancer

baleset *n* accident || **halálos** ~ a fatal accident; ~ **érte** (s)he had an accident; ~ **következtében meghalt** (s)he was killed in an accident

baleset-biztosítás *n* accident insurance

baleseti sebészet *n* accident surgery, traumatology

balett *n* ballet

balettiskola *n* ballet-school

balettkar *n* corps de ballet, the ballet

balettoz|ik *v (balettot táncol)* perform (in) a ballet || *(tanul)* study ballet

balett-táncos *n* ballet-dancer

balett-táncosnő *n* ballet-dancer, ballerina; *(karban)* chorus-girl

balfácán *n biz GB* silly bugger

balfedezet *n sp* left half *(pl* halves *v.* halfs), halfback

balga *a* silly, stupid, foolish

balgaság *n (viselkedés)* silliness, foolishness; *(kijelentés)* nonsense, absurdity

balhátvéd *n sp* left back

balhé *n biz* row, shindy, fuss || **elviszi a** ~**t vmért** carry the can

balhéz|ik *v biz* kick up a fuss/shindy/row

báli ruha *n* dress clothes *pl*, ball-gown

baljós *a* ominous, sinister, baleful || ~ **jel** ill omen

Balkán *n* the Balkans *pl*, the Balkan States *pl*

balkáni *a* Balkan

balkezes *a (személy, tárgy)* left-handed || *(ügyetlen)* (s)he is all thumbs || ~ **ember** left-hander; ~ **ütés** left-hand stroke, left-hander

balkon *n* balcony, *US* gallery

balközép *n* left centre *(US* center)

ballábas cipő *n* left foot shoe

ballada *n* ballad, lay

ballag *v* walk slowly, jog along, trudge

ballagás *n* slow walk, jogging along || *isk* ⟨graduating students' ceremonial farewell to their alma mater⟩

ballaszt *n* ballast; *átv* dead weight

ballépés *n átv* blunder || ~**t követ el** commit a faux pas *(v.* a blunder)

ballisztikus rakéta *n* ballistic missile

ballon *n* balloon

ballonkabát *n* raincoat, mackintosh

bálna *n* whale

baloldal *n pol* the Left, left wing

baloldali *pol a* left(-wing), progressive, leftist

báloz|ik *v* attend/frequent balls

balösszekötő *n sp* inside left

balsejtelem *n* misgiving, foreboding

balsors *n* bad/ill/hard luck, misfortune

balszélső *n sp* outside left, left-winger

balszerencse *n* bad/hard luck, misfortune

balszerencsés *a vk* ill-starred/fated

balta *n* hatchet, ax(e)

balti *a* Baltic || **a** ~ **államok** the Baltic States

Balti-tenger *n* the Baltic (Sea)

bálvány *n (átv is)* idol

balzsam *n (olaj)* balsam, balm || *átv* balm

bamba *a* foolish, simple, stupid

bámészkodás *n* gaping, staring

bámészkod|ik *v* gawk/gape/stare at sg || **az ott** ~**ók** the bystanders

bámul *v (elképedve vmn)* wonder at, be* astounded at; *vkre, vmt* gaze at, stare at || *(csodál)* admire (sy, sg) || ~ **om a türelmét** I admire *(v.* marvel at) his patience

bámulat *n (csodálat)* admiration (for) || ~**ba ejt** astonish/astound/amaze sy

bámulatos *a* surprising, amazing, wonderful || ~**an szép** stunning(ly beautiful)
-ban, -ben *suff* **a)** *(helyhatározó)* in; **ágyban marad** stay in bed; **Angliában** in England || at; **a buszmegállóban** at the bus-stop; **egy kisvárosban** at a small town; **iskolában van** be* at school; || *(különféle elöljáróval v. elöljáró nélkül)* **már többször járt Angliában** (s)he has been to Britain several times; **útban Budapest felé** on the way to Budapest; **b)** *(időhatározó)* in; **egész életemben** (in) all my life; **idejében** *(= jókor)* in (good) time; **júniusban** in June; **1959-ben** in 1959 || at; **délben** at noon, at twelve o'clock; **ugyanabban a pillanatban** at the same moment || *(elöljáró nélkül)* **ebben az évben** this year; **napjában kétszer** twice a day **c)** *(állapothatározó)* in; **bajban van** be* in trouble || at; **jó vmben** *(vmlyen tevékenységben)* be* good at sg || on; **jó barátságban van vkvel** be* on friendly terms with sy || *(elöljáró nélkül v. különféle elöljáróval)* **ellentétben van vmvel** contrast with sg; be*/run* counter to sg, be* at variance with sg; **hatalmában van** be* within one's power; **rendben van** that's all right **d)** *(módhatározó; különféle elöljáróval v. elöljáró nélkül)* **megírta levélben** he wrote it by letter; **nagyban ad el** sell* wholesale; **túlnyomó részben** for the most part **e)** *(okhatározó, különféle elöljáróval)* **sír örömében** she is crying for/with joy; **vmnek hiányában** for want/lack of sg
bán *v* regret, be* sorry for || ~**ja, hogy (vmt tett)** regret doing sg; **nem** ~**om** I don't care/mind
banális *a* banal, trite, commonplace
banán *n* banana || *biz* **unja a** ~**t** be* fed up
banándugó *n* split plug, banana pin/plug
bánásmód *n* treatment || **jó** ~**ban van része** be* well treated, receive good treatment
bánat *n* *(szomorúság)* sorrow; grief, distress || ~**ot okoz vknek** grieve sy, distress sy, cause distress to sy; **nagy** ~ **a** deep sorrow
bánatos *a* sorrowful, sad
banda *n* ált band; *(bűnöző)* gang
bandita *n* bandit, brigand, gangster
bán|ik *v* vkvel treat/handle sy, deal* with sy || *vmvel* handle/manage sg || **durván** ~**ik vkvel** handle sy roughly; **jól** ~**ik vkvel** treat sy well
bank *n* bank || ~**ba teszi a pénzét** deposit one's money in a bank; ~**ban dolgozik** work in the bank; *biz* **adja a** ~**ot** put* on airs, boast
bankár *n* banker
bankátutalás *n* bank transfer
bankbetét *n* bank deposit
bankett *n* banquet, (public) dinner || ~**et ad** *(vk tiszteletére)* give* a dinner (for sy)
bankfiók *n* branch (of a bank)
bankhitel *n* bank credit
bankigazgató *n* bank manager
bankjegy *n* banknote, note, *US* (bank-)bill
bankkamatláb *n* bank rate
bankkölcsön (bank) loan
bankó *n* = **bankjegy**
bánkódás *n* grief, sorrow (for), pining (after)
bánkód|ik *v* *(vm miatt, vk után)* sorrow (about/over sg *v.* for sg), grieve (for sy/sg)
bankrabló *n* bank robber
bankszakma *n* banking
bankszámla *n* bank(ing) account || ~**t nyittat egy banknál** open an account with a bank
banktisztviselő *n* bank-clerk
bánt *v* *(testileg)* hurt*, harm, trouble || *(bosszant)* annoy, vex; *(mást lelkileg)* hurt* sy's feelings || *(hozzányúl)* touch || **ne** ~**sd!** leave it alone!, hands off!
bántalmaz *v* hurt*, assault
bántalmazás *n* mistreatment (of sy)
bántalom *n* *(betegség)* disease, complaint || *(sértés)* insult
bántatlanul *adv* unharmed, unhurt
bántó *a* *(sértő)* offensive, insulting || *(bosszantó)* annoying || ~ **megjegyzés** sarcastic comment/remark
bántódás *n* insult || **nem lesz** ~**a** he will not be harmed, he will come to no harm
banya *n* hag, harridan, witch
bánya *n* mine
bányaipar *n* mining industry
bányalég *n* fire/choke-damp
bányamérnök *n* mining engineer
bányaomlás *n* falling in of a mine
bányász *n* miner, mineworker; *(szén* ~ *)* collier, pitman°
bányászat *n* mining
bányaszerencsétlenség *n* mining accident; *(nagyobb)* mine disaster
bányász|ik *v* mine
bányavidék *n* mining district/region/area
baptista *a/n* Baptist
bár[1] **1.** *conj (habár)* (al)though || ~ **nem egyszer megmondtam** although I have told you several times **2.** *adv (óhajban)* if only || ~ **igaz volna!** if only it were true; ~ **gyakrabban jönne!** I wish he would come more often, if he

would only come more often; **~ sohase láttam volna!** I wish I had never seen him/it
bár² *n* nightclub; *(szállodáé)* (hotel) bar
barack *n (sárga)* apricot; *(őszi)* peach
barackfa *n (sárga)* apricot-tree; *(őszi)* peach-tree
baracklekvár *n* apricot jam
barackpálinka *n* apricot brandy
barakk *n* állt hut, barracks *sing. v. pl*
barangol *v* ramble, roam, wander, rove *(mind:* about)
barangolás *n* ramble, roaming (about)
bárány *n (hús is)* lamb
báránybőr *n* lambskin, sheepskin
báránycomb *n* leg of lamb
bárányfelhő *n* fleecy/cirrus cloud
bárányhimlő *n* chicken-pox
bárányka *n* lambkin, little lamb
barát *n (jó barát)* friend; *(nőé)* (boy)friend; *US biz* buddy || *(szerzetes)* monk, friar || **a ~om** a friend of mine; *(nőé)* my boyfriend; **~okat szerez** make* friends; **gyermekkori ~** childhood friend; **igen jó ~ok** they are* great friends
barátfüle *n kb.* jam pockets *pl*
baráti *a* friendly, amicable; *(segítőleg)* brotherly || **~ kör** friends *pl*; **~ körben** among (intimate) friends; **~ összejövetel** get-together
barátilag figyelmeztet *v* give* sy a friendly warning
barátkozás *n* friendship, making friends
barátkoz|ik *v* make* friends *(vkvel* with), mix *(vkvel* with)
barátnő *n* girlfriend; *(idősebb)* lady-friend
barátság *n* friendship, friendly relations *pl* || **jó ~ban van vkvel** be* on friendly terms with sy; **~ból** out of friendship/kindness; **~ot köt vkvel** make* friends with sy
barátságos *a (szívélyes)* friendly, amicable, sociable || **~ szoba** cosy *(US* cozy) room; **~an** in a friendly manner
barátságtalan *a (modor)* unfriendly; *(időjárás)* dull || **~ul** in an unfriendly manner
barázda *n (földben)* furrow || *(arcon)* wrinkle || *(hanglemezen)* (sound-)groove
barázdál *v* furrow, make* furrows (in sg)
barbár *a (műveletlen, vad)* barbarous, barbaric
barbárság *n* barbarism, vandalism || **micsoda ~!** what an outrage!
bárcsak *adv* if only || **~ minél előbb jönne** I wish he would come as soon as possible; **~ velünk jöhetnél** I wish you could come with us, if only you could come with us

bárd¹ *n* hatchet; *(húsvágó)* (butcher's) cleaver
bárd² *n (dalnok)* bard
bárdolatlan *a (ember)* uncouth; *(stílus)* rough, unrefined; *(beszéd)* blunt
bárgyú *a* idiotic, imbecile, stupid
bárgyúság *n* idiocy, imbecility, stupidity
bárhogy(an) *adv* = **akárhogy**
bárhol *adv* = **akárhol**
bárhonnan *adv* from anywhere
bárhova *adv* = **akárhova**
barikád *n* barricade
bariton *n* baritone (voice)
baritonista *n* baritone (singer)
barka *n* catkin; *(fűzfáé)* pussy willow
bárka *n* boat || **Noé ~ja** Noah's Ark
barkácsbolt do-it-yourself shop
barkácsol *v* do* a bit of carpentry/carpentering, do* woodwork; *biz* knock together
barkácsolás *n* do-it-yourself, DIY
bárki *pron* = **akárki**
barkó *n* side-whiskers *pl*
barkochba *n* Twenty Questions
barlang *n* cave, cavern; *(állaté)* den, lair
barlangkutatás *n* caving, *GB* potholing, *tud* spel(a)eology
barlangkutató *n GB* potholer, *tud* spel(a)eologist
bármeddig *adv (helyben)* however far || *(időben)* however long
bármekkora *pron* whatever size/dimension, however large || **~ jó lesz** any size will do
bármely *pron* any || **~ időben** (at) any time, no matter when, whenever you wish/like
bármelyik *pron* = **akármelyik** || **~** *(a kettő közül)* either || **~ napon** any day
bármennyi *pron* = **akármennyi** || **~en** however many (people)
bármi *pron* = **akármi**
bármilyen 1. *pron* whatever, any (kind of) || **~ áron** at all costs, at whatever price **2.** *adv (bármennyire)* however || **~ jó legyen is** be it ever so good; **~ különösnek tűnik is** strange though it may appear
barna 1. *a* brown || **~ bőrű** *(született)* dark(-coloured); *(lesült)* (sun)tanned; **~ kenyér** wholemeal *(US* whole-wheat) bread; **~ nő** brunette; **~ sör** porter; **~ szemű** brown-eyed **2.** *n* brown (colour) || **~ra fest** paint sg brown; **~ra sül** get* (sun)tanned/bronzed
barnamedve *n* brown bear
barnás *a* brownish; *(arcszín)* swarthy
barnaszén *n* brown coal, lignite
barnít *v* (make*) brown; *(nap)* bronze, tan

barnul v brown, turn/become*/get* brown; *(naptól)* get* (sun)tanned/bronzed
báró n baron
bárói a baronial ‖ ~ **cím** barony
barokk a/n Baroque ‖ ~ **stílus** Baroque (style), the Baroque; ~ **zene** Baroque music
barom n *(állat)* cattle *pl*, livestock *pl* ‖ *(szidás)* brute, ass, idiot
barométer n barometer
baromfi n poultry *pl* (mint hús: *sing.*); *(főleg csirke)* chicken(s), fowl(s)
baromfitenyésztés n poultry-farming
baromfitenyésztő n poultry-breeder/farmer
baromfiudvar n fowl/poultry-run, *US* chicken-yard
baromi a *átv* beastly, bestial, brutish ‖ ~ **ereje van** he is* strong as a horse; ~ **jó volt** it was jet good
baromság n *(kijelentés)* (utter) nonsense, rubbish
bárpult n bar counter
bársony n velvet
bársonyos a velvety, velvet-like, (as) soft as velvet *ut.* ‖ ~ **bőr** velvety/delicate skin
bárszék n bar stool
bárszekrény n cocktail cabinet
basa n pasha
bástya n *(váré)* bastion, battlements *pl*; *átv* bulwark ‖ *(sakkfigura)* rook, castle
bástyafal n rampart
baszk a/n Basque ‖ ~ **sapka** beret
basszista n bass (singer)
basszus n bass (voice)
basszuskulcs n bass clef, F-clef
batiszt a/n cambric, batiste
bátor a courageous, fearless, brave, valiant ‖ ~ **ember** man of mettle; *kif* have* guts
bátorít v encourage, embolden, hearten
bátorítás n encouragement
bátorkod|ik v take* the liberty (of ...ing)
bátorság n courage, bravery
bátortalan a timid, fainthalf-hearted, lacking in courage *ut.* ‖ ~ **ul** timidly, half-heartedly
bátran adv courageously, boldly, bravely ‖ *(nyugodtan)* safely, without fear ‖ ~ **nekivág** start boldly on sg; **csak** ~! go ahead!
bátya n *(idősebb fivér)* elder brother ‖ *(megszólítás)* uncle; **Laci** ~ **m** Uncle Laci
batyu n bundle, pack
bauxit n bauxite
bauxitbánya n bauxite mine
bazalt n basalt

bazár n *(európai üzlet)* (cheap) fancy goods shop, bazaar; *(keleti)* bazaar
bazáráru n fancy-goods *pl*
Bázel n Basel
bazilika n basilica, cathedral
bázis n base, basis (*pl* bases)
B-dúr n B-flat major
be adv into, in ‖ *(műszeren)* on ‖ **most azután se** ~, **se ki** now we have come to a deadlock
-be *suff* → **-ba**
bé n [the note] B-flat ‖ *(zenei módosító jel)* flat
bead v ált *vmt* give*/hand in ‖ *(ruhatárba)* check; leave* [one's coat etc. in the cloakroom] ‖ *(orvosságot vknek)* administer [medicine to sy]; *(injekciót)* give* [sy an injection] ‖ → **benyújt** ‖ ~ **ja a fiút intézetbe** put*/send* the boy to a boarding-school; ~ **vknek vmt** *átv* (try to) make* sy swallow sg (whole)
beadás n giving/handing in; *(orvosságé)* administration (of); *(kérelemé)* presentation, filing, handing in ‖ *sp* centring (the ball)
beadási a ~ **határidő** deadline; ~ **határidő: június 1.** to be handed in (v. delivered) by June 1
beadvány n *(hatósághoz, kérelem)* application, petition, request; *(javaslat)* submission, proposal, suggestion
beágyaz v *vmt vmbe* (em)bed (sg in sg), encase (in) ‖ *(ágyat bevet)* make* one's/the bed
beajánl v *vkt* recommend sy (warmly) (to sy)
beakad v *vmbe* get* caught in sg
beakaszt v *(szekrénybe)* hang* up
bealkonyod|ik v night is* falling
beáll v *vhová* enter swhere, come*/stand* in ‖ *(beköszönt)* set* in ‖ *(folyó befagy)* freeze* over ‖ ~ **a sorba** join the queue; ~ **kocsijával (parkolóhelyre)** get*/manoeuvre (*US* maneuver) the/one's car into [a parking space]; ~**t a tél** winter has set in; **fordulat állt be** the tide has turned; **nem áll be a szája** *biz* his tongue is* always wagging/going
beállít v *vmt vmbe/vhova* put* sg in(to); *vkt vhova* place/send* sy in(to) ‖ *(beigazít)* set*, adjust; *(előre)* preset* ‖ *sp (csúcsot)* equal [the record] ‖ *(bejön)* turn up, drop in ‖ ~ **ja a rádiót** tune in the radio (to a station); **nincs jól** ~ **va** *(szerkezet; gép)* it's not set right (v. adjusted properly); **úgy állítja be a dolgot, hogy** present an affair in such a way as, give* the matter an appearance as if

beállítás

beállítás *n (beigazítás)* adjustment, setting; *(rádióé)* tuning in ‖ *átv (feltüntetés)* presentation, approach ‖ **hamis ~** misrepresentation, false interpretation

beállítottság *n* frame/cast of mind, (mental) attitude (to sg) ‖ **hasonló ~ú** congenial, having a similar disposition *ut.*; **hasonló ~úak** *biz* the likes of us/them

beállta a sötétség ~ előtt before nightfall

beállványoz *v (házat)* surround [a house] with scaffolding

beáramlás *n* inflow, influx; *(lassú)* infiltration

beáraml|ik *v* flow/rush/pour in(to)

beárnyékol *v* shade, overshadow

beárul *v vkt* denounce sy, inform on/against sy, accuse sy

beatnemzedék *n* Beat Generation

beatzene *n* beat (music)

beavat *v vkt vmbe* initiate/let* sy into sg ‖ *tex* preshrink* ‖ **nincs ~va** *(ügybe)* s(he) is an outsider

beavatkozás *n* intervention, interference; *(jogot csorbító)* encroachment (on) ‖ **(más ország) belügyeibe való ~** intervention/interference in the internal affairs of (another country); **be nem avatkozás** nonintervention

beavatkoz|ik *v vmbe* intervene in (sg); *(kéretlenül)* meddle/interfere in sg ‖ **~ik vk hatáskörébe** encroach on sy's authority

beavatott *a* initiated ‖ *tex* preshrunk ‖ **~ körök** well-informed circles

beázás *n (tetőn)* leak

beáz|ik *v* leak

beáztat *v* steep, soak

bebalzsamoz *v* embalm, mummify

bebarangol *v (vidéket)* roam (over), ramble/wander over [the countryside]

bebeszél *v vknek vmt* talk sy into (believing) sg ‖ **~ vmt magának** take*/get* into one's head, persuade himself (that)

bébi *n* baby

bébiétel *n (konzerv)* (tinned) baby food

bebizonyít *v* prove, demonstrate

bebizonyosod|ik *v* prove true, be* proved; *jog* be* proven, sg proves to be the case; *(hír)* be* confirmed

bebiztosít *v* insure ‖ **~ja magát** take* out life insurance

bebocsát *v* let* in, admit

bebocsátás *n* admission, admittance ‖ **~t kér** request (*v.* ask for) admittance

beborít *v (betakar)* cover ‖ *(beleszór)* pour (sg) into (sg)

beborul *v (ég)* cloud over, become* overcast, get* cloudy, lour (*US* lower)

bebörtönöz *v* imprison, put* in prison

bebugyolál *v (tárgyat)* wrap* up in ‖ **~ja a gyereket** tuck the child in/up

bebúj|ik *v (vhova könnyen)* slip in; *(nehezen)* creep*/wriggle in; *(ruhába)* slip into/on ‖ **~ik az ágyba** go* to bed; biz nip into bed; *tréf* **bújj be!** come on in!

bebújós *a (blúz, ruha stb.)* slip-on, slip-over

beburkol *v* wrap*, cover, envelop

bebútoroz *v* furnish

bebüdösít *v* stink* the place/room out

becenév *n* pet name; *(tréfás)* nickname

becéz *v (névvel)* call by a pet name ‖ *(simogatva)* (molly)coddle

becitál *v* summon sy (to a place)

becs *n* **(nagy) ~ben tart** esteem, cherish, value highly

Bécs *n* Vienna

becsap *v vmt vhová* throw* in, toss in; *(zálogba)* put* sg in hock ‖ *(rászed)* swindle, cheat, dupe, take* in ‖ *(villám)* strike* ‖ **~ja az ajtót** slam the door; **~ott a villám a házba** the house was struck by lightning; **~ták** he's been done/had; **2 Ft-tal ~tak** I've been cheated out of two forints

becsapás *n (ajtóé)* slam(ming), bang(ing) ‖ *vké* swindle, take-in, hoax ‖ *(villámé)* strike

becsapódás *n (bombáé)* hit, impact

becsapód|ik *v (bomba)* hit* ‖ **~ott az ajtó** the door slammed (to)

becsatol *v (iratot)* enclose with, append ‖ *(csatot)* clasp, buckle (up); *(biztonsági övet)* fasten

becsavar *v (csavart)* screw in ‖ *(begöngyöl vmbe)* roll up (in sg)

becsavarod|ik *v biz* go* off one's nut/rocker

becsempész *v* smuggle in

becsenget *v vhova* ring* (for admission) ‖ *isk* **~tek** the bell has gone

becsengetés *n isk* class-bell

becses *a (értékes)* precious, valuable ‖ *(ker levelezésben)* **okt. 25-i ~ levelét megkaptam** I have received your (esteemed) letter of October 25th

bécsi *a/n* Viennese, (of) Vienna ‖ **~ szelet** Wiener/Vienna schnitzel

becsinál *v (nadrágba)* make* a mess in one's trousers (*US* pants)

becsinált *a/n* fricassee ‖ **~ csirke** *kb.* chicken fricassee

becsíp *v* pinch/catch* in ‖ *(berúg)* get* a bit squiffy/tight ‖ **~te az ujját az ajtóba** he caught his finger in the door

becsípett *a* a bit squiffy/tight *ut.*; *(erősen)* tipsy

becslés *n* estimate; *(értékelés)* estimation ‖ **~em szerint** by my reckoning, in my estimation

becsmérel v disparage; *(nyilvánosan)* decry
becsmérlés n disparagement
becsmérlő a disparaging, abusive ‖ ~ **szavakkal illet vkt** abuse sy
becsomagol v *(árut)* pack, wrap* (up); *(ládába)* case, crate ‖ *(úti holmit)* pack (one's bags)
becstelen a dishonest, infamous
becstelenség n infamy, dishonesty ‖ ~**et követ el** behave in a dishonourable (*US* -or-) way
becsuk v *(ajtót, könyvet)* shut*, close; *(ernyőt)* put* down; *(fedelet)* shut* down, close; *vmbe* close/shut* up (in) ‖ *(börtönbe)* lock up ‖ *(üzemet)* close/shut* (down); → **bezár**
becsukód|ik v close, shut* (of itself)
becsúsz|ik v *(tárgy)* slip in ‖ *(élőlény)* sneak/creep* in ‖ **hiba csúszott be a számításába** *átv* an error has crept into the figures (v. one's calculations)
becsül v *(mennyiséget)* estimate; *(értéket)* value ‖ *vkt* esteem, value; *(nagyra)* think* well/highly of sy ‖ *(vmt értékel)* appreciate, value (sg); think* highly of (sg) ‖ **ezt igen ~öm benne** I respect him (very highly) for that
becsület n *(tisztesség)* honour (*US* -or-); *(becsületesség)* honesty; *(hírnév)* reputation ‖ ~**(é)be vág** sg reflects (up)on his/her honour; ~**be vágó** affecting one's honour *ut*.
becsületbeli a ~ **adósság** debt of honour (*US* -or); ~ **kérdés** point of honour
becsületes a *(ember)* honest, honourable (*US* -or-), upright, decent; *(játékban/üzletileg)* fair ‖ ~ **ember** an honest man, man of integrity; **nem** ~ dishonest, not fair; *(játék)* foul [play]; ~**en viselkedik** behave decently/properly (towards sy), play fair
becsületesség n honesty
becsületsértés n slander
becsületszó n word of honour (*US* -or) ‖ **becsületszavamra** on my word (of honour), honestly!; *biz* honest!; **becsületszavát adja** give*/pledge one's word
becsüs n *(árverési)* valuer ‖ *(biztosítási)* insurance assessor, (loss) adjuster
becsvágy n ambition
becsvágyó a ambitious
bedagad v swell* (up) ‖ ~**t a torka** his throat swelled up
bedeszkáz v board up, plank
bediktál v ~**ja a nevét** give* one's name
bediliz|ik v *biz* go* crazy, go* off one's head/rocker, go* round the bend

bedob v *ált* throw*/cast* in/into; *(postaládába)* drop [a letter in the letter-box] ‖ ~**ja a köztudatba** make* sg public
bedobál v throw* in, keep throwing (in)
bedobás n *sp* throw-in
bedolgoz|ik v *(mint bedolgozó)* be* an outworker, work at home [for a firm]
bedolgozó n outworker, home worker
bedögl|ik v fail, miscarry; *(motor)* stall; *biz* conk out
bedől v *(fal)* fall* in, collapse ‖ *biz vknek* be* taken in (by), be* fooled (by), fall* for
bedönt v *(falat)* cause to collapse
bedörzsöl v rub in
bedug v *vmt vmbe* put*/thrust*/push/shove in ‖ *(betöm)* stop, fill up, block, plug [a hole]
bedugaszol v *(hordót)* bung [a barrel]; *(palackot)* cork, stop
bedugul v get* stopped/choked up
beecsetel v paint ‖ ~**i a torkát** (s)he is coating his/her throat with sg
beékel v *(tárgyat)* wedge in
beékelőd|ik v *(tárgy)* get* wedged in
beemel v lift/hoist in/into
beenged v let* in, admit ‖ **nem engedik be** be* refused admittance/admission
beépít v *(területet)* build* up ‖ *(bútort)* build* in; *(beszerel)* mount (in) ‖ **kémet ~** plant a spy; ~**i a telkét** build* on one's land/plot
beépítés n *(területé)* building up ‖ *vmé vmbe* building in
beépítési terv n development plan
beépítetlen a unbuilt
beépített a *(terület)* built-up [area] ‖ ~ **bútor** built-in (v. fitted) furniture, fitment ‖ ~ **ember** *biz* mole
beépül v *(terület)* be* built up/over ‖ *(szervezetbe)* infiltrate, work one's way in(to)
beér v *vhova* arrive (at/in), reach sg ‖ *vkt* → **utolér** ‖ ~**i vmvel** be*/rest content/satisfied with sg, make* do with; **kevéssel ~i** it takes* little to satisfy him; **nyolcra ~ünk** we shall be in by eight
beereszt v *vkt* admit, let* in ‖ *(padlót)* wax(-polish) [floor]
beér|ik v ripen, become* ripe
beérkezés n arrival; *ker* receipt
beérkezett a ~ **áruk** the goods received; *átv* ~ **ember** a made man°; ~ **író** an established writer
beérkez|ik v arrive; *(hajó)* put* in; *(vonat)* arrive ‖ *vk átv* make* one's name
beesési szög n angle of incidence
beesett arc n hollow/sunken cheeks *pl*

bees|ik v fall* in; *(eső)* rain in || ~**ik az eső a szobába** it is* raining in(to the room)
beesteled|ik v it is* growing dark, night is* falling
beeszi magát v vmbe eat* itself in
beevez v row/put*/pull in
befagy v *(folyó)* freeze* in/over || ~**ott az ablak** the windows are frosted/iced over; **a vízvezeték** ~**ott** the waterpipes have frozen up/solid
befagyaszt v *(pénzügyileg is)* freeze*
befagyasztás n *(pénzügyileg)* freeze
befalaz v wall up
befárad v **tessék** ~**ni** please come/step/walk in
befásliz v bandage, strap up, bind* (up)
befecskendez v *(belsejébe)* squirt (sg) into (sg); *(orv bőr alá)* inject into
befed v cover (over); *(tetővel)* roof over/in
befejez v *(feladatot)* accomplish, finish; *(gyűlést)* bring* to an end, close; *(beszédet)* conclude, wind* up || **az ügy be van fejezve** the matter is settled
befejezés n finish(ing), conclusion, end(ing); *(munkáé)* completion || ~**ül** finally, in conclusion
befejezetlen a unfinished, incomplete
befejezett a finished, complete || **ez** ~ **dolog** that's settled; ~ **tény** an accomplished fact
befejező a concluding, final
befejeződ|ik v end, come* to an end, be* completed/finished
befeketít v vmt blacken sg, make*/paint sg black || vkt blacken (sy's character/name)
befeksz|ik v *(ágyba)* go*/take* to bed || ~**ik a kórházba** go* into hospital
befektet v lay* in, put*/place into; *(ágyba)* put* to bed || *(pénzt vmbe)* invest [money in sg] || ~**ett tőke** invested capital
befektetés n investment
befelé adv inward(s)
befelhősöd|ik v cloud over
befellegz|ik v biz **ennek ugyan** ~**ett** it's all up with it, the game is up; **neki ugyan** ~**ett** he is done for, he has had it
befér v vm will/can go in, vk can get in
beférkőz|ik v work/worm one's way in
befest v paint; *(hajat, szövetet)* dye || ~ **barnára** paint sg brown
befizet v *(bankba stb.)* pay* in [a sum], pay* [a sum] into one's (bank) account || **a ...t kérjük X-nek** ~**ni** payment [of subscriptions etc.] should be made to X; **szíveskedjék az összeget csekken** ~**ni** kindly remit/pay by cheque; ~ **egy társasutazásra** book a tour

befog v *(szemet/fület/szájat)* stop, cover, hold* || *(lovat)* harness || *(vkt munkára)* make* sy work; *(vmt használatba)* put* in use || ~**ja a fülét** átv refuse to hear (sg); ~**ja a száját** *(sajátját)* hold* one's tongue; **erősen be van fogva** have* one's nose to the grindstone, be* very busy; **fogd be a szád!** shut up!
befogad v vkt vhova receive into || *(tömeget terem)* hold*, accommodate, admit
befogadás n vké vhova reception
befoglal v *(keretbe)* (en)frame; *(drágakövet)* set*, mount
befogó n *(háromszögé)* side [of a right-angled triangle]
befolyás n *(hatás)* influence (on) || vk ~**a alá kerül** come*/fall* under sy's influence; ~**t gyakorol vmre/vkre** influence sg/sy, exert/exercise influence on/over sg/sy
befolyásol v vkt, vmt influence sy/sg
befolyásolható a susceptible to influence ut. || **könnyen** ~ easily influenced
befolyásos a influential
befoly|ik v *(folyó)* flow *(amibe:* into) || *(pénz)* come* in
befon v vmt entwine; *(hajat)* plait, braid || biz vkt ensnare/enmesh sy
befordít v turn in
befordul v *(ágyban fal felé)* turn in; *(utcába)* turn into [a street] || *(árokba)* fall* into || ~ **a sarkon** turn the corner
beforr v = **összeforr** *(csont, seb)*
beforraszt v *(fémet)* solder (up)
befőtt n *(üvegben)* bottled fruit
befőttesüveg n (fruit-)jar, preserving jar
befőz v *(eltesz)* bottle, preserve; *(lekvárnak)* make* jam of
befőzés n bottling, preservation
befröcsköl v *(belocsol)* sprinkle || **sárral** ~ bespatter
befúj v *(szél vhová)* blow* in/into || *(szél vmt vhová)* blow* in || *(vmt vmvel)* spray || ~**ta az utat a hó** the road is covered/blocked with snow(drifts)
befúr v vmbe bore into, pierce sg
befurakod|ik v vk vhova force/make* one's way in || elit *(beépül)* infiltrate into, worm one's way into || ~**ik vk kegyeibe** insinuate oneself into sy's good graces
befúród|ik v penetrate (sg); *(golyó)* embed (itself) in (sg)
befut v *(vonat)* enter (the station), arrive (at); *(hajó)* put*/sail into [port] || *(futó)* run*/come* in || *(pályát)* run* [a course] || *(növény)* overgrow* || vk átv biz be* a success || ~ **a célba** run* home; ~**ott ember** he has arrived (v. made it)
befutószalag n *(magnó)* leader (tape)

befuttat v *(fémmel)* plate (with) ‖ *(növénnyel)* cause (sg) to overgrow (sg) ‖ **arannyal** ~ plate with gold, gild*
befűt v ~ **a kályhába** make* a fire in the stove; ~ **vknek** *biz* give* sy hell; **fűts be** get a fire going, heat up the room
befüvesít v grass over
befűz v *(tűt)* thread; *(cipőt)* lace (up); *(filmet gépbe)* thread
begerjed v *el* build* up ‖ *biz vk (indulatba jön)* get* hot under the collar
béget v bleat, baa
bégetés n bleat(ing)
begipszel v = **gipszbe tesz**
begombol v button (up), do* up
begombolkoz|ik v button (up) one's coat ‖ *átv* be* buttoned up
begónia n begonia, US elephant's ear
begöngyöl v roll up; *(becsomagol)* wrap*/pack up
begörbít v bend*/curve in/inwards
begördül v roll in; *(vonat)* draw* into the station
begubó(d)z|ik v *(lárva)* pupate ‖ *átv* retire into one's shell
begurít v roll/trundle in
begurul v roll in ‖ *átv biz* lose* one's cool
begy n *(madáré)* crop, craw ‖ *átv* **a ~ -ében van** *(neheztel vmért)* resent sg, sulk *(v.* be* sulky) about sg; *(neheztel vkre)* bear* sy a grudge; **megmondja, ami a ~ ében van** speak* one's mind (bluntly)
begyes a *(telt keblű)* full-bosomed ‖ *átv* prim, haughty
begyógyul v heal (up)
begyömöszöl v stuff, cram, jam, squeeze, pile *(amibe mind:* in/into)
begyújt v *(kályhába)* light*/make* a fire ‖ *(motort)* start
begyullad v *(motor)* start ‖ *biz (ember)* get* scared ‖ **be van gyulladva** get*/ have* cold feet, be* in a funk
begyűjt v gather (in)
begyűjtés n gathering, harvest(ing)
begyűrűzés n spread [of sg over an aerea], infiltration [of sg into an area]
begyűrűz|ik v spread* [over an area], affect [more and more an area]
behabar v thicken (with flour and cream)
behajigál v = **bedobál**
behajlás n curving/bending inwards; *(súly alatt)* sag(ging)
behajlít v bend* in
behajol v bend*/lean* in
behajóz v *(hajóra száll)* embark *(vhol* at)
behajózás n embarkation
behajt[1] v *(ajtót)* half-close [door] ‖ *(könyvet)* close, shut*

behajt[2] v *(állatot, kocsit)* drive* in ‖ *(követelést)* collect [money, a debt], recover [a debt, damages etc.] ‖ *(kocsival)* drive* in ‖ ~ **ani tilos!** no entry
behajthatatlan a irrecoverable, bad [debt]
behajtható a *(követelés)* collectable, recoverable
behallatsz|ik v can be heard inside, be* audible within/inside
behálóz v *átv* ensnare, enmesh
beharangoz v ring* in ‖ *átv (vmit)* announce sg in advance
behasad v *(ruha)* rip, tear*; *(köröm)* split*
behasít v *(hosszában)* cleave*; *(textilt)* tear*, split*
behatárol v define, delimit
beható a intensive, profound, exhaustive ‖ ~ **vizsgálat alá vesz** submit to a searching examination, investigate sg thoroughly
behatóan adv thoroughly
behatol v *(erőszakkal)* penetrate (into); *(betörő)* break* into [a building], burgle; *(bejut)* make* one's way into sg ‖ *(víz)* enter; *kat* invade
behavazott hegyek n pl snowcovered mountains
beheged v heal up, skin over
behelyettesít v substitute (sg for sg), replace (sg by sg)
behelyez v *vmt* put*/place/insert in
behemót ember n big hulking fellow
behint v *(porfélével)* dust/powder with ‖ *(sóval, vízzel)* sprinkle [salt, water] on sg
behív v *(szobába)* call in, invite/ask (sy) in ‖ *kat* call up, US draft
behívás n *vhova* invitation to enter ‖ *kat (folyamata)* calling up; *(ténye)* call-up
behívat v ask/order/call sy in
behívó n *kat* call-up papers pl, US call-up, draft
behízelgő a *(modor)* winning, engaging
behord v *vk vmt* bring*/carry in ‖ *(termést)* gather in [the crops]
behorpad v *(tárgy)* be*/get* dented
behoz v *vmt* bring*/carry in ‖ *(árut külföldről)* import ‖ *(divatot)* introduce; *(betegséget, járványt)* bring* in ‖ *(elmaradást, késést)* make* up for, catch* up with ‖ *fényk vmt* zoom in on sg ‖ ~ **ott áruk** *ker* imports, imported goods; ~ **za a késést** make* up for lost time
behozatal n importation, import
behozatali a ~ **cikkek** imports pl; ~ **vám** customs/import duty
behunyja a szemét *kif* close/shut* one's eyes

behurcol *v (terhet)* drag/lug/heave* in || *(betegséget)* introduce, bring* in

behurcolkod|ik *v (házba)* move into

behúz *v* pull/draw* in || *(bútort)* upholster || *biz vkt vmbe* inveigle sy into doing sg || ~ **vknek (egyet)** give* sy a clip (on the ear), get* a blow in, *GB* clock sy one; ~**za a hasát** draw* in the stomach; ~**za a függönyt** draw* the curtain; ~**za a kéziféket** put* the handbrake on; ~**za maga után az ajtót** close the door behind one(self)

behúzód|ik *v vhova* withdraw* to || *(vm elől)* shelter from || ~**ik az eresz alá** take* cover under the eaves

behűt *v (ételt)* refrigerate; *(italt)* chill

beidegződés *n* automatic response, habit

beidegződ|ik *v* become* a habit

beidéz *v* summon (sy) to appear || ~**ik tanúnak** be* summoned, be* subpoenaed

beigazolód|ik *v* prove true, be* proved

beigér *v* promise (for certain) || *(árat)* offer

beiktat *v (vkt állásba)* install [sy in an office *v.* as sg]; *(elnököt stb. ceremóniával)* inaugurate [sy into office]

beiktatás *n (állásba)* installation; *(ceremóniával)* inauguration

beilleszkedés *n* finding one's feet, adapting oneself (to)

beilleszked|ik *v vm* fit in || *(új környezetbe)* adapt (oneself) to

beilleszt *v (tárgyat)* fit/set* in || *átv* insert in || ~**i programjába** include/incorporate in one's programme

beindít *v (motort)* start (up) || *(tevékenységet stb.)* launch, get* sg afloat *(v.* under way)

beindul *v (motor)* start || *átv vm* be* launched, get* under way

beír *v vmt vmbe* write* sg in/down; *(nevet, tételt stb. vmbe)* enter/record sg; *(számítógépbe)* key in || ~ **egy szót a szövegbe** insert a word into the text

beírás *n* writing in, entering || *(beírt szöveg)* inscription

beírat *v vmt* have* sg entered/noted/listed || *(vkt iskolába stb.)* have* sy enrolled/registered; enrol *(US* enroll)

beíratás *n* registration

beiratkozás *n* registration || ~**i díj** registration fee

beiratkoz|ik *v (iskolába)* register (at), enrol *(US* enroll); *(tanfolyamra, könyvtárba)* enrol *(US* enroll) [for/on a course]; join [a course/library], register with

beiskoláz *v* organize the schooling (of)

beiskolázás *n* schooling

beismer *v* admit; *(bevall)* confess || **mindent** ~ make* a full confession

beismerés *n* confession, admission

beismerő *a* ~ **vallomást tesz** confess one's crime, make* a full confession

beisz|ik *v (magába szív)* drink* (in), absorb || **beissza magát vmbe** be* absorbed/imbibed, sink*/soak into

beivód|ik *v (folyadék)* be* absorbed/imbibed, sink* into || *(tulajdonság)* be(come)* ingrained (in)

bejár *v (területet gyalog)* walk/wander all over; *(országot)* tour || ~ **a gyárba dolgozni** go* to work in a factory/shop every day; ~**ja a boltokat** go* into the shops; **vonattal jár be naponta** he commutes [from ... to ...] every day

bejárás *n* ~**a van vkhez** have* (free) access to sy

bejárat[1] *v (gépkocsit)* run* [one's new car] in *v.* run* in [one's new car]

bejárat[2] *n* entrance, entry, way in; *(kapu)* gate, door(way)

bejáratos *a vknél* be* a frequent visitor at sy's (house)

bejáró *a/n* ~ **beteg** outpatient; ~ **tanuló** day-pupil

bejárónő *n* charwoman°, cleaning woman°, daily (help); *biz* char

bejátszás *n film* insert

bejegyez *v ált* make* a note (of), set*/put* down; *(hivatalosan)* register, record; *(névsorba)* enter [sg in a book *v.* sy's name on a list]

bejegyeztet *v* ~ **szabadalmat** patent an invention; ~ **védjegyet** register a trademark

bejegyzés *n ált* note; *(hivatalosan)* registration

bejegyzett *a* registered; incorporated || ~ **név** *(árué)* proprietary name

bejelent *v (vendéget)* announce || *(vmt ált)* make* sg known || *(hivatalosan)* report (to) || ~**i a rossz hírt** break* the bad news (to sy); ~**i tiltakozását** lodge a protest (with); **du. 2-re vagyok** ~**ve X-nél** I have an appointment with X at 2 p.m.; **előzetesen** ~**i magát vknél** make* an appointment with sy; **kit jelenthetek be?** who shall I say?

bejelentés *n* announcement, notice || *(rendőrségen)* registration || **(állandó) lakóhely** ~**e** registration of (permanent) place of residence

bejelentési kötelezettség *n (rendőrségen)* duty of registration (with the police)

bejelentkez|ik *v (rendőrségen)* register with, report (one's arrival) to; *(szállodában, reptéren)* check in [at the airport]; register *v.* check in [at a/the hotel]

bejelentőlap *n* registration form
bejgli *n* = **mákos** *v*. **diós tekercs**
bejódoz *v* paint with *i*odine
bejön *v* come* in, *e*nter [the/a room etc.]; *(a városba)* come* up/to (town) || *(választáson)* be* elected/ret*u*rned
bejövet *adv* on the way in, coming in
bejut *v vhová* get* in (to), m*a*nage to get in
bejuttat *v (testbe vmt)* introd*u*ce || *(vkt állásba)* place sy in a job
béka *n* frog
békacomb *n* frog's leg
békaember *n* frog-man°
bekakál *v* make* a mess in one's tr*o*users/bed *(v. US* pants)
bekalkulál *v* allow for (sg), take* (sg) *i*nto account
bekanyarod|ik *v (utcába)* turn *i*nto [a street] || ~**ik a sarkon** turn/round the c*o*rner
bekap *v (ételt)* bolt, gulp down || ~ **vmt** have* a snack
bekapcsol *v (ruhát)* fasten, clasp || *(készüléket)* switch/turn on || **be van kapcsolva** ... is on, it's on, it's plugged in
bekapcsolód|ik *v* ~**ik a beszélgetésbe** join in the convers*a*tion
bekarikáz *v (számot)* (mark with a) c*i*rcle
bekattan *v (kapocs)* snap/click shut
béke *n pol* peace || *(nyugalom)* peace, c*a*lmness, qu*i*et(ude), tranqu*i*llity || ~**t köt** make*/concl*u*de/sign a peace; **hagyj** ~**n!** leave me al*o*ne!; **nyugodjék** ~**ben** may (s)he rest in peace
bekebelez *v (tartományt)* annex [a territory] || *(jogot)* register
békebeli *a* peac*e*time, pre-w*a*r
békebíró *n tört GB* m*a*gistrate, J*u*stice of the Peace
békefelhívás *n* appeal for peace
békefeltételek *n pl* cond*i*tions of peace
békegalamb *n* dove of peace
békehadtest *n US* Peace Corps
békejavaslat *n* peace proposal
békekiáltvány *n* peace appeal
békekötés *n* concl*u*sion of peace
békéltet *v* conc*i*liate (betw*e*en the p*a*rties)
békéltető 1. *a* conc*i*liatory || ~ **tárgyalás** *(válóperben)* conc*i*liatory m*e*eting 2. *n* mediator
békemenet *n* pe*a*ce-march
békemozgalom *n* peace movement
beken *v ált* spread* sg *o*ver sg, smear with || *(mocsokkal, sárral)* (be)d*a*ub, smudge; *(ruhát piszokkal)* soil, d*i*rty || ~**i az arcát krémmel** put* cream on one's face
békepipa *n* peace pipe, pipe of peace || **elszívja a** ~**t** smoke the peace pipe
békepolitika *n* p*e*ace p*o*licy
beképzel *v* ~**i magának, hogy beteg** im*a*gine/f*a*ncy ones*e*lf sick
beképzelt *a* conce*i*ted, self-imp*o*rtant
beképzeltség *n* conce*i*t
bekéredzked|ik *v* ask to be all*o*wed/let in
bekeretez *v* frame
bekerít *v (kerítéssel)* fence in, encl*o*se || *kat* surr*ou*nd, enc*i*rcle
bekerül *v* get* in/*i*nto
békés *a* p*ea*ceful || ~ **egymás mellett élés** p*ea*ceful coex*i*stence; ~ **rendezés** *(vitás kérdéseké)* p*ea*ceful/*a*micable s*e*ttlement (of disp*u*tes)
békesség *n* p*ea*ce(fulness); *(nyugalom)* tranqu*i*llity, qu*i*et || ~**ben él** live in peace/h*a*rmony
békeszegés *n* breach of the peace
békeszeretet *n* love of peace, p*ea*ceableness
békeszerető *a* p*ea*ce-loving, p*ea*ceable
békeszerződés *n* p*ea*ce-treaty
béketalálkozó *n* peace rally/m*ee*ting
béketárgyalás *n* peace-negotiations *pl*
béketűrés *n* forb*ea*rance, end*u*rance, p*a*tience || **kijön a** ~**ből** lose* one's t*e*mper
béketűrő *a* forb*ea*ring, t*o*lerant, p*a*tient
békevágy *n* des*i*re/y*ea*rning for peace
bekever *v (konyhában)* st*i*r in
bekezdés *n (írásban)* paragraph || **új** ~ new p*a*ragraph; ~**sel ír/szed** ind*e*nt [a line]
bekiált *v* cry in, shout in
bekísér *v* ált *vkt vhova* see* sy in, go* in with sy || *(vkt rendőr)* take* sy *i*nto c*u*stody
béklyó *n (lónak)* h*o*bble; *(embernek)* sh*a*ckle || **vmnek a** ~**iban** *átv* in the f*e*tters of sg
bekonferál *v* annou*n*ce, introd*u*ce, *GB* c*o*mpere, *US* emc*ee*
bekopogtat *v* knock (on the door/window)
bekormozód|ik *v* get*/bec*o*me* s*o*oty; *(a gyertya a motorban)* get* d*i*rty, soot up
bekoszol *v* = **bepiszkít**
beköltözés *n (lakásba)* m*o*ving *i*n(to a house/flat)
beköltözhető *a* azonnal ~ **lakás** (flat with) v*a*cant/*i*mmediate poss*e*ssion
beköltöz|ik *v* move in; *(házba, lakásba)* move *i*nto [a house/flat]
beköp *v biz (besúg)* grass/squeal on (sy) || ~**te a légy** it is fl*y*blown
beköpés *n (légy által)* fl*y*blow || *biz (besúgás)* grassing || *(szellemeskedő)* w*i*tticism, quip, w*i*secrack
beköszönt *v (idő)* set* in

beköt v ált bind*/tie/do* up || (sebet) dress [a wound] || (könyvet) bind* [a book] || (vezetéket) connect up (sg to)
bekötőút n approach/access road, GB slip-road
bekötöz v (összekötöz) tie* up/in, bind* up || (sebet) dress v. bandage up [a wound]
beköttet v (könyvet) have* [a book] bound
bekövetkez|ik v ensue, result, follow || **feltétlenül be fog következni** it is bound to happen
bekukkant v vmbe peep in(to) || vkhez pop in (to see sy), drop in (on sy)
bekukucskál v vmbe peep/peer in
beküld v (pályázatot stb.) send* in; (egyéb fontos iratot) dispatch; (pénzt) remit
beküldés n sending in, dispatch || ~i határidő (the) closing date [for entries]
békülékeny a conciliatory, appeasable
békülékenység n conciliatory spirit
bél n (emberé) intestines pl, bowels pl || (lámpáé, gyertyáé) wick || (dióé) kernel [of nut] || (ceruzába) lead; (golyóstollba) refill
belakatol v padlock, lock (up)
belak|ik v biz gorge oneself (on sg), stuff oneself (with sg)
belakkoz v lacquer; (képet, bútort, körmöt) varnish
belapul v be*/get* dented
belát v (területet) survey, look over || (megért) see*, realize; (elismer) admit, acknowledge || ~ **az ablakon** see* in through the window; **hibát** ~ admit a fault; **lásd be** you must realize; **nem látom be, miért** I can't see why, I see no reason why [+ conditional]
belátás n (mások iránti) consideration, understanding || **cselekedj legjobb** ~**od szerint** I leave it to your discretion
beláthatatlan a boundless, vast || átv incalculable
belátható a (megérthető) conceivable || **könnyen** ~, **hogy** it is easy to see that; ~ **időn belül** in the foreseeable future, within a reasonable time; **be nem látható útkanyarulat** blind turning
belátó a (elnéző) considerate
belázasod|ik v run* a temperature
bele adv into, inwards || **pont** ~ right/smack into the middle (of it)
belead v ~**ja minden erejét** put* all one's strength into it
beleakad v vmbe catch* (v. get* caught) on
beleáll v ~ **a fájás** begin* to ache/hurt
beleállít v vmbe stand*/place sg/sy in sg

beleártja magát v (mások ügyeibe) meddle/interfere in (other people's affairs)
belebeszél v (közbeszól) interrupt, break* into [a conversation] || ~ **más dolgába** poke one's nose into other people's affairs
belebetegsz|ik v become* ill from sg
belebocsátkoz|ik v embark on sg
belebolondul v vmbe sg is driving sy mad/crazy || (beleszeret vkbe) fall* head over heels in love with sy
belebonyolód|ik v vmbe get* entangled (v. tangled up v. involved v. embroiled) in (sg)
belebotl|ik v vmbe stumble upon || vkbe bump into
belebúj|ik v (lyukba) creep*/steal*/slink* into || (ruhába) get*/slip into one's clothes
belebuk|ik v átv fall*, go* bankrupt
belecsap v ~**ott a villám a fába** (the) lightning struck the tree
belecseppen v vm drop in || (vk véletlenül vhová) happen to find oneself swhere
beledob v throw* in(to)
beledögl|ik v vmbe die/perish of sg
beleegyezés n consent, approval; (engedély) permission || **szülői** ~ parental consent; **tudta és** ~**e nélkül** without his knowledge and/or approval
beleegyez|ik v vmbe consent/agree/assent to, give* one's consent to sg || ~**em abba, hogy** I agree that; **szülei nem egyeztek bele** his parents refused their consent
beleejt v let* (sg) fall into (sg)
beleél v ~**i magát vk helyzetébe** try to realize sy's position/situation; ~**i magát vmbe** enter into the spirit of sg
beleér v vmbe reach down into sg
beleért v (gondolatot) imply || (összeget) comprise, include || ~**ve** including...; inclusive of...; **mindenki(t), magamat is** ~**ve** ... all of us, myself included, ...
beleérzés n empathy
belees|ik v vmbe fall*/tumble into || biz vkbe fall* for sy, have* a crush on sy || **bele van esve vkbe** have* a crush on sy, be* gone on sy, be* crazy/mad about sy; ~**ik abba a hibába (hogy)** commit the error of (...ing)
belefárad v get* tired of (sg), tire of (sg)
belefeksz|ik v ~**ik a munkába** put* one's heart and soul into one's work
belefelejtkez|ik v (könyvbe, vk szemeibe) be* lost in sg
belefér v = **befér**
belefog v vmbe start/begin* sg, set*/go* about sg; ~ **a munkába** get*/buckle down to work, start working

belefojt v *(vkt vízbe)* drown || *átv* ~ja a szót vkbe silence sy, make* sy bite his lip

belefoly|ik v flow/pour into || vk vmbe have* a say in sg

belefullad v *(vízbe)* be*/get* drowned in, drown in

belefúr v vmbe drill/bore into sg || **fejét** ~ja a párnába bury one's head in the pillow

belefut v = **beleszalad**

belég n *(bizonylat)* voucher; *(elismervény)* receipt

belegabalyod|ik v = **belebonyolódik, belebolondul**

belegázol v ~ a vízbe wade into the water || ~ vk becsületébe slander sy

belegebed v majd ~ a munkába work oneself into the ground

belegondol v ha jól ~unk a dologba, be kell látnunk, hogy... on reflection, we have to admit that...

belégzés n breathing in, inhalation

belehajszol v vkt vmbe force/hound sy into sg (v. doing sg)

belehajt v *(kocsival)* run*/crash into

belehal v *(betegségbe)* die of || ~t sérüléseibe he died from his wounds; majd ~tam it nearly killed me, I nearly died

beleharap v bite* into, put* one's teeth into

belehasít v a fájdalom ~ott a lábába shooting pains racked his legs

belehel v inhale, breathe in

beleill|ik v vmbe fit || vk be* suitable for, be* suited to/for || **a kulcs** ~**ik a zárba** the key fits the lock

beleír v = **beír**

beleisz|ik v ~**ik másnak a poharába** drink* from sy else's glass

beleivód|ik v vmbe permeate sg, pervade sg

beleizzad v *(ruhába)* sweat through [one's clothes] || ~ **a munkába** sweat over a job

belejátsz|ik v contribute to sg

belejön v *(vmbe beletanul)* get* the hang of, get* into, get* one's hand in

belekap v *(kutya vk lábába)* snap at [sy's heels] || *átv* vmbe try one's hand at sg, dabble in sg || **mindenbe** ~ put* one's hand to everything

belekapaszkod|ik v vmbe cling* (on) to sg, clutch sg; vkbe/vmbe hang*/fasten on to sy/sg || *átv* vmbe find* fault with sg

belekarol v vkbe take* sy's arm

belekényszerít v *(vkt vmbe, vm megtevésébe)* browbeat* sy into sg (v. doing sg)

beleképzel v ~**i magát vk helyzetébe** imagine oneself in sy else's place

belekerül v *(pénzbe)* cost*, come* to || *(időbe)* = **beletelik**

belekever v *(anyagot)* mix with, add to || vkt vmbe involve sy in sg

belekevered|ik v vk vmbe get*/be* mixed up in sg, get* entangled/involved in sg

belekezd v vmbe start (...ing); *(nagyobb dologba)* embark (up)on (sg), undertake* (sg)

belekiabál v *(vk beszédébe)* heckle (sy), interrupt (sy with shouts)

belekontárkod|ik v vmbe meddle with sg

belekóstol v vmbe taste sg

belekotyog v vmbe chime in with [silly remarks]

beleköt v vmt vmbe bind*/wrap* up in || vkbe pick a quarrel with sy, pick on sy

bélel v *(ruhát)* line || műsz case

belelát v vmbe see* into/through sg || *átv* get* an insight into || ~ **vk terveibe** penetrate sy's plans

belélegez v breathe in, inhale

belélegzés n inhalation, breathing in

belelép v vmbe step into sg

beleloval v vkt vmbe fire sy with enthusiasm to do sg || ~**ja magát vmbe** work oneself up into a frenzy about sga

belelő v shoot*/fire into

bélelzáródás n obstruction/stoppage of the bowels

belemar v bite* into, take* a bite at

belemarkol v *(kiragad belőle)* grab/take* a handful of

belemárt v vmbe dip/plunge in, immerse (in)

belemegy v vk/vm vmbe go*/get* into || *átv* vk vmbe consent to, fall* in with; *(kockázatos dologba)* go* into sg with one's eyes open || ~ **a játékba** enter into the game, enter into the spirit of sg

belemelegsz|ik v *átv* warm to sg

belemerül v *(elmerül)* sink* into || *átv* ~ **a munkába** be* wrapped up in one's work

belenéz v (have* a) look into || **bele se néz a könyvbe** he gives* his books a wide berth

belenyilall|ik v *(fájdalom)* shoot* into; get* a twinge of [pain etc.]

belenyom v vmt vmbe force/squeeze/cram sg into sg

belenyomód|ik v vmbe be* impressed/imprinted (up)on sg

belenyugsz|ik v vmbe acquiesce in, resign/reconcile oneself to sg

belenyugvás n acquiescence (in), resignation, submission (to)

belenyúl v *(kézzel)* reach into, dip the hand into || *átv* ~ **a zsebébe** dip into one's pocket/purse

beleolt v *átv* imbue with, saturate with

beleolvad v *vmbe* fade/melt into sg || *(szín más színbe)* shade into

beleöl v *(vízbe)* drown in || *(pénzt)* sink* [money] in, pour [money] into

beleöml|ik v flow/pour into, join, meet*, feed* [another river]

beleőrül v sg is driving sy mad

beleőszül v *vmbe* sg turns one's hair grey *(US* gray)

belep v ~**i a por** it is covered with/in dusk

belép v *(helyiségbe)* go*/come* in, enter [a room] || **amikor** ~**ett** on entering; *átv* ~ **egy pártba** join a party; ~**ni tilos!** no admittance/entrance/entry, "private"; **tessék** ~**ni!** please walk/ step in!

belépés n entry, entrance || ~ **csak hivatalos ügyben** no unauthorized person may enter this area; **a** ~ **díjtalan** admission free

belépési a ~ **díj** entrance fee; ~ **nyilatkozat** application for membership

belépő n *(helyiség)* entrance, vestibule || *(ember)* entrant || = **belépőjegy** || *(dal)* entrance song

belépődíj n entrance/entry fee, (price of) admission

belépőjegy n (admission) ticket; admission card

beleragad v get* stuck in, stick* in/to

belerak v = **berak**

belerohan v rush/run*/dash into; *(autóval)* run*/crash/bump into; ram [a car]

belerúg v kick sg/sy, give* sg/sy a kick

bélés n *(ruháé)* lining

belesápad v grow*/turn pale from/with

belesodor v engulf in, suck in, swallow up

belesodród|ik v *vmbe* get* mixed up in, become* entangled/implicated in

belesül v *(beszédbe stb.) biz* dry up

beleszagol v *vk vmbe* sniff/smell* sg || *átv biz* dabble in (sg)

beleszámít v reckon in, include || **a lakbérbe a fűtés is** ~ the rent is inclusive of heating; ~**va** including..., ...included, inclusive of...

beleszédül v *vhova* tumble/fall* (giddily) into

beleszeret v *vkbe* fall* in love with sy

beleszok|ik v *vmbe* get* accustomed/ used (to sg), accustom/adapt oneself to

beleszól v *(beszélgetésbe)* interrupt (the conversation), break* in [on the conversation]; *(vitába)* take* part in [the discussion] || *(ügybe)* intervene (in)

beleszólás n *átv* say; *(beavatkozás)* intervention, interference || **ebbe nincs** ~**od** you have* no say in this (matter)

beleszór v pour/throw*/hurl in/into

beleszorít v squeeze in(to)

beleszorul v *vmbe* get* caught/stuck in sg

beleszúr v *(tűt)* stick*/run* into || ~**t az oldalamba** *(a fájás)* I have* a stitch in my side

beletalál v *(célba)* hit* [the mark]

beletanul v *vmbe* master/learn* sg

beletapos v ~ **a gázba** step on it

beletartoz|ik v belong (in)to, fit into; *(hatáskörébe)* come* within [one's competence]

beletekint v *vmbe* look into, have* a look at

beletel|ik v **két hét is** ~**ik abba, amíg** it will be/take a good 2 weeks before

beletemet v ~**te az arcát kezeibe** he buried his face in his hands

beletesz v put* sg in/into sg; *(újságba)* insert [sg in the paper]

beletorkoll|ik v *(folyó)* flow/fall*/discharge into; *(utca)* lead* (in)to, converge on

beletöm v force/cram/stuff into

betörődés n = **belenyugvás**

beletöröl v *vmt vmbe* wipe sg on sg

beleun v *vmbe* tire/weary of sg (v. of ...ing), get* fed up with sg

beleüt v ~**i vmbe az orrát** poke one's nose into sg; **mi ütött beléje?** what's wrong with him?, what's got into him?

belevág v *(vmbe késsel)* cut* into || *(villám)* = **belecsap** || *(vk szavába)* interrupt sy, cut* sy short || *(vállalkozásba)* take* on, undertake* (sg) || ~**tam az ujjamba** I cut* my finger; **vágj bele!** go ahead!

belevakul v *vmbe* go*/become* blind (from/with sg)

belevaló fickó! *biz* that's my boy!

belever v *vmt vmbe* knock/hammer into || **vmt vk fejébe** ~ hammer/drum sg into sy (v. sy's head)

belevet v = **bedob** || ~**i magát vmbe** throw* oneself into sg

belevisz v *vkt vmbe* draw*/drag sy into sg

belezavarod|ik v get* muddled/confused || ~**tam** I got* all mixed up

belezökken v ~ **a rendes kerékvágásba** shake*/settle down to a routine (again)

belföld n inland || ~**ön** at home

belföldi 1. *a* native, home, domestic, inland || ~ **áru** home-manufactured/made goods *pl*; ~ **forgalom** inland traffic; ~ **piac** home market; ~ **termék** home product 2. *n* native

belga a/n Belgian
Belgium n Belgium
belglumi a/n Belgian
bélgörcs n colic, the gripes pl
Belgrád n Belgrade, Beograd
belgyógyász n physician; GB internist, specialist in internal medicine
belgyógyászat n (ág) internal medicine || (kórházi osztály) medical ward
belgyógyászati a medical, internal || ~ **klinika** department of medicine, medical department
bélhurut n enteritis
-beli suff (hely) of, belonging/pertaining to ut. || (idő) dating from ut.
beljebb adv further in || **kerüljön** ~ (please) walk in, US come right in
belkereskedelem n internal/home trade, US domestic trade
belkereskedelmi a of internal/home trade ut.
belóg v (tárgy vmbe) hang* down into (sg) || (huzal) hang* loose || biz (jegy nélkül vhova) get*/sneak in (without a ticket); gatecrash
belop v smuggle in || ~**ta magát a szívébe** he stole his way into her heart
belopódz|ik v steal*/slink* in
belosztály n medical ward
belök v (ajtót) push/thrust* open || vkt vhova throw*/shove in
belőle adv out of it, from it/him || **kivesz** ~ **vmt** take* sg out (of it); **nem kérek** ~ (ételből) I don't want any(, thank you); **látom** ~(, **hogy**) I can see from it (that); **semmi sem lesz** ~ (dologból) it will come to nothing; (emberből) he will never amount to anything; ~**m** from me, out of me
belövés n (nyoma) bullet-mark(s)/hole(s)
bélpanaszok n pl intestinal complaints
belpolitika n internal politics/affairs pl
belpolitikai helyzet n internal situation
bélrenyheség n sluggishness of the bowels
belső 1. a (belül levő) inside, internal, inner || (bizalmas) intimate, confidential || ~ **biztonság** internal security; ~ **égésű motor** internal-combustion engine; ~ **elválasztású mirigyek** endocrine glands; ~ **munkatárs** member of the permanent staff; ~ **részek** (emberé) viscera, bowels; ~ **sérülés** internal injury/lesion; ~ **szög** internal angle; ~ **tag** (aránypárban) mean (proportional) 2. n (futballé) bladder; (kerékgumié) inner tube || **vmnek a belseje** the interior/inside/core/heart of sg; **vmnek a belsejében** inside sg

belsőépítész n interior decorator/designer
belsőépítészet n interior decoration/design
belsőleg adv orv for internal application
belsőség n (baromfié) giblets pl; (egyéb) offal, pluck
bélszín n sirloin || **angolos** ~ sirloin of beef
bélszínjava n tenderloin
bélszínszeletek n pl sirloin steaks, tournedos, fillets of sirloin
beltag n (cégben) full partner
belterjes a intensive
belterület n (városé) GB inner city; the centre of the city; US downtown
belügy n (országé) home affairs pl
belügyi dolgozó n employee of the Ministry of the Interior; (igével) work for the Ministry of the Interior
belügyminiszter n (the) Minister of the Interior; GB Home Secretary; US Secretary of Interior
belügyminisztérium n Ministry of the Interior; GB Home Office; US Department of the Interior
belül adv (területi) within, inside || (idő) within, in || **a korláton** ~ inside the railings; **egy órán** ~ within (v. US inside v. inside of) an hour
belülről adv from within, from inside
belváros n city centre; (Londonban) the City; US downtown || **a** ~**ban** in town; GB in the City; (főleg US downtown; **Glasgow** ~**ában** in the centre of Glasgow, in downtown Glasgow; **bemegy a** ~**ba** go* downtown
belvárosi a central, in/from the (inner) city ut.; US downtown
belvíz n inland waters pl
bélyeg n (levélen) (postage) stamp || (jel) mark; (beégetett) brand || ~ **et ragaszt vmre** put* a stamp on
bélyegalbum n stamp-album
bélyegautomata n stamp-machine
bélyegez v (bélyegzővel) cancel (US -l-), postmark || (munkahelyen érkezéskor) clock in; (távozáskor) clock out
bélyeggyűjtő n stamp-collector, philatelist
bélyegköltség n (levelezésnél) postage
bélyegsorozat n series (of stamps)
bélyegzés n (postai) cancelling (US -l-), cancellation (US -l-), postmark || (állaton) branding || **alkalmi** ~ special cancellation
bélyegző n (gumi) (rubber-)stamp; (postai) postmark
bemagol v learn* sg by heart/rote, biz mug up

bemárt

bemárt v *(folyadékba)* = **belemárt** ‖ *biz vkt vknél* blacken sy's character/name
bemaszatol v = **bepiszkít**
bemász|ik v climb in/into ‖ ~**ik az ágy alá** creep* under the bed
bemegy v *vk* go* in, enter (sg) ‖ *(víz)* penetrate ‖ ~ **a házba** go* indoors/inside ‖ ~ **a kórházba** go* into hospital; ~ **a városba** go* (up) to (v. into) town; **a víz** ~ **a cipőmbe** water is* getting into my shoes
bemelegít v *(helyiséget)* warm/heat up ‖ *(motort)* warm up ‖ *(sportoló)* warm/limber up
bemelegítés n *sp* warming up, warming-up exercises *pl*, warm-up
bemelegsz|ik v warm up, grow*/get* warm; *(motor)* heat up
bemélyedés n *(üreg)* hollow, dip, dent ‖ *(falban)* niche, recess
bemenet 1. n entrance, entry ‖ *el* input ‖ **tilos a** ~ no admittance **2.** *adv* on entering
bemér v *(távolságot)* find* the range of; *(mérőműszerrel)* locate
bemerészked|ik v venture in
bemerít v immerse (in), dip in
bemerül v sink* into, become* immersed
bemesél v **ne akard nekem ezt** ~**ni!** tell it/that to the marines!
bemetsz v notch, incise, indent
bemocskol v = **bepiszkít** ‖ ~**ja vknek a becsületét** stain sy's honour *(US* -or*)*
bemond v *(rádióban)* announce ‖ *(kártyában)* bid*, call
bemondás n *(bejelentés)* announcement ‖ *(kártyában)* bid, call; *(bridzsben)* declaration, contract ‖ *biz (szellemeskedő)* quip, (wise)crack; *(színpadon)* gag
bemondó n announcer
bemutat v *vkt* present/introduce sy (to sy) ‖ *(okmányt)* produce, present ‖ *(színművet)* produce; *(filmet)* present, show*; *(kísérletet)* demonstrate; *(kiállításon)* exhibit, show*, display ‖ *(áldozatot)* offer (up) ‖ ~ **om X urat** this is Mr X, *US* meet Mr X
bemutatás n *(személyé)* introduction ‖ *(okmányé, színműé)* production, showing; *(árué)* display, exhibit; *(kísérleté)* demonstration ‖ *(áldozaté)* offering
bemutatkozás n *vké* introduction, introducing (oneself)
bemutatkoz|ik v *vknek* introduce oneself to sy
bemutató n *szính* first night, première, opening night; *(filmé)* first run ‖ *(csekké)* bearer ‖ ~**ra szóló csekk** a cheque payable to bearer (on demand)
-ben *suff* → **-ban**

béna a *(végtag)* paralysed, crippled; *(csak láb)* lame ‖ *átv biz* silly ‖ ~ **ember** paralytic, cripple
bénaság n lameness, paralysis
bencés a/n Benedictine
bendő n *(kérődzőé)* rumen; *(emberé, tréf)* belly, paunch
benedvesít v wet, moisten
Benelux államok n *pl* the Benelux States
be nem avatkozás n → **beavatkozás**
benemavatkozási egyezmény n non-intervention pact
benépesed|ik v *(terem stb.)* fill up with people
benépesít v *(emberekkel)* fill with people, people; *(állatokkal)* stock, plant
benevez v *(versenyre)* enter for
benevezés n entry
benéz v look into ‖ *biz (látogat)* look in (on sy); *biz* drop in (on sy)
benn *adv* inside, within ‖ ~ **lakik** live in; ~ **van** *(= nincs házon kívül)* (s)he is in
benne *adv* in it, inside (it), within (it) ‖ ~ **van a fiókban** it's in the drawer; **nem vagyok** ~ I am* out of it; ~ **vagyok!** agreed; I am* all for it; count me in; **van** ~ **vm** *(igaz lehet)* there is* sg in it; ~**m** in me; **bennük** in them; **benneteket** you; **bennünket** us
bennfentes a well-informed
bennlakásos a ~ **(közép)iskola** boarding school; *(GB előkelő, zártkörű, magán)* public school
bennlakó a/n resident; *isk* boarder
bennragad v stick*, be*/get* stuck (in)
bennszülött 1. a native, aboriginal **2.** n native, aborigine
benősül v marry into a family
bensőséges a intimate, close
bent *adv* = **benn** ‖ ~**ről** from within
benti a inside
bénulás n paralysis
bénult a paralytic, lame
bénultság n lameness, paralysed state
benzin n petrol, *US* gas(oline) ‖ **kár a** ~**ért** it is* not worth the trouble/candle
benzingőz n petrol vapour *(US* -or*)*
benzinkút n filling/petrol station, *US* gas station; *(szervizzel)* service station; *(önkiszolgáló)* self-service station
benzinkutas n petrol (v. *US* gas) station attendant
benzinmotor n petrol engine
benzinszag n smell of petrol *(US* gas*)*
benzintartály n petrol tank, *US* gas tank
benyálaz v beslaver
benyit v enter, go*/come*/step in
benyom v *vmt* press/squeeze in; *(ajtót)* force/push/break* in ‖ *(jelzést vmbe)* impress on, stamp sg ‖ ~ **vkt vhová** *(állásba)* get* sy into [a job]

benyomás *n átv* impression ‖ **az volt a ~om, hogy** it's my impression that, I got the impression that; **rossz ~t tesz** give*/create a bad impression
benyújt *v* hand/send* in, present, file; *(kérelmet)* put* in, *US* file ‖ **hova kell ~ani a kérelmet?** where do I apply?; **~ja lemondását** tender/offer one's resignation; **törvényjavaslatot nyújt be** bring* in a bill
benyúl *v vmbe* reach/dip into sg
beolajoz *v* oil, lubricate
beolt *v vkt* inoculate; *(himlő ellen)* vaccinate ‖ *mezőg (fát)* make* a graft onto [a tree], (en)graft [a bud/scion] onto sg
beoltás *n vké* inoculation, vaccination ‖ *(fáé)* grafting
beolvad *v (tárgy)* melt into, dissolve in/into; *(körvonal)* fade into; *(szín)* merge into ‖ *(nép)* be* assimilated into ‖ *(intézmény)* merge with
beolvas *v (rádióba)* read*, announce ‖ **jól ~ vknek** *biz* tell* sy a few home truths, tell* sy off
beolvaszt *v (fémet)* melt down ‖ *(intézményt)* merge sg with sg, incorporate sg (into sg)
beolvasztás *n (fémé)* melting (down) ‖ *(intézményé)* merger, amalgamation
beomlás *n* falling/caving in, giving way
beoml|ik *v* fall*/cave in, give* way
beoson *v* steal*/slink*/slip in
beoszt *v* arrange, apportion; *(több részre)* divide into; *(fokokra)* graduate, calibrate ‖ *(fizetést)* spread* out; *(takarékosan)* economize ‖ *(vkt hivatalhoz)* assign to ‖ **az idejét jól osztja be** dispose of one's time well; **jól ~ja a fizetését** he is good at managing on his salary
beosztás *n (folyamat)* arrangement, apportioning ‖ *(hivatali)* assignment, duty ‖ **jó a lakás ~a** it is a well-arranged flat; **új ~t kapott** he obtained a new appointment, he was assigned to a new post
beosztott *a/n* subordinate ‖ **a ~jai szeretik** he is liked by his staff
beöltöz|ik *v* dress up as
beöml|ik *v* pour/rush/stream in
beöntés *n orv* rectal injection, enema ‖ *(folyadéké)* pouring in/out
beözönl|ik *v (embertömeg)* crowd in(to a place), come* streaming in(to a place)
bepácol *v (húst)* cure, pickle; *(főleg halat)* marinade
bepakol *v* = **becsomagol**
bepanaszol *v vkt* complain about; *(írásban)* lodge a complaint against (sy)
bepárásod|ik *v (üveg)* mist up/over, fog (up), get* fogged (up)

beperel *v* sue sy/sg, take* sy/sg to court, take* legal action against sy
bepiál *v biz* get* stoned/smashed
bepillant *v (benéz)* (cast* a) glance into ‖ *átv* obtain an insight (into)
bepillantás *n (benézés)* glimpse (of), glance (into) ‖ *átv* insight (into)
bepisil *v biz* wet one's pants (*v.* the bed)
bepiszkít *v (bemocskol)* make* (sg) dirty, dirty, make* (sg) filthy, stain ‖ *(erkölcsileg)* taint, sully, defile
bepiszkolód|ik *v* get*/become* soiled/dirty
bepólyáz *v (csecsemőt)* swaddle ‖ *(végtagot)* swathe, bandage, bind* up
beprogramoz *v szt* program
bepúderez *v* powder
bér *n (munkásé)* wage(s), pay ‖ *(bérleté)* rent; ‖ **~be ad** *(házat, földet)* let*, *US* rent; *(rövidebb időre)* hire (sg) out, *US* rent (sg) out; **~be adott telek** *GB* allotment; **~be adta a házat havi 10000 Ft-ért** he let the house at (a rent of) 10,000 fts; **~be vesz** rent; *(házat)* rent, lease; *(földet)* lease, take* [a/the land] on lease; **~ből és fizetésből élők** wage- and salary-earners; **mennyi ~t fizet érte?** what is* it rented at?, what is* the rent?; **mi a heti ~e?** what is your weekly wage?
beragad *v* stick* in/fast, be*/get* stuck
beragaszt *v vmbe* paste/stick* in ‖ *(lyukat)* paste over (*v.* fill up) [a hole]
berak *v (behelyez)* put*/place in/into ‖ *(árut kocsiba)* load [goods] (in, on to) ‖ *(szoknyát)* pleat ‖ **~ja a haját** set* one's hair
berakás *n (behelyezés)* putting/placing in ‖ *(árué kocsiba)* loading; *(hajóba)* shipping ‖ *(szoknyáé)* pleating ‖ *(hajé)* set ‖ **mosás és ~** shampoo and set
berakásos *a* inlaid
berakod|ik *v* load (up)
béralap *n* wages fund, wage-fund
beránt[1] *v vmt* jerk in, drag into ‖ *vkt vmbe* involve sy in sg, draw* sy into sg
beránt[2] *v (levest stb.)* thicken (with fried flour)
bérautó *n* hire car; **~ vezető nélkül** self-drive car
bérbeadás *n (házé)* letting; *(földé)* leasing, lease; *(rövidebb időre)* renting, hiring
bérbefagyasztás *n* wage-freeze
bérc *n* crag, peak
berek *n (vízjárta rét)* marshy pasture ‖ **irodalmi berkekben** in the world of letters; **tudományos berkekben** in the groves of Academe
bereked *v (ember)* get*/become* hoarse; *(kiabálástól)* shout oneself hoarse

berekeszt

berekeszt *v (ülést)* close, wind* up
bérel *v (rövidebb időre)* hire, *US* rent; *(hosszabb időre)* rent; *(autót)* hire, *US* rent [a car]; *(hajót, repülőt)* charter; *(páholyt)* subscribe for [a box in theatre]; *(földet)* lease, take* [a/the land/farm etc.] on lease
bérelszámolás *n* wage accounting, payroll accounting
bérelszámoló *n* wages clerk, *US* pay-roll clerk
bérelt *a* ~ **gépkocsi** car rental/hire; ~ **repülőgép** *(kedvezményes árú)* chartered plane/aircraft
béremelés *n* rise/increase in wages, wage-increase
bérenc *n* hireling
berendez *v (szobát)* furnish; *(üzemet)* fit out/up, equip
berendezés *n (folyamat)* furnishing, fitting out ‖ *(tárgyak)* furniture; *(üzemben)* equipment, fittings *pl* ‖ *műsz (készülék stb.)* apparatus, set
berendezési tárgyak *n pl* furnishings; *(bútorok)* furniture, pieces of furniture; *(beépített)* fixtures
berendezkedés *n (lakásban)* furnishing, fitting out ‖ *(előkészület)* arrangements *pl*, preparations *pl* ‖ *pol* system
berendezked|ik *v* furnish one's house; *átv* settle down ‖ *(elhelyezkedik)* take* up one's quarters/abode
bereped *v* crack, split*; *(szövet)* rend*, tear* ‖ ~**t az ajka** his lips were chapped
berepülés *n (ellenséges)* raid, air-raid
berepülőpilóta *n* test-pilot
bereteszel *v* bolt, secure [the door]
berezel *v biz* get* cold feet
bérezés *n (~i rendszer)* wage-system
bérfeszültség *n* wage differential/spread
bérgyilkos *n* hired assassin, *US* killer
bérharc *n* wage dispute/fight
bérház *n (nagyobb)* block of flats, *US* apartment house/block/building
bérjellegű *a* wage-like
bérkaszárnya *n* tenement (house), barrack
bérkifizetés *n* paying of wages
bérkövetelés *n* wage-demand
bérlakás *n* flat
bérlemény *n* rented/leased property
bérlet *n (birtok)* lease ‖ *(lakásé)* rent ‖ *(színház, hangverseny)* subscription; *(a jegy)* subscription/season ticket; *(vasúti, busz stb.)* season(-ticket), pass; *(heti, havi, Londonban buszra, metróra)* travel-card; *(US vasúti)* commutation ticket
bérleti *a* ~ **díj** *(földé, házé stb.)* rent; *(autóé, televízióé stb.)* rental; *szính* subscription; *(vasút, busz)* cost/price of a season-ticket *(v.* pass) ‖ **a havi** ~ **díj 1200 Ft** the monthly rental is 1,200 fts; ~ **előadás** subscription performance; ~ **szerződés** lease agreement/contract
bérletjegy *n (idényre)* season(-ticket); *(havi)* monthly ticket/pass
bérlő *n (földé)* lessee, tenant; *(lakásé)* renter, tenant ‖ *szính* subscriber
bérmálás *n* confirmation·
bérmaszülők *n* sponsors/godparents of confirmee
bérmegállapítás *n* establishment/calculation of wages
bérmentes *a* post-free/paid, carriage-free/paid
bérmentesít *v* pay* the postage of ‖ **készpénzzel** ~**ve** postage paid
bérminimum *n* minimum/living wage
bérmunka *n* paid work
bérmunkás *n* wage labourer (*US* -or-)
bernáthegyi *n (kutya)* St. Bernard (dog)
beront *v (szobába)* rush/dash/burst* in/into
berozsdásod|ik *v* get* rusty
berreg *v (hangosan)* buzz; *(motor)* throb, purr, hum, whirr; *(repülő)* hum, buzz
berregés *n* buzz, hum, purr, whirr
berregő **1.** *a* buzzing, throbbing, humming, whirring **2.** *n (ajtón)* buzzer
bérrendezés *n* revision of wages
bérrendszer *n* wage-system
bérszínvonal *n* wage-level
berúg *v (ajtót)* kick in ‖ *biz (italtól)* get* drunk/tipsy/tight ‖ ~**ja a gólt** score (a goal); ~**ja a motort** kick-start
beruház *v* invest
beruházás *n ált* investment; *(nagyméretű)* project; **állami** ~**ok** state investments
beruházási bank *n* investment/development bank
besároz *v* (make*) muddy
besározód|ik *v* get* muddy
besavanyod|ik *v vk* become* soured/embittered
besegít *v (vkt kocsiba)* help sy in(to) ‖ *biz vmbe* help sy out (with sg)
besétál *v* walk/stroll in ‖ **tessék** ~**ni!** please walk in, *US* come* right in
besiet *v* hurry/hasten in/into
beskatulyáz *v átv* label (*US* -l-) sy/sg (as) sg, pigeonhole sy
besorol *v vkt vhova* include, put* (sy) on a list, list, class, classify ‖ *(kocsival sávba)* get* into [lane], filter (to the) left/right
besorolás *n* listing, classing ‖ *(kocsival)* getting into lane
besoroz *v kat* enlist (sy)

58

besóz *v* salt down ǁ *átv vk* **be van sózva be*** like a cat on hot bricks
besötéted|ik *v* grow* dark
besötétít *v* make* dark, black out
besötétítés *n* darkening
besúg *v (rendőrségnek)* inform against/on sy
besugároz *v orv* irradiate
besugárzás *n orv* irradiation
besúgás *n* informing, denunciation
besúgó *n (rendőrségi)* spy, informer; *(beépített ember)* mole
besulykol *v (tudnivalót)* ram in/into, hammer in; *(felfogást stb.)* indoctrinate
besurran *v* slip/sneak/dart in/into
besurranó tolvaj *n* sneak-thief°
besűrít *v* thicken, condense, boil down
besűrűsöd|ik *v* become* thick, thicken
besüt *v (nap vhová)* shine* into
beszabályoz *v műsz* adjust, regulate, set*
beszakad *v* break* in; *(jég)* give* way (under sy) ǁ *(köröm)* break*, split*
beszakít *v* break* (in/down/through)
beszalad *v* run* in/into
beszáll *v (ált)* get* on(to)/in(to) sg; *(repülőbe, vonatba)* board sg; *(hajóba)* embark ǁ *(ügybe)* be* in (on sg), join in (sg)
beszállás *n* getting in, taking one's seat [in train]; *(csak hajóba)* embarkation; *(repülőbe)* boarding ǁ **~!** take your seats!, *(csak hajóba)* all aboard!
beszállókártya *n* boarding pass/card
beszámít *v (költségeket)* include ǁ *(szolgálati időt)* take* into account; *(körülményt)* make* allowance (for) ǁ **vmbe ~ be*** included in sg
beszámítás *n (költségeké)* inclusion ǁ *(időé)* taking into account
beszámíthatatlan *a* not accountable *ut.* ǁ **~ állapotban** non compos mentis, not responsible for (one's actions)
beszámítható *a (költség)* that may be included *ut.* ǁ *(személy)* compos mentis
beszámol *v vmről* give* an account of sg, relate sg; *(hírlap)* cover
beszámoló *n* (a detailed) account, report ǁ **~t tart** give* an account (of)
beszappanoz *v (ruhát)* soap; *(borotválkozó)* lather
beszar|ik *v vulg (becsinál)* make* a mess in one's trousers/pants ǁ *(fél)* be* in a blue funk
beszed *v (összeszed)* collect; *(pénzt)* collect, take* in ǁ *(orvosságot)* take* ǁ *isk biz (egyest kap)* get* a bad mark
beszéd *n (képesség)* speech ǁ *(módja)* speaking; *(beszélés)* talk(ing); *(beszélgetés)* conversation, talk ǁ *(szónoklat)* speech, address ǁ **~be elegyedik vkvel** get* talking to/with sy; **~et mond** make*/deliver a speech, give* an address; **se szó, se ~** without much/further ado
beszedés *n (pénzé)* collection
beszédes *a* talkative, voluble; *biz* chatty
beszédhiba *n* speech defect/impediment
beszédhibás *n* speech defective
beszédkészség *n* fluency (in speech)
beszédmegértés *n (idegen nyelven)* comprehension
beszédtéma *n* topic, subject/topic of conversation
beszeg *v* edge, border, fringe, hem, seam
beszegez *v* nail up/down
beszél *v* speak*; *vkvel/vkhez* speak*/talk to sy ǁ **arról nem is ~ve, hogy** to say nothing of; **~ ön angolul?** do you speak English?; **~jünk másról** let's drop/change the subject; **~nek róla** *(szó van róla)* it is* in the wind/air; **~ nem kell vele** I must have a word with him; **itt John Bull ~** this is (Mr.) John Bull speaking; *(telefonban)* **ki ~?** who is* speaking?; **az ~** speaking!; **azt ~ik, hogy** it is* said that; **maga könnyen ~** it is* easy *(v.* all very well) for you to talk; **magában ~** talk to oneself; **magyarul ~** speak* Hungarian; *(csodálkozva)* **ne ~j(en)!** you don't say!; **róla ~ az egész iskola** he is the talk of the school
beszélget *v* talk, converse; *(vkvel)* talk to sy, have* a talk/chat (with sy); *(jelentkezővel)* have* an interview with sy
beszélgetés *n* ált conversation, chat, talk; *(interjú)* interview ǁ *(telefonbeszélgetés)* call ǁ **belföldi ~** national call; **helyi ~** local call; **nemzetközi ~** international call
beszélő 1. *a* talking, speaking ǁ **nem vagyunk ~ viszonyban** we are* not on speaking terms **2.** *n* talker, speaker; *(narrátor)* narrator ǁ *(börtönben)* visiting hours *pl*
beszélt *a* spoken ǁ **a ~ nyelv** the spoken language
beszemtelenked|ik *v* gatecrash
beszentel *v* consecrate
beszentelés *n* consecration
beszennyez *v* soil, dirty
beszennyeződ|ik *v* become*/get* dirty/filthy
beszerez *v* get*, obtain
beszervez *v vmbe* recruit sy (into sg)
beszerzés *n (árucikkeké)* purchase ǁ *(szerzemény)* acquisition ǁ **adatok ~e** collection of data; **új ~ek** *(könyvtári)* new accessions
beszív *v (légnemüt)* inhale, draw* in ǁ *(folyadékot)* suck in, absorb; *(talaj az esőt)* drink* in, imbibe ǁ *biz* **jól ~ott** get* pickled/soaked

beszivárog v *(folyadék)* seep/filter/ooze in || *átv* filter *into*, penetrate (*i*nto)
beszól v *(bekiabál)* call from *ou*tside; *(telefonon)* phone in
beszólít v call sy in, s*u*mmon (sy to swhere)
beszór v = **behint**
beszorít v *vmt* press/squeeze in
beszorul v *vm* get* stuck/jammed (in sg), be* s*a*ndwiched (betw*ee*n) || ~**t a keze az ajtóba** his hand was* caught in the door
beszögez v nail in
beszúr v *vmbe vmt* stick* sg *i*nto sg || *(szövegbe)* insert, interpolate
beszúrás n *(szövegbe)* insertion
beszűkít v *(ruhafélét)* take* [a dress] in
beszüntet v stop, cease, put* a stop to || **munkát** ~ stop work, walk out
beszűrőd|ik v *(fény)* filter in
betájol v orient(ate)
betakar v cover up/over, wrap up; *(ágyban)* tuck in; *(vmt védve)* shield
betakarít v *(termést)* harvest, gather (in)
betakarítás n gathering (in), harvest(ing)
betakaródz|ik v cover/wrap/muffle oneself up; *(ágyban)* tuck oneself in
betanít v *vkt vmre* teach* sy sg v. sg to sy **betanított munkás** n semi-skilled worker
betanul v *(szabályt)* keep*, observe, comply with || *sp biz* ~ **vknek** trip sy up
betanulás n studying || **új** ~**ban játszszák** perform a new prod*u*ction of sg
betáplál v *(számítógépbe)* feed* [d*a*ta/information] *i*nto [the/a comp*u*ter] || ~**t információ/adat** *i*nput
betársul v join [in p*a*rtnership]
betart v *(szabályt)* keep*, observe, comply with || *sp biz* ~ **vknek** trip sy up
beteg 1. a *vk* ill, *(főleg US)* sick; *(testrész)* dis*e*ased; *(igével)* be* ill *(csak US* sick), be* in ill- *v.* bad health || ~ **gyerek** a sick child°; ~ **lesz** fall* ill; ~**nek érzi magát** feel* sick/ill/unwell; ~**gé tesz** make* sy ill **2.** n *(páciens)* patient; **ágyban fekvő** ~ *(person)* laid up in bed; ~**et jelent** rep*o*rt (that one is) sick
betegágy n vknek a ~**ánál** at sy's bedside
betegállomány n sick-list || ~**ba vesz** place/put* on the sick-list; ~**ban van** be* on the sick-list
betegápolás n (sick-)nursing
betegbiztosítás n health insurance
betegellátás n medical attendance
beteges a *(ember)* sickly, in poor health *ut* || *(jelenség)* unhealthy
betegeskedés n *i*ll-health
betegesked|ik v be* in poor health

betegfelvétel n *(kórházban)* reception [of p*a*tients]; *(feliratként)* admissions
beteglap n case sheet/card
beteglátogatás n visiting (of a patient); *(otthon)* home visit
beteglátogató n visitor; *(hivatalos)* health visitor
betegnyilvántartás n *(kórházban, könyv)* (hospital) directory
betegség n *(állapot)* illness, sickness; *(kór)* disease || ~**ben szenved** suffer from a dis*e*ase; ~ **éből felgyógyul** recover from his/her illness
betegszállító 1. a ~ **kocsi** *a*mbulance **2.** n (hospital) orderly/porter
betegszoba n sick-room; *GB (kollégiumban)* sanatorium
betekint v *(iratokba stb.)* gain access to
betekintés n *(iratokba)* examination || ~ **végett** for examin*a*tion; ~**t enged vmbe** allow sy to inspect [a d*o*cument]
betel|ik v *vmvel* have* enough of sg; *(étellel)* eat* one's fill || ~**t a létszám** we are full up; ~**t a pohár** that was the last straw; **nem tud** ~**ni nézésével** he can't take his eyes off her/him
beteljesedés n fulfilment
beteljesed|ik v be* fulfilled, come* true || **kívánsága** ~**ett** his wish has* been fulfilled
betemet v bury; *(árkot)* fill up/in
betér v *vkhez* drop in (on sy)
beterjeszt v *(törvényjavaslatot)* introduce; *(költségvetést)* present
beterjesztés n *(törvényjavaslaté)* introduction; *(költségvetésé)* presentation
betesz v *(fiókba)* put* in || *(bankba)* deposit || *(ajtót, ablakot)* close, shut* || ~**i a lábát vhová** set* foot in
betét n *(bankban)* deposit [in bank] || *(üvegért)* deposit || *(golyóstollban)* refill || **egészségügyi/intim** ~ s*a*nitary pad, hygi*e*nic pad(s)
betétállomány n sum-t*o*tal of deposits
betétéz v crown, top (off)
betéti kamatláb n deposit rate
betétkönyv n bank-book, p*a*ssbook
betétlap n *(cserélhető)* loose leaf°, insert || **elvették a** ~**ját** *kb*. have* one's licence end*o*rsed
betétszámla n deposit acc*o*unt
betéve adv *(ajtó)* closed, shut || *(könyv nélkül)* by heart || ~ **tudja a szerepét** be* word-perfect, *US* be* letter-perfect
betevő a **nincs** ~ **falatja** have* n*o*thing to eat
betilt v ban, suppress, prohibit
betiltás n b*a*n(ning), suppression, prohibition
betódul v = **beözönlik**
betol v push/shove in

betolakod|ik *v* barge in, intrude || *(hívatlanul)* gatecrash
betolat *v (vonat)* shunt, pull up to
betold *v* insert (sg into sg)
betoldás *n* insertion; *(szöveté)* letting in; *(szóé)* interpolation
beton *n* concrete
betonkeverő *n* concrete/cement mixer
betonoz *v* concrete
betonpálya *n* tarmac; *(reptéren így is)* runway
betoppan *v* drop/pop in unexpectedly
betorkolló út *n* feeder road
betölt *v (folyadékot)* pour into || *(hiányt)* fill (in) [a gap]; *(hivatását)* perform, fulfil (*US* fulfill) [a duty]; || **állást** ~ be* in office, occupy a post/job; ~**ötte 20. életévét** he has turned 20; **filmet** ~ **fényképezőgépbe** load a camera
betöltetlen *a (állás)* vacant, unfilled
betöm *v (lyukat)* stop (up); *(fogat)* fill
betömés *n* stopping (up), filling (in)
betör *v (ablakot)* break* in, smash; *(ajtót)* break* down, burst* open || *(ellenség)* invade, overrun* [a country] || *(lovat)* break* in || *(betörő)* break* in(to a house); *(éjjel)* burgle; *(US így is)* burglarize || ~**te a fejét** he smashed his head; **hideg légtömegek törtek be az országba** a cold front has entered the country
betörés *n (ablaké)* breaking in/open, smashing || *(házba, főleg nappal)* break-in; *(éjjeli)* burglary
betöréses lopás *n* burglary
betörésjelző *n* burglar-alarm
betör|ik *v* break* || ~**ött az ablak** the window is broken
betörő *n* burglar, housebreaker
betud *v (összeget vmbe)* charge to, include || *(vknek vmt tulajdonít)* attribute/ ascribe to || **annak tudom be, hogy** I put it down to the fact that; ~**ható vmnek** can* be attributed/ascribed to sg
betű *n* letter [of the alphabet]; *(írott)* script; *(nyomtatott)* character, type || **dőlt** ~ italics *pl*; ~ **szerinti** literal, verbal; ~**ről** ~**re** letter by letter, point by point; ~**vel kiír egy számot** write* [a number/figure] out in full
betűr *v* tuck in
betűrejtvény *n* word puzzle
betűrend *n* alphabet, alphabetical order || ~**ben** in alphabetical order
betűrendes mutató *n* (alphabetical) index *(pl* indexes)
betűs *a* **dőlt** ~ italicized, in italics *ut.*; **nagy** ~ in capital letters *ut.*
betűtípus *n* type, typeface
betűz[1] *v (betűket)* spell*

betűz[2] *v (tűvel)* pin in/up || *(nap vhová)* shine* in
betyár *n (egykor)* highwayman°, outlaw || *elit* rogue || *tréf* **te kis** ~ you little rascal
betyárbecsület *n* honour (*US* -or) among thieves
beugrás *n (vízbe)* jumping/diving in || *(szerepbe)* replacing sy (*v.* stepping in) at a moment's notice
beugrat *v átv* take* sy in, deceive (sy); *vkt vmbe* trick sy into sg
beugratás *n átv* take-in, hoax
beugrató kérdés *n* tricky/loaded question
beugr|ik *v vk vhová* jump/spring* in; *(vízbe fejest)* dive into || *(szerepbe)* step in, take* over a part at a moment's notice || *vkhez* look/drop in (on sy) || *biz (tréfának)* be* taken in, be* had || **jól** ~**ottál** you've been had
beugró *n (fali)* niche, recess || *biz (belépődíj)* entrance fee, admission
beutal *v (kórházba)* refer, send* [sy to hospital]
beutaló *n (kórházi)* referral; *(üdülői) kb.* holiday voucher
beutazás *n (országjárás)* tour (of) || *vhová* entry (into)
beutazási engedély *n* entry permit/ visa, *hiv* entry clearance
beutaz|ik *v (országot)* tour [a country], travel (all over) [the country, Europe etc.] || *(országba)* enter [a country]; *(városba)* go* up to [town]
beutazóvízum *n* entry visa
beül *v (karosszékbe)* sit* down in, take* one's/a seat in || *(járműbe)* get* in(to) [a car etc.]; *(vonatba)* find* a seat || *(preszszóba)* (go* and) sit* down in || ~ **egy taxiba** take* a taxi
beültet *v (kocsiba)* seat sy in || *vmvel* plant with; *(földbe)* plant/set* in; *(cserépbe)* pot || *orv* implant
beüt *v (szeget stb.)* drive*/knock/hit* in/into || ~ **i a fejét vmbe** knock/ bang/bump one's head against sg; *biz* **jól** ~**ött neki** he made a killing
beüvegez *v* glaze (in), glass in
bevág *v (vágást csinál)* cut* || *biz (leckét)* learn* (sg) by heart/rote || ~**ja az ajtót** slam/bang the door
bevágás *n (vágóeszközzel)* cut; *orv* incision
bevágód|ik *v (ajtó)* slam, bang || *biz vk vknél* worm oneself (*v.* one's way) into sy's confidence || ~**ott az ajtó/ ablak** the door/window slammed (to/ shut)
bevakol *v* plaster (over), face

bevál|ik v vm prove (to be) good, work (well) || *(remény, jóslat)* come* true, be* fulfilled || **nem vált be** it did* not work
bevall v *(bűnt)* confess, admit; *(őszintén megmond)* confess, must admit || hiv *(adatokat stb.)* declare; *(jövedelmet)* return [one's income] || ~**om, ezt elfelejtettem** I must admit I forgot it
bevallás n confession || **saját** ~**a szerint** by his own account/admission
bevált[1] v *(pénzt)* (ex)change [vmre for]; *(csekket)* cash [a cheque]; *(utalványt)* exchange [a voucher for sg] || *(ígéretét)* keep* [one's promise] || *(reményeket)* fulfil (v. US fulfill) [hopes]
bevált[2] a tested; *(jól)* well-tried
beváltás n *(pénzé)* changing
beváltási árfolyam n rate of exchange
beváltható a *(ajándékutalvány)* can be exchanged *(vmre for)*; *(csekk)* can* be cashed
bevándorlás n immigration
bevándorló n immigrant
bevándorol v immigrate *(into)*
bevarr v ált sew*/stitch up; vmbe sew* in || *(sebet)* sew* up [a wound]
bevasal v *(fehérneműt)* iron all the laundry || biz **pénzt** ~ **vkn** make* sy cough up what he owes
bevásárlás n shopping
bevásárlókocsi n *(áruházi)* (shopping) trolley
bevásárlókosár n shopping basket
bevásárlóközpont n shopping centre/precinct; *(igen nagy)* hypermarket
bevásárlótáska n shopping bag
bevásárlóturizmus n shopping tourism
bevásárol v do* one's/the shopping || ~**ni megy** go* shopping; **átv** biz **jól** ~**t vmvel** (s)he made a bad bargain with sg
bever v *(szeget)* drive*/hammer in, hammer (sg) into (sg); *(karót stb.)* drive* in || *(ablakot)* smash, break* in || ~**ték a fejét** he had his head beaten in || ~ **az eső (az ablakon)** the rain keeps* driving in (at the window)
bevérzés n *(internal)* haemorrhage *(US* hem-)
bevés v *(fémbe)* engrave in/on || ~ **vmt az emlékezetébe** commit sg to (one's) memory
bevesz v *(kívülről)* take* in (from outside) || *(egyesületbe vkt)* admit sy [as member] || *(vmt szerződésbe)* insert; *(szövegbe)* include || *(várost, erődítményt)* take*, capture || *(ruhából)* take* in || *(orvosságot)* take* [medicine] || biz **mindent** ~ he swallows everything you tell* him (whole)

bevet v *(földet vmvel)* crop/sow* [a field] with || kat put* into action || ~**i az ágyat = beágyaz**
bevétel n *(jövedelem)* income; *(üzleti)* returns pl; *(előadásé)* receipts pl
bevetés n *(maggal)* sowing (with seed) || kat action; rep sortie
bevett a accepted, received || ~ **szokás** generally established/accepted custom
bevezet v *(helyiségbe)* lead*/show* in/into; *(társaságba is)* introduce into || *(ismeretekbe)* initiate (into) || *(villanyt)* install [electricity] || *(könyvbe tételt)* enter || *(módszert)* introduce, initiate
bevezetés n vké vhová leading/showing in || *(könyvben)* introduction || *(villanyé)* installation
bevezető **1.** a introductory; *(szavak)* prefatory, opening || ~ **fénysor** *(reptéren)* landing lights pl; ~ **rész** introduction, introductory part; ~ **út** approach (road), access road **2.** n introduction || ~**ben** by way of introduction
bevisz v vkt/vmt vhová take* in; *(csomagot)* carry in || *(vkt rendőr)* run* in, take* into custody; *(út vhová)* lead* to || *(számítógépbe)* feed* [data] into [a/the computer]; *(beír)* key in [the new data] || ~ **vkt a városba (kocsival)** drive* sy up to town; **bevitték a rendőrségre** he was taken (down) to the police station
bevizel v *(ágyba)* wet the bed; *(nadrágba)* wet one's trousers (v. US pants)
bevizez v *(akaratlanul)* make* sg wet; *(szándékosan)* wet, moisten, dampen
bevon v *(forgalomból)* withdraw* || *(vitorlát)* reef (in), furl; *(zászlót)* haul down || vmvel ált cover (with); *(fémmel)* plate (with) || ~**ták a jogosítványát** his driving licence was withdrawn
bevonalkáz v *(térképet)* hachure, hatch
bevonat n coat(ing), plating, cover
bevonszol v drag in/into
bevontat v *(gépjárművet)* tow to; *(csak hajót)* tug/tow in
bevonul v *(pompával)* enter, march in || *(katonai szolgálatra)* join up
bevonulás n *(pompával)* entry || kat joining up
bezár v *(ajtót stb.)* close, shut*; *(kulcscsal)* lock (up) || *(helyiségbe)* confine, lock in || *(intézmény stb.)* close; *(végleg)* close down; *(üzlet, üzletet nap végén)* close, shut* up [the shop] || ~**ja a kapuit** *(iskola)* break* up
bezárás n closing, shutting, locking
bezárkóz|ik v lock/shut* oneself in/up/away
bezáród|ik v close, shut*

bezárólag adv szept. 1-ig ~ by September 1st inclusive, up to and including September 1st
bezárul v = **bezáródik**
bezúdul v = **beözönlik**
bezúz v (könyveket) pulp ‖ ~**ta a fejét** he broke* his head
bezzeg adv truly, to be sure
bezsebel v pocket, bag, net
bezsíroz v (géprészt) lubricate; (serpenyőt) grease, lard ‖ (ruhát) grease-stain
bezsúfol v cram/crush/squeeze into, pen (up)
biankó csekk n blank cheque (US check)
bíbelőd|ik v take* great pains over sg
bibi n biz (kisebb seb) sore ‖ **itt van a dolog** ~**je** here is* the rub
bíbic n lapwing, pe(e)wit
bibircsók n wart
bibircsókos a warty ‖ ~ **orr** pimply nose
bibis a biz hurt, sore
biblia n Bible, the Scriptures pl
bibliai a biblical, scriptural, Bible-
bibliofil kiadás n de luxe edition
bibliográfia n bibliography; (cikk végén általában) references pl
bíbor n purple, scarlet
bíboros n cardinal
bíborpiros a purple, scarlet, crimson
biccent v nod
biccentés n nod, inclination of head
biceg v limp, hobble
bicepsz n biceps
bicikli n bicycle, bike, cycle
bicikilpumpa n bicycle pump
biciklista n cyclist, cycler
bicikliz|ik v ride* a bicycle, cycle, pedal (US -l-); US wheel
bicska n pocket/jack/clasp-knife° ‖ **beletörik a** ~**ja vmbe** fail, come* a cropper
biennále n biennial festival/conference
bifokális a bifocal
bifsztek n beefsteak
bigámia n bigamy
bigott a bigoted
bika n bull
bikaviadal n bullfight
bikini n bikini
bili n biz pot(ty)
biliárd n billiards pl
biliárdgolyó n billiard-ball
biliárdoz|ik v play billiards
bilincs n shackles pl, irons pl; (kézre) handcuffs pl ‖ műsz clamp
biliztet v ~ **i a gyereket** pot the baby
billeg v seesaw, be* loose, rock
billen v tilt, tip over, topple
billent v tilt, tip over ‖ **javára** ~**i a mérleget** turn* the scales in sy's favour

billentyű n ‖ (hangszeren) key ‖ műsz (flap/clack/stop-)valve ‖ (szívé) valve
billentyűs a (hangszer) provided with keys ut. ‖ műsz valvular
billentyűzet n (zongorán, írógépen) keyboard; (orgonán) manual
billió n GB billion; US trillion
bim-bam n ding-dong
bimbamcsengő n Friedland chime
bimbó n (virágé) bud ‖ (mell) nipple, teat
bimbóz|ik v bud, burgeon
bináris a binary
biofizika n biophysics sing.
biogenetika n biogenetics sing.
biokémia n biochemistry
biokémikus n biochemist
biológia n biology
biológiai a biological ‖ ~ **hadviselés** biological/germ warfare; ~ **óra** biological/internal clock
biológus n biologist
biometria n biometry
bioszféra n biosphere
biotechnika n bioengineering
biotechnológia n biotechnology
bír v (fizikailag) (be* able to v. can*) carry ‖ (elvisel) (be* able to) bear* ‖ (képes) can*, be* able to ‖ biz (szeret, kedvel) take* a shine to (sy) ‖ vkvel equal (US -l) sy, be* a match for sy ‖ **aki** ~**ja, marja** everybody for himself and the devil take the hindmost; ~**ja a hideget** he can take the cold; ~**ja az italt** he can carry/hold his liquor (well); **nem** ~ **magával (jókedvében)** be* beside himself (with joy); **nem** ~**ja az italt** he cannot take alcohol; **nem** ~**ok vele** he is too much (of a handful) for me; **nem** ~**om** I can't carry it, it's too heavy for me; **nem** ~**om megcsinálni** I am unable to do it; **tovább már nem** ~**ta** he could bear it no longer
bírál v judge; (könyvet) review; (elítélően) criticize
bírálat n ált judgement, sentence; (könyvről) review; (hosszabb) critique; (szóban) criticism
bíráló 1. a critical 2. n critic, reviewer
bírálóbizottság n jury
birka n (állat) sheep° ‖ (hús) lamb
birkacomb n leg of lamb/mutton
birkagulyás n lamb/mutton goulash
birkanyáj n a flock of sheep
birkanyírás n sheep-shearing
birkózás n wrestling ‖ **szabadfogású** ~ freestyle (v. all-in) wrestling; **kötöttfogású** ~ Graeco-Roman wrestling
birkóz|ik v wrestle; átv struggle/grapple with
birkózó n wrestler

bíró

bíró n *(bíróságon)* judge, justice; *(alsó fokú)* magistrate || sp *(krikett, röplabda, asztalitenisz, tenisz, tollaslabda)* umpire; *(birkózás, hoki, kosárlabda, labdarúgás, ökölvívás, rögbi)* referee; *biz* ref
birodalmi a imperial, of the empire *ut.*
birodalom n empire || **a brit ~ the British Empire**
bírói a judicial, judiciary, juridical || **~ ítélet** judg(e)ment; *(döntés)* decision
bíróság n *(hatóság)* court (of law) || *(épület)* law-courts *pl,* court || **a ~on** in court; **~ elé állít** bring* to trial/justice; **elsőfokú ~** court of the first instance
bírósági a judicial, judiciary || **~ tárgyalás** hearing, trial, proceedings *pl;* **~ úton** legally, by law; **~ ügy** court case
birs n quince
bírság n fine, penalty
bírságol v fine, impose a fine/penalty on
birtok n *(tulajdon)* possession, holding || *(földbirtok)* estate, landed property, land || **~ában van vmnek** be* in possession of sg, possess/hold* sg; **~ba vesz vmt** take*/get* possession of sg; **~on belül van** be* in (actual) possession
birtokbavétel n taking possession (of), occupation
birtoklás n possession
birtokol v have*, possess, hold* possession of, occupy, hold*
birtokos 1. a propertied; *nyelvt* possessive || **~ eset** genitive (case) 2. n *(vagyoné)* owner, possessor
birtokviszony n *nyelvt* genitive relation
bisztró n snack bar, bistro
bit n *szt* bit
bitófa n gallows *sing. v. pl,* gallows tree
bitorlás n usurpation
bitorol v usurp
bitumen n bitumen, asphalt
bivaly n buffalo
bíz v *vkre vmt* trust sy with sg, entrust sg to sy
bizakodás n confidence
bizakod|ik v *vkben/vmben* trust in sy/sg
bizakodó a hopeful, trustful, optimistic || **~ hangulat** optimism
bizalmas 1. a *(közlés)* confidential || *(hangulatú)* informal, colloquial || **~ beszélgetés** heart-to-heart talk; **~ értesülés** inside information; **~ (természetű) levél** personal letter; **~ viszonyban van vkvel** be* on familiar/intimate terms with sy, be* familiar with sy 2. n vknek a **~**a sy's intimate, sy's confidant *(nő:* confidante)
bizalmaskodás n familiarities *pl*
bizalmaskod|ik v *elít* be* too familiar with sy, take* liberties with sy

bizalmasság n intimacy, familiarity
bizalmatlan a distrustful, mistrustful *(vk iránt* of sy) || **~ul fogadták** was received with suspicion
bizalmatlanság n distrust, mistrust
bizalmatlansági indítvány n motion of no confidence
bizalmi a confidential || **~ ember** confidential clerk/secretary; *biz* right-hand man°; **felveti a ~ kérdést** ask for a vote of confidence
bizalom n confidence, trust *(mind:* in) || **bizalmába férkőzik vknek** worm oneself into sy's confidence; **bizalmat szavaz vknek** give* a vote of confidence
bizalomkeltő a inspiring confidence/trust *ut.,* reassuring || **nem valami ~** uninviting
bizarr a bizarre, whimsical, odd
bíz|ik v *vkben/vmben* trust sy/sg, trust in sy/sg, have* confidence in || **nem ~ik vkben** distrust sy, mistrust sy; **~hatsz benne** (you may) depend (up)on it
bizomány n commission; *(eladásra)* consignment
bizományi áruház/bolt n commission shop
bizony *adv* certainly, really, to be sure, surely || **Isten ~!** so help me (God)!; **nem ~!** certainly not
bizonyára *adv* no doubt, without (a) doubt, in all probability, surely || **~ lekésett a vonatról** he must have missed the train
bizonygat v prove repeatedly || **azt ~ja, hogy** he argues that
bizonyít v *ált* prove || *(okmánnyal)* certify; *(adattal)* document, verify || **ami azt ~ja, hogy** which all goes* to show that
bizonyítás n proof; *(okmánnyal)* certifying; *(adattal)* verification || **aligha szorul ~ra** it hardly needs proof, that is* self-evident
bizonyíték n proof; *(főleg jog)* evidence || **nincs rá semmi ~** there is* not a shred of evidence; **tárgyi ~** material proof; **~ hiányában** in the absence of evidence
bizonyíthatatlan a unprovable
bizonyítható a provable
bizonyítvány n *(hivatali)* certificate, testimonial; *isk* school report || **~t kiállít** grant a certificate; **megmagyarázza a ~át** explain away one's report/mistakes
bizonnyal *adv* **minden ~** in all probability, by all means
bizonyos a *(biztos)* certain, sure; *(kétségtelen)* undeniable, undoubted || **annyi ~, hogy** one thing is certain

(namely), this much is certain: that; **egy** ~ a certain, some; **egy** ~ **fokig** to some extent
bizonyosan *adv* no doubt, without (a) doubt, in all certainty/probability ‖ ~ **(el)jön** he is sure to come
bizonyosság *n* certainty, certitude
bizonytalan *a (dolog)* uncertain, dubious; *(kimenetelű)* doubtful; *(alapokon álló)* unstable, shaky ‖ *(ember)* irresolute, indecisive, wavering ‖ ~ **a megélhetése** make* a precarious living; ~ **időjárás** unsettled/changeable weather; ~ **időre elhalaszt** postpone indefinitely; ~ **léptekkel** with faltering steps
bizonytalankod|ik *v* hesitate, dilly-dally
bizonytalanság *n* uncertainty, doubt(fulness); *(tárgyé)* shakiness, unsteadiness; *(határozatlanság)* hesitation ‖ ~**ban hagy vkt** hold* sy in a state of uncertainty
bizonyul *v vmnek/vmlyennek* prove (to be ...), turn out sg (*v.* to be ...)
bizottság *n* ált committee; *(magasabb szintű testület)* board; *(kiküldött)* commission, delegation
bizottsági ülés *n* committee/board meeting
biztat *v vmre* encourage, stimulate ‖ *(vigasztalva)* reassure, comfort ‖ *vmvel* allure, entice (with)
biztatás *n vmre* encouragement, stimulation ‖ *(vigasztalva)* reassurance, comfort(ing)
biztató *a* encouraging, promising; *(igével)* promise well; *(jövőre nézve vm)* bid* fair (for the future); augur well ‖ ~ **(elő)jel** hopeful sign
biztonság *n* safety, security ‖ **a** ~ **kedvéért** to be* on the safe side; ~**ban érzi magát** feel* secure
biztonsági *a* safety ‖ ~ **okokból** for security reasons; ~ **öv** seat/safety belt; *(automata)* inertia-reel seat belt; **B** ~ **Tanács** Security Council
biztonságos *a* safe, secure
biztos *a (kétségtelen)* sure; certain ‖ ~ **állás/megélhetés** secure job; ~ **dolog** certainty, sure thing; ~ **hír** definite news (of sg/sy); ~ **kézzel** with a firm/steady hand; ~ **vagyok benne, hogy** *(meggyőződésem)* I'm sure he...; *(tény)* I'm certain he...; **ez** ~ **that is** so, (that's a) sure thing (*v. biz* a cert)
biztosan *adv* surely, certainly; *(kétségtelenül)* no doubt, undoubtedly ‖ ~ **eljön** he is* sure/certain to come; **holnap** ~ **esni fog** it is bound to rain tomorrow
biztosít *v (biztonságossá tesz)* make* certain/sure; *(erősít)* make* safe, secure (from, against); *kat* cover; *(fegyvert)* uncock ‖ *(vmt vknek nyújt)* provide sg for sy ‖ *(biztosítást köt)* insure (sg against sg) ‖ ~**ja magát** (*v.* **az életét**) insure oneself (*v.* one's life), take* out life insurance; **évi 200 fontot** ~ **vknek** allow/guarantee sy £200 a year; **hitelt** ~ give* credit; **vkt vmről** ~ assure sy of sg
biztosítás *n ker* insurance ‖ ~**t köt** take* out insurance
biztosítási *a* insurance ‖ ~ **díj** insurance (premium); ~ **ügynök** insurance broker
biztosíték *n (pénz)* security, deposit; *(erkölcsi)* guarantee ‖ *el* fuse ‖ ~**ul** by way of security; **kiégett a** ~ the fuse went
biztosító *(társaság)* insurance company
biztosított *a/n ker* insured ‖ **a** ~ **(személy)** the insured, policy-holder
biztosítótű *n* safety-pin
bizsereg *v* itch, prickle, tingle
bizsergés *n* pins and needles *pl*
bizsu *n* fashion/costume-jewellery
blabla *n biz* blather
blamál *v vkt* compromise sy ‖ ~**ja magát** make* a fool of oneself
blamázs *n* shame, ignominy
blanketta *n* = **űrlap**
blattol *v* sight-read*
bliccel *v biz (járművön)* dodge paying the fare ‖ *(iskolában)* cut* a class
bliccelő *n biz (járművön)* fare-dodger
blokád *n* blockade
blokk *n (jegyzettömb)* (writing) pad ‖ *(üzletben)* bill ‖ *(háztömb)* block (of houses) ‖ *(bélyeg)* block
blokkol *v (üzemi bélyegzőórán, érkezéskor)* clock in; *(távozáskor)* clock out
blokkolóóra *n* time clock, clocking-in clock
blöff *n* bluff, humbug, boast
blöfföl *v* bluff, humbug, boast
blúz *n* blouse; *kat* tunic, shirt
b-moll *n* B-flat minor
bob *n* bobsleigh; *főleg US* bobsled
bóbiskol *v* nod, doze, take* a nap
bóbita *n (madáré)* tuft, crest
boci *n* little calf°; *biz* moo-cow
bocs[1] *n* bear-cub
bocs[2] *biz* = **bocsánat!**
bocsánat *n* pardon, forgiveness ‖ ~**ot kér** beg sy's pardon, apologize *(vmért* for); ~**ot kérek!**, ~**!** pardon/excuse me!, I beg your pardon!, (I'm) sorry!
bocsánatkérés *n* apology
bocsát *v (enged)* let* go, admit to
bódé *n (piaci, vásári)* stall, booth, stand; *(újságos)* newsstand; *GB* kiosk; *(kat őrszemé)* sentry-box; *(más őré)* cabin, shelter

bódít

bódít v daze, overpower
bódító a *(illat)* overpowering
bodros a *(haj)* curly, frizzy
bódul v bec*o*me* dazed
bódult a dazed, overpowered
bodza n elder
bogáncs n thistle
bogár n *(rovar)* insect, beetle; US bug ǁ biz *(szeszély)* whim, fad ǁ **a szem bogara** pupil (of the eye); **vmlyen bogara van** have* a bee in one's bonnet
bogaras a crotchety, cranky
bogarászás n *(rovargyűjtés)* bug-hunting ǁ *átv* rummaging (among books etc.)
bogarász|ik v *(rovarokra)* collect insects ǁ *átv biz* hunt after [curios, data]
bogrács n stew-pot, kettle
bográcsgulyás n *kb.* Hungarian kettle goulash
bogyó n berry
bogyótermés n berry, bacciform fruit
bohém a/n bohemian
bohóc n clown; *átv* buffoon, fool ǁ *biz* ~**ot csinál magából** play the fool
bohóckodás n (piece of) clownery/buffoonery, antics *pl*
bohóckod|ik v play the clown
bohózat n farce, burlesque
bója n buoy ǁ ~**kkal kijelöl** buoy (out)
bojkott n boycott
bojkottál v boycott
bojler n *(gáz)* (gas) heater; *(villany)* immersion heater
bojt n tassel; *(gömbölyű)* pompon, bobble
bók n *(szóbeli)* compliment ǁ ~**ot mond vknek** compliment sy
boka n ankle ǁ **összeüti a** ~**ját** click one's heels; **(még) megüti a** ~**ját** *kb.* (may) have*/get* one's fingers burnt
bokaficam n sprained/twisted ankle
bokafix n ankle socks; US bobby socks *pl*
bokasüllyedés n ~**e van** have* flat feet (v. fallen arches)
bokavédő n spats *pl*
bokazokni n = **bokafix**
bókol v *(szóval vknek)* pay* sy a compliment, compliment sy
bokor n bush, shrub ǁ **nem terem minden** ~**ban** does not grow on trees
bokréta n bunch of flowers, bouquet
bokros a *(bozótos)* bushy, shrubby ǁ ~ **teendők** a lot of things to do
boksz[1] n *(cipőkenőcs)* shoe-polish ǁ *(bőr)* box-calf°
boksz[2] n *(ökölvívás)* boxing
boksz[3] n *(rekesz)* box
bokszer n *(verekedéshez)* knuckle-duster; US brass knuckles *pl* ǁ *(kutya)* boxer
bokszmérkőzés n boxing-match/contest
bokszol v box, fight*
bokszolás n boxing

bokszoló n boxer; *(profi)* prizefighter
-ból, -ből *suff* **a)** *(helyhatározó)* from; **a Debrecenből érkező vonat** the train from Debrecen; **egy** (= **ugyanazon**) **pohárból iszik** drink* from the same glass ǁ out of; **felkel az ágyból** get* out of bed ǁ *(elöljáró nélkül)* **elutazik Angliából vhova** leave* Britain for swhere; **helyből ugrás** standing jump **b)** *(állapothatározó)* from; **betegségből meggyógyul** recover from an illness ǁ out of; **álmából ébred** come* out of one's sleep ǁ of; **áll vmiből** consist of sg; **három fő részből áll** it consists of three main/principal parts **c)** *(eredethatározó)* from; **ered vmiből** *átv* issue from sg, originate from/in sg, come* from sg; **kitűnik vmiből** appear from sg, be* evident from sg; **vmiből származik** rise* from, originate from/in, come* from, result from; **vmiből következik** result from ǁ of, out of; **készült vmiből** be* (made) of sg; *(gyártva)* be* manufactured from sg, be* made from/of sg **d)** *(eszközhatározó; különféle elöljárával)* **él vmiből** live on/by sg, earn/make* one's living by sg; **e)** *(okhatározó)* for; **mi okból?** for what reason?; **ebből az okból** for this reason ǁ from, out of, of; **féltékenységből** from (v. out of) jealousy; **jószántából, saját akaratából** of his own free will; **kíváncsiságból** from (v. out of) curiosity **f)** *(célhatározó; különféle elöljárával)* **e(bből) a) célból** for this/that purpose, with this end in view, to this end; **abból a célból, hogy...** in order to/that, with a view to, so as to **g)** *(módhatározó; különféle elöljárával)* **ebből a szempontból** from this point of view, in this respect; **látásból ismer vkt** know* sy by sight
boldog a happy; *(igével)* feel*/be* glad; *vmvel* be* delighted with; **B**~ **új évet (kívánok)** (I wish you a) Happy New Year!; ~ **ünnepeket kívánok** the season's greetings
boldog-boldogtalan a *biz* rich and poor, everybody, one and all
boldogít v make* (sy) happy ǁ **a pénz nem** ~ money cannot buy happiness; **meddig** ~**asz még?** you still here?
boldogság n happiness, joy, gladness, bliss ǁ **úszik a** ~**ban** be* blissfully happy
boldogtalan a unhappy, miserable
boldogtalanság n unhappiness, misery
boldogul v *(életben)* get* on, prosper, succeed ǁ *vmvel* get* on with sg, manage sg
boldogulás n prosperity, success

boldogult *a* the late || ~ **édesanyád** your late (lamented) mother
bólé *n kb.* (fruit) punch
bolgár *a/n* Bulgarian
bolgárul *adv* (in) Bulgarian → **angolul**
bolha *n* flea || ~**t tesz vk fülébe** put* thoughts in sy's head, awaken sy's suspicions
bolhás *a* full of fleas *ut.*, flea-bitten
bólint *v* nod || **igenlően** ~ nod one's assent
bólintás *n* nod, nodding
bólogat *v* nod repeatedly
bolond 1. *a (őrült)* mad, insane, crazy || *(beszéd, viselkedés)* foolish, silly, stupid || **majd** ~ **leszek!** I am* not such a fool (as to), not me! **2.** *n (elmebajos)* madman°, lunatic || *(bolondokat csináló)* fool, idiot, simpleton || **a** ~**ját járja** act the fool; ~**dá tesz vkt** fool/dupe sy; ~**ja vmnek** be* crazy about sg; ~**nak nézel?** do you take me for a fool?
bolondgomba *n* toadstool || **nem ettem** ~**t** I'm not crazy, I wasn't born yesterday
bolondít *v* make* a fool of, fool, take* sy in
bolondokháza *n biz* lunatic asylum; *átv* bedlam || **kész** ~ it's a regular bedlam
bolondos *a (hibbant)* mad, crazy, foolish || *(vidám)* ludicrous, silly, droll, clownish
bolondoz|ik *v* play the fool, clown; *vkvel* make* fun with || **ne** ~**zon!** enough of jokes
bolondság *n (beszéd, tett)* nonsense || *(hóbort)* (piece of) folly, silliness
bolondul *v vkért/vmért* be* crazy about sy/sg
bolsevik *a/n* Bolshevik
bolsevizmus *n* Bolshevism
bolt *n (üzlet)* shop; *US* store || *biz (üzletkötés)* deal, bargain
bolthajtás *n* vault, arch(ing)
bolthajtásos *a* vaulted, arched
bolti *a* ~ **ár** selling/retail price
boltív *n* arch(way), vault(ing)
boltíves *a* vaulted, arched
boltos *n* shopkeeper; *US* storekeeper
boltozatos *a* vaulted, arched
boltvezető *n* (shop) manager, shopkeeper; *US* store manager
bolygó 1. *a* wandering, roving, roaming **2.** *n* planet || **mesterséges** ~ (artificial) satellite
bolygóközi *a* interplanetary
bolygórendszer *n* planetary system
bolyh *n (szöveté)* nap [of cloth], pile || *(bélben)* villus (*pl* villi)
bolyhos *a (szövet)* napped, woolly, fuzzy
bolyong *v* roam, rove, wander (about)
bolyongás *n* wandering(s), ramble(s)

bomba 1. *n* bomb || ~**t (le)dob** drop a bomb; *biz* ~**ként hatott** it came as (*v.* was) a bombshell **2.** *a biz* ~ **jó** smashing, super, crazy, bang-up; ~ **nő** a real stunner
bombabiztos *a* bomb/shell-proof
bombamerénylet *n* bomb attack
bombariadó *n* bomb scare/alert/warning
bombasérült *a vm* bomb-damaged
bombasiker *n biz* overwhelming success, winner, smash(-hit), blockbuster
bombatalálat *n* bomb hit
bombatámadás *n* bomb attack/raid
bombatölcsér *n* bomb-crater
bombavető *n (repülőgép)* bomber
bombáz *v (repülő)* bomb, drop bombs on
bombázás *n (repülőről)* bombing
bombázó(gép) *n* bomber
bomlás *n* decay, disintegration; *vegy* decay, decomposition || *(fegyelemé)* relaxation; *(erkölcsé)* depravation
bomlási folyamat *n* (process of) decomposition, decay(ing)
bomlaszt *v ált* dissolve, disintegrate, disrupt; *vegy* decompose || *átv* subvert || ~**ja a fegyelmet** undermine discipline/order
bomlasztás *n* disintegration
bomlasztó *a* disintegrating || ~ **tevékenység** subversive activity
boml|ik *v (alkotórészeire)* disintegrate, fall* apart, go* to pieces, decay; *vegy* dissolve, decay || *(közösség)* break* up || *biz vkért* be* madly in love with sy
bon *n (áruról)* voucher; *(pénzről)* IOU
bonbon *n* bonbon, sweet; *US* candy
boncnok *n* anatomist, dissector
boncol *v orv* dissect; *(halálok megállapítására)* carry out a postmortem (examination) (*v.* an autopsy) || *(kérdést)* analyse (*US* -lyze)
boncolás *n* dissection; *(halálok megállapítására)* postmortem (examination), autopsy || ~**i jegyzőkönyv** report on a postmortem examination
bonctan *n* anatomy
bont *v ált* take*/pull to pieces, take* apart; *(alkotóelemeire)* dismantle, take* apart; *vegy* decompose || *(épületet)* pull down || *(telefonbeszélgetést)* disconnect || **részekre** ~ break* sg down into its component parts
bontakoz|ik *v* unfold, display/reveal itself
bontás *n* taking to pieces; *(épületé)* demolition; *vegy* decomposition || **évi** ~**ban** broken down into yearly figures
bonyodalom *n* complication; *(drámában)* knot, intrigue

bonyolít v complicate [matters] || *ker (ügyletet)* handle, manage, transact, effect
bonyolító n assistant executive
bonyolód|ik v *(ügy)* become* complicated || *vmbe* get* entangled/involved in
bonyolult a complicated, intricate; *(gép, szerkezet, technológia stb.)* sophisticated || ~ **feladat** complicated task; ~ **szerkezet** complex mechanism; ~ **ügy** a complicated business/matter
bor n wine || **asztali** ~ table wine; **egy pohár** ~ a glass of wine
borászat n wine-growing
borbély n barber, hairdresser
borbélyműhely n barber's (shop)
borda n *(emberi)* rib || *(borjú, ürü)* cutlet; *(sertés)* pork chop || *(hajóé)* rib, frame; *épít* rib; *(merevítő)* truss
bordásfal n wall-bars pl
bordaszelet n cutlet; *(sertés)* chop
bordatörés n fracture of a rib, broken rib
bordázat n ribbing; *(hajóé)* framework
bordélyház n brothel
bordó a claret(-coloured), wine-red
bordói bor n Bordeaux
borít v *(vmvel fed)* cover (with), overlay*, cast*/spread* over || *(feldönt)* overturn, dump || **árokba** ~**ja a kocsit** drive* the car into the ditch
borítás n *(fémmel)* plating; *(fával, vassal)* encasing; *(lambériával)* panelling *(US* -l-), wainscoting
boríték n *(levélé)* envelope; *(a bérrel)* pay/wage packet
borítékol v put* in an envelope
borító n *(könyvé)* (dust) jacket, dust cover
borítópapír n backing/wrapping paper
borítóvászon n *(könyvkötőé)* binding cloth
borivó n wine-drinker/bibber, tippler
borjúbőr n *(kikészített)* calfskin; *(boksz)* box-calf°; *(pergamen)* vellum
borjúpaprikás n ~ **(galuskával)** *kb.* Hungarian paprika veal with gnocchi
borjúsült n roast veal
borjúszelet n veal cutlet/fillet
borkimérés n *(hely)* wine shop/bar
borkóstoló n *(ember)* wine-taster || *(alkalom)* wine-tasting/sampling
bornírt a narrow-minded, strait-laced
borogat v *(hideggel)* put* on a (cold) compress; *(meleggel)* put* on a poultice
borogatás n *(hideg)* (cold) compress; *(meleg)* poultice
boróka n juniper
borókapálinka n gin, Hollands *sing.*
borongós a melancholic, melancholy, gloomy; *(idő)* cloudy, dull, lowry
borospince n wine-vault/cellar

borospohár n wine-glass
borostás a *(áll)* bristly, stubbly, unshaven
borostyán n ivy
borostyánkő n amber
borosüveg n wine-bottle
borotva n *(ön~)* safety razor; *(villany~)* (electric) shaver, electric razor || **úgy vág az esze, mint a** ~ he is* sharp/witted, he has* a keen/sharp mind
borotvaecset n shaving brush
borotvaéles a *(kés, ész)* sharp as a razor *ut.*, razor-sharp
borotvakészlet n shaving kit
borotvakrém n shaving cream
borotvál v shave || **simára** ~ shave close
borotválás n shave, shaving
borotválatlan a unshaven
borotválkoz|ik v shave, get*/have* a shave
borotvapenge n razor blade
borotvaszappan n shaving stick/soap
borozgat v *vkvel* crack a bottle with sy
borozó n wine bar, tavern
borpárlat n brandy; cognac
borravaló n tip; gratuity || ~**t ad vknek** tip sy, give* sy a tip
bors n pepper || ~**ot tör vk orra alá** play a trick (*v.* tricks) on sy
borsó n pea; *(tömegben)* peas pl; *(sárga~)* split/dry peas pl; *(zöld~)* green/sugar peas pl || ~**t fejt** shell peas; **falra hányt** ~ it's like talking to a brick wall
borsódz|ik n ~ **a háta** *vmtől* it makes* one's flesh creep
borsófőzelék n a dish of peas, peas pl
borsópüré n purée of peas
borsos a peppered, peppery || *biz* ~ **ár** stiff/steep price; ~ **tokány** *kb.* pepper stew
borsoz v season with pepper, pepper
bortermelés n wine-growing/production
bortermelő n wine-grower
bortermés n vintage || **jó** ~ **ű év** vintage year
bortermő a *(ország)* wine-growing; *(talaj)* wine-producing
borul v *(ég)* cloud over, become* overcast || *(beleborul vmbe)* overturn (into sg), fall* || *(ráborul)* fall* on || **földre** ~ throw* oneself to the ground
borulás n clouding over, louring sky
borúlátás n pessimism
borúlátó 1. a pessimistic 2. n pessimist
borús a *(idő)* dull, gloomy [weather] || *(tekintet)* gloomy, dismal [face, looks]; *(hangulat)* gloomy, low [spirits]
borvidék n wine-growing area/region
borvörös a wine-coloured

borz n badger
borzad v shudder (with horror) (vmtől at), be* horrified/shocked (vmtől at) || **még a gondolatától is** ~ shudder at the very thought of it
borzalmas a horrible, terrible, awful, dreadful
borzalom n horror, dread, terror
borzas a tousled, dishevelled, unkempt
borzasztó 1. a = borzalmas **2.** adv (borzasztóan) awfully, horribly || ~ **sok** an awful lot
borzol v (hajat, szőrt, tollat szél) ruffle, tousle || **vm ~ja az idegeit** sg grates/jars on sy's nerves
borzong v shiver [with cold/fear]
borzongás n shiver, tremble
boszorkány n witch, sorceress
boszorkányos a witch-like, magic(al)
bosszankodás n annoyance, vexation
bosszankod|ik v be* annoyed/angry; [vm miatt at sg, vk miatt with sy] || **ne ~j!** biz keep your shirt on!
bosszant v vk vkt annoy, vex || vm vkt annoy, irritate || **ne ~s!** don't provoke/rile me!
bosszantás n irritation, annoyance
bosszantó a annoying, vexing, irritating
bosszú n revenge; (megtorlás) vengeance || **~ból** in revenge; **~t forral** harbour (US -or) revenge
bosszúálló 1. a avenging, revenging **2.** n revenger, avenger
bosszús a annoyed, vexed, angry, irritated
bosszúság n annoyance, vexation, anger || ~ **ér vkt** be* disappointed
bosszúvágyó a vengeful, thirsting for revenge/vengeance ut.
bot n stick, staff; (séta~) (walking-)stick, cane; (horgász~) (fishing-)rod || **a füle ~ját sem mozgatja** will not take the slightest notice of sg; **~tal ütheti a nyomát** (vmét) he can whistle for it, (vkét) the bird has flown
botanika n botany
botanikai a botanical
botanikus 1. a ~ **kert** botanical garden **2.** n botanist
botfülű a unmusical, tone-deaf
botkormány n control stick/column; biz joystick
botlás n stumbling, stumble || átv blunder, slip(-up); (erkölcsi) slip(-up)
botl|ik v vmbe stumble (on), slip || átv stumble, blunder || **~ik a nyelve** (make*) a slip of the tongue
botorkál v (fáradtan) stagger/stumble along, totter || (sötétben) grope/feel* one's way

botrány n scandal || **~ba keveredik** get*/become* involved in a scandal; **~t csap** make* a scene
botránykrónika n scandalous gossip column
botrányos a scandalous, disgraceful, shocking
bóvli 1. n low/inferior quality goods pl; junk, trash **2.** a catchpenny
boy n (szállodai) page (boy), biz buttons pl; bellboy, US bellhop
bozontos a hairy, bushy, brushy; (állat, szakáll) shaggy, bushy || ~ **szemöldök** beetle brows pl, bushy eyebrows pl
bozót n thicket, brushwood, scrub
bozótos a bushy, brushy, scrubby
bő a (tág) roomy, loose; (ruha) (too) wide, full, loose(-fitting) || (bőséges) full, rich, plentiful, ample || **derékban** ~ wide at the waist
bőbeszédű a talkative, loquacious
bődületes a (szamárság) colossal [stupidity]; (tévedés) egregious [blunder]; (hazugság) thumping big [lie]
böfög v belch, biz burp
bőg v (sír) cry; (csecsemő) whimper || (ordít) bawl, bellow, roar, howl || (tehén) low, moo; (szarvas) troat
bőgés n (sírás) crying, howling; (csecsemőé) whimpering || (ordítás) bellow(ing), cry(ing), howl(ing), roar(ing) || (tehéné) low(ing), moo(ing) || **helyes a ~ (oroszlán)** well roared lion
bőgő 1. a (síró) howling; (ordító) bellowing, roaring **2.** n (nagy~) double--bass
bögöly n horse-fly, gadfly
bőgőmasina n tréf cry-baby
bőgős n bass-player, bassist
bőgőz|ik v play the (double-)bass
bögre n mug, jug
böjt n fast(ing); (nagy~) Lent || **~öt tart** observe Lent, fast
böjti szelek n pl March winds
böjtöl v fast, keep* fast
bök v (szarvval) butt; (ujjal) poke; vk felé stab at sy
bökdös v butt/poke again and again
bőkezű a generous, liberal || **~en ad** give* generously
bőkezűség n generosity
bökkenő n hitch, difficulty || **ez itt a ~!** there's the rub
-ből suff → **-ból**
bölcs 1. a wise || ~ **mondás** wise saying **2.** n wise man° || **a ~ek köve** the philosopher's stone
bölcsen adv wisely || ~ **hallgat** keep* his own counsel
bölcsesség n wisdom
bölcsességfog n wisdom-tooth°

bölcsészet(tudomány) *n* arts *pl*
bölcsészhallgató *n* arts student
bölcsészkar *n* faculty of arts, arts department
bölcső *n* *(átv is)* cradle
bölcsődal *n* lullaby
bölcsőde *n GB* crèche; *US* day nursery
bölény *n* bison; *US* így is: buffalo
bömböl *v* *(állat, vihar)* bellow, roar, howl, thunder || *(csecsemő)* howl, squall
böngészde *n* second-hand bookshop
böngészés *n* *(könyvben, könyvtárban)* browsing, browse
böngész(ik) *v* *(könyvben)* search, browse
bőr *n* *(élő, ált)* skin; *(csak állaté)* hide, coat || *(kikészített)* leather || *(tejen)* skin, film; *(gyümölcsé)* peel, skin; *(szalonnán, sajton)* rind || ~ **alatti** subcutaneous; ~**be köt** bind* in leather; ~**ig ázott** drenched to the skin *ut.*, wet through *ut.*; *biz* **jó** ~ *(nőről)* a piece of crumpet; **majd kiugrik a** ~**éből** be* beside himself [with joy/grief/anger stb.]; **rossz** ~**ben van** be* in bad shape, be* in a bad way
bőrápolás *n* skin care/treatment
bőrápoló krém *n* beauty cream, skin-food
bőráru *n* leather goods/products *pl*
bőrátültetés *n* skin-graft
bőrbaj *n* skin-disease
bőrbajos *a* suffering from skin-disease *ut.*
bőrdíszműáru *n* (fancy-)leather goods *pl*
bőrdíszműves *n* fancy-leather goods maker
bőrgarnitúra *n* leather suite
bőrgyógyász *n* dermatologist
bőrgyógyászat *n* dermatology
bőrgyulladás *n* dermatitis
bőripar *n* leather and skin industry/trade
bőrkabát *n* *(zakó)* leather jacket; *(felöltő)* leather coat
bőrkeményedés *n* callus, callosity
bőrkesztyű *n* leather gloves *pl*
bőrkiütés *n* (cutaneous) eruption
bőrkötés *n* leather binding
bőrönd *n* *(kézi)* suitcase, bag; *(nagy)* trunk
bőröndös *n* *(feliratként)* travel goods *pl*
bőrrák *n* skin cancer
bőrszín *n* *(emberi)* flesh colour (*US* -or)
bőrtalp *n* leather sole
börtön *n* *(hely)* prison || ~**be zár** imprison
börtönbüntetés *n* imprisonment || ~**ét (ki)tölti** serve/complete one's term
börtöncella *n* prison cell
börtönőr *n* gaoler, jailer
börtöntöltelék *n* gaolbird; jailbird; *biz* lag

börtönviselt ember *n* ex-convict; *biz* old lag
bőség *n* ált abundance, plenty; *(vagyoni)* wealth, affluence || *(ruhának stb. bő volta)* wideness, fullness, looseness || **be kell venni a** ~**ből** [the dress] needs taking in; ~**ben él** live in affluence
bőséges *a* abundant, plentiful, ample, copious || ~ **termés** rich/bumper crop
bőszít *v* make* furious, enrage
bővebben *adv* more (fully), in more/greater detail
bővebb felvilágosítás *n* further (*v.* more detailed) information
bőven *adv* plentifully, abundantly, amply || ~ **elég** plenty, more than enough
bővérű *a* full-blooded
bővít *v* enlarge, amplify, widen; *(ruhát)* make* larger; *(kiegészít)* complete, supplement || ~**ett kiadás** enlarged edition
bővítés *n* enlarging, enlargement; amplification || *(ruháé)* making larger
bővítmény *n nyelvt* complement
bővízű *a* abounding in water *ut.*
bővül *v* *(szélességben)* widen; *(mennyiségben)* increase, grow*
brácsa *n* viola
brácsás *n* viola player
brácsáz|ik *v* play the viola
brancs *n* *(szakma biz)* line (of work/business) || *(banda, elit)* band, gang, set
bravó *int* bravo!, good!, well done!; *biz US* attaboy
bravúr *n* *(merész)* feat of daring; *(ügyes)* feat of virtuosity
bravúros *a* *(merész)* daring; *(teljesítmény)* brilliantly executed
Brazília *n* Brazil
brazíliai *a/n* Brazilian
brekeg *v* croak
brekegés *n* croak(ing)
bridzs *n* bridge
bridzsez|ik *v* play bridge
bridzsparti *n* *(játszma)* a game of bridge; *(összejövetel)* bridge party
brigád *n* brigade, team
briliáns *a/n* brilliant
briliánsgyűrű *n* diamond ring
briós *n* brioche
brit 1. *a* British || **B**~ **Nemzetközösség** British Commonwealth (of Nations); ~ **angol** British English; ~ **szigetek** the British Isles **2.** *n US* Britisher || **a** ~**ek** the British
Britannia *n* Britain
brojler(csirke) *n* broiler
bronz *n* bronze || ~ **fokozat** third class (of medal/decoration)
bronzérem *n* bronze medal

bross *n* brooch
brosúra *n* pamphlet, brochure
brummog *v* growl, hum
brutális *a* brutal, brutish, savage
brutalitás *n* brutality, savagery
bruttó *a* gross ‖ ~ **100 kg** it weighs 100 kilograms (in the) gross; ~ **ár** gross price; ~ **jövedelem** gross/total income; ~ **nemzeti termék** gross national product (GNP)
bú *n* sorrow, grief, distress
búb *n* *(madár fején)* crest, tuft ‖ **feje** ~ **jáig** up to his ears; **vk feje** ~**ja** the crown of one's/the head
búbánat *n* sorrow, grief, distress
búbánatos *a* sad, sorrowful, mournful
buborék *n* bubble; *(öntvényben)* blister, air-hole
buborékol *v* bubble
bucka *n* sandhill, dune
búcsú *n* *(távozáskor)* (saying) goodbye ‖ *(templomi)* patronal/dedication festival; *(mulatság)* GB church-ale, US kermis ‖ *(bűnbocsánat)* indulgence ‖ ~**t int** wave sy goodbye; ~**t mond vknek** say* goodbye to sy
búcsúest *n* farewell/goodbye party
búcsújárás *n* vall pilgrimage, procession
búcsújáróhely *n* place of pilgrimage; *(kegyhely)* shrine
búcsúlevél *n* farewell letter; *(öngyilkosé)* suicide note
búcsúpohár *n* parting/stirrup cup; biz one for the road
búcsúvacsora *n* farewell party
búcsúzkod|ik *v* vktől take* leave (of sy), say* goodbye (to sy)
búcsúztat *v* bid* farewell to; *(állomáson stb.)* see* sy off; *(szónoklattal)* deliver a farewell speech; *(halottat)* give* the address (at sy's funeral)
búcsúztatás *n* seeing sy off; *(estély/bankett)* farewell party/dinner ‖ *(beszéd)* farewell speech/address, valediction, valedictory (speech/oration) ‖ *(halotti)* last honours *pl*
búcsúztató *n* farewell speech, valedictory (address)
búg *v* *(motor)* hum, purr; *(repülőgép)* drone; *(sziréna)* wail; *(galamb)* coo
búgás *n* *(motoré)* hum(ming), purr(ing); *(repülőgépé)* drone; *(szirénáé)* wail(ing); *(galambé)* coo(ing); *(rádióban)* buzzing, hum
búgócsiga *n* (humming) top
búgó hang *n* *(telefonban)* dialling (*v.* US dial) tone
bugyborékol *v* bubble
buggyos *a* baggy ‖ ~ **nadrág** knickerbockers *pl*

bugyi *n* biz briefs, panties, knickers *(mind: pl)*; *(kis méretű)* minikini ‖ **meleg** ~ thermal brief(s)
bugyog *v* bubble (out), come* welling up/out
buja *a* *(ember)* sensual, lecherous, voluptuous ‖ *(növényzet)* lush, luxuriant
bujaság *n* *(emberi)* sensuality, lechery ‖ *(növényzeté)* luxuriance, lushness
bujdosás *n* *(rejtőzve)* hiding; *(kószálva)* wandering; *(külföldön)* emigration, exile
bujdos|ik *v* go* into hiding, hide*, wander
bujdosó *n* exile
búj|ik *v* *(vm elől)* hide* (from), conceal oneself (from); *vmbe* slip into ‖ **az asztal alá** ~**ik** hide* under the table
bujkál *v* hide*, lie* in hiding, lurk, be*/lie* low; *(vk elől)* shun/avoid sy
bújócska *n* hide-and-seek
bújócskáz|ik *v* play (at) hide-and-seek
bújtat *v* *(rejt)* hide*, conceal ‖ vmt vmbe put*/slip sg into sg
bujtogat *v* vkt vmre incite/instigate/stir sy to (do) sg
bujtogatás *n* incitement, stirring up
bujtogató *n* vmre instigator (of), inciter (to)
bukás *n* *(esés)* fall, tumble ‖ *(kormányé)* fall, downfall, defeat; *(üzleti)* collapse, failure, bankruptcy ‖ *(vizsgán)* failure ‖ szính complete failure; biz flop ‖ *(erkölcsi)* ruin ‖ ~**ra áll** be* heading for failure
bukdácsol *v* *(vk járva)* stumble, trip ‖ *(hajó)* pitch and toss ‖ *(vizsgákon)* keep* failing [at examinations]
bukfenc *n* somersault, tumble; *(műrepülésben hátra)* looping the loop
bukfencez|ik *v* turn a somersault, somersault ‖ *(autó)* roll over
buk|ik *v* *(esik)* fall*, tumble; *(lóról)* be* thrown/unseated; *(víz alá)* dive, plunge ‖ isk = **megbukik** ‖ biz *(csecsemő)* bring* up [food] ‖ biz ~**ik vkre/vmre** fall* for sy/sg
bukkan *v* vmre strike* upon, come* across sg ‖ **olajra** ~ strike* oil
bukméker *n* bookmaker, bookie
bukósisak *n* crash-helmet, safety helmet
bukott *a* fallen, defeated ‖ ~ **kereskedő** bankrupt trader; ~ **tanuló** student who failed in sg, a failure
bukszus *n* box(wood)
bukta *n* ⟨jam-filled sweet roll⟩
buktat *v* *(vizsgán)* fail, reject; biz plough ‖ *(víz alá)* duck, give* a ducking to
buktató *n* átv pitfall ‖ **sok** ~**t rejt magában** it has many pitfalls
Bulgária *n* Bulgaria

bulgáriai *a/n* Bulgarian, of Bulgaria *ut.*
buli *n biz (házibuli)* party; *biz* bash, thrash || **benne van a ~ban** be* in on it; *biz* **jó ~** *(kedvező vállalkozás)* a nice little racket; **kiszáll a ~ból** quit* it
bulldog *n* bull-dog
bulldózer *n* bulldozer
bulvár *n* boulevard
bulvárlap *n* tabloid; *biz* rag
bumeráng *n* boomerang
bumfordi *a* clod-hopping, oafish; lumbering
bumliz|ik *v* travel (*US* -l-) by slow train
bumm *int* bang!, boom!
bunda *n (kabát)* fur-coat || *(állaté)* fur, coat, hair || *sp biz* fix, set-up; rig || **alszik, mint a ~** sleep* like a top/log
bundás *a (ember)* fur-coated || *(állat)* long-haired; *(kutya)* shaggy || **~ kenyér** gypsy toast
bungaló *n* bungalow, chalet
bunker *n kat* bunker
bunkó *n* knob, butt || *elít vk* boor
bunkóság *n elít* boorishness
bunkósbot *n* cudgel
bunyó *n biz* scrap
bunyóz|ik *v biz* get* into a scrap, scrap
búr *a/n* Boer || **a ~ háború** the Boer War
bura *n (üveg)* bell-jar/glass || *(lámpáé)* lampshade || *(hajszárító)* hair-dryer
burgonya *n* potato (*pl* -oes) || **főtt ~** boiled potatoes *pl*; **sült ~** fried potatoes
burgonyafőzelék *n kb.* potatoes in white sauce *pl*
burgonyaleves *n* potato-soup
burgonyapüré *n* mashed potatoes *pl*, potato purée
burgonyasaláta *n* potato salad
burgonyás tészta *n kb.* potato vermicelli *pl*
burgonyaszirom *n* (potato) crisps *pl*; *US* (potato) chips *pl*
burjánz|ik *v* grow* apace/wild, run* wild
burkol *v vmbe* cover with, wrap* (up) (in) || *(utat)* pave, surface; *(falat csempével stb.)* tile || *biz (eszik)* nosh, tuck in
burkolat *n ált* cover, wrapper, envelope || *(úté)* road surface, pavement
burkoló 1. *a* covering, wrapping, packing 2. *n (útburkoló)* paver, paviour (*US* -or); *(csempével)* tiler || = **borító**
burkoló(d)z|ik *v* wrap*/bundle oneself up in || **hallgatásba ~ik** retire into one's shell; **kendőbe ~ik** wrap*/tuck oneself up in a shawl
burkolókő *n* facing-stone, cladding
burkolótégla *n* ashlar/facing brick
burkolt *a (borított)* covered || *átv* hidden, disguised || **~an beszél** speak* in riddles

burleszk *n* burlesque
burok *n (dióé)* shell || *(magzaté)* caul || **~ban született** *átv* born with a silver spoon in one's mouth
bús *a* sad, sorrowful, woeful, gloomy
busás *a* abundant, plentiful || **~ haszon** handsome profit
búskomor *a* melancholic, melancholy, depressed || **~ lesz** become* melancholic
búskomorság *n* melancholy, gloominess
búslakod|ik *v* be* sorrowful || **~ik vm miatt** be* grieved at/about sg
búsul *v* = **búslakodik; ne ~j!** cheer/chin up!, don't worry!, never mind!
busz *n (helyi)* bus; *(távolsági)* coach || **beszáll a ~ba** get* on (to) the bus; **felszáll a 2-es ~ra** take* a No. 2 *(kimondva:* number two) bus; **leszáll a ~ról** get* off the bus; **busszal megy** go* by bus
buszjegy *n* bus ticket/fare
buszmegálló *n* bus-stop; *(fedett)* bus shelter; *(távolsági)* coach-stop
buta *a* stupid, dull, foolish || **~ beszéd** nonsense!, rubbish!
bután(gáz) *n* butane
butaság *n* stupidity, folly || *(beszéd)* rubbish, nonsense || **~okat mond** say* silly things, talk through one's hat
butik *n* boutique
butít *v* render/make* stupid, stupefy
bútor *n (egy darab)* a piece of furniture; *(bútorok együttese)* furniture (*pl* ua.) || **szép ~aik vannak** they have some fine furniture
bútorasztalos *n* cabinet-maker
bútorhuzat *n* furniture cover, covering; *(kárpitozás)* upholstery; *(védő)* loose cover, dust sheet/cover; *US* slipcover
bútoroz *v* furnish
bútorozatlan *a* unfurnished
bútorozott *a* furnished || **~ szoba** lodgings *pl*; *GB* rooms *pl*; **~ lakás** furnished flat
bútorraktár *n* furniture warehouse
bútorszállító *a/n (munkás)* moving man°; *(vállalat)* (furniture-)remover; *US* mover; *US* moving van || **~ kocsi** removal van
bútorszövet *n* material for furniture covers, *(kiírás)* furnishing fabrics *pl*
bútorzat *n* furniture; *(beépített)* built-in furniture
butul *v* grow*/become* stupid/dull
búvár *n* diver
búvárharang *n* diving bell
búvárkod|ik *v vmben* research on/into sg, do* (some) research on sg
búvárruha *n* diving suit
búvársisak *n* diver's helmet

búvóhely *n* hiding-place, *(vadé)* lair
búvólyuk *n (hajón)* hatchway; *bány* shelter; *(állaté)* lair
búvónyílás *n (csatornába)* man-hole
búza *n* wheat ‖ ~**val bevet** put* [a field] under wheat
búzacsíra *n* wheat germ
búzadara *n* semolina, wheat-meal, grits *pl*
búzakenyér *n* wheaten bread
búzakorpa *n* (wheat) bran
búzaliszt *n* wheat(en) flour
búzaszem *n* wheat grain
búzatábla *n* wheat-field, field of wheat
búzatermés *n* wheat-crop
búzatermesztés *n* wheat-growing
búzatermő *a* wheat-growing/producing; *(föld)* wheat-bearing
búzavirág *n* cornflower
búzavirágkék *a* cornflower blue
buzdít *v* encourage, animate, stimulate, urge *(amire mind:* to do sg)
buzdítás *n* encouragement, stimulation
buzgalom *n* zeal, fervour *(US* -or)
buzgó *a* zealous, ardent, keen, enthusiastic, eager; *(vallásilag)* devout, zealous, keen
buzgólkod|ik *v* be* zealous/ardent/fervent ‖ **vk érdekében** ~**ik** work/canvass for sy
buzi *a/n biz* gay, queer; *US* fag ‖ *átv biz (főleg US)* összet (-)buff ‖ **TV-**~ a TV buff
buzog *v konkr* bubble, well, spout; *(forró víz)* boil up ‖ *biz* elít be* over-zealous, effervesce
bűbájos *a (varázsló hatású)* magic(al) ‖ *átv* ravishing, enchanting, charming
bűbájosság *n átv* charm, enchantment ‖ *(boszorkányé)* witchcraft
büdös *a* stinking, smelly, foul-smelling; *(igével)* smell* (bad/foul), stink* ‖ *biz* ~ **neki a munka** be* work-shy; **egy** ~ **szót sem tudtam** I couldn't say a bloody word; **itt** ~ **van** it stinks* in here
büdösít *v vmvel* make* sg smell of/with sg *(v.* stink of sg) ‖ make* a smell, smell*, stink*
büdösöd|ik *v* begin* to stink/smell, go* off, get* putrid ‖ **fejétől** ~**ik a hal** corruption begins* at the top
büdzsé *n* budget
büfé *n (önálló)* snack-bar; *(színházban, pályaudvaron stb.)* buffet; *(felirat)* "refreshments" *pl; (üzemben)* canteen; *(múzeumban stb.)* coffee shop
büfékocsi *n* buffet/refreshment car
büfiztet *v (csecsemőt)* burp [the baby]
bükk(fa) *n (élő)* beech (tree) ‖ *(feldolgozott)* beech wood

bűn *n (jogilag)* crime, offence ‖ *vall* sin ‖ ~**be esik** fall* into sin; ~**t követ el** commit (a) sin, sin *(vk ellen* against); *jog* commit a crime, be* guilty of a crime
bűnbak *n* scapegoat ‖ **őt tették meg** ~**nak** he was made the scapegoat (for sg)
bűnbánat *n* repentance, penitence
bűnbánó *a* penitent, repentant
bűnbeesés *n (bibliai)* the Fall
bűncselekmény *n* crime, criminal act ‖ ~**t követ el** commit a crime
bűneset *n* criminal case
bűnhődés *n* punishment, expiation ‖ **bűn és** ~ crime and punishment
bűnhőd|ik *v vmért* suffer for [one's sins], expiate sg
bűnjel *n* corpus delicti; *(tárgyaláson)* exhibit, evidence
bűnös 1. *a jog* guilty; *(hibás)* be* responsible for sg, it is his fault that ... ‖ *átv* evil, wicked, vicious; *vall* sinful ‖ ~ **ember** *vall* sinner; ~**nek talál vkt** find* sy guilty; ~**nek találják vmben** be* found guilty of sg, be* convicted of sg; ~**nek vallja magát** plead guilty; **nem érzi magát** ~**nek** plead not guilty **2.** *n jog* criminal; *(enyhébb)* offender; *(súlyos)* felon ‖ *vall* sinner
bűnösség *n jog* guilt, guiltiness ‖ *vall* sinfulness ‖ ~**ét beismeri** plead guilty; **tagadja** ~**ét** plead not guilty; **megállapítja vknek a** ~**ét** establish sy's guilt
bűnözés *n* crime ‖ **fiatalkorú** ~ juvenile delinquency
bűnöző *n* criminal; *(enyhébb)* delinquent, offender ‖ **fiatalkorú** ~ juvenile delinquent; **visszaeső** ~ recidivist
bűnper *n* criminal case, (criminal) trial
bűnszövetkezet *n* gang (of criminals)
bűntárs *n* accessory, accomplice, confederate, party to a crime ‖ ~**ak** partners in crime
bűntény *n* crime, *(súlyos)* felony
büntet *v* punish; *(pénzzel)* fine (sy) ‖ **ötévi börtönnel** ~**ték** he was given *(v.* sentenced to) five years' imprisonment
büntetendő *a (kihágás)* punishable [offence]; *(bűntény)* criminal [act] ‖ ~ **cselekmény** indictable/penal offence; **pénzbüntetéssel vagy szabadságvesztéssel** ~ [he is] liable to a fine or imprisonment
büntetés *n* punishment; *jog* penalty; *(pénz)* fine ‖ ~ **kiszabása** sentencing (sy), passing sentence (on sy); ~ **terhe mellett** under/on pain of punishment; ~**t elenged** remit a punishment/sentence/penalty; ~**ét (ki)tölti** serve one's term/sentence

büntetett előéletű *a* previously convicted *ut.*, with/having a (criminal) record *ut.*

büntetlen *a* unpunished ‖ ~ **előéletű** with/having a clean record; *(igével)* he has a clean record, he has no record

büntetlenül *adv* with impunity ‖ **ezt nem lehet ~ hagyni** this cannot go unpunished

büntető *a (büntetőügyekkel kapcsolatos)* criminal ‖ *(megtorló)* punitive ‖ ~ **intézkedés** punitive sanction; ~ **perrendtartás** code of criminal procedure; ~ **törvénykönyv** penal code

büntetőbíróság *n* criminal court

büntetődobás *n (kosárlabda)* free throw; *(vízilabda)* penalty throw

büntetőeljárás *n* criminal procedure

büntetőjog *n* criminal law

büntetőjogi *a* criminal, penal ‖ ~ **felelősségem tudatában kijelentem, hogy** I declare the above to be a full and true statement, and understand that false statements can result in prosecution

büntetőper *n* = **bűnper**

büntetőpont *n sp* penalty point

büntetőrúgás *n (futball)* penalty kick

bűntudat *n* guilty conscience, feeling of guilt

bűnügy *n* crime, criminal case

bűnügyi *a* criminal ‖ ~ **film** crime/detective film, (crime) thriller; *(sorozat)* crime series; ~ **regény** crime fiction, detective novel/story; *biz* whodunit

bűnvádi *a* criminal ‖ ~ **eljárás** criminal procedure/action, criminal proceedings *pl*

bürokrácia *n* bureaucracy; *biz* red-tape

bürokrata *a/n* bureaucrat

bürokratikus *a* bureaucratic

büszke *a vk* proud (*vmre* of)

büszkélked|ik *v* flaunt, swagger; *(vmvel)* take* pride in sg, be* proud of sg

büszkeség *n* pride, self-respect/esteem; *elít* haughtiness ‖ **jogos** ~ proper pride

bűvész *n (mutatványos)* conjurer *v.* conjuror, magician ‖ *(varázsló)* magician, sorcerer

bűvészet *n (mesterség)* conjuring ‖ *(mutatvány)* conjuring tricks *pl*

bűvészmutatvány *n* conjuring trick; *átv* tour de force

bűvöl *v* bewitch

bűvölet *n* charm, spell ‖ **vmnek a ~ében** under the spell of sg

bűvös *a* magic(al) ‖ ~ **kocka** Rubik's Cube, magic cube

bűz *n* stink, stench, foul smell

bűzl|ik *v* stink*, smell* (bad) ‖ *átv biz* **ez kissé ~ik** there's sg fishy about it

bűzös *a* stinking, putrid, smelly, fetid

B-vitamin *n* vitamin B

C

°**C** → **Celsius-fok**

cafat *n (rongy)* rag, tatter, shred ‖ **elít** *(nő)* slut, slattern ‖ ~ **okra tép** tear* (in)to shreds, tear* to pieces

cáfol *a* refute, disprove; *(tagad)* deny ‖ ~ **ja a hírt** deny the report/allegation

cáfolat *n* denial (of sg), refutation, disclaimer, confutation

cáfolhatatlan *a* irrefutable, indisputable

cakkos *a* scalloped, jagged, notched

cammog *v* trudge along, plod (along)

cápa *n* shark

cár *n* tsar, czar

cascobiztosítás *n* (fully) comprehensive insurance, comprehensive policy

CD-lemez *n* compact disc, CD

CD-lemezjátszó *n* compact disc player

cech *n biz* bill, *US* check ‖ **én fizetem a ~et** it's on me

cécó *n (hűhó)* fuss, ado

cédrus(fa) *n növ* cedar

cédula *n ált* slip; *(katalógusé is)* (index-)card

cédulakatalógus *n* card-index

céduláz *v* make* excerpts, card

cég *n* firm, company, (commercial) house, business (house)

cégér *n* signboard, (painted) sign ‖ **jó bornak nem kell ~** good wine needs no bush

cégjelzés *n (levélpapíron)* letterhead ‖ ~ **es levélpapír** headed notepaper

cégszerű aláírás *n* authorized signature

cégtábla *n* name-board, sign(board)

cégvezető *n* manager

céh *n* g(u)ild

cekker *n biz* shopping/carrier bag

cékla *n (gyökér)* beetroot, *US* (red) beet

cél *n (szándék)* aim, object, end, purpose; *(végcél)* goal ‖ *(végpont)* end, destination ‖ *(célpont)* mark, target ‖ **a ~ érdekében** for the sake of the cause; **a ~ból, hogy** in order to/that, with a view to, so as to; **azzal a ~lal, hogy** with the aim of [doing sg], with the set purpose; **bizonyos ~ra** for a special purpose; ~ **nélküli** aimless, purposeless; ~ **ba lő** shoot* at a target; ~ **ba vesz** aim at; ~ **t ér** achieve one's purpose; ~ **ul tűz ki** aim at, set* (sg) as an aim, strive* after; **e ~ ból** for that/this purpose, with this end in view, to this end; **vmnek a ~jából** with a view to sg, in order to

célállomás *n* destination

célbíró *n sp* judge (at the finish)

célegyenes *n* home straight/stretch
célfotó *n* photo-finish
célfuvar *n* *(KRESZ)* except for access
célgömb *n* (fore)sight (of rifle), bead
célkitűzés *n* object, aim, programme
cella *n* *(zárda, börtön)* cell; *(őrülteké)* padded cell ‖ *el* cell
céllövészet *n* target/rifle practice; *(sportág)* shooting
céllövő *n* marksman°, sharpshooter
céllövölde *n* *(vásáron stb.)* shooting gallery
celluloid *n* celluloid
cellulóz *n* cellulose, wood pulp
cellux *n* Sellotape, *US* Scotch tape
celofán *n* cellophane
céloz *(fegyverrel)* (take*) aim at ‖ *(beszédben)* hint at, allude at ‖ **mire ~ (ezzel)?** what do* you mean by that?; **vkre ~** refer/allude to sy
célozgat *v átv* hint at
célpont *n* target, mark ‖ *átv* aim, goal
célprémium *n* incentive bonus/payment
célratörő *a* determined, resolute
célravezető *a* expedient, useful, suitable
Celsius-fok, °C *n* **38 °C** 38 °C [*kimondva:* 38 degrees centigrade]
célszalag *n* tape
célszerű *a* expedient, serviceable, suitable, practical
célszerűtlen *a* inexpedient, impractical
céltábla *n* target
céltalan *a* *(tett)* aimless, purposeless
céltudatos *a* purposive, purposeful, resolute
céltudatosság *n* resoluteness, purposiveness, sense of purpose
célzás *n* *(fegyverrel)* aiming, taking aim ‖ *átv* hint, allusion; *(sértő)* innuendo, insinuation ‖ **burkolt ~** veiled reference, hint, allusion; **~t tesz vmre** hint at sg
célzatos *a* tendentious, intentional
cement *n* cement
cementgyár *n* cement-works *sing. v. pl*
cent *n* cent
centenárium *n* hundredth anniversary, centenary, *US így is:* centennial
centenáriumi *a* centenary, centennial
centi(méter) *n* centimetre (*US* -meter) ‖ *(mérőszalag)* tape measure
centrálé *n* power station
centrális *a* central
centralizál *v* centralize
centrifuga *n* *(háztartási)* spin-dryer
centrifugáz *v* *(mosott ruhát)* spin-dry
centrum *n* *(középpont)* centre (*US* -ter); *(városközpont)* city centre ‖ **Budapest ~ában** in the centre of Budapest
cenzúra *n* censorship
cenzúráz *v* censor, blue-pencil
ceremónia *n* ceremony, formality

cérna *n* thread, (cotton) yarn
cérnametélt *n* vermicelli
cérnaszál *n* thread
ceruza *n* pencil ‖ **~val ír** write* in pencil
ceruzabél *n* lead
ceruzaelem *n* penlight battery
ceruzahegy *n* point of a pencil; *(csavaros ceruzába)* refill
ceruzahegyező *n* pencil sharpener
ceruzarajz *n* pencil drawing
cet(hal) *n* whale
cetli *n biz* slip (of paper), chit
cézár *n* Caesar, emperor
cezarománia *n* megalomania
charta *n* charter
chicagói *a* Chicago, of Chicago *ut.*
Chile *n* Chile
chilei *a/n* Chilean
chinoplast *n* (sticking) plaster, *GB* Elastoplast, *US* Band-Aid
chip *n el* chip
cián *n* cyanide
ciánkáli *n* potassium cyanide
ciánoz *v* fumigate, disinfest (with cyanide)
cibál *v* tug at, lug; *vmt* tug at, pull (at)
cic! *int* puss-puss; here, puss(y)!
cica *n* puss(y)
cicababa *n biz* sex-kitten
cicáz|ik *v* *(évődik)* play about with sy
cici *n tréf* boobs *pl*
cicoma *n* (superfluous) adornment, (useless) finery, frippery
cicomáz *v* (over-)adorn, dress up ‖ **~za magát** prink (oneself), trick oneself out
cidri *n biz (fázás)* shivers *pl* ‖ *(félelem)* jitters *pl*, creeps *pl*
cidriz|ik *v. biz (fázik)* shiver with cold ‖ *(fél)* have* the jitters (about)
cifra *a* fancy, ornamented, adorned; *elit* flashy, showy, too fancy, gaudy
cifraság *n* ornament, adornment
cifráz *v* trim, adorn, ornament
cigány *a/n (ember, nép)* gipsy, *US rendsz.* gypsy ‖ *elit* gipsy-like, roguish ‖ **a ~ok, a ~ nép** the Gipsies, the Gipsy people; **~ nyelv** Romany, the language of the Gipsies; **magyar ~** Tzigane, Hungarian gipsy
cigányasszony *n* gipsy woman°
cigánygyerek *n* gipsy child°/boy
cigánykereket hány *kif* turn cartwheels
cigányl(e)ány *n* gipsy girl
cigánynóta *n* gipsy tune
cigányos *a* gipsy-like
cigánypecsenye *n* ⟨fried or spit-roasted pork cutlets⟩
cigányprímás *n* leader (of a gipsy-band)
cigányság *n* ált the Gipsies *pl*

cigányútra ment/tévedt *kif (a falat)* [a crumb] went down the wrong way
cigányvajda *n* gipsy-chief, king of the gipsies
cigányzene *n* gipsy/tzigane music
cigányzenekar *n* gipsy-band/orchestra
cigaretta *n* cigarette || ~**ra gyújt** light* a cigarette
cigarettacsikk *n* stub, butt; fag end
cigarettadoboz *n* cigarette-case/box
cigarettaszünet *n* a break for a smoke
cigarettáz|ik *v* smoke a cigarette, smoke (cigarettes)
cigi *n biz* cig(gy), smoke, *GB biz* fag
cihelőd|ik *v* prepare to leave
cikáz|ik *v (villám)* flash, zigzag
cikcakkos *a* zigzag(ging), zigzagged
ciki *a/n biz* dicey/ticklish situation, a (real) fix
cikk *n (újságban)* article, contribution || *(áru)* article, goods *pl*, wares *pl*
cikkely *n* paragraph, clause (of a law)
cikkíró *n* author; *(rendszeres)* contributor
cikksorozat *n* series *(pl ua.)* of articles
ciklámen *n* cyclamen
ciklikus *a* cyclic(al)
ciklon *n* cyclone
ciklus *n ált* cycle || *(előadás)* series; *(vers)* cycle || **Shakespeare-**~ Shakespeare--cycle
cikornyás *a* bombastic, full of flourishes *ut.*
cilinder *n (kalap)* top/silk hat; *biz* stovepipe hat || *(lámpáé)* glass/lamp chimney
cím *n (lakásé)* address || *(állásé)* title; *(rang)* rank; title || *(könyvé stb.)* title; *(újságcikké)* headline, heading || *(jogcím)* title || **megváltozott a** ~**e** he has changed his address; **milyen** ~**en?** by what right?; **Tóth úr** ~**én** c/o Mr. T. *(kimondva: care of...)*
cimbalmos *n* cimbalom player
cimbalmoz *v* play (on) the cimbalom
cimbalom *n* cimbalom
cimbora *n* fellow, companion
címer *n (nemesi)* coat of arms, shield || **családi** ~ family crest *(v.* coat-of--arms)*; **nemzeti** ~ the arms of [a nation] *pl*
címeres *a* escutcheoned || ~ **gazember** thoroughgoing *(v.* out-and-out*)* villain/rogue
címez *v vmt vknek* address/direct [a letter etc.] to sy
címjegyzék *n* directory; mailing list
címke *n* label, tag, sticker; *(poggyászon)* luggage label; *(árun)* tag, docket
címkép *n* cover picture/photograph
címkéz *v* label *(US* -l*)* (sg), attach a label to sg, put*/tie a label *(v.* labels) on sg

címkórság *n* mania for titles, snobbery
címlap *n (könyvé)* title page; *(újságé, folyóiraté)* front-page
címlet *n* denomination || **milyen** ~**ekben kéri?** how would you like the money?, what notes would you like?
címszerep *n* title role
címszereplő *n* (actor playing the) title role
címszó *n (szótári)* headword
című *a ...* ~ **könyv** *(röv c.)* a book entitled ...
címváltozás *n* change of address
címzés *(levélen)* address
címzetes *n* titular || ~ **egyetemi tanár** titular professor
címzett *n (levélé)* addressee
cin *n* tin
cincog *v* squeak; *(hegedűn)* scrape [his violin] || **(ha) nincs otthon a macska,** ~**nak az egerek** when the cat's away the mice will play
cincogás *n (egéré)* squeak(ing) || *(hegedűn)* scraping, rasping
cinege *n* titmouse°, tit, *GB* tomtit
cingár *a* slight, lean, thin
cinikus *a* cynical
cinizmus *n* cynicism
cink *n* zinc
cinke *n* = **cinege**
cinkkenőcs *n* zinc ointment
cinkos 1. *n* accomplice, accessory **2.** *a* conspiratorial [smile etc.]
cinóber(piros) *n/a* vermilion, cinnabar
cintányér *n zene* cymbal(s)
cionista *a/n* Zionist
cionizmus *n* Zionism
cipeked|ik *v* carry/haul heavy loads, drag, lug
cipel *v* carry; *(nehezet)* drag, lug
cipész *n* shoemaker, bootmaker, cobbler
cipészműhely *n* shoemaker's shop
cipó *n* loaf°
cipő *n (fél)* shoes; *(magas)* boots *(mind: pl)* || ~**t húz** put* on (one's) shoes/boots; **vettem egy** ~**t** I've bought a pair of shoes *(v.* a shoe)
cipőbolt *n* shoe/boot shop *(US* store); *(kiírás)* shoes
cipőfűző *n* shoelace, bootlace, *US* shoestring
cipőjavítás *n* shoe repair(s)
cipőkanál *n* shoe-horn
cipőkefe *n* shoe/boot brush
cipőkrém *n* shoe/boot cream/polish
cipőosztály *n (kiírás)* shoes; footwear
cipőpaszta *n* = **cipőkrém**
cipősarok *n* shoe/boot heel
cipőtalp *n* sole
cipőtisztító *n* shoeblack, bootblack
ciprus *n* cypress

cipzár *n* zip (fastener), *US* zipper
cirill *a* Cyrillic ‖ ~ **(betűs) írás,** ~ **ábécé** Cyrillic alphabet/script
ciripel *v (tücsök)* chirr, chirp
cirka *adv biz* about, approximately, roughly
cirkál *v (hajó)* cruise
cirkáló 1. *a* cruising ‖ ~ **rakéta** cruise missile **2.** *n (hajó)* cruiser
cirkogejzír *n* gas-fired boiler
cirkuláció *n* circulation, circuit
cirkulál *v* circulate
cirkusz *n* circus ‖ *átv biz* a fuss/scene ‖ **ne csinálj** ~**t!** don't make (such) a fuss/scene!
cirkuszi *a* of circus *ut.*, circus ‖ ~ **mutatvány(ok)** stunts *pl*, acrobatics *pl*
cirkuszoz|ik *v biz* make* a fuss, be* making scenes
cirmos cica *n* tabby-cat
cirógat *v vkt* fondle, pet, caress; *(állatot)* stroke, fondle
cisz *n zene* C sharp
ciszta *n orv* cyst
ciszterna *n* cistern
citadella *n* citadel, fort(ress)
citera *n* zither
citeráz|ik *v (hangszeren)* play (on) the zither ‖ *biz (remeg)* quake, tremble [with fear]
citrom *n* lemon
citromhéj *n* lemon peel
citromlé *n* lemon juice
citromnyomó *n* lemon squeezer
citromos tea *n* lemon tea
citromsárga *a* lemon (yellow)
civakodás *n* wrangling, bickering, quarrel
civakod|ik *v* wrangle, bicker, quarrel *(US* -l)
civil 1. *a* civilian **2.** *n (személy)* civilian ‖ ~**ben** *(* ~ *ruhában)* in civilian clothes; *átv (magánéletben)* in civilian life
civilizáció *n* civilization
civilizációs ártalmak *n pl* the ills/evils of civilization
civilizált *a* civilized, refined
cm= *centiméter* centimetre *(US* -ter), cm
cm²= *négyzetcentiméter* square centimetre *(US* -ter), sq cm
cm³= *köbcentiméter* cubic centimetre *(US* -ter), c. cm
c-moll *n* C-minor
coca *n biz* grunter, piggy(-wiggy)
cókmók *n* (one's) stuff, (one's) things *pl* ‖ ~**jával együtt** bag and baggage
col *n* inch
colstok *n* folding/zigzag rule
comb *n* thigh ‖ *(étel) (sertés)* ham; *(borjú, szárnyas, birka)* leg
combcsont *n* thighbone
combizom *n* femoral muscle
combnyaktörés *n* fracture of the femoral neck
copf *n* plait, pigtail, *US* braid
copfos *a* pigtailed, having a plait/braid *ut.*
cölöp *n* stake, pile, post, pale, pole ‖ ~**öt ver** drive* (in) piles
cövek *n* peg, spike, pin, plug
cövekel *v* peg, pin, fasten with pegs
cucc *n biz* (one's) stuff, (one's) things *pl*
cucli *n* dummy, *US* pacifier; *(üvegen)* teat; *US főleg* nipple
cuclisüveg *n* feeding bottle
cucliz|ik *v (cuclit)* suck (on) a dummy; *(cuclisüveget)* suck (on) a feeding bottle
cudar *a vk* rascally, wicked, beastly
cúgos cipő *n* elastic-sided boots
cuki *a biz (nő)* cute
cukkol *v biz* banter; rub sy up the wrong way
cukor *n* sugar, *(kockacukor)* lump (of sugar) ‖ **hány** ~**ral iszod a kávét?** how many lumps do you take in your coffee?
cukorbaj *n* diabetes
cukorbeteg *a/n* diabetic
cukorborsó *n* sugar-pea
cukorgyár *n* sugar works *sing. v. pl*
cukorka *n* sweet, sweets *pl*, *US* candy
cukorrépa *n* sugar-beet
cukorszóró *n* sugar-dredger/castor
cukortartó *n* sugar-basin, sugar-bowl
cukrász *n* confectioner
cukrászda *n* confectioner's (shop), *US* candy store/shop
cukrászsütemény(ek) *n* pastry, pastries *pl*, (fancy) cakes *pl*, confectionery
cukros 1. *a (cukrozott)* sweetened, sugared, sweet **2.** *n biz* = **cukorbeteg**
cukroz *v* sugar, sweeten
cukrozott *a* sugared, sweetened ‖ ~ **gyümölcs** candied/glacé fruit
cumi *n* = **cucli**
cuppan *v (csók)* smack
cuppogós *a (sár)* squelchy, squelching
C-vitamin *n* vitamin C, ascorbic acid

Cs

csábít *v* lure, entice ‖ **bűnre** ~ tempt to evil/sin
csábítás *n* allurement, temptation; seduction
csábító 1. *a* alluring, tempting ‖ ~ **ajánlat** tempting offer **2.** *n (férfi)* seducer; *(nő)* temptress, vamp

csacsi 1. *a* silly, foolish **2.** *n (szamár)* donkey, young ass || *átv* little ass/fool || **ne légy ~** don't be silly

csacsiság *n* foolishness

csacska *a* chattering, prattling

csacskaság *n* ~**okat mond** talk nonsense

csacsog *v* prate, prattle, chatter

csahol *v* bark, bay, yelp

csaj *n biz* woman°, girl, lass

csajka *n kat* mess-tin, canteen

csak *adv (csupán)* only, merely; alone || *(nyomósítás)* just, only || *(óhajtás)* if only || *(„miért"-re adott válasz)* ~**!** (just) because!| || **~ azért is!** for all that, notwithstanding; **~ egy hétre jön** he's only coming for (v. staying) a week; **~ egyedül jött?** did he come alone?; **~ előre!** forward!, go/carry on!; **~ én vagyok itthon** I am the only one at home (v. in); **~ hárman vagyunk** there are only (the) three of us; **~ jönne már!** if he would only come!; **~ nem?** (= *csakugyan?)* really?; **~ nem akarsz elmenni?** you are not going yet, are you?; **~ semmi izgalom!** take it easy!; **~ úgy özönlött a nép...** the people just came streaming in; **éppen ~** (= *alig)* hardly; **éppen ~ hogy elég** only just enough; **ezt ~ tudod?** surely you know that?; **már ~ azért is/sem** for the very reason, if only because; **menjen ~!** you just go (away); **olvasd ~ el!** (you) just read it

csákány *n* pickaxe, *US* pickax

csakhamar *adv* soon, before long

csakhogy 1. *conj (ellenkezés)* however, but (then) || **ez igaz, ~ nem fogják elhinni** this is true but they (just) won't believe it **2.** *adv (végre)* at last!, thank Heaven!

csakis *adv (csupán)* only, alone, merely; none but || **~ abban az esetben** only if

csáklya *n (hajósé)* boat-hook, barge-pole

csaknem *adv* almost, nearly

csakúgy *adv (ugyanúgy)* in the same way || **~ mint** just as (much as)

csakugyan *adv (erősítés)* really, indeed || *(kételkedő kérdés)* is that so?, really? || **~ eljössz?** will you really come?

csal *v* cheat, swindle || **~ja a feleségét** is* unfaithful to his wife, is* cheating on his wife; **ha az emlékezetem nem ~** unless I am (very much) mistaken

család *n* ált family; *(uralkodói)* dynasty || **növ, áll** family || **(a) ~om** my family; **a férjem/feleségem ~ja** *biz* my in-laws; **~ot alapít** start/establish a family; **van ~od?** have* you any family/children?

családalapítás *n* starting a family

családanya *n* mother of a/the family

családapa *n* father of a/the family

családfa *n* family tree, pedigree

családfenntartó *n* breadwinner

családfő *n* head of a/the family

családi *a* family || **~ állapot(a)** marital status; **~ ház** house, home; *(nagyobb)* (family) residence; **~ kör** family/domestic circle; **~ név** surname, family name; **~ pótlék** family allowance, child benefit

családias *a* familiar, homely || **~ légkör** atmosphere of intimacy, family atmosphere

családjog *n* family law

családos *a* having/with a family *ut* || **~ ember** family man°

családregény *n saga*

családtag *n* ~**nak számít** (s)he is one of the family

családtervezés *n* family planning

családvédelem *n* protection of families

csalafinta *a* crafty, sly, cunning, artful

csalafintaság *n* craftiness, wile, cunning

csalamádé *n (savanyúság)* mixed pickles *pl*

csalán *n* (stinging-)nettle

csaláncsípés *n* nettle sting

csalánkiütés *n* nettle-rash

csalárd *a* fraudulent || **~ módon** fraudulently

csalárdság *n* fraudulence, deceit

csalás *n (cselekvés)* cheating; *(játékban)* swindle || *jog* fraud, swindle

csalétek *n* lure; *(halnak)* bait; *átv* decoy

csalfa *a* false, deceitful, perfidious

csalhatatlan *a* infallible

csalhatatlanság *n* infallibility

csalihal *n* live-bait

csalitos *n* thicket, copse, coppice

csaló 1. *a (érzékelésben)* deceptive, illusory || *(erkölcsileg)* deceitful, fraudulent **2.** *n* cheat, swindler; *(játékban)* trickster, sharper

csalódás *n (érzelmi)* disappointment (with) || *(érzéki)* delusion, illusion

csalód|ik *v* be* disappointed *(vkben* in/with sy, *vmben* at/in sg) || *(téved vmben)* be* mistaken in sg || **ha nem ~om** unless I am* (very much) mistaken; **kellemesen ~ik** be* pleasantly surprised

csalódott *a* disappointed *(vm miatt* about sg; *vmben* in/at sg; *vkben* with sy)

csalódottság *n* disappointment

csalogány *n* nightingale

csalogat *v vmvel* entice, (al)lure, tempt

csalóka *a* deceptive, delusive, illusory

csámcsog *v* champ, munch (away at sg), eat* noisily || **vmn ~** *átv* revel in

csámcsogás *n* noisy chewing/munching

csámpás *a* knock-kneed, club-footed
csap[1] *v (üt)* strike*, hit*, slap, swipe ||
  (dob) throw*, fling*, hurl, cast* || **a**
  homlokára ~**ott** he struck his forehead; **az asztalra** ~ bang/hit* the
  table
csap[2] *n (folyadéknak)* tap, US faucet;
  (hordóé) spigot || *(fakötés)* peg, pin,
  tenon, spigot || ~**ra üt/ver** *(hordót)*
  broach, tap; **otthagyott** ~**ot, papot**
  he dropped everything and disappeared
csáp *n (rovaré)* feeler
csapadék *n (eső)* rainfall || *vegy* precipitate, precipitation
csapadékos *a* wet, rainy
csapadékszegény *a* rainless, meagre/scanty in rainfall *ut.*
csapágy *n* bearing
csapás[1] *n (ütés)* stroke, blow, hit, slap ||
  kat strike || *(természeti)* calamity, misfortune; *(embert érő)* blow || **egy** ~**ra**
  at a/one stroke, at one blow; **nagy** ~
  volt számára it was a great blow to
  him/her
csapás[2] *n (ösvény)* path, track, trail
csapat *n* ált troop, band; *kat* troop || *sp*
  team; *(futball így is:)* eleven || *(kutatóké stb.)* team || **a** ~ **élén** in the van(guard)
csapatbajnokság *n* team championship(s)
csapatjáték *n* team game
csapatkapitány *n* captain (of the team),
  skipper
csapatmunka *n* teamwork
csapatosan *adv (emberek)* in gangs;
  (állatok) in flocks/herds || ~ **járnak**
  go* around in gangs
csapatösszeállítás *n (futball)* lineup
csapatösszevonás *n* concentration of
  troops
csapatparancsnok *n* troop commander
csapatszállítás *n* transport (of troops)
csapatszellem *n* team spirit
csapatverseny *n* team competition
csapatzászló *n* company/team flag
csapda *n* trap, snare; *(csak átv)* pitfall ||
  ~**t állít** lay*/set* a trap/snare; **beleesik a** ~**ba** fall* into a trap
csapdos *v* lash, beat* about
csapkod *v* beat*, lash, flap; *(ajtót)* slam,
  bang; *(szárnyával)* flutter
csapnivaló *a* execrable, atrocious || ~**an**
  rossz appallingly bad
csapóajtó *n (pince fölött)* trap-door ||
  (lengő) swing door
csapodár *a* fickle, inconstant
csapód|ik *v (ajtó)* slam, shut* with a
  bang; *(tárgy vmnek)* bang into/on/
  against sg; *(lövedék a falba)* smash into
csapol *v (hordót)* tap; *(sört)* draw* off ||
  (kohászatban) draw* off

csapolás *n (folyadéké)* tapping, drawing
  (off) || *(kohászat)* discharge
csapolt sör *n* draught beer, beer on
  draught
csapong *v (röpköd)* flit, flutter about;
  (kószál) rove || *(beszédben)* ramble,
  wander
csapongás *n (beszédben)* digression;
  (képzeleté) flight of fancy
csapos *n* bartender, barman°
csapott *a* **egy** ~ **kanállal** a level
  spoonful; ~ **váll** sloping shoulders *pl*
csappan *v* decrease, fall* off
csapszeg *n* bolt, pin
csaptelep *n* tap, bibcock
csapzott *a (haj)* matted
csárda *n* (wayside/village) inn, (country)
  tavern
csárdás *n (tánc)* csardas, czardas
csarnok *n* hall; *(vásár*~*:)* market-hall ||
  ~ **ötödik vágány** platform 5
császár *n* emperor
császárhús *n* lean bacon
császári *a* imperial
császárkori *a* in the period of the Roman
  empire *ut.*
császármetszés *n* C(a)esarean section
császármorzsa *n* Kaiserschmarren
császárné, császárnő *n* empress
császárság *n (ország)* empire || *(uralom)* imperial rule/power
császkál *v vhol* saunter, rove, loaf
csat *n (öv, cipő stb.)* clasp, buckle
csata *n kat* battle || *átv* fight(ing), struggle
  || ~**t veszít** lose* a battle; ~**t vív**
  fight* a battle; **parlamenti** ~**k** parliamentary battles
csatabárd *n* battle/pole-axe || **elássa a**
  ~**ot** bury the hatchet
csatahajó *n* battleship
csatajelenet *n* battle-scene
csatakiáltás *n* battle-cry, war-cry/
  whoop
csatakos *a* muddy, mudstained
csataló *n* warhorse, charger || *(iron)* **vén**
  ~ *(nőről)* old battleax
csatamező *n* battlefield
csatangol *v vhol* hang*/loaf about/
  around
csatár *n (futball)* forward
csatározás *n* skirmish(ing)
csatasor *n kat* battle line || *átv* ~**ba áll**
  take* up the cudgels for sy
csatatér *n* battlefield *(átv is)*
csatáz|ik *v vkvel* fight*/battle (against/
  with sy), engage in battle (with sy)
csatlakozás *n vké vkhez* joining (sy) ||
  (vasúti) connection || *el* terminal, connection || **dugós** ~ plug connection; **lekési a** ~**t** miss the/one's connection/
  train

csatlakoz|ik v vkhez join sy, *(társasághoz)* join in || vmhez join sg; *(mozgalomhoz)* support || közl connect (with) || műsz abut on, be* connected (to, with); el *(hálózathoz)* join [the mains]
csatlakozó 1. a connecting, joining || ~ **járat** connecting service *(rep flight)*; ~ **vonat** connecting train **2.** n el plug
csatlakozóaljzat n socket
csatlós n *(kísérő, szolga)* henchman°, shield-bearer || átv satellite
csatol v *(csattal)* buckle (up) sg, clasp sg; *(vmhez hozzáerősít)* fasten/bind* to || *(iratot)* enclose, attach
csatolt a enclosed, attached
csatorna n *(természetes)* channel; *(mesterséges)* canal; *(öntözéshez)* canal, ditch; *(szennyvízlevezető)* drain, sewer; *(eresz)* (eaves) gutter; *(utcai)* gutter || tv channel
csatornaépítés n *(szennyvíz levezetésére)* drainage, sewerage
csatornahálózat n = **csatornarendszer**
csatornanyílás n *(utcai)* manhole
csatornarendszer n *(szennyvízé)* sewerage system || *(hajózásra)* system of canals
csatornás a **12** ~ **tévékészülék** 12--channel TV set
csatornaváltó n channel selector
csatornázás n *(hajózáshoz)* canalization || *(szennyvíznek)* sewerage installation
csatos a buckled || ~ **üveg** clip-top bottle
csattan v clap; *(ostor)* crack
csattanás n clap; *(ostoré)* crack
csattanó 1. a crackling, clapping **2.** n point, punch line
csattanós a resounding, crackling || ~ **befejezés** ending with a bang; ~ **válasz** a snappy retort, caustic reply
csattant v click; *(ostorral)* crack [a whip]; *(ujjaival)* snap [one's fingers]
csattog v ált crack, clack, clap, clatter; *(szárny)* flap || *(fülemüle)* warble
csáva n tan pickle || **benne van a ~ban** be* in the fix/pickle
csavar 1. v *(elfordít)* twist, turn; *(vm köré)* wind* around || *(csavart)* screw (sg) in, drive* [a screw] into sg || **az ujja köré ~hatja** you can twist him round your little finger **2.** n *(facsavar)* screw; *(vascsavar)* bolt; *(anyával)* (nut and) bolt || **meghúzza a ~t** tighten a screw
csavaralátét n washer
csavaranya n nut
csavarás n turn, twist, screwing, turning
csavargás n tramping, vagrancy; biz bumming around

csavargó n loafer, tramp, vagabond, bum
csavarhúzó n screwdriver
csavarkulcs n spanner, US wrench
csavarmenet n (screw-)thread
csavarodás n turning, winding, torsion
csavarod|ik v vmre wind* itself, twist (itself) *(mind: onto/round)*
csavarog v vhol loaf, wander, tramp *(mind: around)*
csavaros a *(csavarral ellátott)* screwed; *(üveg)* screw-topped || *(csavarmenetes)* threaded, screwed || biz ~ **eszű** wily, cunning, devious
csavaroz v screw on, bolt on (v. sg to) sg
csavart a twisted, screwed || ~ **labda** twister, spinning ball, spinner
csavarvonal n spiral
cseberből vederbe kif out of the frying-pan into the fire
csecs n breast; vulg tit
csecsbimbó n nipple, pap
csecsebecse n knick-knack, trinket
csecsemő n infant, baby
csecsemőgondozás n *(intézményes)* infant care/welfare
csecsemőgondozó n child health clinic
csecsemőhalandóság n infant mortality
csecsemőmérleg n baby-scales pl
csecsemőotthon n children's home
csecsemőtej n humanized/sterilized milk
csecsemővédelem n infant care/welfare
cseh a/n *(ember, nyelv)* Czech || ~ **nyelven** = **csehül**
csehó n biz dive, joint
Csehszlovákia n Czechoslovakia
csehszlovákiai a Czechoslovakian, of Czechoslovakia ut.
csehül adv *(nyelv)* (in) Czech || biz ~ **állunk** we are* in a mess *(v. in a bad way)* || → **angolul**
csekély a trifling, small, petty || ~ **2000 forintomba került** it cost me a mere 2,000 forints
csekélység n *(vmnek csekély volta)* smallness || *(apróság)* bagatelle, trifle; *(szerény ajándék)* a little something
csekk n cheque, US check || ~**en küldi a pénzt** send* a cheque/check for [the amount]; ~**et kiállít** write* out a cheque; ~**et bevált** cash a cheque/check; ~**el fizet** pay* by cheque/check
csekkbefizetés n GB payment by cheque/check; *(kiírás postán)* postal and money orders
csekkfüzet, csekk-könyv n chequebook, US checkbook
csekkszámla n bank/current account

csel *n* ruse, trick; *(ravaszság)* contrivance, device; *(futballban)* dribble; *(boksz)* feint ‖ ~**hez folyamodik** have* recourse to a stratagem

cseléd *n* *(női)* (maid)servant, maid, domestic (servant) ‖ *(uradalmi)* agricultural labourer (*US* -or-), agricultural worker

cselekedet *n* action, act ‖ **jó** ~ good deed; **rossz** ~ bad action, misdeed

cselekmény *n jog* act, action ‖ *(regényé, darabé stb.)* plot

cseleksz|ik *v vhogyan* act; *vmt* do* ‖ **jót** ~**ik** do* good (*vkvel* unto sy)

cselekvés *n* act, action

cselekvőképtelen *a* incapable

cselekvőképtelenség *n* legal incapacity

cseles *a biz* wily, tricky, crafty

cselez *v (futball)* dribble; *(boksz)* feint

cselfogás *n* trick, ruse, dodge

cselgáncs *n* judo

cselgáncsoz|ik *v* practise judo

cselgáncsozó *n* judoist

csellista *n* cello player, cellist

cselló *n* cello

cselszövés *n* plot(ting), scheme, intrigue

cselszövő *n* schemer, intriguer, plotter

csembaló *n* harpsichord

csemege *n (ínyencfalat)* delicacy, dainty, titbit ‖ *(esemény)* treat; *(botrány)* juicy bit

csemegeáru *n* delicatessen *pl*, delicacies *pl*

csemegebolt *n* delicatessen (shop)

csemegekukorica *n* sweet corn

csemegepaprika *n (fűszer)* paprika, sweet red pepper

csemegeszőlő *n* (dessert) grapes *pl*

csemegeuborka *n* pickled gherkin

csemete *n (fa)* sapling, seedling ‖ *(gyermek)* child°; *iron* scion, offspring

csempe *n* tile

csempeburkolat *n* tiles *pl*, tiling

csempész 1. *v* smuggle 2. *n* smuggler

csempészáru *n* smuggled goods *pl*

csempészés *n* smuggling

csempéz *v* tile, cover (sg) with tiles

csend *n* silence ‖ ~ **legyen!** be/keep quiet!; *(durván)* shut up!; **néma** ~ dead silence; ~**ben** in silence; ~**ben marad** keep* quiet/still

csendélet *n* still life (*pl* lifes)

csendes *a* still, quiet, peaceful; *(élet)* tranquil; *(ember)* quiet, silent; *(idő)* calm; *(zavartalan)* undisturbed ‖ ~ **eső** soft rain; ~ **őrült** harmless lunatic

csendesed|ik *v* become* calm, calm down; *(szél)* drop; *(vihar)* abate

csendesít *v* calm, still, silence

Csendes-óceán *n* Pacific Ocean, the Pacific

csendes-óceáni *a* Pacific

csendestárs *n* sleeping partner

csendháborítás *n* breach of the peace

csendrendelet *n* noise abatement

csendül *v* (re)sound, ring* (out), tinkle

csenevész *a (ember)* puny, sickly; *(bokor)* stunted

cseng *v (hang)* ring* (out), tinkle; *(üveg, fém)* clink ‖ *(telefon)* ring* ‖ ~ **a fülem** my ears are* buzzing/ringing

csengés *n (hangé)* ring(ing), tinkle, tinkling; *(üvegé, fémé)* clink, chink ‖ *(telefoné)* ringing

csenget *v* ring*; *(csengővel)* ring* the bell ‖ ~**tek** there's a ring at the door, there's the bell, the bell rang

csengetés *n* ring (at the door) ‖ ~**re ajtót nyit** answer the doorbell

csengő 1. *a* ringing, tinkling 2. *n* bell ‖ *(kézi)* hand-bell ‖ **a** ~ **szól** the bell rings*; **megnyomja a** ~**t** ring*/press/push the bell

csengőzsinór *n* bell-wire/cord/pull

csepeg *v* drip, dribble ‖ ~ **az orra** his nose is* running

csepegő 1. *a* dripping 2. *n (ereszé)* gutter(ing)

csepegtet *v* drip, pour (sg) in drops

csépel *v (gabonát)* thresh ‖ *vkt* thrash, beat*, drub ‖ **unalomig** ~ **egy témát** ride* an idea to death

csepereg *v* drip, dribble; *(eső)* drizzle

cséplés *n* threshing

cséplőgép *n* threshing-machine, thresher

csepp *n* drop ‖ *(nagyon kevés)* tiny, a dash of sg, a (little) bit of sg ‖ ~**ekben** *(adagol)* [dispense] in drops, [to be taken] drop by drop; **(egy)** ~**et sem** not a bit, not in the least

cseppen *v* drop, drip

cseppent *v* drop, drip

cseppentő *n* dropper

cseppentős *a* ~ **orvosság** drops *pl*; ~ **üveg** dropper bottle

cseppfertőzés *n* infection spread by coughs and sneezes

cseppfolyós *a* fluid, liquid ‖ ~ **állapot** liquid state

cseppfolyósít *v (szilárdat)* liquefy, melt; *(gázneműt)* condense

cseppfolyósítás *n (szilárd anyagé)* liquefaction

cseppkő *n (csüngő)* stalactite; *(álló)* stalagmite

cseppkőbarlang *n* stalactite/stalagmite cave

cseppnyi *a/n* a drop of ‖ *(nagyon kevés)* a dash of, a little bit of, tiny

csepül *v (ócsárol)* abuse, run* (sy) down

cser *n növ* Turkey oak ‖ *(kérge)* tan (bark)

cserbenhagy v leave* sy in the lurch || **emlékezete** ~**ta** his memory failed him

cserbenhagyásos gázolás n a hit-and-run (accident)

csere n change; (áru) exchange, barter, trading, trade || sp substitution || ~**be ad vmt vmért** give* sg in return/exchange for sg; biz swap sg for sg; ~**be(n)** vmért in exchange/return for sg

csereakció n exchange scheme; ker part exchange

cserebere n biz swapping

csereberél v biz swap

cserebogár n cockchafer, may-bug/beetle

cserekereskedelem n barter(ing)

cserél v change; (árut) (ex)change, barter; biz swap (vmt vmért/vmre mind: sg for sg else) || **lakást** ~ change flats; **kerekek** ~ change tyres (US tires)

cserelátogatás n isk exchange visit; biz swap-visit

cserélget v keep* (ex)changing

cserélhető a (alkatrész) interchangeable

cserenyaralás n exchange holiday (scheme)

csereösztöndíj n exchange scholarship

cserép n (tetőn) tile || (virág) (flower) pot || (törmelék) crock, shard, potsherd || **egy** ~ **ciklámen** a potted cyclamen

cserepes 1. a (tető) tiled || (bőr) chapped || ~ **növény** pot plant 2. n tiler

cserepez v (tetőt) tile, cover (sg) with tiles

cserépkályha n (glazed) tile stove

cseréptál n earthenware dish

cseréptető n tiled roof

cseresznye n cherry

cseresznyefa n növ cherry(-tree) || (anyaga) cherry(-wood)

cseresznyepálinka n Hungarian kirsch

cseresznyepaprika n chilli, főleg US: chili

cseretanár n exchange teacher; (professzor) exchange professor

csereügylet n barter

cserez v tan [leather]

cserfes a chattery; (nyelves) gossipy

cserje n shrub

cserkész n (boy) scout; (leány) GB girl guide, US girl scout

cserkészcsapat n scout troop, a troop of (boy) scouts

cserkészet n Scouting; (a mozgalom) the Scout(ing) movement

cserkész|ik v (vadász) stalk, track

cserkészparancsnok n scoutmaster

cserkészszövetség n the Scout Association

cserkésztábor n (boy-)scout camp

cserkész-világtalálkozó n jamboree

cserzés n tanning

cserzett a tanned || (bőrű) weather-beaten

csésze n (ivó) cup || (virágé) calyx (pl calices is) || **egy** ~ **tea** a cup of tea

csészealj n saucer

csetepaté n biz kat skirmish

csetl|ik-botl|ik v stumble about, totter

csettint v (nyelvével) click (one's tongue)

csettintés n click

cséve n tex bobbin, spool

cseveg v chat, talk away, converse

csevegés n chat, (small) talk

csibe n chick(en)

csibész n urchin || **te kis** ~ ! you little rascal

csibészked|ik v act the (young) rascal

csibésznyelv n (thieves') cant; (tágabban) argot, slang

csicsereg v twitter, chirp, chirrup

csicsergés n twitter, chirp, chirrup

csiga n snail || (gép) pulley; (álló) hoist || (játék) top || ~ **alakú** spiral, helical

csigalassúsággal adv at a snail's pace

csigalépcső n spiral staircase, spiral stairs pl

csigasor n pulley, block and tackle

csigatészta n shell(-shaped) pasta

csigavér! int don't get excited!, take it easy!

csigavonal n spiral (line)

csigolya n vertebra (pl vertebrae)

csihipuhi n biz (verekedés) dingdong, brawl

csík n (sáv, anyag) stripe, band; (szín) streak || biz **(el)húzza a** ~**ot** cut* and run*, scarper

csikar a hasa kif have* the gripes

csikk n (cigaretta-)stub, butt, fag-end

csiklandós a (személy) ticklish || átv delicate || ~ **történet** dirty/spicy story

csiklandoz v tickle

csikló n clitoris

csikó n foal

csikordul v creak, grate, grind*

csikorgás n creaking, grating

csikorgat v **fogát** ~**ja** gnash/grind* one's teeth

csikorgó a creaking, grating || ~ **hang** grating/grinding sound; ~ **hideg van** it is* biting/bitterly cold

csikorog v grate, grit, creak, scroop; (fog) gnash || ~**va megáll** grind* to a halt

csikós n horseherd, US cowboy

csíkos a striped, streaked

csíkoz v streak, stripe

csíkozás n streaks pl; pattern of streaks

csilingel v ring*, tinkle, jingle

csilingelés n tinkle, jingle
csillag n star || *(tiszti)* star, pip || *nyomd* asterisk || ~**okat lát** *(a fájdalomtól)* see* stars
csillagász n astronomer
csillagászat n astronomy
csillagászati a astronomical, sidereal, astral || *biz* ~ **ár** sky-high price; ~ **év** sidereal year; *biz* ~ **számok** astronomical figures/sums
csillagfényes a starlit, starlight
csillagháború n Star Wars (program); *(hiv. nevén)* Strategic Defense Initiative, *röv* SDI
csillaghullás n star/meteor shower
csillagkép n constellation
csillagkulcs n ring spanner, *US* long-box wrench
csillagos a *(ég)* starry, starlit
csillagszóró n *(karácsonyfán)* sparkler
csillagtúra n rally
csillagvizsgáló n *(intézet)* observatory
csillagzat n constellation || **rossz** ~ **alatt született** be* born under an unlucky star
csillan v flash, gleam; *(drágakő)* sparkle
csillapít v *(éhséget)* appease; *(szomjúságot)* quench; *(fájdalmat)* relieve, alleviate, ease; *(vérzést)* arrest || *(indulatot)* allay, calm; *(mérget)* pacify, quell
csillapítás n *(éhségé)* appeasing; *(szomjúságé)* quenching; *(fájdalomé)* alleviation, relief || *(indulaté)* suppression
csillapíthatatlan a *(éhség)* unappeasable; *(szomjúság)* unquenchable
csillapító n *(szer)* sedative, tranquilizer; *(erősebb)* barbiturate
csillapod|ik v become* quiet/calm, calm down; *(fájdalom)* abate, diminish; *(düh)* calm down; *(szél)* drop, die down
csillár n chandelier
csille n *(bányában)* mine car, miner's truck; *(kötélpályán)* car, cabin
csillog v shine*, glitter, sparkle
csillogás n glitter, shine, sparkle
csillogó a glistening, gleaming, glittering
csillogtat v ~**ja tudását** show* off one's knowledge
csimpánz n chimpanzee
csimpaszkod|ik v cling* to sg sy
csinál v *(készít)* make* || *(tesz)* do* || „~**d magad"** do(-)it(-)yourself; **mit** ~**sz?** *(most)* what are* you doing? *(mi a foglalkozásod?)* what do you do (for a living)?; **úgy** ~, **mintha** feign that..., pretend to/that...; **utat** ~ **magának** work/carve/make* one's way; **vmt vmből** ~ make*/form sg out of sg
csináltat v have* sg made || ~ **egy öltönyt** order a suit, have* a (new) suit made

csínja-bínja n **ismeri minden** ~**t-**~**t** know* the ins and outs of it/sg
csínján bánik *kif vmvel* handle sg gently, *vkvel* treat sy with kid gloves
csinos a *(nő)* pretty, good-looking; *(öltözködésű)* smart; *(férfi)* handsome, good-looking || ~ **kis összeg** a tidy sum/penny
csintalan a naughty, mischievous
csintalanság n *(viselkedés)* naughtiness; *(tett)* mischief
csíny n trick, prank || ~**t követ el** play a trick (on sy), play pranks (on sy)
csínytevő n joker, wag, prankster
csíp v *(ujjal, fogóval)* pinch, nip || *(csalán, méh, füst a szemet)* sting*; *(szúnyog, bolha, poloska)* bite*; *(fagy)* nip || *vmből* break* off a bit of sg || ~ **ez a paprika** this paprika is rather hot; *biz* ~ **vmt** be* (very) keen on sg
csipás a rheumy, gummy || ~ **a szemed** you have gum in your eyes
csip-csup a petty, trivial || ~ **dolgok** trifles, odds and ends
csipeget v *(madár magot)* pick/scratch about (for food) || ~ **az ételből** pick at one's food
csiperkegomba n mushroom, champignon
csípés n *(ujjal, fogóval)* pinch(ing), nip(ping) || *(élősdié)* bite || **tele van** ~**ekkel** be* covered with/in insect bites
csipesz n *ált* tweezers *pl*; *(ruhaszárító)* clothes peg
csipke n lace
csipkebogyó n (rose)hip
csipked v *(ujjal, csőrrel)* pick, pinch, nip
csipkelődés n *(jóindulatú)* banter, teasing; *(barátságtalan)* taunt, sneer, gibing
csipkelőd|ik v *(jóindulatúan)* banter with sy, tease sy; *(barátságtalanul)* taunt sy
csipkerózsa n dog-rose
csipkés a lacy, lace-
csipkeszörp n rosehip syrup
csipog v cheep, chirp, chirrup
csipogás n cheep(ing), chirp(ing)
csípő n hip || ~**re tett kézzel** with arm(s) akimbo
csípőficam n dislocation of the hip
csípőficamos a hipshot
csípőfogó n pliers *pl*
csípőízület n hip-joint
csípős a *(fűszer)* hot || *(hideg)* biting, severe; *(nyelv)* snappish || ~ **megjegyzés** cutting/biting remark; ~ **nyelvű** snappish, evil-tongued; ~ **paprika** hot pepper; ~ **szél fúj** there's a biting wind
csípősség n *(ízé)* sharpness || *átv* snappishness, pointedness

csíra

csíra *n* ált germ, seed-bud; *biol* ovum *(pl* ova*)*, ovule; *(betegségé)* seeds *pl* ‖ ~**jában elfojt vmt** nip sg in the bud
csíramentes *a* sterile
csírátlan *a* sterile
csiricsáré *a* tawdry, flashy, trumpery
csiripel *v* chirp, twitter ‖ **ezt már a verebek is** ~**ik** it is* an open secret
csiriz *n* flour-paste, size
csirke *n* chicken ‖ **rántani való** ~ broiler, spring chicken; *iron* **már nem mai** ~ she is* no chicken
csirkecomb *n* leg of chicken, chicken leg
csirkefogó *n biz* rascal; elít layabout
csirkehús *n* chicken
csirkepaprikás *n* paprika chicken
csiszol *v (tárgyat)* polish, burnish, rub; *(köszörül)* grind*; *(üveget)* grind* ‖ *(stílust)* chisel, polish ‖ **gyémántot** ~ **cut*** a diamond
csiszolás *n (tárgyé, stílusé)* polishing; *(gyémánté)* cutting; *(üvegé)* grinding
csiszolatlan *a (tárgy)* unpolished; *(drágakő)* uncut ‖ *átv* crude, rude, rough; *(személy)* unrefined, boorish; *(modor)* boorish, oafish; *(stílus)* unpolished
csiszológép *n* grinding machine, polisher
csiszolókorong *n* grinding wheel
csiszolópapír *n* emery-paper
csiszolóvászon *n* emery cloth
csiszolt *a (tárgy)* polished; *(gyémánt)* cut; *(üveg)* ground ‖ *átv* refined, polished, cultivated ‖ ~ **stílus** elegant *(v.* carefully-polished) style
csitít *v* silence, hush, still
csitri *n* slip of a girl
csitt! *int* hush!, shush!, (s)sh!
csivitel *v* twitter, chirp
csízió *n biz* **érti a** ~**t** he knows* the ropes, he knows what's what
csizma *n* (top-)boots *pl*, riding-boots *pl*
csizmanadrág *n* (riding) breeches *pl*
csizmaszár *n* boot-leg, boot-uppers *pl*
csobban *v* (s)plash, plop
csobbanás *n* (s)plash(ing)
csobog *v* plash, splash, gurgle
csobogás *n* plash(ing), splashing, gurgling
csoda *n vall* miracle ‖ *(rendkívüli dolog)* marvel, wonder ‖ **a természet** ~**i** the marvels/wonders of nature; ~, **hogy** it is* a wonder...; ~**k** ~**ja** for/what a wonder!; ~**t tesz** work a miracle; ~**val határos módon** miraculously; *biz* **hol a** ~**ban lehet?** where on earth can it/he be?; **minden** ~ **három napig tart** it's a nine-days' wonder; **nem** ~, **hogy/ha** no/little wonder (that/if)
csodabogár *n (ember)* queer fish, crank
csodagyer(m)ek *n* child°/infant prodigy

84

csodál *v vk vmt* admire (sg); *vkt* admire (sy), look up to (sy) ‖ *(meglepődik vmn)* wonder at ‖ ~ **om!** I am* surprised
csodálat *n (vm/vk iránt)* admiration (for sg/sy) ‖ *(csodálkozás)* wonder, amazement ‖ ~ **ba ejt** astonish, amaze; ~ **ot kelt** *(meglep)* cause surprise
csodálatos *a (remek)* wonderful, marvellous *(US* -l-*)* ‖ *(különös)* strange, surprising ‖ ~ **dolog** a marvellous/fantastic *(v. US* -l-*)* thing; ~ **ember** he is a most extraordinary man; ~ **módon** surprisingly (enough), strangely enough; *(csodával határos módon)* miraculously
csodálatosan *adv* wonderfully, marvellously *(US* -l-*)*, admirably
csodálkozás *n* astonishment, amazement, wonder ‖ **legnagyobb** ~ **omra** to my utter amazement
csodálkoz|ik *v vmn* wonder at, marvel at (sg) ‖ *(meglepődik)* be* surprised/astonished at ‖ ~ **om, hogy** I find* it strange that, I am very surprised that; **ezek után nem lehet** ~ **ni azon, hogy** after this you won't be surprised if *(v.* to learn that)
csodáló *n* admirer
csodás *a* marvellous *(US* -l-*)*, magic
csodaszép *a* exquisite, very beautiful
csodaszer *n* cure-all, panacea
csodatevő *a* wonder-working, miraculous
csók *n* ált kiss ‖ *(sütemény)* macaroon
csóka *n* (jack)daw
csoki *n biz* chocolate, *GB* chocs *pl*
csókol *v* kiss, give* sy a kiss ‖ *biz* ~ **om!** *kb.* hello; **sokszor** ~ *(levél végén)* Love (from) *(v.* All my love)
csokoládé *n* chocolate
csokoládébarna *a* chocolate brown
csokoládélikőr *n* chocolate liqueur
csokoládés *a* with chocolate *ut.*
csokoládétorta *n* chocolate cake
csókolgat *v* shower with kisses
csókolódz|ik *v biz* be* billing and cooing
csókoltat *v* send* one's love to sy
csokor *n (virág)* bunch, bouquet
csokornyakkendő *n* bow-tie
csomag *n* ált package; *(postai)* parcel; *(kicsi)* packet; *(ajándék* ~ *)* gift-parcel; *(poggyász)* luggage *(pl ua.); US főleg:* baggage *(pl ua.)* ‖ *(politikai, oktatási stb.)* package ‖ ~ **ot felad** *(postán)* post a parcel, send* a parcel by post; *(vonaton)* register one's luggage, *US* check one's baggage; **egy** ~ **cigaretta** a packet *(US* pack) of cigarettes; **egy** ~ **kártya** a pack of cards; **kevés** ~ **gal utazik** travel *(US* -l-*)* light
csomagfeladás *n* posting of parcels; *(helye, postán)* parcels counter; *(vasúti)* luggage *(US* baggage) office

csomagkiadás *n (postán)* parcels office
csomagküldő áruház *n* mail-order firm/house
csomagmegőrző *n* = **poggyászmegőrző**
csomagol *v (árut)* pack (up); *(papírba stb.)* wrap (up) ‖ *átv* vhogyan present
csomagolás *n (áruról)* pack(ag)ing; *(papírba stb.)* wrapping, packaging; ‖ *(utazásra)* packing (up) ‖ *(burkolat)* cover, wrapper ‖ *átv* presentation ‖ **tízdekás** ~**ban** in 1/4 lb packs/packets
csomagolásmód *n* ált packing ‖ *átv* presentation
csomagolópapír *n* brown/wrapping paper
csomagolt *a* pack(ag)ed; *(előre)* prepack(ag)ed
csomagszállítás *n* parcel delivery
csomagtartó *n (vasúti fülkében)* luggage rack ‖ *(autóban)* boot; *US* trunk; *(tetőn)* roof rack
csomagterv *n* package deal
csomó *n (bog)* knot ‖ *(fában)* knot; gnarl; *(testrészen)* lump, node ‖ *hajó (1853 m/óra)* knot ‖ ~**ra köt vmt** knot sg; ~**t köt** tie/make* a knot (in sg); **egy** ~ ... *(sok)* a lot of...; **egy** ~ **ember** a number/lot of people
csomópont *n (közlekedési)* junction; *(különszintű)* interchange ‖ *(mat, fiz)* node, intersection
csomós *a (amiben csomó van)* knotty, tangled ‖ *(összecsomósodott)* lumpy
csomósod|ik *v* become* knotty/knotted
csomóz *v* knot (sg), tie/make* a knot in sg
csónak *n* boat; *(evezős)* rowing boat; *főleg US:* rowboat
csónakázás *n* boating
csónakáz|ik *v* boat ‖ ~**ni megy** go* boating
csónakázó *n* (weekend) rower
csónakház *n* boathouse
csónakmotor *n (külső)* outboard motor
csónakos *n (hivatásos)* boatman°
csonk *n* stump
csonka *a (törött, csonkított)* mangled, broken; *(kéz, láb)* maimed ‖ *(mű)* incomplete ‖ ~ **gúla** frustum *(pl -s v.* frusta) of pyramid; ~ **példány** defective copy
csonkít *v (átv is)* mutilate, truncate
csonkítás *n (átv is)* mutilation
csonkol *v orv* amputate
csonkolás *n orv* amputation
csont *n* bone ‖ **(csupa)** ~ **és bőr** nothing but skin and bone; ~ **nélküli** boneless; **a** ~**jaimban érzem** I feel* it in my bones
csontátültetés *n* bone grafting

csonthártyagyulladás *n* periostitis
csonthéjas gyümölcs *n* stone-fruit, *tud* drupe
csontképződés *n* bone formation
csontkinövés *n* bony growth, exostosis
csontkollekció *n biz* a bag of bones
csontleves *n* bone soup, stock broth
csontos *a* bony, osseous
csontrák *n* bone cancer
csontrepedés *n* splitting of the bone
csontritkulás *n* osteoporosis
csontszínű *a* ivory
csonttörés *n* fracture (of bone)
csontváz *n* skeleton
csontvelő *n* (bone) marrow, medulla
csontvelő-átültetés *n* bone-marrow transplant
csontvelőgyulladás *n* osteomyelitis
csoport *n* group; *(munkás)* gang, team, shift; *(értelmiségi)* team
csoportkép *n* tableau *(pl.* -eaux *v.* -eaus), group photograph
csoportmunka *n* teamwork
csoportos *a* collective, in groups *ut.*; group ‖ ~ **tanulás** team studying; ~ **utazás** group/party travel
csoportosít *v* group; *(adatokat)* classify, arrange; *(érveket)* marshal *(US* -l-)
csoportosítás *n* grouping; *(adatoké)* classification, arrangement
csoportosul *v* form a group, gather
csoportosulás *n* grouping, gathering ‖ **a** ~ **tilos** public assembly is forbidden
csoportterápia *n* group therapy
csoportvezető *n* group leader/chief; *(munkásoknál)* gang boss; *(vállalati)* head of section; *(társasutazásé)* tour leader/manager
csór *v biz* filch, nick, pinch
csorba 1. *a (eszköz)* nicked; *(porcelán)* chipped **2.** *n (szerszámon)* notch, nick; *(poháron)* chip, crack ‖ *átv* ~**t ejt becsületén** cast* a slur on sy's reputation
csorbít *v (kést)* nick ‖ *átv* impair
csorbítatlan *a (hírnév)* unimpaired
csorbul *v (szerszám)* get* nicked
csorda *n* herd
csordás *n* herdsman°; *US* cowboy
csorog *v* run*, flow ‖ ~ **a nyála** he dribbles; *(átv, vm után)* sg makes* his mouth water
csoszog *v* shuffle (along), sloutch
csótány *n* cockroach, black-beetle
csóva *n (tűz)* (fire-)brand ‖ *(üstökösé)* tail [of comet]
csóvál *n* **farkát** ~**ja** wag its tail, wigwag; **fejét** ~**ja** shake* one's head
cső *n* ált tube, pipe; *(vízvezetéké)* conduit; *(gumi* ~ *)* rubber tube, hose(pipe) ‖ *(lőfegyveré)* barrel [of gun] ‖ *(rádió* ~ *)* valve; *főleg US:* tube ‖ *(kukorica* ~ *)*

csöbör 86

(corn)cob || *biz* **behúz vkt a** ~**be** sell* sy down the river, pull a fast one on sy
csöbör *n* = **cseber**
csőd *n (átv is)* bankruptcy, (complete/utter) failure || ~**be jut** become* bankrupt, fail; ~**öt mond** fail, prove a fiasco
csődeljárás *n* bankruptcy proceedings *pl*
csődör *n* stallion
csődtömeg *n* bankrupt's assets *pl*
csődül *v* vhova throng/flock to
csődület *n* throng, crowd, tumult
csőhálózat *n* piping, pipe-network
csökken *v* ált decrease, diminish, lessen; *(láz)* fall*; *(sebesség)* slow down
csökkenés *n* decrease; *(súly, érték)* loss
csökkenő *a* decreasing || **nem** ~ unabating; ~ **tendencia** downward tendency/trend
csökkent[1] *v* reduce, diminish, lessen; *(árakat, béreket)* reduce, cut*; *(kiadást)* curtail, retrench, cut* (down); *(létszámot)* reduce; *(termelést)* decrease, cut* back (on); *(feszültséget)* ease
csökkent[2] *a* ~ **munkaképességű** *(személy)* partially disabled/incapacitated (person)
csökkentés *n* reduction, decrease; *(fizetésé stb.)* cut; *(kiadásoké)* retrenchment, cutting
csökkentett *a* reduced
csökönyös *a* obstinate, stubborn
csőlakó *n* = **csöves** 2.
csömör *n (hányinger)* nausea; *(étel iránt)* a surfeit of || *átv* disgust
csöpög *v* = **csepeg**
csöpp *n* = **csepp**
csöppség *n* little child°, tiny tot
csőr *n (madáré)* bill; *(nagyobb)* beak || *(kannáé)* spout
csőrepedés *n* burst pipe, pipe burst
csörgedez|ik *v* gurgle; *(patak)* babble, purl
csörgés *n* rattle, clatter
csörget *v* clatter, clang; *(pénzt)* jingle, chink; *(láncot)* rattle
csörgő *n (játék)* rattle
csörgőkígyó *n* rattlesnake
csörlő *n* winch; *(hajón)* capstan
csörög *v* jangle, clang, clatter, clink; *(pénz)* chink || *biz (táncol)* foot it; shake* a leg
csöröge(fánk) *n kb.* fritter
csörömpöl *v* rattle, clatter
csörömpölés *n* rattle, clatter
csörte *n (vívásban)* bout
csörtet *v* hova ~(**sz**)? where's the fire?
csőstül *adv* thick and fast || ~ **jön az áldás** *(v.* **a baj)** misfortunes never come* single, it never rains but it pours
csősz *n (közkertben)* park-keeper; *(mezőn)* field-guard

csőtészta *n* macaroni
csővég *n* mouthpiece, nozzle
csöves 1. *a (cső alakú)* tubular || *(csővel ellátott)* piped || *el* -valve || ~ **kukorica** corn on the cob; 2. *n biz (csőlakó)* GB dosser; *US* bum
csővezeték *n (gáz, víz)* pipe; *(rendszer)* piping; *(nagy távolságra)* pipeline
csúcs *n (hegyes vég)* point, tip; *(hegyé)* peak, top; *(legmagasabb)* summit; *(fáé)* top; *(toronyé)* spire || *(háromszögé)* vertex; *(kúpé)* apex || *(tetőpont)* height, peak, summit, top || *biz (teljesítmény)* an all-time high || *pol* summit (meeting) || *sp* record || **olimpiai** ~ Olympic record; **pályája** ~**án** at the peak of his career
csúcsérték *n* maximum/peak (value)
csúcsfogyasztás *n* peak consumption
csúcsforgalom *n* peak period, the rush hour(s), rushhour traffic
csúcsforma *n sp* record-breaking form
csúcsidő *n (csúcsforgalomé)* the rush hour || *(csúcsterhelésé)* peak period
csúcsív *n* pointed/broken arch, ogive
csúcsíves *a* pointed, ogival || ~ **stílus** Gothic (style)
csúcsos *a* pointed, peaked || ~ **zárójel** angle/pointed brackets *pl*
csúcspont *n (hegyé)* summit || *(folyamaté)* culmination; *(életpályáé)* zenith
csúcsszervezet *n* top organization
csúcstalálkozó *n* summit meeting/conference, summit talks *pl*
csúcstechnológia *n* high technology, high tech
csúf 1. *a (külsőleg)* ugly, hideous, unsightly; *(idő)* foul, rotten 2. *n* ~ **ot űz vkből** make* fun of sy, poke fun at sy
csúfnév *n* nickname
csúfol *v* mock, ridicule, make* fun of sy/sg
csúfolódás *n* mocking, jeering
csúfolód|ik *v* mock, make* fun of (sy)
csúfolódó *a* mocking, derisive
csúfos *a* shameful, disgraceful, ignominious
csúfság *n (csúnyaság)* ugliness, hideousness || *(csúf személy)* ugly person
csuha *n* monk's habit/cowl
csuk *v (ablakot, ajtót)* close, shut* || *biz (üzlet)* close
csuka *n áll* pike || *biz (cipő)* creepers *pl*
csukamájolaj *n* cod-liver oil
csuklás *n* hiccup, hiccough
csukl|ik *v* hiccup, hiccough
csukló *n (kézé)* wrist || *műsz* joint, link
csuklócsont *n* wrist-bone
csuklós *a műsz* hinged || ~ **autóbusz** articulated bus
csuklya *n* hood; *(szerzetesé)* cowl
csukód|ik *v* close, shut*

csukott *a* closed, shut || ~ **szemmel** with one's eyes shut/closed
csukva *adv* closed, shut
csúnya *a (külsőleg)* ugly, hideous, unsightly; *(idő)* foul, rotten
csúnyán *adv biz (nagyon)* badly || ~ **viselkedett** he behaved very badly
csúnyaság *n* ugliness, hideousness
csúnyul *v* grow* ugly, lose* one's good looks
csupa *adv* all, mere, pure, bare || ~ **fül vagyok** I am* all ears
csupán *adv* merely, only, purely || ~ **azt mondtam** I said simply and solely (that)
csupasz *a (ember)* naked, nude; *(szőrtelen)* hairless, beardless
csuromvizes *a (ember)* wet through *ut.*, soaking wet; *(ruha stb.)* wringing wet
csurran-csöppen (vm) neki *kif* a little comes his way (now and then)
csúszás *n* slip(ping), slide, sliding
csúszda *n músz stb.* slipway, slide, chute || *(gyermekeknek)* slide
csúsz|ik *v* slide*, glide; *(siklik)* slip, slide* || *(csúszós)* be* slippery || ~ **ik az úttest** the road(-surface) is (wet and) slippery
csúsz|ik-mász|ik *v* creep*, crawl
csúszómászó *n (hüllő)* reptile; *(féreg)* creeping/crawling insect; *biz* creepy-crawly *(ember)* toady, flatterer, groveller *(US* -l-)
csúszópénz *n* sweetener, inducement, bribe; *US* soap || ~ **t ad vknek** grease/oil sy's palm
csúszós *a* slippery
csúsztat *v vmt* slip *(vmbe* into), push along/down, slide* along || *(üzemben)* put* in extra time at work || ~ **ja a kuplungot** slip the clutch, let* the clutch slip
csutka *n (almáé)* apple core; *(kukoricáé)* (corn-)cob
csúzli *n (toy)* catapult; *US* slingshot
csücsök *n (kendőé)* point; *(sarok)* corner; *(szájé, szemé)* corner
csücsörít *v* purse one's lips
csüd *n (lóé)* pastern; *(madáré)* foot°
csügged *v* despair, lose* heart || **ne** ~ **j!** cheer up!
csüggedés *n* dejection, despair, dismay
csüggedt *a* discouraged, downhearted
csülök *n* hoof *(pl* hooves) || *(étel)* knuckle of ham, hand of pork
csüng *v vmn* hang* || *átv vkn, vmn* cling* to, be* attached to
csűr *n* barn
csűr-csavar *v* beat* about *(US* around) the bush || **csűri-csavarja a szót** quibble, equivocate, twist sy's words
csürhe *n átv* rabble || **micsoda** ~ **!** what a dirty lot (you are)!

csütörtök *n* Thursday || ~ **este** Thursday evening/night; ~ **reggel** Thursday morning; ~ **ön** on Thursday; ~ **öt mond** *(terv)* fail, miscarry; ~ **re** by Thursday; **jövő** ~ **ön** next Thursday; **minden** ~ **ön** on Thursdays, every Thursday; **múlt** ~ **ön** last Thursday
csütörtöki *a* Thursday, of Thursday *ut.*, Thursday's
csütörtökönként *adv* every Thursday, on Thursdays

D

D = *dél* south, S
dac *n* spite; *(makacsság)* obstinacy || ~ **ból** out of (sheer) spite
dacára *adv* = **ellenére**
dacol *v vkvel, vmvel* defy sy/sg; shrug off sg
dacos *a (makacs)* defiant, obstinate; *(akaratos)* wilful, headstrong
dada *n* nurse, nanny
dadog *v* stammer, stutter, falter
dadogás *n* stutter(ing), stammer(ing)
dagad *v (testrész)* swell* (up) || *(folyó, ár)* swell*, rise*, surge || *(vitorla)* fill/belly (out)
dagadó **1.** *a* swelling; *(széltől)* inflated **2.** *n (disznóé)* thin flank
dagadt *a orv* swollen *(vmtől* with); *(puffadt)* bloated, puffy || *(kövér)* fat
dagály *n (tengeri)* flood/incoming tide; *(csúcspontja)* high tide || **jön a** ~ the tide is coming in
dagályos *a (stílus)* high-flown, bombastic
daganat *n (külső)* swelling; *(fejen ütéstől)* bump, lump; *(belső)* tumour *(US* -or)
daganatos megbetegedések *n pl* malignant tumours *(US* -ors)
dagasztás *n (kenyéré)* kneading
dajka *n* nurse
dajkál *v (átv is)* nurse
dajkamese *n (gyermeknek)* nursery tale || *elít* fairy tale, cock-and-bull story
dákó *n* [billiard] cue
dakszli *n* dachshund; *biz* sausage dog
dal *n* song
dalénekes *n* singer
dalest *n* (song) recital
dália *n* dahlia
daliás *a* strapping, well-built
dallam *n* melody, tune
dallamos *a* melodious, tuneful, sweet

dallamtalan *a* unmelodious, tuneless
dalol *v* sing*; *(madár)* warble, sing*
dalszerző *n* song-writer, lyricist
dalszöveg *n* lyrics, words
dáma *n (hölgy)* lady || *(kártya)* queen
damaszt *a/n* damask
damil *n* ⟨nylon fishing line⟩
dámvad *n* fallow-deer (*pl* ua.)
dán 1. *a* Danish || ~ **dog** Great Dane; ~ **nyelv** Danish (language) **2.** *n (ember)* Dane
dandár *n kat* brigade || **a munka** ~**ja** the bulk of the work
dandárparancsnok *n* brigadier
Dánia *n* Denmark
dánul *adv* (in) Danish || **tud** ~ speak* Danish
dara *n (búza)* semolina || *(csapadék)* sleet || ~ **esik it is*** sleeting
darab 1. *n* piece; *(kis)* bit; *(alaktalan)* lump; *(rész)* part; *(töredék)* fragment; *(étel)* bite || *(idő, terület)* piece, stretch || *(színdarab)* play, piece, drama || **a gyűjtemény legszebb** ~**ja** the gem of the collection; ~**ja öt forint** five forints each (*v.* a/per piece); ~**okban** in pieces; **egy** ~**ig** *(időben)* for a (little) while; **egy** ~**ig elkísérlek** I shall go with you a little way; **ritka** ~ rarity **2.** *a* **egy** ~ **szappan** a bar/piece of soap; **húsz** ~ **marha** twenty head of cattle
darabár *n* price per piece
darabáru *n* piece goods *pl*
darabbérben dolgozik *kif* be* on piecework, be* on piece rate
darabka *n* little piece, bit, morsel
darabol *v* cut* up; *(sültet)* carve
darabonként *adv* piecemeal, piece by piece
darabos *a (anyag)* lumpy, coarse || *(ember)* rough, lumpish
daragaluska *n* semolina noodles *pl*
daragombóc *n* semolina dumplings *pl*
darál *v (őröl)* grind*; *(finomra)* mill; *(kávét)* grind*; *(húst)* mince
daráló *n* grinder
darált *a (kávé)* ground || ~ **hús** *ált* minced meat
darázs *n* wasp
darázscsípés *n* wasp's sting
darázsfészek *n* wasps' nest || ~**be nyúl** stir up a hornet's nest
dárda *n* spear, lance, pike
dáridó *n* carousal, junketings *pl*
daru *n (gép is)* crane
darukezelő, darus *n* crane operator
datálód|ik *v vmtől* date from, date back to
datolya *n* date
dátum *n* date || ~**mal ellát** date (sg), write* the date (on sg); **február 8-i**

~**mal** dated (the) 8th of February *(írva:* 8 February *v. US* February 8th)
dauer *n* perm(anent wave)
dauerol *v biz* perm || ~**tat** have* a perm
db. = *darab* piece, pc
de 1. *conj* but; still; however || **nem olcsó,** ~ **nagyon jó** it's not cheap, but it's very good **2.** *int (nyomósítás)* ~ **bizony!,** ~ **igen!** yes indeed!, why, certainly!, to be sure, of course; ~ **hát nem sikerült** but it just didn't work out; **nem látod?** ~! can't you see it/him/her? (Oh) yes, I can; ~ **még mennyire!** and how!, I should say so!
de. → **délelőtt;** ~ **10-kor** at 10 a.m.
debella *n biz* big/hefty wench
debreceni 1. *a* Debrecen, of Debrecen *ut.* **2.** *n (kolbász) kb.* (spicy Hungarian) frankfurter
december *n* December || ~**ben,** ~ **folyamán** in/during December; ~ **hóban/havában** in the month of December; ~ **5-én** on 5th December *(mondva:* on the fifth of D.), *US* on December 5th, *(levélben dátum)* 5 December (*v. US* December 5th) 1990
decemberi *a* December, in/of December *ut.* || **egy** ~ **napon** one day in December, on a (certain) December day
decentralizáció *n* decentralization
decentralizál *v* decentralize
deci *n* decilitre (*US* -liter)
decibel *n* decibel
decigramm *n* decigram(me)
deciliter *n* decilitre (*US* -liter)
decimális *a* decimal || ~ **rendszer** decimal system
deciméter *n* decimetre (*US* -meter)
decis *a* **két és fél** ~ **üveg** *kb.* a half-pint bottle; **két**~ two decilitre (*US* -liter)
deck *n (lemezjátszó)* (record-player) deck; *(magnó)* (tape-recorder) deck
dédanya *n* great-grandmother
dédapa *n* great-grandfather
dédelget *v (cirógat)* fondle, caress, pet || *(kényeztet)* pamper || *(tervet)* cherish
dedikál *v* dedicate
dédszülő *n* great-grandparent
dédunoka *n* great-grandchild°; *(fiú)* great-grandson; *(leány)* great-granddaughter
defekt *n (gumié)* puncture, flat tyre (*US* tire), *US így is:* flat || ~**et kap** *(gumi)* have* a puncture *v.* a flat (tyre)
deficit *n* deficit, loss
deficites *a* loss-making
definíció *n* definition
degenerált *a* degenerate
dehogy *int* oh no!, by no means, not at all
dehogyis *int* certainly not, by no means

dehogy(is)nem *int* why not?, of course I am (*v.* you are etc.)
deka *n* decagram(me) ‖ **10** ~ a/one hundred gram(me)s, *GB kb.* a quarter (pound)
dekadens *a* decadent, declining, decaying
dekagramm *n* = **deka**
dékán *n* dean
dékáni hivatal *n* dean's office
dekkol *v biz* lie* doggo/low, keep* one's head down
deklaráció *n* declaration, proclamation
deklarál *v* declare, proclaim
deklasszált *a* declassed, déclassé
dekódol *v* decode
dekoltázs *n* décolletage
dekoráció *n* *(díszítés)* decoration
dekorál *v (díszít)* decorate, ornament
dekoratív *a* decorative, ornamental
dekrétum *n* decree, edict
dél *n (napszak)* noon, midday ‖ *(égtáj)* south, (the) South ‖ **a ház ~re néz** the house faces south; **~ben** at noon/midday; **~en** in the south; **~en fekvő** southerly, (lying) in the south *ut.*; **~re** southward(s), to (the) south; **élete delén** in the prime of life; **vmtől ~re (fekszik)** (lie*) south of sg
Dél-Afrika *n* South Africa
dél-afrikai *a/n* South African
Dél-Amerika *n* South America
dél-amerikai *a/n* South American
delegáció *n* delegation, body of delegates
delel *v (pihen)* take* a midday break
delelő 1. *a* resting **2.** *n csill* meridian ‖ *(vk életéé)* zenith
délelőtt 1. *adv (röv* **de.***)* in the morning ‖ **~ tízkor** at ten (o'clock) in the morning, at 10 a.m.; **ma ~** this morning; **egész ~** all morning, the whole morning **2.** *n* morning; **szabad ~** morning off
délelőtti *a* morning, in/of the morning *ut.* ‖ **a ~ órákban** in the late morning (hours), before noon
délelőttös *n* (sy) on/doing a/the morning shift *ut.*, morning-shift worker
Dél-Európa *n* Southern Europe
dél-európai *a/n* South(ern) European
delfin *n* dolphin
déli 1. *a (napszak)* noon, midday ‖ *(égtáj)* south(ern), southerly ‖ **a ~ órákban** around/about noon; **~ fekvésű ház** house facing south; **~ irányban** southward(s), towards the south; **~ népek** *(földközi-tengeri)* the Mediterranean peoples; **~ vonat** midday train **2.** *n (ember)* southerner ‖ **a D~** *(pályaudvar)* the Déli Station [in Budapest], Budapest South

délibáb *n* mirage, Fata Morgana ‖ **~ot kerget** chase rainbows
délidő *n* midday, noonday, noontime
déligyümölcs *n* southern/tropical fruits *pl*
Déli-Jeges-tenger *n* Antarctic Ocean
Déli-sark *n* the South Pole, the Antarctic
déli-sarki *a* Antarctic
Déli-sarkvidék *n* the Antarctic
délkelet *n* south-east
délkeleti *a* south-east(erly), south-eastern ‖ **~ fekvésű** south-easterly; **~ szél** south-east wind, south-easter
délkör *n* meridian
délnyugat *n* south-west
délnyugati *a* south-western, south-westerly ‖ **~ szél** south-wester(ly wind), sou'wester
délsarki *a* antarctic
délszaki *a* southern, tropical ‖ **~ növény** tropical plant
delta *n (folyóé)* delta
deltás *a biz* beefy
délután 1. *adv (röv* **du.***)* in the afternoon ‖ **ma ~** this afternoon; **~ 3-kor** at three (o'clock) in the afternoon, at three p.m.; **ma ~ 6-kor** at 6 this evening; **kedden ~** (on) Tuesday afternoon; **minden ~** every afternoon; **késő ~** late in the afternoon **2.** *n* afternoon
délutáni *a* afternoon ‖ **~ előadás** matinée
délutános *n* afternoon-shift worker ‖ **jövő héten ~ vagyok** next week I am* on/doing the/an afternoonshift
demilitarizál *v* demilitarize
demográfia *n* demography
demográfiai *a* **~ hullám** population bulge; **~ robbanás** population explosion
demokrácia *n* democracy
demokráciaellenes *a* anti-democratic
demokrata 1. *a* democratic ‖ **~ párt** democratic party **2.** *n* democrat; *(a párt tagja)* Democrat
demokratikus *a* democratic
demokratizálód|ik *v* become* democratized
démon *n* demon ‖ *(nő)* vamp
demonstráció *n (tüntetés)* demonstration ‖ *(bizonyítás)* proof; *(szemléltetés)* display, demonstration
denaturált szesz *n* methylated spirits *pl*
denevér *n* bat
deportál *v pol* deport
deportálás *n pol* deportation
depresszió *n (légköri)* depression ‖ *(hangulati)* nervous depression
deprimál *v* depress (sy)

dér *n* hoarfrost, frost, rime ‖ **jön még kutyára ~!** (be sure) your sin will find you out!
derbi *n* GB Derby
derék[1] *a (jellem)* honest, straight, brave ‖ *(termet)* well-built ‖ **~ dolog!** well done!; **~ fickó** he is a fine fellow
derék[2] *n (emberé)* waist, back ‖ *(ruháé)* waist ‖ *(fáé)* trunk, bole ‖ **a nyár derekán** in the middle of summer; **~ba törik** break*/split* in two; **~ig érő** to the waist *ut.*, waist-deep; **fáj a derekam** my back aches; **karcsú a ~a** have* a slim waist
derékbőség *n* waistline, waist-measurement ‖ **~e 70 cm** waist: 70 cm; she measures 70 cm round the waist
derékfájás *n* backache
derékszíj *n* (leather) belt, waist-belt
derékszög *n* right angle ‖ **~ben vmvel** at right angles to, at a right angle to
derékszögű *a* rectangular, right-angled, square ‖ **~ háromszög** right-angled triangle; *US* right triangle
deréktáji *a* lumbar
dereng *v (hajnalban)* dawn, day breaks* ‖ **kezd már ~eni előttem** it's beginning to dawn on me
deres *a (színű)* grey ‖ *(dértől)* frosty ‖ **~ haj** hoary hair
derít *v (fényt vmre, átv is)* throw*/shed* light on sg ‖ *(jókedvre vkt)* cheer sy up ‖ *vegy* clarify
derítőszer *n* clarifier
dermedt *a* numb, benumbed with cold *ut.*, stiff ‖ **félelemtől ~en** scared stiff
dermesztő *a* (be)numbing, stiffening ‖ **~ hideg van** it is* piercingly/bitterly cold
derogál neki *kif* it is* beneath his dignity
dérrel-dúrral *adv* **nagy ~** with much ado
derű *n (idő)* bright weather, clear sky ‖ *átv* serenity ‖ **~t áraszt maga körül** radiate optimism, radiate good spirits
derül *v (idő, ég)* clear up ‖ **~tek rajta** they were amused at/by it; **fény ~ az ügyre** light is* thrown on the matter; **jókedvre ~** cheer up
derűlátás *n* optimism
derült *a (ég)* clear, cloudless, bright ‖ *(kedély)* cheerful ‖ **~ idő** clear/fine weather
derültség *n* hilarity ‖ **általános ~** general laughter
derűs *a (vk hangulata)* cheerful; *(arc)* smiling, happy ‖ **~ hangulat** cheerful mood, high spirits *pl*
destruktív *a* corrupting, depraving
deszka *n* board, plank
desszert *n* dessert

desztillál *v* distil *(US* distill) ‖ **~t víz** distilled water
detektív *n* detective, *US* investigator
detektívfelügyelő *n* (detective-)inspector
detektívregény *n* detective novel/story, crime fiction/story; *biz* whodunit
detonáció *n* detonation
devalváció *n* devaluation, depreciation
devalválód|ik *v* be* devalued, depreciate
deviza *n* foreign exchange
devizaárfolyam *n* exchange rate, rate of exchange
devizaengedély *n* exchange permit
devizagazdálkodás *n* exchange control, currency/exchange (control) regulations *pl*
devizakeret *n* foreign exchange quota
devizanem *n* currency
dezertál *v* desert
dezertőr *n* deserter
dezodor *n* deodorant
dezorganizál *v* disorganize, undermine
dézsa *n* tub, butt ‖ **úgy esik, mintha ~ból öntenék** it's raining cats and dogs
dia *n* slide, transparency
diadal *n* triumph, victory ‖ **~t arat** *vkn/vmn* gain a victory (over sy/sg), triumph (over sy/sg)
diadalív, -kapu *n* triumphal arch
diadalmámor *n* exultation ‖ **~ban úszik** be* flushed with victory, be* exultant
diadém *n* diadem, coronet
diafilm *n* film strip, slidefilm
diagnózis *n* diagnosis *(pl* diagnoses) ‖ **~t megállapít** diagnose sg
diagram *n* diagram; chart, graph
diák *n (általános iskolás)* child° at the primary school; *(középiskolás)* grammar/secondary school boy/girl; *US* high school boy/girl; *(főiskolás)* student
diákcsere *n* student exchange
diákcsíny *n* student prank
diákélet *n* student/college life
diakeret *n* (slide) frame
diákévek *n pl* schooldays ‖ **diákévei alatt** while he was at school, in his schooldays
diákigazolvány *n* student card
diáklány *n* schoolgirl
diáknyelv *n* school slang
diakonissza *n* deaconess
diakónus *n* deacon
diákotthon *n* (students') hostel, (students') hall (of residence); *US* dormitory
diákság *n (diákok, főisk. v. egyet.)* students *pl*, undergraduates *pl*
diákszálló *n* = **diákotthon**
diákszerelem *n* puppy/calf/young love

diákszövetség n student(s') union
dialektus n dialect || ~**ban beszél** speak* a/in dialect
dialógus n dialogue
diapozitív n slide, transparency
diavetítő n slide projector
dicseked|ik v vmvel boast (of/about sg)
dicsekvés n boasting
dicsér v vkt/vmt vmért praise sy/sg for sg, speak* highly of sy/sg || vm vkt sg reflects credit on sy, sg does sy credit
dicséretes a praiseworthy, laudable
dicsérő a commendatory || ~ **szó** words of praise pl; ~**en nyilatkozik vkről** praise sy
dicsőít v glorify, praise
dicsőítés n glorification, praise
dicsőség n glory, honour (US -or) || **nagy ~ére válik do*** sy honour, do* sy great credit
dicsőséges a glorious || ~**en** triumphantly, with flying colours (US -ors)
dicstelen a inglorious, ignominious || ~ **véget ér** come* to an ignominious end
didaktika n didactics, teaching methods pl
didereg v shiver (with cold)
didergés n shiver(ing)
diéta n (étkezésben) diet || ~**t rendel vknek** put* sy on diet; **(szigorú)** ~**t tart** be* on (v. observe) a strict diet
diétás a dietary, dietetic || ~ **beteg** dieter; ~ **koszt** special diet, dietary regimen; ~ **konyha** dietetic kitchen
diétáz|ik v be* on a diet, follow a dietary regimen
differencia n difference
differenciál n (gép) differential (gear) || mat differential (calculus)
differenciálegyenlet n differential equation
differenciálmű n differential gear
differenciálódás n differentiation
differenciálód|ik v become* differentiated (from)
differenciálszámítás n differential calculus
diftéria n diphtheria
digitális a digital || ~ **felvétel** digital recording; ~ **óra** digital clock/watch
díj n (kitűzött) prize || (honorárium) fee; (munkáé) pay, wages pl || (szolgáltatásért) fee, charge; (illeték) tax, dues pl || ~**at (el)nyer** win* a/the prize; ~**at kitűz** offer a prize
díjaz v (jutalmaz) award a prize (to), reward || biz (méltányol) appreciate
díjazás n remuneration, fee
díjbirkózó n prize-fighter
díjelőleges a postage paid

díjkedvezmény n reduced rates pl; (utazási) fare reduction
díjkiosztás n prize-giving, distribution of prizes
díjköteles a subject to dues/fees ut. || ~ **autópálya** toll road; US turnpike
díjmentes(en) a/adv free (of charge) ut., gratis
díjnyertes 1. a prize-winning 2. n prize--winner
díjszabás n tariff, scale of charges
díjtáblázat n scale of charges, schedule of fees
díjtalan a (ingyenes) free of charge ut. || **a ruhatár ~** cloakroom free
díjugratás n show-jumping
diktál v (szöveget, feltételt) dictate (sg) (to sy) || **gépbe ~** dictate (sg) to [typist]
diktálás n dictation || ~**ra ír** take* dictation
diktátor n dictator
diktatúra n dictatorship
dilemma n dilemma, quandary || ~**ban van** be* in a dilemma/quandary
dilettáns 1. a amateurish, dilettante 2. n dilettante (pl dilettanti), amateur
dilettantizmus n dilettantism
diliház n biz loony bin; átv bedlam
dilis a biz crazy, cracked; kif mad as a hatter
dimenzió n dimension
dinamika n (tudományág) dynamics sing. || zene, nyelvt dynamics pl
dinamikus a (átv is) dynamic
dinamit n dynamite
dinamó n dynamo
dínár n dinar
dinasztia n dynasty
dínomdánom n merry-making, revel(ry)
dinnye n melon; (görög) water-melon; (sárga) honeydew melon, musk-melon
dió n nut, walnut || **kemény ~** átv hard/ tough nut to crack
dióbarna a nutbrown; (haj) auburn
dióbél n shelled walnuts pl, walnut
diófa n (élő) walnut (tree) || (anyag) walnut (wood)
dióhéj n nutshell || ~**ban** átv in a nutshell
dioptria n dioptre (US -er)
dioptriás a **két~ szemüveg** glasses with two dioptre (US -er) lens
diós metélt n vermicelli dusted with ground walnuts and sugar
diótörő n nutcracker
diploma n isk ált diploma (in sg); (főleg egyetemi v. főiskolai) degree (in sg); (egyéb) certificate || **tanítói/tanári ~ja van** have* a diploma in education; ~**t szerez** take* a/one's diploma (in sg)
diplomácia n diplomacy

diplomáciai *a* diplomatic || ~ **jegyzék** (diplomatic) note; ~ **kar/testület** diplomatic corps; ~ **(ki)küldetésben** on a diplomatic mission; ~ **pálya** diplomatic career

diplomamunka *n* diploma work/piece

diplomás *a/n (egyetemi/főiskolai diplomát szerzett személy)* professional; graduate || **a** ~**ok** the professionals

diplomata *n* diplomat

diplomatikus *a* diplomatic

diplomáz|ik *v* take* a degree in...

direkt 1. *a* direct, straight **2.** *adv* directly, straight, on purpose || **ezt** ~ **csinálta** he did it on purpose

dirigál *v (irányít)* direct; *(parancsolgatva)* boss [people] about || *zene* conduct

dirigens *n zene* conductor

disz *n* D-sharp

dísz *n (díszítés)* decoration, ornament || *(pompa)* pomp, parade || **a család** ~**e** the pride of the family; **teljes** ~**ben** in full dress/fig

díszebéd *n* banquet

díszegyenruha *n* (full) dress uniform

díszeleg *v vk* parade, make* a fine show || *elit* show* off; *biz* swank (about)

díszelnök *n* honorary president

díszelőadás *n* gala performance/night

díszes *a* ornamental, decorative; *(pompás)* splendid || ~ **fogadtatás** grand reception

diszharmónia *n (hangoké)* dissonance || *(egyenetlenség)* disharmony

díszhely *n* place of honour (US -or)

díszít *v* decorate, adorn, ornament

díszítés *n* decoration, ornament(s), adornment

díszítőelem *n* decorative element/motif

diszkó *n* disco || **ma este** ~ **van a klubban** our club's got a disco on tonight

diszkosz *n* discus

diszkoszvetés *n* throwing the discus

diszkoszvető *n* discus thrower

diszkréció *n* discretion; *(titoktartás)* secrecy

diszkrét *a* discreet; *(tapintatos)* tactful

diszkvalifikál *v* disqualify || ~**ják be*** disqualified

díszlépés *n kat* march/parade step

díszlet *n* scenery, set

díszlettervező *n* stage-designer

díszl|ik *v* flourish; *(virág)* bloom

díszmenet *n kat* slow parade march

díszműáru *n* fancy-goods/articles *pl*

disznó *n* pig || *(emberről)* swine, dirty pig || ~ **vicc** dirty story; ~**t hizlal** fatten pigs; ~**t öl** kill/stick* a pig

disznóbőr *n* pigskin

disznóhizlalda *n* pig farm, piggery

disznóhús *n* pork

disznólkod|ik *v* behave* like a swine

disznóól *n* pigsty; *US* pigpen

disznóölés *n* pig-killing, pigsticking

disznópásztor *n* swineherd

disznóság *n* ált scandal, a shame || *(beszéd)* dirty/filthy talk; *(tett)* dirty/lousy trick || ~! (what a) shame!

disznósajt *n* brawn, pork/pig cheese

disznótor *n* dinner on pig-killing day

disznótoros *n kb.* pork sausages and chitterlings *pl*

disznózsír *n* lard

dísznövény *n* ornamental plant

díszőrség *n* guard of honour (US -or)

díszpécser *n* dispatcher; *GB* charge hand

díszpolgár *n* freeman° [of a town/city]

diszponál *v vm fölött* dispose of sg

diszpozíció *n (rendelkezés)* disposition || *(kedély)* frame of mind, mood

díszruha *n* ceremonial/full/gala dress

díszszemle *n* (dress) parade, march past

disszertáció *n* thesis (*pl* theses) || **doktori** ~ PhD thesis; **megvédi a** ~**ját** defend one's thesis

disszidál *v (külföldre)* defect; *(menekülve)* flee* [the country]

disszidens *n (külföldre távozó)* defector || *tört* dissenter || *pol (másként gondolkodó)* dissident

disszonancia *n* dissonance

disszonáns *a* dissonant, discordant || ~**an hangzik** it jars, it sounds discordant

dísztárgy *n (árucikk)* fancy goods *pl*; *(lakásban)* bric-a-brac, ornament; *(apróbb)* trinket

dísztávirat *n* congratulatory telegram

díszterem *n* ceremonial/banqueting hall; *(iskolában)* hall

disztingvál *v* distinguish, make*/draw* a distinction (*v.* disctictions) (between)

disztingvált *a* distinguished

dívány *n* divan; *(támlával, karfával)* couch, sofa

díványpárna *n* cushion, bolster, squab

divat *n* fashion, mode, style || *(szokás)* vogue, custom || **az utolsó** ~ the latest fashion, the last word (in); ~**ba jön** come* into fashion; **kimegy a** ~**ból** go* out of fashion, become* unfashionable

divatáru *n (férfi)* men's wear; *(női)* ladies' wear

divatbemutató *n* fashion-show

divatcikk *n* article of fashion

divatékszer *n* dress/costume jewellery

divathóbort *n (ruházkodási)* craze, rage

divatjamúlt *a* old-fashioned, dated

divatlap *n* fashion journal/magazine

divatos *a* fashionable, stylish; *(felkapott)* in vogue *ut.* ‖ **nem** ~ be* out of fashion; ~ **író** popular author, author of the day
divatosan *adv* fashionably ‖ ~ **öltözködik** dress fashionably
divatoz|ik *v GB* be* trendy, wear* way-out clothes
divatszalon *n* dressmaker's showroom
divattervező *n* (fashion/dress) designer
divatújdonság *n* latest fashion, novelty
diverzáns *a/n* subversive ‖ ~ **elemek** subversive elements, subversives
dív|ik *v* be* in fashion/vogue
dízelmotor *n* diesel engine
dízelolaj *n* diesel oil/fuel
DK = *délkelet* south-east, SE
dkg = *dekagramm* → **deka**
DNy = *délnyugat* south-west, SW
dob[1] *v* throw*; *(nagy erővel)* hurl ‖ *biz (vkn túlad)* throw* sy over/overboard, dump sy
dob[2] *n* drum; ‖ *műsz* drum, cylinder, barrel ‖ ~**ra kerül** come* under the hammer; ~**ra üt/ver** *(elhíresztel)* trumpet abroad, proclaim (sg) from the housetops; *(elárverez)* put* sg up for auction
dobál *v vmt vhova* keep* sg throwing; *vkt vmivel* pelt sy with sg ‖ *(hajigál)* scatter
dobálódz|ik *v* be*/keep* throwing about ‖ **nagy szavakkal** ~**ik** talk big
dobás *n* throw
dobban *v (szív)* throb, beat* ‖ **nagyot** ~**t a szívem** my heart gave* a leap
dobbanás *n* throb, beat(ing)
dobbant *v (lábbal)* stamp (one's foot/feet) ‖ *(ugró)* take*/jump off ‖ *biz (disszidál)* defect, split*
dobhártya *n* eardrum ‖ **megreped a** ~**ja** he burst* his eardrums
dobó *n* thrower
dobó- és ugrószámok *n pl* field events
dobog *v (szív)* throb, palpitate, beat* ‖ *(lábbal)* stamp (one's foot/feet)
dobogó 1. *a* beating, throbbing **2.** *n (előadóé)* platform; *isk, kb.* teacher's desk; *szính* stage, podium; *(szónoki, karmesteri)* rostrum
dobókocka *n* dice *(pl* ua.)
dobol *v* drum, beat*/play a/the drum
dobos *n* drummer
dobostorta *n* ⟨round layered chocolate cake with hard caramel top⟩
doboz *n* box; *(karton)* cardboard box; *(tej stb.)* carton (of milk/etc); *(bádog)* tin, *US* can; *(nagyobb, rendsz. fa)* case ‖ *(rádió, tv stb.)* cabinet ‖ **egy** ~ **cigaretta** a packet (*US* pack) of cigarettes
dobozol *v* box, pack in boxes
dobozos *a* boxed, canned ‖ ~ **narancslé** a carton of orange juice; ~ **sajt** cheese in cartons; ~ **sör** canned beer

dobpergés *n* roll of drums, drumbeat
dobverő *n* drumstick
docens *n kb. GB* reader; *US* associate professor
dog *n* mastiff
dogma *n* dogma
dogmatikus *a* dogmatic
dogmatizmus *n* dogmatism
doh *n* mustiness, musty/mouldy (*US* moldy) smell
dohány *n növ* tobacco ‖ *biz (pénz)* dough
dohánybolt *n* tobacconist's (shop), tobacconist
dohánygyár *n* tobacco factory
dohányos *n* smoker ‖ **erős/nagy** ~ heavy smoker
dohányzás *n* smoking ‖ **tilos a** ~! no smoking, smoking (is) prohibited
dohányz|ik *v* smoke ‖ **megengedi, hogy dohányozzam?** do you mind if I smoke?
dohányzó 1. *a* smoking ‖ ~ **szakasz** smoking compartment, smoker **2.** *n (személy)* smoker ‖ *(helyiség)* lounge; *(vasúti kocsi)* smoker
dohog *v vk* grumble, mutter, mumble
dohos *a* musty, fusty; *(levegő)* stale, stuffy
dokk *n* dock(yard)
dokkmunkás *n* docker, dock worker
doktor *n (egyetemi)* doctor *(röv* Dr) ‖ *(orvos)* physician, doctor ‖ **a tudomány** ~**a** Doctor of Science, DSc; ~ **úr, kérem ...** Doctor, ...; ~ **rá avat** confer a doctorate (up)on sy; **jogi** ~ *kb.* Doctor of Laws *(röv GB* LLD)
doktorál *v* take* one's doctorate (v. *GB* Master's degree) *(vmből* in/ on sg)
doktorátus *n* doctorate; *GB* Master's degree
doktornő *n* woman-doctor; lady-doctor ‖ ~**, kérem ...** Doctor, ...
doktrína *n* doctrine, tenet
dokumentáció *n* documentation
dokumentációs *a* documentary ‖ ~ **központ** documentation centre (*US* -er)
dokumentál *v* prove, certify, document
dokumentum *n* document
dokumentumfilm *n* documentary (film)
dolgos *a* industrious, hard-working
dolgozat *n* paper, essay; *(vizsga* ~ *)* examination paper ‖ ~**ot ír vmből** write* an essay on sg
dolgozatfüzet *n* exercise-book
dolgozatírás *n* written test
dolgozatjavítás *n* correction of papers/compositions/essays
dolgoz|ik *v ált* work, be* employed (at) ‖ *(gép)* run*, work, function ‖ **az idő nekünk** ~**ik** time is* on our side; **együtt** ~**ik vkvel** collaborate with sy; **hol**

~ik/~ol? where do you work?; **keményen ~ik** work hard; **mit ~ik?** what do you do (for a living)?; **vknek ~ik** work for sy; **vmn ~ik** work on sg **dolgozó 1.** *a* working, labouring (*US* -or-); **a ~ nép** the working people; **(a) ~ nő** (the) working woman° **2.** *n* ált worker, working man°/woman°; *(fizikai)* manual worker; *(szakmában)* workman°; *(gyári stb.)* blue-collar worker; *(építkezésnél, főleg segédmunkás)* labourer || *(méh)* worker (bee) || **~k iskolája** night school; **értelmiségi/szellemi ~** white-collar worker

dolgozószoba *n* study; *biz* den

dollár *n* dollar || **~ elszámolású piac** convertible currency area/export

dollárkölcsön *n* dollar loan

dolog *n (munka)* work, job, task || *(ügy)* matter, business, affair || *(tárgy)* thing, matter, stuff, object || **az ő dolga, hogy** it's up to him to, he is* supposed to; **biztos a dolgában** be* sure of himself/herself; **dolgát végzi** *(illemhelyen)* relieve oneself; *(kutya)* do* its/her/his job; **~hoz lát set*** to work; **ez az én dolgom** that's my business; **ez ízlés dolga** it's a matter/question of taste; **jó dolga van** have* a good time of it; *(anyagilag)* be* doing well, be* well off; **micsoda ~ ez?** what are* you up to?, what does this mean?; **nem az én dolgom** it's none of my business; **rendben tartja a dolgait** he keeps* his things/affairs in order; **sok a dolgom** I have* a lot to do, I am* very busy

dolomit *n* dolomite

dóm *n* cathedral

domb *n* hill; *(kisebb)* hillock, hummock

domboldal *n* hillside; *(skót)* brae

dombormű *n* relief; *(magas)* high relief; *(fél)* bas-relief

dombornyomás *n (folyamat)* relief printing, embossing || *(tárgy)* embossed work, relief print

domborod|ik *v* swell* out, bulge, rise*

domború *a* convex, bulging, curved, round || **~ lencse** convex lens

domborulat *n (domborúság)* convexity, bulge || *(kis domb)* hillock, knoll

domborzat *n* (features *pl* of) the terrain

domborzati térkép *n* relief map

dombos *a* hilly, humpy

dombtető *n* crest/ridge of a hill

dombvidék *n* hilly/rolling country

dominál *v* prevail (over sg), dominate (sg)

dominikánus *a/n vall* Dominican, Black Friar

domínium *n* dominion

dominó *n* domino (*pl* dominoes)

dominóz|ik *v* play dominoes

donga *n* stave

dongó *n* bumble-bee

dongólégy *n* bluebottle, blowfly

donor *n* donor

doppingol *v (lovat, versenyzőt)* dope; *(csak vkt)* give* sy a stimulant || *átv* stimulate sy

doppingszer *n* dope, stimulant, drug

doppingvizsgálat *n sp* dope test

dór *a (oszlop)* Doric [pillar] || *zene* **~ hangnem** Dorian mode

dorbézol *v* carouse

dorgál *v* chide*/reprove (for)

dorgálás *n* reprimand, rebuke, admonition || **~ban részesít** reprimand, rebuke

dorombol *v* purr

dorong *n* log, thick stick

dosszié *n* file, dossier

dotáció *n (egyéné)* fees *pl*; *(intézményé)* funds *pl*, subsidy

dotál *v (intézményt)* subsidize || *(alkalmazottat)* pay*, remunerate

dózis *n* dose

döbbenet *n* consternation, dismay

döcög *v (kocsi)* jolt, jog (along); *(vonat)* trundle along

döcögés *n* jolting, slow advance

döf *v (kést)* run* a knife° into sy/sg; *(tőrrel)* stab, thrust*; *(oldalba könyökkel)* poke, push || *(szarvval)* butt

döfés *n* thrust, stab, poke, push, butt

dög *n* carrion, carcass, carcase || *biz* **~ivel van pénze** he has oodles of money; *vulg* **lusta ~** lazy bugger/sod

döglégy *n* green botfly, greenbottle

dögl|ik *v (állat)* die, perish || **egész nap az ágyon ~ik** be* lazing on the bed all day long

döglőd|ik *v* die a slow death

döglött *a* dead [animal]

dögönyöz *v (ver)* punch, pound

dől *v (hajlik)* lean* (to one side); *vmnek* lean* against; *(oldalt)* tilt || *(esik, bukik)* fall*, topple/tip over, tumble down || *(eső)* pour; *(folyadék, vér)* gush (out/forth from) || **ágynak ~** take* to one's bed; **~ a fa!** timber!

dőlt *a (ferde)* slanting, oblique || **~ betű** italics *pl*

dölyfös *a* arrogant, haughty

dömper *n* dumper (truck)

dömping *n* dumping

dömpingáru *n* dumped/dumping goods *pl*

döng *v* ált (re)sound || *(méh)* buzz, hum

dönget *v* bang, batter, rag || **nyitott kapukat ~** try to force an open door

döngicsél *v* buzz/hum around

döngöl *v* ram, pound, beat*

dönt v *(felfordít)* upset*, overturn, turn over; *(fát)* fell; *(féloldalra)* tilt || *(rekordot)* break*/beat* || *(elhatároz)* decide, make*/take* a decision; *(bíróság)* rule, decree

döntés n *(fáé)* felling || *(elhatározás, mint cselekvés)* decision making; *(annak eredménye)* resolution, decision; *(esküdtszéké)* verdict || **bírósági** ~ court ruling, judg(e)ment of the court

döntetlen a/n ~ **(mérkőzés)** a drawn game, a draw/tie; *(sakkban)* a draw; ~**re állnak** they are all square (at), the score/match is level

döntő 1. a decisive, deciding || ~ **bizonyíték** conclusive proof; ~ **mozzanat** crucial point; ~ **pillanat** critical/crucial moment **2.** n sp final(s) || **világbajnoki** ~ *(labdarúgás)* World Cup Final; **bejut a** ~**be** qualify for the finals

döntőbíró n arbitrator, arbiter

döntőbíróság n (court of) arbitration

dörej n detonation; *(puskáé)* report

dörgés n *(égé)* thunder || **ismeri a** ~**t** biz know* the ropes

dörmög v *(medve)* growl, grunt || *(ember)* mutter, mumble; *(morog)* grumble

dörmögés n *(medvéé)* growl(ing), grunt(ing) || *(bosszús emberé)* grumbling

dörög v *(ágyú)* boom, thunder, roar || ~ **(az ég)** it is* thundering

dörömböl v ~ **az ajtón** hammer/bang at/on the door

dörren v give* a thundering/rumbling sound

dörzsfék n friction brake

dörzsöl v rub; *(masszírozva)* rub down

dörzsölt fickó n, biz a slippery customer, a sly old fox, US a tough/clever cookie

dőzsöl v carouse, go* on a spree

drága a *(költséges)* expensive, dear, costly || *(értékes)* precious, valuable || átv dear || ~**m** my dear, dearest, darling

drágakő n precious stone, jewel

drágáll v find* sg too expensive

drágán adv expensively, dear(ly) || ~ **vesz** buy* at a high price

drágaság n high prices pl || biz ~**om** dearest; **nagy a** ~ prices are* high

drágít v put* up the price of (sg), raise prices

drágul v go* up, grow* dearer, get*/become* more expensive

drágulás n rise in prices, increase

dráma n *(színmű)* drama || **családi** ~ family drama/tragedy

drámai a *(átv is)* dramatic || ~ **hős** hero

drámaírás n play-writing

drámaíró n dramatist, playwright

drámairodalom n the drama || **a magyar** ~ (the) Hungarian drama

dramatizál v *(átv is)* dramatize

dramatizálás n dramatization, staging

dramaturg n szính literary/dramatic advisor; film script consultant, scenario editor

drapéria n drapery, hangings pl

drapp a beige

drasztikus a ~ **eszköz** drastic means sing; ~ **kifejezés** coarse expression

drazsé n chocolate drop, dragée

dressz n = **mez**

dresszíroz v train

drog n drug

drót n *(huzal)* wire || biz **leadja a** ~**ot** pass the dope; **vkt** ~**on rángat** have* sy on a string

drótkötélpálya n *(bányában, gyárban)* ropeway; *(hegyoldalon)* cable railway

drukk n biz funk, cold sweat

drukker n = **szurkoló**

drukkol v *(fél)* be* in a (blue) funk || vknek keep* one's fingers crossed (for sy) || *(csapatnak)* → **szurkol**

drusza n namesake

du. → **délután;** ~ **3-kor** at 3 p.m.

dualizmus n dualism

duda n *(hangszer)* bagpipes pl || *(autón)* horn

dudál v *(hangszeren)* play the bagpipe(s) || *(autós)* sound one's

dudás n piper

dudaszó n bagpipe music

dúdol v hum [a tune]; *(halkan)* croon

dúdolgat v keep* humming (a tune)

dudor n *(testen)* swelling, protuberance, bump; *(ütéstől)* lump || *(tárgyon)* boss, knob, protuberance; *(fán)* gnarl, knot

dudva n weed

duett n duet

dug v vmt vmbe stick*, put*, insert (mind: sg into sg) || *(rejt)* hide*, conceal; *(fiókba stb.)* put*/stow sg away in sg || **zsebre** ~**ta a pénzt** he pocketed the money

dugába dől v fail, miscarry, fall* through

dugaszol v *(palackot)* cork; *(lyukat)* stop (up); *(hordót)* bung

dugaszoló n el plug || ~**aljzat** socket, US outlet

dugattyú n piston

dugdos v vhová stick*/put* sg into sg || *(vk elől)* try to hide/conceal sg/sy from sy

dugig adv full up; biz chock-full

dugó n *(parafa, műanyag)* cork; *(üveg)* stopper; *(gumi, fa, nagyobb)* bung || el plug || *(forgalmi)* (traffic) jam || ~**t kihúz** uncork [a bottle], unstop (sg)

dugóhúzó n *(eszköz)* corkscrew || rep spin

dugós csatlakozó n plug and socket (US outlet)

dugvány *n* cutting, slip, scion
duhajkod|ik *v* revel (*US* -l), have* a high old time, go* on a spree
dukál *v* **ez nekem** ~ *biz* that's my due
dúl *v (pusztít)* ravage, lay* waste || *(vihar, háború)* rage
dulakodás *n* scrimmage, scuffle, brawl
dulakod|ik *v* vkvel grapple/wrestle (with sy)
dúl-fúl *v* fume with rage
duma *n biz* chatter, gossip, hot air, gas, spiel || **elég a** ~**ból** cut the cackle
dumál *v biz* chatter, natter (away/on)
Duna *n* Danube
dunai *a* Danubian
Dunakanyar *n* the Danube bend
Duna-medence *n* the Danube basin
Dunántúl *n* Transdanubia
dunántúli *a/n* Transdanubian
Duna-part *n (kiépített)* Danube embankment; *(kiépítetlen)* bank(s) of the Danube
Duna-parti *a* on the bank(s) of the Danube *ut.*
dundi *a* chubby, plump
dunyha *n* eiderdown, duvet, continental quilt
dunyhahuzat *n* eiderdown cover
dupla 1. *a* double, twofold || **duplán** doubly; ~ **vagy semmi** double or quits 2. *n (kávé)* espresso, coffee
duplaszéles *a* double-width
dúr *a/n* major || ~ **hangnem** major key; ~ **skála** major scale; **C-**~ C-major
durcás *a* sulky, peevish, petulant
durr! *int* bang!
durran *v (robbanószer)* explode, detonate; *(pezsgősüveg)* go* bang/pop
durranás *n* explosion, detonation
durrant *v* bang, detonate
durrdefekt *n* burst tyre (*US* tire), blowout
duruzsol *v (ember)* murmur, mutter || *(főzet)* simmer
durva *a (ember, modor, viselkedés)* rough, coarse, loutish, boorish, uncouth || *(anyag)* coarse, rough; *(elnagyolt)* clumsy, coarse || ~ **beszéd** coarse words *pl*, rough/bad language; ~ **hiba** gross error
durván *adv (modorban)* roughly, rudely || ~ **bánik vkvel** handle/treat sy roughly, ill-treat sy; ~ **megsért vkt** offend sy greatly, outrage sy; ~ **(számítva)** roughly
durvaság *n (lelki)* roughness, rudeness || *(anyagi)* coarseness || *sp* rough play
dús *a (bőséges)* rich (in sg); plentiful || ~ **haj** thick hair; ~ **növényzet** rich vegetation

dúsgazdag *a biz* rolling in money *ut.*
dúskál *v* vmben have* sg in abundance || ~ **a pénzben** be* rolling in money
dutyi *n tréf* lockup || ~**ban** inside
duzzad *v* swell*; *(izom)* bulge (out); *(daganat)* swell* (up)
duzzadás *n* swelling; *orv* tumescence
duzzadt *a* swollen *(vmtől* with); *(szem)* puffy
duzzasztómű *n* barrage
duzzog *v* sulk, be* in a huff
duzzogás *n* resentment, sulking, pouting
dübörgés *n* rumbling noise, rattle, clatter
dübörög *v* rumble, rattle, clatter
düh *n* fury, rage || ~ **be gurul** lose* one's temper, become* enraged
dühít *v* vkt enrage, infuriate (sy), make* (sy) mad || ~**, hogy elfelejtettem** I am annoyed that I've forgotten (it)
dühítő *a* maddening
dühödt *a* furious, enraged
dühöng *v* rage, fume *(vm/vk miatt* at/against sg/sy) || **szélvihar** ~ the storm is raging
dühöngés *n* frenzy, (towering) rage, fury
dühöngő *a* raging, raving
dühös *a* furious, (very) angry, livid *(vkre* at/with sy; *vm miatt* about sg)
dühroham *n* burst/access/fit of anger/rage
düledt *a* ~ **szem** protruding/bulging eyes *pl*; ~ **szemű** goggle-eyed
dülöng(él) *v* reel, stagger, totter
dűlőre jut vkvel *kif* come* to an understanding with sy
dűlőút *n* path across the fields, track
dűne *n* (sand) dune
dünnyög *v* mumble
D-vitamin *n* vitamin D

Dzs

dzseki *n* jacket
dzsem *n* jam; *(narancs)* marmalade
dzsembori *n* jamboree
dzsentri *n* (Hungarian) gentry
dzsessz *n* jazz
dzsesszdobos *n* jazz-band drummer
dzsesszzenekar *n* jazzband
dzsip *n* jeep
dzsóker *n* the Jolly Joker, joker
dzsörzé *n* jersey
dzsúdó *n* = **cselgáncs**
dzsungel *n* jungle
dzsúsz *n* juice

E, É

e *pron (ez)* this || ~ **célból** for that purpose, to that end; ~ **héten** this week
-e *adv (vajon)* whether || **szereted-e?** do* you like it?, do you like...?
eb *n* dog || **egyik kutya, másik** ~ six of one and half dozen of the other; **köti az** ~**et a karóhoz** make* boasting promises
ebadó *n* dog-tax; *(a díj)* dog fee
ebbe *pron* in/into this || ~ **nem megyek bele** I won't agree to this, count me out
ebben *pron* in this, here(in) || ~ **maradunk!** it's settled!
ebből *pron* from/of this, out of this || ~ **következik, hogy** it follows (from this) (that)
ebéd *n* lunch, midday meal; *(este)* dinner || ~ **után** after lunch; ~ **előtt** before lunch; ~**et főz** cook lunch/dinner
ebédel *v* lunch, take*/have*/eat* lunch, be* at lunch; *(este)* dine, have*/eat* dinner
ebédidő *n* lunch-time/hour, dinner-time
ebédjegy *n* luncheon voucher
ebédlő *n* dining-room; *isk* dining hall; *(kollégiumi)* refectory
ebédszünet *n* lunch-break
éber *a átv* watchful, vigilant
éberen alszik *v* sleep* light(ly), be* a light sleeper
ébred *v* wake* (up), awake*
ébredés *n* awak(en)ing, waking (up)
ébredez|ik *v* begin* to awake, be* stirring
ébrenlét *n* wakefulness, watchfulness
ébren van *v* be* awake/up
ébreszt *v* wake* (up) || *(érzést)* (a)rouse, awaken, stir (up) || **reményt** ~ raise hope; **vágyat** ~ create/inflame desire
ébresztés *n (telefonszolgálat)* (early-)morning call (service)
ébresztőóra *n* alarm-clock
ecet *n* vinegar
ecetes *a* vinegary, vinegarish || ~ **uborka** pickled cucumber/gherkin
ecset *n* brush
ecsetel *v (leír)* describe || *orv* paint (with)
ecsetelés *n orv* painting (with)
eddig *adv (hely)* up to this point, as far as here || *(idő)* till now, up to the present, so far, hitherto || ~ **még** as yet; ~ **még nem** not (as) yet; ~ **vagyok vele!** *biz* I'm fed up with it/her/him
eddigi 1. *a* (up) till now *ut.* || **az** ~ **legnagyobb** the greatest ... yet **2.** *n* **az** ~**ek** the foregoing

éden(kert) *n* (Garden of) Eden
edény *n* vessel, pot, bowl, (cooking/kitchen/household) utensil || *biol, növ* vessel
edényszárító *n (rács)* dish-rack
édes 1. *a (íz)* sweet || *(átv, dologról)* delightful, delicious || *(személyről)* dear **2.** *n* ~**em!** (my) dear(est), darling, my sweet
édesanya *n* mother || ~**m** Mother, Mum(my); *US* Mom, Ma; *(megszólításként)* Mother dear
édesapa *n* father || ~**m** Father; *biz* Dad(dy); *(megszólításként)* Father dear
édesít *v (átv is)* sweeten, sugar
édesítőszer *n* sweetener
édeskés *a (íz)* sugary, sweetish || *átv* saccharine, syrupy, sugary, cloying
édesség *n (tulajdonság)* sweetness || *(ennivaló)* sweet(s); *(cukrászati)* confectionery; *US* candy; *(mint fogás)* sweet, dessert
édességbolt *n* sweet-shop; *US* candy store
édesszájú *a (igével)* have* a sweet tooth
édestestvér *n* full brother/sister
edz *v (acélt)* temper, harden; *(vasat)* steel || *átv* harden, steel || *sp (vk)* train, be* in training, have* a work-out
edzés *n (acélé)* hardening || *átv* hardening, strengthening, steeling || *sp* training, workout || ~**re jár** be* (in) training (for sg)
edzett *a (test, ember)* fit, tough, hardy
edző *n sp* trainer, coach
edzőcipő *n* trainer/training shoe(s), trainers *pl*, *US* sneaker
edzőmérkőzés *n* practice match
edzőtábor *n* fitness/training camp
efelől *adv* on this/that account, about that || ~ **nyugodt lehetsz** you need have* no worries on that score
effajta *a* = **efféle**
effektív *a* real, actual, effective
efféle *a* such, suchlike, of this kind *ut.*
ég[1] *v (tűz)* burn*, be* on fire, be* burning; *(lánggal)* flame, be* in flames || *(gáz, villany)* be* on || *biz (kudarcot vall)* come* a cropper, do* badly, fail || ~ **a gyomra** have* heartburn; ~ **a lámpa** the light is on; ~ **a szemem** my eyes are stinging/smarting; *átv* ~ **az arca** his face is flushed; ~**ek a kíváncsiságtól** I am burning with curiosity; ~**ni kezd** *(tűz)* kindle, take* fire
ég[2] *n (égbolt)* sky, heavens *pl* || *(menny)* Heaven || **a szabad** ~ **alatt** in the open air, out of doors; **az** ~ **alja** skyline, horizon; **az** ~ **szerelmére!** for Heaven's/goodness' sake!; ~**ig érő**, ~**be nyúló** sky-high; **egekig ma-**

gasztal praise to the skies; **eget verő** *(dolog)* colossal, enormous

égbekiáltó *a ált* flagrant, atrocious, blatant

égbolt *n* sky, firmament

Égei-tenger *n* the Aegean (Sea)

egér *n* mouse° || **itatja az egereket** turn on the waterworks

éger *n* alder (tree)

egérfogó *n* mousetrap

egérlyuk *n* mouse-hole

egérutat nyer *v biz* manage to escape, slip away

égés *n (folyamat)* burning, combustion; *vegy* oxidation || *(seb)* burn || *(érzés)* burning (sensation)

egész 1. *a* whole, entire, unbroken, complete, all || **az ~ házban** throughout the house; **az ~ világ** the whole world, all the world; **~ éjjel** the whole night, throughout the night; **~ életében** all his life; **~ éven át** all (the) year round, throughout the year; **~ hangjegy** semibreve; *US* whole note; **~ idő alatt** all the time/while; **~ nap** all day (long); **~ napos** all-day; *(állás)* fulltime; **~ szám** whole number, integer **2.** *adv* = **egészen 3.** *n (az egész)* the whole, totality || **~(é)ben véve** on the whole, all in all; **ez/ennyi az ~** that's all; **kerek ~** rounded whole; **teljes ~ében** in its entirety, in full, completely

egészen *adv* entirely, wholly, quite, completely, altogether || **~ Debrecenig** as far as D.; **~ hajnali kettőig** until two a.m. (*v.* two in the morning); **~ kicsi** quite small; **~ olyan, mint** just like; **nem ~** not quite

egészség *n* (good) health; || **~ére!** *(iváskor)* your (good) health!, here's to you!, cheers!; *biz* bottoms up!; *US* here's mud in your eye!; *(tüsszentéskor)* (God) bless you!; **~re ártalmas** unhealthy, injurious/harmful to health *ut.*; **hogy szolgál az ~e?** how are you (keeping)?

egészséges *a (ember)* healthy; *(igével)* enjoy good health, be* in good health || *(étel)* wholesome, healthy || *(gondolat)* sound || **~en** healthily, in good health; **nem ~ be*** not in good health, be* unwell; *(étel, küllem)* unhealthy, unwholesome

egészségház *n* health/welfare centre (*US* -ter)

egészségi *a* sanitary, relating to health *ut.* || **~ állapot** state of health

egészségtelen *a* unhealthy, unwholesome, injurious to health *ut.*

egészségügy *n* public health, hygiene

egészségügyi *a* hygienic, sanitary; health || **~ főiskola** (training) college for health workers/officers; **~ intézkedések** sanitary measures/regulations; **~ miniszter** health minister; **~ papír** toilet paper/roll; **~ séta** constitutional

egészségvédelem *n* sanitary regulations *pl*; public health

egészvászon kötés *n* cloth-binding; full cloth || **~ben** in (full) cloth

éget *v ált* burn*; *(jelet tüzes vassal)* mark/brand [sg with hot iron]; *(nap)* scorch || *(csalán)* sting*; *(fűszer)* bite*, have* a sharp taste || **egész nap ~i a villanyt** leave* the light on all day; **~i a nyelvét** *(forró dolog)* burn* one's tongue

égetett *a* burnt; *US* burned (*is*) || **~ mész** burnt/caustic lime; **~ szeszes ital(ok)** spirits *pl*

égető *a* burning || **~ kérdés** burning question, vital topic; **~ szükség** urgent necessity/need; **~en fontos** of utmost importance *ut.*

égett *a* burnt || **~ íz** burnt taste

éghajlat *n* climate || **nem bírom az ~ot** the climate disagrees with me

éghajlati *a* climatic

éghetetlen *a* incombustible, non-flammable || **~ film** safety film

éghető *a* inflammable; *US* flammable

égi 1. *a* heavenly, celestial **2.** *n* **az ~ek** the powers above

égiháború *n* thunderstorm

égimeszelő *n* spindle-shanks/legs *sing.*

égitest *n* heavenly/celestial body

EGK = Európai *Gazdasági Közösség*

egoista *a* ego(t)ist, selfish (person)

egoizmus *n* ego(t)ism, selfishness

égő 1. *a* burning, flaming || **~ arccal** with a glowing face; **~ gyertya** lighted candle **2.** *n (villany)* (light) bulb; *(gáztűzhelyen)* (gas) burner

égőfej *n* burner

égöv *n* zone || **forró ~** torrid zone, the tropics *pl*; **hideg ~** frigid zone(s); **mérsékelt ~** temperate zone(s)

egres *n* gooseberry

égszínkék *a/n* sky-blue, azure

égtáj *n* point of the compass || **a négy ~** the four cardinal points

egzaltált *a (természet)* high(ly)-strung, hysterical

egzisztencia *n (megélhetés)* living, livelihood || *(egyén)* **kétes ~** shady character

egzisztenciális *a* living

egzotikus *a* exotic

egy[1] *num* one || **~ alkalommal** on one occasion, once, in one case; **~ és ugyanaz** one and the same; **~ házban**

lakunk we live in the same house; ~ **kettő!** one-two!; ~ **null(a)** one-nil *(írva:* 1-0); *(időpont)* ~**kor** at one o'clock; ~**től** ~**ig** to a man, all *(utána: pl);* every (single) one of them; **földszint** ~ (flat, room) No. 1 *(szóban:* number one) on the ground floor; **igyunk** ~**et** let's have a drink; **még** ~**et** one more, another; **nem** ~ *(= több)* numerous, a number of [cases etc.]

egy² *(határozatlan névelő)* a; *(magánhangzó előtt)* an || ~ **bizonyos Jones úr** a certain Mr. Jones; ~ **ismerősöm** an acquaintance, someone I know

egyágyas szoba *n* single (bed)room

egyáltalán *adv* at all || ~ **nem** not at all, not in the least, not a bit

egyaránt *adv* alike, equally, both || **apa és fiú** ~ both father and son, father and son alike

egyárbocos *a* single-masted

egyazon *a* (one and) the same

egybeépít *v* build* together

egybeesés *n* coincidence

egybees|ik *v (vmvel)* coincide (with sg)

egybegyűjt *v* collect, gather together, assemble

egybegyűl|ik *v (emberek)* assemble, gather (together) || *(tárgy)* be* collected

egybehangz|ik *v (hang)* harmonize || *(átv)* correspond *(vmvel* to/with), bear* out

egybehangzó *a* concordant, consonant, harmonious || ~ **vélemény** unanimous opinion; ~**an** unanimously

egybeír *v* write* as one word

egybeköt *v (könyveket)* bind* in one *(v.* together) || **vmvel** ~**ött** [programme] coupled with

egyben *adv (egyúttal)* at the same time, simultaneously || *(egy darabban)* in one piece/block; *ker* as a whole

egybenyíló *a (szobák)* (inter)communicating (rooms)

egybeolvad *v ált* unite; *(intézmények)* amalgamate, merge; *(színek)* blend

egybeolvaszt *v ált* blend, fuse, merge

egybevág *v (vmvel)* coincide, agree, tally *(vmvel mind:* with), be* in agreement || **az adatok** ~**nak** the figures tally/agree

egybevágó *a* concordant, agreeing; *mat* congruent || **nem** ~ incongruous, disagreeing

egyből *adv (azonnal)* forthwith, on the spot, straightaway, at once || ~ **sikerült** it worked first time

egyéb *pron* other, else || **nincs** ~ **dolga (mint)** he has nothing (else/better) to do* (but/than); **egyebek között** among others, among other things; **és (még) minden** ~ and all the rest; **nem** ~, **mint** nothing less than, nothing else but; **nem tehettem egyebet** ... I could not do* other than ...

egyébként *adv (különben)* otherwise || *(máskor, általában)* ordinarily, on other occasions, normally || *(új mondanivaló bevezetésére)* by the way

egyed *n* individual, entity

egyedárus *n* sole agent

egyedi *a (személyre)* individual || *(gyártás)* non-series, one-off || ~ **kivitelezésű** custom-designed/built

egyeduralom *n* autocracy, monarchy

egyedül *adv (magában)* alone, by oneself; *(segítség nélkül)* single-handed || *(csak)* solely, only || ~ **álló** *(fa, épület stb.)* lone, solitary, isolated; ~ **él** (s)he lives (all) by herself/himself, (s)he lives (all) alone; **gyermekét** ~ **nevelő anya** lone mother with a young child

egyedülálló *a (személy)* unmarried, single || *(példátlan)* unique, unparalleled, singular

egyedüli *a* sole, only, single

egyedüllét *n* solitude, loneliness

egy-egy *num* **adott nekik** ~ **forintot** gave them a forint each, gave one forint to each (of them); **néha jön** ~ **látogató** a visitor drops in now and then

egyelőre *adv* for the time being, temporarily; *(ezidáig)* so far

egyemeletes *a* two-storey(ed), *US* two-story/storied

egyén *n* individual, person

egyenáram *n* direct current *(röv* D.C.)

egyenáramú *a* direct current, D.C.

egyenérték *n* equivalent; *ker* exchange value, par (value)

egyenes 1. *a (vonal, út)* straight, direct; *(tartás)* erect, upright || *(közvetlen)* direct || *(becsületes)* straightforward, downright, honest, open || *(határozott)* express || ~ **adás** live broadcast; ~ **adó** direct tax; ~ **beszéd** *(nyelvt)* direct speech, *átv* plain talk; ~ **kívánságára** at his express wish; ~ **tartású** upright; ~ **válasz** straight answer; ~ **vonalban** in a straight line; ~ **vonalú** rectilinear **2.** *n mat (vonal)* straight (line); *sp* straight || ~**be kerül** get* oneself straightened out, get* back on(to) the rails; *(pénzügyileg)* get* out of the red

egyenesen *adv (egyenes vonalban)* straight, in a straight line || *(közvetlenül)* straight, directly || *átv* honestly || ~ **a tárgyra tért** he came straight to the point; ~ **járt el** he behaved honestly, it was a square deal; **ez** ~ **nevetséges** that's perfectly/absolutely ridiculous

egyenesszög *n* straight angle

egyenetlen *a (felület)* uneven, rough || *átv* uneven

egyenetlenség *n (felülete)* unevenness, roughness || *átv* dissension

egyenget *v* level, make* even || **vknek/vmnek az útját** ~**i** make* things smooth for sy/sg, pave the way for sy/sg

egyéni *a* individual, personal, particular, private || ~ **felelősség** individual responsibility; ~ **kezdeményezés(ére)** (on) one's own initiative

egyénileg *adv* individually, personally

egyenirányító *n* rectifier

egyéniség *n* individuality, personality

egyenjogú *a* having/enjoying equal rights *ut.*; *(kivívott)* emancipated

egyenjogúság *n* equality of rights, emancipation || **női** ~ equal rights for women, the emancipation of women; *biz* women's lib

egyenjogúsít *v* emancipate

egyenként *adv* one by one, one after the other || **a jegyek ára** ~ **3 font** the tickets are £3 each

egyenleg *n* balance

egyenlet *n* equation || **kétismeretlenes** ~ equation with two unknown quantities (*v.* unknowns); **elsőfokú** ~ simple/linear equation, first-degree equation; **harmadfokú** ~ cubic equation; ~**et felállít** set* up an equation; ~**et rendez** reduce an equation

egyenletes *a (felületű)* even, smooth || *(arányú)* equal, uniform || ~ **gyorsulás** uniform/constant acceleration

egyenletesen *adv* uniformly, evenly; smoothly

egyenlít *v sp* equalize

egyenlítő *n* **az E**~ the equator

egyenlítői *a* equatorial

egyenlő *a (vmvel)* equal (to), same (as) || **a** ~ **b-vel** a equals (*v.* is equal to) b; **nem** ~ unequal; ~ **nagyságú** of the same size *ut.*; ~ **szögű** equiangular

egyenlően *adv* equally, alike

egyenlőség *n* equality

egyenlőségjel *n* equals/equality sign

egyenlőtlen *a* unequal; *átv* uneven, irregular

egyenlőtlenség *n* inequality, disparity; disproportion *(között* between)

egyenrangú *a* of equal rank *ut.*, equal || **a vele** ~**ak** his equals/peers

egyenruha *n* uniform

egyenruhás *a* uniformed, in uniform *ut.*

egyensapka *n* uniform cap

egyensúly *n* balance, equilibrium || ~**ban van** be* balanced, be* in (a state of) equilibrium

egyensúlyérzék *n* sense of equilibrium/balance

egyensúlyoz *v* balance

egyensúlyozás *n* balancing

egyértelmű *a (félreérthetetlen)* unambiguous || *(egyhangú)* unanimous || ~ **válasz** an unequivocal answer; **ez** ~ **azzal(, hogy)** that amounts to saying (that)

egyértelműség *n* unanimity, agreement

egyes 1. *a (külön)* single, individual || *(bizonyos)* certain, some || **az** ~ **szám** number one; ~ **autóbusz** a No.1 (bus) [*kiolvasva:* number one]; ~ **kötetek** single/odd volumes; ~ **szám ára** price per copy; ~ **szám első személy** first person singular **2.** *n (szám)* (number) one || *(osztályzat)* very poor (marks *pl*), a fail || *sp (csónak)* scull || *(verseny)* singles *pl* || **az** ~**ek** *(tízes rendszerben)* the units; ~**ek** certain people, some (people); ~**re felelt** *(vizsgán)* his results were unsatisfactory

egyes-egyedül *adv (magában)* quite/all alone || *(csak)* only, exclusively

egyesével *adv* one by one; *(sorban)* in single file; *(egyszerre csak egyet)* one at a time

egyesít *v* unite, join, combine; *(vállalatokat)* amalgamate, affiliate, merge || ~**ik erőiket** make a united effort, join forces (with sy)

egyesítés *n* union

egyesített *a* united

egyesül *v* ált unite, join; *(intézmények)* merge, amalgamate

egyesülés *n (folyamat)* joining, union || *(vállalat)* syndicate

egyesülési és gyülekezési jog *n* the rights of association and assembly *pl*

egyesület *n* society, association; *sp* club || ~**ben sportol** be* a member of a club

egyesült *a* united; *(vállalat, társaság)* amalgamated || ~ **erővel** with united strength/forces; **E**~ **Államok** the United States (of America) *(röv* US. *v.* USA); **E**~ **Királyság** the United Kingdom *(röv* UK); **E**~ **Nemzetek (Szervezete)** United Nations (Organization) *(röv* UNO *v.* UN)

egyetem *n* university || **az** ~ **területe** the (university) campus; ~**re beiratkozik** matriculate (at a university); ~**re felvesz** admit to the university; ~**re megy** he is going (up) to university; ~**re jár** attend (courses/lectures) at/the university, study at/the university

egyetemes *a* universal, general || *műsz* universal, all-purpose || ~ **történelem** universal/world history

egyetemi *a* university; academic || ~ **előadás(ok)** university lecture(s); class(es); ~ **előadó** (university) lecturer; ~

hallgató university student, undergraduate; *US* college boy/girl; ~ **oktató** staff member, academic, *(igével)* be* on the teaching staff; ~ **tanár** (university) professor; *US* full professor; ~ **tanév** academic year; ~ **tanulmányok** university studies; ~ **végzettség** university degree; ~ **végzettségű** graduate (of a university)

egyetemista *n* = **egyetemi** *hallgató*

egyetért *v (vkvel vmben)* agree (with sy about/on sg) || **ebben** ~**ek veled** I agree with you there, I go along with that

egyetértés *n* agreement, concord || **kölcsönös** ~ mutual understanding

egyetlen *a* only, sole, single || ~ **gyermek** an only child

egyetlenegy *num* a single, only one || ~ **sem** not a/one single; ~**szer** only once

egyet-mást *pron* a few things *pl*, this and that || **tud** ~ he knows a thing or two

egyéves *a (kor)* one-year-old, *(igével)* be* one year old; *(időtartam)* of one year *ut.*, one year's

egyévi *a* for one year *ut.*, *(fizetés)* annual

egyez|ik *v (vmvel)* agree/correspond with, be* in agreement (with)

egyezmény *n* agreement, pact || ~**t köt** sign an agreement (with)

egyező *a (azonos vmvel)* identical (with), same (as) || **az eredetivel** ~ corresponding to the original *ut.*

egyezség *n (megegyezés)* agreement, unity || ~**et köt vkvel** come* to an arrangement with sy

egyeztet *v (szövegezést)* harmonize || *(ellenőrizve)* check [text] against (another)

egyeztetés *n (szövegezésé)* harmonizing || *(ellenőrizve)* checking

egyfajta *a (azonos)* of the same kind *ut.* || *(vmféle)* certain

egyfelé *adv* in the same direction

egyféleképpen *adv* in one way only

egyfelől *adv (azonos irányból)* from the same direction || ~ ... **másfelől** on the one hand... on the other (hand)

egyfelvonásos *n* one-act play

egyfolytában *adv* uninterruptedly, continuously, without a break || **két hétig** ~ (for) fourteen days running; **tíz órát aludt** ~ he slept for ten solid hours

egyforintos *n* one-forint piece/coin

egyforma *a* of the same form/shape/size *ut.*, alike *ut.*, uniform, the same || **teljesen** ~**k** they are alike

egyformán *adv* alike, equally, in the same way/manner

egyhamar *adv* nem ~ none too soon; ~ **nem látod** it will be long before you see him (again)

egyhangú *a (unalmas)* monotonous, dull, tedious || *(szavazat)* unanimous

egyhangúlag *adv* unanimously

egyhangúság *n (unalmas)* monotony, dullness || *(szavazati)* unanimity

egyharmad *num* a/one third

egyhavi *a* one month's || ~ **fizetés** a month's *(v.* monthly) pay/salary

egyház *n (intézmény)* the Church; *(egyházközség)* (local) church, parish church

egyházellenes *a* anticlerical; antichurch

egyházi *a* church || ~ **adó** church-rate; ~ **zene** sacred/church music

egyházközség *n* (local) church; parish church; *(gyülekezet)* congregation

egyházzenei hangverseny *n* concert of sacred/ecclesiastical/church music

egyhetes *a (időtartam)* one week's, of one week *ut.*; *(kor)* a/one week old *ut.*; *(jelzőként)* a week-old

egyheti *a* one week's, of one week *ut.*

egyhónapi *a* one month's, of one month *ut.*

egyhónapos *a (időtartam)* one month's, one-month, of one month *ut.*; *(kor)* a/one month old

egyhuzamban *adv* = **egyfolytában**

egyidejű *a* simultaneous *(vmvel* with)

egyidejűleg *adv* at the same time, simultaneously

egyidejűség *n* simultaneity

egyidős *a* (of) the same age *ut.* || ~ **velem** he is my age, he is the same age as me

egyik *pron* one (of) || ~ **a kettő közül** one or other of the two, either; ~ **a másik után** one after the other, in turn; ~ **barátom** a friend of mine, one of my friends; ~ **éjszaka** one night; ~ **sem** neither; ~**e a legjobbaknak** one of the best; ~**ünk** one of us

Egyiptom *n* Egypt

egyiptomi *a* Egyptian

egyirányú *a* one-way || ~ **közlekedés** one-way traffic; ~ **utca** one-way street

egyjegyű szám *n* one-figure number, a single digit

egyke *n (gyermek)* only child (in a family)

egy-két *num* one or two, a few || ~ **napon belül** in a day or two

egyketted *num* one half

egykettőre *adv biz* in a second, very fast

egykor *adv (régen)* at one time, formerly, once (upon a time) || *(órakor)* at one (o'clock) || ~ **(majd)** some time in the future

egykori *a* former, one-time, sometime

egykorú *a (egyidőben élt)* contemporary

egykönnyen *adv* nem ~ not so easily

egykutya *a/int biz* all the same

egylaki *a növ* monoecious

egylet *n* society, association, club

egymaga *pron* alone, in itself; *(ember)* (all) by himself/herself || ~ **csinálta** *biz* he did it on his own (*v.* all by himself)

egymás *pron* each one another, other || ~ **közt** between/among ourselves/yourselves/themselves; **jól ismerjük** ~ **gondolatait** we know each other's minds very well; ~ **mellé/mellett** side by side, next/close to each other; ~ **után** one after the other, one after another, successively; **három nap** ~ **után** three days running, three days in succession || *(raggal)* ~**ba illeszt** fit, join; ~**ba olvad** fuse; ~**ért** for one another, for each other; ~**hoz** to one another, together; **illenek** ~**hoz** they are*/make* a good match, go* well together; ~**nak** (to) one another; **csak** ~**nak élnek** live for each other; ~**ra következő** consecutive, successive; ~**ra rak** put* one on top of the other; ~**ról** about each other; ~**sal** with one another, together; ~**sal szemben** facing one another, opposite each other; ~**t** each other, one another; ~**t éri** touch each other; ~**tól** from one another; **segítenek** ~**on** help each other, help one another; **szeretik** ~**t** *(szerelemmel)* they are* in love

egymásután *n* succession || **gyors** ~**ban** in quick/rapid succession

egymillió *num* a/one million

egynapi *a (egy napig tartó)* one/a day's, one-day || ~ **élelem** one day's food

egynapos *a* one-day-old || ~ **kirándulás** a day trip

egynegyed *num* a quarter (of)

egynéhány *pron* some, a few, several, one or two || **harminc-**~ thirty-odd; **jó** ~ quite a few

egynemű *a (vmvel)* homogeneous, of the same sort/kind (as) *ut.* || *biol növ* unisexual

egyoldalú *a (ember, felfogás)* one-sided, bias(s)ed || ~ **szerelem** unrequited love

egyórai *a* **az** ~ **vonat** the one-o'clock train

egyórás *a* of an hour *ut.*, an hour's, lasting one hour *ut.* || ~ **előadás** a lecture lasting an hour, a sixty minute lecture

egypár *num* one or two, a couple (of), a few, some || **voltunk** ~**an** there were two or three (*v.* a few) of us there

egypárevezős *a (hajó)* scull

egypárszor *adv* several (*v.* a few) times

egypártrendszer *n* one-party system

egypetéjű ikrek *n pl* identical twins

egypúpú teve *n* dromedary, Arabian camel

egyre *adv (mindig)* continually, uninterruptedly, on and on || *(egy órára)* by one (o'clock) || ~ **csak azt hajtogatja** he keeps repeating; ~ **inkább** more and more, increasingly; ~ **itthon leszek** I shall be back/home by one (o'clock); ~ **jobban** better and better; ~ **megy** it is all the same

egyre-másra *adv* continuously

egyrészes fürdőruha *n* one-piece costume

egyrészt *adv (bizonyos tekintetben)* in one respect || ~..., **másrészt** partly... partly, both... and, on the one hand ... on the other (hand); ~ **fiatal, másrészt csinos** she is both young and pretty

egység *n (mat, kat stb.)* unit || *(egységesség)* unity; *(szövetség)* union || ~**ben az erő** in union there is strength

egységár *n* flat/uniform price/cost/rate || ~**on** at a flat rate (of)

egységes *a* uniform; unified; *(pl. szerkesztés)* consistent || ~ **állásfoglalás** united stand; ~ **díjszabás** flat rate

egységesen *adv* uniformly, on the basis of the same principle

egységesít *v* ált unify || *(minőségileg)* standardize

egységesítés *n* ált unification || *(minőségileg)* standardization

egységnyi *a* unit

egysejtű *a* one/single-celled, unicellular

egyszámlaszám *n* single account number

egyszarvú *n* unicorn

egyszemélyes *a* one-man

egyszemélyi *a* one-man || ~ **felelősség** individual responsibility

egyszer *adv (egy alkalommal)* once || *(múltban)* once, one day, at one time; *(jövőben)* some day || ~ **csak** suddenly, all of a sudden, all at once; ~ **négy az négy** once four is four; ~ **s mindenkorra** once and for all, for good; ~ **sem** not once; ~ **volt** once upon a time; **ez** ~ this/for once; **még** ~ once more/again, over again; **most az** ~ for the nonce, just this once

egyszeregy *n (táblázat)* multiplication table

egyszeri *a (egyszer történő)* happening once *ut.*, single || **az** ~ **ember** the man° in the tale; ~ **étkezés** one/single meal; ~ **utazásra szóló jegy** single (ticket); *US* one-way ticket

egyszeribe(n) *adv* at once, immediately

egyszer-kétszer *adv* once or twice, now and again/then, occasionally

egyszerre *adv (hirtelen)* all at once, suddenly, all of a sudden || *(egy alkalomra)*

for one occasion; *(egy kortyra)* at one gulp ‖ = **egyidejűleg** ‖ ~ **csak egyet** one at a time; ~ **lép** walk in step
egyszersmind *adv* at the same time
egyszerű *a* simple, plain; *(viselkedés)* modest, unaffected ‖ ~ **dolog (ez)** it is a simple matter; **mi sem** ~**bb** nothing could be simpler
egyszerűen *adv* simply ‖ **egész** ~ quite simply; ~ **azért (, hogy)** for the simple reason (that); ~ **öltözködik** go* plainly dressed; **ez** ~ **nevetséges** it's simply ridiculous
egyszerűség *n* simplicity, plainness
egyszerűsít *v* ált simplify ‖ *mat* reduce [a fraction]
egyszerűsítés *n* ált simplification ‖ *mat* reduction
egyszerűsödik *v* become* simple(r)
egyszikű *növ* 1. *a* monocotyledonous 2. *n* ~**ek** monocotyledons
egyszínű *a (egyetlen színű)* single-coloured *(US* -colored), self-coloured ‖ *(azonos)* of the same colour *(US* -or) *ut.*
egyszobás lakás *n* one/single-room flat/apartment; *GB* bed-sitter, bed-sit; *US* studio apartment
egyszólamú *a* unison, unisonous, one-part ‖ ~ **ének** plainsong
egyszótagú *a* monosyllabic
egyszóval *adv* in short/brief, in a word
egytálétel *n* one-course meal/dish
egyujjas kesztyű *n* mitten(s)
egyúttal *adv* at the same time
együgyű *a* simple(-minded), naive; elít foolish, silly ‖ ~ **ember** simpleton
együgyűség *n* simplicity, simple-mindedness, naiveté; elít foolishness, silliness
együléses *a* single-seater
együtt 1. *adv* together; *(vkvel)* with, in the company of ‖ ~ **él** *(vkvel és átv vmvel)* live with; ~ **érez** vkvel sympathize with sy, feel* (compassion/sympathy) for sy; *biz* ~ **jár** vkvel be* going out with sy; ~ **jár (vm)** vmvel [they] go* together; go* with sg; accompany sg; entail sg 2. *post* (together) with, including, inclusive of; **borravalóval** ~ tip included
együttélés *n* ált living together; *átv* co-existence ‖ *(élettársi)* cohabitation
együttérzés *n* sympathy, compassion
együttérző *a* sympathizing, sympathetic
együttes 1. *a* joint, common, collective ‖ ~ **felelősség** joint responsibility; ~ **fellépés** concerted action; ~**en** jointly 2. *n zene (főleg kamara)* ensemble; *(zenekar)* orchestra; *(rock stb.)* group
együttható *n* co-efficient, factor

együttlakás *n* living together
együttlét *n* being together ‖ **kellemes volt az** ~ we had a good time together; **bizalmas** ~ tête-à-tête
együttműködés *n* cooperation; *(betegé orvossal)* compliance
együttműködik *v* cooperate *(vkvel* with); collaborate (with)
együttvéve *adv* (taken) all together, all in all
egyvágányú vasút *n* single-track railway, monorail
egyveleg *n* mixture, miscellany; *(zenei)* potpourri, medley
ehelyett *adv* instead ‖ ~ **inkább tanulna** (s)he ought to study instead
éhen hal *v* die of hunger, starve to death
éhes *a* hungry ‖ ~ **marad** go* hungry; ~**, mint a farkas** be* ravenous(ly hungry)
ehetetlen *a (pl. mérges)* inedible; *(étel)* uneatable
ehető *a (étel)* eatable, fit to eat *ut.*; *(vadon termő növény)* edible
éhezés *n* starvation, hunger, famine
éhez|ik *v* hunger, starve, famish ‖ *átv (vmre)* long (for), have* a craving for sg
éhező 1. *a* hungry, starving 2. *n* starveling; **az** ~**k** the hungry
éhgyomorra *adv* on an empty stomach ‖ ~ **veendő be** to be taken before meals
ehhez *pron* to this ‖ **mit szólsz** ~? what do you think of this?, what do you say to this?; ~ **képest** compared with/to this; ~ **idő kell** this will take time
éhínség *n* famine, starvation
éhség *n* hunger
éhségsztrájk *n* hunger-strike
eisz *n* E sharp
éj *n* night ‖ **jó** ~**t!** good night!; ~**t nappá téve dolgozik** work day and night
éjfél *n* midnight ‖ ~**kor** at midnight
éjféli *a* midnight
éjféltájban *adv* about midnight
ejha! *int* bless me!, well, well!
éjjel 1. *n* night 2. *adv* at night, during the night; by night ‖ **múlt/tegnap** ~ last night; **egész** ~ all night (long), the whole night; **az előtte való** ~ the night before; **késő** ~ late at night; **ma** ~ tonight
éjjelenként *adv* nightly, night after night, every night, at night
éjjeli *a* night, nightly, nocturnal ‖ ~ **díjszabás** night rate(s); ~ **lámpa** bedside lamp; ~ **műszak** nightshift; ~ **szolgálatban van** be* on night duty; ~ **ügyelet** night duty; ~ **vonat** night train, night rider
éjjeliedény *n* chamber-pot
éjjeliőr *n* night-watchman°

éjjeliszekrény *n* bedside/night table
éjjel-nappal *adv* day and night, night and day, round the clock
ejnye! *int* now then; *(haragosan)* gosh!, hey! ‖ *(korholva)* ~, ~ now, now
éjszaka 1. *n* night ‖ ~ra ott marad stay for the night, stay overnight; jó ~t! good night! **2.** *adv* = **éjjel 2.**
éjszakai *a (éjszaka történő)* overnight ‖ ~ élet night life; ~ **portás** night-porter
éjszakánként *adv* = **éjjelenként**
éjszakás *a (éjszakai műszakban dolgozó)* night(-shift) worker; *(igével)* be* on the nightshift, work (on) the nightshift ‖ *(ügyeletes)* (sy) on night duty *ut.*; *(igével)* be* on night duty
éjszakáz|ik *v (fenn marad)* stay up (the whole night), keep* late hours, be* up all night ‖ *(mulat)* make* a night of it, see* the night through
ejt *v ált* drop, let* (sg) fall ‖ *(hangot, szót)* pronounce ‖ **foglyul** ~ take* prisoner, capture
ejtőernyő *n* parachute
ejtőernyős 1. *a* ~ **alakulat** paratroops, airborne troops **2.** *n* paratrooper, parachutist
ék[1] *n* wedge ‖ ~et ver vkk közé set* (them) at variance, drive* (them) apart
ék[2] *n* = **ékesség**
ekcéma *n* eczema
eke *n* plough, *US* plow
ékel *v* wedge (in)
ékesség *n* ornament, adornment, decoration
ékesszólás *n* eloquence, elocution, rhetoric
ékesszóló *n* eloquent ‖ ~an eloquently
ékezet *n* accent (mark)
EKG *n* ECG *v.* E.C.G. *(a készülék:* electrocardiograph; *a lelet:* electrocardiogram)
ekkor *adv* then, at this time/moment
ekkora *pron* as large as this/that *ut.*, this size/big *ut.*
ekkorára *adv (idő)* till then, by this time ‖ *(méret)* to that height/size
ekkoriban *adv* at about that/this time
ekkorra *adv* by this/that time
ékkő *n* precious stone, gem
eklatáns példa *n* typical/shining instance
eklektikus *a* eclectic
ekörül *adv (idő)* about this/that time
eközben *adv* meanwhile, in the meantime
ekrazit *n* lyddite
ékszer *n* jewel, piece of jewellery (*US* jewelry); *(apróbb)* bijou *(pl* -joux)
ékszerbolt *n* jeweller's *(v. US* -l-) (shop)
ékszerész *n* jeweller (*US* -l-)

ékszíj *n* V-belt, fan-belt
eksztázis *n* ecstasy ‖ ~ba jön go* into ecstasies/raptures (over sg)
éktelen *a (lárma)* infernal ‖ ~ **csúnya** ugly, misshapen, ungainly; ~ **haragra gerjed** fly into a violent rage
ekvivalens *a/n* equivalent
el *adv* away, off ‖ ~ **innen!** be off!, get out/away!
él[1] *v* live, be* alive, exist ‖ *(vhol)* live, dwell*, reside ‖ ~ **az alkalommal** make* the best of an opportunity; ~ **vmből** live on/off (sg), support oneself by, earn/make* one's living by; ~**jen!** long live...! hurray for ...!; ~**t 50 évet** lived 50 years; *(sírkőn)* aged fifty; **hivatásának** ~ devote oneself to one's profession/calling; **nem** ~**ek sörrel** I do not drink* beer; **vidéken** ~ live in the country
él[2] *n (késé)* edge; *(nadrágé)* crease ‖ ~**ére állít vmt** push/carry things to extremes; **vmnek az** ~**én áll** head sg, be* at the head of sg
elad *v* sell* ‖ **kicsinyben** ~ sell* retail; **nagyban** ~ sell* wholesale
eladás *n* sale, selling (of) ‖ ~ **kicsinyben** retail; ~ **nagyban** wholesale
eladási *a* selling ‖ ~ **ár** selling price
eladatlan *a* unsold
eladhatatlan *a* unsal(e)able, unmarketable ‖ ~ **áru** *biz* a drug on the market
eladható *a* sal(e)able
eladó 1. *a (magánszemély részéről)* for sale; *(üzletben stb.)* on sale *(mind: ut.)* ‖ ~ **lány** marriageable girl/daughter; **ez a ház** ~ this house is (up) for sale **2.** *n* ‖ seller ‖ *(üzleti)* shop assistant, salesman° (*US* így is: salesclerk); *(nő)* salesgirl, saleswoman°
eladósodás *n* running into debt
eladósod|ik *v* get*/run* into debt
elágazás *n ált* ramification ‖ *(az ág)* arm, branch ‖ *(közúti)* fork turn-off; *(nagyobb)* junction ‖ **az** ~**nál forduljon jobbra** fork right [for Oxford etc.]
elágaz|ik *v (fa stb.)* ramify, branch out ‖ *(út)* branch (off) [to the left/right etc.], fork
elajándékoz *v* give* away (sg to sy)
elájul *v* faint
elakad *v (beszédben)* come* to a sudden stop, falter; *(motorhiba stb. miatt)* break* down; *(munka)* stop
elakadásjelző (háromszög) *n* warning triangle
eláll *v (tárgy)* stand*/stick* out ‖ *(étel)* keep* ‖ *(megszűnik)* cease, stop ‖ *átv (vmtől)* give* up, desist (from) ‖ *(vmit)* block, stop ‖ **az eső** ~**t** it (has) stopped raining; ~ **a füle** his ears stick* out;

~ja az utat block the way, obstruct the road; **~t a lélegzete** *vmtől* sg took his/her breath away, (s)he caught his/her breath; **~t a szava a meglepetéstől** he was struck dumb; **~t a szél** the wind has dropped/abated; **~t követelésétől** has waived one's claims

elállít *v (vmt félre)* put* away/aside || *(vérzést)* stop

elálló fülű *a* jug-eared

elálmosít *v* make* drowsy/sleepy

elálmosod|ik *v* become*/get* sleepy

elalsz|ik *v* go* to sleep, fall* asleep

elaltat *v (vkt)* put*/send* to sleep || *orv* anaesthetize *(US* anes-) || **~ja vk éberségét** lull sy's vigilance

elalvás *n (vké)* falling asleep, going to sleep

elamerikaiasod|ik *v* become* Americanized

elámul *v* gape in astonishment, be* amazed

elangolosod|ik *v* become* English/ Anglicized

elanyátlanod|ik *v* lose* heart/courage

elapad *v* become*/go* dry, dry up

elapróz *v (időt, tehetséget)* fritter away

elaprózód|ik *v (tárgy)* be* broken up into little bits || *(idő, energia)* be* frittered away

eláraszt *v (vízzel)* inundate, flood, overflow || *átv* shower sg upon sy || **~ják kérésekkel** be* inundated with requests; **fénnyel ~** flood with light

elárasztás *n (átv is)* inundation

elárul *v (vmt ált, ügyet, hazáját stb.)* betray; *(titkot)* reveal, disclose, divulge || *vkt* betray, denounce, give* (sy) away

elárulás *n (titoké)* disclosure || *vké* betrayal

elárusít *v* sell*

elárverez *v* sell* (sg) by *(US* at) auction, auction off

elárverezés *n* selling by *(US* at) auction

elárvul *v* be* left an orphan

elárvult *a* orphaned || *átv* abandoned

elás *v* bury

elátkoz *v* curse, damn

elavul *v* become* obsolete/antiquated || **~óban van** be* obsolescent

elavulás *n* obsolescence

elavult *a* out of date, obsolete, old-fashioned, archaic

eláz|ik *v (esőben)* get* drenched, get* sopping wet, get* soaked

elázott *a* soaked, drenched || *biz (részeg)* sozzled

eláztat *v (eső)* soak through, drench || *(vkt bemárt)* backbite* (sy); *biz* peach on (sy), get* (sy) into bad odour *(US* -or)

elbájol *v* charm; *(lenyűgöz)* fascinate

elballag *v (vhonnan)* saunter/wander off || *(vhova)* walk slowly to, stroll (over) to

elbánás *n* treatment || **egyenlő ~ban részesül** receive the same treatment (as sy), be* treated in the same way (as sy)

elbán|ik *v vkvel* treat sy *(scurvily)*, deal* roughly with sy || **majd én ~ok vele** I'll teach him (to behave)

elbarikádoz *v* barricade, block

elbátortalanod|ik *v* lose* courage/heart

elbeszélés *n (folyamat)* narration, telling, relating || *(novella)* (short) story

elbeszélget *v vkvel* have* a long (and friendly) conversation with sy || *(időt)* pass time in conversation || **jól ~tük az időt** we have talked away the time

elbeszélő 1. *a* narrative, epic || **~ költészet** epic poetry; **~ költemény** epic (poem) **2.** *n* narrator

elbír *v (súlyt)* be* able to carry/support || *átv* bear*, stand*, endure, take* || *(pénzügyileg)* can afford || **sokat ~** he can take*/stand* a lot

elbírál *v* judge, pass judg(e)ment (on sg/ sy)

elbírálás *n* judg(e)ment || **egyenlő ~ alá esik** be* judged by the same criteria; **más ~ alá esik** it should be judged from another standpoint/angle

elbizakodás *n* (self-)conceit, presumption

elbizakod|ik *v* = **elbízza magát**

elbizakodott *a* (self-)conceited

elbízza magát *v* think* too much of oneself, be* conceited, be* full of oneself

elbliccel *v biz* give* (sg) a miss || **~ egy órát** cut*/skip a class

elbóbiskol *v* doze/nod off, take* a nap

elbocsát *v (alkalmazottat)* dismiss (from), discharge (from), give* sy the sack, sack (sy), *biz* fire; *(munkást időlegesen)* lay* off || *(foglyot)* set* free, release; *(kórházból beteget)* discharge

elbocsátás *n (alkalmazotté)* dismissal, discharge || *(fogolyé)* release, discharge

elboldogul *v* (be* able to) manage (somehow)

elbolondít *v (becsap)* fool (sy), make* a fool of || *(vhova)* send* sy on a fool's errand (to)

elboml|ik *v vegy* dissolve

elborít *v* cover, envelop, overrun*; *(víz)* inundate, flood, swamp

elboronál *v átv* smooth over

elborul *v (vk tekintete)* = **elkomorodik** || **elméje ~t** (s)he's totally deranged

elborzad *v* be* horrified, shudder (at sg)

elborzaszt *v* horrify, make* sy shudder

elbotl|ik *v vmben* slip (up) (on sg), trip over (sg), stumble (on sg)

elbúcsúz|ik v vk*től* take* leave (of), say* goodb*ye* (to)
elbúcsúztat v *(eltávozót)* bid*/say* farewell (to) || *(halottat)* deliver a speech at the funeral (of sy)
elbúj|ik v hide* (away), conceal oneself; *(vk elől)* hide* (from sy)
elbújtat v hide* away, conceal
elbuk|ik v *(elesik)* fall*, tumble (over) || átv fail; *(küzdelemben)* go* under
elbuktat v *(gánccsal)* trip up || ~ vkt *(vizsgán)* fail sy, fail the candidate [in a subject, in several subjects]; biz flunk
elbutít v make* stupid/silly, stupefy
elbutul v grow* stupid/dull/silly
elbutulás n mental dullness, hebetude
elbűvöl v charm, enchant || **el van bűvölve** (vktől/vmtől) he is* fascinated/charmed/enchanted (by sy/sg)
elbűvölő a charming, enchanting, fascinating || ~ **teremtés** she's an enchanting creature
élc n jest, joke, (funny) story
élcelődés n joking, raillery, banter
élcelőd|ik v joke, tease (sy) || vkvel joke with sy, banter sy, chaff sy
elcipel v carry off, drag away || biz vkt vhova drag sy along; biz lug away
elcsábít v *(nőt)* seduce || biz vkt vhova entice away (to)
elcsábul v yield to temptation
elcsal v vkt vhonnan (al)lure, entice away || vktől vmt wheedle sg out of sy
elcsap v biz vkt discharge, dismiss || **vm ~ta a hasát** sg has given him the runs
elcsatol v *(területet)* disannex, detach
elcsattan v go* off, crack || ~**t egy pofon** sy got a resounding slap (on/across) the face
elcsavar v ált twist; *(fedelet)* twist off [lid, cap] || *(vízcsapot, gázt)* turn off || ~**ja vk fejét** turn sy's head
elcsavarod|ik v turn round, twist
elcsavarog v loiter about, loaf (about) || ~ **az iskolából** play truant, US play hook(e)y
elcsen v biz filch, pilfer, walk off with (sg)
elcsendesed|ik v ált GB quieten, US quiet, calm down || *(vihar)* abate; *(szél)* calm down, die away/down
elcsendesít v still, quiet(en) down
elcsépelt a átv trite, hackneyed
elcserél v vmt vmért exchange (sg for sg); biz swap, swop || *(tévedésből vmt)* mistake* sg for sg, muddle up
elcsigáz v tire/wear* out, overwork
elcsigázott a tired out, weary, exhausted
elcsíp v biz vkt collar, catch*; vmt get* hold of, catch* || ~**i a buszt** catch* the bus
elcsodálkoz|ik v vmn be* astonished/amazed at sg

elcsomagol v pack (away)
elcsökevényesed|ik v wither away
elcsúfít v disfigure, deform, spoil*, mar
elcsukl|ik v ~**ik a hangja** his voice falters, *(zokogástól)* her voice is* choked (with sobbing); ~**ó hangon** in a faltering voice
elcsúszás n slip, slipping
elcsúsz|ik v vk slip (up) (on sg) || **ezen az apróságon csúszott el** this little thing/matter was his undoing; **(még) ~ik (valahogy)** it will just about get* by
elcsügged v lose* heart/courage, despair
elcsüggeszt v dishearten, discourage
eldalol v sing*
éldegél v *(csendesen)* lead* a quiet life
eldicseksz|ik v vmvel boast of/about (sg)
eldob v throw* away/off, cast* away
eldobható a *(egyszer használatos)* disposable
eldöcög v *(kocsi)* bump along
eldől v *(tárgy)* fall* down, tumble over || *(ügy)* be* decided, be* brought to an issue || **még nem dőlt el** it remains to be seen
eldönt v átv decide, settle, bring* to an issue || ~**öttük, hogy...** we've decided that...; **ez ~i a kérdést** that settles it
eldöntetlen a ~ **kérdés** open question; ~ **marad** remain undecided/unsettled
eldördül v go* off (with a bang)
eldug v hide*, conceal
eldugaszol v stop up, choke (up); *(üveget)* cork
eldugott a hidden, concealed [spot] || **egy ~ falu** a village in the back of beyond; ~ **helyen** biz (out) in the sticks
eldugul v *(cső stb.)* get* stopped/clogged up, be*/get* blocked
eldugulás n stoppage, blockage
eldurran v go* off, explode, detonate
eldurvul v grow* coarse, coarsen, roughen
elé post vk ~ **áll** *(sorban)* (go* and) stand* in front of sy; **szeme ~ kerül** come* in sight of, catch* sight of; **vm ~ néz** have* sg to look forward to; *(jónak)* be* looking forward to sg (v. to doing sg)
elébe adv before, in front of || ~ **ad** put*/set* sg before sy; *(ételt)* serve, dish up; átv submit to; ~ **áll** *(sorrendben)* stand* in front of sy; *(feltartóztatva)* stand*/get* in sy's way; **állok ~** (well,) I can take it!, here I am; ~ **megy** vk vknek go* to meet sy; **szép jövőnek néz ~** show* great promise, have* a fine future ahead of one; ~ **vág** vknek overtake* (and cut* in on) sy; vmnek forestall, anticipate

éled v revive, come* to life again
eledel n food, provisions pl; *(állaté)* fodder
elefánt n *(állat)* elephant || *átv GB biz* gooseberry
elefántcsont n ivory
elég[1] v burn* (away/up); *vegy* oxidize
elég[2] **1.** a enough, sufficient || **nincs ~ vmből** be* short of sg; **mára ~ lesz!** that will do for today!; *(munka)* let's call it a day; **nekem ebből ~ volt** I've had enough of this; **~ volt!** enough!, stop it!; **parancsol még (levest)? köszönöm, ~!** (some) more (soup)? no more(,) thank you; **20 forint ~ lesz** twenty forints will be sufficient; **~ baj!** what a pity!, that's too bad! **2.** n **elege van vmből** *biz* be* fed up with sg, have* one's fill of sg/sy; **eleget tesz fizetési kötelezettségeinek** meet* one's debt obligations **3.** adv fairly, rather, quite || **~ gyakran** quite often; **~ jól** fairly well, well enough
elegancia n elegance
elegáns a *(vk)* elegant, fashionable; *(ruha)* stylish, smart; *(hely)* fashionable, smart
elégedetlen 1. a discontented (with sg), dissatisfied (with sg), displeased (at sg, with sy) **2.** n **az ~ek** the malcontents
elégedetlenség n discontent; *vmvel* dissatisfaction
elégedett a content(ed); *vmvel* satisfied/content with sg || **~en** content(edly), with satisfaction
elégedettség n contentment, satisfaction
elegen adv enough (people), in sufficient numbers
elegendő a sufficient, enough; *(igével)* suffice (vknek sy; vmre for, to)
eléget v burn* (up), incinerate; *(tetemet)* cremate || *(ételt)* burn*, scorch
eléggé adv sufficiently, fairly, pretty || **nem ~** insufficiently
elégséges a sufficient, enough, satisfactory; *(igével)* suffice (vknek sy; vmre for, to) || **~ (osztályzat)** satisfactory (mark), a pass
elégszer adv often enough, quite often
elégtelen a insufficient, inadequate, not enough; *(minőségileg)* unsatisfactory || **~nek bizonyul** prove insufficient, fall* short; **~ (osztályzat)** unsatisfactory (mark)
elégtétel n satisfaction, amends pl || **~t kér** demand satisfaction (from sy for sg)
elegyed|ik v mix, mingle, blend *(mind:* with) || **szóba ~ik vkvel** engage sy in conversation; *biz (ismerkedés céljából férfi nővel)* chat sy up

elegyenget v ált make* even; *(földet)* level *(US* -l) || *átv* adjust, settle [matters]
eleinte adv at first, in the beginning, to begin* with, initially
eleje n vmnek ált fore-part; *(állatnak)* forequarters; *(könyvnek)* first chapters pl, early parts pl; *(időnek)* beginning || **a nyár ~n** in early summer; **~t veszi** *(bajnak)* prevent, ward/stave off, guard against, forestall (sg); **~től végig** *(időben)* from beginning to end, from first to last; *(elolvas stb.)* from cover to cover
eléje adv = **elébe**
elejt-v *(esni hagy)* drop, let* drop/fall || *(vadat)* kill, bring* down || *(indítványt)* abandon; *(tervet)* give* up; *(vádat)* withdraw*; *(célzást)* drop [a hint]; *(szót)* let* drop
elejtett megjegyzés n chance remark
elektród n electrode
elektrokardiogram n → **EKG**
elektromágnes n electromagnet
elektromérnök n electrical engineer
elektromos a electric(al) || **~ áram** electric current
elektromosság n electricity
elektron n electron
elektroncső n valve, vacuum tube, *US* tube
elektronika n electronics *sing.*
elektronikus a electronic || **~ számítógép** electronic computer
elektronmikroszkóp n electron microscope
elektrotechnika n electrical engineering
elél v *(egy ideig)* live for a time
élelem n food, foodstuff(s), provisions pl
élelmes a practical, resourceful
élelmesség n resourcefulness
élelmez v cater for provide (with) food
élelmezés n catering
élelmiszer n **~(ek)** foodstuffs, food-products, foods, *(szupermarketben)* groceries; *(útra)* provisions *(mind: pl)*
élelmiszeradag n (food) ration
élelmiszer-áruház n food-store, supermarket
élelmiszerbolt n grocer's, grocery, *US* grocery store, food shop (v. *US* store)
élelmiszer-ellátás n food-supply
élelmiszerhiány n food shortage(s)
élelmiszeripar n food industry
élelmiszerjegy n ration card
élelmiszer-korlátozás n food-rationing
élelmiszerosztály n *(áruházban)* food department
élelmiszerüzlet n = **élelmiszerbolt**
elem n ált és átv element || *vegy* element || *el* battery; *fiz* cell || *épít* unit, piece, (prefabricated) part || **az ~ek** *(vihar stb.)*

elémegy 108

the elements; ~**ében van** be* in one's element; ~**eire bont vmt** analyse; **vmnek az ~ei** *(alapismeretek)* the elements/rudiments/ABC of sg
elémegy *v* = **elébe megy**
elemel *v biz* = **elcsen**
elemes *a el (elemmel működő)* battery(-operated) ‖ ~ **bútor** unit furniture; *(konyha)* kitchen unit
elemez *v ált* analyse ‖ *nyelvt* parse
elemi *a ált* elementary; *jog* basic, fundamental; ‖ *(természeti erők okozta)* elemental ‖ ~ **csapás** act of God; ~ **erővel** with an overwhelming force; ~ **iskola** primary school; *US* grade school; ~ **kár** heavy loss, heavy damages *pl; fiz* ~ **részecske** elementary particle
elemlámpa *n* = **zseblámpa**
elemzés *n (műsz v. ált)* analysis ‖ *nyelvt* parsing
elénekel *v* sing*
elenged *v (kezéből)* let* go/drop; *(akaratlanul)* lose* one's hold (of sg) ‖ *(szabadon enged)* let* go, set* free; *(állatot)* let* loose ‖ *(vkt vhova menni)* let* sy go to ‖ *(vkt szolgálatból)* allow (sy) to leave ‖ *(tartozást)* remit, cancel *(US* -l); *(büntetést)* let* off, remit ‖ *el release* ‖ ~ **maga mellett** let* by; ~**i a formaságokat** dispense with (the) formalities; ~**i magát** let* oneself go
elengedés *n (szabadon)* letting go, release, liberation ‖ *(büntetésé)* remission, remitting ‖ *(tartozásé)* cancelling *(US* -l-), remitting, remission
elengedhetetlen *a* indispensable, essential
élenjáró *a* leading, in the van of progress *ut.*, (the most) advanced
élénk *a* lively; *(fürge)* agile, brisk; *(fantázia, stílus)* vivid; *(szem)* bright ‖ ~ **érdeklődés** keen/active interest in sg; ~ **forgalom** lively/bustling traffic; ~ **színű** bright(ly-coloured); ~**en tiltakozik** protest vehemently
élénkít *v* animate, quicken, brighten, stimulate
élénkpiros *a* bright red, vermilion
élénkség *n* liveliness, vivacity, briskness
élénkül *v* become* lively, brighten up; *(szél)* freshen
elenyésző *a (csekély)* insignificant, tiny, slight
eleped *v* ~ **a szomjúságtól** be* almost dying of thirst; ~ **vkért** pine/yearn for sy
elér *v (kézzel)* reach, be* able to reach ‖ *(vkt üldözve)* catch* up (with sy), overtake* ‖ *vkt átv* reach, get* in touch with (sy), contact (sy) ‖ *(buszt stb.)* (manage to) catch* ‖ *vmt átv* reach, attain, achieve; hit* the target ‖ *vhova* reach, make*, arrive (at) ‖ ~**i a célt** achieve one's aim/purpose/object; ~**i a vonatot** make* the train; **ezzel nem érsz el semmit** this won't get you anywhere; **magas kort ér el** live to a great *(v.* ripe old) age; **vmt el akar érni** *átv* be* after sg, strive* for/after
elered *v* begin* to flow/run ‖ ~**t az eső** it began to rain; ~**t az orra vére** his nose began to bleed
elérés *n (kézzel vhova)* reaching ‖ *(célé)* obtaining, attainment, achievement
elereszt *v* → **elenged** ‖ **nincs valami jól** ~**ve** be* none too well off
elérhetetlen *a (fizikailag)* out of reach *ut.; (ember)* inaccessible; *(igével)* be* impossible to get hold of (him) ‖ *átv* unattainable, inaccessible
elérhető *a (kézzel)* within reach *ut.*, accessible ‖ *átv* attainable, available
elernyed *v* relax
elért[1] *v* ~**i a tréfát** can see the joke; ~**i a célzást** take* a hint
elért[2] *a (cél)* attained *ut.* ‖ **az eddig ~ eredmények** the results (obtained) so far
elértéktelenedés *n* (complete) loss of value
elértéktelened|ik *v* lose* (its) value
elérzékenyül *v* be* (deeply) touched (by)
éles *a (kés)* sharp; *(arcvonások)* marked, clear-cut; *(ész)* sharp, keen, quick; *(fájdalom)* sharp, shooting; *(fény)* strong, keen, piercing; *(fül, hallás)* sharp, keen, good; *(hang)* shrill, harsh; *(kanyar)* sharp; *(megjegyzés)* cutting, biting; *(szem)* keen; *(töltés)* live ‖ ~ **hangon** shrilly; *(metszően)* sharply; ~ **eszű** keen/sharp/quick-witted; ~ **körvonalú** clear-cut; ~ **látású/szemű** *(átv is)* sharp-eyed, keen/sharp/clear-sighted; ~ **(a kép)** be* in focus, be* sharp
élesed|ik *v ált* sharpen ‖ *(helyzet)* worsen, grow* worse
eleség *n (állaté)* provender, fodder; *(baromfinak)* (hen) feed
elesett 1. *a (egészségileg)* be* in poor health ‖ ~ **ember** *átv* a wreck, a down--and-out **2.** *n (háborúban)* **az ~ek** those killed in action v. in the war, the fallen
elesettség *n (egészségileg)* poor health ‖ *(nyomor)* affliction, distress
eles|ik *v (menés közben)* have* a fall, fall* (down) ‖ *(háborúban)* be* killed ‖ *(vár, város)* fall* ‖ *(vk vmtől)* lose* (sg), be* deprived of (sg)
élesít *v (tárgyat)* sharpen, make* sharp, grind*, whet, *(kövön)* hone

éléskamra n larder, pantry
éleslátás n átv perspicacity, discernment, insight, clear vision
élesség n (késé) sharpness, keenness ‖ (elméé) subtlety, quickness, discernment ‖ (fényképé) clearness
elesz|ik v ~**ik vmt vk elől** eat*/hog sy else's share of sg, hog all the food
éleszt v (embert) revive, bring* to life ‖ (tüzet) stir, poke [fire]
élesztő n yeast, (kovász) leaven
élesztőgomba n saccharomyces
élet n life° ‖ (megélhetés) living, existence ‖ (lendület) life, vigour (US -or), go ‖ **az ~ben maradtak** the survivors; ~**be lép** come* into force; US become* effective/operative; ~**ben marad** survive; ~**ben van** be* alive/living, be* above ground; ~**ét veszti** (balesetben) be* killed; ~**re kel** come* to life (again); **egy ~en át tartó** lifelong; **egyszer az ~ben** once in a lifetime
életbelépés n coming into force/operation
életbevágó a vital ‖ ~ **dolog** a matter of life and death; ~**an fontos** of vital importance ut.
életbiztosítás n life assurance/insurance ‖ ~**t köt** take* out life insurance (v. a life insurance policy)
életerő n vital force, vitality, vigour (US -or)
életerős a vigorous, full of vitality ut.
életfelfogás n view of life
életfogytig adv for life ‖ **életfogytiglani szabadságvesztés** life imprisonment
életforma n way of life
élethalálharc n life-and-death struggle, fight to death ‖ ~**ot vív** fight* for one's life
élethű a lifelike, true to life ut. ‖ ~**en ábrázolva** drawn to the life
életjáradék n life-annuity
életjel n sign of life ‖ ~**t ad magáról** let* (sy) know that one is alive (and well)
életkedv n joy of life, zest for life
életkép n (festmény) conversation piece, genre-painting
életképes a capable of living ut., fit for life ut.; (csecsemő és átv) viable
életképtelen a incapable of living, not viable ut.
életkor n age, time of life
életkörülmények n pl circumstances of life
életlen a blunt; fényk fuzzy, out of focus
életmentő 1. a life-saving **2.** n (személy) life-saver
életmód n way of life, life style
életmű n life-work, life's work, oeuvre

életnagyságú a life-size(d), full length
életösztön n instinct for life
életrajz n biography, life°
életrajzíró n biographer
életrevaló a (ember) resourceful, capable of getting on ut. ‖ (ötlet) clever, bright
életszemlélet n view of life, outlook on life
életszínvonal n standard of living, living standard(s) ‖ **csökken az** ~ there is a fall in (real) living standards
életszükséglet n necessities of life pl
élettan n physiology
élettani a physiological
élettapasztalat n practical experience; an experience of life
élettárs n (házastárs) partner in life/matrimony ‖ jog common-law wife/husband
élettársi viszony n jog common-law marriage
élettartam n lifetime, life span
élettelen a (holt) lifeless, dead ‖ átv inanimate, inert; (tekintet) glassy
életteli a full of live/go/vitality ut.
élettörténet n biography, life story
életunt a tired/weary of life ut.
életút n path/course of life
életveszély n mortal danger, great peril ‖ ~**ben forog** be* in danger of one's life; **túl van az** ~**en** he is out of danger; he is off the danger list
életveszélyes a perilous; (állapot, balesetnél) critical ‖ **a vezeték érintése** ~ danger! high voltage!; ~**en megsebesült** seriously/desperately wounded
életvidám a brimming with life ut.
életviszonyok n pl living conditions
életvitel n life style
elevátor n elevator
eleve adv from the first, in advance
eleven 1. a (élő) live, living, alive ut. ‖ (élénk) lively, vivid, brisk ‖ ~**en eltemet** bury alive **2.** n **az** ~**ébe vág vknek** cut*/touch sy to the quick; ~**ek és holtak** the quick and the dead
elevenség n liveliness, vivacity
elévül v be(come)* out of date, be(come)* (out)dated/obsolete, date; jog lapse
elévülés n becoming obsolete/outdated, obsolescence; jog lapse
elévülési határidő n term of limitation
elévülhetetlen a undying, imperishable
elévült a (out)dated, obsolete
élez v = **élesít**
éleződés n intensification, sharpening
elfacsarod|ik v ~**ik a szíve** eat* one's heart out (for)
elfagy v (testrész) be* frostbitten; (termés) be* destroyed/killed/blighted by frost

elfagyott *a* frozen; *(testrész)* frostbitten; *(termés)* destroyed/killed/damaged by frost *ut.*, frost-damaged

elfajul *v* degenerate, deteriorate

elfajulás *n* degeneration, degeneracy

elfárad *v vmtől, vmben* get* tired (of) || *vhova* take* the trouble to go (swhere) || ~**tam** I am tired/exhausted

elfáraszt *v* tire (out), fatigue, exhaust

elfásul *v* become* indifferent (*vm iránt* to)

elfásult *a* indifferent, insensible (*vm iránt* to)

elfecseg *v (titkot)* = **kifecseg** || ~**i az időt** gossip/chatter away the time

elfecsérel *v (idejét)* waste [one's time]; *(pénzt)* fritter away [one's money]

elfehéred|ik *v* turn/go* white/pale, whiten

elfeketed|ik *v* turn/go* black, blacken

elfekvő *a* ~ **(áru)készlet** dead stock; ~ **(kórház)** hospital/ward for incurables; *(szanatórium jellegű, GB, US magán)* nursing home; *(haldoklóknak)* Rospice

elfelejt *v* forget* || **el ne felejtsd!** don't forget!, mind you [do* sg]; **ne felejts(en) el írni!** be sure to write!

elfelejtkez|ik *v vmről* forget* sg || **ne felejtkezz el rólam** remember me

elfenekel *v (gyereket)* spank

elfér *v* find*/have* room, (can) hold* || **még kettő is** ~ there is room for two more

elferdít *v (hajlít)* bend*, twist sg out of shape || *átv* distort || ~**i vk szavait** twist sy's words

elferdül *v* twist, get* out of shape, bend*

elfog *v vkt/vmt* catch*, capture; *(rendőrség)* catch*; *(letartóztat)* arrest, detain || *(érzés)* overcome*, be* seized (with) || ~**ja a kilátást** block/obstruct the/sy's view; ~**ta a düh** he was seized with a fit of rage

elfogad *v (pénzt, ajándékot)* accept, take* || *(ajánlatot)* accept; *(feltételeket)* acquiesce in; *(javaslatot)* carry, adopt, consent to, agree to, approve; *(törvényt, költségvetést)* pass bill, budget || **a javaslatot egyhangúlag** ~**ták** the motion is/was carried *nem. con.*; **nem fogadja el** refuse, decline, reject

elfogadás *n ált* acceptance || *(törvényé)* passing || **el nem fogadás** non-acceptance, refusal, rejection

elfogadhatatlan *a* unacceptable, not acceptable *ut.*

elfogadható *a* acceptable; *(kifogás, kérés)* admissible; *(ár)* reasonable

elfogadott *a* accepted, received || **általánosan** ~ **tény, hogy...** it is generally admitted that...

elfogadtat *v* have* sg accepted || **törvényjavaslatot** ~ get* a bill (*v.* new law) through (Parliament)

elfogatóparancs *n* warrant for (sy's) arrest

elfoglal *v kat* take*, take* possession of, occupy || *(helyet vk)* take*/occupy a seat || *(helyet/teret vm)* take* up, occupy || *(állást)* take* up || *(vkt munka)* (sg) keeps* sy busy;|| *(álláspontot)* take* up || ~**ta a helyét** he took his seat; **el van foglalva** be* busy/engaged; *vmvel* be* busy doing sg, be* busy with (sg), be* occupied in doing sg

elfoglalás *n (helyé)* taking up, occupying, occupation || *kat* taking possession of

elfoglalt *a (tartomány)* occupied || *(hely)* engaged, taken *ut.* || *(ember)* busy || **ma igen** ~ **vagyok** I am very busy today

elfoglaltság *n* occupation, activity

elfogódott *a* deeply moved *ut.*

elfogulatlan *a* unbias(s)ed, unprejudiced, impartial, objective || ~**ul** impartially, without bias

elfogulatlanság *n* impartiality

elfogult *a* prejudiced, bias(s)ed, partial || ~ **vkvel szemben** bias(s)ed against sy

elfogultság *n (részrehajlás)* prejudice, partiality, bias

elfogy *v ált* give* out, be* used up, come* to an end; *(vknek vmje)* run*/be* out of sg, run*/be* short of sg; *(készlet)* become* exhausted; *(áru)* be* sold out; *(pénz)* be* spent, run* out; *(könyv)* be*/go* out of print; *(étel)* be* off || ~ **a türelme** lose* one's patience; ~**ott** *(áru)* (be*) out of stock; *(könyv)* out of print

elfogyaszt *v ált* use up, get* through sg || *(ételt)* eat*, consume; *(italt)* drink*, consume

elfojt *v (tüzet)* extinguish, put* out || *(érzelmet, indulatot)* stifle, suppress || *(haragot)* subdue; *(könnyeket)* choke/gulp back; *(ásítást)* stifle; *(nevetést, tüsszentést)* suppress; *(kiáltást)* strangle || *(lázadást)* suppress, put* down

elfojtás *n (tűzé)* extinguishing, putting out || *(érzelemé)* suppression, stifling || *(lázadásé)* suppression, putting down

elfoly|ik *v vm mellett* flow/run* past || *vmből* flow/drain away || *átv (pénz)* drain away; *(idő)* pass || ~**ik a keze között a pénz** money (just) slips through his fingers, money burns a hole in his pocket

elfordít *v* turn away || *(figyelmet)* divert || ~**ja a fejét** look the other way; ~**ja tekintetét** *(szándékosan)* avert one's eyes/gaze (from sg)

elfordul *v ált* turn away/aside; *(hajó)* sheer away/off || *(érzelmileg vktől)* become* alienated/estranged (from); *vmtől* abandon (sg), turn one's back on/to sg

elforgácsol *v (erőt)* fritter away; *(időt)* trifle away; *(tehetséget)* waste

elforr, elfő *v* boil away

elföldel *v (elás)* inter, bury

elfúj *v (szél)* blow*/carry away || *(gyertyát)* blow* out || *(leckét)* rattle off; *(nótát)* sing* || ~**ta a szél** (it is) gone with the wind

elfullad *v* choke, suffocate || ~ **a lélegzete** get* out of breath, be* winded

elfuserál *v biz* make* a mess/botch of, bungle, botch, mess/botch up

elfut *v* run* away/off; *(menekülve)* escape from, make* off || ~**ja a méreg** fly* into a rage, lose* one's temper

elfűrészel *v (fát)* saw* in two, saw* up || *biz vkt* put* a spoke in sy's wheel

elgáncsol *v (futball)* trip sy (up), bring* down || *átv* cross/thwart sy's plans

elgázol *v (jármű)* run* down/over || ~**ta egy autó** he was run/knocked down (*v.* run over) by a car

elgémbered|ik *v* grow* numb/stiff

elgennyed *v* get* full of pus, go*/turn/become* septic, suppurate

elgondol *v (elképzel)* imagine, fancy, picture to oneself

elgondolás *n (eszme)* idea, concept, conception || *(terv)* plan

elgondolkod|ik *v* reflect (on), meditate (on), ponder (on, over), be* lost in thought

elgondolkoztató *a* thought-provoking

elgörbít *v* bend*, make* crooked

elgörbül *v* bend*, become*/get* crooked

elgurít *v* roll away/off

elgurul *v* roll away/off

elgyötör *v* torment, torture, plague; *(lelkileg)* worry, pester

elgyötört *a* harrowed, distressed in mind *ut.*; *(arc)* haggard

elhadar *v* rattle/reel off

elhagy *v (vk vkt)* leave*, abandon, forsake* || *(vonat állomást)* leave* || *(abbahagy, felad)* leave* off, give* up || *(mellőz)* leave*/vacate out, omit, drop || *(elveszít)* lose* (sg) || ~**ja a szobát** *(szállodában)* leave* the room; ~**ja magát** *(elcsügged)* lose* heart, give* up; *(elhanyagolja magát)* neglect oneself, let* oneself go; ~**ta a férje** her husband (has) left her; **hagyd el!** stop it!, give it a rest!

elhagyás *n* leaving; *(mellőzés)* omission

elhagyatott *a (vk)* deserted, abandoned; *(magányos)* lonely, solitary || *(hely, vidék)* desolate, uninhabited

elhagyatottság *n* loneliness

elhagyott *a* uncared-for || ~ **gyermek** waif, child° left uncared-for; ~ **javak** abandoned property *sing.*

elhájasodás *n* obesity, fattyness

elhájasod|ik *v* grow* too fat, become* obese

elhajít *v (gerelyt stb.)* throw*, hurl

elhajlás *n (vonalé)* bend, curve || *pol* deviation(ism)

elhajl|ik *v ált* deviate, diverge, be* deflected; *(vonal)* bend*, curve; *(iránytű)* dip

elhajóz|ik *v vhonnan* put* off/out, sail away || *vhová* sail to, set* sail for || *vm mellett* sail past

elhajt *v (elterel)* drive* away/off; *(más marháját)* steal* || *(kocsiban)* drive* off/away; *vm mellett* drive* past || **magzatot** ~ procure an abortion, get* rid of [baby]

elhal *v (vk)* die, decease || *(testrész)* necrose; *(növény)* wither, decay || *(zaj)* die down/away, subside

él-hal *v* ~ **vmért** be* very keen on sg; be* extremely fond of sg || ~ **vkért** be* infatuated with sy

elhalad *v vm/vk mellett* pass (by), go* past

elhalálozás *n* death, decease

elhaláloz|ik *v* die, decease

elhalás *n (emberé)* death, decease || *(testrészé)* necrosis

elhalaszt *v* put* off, postpone, delay; *(tárgyalást, ülést)* adjourn

elhalasztás *n* putting off, postponement, delay; *(ülésé)* adjournment

elhalkul *v* grow* faint(er), die away/down, fade

elhallatszik *v (vk hangja)* carry (as far as...), reach to; *(zaj)* (can*) be* heard as far as...

elhallgat *v* stop speaking/talking, leave* off speaking/talking; *(hirtelen)* break* off; *(zaj)* stop || *(vmt vk elől)* keep* back, suppress, conceal, withhold* (sg from sy) || ~**nám órák hosszat** I could listen to him/it for hours

elhallgattat *v* silence; *(letorkol)* shut* sy up

elhalmoz *v vkt vmvel* shower sy with sg; *(dicséretekkel)* heap [praises on/upon sy]; *(kedveskedéssel)* heap [kindness on sy]; *(munkával)* overburden (sy with work), overwork (sy) || **el van halmozva munkával** be* up to the ears in work, be* snowed under with work

elhaló hangon *adv* in a faint voice

elhalványodlik *v (fény, emlék stb.)* grow* dim, dim, fade || *(hírnév stb.)* become* eclipsed

elhamarkodott *a (döntés)* rash, hasty; *(cselekedet)* hurried, thoughtless || ~ **következtetéseket von le** rush to conclusions

elhamvad *v* burn* *(v.* be* red*u*ced) to *a*shes

elhamvaszt *v* burn*/red*u*ce to *a*shes, inc*i*nerate || *(halottat)* cremate

elhangolt *a (hangszer)* unt*u*ned, out of tune

elhangz|ik *v vhova* be* heard/a*u*dible in || *(előadás)* be* delivered; *(parancs)* be* g*i*ven/issued || ~**ott...** *(rádióban)* you have been l*i*stening to...

elhány *v (eldobál)* throw* away; *(havat, földet)* shovel *(US* -l) away || *(ismeretlen helyre)* misl*a*y*

elhanyagol *v* neglect, be* neglectful of; *(ügyeket) biz* le**t*** sg slide || *(nem vesz figyelembe)* disregard, ignore || ~**ja magát** be* careless of one's appearance

elhanyagolható *a* negligible

elhanyagolt *a* neglected, uncared-for

elharapó(d)z|ik *v* spread*, gain ground

elhárít *v (akadályt)* clear away, move out of the way, remove; *(balesetet)* avert, prevent; *(betegséget)* prevent; *(felelősséget)* decline, refuse to accept; *(támadást)* beat* off, repel; *(ütést)* parry; *(veszélyt)* avert

elhárítás *n (akadályé)* averting, removal; *(betegségé, baleseté)* prevention; *(ütésé)* parry(ing)

elháríthatatlan *a* inevitable, unavoidable

elhárul *v* be* averted || **gyanú ~ vkről** be* cleared of susp*i*cion

elhasal *v (hasra esik)* fall* flat on one's st*o*mach/face || *(vizsgán)* be* ploughed

elhasznál *v* use up; *(ruhát)* wear* out

elhasználód|ik *v* be* used up, be* cons*u*med; *(elkopik)* wear* out

elhasznált *a* used up; *(ruha)* worn-o*u*t, sh*a*bby || ~ **levegő** stale air

elhatalmasod|ik *v (elterjed)* spread* || *vkn vm* sg overcomes* sy

elhatárol *v (területet)* del*i*mit, mark/rail off || ~**ja magát vktől/vmtől** d*i*stance oneself from sy/sg

elhatároz *v vmt* dec*i*de (to *v.* that), res*o*lve (to *v.* on ...ing)

elhatározás *n* dec*i*sion, resol*u*tion, determin*a*tion || **megváltoztatta ~át** he changed his mind

elhatározott *a* dec*i*ded, settled, determined, resolved

elhelyez *v vmt vhol/vhova* place, put*, plant sg swhere; *vmt vknél* leave* sg with sy; *(iratokat)* file (away); *(gépkocsit)* park; *(garázsban)* put* *i*nto a/the garage, garage || *(elszállásol)* accom-modate (sy swhere), have* sy put up swhere || *(állásba)* find* a job *(v.* employment) for sy, find* sy a job *(v.* employment) || *(áthelyez vkt)* move from ... to, transfer from ... to || *(árut)* place, sell* || *(pénzt bankban, értékmegőrzőben)* deposit; *(befektet)* invest || **kórházban ~** hospitalize, put* *i*nto h*o*spital

elhelyezés *n (folyamat)* placing || *(elszállásolás)* accommod*a*tion || *(állásba)* f*i*nding empl*o*yment (*v.* a job/situ*a*tion/pos*i*tion) for sy

elhelyezkedés *n (állásban)* f*i*nding a job, f*i*nding employment || **jó ~** a good job

elhelyezkedési *a* ~ **lehetőség** *o*pening, vacancy; ~ **problémák** employment pr*o*blems

elhelyezked|ik *v (állásban)* find* employment, find* a job || *(leül)* take* a seat, seat oneself || **kényelmesen ~ik** make* oneself c*o*mfortable

elherdál *v* squ*a*nder, d*i*ssipate, waste

elhervad *v* fade (away), w*i*ther

elhesseget *v (állatot)* drive* away; *biz* shoo away/off

élhetetlen *a* unpractical, sh*i*ftless, helpless

elhibáz *v ált* make* a mist*a*ke in (sg) || *(lövést)* miss || ~**ta a számítást** (s)he (has) got the sum wrong

elhibázott *a* unsucc*e*ssful || ~ **dolog** abortive attempt; *kif* it is/was doomed to f*a*ilure; ~ **lépés** bl*u*nder, false step

elhidegül *v vktől* become* estr*a*nged/*a*lienated from sy, grow* cool/cold towards sy

elhidegülés *n* estr*a*ngement, alien*a*tion

elhíresztel *v* bruit abr*o*ad/ab*o*ut

elhisz *v* bel*i*eve [sg to be true], give* credence (to sg), credit (sg); *(alap nélkül)* take* sg for gr*a*nted || ~ **vknek vmt** bel*i*eve sy; **hidd el, jobb így** bel*i*eve me, it's better this way

elhitet *v vkvel vmt* make* sy bel*i*eve sg

elhív *v vkt vhova* call sy swhere, ask sy to come/go swhere

elhívat *v* send* for sy

elhivatottság *n* c*a*lling; voc*a*tion

elhízás *n* obesity, corpulence, f*a*tness

elhíz|ik *v* grow* fat/c*o*rpulent/stout

elhízott *a* fat, c*o*rpulent, overweight

elhódít *v* win* *o*ver; *(nőt vktől)* steal* sy's g*i*rl(friend)

elhomályosít *v (homályossá tesz)* dim, obsc*u*re; *(köd, pára)* mist (up/over), blur, cloud || *(vmnek értelmét)* obsc*u*re; *(dicsőséget, hírnevet)* outsh*i*ne*, overshadow, ecl*i*pse

elhomályosod|ik *v* = **elhomályosul**

elhomályosul *v (dolog)* ált become* dim/obsc*u*re, d*a*rken, blur; *(üveg)*

t*a*rnish, bec*o*me* dull || *(látás)* grow* dim || *(elme)* cloud *o*ver
elhord *v (elvisz)* carry away/off || *(ruhát)* wear* out [clothes] || **hordd el magad!** get out/lost!
elhoz *v (magával)* bring*/carry along (with one); *vhonnan* fetch from swhere; *(csomagot)* collect
elhozat *v* send* for (sg)
elhuny *v* die, pass away, dec*e*ase
elhunyt 1. *a* dead, dec*e*ased 2. *n* vknek az ~a sy's death/dem*i*se; **az** ~ the deceased
elhurcol *v (tárgyat)* drag away/off || *(vkt börtönbe)* carry off
elhurcolkod|ik *v* move away
elhúz *v vmt vhonnan* draw*/drag away/off || *(nótát hegedűn)* fiddle, play || *(időt, tárgyalást)* drag/spin* out, prol*o*ng || *biz (vizsgán)* fail (sy), *US biz* flunk (sy) || *(vk mellett)* (overtake* and) pass sy; *vktől sp* draw* away from (sy) || ~**ták (a vizsgán)** (s)he was ploughed (*v. US* flunked), (s)he came a cropper
elhúzód|ik *v (tárgyalás, ügy)* drag on || *vktől* draw* away from sy || *(fal, út vm mellett)* run* along, run* parallel (with) || **a vihar** ~**ott** the storm passed; **késő éjjeli órákig** ~**ott** it l*a*sted well *i*nto the night
elhűl *v (étel)* cool || *átv* be* am*a*zed/ dumbf*o*unded || **egészen** ~**tem** I was struck dumb (with surpr*i*se/h*o*rror)
elhülyül *v* grow* st*u*pid/dull
elidegenedés *n* estr*a*ngement, alienation
elidegened|ik *v vktől* bec*o*me* estranged/alienated from sy
elidegenít *v (tárgyat)* alienate [property] || *(érzelmileg)* estr*a*nge, alienate (from)
elidegeníthetetlen *a* in*a*lienable
elidőz|ik *v vmnél* linger *o*ver sg; *vhol* tarry swhere; *(tárgynál)* dwell* on
eligazít *v vmt* arr*a*nge, adj*u*st, settle || *vkt* direct; *főleg kat* brief
eligazítás *n vmé* arr*a*ngement || *vké* orientation, directing; *főleg kat* bri*e*fing || ~**t ad** brief
eligazodás *n* orient*a*tion
eligazod|ik *v* find* one's way, know* one's way ar*o*und || **jól** ~**ik rajta** he's fam*i*liar with it, he knows* its ins and outs; **nem lehet rajta** ~**ni** *vkn* you c*a*nnot make out what he is up to; *vmn* one c*a*nnot make head or tail of it; **jól** ~**ik a politikában** be* well up in politics
elígér *v* = **odaígér**
elígérkez|ik *v* promise to go (swhere) || **már el vagyok ígérkezve** I am already engaged (to go swhere); **mivel korábban már** ~**ett** *o*wing to a pr*i*or engagement
elillan *v (folyadék)* evaporate, v*a*porize; *(gáz)* escape || *biz vk* sl*i*p/steal* away, make* off, sked*a*ddle
eliminál *v* el*i*minate
elindít *v ált* start, set* (sg) off; *(gépet)* get* g*o*ing, set* in m*o*tion; *(üzleti vállalkozást)* get* (sg) afl*o*at || *vkt* send* sy on his/her way || *(támadást)* launch [att*a*ck]
elindul *v vk* start, dep*a*rt, set* off/out; *vk vhová* start/set* out for; *(kocsival)* drive* off, pull away; *(jármű)* start
elindulás *n* start, dep*a*rture
elintéz *v (ügyet)* settle, arr*a*nge, see* to (sg); fix sg up; *(bonyolult ügyet)* put* [things] straight; str*a*ighten out; *(adósságot)* square [one's acc*o*unts], settle up || ~ **vknek vmt** fix sy up with sg; **majd én** ~**em!** I'll see to it; **van egy kis** ~**nivalója vkvel** have* an acc*o*unt to settle with sy
elintézés *n* arr*a*ngement, s*e*ttling, s*e*ttlement; *(ügyeké)* disp*a*tch [of b*u*siness]
elintézetlen *a* not yet s*e*ttled *ut*., p*e*nding *ut*.
elintézett *a* s*e*ttled || **ez egy** ~ **ügy** it's a s*e*ttled aff*a*ir/m*a*tter
elintéződ|ik *v* take* care of its*e*lf, be* settled s*o*mehow, work (its*e*lf) out
elismer *v (elfogad, beismer)* adm*i*t, ackn*o*wledge || *(igazol)* recognize; *(diplomát)* recogn*i*ze, accredit; *(követelést)* adm*i*t || *(értékel)* ackn*o*wledge, recogn*i*ze; appreciate || **ezt** ~**em** I adm*i*t/ accept that; **nem ismer el** ref*u*se to recognize/ackn*o*wledge; **vkt vmnek** ~ recognize/ackn*o*wledge sy as sg
elismerés *n* ackn*o*wledgement; *(adósságé)* adm*i*ssion; *(érdemeké)* appreciation, recogn*i*tion; *(hibáé)* adm*i*ssion; *(kormányé)* recogn*i*tion
elismerésképpen *adv* in ackn*o*wledgement/recogn*i*tion of
elismert *a* recognized, ackn*o*wledged, well-known || **általánosan** ~ **tény, hogy...** it is generally adm*i*tted that...
elismervény *n* rec*e*ipt; *(adósságról)* IOU; *(átvételi)* ackn*o*wledgement (of rec*e*ipt)
eliszaposod|ik *v* silt up
eliszkol *v biz* sked*a*ddle
elissza *v* ~ **az eszét** drink* on*e*self st*u*pid; ~ **a pénzét** squ*a*nder one's m*o*ney on drink
elit *a/n* él*i*te *v*. el*i*te
elítél *v ált* cond*e*mn; *vmre* sentence to; *(bíróság vkt vm miatt)* conv*i*ct (sy of sg) || *(erkölcsileg, vmt)* cond*e*mn (sg), den*o*unce (sg); *(vkt)* disappr*o*ve of (sy), c*e*nsure (sy)

elítélendő *a* condemnable, blameworthy
elítélés *n (bírói)* conviction, sentence ‖ *(erkölcsi)* condemnation, disapproval
elítélő *a* condemnatory, pejorative ‖ ~**en nyilatkozik** speak* unfavourably/disapprovingly (of)
elítélt 1. *a* condemned 2. *n* convict, the condemned
eljár *v (vhova)* go* regularly to, frequent [a place] ‖ *(idő)* pass ‖ **becsületesen járt el** he played fair, he dealt fair and square with sy; ~ **a szája be*** indiscreet; *biz* shoot* one's mouth off, let* the cat out of the bag; **hogy** ~ **az idő!** how time flies!, how the years pass!; **táncot** ~ (perform a) dance
eljárás *n (hivatalos, ált)* (course of) action, procedure; *(bírósági)* proceedings *pl* ‖ *(viselkedés)* behaviour (*US* -or) ‖ *műsz* process, treatment, procedure, method ‖ ~ **folyik vk ellen** he is being tried for (*v.* on a charge of) sg, be prosecuted for sg; ~**t indít vk ellen** bring* an action, start/take* (legal) proceedings (*mind*: against sy); ~**t megszüntet** stay proceedings; **ez nem** ~! that won't do!, it's not fair!; **tisztességes** ~ square deal, fair play
eljárási költség *n* costs *pl*
eljárásmód *n* method, procedure; *(elvi)* policy
eljátsz|ik *v (darabot, zeneművet)* play, perform ‖ *(pénzt)* gamble away ‖ *(egy ideig)* play (about), go* on playing
eljegyezték egymást *kif* they are/were engaged
eljegyzés *n* engagement ‖ ~**t felbont** break* off one's engagement (to sy)
éljen! *int* (hip, hip,) hurray/hurrah!, three cheers for X!
éljenez *v vkt* cheer (sy), applaud
éljenzés *n* cheers *pl*, ovation
eljön *v vhonnan* come*, come*/get* away from ‖ *vkért/vmért* come* for, (come* to) fetch/collect *v.* pick up sy/sg ‖ **eljössz holnap?** are you coming tomorrow?; **ha** ~ **az ideje** in due time/course
eljövendő *a* to come *ut.*
eljövetel *n* coming, arrival; *(várt dologé)* advent
eljut *v vhová* get* to, come* to, reach (sg *v.* a place), get* through to ‖ *vmre átv* attain sg
eljuttat *v vmt vkhez* get* sg to sy, send* sg over/along to sy, forward sg to sy
elkábít *v (ütés)* stun, daze ‖ *orv* narcotize ‖ *átv* stupefy
elkábul *v* be* overpowered, get* stunned, become* stupefied/dazed
elkacagja magát *v* burst* into a laugh
elkalandozás *n (tárgytól)* digression

elkalandoz|ik *v* wander, stray (from) ‖ *(tárgytól)* digress (from)
elkalauzol *v* guide sy (to a place)
elkallód|ik *v* get* lost; *(tehetség)* run* to waste
elkallódott *a* missing, lost; *(tehetség)* wasted [talent]
elkanyarod|ik *v* turn/veer (to the right/left), turn off; *(út)* bend*, veer ‖ *átv (tárgytól)* digress, go* off the point
elkap *v vmt ált* catch* ‖ *vkt biz* collar, nab ‖ *biz (buszt stb.)* catch* ‖ ~**ja vk tekintetét** catch* sy's eyes
elkapat *v* spoil*, make* conceited
elkapatott *a* conceited; *biz* stuck-up
elkapkod *v (eleséget)* snap up ‖ *(árut)* snap/buy* up
elkápráztat *v* dazzle
elkárhoz|ik *v vall* be* damned, suffer eternal damnation
elkárhozott *a* damned
elkártyáz *v (pénzt)* gamble away, lose* [one's money] at cards
elkedvetlened|ik *v* lose* heart
elkel *v (áru)* find* a (ready) sale/market, sell*, be* sold ‖ *(szükséges)* be* necessary, be* needed ‖ ~**ne már egy jó eső** we could do with some rain; **minden jegy** ~**t** all seats are sold/booked; *(kiírás)* "sold out", "House Full"
elken *v (akaratlanul)* smear; *(kenhetőt vmn)* spread* (over, on) ‖ *biz (ügyet)* hush up, gloss over, play down
elkenés *n (kenőcsé)* smearing ‖ *biz (ügyé)* glossing over
elkenőd|ik *v (nyomtatás)* smear, smudge ‖ *biz* **el van kenődve** feel* blue/low, be* out of sorts
elkényelmesed|ik *v* grow* lazy
elkényeztet *v* spoil*
elképed *v* be* stupefied/dumbfounded, be* taken aback ‖ ~**ve hallottam** I was flabbergasted to hear
elképeszt *v* stupefy, strike* sy dumb
elképesztő *a* stunning, amazing, fantastic
elképzel *v* imagine, fancy, conceive, picture to oneself ‖ **el tudom képzelni** I can imagine
elképzelés *n* idea, notion, conception
elképzelhetetlen *a* unimaginable, inconceivable, unthinkable
elképzelhető *a* imaginable, conceivable
elkér *v vktől vmt* ask sy for sg; *(kölcsön)* borrow sg from sy ‖ *(áruért)* demand/ask [price] for sg
elkéredzked|ik *v* ask to be* excused, ask to be* allowed to go* swhere
elkerget *v* chase/drive* away, expel, turn out (of doors)

elkerül *v (forgalmas helyet)* bypass ‖ *vkt (szándékosan)* avoid, steer/keep* clear (of) ‖ *(büntetést, bajt)* evade, escape ‖ *(problémát)* bypass ‖ *vhova* (happen to) get* swhere, come* to ‖ ~**ték egymást** they missed each other; **vkt messziről** *(v.* **nagy ívben)** ~ *biz* give* sy a wide berth

elkerülhetetlen *a* inevitable; *(igével)* it is bound to happen

elkerülhető *a* avoidable

elkeseredés *n* despair ‖ ~**ében** in his despair

elkeseredett *a* bitter, embittered, desperate ‖ ~**en** desperately

elkesered|ik *v* despair, become* embittered/exasperated *(vm miatt* about/over) ‖ **ne keseredj el!** don't despair!, don't lose hope!

elkeserít *v* embitter, exasperate

elkeserítő *a* exasperating

elkés|ik *v* be* late (for sg), come* too late ‖ **10 perccel** ~**ett** he was ten minutes late

elkészít *v ált (munkát)* do*, achieve, finish (off); *(készre csinál)* finish, complete, make*/get* ready; *(ételt)* prepare, cook, make*; *(gyógyszert)* make* up, dispense; *(leckét)* prepare, do*; *(számlát)* make* out; *(tervezetet)* draw* up, draft ‖ ~**i a reggelit** get* the breakfast ready; **a hús kitűnően volt** ~**ve** *biz* the meat was done to a turn

elkészítés *n ált (munkáé)* finishing; *(ételé)* preparation, cooking; *(gyógyszeré)* making up, dispensing; *(leckéé)* preparation

elkészül *v (munka teljesen)* be* complete(d) ‖ *vk vmvel* be* ready with sg, finish sg, get* sg done ‖ *vmre* get* ready (for sg), make* preparations (for sg), prepare (oneself for sg) ‖ ~**t** *vm* be* finished, be* ready, be* done; **el van készülve a legrosszabbra** be* prepared for the worst; ~**ni, vigyázz, rajt!** on your mark, get set, go!

elkever *v* mix, mingle, blend

elkevered|ik *v vmbe, vmvel* mix, (inter-)mingle, get* mixed up (with/in) ‖ *(tömegben)* mingle with, get* lost in

elkezd *v* begin*, start, commence ‖ ~ **esni** it is beginning to rain, it starts raining; ~**ett sírni** she burst out crying

elkezdőd|ik *v* begin*, start, commence

elkiabál *v vmt* speak* too soon ‖ **nem szabad a dolgot** ~**ni** *kb.* touch wood

elkiáltja magát *v* cry out, shout

elkísér *v vkt* go*/walk with, accompany, escort ‖ ~ **vkt hazáig** see* sy home

elkóborol *v* roam/wander/rove about

elkoboz *v* confiscate, seize

elkomolyod|ik *v* turn serious/grave

elkomorod|ik *v* become* gloomy/grave ‖ ~**ott** his brow darkened

elkop|ik *v ált* wear* out/away; *(cipő)* wear* out; *(ruha)* become* threadbare; *(dörzsölődéssel)* rub away/off

elkopott *a* worn(-out), threadbare

elkoptat *v ált (tárgyat)* wear* out/away; *(cipőt)* wear* down/out ‖ *átv* hackney

elkorhad *v* moulder *(US -ol),* decay, rot* (away)

elkorhadt *a* rotten, rotted

elkótyavetyél *v (értéken alul elad)* sell* at any price, sell* at a loss

elkölt *v (pénzt)* spend* *(vmre* on); *(könnyelműen)* waste, squander *(vmre* on) ‖ *(ételt)* consume, take*

elköltöz|ik *v (lakásból)* move (house), move away; *(országból)* emigrate ‖ ~**ik az élők sorából** depart this life; ~**ött** *(postai küldeményre írva)* gone away

elkönyvel *v ker* put* [amount] down to, enter [in one's books] ‖ *átv vkt vmnek* put* (sy) down as/for (sg) ‖ ~ **vk számlájára** pass/enter to sy's account

elköp *v biz (kifecseg)* spill the beans, blab

elköszön *v vktől* take* leave (of), say* goodbye (to), say* farewell (to)

elkötelezett *a* committed; **el nem kötelezett** uncommitted ‖ **el nem kötelezett országok** non-aligned countries

elkötelezettség *n* commitment

elkötelezi magát *v vmre* pledge oneself to (do) sg, commit oneself to (doing) sg

elkövet *v (rosszat)* commit, perpetrate ‖ *(megtesz)* do* ‖ **hibát követ el** make* a mistake; **mindent** ~ leave* no stone unturned, do* one's best/utmost

elkövetés *n (bűné)* perpetration

elkövető *n jog* perpetrator

elkunyerál *v vmt vktől* wheedle/get* sg out of sy

elküld *v vmt* send* (off), dispatch; *(árut)* forward, consign; *(házhoz)* deliver; *(levelet)* post; *(pénzt)* remit ‖ *vkt vhonnan* send* away; *(alkalmazottat elbocsát)* discharge, dismiss ‖ *vkt vhová* send* sy to

elküldés *n vmé* sending (off) ‖ *vké* sending away, discharge, dismissal

elkülönít *v (elszigetel)* separate, isolate; *orv* isolate; *(társadalmilag)* segregate

elkülönítés *n* separation

elkülönül *v* separate, be* isolated, detach oneself *(vmtől mind:* from)

elkülönülés *n* separation, detachment

ellágyul *v (anyag)* be* softened ‖ *(szíve)* be* moved/touched

ellankad *v* languish, grow* languid, droop

ellanyhul *v (erőfeszítés)* abate, slacken; *(erő)* flag, weaken

ellapít v flatten, make* flat
ellaposod|ik v flatten out || *átv* go* stale/flat/insipid, become* uninteresting
ellát[1] v *(anyaggal, áruval)* supply/provide/furnish with; *(felszereléssel)* equip with, fit out with; *(készlettel)* stock with; *(pénzzel)* provide (with) || *(vkt, beteget)* look after (sy); *(munkát stb.)* carry out (v. perform v. fulfil) one's [job, duties]; *(sebet)* dress [a wound] || **jó tanácsokkal** ~ give* sy (some) sound/good advice; **6 gyermeket és feleségét kell** ~**nia** he has a wife and 6 children to provide for (v. to support)
ellát[2] v *(vmeddig lát)* see* (as far as) || **ameddig a szem** ~ as far as the eye can reach/see
ellátás n *vmvel* supply, provision, furnishing || **teljes** ~ full board
ellátatlan a unprovided for *ut*.; *(eltartott)* dependent on *ut*. || ~ **családtag** dependant
ellátmány n appropriation; *(kisebb, személyi)* allowance
ellátogat v *vkhez* go* to visit (sy), call on (sy), pay* a visit (to sy) || **látogasson el Magyarországra!** come to Hungary!
ellátott a provided/supplied (with) *ut*.
ellátsz|ik v **messzire** ~**ik** can* be seen from (a)far (v. from far away)
ellen *post* against || **egymás** ~ against each other; **tízet egy** ~**(, hogy)** ten to one (that); **holnap Anglia Franciaország** ~ **játszik** England are playing France (at football) tomorrow; **mit szedsz fejfájás** ~**?** what do you take for a headache?
ellenáll v *vmnek* resist (sg), offer resistance (to sg), put* up resistance (to sg), withstand* (sg)
ellenállás n *(fiz, el is)* resistance; *pol* opposition || **a legkisebb** ~ **irányában halad** follow/take* the line of least resistance; **(erős)** ~**ba ütközik** meet* with (strong) opposition; ~ **nélkül** without the least resistance
ellenállási mozgalom n resistance movement, the Resistance
ellenállhatatlan a irresistible
ellenálló 1. a összet -resisting, -resistant, -proof || *(hatóságnak)* insubordinate, rebellious || **nem** ~ unresisting, unresistant 2. n *pol* resistance fighter
ellenanyag n *biol* antibody
ellenanyagképző n antigen
ellenben *conj* on the other hand, but
ellene *adv* against, in opposition to || ~ **van** *vmnek* be* against sg, be* opposed/averse to sg, object to sg || **nem vagyok** ~ **egy pohár bornak** I wouldn't mind (v. won't/wouldn't say no to) a glass of wine; ~**m** against me
ellenében *adv (fejében)* against, in return/exchange for || **nyugta** ~ against a receipt; **50 forint lefizetése** ~ on payment of 50 fts
ellenére *adv* in spite of, despite, notwithstanding || **annak** ~**(, hogy)** in spite of the fact (that), all the same, nevertheless, nonetheless; **akaratom** ~ against my will, involuntarily; **a törvény** ~ in defiance of the law
ellenérték n equivalent, value, worth
ellenérv n counter-argument
ellenérzés n antipathy (to, against), aversion (to)
ellenez v be* against sg, be* opposed to (sg), oppose (sg), object to (sg); *(nem egyezik bele)* disapprove of (sg) || **határozottan** ~ **vmt** be* dead against sg; **nem ellenzem** I don't mind
ellenfél n opponent, adversary, rival; *sp* opponent; *(csapat)* opposition; *(futballban így is)* the other side
ellenforradalom n counter-revolution
ellenhatás n reaction || ~**t vált ki** produce a reaction
elleni a anti- || **tüdővész** ~ **védekezés** campaign/protection against tuberculosis; **fogfájás** ~ **szer** antiodontalgic, analgesic; **az olaszok** ~ **mérkőzés** the game/match with the Italian team
ellenintézkedés n countermeasure(s), preventive measure(s) || ~**eket tesz** take* steps to prevent sg, guard against sg
ellenjavallat n *orv* contraindication
ellenjavaslat n counter-proposal
ellenkezés n *(ellenállás)* opposition, resistance || *(eltérés)* disagreement
ellenkez|ik v *(szembeszáll)* resist, offer (v. put* up) resistance to || *vmvel* conflict with, be* inconsistent with || ~**ik a tényekkel** disagree with the facts; **ne** ~**z(él) vele!** don't contradict him, let him have his way
ellenkező 1. a *(ellentétes)* contrary, opposing, opposite || *(ellenálló)* resisting; *(makacsul)* recalcitrant, insubordinate || ~ **esetben** (or) else, otherwise, failing which; ~ **irányban** in the opposite direction; ~ **véleményen van** think* just the opposite 2. n the opposite/reverse/contrary (of sg); || **az** ~**je** just the (very) opposite
ellenkezőleg *adv* on the contrary
ellenlábas n opposite, adversary
ellenlépés n *(sakk)* counter move
ellenméreg n *(szervezetben termelt)* antitoxin || *(gyógyszer)* antidote

ellenőr n controller, supervisor, inspector; *(vasúti)* ticket inspector
ellenőriz v *ált* check, verify, keep* a check on sg; *(munkát)* supervise, oversee*; *(munkásokat)* supervise, superintend; *(kísérletet, minőséget)* control; *(útlevelet)* examine
ellenőrizhetetlen a difficult/impossible to verify/supervise *ut.*; *(kormányozhatatlan)* uncontrollable ‖ ~ **né válik** *(elszabadul)* go*/get* out of control
ellenőrizhető a controllable, verifiable
ellenőrzés n ált check(ing); *(kísérlet folyamán)* control; *(munkáé)* supervision ‖ **az iratok** ~**e** identity check; **szigorú** ~ tight control; ~**(e) alatt tart** supervise, keep* a check on (sg), *pol* be* in control of sg
ellenőrző a ~ **bizottság** board of inquiry, control commission; ~ **készülék** control device; ~ **könyv** *isk kb.* (student's) file/record; ~ **szelvény** counterfoil, stub
ellenpólus n *földr, átv* counterpole
ellenpont n counterpoint
ellenrakéta n anti-missile
ellenreformáció n Counter-Reformation
ellenség n enemy ‖ **halálos** ~**em** my mortal enemy
ellenséges a hostile, enemy ‖ ~ **érzület** animosity; ~ **magatartást tanúsít vkvel szemben** be* hostile towards sy
ellenségeskedés n *(személyi, családi)* hostility, enmity, quarrel, feud ‖ *(nemzeteké)* hostilities *pl*
ellenségesked|ik v *vkvel* be* at enmity with sy, be* (always) at loggerheads with sy
ellensúly n counterweight, counterbalance
ellensúlyoz v *vmt vmvel* offset* sg, compensate sg for sg
ellensúlyozás n *átv* compensation
ellenszavazat n (a vote of) no, a vote against (the motion)
ellenszegül v *vknek, vmnek* resist sy/sg, set* oneself against, refuse to obey
ellenszegülés n resistance, refusal (to obey)
ellenszegülő n rebellious, recalcitrant
ellenszél n headwind
ellenszenv n *(vk ellen/iránt)* antipathy (to, towards, against); *(vm iránt)* repugnance (to), aversion (to), dislike (of) ‖ ~**et érez vk iránt** feel* antipathy towards sy, dislike sy, take* a dislike to sy
ellenszenves a *(ember)* antipathetic, repulsive(-looking) ‖ *vm* repugnant, offensive; *(viselkedés)* unpleasant, obnoxious

ellenszer n *(méreg ellen)* antidote ‖ *átv* remedy (for)
ellenszolgáltatás n *(anyagi)* ~ **fejében** in recompense for; ~ **nélkül** without compensation
ellentábor n *ált* the opposing party/camp
ellentámadás n *kat* counter-attack/offensive ‖ *(vitában)* counterblast
ellentét n *(vm ellenkezője)* opposite, contrast, contrary ‖ *(nézeteltérés)* antagonism, conflict, difference, divergence; *(súlyos)* hostility ‖ ~**be kerül vmvel/vkvel** come* up against sg/sy, come* into conflict with sy; ~**ben van vmvel** contrast with sg, be*/run* counter to sg; be* inconsistent with sg, conflict with sg; ~**ben vkvel** (as) contrasted with sy, in contrast to sy; ~**ben vmvel** in contrast with/to sg, as opposed to sg
ellentétel n *fil* antithesis *(pl* antitheses*)* ‖ *ker* contra(-entry), credit(-entry)
ellentétes a *(ellenkező)* opposite, contrary ‖ *(ellenséges)* antagonistic, conflicting
ellentmond v *vknek* contradict (sy), oppose (sy) ‖ *vmnek* be* inconsistent with (sg), contradict (sg), clash with (sg) ‖ ~ **önmagának** contradict oneself
ellentmondás n contradiction, opposition; conflict ‖ ~**ban van vmvel** be* inconsistent with sg; conflict with sg; ~**t nem tűrően** in a(n) authoritative/peremptory manner
ellentmondásos a contradictory, full of contradictions *ut.*; *(vitás)* controversial
ellentmondó a contradictory ‖ **egymásnak** ~ conflicting
ellenvélemény n contrary opinion ‖ ~**t jelent be** voice one's objection (to sg)
ellenvetés n objection (to), protest (against) ‖ ~ **nélkül** without protest, unopposed
ellenzék n opposition ‖ ~**be megy** go* into opposition
ellenzéki 1. *a* of the opposition *ut.*, opposition ‖ ~ **pártok** the opposition parties 2. *n* **született** ~ a born dissenter/objector
ellenzés n opposition (to), disapproval (of)
ellenző 1. *a* opposing 2. *n (aki ellenez)* opposer, opponent ‖ *(szemen)* eyeshade; *(ló szemén)* blinkers *pl*; *(sapkán)* peak, visor
ellep v cover; *(víz)* flood; *(növényzet)* overgrow*; *(rovarok)* infest; *(ellenség)* invade; *(tömeg)* swarm in/on to
elleplez v cover up, conceal; *(elhallgat)* hush up
elles v *(vktől vmt)* learn* by close observation, get*/learn* by watching

ell|ik v *ált* bring* forth, throw* [young]; *(juh)* yean; *(kutya)* have* puppies; *(ló)* foal; *(macska)* have* kittens; *(rőtvad)* fawn; *(tehén)* calve

ellipszis n ellipse

elliptikus a elliptic(al), ellipsoidal

ellóg biz v ~ **az óráról** cut* a class, play truant; ~**ja az időt** loaf about

ellop v steal* (from)

ellök v thrust* away/off; vkt shove away

ellustul v grow*/become* lazy

elmagyaráz v explain (at length), give* a detailed explanation (of sg)

elmar v biz vkt vhonnan hound sy out (of sg), oust (sy from)

elmarad v *(nem történik meg)* not happen/occur, fail to come about, not take* place ‖ *(előadás)* be* cancelled *(US* -l-) ‖ *(hátramarad)* lag/fall*/be* behind *(vmvel* with sg) ‖ *(növésben)* be* undergrown*, be* stunted (in growth); *(fejlődésben)* be* backward ‖ **el van maradva** *(fizetéssel)* be in arrears with, be* behind in/with

elmaradás n *(előadásé)* postponement, cancellation ‖ *(vké vhonnan)* absence, non-arrival; *(tárgyalásról)* default ‖ *(hátramaradás)* lag; *(fejlődésben)* backwardness

elmaradhatatlan a inevitable, *(igével)* is bound to happen, certain

elmaradott a *(szellemileg, gazdaságilag)* backward, underdeveloped ‖ ~ **ember** biz a slow; *(igével)* he is behind his/the times

elmaradottság n átv backwardness

elmarasztal v jog find* guilty ‖ *(erkölcsileg)* condemn ‖ **költségekben** ~ order sy to pay (the) costs

elmaszatol v smudge, smear

elme n mind, intellect; *(néha)* brain ‖ **nagy** ~ great brain; ~**jében forgat** turn over in one's mind, meditate on

elmeállapot n mental state, state of mind

elmebaj n mental disorder/illness, psychosis, insanity

elmebajos 1. a insane, psychotic, (mentally) deranged ut. 2. n lunatic, insane person; *(kórházban)* mental patient/case

elmebeli a mental ‖ ~ **állapot** mental state; ~ **fogyatékosság** mental deficiency/handicap

elmebeteg a/n = **elmebajos**

elmebetegség n = **elmebaj**

elmegy v vhonnan go* away/off, leave*, depart, get* off; *(gyalog)* walk away; *(autón)* drive* off/away ‖ vhova go* to, leave* for; *(gyalog)* walk to; *(autón)* drive* to; *(kerékpáron, villamoson, lóháton)* ride* to ‖ biz *(elfogadható vmnek)* pass as/for ‖ ~ **hazulról** leave* home; ~ **katonának** enlist, join up, join the army; ~ **vmeddig** *(átv is)* go* as far as; ~ **vkért/vmért** go* for sy/sg, (go and) fetch sy/sg; **elment** he is gone, he has left; *(nincs itthon)* he is out; **ez még valahogy** ~ it will pass somehow, it will just about do

elmegyógyintézet n mental hospital/home, lunatic asylum

elmekórtan n psychopathology

elmélet n theory ‖ ~ **ben** in theory, theoretically; *(papíron)* on paper; ~ **et felállít** put* forward a theory

elméleti a theoretical, speculative, hypothetical ‖ **tisztára** ~ **kérdés** a purely academic/hypothetical question

elméletileg adv in theory, theoretically

elmélkedés n meditation, reflection

elmélked|ik v *(vmn)* meditate (on), reflect (on), ponder (sg v. on/over sg)

elmélyed v *(vmbe)* become* absorbed/immersed/engrossed in (sg) ‖ ~ **gondolataiba** be* lost/rapt in thought

elmélyít v *(dolgot, átv is)* deepen ‖ *(csak átv)* intensify; *(kapcsolatokat)* strengthen ‖ ~**i tudását** extend one's knowledge (of sg)

elmélyítés n *(dologé, átv is)* deepening ‖ *(kapcsolatoké)* intensification, promotion, strengthening

elmélyül v *(mély lesz)* deepen ‖ vk vmbe become* absorbed/immersed in (sg), be* taken up with (sg) ‖ *(válság)* become* more serious, deepen, take* a turn for the worse

elmenekül v get*/break* away, make* one's escape, escape; *(vk elől)* fly*/flee from sy; *(országból)* flee* the country

elment v szt save

élmény n (interesting personal) experience; *(kaland)* adventure

élménybeszámoló n account of one's experiences (swhere); *(utazásról)* travelogue *(US* -log)

elmeorvos n psychiatrist, mental specialist

elmeosztály n mental/psychopathic ward

elmereved|ik v go*/become* stiff

elmérgesed|ik v *(seb)* go*/turn/become* septic, suppurate ‖ *(helyzet)* worsen, get* worse, become* aggravated ‖ ~**ett seb** suppurated/poisoned wound

elmérgesít v aggravate, embitter

elmerül v ált sink*, be* submerged; *(hajó)* go* under/down; *(fuldokló)* drown ‖ átv vmben be* immersed/absorbed/lost in sg

elmés a witty, smart, ingenious ‖ ~ **mondás** witticism

elmesél v tell* [a story], narrate, relate
elmeszakértő n törvényszéki ~ court/police psychiatrist; US alienist
elmeszesedés n orv calcification
elmeszesed|ik v calcify
elmezavar n insanity, mental disturbance/disorder || **pillanatnyi** ~ momentary mental aberration
élmezőny n leading group/bunch, leaders pl
elmond v (elbeszél) tell*, narrate, relate; (véleményt) give* || (beszédet) deliver, make*, give*; (verset) recite || **el ne mondd senkinek** you must not tell anybody, keep* it to yourself; **mindennek ~ták** they called him names
elmondhatatlan a unspeakable
elmos v (edényt) wash up || (partot) wash away; (árvíz) sweep*/carry away; (írást, emléket) efface, dim, blur || **a kerti ünnepélyt ~ta az eső** the garden-party was rained off (US out)
elmosód|ik v (vonal) become*/grow* blurred/indistinct/dim || (emlék) fade away, become* effaced/obscure
elmosódott a (vonal) indistinct, blurred, dim || (emlék) obscure, faded
elmosogat v wash up, wash the dishes || **(már) ~ott** she has done the washing-up
elmosolyod|ik v break* into a smile
elmozdít v (vmt helyéről) remove, move (sg out of the way) || (vkt állásából) remove, discharge, relieve sy (of)
elmozdítás n (vmé, vké) removal
elmozdul v move; (csak ember) stir, budge || **nem mozdul el** stand* fast
elmúlás n (időé) passing || (halál) death, mortality
elmulaszt v (vmt megtenni) fail, omit (to do sg); (alkalmat) miss, let* slip; (kötelességet) neglect; leave* sg undone || (betegséget orvossággal) cure; (fájdalmat) stop, check
elmulasztás n (kötelességé) omission, neglect (of)
elmúl|ik v (idő) pass, elapse; (év) go* by, come* to an end || (eső, betegség) be* (all) over; (fájdalom) stop, cease || **a veszély ~t** the danger is over/past; **ami ~t, ~t** kb. let bygones be bygones; **~t 50 éves** he is over fifty, he has turned fifty; **5 óra ~t** it is past five (o'clock), US gone 5
elmúlt a past, bygone, gone; **az ~ években** in the years past
elnagyol v (munkát) do* sg superficially, v. do* sg in a rough-and-ready way
elnapol v adjourn, put* off, postpone
elnapolás n adjournment
elnémít v (elhallgattat) silence, reduce to silence || (vkt meglepetés) dumbfound
elnémul v (vk meglepetéstől) be* dumbfounded || (vm) become* silent/quiet
elnéptelened|ik v become*/be* depopulated/deserted; (tájék) lose* its population
elneveti magát v burst* out laughing
elnevez v call (sy v. sg), name (sy v. sg), give* a name to sg || **vkt vkről ~** name sy after sy, US name sy for sy
elnevezés n (folyamat) naming || (név) name
elnéz v (vkt/vmt hosszan) look at, watch, contemplate || (vknek hibát) overlook (sg), shut*/close one's eyes to (sg) || (vmt tévedésből) overlook, miss || (félrenéz) look away, look another way || biz (vkhez látogatóba) pop in/along/round (to sy), drop in on sy
elnézés n (türelem) lenience, leniency, forbearance || (tévedés) mistake, error || **~t kér (vktől vmért)** apologize (to sy for sg); **~t (kérek)!** (kérdezni akarok valamit) excuse me...; (bocsánatkérően) sorry!, I beg your pardon!, pardon me!, US excuse me!; **~t kérek a zavarásért** (I'm) sorry to trouble you
elnéző a indulgent, lenient, forbearing; (igével) shut* one's eyes to sy's faults
elnézően adv indulgently, leniently
elnőiesed|ik v **~ik a tanári pálya** the teaching profession is (increasingly) becoming a female preserve
elnök n (államé stb.) president; (gyűlésen, bizottsági) chairman°; (nő) chairwoman°
elnökhelyettes n deputy/acting president; (gyűlésen stb.) deputy-chairman
elnöki a presidential, of the president ut.
elnöklés n presidency; (gyűlésen) chairmanship || **átveszi az ~t** take* the chair
elnöklő a presiding; in the chair ut.
elnöknő n lady president, (gyűlésen stb.) chairwoman°, chairperson; (megszólítva) Madam Chairman
elnököl v preside at/over sg; (ülésen) chair [a meeting], be* in the chair; (bizottságban) head the committee
elnökség n (tisztség) presidency; (gyűlésen, bizottságban stb.) chairmanship || (helyiség) office of president/chairman° || (testület) presidency, presidium; (vállalaté) board of directors, the management || **X ~e alatt** during/under X's presidency/chairmanship
elnökválasztás n presidential election
elnyel v swallow (up); (ételt) devour || tud absorb || **úgy eltűnt, mintha a föld nyelte volna el** he disappeared as though/if the earth had swallowed him up

elnyer v vktől vmt win* (sg from sy) || átv (elér, megszerez) win*, gain, obtain

elnyíl|ik v (virág) lose*/shed* (its) petals

elnyom v (népet) oppress, crush, tyrannize; (forradalmat) put* down, suppress || (érzelmet) repress, stifle || (cigarettát) put*/stub out || ~ta az álom he was overcome with sleep, he dozed off

elnyomás n (népé) oppression; (forradalomé) suppression || (érzelemé) repression, suppression

elnyomó 1. a oppressive, tyrannical **2.** n (népet) oppressor, tyrant

elnyomorít v cripple

elnyomorod|ik v become* crippled/disabled/lame || átv become* a pauper

elnyomott a oppressed, downtrodden || ~ nép(osztály) oppressed people/class, the underprivileged

elnyújt v stretch/draw*/pull out || átv drag/spin* out; extend

elnyúl|ik v (fekve) stretch oneself out || (vmeddig ér) reach (as far as v. to v. down to), extend (to) || (ülés) drag on || hosszan ~ó beszéd a long-drawn-out speech

elnyűhetetlen a hard-wearing

elnyűtt a worn-out, threadbare

elolt v (cigarettát) put*/stub out; (gázt) turn off; (gyertyát) blow* out; (lámpát, villanyt) turn out, switch off; (tüzet) extinguish, put* out

elolvad v melt, liquefy; (csak hó) thaw

elolvas v read* (through/over)

elolvaszt v melt, liquefy, thaw out

eloszlás n (embertömegé) breaking up, dispersion || (megoszlás) distribution

eloszl|ik v (kétség) be* resolved/dispelled/removed || (tömeg) disperse, break* up, scatter || (vm szétoszlik) be* distributed/divided || a köd ~ik the fog is* lifting; egyenletesen ~ik be* spread evenly

eloszt v (egészet részekre) divide (into); (munkát, földet) parcel (US -l) out || (több dolgot vkk között) distribute (among) || mat divide (vmennyivel) by

elosztás n (egészet részekre) division, parcelling (US -l-) out || (több dolgot) distribution

elosztó 1. a distributive, distributing **2.** n (gépkocsiban) distributor; (konnektorhoz) adapter

elosztófej n (autóban) distributor

élő 1. a living, live, alive || ~ adás (rádió, tévé) live broadcast; ~ állat livestock; ~ nyelvek modern languages **2.** n living person || az ~k the living; ~ben közvetítik is being broadcast/televised live (from)

előad v (előyesz, felmutat) produce, show*, exhibit || (kifejt) expound, set* forth; (bizonyítékokat) present, produce, adduce; (kérést) come* forward with submit || (eseményeket) narrate, relate, describe; (színdarabot) perform, act, produce; (történetet) tell*; (verset) recite; (zeneművet) play || ~ja panaszát complain to sy about/of sy/sg; történelmet ad elő lecture on history, (státusban) be* a lecturer in history

előadás n (színházi) performance; (a könnyebb műfajban így is) show; (zeneműé) performance || (egyetemen stb.) lecture; (konferencián stb.) paper; presentation; (rádióban) talk || az ~ok szünetelnek there are no lectures (today); délutáni ~ matinée, afternoon performance; ~okra jár attend a course (of lectures) on sg, attend lectures (on sg)

előadó 1. a performing || ~ körút (tudományos) lecture tour **2.** n || (egyetemen) lecturer; (konferencián) speaker; (hangversenyen) performer || (referens) executive (officer), official in charge of (sg) || lakásügyi ~ housing officer

előadód|ik v happen, occur, take* place

előadóest n (verseké) poetry evening

előadóművész n artist, performer; (szavaló) reciter, elocutionist

előadóművészet n performing arts pl

előadóterem n lecture room/hall, auditorium (pl -ums v. -ria); (emelkedő padsorú) lecture theatre, US theater

előáll v (előlép) step forward, stand* forth, appear || a kocsi ~t the carriage is at the door; újabb követelésekkel áll elő come* forward with further demands

előállít v (készít) produce, make*, turn out; (iparcikket) manufacture || (rendőrségen) arrest, take* (down) to the police-station

előállítás n (készítés) making, production, manufacture || (rendőri) arrest

előállítási ár n cost price, prime cost

előbb adv (korábban) sooner, before, previously, earlier || (mielőtt vmt tesz) first || az ~ (= imént) just now, a short while ago; egy nappal ~ (on) the day before, (on) the previous day; ~ említett above/afore-mentioned; ~ eszem vmt I shall have something (v. a bite) to eat first; mennél ~, annál jobb the sooner the better; minél ~ as soon as possible, at the earliest opportunity

előbbi 1. a preceding, earlier, former, previous **2.** n az ~ek the former; az ~ekben in the foregoing

előbbre adv nearer, more foreward || ~ **hoz** *(időpontot)* bring* forward; **így nem jutunk** ~ we won't get anywhere this way; ~ **való** more important; *(igével)* come* before sg; **ez mindennél** ~ **való** this comes first

előbb-utóbb adv sooner or later

előbúj|ik v creep* out, come* forward

előbukkan v emerge, crop up

előcsarnok n (entrance) hall; *(szállodáé)* (hotel) lobby, foyer; *(színházé)* foyer

előd n *(hivatali)* predecessor || *(ős)* ancestor, forefather

elődöntő n semifinals pl || ~**be jut** qualify for the semifinals

előélet n antecedents pl, past || **büntetlen** ~ a clean record

előénekes n *(énekkari)* choir-leader

előérzet n presentiment, feeling, US hunch || **rossz** ~**e van** have* misgivings

előeste n eve || **vmnek az** ~**jén** on the eve of

előétel n hors-d'oeuvre, biz starter

előfeltétel n prerequisite, precondition, prior condition || **vmnek az** ~**e...** sg is a prerequisite for...

előfizet v vmre subscribe to

előfizetés n subscription

előfizetési díj n *(újságra stb.)* subscription; *(tévére)* TV licence fee, television rental

előfizető n *(lapra, telefonra)* subscriber; *(tévére)* licence holder

előfordul v *(történik)* happen, occur, take* place || *(állat, növény)* be* found || **az ilyesmi** ~ it is just one of those things, that can quite easily happen

előfordulás n occurrence; *(növényé)* presence; *(betegségé)* incidence

előfordulási hely n áll, növ (natural) habitat

előfutár n forerunner, precursor

előhang n prologue *(US* prolog)

előhírnök n harbinger, herald

előhívás n fényk developing

előhívó n fényk developer

előhoz v *(tárgyat)* bring* up/out, fetch || *(szóban)* bring* up, mention

előhúz v draw* forth; *(zsebéből)* produce

előidéz v cause, bring* about/on/forth, give* rise to sg, make*, create; *(állapotot)* induce

előír v ált prescribe; *(hatóság)* order; ker specify || **gyógymódot ír elő** prescribe a cure/treatment

előirányoz v schedule, estimate; *(összeget)* set* aside, earmark (vmre for); *(költségvetésben)* allocate, appropriate (for)

előirányzat n *(összeg)* provision || *(költségtervezet)* statement of costs, budget || **állami költségvetési** ~ the (government) Budget *(GB)*

előirányzott a set aside, allocated *(mind: ut.,* vmre for) || ~ **összeg** earmarked sum

előírás n ált prescription; ker specification; orv prescription || *(használathoz)* instructions pl, directions pl || *(szabály)* regulation, rule

előírásos a ált prescribed, stipulated; ker specified || *(szabályos)* regular, formal || ~**an** formally; **nem** ~ informal

előírásszerűen adv in due form

előírt a prescribed, stipulated; ker specified || **törvény által** ~ as prescribed by law ut.

előítélet n prejudice, bias, preconception

előjáték n prelude; *(zeneműhöz)* overture

előjegyez v *(vmt vm célra)* earmark (for), mark/put* down (for) || *(jegyet, szállodai szobát)* book (in advance), reserve

előjegyzés n *(feljegyzés)* note || *(vm célra)* earmark || *(színházjegyé, szobáé)* (advance) booking || zene key signature || ~ **nélküli** *(hang)* natural; ~**be vesz vkt** put* sy down for (sg)

előjegyzési naptár n engagement calendar, appointments/engagement diary

előjel n *(jövőre nézve)* sign, omen || **mat** sign || **jó** ~ good omen; **negatív** ~ minus/negative sign; **pozitív** ~ plus/positive sign; **rossz** ~ bad/ill omen

előjelű a negatív ~ negative, with negative sign ut.; pozitív ~ positive, with positive sign ut.

előjön v vhonnan come* out (from), emerge (from) || *(szóba kerül)* crop up || *(előhozakodik vmvel)* come* forward (with)

előkalkuláció n estimate

előkap v produce (v. pull out) suddenly; *(revolvert)* whip out

előke n *(gyermeké)* bib

előkelő 1. a distinguished, illustrious, aristocratic || ~ **étterem** expensive/smart restaurant; ~ **körökben** in high places; ~ **származású** high-born; ~ **társaság** fashionable society/world 2. n **az** ~**k** persons of high rank, notables, dignitaries, people of distinction

előkelőség n *(személy)* notability, man° of rank/position || *(tulajdonság)* distinction, nobility, refinement, dignitaries

előképzés n preliminary/previous training

előképzettség n grounding, preliminary training

előkerít *v vhonnan* bring* forth, produce (from swhere); *(elveszett dolgot)* hunt up; *vkt* get* hold of (sy), find* (sy) || **honnan fogom (ehhez) a pénzt ~eni?** where am I going to find the wherewithal (for this)?

előkerül *v* turn up, come* to light, be* found

előkészít *v ált vmt vmre* prepare (sg for sg), get*/make* ready (for), US ready (for) || *(ügyet)* take* the preliminary steps (in sg) || *ált vkt vmre* prepare (sy for sg)

előkészítés *n ált* preparation, making/getting ready, arrangement

előkészítő *a/n* preparatory, of preparation *ut.* || ~ **(tanfolyam)** *(főiskolára, egyetemre)* (college-)preparatory curriculum

előkészül *v vmre* get* ready (for sg), prepare for (sg), make* preparations/arrangements (for sg)

előkészület *n* preparations *pl*, arrangements *pl* || ~**ben (van)** *(pl. könyv)* (be*) in preparation; **megteszi az ~eket** make* arrangements/preparations for sg

előkotor *v* dig*/rake out || *(pénzt)* fork out/up

elöl *adv vhol* ahead, in front || ~ **megy** lead* the way || **jó példával jár** ~ set* a good example

elől *post (vhonnan)* from before, away from || ~**em** from before me; **takarodj a szemem** ~**!** (get) out of my sight!

előleg *n (banktól)* advance (payment), payment in advance (*vmre* on); *(vásárláskor)* deposit, down payment || ~**et vesz föl** receive/accept an advance

előlegez *v* make* an advance (*amennyit* of), pay* in advance, advance [money to sy] || ~**ett bizalom** confidence placed in sy

előlegképpen *adv* as an advance (on sg), in advance

élőlény *n* living being, creature

előlép *v (előáll)* step/come* forward; *(tömegből, ismeretlenségből)* emerge (from) || *(rangban)* rise*, be* promoted, advance

előléptet *v (rangban)* promote (sy to sg), advance (sy to sg) || ~**ik** be* promoted; *biz* get one's step

előléptetés *n* promotion, advancement

elöl-hátul *adv* before and behind

elöljáró *n (hivatali)* superior, principal, chief; *biz* boss || *nyelvt* preposition || ~**ban** by way of introduction

elöljáróság *n (testület)* borough council

elölnézet *n* front-view/elevation

elölről *adv (nézve)* from the front || *(kezdve)* from the beginning; *(újra)* afresh, anew, once more || ~ **kezdi** begin*/start again

előmenetel *n* progress, advance; **jó ~ű diák** child° making normal/good progress

előmozdít *v* further, promote, advance

előmozdítás *n* furtherance, promotion

elönt *v (folyadék)* inundate, flood, overflow || ~ **a düh** it makes my blood boil, it makes me furious

előny *n* advantage, benefit; *(haszon)* profit || *sp* advantage, *közl* lead || **behozza vk ~ét** overtake* sy, catch* up (with) sy, catch* sy up; ~**ben részesít vkt vkvel szemben** give* preference to sy *(v.* over others), prefer sy (to/over sy else), favour (US -or) sy; ~**ére változik** improve (with age/time); ~**t ad vknek** give* sy a start

előnyös *a* advantageous; *(feltétel)* favourable (US -or-); *(anyagilag)* profitable || *(ruha)* dressy, elegant || ~ **vétel** a bargain

előnytelen *a (hátrányos)* disadvantageous || *(nem csinos)* unbecoming || ~ **színben tüntet fel** show* to a disadvantage

előőrs *n* advance guard/party, outpost

előrajzol *v (mintát)* sketch, trace [a pattern]

előráncigál *v* drag out

előránt *v* pull/take* out suddenly; *(kardot, pisztolyt)* whip out, draw*

előre 1. *adv (térben)* forward(s), onward(s), ahead *(időben)* in advance, beforehand, in anticipation, first || ~ **beállít** preset*; ~ **csomagolt** prepacked; ~ **fizet** pay* in advance; ~ **gyártott** prefabricated; ~ **hoz** *(határidőt)* advance, bring* forward; ~ **is hálásan köszönöm** thank you in advance/anticipation; ~ **lát** foresee*, forecast*, anticipate; ~ **látott** foreseen, anticipated, expected; ~ **megbeszél** vmt prearrange sg; ~ **megfontolt** premeditated, deliberate; ~ **megmondtam** I told you so; ~ **megvált jegyet** book a seat (in advance); ~ **nem látható** unforeseeable; ~ **nem látott** unforeseen; ~ **váltott jegy** pre-booked ticket; **ezt** ~ **lehetett látni** it could be foreseen/expected; **jó** ~ well in advance **2.** *int* ~**!** forward!, (go) on!

előrebocsát *v (beszédben)* mention sg at the outset || ~**om azt, hogy** I would like to start by saying that

előreenged *v* allow sy to go forward

előrees|ik *v* fall* head first

előregedett *a* aged, decrepit

előreged|ik *v* grow* old

előregyártás n prefabrication
előrehajol v lean*/bend* forward
előrehalad v *(térben)* make* progress, progress || *(fejlődésben, munkában stb.)* progress, get* on; make* headway || *(építkezés stb.)* advance
előrehaladott a advanced || ~ **korban van** be* well on in years, be* advanced in years
előre-hátra adv backwards and forwards, back and forth
előreigazít v *(órát)* put* forward/on || **egy órával ~ja az órákat** put* the clocks forward/on one hour
előrejelzés n forecast; *(időjárási)* weather forecast
előreküld v vkt, vmt send* sy/sg ahead (v. in advance), send* sy/sg on ahead
előrelátás n foresight; *(óvatos)* caution, prudence, circumspection || ~ **hiánya** want/lack of foresight
előreláthatatlan a unforeseen, unforeseeable
előrelátható a predictable, foreseeable || **ez ~ volt** this was to be expected
előreláthatólag adv in all probability/likelihood
előrelátó a farsighted, farseeing, provident; *(óvatos)* prudent, circumspect
előrelép v step/come* forward, advance
előrelépés n **(nagy)** ~ a (great) leap forward
előremegy v go* ahead/forward
előrenéz v look ahead
előresiet v hurry forward/along/ahead
előrész n front (part), forepart
előreszalad v run* forward/ahead || *(elhamarkodva)* be* precipitate
előreszegez v *(tekintetet)* look straight ahead
előretol v push/move forward
előretolakod|ik v press forward, push oneself forward
előretör v forge ahead, elbow/force one's way forward (v. to the front)
előretörés n kat sudden advance
előreugr|ik v vk rush to the front || vm project, protrude, stick*/jut out
előreugró a protruding, jutting out ut.
előrevisz v *(szállít)* carry forward/ahead || = **előmozdít**
előrohan, előront v rush/dash forward
előrukkol egy kéréssel kif biz spring* a request (on sy), come* out with a request
élősdi 1. a parasitic(al) 2. n *(áll, növ és ember)* parasite; *(csak ember)* hanger-on *(pl* hangers-on), sponger
élősegít v help (on), further, promote, advance, be* conducive to (sg)

élősköd|ik v biz vkn sponge/live/batten on sy, be* a sponger on sy
élősködő n = **élősdi**
élősövény n *(főleg út mentén)* hedgerow; *(ház körül stb.)* hedge
élősúly n live weight || ~ **ban** on the hoof
előszámla n pro forma invoice
előszed v = **előveszi**
előszele n vmnek a straw in the wind, premonitory signs *pl*
előszeretet n predilection (for), partiality (for), preference (for) || ~ **tel van vm iránt** show a preference for, be* especially fond of
előszezon n kb. early season, pre-season
előszó n foreword, *(szerzői)* preface
előszoba n vestibule; *(angol házban)* hall; *(hivatalé)* anteroom
előszóban adv by word of mouth, orally
először adv *(első ízben)* (for) the first time, first || *(sorrendben)* at first, first(ly), in the first place; *(felsorolásban)* for one thing || *(eleinte)* (at) first, at the outset || ~ **is** *(mindenekelőtt)* first of all, to begin with; **ő volt itt** ~ he was here first
először re adv at one go, at the first attempt; *(első látásra)* at first sight
előtér n *(terület)* foreground || *(lakásban)* entrance-hall, passage; *(színpadon)* forestage, proscenium || **~be kerül** come* to the front, come* into the limelight
előteremt v vmt procure, produce || vkt hunt out/up, find* || **pénzt** ~ raise money/funds (for), find* the money
előterjeszt v submit (sg to sy), lay* before (sy); *(ügyet)* report, state; *(vkt kitüntetésre)* recommend (sy for sg) || **javaslatot** ~ table/propose/move a motion
előterjesztés n *(javaslat)* proposal, proposition, suggestion, scheme || *(jelentés)* report
előtör v break* forth/through || *(víz)* gush out/forth (from), well out
előtt post *(időben)* before; *(megelőzően)* prior to || *(térben)* in front of || *(vk jelenlétében)* in the presence of || **a bíróság** ~ in court, before a/the court; **befejezés** ~ **áll** be* nearing completion; **ez ~ a kép ~** in front of this picture; **hétfő ~ (nem)** (not) before Monday; **jóval ... ~** long before...; **szemünk ~** before our very eyes; **vizsgák ~ áll** he* about to take his examinations/exams
előtte adv in front of *(v. before)* him/her/it || **az ~ való napon** the day before; **~d** before you, in front of you; **~m** before me, in front of me; *(jelenlé-*

temben) in my presence; **még ~ áll vmnek** have* it still before one
előtti *a (időben)* ante, pre-; before *ut.*; *(térben)* in front of *ut.* ‖ **a ház ~ kert** the garden at the front (of the house), the front garden; **a háború ~ évek** the pre-war years
előtűn|ik *v* appear, come* into sight
előugr|ik *v vhonnan* spring* forward/forth
előváros *n* suburb
elővárosi *a* suburban
elővesz *v (vhonnan, zsebből)* take*/bring* out (of), produce ‖ *(betegség)* exhaust, take* it out of one ‖ *(pirongat)* take* to task, upbraid ‖ **elővette a félelem** he was overcome/gripped by fear; **elővette a jobbik eszét** he thought better of it
elővétel *n (jegyé)* advance booking ‖ **a jegyek ~ben elkeltek** the performance is sold out
elővételi *a ~* **jog** (right of) pre-emption, pre-emptive right, first refusal; **~ pénztár** advance booking-office, *(színházi stb.)* box office
elővezet *v* lead* forward, bring* forth; *(foglyot)* bring* in; *(lovat)* trot/lead* out
elővezetési parancs *n* habeas corpus
elővigyázatlan *a* rash, careless; *kif* be* off one's guard
elővigyázatlanság *n* rashness, carelessness
elővigyázatos *a* cautious, careful
elővigyázatosság *n* precaution, care ‖ **kellő ~gal** with due/every precaution; **~i rendszabályok** precautionary measures
élővilág *n* living world, animal kingdom, fauna
előz *v* overtake*, *US* pass ‖ **balról ~** overtake* on the left; **~ni tilos!** no overtaking!, *US* no passing!
előzékeny *a vk iránt* obliging, attentive, courteous, civil *(mind:* to); *(udvarias)* polite
előzékenység *n* consideration, courtesy, civility ‖ **~ből** out of courtesy
előzés *n* overtaking, *US* passing
előzetes 1. *a* previous, preliminary ‖ **~ bejelentés nélkül** without (prior) notice; **~en** in advance, beforehand; *(korábban)* previously; **~en megbeszél vmt** prearrange sg 2. *n (film)* trailer
előzmény *n* antecedents *pl*, precedents *pl*, preliminaries *pl*
előző 1. *a* previous, preceding, former ‖ **az ~ hét** the previous week, the week before 2. *n* **az ~kben** in what has gone before, in the foregoing

előzőleg *adv* previously, before(hand), first ‖ **~ értesít vkt** inform sy (beforehand), let* sy know (beforehand)
elözönöl *v (folyadék)* overflow ‖ *(tömeg)* overrun*; *kat* invade
elpáhol *v* thrash, give* sy a (good) drubbing
elpalástol *v* = **elleplez**
elpanaszol *v* tell* one's troubles (to sy)
elpárolgás *n* evaporation, vaporization
elpárolog *v (gőz)* evaporate, vaporize ‖ *átv vk* vanish into thin air, make* oneself scarce
elpártol *v vktől* turn away (from), desert (sy)
elpatkol *v biz* kick the bucket
elpattan *v (húr)* snap, break*; *(üveg)* crack
elpazarol *v* waste, squander, dissipate
elpirul *v* blush, turn red/crimson/scarlet
elpiszkolód|ik *v* get*/become* dirty/soiled
elpityered|ik *v* start crying, *kif* turn on the waterworks
elpocsékol *v* waste, squander, dissipate
elpuhul *v* become* effeminate/soft
elpuhult *a* soft, enervate, effeminate
elpuhultság *n* effeminacy, softness
elpuskáz *v biz* make* a mess of sg, bungle
elpusztít *v (tárgyat, várost)* destroy, demolish, ruin; *(megsemmisít)* annihilate; *(országot, területet)* lay* waste, devastate ‖ *(embert, állatot)* kill; *(kiirt)* exterminate, extirpate
elpusztíthatatlan *a* indestructible, imperishable
elpusztul *v (ált, tárgy)* be* destroyed; *(ország)* be* laid waste ‖ *(élőlény)* perish *(vm miatt* for/through), die, be* killed
elrablás *n* carrying off, robbing; *(emberé)* kidnapping; *(nőé)* abduction
elrabol *v* rob *(vktől vmt* sy of sg); *(embert)* kidnap, *(nőt és gyereket így is)* abduct; *(repülőt, járművet)* hijack ‖ **~ja vk idejét** trespass on sy's time
elrág *v* chew (up)
elragad *v vktől vmt* snatch, take* away (from); *(erőszakkal)* tear* away ‖ *(vkt indulat)* overcome*
elragadó *a* delightful, charming, bewitching, enchanting, captivating
elragadtat *v* **el van ragadtatva** be* in (v. go* into) raptures (at, over), be* delighted (by, with); **~ja magát** *(dühében)* lose* one's temper, fly*/get* into a rage; *(szenvedélytől)* be*/get* carried away
elragadtatás *n* rapture, ecstasy, enthusiasm
elragadtatott *a* ecstatic, rapturous

elrak *v vmt* put* away; *(útból félre)* clear away, put* out of the way || *biz* give* sy a good hiding
elrákosod|ik *v* become* cancerous
elraktároz *v* store
elránt *v* tear*/snatch/pull away
elrejt *v (szem elől)* conceal, hide* || *(érzelmet)* conceal [one's feelings]
elrejtőz|ik *v* hide* away || ~**ik vk elől** hide* from sy
elrémít *v* terrify, scare, horrify
elrémül *v vmtől* be* scared (of), be* frightened/horrified (at/by)
elrendel *v* order; *(rendelettel)* decree; *(bíróság)* rule
elrendez *v (rendbe tesz)* arrange, put* in order; *(szobát)* tidy (up) || *(csoportosít)* arrange || *(vitás ügyet)* settle, straighten out; *(problémát)* sort out, get* [one's problem(s)] sorted out || **majd** ~**em valahogy** I'll fix it up somehow, I'll see to it, I'll sort it/things out
elrendezés *n (folyamat)* arranging, *(eredmény)* arrangement || *(szobáé)* tidying || *(ügyé)* settlement, settling
elrendeződ|ik *v (dolog)* straighten out, be*/get* settled/sorted out
elreped *v* crack; *(ruha)* tear*, rend*
elrepül *v vk vm* fly* away/off; *(repülőgép)* take* off; *vhova* fly* to || *(idő)* fly* || ~**t az idő** the time just flew by
elrestelli magát *v* feel* ashamed
elreteszel *v (tolózárral)* bolt
elrettent *v* deter *(sy from doing sg)*
elrettentő *a* deterrent || ~ **példa** warning (example), deterrent
elriad *v* start/draw*/shrink* back
elriaszt *v* scare/frighten away/off; *átv* discourage, deter
elringat *v* lull/rock to sleep
elrobog *v (járművön)* drive* away (at full speed), speed* away; *(vm mellett)* dash/rattle/drive*/roar past || = **elrohan** || ~**ott a vonat** the train flew past
elrohan *v* rush away/off, dash off; *vhova* hurry (away) to || ~**t az orvosért** he ran for the doctor
elroml|ik *v ált* go* bad/wrong, deteriorate; *(étel)* spoil*, go* bad/off || *(gép, készülék)* break* down, be* out of order, fail; *biz* conk out || ~**ott az idő(járás)** the weather has broken
elrongyolód|ik *v* become* shabby/frazzled, wear* out
elront *v (szerkezetet)* put* out of order; *(kárt téve)* damage || *(szemet)* ruin || *(gyereket)* spoil* || *(munkát)* bungle; *biz* make* a botch of (sg) || ~**ja a gyomrát** have* an upset stomach, have* a stomach upset; *(vmtől)* sg upset sy's stomach;

~**ja vk örömét** spoil*/mar sy's pleasure/happiness, be* a killjoy
elrothad *v* rot, decompose, putrefy
elrozsdásod|ik *v* become* rusty, rust
elrúg *v (labdát)* kick away
elsajátít *v (tudást)* acquire, attain; *(nyelvet)* master
elsajátítás *n (tudásé)* acquisition, attaining, attainment; *(nyelvé)* mastery
elsápad *v* pale, turn/grow* pale
elsápaszt *v* make* pale
elsárgul *v* turn/become* yellow
elseje *n* the first (day of the month) || ~**n fizetnek** I am/get paid on the first of the month
elsétál *v* walk away/off *(vhová* to, *as far as)*
elsiet *v* hurry off/away (from); *(vk mellett)* rush past || **ne siesd el a dolgot** take* your time
elsietett *a* = **elhamarkodott**
elsikkad *v* get* lost || ~**t a lényeg** the essentials got lost (swhere *v*. on the way)
elsikkaszt *v* embezzle, misappropriate; *(közpénzt)* peculate
elsikl|ik *v* ~**ik vm felett** *átv (felületességből)* skate over sg; *(szándékosan nem vesz észre)* turn a blind eye to sg, gloss over sg
elsimít *v* smooth away/out, make* even/level, flatten || *átv* smooth over; *(nézeteltérést)* settle, arrange
elsimul *v* become*/get* smooth/even/level || *(nehézség)* disappear, vanish; *(ügy)* be* smoothed over, blow* over
elsinkófál *v biz* pinch, sneak
elsír *v* ~**ja bánatát** sob out one's grief; ~**ja magát** burst* into tears, begin* to cry
elsirat *v* mourn (for) sy
elsodor *v* sweep* away
elsorol *v* enumerate, recount
elsorvad *v* waste/pine away; *(szerv)* atrophy
elsorvaszt *v* waste; *(szervet)* atrophy
elsóz *v* put* too much salt (in sg) || *átv* fob/foist/palm off *(vmt vknek* sg on sy)
első 1. *num/a (sorrendben)* first *(számmal:* 1st); *(időben)* earliest, primary || *(rangsorban)* first, foremost, principal, supreme, leading || ~ **díj** first prize; ~ **dolga volt (hogy)...** the first thing he did was to...; ~ **emelet** first floor, US second floor; ~ **fejezet** chapter one; ~ **fokú égési sérülés** first-degree burn; ~ **(fokú) unokatestvér** first cousin; ~ **kézből** at first hand, firsthand; *kif* straight from the horse's mouth; ~ **látásra** at first sight, on sight; ~ **osztály** first class; ~ **osztályos** pupil in the first form, first-form

p*u*pil/boy/girl; ~ **osztályú** first-class/ rate; ~ **sor** *(ülések/székek sorában)* front row; ~ **számú** No. 1 *(szóban:* number one); ~ **ülés** front seat; **I. Henrik** Henry I *(szóban:* the first) **2.** *n* ~**be jár** be* in the first form; ~**nek érkezett** he arrived first, he was (the) first to arrive; ~**re letette a vizsgát** he passed the test first go

elsőbbség *n* priority, precedence; *jog* prior right/claim ‖ **(áthaladási)** ~ *közl* right of way, priority; ~**et ad** *(vknek)* give* way (to), *US* yield (to)

elsőbbségadás kötelező! *kif* give way, *US* yield

elsődleges *a* primary

elsőéves *a/n* first-year ‖ ~ **(egyetemi/ főiskolai hallgató)** first-year student, freshman°, fresher

elsőfokú bíróság *n* court of first instance

elsöpör *v* sweep* away; *átv* overthrow*, do* away with

elsöprő *a* ~ **győzelem** a clean sweep; ~ **sikere van** carry all before one; *biz* be* devastating; ~ **többség** overwhelming majority

elsőrangú *a* first-rate/class, of the first rank *ut.*; *biz* A1 *v.* A-1; ~ **minőség** highest quality

elsőrendű *a* = **elsőrangú** ‖ ~ **fontosságú** of vital/especial importance *ut.*; ~ **út** trunk-road, main road

elsős *a/n* ~ **(tanuló)** first-form pupil/ boy/girl

elsősegély *n* first aid ‖ vkt ~**ben részesít** give* sy first aid

elsősegélyhely *n* first-aid station

elsősegélynyújtás *n* first aid

elsősorban *adv* in the first place, first (of all), above all

elsőszülött *a/n* firstborn

elsötéted|ik *v (ég)* become/get*/grow* dark, darken; *(terem)* become* dark ‖ *átv* become* gloomy ‖ ~**ett előttem a világ** everything went black

elsötétít *v* darken, make* dark

élsportoló *n* leading/top sportsman°/ sportswoman°

elsuhan *v vm mellett* fly*/glide/flit past (sg)

elsül *v (puska)* go* off, fire ‖ *(sikerül biz)* come* off, succeed ‖ **rosszul sült el a dolog** the plan failed, it fell through

elsüllyed *v (elmerül)* sink*, go* down/ under, submerge, founder ‖ *majd* ~ **szégyenében** he is covered in shame

elsüllyeszt *v* ált sink*; *(hajót megfúrással)* scuttle ‖ *(aktát)* pigeonhole, shelve

elsüt *v (puskát)* fire (off), discharge ‖ *(elsóz biz)* palm off, get* rid of ‖ *biz* ~ **egy viccet** make*/crack a joke; ~**i a lányát** marry off his daughter

elszab *v (rosszul szab)* cut* badly

elszabadul *v (ember, rab)* get*/break* away/out ‖ *(állat)* break* loose, run* away; *(csónak)* slip/break* its moorings ‖ ~**t a pokol** hell broke loose

elszabotál *v* sabotage

elszakad *v (kötél)* break*; *(ruha)* tear*, be*/get* torn ‖ *vktől* detach oneself (from), seperate (from); *(tartomány országtól)* secede (from), declare itself independent; *(családtól)* break* away (from)

elszakadás *n (kötélé)* breaking; *(ruháé)* tearing ‖ *vktől* separation; *(államtól)* secession; *(szervezettől)* breaking away (from)

elszakít *v (kötelet)* break*, snap; *(ruhát)* tear*, rip, rend* ‖ *vmt vmtől* detach (from), sever, break* off; *vkt vktől* separate, alienate, estrange (from)

elszakíthatatlan *a (ruha)* everlasting ‖ *(kapcsolat)* strong, unbreakable

elszalad *v* run* away/off, make* off

elszalaszt *v vkt vmért, vkért* send* sy (out) for (*v.* to fetch) sg/sy ‖ *(alkalmat)* miss, let* slip, *US* pass up ‖ ~**ja az alkalmat** let* the opportunity slip; *biz* miss the bus/boat

elszáll *v (madár, gép)* fly* away/off; *(füst)* rise*; *(gáz)* escape

elszállásol *v* put* (sy) up, lodge, accommodate; *kat* billet/quarter *(vhol* swhere *v.* on sy)

elszállingóz|ik *v* drift away one by one

elszállít *v vhová* convey, transport, carry; *(árut hajón)* ship *(mind:* to)

elszállíttat *v* have* sg forwarded/shipped

elszámítja magát *v* miscalculate, make* a miscalculation ‖ **elszámítottam magam** I am/was out in my calculations/accounts

elszámol *v vmről, vmvel* account for, render/give* an account of ‖ *vkvel* settle up with (sy)

elszámolás *n (eljárás)* settling/settlement of accounts ‖ *(írásos)* accounts *pl* ‖ ~ **szerint** as per account rendered

elszánja magát *v vmre* make* up one's mind (to do sg), resolve on sg (*v.* doing sg *v.* to do sg)

elszánt *a* determined, resolute, desperate, decided

elszántság *n* resolution, determination

elszaporod|ik *v* multiply, increase (in number)

elszárad *v* wither, dry, shrivel (*US* -l) (up)

elszaval *v* recite

elszédít *v konkr* make* (sy) giddy/dizzy ‖ *átv* turn sy's head, dazzle (sy)
elszédül *v* become* (suddenly) dizzy ‖ ~**tem tőle** it made my head spin
elszegényedés *n* impoverishment; *(általános)* pauperization
elszegényed|ik *v* grow* poor, be* reduced to poverty
elszégyelli magát *v* feel* ashamed
elszemtelened|ik *v* become* insolent/impertinent/impudent
elszenesed|ik *v* char, be* charred
elszenved *v* endure, suffer, bear*
elszeret *v* seduce ‖ ~**i vk feleségét** steal* sy's wife
elszigetel *v* isolate (from), cut* off (from)
elszigetelőd|ik *v* become* isolated
elszigetelt *a* isolated ‖ ~ **jelenség** isolated phenomenon *(pl* -mena)
elszigeteltség *n* isolation, loneliness
elszíneződ|ik *v* discolo(u)r, fade
elszíntelenedés *n* discolo(u)ration
elszíntelened|ik *v* lose* (its) colo(u)r
elszív *v* ~**egy cigarettát** smoke a cigarette, have* a smoke
elszívó(készülék) *n* (*bűzt, párát)* extractor (fan)
elszok|ik *v vmtől* grow*/get*/become* unused to sg, get* out of the habit (of doing sg)
elszomorít *v* make* (sy) sad, sadden
elszomorító *a* saddening
elszomorod|ik *v* grow*/become* sad, sadden
elszór *v* scatter (about), strew*, spread*
elszórakoz|ik *v vmvel* amuse oneself with; *(vhol jól)* have* a good time
elszórakoztat *v* entertain, amuse, divert
elszóród|ik *v* be* scattered about
elszórt *a* scattered; *átv* sparse, sporadic
elszórtan *adv* sporadically, here and there, scattered
elszorul *v konkr* get* stuck ‖ ~**t a szíve** his heart sank
elszök|ik *v* run* away, escape (from); *(bűnöző, állat stb.)* get*/break* away; *(vk országból)* flee*/fly*; *(vk ülésről)* slip/get* away
elszörnyed *v* be* horrified/shocked (*vmn* at/by)
elszörnyedés *n* horror, consternation
elszundít *v* doze off, have* a doze
elszúr *v vulg vmt* bungle (sg), botch up (sg), make* a mess of (sg)
elszürkül *v* turn/become* grey, grey
eltájol *v biz* **el van tájolva** be* off the beam
eltakar *v* cover (up); *(elrejt)* hide*, conceal
eltakarít *v* clear away, remove

eltakarod|ik *v (útból)* get* out of the way
eltalál *v (fegyverrel)* hit* (the target/mark) ‖ *(kitalál)* hit* upon, guess (right) ‖ *vhová* find* the way (to) ‖ ~**tad!** you got it right!, you have hit/got it!; **nem találta el** he guessed wrong
eltanácsol *v* advise sy to leave; *(iskolából)* expel; *(egyetemről)* send* down
eltapos *v* trample down/on, crush
eltart *v vkt* keep*, support, maintain, provide for ‖ *(vmennyi ideig)* last, go* on, continue ‖ *(ruha, cipő)* wear*, last ‖ *(elég)* be* enough, be* sufficient (for) ‖ **nem tudja magát** ~**ani** he does not earn enough to live on; **estig** ~ *(munka)* it'll take us all day (to do it)
eltartás *n* support; *jog* maintenance
eltartási *a* ~ **kötelezettség** obligation to pay maintence/support; ~ **szerződés** ⟨contract relating to support for life in return for accommodation⟩
eltartó *n* breadwinner
eltartott *n* dependant
eltaszít *v (tárgyat)* push off ‖ *(magától)* cast* off/aside, turn away
eltávolít *v vkt* remove, send* off/away ‖ *vmt* remove, clear away; *(foltot)* remove; *(vmt késsel)* cut* out; *(műtéttel)* remove; *(végtagot)* amputate ‖ **vmt** ~**tat** have sg out
eltávolítás *n* removal
eltávolodás *n átv* estrangement, withdrawal, retirement
eltávolod|ik *v (térben)* move/go* away/off; *(hajó)* stand* away, clear off ‖ *átv* retire, withdraw*; *(lélekben)* become* estranged/alienated
eltekint *vmtől* disregard (sg), take* no notice (of); *(nem követel meg)* dispense (with), forbear* (from doing sg) ‖ **ettől** ~**ve** apart from this
eltékozol *v* = **elpazarol**
eltel|ik *v vmvel* fill up (with), get* full (of); *(érzéssel)* fill (with), be* filled with ‖ *(idő)* pass ‖ **évek fognak addig** ~**ni** it will take years
eltelte *n (időé)* passing; *(határidőé)* expiration ‖ **két év** ~**vel** when two years have/had passed
eltemet *v* bury; *átv* hide*
eltép *v* tear* (to pieces), tear* up
eltér *v (iránytól)* deviate from, turn aside/away from ‖ *(elvtől)* swerve, deviate from; *(szabálytól)* depart from ‖ *(vélemény)* differ, diverge, vary ‖ **ebben** ~ **a véleményem** I disagree with you there; ~ **a tárgytól** digress from the subject, go* off at a tangent
elterel *v (állatot)* drive* off/away ‖ *(forgalmat)* divert ‖ *(figyelmet)* divert, dis-

elterelés 128

tract ‖ ~i a beszélgetést change/turn the conversation, change the subject
elterelés n *(figyelemé)* distraction ‖ *(forgalomé)* diversion, diverted traffic; *US* detour
eltérés n *(iránytól)* deviation; *(tárgytól)* digression; *(irányvonaltól, céltól)* departure ‖ *(különbség)* difference, divergence
eltérít v *(irányától)* divert; *(repülőt)* hijack ‖ *(figyelmet, vkt vmtől)* divert, distract ‖ ~i szándékától dissuade/divert from his intention; ~i útjából take* sy *(v.* make* sy go) out of his way
eltérítés n *(repülőé)* hijack(ing)
elterjed v spread*; *(hír)* spread*, get* about/(a)round, gain currency; *(szokás)* become* general; *(vélemény)* be* gaining ground ‖ **igen el van terjedve** be* current, be* in current use, be* quite widespread, be* widely used
elterjedés n spread(ing), (general) use
elterjedt a *(szokás stb.)* wide-spread, general, universal
elterjeszt v *(hírt)* spread* (abroad), propagate; *(szokást)* bring* into vogue, make* general; *(betegséget)* spread*, pass on
eltérő a different (from), unlike *ut.,* divergent (from) ‖ *(rendestől)* abnormal, irregular ‖ ~ **vélemény** difference of opinion, dissent; *US* dissenting opinion
eltérően adv vmtől differently (from), contrary (to), in contrast (to)
elterül v *(terület)* lie*, be* situated ‖ *(vk a földön)* fall* on the ground; *(ütéstől)* fall* flat on the floor
eltervez v plan, be* planning
eltesz v *(helyére)* put* sg in its place; *(máshová)* lay* aside; *(félre)* put* away, set* aside ‖ *(élelmiszert)* preserve, conserve; *(savanyúságot)* pickle ‖ *biz* ~ **láb alól** do* away with, kill
éltet v *(életben tart)* keep* sy alive ‖ *(éljenez)* cheer ‖ **Isten éltesse(n)!** *(születésnapon)* many happy returns!
eltéved v lose* one's way, get* lost
eltéveszt v *(célt)* miss; *(két dolgot)* confuse, muddle up ‖ **számolást** ~ lose* count
eltévesztés n *(célé, úté)* missing (sg); *(össze)* mistaking sg (for sg), confusion, muddling up
eltilt v vkt vmtől forbid* (sy to do sg)
eltipor v *(lábbal)* trample down/on, crush
eltitkol v keep* (sg) secret, keep* sg from sy; *(érzést)* hide*, conceal
eltol v *(térben)* shift ‖ *(időben)* shift; put* off, postpone ‖ *biz (elhibáz)* bungle, make* a botch of (sg), botch/mess up (sg)

eltolható a (re)movable, mobile; *(csúsztatva)* sliding
eltolódás n *(térben)* displacement, shift ‖ *(időben)* postponement
eltolód|ik v *(térben)* be* moved away, be* shifted ‖ *(időben)* be* postponed, be* put off
eltompul v become* blunt ‖ *átv* become* dull
eltompult a *átv* dull
eltorlaszol v block (up/off); *(barikáddal)* barricade
eltorzít v deform, disfigure; *(arcvonásokat)* contort, distort; vmt *átv* misrepresent; *(értelmet)* distort, twist [sy's words] (around)
eltorzul v become* deformed/disfigured; *(arc)* be* contorted/distorted; *(értelem)* be* distorted/twisted; *(forma)* get* out of shape
eltökél v decide (upon), resolve (on ...ing v. to ...), determine
eltökélt a *(ember)* resolved, resolute, determined ‖ ~ **szándékom** I am firmly resolved (to), it is my firm intention (to do sg)
eltökéltség n determination, resolution
eltölt v vmvel *átv* fill; *(bátorsággal)* inspire; *(szánalommal)* touch; *(gyűlölettel)* imbue ‖ *(étel)* fill up ‖ *(időt)* pass; while away; spend* ‖ **szívemet szomorúság tölti el** my heart is full of sadness
eltöpreng v vmn brood on/over (sg)
eltör v break*, shatter, smash ‖ ~**te a lábát** he broke/fractured his leg
eltör|ik v break* (into pieces), be* broken ‖ ~**t a karja** (s)he broke his/her arm
eltörlés n *(törvényé)* repeal, abrogation; *(intézményé)* abolition
eltöröl v *(vm nyomait)* efface ‖ *(edényt)* dry ‖ *(törvényt)* repeal, abrogate ‖ ~ **a föld színéről** wipe out
eltörpül v *(vm mellett)* look small beside sg, be* dwarfed by sg, be* put/cast in(to) the shade
eltulajdonít v (mis)appropriate
eltulajdonítás n (mis)appropriation
eltúloz v exaggerate; *(nyilatkozatban)* overstate
eltussol v hush/cover up
eltűnés n disappearance
eltűn|ik v disappear, vanish; *(távolban)* fade away ‖ ~**t a szemem elől** I lost sight of him/her/it; ~**t hazulról** (s)he is missing (from home); ~**t az órám** *biz* my watch is gone
eltűnőd|ik v vmn meditate (up)on (sg), brood over/on (sg), reflect on (sg)
eltűnt a vanished; *(kat is)* missing ‖ ~ **személy** missing person

eltüntet *v* make* sy/sg disappear; *(elrejt)* hide*, conceal; *(foltot)* remove, clean off ‖ **a nyomokat ~i** cover up one's tracks, obliterate the traces

eltűr *v* endure, tolerate, suffer, bear* ‖ **ezt nem vagyok hajlandó ~ni** I won't put up with that, I won't swallow that

eltüzel *v* burn* (up), put* on the fire

elújságol *v* tell*

elun *v vmt* get*/be*/become* bored with doing sg, be* bored by sg ‖ **~ja magát** be* bored; **~ta a várakozást** he got tired of waiting

elutasít *v vmt* refuse, reject, decline; *(ajánlatot)* reject, turn down; *(fellebbezést)* dismiss; *(kérést)* refuse; *(vádat)* deny, repudiate ‖ *vkt* turn down ‖ **javaslatot ~** *(gyűlés)* throw* out a motion

elutasítás *n vmé* refusal, rejection; *(ajánlaté, vké)* rejection, turning down; *(fellebbezésé)* dismissal; *(vádé)* repudiation

elutasító válasz *n* negative answer, refusal

elutazás *n* departure, leaving

elutaz|ik *v* leave* *(ahonnan* swhere, *ahová* for) ‖ **~ott Sopronba** he has left for Sopron; **egy hétre ~ott** he has gone (*v.* went) for a week, he will be away for a week

elül *v (zaj)* die down, grow* quiet ‖ *(baromfi)* go* to roost, perch ‖ *(máshová)* sit* elsewhere ‖ **~t a szél** the wind has dropped; **~t a vihar** the storm is spent, the storm had blown itself out

elüldögél *v* sit* about for some time

elüldöz *v* drive* away, expel

elülső *a* front(-), fore- ‖ **~ rész** front part

elültet *v (növényt)* plant, bed

elültetés *n (növényé)* planting

elüt *v (labdát)* hit*, strike* off ‖ *(autó vkt)* hit*, knock/run* down, run* over ‖ *vkt vmtől* snatch away (from/before sy) ‖ *vm vmtől* differ (from), clash (with) ‖ **~i az időt** while away the time, kill time; **tréfával üti el a dolgot** pass sg off with a joke

elütő *a* different, dissimilar, contrasting

elv *n* principle ‖ **~ben** in principle; **~ből nem megyek oda** I refuse to go there, on principle; **vm ~et vall** advocate a principle

elvadul *v* become* wild/savage; *(emberektől)* be* alienated (from) ‖ *(növény)* grow*/run* wild ‖ **~t a játék** the game turned into a free-for-all

elvág *v* cut*, cut* in two; *(darabokra)* cut* up ‖ *(összeköttetést)* break* off ‖ *biz* **~ták matekból** he was ploughed (*v. US* flunked) in maths (*v. US* math)

elvágód|ik *v (földön)* fall* flat (on the ground/floor), fall* headlong

elvakít *v (fény)* blind, dazzle ‖ *átv* delude, dupe, turn sy's head

elvakult *a* blinded (by sg) *ut.*, dazzled (by) *ut.* ‖ **~ vk hibáival szemben** be* blind to his/her faults/imperfections

elvakultság *n* infatuation, blindness

elválás *n (búcsú)* parting ‖ *(házassági, bíróilag)* divorce; *(különélés)* separation

elválaszt *v ált* part, separate, set* apart; *(erőszakkal)* force/tear* asunder; *(öszszetartozót)* disconnect, divide; *(szót)* divide; *(hajat, verekedőket)* part ‖ *(házasfeleket)* separate; *(bíróilag)* divorce ‖ *(csecsemőt)* wean

elválasztás *n ált* parting, separation; *(erőszakkal)* tearing asunder; *(összetartozó dolgoké)* disconnection; *(sor végi)* end-of-line division ‖ *(házasfeleké)* divorce ‖ *(csecsemőé)* weaning ‖ *biol* secretion

elválaszthatatlan *a* inseparable

elválasztójel *n* hyphen

elvál|ik *v (ketté, külön)* part, separate, divide; *(részek)* come* apart ‖ *(vktől egy időre)* take* leave of (sy), part from (sy); *(végleg)* part company (with sy) ‖ *(házastárstól)* divorce (sy), get*/obtain a divorce (from sy); be* divorced (from sy) ‖ **útjaink ~nak** here we must part

elvállal *v* undertake*, take* (on); *(megbízást)* accept

elvált *a* divorced, divorcee

elváltozás *n* change, alteration

elváltoztat *v* change, alter; *(hangot, írást)* disguise

elvámol *v* levy duty on (sg); *(árut)* clear [goods] (through the customs) ‖ **már ~ták a holminkat** our things have cleared customs

elvámolnivaló *n* van **~juk?** have you anything to declare?

elvan *v* **~ vm nélkül** do* without sg, manage without sg; **~ egyedül is** he/she doesn't mind being on his/her own; **jól ~nak egymással** they get* on well

elvár *v vktől vmt* expect (sy to do sg) ‖ **~ják tőle(, hogy)** he is expected/supposed (to); **~om, hogy pontos légy** I expect you to be on time

elvárások *n pl* expectations, demands

elvárosiasodás *n* urbanization

elvárosiasod|ik *v* become* urbanized

elvarr *v* sew* up, finish, neaten

elvás|ik *v vm ált* wear* out/away ‖ **~ik tőle az ember foga** it sets* one's teeth on edge

élve *adv* alive, living ‖ **~ vagy halva** dead or alive

elvégez v *(befejez)* finish, bring* to an end, complete, accomplish, achieve || *(megtesz)* do*, perform || ~**te az egyetemet** (s)he has a (university) degree, (s)he is a graduate [of a university]; **elvégzi a dolgát** *(illemhelyen)* relieve nature/oneself; **elvégzi kötelességét** do*/fulfil *(US -fill)* one's duty

elvégre *adv (hiszen)* after all

elvegyül v *(vegyileg)* mingle (with) || ~ **a tömegben** mingle with the crowd(s)

elver v *vkt* thrash, beat* soundly || *(vagyont)* squander, fritter away || **a jég** ~**te a vetést** the hail has destroyed the corn/crops; **jól** ~ **vkt** give* sy a good thrashing

elvérz|ik v *orv* bleed* to death || *átv biz* fail

elvesz[1] v *ált* take* sg away/off from sy; *(erőszakkal)* seize, lay* hold of || *(feleségül)* marry || ~**i a kilátást** obstruct the view; **sok időt** ~ takes up a lot of time

elvesz[2], **elvész** v *(tárgy)* be*/get* lost || *(kárba vész)* be* wasted || *(levél)* be* lost in the post || *(elpusztul)* perish || **elveszett az órám** I have lost my watch

elveszett *a* lost, missing || **nem** ~ **ember** *(igével)* there's no need to worry about him/her

elveszt v lose* || ~**i a fejét** lose* one's head, get* flurried; ~ **vkt a szeme elől** lose* sight of sy; ~**i az eszméletét** lose* consciousness, faint

elvesztés *n* loss

elvet v *(magot)* sow || *(elutasít)* reject, refuse || ~**i a gondját vmnek** get* sg off one's mind

elvét v = **eltéveszt**

élveteg *a ir* sensual, voluptuous

elvetél v miscarry, abort; *(állat)* abort

elvétel *n* taking away; *(erőszakosan)* seizure, confiscation

elvetendő *a (visszautasítandó)* rejectable, to be rejected *ut.*, unacceptable || *(kifogásolható)* reprehensible, objectionable

elvetet v *vmt* have* sy take (sg) away || *(feleségül)* force [a man] to marry [a woman] || ~**i a gyereket** have* the baby aborted

elvetőd|ik v *vhova* happen to get* swhere, find* oneself swhere

elvétve *adv* occasionally, now and then

élvez v *vmt* enjoy, find*/take* pleasure (in) || *(jogot)* enjoy; *(előnyöket)* benefit from; *(jövedelmet)* be* in possession of, have*

élvezés *n* enjoyment

elvezet v *vhonnan* lead*/walk away/off; *vhová* lead*/conduct/guide to; *(rabot)* march off || *(járművet)* drive*; *(hajót)* navigate || *(üzemet)* run*, direct, manage || *(folyót)* divert

élvezet *n* pleasure, enjoyment, delight, joy

élvezetes *a* enjoyable, delightful, delicious

élvezeti cikkek *n pl* consumer goods

élvhajhászás *n* pleasure-hunting

élvhajhászó **1.** *a* pleasure-seeking/loving **2.** *n* pleasure-seeker, libertine, free-liver

elvi *a* of principle *ut.* || ~ **alapon** on principle; on a matter of principle, as a matter of policy; ~ **jelentőségű** of fundamental importance *ut.*; ~ **jellegű** discipline-based; ~ **kérdés** a matter of principle

elvileg *adv* in principle, theoretically

elvirágz|ik v *(virág)* cease flowering; *(fa)* shed* its blossoms || *átv* fade

elvisel v *(eltűr)* endure, tolerate, suffer, bear*

elviselhetetlen *a* unbearable || ~ **látvány számomra** I cannot bear to see it

elviselhető *a* tolerable, endurable, bearable

elvisz v *(tárgyat)* carry away/off, take* away; *(elszállít)* transport; *(magával vmt)* take* (sg) with one, take* along; *(víz vmt)* wash/sweep* away || *(vkt magával)* take* along; *(járművel)* drive* sy to [a place], give* sy a lift || *(út vm mellett)* pass by/near || **a rendőrség elvitte** he was taken into custody, he was arrested; **ezt nem viszed el szárazon** *biz* you won't get away with it this time; **mikor viszik el a leveleket?** when is the next collection?

elvitathatatlan *a* indisputable, undeniable

elvitel *n* carrying away || **ebéd/vacsora** ~**re** *(kiírás)* takeaway meals/lunch

elvon v *(elhúz)* draw* away/off || *vktől vmt* deprive sy of sg || ~**ja a figyelmet** distract/divert attention (from)

élvonal *n* forefront; *átv* vanguard

elvonás *n (megvonás)* deprivation, withdrawal

elvonókúra *n (alkoholtól)* detoxication cure

elvonszol v drag/lug/tug away/along; *vkt* trundle sy away/along

elvont *a* abstract || ~ **fogalom** abstraction; ~**an** in the abstract

elvontat v tow/haul away

elvonul v *(vihar)* pass, pass/blow* over || *(sokaság vhonnan)* withdraw* || *(szobájába)* withdraw*, retire

elvonulás n szabad ~**t enged** grant free (and honourable) withdrawal

elvörösöd|ik v blush, flush

elvtárs *n* comrade
elvtelen *a* without principles *ut.*, unprincipled
elvtelenség *n* want/lack of principles
elzálogosít *v* put* in pawn, pawn
elzár *v vmt vhová* lock/shut* up/in || *(utat)* close, block || *(nyílást)* stop (up), close; *(csapot)* turn [the tap] off; *(készüléket)* switch off; *(villanyt)* turn/switch/put* off [the lights] || *(vkt hatóság)* lock up, confine || **az út** ~**va** road closed; **gyermekek elől** ~**va tartandó** keep out of the reach of children
elzarándokol *v* make* a pilgrimage (to)
elzárás *v vhová* locking (up), shutting (up) || *jog* custody || **kétheti** ~**ra ítélték** he was sentenced to a fortnight's imprisonment
elzárkózás *n átv* reserve, isolation || *vm elől* refusal (to consider sg)
elzárkóz|**ik** *v átv* be* reserved, hold*/keep* aloof from || *(kérés elől)* turn a deaf ear to || **nem zárkózik el vm elől** be* not averse to (doing sg)
elzárócsap *n* stopcock
elzavar *v* = **elkerget**
elzüllés *n* moral decay, corruption
elzülleszt *v* corrupt, deprave
elzüll|**ik** *v* sink*/fall* into depravity
elzsibbad *v* go* numb; *(végtag)* go* to sleep || ~**tam** I've got pins and needles
emancipáció *n* emancipation
emancipál *v* emancipate
embargó *n* embargo, ban (on)
ember *n* man°; *(szemben az állattal)* human (being); *(néha)* person, *biz* fellow || **az** ~ *(mint általános alany)* one, people *pl*, we, you; **az** ~ **sohasem tudja** one never knows, you never know, you never can tell; **az** ~**ek többsége** most people; ~ **legyen a talpán, aki ezt megteszi** it takes a man to do that; ~**ek** people, *US* folks; ~**ére akadt** he met his match; *kif* [it was] diamond cut diamond; **magyar** ~ **a** Hungarian; **mit szólnak majd az** ~**ek?** what will people say?; **nehéz** ~ tough customer; **ő jó** ~**em** he is a friend; **száz** ~ **a** hundred people/men
emberábrázolás *v* portrayal; *(irodalmi műben)* characterization
emberáldozat *n* **nagy** ~**ot követelt** it cost many lives, the number of casualties was very great
emberbarát *n* humanitarian
emberbaráti *a* humanitarian
embercsempészés *n* smuggling people (out/in)
emberélet *n ált* human life || ~**ben nem esett kár** there are/were no casualties

emberevő *n* cannibal
emberfaj *n* human race, man(kind)
emberfajta *n tud* race
emberföldrajz *n* human geography
emberfölötti *a* superhuman
emberi *a* human; *(emberies)* humane || ~ **alak** human figure; **tévedni** ~ **dolog** to err is human; ~ **erővel** by main force, with human effort
emberies *a* humane, benevolent
emberiesség *n* humanity, benevolence
emberileg *adv* humanly; from a human viewpoint || **amennyire** ~ **lehetséges** as far as possible, as is humanly possible
emberiség *n* humanity, (hu)mankind
emberismeret *n* knowledge of mankind, insight into (sy's) character
emberismerő *a* (keen) observer/judge of human nature || **jó** ~ a good judge of character
emberke *n (gyerek)* little fellow || *(kis növésű ember)* little wisp of a man
emberkerülő *n* unsociable person, misanthrope
emberlakta *a* inhabited by man *ut.*
emberölés *n* murder, homicide || **szándékos** ~ manslaughter
emberöltő *n* generation
emberpár *n* **az első** ~ the first (human) couple
emberrablás *n* kidnapping || ~**t követ el** kidnap
emberrabló *n* kidnapper
emberség *n* = **emberiesség** || *(tisztesség)* honesty, integrity, decency
emberséges *a (humánus)* humane || *(tisztességes)* honest, decent, fair
emberségesen *adv* humanely
emberszabású majom *n* anthropoid ape
embertan *n* anthropology
embertani *a* anthropological
embertárs *n* fellow-creature/man°/being
embertelen *a* inhuman, barbarous, monstrous, cruel, brutal
embertelenség *n* inhumanity, cruelty
embertömeg *n* multitude/mass of people, a huge crowd
embléma *n* emblem, symbol; *(kiadói)* imprint; *(egyéb, rövid szöveg)* logo
embólia *n* embolism
embrió *n* embryo
embrionális *a* embryonic || ~ **állapotban** *(tervek) átv* in embryo
emel *v ált* lift, hoist || *(épületet)* build*, put* up, erect, set* up; *(szobrot)* erect, raise, set* up || *(árat, színvonalat)* raise, *US* boost
emelés *n ált* lifting (up), hoisting || *(növelés, pl. béré)* rise* (*US* raise), increase [in wages]

emelet *n* storey (*US* story), floor || **az első ~en** on the first floor, *US* on the second floor; **felmegy az ~re** go* upstairs (to)
emeletes *a* (-)storeyed, -storey, *US* (-)storied || **egy~ ház** two-storey(ed) (*v. US* two-story/storied) house; **~ autóbusz** double-decker
emeleti *a* **első ~ páholy** first tier box; **~ lakás** (the) upstairs flat
emeletráépítés *n* adding a storey (to a house)
emelkedés *n* ált rise; *(értéké)* increase [of value]; *(áraké)* rise [in prices] || *(lejtőé)* ascent
emelkedett *a* *(gondolat)* lofty, sublime; *(stílus)* grand, high-flown || **~ hangulat** elation, high spirits *pl*
emelked|ik *v* ált rise*; *(repülőgép)* climb || *(út)* climb, ascend; *(vm fölé)* tower over (sg) || *átv* rise*, increase, go* up (*vmre, mind:* to) || **a Duna ~ik** the Danube is rising; **a levegőbe ~ik** *(repülőgép)* take* off; **az árak ~tek** prices have risen, prices have gone up; **az út végig ~ik** the road is uphill all the way
emelkedő 1. *a* rising, ascending || **~ irányzat** upward tendency, uptrend **2.** *n* *(úté)* rise, incline, *(upward)* slope, hill || **~ben van** be* on the rise, be* in the ascendant
emellett *adv (ezenkívül)* besides, in addition, moreover
emelő 1. *a* raising, elevating **2.** *n* műsz lever; *(kocsin)* jack; *(felvonó, pl. építkezésnél)* hoist
emelődaru *v* crane
emelőgép *n* lever; hoist
emelvény *n* platform, stand; *(szónoki)* rostrum, (speaker's) platform
émelyeg *v* be* seized with nausea, feel* sick
émelygés *n* nausea, sickness
émelyít *v* sicken, nauseate, turn/upset* one's stomach || *átv* nauseate, disgust
émelyítő *a* nauseous, nauseating, sickening || *átv* mawkish, disgusting
emészt *v (ételt)* digest || **vkt vm ~ sg** is preying on sy's mind; **~i magát** worry (about)
emésztés *n* digestion || **jó az ~e** has a good digestion
emésztési *a* digestive, peptic || **~ zavar** indigestion, dyspepsia
emészthető *a* digestible || **könnyen ~** easy to digest *ut.*, easily digested
emésztő *a* biol digesting, digestive || *átv* consuming, wasting || **~ gond** worry
emésztőcsatorna *n* alimentary canal

emésztőrendszer *n* digestive tract
emiatt *adv (ok)* this is why, for this reason, because of this || *(efelől)* on this/that account, about that || **~ ne aggódj** don't (you) worry about that (*v.* on that account)
emigráció *n (kivándorlás)* emigration || *(száműzetés)* exile
emigrál *v (kivándorol)* emigrate || *(száműzetésbe megy)* go* into exile, be* forced to emigrate
emigráns *n (nem politikai)* emigrant || *(politikai)* (political) exile, emigré
emleget *v* mention repeatedly, speak* often of sy/sg, be* always talking about
emlék *n (tárgy)* souvenir (*US* sou-); *(régi becses)* relic || *(emlékezet)* memory, rememberance || **vk ~e** sy's memory; **vk ~ei** sy's reminiscences/recollections; **vk/vm ~ére** in memory of, to the memory of; *(sírkövön)* in memoriam X.Y.
emlékezet *n (képesség)* memory, recollection || **legjobb ~em szerint** to the best of my memory, as far as I can recall/remember; **~ébe vés** commit (sg) to one's memory; **~(é)ben tart** remember (sy/sg), keep*/bear* (sg/sy) in mind; **~ből** by heart
emlékezetes *a* memorable, remarkable
emlékezetkiesés *n* amnesia; *(pillanatnyi)* black-out
emlékez|ik *v* vmre remember, recollect, recall (*mind:* sg) || **ha jól ~em** as far as I can remember, unless I am very much mistaken; **nem ~em** I can't/don't remember, I forget
emlékezőtehetség *n* (power of) memory || **kitűnő ~e van** (s)he has total recall, (s)he has got a good memory; **gyenge ~** poor memory
emlékeztet *v (vkt figyelmeztet vmre)* remind (sy that... *v.* sy to do sg *v.* sy of sg) || *(vkben felidéz vmt/vkt)* remind sy of sg/sy
emlékeztető *n* reminder, memento || **~ül** as a remembrance (of)
emlékhely *n* (national) memorial
emlékirat *n (hivatalos)* memorandum *(pl* memoranda) || *(magán)* memoirs *pl*
emlékkép *n (lélektani)* trace, engram
emlékkiállítás *n* commemorative exhibition, retrospective
emlékmű *n* monument, memorial || **hősi ~** war memorial
emlékpénz *n* commemorative coin
emléksz|ik *v* = emlékezik
emléktábla *n* memorial/commemorative plaque/tablet
emléktárgy *n* souvenir, memento
emlékül *adv* as a souvenir

említ v mention, make* mention of; *(futólag)* touch upon ‖ **mint már ~ettük** as mentioned above/earlier; **nem ~** pass over, leave* unmentioned; **nem is ~ve** to say nothing of

említés n mention(ing), reference (to) ‖ **~t tesz vmről** mention sg

említett a mentioned ‖ **az előbb ~** just mentioned *ut.*, above-mentioned, referred to above *ut.*

emlő n *(nőé)* breast; *(állaté)* udder

emlős(állat) n mammal ‖ **emlősök** mammals, *tud* Mammalia

emocionális a emotional

e-moll n E minor

emulzió n emulsion

-en *suff* → **-on**

én 1. pron *(személyes névmás)* I, *biz* me ‖ *(birt. jelzőként)* my ‖ **az ~ anyám** my mother; **~ magam** I (...) myself; **~ vagyok** it is I, *biz* it's me **2.** n *(vk énje)* self°, ego ‖ **a második ~em** my other self

-én *suff* **ötödikén, 5-én** on the fifth/5th; **május 5-én** on 5(th) May

enciklopédia n encyclop(a)edia

enciklopédikus a encyclop(a)edic

endokrin mirigyek n pl *orv* endocrine glands

ének n *(dal)* song; *(egyházi)* hymn ‖ *(éneklés)* singing; *(madáré)* (bird) song, warble, warbling

énekel v sing*; *(madár)* warble ‖ **~ni kezd** begin* to sing

énekes 1. a singing ‖ **~ bohózat** musical comedy, vaudeville **2.** n singer; *(könnyűzenei)* vocalist

énekesmadár n songbird

énekesnő n (female) singer

énekhang n singing voice

énekkar n chorus, choir

énekkari a choral

énekóra n singing lesson

énekszó n singing ‖ **~val** singing, with songs

énektanár n singing-master/teacher

énektanárnő n singing-mistress

énektanítás n instruction in singing

energetika n energetics *sing.*

energetikus n energetics expert

energia n *fiz, műsz* energy, power ‖ *(emberi)* vigour (*US* -or), drive, stamina ‖ **az ~ felhasználása** utilization of energy; **sok ~t fordít vmre** devote (all) one's energies to sg

energiaellátás n energy/power-supply

energiafogyasztás n energy/power consumption

energiaforrás n source of energy/power, energy source

energiahordozó n energy source/carrier

energiaszükséglet n energy-needs/requirements *pl*

energiatakarékos(sági) a energy-saving

energikus a energetic, forceful, vigorous ‖ **~ ember** a man° full of energy

enervált a enervated

enged v *vmt* allow/permit (sy to do sg), let* (sy do sg) ‖ *(nem áll ellen)* yield, give* way (to), submit to, give* in ‖ *(megfeszített dolog, feszültség)* yield, give* way (under pressure) ‖ **a fagy ~** the frost is breaking; **~ az árából** reduce the price (of); **nem ~ hold*/keep* one's ground**; **nem ~ett leülni** he would not let me sit down; **nem ~ vmt vknek** refuse to allow sy (to do) sg, refuse sy sg; **vizet ~ a kádba** run* a bath (for sy); **vk kérésének ~** comply with sy's request

engedékeny a yielding, (com)pliant, indulgent, permissive

engedékenység n compliance, indulgence

engedelmes a obedient

engedelmesked|ik v *vknek* obey (sy), be* obedient (to sy) ‖ **nem ~ disobey** (sy)

engedelmesség n obedience (to) ‖ **az ~et megtagadja** refuse to obey sy

engedély n *ált* permission; *(írott)* permit; *(hivatalos)* authorization ‖ *(ipari)* licence ‖ **~t kap vmre** be* licensed for sg (*v.* to sell sg); **~t kér vmre** ask for permission to do sg

engedélyez v *ált* allow, permit; *vknek vmt* give*/grant (sy) permission (to do sg) ‖ *(hatóság)* authorize; *(ipart)* grant a licence (for), license sg ‖ **~ték a tüntetést** permission to hold the demonstration was granted/given

engedélyezés n *(folyamat)* grant(ing), authorization ‖ *(irat)* permission, permit, *(iparé)* licence

engedetlen a disobedient, unruly

engedetlenség n disobedience

engedmény n *(vitában)* concession ‖ *ker* discount, reduction (in price) ‖ **fizetési engedménnyel** on easy terms; **X %-os ~t ad vknek vmre** let* sy have sg at a discount of X per cent

engedményes vásár n sale

engem pron me ‖ **ami ~ illet** as for myself

engesztel v appease, conciliate

engesztelhetetlen a implacable, unforgiving, relentless ‖ **~ gyűlölet** undying hatred

énmiattam adv because of me; *(értem)* for my sake

ennek pron *(birtokos)* of this ‖ *(részeshatározó)* to/for this ‖ **~ a fiúnak** add

oda give it to this boy; ~ **az embernek a háza** the house of this man, this man's house; ~ **ki az oka?** who is responsible for it/this?; ~ **köszönhető, hogy** it is thanks/due to this that, this is why

ennél *pron (hely)* at this/that || *(középfok mellett)* than this/that; || **nincs** ~ **jobb** there is none/nothing better; *biz* nothing can beat it

ennélfogva *adv* consequently, hence, for this reason, thus

enni *v* → **eszik**

ennivaló 1. *n* food || **egy kis** ~ something to eat; snack **2.** *a biz (aranyos)* lovely, delicious, sweet

ENSZ = *Egyesült Nemzetek Szervezete* The United Nations (Organization), UNO, UN

enzim *n* enzyme

enyeleg *v (nővel)* flirt

enyelgés *n (nővel)* flirting, flirtation

enyém *pron* mine || **ez a könyv az** ~ this book is mine, this book belongs to me; **ezek az enyéim** these are mine, these belong to me; **az enyéim** *(= családom)* my family/children/folks

enyhe *a (idő, tél)* mild; *(éghajlat)* genial, mild; *(szél)* light; *(fájdalom)* slight; *(büntetés)* light, mild, lenient || ~ **túlzás** *biz* slight exaggeration; ~**n szólva** to put it mildly, not to put too fine a point on it

enyheség *n (időé)* mildness; *(ítéleté)* lightness, lenience

enyhít *v (bánatot, fájdalmat)* ease, mitigate, alleviate, soothe, lessen; *(éhséget)* appease; *(feszültséget)* ease; *(gondot)* lighten; *(ítéletet)* reduce; *(szomjúságot)* quench

enyhítő *a* mitigating, alleviating || ~ **körülmény** mitigating circumstances *pl*

enyhül *v (fájdalom)* subside, abate, lessen; *(feszültség)* ease, slacken, *US* let* up; *(idő)* turn/grow* milder

enyhülés *n (fájdalomé)* abatement, subsidence, mitigation, softening || *(fagy után)* thaw || *pol* détente

ennyi *pron (súly, terjedelem)* so much; *(számban)* so many || ~ **az egész** that's all (there is to it); **hol voltál** ~ **ideig?** where have you been all this time?; ~**be kerül** that/this is how much it costs; ~**ben marad(t)unk** that is settled (then); ~**en** so many (of us/them)

enyv *n* glue

enyveskezű *a* light-fingered

enyvez *v* glue

ép *a (egész)* whole, intact; *(sértetlen)* unhurt, unharmed || *(egészséges)* healthy, sound || ~ **bőrrel megúszta** (s)he escaped unscathed/unharmed; ~ **ésszel senki ... no** one in his right senses would ...; ~ **testben** ~ **lélek** a sound mind in a sound body

epe *n* bile || **elönti az** ~ lose* one's temper, (it) makes sy's blood boil

epebaj *n* bilious complaint

epebajos *a* bilious

epebeteg *n* bilious patient

epegörcs *n* bilious attack, biliary colic

epehólyag *n* gall-bladder

epekő *n* gallstone || **epeköve van** he has (got) gallstones; ~**vel operálták** was operated on for gallstones

épelméjű *a* of sound mind *ut.*, sane

épen *adv (tárgy)* in perfect condition, unbroken, (completely) undamaged, safe (and sound) || *(személy)* safe and sound, unhurt

eper *n (földi~)* strawberry

eperfa *n* mulberry tree

epés *a biz* = **epebajos** || ~ **megjegyzés** malicious/sarcastic/caustic remark

épeszű *a* of sound mind *ut.*, normal, sane

epigramma *n* epigram

epika *n* epic poetry

epikus *a* epic || ~ **költő** epic poet

epilepszia *n* epilepsy

epilepsziás 1. *a* epileptic || ~ **roham** fit of epilepsy, epileptic fit **2.** *n* epileptic

epilógus *n* epilogue (*US* epilog)

épít *v ált* build*, construct || *átv vmre* build* (up)on, rely/depend on (sg) || **nem lehet a szavára** ~**eni** there is no relying on him; **utat** ~ make* a road

építés *n ált* building; *(gépé)* construction || ~ **alatt** under construction

építési *a* building, construction || ~ **terület** building site; ~ **vállalkozó** building contractor, builder

építésügy *n kb.* housing and construction

építész *n (építési vállalkozó)* (general) builder, building contractor || *biz* = **építészmérnök**

építészet *n* architecture

építészeti *a* architectural

építészmérnök *n* (qualified) architect, building engineer

építkezés *n* building; *(nagyobb)* construction

építkez|ik *v* build*, have* a house built

építmény *n* building, structure

építő 1. *a átv* ~ **(szándékú)** constructive, positive **2.** *n* builder

építőanyag *n* building material

építőanyag-ipar *n* building materials industry

építőipar *n* the building industry/trade, the construction industry

építőipari *a* ~ **szakközépiskola** technical school for the building trade; ~ **vállalat** construction/building company

építőmérnök *n* civil engineer
építőmester *n* (master) builder
építőmunkás *n* construction/building worker, builder
epizód *n* episode, incident
épkézláb *a (ember)* sound, healthy; *(gondolat)* sound; [an idea] that will work; *(terv)* workable, practicable
eposz *n* epic (poem)
éppen *adv* just, exactly, precisely ‖ ~ **akkor** just then; ~ **akkor, amikor** just when; **akkor** ~ **távol voltam** I happened to be away at the time; ~ **egy kiló** just/exactly one kilogram; ~ **ezért** for that very reason, that's why; ~ **csak hogy nem késtem le a vonatot** I was just in time for the train, I only just caught the train; ~ **csak hogy elindultunk, Péter elesett** we had hardly started (v. hardly had we started) when Peter fell; ~ **jókor** just in time, in the nick of time; ~ **most** just (now), *US* right now; ~ **nem** by no means, not by any means, not at all, not a bit; ~ **olyan** (exactly)) the same; *(mint)* the same (as)
épphogy *adv* → **éppen**
épség *n* wholeness; *átv* safety ‖ ~**ben** *(megmarad vm)* intact; *(megérkezik vm)* safe; *(ember)* safe (and sound); safely
épül *v vm* be* built/erected/constructed; *(most)* be* being built; be* under construction ‖ *vmn, vmre* be* founded/based on, rest on ‖ *(okul vmből)* be* edified by
épület *n* building ‖ ~**et emel** put* up a building, erect a building
épületelem *n* prefabricated part, building panel/unit
épületes *a átv* edifying
épületszárny *n* (side-)wing, annexe (*US* annex)
épülettömb *n* block (of houses)
épülőfélben van *v* be* under construction, be* being built
ér[1] *v vhova* get* to, arrive at, reach [a place], come* to ‖ *vmeddig* reach to, extend/stretch as far as ‖ *vmhez* touch sg ‖ *(értéket)* be* worth (sg) ‖ *(vmre megy vele)* be* of use (to sy) ‖ *vm vkt* hit*, happen to ‖ *vkt vmn* catch* ‖ **baleset** ~**te** he had an accident, he met with an accident; **hazugságon** ~ catch* sy telling a lie; **mennyit** ~? what is it worth?, how much is it worth?, what is the value of it?; **nem** ~! *(játékban)* it doesn't count!; **nem** ~ **a nevem!** *GB* fains I!; **nem sokat** ~**sz vele** it is not (v. will not be) (of) much use to you; **tetten** ~ catch* sy in the (very) act of [doing sg]; **térdig** ~ **a víz** the water is knee-deep, the water comes up to the knees

ér[2] *n (testben)* blood-vessel; *(gyűjtőér)* vein; *(verőér)* artery ‖ **bány** vein, lode ‖ *(falevélen)* rib, vein ‖ *(vízi)* brook(let), rill ‖ *(kábelé)* heart, core wire
éra *n* era, age, epoch, period
érc *n (nyers)* ore; *(fém)* metal; *(bronz)* bronze ‖ ~**ben gazdag** rich in ore *ut*.
ércbánya *n* ore mine
érces *a bány* metallic, ore ‖ *(hang)* sonorous, brazen
érctartalmú *a* metal/ore-bearing
ércsomó *n orv* varix (*pl* varices)
erdei *a* wood-, forest- ‖ ~ **út** forest-path
érdek *n* interest ‖ **a lakosság** ~**e azt kívánja** the welfare of the population requires it; **vknek az** ~**ében** on sy's behalf, in the interests of sy; ~**ében áll vm** be* in sy's interest, have* an interest in sg; **az ügy** ~**ében** for the sake of the cause
érdekel *v vkt vm* sg interest sy, sy is interested in sg, sy finds* sg of interest (*v.* interesting) ‖ *(kihat vkre)* affect, touch, concern *(mind:* sy), be* of importance to (sy) ‖ **érdekli a zene** be* interested in music; **nagyon érdekli vm** take* great interest in sg, be* greatly/very interested; ~, **hogy mi történt** I wonder what happened; **ez a lány érdekli** he is interested in this girl; **(ez) nem** ~ I don't care for it; it/that doesn't appeal to me
érdekellentét *n* clash/conflict of interests
érdekelt 1. *a* interested, concerned ‖ **az** ~ **felek** the interested parties, the persons/parties concerned; ~ **vmben** have* a(n) share/stake/interest in sg; ~**té tesz vkt** interest sy (in sg) 2. *n* **az** ~**ek** those concerned/involved/affected
érdekeltség *n (állapot)* interest, concern, involvement; *(pénzügyi)* interest, stake, share ‖ *(cég)* concern
érdekes *a* interesting ‖ **nem** ~ *(nem számít)* it's of no importance, it doesn't matter, uninteresting
érdekesség *n* interest; *(érdekes mozzanat)* point of interest, piquancy ‖ *(tárgy)* thing of interest, curiosity
érdekfeszítő *a* exciting, deeply interesting, thrilling
érdekházasság *n* marriage of convenience ‖ ~**ot köt** marry (for) money
érdekképviselet *n* representation of interests
érdeklődés *n (figyelem)* interest (shown) ‖ *(tudakozódás)* inquiry ‖ ~**t tanúsít vm iránt** show* (an) interest in sg, take* an interest in sg; **nagy** ~**sel hallgat vkt** hang* upon sy's lips/words

érdeklődési kör *n* sphere/range of interests
érdeklőd|ik *v (vm iránt)* show*/take* interest (in sg), be* interested (in sg); *(foglalkozás iránt)* go* in for sg || *(tudakozódik)* inquire *v.* enquire, ask for information, make* inquiries *(vm felől mind:* about) || ~**ik a nyelvek iránt** be* keen on languages; ~**ni szeretnék** I should like to inquire about ...
érdektelen *a (nem érdekes)* uninteresting || *(nem érdekelt)* disinterested, unconcerned || **nem** ~ be* of some interest
érdekvédelem *n* protection/safeguarding of interests
Erdély *n* Transylvania
erdélyi 1. *a* Transylvanian || ~ **fejedelem** Prince of Transylvania; **az** ~ **magyar kisebbség** the Hungarian minority in Transylvania **2.** *n* Transylvanian
érdem *n vké* merit || *(ügyé)* the essentials/merits (of a case) *pl*, main point/issue || ~**ben** on its merits, in all detail, in effect/reality, fully; ~**e szerint** according to his deserts, duly, as he deserves; **ez az ő** ~**e** this is due to him, it is his work/achievement
érdemel *v* deserve, merit, be* worthy of || **jutalmat** ~ he deserves a reward; **szót sem** ~ it's not worth mentioning; *(köszönést elhárítva)* don't mention it!, not at all!
érdemes *a (ember)* worthy, excellent || *vmre* worthy of ... *ut.*; *(igével)* deserve (sg) || ~**?** is it worth while?, is it worth it?; ~ **elolvasni** it's worth reading; **nem** ~ (it is) not worth (one's) while
érdemleges *a (döntés)* definitive, final || **nem adott** ~ **választ** he evaded the main issue in his reply
érdemrend *n* decoration, order
érdemtelen *a* undeserved, unmerited
érdes *a* rough, rugged; *(felület)* uneven; *(hang)* rasping, harsh
érdesség *n* roughness, ruggedness
erdész *n* forester, forest-ranger, woodsman
erdészet *n* forestry, silviculture
erdészeti *a* (of) forestry || ~ **főiskola** forestry college
erdészház *n* forester's lodge
erdő *n (nagy)* forest; *(kisebb)* wood(s) || **az** ~ **sűrűje** heart of the woods
erdőgazdálkodás *n* silviculture
erdőgazdaság *n* forestry, management of a (public) forest
erdőmérnök *n* forestry engineer
erdőmérnöki kar *n* Department of Forestry
erdős *a* wooded, woody || ~ **vidék** wooded country, woodland
erdősít *v* afforest, plant with trees
erdősítés *n* (af)forestation
erdőszél *n* skirts of the forest *pl*, fringe of the forest
erdőtűz *n* forest-fire
erdőzúgás *n* forest murmurs *pl*
ered *v (folyó vhol)* have* its source (in), rise* (in), spring* (from) || *átv* issue, derive, be* derived, originate, arise* *(vmből mind:* from) || *(időből)* date from, date back to || **a baj onnan** ~, **hogy** ... the cause of all the trouble is ...; ~**j innen!** (be) off with you!, get/go away!; **futásnak** ~ take* (to) flight; *biz* take* to one's heels
eredet *n átv* origin, genesis; *(szóé)* derivation, origin || *(folyóé)* source
eredeti 1. *a (első)* original; *(igazi)* genuine || *(különös)* original, odd, peculiar || ~ **ember** a character, an original/eccentric **2.** *n (példány, mű)* (the) original
eredetileg *adv* originally
eredetiség *n* originality; *(igazi volta vmnek)* genuineness
eredetű *a* of [a certain] origin *ut.* || **latin** ~ **szó** word of Latin origin
eredmény *n* result, issue; *(cselekedeté)* outcome, consequence; *(számtani)* result, answer || **jó** ~ success, happy issue, favourable result; ~**ek** *(pl. gazdasági életben)* achievements; **mi az** ~**?** *sp* what's the score?; *(meccs után)* what was the final score?; **vmlyen** ~**re vezet** result in sg, come* to sg; **a tárgyalások nem vezettek** ~**re** the negotiations were unsuccessful
eredményes *a* successful, fruitful, effective || ~**en** with good results, successfully
eredményez *v* result in, be* productive of, yield (sg)
eredményhirdetés *n* publication/announcement of the results
eredményjelző tábla *n* scoreboard
eredménytelen *a* unsuccessful, vain, fruitless || ~**ül** unsuccessfully, to no avail
eredménytelenség *n* lack of success, failure
eredő 1. *a vmből* resulting, arising *(mind:* from *és ut.)* || **gondatlanságból** ~ **kár** damage arising out of negligence **2.** *n (erő)* resultant (force)
ereklye *n* relic || **családi** ~ family heirloom
érelmeszesedés *n* arteriosclerosis || ~**es beteg** arteriosclerotic
erély *n* energy, force, firmness
erélyes *a* energetic(al), forceful, firm
erélyesen *adv* energetically || ~ **lép fel** take* firm measures (*v.* a firm stand)
érem *n* medal; *(nagyobb)* medallion || **az** ~ **másik oldala** the other side of the coin

éremtan *n* numismatics *sing.*
erény *n* virtue
erényes *a* virtuous
eres *a* veined, veiny, venous
érés *n* ripening; maturing
eresz *n* eaves *pl*
ereszcsatorna *n* (eaves) gutter
ereszked|ik *v (alá)* descend; *(lejtő)* slope, slant; *(repülőgép)* lose* height ‖ **térdre** ~**ik** kneel* (down)
ereszkedő *n (lejtő)* slope
ereszt *v (vhová, vhonnan)* let* go/pass; ‖ *(lazul)* slacken, become* loose, give* ‖ *(hordó stb.)* run* ‖ *(textilfesték)* run* ‖ ~ **az első kerék** one of the front tyres is flat; **gyökeret** ~ strike* root; **levet** ~ give* off juice; **vizet** ~ **(a csapból)** turn on the tap
éretlen *a (gyümölcs)* unripe, green ‖ *átv* immature, raw; *(ifjú)* callow, childish
eretnek 1. *a* heretical **2.** *n* heretic
eretnekség *n* heresy
érett *a (gyümölcs)* ripe; *(bor, sajt)* mellow ‖ *átv* mature ‖ ~ **kor** mature/ripe age, maturity
érettség *n ált* ripeness ‖ *átv* maturity
érettségi 1. *a* ~ **bankett** *kb.* school-leavers' party, *US* graduation ball; ~ **bizonyítvány** certificate of final examination [in a Hungarian secondary school]; ~ **találkozó** class reunion, *US kb.* class day; ~ **tételek** school-leaving examination topics **2.** *n* school-leaving *(v. final)* examination/exam
érettségizett *n GB kb.* boy/girl with a GCSE; *US kb.* a high school graduate
érettségiző *a/n* school-leaver, *GB* sixthformer ‖ ~ **osztály** final-year class, school-leavers *pl*, *GB* sixth form
érez *v (érzékel)* feel*, be* sensible/conscious of (sg); *(szagot)* smell* ‖ *(átv és érzelmileg)* feel* ‖ **együtt** ~ **vkvel** sympathize with sy, feel* for sy; **előre** ~ **vmt** have* a presentiment/foreboding of sg; **érzi magát** feel*; **hogy érzi magát?** how are you (getting on)?; *(betegtől)* how are you feeling?; **jobban érzi magát** *(beteg)* feel* better, feel*/be* comfortable; **jól érzem magam** I feel* quite well, I am* all right; **kitűnően** ~**tük magunkat** we had a (very) good time, *US* we had a big time; **érezd jól magad!** have a good time!; **minden tagomat érzem** I am aching/stiff all over; **nem** ~ **szagot** he can smell nothing; **nem érzi jól magát** feel*/be* unwell, be* under the weather; **rosszul** ~**tem magam** *(vhol)* I had a bad time, I felt uncomfortable; **vm bajt érzek** sg is wrong; *biz* there is sg in the wind; **vmt** ~ **vk iránt** feel* sg towards sy; **úgy érzem, mintha ...** I feel that *(v.* as if) ...
erezet *n (levélen)* veins *pl*, venation; *(fáé)* graining; *(márványban)* veining
érezhető *a (felfogható)* palpable, perceptible, sensible; *(igével)* to be felt ‖ *(érzik vm vmn)* smack of, be* redolent of; *vm vkn* be* written all over sy
éreztet *v vkvel vmt* make* sy feel sg, make* sy conscious of sg
ér|ik *v* ripen, become*/grow* ripe; *(bor, sajt)* mature, mellow
érint *v konkr* touch; *(könnyedén)* touch lightly ‖ *(témát)* touch, touch (up)on ‖ *(érzelmileg)* concern, affect, touch ‖ **ez engem közelről** ~ it concerns/affects me closely
érintésvédelem *n* protection against electric shock
érintetlen *a (nem érintett)* untouched ‖ *(egész)* whole, intact, uninjured ‖ *(leány)* virgin ‖ **vmt** ~**ül hagy** leave* sg untouched
érintetlenség *n (vm egész volta)* integrity ‖ *(nőé)* virginity
érintett *a (kérdés)* concerned *ut.*, referred to *ut.*; *(szerv)* affected
érintkezés *n (emberi)* contact, relations *pl*, connection, communication ‖ *(tárgyaké és ol)* contact ‖ ~ **be lép vkvel** get* in touch with sy, contact sy; **nemi** ~ sexual intercourse
érintkezési pont *n* point of contact
érintkez|ik *v (ember vkvel)* communicate, be* in contact *(vkvel* with) ‖ *(tárgyak)* touch; *(vezetékek)* be* in contact
érintő 1. *a átv* touching, concerning, affecting, involving *(mind: ut.)* ‖ **sokunkat** ~ **kérdés** a matter that affects many of us **2.** *n mat* tangent
erjed *v* ferment, work
erjedés *n* fermentation, *(átv is)* ferment
erkély *n (házé)* balcony ‖ *szính* circle, balcony ‖ **első emeleti** ~ dress circle, *US* balcony; **harmadik emeleti** ~ gallery; **második emeleti** ~ balcony, upper circle
érkezés *n vhová* arrival, coming ‖ *(kiírás repülőtéren)* arrivals ‖ ~ **(e)kor** on (sy's) arrival
érkezési *a* ~ **oldal** arrival platform/side; ~ **sorrendben** in (the) order of arrival; *(ha jó helyről van szó)* on a first come, first served basis
érkez|ik *v vhova* arrive *(kisebb helyre:* at, *nagyobbra:* in), come* (to), get* to, reach (sg); *(vonat állomásra, ahonnan továbbmegy)* call at ‖ **mikor** ~**ik a gép Londonba?** what time does the plane arrive in London?

érkező 1. a arriving || ~ **vonatok** *(felirat)* arrivals 2. n arrival, person arriving
erkölcs n morals pl, morality, ethic
erkölcsi a moral, ethical || ~ **bizonyítvány** character reference; **szigorú** ~ **felfogás** strict morals pl
erkölcsileg adv morally
erkölcsös a moral, virtuous, ethical; *(nemileg)* chaste || ~ **en él** lead* a moral life
erkölcsrendészet n the Vice Squad
erkölcsromboló n demoralizing
erkölcstan n ethics sing., moral philosophy
erkölcstelen a immoral; *(feslett)* lewd, loose || ~ **életet él** lead* an immoral life
erkölcstelenség n immorality
erkölcsű a jó ~ moral, of good morals ut.; **laza** ~ **nő** a woman° of loose morals; **rossz** ~ immoral, morally bad ut.
érlel v ripen, make* ripe; *(bort)* mellow
érme n coin; *(tantusz)* counter, token
ernyő n *(eső)* umbrella; *(lámpa)* shade; *(nap)* parasol, sunshade || **műsz** screen || *(virágé)* (compound) umbel
erotika n eroticism
erotikus a erotic
erózió n erosion
erő n power, strength; *(hangé)* intensity; *(fiz, jog, kat)* force || **jó** ~**ben van be*** in good condition; **teljes** ~**ből** with all one's might; **a maga erejéből** unaided, through/by one's own efforts; **erejéhez képest** to the best of one's power/ability; **200 forint erejéig** up to 200 fts; ~**nek erejével** forcibly, at all costs; **erejének teljében** in the prime of life, in his prime; ~**re kap** regain/gather strength; ~**t ad neki** strengthen, fortify; ~**t vesz magán** restrain oneself; ~**t vett rajtam** *(félelem)* I was seized with [fear]; *(fáradtság)* I was overcome by/with [fatigue]
erőd n fortress; átv stronghold
erőegyensúly n balance of strength
erőfeszítés n effort, exertion, endeavour (US -or) || **(nagy)** ~**(eke)t tesz** use every effort (to)
erőforrás n source of energy/power, resources pl
erőgép n engine
erőleves n clear soup, consommé
erőlködés n strain, effort, exertion
erőlköd|ik v exert oneself (to), make* every effort (to do sg); vmvel struggle (to do sg)
erőltet v *(vmnek elvégzését)* insist on (sg), urge (sg) || *(vmely szervét)* strain || **nem lehet a dolgot** ~**ni** there's no forcing the matter (v. it); **vmt vkre** ~ force sg on sy

erőltetés n *(kényszerítés)* forcing, compulsion, constraint || *(ragaszkodás vmhez)* insistence (on sg)
erőltetett a *(kényszerített)* forced || *(mesterkélt)* forced, unnatural || ~ **menet** forced march; ~ **mosoly** forced/pained smile
erőmű n power station/plant
erőnlét n (physical) condition, form
erőpróba n trial/test of strength, showdown
erős a ált strong, powerful, vigorous; *(izmos)* muscular, brawny, robust || *(akarat)* strong; *(jellem)* firm, resolute; *(meggyőződés)* firm || *(szavak)* strong, coarse || *(bor)* strong, heady; *(fény)* strong, intense; *(fűszer)* hot; *(nátha)* heavy, bad; *(szag)* penetrating, strong; *(szél)* high || ~ **dohányos** heavy smoker; ~ **és egészséges** hale and hearty; ~ **szemüveg** powerful spectacles pl; **ez az ő** ~ **oldala** that is his strong point (v. his forte); **ezt kissé** ~**nek érzem** that's a bit much; **(mellben)** ~ *(nőről)* buxom, biz bosomy; **légy** ~**!** brace yourself!
erősáram n heavy/power current
erősáramú a heavy-current, power(-current) || ~ **elektronika** power electronics sing.
erősen adv ált strongly; *(dolgozik)* hard; *(ellenáll)* sturdily || *(nagyon)* very (much), considerably || ~ **fűszerezett** highly seasoned, very spicy
erősít v ált strengthen, make* stronger, reinforce, fortify || *(beteget)* tone up, brace; *(lelkileg)* fortify, give* sy strength || **kat** fortify || vmt vhová fix (to), fasten (to), affix (to) || **el** amplify; *(rádió hangját)* increase [volume]
erősítés n ált strengthening || **kat** fortification, reinforcement || vmhez fastening (to) || **el** amplification
erősítő 1. a ált strengthening, fortifying || *(beteget)* bracing, invigorating 2. n || *(szer)* tonic, (cor)roborant || **el** amplifier
erősköd|ik v vm mellett insist on
erősöd|ik v ált get*/become* stronger, be* gaining strength; *(beteg)* improve in health, pick up; *(gyerek)* grow*; *(szél)* rise*, freshen || *(mozgalom)* spread* || **egyre** ~**ik** be* getting stronger
erősség n *(erő)* strength, power, force || **9-es** ~**ű szél** gale force 9
erőszak n force, violence, brute force; *(nemi)* rape; *(hatósági közeg elleni)* assault || ~**hoz folyamodik** resort to force/violence; ~**kal** by (main) force, with violence
erőszakol v force [matters], press [things], insist on (sg) || **nem kell (a**

dolgot) ~ni (matters) should not be forced; *biz* don't force the pace
erőszakos *a* violent, forcible, aggressive ‖ ~ **fráter** pushy/aggressive person, bully; ~ **nemi közösülés** rape
erőszakoskodás *n* (act of) violence, bullying, brutality
erőszakoskod|ik *v* use violence; *vkvel* treat (sy) in a brutal manner, maltreat (sy); *(nővel)* rape (sy)
erőteljes *a* powerful, strong, energetic
erőtér *n el, fiz* field
erőtlen *a* weak, feeble; *(halvány)* faint
erőtlenség *n* weakness, feebleness
erőviszonyok *n pl* power relations, balance of forces/power *sing.*
erővonal *n* line of force
erre *adv (vmre rá)* on this, onto this ‖ *(idevonatkozólag)* to/concerning/about this ‖ *(irány)* this way, in this direction ‖ ~ **fogta magát és elment** thereupon he went away; ~ **nézve** with regard to this, on this point; ~ **tessék!** (come) this way please!
errébb *adv* nearer, further over this way
errefelé *adv (irány)* in this direction, this way ‖ *(hely)* hereabouts, in these parts
érrendszer *n* vascular system
érrendszeri *a* vascular ‖ ~ **betegségek** circulatory diseases
érrög *n* blood clot
erről *adv (vmről le)* from/off this ‖ *(ebből az irányból)* from this direction, from here ‖ *átv* about this ‖ ~ **van szó!** that's the point, that is exactly what I mean
érsebészet *n* vascular surgery
érsek *n* archbishop
erszény *n* purse
erszényesek *n pl* marsupials
érszűkület *n* constriction/narrowing of the arteries, (aortic) stenosis
ért *v (megért)* understand*, follow; grasp, comprehend ‖ *(vkre, vmre)* allude to, refer to ‖ *(vmhez)* be* skilled/expert in sg; know* all about sg, be* proficient/competent in sg, be* well up in sg; be* a dab hand at sg ‖ **ebből egy szót sem** ~**ek** *biz* it is all Greek to me, I don't understand a word of it; **ehhez nem** ~**ek** I don't know the first thing about it; ~ **a számtanhoz** be* good at maths (*US* math); ~**em!** yes, I understand!, all right!, I see!; ~**esz?** do you understand what I am saying?, do you follow me?; ~**i a tréfát** get* the joke; **ezt nem rád** ~**ettem** I did not mean you; **mit** ~**esz ezen?** what do you mean by this/that?; **nem** ~**ed?** don't you see?; **nem** ~**em!** *(rosszul hallom)* I didn't catch what you said!, I beg your pardon!; *(felfoghatatlan)* I can't understand it!, it's (quite) beyond me; *biz* you've got me wrong; **rosszul** ~**etted** *(amit mondtam)* you have misunderstood me, you've got me wrong
értágító *n (gyógyszer)* vasodilator
érte *adv vmért, vkért* for it/him/her ‖ *(érdekében)* for its/his/her sake ‖ ~ **jön** *vmért* come* to fetch sg, collect sg; ~ **küld** send* for sy/sg; ~ **megy** *vmért* go* and get* it, go* for it, (go* and) fetch sg; *vkért* pick sy up (at); ~**d** for you; ~**tek** for you; ~**m** for me; **értük** for them; **értünk** for us; **mit kér** ~**?** what do you charge/ask/want for it?
érték *n ált* value, worth; *(pénzbeli)* value ‖ *(erkölcsi)* worth; *(becses tulajdonság)* asset ‖ *mat, tud* value ‖ **minta** ~ **nélkül** sample (of no commercial value); **névleges** ~ face value; **vknek az** ~**ei** sy's valuables
értékálló *a* of stable value *ut.*; *(értékpapírok)* gilt-edged
értékcikkek *n pl (postai kb.)* stamps, money orders and stationary issued by the P.O.
értékel *v (megbecsül, méltányol)* appreciate, esteem, value ‖ *(felbecsül)* value, appraise, estimate ‖ **nagyra** ~ value/rate sg highly, set* a high value on sg, set* great store by sg
értékelés *n (megbecsülés)* appreciation ‖ *(felbecsülés)* appraisal, valuation
értékes *a* valuable, precious, of (great/high) value *ut.* ‖ ~ **ember** a very worthy citizen (*v.* member of the community)
értékesít *v (elad)* sell*, realize, convert into money
értékesítés *n (eladás)* sale, realization
értekezés *n* dissertation, study, treatise; *(doktori)* thesis (*pl* theses)
értekez|ik *v vkvel* consult, confer, talk matters over *(mind:* with sy)
értekezlet *n* meeting; *főleg US:* conference ‖ ~**en van** be* in/at a meeting, attend a/the meeting, *US* be* in conference
értékhatár *n* limit (of value)
értékítélet *n* value judgement
értékküldemény *n* consignment of valuables; *(pénz)* remittance
értékmegőrző *n* safe deposit ‖ ~**ben elhelyez** *vmt* deposit sg
értéknövekedés *n* increase in value
értékpapír *n* securities *pl,* bonds *pl*
értéktárgy *n* valuables *pl*
értéktelen *a* worthless, valueless, of no value *ut.*
értéktöbbletadó *n* value added tax, VAT
értéktőzsde *n* the Stock Exchange
értékű *a* worth sg *ut.*, of [great/little etc.] value *ut.* ‖ **kétes** ~ of doubtful value *ut.*

értelem *n (ész)* intelligence, intellect, mind, understanding, reason ‖ *(jelentés)* sense, meaning ‖ **átvitt** ~ figurative sense; **a rendelet értelmében** in accordance with the decree; **a szó szoros értelmében** literally, in the proper sense of the word; **mi értelme van (annak)?** what's the good of it?, what's the point/use of...?; **nincs értelme** *(cselekedetnek)* there's no sense in (...ing), there's no (earthly) reason for (doing sg); *(szónak)* it does not make sense

értelemszerűen *adv (űrlap kitöltésénél)* where/as appropriate

értelmes *a (ember)* intelligent; *(gyerek így is:)* clever; ‖ *(érthető)* intelligible, clear ‖ ~ **ember** intelligent man°

értelmetlen *a (beszéd)* unintelligible, meaningless; *(cselekedet)* senseless, foolish ‖ ~ **vérontás** senseless/mindless slaughter

értelmetlenség *n (emberi)* unintelligence, lack/want of intelligence ‖ *(beszédé)* unintelligibility, meaninglessness; *(cselekedeté)* senselessness ‖ ~**eket beszél** drivel, talk nonsense

értelmez *v (felfog)* interpret, explain, construe ‖ **megjegyzéseimet rosszul** ~**ték** my remarks have been wrongly construed

értelmezés *n (felfogás)* interpretation, explanation; *(vmlyen értelemben)* acceptation ‖ ~**e szerint** as understood by X

értelmező szótár *n* (explanatory) dictionary

értelmi *a* intellectual, mental ‖ ~ **fogyatékos** mental defective, mentally retarded; ~ **fogyatékosság** mental deficiency

értelmiség *n* the intelligentsia, the intellectuals *pl*

értelmiségi 1. *a* intellectual ‖ ~ **dolgozó** intellectual worker 2. *n* intellectual ‖ ~**ek** the intellectuals, the (members of the) intelligentsia

értés *n* understanding (of), comprehension (of) ‖ ~**emre adták** I was given to understand; ~**ére ad vknek vmt** give* sy to understand, let* sy know (about) sg

értesít *v vkt vmről* inform sy about sg, let* sy know [when/what ...etc.], tell* sy of/about sg, notify sy of sg ‖ *ker* advise ‖ **tisztelettel** ~**jük** we beg to inform you; ~**i a rendőrséget a balesetről** report the accident to the police

értesítés *n* information, notification, communication; *(üzenet)* message; *(hivatalos)* notice, announcement; *ker* advice ‖ ~ **szerint** *ker* as per advice; ~ **nélkül** without (prior) warning/notice; **minden külön** ~ **helyett** separate notices will not be issued

értesül *v vmről* hear* of sg, learn* of sg, get* to know sg, be* informed of sg ‖ **örömmel** ~**tem, hogy** I was pleased to learn that

értesülés *n* information *(pl* ua.), news *(pl* ua.) ‖ ~**e(i)m szerint** from what I hear *(v.* have heard)

értetlenség *n* lack of comprehension, obtuseness

értetlenül *adv* ~ **áll vmvel szemben** be* at a loss [to know why...]

értetődik *v magától* ~**ik** it stands* to reason, it goes without saying, of course, naturally enough

értetődő *a* **magától** ~ obvious, self-evident, natural

érthetetlen *a (értelmetlen)* unintelligible, meaningless; *(rejtélyes)* baffling, incomprehensible; *(füllel)* inaudible, not clear

érthető *a* intelligible, clear, perspicuous; *(belátható)* understandable, comprehensible; *(füllel)* audible, distinct, clear ‖ **könnyen** ~ easy to understand *ut.*; **nehezen** ~ difficult/hard to understand *ut.*

érv *n* argument ‖ **a mellette és ellene szóló** ~**ek** the arguments for and against sg, the pros and cons of sg

érvel *v* argue, reason

érvelés *n* argumentation, reasoning

érvény *n* validity, force ‖ ~**be lép** come* into operation/force, become* effective, take* effect; ~**ben levő** valid, in force *ut.*

érvényes *a* valid, effective; *(igével)* hold* good; *(jegy)* be* valid/good; *(jogszabály)* be* in force; be* operative; *(pénz)* current, good ‖ **egyszeri utazásra** ~ good for a single journey; **2 hónapig** ~ (be*) valid for 2 months

érvényesít *v (igényt, jogot)* enforce, assert; *(követelést)* put* forward ‖ *(okiratot)* validate; *(csekket, számlát)* endorse ‖ ~**i akaratát** get*/have* one's (own) way

érvényesítés *n (igényé)* enforcement, assertion; *(csekké)* endorsement; *(okiraté)* validation

érvényesíthető *a* enforceable ‖ ~ **követelés** legally enforceable claim

érvényesíttet *v (repülőjegyet)* have (sg) confirmed, confirm

érvényesség *n* validity, force ‖ ~**e lejárt** it is no longer valid/good, its validity has expired

érvényesül *v (ember)* get* on, succeed, make* one's way; make* good ‖ **a**

többség akarata ~ majority opinion prevails

érvényesülés *n* success

érvényesülési lehetőség *n kb.* chance; *biz* break

érvénytelen *a* invalid, void; *(szabály)* inoperative; *(jegy)* not good/valid *ut.*, cancelled (*US* -l-) ‖ ~ **szavazat** spoiled ballot

érvénytelenít *v* invalidate, declare null and void, nullify, annul; *(töröl)* cancel (*US* -l)

érvénytelenség *n* invalidity

érverés *n* pulse, pulsation ‖ **gyors** ~ frequent/quick/rapid pulse

érzék *n (szerv)* sense ‖ *(tehetség)* sense of/for (sg), bent/feeling for (sg) ‖ ~ **e van a zenéhez** be* musical; **nincs** ~ **e a zenéhez** be* unmusical

érzékcsalódás *n* delusion, hallucination

érzékel *v* perceive, discern, register, feel*

érzékelés *n* perception, sensation

érzékelhető *a* perceptible ‖ **nem** ~ imperceptible

érzékeny *a ált* sensitive (*vmre* to); *(betegségre)* susceptible (to), allergic (to) ‖ *(idegileg)* highly-strung; *(sértődős)* sensitive (about sg), easily upset, touchy ‖ *(film, lemez)* sensitized, sensitive ‖ ~ **pontja vknek** one's sore spot/point

érzékenység *n ált* sensitiveness, sensitivity; *(fogékonyság)* responsiveness; *(betegségre)* susceptibility (to) ‖ *(csak lelki)* sensibility ‖ *(sértődékenység)* touchiness, hypersensitivity ‖ *műsz* sensitivity

érzéketlen *a (testileg)* insensible (to) ‖ *(lelkileg)* insensitive (to), apathetic; *(vk iránt)* unfeeling (towards sy), indifferent (to sy); *(vm iránt)* inured to (sg)

érzéketlenség *n (testi)* insensibility ‖ *(lelki)* insensitiveness, apathy, indifference

érzéki *a (érzékekkel kapcsolatos)* sensuous, sensory ‖ *(buja)* sensual, carnal, voluptuous

érzékiség *n (buja)* sensuality, carnality

érzékszerv *n* (organ of) sense, sense organ ‖ **az öt** ~ the five senses *pl*

érzeleg *v* sentimentalize

érzelem *n* sentiment, feeling, emotion ‖ **érzelmet kelt** evoke a feeling

érzelgős *a* mawkishly/s(l)oppily sentimental; *biz* mushy

érzelgősség *n* sentimentalism, (mawkish/soppy) sentimentality

érzelmes *a* sentimental, emotional

érzelmesség *n* sentimentalism, sentimentality, emotionalism

érzelmi *a* emotional, sentimental; *(lélektanilag)* emotive

érzelmű *a* -hearted ‖ **gyengéd** ~ tender-hearted, gentle

érzés *n (lelki)* feeling, sentiment ‖ *(testi)* sensation, feeling ‖ *(benyomás)* impression, notion, feeling

érzéstelenít *v orv* anaesthetize (*US* anes-)

érzéstelenítés *n orv (folyamat)* anaesthetization (*US* anes-); *(állapot)* anaesthesia

érzéstelenítő *n (szer)* anaesthetic (*US* anes-) ‖ *(orvos)* anaesthetist (*US* anes-) ‖ ~ **hatása alatt** under the anaesthetic

érzet *n (testi)* sensation, feeling, sense (of sg) ‖ **azt az** ~ **et kelti bennem** it gives me the impression, it suggests to me

érz|ik *v* (may) be* felt/perceptible ‖ ~ **ik a hideg** one feels the cold; ~ **ik rajta, hogy idegen** anyone can tell it is foreign (*v.* he is a foreigner)

érző *a* sensitive, feeling

érződ|ik *v* = **érzik**

érzőideg *n* sensory nerve

és *conj* and ‖ ~ **a többi** and so on/forth, etc. *(kimondva:* etcetera); ~ **aztán?** and then?, so what?

esedékes *a* due; *(tartozás)* payable, due ‖ ~ **sé válik** become*/fall* due

esedékesség *n* due-date; *(lejárat)* expiration ‖ ~ **kor** when due

esély *n* chance; *(kilátás)* prospect ‖ **semmi** ~ **e nincs** has no chance whatever; *biz* hasn't the ghost of a chance

esélyes 1. *a* having/possessing a (good) chance *ut.* ‖ ~ **jelölt** strong candidate, front runner **2.** *n* probable winner, favourite (*US* -or-)

esemény *n* event, occurrence

eseménytelen *a* uneventful

esernyő *n* umbrella

esés *n (zuhanás)* fall(ing) ‖ *(áré)* drop, fall, decline [in prices]

eset *n ált* case, instance; *(esemény)* event, occurrence ‖ *(ügy)* affair, business, matter ‖ *(történet)* story, tale ‖ *nyelvt* case ‖ **a szóban forgó** ~ the case in point; **abban az** ~ **ben, ha** if; *US* in case; **ebben az** ~ **ben** if so, in this case; **ellenkező** ~ **ben** otherwise; ~ **én** in case of, in the event of; **legjobb** ~ **ben** at best; **nem az én** ~ **em** *(dologról) biz* is not my cup of tea; *(személyről)* he/she is not the sort of person I care much for; *(nemi szempontból)* is not my type, does not appeal to me; **semmi** ~ **re (sem)** certainly not!, on no account, by no means, in no way (whatever), no way!; **szükség** ~ **én** if necessary/required, in case of emergency; **tűz** ~ **én** in case of fire; **végső** ~ **ben** at (the) worst, if the worst comes to the worst

esetenként *adv* in each case (separately); from time to time; each time

esetleg *adv* by chance, by accident, maybe, possibly ‖ **ha** ~... if, by any chance, ...; **ha** ~ **találkozol vele** if you happen to meet him

esetleges *a* possible, contingent, accidental, occasional

esetlegesség *n* possibility, chance, contingency

esetlen *a* awkward, clumsy, gangling, ungainly

eshetőség *n* possibility, eventuality; *(lehetőség)* contingency ‖ **minden** ~**re számítva** prepared for all emergencies

es|ik *v (pottyan, zuhan)* fall*, drop ‖ *(vk vmbe kerül)* get* into, fall* into ‖ *(eső)* it rains; *(most)* it is raining ‖ *(ár)* fall*, go*/come* down ‖ *(időpont, hangsúly vmre)* fall* on ‖ *vkre vm átv* fall* to sy; *(paragrafus alá)* be* within section..., fall* under ‖ **adó alá** ~**ik** be* liable to taxation; **akár** ~**ik, akár fúj** rain or shine; **áldozatul** ~**ik vmnek** fall* a prey/victim to sg; **baja** ~**ik** *(vknek)* have* trouble; *(szerencsétlenség)* meet* with an accident; ~**ik a hó** it snows; *(most)* it is snowing; ~**ni kezdett** it started raining; **hogyan** ~**nék neked az(, ha)** and how would you like it (if); **keddre** ~**ett** it fell on Tuesday; **rosszul** ~**ik vm vknek** hurt* sy's feelings, be* a disappointment to sy, feel* sore about sg; **szó** ~**ik vkről/vmről** mention is made of sy/sg, the question of sy/sg cropped up; **távol** ~**ik** be* far off, be* a long way (away), be* distant

esket *v (házasulókat)* marry

esketés *n* marrying, marriage ceremony

eskü *n* oath ‖ ~ **alatt tett nyilatkozat** declaration under oath; *(írásban)* affidavit, sworn statement; ~ **alatt vall** testify (*v.* give* evidence) on/under oath, attest sg under oath; **hamis** ~ false oath, perjury; ~**t tesz** take*/swear* an oath (*vmre* on); *(esküdt)* be* sworn in; ~**t megszeg** break* an oath

esküdöz|ik *v* swear* repeatedly

esküdt 1. *a* sworn ‖ ~ **ellenség** sworn/mortal enemy **2.** *n (bírósági)* juryman°, juror

esküdtszék *n* (common) jury

esküszegés *n* oath-breaking

esküszegő *n* oath-breaker

esküsz|ik *v* swear* (*vmre* on, *vkre* by); take an oath ‖ ~**öm**... *biz* so help me; ~**öm, hogy igaz** I swear it's true; **hamisan** ~**ik** swear* falsely, forswear*/perjure oneself; **nem** ~**öm rá** I wouldn't swear* to it; **örök hűséget** ~**ik vknek** plight one's troth to sy

eskütétel *n* taking of the oath

esküvő *n* wedding; *(házasságkötés)* marriage (ceremony) ‖ **egyházi** ~ church wedding; white wedding; **polgári** ~ civil marriage; ~**t tart** get* married; **mikor lesz az** ~ **(tök)?** when are you getting married?

esküvői *a* wedding ‖ ~ **ruha** wedding/bridal dress

eső 1. *a (zuhanó)* falling, dropping ‖ **adó alá** ~ liable to taxation *ut.*, taxable; **vm alá** ~ falling under *ut.*, subject to *ut.* **2.** *n* rain; *(szitáló)* drizzle ‖ **eláll az** ~ it has stopped raining; **esik az** ~ it rains; *(most)* it is raining; ~**re áll, lóg az** ~ **lába** it looks like rain; **szakad az** ~ it is raining hard, it is pouring (with rain); *biz* it is raining cats and dogs; **szakadó** ~**ben** in (the) pouring rain

esőcsepp *n* raindrop

esőfelhő *n* rain-cloud

esőköpeny *n* raincoat, mackintosh; *biz* mac

esős *a* rainy ‖ ~ **idő** rainy/wet weather

esővíz *n* rainwater, storm-water

esőzés *n* rainfall, rainy weather ‖ **nagy** ~**ek voltak** there were heavy rains

esperes *n* dean

est *n (napszak)* evening ‖ *(művészeti)* evening ‖ **(ma)** ~ **ig** by tonight, by (this) evening

este 1. *n* evening ‖ **jó** ~**t!** good evening! **2.** *adv* in the evening ‖ **ma** ~ this evening, tonight; **tegnap** ~ yesterday evening, last night; **holnap** ~ tomorrow evening/night; **kedd(en)** ~ Tuesday evening; **kedd** ~ **érkezett** he arrived on Tuesday evening; **késő** ~ late at night

estefelé *adv* towards evening

esteled|ik *v* it is getting dark ‖ **korán** ~**ik** the days are drawing in

estély *n* (evening) party, (social) evening, soirée ‖ ~**t ad** give* a party; *US biz* throw* a party

estélyi ruha *n* evening dress

esténként *adv* in the evenings; *(minden este)* every evening

estére *adv* by evening/night

esti *a* evening ‖ ~ **lap** evening paper; ~ **mese** bedtime story; ~ **szürkület** dusk; ~ **tanfolyam** evening classes *pl*

ész *n* reason, intellectual faculty, mind, brain ‖ **nem nagy** ~ (he is) no genius; ~ **nélkül** without thinking, without stopping to think; **eszem ágában sincs** I have not the slightest intention of (doing sg), I should not dream of (doing sg); **elment az eszed?** are you mad?, are you out of your mind/wits?; **vmn jár az esze** be* (constantly/always) thinking of sg, one's mind is constantly running on sg; **hol jár az eszed?** what are you thinking about?, *biz* a penny for your thoughts!; **máshol jár az esze** his thoughts are elsewhere; **vág az esze** has an acute (*v.* a quick) mind, he is quick in the uptake; **az eszed tokját!** *biz* nonsense!; **eszembe jut** it occurs to me; *(egy név/adat)* I remember; **nem jut eszembe** I (just) can't think of it; it escapes me; **az jutott eszembe, hogy** it struck me that; **mi jut eszedbe!** the idea!; **erről jut eszembe** that reminds me, by the way; **eszébe juttat vknek vmt** remind sy of sg; ~**be kap** suddenly realize sg; ~**nél légy!** be* careful!; **megáll az ember esze!** it is incredible/astounding (*v. biz* mind-boggling) to (see) ..., well I never!; **majd megjön az esze** he will think better of it, he will come to his senses; **mióta az eszemet tudom** ever since I can remember; ~**re tér** come* to one's senses, think* better (of); ~**re térít** bring* to reason, bring* to one's senses; **van esze** he has brains, he has a good head on his shoulders; **helyén van az esze** *(józanul gondolkodik)* he is in his right mind/senses; have* one's head screwed on *v.* the right way; *(nem lehet rászedni)* have* one's wits about one; *(odafigyel)* be* all there

észak *n* (the) North, north ‖ ~**on** in the north; ~**ra** northward, (towards the) north, northerly; ~ **felé haladó** northbound; **vmtől** ~**ra fekszik** lie* north of sg; ~ **felől,** ~**ról** from the north

Észak-Amerika *n* North America

észak-amerikai *a/n* North American

észak-atlanti *a* ~ **tömb** North Atlantic bloc; **É**~ **Szerződés Szervezete** North Atlantic Treaty Organization *(röv* NATO)

északi *a* northern, north, of the north *ut.*; *(szél)* northerly ‖ ~ **fekvésű ház** house facing north; ~ **félgömb** the northern hemisphere; ~ **irányban** northward(s), towards the north; ~ **népek** the Nordic peoples; ~ **szél fúj** there is a northerly wind

Északi-Jeges-tenger *n* the Arctic Ocean

Észak-Írország *n* Northern Ireland

Északi-sark *n* the North pole, the Arctic

északi-sarki *a* Arctic

Északi-sarkvidék *n* the Arctic

északkelet *n* north-east, (the) North-East

északkeleti *a* north-east(ern) ‖ ~ **szél** north-easter(ly wind)

északnyugat *n* north-west, (the) North-West

északnyugati *a* north-west(ern) ‖ ~ **szél** north-wester(ly wind)

észbeli *a* intellectual, mental

észbontó *a* ravishing, fascinating; *biz* mind-boggling

eszerint *adv (ilyen módszerrel)* (in) this way ‖ *(tehát)* if that is the case, accordingly, consequently

eszes *a* intelligent, clever, smart, bright ‖ ~ **ember** man° of brains

eszeveszett *a* frantic, mad

esz|ik *v* eat* ‖ → **étkezik** ‖ **abból ugyan nem** ~**el!** not if I can help it!; **egyék még!** help yourself!, have some more!; **nem ennél vmt?** would you like (to have) sg to eat?; **ön mit** ~**ik?** *(étteremben)* what will you have?

észjárás *n* way of thinking, habit ‖ **gyors** ~ **ú** ready/quick-witted

eszkábál *v* piece together, fabricate

eszkimó *a/n* Eskimo

észkombájn *n* iron **nem egy** ~ (he is) not a great brain, not a powerhouse of ideas

eszköz *n* ált *(vm célra)* instrument, device; *(szerszám)* tool, appliance; *(háztartási)* utensil; *(gazdasági)* implement; *átv* means *sing. v. pl* ‖ **anyagi** ~**ök** resources, means, funds *(mind: pl)*; ~**e vknek** be* the tool of sy; **a sztrájk mint végső** ~ strike as a last resort

észlel *v* observe, notice, perceive, detect

észlelés *n* observation, cognition

eszme *n* idea, thought

eszmeáramlat *n* current/school of thought

eszmecsere *n* exchange of views, conversation, talk ‖ **X** ~**t folytat Y-nal** an exchange of views takes place between X and Y

eszmei mondanivaló *n* the message

eszmél *v (ájulásból)* come* to

eszmélés *n (ájulásból)* recovery of consciousness ‖ *(gyermeké)* the awakening of (self-)consciousness

eszmélet *n* consciousness ‖ ~**én kívül van** be* unconscious; ~**énél van** be* conscious; **visszanyeri** ~**ét** recover/regain consciousness, come* to/round; **elveszti** ~**ét** lose* consciousness, faint

eszméletlen *a* unconscious ‖ ~ **állapotban van** be* (lying) unconscious

eszméletlenség *n* unconsciousness

eszményi *a* ideal

eszménykép *n* ideal, model

eszmevilág *n* world of ideas

eszperantó *n* Esperanto

eszpresszó *n* coffee-bar

eszpresszógép *n* (coffee) percolator/maker
eszpresszókávé *n* espresso
észrevehetetlen *a* imperceptible, unperceivable
észrevehető *a* perceptible, noticeable, appreciable || ~ **javulás** marked improvement; ~**en** perceptibly, noticeably, appreciably
észrevesz *v* observe, notice, perceive, become* aware of; *(megpillant)* catch* sight of, see* || **nem vesz észre** fail to notice/see, miss, skip over, overlook; ~**i magát** *biz* he suddenly realizes (that)
észrevétel *n* observation, noticing, perception || *(megjegyzés)* remark, comment, reflection || ~**t tesz vmre** make*/pass a remark on sg, remark on sg; **nincs semmi** ~**e** have* no comment (to make)
észrevétlen(ül) *adv* unobserved, unnoticed; *(lopva)* by stealth
esszé *n* essay
ésszerű *a* rational, reasonable, sensible || ~**en** sensibly, in a reasonable/rational manner
ésszerűség *n* rationality, reasonableness || **az** ~ **határain belül** within the bounds of reason
ésszerűtlen *a* unreasonable, illogical
észt *a/n (ember, nyelv)* Estonian
esztelen *a* unreasonable, foolish, mad, crazy, nonsensical || ~ **pazarlás** mindless waste
esztelenség *n* folly
esztendő *n* year || ~**re** this time next year, a year hence; **ma egy esztendeje** this day last year, a year ago today; **egy álló esztendeig** a whole year
esztendős *a* of... years *ut.*, ... years old *ut.* || **tizenöt** ~ **fiú** a 15-year-old boy
esztergál *v* turn
esztergályos *n* turner, lathe operator
esztergapad *n* lathe, turner's lathe
eszteta *n* aesthete *(US* es-)
esztétika *n* aesthetics *(US* es-) *sing.*
esztétikus *a* aesthetic, aesthetically *(US* es-) satisfying, pleasing
Észtország *n* Estonia
eszű *suff* -witted || **eleven** ~ quick-witted; **tompa** ~ dull
észvesztő *a* maddening, distracting
etázsfűtés *n* central heating [for each flat]
étcsokoládé *n* bitter/cooking chocolate
étel *n* ált food; *(táplálék)* nourishment; *(tálalva)* dish, meal; *(állatoké)* food, feed || ~ **és ital** meat and drink
ételbár *n* snack bar
ételhordó *n (edény)* food-container/carrier

ételízesítő *n* stock (cube)
ételkülönlegesség *n* food speciality *(US* specialty)
ételmaradék *n* scraps/remains of food *(pl)*
ételmérgezés *n* food poisoning
ételszag *n* smell of food
ételtermosz *n* vacuum food-container
éter *n* ether
éteri *a* ethereal
eternit *n* asbestos slate
etet *v* give* sy sg (to eat), feed*; *(állatot)* feed*, give food (to)
etetés *n* feeding
etető *n* feeder; *(vadé)* feeding place
etetőszék *n* high chair
éti csiga *n* edible snail
etika *n* ethic; *(szabályok)* ethics *pl* || *(erkölcstan)* ethics *sing.*; moral philosophy
etikai *a* ethical || ~ **bizottság** ethical committee; ~ **szempontból** ethically
etikett *n* etiquette, proprieties *pl*
etikus *a* ethical || ~ **magatartás** moral behaviour
etil-alkohol *n* ethyl alcohol
etimológia *n* etymology
étkészlet *n* tableware, dinner service/set; *(teázáshoz)* tea service
étkezde *n* eating-house, eating place; kat mess(-room); *(üzemi)* canteen; *(hajón)* dining saloon; isk refectory, dining hall
étkezés *n (egyszeri)* meal; *(rendszeres)* meals *pl*; *(ellátás)* board || ~ **előtt/után** before/after meal(s); ~**sel** with full board; **szállás** ~**sel** board and lodging, bed and board
étkez|ik *v* ált eat*, have*/take* one's meals; *(este)* have* dinner, dine; *(délben)* have* lunch, lunch; *(vhol rendszeresen)* take* one's meals, board, eat* || **nem otthon** ~**ik** board/eat* out, *(este)* dine out; *(egy alkalommal)* dine/eat* out, have* a meal out; **háromszor** ~**ik naponta** (s)he has three meals a day
étkező *n (helyiség)* = **étkezde**
étkezőfülke *n* dining recess, dinette
étkezőkocsi *n* dining car, *US* diner
étkeztetés *n* feeding, boarding || **üzemi** ~ subsidized meals *pl*
étlap *n* menu, bill of fare || ~ **szerint** à la carte
étlen-szomjan *adv* hungry and thirsty, without food or drink
etnikum *n* ethnic group
étolaj *n* cooking-oil, edible oil
etológia *n* ethology
etológiai *a* ethological
étrend *n* menu; *(betegé)* diet
étrendi *a* dietary, dietetic
étterem *n* restaurant; *(kisebb szállodáé)* dining-room

ettől *adv vmtől, vktől* from this ‖ ~ **az embertől** from this man; ~ **kezdve** from this/that time onward, from now onward; ~ **minden kitelik** he is capable of anything
étvágy *n* appetite ‖ **evés közben jön meg az** ~ appetite comes with eating; **jó ~a van** eat* well, have* an appetite
étvágygerjesztő 1. *a* appetizing; *(igével)* whet sy's appetite **2.** *n* appetizer; *orv* stomachic
étvágytalan *a* without an(y) appetite *ut.*
étvágytalanság *n* lack/loss of appetite
eunuch *n* eunuch
Európa *n* Europe; *(Nagy-Britannia nélkül)* the Continent
európai *a* European; *(Nagy-Britannia nélkül)* continental ‖ **E~ Gazdasági Közösség (EGK)** European Economic Community (EEC)
európaias *a* European
Európa-szerte *adv* all over (*v.* throughout) Europe
Eurovízió *n* Eurovision
év *n* year ‖ **jövő** ~ next year; **múlt** ~ last year; **(az)** ~ **vége** the close/end of the year; ~ **végi** final, end-of-the-year, coming at the end of the year *ut.*; ~**ek hosszú során át** for many years; ~**ek múltán** years after; ~**ek múlva** several years later; ~**ek óta** for many years; **ma egy** ~**e** a year ago to-day, this day last year; **három** ~**e, három** ~**vel ezelőtt** three years ago (*US* back); **ez** ~**ben** this year; **élete tizenhetedik** ~**ében** in the seventeenth year of his life; ~**ente** every year, yearly, annually, per annum; ~**enként kétszer** twice a year; ~**enként fizet** make* an annual payment; **egy álló** ~**ig** for a whole year; **5** ~**ig tartó** lasting 5 years, 5 years'...; **mához egy** ~**re** this day next year, a year from today; ~**ekre visszamenőleg** for years back; ~**ről** ~**re** year by year, year in year out
évad *n* season
evangélikus *a* Lutheran
evangélista *n* *(bibliai)* Evangelist ‖ *(evangelizátor)* evangelist
evangélium *n* *vall* Gospel ‖ **Máté** ~**a** the Gospel according to St. Matthew
évelő *a* perennial (plant)
evés *n* eating
éves *a* ... years old *ut.*, ... -year-old ‖ *(x évre szóló)* for ... years *ut.*; *(x évig tartó)* lasting ... years *ut.* ‖ ~ **törlesztő részlet** annuity; **hány** ~**?** *vk/vm* how old is he/she/it?, what age is he/she/it?; *(ön)* how old are you?; **két**~ **garancia** a guarantee for 2 years, 2 years' guarantee; **ötvenöt** ~ **vagyok** I am fifty-five

(years old); **tizenhat** ~ *(igével)* (s)he is sixteen years old; *(jelzőként)* 16-year-old, 16/sixteen years old *ut.*; aged sixteen *ut.*; **tizennyolc** ~ **korában** at the age of eighteen, aged eighteen
evés-ivás *n* feasting, eating and drinking
evészet *n* **nagy** ~ *biz* blowout
evez *v* row; *(kajak)* paddle ‖ **egyesületben** ~ row for a club
evezés *n* rowing; *(kajakban)* paddling
evező 1. *a* rowing **2.** *n* *(aki evez)* oarsman°, rower ‖ *(eszköz)* oar; *(rövidebb)* scull; *(kajakhoz, kenuhoz)* paddle
evezőcsapás *n* stroke
evezőlapát *n* oar
evezős 1. *a* rowing ‖ ~ **csónak/hajó** rowing-boat, *US* rowboat **2.** *n* rower, oarsman°; **első** ~ bowman°, bow oar
evezősbajnokság *n* rowing championship
évezred *n* thousand years *pl*, millennium *(pl* millennia)
évezredes *a* a thousand years old *ut.*, millennial, a thousand-year-old
évfolyam *n* *(folyóiraté)* volume ‖ *isk* class, year ‖ **az 53-as** ~ the class of '53
évfolyamtárs *n* classmate ‖ ~**am volt** (s)he was in my year/class
évforduló *n* anniversary
évgyűrű *n* *(fában)* annual ring
évi *a* yearly, annual, year's ‖ ~ **bér** annual wages *pl*; ~ **fizetés** annual salary; ~ **mérleg** annual balance (sheet); **ez** ~ this year's, of this year *ut.*; **az 1990.** ~ **terv ...** the 1990 plan
evidens *a* evident, obvious, manifest
évjáradék *n* annuity
évjárat *n* *(személyek)* generation, agegroup ‖ *(bor)* vintage
évkönyv *n* *(almanach)* almanac; *(intézményé)* yearbook; *(ismeretterjesztő stb. társaságé)* annals *pl* ‖ *tört* chronicle, annals *pl*
évnyitó *n* *isk* opening ceremony
evolúció *n* evolution
evolúciós *a* evolutionary
evő 1. *a* eating *ut.* **2.** *n* eater ‖ **rossz** ~ poor/bad eater
évődés *n* *vkvel* banter, chaff
évőd|ik *v* *vkvel* tease (sy); *biz* pull sy's leg
evőeszköz(ök) *n* cutlery, silver
evőkanál *n* tablespoon ‖ **három** ~**lal** three tablespoonfuls (of...)
evőkanálnyi *adv* tablespoonful
évszak *n* season ‖ **az** ~**hoz képest hideg idő** cold weather (*v.* it's cold) for the time of the year
évszám[1] *n* date
évszám[2] *adv* year after/by year, year in (and) year out
évszázad *n* century

évszázados *a* century/centuries old
évtized *n* decade
évtizedes *a* decennial, ten years old ‖ **több ~ barátság** a friendship of many decades' standing
evvel *adv* = **ezzel**
évzáró (ünnepély) *n isk* speech-day
exkavátor *n* (mechanical) digger, excavator, *US* steam shovel
exkirály *n* ex-king
exkluzív *a* exclusive, select
exkuzál *v* make* excuses (for), apologize (for sg) (*vk előtt* to); ‖ *isk kb.* ask to be excused homework
expanzió *n* expansion
expedíció *n kat, tud* expedition ‖ *(üzemben)* dispatch (department)
exponál *v fényk* make* an exposure, expose
exponenciális *a* exponential
export *n* exportation, exports *pl* ‖ *(jelzőként)* export(-) ‖ **~ból visszamaradt áru** export reject(s)
exportál *v* export
exportálás *n* exportation, exporting
exportálható *a* exportable
exportáru *n* export goods *pl,* export(s)
exportcég *n* export firm
exportcikk *n* export (article)
exportőr *n* exporter
exportrendelés *n* export order
expozíció *n (irodalom, zene)* exposition ‖ *fényk* exposure
expressz 1 *a (levél)* express, *GB* first class; *főleg US* special delivery **2.** *adv* **~ ad fel** send sg express, *GB* send* sg first class **3.** *n (vonat)* express (train)
expresszáru *n* express goods *pl*
expresszionista *n* expressionist
expresszionizmus *n* expressionism
expresszküldemény *n* express mail, *GB* first-class mail; *US* special delivery mail
expresszlevél *n* express letter, *GB* first-class letter/mail; *US* special delivery letter
expresszvonat *n* express (train)
extenzív *a* extensive
extra *a (ráadás)* extra ‖ *(különleges)* super-fine ‖ **~ méretű/nagy** *(ruhaféle)* outsize, extra large; *(cigaretta)* king-size
extraprofit *n* extra/super-profit
extravagáns *a* extravagant
extrém *a* extreme
ez *pron* this *(pl* these), that *(pl* those) ‖ **~ a(z)...** this; **~ a ház** this house; **~ az** that's it!, that's right; **~ek az emberek** these people; **~ek azok** these are the men; **~ek után** after that/these, thereupon, hereupon, at this stage ‖ *l. ragos alakokat* **(ebbe, ebben, ennek, ezt** *stb.) a maguk ábécérendi helyén*

ezalatt *adv (időben)* in the meantime, meanwhile, during this/that time
ezáltal *adv* hereby, by this means, by so doing
ezelőtt *adv* formerly, in former times ‖ *(határozott időjelöléssel)* ago ‖ **két évvel ~** two years ago, *US* two years back
ezen *adv vmn* at/on this ‖ **~ az asztalon** on this table; **~ nem kell csodálkozni** there is nothing surprising in this
ezenkívül *adv* besides, in addition
ezennel *adv* herewith, hereby ‖ **~ igazoljuk ...** this is to certify (that)
ezentúl *adv* henceforth, from now on, from this time on
ezer *num* (a/one) thousand ‖ **~ dollár** a thousand dollars; **több ~ forintba került** it cost thousands of forints; **harminc~ lakos** thirty thousand inhabitants; **~ éve nem láttalak!** I haven't seen you for ages!; **~ bocsánat!** a thousand pardons!
Ezeregyéjszaka *n* the Arabian Nights *pl*
ezeresztendős *a* a thousand years old *ut.*
ezeréves *a* = **ezeresztendős**
ezermester *n* jack-of-all-trades, handyman°
ezermillió *num* one/a thousand million(s), *US (de GB-ben is terjed)* one/a billion (10⁹)
ezernyi *a* thousands of; *(igen sok)* millions of
ezerszer *adv* a thousand times
ezerszeres *a* a thousandfold
ezért *adv/pron (emiatt)* therefore, for this/that reason, so, that/this is why ‖ *(evégett)* for that/this purpose, with that/this object, to that/this end ‖ **~ vagyok itt** that's why I am here
eziránt *adv (erre nézve)* with regard to this, on this point, in that matter/question
ezóta *adv* since this time, ever since
ezred *n kat* regiment ‖ *(rész)* thousandth (part)
ezredes *n* colonel
ezredesi rang *n* (the) rank of colonel
ezredév *n* millennium *(pl* millennia)
ezredforduló *n* turn of the millennium
ezredik *num* thousandth
ezredrész *num* thousandth (part)
ezredszer *adv* for the thousandth time
ezrelék *n* per thousand/mill/mil, one thousandth
ezres 1. *a (tízes rendszerben)* thousand; **~ szám** the number 1,000 **2.** *n (bankjegy)* a thousand pound/dollar/forint note ‖ *adj* **kölcsön egy ~t** could you lend me a thousand forints?
ezután *adv (ezentúl)* henceforth, from now on, from this time on

ezúton *adv (így)* thus; *(hivatalosan)* hereby, herewith
ezúttal *adv* this time, on this occasion
ezüst *n* silver
ezüstérem *n* silver medal
ezüstérmes *a/n* silver medallist (*US* -l-)
ezüstlakodalom *n* silver wedding
ezüstlánc *n* silver chain
ezüstnemű *n* silver(-ware)
ezüstös *a* silvery
ezüstpapír *n* silver paper/foil, (tin)foil
ezüstpénz *n* silver (coin)
ezüstpróba *n* hallmark
ezüstróka *n* silver fox
ezüstszínű *a* silver(-coloured), silvery
ezüsttárgyak *n* silver-ware
ezüstvasárnap *n* ⟨the second Sunday before Christmas⟩
ezzel *adv vmvel* with this/that, herewith, hereby ‖ *(időben)* on this ‖ ~ **már el is szaladt** having said this he ran away/off; ~ **mára végeztünk is** and that's it; ~ **szemben** whereas, on the other hand, while

F

fa[1] *n (élő)* tree ‖ *(anyag; tüzelő)* wood; *(jelzőként)* wooden, wood-, of wood *ut*.; *(építőanyag)* timber, wood; *US* lumber ‖ *isk biz* = **elégtelen** ‖ **azt sem tudja, mi ~n terem** have* not the slightest/foggiest idea of sg; **kemény ~ból van faragva** be* made of sterner stuff; **maga alatt vágja a ~t** cut* the ground from under one's own feet; **nagy ~ba vágta a fejszéjét** bite* off more than one can chew
fa[2] *n zene* fa(h)
faág *n* branch; *(nagyobb)* bough
faanyag *n* timber, wood; *US főleg:* lumber
fabatka *n* **(egy) ~t sem ér** it is* not worth a goat/pin/straw
faburkolat *n* panelling (*US* -l-), wainscot
fácán *n* pheasant
facér *a (személy)* unemployed, out of work *ut*.; *(színészről, kif)* be* resting ‖ *(tárgy)* spare
facipő *n* clog
facsar *v (mosásnál)* wring* ‖ *(vm vknek az orrát)* irritate (sy)
facsarás *n* wringing
facsavar *n* screw
facsemete *n* sapling
fadarab *n* piece of wood, stick

fafaj(ta) *n (élő)* species [of tree] ‖ *(anyag)* kind of timber
fafaragás *n* (wood-)carving
fafejű *a biz (ostoba)* thick ‖ *(makacs)* pig-headed
fafeldolgozás *n* conversion of timber
fafeldolgozó *a* ~ **ipar** wood-working industry; ~ **(munkás)** wood-worker
fafúvósok *n pl (zenészek)* the woodwind *sing. v. pl*
faggat *v* interrogate (closely), cross--examine/question; *biz* grill
faggatás *n* (close) interrogation; *biz* grilling
fagott *n* bassoon
fagy 1. *v* freeze* ‖ *(befagy)* freeze* (over), become* frozen ‖ ~ **(odakinn)** it's freezing; **majd ha ~!** when hell freezes over! **2.** *n* frost
fagyálló 1. *a* frost-resistant/proof **2.** *n (folyadék)* antifreeze
fagyapot *n* wood-wool; *US* excelsior
fagyás *n (testen)* chilblain
fagyaszt *v* freeze* ‖ *(ételt)* chill, refrigerate, deep-freeze*
fagyasztás *n (élelmiszeré)* freezing, refrigeration ‖ *orv biz* freezing
fagyasztóláda *n* (chest) freezer
fagyasztószekrény *n (háztartási)* freezer; *(frizsiderrel egybeépített)* fridge freezer
fagyasztott *a* frozen; *(mélyhűtött)* deep-frozen
faggyú *n (kiolvasztva)* tallow; *(természetes állapotban)* suet
fagykár *n* frost damage, damage done by *(v.* due to) frost
fagylalt *n* ice-cream, ice
fagylaltárus *n* ice-cream man°/vendor
fagylaltgép *n* ice-cream freezer/machine
fagylaltoz|ik *v* have* an ice-cream
fagylaltozó *n (helyiség)* ice-bar
fagyos *a (idő)* frosty, chilly; *(szél, út)* icy ‖ *átv (tekintet)* chilling, glacial ‖ ~ **fogadtatás** a frosty/cool reception
fagyoskod|ik *v* shiver/shake* with cold
fagyosszentek *n* ⟨frosty days in May⟩
fagyott *a* frozen
fagyöngy *n* mistletoe
fagypont *n* freezing-point ‖ ~ **alatt** below freezing-point (*v.* zero)
fagytalanító *n (szerkezet)* defroster; *(spray)* deicer
fagyveszély *n* danger/risk of frost
faház *n (lakóház)* wooden house, log cabin; *(kempingben)* chalet, hut
fahéj *n (fűszer)* cinnamon
faipar *n* wood/timber industry
faiskola *n* nursery
faj *n biol* species *(pl* species) ‖ *(emberfajta)* race ‖ *(válfaj)* type, species, sort

fáj v *(élesen)* hurt*, cause pain; *(tartósan, tompán)* ache || *(vm lelkileg vknek)* pain sy || ~ **a fejem** I have* a headache; **gyakran** ~ **a fejem** I often get headaches; ~ **a karja** he has* a pain in the arm; ~ **a torkom** I have* a sore throat; ~ **a szívem, ha rágondolok** it breaks* my heart to think of (it/her/him); **mi** ~**?** what's wrong with you?, what's the trouble?; **minden tagom** ~ I ache all over
fajankó n blockhead, dolt
fájás n *(kis)* ache, hurt; *(nagy, szervi)* pain; *(szülési)* (labour v. US labor) pains pl || **jönnek a** ~**ok** she's gone into labour
fájdalmas a painful, aching, sore || *(veszteség)* grievous, sad, distressing || ~ **műtét** painful operation
fájdalom n *(testi)* pain, ache || *(lelki)* grief, suffering, sorrow, pain || ~**mal tudatjuk, hogy** it is with deep regret that we announce that; **nagy fájdalmai vannak** suffer/feel* great pains, be* in (great) pain
fájdalomcsillapító n painkiller, analgesic
fájdalomdíj n biz ~**ként** by way of consolation
fájdalommentes a painless
fajfenntartás n race preservation
faji a racial || ~ **megkülönböztetés** n racial discrimination/segregation; *(Dél-Afrikában)* apartheid
fajkutya n pedigree dog
fajlagos a specific
fájlal v complain of a pain (in sg) || átv regret, be*/feel* sorry for
fajnemesítés n selective breeding
fajnév n specific name
fájó a *(seb)* painful, aching || ~ **pont(ja vknek)** átv a sore point (with one)
fájós a aching, sore || ~ **lábbal** having sore feet
fajsúly n specific gravity/density
fajta 1. n biol variety || *(féleség)* sort, kind, variety, type, class; *(áru)* brand, make 2. a *(fajtájú)* of the ... kind/type ut. || **különböző** ~ **tárgyak** objects of various kinds
fajtatiszta a *(állat)* pure-bred, pedigree; *(ló, főleg)* thoroughbred
fajul v vmvé ~ degenerate into sg
fajüldözés n rac(ial)ism
fajvédelem n rac(ial)ism
fajvédő a/n rac(ial)ist
fakad v *(forrás)* spring* (from) || vmből átv spring*/arise* from || **sírva** ~ burst* into tears
fakanál n wooden spoon, stirrer
faképnél hagy v vkt leave* sy without a word, abandon sy

fakír n fakir
fakitermelés n woodfelling (and cutting); US lumbering
fáklya n torch
fáklyásmenet n torchlight procession
fakó a pale, faded
fakszimile kiadás n facsimile edition
faktor n *(tényező)* factor
fakul v fade, lose* colour *(US* -or), discolour
fakultáció n isk optional course of study
fakultás n *(egyetemi)* faculty
fakultatív a optional, US elective || ~ **tantárgyak** optional subjects, optionals; US elective subjects, electives
fakutya n kb. chair-ski || **vigyorog, mint a** ~ grin like a Cheshire cat
fal[1] v devour, eat* ravenously || ~**ja a könyveket** (s)he is a voracious reader
fal[2] n wall || **négy** ~ **között** indoors; **akár a** ~**nak beszélne** it's like taking to a brick wall; **a** ~**nak is füle van** even walls have* ears; ~**tól** ~ **ig szőnyeg** wall-to-wall carpet, fitted carpet; ~**lal elválaszt** partition (off)
falánk a gluttonous, greedy, ravenous
falánkság n gluttony, greed
falat n mouthful, bit, bite || **egy** ~ **kenyér** a bit of bread; **nincs egy betevő** ~**ja** have* not a bite/morsel to eat
falatoz|ik v have* a snack
falatozó n *(helyiség)* snack-bar
falaz v put* up a wall *(v.* the walls) || vknek biz screen sy, act as sy's accomplice
falburkolat n *(külső)* wall covering, cladding; *(burkolólappal)* panelling *(US* -l-)
falemez n panel; *(többrétegű)* plywood
falevél n leaf°
falfehér a (as) white as a sheet ut.
falfestmény n wall-painting, fresco, mural
fali a mural, wall
falikar n *(tartó)* wall bracket || *(lámpa)* bracket light, wall lamp
falikút n *(konyhai)* sink
falinaptár n wall calendar
falióra n wall-clock, hanging clock
faliszekrény n (wall-)cupboard
faliszőnyeg n tapestry, hangings pl
faliújság n kb. notice-board
falka n pack (of hounds/wolves) || ~**ban él/jár** go* about in herds
falrengető a ~ **siker** tremendous success || ~ **ostobaság** sheer stupidity
falu n village || **a falvak népe** the villagers pl; ~**n él** live in a village
falubeli a villager || **falumbeliek** people of/from my village
falurombolás n destruction of villages

falusi 1. *a* rural, village- ‖ ~ **lakosság** rural population **2.** *n* **a** ~**ak** the villagers
falvédő *n* wall-hangings *pl*
famegmunkálás *n (épületfáé)* cutting and shaping
famentes *a* wood-free [paper]
fametszet *n* woodcut, (wood) engraving
fanatikus 1. *a* fanatic(al) **2.** *n* fanatic (for sg)
fanatizmus *n* fanaticism
fánk *n kb.* doughnut
fantasztikus *a* fantastic ‖ ~ **ár** fancy price
fantázia *n* imagination ‖ **nem látok benne** ~**t** I can't see much in it
fantázianév *n* brand/trade name
fantomkép *n* identikit (picture)
fanyalog *v* make* a face
fanyar *a (íz)* tart, acrid; *(bor, igével)* has a vinegary taste ‖ *(mosoly)* wry ‖ ~ **humor** dry sense of humour
fapofa *n* wooden/poker face
far *n (emberé)* bottom; *orv* buttocks *pl*; *tréf* backside, bum; *(állaté)* hindquarters *pl* ‖ *(hajóé)* stern; *(más járműé)* back ‖ ~**ral áll be a garázsba** back the car into the garage
fárad *v (elfárad)* get* tired; ‖ *(fáradozik)* take* (great) pains *(vmvel* over *v.* to do sg), take* the trouble (to do sg)
fáradékony *a* easily tired *ut.*
fáradhatatlan *a* indefatigable, tireless
fáradozás *n* trouble, pains *pl*, effort ‖ **(szíves)** ~**át hálásan köszönöm** thank you for the trouble you've taken *(v.* for taking all that trouble)
fáradoz|ik *v* **azon** ~**ik, hogy** he is devoting all his efforts to (doing sg)
fáradság *n (fáradozás)* trouble, pains *pl*, effort ‖ **kár a** ~**ért** it isn't *(v.* it's not) worth the trouble/bother, it's not worthwhile; **veszi magának a** ~**ot, hogy** take* the trouble to do sg
fáradságos *a* tiring, fatiguing, exhausting
fáradt *a* tired; *(kimerült)* fatigued, exhausted ‖ **a sok éjszakázástól** ~ all that night-work has tired him out; ~ **olaj** waste oil; **(nagyon)** ~ **vagyok** I am (very) tired
fáradtan *adv (vmtől)* wearily, tired (with sg), exhausted (by sg)
fáradtság *n* tiredness, weariness, exhaustion, fatigue ‖ **erőt vesz rajta a** ~ be* overcome with fatigue
farag *v (fát)* carve, cut*; *(követ)* hew*, trim; *(szobrot)* sculpt, sculpture, carve ‖ **vkből embert** ~ make* a man of sy
faragás *n* carving
faragatlan *a átv* boorish, unpolished, rough

faragott *a (fa)* carved; *(kő)* hewn ‖ ~ **dísztárgyak** carvings
farakás *n* wood-stack/pile
fáraó *n* Pharaoh
fáraszt *v (fáradttá tesz)* tire, fatigue, weary ‖ **bocsánat, hogy ide** ~ **ottam** I'm sorry to have put you to the trouble of coming here; **nem akarlak ezzel** ~**ani** I don't want to trouble you
fárasztó *a (kimerítő)* tiring, fatiguing, exhausting, back-breaking ‖ ~ **munka** a (very) fatiguing job; ~ **út** a tiring journey
farizeus 1. *a* Pharisaic(al) **2.** *n* Pharisee
fark *n* tail ‖ *vulg* cock, *US* pecker ‖ ~**ával csapkod** swish its tail
farkas *n* wolf°
farkasétvágy *n* wolfish/ravenous appetite
farkaskutya *n* Alsatian, *US* German shepherd
farkasordító hideg *n* icy/numbing cold
farkasszemet néz vkvel *kif* stare sy out
farkcsigolya *n* caudal vertebra (*pl* -brae)
farkcsont *n* caudal bone
farkcsóválás *n* tail-wagging
farm *n* farm
farmer *n (gazdálkodó)* farmer ‖ *(nadrág)* jeans *pl*, Levi's *pl*, denims *pl* ‖ *(anyag)* denim, Levi's
farmotoros *a* rear-engined, rear-drive
farok *n* = **fark**
farol *v (csúszva oldalt)* skid, swerve ‖ *(hátra)* reverse, back
farostlemez *n* chipboard
farsang *n* carnival (time)
fartő *n* rump; *(étel)* rump steak
farzseb *n* hip pocket
fás *a (terület)* wooded ‖ *(zöldség)* stringy
fasírozott *n* meatball, hamburger (steak), beefburger ‖ *biz* ~**at csinál vkből** make mincemeat of sy
fasiszta *a* fascist
fasizmus *n* fascism
fásli *n* bandage
fásliz *v* bandage, put* a bandage on
fasor *n* avenue
faszén *n* charcoal
faszobrász *n* wood-carver
fatális *a* fatal ‖ ~ **tévedés** fatal error/mistake
fatalista 1. *a* fatalistic **2.** *n* fatalist
fatányéros *n kb.* mixed grill [on a wooden plate]
fatelep *n* timber (*US* lumber)-yard
fatönk *n* stump
fatörzs *n* (tree-)trunk ‖ *(amire ülni lehet)* (tree-)stump
fatuskó *n (ülésre, tűzre)* log

fatüzeléses kályha *n* wood-burning stove
fátyol *n* veil || **borítsunk fátylat a múltra** let* bygones be bygones
fátyolfelhő *n* veil-cloud
fátyolos *a* veiled || ~ **hang** veiled voice
fattyú *n* bastard
fauna *n* fauna
favágás *n* (erdőben) felling (of) trees, logging || (tüzelőnek) wood-cutting || átv drudgery
favágó *n* (erdőn) woodman°, logger; *US* lumberman° || (tűzifáé) woodcutter
fazék *n* pot
fazekas *n* potter
fazekasság *n* potter's craft, pottery
fázékony *a* sensitive/susceptible to cold ut.
fáz|ik *v* be*/feel* cold, feel* chilly || átv vmtől shrink* from, fight* shy of (doing) sg || ~**ik a lábam** my feet are* cold; ~**om** I am*/feel* cold
fázis *n* (szakasz) phase, stage || el live (wire)
fáziskereső *n* phase-detector
fazon *n* (ruháé) cut [of a suit] || átv biz character, guy
fázós *a* = **fázékony**
F-dúr *n* F major
február *n* February; → december
februári *a* February, of/in February ut.; → decemberi
fecseg *v* chatter, babble on, natter (on)
fecsegés *n* chatter; (pletyka) gossip
fecsegő 1. *a* chattering 2. *n* chatterbox
fecske *n* swallow || **egy ~ nem csinál nyarat** one swallow does not make a summer
fecskefészek *n* swallow's nest
fecskendez *v* squirt (vmt vmbe sg into sg), spray; (tűzoltó) play the hose (on sg) || orv inject (vkbe vmt sy with sg)
fecskendő *n* orv (hypodermic) syringe; (tűzoltóé) (fire-)hose
fed *v* (takar) cover (vmvel with sg) || (házat, tetőt) put* a roof on || **ez nem ~i a valóságot** this does* not accord with the facts
fedd *v* reprove, rebuke, castigate
feddés *n* reproof, reprimand
feddhetetlen ember *n* a man with an irreproachable past
feddhetetlenség *n* irreproachableness
feddő szavak *n pl* words of reproach
fedél *n* (házé) roof || (dobozé, edényé) lid; (csavaros) cap || (könyvé) cover || **egy ~ alatt lakik vkvel** live under the same roof with sy
fedélzet *n* (hajóé) deck || **minden ember a ~re!** all hands on deck!; **a repülőgép ~én** on board the aircraft

fedélzeti *a* deck(-) || ~ **számítógép** (autóban) board computer
fedetlen fővel adv bare-headed, hatless
fedett *a* covered; (épület) roofed || ~ **pályás** indoor; ~ **uszoda** indoor (swimming-)pool
fedez *v* kat sp cover || (költséget) cover, meet* || kat, sp ~**z!** fall in!
fedezék *n* entrenchment, trenches *pl*
fedezés *n* covering || **költségeinek ~ére** to cover/meet his expenses
fedezet *n* (arany, vagyontárgy stb.) security; (pénz) funds *pl* || sp half(back) || ~**tel kísér** escort (sy), convoy
fedezetlen *a* pénz, ker uncovered
fedő *n* vmn cover, top; (edényen) lid
fedőnév *n* code-name
fegyelem *n* discipline || **fegyelmet tart** keep*/maintain discipline
fegyelmez *v* discipline, keep* under (strict) discipline || ~**i magát** control oneself
fegyelmezetlen *a* undisciplined
fegyelmezett *a* disciplined, orderly
fegyelmi 1. *a* disciplinary || ~ **eljárás** disciplinary procedure; ~ **úton elbocsát** be* summarily dismissed; ~ **vétség** disciplinary offence; ~ **vizsgálat** departmental investigation 2. *n* disciplinary procedure || ~**t indít vk ellen** take* disciplinary action against sy; ~**t kap** be* disciplined/reprimanded (vm miatt for sg)
fegyenc *n* convict, inmate [of a prison]
fegyház *n* prison, *US* penitentiary || **ötévi ~ra ítél** sentence (sy) to five years of penal servitude
fegyőr *n* (csak *GB*) gaoler, (*GB* és *US*) jailer
fegyver *n* ált weapon, arms *pl*; (lőfegyver) gun || ~**be!** to arms!; ~**ben áll** be* in/under arms; ~**t fog vk ellen** take* up arms against sy; (ráfogja) point/aim a gun at sy; **leteszi a ~t** (átv is) lay* down one's arms, surrender; ~**rel kényszerít vkt vmre** force sy [to do sg] at gunpoint
fegyveres 1. *a* armed || ~ **bandita** gunman°; ~ **beavatkozás** armed/military intervention; ~ **felkelés** armed uprising; ~ **összeütközés** armed clash 2. *n* armed man°
fegyvergyár *n* armaments/arms factory
fegyvergyártás *n* manufacture of arms
fegyverkezés *n* military preparations *pl*
fegyverkezési verseny *n* arms/armament race
fegyverletétel *n* laying down of arms, surrender, capitulation
fegyverropogás *n* rattle of firearms
fegyverszakértő *n* firearms expert

fegyverszünet *n* armistice || ~**et köt** conclude/sign an armistice
fegyverszüneti *a* armistice || ~ **tárgyalások** armistice negotiations/talks
fegyvertár *n* főleg *átv* arsenal, storehouse
fegyvertelen *a* unarmed, weaponless
fegyverviselés *n* carrying of arms || **tiltott** ~ illegal possession of arms; ~**i engedély** firearms/gun licence
fegyverzet *n kat* armament || *vill* armature
fehér 1. *a* white; *(borosüveg)* clear || ~ **bőrű** white-skinned; **a** ~ **bőrűek** the whites; ~ **ember** white man°, *elít* honkie; **a Fehér Ház** *US* the White House; ~ **kenyér** white bread; ~ **könyv** *(diplomáciai)* White Paper; ~ **vérsejt** white blood cell; *tud* leucocyte **2.** *n* white || **kimutatja a foga** ~**ét** show* one's true colours (*US* -ors)
fehérbor *n* white wine
fehérítés *n* whitening || *tex* bleaching
fehérítő(szer) *n* bleach
fehérje *n vegy* albumin, protein || *(tojás~)* white of egg, egg-white
fehérjetartalmú *a* albuminous || **nagy** ~ rich in protein *ut.*
fehérjetartalom *n* albumin/protein content
fehérnemű *n (testi)* underwear, underclothes *pl*; *(csak női, biz)* undies *pl*
fehérség *n* whiteness
fehérvérűség *n* leukaemia (*US* -kem-)
fej[1] *v (tehenet)* milk || *átv vkt* bleed* sy for sg
fej[2] *n* ált és *átv* head || *(testületé)* head, chief || *(dologé)* head, (upper) end, top || *(hagymáé)* bulb; *(káposztáé)* head || *(újságcím)* head(ing) || **azt sem tudja, hol áll a** ~**e** he doesn't know which way to turn; **nem esett a** ~**e lágyára** he is no fool, he is all there; **benőtt (már) a** ~**e lágya** he has sown his wild oats; **egy** ~**jel nagyobb** a head taller; ~ ~ **mellett** neck and neck; ~ **vagy írás?** heads or tails?; ~**be ver vkt** hit*/knock sy on the head, deal* a blow on sy's head; ~**ből** from memory, by heart; ~**ébe ver vknek vmt** hammer/beat* sg into sy; ~**en áll** stand* on one's head; **fel a** ~**jel!** cheer up!, (keep your) chin up!; *biz* **jó** ~ he's a good man, he's not a bad sort; **jó** ~**e van** he has a good head on his shoulders, he has brains; **két** ~ **hagymát kérek** two onions, please; **nem fér a** ~**embe** I can't believe it, it is* beyond me; **nem megy ki a** ~**emből** I can't forget it; **teljesen elvesztette a** ~**ét** he completely lost* his head; *vm* **jár a** ~**ében** be* turning sg over in one's mind, be* thinking of sg
fejadag *n* ration (per head)
fejbólintás *n* nod (of the head)
fejedelem *n* (reigning) prince
fejedelemség *n* principality
fejedelmi *a* princely
fejel *v (labdát)* head [the ball]
fejenállás *n* head-stand
fejenként *adv* a/per head; each || ~ **5 fontba kerül** it costs £5 a/per head; ~ **10 forintot adott a fiúknak** he gave the boys 10 forints each
fejes 1. *a* ~ **saláta** (cabbage) lettuce; ~ **vonalzó** T-square **2.** *n (futballban)* header || = **fejesugrás** || *biz (vezető)* bigwig, VIP || ~**t ugrik** dive/jump head first (into), take* a header [into the swimming-pool]
fejés *n (tehéné)* milking
fejesugrás *n* header, dive
fejetlen *a (fej nélküli)* headless
fejetlenség *n* disorder, anarchy, confusion
fejezet *n* chapter
fejfa *n (síron)* wooden grave-post
fejfájás *n* headache
fejfájós *a* headachy
fejgörcs *n* migraine, splitting headache
fejhallgató *n* headphone(s), *US* headset
fejkendő *n* kerchief
fejléc *n* heading
fejlemény *n* developments *pl*, outcome, issue || **a legújabb** ~ the latest development
fejleszt *v ált* develop; improve || *(képességet)* develop, cultivate || *(áramot, hőt)* generate, produce
fejlesztés *n ált* development, improvement, *(pl. mezőgazdaságé így is)* expansion || *(áramé, gázé)* generation, production
fejletlen *a (pl. gyerek)* undeveloped, backward || **gazdaságilag** ~ **ország** underdeveloped country
fejlett *a (testileg)* fully/well developed || *átv* highly developed, advanced || ~ **technika** advanced technology; **(ipari-lag)** ~ **ország** developed country; ~ **kritikai érzék** highly developed sensibility (*v.* critical sense)
fejlettség *n* state of development, advanced state
fejlődés *n (növekedés, kifejlődés)* development, evolution, growth || *átv* progress, advance, improvement || **a** ~ **éveiben** vkről in his/her formative years; ~**ben elmaradott** → **fejletlen**
fejlődési *a* developmental || ~ **rendellenesség** developmental abnormality/anomaly, deformity

fejlőd|ik v *(kifejlődik)* develop || *átv* develop, progress, advance || **(jól)** ~**ik a mezőgazdaság** agriculture is making good progress
fejlődő a developing || ~ **ország** developing country
fejmosás n *(hajmosás)* shampoo || *biz (szidás)* **(alapos)** ~ dressing-down *(pl* dressings-down)
fejszámolás n mental arithmetic
fejsze n axe *(US* ax) || **veszett** ~ **nyele** *kb.* make* the best of a bad job
fejt v *(varrást)* undo*, unstitch; *(kötést)* rip up || *(babot)* shell || *(szenet)* mine || *(bort)* rack, draw* off, decant || *(rejtvényt)* solve
fejtámasz n headrest
fejteget v expound, explain, discuss; *(hosszasan)* dwell* (at length) on sg
fejtegetés n discussion, analysis
fejtés n *(kőé)* quarrying; *bány* mining, *(széné)* drawing, cutting, hewing || *(ruháé)* unstitching, undoing || *(boré)* racking, drawing off, decanting
fejtörés n racking one's brains || **nagy** ~**t okoz (vknek)** give* sy plenty to think about, *biz* it is a real headache
fejtörő n puzzle, brainteaser
fejtővájár n (coal-)face worker
fejű a -headed
fejvesztés n beheading || ~ **terhe alatt** under penalty of death
fejvesztett a crazy, crazed, panic-stricken || ~ **menekülés** headlong flight; ~**en menekül** flee* in terror, run* panic-stricken
fék n *(járműé)* brake || ~**en tart** keep* in check, curb, restrain, bridle
fékbetét n brake lining
fekély n *orv* ulcer
fekélyes a ulcerous, ulcerated
fekélyesed|ik v ulcerate, fester
fekete 1. a black; *átv* dark, dusky || ~ **bőrű** black(-skinned); ~ **doboz** *biz* black box, *hiv* flight recorder; ~ **karácsony** green Christmas; ~ **ruhában** (dressed) in black; ~ **szemű** black/dark eyed **2.** n *(kávé)* black coffee || **a** ~**k** the blacks; ~**re fest** *ált* paint sg black; *text* dye sg black
feketeár n black-market price
fekete-fehér a *(film stb.)* black-and-white, monochrome || ~ **tévé** monochrome TV
feketekávé n black coffee
feketekereskedelem n the black market
feketéll|ik v show*/look black
feketén vásárol v buy* on the black market
feketepiac n black market

feketerigó n blackbird
feketeség n blackness
Fekete-tenger n the Black Sea
feketézés n *átv biz* (buying and selling on) the black market
feketéz|ik v *(kávézik)* drink* black coffee || *átv biz* trade/deal in/on the black market
feketéző n *átv* black-marketeer
fékez v use v. put* on the brakes, brake || *átv (szenvedélyt)* bridle, restrain || ~**i magát** control/restrain oneself
fékezés n *műsz* braking
fékezhetetlen a *(jármű stb.)* uncontrollable || *átv* unmanageable
fékfolyadék n brake fluid
féklámpa n brake light, *US* stoplight
fékpedál n brake pedal
fékpofa n brake-shoe
feksz|ik v *ált* lie* *(vmn* on) || *(ingatlan)* lie*, be* situated; *(tárgy vmn)* lie* on sg; *(vagyon vmben)* lie* in sg, be* invested in sg || **az ágyban** ~**ik** be* in bed; **az ágyra** ~**ik** lie* down on the bed; **beteg** ~**ik** lie* ill, be* (ill) in bed, be* laid up (with); **feküdj!** *(vezényszó)* (lie) down!; **későn** ~**ik** be* a night owl *(v.* nighthawk), stay up (late), *(pl.* tanulva*)* burn* the midnight oil; **korán** ~**ik** go* early to bed; **nekem ez a dolog nem** ~**ik** *biz* it's not my cup of tea
féktelen a wild, unbridled, unrestrained || ~ **jókedv** high spirits *pl*; ~ **harag** unbridled fury; ~**ül** boisterously, wildly
fektet v *vmt vhová* lay*, put*, place || *(pénzt vmbe)* invest/place [money] in sg || **vkt ágyba** ~ put* sy to bed
fékút n braking distance
fekve *adv* lying || ~ **marad** remain/stay in bed; *(lustálkodva)* have* a lie-in
fekvés n *(cselekvés)* lying; *(helyzet)* recumbent position || *(vidéké)* situation, location, lie; *(házé)* aspect, exposure
fekvésű a *(ház stb.)* (-)situated, lying... || **déli** ~ having/with a southern/south-facing aspect *ut.*
fekvő a lying, recumbent || ~ **beteg** patient confined to bed; *(kórházi)* in-patient
fekvőhely n bed; *(hajón, hálókocsin)* berth || **három** ~**es lakókocsi** a three-berth caravan *(v. US* trailer)
fekvőtámasz n press-up, *US* pushup
fel *adv* up || ~ **és alá** up and down; ~ **és alá járkál** walk the floor; *(szobában)* pace up and down; ~ **a kezekkel!** hands up!; ~ **az emeletre** upstairs; **hegynek** ~ uphill
fél[1] v *(félelmet érez)* be* afraid, feel* fear; *(nagyon)* fear greatly; *biz kif* be* in a funk || *vmtől, vktől* fear sg/sy, be* afraid

of sg/sy; *(nagyon)* have* a great fear of sg/sy, dread sg/sy, be* frightened of sg/sy || **(attól)** ~**ek, hogy eljön** I'm afraid (that) he will/may come; ~ **a kutyá(k)- tól** be* afraid of dogs; ~ **kimenni (egyedül)** she is afraid to go (*v.* of going) out (alone); ~ **tőle, mint a tűztől** shun/avoid sy like the plague; ~**ek, hogy nem jön el** I'm afraid he won't come, I fear he may not (*v.* won't) come; **ne** ~**j!** don't be afraid!, have no fear!

fél² **1.** *n (vmnek a fele)* half° (of sg) || *(rész, oldal)* side, half || *(határvonal)* halfway point || *(időpont)* half past || *(ügyfél) ker* customer; *(perben)* party; *(ügyvédé)* client || **a jobb felemen** on my right (hand side); **a szerződő felek** the contracting parties, the signatories to a treaty; **az összeg fele** half the amount; **az utca túlsó fele** the far/other side of the street; **ennek a fele sem tréfa** this is* no joke; **felébe vág** cut* in half, halve; **felére csökkent** *vmt* halve sg; **felet üt** strike* the half hour; ~**kor** at half past; *(menetrendben)* (every hour) on the half hour **2.** *a* half || *(időpont)* half past || **a fele almát nekem adta** he gave me half (of) the apple; ~ **áron** at/ for half-price; ~ **év** half a year → **fél- év**; ~ **fülére süket** be* deaf in one ear; ~ **füllel hallottam** I have it only from hearsay; ~ **hangjegy** minim, *US* half note; ~ **kar** one arm; ~ **kesztyű** *(fél pár)* one glove; ~ **kézzel** with one hand, single/one-handed; ~ **lábbal a sírban van** have* one foot in the grave; ~ **liter** half-litre, *GB kb.* a pint; ~ **nap** half a day, a half day; ~ **oldal** one side; ~ **óra** half an hour → **félóra**; ~ **öt** half past four, *US így is:* half after four; ~ **ötkor** at half past four; ~ **panzió** half/partial board; ~ **szóból is ért** know* how to take a hint; ~ **szem** one eye; ~ **szemére vak** blind in one eye; **fele arányban** half-and-half, fifty-fifty

felad *v (vmt kézzel)* hand/pass sg up || *(levelet)* post, *US* mail; *(csomagot postán)* post, *US* mail [a parcel], send* by post; *(poggyászt vasúton)* register || *(versenyt)* give* up || *(várat)* surrender, hand over || *(feladatot, leckét stb. vknek)* set* || **kabátot** ~ **vkre** help sy on with his coat; **mi van** ~**va biológiából?** what (homework) have we got (to do) for biology?; **rendelést** ~ place an order for goods; **táviratot** ~ send* (off) (*v.* dispatch) a telegram

feladás *n* posting, *US* mailing || *(versenyé, harcé)* giving up; *(váré)* surrender, handing over

feladat *n ált* task, work || *átv* mission, duty || *isk* exercise(s); *főleg US* assignment; *(matematikai, fizikai stb.)* problem || ~**ot megold** solve a problem; **házi** ~ homework; **nekem jutott a** ~ it fell to me (*v.* to my lot) to [do sg]; **nem könnyű** ~ the task is no easy one; **teljesíti** ~**át** perform one's task, carry out one's task, fulfil (*US* -fill) one's duty

feladatlap(os vizsga) *n isk* test(- sheet), answer sheet(s), multiple-choice questions *pl* (*v.* test) || **nyelvi** ~**ok** language tests

feladó *n (postai küldeményé)* sender; *(borítékon, csomagon)* From: ...

feladóhivatal *n* office of dispatch

feladóvevény *n (ajánlott levélé)* certificate of posting; *(poggyászé)* receipt for registered luggage, *US* (baggage-)check

feladvány *n (matematika, sakk)* problem

felajánl *v vknek vmt* offer sg to sy (*v.* sy sg)

felajánlkoz|ik *v* offer oneself

felajz *v átv vkt* excite

felakaszt *v vmt* hang* up (*vmre* on), hang*/hook sg (up) on sg || *(embert)* hang (*múlt ideje:* hanged) || ~**otta magát** he hanged himself

fel-alá *adv* = **fel és alá** → **fel**

feláldoz *v* sacrifice, devote || ~**za az életét vmért** lay* down one's life for sg; devote (all) one's time to sg

feláll *v (ülésből)* get*/stand* up, rise*; *(esés után)* pick oneself up || *vmre* get* up on sg, stand* on sg || *(pl. haj)* stand* on end

felállás *n* getting/standing up || *sp* line-up

felállás *n* part-time job || ~**ban dolgozik** work half-time

felállít *v (álló helyzetbe hoz)* stand* sg upright; *(eldőlt tárgyat)* right, set* upright; *(tekebábukat)* put* up; *(vkt ültéből)* make* sy get/stand up || *(gépet)* install, put* up; *(sátrat)* put*/set* up, erect || *(összeállít)* pick || *átv* set* up; *(intézményt)* establish, found; *(elméletet)* devise

felállítás *n (gépé)* installation; *(sátoré)* putting up, erection

félálom *n* light sleep, doze || ~**ban** half asleep

félannyi *adv* half as much/many

felár *n* extra/additional charge

félárboc *n* half-mast || ~**ra ereszt** fly* [a flag] at half-mast

félárú *a* ~ **jegy** half-fare/price ticket; ~ **jeggyel utazik** travel (*US* -l) (at) half fare

félárva *a* fatherless, motherless (boy/girl)

felavat *v (új tagot)* initiate; *(épületet stb.)* inaugurate, open

feláz|ik *v* become* sodden/soaked
felbecsül *v* appraise, assess, estimate; *(egy pillantással)* size up; *(mennyiségre)* take* stock of sg ‖ ~ **i a kárt** assess the damage
felbecsülhetetlen *a* priceless, inestimable; *átv* invaluable
félbehagy *v* break*/leave* off, stop, discontinue, interrupt
felbélyegez *v* **levelet** ~ put* a stamp on a letter, stamp a letter
félbemarad *v* be* broken off, be* left unfinished/uncompleted
félbemaradt *a (munka)* unfinished, uncompleted ‖ ~ **ember** *(művész)* a failure, *biz* wash-out
felbérel *v* hire sy [to do sg unlawful]
félbeszakad *v* be* broken off, stop (suddenly), be* interrupted
félbeszakít *v (előadást, vitát, vkt)* interrupt; *(beszélgetést)* break* off, break* in [on the conversation]; *(munkát)* break* off, discontinue
felbillen *v* tilt/turn/tip/roll over, tip up
felbillent *v* tilt/tip/roll/turn over, tip up
felbiztat *v* vkt vmre encourage/stimulate sy to do sg
felbocsát *v (űrhajót)* launch
felbomlás *n* disorganization, disintegration ‖ *vegy* decomposition ‖ **a rend** ~**a** confusion, anarchy
felbomlaszt *v* break* up, disorganize
felboml|ik *v (varrás, kötés)* come* apart/undone ‖ *(szervezet)* dissolve, disintegrate, break* up; *(házasság)* break* up; *(fegyelem)* break* down ‖ *vegy* decompose, break* down
felboncol *v* dissect
felbont *v (levelet)* open ‖ *(vmt részeire)* break* down, dissolve ‖ *(eljegyzést)* break* off; *(házasságot)* grant (sy) a decree nisi; *(szerződést)* cancel *(US* -l), dissolve ‖ *vegy* decompose
felbontás *n (levélé)* opening ‖ *(vmé részeire)* disintegration, breaking down ‖ *(szerződésé)* dissolution, cancellation, cancelling *(US* -l-) ‖ *vegy* decomposition, breaking down
felbontatlan *a* unopened
felbontóképesség *n* definition
felborít *v* push/knock over, overturn ‖ *átv (tervet)* upset*, spoil*
felborul *v vk/vm* overturn, fall*/tip/keel over; *(csónak)* capsize; *(autóval)* turn over, have* a spill ‖ *(rend)* be* upset
felborzol *v* **hajat** ~ ruffle *(v.* rough up) one's hair; **szőrét** ~**ja** *(állat)* bristle (up)
felborzolód|ik *v* bristle (up); *(haj)* stand* on end, get* tousled

felbosszant *v* make* (sy) angry, irritate
felbőg *v* roar
félbőr kötésű *a* half-calf, half-bound
felbőszít *v* enrage, infuriate, make* furious
felbőszül *v* get*/become* furious
felbujt *v (bűntényre)* instigate
felbujtó *n* instigator, inciter, abetter, abettor
felbukkan *v (személy)* appear suddenly, emerge; *biz* pop up ‖ *(nehézség)* crop up
felbukkanás *n* (sudden) appearance, emergence
felbuzdít *v* encourage (sy to do sg)
felbuzdul *v vmn* get*/grow* enthusiastic (about sg), be* fired (to do sg)
felbuzdulás *n* sudden (burst of) enthusiasm
félcipő *n* shoes *pl*
felcsal *v* lure up
felcsap *v (láng)* dart/shoot* up ‖ *(katonának)* enlist, join up, join the colours *(US* -ors); *(másnak)* turn (sg), become* a(n)... ‖ *(fedelet)* snap sg open ‖ **a hullám** ~**ott a fedélzetre** [the boat] shipped water
felcsapható ülés *n* tip-up seat
felcsapód|ik *v (fedél)* snap open suddenly; *(rugós dolog)* dart/fly* up ‖ *(sár ruhára)* splash [on sy's clothes]
felcsavar *v (vm hajlékonyat vmre)* roll/wind* sg on (to) sg; *(csavart, anyát)* screw on; *(hajat)* put* up
felcsepered|ik *v* grow*/shoot* up
felcserél *v (sorrendben)* invert, transpose ‖ *(tévedésből)* mistake* for
felcsigáz *v* ~**za vknek az érdeklődését** excite the curiosity of sy
felcsillan *v* flash, gleam ‖ ~**t a szeme** her eyes sparkled *(v.* lit up)
felcsúsz|ik *v (ruhadarab)* ride* up
feldagad *v* swell* (up)
feldarabol *v (darabokra vág)* cut* into pieces, cut*/chop up, divide up; *(szárnyast)* (dis)joint
felderít *v (rejtélyt)* clear up, find* out ‖ *(felkutat)* find* out ‖ *kat* reconnoitre *(US* -noiter) ‖ *(jókedvre hangol)* cheer (up), enliven
felderítés *n (rejtélyé)* clearing up; *(tényeké)* fact-finding ‖ *kat* reconnaissance, reconnoitring *(US* -noitering)
felderítetlen *a* unexplored; *(rejtély)* unsolved
felderítő 1. *a* exploratory; *kat* reconnaissance, reconnoitring *(US* -noitering) ‖ ~ **repülőgép** spy-plane **2.** *n* scout
felderül *v (hangulat)* cheer up ‖ **arca** ~**t** his face brightened *(v.* lit up)
feldíszít *v* decorate, adorn, embellish

feldob v throw*/fling* up, throw* in the air || **fel van dobva** biz he's elated, US he's on cloud nine, he's on a high
feldolgoz v (iparilag) process, prepare; (hulladékanyagot) recycle || biol assimilate || (író témát) write*/work up, treat || **számítógéppel** ~ process [data] (by computer), computerize
feldolgozás n (iparilag) processing || (témáé) writing/working up, treatment
féldombormű n bas/low-relief
feldől v overturn, fall* over, upset*
feldönt v knock/push over, upset*, overturn; (embert) knock sy off his feet
féldrágakő n semi-precious stone
feldúl v (országot) ravage, lay* waste || **egészen fel vagyok dúlva** I am* very upset
feldúlt a (ország) ravaged, laid waste ut.; (szoba) ransacked || (arc) agitated, distraught; (igével) be* very upset || ~ **idegállapot** state of great agitation
felduzzad v (arc stb.) swell* (up), be*/become* swollen || (létszám) swell* || ~t (folyó) be* swollen
felduzzaszt v ált swell*, distend || (vizet) dam (up)
feldühít v make* (sy) angry
felé adv (térben) towards, toward || (időben) towards, about, around || **a** ~ **a ház** ~ towards that house; **dél** ~ southwards, towards the south; (délidőben) towards noon; ~**je se néz** he does* not care for him, neglect sy/sg; ~**m** towards me; **ötven** ~ **jár** be* pushing/nearly fifty; **10 óra** ~ **gyere** come about ten
-féle a (fajta) a kind/sort of ..., of a ...kind || **a Newton-**~ **elmélet** Newton's theory, the Newtonian theory; **ilyen**~ of this sort; **vm kávé**~ **(folyadék)** coffee of a sort
feleakkora a half the size, half as big (as)
felébred v wake* up, awake*, awaken
felébreszt v wake* (up)
feledékeny a forgetful, absent-minded
feledékenység n forgetfulness
feledés n oblivion || ~**be merül** be* forgotten, fall*/sink* into oblivion
féledes a medium
fele-fele arányban adv fifty-fifty, half--and-half
felegyenesed|ik v rise* and stand* upright/erect, straighten up
felejt v forget* || **sokat** ~**ett** he's very rusty (on sg); (nyelvből) his [English etc.] is rather/pretty rusty; **hamar** ~ **have*** a short memory, have* a bad memory (for sg); **otthon** ~ leave* (sg) at home, forget* (sg) to bring along
felejtés n oblivion

felejthetetlen a unforgettable
felekezet n denomination
felekezeti iskola n denominational school
felel v (válaszol) answer, reply, make*a reply || (iskolában) answer the teacher's questions, US recite (the lesson); || (felelősséget vállal vkért/vmért) be* responsible for sy/sg, answer/vouch for sy/sg; (csak vmért) guarantee sg || (vmért számot adva) answer/account for sg || **egyesre** ~**t** he got* an "unsatisfactory"; (vizsgán) he failed (the examination); **nem** ~ make* no reply; (telefon) there's no answer/reply
felél v consume, use up; (vagyont) run* through
feléled v (magához tér) revive, come* to/round, awaken || (tűz) rekindle, flame/flare up
félelem n fear (of sg), dread (of sg) || ~ **fogta el** he was seized by fear, fear gripped him; **a ráktól való félelmében** for fear of cancer; **félelmében tesz vmt** do* sg out of fear
felélénkít v vivify, revive, liven up
felélénkül v revive, liven up
felélénkülés n reanimation, livening up
felelés n (iskolai) repetition, answering the teacher's questions, US reciting (the lesson)
feléleszt v (élőlényt) revive, resuscitate; (tüzet) stir up, rekindle; (szokást) revive
felelet n answer, reply || ~**et ad** (give* an) answer, (make* a) reply
felelevenít v (vm emlékét) evoke, recall; (nyelvtudást stb.) brush up
félelme(te)s a fearful, dreadful, frightful
felelős 1. a (vmért/vkért) (rá van bízva) be* responsible for sg/sy, be* in charge of sy/sg || ~ **szerkesztő** senior editor **2.** n person/official responsible for sg
felelősség n responsibility (for sg); (bajért) blame || **övé a** ~ be* (left) responsible (for sg); ~**re vonható** responsible for one's actions ut., amenable to law ut.; **vállalja a** ~**et** vkért/vmért assume/accept responsibility for sy/sg, take* the responsibility of sg
felelősségbiztosítás n (gépjármű) third-party insurance
felelőtlen a irresponsible || ~ **fecsegés** loose talk; (összevissza) wild talk
felelőtlenség n irresponsibility
feleltet v isk question [a pupil in/on sg], examine [a pupil in sg]
felemás a (cipő stb.) odd
felemel v (magasba) lift (up), raise; (földről tárgyat) pick/take* up; (autót emelővel) jack up || (árakat) raise, mark/

put* up; *(fizetést)* raise, increase, US boost || ~**i a szavát vk/vm ellen** speak* out against, protest against; ~**i hangját** raise (*v.* lift up) one's voice

félemelet *n* mezzanine, entresol

felemelkedés *n* rise, rising; *(iparé)* progress, advance

felemelked|ik *v* ált rise*; *(földről)* get* up; *(magasba)* ascend; *(repülőgép)* take* off || *átv* rise*

felemelő *a (látvány)* elevating, uplifting

felemelt *a* raised || ~ **helyárak** special/ higher prices

felemészt *v* consume, use up

felenged *v vkt vhová* let* sy go up || *(hideg idő)* grow* milder; *(fagy)* ease off; *(jég)* melt || *(feszültség)* ease || *(ember)* unbend*, relax || ~**i a kuplungot** engage the clutch

félénk *a* shy, timid, timorous

félénkség *n* shyness, timidity

felépít *v* build*, erect, construct, set* up || *átv* build* up

felépítés *n* construction, building, setting up || *(szerkezet)* make-up, structure || *(emberi szervezeté)* build || **jó** ~**ű** *(vm)* well-constructed, *(vk)* well-built

felépül *v (épület)* be* built/completed || *(betegség után)* recover

felér *v (vk kézzel vhová)* reach up to; *vm vmeddig* reach as far as || *(vmivel értékben)* be* worth (as much as) sg || **ésszel** ~ **vmt** comprehend/grasp sg; **nem ér fel vkhez** *biz* can't hold a candle to sy

felerősít *v vmt vhová* fix/fasten/attach sg to sg || *(rádiót stb.)* turn up (the sound)

felértékel *v (felbecsül)* appraise || *(valutát)* revalue

feles 1. *a* **8 és** ~ **harisnya** size eight and a half stockings *pl* **2.** *n* ~**ben csinál vmt vkvel,** ~**ben osztoznak** go* halves in doing sg (*v.* with sy)

feleség *n* wife° *(pl* wives) || ~**ül vesz vkt** marry sy

felesel *v* answer back; *főleg US:* talk back

felesleg *n* surplus; *(többlet)* excess

felesleges *a (több)* superfluous, redundant || *(szükségtelen)* unnecessary, needless || ~**en** unnecessarily; ~**en vár** he is waiting to no purpose

féleszű 1. *a* half-witted, crazy **2.** *n* half-wit

felett *post (vmnél magasabb helyen)* above; *(vmn át)* over || *(vmt meghaladva)* over, above || *átv* about, concerning || **a** ~ **a ház** ~ above that house; **a föld** ~ above (the) ground; **fagypont** ~ above zero (centigrade); **fejem** ~ overhead; **vm** ~ **tanácskoznak** discuss sg, talk about sg

felette *v* **fölötte** *adv* ~ **áll vknek** *(rangban)* be* above sy; ~ **áll vmnek** *átv* be* above (doing) sg, be* superior to do sg; **felettünk lakik** he lives over us

felettes 1. *a* superior || ~ **hatóság** superior authority **2.** *n* superior

feletti *a* above *ut.* || **gyermeke elvesztése** ~ **bánata** his sorrow over the loss of his child

félév *n isk* semester, half-year; *GB (évharmad)* term; *US (ha évharmad)* session, *(ha félév)* semester

félévenként *adv* half-yearly, biannually

félévenkénti *a* biannual, half-yearly

féléves *a* six months old *ut.*, six months'

félévi *a* six months', biannual, half-yearly || ~ **bizonyítvány** end-of-semester/ term report

felez *v* halve, divide into halves || ~ **vkvel** split* sg fifty-fifty (*v.* 50-50) with sy, go* halves/shares with sy (in sg)

felezés *n* halving; *mat* bisection

felezési *a* bisecting || ~ **idő** half-life

felezőpont *n* midpoint

felezővonal *n* bisecting line, bisector; *sp* halfway-line

felfagyás *n (talajé)* frost heave/heaving || *(úttesten)* frost riving

felfal *v* eat*/gobble up, devour || **majd** ~**ja a szemével** devour sy with one's eyes

felfáz|ik *v* catch* a chill

felfed *v (arcot)* uncover, expose; *(titkot)* disclose, reveal || ~**i magát** reveal one's identity; ~**i lapját** put* one's cards on the table

felfedez *v (új vmt)* discover; *(földr így is:)* explore || *(hibát)* detect; *(titkot)* find* out, reveal, disclose

felfedezés *n (vm újé)* discovery || *(titoké)* revelation, disclosure

felfedező *n* discoverer; *(földrajzi kutató)* explorer

felfegyverez *v* arm, provide with arms || **újra** ~ rearm, remilitarize

felfegyverzés *n* arming

felfejt *v* unstitch, undo*

felfekvés *n (sebhely)* bedsore || *(gerendáé)* bearing

felfelé *adv (irány)* upwards, *US* upward; *(dombra)* uphill; *(folyón)* upriver, upstream; *(lépcsőn)* go* up, climb [the stairs] || *(észak felé)* northwards || *(álló helyzetbe)* upright || ~ **a Dunán** up the Danube; ~ **megy** go* up(hill)

felfeszít *v (ajtót, fedelet)* force/prise/ break* (*v. US* prize/pry) sg open

felfigyel *v vmre* sg/sy attracts the attention of sy

felfog *v (szoknyát)* gather/hold* up (one's skirt) || *(ütést)* ward off, parry || *(ésszel)* grasp, comprehend

félfogadás n *(ideje)* consulting hours pl, business/office hours pl
felfogás n = **felfogóképesség** ‖ *(vélemény)* opinion, notion, idea; *(megközelítés)* approach ‖ **ez ~ dolga** it is a matter of opinion
felfogású a **gyors ~** nimble/quick-witted; *biz* quick on the uptake ut.; **nehéz/lassú ~** slow-witted; *biz* slow on the uptake ut.
felfoghatatlan a *(ésszel)* incomprehensible, unintelligible ‖ **~ dolog** something (quite) inconceivable
felfogható a intelligible, comprehensible ‖ **könnyen ~** easy to understand/follow ut.
felfogóképesség n grasp, (power of) comprehension
felfordít v *vmt* upset*, overturn, turn upside down ‖ **~ja a házat** turn the house upside down
felfordul v *(felborul)* overturn, turn over, roll over ‖ *(állat)* die; *(ember biz)* kick the bucket ‖ **~ a gyomra** *vmtől* (it) makes one's stomach turn
felfordulás n *(zűrzavar)* confusion, chaos; *(lakásban)* disorder
felforgat v turn upside down, upset*; *pol* upset*
felforgató a subversive
felforr v *(folyadék)* (come* to the) boil ‖ **~ a vére** *vmtől* it makes* his blood boil
felforral v boil (up), bring* to the boil
felfortyan v flare/blow* up, burst* out
felfortyanás n outburst, flare-up
felföld n highlands pl
felfrissít v *(frissé tesz)* refresh, freshen up ‖ *(készletet)* restock, refurnish ‖ **~i angol nyelvtudását** brush up one's English; **~i vk emlékezetét** refresh sy's memory (about/of sg)
felfrissül v be*/feel* refreshed, refresh oneself
felfúj v *(léggömböt)* blow* up, inflate ‖ *(ügyet)* blow* up (out of all proportion) ‖ *(vkt étel)* make* sy (feel) bloated
felfújható a inflatable
felfújt 1. a inflated, puffed up **2.** n soufflé
felfut v *ált* run* up ‖ *(árbocra, fára)* swarm/shin up ‖ *(növény)* climb, creep*
felfutás n *(termelésé)* increased capacity/production/output; *ker* boom
felfuttat v *(növényt vmre)* train [plant] on sg, make* [plant] grow on sg
felfúvódás n distension, flatulence
felfúvódlik v *(has)* become* distended/bloated; *(állat)* be* bloated
felfüggeszt v *(tárgyat)* hang*/hook up ‖ *(vkt állásából)* suspend (sy) ‖ *(eljárást)* stay; *(ülést)* suspend, interrupt; *(ítélet végrehajtását)* suspend

felfüggesztés n *(tárgyé)* hanging up ‖ *(állásból)* suspension ‖ *(eljárásé)* stay(ing) ‖ **ítélet ~e** suspension of sentence
felfüggesztett a *(ítélet)* suspended/deferred [sentence]
félgömb n hemisphere
felgöngyöl(ít) v *ált* roll/fold up; *(vitorlát)* furl, clew up ‖ *(rendőrség bandát)* crack down on sy
felgördül v *(függöny)* rise*
félgőzzel adv *(dolgozik)* at half steam
felgyógyul v recover, get*/become* well (again)
felgyógyulás n recovery
felgyorsul v accelerate, speed* up
felgyújt v *(lángra lobbant)* set* sg on fire ‖ *(lámpát)* turn/switch on (the light)
felgyullad v catch*/take* fire
felgyüleml|ik v *(anyag, tennivaló)* accumulate, pile up ‖ *(keserűség)* accumulate
felgyűr v *(inget)* roll/turn up
felháborít v revolt, shock ‖ **~ja az, hogy** be* disgusted at/with sg, be* shocked at sg
felháborító a revolting, scandalous, shocking, disgusting
felháborodás n indignation, outcry
felháborod|ik v *vmn, vm miatt* be* indignant at sg *(vk miatt* with sy), be* disgusted at/by/with sg, be* shocked at sg
felhagy v *vmvel* give* up sg
felhajt[1] v *(járművel)* drive* up ‖ *(vadat)* beat*, rouse ‖ *biz (vkt keresve)* track down; *(vmt)* chase up (sg) ‖ **~ (egy kis) pénzt** raise the wind
felhajt[2] v *(vmnek a szélét)* turn up ‖ *(felvarr)* turn up ‖ *(italt)* down; *biz* knock back
felhajtás[1] n *biz (hűhó)* fuss, to-do, ado ‖ **járművel tilos a ~** no entry/access (for vehicles)
felhajtás[2] n *(ruhadarabé)* hem; *(nadrágé)* turn-up(s); *US* cuff
felhajtó n *(kocsinak házhoz)* drive(way); *(középülethez, emelkedő)* ramp
felhajtóerő n buoyancy; *(levegőben)* lift
felhallatsz|ik v be* audible (up swhere)
felhalmoz v *(halomba rak)* heap/pile up; *(árukészletet)* stockpile
felhalmozás n *(gyűjtés)* accumulation, stockpile
felhalmozódás n accumulation
felhalmozód|ik v accumulate, pile up
félhang n *zene* minim, *US* half note
félhangosan adv in an undertone
felhangz|ik v *(dal)* (re)sound, be* heard ‖ **~ott a himnusz** the band struck up the national anthem
felhánytorgat v *(felpanaszol)* throw*/cast* sg in sy's teeth/face ‖ **~ja a múltat** rake up the past

felharsan *v* be* sounded; *(trombita)* blare forth

felhasad *v ált* split*, crack, burst*; *(szövet)* tear*, rip open || *(kéz)* chap, get* chapped

felhasít *v* split*, slit*/cut* (open); *(fát)* chop/cleave* (wood) || ~**ott szoknya** slit skirt

felhasznál *v (elhasznál)* use up; *(pénzt vmre)* spend* [money] on, invest [money] in; *(vízi erőt)* harness || *(alkalmaz)* use, put* to use, employ; *(hasznosít)* make* use of, utilize || *vkt vmre* employ sy as sg, make* use of sy('s services) || ~**ja az alkalmat** take* the opportunity (to do sg); **újból** ~ reuse, recycle

felhasználás *n* use; *(alkalmazás)* use, employment, application

felhasználható *a* useable

felhatalmaz *v vkt vmre* empower/authorize sy to do sg

felhatalmazás *n* authorization

félhavi *a* semi-monthly; *GB* fortnightly, two weeks'; *GB* a fortnight's [pay etc.]

felhevül *v (meleg lesz)* grow*/get* hot, warm up

felhígít *v* dilute

felhív *v vkt vhova* call for sy to come up, call up || *(telefonon)* ring* sy (up) *v.* ring* up sy, (tele)phone sy, give* sy a ring/call; *US* call sy (up) || ~**tak telefonon** I received a phone call; **hívj(on) fel (telefonon)!** give me a ring/call!; *US* call me (up)!; **később újra** ~**lak** I'll call you again (*v.* ring you back) later

felhívás *n vmre* request, appeal; *(hivatalos hirdetmény)* warning, notice || ~**t intéz vkhez** appeal to sy

félhivatalos *a* semi-official, unofficial

félhold *n* half-moon, crescent (of moon)

félholt *a* half-dead; more dead than alive || ~**ra ver vkt** beat* sy within an inch of his life

felhólyagz|ik *v (bőr)* blister, get* blistered

félhomály *n* semi-darkness, half-light; *(esti)* dusk, twilight

felhord *v (felvisz)* carry/convey up || *(festéket felületre)* apply

felhorzsol *v* chafe [the skin], rub (sg) sore || ~**ta a térdét** he grazed his knee

felhoz *v vmt vhova* bring* up, fetch; *(vkt kocsin)* drive* (up) (to); *(árut piacra)* bring* || *(érvet, okot)* bring* up/forward, adduce; *(példát)* mention, cite, refer to

felhozatal *n (piaci)* arrival, new consignment

felhő *n* cloud || *(atom~)* mushroom

felhőátvonulás(ok) *n* passing clouds *pl*

felhőkarcoló *n* skyscraper

felhördül *v átv* exclaim in protest, flare up

felhörpint *v* down sg, *biz* knock back

felhős *a (ég)* clouded, cloudy; *(erősen)* overcast; *(idő)* cloudy, dull

felhősödés *n* clouding over || **holnapra** ~ **várható** tomorrow will be cloudy

felhősöd|ik *v* cloud (over)

felhőszakadás *n* cloudburst, downpour

felhőtlen *a* cloudless; *átv* unclouded

felhőzet *n* clouds *pl*

felhúz *v ált* draw*/pull up; *(terhet emelővel)* hoist; *(redőnyt)* draw* up; *(horgonyt)* weigh, heave (up); *(zászlót)* hoist, haul/run* up; *(színházi függönyt)* ring* up || *(ruhadarabot)* put* on || *(órát)* wind* (up); *(lőfegyver ravaszát)* cock || *(falat, épületet)* put* up, erect || *biz (felingerel vkt)* put* sy's back up, rile, nettle || ~**za a cipőjét** put* on one's shoes, get* into one's boots; ~**za a nadrágját** put* on (*v.* step into) one's trousers; **harisnyát** ~ pull on one's stockings

felhúzó *n (óráé)* winder; *(játéké)* key

felidegesít *v* set* sy's nerves on edge

felidéz *v (emléket)* recall, bring* (sg/sy) to mind

felidézés *n* evocation

félidő *n sp (tartam)* half; *(két félidő közti idő)* half-time

félig *adv* half, partly || **csak** ~ **érti** he only half understands*; ~ **kész** half/semi-finished; ~ **(át)sült** *(hús)* underdone *ut.*, *főleg US* rare

félig-meddig *adv* partly, somewhat, more or less

felindulás *n* emotion, excitement || **erős** ~**ban elkövetett emberölés** (voluntary) manslaughter, *US* second-degree murder

felindult *a* excited, agitated, moved, touched

felingerel *v* irritate, rile, stir up, incite || **vkt vk ellen** ~ set* sy against sy

felingerül *v* become* angry, get* riled

felír *v (feljegyez)* write* down, take* sg down, note (down), make* a note of || *orv* prescribe || *(vkt a rendőr)* take* sy's name and address; *(közlekedési szabálysértésért)* have* one's licence endorsed || ~ **vmt a táblára** write* sg (up) on the blackboard

felirat *n (emlékművön stb.)* inscription; *(érmén)* legend; *(sírkövön)* epitaph || *(filmen)* (sub)titles *pl*; *(kép alatt)* caption || *(használati tárgyon)* label; *(kiírás utcán)* notice

felírat *v* have* sg written down || *(gyógyszert)* have*/get* [a medicine] prescribed

feliratkoz|ik *v vmre* put* one's name down (for sg); *(listára)* enter one's name
feliratos *a (film)* subtitled, with subtitles *ut.*
felismer *v vkt/vmt* recognize (sy/sg), know* (sy) *(vmről mind:* by sg) || *(rájön vmre)* realize (sg *v.* how...); *(igazságot)* perceive
felismerés *n* recognition; *(tudatossá válás)* realization || **korai** ~ early detection
felismerhetetlen *a* unrecognizable, indiscernible || ~**ül, a** ~**ségig** beyond recognition
felitat *v (szivaccsal)* sponge (up)
felizgat *v* excite, agitate; *(szexuálisan)* turn (sy) on || **nagyon** ~**ta a baleset** (s)he was very upset by the accident
feljáró *n* way up (to); *(kocsinak)* drive(way); *(rámpa)* ramp
feljavít *v (talajt)* improve, upgrade; *(ételt)* enrich
feljavul *v* get* better, improve
feljebb *adv (magasabban)* higher (up); *(magasabbra)* higher || **egy emelettel** ~ on the next floor up; **lásd** ~ see above; **megint** ~ **mentek az árak** prices have gone up again
feljebbvaló *a* superior
féljegy *n* **féljeggyel utazik** travel (*US* -l) (at/for) half fare (*v.* half-price)
feljegyez *v* note (down), make* a note of, take* (sg) down; *(hivatalosan)* register (sg), enter (sg) on record
feljegyzés *n (cselekedet)* noting (down), registration, recording || *(jegyzet)* note, record || *(irat) biz* memo
feljelent *v vkt* report sy [to the police]
feljelentés *n* reporting, information || ~**t tesz vk ellen** report sy
feljogosít *v vmre* authorize (to do sg)
feljogosítás *n* authorization
feljön *v vk vhová* come* (up) to, get* (up) to
feljut *v vhová* manage to reach sg
felkacag *v* give*a laugh
felkap *v (tárgyat vhonnan)* snatch (up), snap/whip up || *(ruhát magára)* tumble into || *(divatos dolgot)* bring* into fashion || ~**ja a fejét** toss one's head, look up suddenly; **(igen)** ~**ták** be* in vogue, be* all the rage, *biz* be* in
felkapaszkod|ik *v (magaslatra)* climb (up) || *(társadalmilag)* be* a social climber, worm one's way into
felkapott *a* in vogue *ut.,* fashionable; *(igével, biz)* be* in || ~ **könyv** best-seller
felkar *n* upper arm
felkarol *v (ügyet)* espouse, take* up
félkarú *a* one-armed

felkavar *v (átv is)* stir up; *(vizet)* trouble; *(szél port)* whip/churn up || *(lelkileg)* upset* || ~**ja a gyomrát** make* sy (feel) sick, nauseate
felkel *v (ágyból)* get* up, rise*, get* out of bed; *(helyéről)* get*/stand* up, rise* || *(nép)* rise* (up), revolt *(vk ellen* against) || **a nap keleten kel fel** the sun rises in the east; ~ **az asztaltól** leave* the table; **holnap már** ~**het** he can* (*v.* is fit to) get up tomorrow; **már** ~**t** *(beteg)* he is* up and about
felkelés *n (népé)* uprising, revolt
felkelő 1. *a (nép)* rebellious, in revolt *ut.* **2.** *n* insurgent, rebel
felkelt *v (álmából)* wake* (up) || *(érzést)* awake*, arouse, stir up || ~**i vk kíváncsiságát** arouse sy's curiosity
felkeltés *n (álomból)* waking up
felken *v (vajat)* spread* || *tört* **vkt** ~ **királlyá** anoint sy king
felkér *v* ált ask, request; *(előadástartásra)* invite
felkeres *v vkt* call on sy, visit sy
felkérés *n* request; invitation
felkerül *v vhová* get* (up) (swhere); *(városba)* come* up (to town) || *(listára)* get* on [the list] || ~**t a fővárosba** *(oda helyezték)* he moved to the capital
félkész *a* semi-finished
felkészít *v (vizsgára)* coach sy (for), prepare sy for; *(versenyre)* coach
felkészül *v vmre* prepare for sg; *(útra)* get* ready for, make* preparations for; *(vizsgára)* prepare for; *(versenyre)* sp train for, prepare for
felkészülés *n* preparations *pl*
felkészültség *n (tudományban)* thorough grounding (in); *(sportban)* training
felkever *v* stir (up)
félkezű *a* one-armed, single-handed
felkiabál *v* shout up (to)
felkiált *v* cry out, shout, give* a shout
felkiáltójel *n* exclamation mark, *US* exclamation point
felkínál *v* offer
felkínálkoz|ik *v* offer oneself (for sg)
felkoncol *v kat* put* to the sword
felkop|ik az álla *kif (éhen marad)* go* hungry || *(nem kap meg vmt)* go* away empty-handed, draw* a blank
félkör *n* semicircle || ~ **alakú** semicircular
felköszönt *v (lakomán)* drink* (to) sy's health; *(évfordulókor)* congratulate sy
felköt *v (karját)* bind*/tie up || *(embert)* string up, hang *(múlt ideje:* hanged) || ~**i a gatyáját** *biz* get*/knuckle down to [a task]
felkunkorod|ik *v* curl/turn up

felkúsz|ik v vk climb/clamber up
felkutat v (átkutat) go* over/through with a fine-tooth(ed) comb || (kinyomozva) track sy/sg down || (új területet) explore
felküld v send* up
féllábú a one-legged
fellángol v blaze/flame/flare up
fellángolás n (lelki) burst (of feeling)
fellapoz v turn/look up (sg in sg)
fellázad v rebel v. rise* (up) against
fellazít v (talajt) loosen, break* up
fellázít v incite to rise up (against)
fellebbez v vhova appeal to, lodge an appeal (to) || ~ vmlyen határozat ellen appeal from/against a decision/judgment
fellebbezés n appeal || ~nek helye van an appeal lies; ~nek helyt ad grant an appeal
fellebbezési a ~ határidő time for appeal; ~ jog right of appeal
fellebbvitel n appeal to a higher court
fellebbviteli bíróság n Court of Appeal
felleg n = felhő || a ~ekben jár have* one's head in the clouds
fellegvár n citadel
fellel v find*, discover, upon
fellélegz|ik v breathe (freely) again, breathe (a little) easier, give* a sigh of relief
fellendít v (ipart stb.) give* a boost to, further, promote, advance, boost
fellendül v prosper, boom, flourish || ~t az ipar there has been a boom in industry
fellendülés n upswing, boom, upturn || a gazdasági élet ~e the recovery of the economy
fellengzős a (stílus) high-flown
fellép v vmre step up (onto sg), go* up sg || (szerepben) play, appear as || (viselkedik) take* steps, act on || (betegség) set* in, occur || erélyesen kell ~ni a korrupció ellen firm steps must be taken to counter (v. against) corruption; képviselőjelöltként lép fel stand* for (Parliament) election; szövődmény lépett fel a complication set in
fellépés n vmre stepping up || (színésze) appearance || (magatartás) behaviour (US -or), action || első ~ debut, coming out; határozott ~ self-assurance/confidence
fellépti díj n fee
félliteres a half-litre (US -liter)
fellobban v (tűz) blaze/flame up
fellobbanás n (tűzé) blazing up, blaze
fellobogóz v decorate/deck with flags
fellocsol v (utcát) sprinkle, water || (ájultat) splash water on

fellő v (rakétát) launch, send* up
fellök v vmt push/knock over
felmagasztal v exalt; praise highly
felmász|ik v vmre climb (up), clamber up sg || ~ik a fára climb the tree
felmegy v vhova, vmn go* up, get* up/on; (gyalog) walk up || (függöny) rise* || (láz) go* up || (ár) rise*, go* up || a láza 40°-ra ment fel his/her temperature reached (v. went up to) forty degrees (centigrade); ~ (az emeletre) go* upstairs; ~ Pestre go* (up) to Budapest
felmelegedés n ált warming up || (időjárás) rise* in temperature
felmeleged|ik v ált grow*/get* warm; (motor) warm up; (túlmelegedik) overheat || (ember átv) warm up
felmelegít v ált heat, warm up; (szobát) heat up; (vm hőfokra) raise the temperature (to); (ételt) warm (up), (re-)heat
felment v (vm alól) exempt (sy from sg) || (vádlottat vm alól) acquit [the accused] of sg (v. on the charge) || állásából ~ relieve sy of his office; ~ettek igazgatói állásomból I was relieved of my position as director
felmentés n (vm alól) exemption, relief (mind: from) || (vádlotté) acquittal
felmentő a ~ csapatok relief troops; ~ ítélet acquittal, discharge
felmér v (súlyra) weigh; (köbtartalomra, mennyiségre) measure || (földterületet) survey, measure; (épület állagát) survey || (lehetőséget) size up; (vm jelentőségét) assess (the importance/significance of) sg; (vk képességeit) gauge (US gage); (ismeretet, tudásanyagot) test || ~i a helyzetet weigh things up
felmérés n (területé) surveying || (vizsgálat) survey || (felbecsülés) assessment, appraisal || a helyzet ~e assessment of the situation; statisztikai ~ statistical survey
felmérgesít v = felbosszant
felmérhetetlen a immeasurable, enormous
felmérő n isk test; (matematikából stb.) a mathematics test
felmerül v (víz felszínére) come* to the surface, emerge || (kérdés, nehézség) arise*, crop/come* up || ~t költségek expenses incurred, incidental expenses; komoly probléma merült fel a serious problem has arisen
felmetsz v cut* open
félmeztelen a half-naked
félmillió num half a million
felmond v (leckét) say*/repeat/recite || (lakást bérlőnek) give* sy [two months' etc.] notice to leave/quit; (lakást bérbeadónak) give* sy notice (of leaving); (szer-

ződést) cancel *(US* -l), abrogate ‖ *(munkavállalónak)* give* sy notice, give* notice to sy; *(munkavállaló)* hand/give* in one's notice, give* [one's employer] notice ‖ ~**ja a szolgálatot** *(gép)* break* down, *biz* pack up; ~**tak neki** (s)he has received (her/his) notice

felmondás *n (leckéé)* saying, repetition ‖ *(munkaviszonyé)* notice; *(szerződése)* cancellation *(US* -l-) ‖ **egyhavi** ~ a/one month's notice

felmondási idő *n* period/term of notice

felmos *v (padlót)* scrub, wash; *(nyeles felmosóval)* mop up ‖ *(ájultat)* splash water on

felmosó *a/n* ~**rongy** floorcloth; **nyeles** ~ mop

felmutat *v (okmányt)* show*, produce ‖ *(eredményt)* show*, claim [to have done/achieved sg] ‖ **kérésre szíveskedjék** ~**ni** to be shown on demand

félművelt *a* half-/semi-educated

felnagyít *v (fényképet)* enlarge ‖ *(túloz)* exaggerate, overstate

félnapos *a* ~ **állása van** work half-time, have* a part-time job; ~ **kirándulás** a half-day excursion/outing

felnevel *v (gyermeket, családot)* bring* up, rear; *US* raise; *(állatot)* raise, breed*

felnevet *v* burst* out laughing

felnéz *v* look up, lift up one's eyes ‖ *biz vkhez* drop in on sy ‖ *átv vkre* look up to sy

félnótás *a* half-wit

felnő *v vk* grow* up ‖ *(színvonalhoz)* live/come* up to ‖ ~ **a feladathoz** rise* to the occasion; **vidéken nőtt fel** (s)he was brought up *(v. US* raised) in the country

felnőtt 1. *a* grown-up, adult ‖ ~ **ember** a grown man; ~ **ésszel** in one's right mind **2.** *n* adult, grown-up

felnőttkor *n* adulthood, adult age

felnyal *v* lick/lap up ‖ *biz (felmos)* give* sg a quick wipe

felnyalábol *v* gather (sg) up in one's arms

félnyers *a* half-raw ‖ *(hús)* underdone, *US* rare

felnyíl|**ik** *v* open (up/out); *(ajtó hirtelen)* fly*/spring* open

felnyit *v* open; *(zárat)* unfasten, unlock

felnyújt *v* hand/reach sg up to sy

felnyúl *v* reach up

felnyúl|**ik** *v (magasba)* rise* up high

felocsúd|**ik** *v* come* to (one's senses)

felold *v (folyadékban)* dissolve, melt* ‖ *(vkt vm alól)* exempt, absolve (sy from sg) ‖ *(tilalmat)* lift ‖ *(rövidítést)* write* out (sg) in full ‖ ~**ja a zárójelet** remove the parentheses/brackets

féloldalas *a (cikk)* half-page [article]

féloldali *a* on (the) one side *ut.*, unilateral ‖ ~ **hűdés** hemiplegia; ~ **tüdőgyulladás** (single) pneumonia

féloldalt *adv* on one side, sideways

feloldás *n (folyadékban)* dissolving ‖ *(vm alól)* exemption ‖ *(tilalomé)* lifting

feloldód|**ik** *v (folyadékban)* dissolve, melt*

feloldoz *v (pap)* absolve (from)

felolvad *v (jég)* melt*, dissolve

felolvas *v (hangosan)* read* (out), read* aloud; *vknek* read* (to) ‖ *(előad)* lecture (on sg), read* [a paper]

felolvasás *n (hangosan)* reading (out/aloud) ‖ *(előadás)* lecture ‖ ~**t tart** read*/present a paper, deliver a lecture

felolvaszt *v ált* melt*, dissolve; *(ércet)* smelt; *(fagyasztott ételt)* defrost

félóránként *adv* every half an hour

félórás *a* of half an hour *ut.*, half-hour, half-hourly ‖ ~ **beszéd** a 30-minute speech; ~ **késéssel** half an hour *(v.* 30 minutes) late

felordít *v* yell, roar

feloszlat *v (testületet)* dissolve; *(céget)* liquidate, wind* up; *(tömeget)* disperse; *(gyűlést)* dismiss, dissolve

feloszlatás *n (testületé)* dissolution; *(cégé)* liquidation; *(tömegé)* dispersal

feloszl|**ik** *v (részekre)* be* divided (into) ‖ *(hulla)* rot (away), putrefy

feloszt *v (részekre)* divide (into); *(országot)* partition ‖ *(szétoszt)* distribute (among), divide (sg) (up) *(vkk között)* between/among)

felosztás *n (részekre)* division ‖ *(szétosztás)* distribution

félő, hogy it is* to be feared that

felől *post (irány)* from ‖ *(róla)* about, concerning ‖ **a** ~ **a hegy** ~ from the direction of that mountain

felőle *adv (róla)* about, concerning, of ‖ ~**m (akár)** as far as I am concerned, for all/aught I care

felölt *v (ruhadarabot)* put* on, don ‖ *átv* assume

felöltő *n* (over)coat

felöltöz(köd)|**ik** *v* dress, get* dressed, put* on one's clothes

felöltöztet *v (gyermeket)* dress; *(ált is)* put* clothes on sy ‖ *átv* clothe sy

felönt *v (vízzel)* pour water on; *(hígítva)* dilute

felőrlőd|**ik** *v (idegzet)* be* worn (away)

felőröl *v átv* wear* out; *(egészséget)* undermine, sap

félős *a (ember)* timid, shy

felpakol *v* load; *(kocsira)* load sg onto sg

felpanaszol *v* complain (of)

félpanzió *n* half-board, partial board

felpattan

felpattan v *(kinyílik)* burst*/fly*/ spring* open || *(helyéről)* spring*/jump up || ~ **t a lóra** (s)he leapt/sprung onto the horse
felperes n plaintiff
felperzsel v burn* down, scorch
felpiszkál v *(tüzet)* stir (up), poke [the fire] || *biz (felingerel)* needle sy
felpofoz v box sy's ears, slap sy's face
felpróbál v try on
felpuffad v swell*, become* distended, bloat
felpumpál v inflate, pump/blow* up
felpúposod|ik v *(parketta)* warp
felragaszt v stick*/paste on
felragyog v sparkle, shine*, flash
felrajzol v draw*, sketch; outline
felrak v *(egymásra)* pile/heap up; *(terhet járműre)* load sg into/onto sg, load sg with sg || *(festéket)* lay* on
felránt v *(ajtót)* throw*/fling* open
felravataloz v lay* out [the body] || ~**zák vhol** X's body will lie in state (in...)
felráz v *ált* shake* up || *átv* stir up, rouse || ~ **vkt álmából** shake* sy out of his sleep
félre *adv* aside, on/to one side; *szính* aside || ~ **az útból!** (get) out of the way!
félreáll v *(útból)* stand*/step aside, get* out of the way || *(közéletben)* withdraw*
félreállít v set* aside, move (sg) out of way; shift || *átv* vkt remove (sy) from office
félrebeszél v be* delirious, rave
félrecsúsz|ik v slip/get* out of place
félredob v throw*/fling*/cast* aside, discard
félreért v misunderstand*; get* sg wrong || ~**ettem, amit mondott** I mistook/ misunderstood what he said
félreértés n misunderstanding || ~**re ad okot** give* rise to misunderstanding
félreérthetetlen *a* unmistakable, plain || ~**ül megmond vmt** make* sg quite clear/explicit
félreérthető *a* mistakable, easily misunderstood *ut.*, ambiguous
félrees|ik v *vmtől* stand* back from, lie* far from sg
félreeső *a* out-of-the-way, remote, outlying || ~ **helyen** in some/a remote spot
félrefordul v turn away/aside, swerve
félrehív v call/take*/draw* sy aside
félrehúz v pull/draw* aside; *(függönyt)* draw* back
félrehúzód|ik v draw*/stand*/step aside
félreismer v mistake* (sy/sg) || ~ **telek** I have misjudged you
félreismerhetetlen *a* unmistakable

félrelép v *(hibáz)* blunder, take*/make* a false step || *biz (házasfél)* be* unfaithful
félrelök v push/thrust*/shove aside
félremagyaráz v explain sg badly, misinterpret, misconstrue
felreped v split* open, burst*
felrepít v let* sg fly
félresikerül v fail, miscarry
félreszólás n *szính* aside
félretapos v *(cipőt)* wear* one's shoes down
félretesz v *ált* vmt put*/lay* aside/away || *(pénzt vmre)* save (up) for sg
félretett áru n *(előleg lefizetve)* layaway
félreugr|ik v *(vm elől)* jump clear (of sg)
félrever v *(harangot)* toll the bell
félrevezet v mislead*, lead* astray
félrevonul v withdraw*, retire
felriad v start up (in alarm); *(álmából)* be* startled out of one's sleep
felriaszt v startle, rouse, alarm; *(vadat)* beat*, start, rouse
felró v vknek vmt blame sy for sg, bring* sg up against sy
felrobban v *(tárgy)* blow* up; *(robbanóanyag)* explode, detonate
felrobbant v *(tárgyat)* blow* up; *(bombát)* explode, detonate || ~**ották a hidat** the bridge was blown up
felrohan v rush/dash/run* up || ~ **az emeletre** dash/run* upstairs
felruccan v ~ **a városba** make* a trip to town
felrúg v kick over || ~**ja a szabályokat** disregard/violate the regulations
felruház v *(ruhával ellát)* clothe || **jogkörrel** ~ **vkt** authorize/empower sy (to do sg); **vkt vmvel** ~ invest/endow sy with sg
felsálszelet n round of beef
felség n majesty || **F**~**ed** Your Majesty
felséges *a* *(pompás)* splendid, magnificent
felsegít v *(földről)* help sy up, help sy to rise; *(járműre)* help sy on || ~ **i vkre a kabátot** help sy on with her/his coat
felségjel n *(állami)* insignia; *(repülőgépen)* markings *pl*
felségsértés n high treason
felségterület n sovereign/national territory
felségvizek n *pl* territorial waters
felserdül v reach puberty
felsikolt v cry out, scream
felsír v cry out (weeping)
felsóhajt v heave a sigh, sigh || **megkönynyebbülten** ~ breathe again/freely
felsorakoz|ik v *ált* line up; *kat* fall* in(to line) || *(vk mögött, átv)* range on sy's side, gather round sy
felsorol v enumerate, list

felsorolás n *(cselekmény)* enumeration || *(lista)* list

félsorompó n half/short barrier || ~**s vasúti átjáró** half-barrier (level) crossing

felső a upper, higher || ~ **ajak** upper lip; **a Duna** ~ **szakasza** the upper reaches of the Danube pl, the Upper Danube; ~ **korhatár** (upper) age limit; ~ **rész** upper part → **felsőrész**; ~ **tagozat/ osztályok** kb. the middle school; ~ **tízezer** the upper ten/crust; ~ **vezeték** overhead (contact) wire, trolley wire

felsőbb a higher, upper || ~ **körökben** in high quarters; ~ **matematika** higher/advanced mathematics; ~ **osztályok** isk GB the middle school; *(társadalmi)* upper classes; ~ **utasítás** orders from above pl

felsőbbrendű a *(minőségileg)* superior, higher

felsőbbrendűség n superiority

felsőéves a/n *(ált. iskolában)* boy/girl in the middle school; *(egyetemen)* finalist

felsőfok n nyelvt superlative (degree)

felsőfokú oktatás n higher education

felsőház n the Upper House; GB the House of Lords; US the Senate

felsőkabát n overcoat, topcoat

felsőkar n upper arm

felsőmosás n wash(-down), carwash

felsőoktatás n higher education || ~**i intézmények** institutions of higher education

felsőosztályos a/n higher-form (student), higher-class (student)

felsöpör v sweep* up

felsőrész n *(cipőé)* uppers pl || ~ **nélküli** *(fürdőruha)* topless

felsőruha n clothes pl

felsőtest n trunk, the upper part of the body || **meztelen ~tel** stripped to the waist

felsúrol v scrub, scour

felsül v fail unexpectedly, blunder

felsülés n failure, fiasco

felszabadít v ált set* free, liberate; *(országot)* liberate; *(várat)* relieve; *(elnyomott népet)* set* [people etc.] free; *(rabszolgát)* liberate || *(zárolás alól)* release, declassify; *(árakat)* allow [prices] to find their own level; *(kötött árucikket)* deration || *vegy, fiz (energiát)* free, release, discharge

felszabadítás n *(országé idegen uralom alól)* liberation; *(elnyomottaké)* liberation, setting free; *(rabszolgáé)* liberation, setting free, freeing

felszabadító 1. a liberating || ~ **hadjárat** war of liberation; ~ **mozgalom** liberation movement **2.** n liberator

felszabadul v *(ország)* be* liberated; *(erőd)* be* relieved; *(elnyomott nép)* be* set free || *(szakmunkástanuló)* have* served one's apprenticeship

felszabadulás n liberation

felszabadult országok n pl *(volt gyarmatok)* (the recently emerged and) emergent countries [of Africa]

felszakad v split*, tear*; *(seb)* reopen

felszakadoz|ik v *(felhőzet)* be* breaking

felszakít v tear*/rip open

felszalad v *(lépcsőn)* run*/dash up

felszáll v *(levegőbe)* fly* up, take* to the air; *(madár)* take* flight; *(repülőgép)* take* off || *(köd)* lift, clear away || *(lóra)* mount [a horse] || *(vonatra)* get* into (v. on v. onto), board [a/the train]; *(hajóra)* go* on board (the ship), embark; *(buszra, villamosra)* get* on/into; *(repülőgépre)* get* on/onto, board [a/the plane]

felszállás n *(levegőbe)* flying up; *(repülőgépé)* takeoff; *(űrhajóé)* lift-off, blast-off || *(lóra)* mounting [on horseback] || *(vonatra, buszra)* getting into/on; *(hajóra)* embarking, embarkation; *(repülőgépre)* getting on(to), boarding || ~ **hátul** the entrance is at the rear

felszállási engedély n (takeoff) clearance

felszállópálya n runway, tarmac; *(nem kiépített)* airstrip

felszámol v *(vállalatot)* wind* up, liquidate; *(kiárusít)* sell* off

felszámolás n winding up, liquidation

felszánt v plough (US plow) up

felszárad v dry* (up), get* dry

felszárít v ált dry* (up) || *(könnyeket)* wipe away

felszarvaz v *(férjet)* cuckold (sy) || ~**ott férj** cuckold

felszed v ált pick/gather/take* up; *(kövezetet)* tear*/take* up; *(horgonyt)* weigh || *biz (betegséget)* contract, catch* || *biz (vmennyit hízik)* put* on || *(ismeretet, nyelvtudást)* pick up

felszeg v *(ruhát)* hem

félszeg a awkward, clumsy

felszegez v nail sg up/on/to sg

félszegség n awkwardness, clumsiness

felszeletel v slice (up), cut* sg into slices; *(pecsenyét)* carve

félszemű a one/single-eyed

felszentel v *(papot)* ordain; *(templomot)* consecrate

felszentelés n *(papé)* ordination; *(templomé)* consecration

félszer num ~ **annyi** half as much; ~ **akkora** half as big

felszerel v *(készlettel)* stock with; *(berendezéssel)* equip (with) || *(gépet)* install, mount || ~**i(k) a telefont** *(a la-*

felszerelés 164

kásban) have* a phone put in; **jól fel van szerelve** *(árukészlettel)* be* well stocked (up) with

felszerelés *n (folyamat)* equipping, outfitting ‖ *(gépé)* installation, mounting ‖ *(tartozékok)* accessories *pl*, gear; *(gépen)* mountings *pl*, fittings *pl*; *(berendezés)* equipment, installation, apparatus; *(mezőgazdasági)* (farming) implements *pl*, (farming) equipment; *(irodai)* (office) equipment; *(konyhai)* (kitchen) utensils *pl*; *(lakásé)* fixtures *pl*; *(turistáé stb.)* equipment, outfit; *(horgászé)* (fishing) tackle; *(sportolóé)* (sports) gear/kit/equipment; *(katonai)* outfit, equipment, kit

felszerelési tárgyak *n pl* fittings, accessories

felszerelt *a* **jól ~** well-equipped

félsziget *n* peninsula, headland

felszín *n* surface ‖ **~re hoz** bring* to the surface, bring* to light; *(ásatás útján)* excavate

felszínes *a* superficial, shallow

felszisszen *v* exclaim in pain

felszít *v (tüzet)* stir/fan/kindle

felszív *v* suck in/up, absorb

felszívódik *v (orvosság)* be* absorbed

felszólal *v (gyűlésen stb.)* rise* to speak*, speak*; *(vitában)* take* the floor

felszólalás *n (gyűlésen)* speech, statement, remarks *pl*

felszólaló *n* speaker ‖ **az előttem ~** the previous/last speaker

felszólamlás *n* protest, complaint

felszolgál *v (ételt)* serve (up) ‖ *(asztalnál)* wait at table ‖ **~ja a kávét** serve (the) coffee

felszolgáló *n* waiter; *(nő)* waitress; *(hajón, repülőgépen)* stewardess

felszólít *v vmre* call upon (sy to do sg), request to, invite to ‖ *(tanulót)* test/question ‖ **fizetésre ~ vkt** summon sy for debt, request sy to settle his/her account/debts; *(erélyesen)* dun sy, demand payment

felszólítás *n* call, invitation; *(hiv. írásbeli)* notice, warning; *(fizetésre)* demand (for payment) ‖ **ügyvédi ~** solicitor's letter

felszólító mód *n* imperative

felszökik *v (felugrik)* leap*/jump up ‖ *(ár, teljesítmény)* rise* suddenly, soar ‖ *(láz)* go* up

félt *v vkt* be* concerned/anxious about sy, be* worried about sy ‖ **~i a bőrét** fear for one's life; **nem kell őt ~eni** biz don't worry about him/her

feltalál *v (újat)* invent ‖ **~ja magát** quickly find* one's feet

feltálal *v (ételt)* dish/serve up

feltaláló *n* inventor

feltámad *v (halott)* rise* again [from the dead] ‖ *(szél)* rise*

feltámadás *n vall* Resurrection

feltámaszt *v (halottat)* raise from the dead ‖ *(fejét kezével)* rest one's head on [one's hand]

feltankol *v* fill up

feltápászkodik *v* struggle to one's feet

feltár *v (bányát)* open up; *(régész vmt)* excavate, open/dig* up ‖ *(orvos műtétnél)* expose, approach ‖ *(szívét vk előtt)* open [one's heart to sy] ‖ *(helyzetet)* reveal; *(titkot)* disclose; *(okokat, összefüggéseket)* explore ‖ **az ipar új területeit tárja fel** open up new areas of industry

feltárás *n (bányáé)* opening; *(régészeti)* excavation ‖ *(műtéti)* exposure, approach ‖ *(titoké)* disclosure; *(jelenségek okaié)* exploration

feltárcsáz *v* dial (sy), ring* sy up

feltart *v (magasba)* hold* up, raise

feltartóztat *v (mozgást)* arrest, impede; *(eseményeket)* stay, stem ‖ *(útonálló)* hold* up, waylay* ‖ *(vkt munkában)* keep* (sy from work), hinder (sy in sg)

feltartóztathatatlan *a* irresistible ‖ **~ul** irresistibly

feltárul *v ált* open (wide); *(ajtó)* fly* open ‖ *(titok)* come* to light ‖ **micsoda látvány tárult fel szemem előtt!** what a scene met my eyes!

feltehető *a* probable ‖ **~, hogy** it is* just possible that, presumably...

feltehetően *adv* presumably

félteke *n* hemisphere

féltékeny *a* jealous *(vkre/vmre* of)

féltékenykedik *v vkre* be* jealous of sy

féltékenység *n* jealousy

felteker(csel) *v* coil up, spool, wind* up, wind* onto a reel *(US* spool)

feltép *v* tear*/rip open

felterít *v (abroszt)* lay* the table/cloth

felterjeszt *v (iratot)* lay* before, send* up (to), submit (to) ‖ *(vkt előléptetésre)* put* sy forward for promotion

felterjesztés *n (iraté)* submission, presentation ‖ *(javaslaté)* proposal

feltérképez *v* map, chart

féltés *n* fear, anxiety, concern *(mind:* for)

féltestvér *n (férfi)* half-brother; *(nő)* half-sister

feltesz *v vmt vhova* put* (sg on), place (on) ‖ **= feltételez** ‖ **feltette magában** (s)he made up his/her mind to..., (s)he resolved to...; **~em a kérdést** I put it to you, I ask you; **~i a kezét** *(jelentkezésképpen)* raise *(v.* put* up) one's hand; **~i a levest** put* the soup on; **~i a szemüvegét** put* one's glasses/

spectacles on; **kérdést tesz fel vknek** ask sy a question, put* a question to sy
feltétel *n* condition, term; *(kikötés)* stipulation || ~ **nélküli** unconditional; **három ~hez köti** he makes 3 stipulations; **azzal a ~lel, hogy** on condition that
feltételes *a* ált conditional || ~ **megálló(hely)** *(busz)* request stop; *nyelvt* ~ **mód** conditional; *biol* ~ **reflex** conditioned reflex
feltételez *v (feltesz)* suppose, presume, assume || **tételezzük fel, hogy** let us suppose that, suppose ...; ~**ik róla, hogy** he is assumed/supposed to be...; **ezt nem tételeztem volna fel róla** I would not have thought it of him
feltételezhető *a* presumable, probable || ~**en** presumably
feltétlen 1. *a (bizalom)* absolute, implicit; *(feltétel nélküli)* unconditional || ~ **engedelmesség** unquestioning/blind obedience; ~ **reflex** unconditioned reflex **2.** *adv* = **feltétlenül**
feltétlenül *adv* absolutely || *(okvetlenül)* by all means || ~ **írj(on)!** be* sure to write!; ~ **szükséges, hogy** it is essential that, it is absolutely necessary that
feltett *a* ~ **kalappal** with one's hat on; ~ **kérdés** question raised, question to be answered; ~ **szándéka** it is* his firm intention (to...)
feltéve *adv* ~, **hogy** provided/supposing that; **elmegyek,** ~, **hogy/ha te is elmész** I'll go, provided (that) you go too; ~, **hogy önnek igaza van** granted that you are right
feltevés *n (feltételezés)* supposition, assumption; *(logikai)* premise
feltornyosul *v* pile up
féltő gonddal *adv* with anxious/solicitous care
feltölt *v (folyadékkal)* fill (up); *(kiegészít)* top up || *(földdel)* bank up; *mezőg* earth (up) || *(akkut)* charge || *(létszámot kiegészít)* bring* up to (full) strength
feltör *v (erőszakkal kinyit)* break*/force/prise open; *(zárat)* force, pick || *(diót)* crack || *(földet)* break* || *(ember bőrét)* chafe || *(víz)* rush/well up, spout || *(vk felküzdi magát)* go* up in the world || **a cipő** ~**te a lábát** the shoes blistered his feet
feltörés *n (erőszakkal kinyitás)* breaking/forcing open; *(záré)* forcing || *(lábon)* sore, blister || *(vízé)* uprush
feltör|ik *v (bőr)* blister; *(kéz)* chap, be* chapped; *(felfekvéstől)* get* bed-sore || **(járástól)** ~**t a lába** be* footsore
feltöröl *v* wipe/mop up; *(padlót)* wipe
feltűnés *n (felbukkanás)* appearance (of sg), coming into sight, rise || *átv* sensa-

tion, stir || ~**t keltő** striking, sensational; **nem szeretem a** ~**t** I do not like to be in the limelight
feltűn|ik *v (felbukkan)* appear, come* into sight, emerge || *átv* strike* the eye, be* striking || ~**t nekem** it struck me (that)
feltűnő *a* conspicuous, prominent; *(meglepő)* uncommon || ~ **helyen** in a prominent place; ~, **hogy** it is* remarkable/surprising that/how, it strikes* one that
feltűnően *adv* strikingly, singularly || ~ **viselkedik** attract attention to oneself
feltüntet *v vmlyennek, vhogyan* make* sg appear (as), (re)present sg (as) || *(írásban stb.)* indicate, show* || **kérjük (itt)** ~**ni nevét és címét** (please) state your name and address below; **úgy akarja a dolgot** ~**ni, mintha** he wants to give the impression that
feltűr *v (ingujjat)* roll up; *(gallért)* turn up
feltűz *v* pin/fasten/fix/stick* on/up
felugr|ik *v (ültéből)* jump/leap* up || ~**ik vkhez egy pillanatra** drop in on sy, *biz* pop up to sy
felújít *v* ált renovate; *(épületet, lakást)* renovate, restore; *(erdőt)* re(af)forest || *(színdarabot)* revive; *(filmet)* rerun*
felújítás *n* ált renovation, restoration, renewal || *(színdarabé)* revival; *(filmé)* rerun, repeat showing (of)
félúton *adv* half-way, midway
felüdít *v* refresh
felüdül *v* refresh oneself
felügyel *v* vkre/vmre look after, take* care of (sy, sg), be* in charge of (sy); *(gyerekre)* mind, look after || *(vizsgán)* invigilate || **gyerekekre** ~ *(rendszeresen)* be* a baby-sitter, baby-sit*, *(idősebbre)* be* a childminder
felügyelet *n* supervision; *(irányítás)* control || **vk** ~**e alatt áll** be* under the supervision of sy
felügyelő 1. *a* ~ **tanár** master in charge, *kb.* form/house master **2.** *n* superintendent, supervisor, person in charge || *(rendőr~)* (police) inspector; *(munkára)* overseer, inspector
felügyelőnő *n* inspectress; *(intézetben)* matron
felül[1] *v (ágyban)* sit* up || *(lóra)* get* on, mount; *(vonatra)* get* on; *(madár ágra)* perch on || *biz vknek* be* taken in by, be* duped by
felül[2] *adv/post (vmin rajta)* above, over, on (the) top; *(mennyiségen)* over, upwards (of) || **100 Ft-on** ~ over 100 forints; ~ **marad** come* out on top, win*
felület *n* surface

felületes *a (ember)* superficial, shallow; *(munka)* perfunctory, slapdash; *(tudás)* superficial, light, skin-deep

felületesség *n (emberé)* superficiality; *(munkáé)* perfunctoriness

felületi *a* surface; *(külső)* external || ~ **kezelés** surface treatment; ~ **seb** superficial wound

felüli *a* over, above || **csak 15 éven ~eknek** no persons under 15 years admitted; **az ötvenen ~ek** the over-fifties

felüljáró *n* flyover; *US* overpass; *(csak gyalogos)* footbridge

felülkereked|ik *v vkn* get* the upper hand (over sy), prevail (over sy); *(nehézségen)* overcome* (sg)

felülmúl *v (teljesítményben)* surpass, outdo*, outshine* *(vmben mind:* in) || ~**ja önmagát** surpass oneself

felülmúlhatatlan *a* unsurpassable, unbeatable

felülnézet *n* view from above

felülről *adv* from above || ~ **lefelé** downwards

felültet *v vmre* seat sy on sg || *(becsap)* make* a fool of sy || ~**ték** (s)he was taken in

felülvizsgál *v* ált revise, (re-)examine; *(számlát)* check; *(ítéletet)* review, reexamine, reconsider || *(gépet)* check

felülvizsgálat *n* ált revision, (re-)examination; *(számláé)* checking, auditing || *orv* checkup

felüt *v (tojást)* break* [egg] || ~**i a könyvet** *(találomra)* open a/the book (at random); **vm** ~**i a fejét** sg raises its head

felvág *v* cut* up/open; *(szeletekre)* cut* [into slices], slice up, carve; *(fát)* cut* up || *biz (kérkedik)* show* off, swagger, swank || **fel van vágva a nyelve** have* a ready/glib tongue

felvágás *n biz* showing off

felvágós *a* flashy || *biz* ~ **alak** a show-off, a smart aleck

felvágott *n (hideg)* (slices *pl* of) cold meat; *US* cold cuts *pl*

felvállal *v* undertake*, take* on

félvállról *adv* ~ **beszél vkvel** talk down to sy, look down one's nose at sy; **amúgy** ~ quite casually, superciliously

felvált *v (pénzt)* give* sy change (for), change, break* into || *(helyébe lép)* be* succeeded/followed by || **fel tudna váltani egy fontot?** can you change a pound for me?, have you got change for a pound note?

felváltva *adv* by turns, alternately || ~ **végeznek vmt** take* turns at doing sg; ~ **használják az írógépet** they take turns at the same typewriter

felvarr *v* sew* sg on

felvásárlás *n* buying up

felvásárol *v* buy* up

félvászon kötés *n* half-cloth (binding)

felvázol *v* sketch, outline

felver *v (álmából)* awaken, rouse, alarm; *(vadat)* start, rouse, beat* || *(tejszínt)* whip; *(tojásfehérjét)* beat* (up) || *(sátrat)* pitch, put* up || *(árakat)* bid*/force/send* up prices; *kif* bull the market

félvér *n (ember, állat)* half-breed

felvesz *v (vmt fölemel)* take*/pick/lift up || *(járműre vkt)* give* sy a lift; *(vonat utast)* pick/take* up || *(posta levelet)* accept || *(ruhát)* put* [one's hat/coat etc.] on || *(járandóságot)* collect, draw*; *(hitelt, kölcsönt)* take* out/up, raise || *(vkt munkahelyre)* engage, employ; *(iskolába, egyetemre)* admit; *(tagként társaságba, pártba)* admit, affiliate || *(adatokat)* take* down; *(katalógusba)* enter *(vmbe* in); *(leltárba)* take* an inventory of; *(magnóra)* tape(-record) sg, record sg; *(videóra)* video sg, videotape sg, record sg on videotape || *(szokást, nevet)* adopt || ~**i a kapcsolatot vkvel** contact sy, get* in touch with sy; **fel sem veszi** *(sértést)* care nothing for sg, not care a whit; ~**i a magyar állampolgárságot** assume Hungarian citizenship; ~**i a telefont** lift the receiver, answer the phone; ~**nek vkt vhová** sy is admitted to, sy gains admission to; **felveszünk:** *(hirdetésben)* wanted...; *(álláshirdetésben)* situations vacant; **milyen ruhát vegyek fel?** what (dress) shall I wear?; **nem veszik fel** *(telefont) (mondja a központ)* sorry, no reply; **nem vették fel** (s)he has been rejected

felvet *v (víz vmt)* cast* up || ~**i a kérdést** raise the question; **majd** ~**i a pénz** be* rolling in it/money

felvétel *n (adatoké)* inclusion, entering, entry || *(vasúton poggyászé)* luggage/parcels office || *(helye)* parcels counter || *(állásba)* employment; *(munkáé)* hiring/engaging (v. taking on) of [workers]; *(egyetemre, testületbe)* admission || *(fénykép)* photograph, snap(shot) || *(film)* shooting, *(egyes jeleneté)* take, shot || *(hangfelvétel)* recording; *(magnófelvétel)* tape recording; *(videofelvétel)* video (recording) || ~ **indul!** action!; ~**re jelentkezik** apply for admission; **nincs** ~ *(munkára)* no vacancies; **külső** ~ shooting on location

felvételi *a* ~ **beszélgetés** *(GB egyetemre)* interview (with); ~ **követelmények** admission requirements; ~ **vizsga** entrance examination; *(GB public school-ba)* Common Entrance

felvételiz|ik v sit* (for) an/the entrance examination
felvetőd|ik v (kérdés) come* up, be* brought up
félvezető a/n semiconductor
felvidék n the highlands pl; tört a F~ (a régi Magyarország északi része) Upper Hungary, (ma kb.) Slovakia
felvidít v cheer (up)
felvidul v cheer up, brighten up
felvilágosít v inform, give* sy (full) information || **vkt** ~ **vmről** inform sy about sg; **a gyereket** ~**ja a nemi életről** provide a child with sex(ual) education
felvilágosítás n (tájékoztatás) information, instruction; (pályaudvari) enquiries pl, information || ~ **utazási ügyekben** travel information; **nemi** ~ sex(ual) education; ~**t kér vmről** inquire about sg, ask for information about sg; **részletes** ~**t ad** give* detailed information (about)
felvilágosodás n enlightenment
felvilágosult a enlightened
felvillan v (fény) flash, gleam, flare up
felvillanyoz v electrify, galvanize, thrill
felvirágzás n thriving, prosperity, boom
felvirágz|ik v thrive*, prosper, boom
felvisz v vmt vhová carry/take* up || (út vhová) lead* up (to)
felvizez v (bort, levest) water down
felvon v (vitorlát, zászlót) hoist, raise
felvonás n szính act || (zászlóé) hoisting, raising
felvonó n lift; US elevator
felvonóhíd n drawbridge
felvonul v (tömegfelvonuláson) march || épít [builders] move in
felvonulás n (ünnepélyes) procession || (építkezéshez) preparatory works pl || ~**i épület** site office
felzaklat v upset*, unsettle
felzárkóz|ik v kat close up || (vk mellé átv) join forces (with sy)
felzavar v (álmából) rouse, startle
felzúdul v flare up, get* into a rage
felzúdulás n indignation, outcry
felzúg v (tömeg) protest loudly
fém n metal
fémáru n hardware, metal ware
fémes a metallic
fémfényű a metallic
feminista a/n feminist
fémipar n metallurgical/metal industry
fémjelez v (átv is) hallmark
fémjelzés n hallmark
fémkohászat n metallurgy
fémlemez n sheet-metal, (metal) plate
fémöntvény n casting
fémötvözet n metallic alloy

fémpénz n coin, specie
fen v hone, whet, sharpen || ~**i rá a fogát** vmre hanker after sg, long for sg; vkre wait for the hour of reckoning with sy
fene 1. a damned || ~ **nagy lárma** devil of a din, hell of a row **2.** n a ~ **egye meg!** damn/blast (it)!; **menj a** ~**be!** go to hell!
fenegyerek n enfant terrible (pl enfants terribles), daredevil
fenék n ált bottom || biz (emberé) bottom, behind; (nadrágé) seat || ~**be rúg vkt** give* sy a kick in the behind; US kick sy in the pants; **fenekére ver** (gyereknek) spank, give* (him/her) a spank; ~**ig üríti a poharat** drain one's glass; **nagy feneket kerít vmnek** spin* a long yarn (about sg), be* too circumstantial
fenekestül felforgat kif turn upside down
feneketlen a (tó) bottomless || átv fathomless || ~ **nyomor** utter misery/destitution
fenevad n (vadállat) wild beast || (emberről) brute, savage [person]
fenn adv above, up || ~ **az emeleten** upstairs; ~ **hordja az orrát** be* proud/haughty; ~ **marad** (= nem fekszik le) stay/be*/sit* up; (vízen) float, stay on the surface; **ott** ~ up there
fennakad v (beleakad) get* caught/stuck || (megütközik vmn) find* fault with [trifles], take* sg amiss || (megakad) stop, come* to a standstill
fennakadás n (megállás) stoppage; (kisebb) a slight hitch; (forgalomé) trafficjam
fennáll v (létezik) exist, be* in existence || (érvényes) be* valid, hold* || ~ **annak a lehetősége, hogy** it is possible that
fennállás n existence, continuance; (intézményé) life || ~**a óta** since its foundation/establishment
fennálló a (létező) existing, extant || (érvényes) valid || **a** ~ **rendelkezések értelmében** according to the rules/regulations currently in force
fennforog v exist, be*, prevail || **csalás esete forog fenn** it is a case of fraud
fennhangon adv aloud, in a loud voice || ~ **olvas** read* aloud/out
fennhatóság n authority, supremacy || **vk** ~**a alatt** under sy's authority
fennhéjázó a haughty, arrogant
fennmarad v (utókornak) survive, remain || (mennyiség) be* left over, remain
fennmaradó összeg n remainder, residue, surplus
fennsík n plateau, table-land

fenntart

fenntart *v (víz színén)* buoy (up), keep* afloat || *(intézményt)* maintain, support, sponsor; *(rendet)* maintain, keep*, preserve, uphold* || *(családot)* keep*, maintain, support || *(helyet)* reserve || *(kapcsolatot)* maintain, keep* up || ~**om kijelentésemet** *(v. amit mondtam)* I stand by what I have said; **minden jog** ~**va** all rights reserved

fenntartás *n (intézményé)* maintenance || *(családé)* keeping, support || *(feltétel)* reservation || **azzal a** ~**sal** with the proviso that, provided that; ~ **nélkül** without reserve/restraint/reservation(s); ~**sal** with reservations

fenntartó *n* maintainer, preserver

fenntartott *a* reserved || ~ **hely** reserved/booked seat

fenséges *a* majestic, magnificent

fensőbbség *n (tulajdonság)* superiority

fensőséges *a* superior

fent *adv* = **fenn** || **kelt, mint** ~ date as above; **a** ~ **említett** the above-mentioned, the aforesaid, the above; ~**ről** from above

fentebb *adv* higher/farther up || **mint** ~ **mondottuk** as stated above

fenti *a/n (helyileg)* above; *(lakó)* (sy) upstairs || *(fent említett)* the above (mentioned), the aforesaid || **a** ~ **példa** the above example, the example (given) above; **a** ~**ek értelmében** according to the above; **a** ~**ekből következik, hogy** it follows from the foregoing that

fény *n* ált light; *(csillogó)* glitter, sparkle || *átv* splendour *(US* -or), pomp || ~**t kapott** *(negatív)* the negative has been exposed to light, the negative is fogged; ~**t vet vmre** throw*/shed* light on sg; **vmnek** ~**ében** in the light of sg

fényár *n* flood of light || ~**ban úszó** brilliantly illuminated, floodlit

fényáteresztő képesség *n* transparency

fényceruza *n* light pen

fénycsóva *n* beam of light

fénycső *n* fluorescent light/lamp/tube, strip light

fenyeget *v vkt vmvel* threaten (sy with sg)

fenyegetés *n* threat, menace

fenyegető *a* threatening, menacing || *(veszély)* impending, imminent || ~ **veszély** imminent danger, imminence

fenyegetőzés *n* menaces *pl*, threats *pl* || **üres** ~ empty/idle threats *pl*

fenyegetőz|ik *v* threaten sy with sg

fényerő *n* light intensity; *(objektívé)* speed

fényerősség *n* luminous intensity, brilliance

fényérzékeny *a* light-sensitive, photosensitive

fényes *a (fénylő)* shining, bright, radiant, lustrous; *(fényesített)* shiny, polished || *átv* splendid, brilliant, magnificent; *(győzelem)* glorious || ~ **nappal** in broad daylight

fényesít *v* polish, brighten; *(fémet)* polish, burnish, rub; *(padlót)* polish

fényesség *n* luminosity, brightness

fényév *n* light-year

fényez *v ált* polish; *(bútort, fát)* varnish, (French-)polish; *(autót)* spray

fényezés *n (cselekvés)* polishing; *(bútoré)* varnishing; *(autóé)* spraying || *(felület)* varnish, gloss; *(bútoron)* French polish, gloss finish, varnish; *(autóé)* paintwork

fenyít *v* punish, chastise

fenyítés *n* punishment, chastisement || **testi** ~ corporal punishment

fényjel(zés) *n* light signal

fénykép *n* photo(graph), picture, snap(shot) || ~**et készít vkről/vmről** take* a photograph/picture of sy/sg, photograph sy/sg

fényképalbum *n* photo(graph) album

fényképes *a* with a photograph *ut.*

fényképész *n* photographer

fényképészet *n* photography

fényképészeti *a* photographic || ~ **cikkek** photographic goods

fényképez *v* photograph, take* a picture/photograph of sy/sg || **jól** ~ (s)he's a good photographer

fényképezés *n* photography, taking (of) photographs

fényképezőgép *n* camera || **kisfilmes** ~ 35 mm *(v.* miniature) camera

fényképmásolat *n* print

fénykor *n* golden/great age; *vké* the heyday (of sy) || ~ **ában** in his heyday ...; in the heyday of sg; ~**át éli** be* in one's prime

fényl|ik *v* shine*; *(csillogva)* glitter, glisten, gleam; *(vakítva)* glare

fénymásolás *n* photocopying, xeroxing, xerography

fénymásolat *n* photocopy; xerox; *(tervé)* blueprint || ~**ot készít** make* a photocopy of (sg), photocopy (sg)

fénymásoló gép *n* (photo)copier, xerographic copier

fénymérő *n* exposure meter, light-meter

fenyő *n* fir(tree); pine(-tree)

fenyőág *n* fir/pine bough/branch

fenyőerdő *n* pine-forest, fir-wood

fenyőfa *n (élő)* = **fenyő** || *(anyag)* pinewood

fényözön *n* flood of light

fénypont n *(pályáé)* acme, zenith ‖ **az előadás ~ja** the highlight (v. high spot) of the performance
fénysebesség n velocity/speed of light
fénysorompó n flashing lights pl; traffic-light operated level crossing
fényszedés n filmsetting, US photocomposition, phototypesetting
fényszedőgép n photocomposing machine, (electronic) phototypesetter
fényszóró n searchlight; *(autón)* headlight(s)
fényszóró-beállítás n lighting adjustment
fénytan n optics sing.
fénytani a optical
fénytelen a dull, lustreless (US -ter-), dim
fényudvar n *(égitest körül)* halo
fényújság n (electric) newscaster
fényűzés n luxury
fényűző a luxurious ‖ **~en él** lead* a life of luxury
fenyves n pinewood
fényvisszaverő a (light-)reflecting ‖ **~ útburkolati jel** reflecting road stud
fényvisszaverődés n reflection
fér v vmbe go* into sg, find* room in/on sg, get* in(to) ‖ *(vmhez hozzáfér)* have* access to sg ‖ **~ még a zsebedbe?** is* there room for any more in your pocket?; **sok ~ bele** you can get a lot into it
férc n tacking thread
fércel v tack, baste
fércmunka n kb. hack work, shoddy/slipshod piece of work
ferde a *(sík)* slanting, inclined, oblique; *(él, szél)* bevel ‖ *átv* **~ szemmel néz vkre** look askance at sy/sg, frown on sy
ferdén adv obliquely, aslant, slantwise, slantways, on the skew/slant, askew ‖ **~ áll** slant, be* slanted
ferdeszög n oblique angle
ferdeszögű a oblique-angled
féreg n worm, insect
féreghajtó a/n vermifuge
féregnyúlvány n (vermiform) appendix (pl -dixes v. -dices) ‖ **~ eltávolítása** appendectomy
féregtelenít v disinfest; *(tetűtől)* delouse
ferences a/n Franciscan
férfi n man° ‖ *(jelzőként)* male; *(sp és öltözködés)* men's ‖ **~ beteg** male patient; **~ egyes** men's singles; **~ vécé** gents toilet; **~ak** *(illemhelyen)* gents, gentlemen, US men's (room); **légy ~!** be a man!
férfias a manly, masculine, virile
férfiasság n manliness, masculinity
férfiatlan a unmanly, womanish

férfidivat n men's fashions pl
férfidivatáru n menswear, men's clothing, men's clothes pl, US haberdashery ‖ **~-üzlet** (gentle)men's outfitter, men's shop, US haberdasher
férfifodrász n men's hairdresser, barber
férfikar n *(énekkar)* male (voice) choir
férfikor n manhood ‖ **a legszebb ~ban** in the flower of manhood, in the prime of life
férfinév n man's name
férfiruha n men's clothing, menswear
férfiszabó n tailor
férfiú n man°
férges a wormy; *(tetűtől stb. ellepett)* verminous
fergeteg n storm
férj n husband ‖ **~hez adja a lányát** marry off one's daughter (to), marry one's daughter off to; **~hez megy** get* married (to sy), marry (sy); **~nél van** she is married
férjes a married [woman]
férkőz|ik v vhová, vmbe gain access to ‖ **vknek a bizalmába ~ik** worm oneself into sy's confidence
férőhely n space, room (for); *(szállás)* accommodation ‖ **kórházi ~ek** hospital beds
férőhelyes a **800 ~ színház** 800-seat theatre; **400 ~ szálloda** hotel that can sleep 400
fertő n *(erkölcsi)* slough (of crime)
fertőtlenít v ált disinfect; *(műszert)* sterilize
fertőtlenítés n disinfection; *(műszeré)* sterilization
fertőtlenítőszer n disinfectant, antiseptic
fertőz v *(anyag, élőlény)* infect, be* contagious/infectious
fertőzés n *(kórokozó által)* infection ‖ **~t kap** get* (v. pick up) an infection
fertőző a *(beteg, betegség)* infectious; *(közvetlen érintkezés útján)* contagious ‖ **~ osztály** *(kórházi)* infectious ward; *(elkülönítő)* isolation ward
fertőzött a *(beteg, étel stb.)* infected; *(általánosabban, személyről)* diseased
fesl|ik v *(ruha)* come* unstitched ‖ *(bimbó)* burst*
fess a smart, stylish, chic
fest v *(falat)* decorate, paint; *(hajat, kelmét)* dye, stain; *(arcot)* paint, make* up; *(kifest)* colour (US -or) ‖ *(képet)* paint *(átv is)* ‖ **~i magát** make* up (one's face), use make-up; **mikor ~etek?** when are you decorating?; **olajjal ~** paint in oils; **úgy ~ a dolog, hogy** it looks as if, it would appear that

festék

festék *n* ált paint; *(vízfesték)* watercolours (*US* -ors) *pl*; *(gyerekeké dobozban)* a box of paints, paintbox, paints *pl*; *(arcra)* paint, rouge, make-up; *(falra)* paint, distemper; (colour)wash; *(hajra, kelmére)* dye
festékpárna *n* ink-pad
festés *n* ált painting; *(lakásé)* decorating, decoration; *(hajé, kelméé)* dyeing || *(réteg)* (coat of) paint
festészet *n* (art of) painting
festett *a* painted, coloured (*US* -or-) || ~ **arc** made-up face; ~ **haj** dyed/hennaed hair
festmény *n* painting, picture
festő *n* *(művész)* painter, artist || *(szoba~)* house-painter, decorator
festőállvány *n* easel
festői *a* *(látvány)* picturesque
festőművész *n* painter, artist
festőművészet *n* (art of) painting
fésű *n* comb
fésül *v* comb
fésületlen *a* uncombed, unkempt; *GB* dishevelled
fésülköd|ik *v* comb/do* one's hair
feszeget *v* *(zárat)* try to force open || *(kérdést)* harp on sg, insist on sg
fészek *n* nest || **fészket rak** build* a nest, nest, nestle
feszélyez *v* embarrass, make* sy feel uneasy/awkward
feszeng *v* fidget, be* restless
feszes *a* *(ruha)* tight, tight/close-fitting || *(tartás)* upright, erect
feszít *v* stretch, tighten; *(izmot)* flex, tense || *(hencegve)* swagger, strut, show* off
feszítővas *n* crowbar
feszmérő *n* pressure-gauge (*US* -gage)
fesztáv(olság) *n* span; *rep* wingspan
fesztelen *a* uninhibited, relaxed, free and easy, unaffected
fesztivál *n* festival
feszül *v* tighten; *(ruha)* fit tightly
feszület *n* crucifix
feszült *a* strained, tight; *(izmok, idegek és átv)* tense || ~ **figyelem** close/eager attention, intent look; ~ **légkör** tense atmosphere
feszültség *n* *(feszült viszony)* strained relations *pl*; *(politikai, lelki)* tension || *el* voltage
feszültségmérő *n el* voltmeter
fetreng *v* roll about (in sg), wallow (in sg)
feudális *a* feudal
feudalizmus *n* feudalism
fia *n* → **fiú**
fiacskám *n* *(megszólításként)* Sonny, little boy
fiadz|ik *v* bring* forth offspring, drop; *(macska)* have* kittens; *(szuka)* pup

fiáker *n* fiacre, hackney-carriage, cab
fiatal 1. *a* young || ~**abbnak látszik koránál** he does* not look his age/years; ~ **házasok** young couple, a newlywed couple, the newlyweds; **két évvel** ~**abb nálam** he is* two years my junior, he is* two years younger than I/me **2.** *n* young person, youth || **a** ~**ok** the young people; **a mai** ~**ok** young people today
fiatalasszony *n* young (married) woman°, young wife°; *(megszólításként)* my dear, young lady
fiatalember *n* young man°, youth; *(megszólításként)* young man
fiatalkor *n* youth, one's younger days *pl* || ~**omban** in my youth, in my younger days, when I was young
fiatalkori *a* youthful, of one's youth *ut.* || ~ **bűnözés** juvenile delinquency
fiatalkorú 1. *a* youthful, juvenile, teenage; *jog* underage || ~ **bűnöző** juvenile delinquent/offender, young offender **2.** *n* juvenile, teenager || ~**ak bírósága** juvenile court
fiatalos *a* youthful, youngish; *(külsőleg)* young-looking
fiatalság *n* *(életkor)* youth || *(állapot)* youthfulness || *(fiatalok)* young people, youth, the young
ficam *n* dislocation || ~**ot helyretesz** reduce a dislocation
ficánkol *v* *(vk, jókedvében)* frisk about
fickó *n* fellow, chap, lad, *biz* guy || **helyes** ~ a nice guy/chap
figura *n* *(alak)* figure || *(sakk)* (chess-)piece; *(teke)* (nine)pin || *(regényalak)* character || **furcsa** ~ *elít* a strange fellow, a queer fish
figyel *v* watch, keep* (a) careful/close watch on; *(titkosan vkt)* shadow sy; *(vmt is)* keep* an eye on sy || *vmre* follow sg with attention, pay* attention to || *(tanuló)* listen attentively || ~**j!** listen!, pay attention!; ~**j a gyerekre!** look after (*v.* mind) the child/baby
figyelem *n* *(érdeklődés)* attention, notice || *(figyelembevétel)* regard || *(figyelmesség)* thoughtfulness, consideration || **elkerüli a figyelmet** escape one's attention; **felhívja vknek a figyelmét vmre** call/draw* sy's attention to sg, remind sy of sg, bring* sg to sy's notice; ~**!** (may I have your) attention (please)!; ~**be vesz vmt** take* sg into consideration/account, consider, bear* sg in mind; *(körülményeket)* make* allowances for sg, allow for sg; ~**mel kísér vmt/vkt** keep* an eye on sg/sy, follow sg with attention; ~**re méltó** notable, remarkable, noteworthy, *kif* it deserves atten-

tion; **figyelmébe ajánl vknek** vmt draw* sg to sy's attention; commend sg to sy('s attention) vkt recommend sy to sy; **figyelmen kívül hagy vmt** leave* sg out of consideration, take* no account/notice of sg, disregard sg; **figyelmet szentel vmnek** pay* attention to sg; **vk iránti ~ből** out of respect/consideration/regard for sy, for sy's sake; **X úr figyelmébe** (levélen) for the attention of Mr X (röv:) attn. Mr X

figyelembevétel n taking into consideration || **vmnek a ~ével** considering sg, bearing sg in mind

figyelmes a (aki figyel) attentive, observant || (gondos) careful, mindful || (előzékeny) thoughtful, considerate || **~ vkvel szemben** show* sy attention, show*/have* consideration for sy

figyelmetlen a (nem figyelő) inattentive, careless || (más iránt) inconsiderate, thoughtless

figyelmetlenség n (nem figyelés) inattention, carelessness || (más iránt) thoughtlessness || **~ből** through an oversight

figyelmeztet v (vmre) call/draw* sy's attention to sg || (eszébe juttat) remind sy of sg (v. to do sg) || (rendőr) give* sy a warning

figyelmeztetés n (intő) warning, notice

figyelmeztető 1. a warning; reminding || **~ sztrájk** strike of warning 2. n = **figyelmeztetés**

fikarcnyi a/n **egy ~t sem ér** be* not worth a straw/rap

fiktív a fictitious

filc n felt

filctoll n felt-tip (pen); (kiemelő) marker

filé n fillet (US -l-) (steak)

filharmonikus a/n philharmonic || **~ok** philharmonic society/orchestra

filigrán a (small and) delicate, graceful

fillér n fillér || **tíz ~** ten fillérs; **nincs egy ~em se** I have* not a penny (to my name), I'm (stony) broke

filléres a cheap || **~ gondjai vannak** have* to count every penny

film n (filmszalag) film; (keskenyfilm) cinefilm, 16 mm film || (mozifilm) film, picture, csak US: motion picture, movie || **egy tekercs ~** a roll of film

filmalkotás n film, (motion) picture

filmbemutató n (első előadás) film première; (szakmai) preview

filmcsillag n film (US movie) star

filmez v film, shoot* (a film); (színész) act in (v. make*) a film/picture

filmfelvétel n shooting/taking of a film; (egyetlen) shot, take || **külső ~** shot made on location

filmfelvevő (gép) n cine camera, US movie camera

filmfesztivál n film festival

filmgyár n motion picture studio, film studio

filmhíradó n newsreel, newsfilm

filmmúzeum n film archives pl; (Londonban) National Film Theatre

filmművészet n cinematic art, the cinema, film, films pl

filmrendező n director

filmstúdió n film studio

filmszínész n film/cinema/screen actor

filmszínésznő n film/screen/cinema actress

filmsztár n film star

filmtrükk n special effect(s)

filmváltozat n screen version

filmvászon n screen

filmvetítés n screening, projection

filmvetítő n (cine) projector

filmvígjáték n comedy (film)

filmzene n music [for a motion picture]

filológia n philology, textual scholarship

filológiai a philological, textual

filozófia n philosophy

filozófiai a philosophical

filozófus n philosopher

filteres cigaretta n filter-tip(ped cigarette)

finálé n finale

financiális a financial, pecuniary

finanszíroz v finance; (támogat) subsidize, sponsor, back

fing|ik v vulg fart, break* wind

finis n = **hajrá**

finn 1. a Finnish || **~ nyelven = finnül** 2. n (ember) Finn, Finlander || (nyelv) Finnish, the Finnish language

Finnország n Finland

finnugor a Finno-Ugric/Ugrian

finnül adv Finnish → **angolul**

finom a (minőségileg) fine; (íz) delicious || (ízlés) refined || **~an** gently, subtly

finomít v ált make* better || átv polish, improve, refine

finomított a refined

finommechanika n precision-engineering/mechanics sing.

finomság n ált fineness || (aranyé) purity || **~i próba** assay

fintor n grimace

fintorog v pull faces, pull/make* a face

finnyás a fastidious, fussy, finicky

fiók n (bútoré) drawer || (banké, cégé) branch

fióka n young (of birds), nestling

fiókhálózat n chain stores pl

fiókiroda n branch office

fiókos a drawered, with/containing drawers ut. || **~ szekrény** chest of

drawers; *(magas GB)* tallboy; *US* highboy
fióküzlet *n* chain store, multiple shop/store
fiola *n* vial, phial
Firenze *n* Florence
firenzei *a* Florentine
firkál *v* scribble, scrawl, doodle
firtat *v* pry into sg, be* inquisitive about sg ‖ **ezt most ne firtassuk** let us not pursue the matter, let us leave it at that
fisz *n* F sharp
fitogtat *v* make* a show* of, show* off
fitogtatás *n* show*, parade, display
fitos (orrú) *a* snub-nosed
fityeg *v* dangle, hang* loose/down
fitying *n* farthing, button ‖ **nincs egy ~em sem!** I haven't got a stiver (*v.* a brass farthing *v.* *US* a red cent)
fityma *n* foreskin
fitymál *v* belittle, sneer at (sg)
fittyet hány vknek/vmnek *kif* snap one's fingers at, thumb one's nose at
fiú *n (fiatal fiú)* (young) boy, lad ‖ *(vk)* **fia** (sy's) son; **apja fia** a chip off the old block; **apáról ~ra** *(száll)* (go*) from father to son; **a ~ja** her (latest) boyfriend, *US* **így is:** one's buddy
fiúi *a* filial, a son's
fiúkórus *n* boys' choir
fiús *a* boyish
fivér *n* brother
fix *a* fixed ‖ **~ fizetés** fixed salary
fixál *v (rögzít)* fix; *(elintéz)* fix (up) (sg)
fixíroz *v vkt* eye, ogle, stare at sy
fixírsó *n fények* hypo, fixing salt
fizet *v* pay*; *(fizetést teljesít)* make* a payment; *(adósságot, számlát)* discharge, settle (up); *(vendéglőben)* settle the bill (*US* check) ‖ *(munkáért)* pay* sy sg for sg ‖ *átv vmért* pay* for sg ‖ **csekkel ~** pay* by cheque (*US* check); **~ vmt vmért** pay* sg for sg; **~ek!** *(vendéglőben)* the bill, please!, *US* check, please!; **~ve** *(számlán)* paid (in full); **készpénzzel ~** pay* cash; **mennyit ~ek?** what have I to pay?, how much is it?; **mennyit ~nek?** how much are they offering (to pay)?, how much do they pay?; **nagy árat ~ett vmért** he paid dearly (*v.* a heavy price) for sg
fizetés *n (cselekvés)* payment ‖ *(vknek adott)* pay, salary; *(bér)* wages *pl* ‖ **~ elmulasztása** non-payment; **~ nélküli szabadság** unpaid leave
fizetéscsökkentés *n* salary/wage-cut
fizetésemelés *n* rise (in salary), *US* raise ‖ **200 Ft ~t kapott** he got a 200 ft rise (*v. US* raise)
fizetési *a* **~ eszköz** means of payment *pl*; currency, money; **törvényes ~ eszköz** legal tender; **~ határidő** settlement/payment date; **~ jegyzék** pay-sheet, payroll; **~ meghagyás** notice/order to pay, order for payment
fizetésképtelen *a* insolvent, bankrupt
fizetésképtelenség *n* insolvency, bankruptcy
fizetésletiltás *n* stoppage (of pay)
fizetésrendezés *n* new salary scale(s), revision/review of salaries
fizetetlen *a* unpaid, unsettled
fizetett *a vk* paid, salaried ‖ **~ szabadság** holiday(s) with pay, paid holiday/leave, *csak US:* paid vacation; **rosszul ~** underpaid, badly paid
fizető 1. *a* paying **2.** *n* payer ‖ *biz* = **fizetőpincér** ‖ **jó ~** good payer
fizetőképes *a* solvent
fizetőparkoló *n* paying car park; *csak US:* parking lot
fizetőpincér *n kb.* head waiter
fizetővendég *n* paying guest ‖ **~-szolgálat** paying-guest service
fizika *n* physics *sing*.
fizikai *a* physical ‖ **~ dolgozó** manual worker
fizikatanár *n* physics teacher/master
fizikum *n* physique, constitution ‖ **gyenge ~ú** constitutionally weak, *kif* (s)he has a weak constitution
fizikus *n* physicist
fiziológia *n* physiology
fiziológus *n* physiologist
F-kulcs *n zene* bass clef
flakon *n* flacon
flamand 1. *a* **~ (nyelvű)** Flemish **2.** *n (ember, nyelv)* Flemish ‖ **a ~ok** the Flemish
flanc *n* elit swank, showing off
flanel *n* flannel
flekken *n kb.* barbecue
flipper *n biz* = **játékautomata**
flóra *n* flora
floridai *a/n* Floridian, Floridan
flört *n* flirtation
flörtöl *v vkvel* flirt with sy
f-moll *n* F minor
foci *n biz* soccer
focista *n biz* soccer player
focizik *v* play soccer
fodor *n (ruhán)* frill, ruffle ‖ *(vizen)* ripple
fodrász *n* hairdresser ‖ **női ~** ladies' hairdresser
fodrászat *n (mesterség)* hairdressing ‖ → **fodrászüzlet**
fodrásznő *n* woman° hairdresser
fodrászszalon *n (női)* (ladies') hairdressing salon
fodrászüzlet *n* hairdresser's (salon); *(férfi)* barber's shop

fodros a *(fodorral díszített)* frilled, frilly
fodroz v *(vizet)* ripple
fodrozód|ik v *(víz)* ripple
fog[1] v *(tart)* hold*; *(megragad)* take*, seize, take* hold of, grasp, catch* || *(állatot)* catch* || *(rádión, tévén)* ge**t***, pick up || *vkn vm* have* an effect/influence on sy || *(toll)* write*; *(festék)* stain, dye, come* off; *(ragasztó)* stick*, hold* || **Bécset** ~**ja** (s)he is picking up (v. getting) Vienna; **férjet** ~ catch*/hook a husband; ~**d ezt a könyvet** take this book; **halat** ~ catch* fish, *(horoggal)* hook a fish; **jól** ~ **a(z) esze/agya/feje** be* quick on the uptake; **nem** ~ **a toll** the pen won't write; **nem** ~ **rajta a szó** it's no use talking to him; **nem** ~**ja a golyó** be* bullet-proof; **nem tudja, mihez** ~**jon** (s)he's at a loss, (s)he doesn't know what to do; **puskát** ~ **vkre** point a gun at sy, turn a gun on sy; **vkre** ~ **vmt** impute/attribute sg to sy, lay* sg at sy's door; **vmbe/vmhez** ~ begin* to do sg, take* up sg, set* about sg, start doing sg
fog[2] v *(segédige)* shall; *(2. és 3. személyben)* will || ~ **esni?** is it going to rain?; ~ **vmt tenni** (= készül rá, szándékában áll) be* going to do sg; **meg** ~**om tenni** *(valamikor a jövőben)* I'll (= I shall) do it; **nem** ~ **eljönni** he won't come; **ő tudni** ~**ja** *(valószínűség)* he will (v. is bound to) know
fog[3] n *(emberi, állati)* tooth°; *(vadállaté)* fang, tooth° || *(gereblyéé, fésűé)* tooth°; *(villáé)* prong, tine; *(fogaskeréké)* cog, tooth° || **fáj a** ~**a** have* (a) toothache; **fáj a** ~**a vmre** *átv* long/yearn for sg, he would give his eye teeth (v. his right arm) for sg; ~**ához veri a garast** count every penny; ~**at (be)töm** fill a tooth; ~**at** ~**ért** a tooth for a tooth; ~**at húzat** [is going to the dentist to] have* a tooth out/drawn, have* a tooth taken out; ~**at mos** brush/clean one's teeth; **jön a** ~**a** *(gyereknek)* be* teething; **lyukas** ~ carious/decaying tooth°; **megcsináltatja a** ~**ait** have* one's teeth done
fogad v *vkt ált* receive; *(vendéget)* be* at home to, welcome, receive, entertain; *(ügyfelet)* see*; *(kihallgatáson, hivatalosan)* receive, grant/give* sy a hearing || *(alkalmazottat)* engage, take* into one's service, hire, employ || *(elfogad)* accept, receive, take* || *vkvel vmben* bet*/wager sy sg || ~ **egy lóra** back a horse, place a bet on a horse; *(orvosi táblán)* ~ **3-5-ig** Consulting Hours 3-5 p.m.; ~**ja hálás köszönetemet** please accept my grateful thanks, many thanks; ~**ok, hogy** I('ll) bet (you) that; **hogyan** ~**ták a dolgot?** how was it received?, how did they take it?; **mennyibe** ~**unk?** how much will you bet?; **nem** ~ **vkt** *(hivatalosan)* refuse to receive/see sy; **örökbe** ~ adopt (sy); **szót** ~ **vknek** obey sy, be* obedient to sy; **ügyvédet** ~ retain a lawyer/solicitor; **vk köszönését** ~**ja** acknowledge/return sy's greeting; **100 Ft-ba** ~**ok, hogy** I('ll) bet (you) 100 forints that
fogadalom n pledge, oath
fogadás n *vké* reception; welcome; *(konferencián, álló)* reception || *(pénzben)* wager, bet || ~**t ad** give*/hold* a reception; ~**t köt** lay* a wager (with sy), make* a bet *(vmre* on)
fogadkozás n (repeated) promises pl
fogadkoz|ik v promise (repeatedly)
fogadó 1. a ~ **ország** the host country **2.** n inn, hostelry, lodge || *(pénzben, totón stb.)* punter
fogadóóra n *ált* consulting hours pl; *hiv* office/business hours pl
fogadott a *(gyermek)* adopted
fogadtatás n welcome, reception || **szívélyes** ~**ban részesít vkt** give* sy a warm welcome/reception; **kedvező** ~**ra talál vm** be* well received
fogalmaz v draw* up, draft, compose
fogalmazás n *(művelet)* drawing up, drafting || *(szöveg)* draft; *isk* composition
fogalmi a conceptual
fogalom n *fil* concept, notion || *(elképzelés)* idea || **(halvány) fogalmam sincs vmről** I have* no idea of sg, I have* not the faintest/slightest idea of sg
fogamzás n conception
fogamzásgátlás n contraception
fogamzásgátló n contraceptive || ~ **(tabletta)** oral contraceptive, contraceptive pill, *biz* the pill; ~ **tablettát szed** take* the pill, go*/be* on the pill
fogan v *(méhben)* conceive, become* pregnant || *átv* originate (in), arise* from
fogantatás n conception
fogantyú n handle, holder
fogápolás n dental hygiene/care
fogas[1] **1.** a *(lény)* toothed || ~ **kérdés** thorny/difficult question **2.** n *(ruhának, fali)* coat-rack; *(álló)* coat-stand
fogas[2] n *(hal)* zander, pike perch
fogás n *(megragadás)* grip, grasp, hold, clasp || *(vmnek a tapintása)* feel, touch || *(halé)* catching || *(ügyes)* trick, knack, dodge; *(mesterségbeli)* technique, trick (of the trade) || *(étel)* course, dish || **jó** ~**t csinál** make* a good catch, strike* lucky; **ügyes** ~ a good trick
fogaskerék n cogwheel

fogaskerekű (vasút) n rack/cog railway, cogway
fogásos a három~ **ebéd** a three-course dinner/lunch
fogász n (szakorvos) dentist, dental surgeon; (fogtechnikus) dental technician
fogászat n (tudomány) dentistry, odontology || (rendelő) dental surgery/clinic, biz the dentist's
fogászati a dental || ~ **kezelés** dental treatment
fogat n (lóval, főleg mezőg) team (of horses) || (hintó) equipage
fogatlan a toothless
fogazat n (szájban) set of teeth, teeth pl, dentition || (eszközön stb.) dentation, teeth pl || (bélyegen) perforation
fogcsikorgatás n grinding of the teeth
fogcsikorgatva adv gnashing one's teeth, very reluctantly
fogda n lock-up
fogdos v (kézbe vesz) finger, handle || biz (nőt) paw, keep* pawing
fogékony a susceptible/responsive/sensitive to sg; (betegségre) susceptible to sg (vmre mind: ut.)
fogékonyság n susceptibility, responsiveness, sensitivity; (betegségre) susceptibility (vmre mind: to)
fogfájás n toothache
foggyökér n root (of tooth)
fogház n prison, jail, GB így is: gaol || **két év ~ban letöltendő szabadságvesztésre ítélték** he was sentenced to 2 years' imprisonment
fogházbüntetés n imprisonment
foghúzás n extraction/drawing of tooth°
fogideg n (dental) nerve
fogíny n gums pl
fogkefe n toothbrush
fogkezelés n (beteg fogé) dental treatment || ~**re jár** receive dental treatment
fogkő n tartar, plaque
fogkrém n toothpaste
foglal v (birtokba vesz) seize, occupy, take* possession of; (végrehajtó ingóságot) distrain upon, seize || **asztalt** ~ reserve a table; **írásba** ~ put* in writing; **(kérem,) ~jon helyet** please take a seat (v. sit down); **magába(n)** ~ contain, comprise, include; (csak átv) comprehend, involve, imply; **szavakba ~ vmt** put* sg into words, express sg; **szobát** ~ book/reserve a room
foglalás n jog seizing, seizure, occupation; (bírói) distraint
foglalat n el socket, (power) point || (drágakőé) setting, mount(ing)
foglalkozás n ált occupation, business, line; (állás) employment, post; (szakma) trade; (szellemi pályán) profession ||

isk class || (tevékenység) activity; kat drill || ~**ára nézve** by trade/profession; **mi a ~a?** what is his/her occupation/line/profession, what does (s)he do for a living?; **szabad** ~ free time
foglalkozási a ~ **ág** (line of) occupation; ~ **ártalom** occupational hazard
foglalkozásnélküli n unemployed worker/etc. || **a ~ek** the unemployed
foglalkoz|ik v (vmvel tartósan) be* employed/occupied/engaged in (doing) sg || (érdeklődésből vmvel) be* interested in sg, go* in for sg; (kérdéssel) deal* with, go* into; (kutatási stb. témával) study sg, specialize on sg; (üggyel hivatalosan) deal* with, treat, investigate; (kérvénnyel) consider || **a bíróság ~ik az üggyel** the case is before the court; **azzal a gondolattal ~ik, hogy** he is* considering sg, he is* toying with the idea (of); **mivel ~ik?** what is his/her profession/occupation/line, what does (s)he do for a living?
foglalkoztat v (dolgozót) give* employment/work (to), employ || vkt vm be* concerned about sg || **500 főt** ~ employ 500 people
foglalkoztatás n employment
foglalkoztatott a/n employee || **a ~ak** the employees, those in employment
foglalt a (hely stb.) occupied, engaged; (asztal) taken, 'reserved'; (ajtón kiírás) engaged; (taxi) hired, engaged || ~ **(a vonal)** (the number is) engaged, US (the line is) busy
fogmosás n cleaning the teeth, teeth-cleaning, tooth-brushing
fogó n (harapó~) pincers pl; (kombinált, lapos) pliers pl; (orvosi) forceps pl; (foghúzó) extraction forceps pl || (fogantyú) handle, holder
fogócskáz|ik v play tag/tig
fogódzkod|ik v vkbe, vmbe cling*/hold (on)to, clutch/grasp at, hang* onto
fogódzó n handhold, handrail
fogoly[1] n (hadi~) prisoner (of war), captive; (letartóztatott) convict, prisoner || **foglyul ejt** take* prisoner/captive
fogoly[2] n (madár) (grey) partridge
fogolytábor n kat prison camp, prisoner-of-war camp (röv P.O.W. camp)
fogorvos n dentist, dental surgeon || ~**hoz jár** go* to the dentist
fogpaszta n toothpaste
fogpiszkáló n toothpick
fogpótlás n (dental) prosthesis; (műfogsor) dentures pl, (dental) plate
fogság n captivity, imprisonment || ~**ban van** be* in prison/captivity
fogsor n (saját) row/set of teeth; (hamis) dentures pl, false teeth pl, dental plate

fogszuvasodás *n* (dental) caries, (tooth) decay

fogtechnikus *n* dental technician/mechanic

fogtömés *n* (művelet) stopping/filling a tooth || (plomba) filling

fogva 1. post (időben) from, since, ever since || **attól (az időtől)** ~ from that time/moment (on); **vm oknál** ~ by virtue of, in consequence of, as a result of **2.** adv ~ **tart** keep* in prison; **karjánál** ~ [take* sy] by the arm

fogzománc *n* (dental) enamel

fogy *v* ált lessen, grow* less, decrease, diminish; (áru) sell*, be* selling; (készlet) be* running out/short/low; (pénz) be* running/giving out || (súlyban ember) lose* weight, become*/get* thinner || (hold) wane || ~ **az ereje vknek** sy's strength is on the wane (*v.* ebbing away); **hat kilót** ~**ott** he (has) lost six kilograms

fogyás *n* (árué) sale, consumption || (testi) loss of weight

fogyaszt *v* (anyagot) use up, consume; (áramot, energiát) consume || (ételt) consume, eat* || **állva** ~ eat* sg standing up; **itt** ~**ja, vagy elviszi?** to stay or to go?; **8 litert** ~ **100 kilométerenként** (autó) the car does 12 km per (*v.* to the) litre, a car that does 35 mpg; [kimondva: miles per (*v.* to the) gallon]

fogyasztás *n* ált consumption || (soványítás) slimming, thinning

fogyasztási *a* ~ **adó** excise (duty), consumption tax; ~ **cikkek** consumer goods; **tartós** ~ **cikk(ek)** consumer durable(s)

fogyasztó *n* consumer

fogyasztói *a* ~ **ár** consumer's/shop/retail price; ~ **társadalom** a consumer society

fogyatékos *a* (hiányos) deficient, insufficient, scanty || **értelmi** ~ mentally handicapped, retarded, educationally subnormal (röv ESN); **testileg** ~ **gyermekek** physically handicapped children

fogyatékosság *n* (hiányossága) insufficiency, deficiency; (főleg erkölcsi) shortcomings *pl*, fault || **értelmi** ~ mental deficiency/handicap

fogyó *a* (hiányos) diminishing, decreasing, lessening || ~ **hold** waning/decrescent moon

fogyóeszköz *n* semi-fixed assets *pl*, expendable material/tool etc.

fogyókúra *n* slimming cure/diet

fogytán adv ~ **van** be* coming to an end; (pénz) be* running out; (készlet) be* nearly exhausted, be* running out/short/low; (tüzelő) be* low; (erő) be* waning

fojt *v* choke, stifle; (füst) suffocate || **vízbe** ~ drown

fojtó *a* (füst) choking, suffocating; (hőség) stifling, sweltering

fojtogat *v* *vk vkt* try to strangle/throttle || ~**ta a füst** the smoke almost choked him; **sírás** ~**ja** choke down/back one's tears/sobs

fok *n* (beosztásban) degree, scale || (hőé) degree(s) || (lépcsőé) step, stair; (létráé) rung || (hegyé) cape, promontory || (átv fokozat) degree, grade; (fejlődési) stage, phase || **egy bizonyos** ~**ig** to a certain degree; ~ **okra (be)oszt** grade, graduate, calibrate; **10** ~ **hideg** ten degrees of frost, 10 degrees below

fóka *n* seal

fókaprém *n* sealskin

fokbeosztás *n* graduation, calibration

fokhagyma *n* garlic

fokhagymás *a* seasoned with garlic *ut.*

fokonként adv gradually, by degrees

fokos[1] *a* of ... degrees *ut.* || **huszonhat** ~ **meleg** twenty-six degrees, 26°C

fokos[2] *n* *kb.* halberd, tomahawk

fokoz *v* (sebességet) increase; (termelést) increase, step up || (érzelmet) heighten, raise

fokozás *n* (termelésé) increase, step-up || (melléknévé) comparison (of adjectives)

fokozat *n* (tudományos) degree; (hivatali) grade, class; *kat* rank; (fizetési) scale, class || (fejlődési) stage, phase

fokozatos *a* gradual

fokozatosan adv gradually, by degrees, step by step

fokozatosság *n* **a** ~ **elve** the principle of gradience

fokozódás *n* increase, rise

fokozód|ik *v* be* on the increase, increase, grow*, intensify

fokozott *a* increased || ~ **mértékben** to a greater extent, to a marked degree; ~ **közúti ellenőrzés** *kb.* a drive against traffic offenders

fókusz *n* focus (*pl* focuses *v.* foci)

fókusztávolság *n* focal length

fólia *n* (fém) foil; (műanyagból) clingfilm

fóliasátor *n* plastic tunnel, polythene greenhouse

folt *n* (pecsét) stain, smudge, spot; (tinta) blot(ch), blob; (bőrön) blotch, freckle, mark || (felvarrt) patch, piece || (jellemen) stain, blemish, blot || ~**ot ejt** *vmn* stain sg

foltos *a* (pecsétes) stained, smudgy, spotted, spotty; (tintától) blotched

foltoz *v* (ruhát) patch, put* a patch on

folttisztítás *n* stain removal

folttisztító (szer) *n* stain remover

folyadék *n* liquid, fluid

folyam n *(folyó)* river, stream

folyamán *post* **vmnek** ~ in the course of, during; **április** ~ during/in April

folyamat n ált és tud process ‖ **~ban van** be* under way, be* going on, be* in progress; **a ~ban levő tárgyalások** the current negotiations

folyamatos a continuous; unbroken ‖ ~ **jelen (idő)** present continuous; **~an** continuously; **~an tájékoztat vkt** keep* sy posted

folyami a river(-); fluvial

folyamod|ik v vmért apply for sg, request sg ‖ vmhez resort to, have* recourse to ‖ **vkhez ~ik vmért** apply/turn to sy for sg; **vmlyen lépéshez ~ik** adopt (certain) measures

folyás n ált flow(ing), course, run ‖ orv discharge, flux(ion)

folyékony a *(halmazállapotú)* fluid, liquid, flowing ‖ *(beszéd)* fluent

folyékonyan adv ~ **beszél angolul** speak* fluent English

foly|ik v *(folyadék)* flow, run*, stream ‖ *(hibás edény)* leak, run* ‖ *(tart)* go* on, be* (going) on, be* in progress; *(beszélgetés vmről)* run* on ‖ *(következik vmből)* follow, ensue, result ‖ **a tárgyalások ~nak** the talks/negotiations continue; **ebből ~ik, hogy** it follows from this that; **~ik az orra** *(náthás)* his nose is running; **~ik az orra vére** his nose is* bleeding; **mi ~ik itt?** what's going on here?; **miről ~ik a beszélgetés?** what are they talking about?

folyó 1. a ~ *(röv. f.)* **évi** this year's, of this year ut.; ~ *(röv. f.)* **hó** this month *(röv* inst.); **f. hó 14-én** on the 14th inst.; ~ **ügyek** routine work/matters, ordinary business; ~ **víz** *(csapból)* running water **2.** n river, stream; ‖ **~n felfelé** up the river, upstream; **~n lefelé** down the river, downstream

folyóirat n periodical; *(havi)* monthly; *(kéthetenkénti)* biweekly

folyómeder n river-bed, watercourse

folyópart n (river-)bank; *(városban)* water-front

folyósít v pay (out)

folyosó n corridor, passage; *(nézőtéren)* gangway, aisle; *(vonaton)* corridor

folyószakasz n reach

folyószámla n *(bankban)* current account, US checking account; *(kamatozó)* deposit account; ‖ *(takarékpénztárban)* savings account ‖ **~ja van a ... Bankban** have* an account at (US with) (the) ... Bank

folyótorkolat n mouth (of river), estuary

folyóvíz n river-water; → **folyó**

folytán *post* as a result of, owing/due to

folytat v ált continue, go* on/ahead (with), carry on ‖ *(meghosszabbít)* extend, continue, prolong ‖ *(mesterséget)* follow, pursue ‖ **folytasd (csak)!** go on!, proceed!, carry on!; — **~ta a miniszter** — the minister went on (to say); **tanulmányokat** ~ pursue/continue studies; **tárgyalásokat** ~ enter into negotiations (with), carry on talks (with); **viszonyt** ~ **vkvel** have* an affair with sy, biz carry on with sy

folytatás n ált continuation ‖ *(regényrészlet)* continuation, instalment ‖ **az ügynek nem lett ~a** the matter was dropped; **~a következik** to be continued

folytatásos a serial, serialized [story, novel]

folytatód|ik v continue, go*/keep* on, proceed; *(megszakítás után)* be* resumed ‖ **a per holnap ~ik** the trial continues tomorrow

folytatólag adv *(megszakítatlanul)* continuously, without a break

folytatólagos a continuous, nonstop

folyton adv always, continually, continuously, without a break

folytonos a *(megszakítás nélküli)* continuous, continued; *(panasz)* continual

folytonosság n continuity, continuance

fon v *(fonalat)* spin*; *(hajat)* braid ‖ **karját vk köré ~ja** twine/throw* one's arms round sy

fonák a/n absurd, anomalous ‖ ~ *(ütés)* backhand; **a szövet ~ja** wrong/back side of cloth

fonákság n absurdity, preposterousness

fonal n ált yarn, thread; *(kötéshez)* knitting wool ‖ átv thread

fondorlatos a fraudulent ‖ ~ **módon** by fraudulent means, fraudulently

fondü n fondue

fondükészlet n fondue set

fonetika n phonetics sing.

fonetikai a phonetic

fonetikus a phonetic ‖ ~ **átírás** phonetic transcription

font n pound *(mint súly 453 gramm, röv* lb; *mint pénzegység 100 pence, röv* £); biz *(pénz)* quid *(pl* ua.) ‖ ~ **sterling** pound sterling; **egy** ~ ... *(súly)* a pound of ...; **10 ~ba kerül** it costs £10 *(kimondva:* ten pounds)

fontolgat v ponder (over), weigh, consider, think* over

fontos a important; *(jelentős)* significant ‖ **igen** ~ very important, of great importance ut.; **nem** ~ unimportant, of no importance/consequence ut.; **nem** ~, **hogy ki** no matter who

fontoskod|ik v fuss, be* officious

fontosság n importance, significance || ~**ot tulajdonít vmnek** attach importance to sg, set* great store by sg
fonnyad v wither, fade, droop
fonnyadt a withered; *(szépség)* faded
fordít v *(vmlyen irányba)* turn; *(lapot)* turn over; *(meg~)* reverse || *(más nyelvre)* translate (sg from sg into sg) || *(energiát)* direct to; *(vmt vm célra)* devote to; *(összeget)* appropriate for || **balra ~ vmt** turn sg to the left; ~**s!** *(lap alján)* please turn over *(röv P.T.O.)*, *US* over; **angolból** ~**otta** ... translated from (the) English by ...; **angolról magyarra** ~ **vmt** translate sg from English into Hungarian; **vmre ~ja pénzét** spend* money on sg
fordítás n *(vm irányba)* turning (round) || *(más nyelvre)* translation || ~**ban olvastam** I've read it in translation; **meglehetősen szabad** ~ a fairly free translation
fordító n translator
fordítóiroda n translation bureau *(pl bureaux is)*, translation agency
fordított a *(megfordított)* reversed, inverse || *(nyelvből)* translated (from) || **angolból** ~ translated from (the) English *ut.*; ~ **sorrendben** in reverse order; ~ **szórend** inversion
fordítva adv inversely || *(ellenkezőleg)* on the contrary
fordul v *(vmlyen irányba)* turn (round); *(meg~)* turn round, make* a turn || **vkhez** turn to sy, apply/appeal to sy (for sg) || **a kocsi az árokba** ~**t** the car overturned into the ditch; **azt mondták,** ~**jak ...hoz** I was referred to ...; **balra ~ az út** the road turns/bears* left; **háromszor** ~**t** *(oda-vissza)* he went there three times; **hidegre ~ az idő** the weather is* turning cold; **jóra ~** take* a turn for the better, take* a favourable *(US* -or-*)* turn; **orvoshoz ~** (go* to) see* a doctor, consult a doctor; **rosszra ~** take* a turn for the worse, change for the worse, worsen; **vk ellen ~** turn/rise* against sy
fordulat n *(keréké)* revolution || **átv** *(sudden)* change, turn || *(nyelvi)* phrase, idiom || **döntő ~** decisive change; ~ **áll be** the tide is turning; **kedvező ~** a turn for the better
fordulatszám n revolutions per minute *(röv rpm)* pl
forduló n *(úté)* turn(ing); *(versenypályán)* bend, curve || *(oda-vissza megtett út)* journey, trip || *(sp és egyéb verseny)* round; leg || **első ~** first round/leg
fordulópont n turning-point, landmark || ~**hoz érkezik** vm come* to a head

forgács n *(fa)* shavings *pl;* *(esztergályozásnál)* turnings *pl*, chips *pl*
forgácsfánk n kb. fritter
forgalmas a busy
forgalmaz v *(forgalomba hoz)* put* into circulation; *(filmet)* distribute || **ker** bring* in, take* || **naponta 8000 Ft-ot ~ have*** a turnover of 8,000 fts a day
forgalmi a általános ~ **adó (ÁFA)** value-added tax (VAT); ~ **adó** purchase tax; ~ **csomópont** junction, interchange; ~ **dugó** traffic jam, biz snarl-up; ~ **érték** market value; ~ **engedély** vehicle licence, *US* automobile registration; ~ **jelzőlámpa** traffic lights/signals *pl*; ~ **sáv** (traffic) lane; ~ **torlódás** congestion, *(több kilométeres)* tailback
forgalmú a **nagy ~ útvonal** a very busy thoroughfare; **nagy ~ üzlet** shop with a big turnover
forgalom n *(közúti)* traffic || **ker** turnover, trade || ~**ba hoz** put* into circulation, circulate, issue; *(filmet)* distribute
forgalomelterelés n diversion, diverted traffic, *US* detour
forgalomkorlátozás n traffic restriction(s)
forgás n turning round; *(tengely körül)* rotation; *(keréké)* turn
forgat v ált turn (round), revolve, rotate || *(filmet)* shoot* || *(könyvet)* read*; *kif* turn the leaves of a book || *(pénzt)* reinvest, circulate; *(váltót)* endorse, negotiate || **vmt ~ a fejében** turn over sg in one's mind, ponder (over) sg; *(vm terve van)* have* sg in mind, be* up to sg
forgatag n az **utcák** ~**a** the bustle of the streets/city
forgatás n ált turning, revolving (sg), rotation (of sg) || *(filmé)* shooting
forgatócsoport n shooting/film crew/team
forgatókönyv n film *(irodalmi)* script, screenplay || *(rendezvényé)* scenario || **a ~et írta** screenplay by ...
forgatónyomaték n torque
forgó 1. a turning, revolving, rotating **2.** n *(csontok között)* joint, articulation || *(játék)* windmill, *GB* whirligig, *US* pinwheel
forgóeszközök n közg current/floating assets
forgolódás n *(sürögve)* bustle || *(ágyban)* tossing and turning
forgolód|ik v *(sürögve)* busy oneself, bustle about; *(vm körökben)* move about (in); *(vk körül)* pay* marked attention to (sy) || *(ágyban)* toss and turn
forgópisztoly n revolver, *US* handgun
forgószék n revolving chair

forgószél *n* whirlwind *(átv is)*
forgótőke *n* working/floating capital
forint (röv **Ft**) *n (magyar)* forint (röv ft v. fts) ‖ *(holland)* guilder, gulden ‖ **ötezer** ~ 5,000 fts; **tíz** ~ ten forints *(v. 10 fts)*
forintos 1. *n* = **egyforintos 2.** *a* **82** ~ **könyv** a book costing 82 forints
forma *n (alak)* form, shape ‖ *sp* form ‖ *(minta)* model ‖ **F~ I** Formula I; **a ~ kedvéért** for form's sake, to keep up appearances; **(jó)** ~**ban van** be* in (good) form; **nincs** ~ **ban** be* out of form
formabontó *a (film stb.)* form breaker
formai *a* formal, of/in form *ut.*
formájú *a* -shaped, -like
formál *v* form, mould (*US* mold), frame, model (*US* -l)
formális *a* formal ‖ ~ **logika** formal logic
formálisan *adv (formailag)* formally ‖ *biz (szabályosan)* practically
formálód|ik *v* take* form/shape, be* formed
formaruha *n* (special) uniform; *isk* school dress/uniform
formás *a* shapely, well-shaped
formaság *n* formality, ceremony ‖ **csak ~ az egész** it is just a formality, it is a mere formality; ~**okat elintéz** comply with *(v.* go* through) formalities
formatervezés *n* (industrial) design; *(mint munka)* design work
formatervező *n* (industrial) designer
formátlan *a* shapeless, disfigured, deformed
formátlanság *n* shapelessness, deformity
formátum *n (könyvé)* format; *(más tárgyé)* size, shape ‖ *(emberé átv)* stature
forog *v (körbe)* turn, revolve, turn/go* round ‖ *(pénz, könyv, hír)* circulate, be* in circulation ‖ *(társaságban)* move (in society) ‖ **a föld** ~ **the earth revolves; a legmagasabb körökben** ~ move in the highest circles of society; ~ **velem a világ** I feel* giddy, my head is* swimming/spinning
forr *v* be* on the boil, boil, be* boiling; *(csendesen)* simmer ‖ *(bor)* ferment ‖ ~ **a (tea)víz** the kettle is boiling; ~ **benne a düh** boil/seethe with anger
forradalmár *n* revolutionary
forradalmasít *v* revolutionize
forradalmi *a* revolutionary ‖ ~ **átalakulás** revolutionary transformation
forradalom *n* revolution
forradás *n (seb)* scar
forradásos *a* scarred, full of scars *ut.*
forral *v (folyadékot)* boil, bring* to the boil; *(tejet)* scald ‖ *(gonosz tervet)* hatch
forralatlan *a* unboiled

forralt *a* boiled; *(tej)* scalded
forrás *n (felforrás)* boiling ‖ *(víz előtörése)* spring; *(folyóé)* source ‖ *(eredet)* source, origin ‖ *(hírforrás)* source(s) ‖ **biztos** ~**ból tudom** I have* it on good authority; ~**ban levő** boiling
forrásanyag *n (műé)* sources *pl*
forrásmunka *n* authority, source(-book) ‖ ~**k** *(jegyzéke)* (list of) sources *pl*, references *pl*, bibliography
forráspont *n* boiling-point
forrásvíz *n* spring-water
forraszt *v (fémet)* solder ‖ **torkára ~ja a szót** make* the words freeze on one's lips
forrasztás *n* soldering
forrasztólámpa *n* blowlamp, blow torch
forrasztópáka *n* soldering iron
forráz *v ált* pour boiling water on sg ‖ *(teát)* infuse, brew
forró *a ált* (very) hot; *(étel, ital)* steaming hot ‖ *(égöv)* torrid ‖ *(szerelem)* passionate ‖ ~ **a homloka** *(láztól)* her/his forehead is hot/burning; ~ **fejjel** hotheadedly; ~ **víz** boiling hot water
forródrót *n* hot line
forrófejű *a* hotheaded
forrong *v* be* in ferment/revolt
forrongás *n* agitation, turbulence, upheaval
forróság *n ált* hotness; *(hőség)* (tropical) heat, torridity ‖ *(láz)* fever
forrósod|ik *v* heat (up), get*/grow* hot
forróvérű *a* hot-blooded, fiery
forróvíztároló *n* immersion heater, electric water heater, *US* hot water heater
fortély *n* trick ‖ **érti a** ~**át** get*/have* the hang of sg
fortélyos *a vk* wily, tricky ‖ *(eszköz, dolog)* tricky, awkward
fortyog *v (forráskor)* bubble, seethe ‖ *átv (vk magában)* seethe, mutter (to oneself)
fórum *n* forum; *(hatóság)* authority ‖ *(tévében)* *kb.* panel (on sg)
foszfor *n* phosphorus
foszlány *n (anyagé)* shred, rag ‖ *átv* scraps *pl*, snatches *pl*
foszl|ik *v* fray; *(csak ruha)* get* threadbare/tattered
fosztogat *v* loot, pillage
fosztogatás *n* looting, pillaging
fotel *n* armchair, easy chair
fotelágy *n* convertible armchair, chair-bed
fotó *n* = **fénykép**
fotocella *n* photoelectric cell, photocell
fotocikk(ek) *n* photographic article(s)/materials/supplies
fotokópia *n* photocopy ‖ ~**t készít vmről** make* a photocopy of sg, photocopy sg

fotómodell *n* model
fotómontázs *n* photomontage
fotóriport *n* picture/camera report
fotóriporter *n* *(állandó, szerkesztőségi)* press photographer
fő[1] *v (étel, ital)* boil, cook, be* cooked; *(lassú tűzön)* simmer || ~ **a fejem** my head is reeling (with/from sg); ~ **a krumpli** the potatoes are boiling/cooking
fő[2] **1.** *n (fej)* head || *(személy)* person || ~**be lő vkt** shoot* sy in the head, *(kivégez)* execute sy by shooting; ~**be lövet** have* sy shot; **három** ~**ből álló bizottság** a committee of three; **társaságunk 50** ~**t számlál** our club is 50 strong **2.** *a (lényeges, fontos)* main, principal, (most) important, chief || **az a** ~, **hogy** the main thing is that; ~ **cél** sy's main/chief object (in life); ~ **helyen közöl** *(újság)* feature
főállás *n* full-time job
főbejárat *n* main entrance, front door
főbenjáró *a (bűn)* capital [crime]
főbérlet(i lakás) *n* flat
főbérlő *n* tenant [of a flat]
főbűnös *n* principal
főcím *n* main title; *(újságban)* headline || *(filmé)* credits *pl*
födém *n* floor
föderáció *n* federation
főellenőr *n* chief inspector, controller
főelőadó *n* section head, chief official, executive
főemlősök *n pl* primates
főépület *n* main building
főétel *n* main dish/course, entrée
főétkezés *n* main/principal meal
főfelügyelő *n* chief inspector, inspector general
főfoglalkozás *n* principal/main occupation; full-time job
főfoglalkozású *a* full-time [employee]
főhadiszállás *n* general headquarters *pl v. sing.*
főhadnagy *n GB* lieutenant, *US* 1st lieutenant
főhajó *n (templomi)* nave
főhajtás *n* bow(ing)
főhatóság *n* supreme/highest authority
főhős *n* hero
főidény *n (üdülési)* high season; *(színházi stb.)* the height of the season
főigazgató *n* director general
főiskola *n* college || **Külkereskedelmi F**~ College for Foreign Trade
főiskolai *a* college || ~ **hallgató** = **főiskolás**
főiskolás *n* student, undergraduate
főispán *n kb.* Lord Lieutenant [of a county], (high-)sheriff

főjavítás *n* (general) overhaul
főkapitányság *n* police headquarters *pl v. sing.*; *(Londonban)* Scotland Yard
főkapu *n* main gate
főként *adv* mainly, chiefly, above all, mostly
főkonzul *n* consul general *(pl* consuls general)
főkönyv *n* ledger, the books *pl*
főkönyvelő *n* chief accountant
föl[1] *n (tejé)* the top of the milk || *átv* the cream (of sg)
föl[2](...) *adv* up → **fel(...)**
fől *v* = **fő**[1]
föld *n (égitest)* the Earth; *(világ)* earth, world || *(talaj)* ground, earth, soil || *(birtok)* land, estate, property || = **földelés** || **a** ~ **alatt** underground; **a** ~**ön** on the ground; *(padlón)* on the floor; **az egész** ~**ön** all over the world; ~ **alatti** underground → **földalatti**; ~ **feletti** overground; ~ **körüli** round the world *ut.*; ~**be gyökerezik a lába** stand* rooted (*v.* fixed) to the spot; ~**höz vág** *vmt* throw* sg on the floor/ ground; *vkt* floor sy, knock/bring* sy down; ~**ig ér** reach to the ground; ~**ig lerombol** raze to the ground; ~**et ér** *(repülőgép)* land, touch down; **Magyarország** ~**jén** in Hungary, on Hungarian soil; **majd a** ~ **alá bújik szégyenében** he wishes the earth would swallow him up; **még a** ~ **alól is** *(ti. előkerít vmt)* at any price
földadó *n* land/property tax
földalatti 1. *a* ~ **mozgalom** underground/illegal movement **2.** *n (vasút)* the underground (railway); *(Londonban)* tube || = **metró**
földalatti-állomás *n* underground station, *GB biz* tube station
földbirtok *n* landed property/estate
földbirtokos *n* landowner
földcsuszamlás *n* landslide *(átv is)*
földel *v el* earth, *US* ground
földelés *n el* earth, *US* ground
földfelszín *n* surface (of the earth)
földgáz *n* natural gas
földgázvezeték *n* pipe-line
földgömb *n* (the) globe
földhivatal *n* land registry
földhözragadt *a (szegény)* very poor, poverty-stricken
földi 1. *a (földön termő)* ground-, growing in the earth *ut.* || *(evilági)* earthly, terrestrial, worldly || **e** ~ **életben** here below, in this world; ~ **irányító központ,** ~ **irányítás** *(űrhajóé)* ground control, *(Houstonban)* Space Flight Center; ~ **javak** worldly goods/possessions **2.** *n* fellow-countryman°/townsman°

földieper n strawberry
földigiliszta n earthworm
földimogyoró n ground-nut, peanut
földkerekség n **a(z egész)** ~**en** in all the world, the world over
Földközi-tenger n the Mediterranean (Sea)
földközi-tengeri a Mediterranean
földlökés n (earth) tremor
földmarkoló n (power) shovel, excavator
földmérés n (land) survey
földmozgás n earthquake motion
földmunka n earthwork
földmunkás n navvy, labourer (US -or-)
földművelés n agriculture
földművelésügyi a **F**~ **Minisztérium** Ministry of Agriculture, GB Ministry of Agriculture and Fisheries, US Department of Agriculture
földműves n farmer, farmhand, farm labourer (US -or-)
földnyelv n promontory
földönfutó a homeless
földöntúli a (mosoly) unearthly; (boldogság) heavenly, celestial
földrajz n geography
földrajzi a geographical || ~ **hosszúság** (geographical) longitude; ~ **szélesség** (geographical) latitude
földrajztanár n teacher of geography, geography master/teacher
földrajztudós n geographer
földreform n land/agrarian reform
földrengés n earthquake
földrengésjelző n (készülék) seismograph
földrész n continent
földsáv n strip/tract of land
földszint n (házban) ground floor, US first floor || (színházban elöl) (front) stalls pl; (hátrább) GB pit, US parquet circle, parterre; (US az egész) parquet, orchestra
földszintes a single-storey, US single--story
földszinti a ~ **lakás** flat on the ground floor, ground-floor flat, US first-floor apartment; szính ~ **páholy** pit box; ~ **ruhatár** ground-floor cloakroom; ~ **ülés** stall(s) seat, US parterre seat
földszoros n isthmus, neck
földteke n globe
földterület n area
földtulajdon n land(ed) property)
földút n minor/dirt road
fölé adv/post over, above || ~**je hajol vknek** lean* over sy; ~**be helyez vmnek** prefer sg to sg; ~**be/**~**je kerekedik vknek** get*/gain the upper hand over sy
főleg adv = **főként**

fölény n superiority, ascendancy || ~**be kerül vkvel szemben** gain ascendancy over sy, get*/gain the upper hand over sy; (számbelileg) outnumber sy
fölényes a elit superior || (fennhéjázó) supercilious, haughty || ~ **győzelem** easy win/victory, walkover; ~ **győzelmet arat** win* hands down; ~**en** airily, superciliously
főlépcső n main staircase, front stairs pl
fölös a extra, surplus || ~ **számban** in excess
fölösleg(es) → **felesleg(es)**
fölött(e) → **felett(e)**
fölöttébb adv very, exceedingly, extremely, excessively
főmérnök n chief engineer
főmondat n main clause
főmunkatárs n (folyóiraté, lapé stb.) executive/senior/contributing editor || **tudományos** ~ senior research fellow/worker
főnemes n aristocrat; GB peer
főnemesség n aristocracy; GB the peerage
főnév n noun
főnévi a substantival || ~ **igenév** infinitive
fönn → **fenn**
főnök n (hivatali) principal, head [of department], biz boss
főnökség n the management pl v. sing., directorate
főnővér n matron
fönt → **fent**
főnyeremény n (szerencsejátékban) top/first prize [in lottery], jackpot || biz ~ **ez az állás** it is a plum job
főnyi a kb. **száz** ~ **tömeg** a crowd of about a hundred (people); **tízezer** ~ **hadosztály** a division 10,000 strong
főoltár n high altar
főorvos n (kórházi) head physician/surgeon; (SZTK, megyei) chief medical/health officer, consultant || ~ **úr kérem!** please, doctor
főosztály n (major) department
főosztályvezető n head of department/section
főparancsnok n commander-in-chief (pl commanders-in-chief)
főparancsnokság n (hely) general headquarters pl v. sing. (röv G.H.Q.)
főpincér n head waiter
főpolgármester n the Mayor (of Budapest); (London) Lord Mayor; (Skócia) Lord Provost
főportás n (chief) receptionist
főposta n head post office
főpróba n dress rehearsal
főrabbi n Chief Rabbi

főrendező *n szính* artistic director
förtelmes *a* disgusting, loathsome
fős *a* 30 ~ **küldöttség** a 30-strong delegation
fösvény 1. *a* miserly, avaricious, tight-fisted, *biz* stingy **2.** *n* miser, niggard
fösvénység *n* avarice; *biz* stinginess
főszak *n* main/chief subject, *US* major
főszakács *n* head/chief cook, chef
főszerep *n* leading part/role, lead || **a** ~**ben** ... starring ...
főszereplő *n* protagonist, lead
főszerkesztő *n* general editor, editor-in-chief, chief editor
főtantárgy *n* main subject || ~**ul választ** specialize in, *US* major in [history etc.]
főtárgyalás *n* trial, public hearing
főtéma *n* *(beszélgetésben)* main topic || *zene* first/main theme/subject
főtér *n* main/principal square
főtétel *n* *(számlán)* principal item || *(logikában)* major premise || *zene* subject
főtiszt *n kat* field-officer
főtitkár *n* secretary-general *(pl* secretaries-general)
főtörzsőrmester *n* regimental sergeant-major *(röv* RSM)
főtt *a (burgonya, hús, tojás stb.)* boiled; *(étel)* cooked || ~ **étel** cooked food; ~ **marhahús** boiled beef
főúr *n* = **főnemes** || = **főpincér** || ~, **fizetek!** (the) bill please!; *US* check please!; *(udvariasabban)* could we have the bill please?
főúri *a* aristocratic; *(átv, pl. lakás)* palatial
főutca *n* High (*US* Main) Street
főútvonal *n (gépjárműveknek)* arterial road, main/trunk/principal road, (busy) thoroughfare; *főleg US:* highway || *(városi, elsőbbséggel)* major/main road
főügyész *n (állami)* public prosecutor
fővádlott *n* principal defendant
fővállalkozó *n* main/prime contractor
főváros *n* capital
fővárosi *a* of the capital *ut.*, metropolitan
föveny *n* sand, quicksand
fővezér *n* commander-in-chief *(röv* C.-in-C.)
fővezeték *n (víz, gáz, villany)* main(s)
fővonal *n (vasút, távíró)* main/trunk line
főz *v (ételt, ált)* cook, prepare; *(húst)* stew; *(ebédet stb.)* prepare, make*, *US* fix || *(rendszeresen)* do* the cooking || *(pálinkát)* distil || *(kávét, teát)* make*; *(kávét kávéfőző gépen)* perk, percolate || **a feleségem** ~ my wife° does the cooking; *biz* **amit** ~**ött, egye meg** as you make your bed so you must lie on it
főzelék *n* vegetable (dish)

főzelékfélék *n pl* vegetables, greens
főzés *n* cooking
főzési lehetőség *n* cooking facilities *pl*
főző *n (gáz)* (gas-)cooker, (gas-)stove || **kétlapos** ~ two-burner cooker/stove
főzőedény *n* pot, pan
főzőfülke *n* kitchenette
főzőkanál *n* (wooden/stirring) spoon, stirrer
főzőlap *n (villamos) GB* electric hob, *US* hot plate; *(villanytűzhelyé)* hot plate
főzt(j)e *n* sy's cooking
főzve *adv (nem nyersen)* cooked
frakció *n* faction, splinter group
frakciózik *v* form a faction (within a party), form a splinter group
frakk *n* tailcoat, tails *pl*
francia 1. *a* French; Francophone || ~ **kártya** playing card; ~ **kenyér** French stick **2.** *n (ember)* Frenchman°, Frenchwoman° || *(nyelv)* French, the French language || → **angol**
franciaágy *n* double bed
franciabarát *n* Francophil(e), pro-French
franciaellenes *a* Francophobe, anti-French
franciakulcs *n* (monkey-)wrench; adjustable spanner
franciaóra *n* French lesson/class
Franciaország *n* France
franciaországi *a* French, of France *ut.*
franciás *a* in the French style/spirit *ut.* || ~ **kifejezés** *(más nyelvben)* Gallicism; *(francia nyelvben)* French idiom; ~**an öltözik** dress in the French fashion/style
franciasaláta *n* mixed salad
franciatanár *n* teacher of French, French teacher; *(csak iskolában)* French master
franciául *adv* (in) French; → **angolul**
frank *n (pénz)* franc
frappáns *a (találó)* striking, apt
frász *n vulg (pofon)* slap in the face || *(rémület)* fright || ~**ban van** *biz* have* kittens, have*/get* cold feet
fráter *n (megvetően)* fellow || **goromba** ~ churlish/rude fellow
frazeológia *n* phraseology, idioms *pl*
frázis *n elít (közhely)* platitude, commonplace; *(főleg pol)* (empty) slogan || *zene* phrase || **elkoptatott** ~ cliché
fregoli *n (ruhaszárító)* clothes drier/airer
frekvencia *n* frequency || **igen nagy** ~ very high frequency, VHF
freskó *n* fresco, wall-painting
fricska *n* flip, fillip, rap
frigy *n ált* alliance, covenant, league; *(házasság)* matrimony
friss *a (gyümölcs, víz stb.)* fresh; *(levegő)* fresh, cool, refreshing || *(hír)* recent;

frissen

(emlék) green ‖ ~ **nyom** hot scent/trail; **nem egészen** ~ *(hús)* be* a bit off, be* not quite fresh
frissen *adv* fresh(ly), newly ‖ ~ **borotválva** fresh-shaven; ~ **mázolva** *(mint felirat)* wet paint
frissensült *n* roast à la carte ‖ ~**ek** dishes from the pan
frissesség *n (emberé)* liveliness, spryness, sprightliness; *(mozdulaté)* briskness ‖ *(tárgyé)* freshness, newness
frissítő 1. *a* refreshing, cooling 2. *n* ~**k** *(étel, ital)* (light) refreshments
friteuse *n* chip pan, deep fat fryer
frivol *a* frivolous
frizura *n* hair-style; *(női)* hair(-do), coiffure; *(férfi)* (hair-)cut
frizsider *n* refrigerator, *biz* fridge
front *n kat* front (line), battle-line/front ‖ = **homlokzat** ‖ *(meteorológiai)* front ‖ **a** ~**on** at the front, in the front line; **hideg/meleg** ~ cold/warm front
frontális ütközés *n* head-on collision
frontáttörés *n* breakthrough
frontátvonulás *n* frontal passage
frottírtörülköző *n* terry/Turkish towel
frottírzokni *n* towelling (*US* -l-) socks *pl*
fröccs *n* wine-and-soda
fröccsen *v* **sár** ~**t kabátjára** mud spattered on his coat
fröcsköl *v* splash
frufru *n* bang, fringe, curl
fruska *n* lass, filly
Ft = **forint** forint, ft (*pl* fts)
fuga *n* épít *(falon)* (wall) joint
fúga *n zene* fugue
fugázás *n* pointing
fúj *v ált* blow*; *(levest)* blow* on, cool; *vkre/vmre vmt* blow* sg on/at sy/sg ‖ *(fúvós hangszert)* blow*, sound ‖ *(szél)* blow* ‖ **ébresztőt** ~ sound (the) reveille; ~ **a szél** the wind is blowing, it is* windy; **északról** ~ **a szél** the wind is*/lies* in the north, there's a north wind blowing; **orrot** ~ blow* one's nose
fújtat *v (ember)* pant, puff and blow
fújtató *n* bellows *pl*
fukar *a* miserly, avaricious, mean, stingy
fukarkod|ik *v vmvel* be* miserly stingy with sg
fukarság *n* miserliness, avarice; stinginess
fuldoklás *n (vízben)* drowning; *(levegőhiány miatt)* gasping, choking, suffocation
fuldokl|ik *v (vízben)* be* drowning; *(nem kap levegőt)* gasp (for air/breath), choke
fullad *v (nem kap levegőt)* be* suffocating/choking ‖ **vízbe** ~ drown, be*/get* drowned

182

fulladás *n (vízben)* drowning; *(levegőhiánytól)* suffocation; *orv (oxigénhiánytól)* asphyxia
fulladoz|ik *v* have* fits of breathlessness, stifle
fullánk *n* sting
fullasztó *a* suffocating, stifling, choking; *(levegőtlen)* close, oppressive; *(hőség)* sultry, oppressive
funkció *n* function, duty
funkcionál *v* function, act, work
funkcionárius *n* official, executive
fúr *v (lyukat)* drill, bore; *(fogat)* drill; *(kutat)* sink* ‖ *vkt kb.* scheme/plot against sy, *US* bad-mouth sy
fura *a* = **furcsa** ‖ ~ **alak** a queer customer, *US* oddball; ~ **módon** oddly enough, strange to say...; ~**kat mond** say* odd things
furakod|ik *v* push, intrude; *vhova* push/elbow one's way through to sg
fúrás *n (művelet)* boring, drilling, sinking; *(fogé)* drilling ‖ *(lyuk)* bore/drill-hole ‖ *átv* scheming/plotting (against), *US* bad-mouthing
furat *n* boring, bore(-hole); *(mint méret)* calibre (*US* -ber)
furcsa *a* strange, odd, peculiar, curious, extraordinary, funny
furcsáll *v* find* sg strange/peculiar/odd
furcsaság *n (különösség)* strangeness, oddity, peculiarity, curiousness ‖ *(furcsa dolog)* curiosity, oddity
furdal *v* ~**ja a lelkiismeret** have* twinges/pangs of conscience
furfang *n* trick, dodge, wiles *pl*
furfangos *a* smart, clever, wily
fúr-farag *v vk* do* woodwork
furikáz|ik *v* drive* around/about
furkósbot *n* cudgel, club
furnér *n (felső réteg)* veneer ‖ ~**(lap/lemez)** plywood
fúró *n (kézi)* gimlet; *(nagy kézi)* auger; *(mellfurdancs)* brace (and bit); *(amerikáner)* (breast-)drill; *(villany*~*)* electric drill; *(fog*~*)* drill
fúród|ik *v (falba)* bury itself in, penetrate sg, pierce sg
fúrógép *n* drilling/boring machine; *(fognak)* (tooth/dental) drill
fúrótorony *n* derrick
furulya *n* flute, pipe, recorder
furulyáz|ik *v* play the flute/pipe/recorder
furunkulus *n* furuncle, boil
fuser *n elít* bungler; *GB* cowboy ‖ ~ **munka** a botched job
fusiz|ik *v biz* ⟨work on one's own account in the firm's time and with the firm's materials⟩ *kb.* moonlight
fut *v (szalad)* run*; *sp (rövid távon)* sprint; *(hosszú távon)* race ‖ *(menekül)*

flee*, **run*** away/off, **fly***, **escape** ∥ *(versenyt)* **run*** ∥ **a 100 m-t 10,5 (mp) alatt** ~**otta** he ran the 100 metres in 10.5 seconds; **erre már nem** ~**ja** *(a pénzemből)* I can't afford it; **fusson, ki merre lát!** run for your lives!; **ha** ~**ja az időből** if I have the time; ~**ja vmből be*** enough (for sg), it'll go a long way; **milyen időt** ~**ott?** what was his/her time?; **nők után** ~ **run***/chase after women

futam *n sp* heat ∥ *zene* run, (rapid scale) passage ∥ **selejtező** ~**ok** eliminating/preliminary heats

futár *n (küldönc)* messenger; *(motoros)* dispatch-rider; *kat* mounted orderly; *(diplomáciai)* courier ∥ *(sakkban)* bishop

futás *n (szaladás)* run(ning); *(menekülés)* flight, escape, bolt; *(megvert seregé)* rout ∥ *sp* running, (foot)race, track-racing; *(futószámok)* track events *pl* ∥ ~**nak ered** start running; *(menekülve)* **run*** away, **take*** to one's heels

futball *n* (Association) football, *biz* soccer ∥ **amerikai** ~ American football

futballbelső *n* football bladder

futballbíró *n* referee

futballcipő *n* football boot(s)

futballcsapat *n* football team/eleven

futballista *n* football player

futballkapu *n* goal

futball-labda *n* football

futballmeccs *n* football match

futballoz|ik *v* play football

futballpálya *n* football pitch/ground/field

futballrajongó *n* football/soccer fan

futkos *v* run*/rush about, run* to and fro; *(vmlyen ügyben)* run* around

futkosás *n* running about

futó 1. *a (szaladó)* running, racing ∥ = **futólagos** ∥ ~ **pillantást vet vmre** glance at sg, take* a quick/passing look at sg; ~ **zápor** passing/sudden shower **2.** *n sp* runner ∥ *(sakkban)* bishop

futóhomok *n* shifting sands *pl,* (sand-)drift

futólag *adv* cursorily, in passing ∥ ~ **ismer vkt** have* a passing/nodding acquaintance with sy

futólagos *a* passing, hasty, superficial

futólépés *n* double quick pace ∥ ~**!** *(vezényszó)* at the double!

futómű *n* undercarriage

futópálya *n sp* running track; *(egy sávja)* lane

futórózsa *n* rambler (rose)

futószalag *n* assembly/production line ∥ ~**on gyárt** produce on the line, mass-produce

futószámok *n pl sp* track events

futószőnyeg *n* runner (carpet)

futótűz *n* wildfire ∥ ~**ként terjed** spread* like wildfire

futóverseny *n* (foot)race

futtában *adv (gyorsan)* rapidly, hastily ∥ *(futás közben)* while running, on the run

futtat *v vkt vhova* send* sy swhere ∥ *(vmt ezüsttel)* plate, silver; *(arannyal)* gild*

futtatás *n sp* horse-race(s), racing

fuvar *n (szállítás)* transport, freightage, carriage, *US* transportation ∥ *(szállítmány)* freight, cargo ∥ *(szállítóeszköz)* conveyance, carriage, transport ∥ ~ **fizetve** carriage/freight paid

fuvardíj *n* (freight) carriage, truckage

fuvarlevél *n (vonaton)* waybill, bill of lading

fuvaros *n* carter, carrier, *US* trucker

fuvaroz *v* carry, transport, ship, *US* truck

fuvarozás *n* transportation, transport, carriage, shipping, *US* trucking

fuvarozási vállalat *n* forwarding agent, shipping company, carrier, *US* express/transport company

fuvarozó 1. *a* carrying **2.** *n* carrier

fúvóka *n (hangszeren)* mouthpiece ∥ *műsz* jet

fuvola *n* flute

fuvolás *n* flautist, flute-player; *US* flutist

fuvoláz|ik *v* play the flute, flute

fúvós *a/n* ~ **hangszer** wind instrument; **a** ~**ok** the wind [is *v.* are ...]

fúvósötös *n* wind quintet(te)

fúvószenekar *n* brass/wind band

fúzió *n ker* amalgamation, merger, *US* consolidation ∥ *fiz* (nuclear) fusion

fuzionál *v* amalgamate, merge

fúziós *a fiz* fusion ∥ ~ **magreakció** thermonuclear fusion reaction; ~ **reaktor** fusion reactor

fű *n (gyep stb.)* grass; *(gyógyfű)* herb ∥ *biz (marihuána)* grass, weed ∥ **a** ~**re lépni tilos** keep off the grass; ~ **be harap** bite* the dust; ~**höz-fához kapkod** clutch at straws; ~**nek-fának elmondja** tell* all the world

füge *n* fig ∥ ~**t mutat vknek** snap one's fingers at sy, cock a snook at sy

fügefa *n* fig-tree

fügefalevél *n* fig-leaf°

függ *v (lóg)* hang* (down) *(vmről)* from); be* suspended/hanging ∥ *vmtől, vktől* depend on sg/sy ∥ **attól** ~ it (all) depends; **attól** ~**, hogy van-e rá pénze** it depends on whether he can afford it/to; **tőled** ~ it's up to you

függelék *n (könyvhöz)* appendix *(pl* appendixes *v.* appendices); *(kiegészítés)* supplement ∥ *(karácsonyfára)* (Christmas tree) decoration

függés *n (lógás)* hanging, suspension ‖ *átv* subordination (to), dependence *(vmtől* upon, on) ‖ **kölcsönös** ~ interdependence

függeszt *v (akaszt)* hang* (up), suspend *(vmre* from)

független *a* independent *(vktől/vmtől* of sy/sg) ‖ **ez teljesen** ~ **attól** this has* nothing to do with ...; ~ **ember** *(anyagilag)* man° of independent means; *(igével)* be* independent

függetlenség *n* independence; *(államé)* sovereignty, independence

függetlenségi *a* ~ **harc** war of independence

függetlenül *adv* independently ‖ **vmtől** ~ independently/irrespective of sg; **ettől** ~ apart from this

függő 1. *a (lógó)* hanging, suspended ‖ *(függőben levő)* pending *ut.,* in abeyance *ut.* ‖ **attól** ~**en, hogy** depending on whether ...; *nyelvt* ~ **beszéd** indirect/reported speech; ~ **játszma** *(sakk)* adjourned game; **vktől/vmtől** ~ dependent on/upon sy/sg *ut.,* subordinate to sy/sg *ut.* **2.** *n (ékszer)* pendant ‖ ~**ben hagy** leave* [the matter] open *(v.* undecided), let* sg hang fire; *(sakkjátszmát)* adjourn; ~**ben marad** be* pending/postponed, hang* fire

függőágy *n* hammock

függőfolyosó *n* outside balcony/corridor

függőhíd *n* suspension bridge

függőleges 1. *a* perpendicular, vertical **2.** *n* perpendicular, vertical ‖ *(keresztrejtvényben)* down

függöny *n (szính is)* curtain; *US (csak lakásban)* drape, drapes *pl,* drapery ‖ **felhúzza a** ~**t** raise the curtain; ~! *(színházi utasítás)* curtain!; **a** ~ **legördül** the curtain falls*/drops; **a** ~ **felmegy** the curtain rises*

függőség *n* ált (state of) dependence, dependency, subordination ‖ *(kábítószertől)* dependency, dependence [on drugs]

függővasút *n* cable-railway

függvény *n mat* function ‖ ... ~**ében ábrázolva** plotted against ...

fül *n (testrész)* ear ‖ *(fogó)* handle; *(sapkán, zseben)* flap ‖ *(könyv borítólapján)* blurb ‖ **az egyik** ~**én be, a másikon ki** go* in (at) one ear and out (at) the other; **csupa** ~ **vagyok** I am* all ears; ~**em hallatára** in my hearing; ~**ig szerelmes vkbe** be* head over heels in love with sy; ~**ön fog** take* by the ears; **jó** ~**e van** *(jól hall)* have* sharp ears, have* a fine ear; *(zenéhez)* have* an ear for music; **nem hisz a** ~**ének** he can't believe his ears; **se** ~**e,** **se farka** sy can't make head or tail of it, it is* nonsense

fülbaj *n* ear disease/trouble

fülbemászó 1. *a* catching, catchy, melodious **2.** *n* áll earwig

fülbevaló *n* ear ring/drop

fülcimpa *n* earlobe

füldugó *n* ear-plug

fülel *v* be* all ears

fülemüle *n* nightingale

füles 1. *a (lény)* (long-)eared, having ears *ut.* ‖ *(edény, kosár)* with a handle *ut.,* with handles *ut.* **2.** *n (szamár)* (jack)ass, donkey ‖ *biz (értesülés)* titbit, *US* tidbit

fülesbagoly *n* long-eared owl

fülész *n* ear-specialist

fülészet *n (tudomány)* otology ‖ *(osztály)* ear, nose, and throat clinic

fülfájás *n* earache

fülhallgató *n* earphone

fűl|ik *v* **nem** ~**ik a foga hozzá** (s)he doesn't feel like it *(v.* doing sg)

fülkagyló *n* auricle, outer ear

fülke *n (falban)* niche ‖ *(hajón)* cabin; *(lifté)* car; *(telefoné)* call/(tele)phone box, (tele)phone booth; *(szavazó)* (voting) booth; *(vasúti)* compartment

fülledt *a* close, sultry ‖ ~ **nyári meleg** stifling/sultry (summer) weather/heat; ~ **nyári nap** a stifling hot day

füllent *v* tell* a fib, fib

füllentés *n* fib, white lie

fül-, orr- és gégeszakorvos *n* ear, nose, and throat specialist

fül-orr-gégeklinika *n* ear, nose, and throat clinic

fül-orr-gégészet *n (tudomány)* oto-(rhino)laryngology ‖ *(osztály)* ear, nose, and throat clinic

fülsértő *a (túl hangos)* ear-splitting ‖ *(disszonáns)* jarring, cacophonous

fülsiketítő *a* deafening

fülszöveg *n (könyvé)* blurb

fültanú *n* ear-witness

fűmag *n* grass-seed, hay-seed

fűnyíró (gép) *n* lawnmower

fürdés *n (kádban)* bath; *(szabadban)* bathe, bathing

fürdet *v* bath sy, give* sy a bath

fürd|ik *v (kádban)* take*/have* a bath, bath; *(szabadban)* bathe, have* *(v.* go* for) a bathe/swim

fürdő *n (kádban)* bath, bathing ‖ *(intézmény)* public baths *pl* ‖ ~**t készít (vknek)** run* sy a bath; ~**ket vesz** *(fürdőhelyen)* take* the waters

fürdőhely *n* health-resort, spa

fürdőidény *n* bathing season

fürdőkád *n* bath, *US* (bath)tub

fürdőköpeny *n* bathrobe, *US* bathing wrap

fürdőlepedő *n* bath sheet/towel
fürdőmedence *n* swimming/bathing pool
fürdőnadrág *n* swimming trunks *pl*
fürdőruha *n* bathing suit, swimming costume, swimsuit
fürdősapka *n* bathing-cap, swim-cap
fürdőszoba *n* bath(room) ‖ ~**val** *(szállodában)* with private bath
fürdőszoba-használattal *adv* use of bathroom included
fürdőszobamérleg *n* bathroom scales *pl*
fürdőváros *n* spa
fürdővendég *n* visitor (at a spa *v.* at a health-resort)
fürdőz|ik *v (gyógyfürdőhelyen)* take* the waters ‖ *(strandon)* bathe
fürdőző 1. *a* bathing 2. *n* bather
fűrész *n* saw
fűrészel *v* saw* (off/up), cut* (sg) with a saw
fűrészfog *n* sawtooth (*pl* sawteeth)
fürge *a* nimble, agile, quick, lively ‖ ~**n jár** walk at a brisk pace
fürgeség *n* nimbleness, agility, briskness, liveliness
fürj *n* quail
fürkész *v* search for, nose about/after
fürkésző *a* searching, scrutinizing ‖ ~ **pillantást vet vkre** give* sy a searching look, scan sy's face; ~ **szemek** eyes like gimlets
füröszt *v* = **fürdet**
fürt *n (szőlő)* bunch ‖ *(haj)* lock (of hair), tress, curl
fürtös virágzat *n* raceme
füst *n* smoke ‖ **egy** ~ **alatt** at the same time, in the same breath; ~**be megy** go* up in smoke, come* to naught
füstbomba *n* smoke-bomb
füstfelhő *n* clouds of smoke *pl*
füsti fecske *n* common swallow
füstköd *n* smog
füstöl *v (kémény stb.)* give* off smoke, smoke ‖ *(dohányzik)* smoke ‖ *(húst)* smoke, cure
füstölög *v (kémény)* emit smoke, smoke; *(rosszul égő tűz)* smoulder (*US* -*ol*-) ‖ *(ember)* fume
füstölt *a (hús)* smoked, smoke-cured/dried
füstös *a* smoky, full of smoke *ut.*
füstszűrős cigaretta *n* filter-tipped cigarette(s), filter-tip(s)
fűszál *n* blade/leaf° of grass
fűszer *n* spice
fűszeráru *n (fűszerek)* spices *pl* ‖ *(élelmiszerek)* groceries *pl*
fűszeres 1. *a (étel)* spicy, (highly) spiced, seasoned ‖ *(történet)* spicy ‖ ~**en főz** use a great deal of spice (in cooking) 2. *n*

(kereskedő) grocer; *(mint üzlet)* grocer's (shop), *US* grocery (store)
fűszerez *v (ételt)* season, spice ‖ *átv* spice, add relish to ‖ **erősen** ~**ett** highly seasoned
fűszerüzlet *n* = **fűszeres** 2.
fűt *v (szobát)* heat ‖ *(kazánt)* stoke (up), fire ‖ **fával/szénnel** ~ use wood/coal for one's heating; **olajjal** ~ have* oil heating
fűtés *n* heating ‖ *(kazáné)* stoking ‖ **milyen a** ~ **nálatok?** *(technikailag)* what kind/sort of heating do you have?; *(elég meleg van-e?)* what is the/your heating like?
fűtetlen *a* unheated, cold
fűtő *n* stoker, fireman°
fűtőanyag *n* fuel
fűtőszál *n* filament
fűtőtest *n* radiator, heater
fűtött *a* heated, warmed ‖ ~ **terem** well-heated room/hall
fütyörész|ik *v* whistle to oneself
fütty *n* whistle, whistling
füttyent *v* give* a whistle, whistle
fütyül *v vk* whistle; *(színházban)* hiss, boo ‖ *(madár)* pipe, sing* ‖ *(golyó)* ping, zip ‖ *biz* ~**ök rá!** I couldn't care less, I don't care a rap
füves *a* grassy, grass-covered ‖ ~ **pálya** grass court
füvesít *v* put* (sg) under grass, turf
füvészkert *n* botanical garden(s)
fűz¹ *v (könyvet)* stitch, sew* [book] ‖ *(tűbe)* thread [needle] ‖ *vmhez vmt* attach, bind*, tie *(mind:* sg to sg); *(vmhez megjegyzést)* comment on sg ‖ *biz (szédít vkt)* string* sy along, lead* sy on (*v.* up the garden path)
fűz² *n* = **fűzfa**
fűzbarka *n* pussy-willow, catkin
füzér *n (gyöngy)* string; *(virág)* garland
füzes *n* willow-plantation/bed/grove
füzet *n (irka)* exercise/copy-book ‖ *(kis nyomtatott mű)* booklet, pamphlet, brochure ‖ *(folyóiratszám)* number, fascicle
fűzfa *n növ* willow ‖ *(fája)* willow(-wood) ‖ ~ **síp** willow whistle
fűzfapoéta *n* poetaster, rhymester
fűző *n (női)* corset; *(csípőszorító)* girdle ‖ *(cipőbe)* (shoe)lace(s)
fűződ|ik *v vmhez* be* connected/linked with sg, be* attached to sg, relate to sg
fűzőkapocs *n* staples *pl*
fűzöld *a* grass-green, green as grass *ut.*
fűzős cipő *n* lace-up shoes *pl*, lace-ups *pl*
fűzött *a (könyv)* stitched ‖ **a hozzá** ~ **remények** *vmhez* the hopes set/pinned on it; *vkhez* the expectations/hopes we have/had for him; ~ **könyv** paperback
fűzve *adv* in paperback

G

g = *gramm* gram(me), g
gabona *n* grain, cereals *pl*; *GB* corn
gabonabetakarítás *n* gathering in of grain
gabonafélék *n pl* grains, cereal crops
gabonaföld *n* cornfield
gabonakereskedelem *n* corn trade
gabonapiac *n* corn market
gabonarozsda *n* (black)rust
gabonaszem *n* grain, (grain of) corn
gabonatermés *n* corn/grain crop
gabonatermesztés *n* growing of corn
gabonatermő *a* corn-producing/growing
gácsér *n* drake
gael *a*/*n* Gaelic
gágog *v* cackle, gaggle
gagyog *v* babble, gurgle
gála 1. *a* gala 2. *n* = **gálaruha**
galacsin *n* pellet
galád *a* base, vile, low
galádság *n* baseness, vileness
gálaest *n* gala night/evening
galagonya *n* hawthorn; *GB* may(flower)
galaktika *n* galaxy
galamb *n* áll pigeon; *(vad)* (turtle-)dove ‖ **várja, hogy a sült ~ a szájába repüljön** expect to have everything handed to one on a plate
galambász *n* pigeon-fancier/breeder
galambdúc *n* dove-cot(e)
galambfióka *n* young pigeon/dove
galambősz *a* grey-haired, hoar(y)
galambszívű *a* tender-hearted
galambszürke *a* dove-grey
galambtenyésztő *n* = **galambász**
galandféreg *n* tape-worm
gáláns *a* *(udvarias)* polite, elegant, gallant
gálaruha *n* gala/full dress
galeri *n biz* gang (of hooligans)
galéria *n* gallery
galiba *n* mix-up, trouble, fuss ‖ **~t csinál** make* a mess (of things)
gall *a*/*n* Gallic, of Gaul *ut* ‖ **a ~ok** the Gauls
gallér *n (ruhán)* collar ‖ *(köpeny)* cape, cloak
gallicizmus *n (más nyelvben)* Gallicism ‖ *(francia nyelvi sajátosság)* French idiom
gallon *n* gallon *[brit = 4,54 l; amerikai = 3,78 l]*
galóca *n* agaric ‖ **légyölő ~** fly-agaric; **gyilkos ~** death-cap, amanita
galopp *n (vágta)* gallop ‖ *(verseny)* the races *pl* ‖ **kimegyek a ~ra** I'm going to have a day at the races
galoppoz|ik *v* gallop, ride* (at) full gallop
galuska *n* (small) dumplings *pl*, gnocchi *pl*
galvánelem *n* galvanic/voltaic cell
galvanizál *v* galvanize
gálya *n* galley
gályarab *n* galley slave
gályarabság *n* galley slavery
gally *n* twig, sprig
gamma-sugárzás *n* gamma rays *pl*
gáncs *n (lábbal)* trip ‖ **~ nélküli** blameless, irreproachable; **~ot vet vknek** *átv* put*/throw* obstacles in sy's way, hinder sy
gáncsol *v* = **elgáncsol** ‖ *átv* blame, censure, find* fault with, reprehend
gáncsoskodás *n* carping, fault-finding, hair-splitting, cavilling (*US* -l-)
gáncsoskod|ik *v* find* fault with, cavil (*US* -l) at, carp at
ganéj *n* dung, droppings *pl*
gang *n* = **függőfolyosó**
garancia *n* guarantee, warranty ‖ **egy év ~** one-year guarantee; **még nem járt le a ~** sg is still under guarantee; **~t vállal vmért** *v.* **~t ad vmre** guarantee sg; **kétévi ~val** guaranteed for two years
garancialevél *n* warranty
garantál *v* guarantee, warrant ‖ **ezt ~om** I can assure you, I'll vouch for it
garas *n* groat, farthing ‖ **nem ér egy lyukas ~t sem** it's not worth a straw (*v.* a brass farthing)
garasos *a (filléres)* cheap ‖ *(szűkmarkú)* penny-pinching
garat *n (torokban)* pharynx (*pl* pharynges *v.* -nxes) ‖ **felöntött a ~ra** he had a glass too many, he has had one over the eight
garatmandula *n* pharyngeal tonsils *pl*, adenoids *pl*
garázda *a* ruffianly, rowdy, bullying ‖ **~ ember** hoodlum, ruffian, hooligan; **~ vezető** *(autós)* road hog, speed merchant
garázdálkod|ik *v* go*/be* on the rampage, ravage
garázdaság *n* hooliganism, rowdyism ‖ **jog** breach of the peace, disturbing the peace
garázs *n* garage
garázsmester *n* garage foreman°
garbó *n* polo-neck (sweater/jumper), *US* turtleneck
gárda *n (testőrség)* the Guards *pl*
gárdista *n* guardsman°
gargarizál *v* gargle
garmada *n* heaps/lots of sg *pl*, pile ‖ **~val van** have* heaps/loads/piles of sg

garnitúra n set ‖ **egy** ~ **bútor** a suit (of furniture)
garral adv **nagy** ~ with much ado, noisily
garzonlakás n (kislakás) flatlet; (egyszobás) one-room flat (US apartment), biz bedsitter
gát n (folyó menti) dam, dike v. dyke, embankment, levee ‖ (akadály) impediment, obstacle, hindrance ‖ sp hurdle ‖ ~**at vet vmnek** put* a stop to sg, check sg; **legény a** ~**on** he stands* his ground
gátfutás n hurdle race, the hurdles pl
gátlás n (akadály) hindrance, impediment ‖ (lelki) inhibition ‖ ~**októl mentes** uninhibited; **tele van** ~**sal** be* full of inhibitions
gátlásos a inhibited, full of inhibitions ut.
gátlástalan a shameless, uninhibited
gátló a impeding, hampering ‖ ~ **körülmény** impediment
gátol v vmt hinder sg, be* an obstacle to sg ‖ vkt throw* an obstacle in sy's way
gatya n biz (alsónadrág) underpants pl
gatyáz|ik v fiddle about/around
gavallér n gallant
gavalléros a (bőkezű) generous, liberal, open-handed ‖ (lovagias) chivalrous, gallant ‖ ~**an fizet** come* down handsomely
gaz 1. a villainous, wicked, infamous **2.** n (gyom) weed, rank grass ‖ = **gazember**
gáz n (főzéshez stb.) gas ‖ **elzárja a** ~**t** turn off the gas, turn the gas off (a főcsapnál: at the mains); biz ~ **van!** the heat's on; ~**t ad** (motornak) step on it, US step on the gas; **kinyitja a** ~**t** turn on the gas; **PB-**~ GB Calor gas
gázálarc n gas-mask
gázbojler n gas water heater, geyser
gázcsap n gas-tap, US gas faucet
gázcserepalack n (butane v. GB Calor) gas cartridge
gázcső n gas-pipe
gazda n mezőg farmer, smallholder ‖ (tárgyé) owner, proprietor; (házé) master; (üzemé) manager, owner ‖ (főnök) chief, boss ‖ ~**ja vmnek** (= felelőse) be* in charge of sg; **ki a** ~**ja?** who is in charge?; **szabad a** ~**!** it's anybody's guess
gazdag 1. a (ember) rich, wealthy, affluent, moneyed ‖ (növényzet) rich, luxuriant ‖ átv ample, abundant, plentiful ‖ ~ **vmben** (be*) rich in sg ut., abounding in sg ut., full of sg ut. **2.** n a ~**ok** the rich/wealthy

gazdagság n (vagyon) riches pl, wealth, affluence ‖ (bőség) richness, profusion, abundance
gazdálkodás n mezőg farming, agriculture ‖ (gazdasági rendszer) economy; (vállalati) management ‖ **rossz** ~ mismanagement; **takarékos** ~ economy, careful management
gazdálkod|ik v mezőg run*/have* a farm, be* a farmer, farm ‖ **jól** ~**ik erejével** husband one's strength; **jól** ~**ik vmvel** make* good use of sg, manage sg well
gazdálkodó n farmer, smallholder
gazdaság n mezőg farm; (nagyobb) estate ‖ mezőg (gazdálkodás) farming ‖ (gazdasági rendszer/élet) economy ‖ **állami** ~ state farm; **második** ~ the secondary/black/shadow economy
gazdasági a mezőg agricultural, farming, farm- ‖ (közgazdasági) economic ‖ (anyagi ügyeket intéző) financial ‖ ~ **együttműködés** economic co-operation; ~ **élet** economic life, economic conditions pl, economy; ~ **épületek** farm-buildings; ~ **helyzet** economic situation; ~ **hivatal** finance office/department; ~ **kapcsolatok** economic relations; ~ **munkaközösség (gmk)** kb. enterprise co-operative; ~ **szabályozó** economic regulator; ~ **válság** economic crisis (pl crises), depression, slump; ~ **viszonyok** economic conditions pl
gazdaságilag adv economically ‖ ~ **elmaradt országok** economically underdeveloped countries; ~ **fejlett országok** economically (highly) developed countries
gazdaságirányítás n economic management
gazdaságos a economical, profitable ‖ ~ **termelés** production at a profit; **nem** ~ uneconomical, unprofitable
gazdaságpolitika n economic policy
gazdaságtan n economics sing.
gazdaságtörténet n economic history, history of economics
gazdasszony n housewife°
gazdátlan a (tulajdon) unclaimed; (hajó, ház stb.) derelict; (állat) stray, ownerless
gazember n villain, scoundrel, crook, rogue, a bad lot
gazfickó n scoundrel, villain; tréf rascal
gázfogyasztás n gas consumption
gázfőző n gas stove/cooker; (főzőlap) gas ring
gázfűtés n gas heating
gázgyár n gasworks sing. v. pl

gázkályha *n* gas-stove/heater, *GB így is:* gas fire
gázkészülék *n* gas appliance
gázkonvektor *n* gas convector
gázlámpa *n* gaslight, gaslamp
gázláng *n* gas flame, gaslight
gázleolvasó *n* gasman°
gázló *n* *(folyóban)* ford, shallows *pl*
gázlómadár *n* wader, wading bird
gázmérgezés *n* gas-poisoning, asphyxiation, gassing
gázművek *n* gasworks *sing. v. pl, US* gas-company
gázol *v (autó)* run* over/down ‖ *(vízben)* wade ‖ **halálra** ~ run* over and kill, crush to death; **halálra** ~**ta (egy autó)** was run down and killed (by a car), was killed in a car *(US* automobile) accident; **térdig** ~ **a vízben** be* up to the knees in water; **vk becsületébe** ~ blacken sy's good name, offend sy deeply
gázolaj *n* gas/fuel/diesel oil
gázolás *n* running over/down, street accident ‖ **halálos** ~ fatal road accident
gázóra *n* gas meter
gazos *a* rank, rank/overgrown with weeds *ut.*
gázos 1. *a* gassy; *(gázjellegű)* gaseous 2. *n (szerelő)* gas fitter
gázömlés *n* escape of gas, gas escape/leak
gázöngyújtó *n* gas/butane lighter
gázpalack *n (laboratóriumban)* gas holder/container; *(iparban)* gas cylinder ‖ **(háztartási)** ~ butane (*v. GB* Calor) gas
gázpedál *n* accelerator (pedal), *US* gas pedal
gázrezsó *n* gas ring/cooker
gázrobbanás *n* gas explosion
gazság *n* villainy, baseness, outrage
gázszámla *n* gas bill
gázszerelő *n* gas fitter
gázszolgáltatás *n* gas supply
gáztartály *n (gyári)* gasometer, gasholder; *(kisebb)* gas-tank
gaztett *n* outrage, outragous deed
gáztűzhely *n* gas cooker/oven/range
gázvezeték *n* gas piping (*v.* pipes *pl)*
gázsi *n (alkalomszerű)* fee; *(fizetés)* salary
G-dúr *n* G major
gebe *n* nag, hack, jade
gége *n* larynx (*pl* larynges *v.* -nxes), throat
gégész *n* laryngologist
gégészet *n* laryngology
gejzír *n* geyser
gél *n* gel
gém *n (madár)* heron; *(kanalas)* spoonbill ‖ *(kúté)* sweep
gémbered|ik *v* = elgémberedik

gémeskút *n* shadoof, sweep
gemkapocs *n* (paper-)clip
gén *n* gene
genealógia *n* genealogy, pedigree
genealógiai *a* genealogical
generáció *n* generation
generációs ellentét *n* the generation gap
generáljavítás *n* (general) overhaul
generáloz *v (motort)* give* [a car] a general overhaul, overhaul [a car]
generatív *a* generative
generátor *n* generator, dynamo
genetika *n* genetics *sing.*
genetikai *a* genetic ‖ ~ **kód** genetic code
genetikus *n* genetic
Genf *n* Geneva
genfi 1. *a* **G**~-**tó** Lake Geneva 2. *n* Genevese, Genevan
gengszter *n* gangster
géniusz *n* genius
génkutatás *n* genetic engineering
Genova *n* Genoa
genovai *a/n* Genoese
génsebészet *n* genetic engineering
genny *n* pus
gennyed *v* suppurate, become* full of pus, become* purulent
gennyes *a* purulent ‖ *biz* ~ **alak** toad, *GB* spiv; *biz* ~**re keresi magát** be* making money hand over fist; ~ **váladék** purulent discharge
geodéta *n* geodesist, surveyor
geodézia *n* geodesy, surveying
geofizika *n* geophysics *sing.*
geológia *n* geology
geológiai *a* geological
geológus *n* geologist
geometria *n* geometry
geometriai *a* geometric(al)
gép *n* ált machine; *(eszköz, készülék)* apparatus, appliance ‖ *(írógép)* typewriter ‖ ~**pel ír** type, typewrite*; ~**pel írt** typewritten, typed; ~**pel mosható** machine washable; ~**pel varr** machine; **nagy** ~ *(= számítógép)* mainframe
gépalkatrész(ek) *n (pl)* machine/engine parts *pl*; *(pót)* spare parts *pl*
gépállomás *n* mezőg (agricultural) machine centre *(US* -ter)
gepárd *n* cheetah
gépcsarnok *n* engine hall, machine room/shop
gépel *v (írógépen)* type ‖ *(varrógépen)* machine(-sew*)
gépelés *n (írógépen)* typing
gépelési hiba *n* typing error
gépelt *a (írás)* typewritten, typed ‖ ~ **kézirat** typescript, typewritten copy

gépeltérítés *n* = **géprablás**
gép- és gyorsírás *n* shorthand typing, *US* stenography
gép- és gyorsíró(nő) *n* shorthand typist, *US* stenographer
gépesít *v* mechanize; *kat, mezőg* motorize
gépesítés *n* mechanization; *kat, mezőg* motorization
gépesített *a* mechanized; *kat, mezőg* motorized || *kat* ~ **alakulatok/egységek** mechanized/motorized troops/units; ~ **háztartás** mechanized household; *biz* a home with all mod cons
gépész *n (gépkezelő)* mechanic; *(hajón)* (marine) engineer || *(hallgató)* engineering student, student of (mechanical) engineering
gépészet *n* (mechanical) engineering
gépészmérnök *n* mechanical engineer *(röv* Mech. E.)
gépészmérnöki kar *n* department/faculty *v. GB.* school of mechanical engineering
gépezet *n műsz* machinery, mechanism || *átv* machinery
gépfegyver *n* = **géppuska**
gépgyár *n* engine/machine factory, engine/machine works *sing. v. pl*
gépház *n* engine room; *(gépszín)* engineshed
géphiba *n műsz* defect, engine/machine failure, breakdown || = **gépelési hiba**
gépi *a* mechanical, power(-driven) || *(géppel készült)* machine-made || ~ **adatfeldolgozás** data processing; ~ **berendezés/felszerelés** machinery; ~ **erő** (mechanical) power; ~ **fordítás** machine translation; ~ **hajtású** powered, power-driven/operated; ~ **kapcsolású** automatic; ~ **úton** mechanically; ~ **úton feldolgoz** *(adatokat)* process [data] (by computer), computerize [data]
gépies *a* mechanical, automatic; *(önkéntelen)* unconscious; reflex || ~ **munka** routine (work/job)
gépipar *n* engineering industry
gépipari *a* ~ **munkások** engineering workers; ~ **műszaki főiskola** college/school of engineering
gépír *v* type
gépírás *n (cselekedet)* typewriting, typing || *(szöveg)* typescript
gépírásos *a* typewritten
gépíró(nő) *n* typist
gépjármű *n* (motor) vehicle
gépjármű-biztosítás *n* car (*v. US* automobile) insurance; *GB* third-party insurance/liability
gépjármű-vezetői igazolvány *n* driving licence, *US* driver's license

gépkezelő *n* machine minder/operator, machinist; *(hajón)* engineer
gépkocsi *n* (motor) car; *hiv* (motor) vehicle; *US* automobile || **bérelt** ~ rental car
gépkocsi-ellenőrzés *n* identity check
gépkocsiforgalom *n* motor traffic
gépkocsikölcsönzés *n* car-hire, *főleg US:* car rental(s) || ~ **i díj** rental
gépkocsikölcsönző *n* car-hire, *(főleg US)* rent-a-car [service/agency/business etc.], car rental
gépkocsiokmányok *n pl* vehicle/car/registration documents; *US* registration papers
gépkocsi-tulajdonos *n* vehicle owner
gépkocsivezető *n* driver; *(sofőr)* chauffeur
gépkocsizó 1. *a* motorized **2.** *n* motorist
géplakatos *n* (engine) fitter, mechanic
gépmester *n nyomd* machine minder
gépolaj *n* machine/lubricating oil
géppapír *n* typing paper
géppark *n* machine stock/pool
géppisztoly *n* submachine-gun
géppuska *n* machine-gun
géprablás *n rep* hijacking, skyjacking
géprabló *n rep* hijacker, skyjacker
gépselyem *n* machine-twist
gépsonka *n* pressed ham
gépsor *n (üzemi)* production line
gépszíj *n műsz* driving-belt || **elkapta a** ~ *átv (bajba került)* he has had it; *(belesodródott)* he's been dragged into doing sg
géptan *n* mechanics *sing.*
gépterem *n* machine room; *(nyomdában)* print(ing) shop
gereblye *n* rake
gereblyéz *v* rake
gerely *n (fegyver)* spear, lance || *sp* javelin
gerelyhajítás, -vetés *n sp* throwing the javelin, javelin throw
gerenda *n* beam; *(szarufa)* rafter, joist, strut || *sp* beam || *kat* chevron
gerendázat *n* timber frame(work)
gerezd *n (gyümölcs, dinnye)* slice; *(narancs, grépfrút)* segment; *(fokhagyma)* clove
Gergely *n* Gregory
Gergely-naptár *n* Gregorian calendar
gerilla *n* guer(r)illa
gerillaharc *n* guer(r)illa warfare
gerinc *n (emberi)* spine, backbone, spinal column || *(hegyé)* ridge, crest; *(könyvé)* spine || *átv* backbone
gerinces 1. *a (lény)* vertebrate || *(jellemes)* of strong character *ut.*, steadfast, resolute, firm || ~ **ember** man° of principle **2.** *n* ~**ek** vertebrata
gerincoszlop *n* spinal/vertebral column

gerinctelen *a (állat)* invertebrate || *átv* spineless, weak(-kneed)
gerincvelő *n* spinal marrow/cord
gerjed *v el* excitation is produced || **szerelemre ~ vk iránt** fall* in love with sy, lose* one's heart to sy
gerjeszt *v el* excite || **haragra ~** anger sy, make* sy angry
gerjesztés *n el* excitation
gerle, gerlice *n* turtle-dove
gerontológia *n* gerontology
gesztenye *n (szelíd)* (sweet/Spanish) chestnut || *(vad)* horse chestnut || **mással kapartatja ki (a tűzből) a ~t** make* a cat's paw of sy; **sült ~** roast(ed) chestnuts *pl*
gesztenyebarna *a* chestnut(-)
gesztenyepüré *n* chestnut puree
gesztenyesütő *n (ember)* chestnut-man°/seller
gesztikulál *v* gesticulate, gesture
gesztus *n (mozdulat)* gesture, motion, movement || **nemes ~** *átv* handsome/ noble gesture/act
gettó *n* ghetto
géz *n (sebkötöző)* (sterilized/antiseptic) gauze
gezemice *n (kotyvalék)* hotch-potch, *US* hodge-podge
gézengúz *n* rascal
Gibraltár *n* Gibraltar
Gibraltári-szoros *n* Strait of Gibraltar
giccs *n* kitsch, *US* trash
giccses *a* kitsch, *US* trashy, cheap || **~ kép** kitsch painting
gida *n (kecske)* kid || *(őz)* fawn
giliszta *n (földi)* earthworm || *(bélben)* tapeworm, *biz* worms *pl*
gilisztahajtó *a* vermifuge, helminthic
gím *n* hind
gimnasztika *n* gymnastics *sing.*
gimnazista *n GB* grammar-school student/boy/girl, *US* high-school student/boy/girl
gimnázium *n GB* grammar school; *US* high school || **első ~ba jár** he is in his first year at grammar (*v. US* high) school
gímszarvas *n* red deer; *(hímje)* stag; *(nőstényé)* hind
gipsz *n (természetes)* gypsum; *(égetett)* plaster of Paris || **~be tesz** *(végtagot)* put* [a limb] in plaster
girbegurba *a* winding, twisting
girhes *a (ló)* lean(-flanked) || *(ember)* skinny, sickly
girland *n* garland, festoon, wreath
gitár *n* guitar
gitároz|ik *v* play the guitar
gitt *n* putty
gittel *v* putty
G-kulcs *n zene* G clef, treble clef

glasgow-i *a/n* Glaswegian
gleccser *n* glacier
glicerin *n* glycerin(e)
globális *a* total, inclusive, overall, aggregate || **~ módszer** sight method, look--and-say method; **~an** in the aggregate
glória *n* halo, nimbus, glory
glossza *n (margón)* gloss, marginal note || *(cikk)* squib
glukóz, glükóz *n* glucose
gmk *n* = **gazdasági** munkaközösség
gnóm *a/n* gnome, dwarf *(pl* -fs *v.* dwarves)
gobelin *n* Gobelin (tapestry)
góc *n (gyújtópont)* focus *(pl* -ses *v.* foci); *(betegségé)* focus, centre *(US* -ter) || **a fertőzés ~a** the centre of infection
gócpont *n* *átv* focus *(pl* -ses *v.* foci), focal point || *(kereskedelmi)* commercial centre *(US* -ter)
gól *n* goal || **~t rúg/lő** kick/score a goal; **~ nélküli** scoreless, no-score
gólarány *n* score, goal average
golf *n* golf
Golf-áram *n* the Gulf Stream
golfnadrág *n* plus-fours
golfoz(ik) *v* play golf
golfpálya *n* golf course, golf links *pl*
golfütő *n* (golf) club
gólhelyzet *n* chance to score
góllövő *a/n* (goal-)scorer
gólya *n áll* stork || *(elsőéves)* fresher, freshman°
gólyahír *n növ* marsh marigold, *US így is:* cowslip
golyó *n* *ált* ball; *(játék ~)* marble || *(puskába)* bullet, cartridge; *(ágyúba)* shot, (cannon-)ball || **~ általi halálra ítél vkt** condemn sy to be shot; **~t röpít az agyába** blow* one's brains out
golyóálló *a* bullet/shot-proof
golyós *a* **~ dezodor** roll-on deodorant; **~ szelep** ball-cock
golyóscsapágy *n* ball(-)bearing
golyóstoll *n* ballpoint (pen), ball-pen, biro
golyóstollbetét *n* refill
golyószóró *n* (light) machine-gun, Bren gun
golyóz|ik *v* play marbles
golyva *n* goitre, *US* goiter
golyvás *a* goitrous
gomb *n (ruhán)* button || *(ajtón, fiókon, sétapálcán)* knob || *(csengőé)* button, bellpush
gomba *n növ* fungus *(pl* -gi *v.* -uses); *(ehető)* mushroom; *(mérges)* toadstool || *orv* fungus *(pl* -gi *v.* -uses) || **~betegség** mycosis *(pl* -ses)
gombafej *n* **~ek rántva** fried button-mushrooms
gombaismeret *n* fungology, mycology

gombaleves *n* mushroom soup
gombamérgezés *n* mushroom poisoning
gombapörkölt *n* mushroom and paprika stew
gombaszakértő *n* mycologist
gombászat *n tud* mycology || *(gombatermesztés)* mushroom-growing; *(szedés)* mushroom-gathering
gombász|ik *v* gather mushrooms, go* mushrooming
gombavizsgáló *n kb.* mushroom-checking booth
gombelem *n* micro-battery, pill battery
gomblyuk *n* buttonhole
gombnyomásra működő *a* push-button
gombóc *n* dumpling; *(húsból, burgonyából)* ball || ~ **van a torkában** there is* a lump in her/his throat
gombol *v* button (up)
gombolyag *n* ball; *(fonal)* skein, hank || **egy** ~ **spárga** a ball of string
gombolyít *v* wind* into a ball
gombostű *n* pin
gomolya *n kb.* cottage-cheese
gomolyog *v (füst)* wreathe (around/up), [clouds of smoke] puff up; *(felhő)* swirl
gond *n (aggódás)* worry, concern, anxiety, uneasiness, trouble; *(nehézség)* difficulty, problem || *(törődés)* care (for sg), concern, attention, carefulness || **a legkisebb** ~ **om is nagyobb annál** that is* the least of my cares/worries; **anyagi** ~ **ok** financial difficulties; **ez nem** ~ that's no problem; ~ **nélkül(i)** carefree; **majd** ~ **om lesz rá** I'll see to it, I'll attend to it, I'll look after him/it; **nagy** ~ **ot fordít vmre** devote great care to sg; **sok a** ~ **ja** be* full of cares, be* worried; **sok** ~ **ot okoz vknek** cause sy great anxiety, worry sy (very much)
gondatlan *a* careless, negligent, neglectful (of sg), thoughtless
gondatlanság *n* carelessness, want of care, negligence, neglect; *jog* malpractice
gondnok *n (kiskorúé)* guardian || *(örökségé)* administrator, trustee || *(gazdasági)* steward, overseer || *(intézményé, kollégiumé)* warden; *(üdülőé, kisebb épülete)* caretaker; *US főleg:* janitor; *US hiv* custodian
gondnoknő *n (diákszállóban, tanulóotthonban)* matron; *(intézményé ált)* warden; *(üdülőé, kisebb épülete)* caretaker
gondnokság *n (kiskorúé)* guardianship; *(örökségé)* trusteeship || *(mint állás)* office of guardian/trustee/curator || *(intézményé)* board of trustees || *(gondnoki hivatal)* warden's office

gondol *v* think*, *(fontolva)* consider || *(vmlyennek vél)* think*, judge, find* || *vkre/vmre* think* of/about sy/sg, have* sy/sg in mind; *vmre* consider sg || *(vmvel/ vkvel törődve)* think* about, care for/ about, concern oneself with, mind sy || **angolnak** ~ **ták** he was thought/believed to be an Englishman, he was taken for an Englishman; **arra** ~ **tam, hogy állást változtatok** I considered changing my job; ~ **hattam volna** I might have known; ~ **tam rád** I have not forgotten about you; **hova** ~ **sz?** how can you think of such a thing?; **mást** ~ **t** he changed his mind; **miből** ~ **od, hogy megbízható?** what makes you think you can trust him?; **mindjárt** ~ **tam** I thought as much; **mire** ~ **sz?** what are you thinking of?; **mit** ~ **(sz)?** what do you think?; **nagy költőnek** ~ **ja magát** he thinks* himself (*v.* he is) a great poet; **ne** ~ **j rá!** put it out of your mind, forget (all about) it; **sokat** ~ **unk rátok** you are very much in our thoughts; **úgy** ~ **om, hogy ...** I think*/believe/expect that, *US* I guess/ reckon that
gondola *n (velencei és bolti)* gondola
gondolás *n (hajós)* gondolier
gondolat *n* thought; idea; reflection || **az a** ~ **om támadt** it occurred to me, the idea occurred to me; ~ **ban** mentally, in thought, in one's mind; ~ **ban veled leszek** I shall be with you in spirit; ~ **okba merülve** lost/deep in thought
gondolatjel *n* dash
gondolatmenet *n* chain/sequence of ideas, train of thought || **folytatva a** ~ **et** developing the (train of) thought
gondolattársítás *n* association of ideas
gondolatvilág *n* thoughts *pl*, ideas *pl*
gondolkodás *n* thinking, thought
gondolkodásmód *n* way of thinking, turn/cast of mind, mentality
gondolkod|ik *v* think* *(vmről, vmn* of/ about); *(fontolgatva)* consider (sg) || **hangosan** ~ **ik** think* aloud; **saját fejével** ~ **ik** use one's own head; ~ **j(ál) (csak)!** use your brains!, think (again)!; ~ **ik a dolgon** give* [the matter] some thought, be* thinking sg over; **nem** ~ **tam rajta** I didn't give it a second thought
gondolkodó 1. *a* thinking 2. *n (filozófus)* philosopher, thinker || ~ **ba ejt** set* sy thinking
gondos *a* careful
gondosan *adv* carefully || ~ **olvasd el** read it carefully/attentively; ~ **ügyel arra, hogy** make* a point of (doing sg), take* good care (to do sg)

gondoskodás *n* care, provision (for)
gondoskod|ik *v* vkről, vmről take* care of, provide for, look after; vmről see* to sg (*v*. doing sg), arrange for sg || ~**j(ék) róla, hogy** see (to it) that ...; **arról majd én** ~**om!** I shall see to it
gondosság *n* care(fulness) || **kellő** ~ **ker** due care and caution
gondoz *v* look after, take* care of, attend to; *(beteget)* nurse, tend
gondozás *n* vké looking after, care || *(gépé)* maintenance, servicing || *(könyvről)* **vknek a** ~**ában** ... (copy-)edited by ...; (copy) editor ...
gondozatlan *a* uncared-for, neglected; *(külső)* slovenly, shabby, untidy
gondozó *n* vk caretaker, keeper, attendant || *(egészségügyi)* health centre
gondozónő *n* **(területi)** ~ district-nurse
gondozott 1. *a* well-kept, in good condition/repair *ut.* **2.** *n* foster-child° || **állami** ~ child° in care
gondtalan *a* free from care *ut.*, carefree, light-hearted || ~ **élet** life free from cares, easy life
gondterhelt *a* careworn, troubled, worried
gondviselés *n (isteni)* providence
gong *n* gong
gongütés *n* (striking of the) gong
gonosz 1. *a* evil(-minded), wicked, vicious, vile **2.** *n* evil
gonoszság *n (tulajdonság)* evil, wickedness, viciousness || *(tett)* evil/wicked deed/act
gonosztett *n* crime, evil/wicked deed
gonosztevő *n* evil-doer
gordiuszi *a* **kettévágja a** ~ **csomót** cut* the Gordian knot
gordonka *n* (violon)cello
gordonkaművész *n* (violon)cellist
gordonkáz|ik *v* play the (violon)cello
góré[1] *n (kukoricagóré)* barn
góré[2] *n biz (főnök)* boss; *GB* guvnor || **ő a** ~ he runs the show, he's (the) boss
gorilla *n átv is* gorilla
goromba *a (ember)* rough, rude, boorish || ~ **fráter** churlish fellow, boor(ish fellow)
gorombaság *n (modor)* roughness, rudeness, boorishness || *(bánásmód)* ill-treatment/usage || *(kijelentés)* abuse *(pl ua.)*
gorombáskod|ik *v (szóban)* be* rude/offensive/abusive (to sy)
gót 1. *a* Gothic || ~ **stílus** Gothic/ogival/pointed style **2.** *n* Goth
gótika *n* Gothic art
gótikus *a* Gothic, ogival
göb *n* knot
gödör *n* pit, hole; *(úton)* pothole
gödrös *a (felület)* pitted, broken, uneven; *(út)* bumpy, full of potholes *ut.*

gőg *n* arrogance, haughtiness, pride
gőgicsél *v* gurgle (with delight), babble away
gőgicsélés *n* baby talk
gőgös *a* arrogant, haughty, proud
gömb *n* ált ball, orb; sphere || **földr** globe || ~ **alakú** spherical, globular
gömbcsukló *n* ball-and-socket joint/head
gömbfejes írógép *n* golf-ball typewriter
gömbfelület *n* spherical surface
gömbi *a* spherical
gömböc *n (ember)* fatty, roly-poly || *(húsétel) kb.* black pudding
gömbölyded *a* roundish; *(arc)* chubby
gömbölyöd|ik *v* become*/grow*/get* round, round (out)
gömbölyű *a (test)* round, spherical, globular, rounded || *(emberről)* stout, round
gömbvillám *n* globe-lightning, fire-ball
gönc *n (ócska ruha)* cast-off clothing, cast-offs *pl* || *(limlom)* odds and ends *pl*; *US* junk
Göncölszekér *n* the Great Bear, the Plough, *(US)* the Big Dipper
göndör *a* curly
göndöröd|ik *v* curl
göngyöl *v* roll (up), pack (up), swathe
göngyöleg *n (csomag)* bundle, bale, package || *(begöngyölt dolog)* roll || *(csomagolóanyag)* wrapping, packing material
görbe 1. *a* ált curved; *(hajlított)* bent, twisted, crooked || ~ **éjszaka** night on the tiles, spree; ~ **lábú** bandy-legged; ~ **szemmel** (*v*. ~**n**) néz vkre look askance at sy, frown at sy; ~ **tükör** distorting mirror; ~ **vonal** curve(d line); ~ **vonalú** curvilinear **2.** *n mat* curve; *(grafikon)* graph
görbít *v* bend*, make* crooked, warp
görbül *v* curve, become* bent/crooked
görbület *n* curvature; *(kanyarulat)* bend, curve, winding
görcs *n (fában)* knot, gnarl || *(kötött)* knot || *(izomé)* cramp; spasm || ~**öt kapott a lába** he had cramp in his leg(s)
görcsoldó *a/n* ~ *(szer)* antispasmodic
görcsöl *v* have*/get* cramp, cramp, have* spasms, have* spasmodic pain(s)
görcsös *a (fa)* gnarled, knotty, knotted || *(fájdalom)* spasmodic, convulsive
görcsösen *adv* ~ **ragaszkodik vmhez** hang*/hold* onto sg like grim death
gördeszka *n* skateboard
gördít *v* wheel, roll, push
gördül *v* roll (along), travel *(US* -l)
gördülékeny *a (stílus)* easy(-flowing), fluent, smooth

gördülő *ált* rolling, moving; *(sínen)* sliding
gördülőcsapágy *n (görgős)* roller bearing; *(golyós)* ball(-)bearing
görény *n* polecat, *US* skunk
görget *v* roll, trundle, wheel, push
görgő *n* roller, runner; *(bútoron)* caster *v.* castor
görgőscsapágy *n* roller bearing
görkorcsolya *n* roller-skates *pl*
görkorcsolyáz|ik *v* roller-skate
görnyed *v* bend*, bow, stoop ‖ **vm fölé** ~ bend*/lean* over sg
görnyedt *a* bent, bowed, stooping
görög 1. *a* Greek, Grecian, Hellenic ‖ ~ **katolikus** Greek Catholic, Uniat(e); ~ **kultúra** Greek civilization/culture; ~ **nyelvtudás** (knowledge of) Greek **2.** *n (ember, nyelv)* Greek ‖ **a** ~**ök** the Greeks, the Greek people
görögdinnye *n* water-melon
görögkeleti *a* (Greek) Orthodox ‖ **a** ~ **egyház** the (Greek) Orthodox Church
Görögország *n* Greece
görögtűz *n* ⟨red firework⟩
görögül *adv* (in) Greek → **angolul**
göröngy *n* clod of earth, lump
göröngyös *a* uneven, rough ‖ ~ **út** rough/bumpy road
göthös *a* weak-chested; *(beteges)* sickly, weak in health *ut.*
gőz *n ált* vapour *(US* -or); *(kigőzölgés)* exhalation, evaporation, vapour ‖ *(mint hajtóerő)* steam ‖ *biz* **halvány** ~**öm sincs róla** I haven't the faintest idea; **teljes** ~**zel** (at) full steam/tilt, at full speed, *(átv is)* (at) full blast
gőzfürdő *n* Turkish/steam bath
gőzgép *n* steam-engine
gőzhajó *n (kisebb)* steamer; *(nagyobb)* steamship, steamboat; *(óceánjáró)* liner
gőzhenger *n* steam-roller
gőzkalapács *n* steam-hammer
gőzkazán *n* steam-boiler
gőzmozdony *n* locomotive, steam-engine
gőzöl *v (textilt)* hot-press, steam [textile] ‖ *(ételt)* steam, stew
gőzölgő *a* steaming; *(leves stb.)* piping/steaming hot
gőzölög *v* steam, emit steam/vapour *(US* -or); *(étel)* steam; *(felhevült állat)* be* snorting
gőzölős vasaló *n* steam iron
gőzös 1. *a* steamy; vaporous **2.** *n =* **gőzhajó, gőzmozdony**
gőzturbina *n* steam turbine
grafika *n műv* graphic arts *pl* ‖ *nyomd (kiadványé)* artwork, graphics *pl* ‖ **Dürer** ~**i** Dürer's graphics
grafikai *a* graphic

grafikon *n* graph, diagram, chart
grafikus 1. *a* graphic, diagrammatic **2.** *n (művész)* graphic artist
grafit *n ált* graphite ‖ *(ceruzában)* (black)lead
grafológia *n* graphology
grafológus *n* graphologist
gramm *n* gram(me) ‖ **súlya 2** ~ it weighs two gram(me)s
gránát[1] *n (robbanó)* grenade, shell
gránát[2] *n (kő)* garnet
gránit *n* granite
grasszál *v biz (garázdálkodik)* be* on the rampage
gratuláció *n* congratulations *pl*
gratulál *v (vknek vmely alkalomból)* congratulate sy (on sg) ‖ ~ **ok!** congratulations!, I congratulate you (on sg); ~ **ok születésnapjára** (I wish you) many happy returns (of the day)
gravitáció *n* gravitation, (pull of) gravity
gravitációs *a* gravitational ‖ **a Newton-féle** ~ **törvény** Newton's law of gravitation
greenwichi középidő *n* Greenwich Mean Time, *röv* G.M.T.
gregorián ének *n* Gregorian chant, plainsong
grépfrút *n* grapefruit ‖ ~**lé** grapefruit juice
grill *n =* **grillsütő** ‖ *(vendéglő)* grill(-room) ‖ ~ **en süt** grill, *US* broil
grillcsirke *n* roast/grilled *(US* broiled) chicken
grillsütő *n (konyhában, rostély)* grill, *US* broiler; *(rostély, főleg faszénnel)* gridiron; *(szabadban)* barbecue
grimasz *n* grimace ‖ ~ **okat vág** make*/ pull faces, grimace
grimbusz *n* hullabaloo, fuss, row ‖ ~**t csinál** kick up a fuss/row
gríz *n* semolina
gróf *n (a kontinensen)* count; *GB* earl
grófnő *n* countess
grófság *n (terület)* county; *(csak GB)* shire
groteszk *a* grotesque, freakish
Grönland *n* Greenland
grönlandi 1. *a* Greenlandic **2.** *n* Greenlander
grund *n biz* plot, *US* lot
grúz *a/n (ember és nyelv)* Georgian
guba *n biz* dough, bread
gubacs *n* gall
gubancos *a (haj)* shaggy, matted
gubbaszt *v* huddle, cower, crouch
guberál *v (szeméttelepen)* rake/grab about (among the dustbins *v. US* garbage)
gubó *n (rovaré)* cocoon
guggol *v* squat (on one's heels), crouch (down)

gúla *n* pyramid ‖ ~ **alakú** pyramidal, pyramidic(al)
gulya *n* herd
gulyásleves *n* goulash soup
gumi *n* *(anyag)* rubber; *összet* rubber, elastic ‖ *(radír)* (India-)rubber, eraser ‖ = **gumiabroncs** ‖ *(óvszer)* sheath, condom, *US* rubber
gumiabroncs *n* tyre, *US* tire
gumibot *n* *(rendőri)* (rubber) truncheon, baton; *US így is:* nightstick; *US* billy
gumibugyi *n* = **guminadrág**
gumicsizma *n* gumboots *pl*, *GB* wellingtons *pl*, *US* gums *pl*; *(térden felül érő)* angling waders *pl*
gumicsónak *n* *(felfújható)* inflatable boat, rubber dinghy
gumiharisnya *n* elastic stocking/hose
gumikesztyű *n* rubber gloves *pl*
gumilabda *n* rubber ball
gumimatrac *n* air mattress, airbed
guminadrág *n* *(kisbabáé)* rubber panties/pants *pl*
guminyomás *n* airpressure
gumiragasztó *n* rubber cement
gumitalp *n* rubber sole
gumó *n* *(burgonyáé)* tuber, root
gumós *a növ* tuberous, bulbous
gúnár *n* gander
gúny *n* ridicule, mockery; *(finom)* irony ‖ ~**t űz vkből/vmből** make* fun of sy/sg, ridicule/mock sy
gúnyirat *n* lampoon, squib, satire
gúnykacaj *n* derisive laughter, jeers *pl*
gúnynév *n* nickname
gúnyol *v* mock, ridicule, make* fun of
gúnyolódás *n* mockery, mocking
gúnyolód|ik *v* be* derisive/sarcastic ‖ ~**ik vkvel** taunt sy (with sg)
gúnyos *a* sarcastic, ironic(al), biting ‖ ~ **megjegyzés** sneer; sarcastic remark; ~ **mosoly** derisive smile, sneer
gúnyrajz *n* caricature, cartoon
guriguri *n* double-runners *pl*
gurít *v* roll, send* sg rolling; *(bútort, karikát)* trundle; *(labdát, tekét)* bowl
gurul *v ált* roll, travel (*US* -l); *(repülőgép)* taxi ‖ ~ **a nevetéstől** be* convulsed *(v.* doubled-up) with laughter
gusztus *n biz (ízlés)* taste ‖ ~**a van vmre** fancy sg, feel like (doing) sg; ~**omra való dolog** sg to my taste
gusztusos *a* appetizing, inviting, tempting
gusztustalan *a* disgusting, repulsive, unappetizing
guta *n* apoplexy, stroke ‖ **megüt a** ~, **ha** I shall have a fit if; *(enyhébben)* I shall be very upset if
gutaütés *n* = **guta** ‖ ~ **éri** have* a stroke; ~**ben meghal** die of apoplexy (*v.* a stroke)

gúzsba köt *v* bind* hand and foot, hamstring*
gügye *a* = **gyüge**
gügyög *v (kisbaba)* crow with pleasure
gügyögés *n* crow with pleasure
gümőkór *n* tuberculosis
gümőkóros *a* tubercular, tuberculous
gürcöl, *biz* **güriz|ik** *v* drudge, grind* away (at sg)

Gy

gyakori *a* frequent, recurrent, repeated
gyakoriság *n* frequency ‖ **előfordulási** ~ *(betegségé)* (relative) incidence
gyakorlás *n* practice, practising; *(testi képességeké)* exercise
gyakorlat *n* *(elmélet ellentéte)* practice ‖ *(jártasság)* practice, (practical) experience; routine ‖ *(foglalkozás végzése)* practice ‖ *(gyakorló feladat)* ált exercise; *zene* étude; *sp* training; *(súlyemelésben versenyen)* attempt ‖ *kat* exercise, drill ‖ **a** ~**ban** in practice; ~ **teszi a mestert** practice makes perfect; **kijött a** ~**ból** be*/get* out of practice, *biz* be* rusty; **orvosi** ~ medical practice; **bemutatja a** ~**át** *(tornász)* perform
gyakorlati *a* practical ‖ ~ **érzék** (practical) common sense; ~ **pályára megy** go* in for something practical
gyakorlatias *a* practical, down-to-earth
gyakorlatilag *adv* in practice, practically, technically
gyakorlatlan *a* inexperienced, unpractised (in), unskilled (in), untrained, undrilled
gyakorlatoz|ik *v kat* drill, do* exercises, train
gyakorlatvezető *n (egyetemen)* demonstrator, *US* instructor
gyakorló *a (gyakorlatot folytató)* practising ‖ *(gyakorlásra való)* for practice *ut.* ‖ ~ **orvos** medical/general practitioner; ~ **tanárjelölt** student (*v. US* training) teacher
gyakorlóév *n* probationary year, year on probation ‖ ~**ét tölti** do* a probationary year
gyakorlóéves *n ált* probationer; *(tanárjelölt)* student (*US* training) teacher; *(igével)* be* on probation
gyakorlógimnázium, **-iskola** *n* (teacher's) training college/school
gyakorlótér *n kat* drill/parade ground

gyakorlott *a* practised, trained, skilled, experienced
gyakornok *n* ált trainee; *(irodában)* junior clerk; *(üzletben)* assistant
gyakornokoskod|ik *v* serve as a trainee *(v.* an assistant)
gyakorol *v* practise (*US* -ce) || *(mesterséget)* practise (*US* -ce), follow, pursue || *biz (szakmai gyakorlatot folytat)* be* on probation || **befolyást ~ vkre/vmre** exert influence on sy/sg, influence sy/sg; ~**ja magát vmben** practise sg, get*/keep* one's hand in sg, train for sg; **naponta 2 órát ~** practise (for) two hours a/every day
gyakran *adv* often, frequently || ~ **jár vhova** frequent sy's house
gyaláz *v* abuse, revile, vilify
gyalázat *n* shame, ignominy
gyalázatos *a (szégyenletes)* shameful, dishonourable, base, disgraceful
gyalázkod|ik *v* use abusive language
gyalog 1. *n (sakkban)* pawn **2.** *adv* on foot || ~ **megy vhova** walk (to)
gyalogátkelőhely *n* zebra crossing, (pedestrian) crossing, *US* crosswalk
gyalogjáró *n (járda)* pavement, *US* sidewalk
gyaloglás *n* walk(ing), *kat* march; *sp* walking || **50 km-es ~** 50 km walk(ing)
gyalogol *v* ált go* on foot, walk || *kat* march
gyalogos *n (utas)* walker, pedestrian, foot passenger || *kat* foot-soldier, infantryman°
gyalogság *n* infantry
gyalogsági *a* of the infantry *ut.*, infantry || ~ **fegyver** infantry weapon
gyalogszerrel *adv* on foot
gyalogtúra *n* walking tour, hike
gyalogút *n* footpath, footway, lane || *(megtett út)* walk || **kétórai ~** two hours' walk
gyalu *n* műsz plane || *(káposztának stb.)* slicer, cutter; *(zöldségnek)* shredder
gyalul *v* műsz plane || *(káposztát)* slice; *(zöldséget)* shred || **simára ~ vmt** plane sg smooth
gyalulatlan *a* unplaned, rough(-hewn) || ~ **deszka** rough board
gyalupad *n* work-bench, joiner's/carpenter's bench
gyám *n* jog *(gyermeké)* (legal) guardian; *(tulajdoné)* person in charge, trustee || *(támasz)* prop, pillar, buttress, support
gyámfal *n* abutment, buttress
gyámfiú *n* ward, foster-son
gyámgerenda *n* joist, purlin
gyámhatóság *n* court of guardians
gyámkodás *n* jog guardianship || átv patronage || **anyai ~ alatt áll** be* tied to one's mother's apron-strings

gyámkod|ik *v* jog act as guardian/trustee || átv ~**ik vk felett** overprotect
gyámleány *n* ward, foster-daughter
gyámolít *v* support, aid, help, protect
gyámolítás *n* support, aid, assistance, protection || **a ~ra szorulók** the needy
gyámoltalan *a (tehetetlen)* helpless || *(ügyetlen)* awkward, clumsy
gyámoltalanság *n (tehetetlenség)* helplessness || *(ügyetlenség)* awkwardness
gyámoszlop *n* pillar, support
gyámság *n* jog guardianship || ~ **alá helyez** place under the care of a guardian, make* sy a ward of court
gyámszülők *n* = **nevelőszülők**
gyanakod|ik *v* vkre, vmre be*/feel* suspicious about/of sy/sg, have* suspicions about sy/sg || **vkre ~ik** suspect sy (of having done sg)
gyanakvás *n* suspicion
gyanakvó *a* suspicious, mistrustful || ~ **természet** *kif* (s)he has a suspicious nature
gyanánt *post* as, by way of || **kézirat ~** (published/printed as) manuscript
gyanít *v (vél, sejt)* suspect, presume || ~**om, hogy ...** I suspect (that) ..., I presume ...
gyanta *n* resin; *(hegedűnek)* rosin, colophony
gyantás *a* resinous
gyantáz *v* resin; *(vonót)* rub [the bow] with rosin, rosin
gyanú *n* suspicion || jog **alapos ~** well-founded/grounded (*v.* strong) suspicion; **a ~ árnyéka sem** not a shadow of suspicion; **az a ~m, hogy** I suspect that, I have a suspicion that; ~**ba kerül** fall* under suspicion, be* suspected of sg; ~**ba kever vkt** cast* suspicion on sy, incriminate sy; ~**n felül áll** be* above suspicion
gyanúper n él a ~rel have* a suspicion that, *biz* smell* a rat
gyanús *a* ált suspicious, suspect || *(ügy)* shady, underhand || *(ember)* shifty || ~ **alak** shady(-looking) customer, suspicious character
gyanúsít *v* suspect sy of sg, cast* suspicion on sy; *(alattomosan)* insinuate [that sy is ... *v.* sy did sg] || **lopással** ~**ják** be* suspected of theft
gyanúsítás *n* suspicion, *(alattomos)* insinuation
gyanúsított 1. *a* suspected, under suspicion of sg *ut.* **2.** *n* suspect
gyanútlan *a* unsuspecting, naive *v.* naïve, guileless || ~**ul** unsuspectingly, innocently
gyapjas *a* woolly (*US* wooly), fleecy

gyapjú

gyapjú n wool; *(állaton)* fleece ‖ *(jelzőként)* woollen (*US* woolen)‖ **tiszta** ~ all/pure wool

gyapjúfonal n woollen (*US* -l-) yarn, wool thread

gyapjúharisnya n woollen (*US* -l-) stockings/socks *pl*

gyapjúsál n woollen (*US* -l-) scarf°

gyapjúszál n woollen (*US* -l-) thread/yarn

gyapjúszövet n woollen (*US* -l-) cloth

gyapot n cotton

gyapotcserje n cotton-plant

gyapottermés n cotton crop

gyapottermesztés n cotton growing/production

gyár n factory, works *sing. v. pl*, plant ‖ *(mint cég)* manufacturer

gyarapít v increase, add to, augment, enlarge ‖ *(gyűjteményt, ismereteket)* expand, enrich

gyarapodás n growth, increase, expansion; *(könyvtári)* accession; *(tudásbeli)* progress

gyarapod|ik v *(nő)* increase, grow*, be* added to ‖ *(testileg)* put* on flesh/weight, grow* strong(er) ‖ *(tudásban)* know* more about sg

gyári a *(áru)* factory/machine-made, manufactured, mass-produced ‖ ~ **ár** factory/cost price; ~ **készítmény** manufactured goods/articles *pl*, manufactures *pl*; ~ **áron** at cost; ~ **munkás** factory worker/hand

gyárigazgató n manager [of a factory], factory manager

gyárilag előállított/készült a factory-made, manufactured

gyáripar n manufacturing industry

gyárkémény n factory chimney

gyarló a *(ember)* frail, feeble, weak

gyarlóság n frailty, feebleness fallibility

gyarmat n colony

gyarmatáru n colonial goods *pl*

gyarmatbirodalom n colonial empire

gyarmati a colonial ‖ ~ **rendszer** colonialism; ~ **uralom** colonial rule

gyarmatosít v colonize

gyarmatosítás n colonization; *(mint rendszer)* colonialism

gyarmatosító a/n colonizer

gyárnegyed n industrial quarter, factory district

gyáros n manufacturer

gyárt v manufacture, produce ‖ **sériában** ~ mass-produce

gyártás n manufacturing

gyártási a ~ **hiba** fault/flaw in manufacture; **kis** ~ **hibával** *(mint felirat)* (slight) seconds; ~ **titok** trade secret

gyártásvezető n film producer

gyártelep n (manufacturing) plant, factory/works and grounds *pl*

gyártmány n product, manufactured goods *pl*; *(márka)* make ‖ **milyen** ~? what make is it?; **hazai** ~ home product

gyártmányfejlesztés n research and development, R & D

gyártmányú a **magyar** ~ made in Hungary *ut.*, Hungarian made; *(élelmiszer, főnévvel)* produce of Hungary, Hungarian produce; **saját** ~ *(főnévvel)* one's own make

gyártó (cég) n manufacturer

gyárudvar n factory-yard

gyárváros n big industrial town, manufacturing town

gyász n *(gyászolás)* mourning ‖ *(gyászeset)* bereavement ‖ *(gyászruha)* mourning (dress), black

gyászbeszéd n funeral oration/address, *(egyházi)* funeral sermon

gyászeset n death; *(a családban)* bereavement

gyászinduló n funeral/dead march

gyászjelentés n death-notice; *(újságban)* obituary

gyászkarszalag n mourning band

gyászkíséret n funeral procession, the mourners *pl*

gyászmise n requiem, mass for the dead

gyászol v mourn, be* in mourning; *(gyászruhát visel)* wear* mourning ‖ ~ **vkt** mourn for sy; ~**ja vk halálát** mourn sy's death, mourn over the death of sy

gyászoló 1. a a ~ **család** the bereaved **2.** n a ~**k** the mourners *pl*

gyászos a *(szomorú)* mournful, sorrowful ‖ *(szegényes)* wretched, sorry, miserable ‖ ~ **véget ér** come* to a bad end

gyászrovat n *(újságban)* obituary

gyászruha n mourning (dress)

gyászszertartás n funeral service

gyászvitéz n *átv* sorry figure, coward

gyatra a wretched, poor; *(középszerű)* mediocre, indifferent, of moderate quality *ut.*

gyáva 1. a cowardly ‖ ~ **ember** coward **2.** n coward

gyávaság n cowardice, cowardliness

gyed n (= *gyermekgondozási díj*) *kb.* maternity benefit/grant [given up to 3 years] ‖ ~**en van** *kb.* be* on 3 years' maternity leave

gyékény n *(növény)* bulrush ‖ *(fonat)* mat(ting); *(lábtörlő)* door-mat ‖ **egy** ~**en árulnak** be* hand in glove with sy, they are birds of a feather

gyémánt n diamond ‖ **csiszolt** ~ cut diamond, brilliant

gyémántlakodalom n diamond wedding

gyémánttű n diamond brooch/pin

gyenge 1. a *ált* weak || *(csekély)* slender, slight || *(erélytelen)* lenient, indulgent || *(erőtlen)* feeble, infirm || *(törékeny)* frail, fragile, delicate, tender || *(elégtelen fokú/értékű)* poor, weak; shoddy, second/third-rate || **a ~bb nem** the gentle(r) sex; **~ a matematikában** be* bad/weak (v. a poor hand) at mathematics; **~ dohány** mild tobacco; **~ dolog** poor stuff/show; **~ gyomor** weak digestion; **~ idegzetű** weak-nerved, nervy, neurotic; **~ kifogás** lame excuse; **~ minőségű** of poor quality *ut.*; **~ oldala/pontja** *vmnek* vulnerable point, weakness, failing, flaw; *vknek* sy's weak side/point/spot, sy's Achilles' heel; **~ tűzön süt** cook in a (very) moderate oven, simmer (gently) **2.** n || **a ~bbek kedvéért** *kif* let me spell it out; **az ital a ~je** drinking is his weakness; **vknek a ~je** *(aminek nem tud ellenállni)* weakness (for), foible

gyengeáram n light/weak current

gyengeáramú a light/weak-current

gyengéd a gentle, tender(-hearted), affectionate, mild, delicate || **~ szálak fűzik vkhez** be* tenderly attached to sy

gyengédség n tenderness, gentleness, affection(ateness), delicacy

gyengeelméjű a mentally retarded

gyengeelméjűség n mental retardation, feeble-mindedness

gyengélked|ik v be* unwell/indisposed

gyengeség n *(múló)* weakness, feebleness, faintness || *(alkati, erkölcsi)* weakness, frailty, infirmity, failing; *(tehetetlenség)* impotence || **~et érez** feel* weak/low

gyengít v weaken, make* weak

gyengül v *ált* weaken, grow*/become* weak(er); *(emlékezet)* (be* beginning to) fail; *(erő)* decline, diminish || **vk ~ sy** is* losing strength, sy's strength is* declining; **a szeme ~** her/his sight is* failing/going

gyep n grass, lawn

gyepes a grassy, grass-grown || **~ pálya** grass court

gyeplabda n (field) hockey

gyeplő n reins *pl* || **megereszti a ~t** give full/free rein to sg/sy; **rövidre fogja a ~t** take* sy in hand, keep* a tight rein on sy

gyepszőnyeg n lawn

gyeptégla n turf *(pl* turfs *v.* turves), sod

gyér a *ált* sparse, scanty || *(haj)* thin || *(növényzet)* straggling, scattered || **~ közönség** low/small attendance; **~en lakott** underpopulated

gyere! *int* come (on)! || **~ ide!** come (over) here!

gyerek n child°; *(fiú)* boy; *(leány)* girl || *(vk gyereke)* sy's child° || *(felnőttről)* kid, fellow || **a ~ek** the children, *biz* the kids; **~e született** have* a child/baby; **ne légy ~!** don't be silly/childish!, don't be such a child!, grow up!

gyerekágy n cot, *US* crib

gyerekes a childish, infantile, puerile

gyerekesked|ik v *(gyerekesen viselkedik)* behave childishly, behave in a childish way || *(gyerekkorát tölti)* have*/spend* one's childhood (swhere)

gyerekjáték n *(könnyű dolog)* child's play || = **gyermekjáték**

gyerkőc n lad, youngster, young fellow, stripling, youth

gyermek n = **gyerek**

gyermek- *összet* children's, child's; *(csecsemő)* baby-

gyermekágy n = **gyerekágy** || *orv* confinement, lying-in || **~ban fekszik** lie* in; **~ban halt meg** she died in childbirth

gyermekágyi láz n puerperal/childbed fever

gyermekáldás n child°, children *pl*, offspring

gyermekbénulás n poliomyelitis; *biz* polio

gyermekbetegség n children's disease/illness, infantile disorder

gyermekcipő n **(még) ~ben jár** be* (still) in its infancy

gyermekdal n children's song, nursery rhyme

gyermekded a childish, infantile, naive

gyermekes a = **gyerekes** || **with ... children** *ut.* || **három~ anya** mother of three

gyermekgondozás n child welfare; *(otthontalanoké)* child care

gyermekgondozási a **~ díj/segély** → **gyed, gyes**

gyermekgyilkos n child-murderer, infanticide

gyermekgyógyász n p(a)ediatrician

gyermekgyógyászat n p(a)ediatrics *sing.*

gyermekhalandóság n infant mortality

gyermeki a child's, childish, childlike || **a ~ értelem** the child's mind

gyermekirodalom n juvenile/children's literature

gyermekjáték n *(fogócska)* children's game || *(játékszer)* toy

gyermekjegy n children's ticket

gyermekklinika *n* children's/p(a)ediatric clinic; *GB* child health clinic (CHC)

gyermekkocsi *n* pram; *(összecsukható, könnyű)* pushchair; *(esernyőfogantyús, főleg US)* stroller; *US* baby carriage/buggy

gyermekkor *n* childhood; *(korai)* infancy || ~**a óta** since he was a child, from childhood

gyermekkórház *n* children's hospital

gyermekkori pajtás *n* childhood-friend

gyermekkórus *n* children's choir

gyermekláncfű *n* dandelion

gyermeklélektan *n* child psychology

gyermekmegőrző *n* crèche

gyermekmenhely *n* home for destitute children

gyermekmérleg *n* baby-scales *pl*

gyermekorvos *n* p(a)ediatrician, specialist in p(a)ediatrics

gyermekosztály *n* *(kórházban)* children's ward

gyermekotthon *n* children's home

gyermekőrzés *n* baby-sitting

gyermekőrző *n (főleg éjszakára, ill. rövidebb időre)* baby-sitter; *(főleg nappal)* childminder

gyermekparalízis *n* = **gyermekbénulás**

gyermekrablás *n* kidnapping

gyermekruha *n* children's wear, childswear

gyermekszeretet *n* love of children

gyermekszerető *a* child-loving, fond of children *ut.*

gyermekszoba *n (tényleges)* nursery, children's room, *US* playroom || **nem volt ~ja** *átv* has* no manners, has been badly brought up, was dragged up anyhow

gyermekszülés *n* child-bearing; childbirth

gyermektartás *n* maintenance (of children)

gyermektelen *a* childless, without children *ut.*

gyermeküdülő *n* children's holiday home/resort; *(tábor)* (children's) holiday camp

gyertek! *int* come (on)! || ~ **ide!** come (over) here!

gyertya *n (fényforrás)* candle || *(autóban)* spark(ing) plug || *(tornában)* candle || **két végén égeti a ~t** burn the candle at both ends

gyertyafény *n (gyertyaláng)* candlelight

gyertyán(fa) *n* hornbeam

gyertyaszál *n* (a) candle

gyertyatartó *n* candlestick, sconce

gyérül *v* become* sparse, thin out

gyerünk! *int* let's go; *(siettetve)* come/go on!, hurry up! || **na** ~! let's get going!; ~ **odébb!** move on!

gyes *n* (= *gyermekgondozási segély) kb.* maternity benefit/grant [given up to 3 years] || ~**en van** *kb.* be* on 3 years' maternity leave

gyík *n* lizard

gyilkol *v* murder, kill

gyilkos 1. *a* murderous, bloody; *(bírálat)* devastating || ~ **iram** break-neck pace; ~ **pillantás** withering look; *kif* if looks could kill **2.** *n* murderer, killer; *pol* assassin

gyilkosság *n jog* murder || *pol* assassination || ~**ot követ el** commit murder

gyilkossági kísérlet *n* attempted murder

gyógyáru *n* medicines *pl,* (medicinal) drugs *pl,* pharmaceutical products *pl*

gyógyászat *n* medicine, therapeutics *sing.*

gyógyászati *a* therapeutic

gyógyfürdő *n (víz)* medicinal bath(s) || *(hely)* watering-place, spa || *(vízgyógyintézet)* hydrotherapeutic/hydrotherapic establishment, health resort

gyógyhatás *n* curative effect/power, healing power

gyógyhely *n* health resort

gyógyintézet *n (kórház)* hospital; *(szanatórium jellegű)* sanatorium *(pl* -ums *v.* -ria)

gyógyít *v* cure

gyógyítás *n* curing, cure

gyógyíthatatlan *a (betegség, beteg)* incurable || ~ **beteg** incurable

gyógyítható *a* curable

gyógyító *a* curative, curing, medicinal

gyógykezel *v* treat sy (medically) || ~**teti magát** undergo* (medical) treatment

gyógykezelés *n* (medical) treatment, cure

gyógymód *n* cure, therapy

gyógynövény *n* medicinal plant/herb, herb

gyógypedagógia *n* education of the handicapped

gyógypedagógiai *a* ~ **intézet** school/institute for the handicapped; ~ **(tanárképző) főiskola** training college for teachers of the handicapped

gyógypedagógus *n* teacher of the handicapped

gyógyszálló *n* health hotel; *(gyógyvízzel)* spa-hotel, *GB* hydro

gyógyszer *(orvosság)* medicine, drug || *átv* remedy

gyógyszeres *a* ~ **kezelés** medicinal treatment, medication; ~ **üveg** medicine bottle

gyógyszerész n (dispensing) chemist, pharmacist, US druggist
gyógyszergyár n pharmaceutical factory
gyógyszermérgezés n drug-intoxication
gyógyszertan n pharmacology
gyógyszertár n pharmacy; GB dispensing chemists
gyógytea n herb(al) tea
gyógytorna n physiotherapy
gyógytornász n physiotherapist
gyógyul v *(vk)* be* recovering (from sg), be* convalescing || *(seb)* be* healing (up) || **szépen** ~ make* a good recovery
gyógyulás n *vké* recovery, convalescence || *(sebé)* healing
gyógyüdülő n convalescent home
gyógyvíz n (medicinal) waters *pl*
gyom n weed(s)
gyomirtó(szer) n weed-killer, herbicide
gyomlál v *(kertet)* weed || *átv* weed out
gyomor n *ált* stomach || *(tehéné)* maw || **fáj a gyomra** have* (a) stomachache; **jó** ~ **kell hozzá** it is* hard to stomach/swallow
gyomorbaj n gastric disease/complaint
gyomorbajos a suffering from a gastric disease/complaint *ut.*
gyomorbántalom n gastric pains *pl*
gyomorbeteg 1. a = **gyomorbajos 2.** n gastric patient
gyomorégés n heartburn
gyomorfájás n stomachache, gastric pains *pl*
gyomorfekély n gastric/peptic ulcer
gyomorgörcs n stomach cramp; *(főleg gyermeknél)* colic
gyomorhurut n gastric influenza
gyomoridegesség n nervous stomach
gyomormérgezés n food/gastric poisoning
gyomormosás n gastric lavage
gyomorműtét n gastric operation
gyomornedv n gastric juices *pl*
gyomorrák n cancer of the stomach
gyomorrontás n indigestion, an upset stomach || **~a van** he has* a stomach upset, his stomach is* upset
gyomorsav n gastric acid
gyomorsavhiány n acid deficiency
gyomorszáj n cardia || **~on üt** hit* sy in the stomach
gyomorvérzés n gastric haemorrhage
gyón v confess, make* a confession
gyónás n confession
gyóntat v confess
gyóntató n (father-)confessor
gyóntatószék n the confessional
gyopár n **(havasi)** ~ edelweiss

gyors 1. a *ált* quick; *(állat)* swift; *(érverés)* quick, rapid; *(futó, játékos)* fast; *(mozgó tárgy)* fast, rapid || *(rövid időt igénylő)* speedy, prompt, immediate || *(mozgékony)* nimble, agile, brisk || ~ **a keze** *(ütésre)* be* quick, lightning--fisted; *(gyorsan dolgozik)* be* quick with one's hands, be* a quick worker; ~ **beszédű** fast-talking, *kif* (s)he talks nineteen to the dozen; ~ **egymásutánban** in quick/rapid succession; ~ **észjárású** smart, quick/ready-witted; ~ **lábú** swift/nimble-footed **2.** n = **gyorsvonat** || = **gyorsúszás**
gyorsan *adv ált* quickly, swiftly, fast, rapidly, *biz* quick; *(sietve)* hastily || ~ **kapcsol** be* quick-witted, have* a ready wit
gyorsaság n *ált* speed(iness), quickness, rapidity, swiftness, velocity || *(sietség)* haste
gyorsasági verseny n speedway (racing)
gyorsbüfé n snack bar/counter
gyors- és gépírás n shorthand typing, US stenography
gyors- és gépíró(nő) n shorthand typist, US stenographer
gyorsfagyasztott a quick-frozen
gyorsfényképész n street photographer
gyorsforgalmi út n GB clearway, US freeway
gyorsforraló n *(spirituszos)* spirit-lamp; *(villamos)* electric kettle
gyorshajtás n speeding || ~**ért 2000 Ft-ra megbüntették** he was found guilty of speeding and fined 2,000 fts
gyorshír n news flash
gyorsír v write* (v. take* sg down) in shorthand, take* shorthand notes *(vmről of/on sg)*
gyorsírás n shorthand, stenopgraphy
gyorsíró n shorthand writer; US stenographer
gyorsít v increase the speed (of), step/speed* up, accelerate || *(gyorsul)* pick up speed; *(autó)* accelerate; *(gázt ad)* put* one's foot down, US step on the gas
gyorsítás n acceleration, speeding/stepping up
gyorsító *n fiz* accelerator
gyorsítósáv n fast/overtaking lane
gyorsított a accelerated, high-speed || *jog* ~ **eljárás** summary proceeding
gyorsjárat n *(busz)* express bus/coach service
gyorslift n express lift (US elevator)
gyorsmásoló n copier
gyorsmosás n express laundry service
gyorssegély n emergency aid
gyorstapasz n Elastoplast, US Band-Aid

gyorstisztító *n (szalon)* launderette, US laundromat
gyorsul *v* gather speed, pick up speed, speed* up, put* on speed, accelerate, quicken, become* faster/quicker
gyorsulás *n* acceleration
gyorsúszás *n* freestyle (swimming)
gyorsúszó *n* freestyle swimmer, sprinter
gyorsvasút *n (urban)* rapid transit system
gyorsvonat *n* fast/express train, express || ~**tal megy** take* a/the fast train
gyök *n mat* root || ~**öt von** extract a root
gyökér *n (növ, fog és átv)* root || *(petrezselyemé)* paisley root || **gyökeret ver** take*/strike* root; **mélyre nyúlnak a gyökerek** be* deep-rooted
gyökeres *a (növény)* having roots *ut.*, rooted || *átv* radical, thorough, fundamental || ~**tól kitép** uproot, tear*/pull up by the roots
gyökeresen *adv* radically || ~ **megváltoztat** make* radical changes in sg, alter/change sg radically
gyökerez|ik *v vmben* be* rooted in sg
gyökérkezelés *n (fogé)* root(-canal) treatment
gyökértelen *a* rootless, without roots *ut.*
gyökértömés *n (fogé)* root filling
gyökérzet *n* roots *pl*
gyökjel *n* radical (sign), root-sign
gyökkitevő *n* index *(pl* indices), exponent
gyökvonás *n* extraction of root
gyömbér *n* ginger
gyömöszöl *v* stuff, cram, press, squeeze *(vmbe mind: into)*
gyönge *a* = **gyenge**
gyöngy *n (igazgyöngy)* pearl || *(üveg, izzadság)* bead || = **gyöngysor** || *(italban)* bubble || **hamis** ~ imitation pearl; **titkárnők** ~**e** pearl/gem/jewel of a secretary
gyöngybetűk *n pl (írott)* pearly letters
gyöngyélet *n* a life of ease, easy life || ~**e van** live like a lord, be* in clover
gyöngyház *n* mother-of-pearl, pearl, nacre
gyöngyöz|ik *v (ital)* sparkle, bubble || *(csillogva)* glisten, glitter || **izzadságtól** ~**ik az arca** his face is covered with beads of sweat/perspiration
gyöngysor *n* pearls *pl*, pearl necklace
gyöngyszem *n (a single)* pearl; *átv* gem
gyöngyszínű *a* pearl-grey, pearly
gyöngyvirág *n* lily of the valley
gyönyör *n (érzés)* pleasure || *átv* delight, bliss, rapture, ecstasy
gyönyörködés *n* (taking) delight (in sg)
gyönyörköd|ik *v vmben* take* delight in sg, enjoy sg, take*/find* (great) pleasure in sg || ~**ik a tájban** (s)he is enraptured by the scenery

gyönyörű *a* wonderful, most beautiful, magnificent, superb, splendid || ~**en** beautifully; ~**en énekel** (s)he is a wonderful singer
gyönyörűség *n (vmnek gyönyörű volta)* delightfulness, loveliness, splendour, magnificence || *(élvezet)* pleasure, delight
gyötör *v (testileg)* torture, torment || *(belsőleg)* worry; *(zaklatva)* pester || **a féltékenység gyötri** be* eaten up with jealousy, suffer the pangs of jealousy
gyötrelem *n (testi)* pain, pang, suffering, torture, torment || *(lelki)* anguish, worry
gyötrelmes *a (testileg)* tormenting, painful || *(lelkileg)* agonizing, anxious
gyötrő *a* = **gyötrelmes** || ~ **éhség** gnawing hunger, pangs of hunger *pl*
gyötrőd|ik *v (lelkileg)* worry, be* worried (about)
győz *v (harcban)* gain a victory, win*, be* victorious; *(választáson)* come*/get* in, win* || *sp* win*, come* in first || *(munkát)* manage to do, get* through, keep* up/ pace with || *(vmt pénzzel)* (can) afford || **ki** ~**ött?** who won?, who is/was the winner?; **könnyen** ~ win* easily, *biz* win* hands down; **nem** ~**i kivárni** become* impatient; **nem** ~**öm** I can't afford sg
győzelem *n* ált victory || *sp* win || **győzelmet arat** gain a victory, bear* *(v.* carry off) the palm; **3:1 arányú** ~ a 3-1 *(kimondva:* three to one) win
győzelmi *a* triumphal, of victory *ut.* || ~ **esély** chance/prospect of winning/victory; ~ **mámor** flush of victory
győztes 1. *a (harcban)* victorious, triumphant, conquering || *sp* winning **2.** *n (harcban)* victor, conqueror || *sp* winner || ~**ként kerül ki** be* victorious, *biz* come* out on top
gyufa *n* match || **egy doboz** ~ a box of matches; **van** ~**d?** have you got any matches?
gyufaskatulya *n* match-box
gyufaszál *n* match(-stick)
gyújt *v (motor)* spark, fire || **cigarettára** ~ light* a cigarette, *biz* light* up; **gyufát** ~ strike* a light/match; **nem** ~ **a motor** the engine is misfiring *(v.* is not firing properly); **tüzet** ~ light* a fire
gyújtás *n (tűzé)* lighting || *(motorban)* ignition || **ráadja a** ~**t** switch on the ignition
gyújtásbeállítás *n* ignition/spark adjustment
gyújtáskapcsoló *n* ignition (switch)
gyújtófej *n* primer, blasting cap, detonator

gyújtogat v set* (sg) on fire, set* fire to
gyújtogatás n arson, fire-raising
gyújtogató n jog fire-raiser, arsonist
gyújtógyertya n spark(ing) plug
gyújtóláng n (gázkészüléken) pilot(-light), burner flame
gyújtómágnes n magneto
gyújtópont n focus (pl -es v. foci), focal point || **vmnek a ~jában áll** be* the focus of attention
gyújtótávolság n focal length
gyúlékony a inflammable; US és GB műsz flammable || **nem ~** non-flammable
gyullad v ált catch*/take* fire
gyulladás n ált combustion, ignition, burning || orv inflammation || **~ba jön** be* inflamed
gyulladt a orv inflamed
gyúr v (tésztát, agyagot) knead || (masszőr) massage, give* a massage to sy
gyurma n Plasticine
gyúró n masseur
gyúródeszka n pastry/paste-board
gyutacs n kat percussion-cap, fuse || bány primer
gyüge a gaga, off one's nut/rocker ut.
gyűjt v ált gather (together), collect || (vagyont) amass, hoard || vmre save (up) (for sg) || (erőt) gather
gyűjtemény n collection
gyűjteményes a collected || **~ kiadás** collected works/papers pl, collected edition; **~ kiállítás** one-man exhibition/show; (életműé) retrospective
gyűjtés n (folyamat) collection, gathering || (gyűjtött anyag) collection || (pénzé vmlyen célra) collection (for)
gyűjtő n collector, gatherer
gyűjtőér n vein
gyűjtöget v keep* gathering, glean
gyűjtőlencse n (bi)convex lens
gyűjtőmedence n reservoir, cistern
gyűjtőtábor n reception centre (US -ter), transit camp
gyülekezés n assembling, meeting
gyülekezési a **~ jog** right of assembly, right to hold public meetings; **~ tilalom** ban on (v. prohibition of) (public) meetings
gyülekezet n (egyházi) congregation
gyülekez|ik v gather (together), assemble, come*/get* together
gyűlés n (összejövetel) meeting, assembly, rally, gathering; (US párté) caucus || (sebé) suppuration
gyűlésez|ik v hold* a meeting
gyűlésterem n assembly room/hall
gyülevész nép(ség) n elit mob, rabble
gyűl|ik v (tömeg) assemble, come*/get* together, gather (together) || (seb) gather || (pénz) be* accumulating, be* piling up

gyűlöl v hate/loathe/detest sg/sy
gyűlölet n hatred, hate
gyűlöletes a odious, abominable, hateful
gyűlölködés n hatred, animosity
gyümölcs n növ fruit || (eredmény) fruit(s), result || **~ öt terem** bear* fruit
gyümölcsárus n fruiterer; (utcai) fruit-seller; GB barrow boy; US fruit vendor
gyümölcsfa n fruit-tree
gyümölcshéj n peel, rind, skin
gyümölcskereskedés n fruiterer's, fruit shop, US fruit store
gyümölcskonzerv n canned/tinned fruit
gyümölcslé n (fruit) juice
gyümölcsös a orchard, fruit-garden
gyümölcsöz|ik v átv bear* fruit, be* profitable
gyümölcsöző a átv fruitful, profitable, lucrative
gyümölcsrekesz n crate
gyümölcssaláta n fruit-salad
gyümölcsszedés n fruit-picking/gathering
gyümölcstermelő n fruit grower/farmer
gyümölcstermés n fruit crop
gyümölcstermő a fruit-bearing
gyűr v crumple, rumple, crush, crease || **vmbe ~** stuff/cram (sg) into sg
gyűrhetetlen a crease-resistant/proof
gyűrődés n (ruhán) crease, wrinkle, crumpling || geol flexure of strata
gyűrődéses a geol plicate(d)
gyűrőd|ik v crease, crumple, become*/get* creased
gyűrődő a creasable
gyűrött a (szövet) crumpled, rumpled, creased || (arc) worn, tired, wrinkled
gyűrű n (kézen) ring || műsz hoop, collet, circle || sp rings pl || (ellenséges) encirclement || **áttör az ellenség ~jén** break* through the enemy's ranks; **(külső) ~** (város körül) ring road, US beltway
gyűrűhinta n the rings pl, flying ring
gyűrűs a ringed, provided with a ring ut., wearing a ring ut.
gyűrűsujj n ring/third-finger
gyűrűz|ik v (víz bedobott kőtől) ripple || (átv vm tovább) ripple across (sg)
gyűszű n thimble
gyűszűnyi a thimbleful
gyűszűvirág n foxglove, digitalis

H

h = *óra* hour, h

h. = *helyett* for ‖ = **helyettes**

ha[1] *conj* if, supposing, when ‖ ~ **én volnék a helyedben** if I were you; ~ **egyszer** should it happen (that), if one day, if ever; ~ **nem** if not, otherwise; ~ **tetszik,** ~ **nem** (whether you) like it or not; ~ **tudnám** if (only) I knew (it)

ha[2] = *hektár* hectare, ha

hab *n (parti hullámon)* surf; *(tengeren)* foam, spume; *(söré)* froth, *biz* head; *(szappané)* lather; *(tejszíné)* whipped cream; *(tojásé)* beaten white [of egg] ‖ ~ **ot ver** *(tejszínt)* whip [cream]; *(tojásfehérjét)* beat* up, whisk [eggs]

habar *v* stir, mix; add to [while stirring]

habár *conj* (al)though, even if/though, notwithstanding, whereas

habarcs *n* mortar

habcsók *n* meringue

habfürdő *n* foam bath

háborgat *v* disturb, bother, pester

háborgó *a (tenger)* rough, swelling, stormy ‖ *(tömeg)* tumultuous, turbulent, excited

háborítatlan *a* peaceful, quiet

háborodott *a (elme)* deranged, demented

háborog *v (tenger)* be* stormy/rough/rising ‖ *(tömeg)* be* discontented, clamour for sg; *(ember)* grumble, protest

háború *n* war ‖ ~ **idején** in wartime; **kitör a** ~ war breaks* out; ~ **utáni** post-war; ~**t indít** start a war

háborús *a* war(-time) ‖ ~ **bűnös** war-criminal; ~ **évek** war-years, wartime *sing*.; ~ **hangulat** war psychosis, warlike atmosphere; ~ **pusztítás** ravages of war *pl*, devastation caused by war

háborúskod|ik *v (háborút visel)* wage war *(vkvel* on/against), be* at war *(vkvel* with sy)

habos *a* ált frothy, foamy ‖ *(sütemény)* cream, (filled) with whipped cream *ut*. ‖ ~ **kávé** coffee with whipped cream

habozás *n* hesitation, vacillation, doubt ‖ ~ **nélkül** unhesitatingly, promptly; without a moment's hesitation

haboz|ik *v* hesitate (about sg *v*. to do sg), be* reluctant to do sg

Habsburg *a/n* Hapsburg

Habsburg-ház *n* House of Hapsburg

habverő *n* egg-whisk, egg-beater

habz|ik *v (szappan)* lather; *(sör)* froth, foam

habzsol *v (ételt)* eat* greedily, *biz* wolf (down), devour ‖ *átv* devour

hacsak *conj* if only, if by any means, if at all ‖ ~ **lehet** if (at all) possible; ~ **(...) nem** unless

had *n (sereg)* army, troops *pl*, forces *pl* ‖ ~**at üzen** declare war *(vknek* on); ~**at visel** be* at war (with sy), make*/wage war *(vk ellen* on/against sy)

hadállás *n* position, post

hadapród *n* (officer) cadet

hadar *v* jabber (away), gabble

hadászat *n* strategy

hadászati *a* strategic ‖ ~ **fegyverek** strategic arms; ~ **fegyverkorlátozási tárgyalások** Strategic Arms Limitation Talks (SALT), Strategic Arms Reduction Talks (START)

hadbíró *n* judge of military tribunal

hadbíróság *n* military tribunal

hadd *int* ~ **lám!** let me see!; ~ **fusson!** let him run!

haderő *n* military force, (armed) forces *pl* ‖ **szárazföldi** ~ land forces *pl*; **tengeri** ~ naval forces *pl*, navy

hadgyakorlat *n* army exercises *pl*

hadi *a* military, war- ‖ ~ **kitüntetés** (war) decoration

hadiállapot *n* state of war ‖ ~**ban** at war (with)

hadiflotta *n* naval force, fleet

hadifogoly *n* prisoner of war *(röv* POW)

hadifogolytábor *n* prison camp, prisoner-of-war camp

hadifogság *n* captivity ‖ ~**ba esik** be* taken prisoner of war

hadihajó *n* warship; *(csatahajó)* battleship

hadiipar *n* war/munitions industry

hadijelentés *n* communiqué, war bulletin/report

hadilábon áll vkvel *kif* be* at daggers drawn with sy

hadirokkant *n* disabled soldier, war invalid

haditechnika *n* military technology

haditengerészet *n* the navy, naval forces *pl*

haditengerészeti *a* naval, of the navy *ut*.

haditerv *n* plan of campaign, *kat* operational plan

haditett *n* action, feat (of arms)

hadititok *n* military secret

haditörvényszék *n tört* court-martial *(pl* courts-martial *v*. court-martials) ‖ ~ **elé állít** court-martial *(US* -l-) sy

haditudósítás *n* war report/correspondence, war correspondent's dispatch

haditudósító *n* war correspondent

hadiüzem *n* war factory

hadjárat *n kat* campaign, (military) expedition || *átv* campaign, drive
hadköteles *a* liable to military service *ut.,* of military age *ut.* || ~ **kor** military age
hadkötelezettség *n* compulsory military service, conscription
hadművelet *n* (military) operations *pl*
hadműveleti *a* operational || ~ **terület** operational area
hadnagy *n* second (*v.* 2nd) lieutenant
hadonász|ik *v* gesticulate (wildly), flail
hadoszlop *n* column
hadosztály *n* division
hadsereg *n* army
hadsereg-főparancsnok *n* commander-in-chief [of an army] (*röv* C.-in-C.)
hadszíntér *n* theatre of war/operations, seat of operations
hadtest *n* army corps
hadügy *n* military affairs *pl*, national defence (*US* -se)
hadügyi *a* war-, military-
hadügyminiszter *n* Minister of War
hadügyminisztérium *n* Ministry of War
hadüzenet *n* declaration of war
hadvezér *n* general, (supreme) commander
hadviselés *n* (*háborúskodás*) war(fare) || *átv* war (on/against sg)
hadviselő *a* belligerent || ~ **felek** powers at war, the belligerents
hág *v vmre* step up on sg, ascend/mount sg
Hága *n* the Hague
hágcsó *n* ladder; (*kötél* ~) rope ladder
hágó *n* (mountain) pass, col
hagy *v* let*, leave*, allow, permit || (*örökül*) leave*/bequeath sg to sy (*v.* sy sg) || **időt** ~ give* time; **magára** ~ leave* sy alone (*v.* to oneself); **nem** ~**ja magát** not give* in, refuse to give in, hold* out/on
hagyaték *n* legacy, bequest, inheritance
hagyatkoz|ik *v vkre/vmre* rely on sy/sg (for sg), leave* it (to sy)
hagyján *adv* **ez még csak** ~, **de a másik** this is* not so bad but the other
hagyma *n* (*vörös*~) onion; (*fok*~) garlic || (*növényé*) bulb
hagymamártás *n* onion sauce
hagymás *a* with onions *ut.* || ~ **rostélyos** steak and onions *pl*
hagyomány *n* tradition
hagyományos *a* traditional, time-honoured (*US* -or-), long-established || ~ **fegyverek** conventional weapons
hahota *n* loud laugh, roaring laughter
hahotáz|ik *v* roar/howl with laughter
haj *n* hair || **égnek áll a** ~**a** his hair stands* on end; ~**at mos** wash/ shampoo one's hair; ~**at mosat** have* a shampoo, have* one's hair shampooed; ~**at vágat** have* one's hair cut, have* a haircut
háj *n* (*disznóé*) (leaf-)lard || (*emberen*) fat, flab || **mintha** ~**jal kenegetnék** be*/feel* highly pleased/gratified/flattered
hajadon 1. *a* unmarried; (*családi állapot, űrlapon*) single; (*igével*) lead* a single life **2.** *n* girl, spinster, a single woman°
hajadonfőtt *adv* bare-headed
hajápolás *n* hair care
hájas *a* (very) fat, flabby, obese
hájastészta *n kb.* shortcake
hajbókol *v* (*vk előtt*) bow and scrape (to sy), kowtow (to sy)
hajcsár *n átv elít* slave-driver
hajcsat *n* hairgrip, (hair) slide, *US* bobby pin
hajcsavaró *n* hair-curler; (*készletben*) roller
hajcsipesz *n* hairgrip, kirby grip
hajcsomó *n* mat, matted hair
hajdan(ában) *adv* in bygone/olden days/times, in times past, long ago
hajdani *a* past, former, one-time
hajfestés *n* (hair) dyeing
hajfonat *n* plait, braid
hajfürt *n* lock (of hair)
hajháló *n* hair-net
hajhullás *n* loss of hair, falling hair || ~ **elleni szer** hair tonic, hair-restorer
hajigál *v* keep* throwing
hajít *v* throw*, hurl, fling*
hajítás *n* throw(ing), flinging, hurl(ing)
hajkefe *n* hairbrush
hajladoz|ik *v* (*szélben*) keep* bending
hajlakk *n* hair-spray
hajlam *n vmre* inclination (to), bent (for) || (*betegségre*) susceptibility (to), (pre)disposition (to) || ~**a van vm iránt** have* a bent for sg, show an/great aptitude for/in sg
hajlamos *a ált vmre* (be*) susceptible/inclined to sg || (*betegségre*) (be*) susceptible/prone to
hajlamosság *n vmre* proneness, (pre)disposition, propensity to/for || *orv* diathesis
hajlandó *a* ~ **vmre be*** ready/willing/prepared/disposed/inclined to do sg
hajlandóság *n* willingness, inclination, readiness, disposition || ~**ot mutat vmre** be*/seem willing/ready to do sg
hajlás *n ált* bend; (*felületé*) inclination, slope; (*függőleges tárgyé*) lean(ing)
hajlat *n* (*tárgyé*) bend, curve; (*lejtőé*) slope
hajlék *n* (*menedék*) shelter, cover || (*otthon*) home
hajlékony *a* (*anyag*) flexible, pliable || *átv* flexible, adaptable, pliable

hajléktalan *a/n* homeless ‖ ~**ná válik** be* made homeless; ~**ok** the homeless
hajl|ik *v* ált bend*; *(ívben)* arch; *(vm oldalirányba)* curve, sweep*; *(tárgy vm fölé)* hang* over, overhang* (sg) ‖ *(vmre, átv)* incline to, tend to, show* an inclination towards ‖ **maga felé** ~**ik a keze** have* an eye to the main chance
hajlít *v (tárgyat)* bend*
hajlítás *n* bending
hajlíthatatlan *a vm* inflexible, unbending ‖ = **hajthatatlan**
hajlítható *a vm* flexible, pliable
hajlított *a* curved, bent
hajlott *a* bent, curved, crooked ‖ ~ **hát** humped back; ~ **kor** advanced age
hajmeresztő *a* hair-raising, horrible
hajmosás *n* shampoo
hajnal *n* dawn, daybreak, break of day ‖ **(kora)** ~**ban** at dawn, at daybreak
hajnali *a* early (morning), dawn, of dawn *ut.* ‖ ~ **vonat** the milk train
hajnalod|ik *v* dawn, day is* breaking
hajnalpír *n* the first blush of dawn
hajnyírás *n* haircut
hajó *n (nagyobb)* ship; *(kisebb)* boat; ált vessel; *(óceánjáró)* (ocean) liner; *(teher~)* freighter ‖ *sp* vessel; *(versenyvitorlás)* yacht ‖ *(varrógépben)* shuttle ‖ = **templomhajó** ‖ ~**n** on board (ship), on a ship; ~**ra száll** go* on board (ship), embark *(vhol* at); ~**val megy** sail, go* by ship/sea
hajóállomás *n* landing place; *(óceánjáróé)* port of call
hajócsavar *n* screw, propeller
hajófenék *n* (ship's) bottom, hold
hajófülke *n* cabin; *(luxus)* stateroom
hajógyár *n* dockyard, shipyard
hajóhad *n* fleet
hajóhíd *n (folyón)* pontoon/floating bridge ‖ *(hajóról partra)* gangway, gangplank ‖ *(hajón)* bridge
hajójárat *n* (shipping) line; *(szolgálat)* boat service ‖ ~**ok indulása** sailing times
hajójegy *n* (boat) ticket
hajókirándulás *n* boat-trip
hajókoffer *n* cabin-trunk
hajókötél *n* hawser, rope ‖ **leütötte a** ~ *biz* he's kicked the bucket
hajókürt *n* (ship's) horn; *(ködben)* foghorn
hajol *v* bend* (down), stoop ‖ **könyv fölé** ~ pore over a book
hajolaj *n* hair-oil
hajónapló *n* log(book)
hajóorr *n* beak, prow, cutwater
hajópadló *n* strip/jointed floor
hajóparancsnok *n* captain
hajópark *n* fleet, tonnage
hajóraj *n* squadron; *(kicsi)* flotilla

hajórakomány *n* shipload, cargo, shipment
hajóroncs *n* (ship)wreck
hajós *n* sailor, seaman°
hajósinas *n* ship's boy
hajóskapitány *n* captain; *(ker. hajón)* master
hajószakács *n* (ship's) cook
hajószemélyzet *n* ship's company, crew
hajótörés *n* shipwreck ‖ ~**t szenved** be* shipwrecked, suffer shipwreck
hajótörött *a/n* shipwrecked (person)
hajóút *n* voyage
hajózás *n* shipping, sailing; *(navigáció)* navigation
hajózási *a* shipping, nautical; *(navigációs)* navigation(al) ‖ ~ **társaság** shipping company/line; ~ **tilalom** embargo
hajózható *a* navigable, passable ‖ ~ **csatorna** a navigable channel
hajóz|ik *v* sail, go* by sea, voyage
hajózótiszt *n* navigator
hajrá 1. *int* forward!, at it/'em! **2.** *n (verseny finise)* sprint, the finish ‖ *(munkában)* rushing; *(egy bizonyos munka)* a rush job ‖ **év végi** ~ last-minute rush
hajsütő vas *n* curling-tongs *pl*
hajsza *n (vm után)* hunt after sg, chase/pursuit of sg; *(vk ellen)* persecution of sy, campaign against sy ‖ *(munkával)* rush ‖ **nagy** ~**ban van** be* snowed under (with work), *biz* have one's work cut out (for one)
hajszál *n* (single) hair ‖ **egy** ~ **híján** within a hair; **csak egy** ~**on múlt** it was touch-and-go, *biz* it was a close shave/call
hajszálér *n* capillary (vessel)
hajszálfinom *a (vékony)* very delicate/fine ‖ *átv* subtle, nice
hajszálpontos *a* very exact/punctual ‖ ~**an érkezik** come*/arrive on the dot, be* dead on time
hajszálrepedés *n* hairline (crack)
hajszálvékony *a* (as) thin as (a) hair *ut.*
hajszárító *n* (electric) hair dryer; *(kézi)* hand-dryer; *(bura)* drying hood
hajszesz *n* hair lotion/tonic
hajszín *n* colour *(US* -or) of hair
hajszol *v* ált chase/hunt after, pursue ‖ *(beosztottakat, munkásokat)* work [one's staff] very hard *(v.* to death)
hajt[1] *v (állatot)* drive*; *(noszogatva)* urge on; *(vadat)* beat* ‖ *(gépet erő)* drive*, propel, work ‖ *(gépjárművet vezet)* drive* ‖ *(dolgoztat)* drive* sy (very) hard ‖ *biz (erősen dolgozik)* slave away, work flat/all out ‖ *(hashajtó)* have* a purgative effect, loosen the bowels ‖ **az állomásra** ~**ott** (s)he drove to the station; **jobbra** ~**s!** keep (to the) right!

hajt² *v (hajlít)* bend*, turn in/down; *(papírt stb.)* fold || **álomra ~ja fejét** go* (off) to sleep; **térdet ~ bend*** the knee, kneel* down

hajt³ *v (növény)* sprout (up), shoot* || **hasznot ~ bring*** in [profit, money], yield a profit

hajtás¹ *n (állatoké)* driving; *(vadászaton)* beat(ing), battue || *biz (nagy erőkifejtés)* rush (at work) || *(járművel)* driving

hajtás² *n (ruhán)* pleat, fold || **egy ~ra kiitta** he drank it at one gulp

hajtás³ *n növ* sprout, bud, shoot

hajtat¹ *v az állomásra ~ott* he was driven to the station

hajtat² *v növ* force

hajthatatlan *a átv* unyielding, immovable

hajtó *n (vadászaton)* beater || *(ügetőversenyen)* driver; *(egyéb fogaté)* coachman°; *sp* carriage-driver

hajtóerő *n* propelling power/force, motive power || *átv* driving force

hajtogat *v (papírt)* fold (repeatedly), keep* folding || *(ismétel)* keep* repeating, reiterate || **örökké csak azt ~ja** go* on about sg (all the time), be* always harping on the same theme/string

hajtóka *n (kabáté)* lapel; *(nadrágé)* GB turn-up, US cuff; *(ujjé)* cuff

hajtómű *n* driving-gear

hajtóvadászat *n (átv is)* drive

hajtű *n* hairpin, hairgrip

hajtűkanyar *n* hairpin bend

hajvágás *n* haircut

hajviselet *n* hair(style)

hajzat *n* (head of) hair

háklis *a biz* fussy, crochety

hakni *n biz* "moonlighting"

hakniz|ik *v biz* moonlight (past tense: -lighted)

hal¹ *v* die || **szörnyű halált ~** die a terrible death

hal² *n* fish *(pl* ua; *de több fajtából:* fishes) || **sok ~** a lot of fish; **úgy él, mint ~ a vízben** he's (living) in clover

hál *v* sleep*, spend*/pass the night || *vkvel* sleep* with sy || **(már) csak ~ni jár belé a lélek** be* very ill, look like a ghost, (seem to) be on one's last pins

hála *n* gratitude, thanks *pl*, thankfulness || **~t ad vknek** thank sy, give* thanks to sy (for sg)

hálaadás *n* giving/rendering thanks; *vall* thanksgiving

halad *v (megy)* go*, make* way, advance, go* on; *(vm mellett)* come*/run*/pass along; *(jármű)* proceed, travel *(US* -l) || *átv* make* headway, advance, progress, make* progress, get* on; *(minőségileg)* improve || **az idő ~** time passes; **jól ~** *(munka)* be* coming along/on well/fine, be* shaping up (well); *(vk vmvel v. vmben)* be* doing well/fine in sg, make* good progress with/in sg

haladás *n (térben)* going, advance(ment) || *átv* progress, advance, improvement

haladásellenes *a* opposed to progress *ut.*

haladási *a* **kötelező ~ irány** "ahead only"

haladék *n (késedelem)* delay

haladéktalan *a* immediate, prompt

haladéktalanul *adv* immediately, without delay/fail, at once

haladó 1. *a átv* progressive, advanced || **London felé ~ vonat** train going to London, train on its way to London **2.** *n pol* progressive || *isk* advanced student

halál *n* death || **~án van** be* dying, be* at death's door; **~ra gázolja vm** be* killed in an accident, be* run down/over and killed; **~ra ítél** sentence/condemn to death; **~ra rémül** be* scared to death

halálbüntetés *n* capital punishment, the death penalty

haláleset *n* death; *(balesetnél)* casualty || **nem történt ~** there were no casualties, nobody was killed [in the accident]

halálfélelem *n* fear of death, mortal fear

halálhír *n* news/announcement of sy's death

haláli *a biz* terrific; dead *(és melléknév)*

halálkanyar *n* dangerous curve/corner

halálmegvető *a* death-defying || **~ bátorsággal** braving death, intrepidly

halálok *n* cause of death

halálos *a* deadly, mortal; *(végzetes)* fatal; *(gyilkos)* murderous || **~ adag** lethal dose; **~ ágy** death-bed; **3 ~ áldozata volt a balesetnek** three were killed in the accident; **~ betegség** deadly disease, fatal/terminal illness; **~ bűn** deadly/mortal sin; **~ ítélet** sentence of death, death-sentence

halálosan *adv* mortally; *(végződik)* fatally || **~ beleszeret vkbe** fall* desperately in love with sy; **~ komoly** dead earnest

halálozás *n (meghalás)* death, decease || *(statisztikailag)* mortality

halálozási *a* mortality, of death *ut.* || **~ arányszám** death *(v. US* mortality) rate

halálsápadt *a* deathly/deadly pale

halálsejtelem *n* foreboding of death

haláltánc *n* danse macabre

haláltusa *n (haldoklás)* death throes *pl*, (mortal) agony

halandó *a/n* mortal

halandóság *n* mortality, being mortal

halandzsa *n* gibberish, nonsense

halandzsáz|ik v talk gibberish
halánték n temple; összet. temporal
hálapénz n thank-you money, gratuity
halas 1. a ~**bódé** fish stall/stand 2. n fishmonger
hálás a vknek vmért grateful (to sy for sg), thankful (for sg) ‖ ~ **köszönet!** (many) thanks!, thank you very much; ~ **közönség** an appreciative (v. a sympathetic) audience; ~ **vagyok, hogy** I am thankful that...; **nagyon** ~**ak lennénk, ha** we should greatly appreciate it if
halastó n fish pond
halász n fisher(man°)
halászat n (foglalkozás) fishing
halászbárka n fishing-boat
halászcsárda n fishermen's inn
halászfalu n fishing-village
halász|ik v fish (vmre for sg) ‖ ~**ni megy** go* fishing
halászlé n fish-soup, Hungarian chowder
halaszt v postpone, defer, put* off/back, adjourn ‖ **másnapra** ~ **vmt** put* off sg till the morrow
halasztás n vmé postponement, deferring, putting-off, delay ‖ (adósnak) extension ‖ ~**t kér** (pl. vizsgázó) apply for a postponement
halaszthatatlan a pressing, that cannot be postponed ut., urgent
hálátlan a vk ungrateful (towards sy for sg) ‖ (munka) thankless
hálátlanság n ungratefulness, ingratitude
halcsont n whalebone, baleen ‖ (merevítéshez) (whale)bone
haldoklás n dying, (death) agony
haldokl|ik v be* dying, be* at death's door
haldokló 1. a dying 2. n the dying man°/person
halétel n fish (dish)
halfogás n (művelet) fishing ‖ (eredménye) haul, catch
halgazdaság n fishery, fish-farm
halhatatlan a immortal
halhatatlanság n immortality
halikra n (ehető) roe, caviar; (ívó halaké stb.) spawn
halk a (hang) soft, low, scarcely audible ‖ ~ **beszéd** whisper; ~ **szavú** soft-spoken, quiet voiced
halkan adv (beszél) in a low voice, softly, in a whisper ‖ zene piano, softly
halkereskedő n fishmonger('s); US (a kereskedő) fish dealer; (a bolt) fish store
halkés n fish-knife°
halkít v (beszédhangot) lower one's voice; (rádiót, tévét) turn down
halkonzerv n tinned (v. US canned) fish

halkul v become* faint, die/fade away
hall¹ v (hangot, közlést) hear* ‖ (értesül) hear* (vkről/vmről of), learn* (vmről of), be* told ‖ ~**juk!** hear! hear!; ~**ottál már ilyet?** can you beat it?; **jól** ~ **have*** good/keen hearing; **nagyot** ~ be* hard of hearing, he does* not hear well; **úgy** ~**om, hogy** I hear (v. have heard) that, I'm told that
hall² n (lakásban) hall, US így is: hallway; (szállodában) lobby, lounge
hallás n (sense of) hearing; (zenei) ear for music ‖ **jó** ~**a van** (zeneileg) have* an ear for music; **nincs (jó)** ~**a** have* no ear for music, be* tone-deaf
hallásjavító (készülék) n hearing-aid
hallássérült a hearing-impaired, defective in hearing ut.
hallat v let* sg be heard ‖ ~ **magáról** let* sy hear from oneself
hallatára adv on hearing it/this ‖ **fülem** ~ in my hearing
hallatlan a unheard-of, unprecedented ‖ ~**!** (that's) incredible!, that's the limit!
hallatlanul adv extremely, enormously
hallatsz|ik v be* heard/audible, sound
hallgat v (vmt, vkt) listen to, hear* ‖ (egyetemi előadást) attend [lectures on sg], take* [a course in sg] ‖ (nem szól) keep*/be*/remain silent, be* quiet ‖ vkre listen to sy; (tanácsra) take*/follow sy's [advice] ‖ **ne hallgass rá!** you mustn't mind him/her; **ide hallgass!** look here!, listen!; **ha rám** ~**nának** if I were listened to; **hallgass!** silence!, be/keep quiet!; **jogot** ~ read* law; **rádiót** ~ listen in, listen to the radio, listen to a broadcast/play etc. on the radio; **zenét** ~ listen to music
hallgatag a taciturn, silent, reticent ‖ ~ **ember** man° of few words
hallgatás n silence ‖ **a** ~ **beleegyezés** silence gives/implies consent
hallgató 1. a silent ‖ vmt listening to ut. 2. n (rádióé) listener ‖ (egyetemi) undergraduate, student ‖ ~**k, kedves** ~**im!** (vegyes közönséghez) Ladies and Gentlemen!; **végzett** ~ (egyetemé, főiskoláé) graduate, US alumnus (pl -ni)
hallgatódz|ik v (illetéktelenül) eavesdrop ‖ orv auscultate, sound
hallgatólagos a tacit, unspoken, implicit ‖ ~ **beleegyezés** silent consent; ~ **megállapodás** tacit agreement
hallgatóság n audience; (egyetemi) students pl, undergraduates pl ‖ **500 főnyi** ~ an audience/attendance of 500
hallható a audible, to be heard ut.
halló int (telefonban) hello!, hullo!, hallo! ‖ (vkre rákiáltva) I say!, hey! ‖ ~**, ki beszél?** hello, who's speaking, please?

hamisító

hallóideg n auditory/auricular nerve
hallókészülék n hearing-aid
hallomásból tud vmt kif have* sg from hearsay, know* sg by hearing
hallószerv n organ of hearing
hallucináció n hallucination
hallucinál v hallucinate
hallucinogén a hallucinogenic
halmaz n heap, pile, stack, mass ‖ **mat** set
halmazállapot n state, physical condition
halmazelmélet n set theory
halmérgezés n fish poisoning
halmoz v ált heap/pile (up) ‖ (árut) hoard, stockpile
halmozás n heaping (up), piling (up), amassing ‖ (árué) hoarding, stockpiling
halmozódás n accumulation, increase
halmozód|ik v accumulate, heap/pile up
háló[1] n ált net; (halászé) trawl, (fishing) net; (vadászé) net, mesh ‖ **kiveti a ~ját vkre** (nő) biz try to get off with sy, have* designs on sy
háló[2] n = **hálószoba**
halódó a (intézmény) dying; átv moribund
hálófülke n (lakásban) sleeping area ‖ (hálókocsin) sleeping compartment; (hajón) cabin
halogat v keep* putting off, keep* postponing/delaying
halogatás n (continual) postponement, putting off, deferring
hálóhely n ált sleeping place, bed; (rögtönzött biz) shakedown ‖ (hajón, hálókocsiban) berth
hálóing n (férfi) nightshirt; (női) nightdress, US nightgown, nightie
hálókabát n = **hálóköntös**
hálókocsi n sleeping-car, sleeper ‖ ~**val utazik** go* on the sleeper (v. in a sleeping-car)
hálókocsijegy n sleeping-car ticket
hálóköntös n dressing-gown, US bathrobe
halom n (domb) hill, hillock, mound ‖ (tárgyakból) heap, pile, stack, mass
hálószoba n bedroom ‖ **kétágyas ~** double bedroom
hálótárs n room-mate
hálóterem n dormitory
halott 1. a dead; (elhunyt) deceased **2.** n a dead person; (az elhunyt) the deceased; (holttest) corpse ‖ **a ~ak napja** All Souls' Day
halottasház n mortuary, morgue
halottaskocsi n hearse
halotti a death-, funeral ‖ ~ **anyakönyvi kivonat** death certificate; ~ **beszéd** funeral oration; ~ **csend** dead silence; ~ **tor** funeral/burial feast
halottkém n coroner

hálóvendég n overnight guest
hálózat n (ált és műsz) network; el mains sing. v. pl ‖ **közlekedési ~** transport (US transportation) network
hálózati a el mains ‖ ~ **feszültség** mains voltage
hálózsák n sleeping-bag
halpástétom n fish paste
halpiac n fish-market
halsütő n fish fryer
halszálka n fish-bone
halszelet n fish steak; (filézett) fillet (of fish)
halvány a ált pale; (arcú) wan, pallid; (szín) faint ‖ átv faint, vague, foggy ‖ ~ **fogalmam sincs** (róla) I haven't the faintest/foggiest/remotest idea; ~ **remény** faint hope
halvaszülés n stillbirth
halva született a átv is stillborn
halvérű a cold(-blooded), dispassionate
hályog n biz (szürke) ~ cataract; (zöld) ~ glaucoma
hályogműtét n cataract extraction
hám[1] n (lószerszám) harness, traces pl ‖ **kirúg a ~ból** átv go* on the razzle, go* on a spree
hám[2] n orv epithelium; (felhám) epidermis
hamar adv soon, quickly, fast, promptly, immediately ‖ ~ **elmúlt az idő** time passed quickly; ~ **megcsinálta** he was not long about it; biz he did it in a trice
hamarjában adv (sietve) in haste, hastily, right away; (e pillanatban) for the moment
hamarosan adv (rövidesen) before long, shortly, in a little while, at an early date
hamburger n hamburger
hamis a (nem valódi) false, not genuine, fake(d); (pénz) counterfeit, base, fake; (bankó, aláírás) forged ‖ (megtévesztő) false; (érzelem) feigned, insincere, untrue; (ember lelkileg) treacherous, cunning, shifty ‖ (hang) false, wrong ‖ ~ **ékszer** imitation jewellery; ~ **eskü** false oath, perjury; ~ **kártya** marked card; ~ **tanú** false witness
hamisan adv ~ **énekel** sing* off key, sing* out of tune; ~ **játszik** (hangszeren) play out of tune
hamisít v ált falsify; (aláírást, bankjegyet, pénzt) forge [signature, banknote], counterfeit [money]; (italt) adulterate
hamisítás n (aláírásé, bankjegyeké) forging, forgery; (italé) adulteration
hamisítatlan a unadulterated, unalloyed, genuine, veritable
hamisító n ált falsifier; (aláírásé, bankjegyé) forger; (pénzé) counterfeiter; (műtárgyé) faker; (boré) adulterator

hamisítvány *n* forgery, imitation, counterfeit; *(műtárgyé)* fake
hamiskártyás *n* card-sharp(er)
hamisság *n* *(vmnek nem valódi volta)* falseness, spuriouness ‖ *(kijelentésé)* falsehood, falsity
háml|ik *v* peel
hámoz *v (gyümölcsöt, burgonyát)* peel
hámréteg *n* epidermis, cuticle
hamu *n* ash(es); *(cigarettáé)* ash
hamuszínű *a* ashen (grey, *US* gray), ashy
hamutartó *n (dohányosé)* ash-tray
hamuz|ik *v* **a földre ~ik** spill* one's cigarette ash on the floor
hamv *n* = **hamu** ‖ *(gyümölcsé)* bloom ‖ *biz* **~ába holt** *(kudarcra ítélt)* abortive; **vknek a ~ai** sy's ashes
hamvas *a (gyümölcs)* bloomy ‖ *(arc)* blooming, rosy
hamvasszőke *a* ash-blond
hamvaszt *v (halottat)* cremate
hamvasztás *n* cremation ‖ **~ utáni búcsúztatás** cremation (will be) followed by funeral (service)
hamvazószerda *n* Ash Wednesday
hancúroz|ik *v* romp/frisk about, gambol *(US* -l), frolic *(alakjai:* frolicked, frolicking)
háncs *n (fában)* inner bark ‖ *(kötöző)* bast; *(pálmából)* raffia
hanem *conj* but → **nemcsak**
hang *n* ált sound; *(emberé)* voice; *(állati)* cry; *(zenei)* note, *US* így is: tone; *(harangé)* sound, chime ‖ *(modor)* tone ‖ **a C ~ C; a hegedű ~ja** the sound of the violin; **egész ~** semibreve, *US* whole note; **~ot ad vmnek** give* voice to sg; **jó ~ja van** have* a fine voice; **más ~ot üt meg** change one's tune, *biz* sing* another tune; **megadja a ~ot** *(énekkarnak)* sound the key-note; *(zenekarnak)* give* the tuning A, give* an A
hangadó 1. *a átv* leading, dominant, influential **2.** *n* opinion leader; *elít* ringleader
hangár *n* hangar
hangerő *n (rádió, tévé)* volume ‖ **vedd le(jjebb) a ~t!** turn the volume down
hangerősítő *n* (sound) amplifier
hangerősség *n* loudness, volume
hangerő-szabályozó *n* volume control
hangérték *n* sound value
hangfal *n (sztereó berendezésé)* speaker
hangfelvétel *n (készítése)* recording ‖ *(a felvett szalag)* tape (recording) ‖ **~t készít vmről** record sg (on tape), tape(-record) sg
hangfogó *n* mute, sordino
hanghatás(ok) *n (pl)* sound effects
hanghiba *n (tévében)* (sound) fault
hanghordozás *n* tone, intonation, accent
hanghullám *n* sound-wave
hangjáték *n* radio play
hangjegy *n* note ‖ **~ek** notes, musical notation *sing.*
hangköz *n* interval
hanglejtés *n* intonation
hanglemez *n* record, disc *(US* disk)
hanglemezbolt *n* record shop *(US* store)
hanglemezborító *n* sleeve, cover
hangmagasság *n* pitch
hangmérnök *n (film, rádió)* sound/audio engineer/editor; *(hanglemezgyári)* recording engineer
hangnem *n zene* key; *(előírás)* key-signature ‖ *átv* tone ‖ **más ~ben beszél** change one's tune
hangol *v (hangszert)* tune ‖ *(zenekar)* tune up ‖ **jókedvre ~** put* sy in a good humour, cheer sy up; **vkt vk ellen ~** set*/turn sy against sy
hangolás *n* tuning
hangolóegység *n el* tuner
hangos *a (zene, beszéd stb.)* loud; *(lármás)* noisy
hangosan *adv* = **fennhangon** ‖ *(erős hangon)* loudly, at the top of one's voice ‖ **beszéljen hangosabban!** speak up!, (speak) louder!
hangosbemondó *n* loudspeaker
hangosfilm *n* sound-film, *US* talking picture; *biz* talkie
hangoskod|ik *v* talk too loud, be* bossy/dictatorial; *(hencegve)* bluster, brag
hangoztat *v* emphasize, stress, say, assert ‖ **... ~ta ...** he said
hangrobbanás *n* sonic boom/bang
hangsáv *n* sound-track
hangsebesség *n* speed of sound ‖ **~ feletti** supersonic
hangsúly *n nyelvt* stress ‖ *átv* emphasis, stress ‖ **most nem ezen van a ~** this is* of secondary importance
hangsúlyos *a* stressed
hangsúlyoz *v (szótagot)* stress ‖ *átv* lay* stress/emphasis on/upon, emphasize
hangsúlytalan *a* unstressed
hangszalag *n orv* **~ok** vocal cords ‖ *(magnó)* (magnetic) tape
hangszer *n* (musical) instrument ‖ **fúvós ~** wind instrument; **vonós ~** string instrument; **vmlyen ~en játszik** play (on) an instrument
hangszerel *v* score, orchestrate, arrange (sg) for orchestra
hangszerelés *n* scoring, orchestration; *(feldolgozás)* arrangement
hangszeres zene *n* instrumental music
hangszerkereskedés *n* music shop *(US* store)

hangszigetelés n soundproofing, sound insulation
hangszigetelt a soundproof
hangszín n timbre, tone(-colour)
hangszóró n (loud)speaker
hangtalan a soundless, noiseless
hangtan n fiz acoustics sing. || nyelvt phonetics sing.
hangtani a fiz acoustic || nyelvt phonetic
hangtompító n (zongorán) damper || (gépen) silencer, csak US: muffler
hangulat n (kedély) mood, frame of mind, spirit(s); (társaságé) atmosphere || (tájé, helyé, időé) atmosphere || **jó ~ban van** be* in good/high spirits; **rossz ~ban van** be* in low spirits, feel*/be* low, biz be* out of sorts; **vmre van ~a** be* in the mood for sg, feel* like (doing) sg
hangulatos a ~ **zene** soft music; ~ **étterem** intimate restaurant
hangverseny n concert; (szólóest) recital || ~**t ad** ált give* a concert/recital; (hegedű- v. zongoraestet stb.) give* a violin/piano etc. recital
hangversenybérlet n subscription concerts pl
hangversenyez v (többször) give* concerts; (külföldön) be* on a concert tour
hangversenykalauz n concert guide
hangversenykörút n concert tour
hangversenymester n leader, US concert master
hangversenyterem n concert hall
hangvétel n tone || **modern ~ű** modern/contemporary in tone ut.
hangvilla n tuning fork
hangzás n sound, tone, resonance, ring || **jó ~a van** it sounds good, it is pleasing to the ear; **rossz ~a van** átv have* a(n) unpleasant/nasty ring
hangzat n (akkord) chord
hangzatos a (zengzetes) sonorous || elít (high-)sounding || ~ **jelszavak** fine/big words
hangzavar n cacophony, discord, babel
hangz|ik v (hang és átv) sound || (szöveg) run*, read* || **a következőképpen ~ik** it runs/reads as follows
hangzó a sounding || **kellemetlenül ~** unpleasant-sounding
hangya n ant
hangyaboly n ant-hill, ants' nest
hangyaszorgalom n assiduity
Hansaplast n (gyorskötés) adhesive plaster, GB Elastoplast, US Band-Aid
hánt v (fakérget) strip, peel (off)
hány[1] v (okád) vomit, throw* up; (csak GB) be* sick || (dob) throw*, cast*, fling* || **havat ~** shovel (US -l) snow

hány[2] pron how many? || ~ **éves?** (ő) how old is* (s)he?; (vagy te, ill. ön) how old are* you?; ~ **óra van?** what's the time?, what time is it?; ~ **kiló?** how much does it/(s)he weigh?
hányad n proportion (of), part
hányadán adv how? || ~ **vagyunk?** how do* we stand?; **tudja, ~ áll** (s)he knows* what's what
hányadik pron which [of a given number]?, how many? || ~ **lap?** which page?; ~**a van ma?** what is the date (today)?, what date it is today?
hányados n quotient
hányadszor adv how many times?, how often?
hanyag a (ember) negligent (in/of sg v. in doing sg), careless (about), neglectful (of); || (munka) slipshod, shoddy
hanyagság n neglect, negligence, carelessness
hányan adv how many (people)?, how many of them? || ~ **érkeztek?** how many (people) have come?
hányas pron ált what number?; (cipő, kalap) what size? || ~ **busz?** which bus?
hányás n vomit(ing)
hanyatlás n decline, decadence, decay || ~**nak indul** go* into a decline
hanyatl|ik v átv decline, decay; (egészségileg) sink*, fail
hanyatló a ált declining, decadent || (erő) be* failing || ~**ban van** be* on the decline
hányatott élet n life° of vicissitudes
hanyatt adv ~ **esik** fall* backwards; ~ **fekszik** lie* on one's back
hanyatt-homlok adv head over heels, headlong || ~ **menekül** fly* in a panic
hányféle pron how many sorts/kinds/varieties (of)
hányinger n nausea || ~**em van tőle** it makes me feel sick, it nauseates me
hánykolód|ik v (ágyban) toss about, toss and turn || (hajó) be* tossed (about)
hányód|ik v (hajó) be* thrown/tossed about || (vk a nagyvilágban) drift
hányszor adv how many times?, how often?
hapci! int atishoo!, US a(t)choo!
hápog v (kacsa) quack, gaggle || (ember zavarában) stammer, gasp
hapsi n biz chap, fellow, guy, bloke
harácsol v (tárgyat) grab; (pénzt vktől) extort
harag n (vm miatt) anger, rage; (bosszankodás) irritation, vexation || **örök ~!** it is all over between us; (gyermeknyelven) and I won't speak to you again; ~**ban van vkvel** be* on bad terms with sy; ~**ra gerjed** fly* into a temper/passion

haragos

haragos 1. *a vk* angry, furious, irate; *(tenger)* raging, angry **2.** *n* enemy || **sok ~a van** have* many enemies

haragsz|ik *v* be* angry; be* in a (bad) temper; *US így is:* be* mad; *(nagyon)* be* furious || **~ik vm miatt** be* angry/furious at/about sg; **~ik vkre** be* angry/annoyed with sy; **ne haragudjon, hogy zavarom** I'm sorry to disturb/trouble you, forgive me for troubling you (but...)

haragtartó 1. *a* unforgiving, irreconcilable **2.** *n* a good hater

háraml|ik *v vkre* fall* to one's lot

harang *n* (church) bell

harangjáték *n* carillon, chimes *pl*

harangláb *n* bell-tower, belfry

harangoz *v* ring* the (church) bells; *(lassan, mélyen)* toll the (church) bells || **~nak** the bells are ringing

harangozó *n* (bell-)ringer

harangszó *n* ringing, toll(ing)

harangvirág *n* bluebell, harebell

harangzúgás *n* peal (of bells)

haránt 1. *a* transversal, cross **2.** *adv* transversely, diagonally, crosswise

harap *v* bite* || **~ vmre** *biz vk* leap*/jump at sg; *biz* **~ junk vmt!** let's have a snack

harapás *n (helye)* bite || *(cselekedet)* biting || *(falat)* mouthful, a bite (to eat); *(rövid étkezés)* snack

harapnivaló *n* sg to eat, snack

harapófogó *n* pincers *pl*

harapós *a* biting || *átv* snappish, testy, *biz* ratty || **~ kutya** vicious dog; *(kiírás)* beware of the dog

haraszt *n (bozót)* brushwood, undergrowth || *növ* fern, brake || **nem zörög a ~, ha a szél nem fújja** there's no smoke without fire

harc *n* fight(ing), combat, battle || *átv* battle *(vm ellen* against sg) || **~ban áll vkvel** fight* with sy, be* at war with sy; *átv* struggle/contend with sy; **~ra kész** ready to fight *ut.*

harcászat *n* tactics *sing.*

harcászati *a* tactical || **~ fegyverek** tactical (nuclear) weapons

harcedzett *a* seasoned, hardened, battle-hardened, hardened by war *ut.*

harcgáz *n* poison gas

harci *a* battle-, of battle *ut.*, war-, of war *ut.* || **~ egység** fighting/combat unit; **~ feladat** *átv* urgent task

harcias *a* warlike, eager to fight *ut.*; *(ember)* pugnacious, bellicose, aggressive

harcképtelen *a* disabled, unfit for fighting *ut.*

harckocsi *n* tank

harcmező *n* battlefield, field of battle

harcol *v (átv is)* fight* *(vmért* for sg, *vk ellen* against sy, *vkvel* with sy), battle *(vkvel* with/against sy)

harcos 1. *a (harcoló, harci)* fighting, combative || *átv* bellicose, militant, combative **2.** *n* soldier, fighter, warrior

harctér *n* the front/field

harcsa *n* catfish, sheat-fish

harcsabajusz *n (emberé)* walrus moustache

hardver *n szt* hardware

hárem *n* harem

hárfa *n* harp

hárfás *n* harpist

hárfáz|ik *v* play (on) the harp

harisnya *n (hosszú)* stocking(s), pair of stockings || **~ban** in one's stocking feet

harisnyanadrág *n* tights *pl*, *US* pantihose

harisnyatartó *n (női)* suspender (belt), *US* garter (belt)

hárít *v (vkre felelősséget)* shift [the responsibility onto sy] || *(költségeket)* charge [the expenses to sy]

harkály *n* woodpecker

harmad 1. *num (rész)* third (part) **2.** *n sp* period

harmadéves (hallgató) *n* third-year student, *US* junior

harmadfokú *a* of the third degree *ut.*, third-degree || **~ égés(i seb)** third-degree burn

harmadik 1. *num a* third; 3rd || **~ sebesség** third gear; **~ személy** *nyelvt* third person; *jog* third party/person; **~ világ** Third World **2.** *n (osztály)* the third form/class (*US* grade)

harmadikos (tanuló) *n* third-form (*US* third-grade) pupil

harmadikutas politikus *n* middle-of-the-roader

harmadmagával *adv* (s)he and two others

harmadol *v* divide into three (equal) parts, trisect

harmadrendű *a* third-rate, inferior

harmadrész *n* third part, a third

harmadszor *adv (harmadszorra)* for the third time || *(felsorolásban)* third(ly)

hárman *adv* the three of us/you/them

hármas 1. *a (három részből álló)* threefold, treble, triple || **~ ikrek** triplets; *zene* **~ ütem** triple time **2.** *n (szám)* (the number/figure) three || *isk* satisfactory, fair || **~ban** the three of us/you/them

hármashangzat *n* common chord, triad

hármasszabály *n* rule of three

hármasugrás *n* triple jump

harmat *n* dew

harmatos *a* dewy, wet with dew *ut.*

harminc *num* thi*r*ty ‖ ~**an** thirty of us/you/them
harmincad *num* (a) thi*r*tieth, the thi*r*tieth part
harmincadik *num a* thi*r*tieth
harmincas *a* of thi*r*ty *ut.* ‖ **a ~ évek** the thi*r*ties, the (19)30s
harmincéves *a* thi*r*ty years old *ut.*, thi*r*ty-year-*o*ld ‖ **a ~ háború** the Thi*r*ty Years' War
harmincszor *adv* thi*r*ty times
harmónia *n* ha*r*mony
harmonika *n* *(tangó~)* (p*i*ano) accor-dion; *(kisebb)* concert*i*na; *(száj~)* mo*u*th-organ, harm*o*nica
harmonikáz|ik *v vk* play (on) the accor-dion/concert*i*na
harmonikus *a* harm*o*nious; *(kiegyensú-lyozott)* well-b*a*lanced
harmónium *n* harm*o*nium
harmonizál *v* h*a*rmonize, agr*ee*, be* in tune (*mind:* with)
három *num* three ‖ **~ darabból álló** thr*ee*-piece; **~ felé** *(térben)* in three d*i*f-ferent dir*e*ction; *(időben)* ab*o*ut three; **~ ízben** three times; **~ példányban** in tr*i*plicate; **~ szótagú** trisyll*a*bic; **~ vegyértékű** triv*a*lent; **~kor** at 3 (o'cl*o*ck); **~ra** by 3 (o'cl*o*ck)
háromágyas szoba *n* tr*i*ple (b*e*d)room
háromdimenziós *a* three-dim*e*nsional, three-D, 3-D, in 3 dim*e*nsions *ut.*
háromévés *a* three years old *ut.*, three--year-old
háromévi *a* of three years *ut.*, three years'
háromféle *a* three kinds/sorts of
háromfelvonásos *a* thr*ee*-act
háromhavi *a* three months', of three months *ut.*
háromhetes *a* three weeks old *ut.*, of three weeks *ut.*, three weeks'
háromheti *a* three weeks', of three weeks *ut.*
háromjegyű *a* thr*ee*-d*i*git/f*i*gure
háromlábú állvány *n* tr*i*pod
háromnapos *a* *(3 napig tartó)* three days', of three days *ut.*, thr*ee*-day; *(korú)* three days old *ut.*, thr*ee*-day-old
háromnegyed *num*/*n* *(rész)* three-quar-ters *pl* ‖ *(idő)* **~ öt** a qu*a*rter to five, *US* a qu*a*rter of five
háromrészes *a* thr*ee*-piece
háromszáz *num* three h*u*ndred
háromszintes *a* *(ház)* three-storeyed (*US* storied)
háromszínű *a* thr*ee*-colour(ed) ‖ **~ lo-bogó** tr*i*colour (*US* -or)
háromszólamú *a* thr*ee*-part
háromszor *adv* three times, thr*i*ce ‖ **~ öt az tizenöt** three times five is fift*ee*n, three fives are fift*ee*n

háromszori *a* three times rep*ea*ted *ut.*
háromszoros *a* tr*i*ple, thr*ee*fold, tr*i*plex ‖ **~ éljen** three cheers
háromszög *n* tr*i*angle ‖ **egyenlő szárú ~** is*o*sceles (tr*i*angle); **egyenlő oldalú ~** equil*a*teral tr*i*angle; **szerelmi ~** the et*e*rnal tr*i*angle ᾽
háromszögletű *a* tri*a*ngular
háromszögű *a* tri*a*ngular
hárpia *n* *(nő)* t*e*rmagant, shrew, h*a*rpy
hárs *n* l*i*me/l*i*nden-tree
harsan *v* sound, blare (out), res*ou*nd
harsány *a* loud, r*i*nging, shrill ‖ **~an** in a stent*o*rian voice
hársfa *n* l*i*me/l*i*nden-tree
hársfatea *n* l*i*me-blossom tea
harsog *v* blare, res*ou*nd
harsogó nevetés *n* r*o*aring/upr*o*arious l*au*ghter, gales of l*au*ghter *pl*
harsona *n* tromb*o*ne
hártya *n* m*e*mbrane, film
hártyapapír *n* p*a*rchment(-paper)
hárul *v vkre* fall* to the lot of sy ‖ **rám ~** *(kötelesség, feladat stb.)* it is my respon-sib*i*lity/duty to, it falls to me to (do sg)
has *n orv* *a*bdomen; *(ált, ill. gyomor)* stom-ach; *biz* t*u*mmy, b*e*lly; *(nagy)* paunch ‖ **fáj a ~a** have* st*o*mach-ache; **~ra esik** fall* pr*o*ne/fl*a*t, fall* on one's face; **~á-ra üt és ...** look at the c*e*iling and ...
hasáb *n* *(fa)* log, b*i*llet ‖ *(újságban)* col-umn ‖ *mat* prism
hasábburgonya *n* fried pot*a*to(es), *GB* chips *pl*, *US* French fries *pl*
hasad *v* *á*lt burst*, crack ‖ *(kő)* split*, spl*i*nter, chip ‖ *(szövet)* tear*, rip, rend* ‖ **~ a hajnal** dawn is* br*ea*king
hasadás *n* *(folyamat)* b*u*rsting, cr*a*cking; *(kőé)* spl*i*tting; *(szöveté)* t*ea*ring, rend-ing ‖ *(tárgyon)* split, crack; *(szövetben)* tear, rend; *(földben szárazságtól)* crack ‖ *biol, fiz* fission
hasadék *n* *(tárgyon)* split, crack ‖ *(hegy-ben)* m*ou*ntain-gorge
hasadóanyag *n* f*i*ssile mat*e*rial
hasadoz|ik *v* split*, crack
hasal *v* *(hasán fekszik)* lie* on one's st*o*m-ach ‖ *biz* *(mellébeszél)* talk dr*i*vel, dr*i*vel (*US* -l), talk through one's hat ‖ **ne ~j!** don't talk such dr*i*vel!
hasas *a* *(pocakos)* fat, p*o*t-bellied, cor-pulent ‖ *(vemhes)* pr*e*gnant
hascsikarás *n* c*o*lic
hasé *n* *(étel)* vol-au-v*e*nt, hash
hasfájás *n* st*o*mach-ache
hashajtó *n* l*a*xative, p*u*rgative ‖ **~t vesz be** take* a l*a*xative/p*u*rgative
hashártyagyulladás *n* periton*i*tis
hasít *v* *á*lt cleave*, split*; *(fát)* split*, chop (up); *(szövetet)* rip, tear*, rend* ‖

hasíték

(levegőt) cleave*, saw* || **darabokra ~ cut*** *i*nto p*i*eces; **szívembe ~ott** it *a*lmost broke my heart (to see)
hasíték *n (slicc)* fly
hasított bőr *n* sk*i*ver, split skin
hasizom *n* st*o*mach/abd*o*minal m*u*scle
haslövés *n* shot in the st*o*mach
hasmenés *n* diarrh*o*ea (*US* -rhea)
hasműtét *n* abd*o*minal oper*a*tion
hasnyálmirigy *n* p*a*ncreas
hasogat *v (vk vmt)* cut* (sg) up *i*nto p*i*eces || **fájdalom ~ja** *(tagjait)* have* ac*u*te pains
hasogató *a (fájdalom)* p*i*ercing, shoot*i*ng, st*a*bbing; *(fejfájás)* spl*i*tting
hasonlat *n (szólásszerű)* s*i*mile; *á*lt comp*a*rison
hasonlít *v vkhez, vmhez v. vkre, vmre* res*e*mble sy/sg, look/be* like sy/sg, be* s*i*milar to sy/sg || *vkhez, vmhez vkt, vmt* comp*a*re sy/sg to sy/sg || **apjához ~** the boy takes* *a*fter his f*a*ther; **~anak** there is a l*i*keness betw*ee*n them; **úgy ~anak egymáshoz, mint egyik tojás a másikhoz** they are as like as two peas (in a pod)
hasonlíthatatlan *a* inc*o*mparable, unp*a*ralleled, unequalled (*US* -l-), beyond comp*a*re *ut.* || **~ul jobb** inc*o*mparably b*e*tter, beyond comp*a*re
hasonló *a* s*i*milar || **~ vkhez/vmhez** *(igével)* be* s*i*milar to sy/sg, be*/look like sy/sg, res*e*mble sy/sg; **hozzám ~** such as my *ut.*; **a hozzánk ~k** *biz* the likes of us; **~ dolog** sg s*i*milar; **~ eset** an*a*logous/p*a*rallel case
hasonlóan *adv* s*i*milarly; *(ugyanúgy)* in the same way, l*i*kewise || **~ cselekszik** do* the same, f*o*llow suit
hasonlóság *n* similarity; *(közelebbről)* l*i*keness; *(külső)* resembl*a*nce
hasonmás *n (kép)* l*i*keness, p*o*rtrait, *i*mage || *(személy)* d*o*uble || **kiadás** facs*i*mile ed*i*tion
hastífusz *n* typhoid (f*e*ver)
hasüreg *n* abd*o*minal c*a*vity
használ *v vmt, vkt* use, make* use of; *(képességet)* *u*tilize; *(módszert, eljárást)* empl*o*y, appl*y* || *vm* **vknek** be* of use, be* useful (to sy), help (sy); *(gyógyszer, eljárás)* do* (sy) good, work || **~t neki vm** sg did him good, sg proved benef*i*cial to him; **~t az orvosság?** did the m*e*dicine do the trick?; **tudod valamire ~ni?** will it be *a*ny use to you?
használat *n* use; *(tárgyé)* h*a*ndling; *(ruháé)* we*a*r(ing); *(szóé)* *u*sage; *(eljárásé)* applic*a*tion, empl*o*yment || **~ előtt felrázandó** to be sh*a*ken bef*o*re use; **~ba vesz** put* to use, take* *o*ver; **~ban van** be* in use
használatbavételi díj *n o*ccupancy fee
használati *a* of use *ut.* || **~ cikkek** cons*u*mer goods, *a*rticles for p*e*rsonal use; **~ díj** charge (for use/loan); *(bérleti)* hire charge; **~ utasítás** directions (for use) *pl, u*sers instructions *pl*
használatlan *a* un*u*sed, quite/brand new
használatos *a* in use *ut.*, *u*sual, c*u*rrent || **nem ~** not in use *ut.*
használhatatlan *a* un*u*sable, uns*e*rviceable, of no use *ut.*, *u*seless
használható *a* s*e*rviceable, *u*sable, *u*seful; *(igével)* (can*) be used || **~ ember** c*a*pable/*u*seful man°
használó *n u*ser
használt *a* used, second-hand || **erősen ~** *(tárgy)* the worse for wear *ut.*, worn; **~ autó** second-hand car
hasznavehetetlen *a (dolog) u*seless, (of) no use *ut.* || *(ember)* good-for-nothing
hasznavehető *a u*seful
hasznos *a u*seful, s*e*rviceable, *(igével)* be* of use; *(vmre)* be* good for, be* of use for; *(egészségre)* benef*i*cial || **~ tanácsok** (*u*seful) hints (for sy); **~ teher** p*a*yload
hasznosít *v u*tilize, make* use of, make* the most of; *(hulladékanyagot)* r*e*cycle; *(tudást, szabadalmat)* make* the most of
haszon *n (előny, hasznosság)* *a*dvantage, b*e*nefit || *(nyereség)* pr*o*fit, gain; *átv* pr*o*fit/b*e*nefit by/fr*o*m sg || **ebből nem lesz sok hasznod** it will not be *a*ny good (*v.* much use) to you; **hasznára van vm** gain from sg, pr*o*fit/b*e*nefit by/from sg; **hasznát veszi vmnek** make* use of sg; *átv* pr*o*fit/b*e*nefit by/from sg; **hasznot húz vmből** make* a pr*o*fit out of (*v.* on) sg; **tiszta ~** net/clear pr*o*fit; *átv* (it's) all to the good
haszonélvezet *n u*sufruct
haszonélvező *n* usufr*u*ctuary, benef*i*ciary
haszonkulcs *n* m*a*rk-up, (pr*o*fit-)m*a*rgin
haszonleső *a* gr*e*edy, self-s*ee*king || **~ ember** self-s*ee*ker, m*o*ney-grubber
haszontalan *a (hasznavehetetlen) u*seless, of no use *ut.* || *biz (ember)* good-for-nothing, w*o*rthless; *(kölyök)* n*au*ghty || **~ gyerek** scamp, r*a*scal, n*au*ghty child°
haszontalankod|ik *v (gyerek)* be* n*au*ghty
haszontalanság *n (dologé) u*selessness, fut*i*lity || *(rosszaság)* n*au*ghtiness
hasztalan 1. *a u*seless, vain, futile, fru*i*tless || **minden ~ volt** all one's *e*fforts went* for n*o*thing **2.** *adv* in vain
hat¹ *v (gyógyszer stb.)* act, be* *e*ffective, take* *e*ffect || *vm* **vkre** impr*e*ss/aff*e*ct sy, make* an impr*e*ssion on sy; *vk vkre i*nflu-

ence sy, *e*xercise an *i*nfluence on sy ‖ *(vmnek tűnik)* give* the impression of ‖ **ezek a szavak** ~**ottak rá** these words went home

hat² *num* six ‖ ~ **hónapos** *(kor)* six months old *ut.*, six-month-old; *(időtartam)* six months', for six months; ~ **ötvenbe kerül** it costs six fifty; ~**kor** at six (o'clock); ~**ra** by six (o'clock)

hát¹ *n (vké, vmé)* back (of) ‖ *(vm visszája)* reverse ‖ **vk** ~**a mögött** *(átv is)* be*hi*nd sy's back; **a** ~**án fekszik** lie*/be* on one's back; ~**at fordít vknek** *(átv is)* turn one's back on sy/sg; ~**án visz vkt** carry sy p*i*ckaback; ~**ba támad** atta*c*k (sy) from/in the rear; *(orvul)* stab (sy) in the back; ~**on úszik** swim* on one's back, do*/swim* backstroke; ~**tal ül** *vmnek* sit* with one's back to sg; *(menetiránynak)* sit* with one's back to the *e*ngine

hát² *adv/conj (nos, bizony)* well, why, then, to be sure; but/yes of course ‖ ~ **aztán?** so (what)?; ~ **még Feri!** and F. most of all!, let al*o*ne F.!; ~ **még mit nem!?** what(ever) next, what do you take me for?; ~ **persze** of course, to be sure

hatalmas *a (óriási)* very large, huge, giga*n*tic, vast; *(épület)* enormous, monumental; *(testileg)* huge, big ‖ *(uralkodó)* mighty, powerful ‖ ~ **siker** tremendous/en*o*rmous success

hatalmasság *n (állapot)* mightiness ‖ *(ember)* potentate ‖ **a** ~**ok** the p*o*wers that be

hatalmi *a* of p*o*wer *ut.* ‖ ~ **egyensúly** ba*l*ance of p*o*wer; ~ **szóval** forc*i*bly, by (the use of) force

hatalom *n (erő, képesség)* power, might, strength, force; *(kormányzás, uralkodás)* power, rule; *(tekintély)* authority, power ‖ *(állam)* power ‖ **hatalmába kerít** get* control *o*ver (sg), seize, take* poss*e*ssion of (sg), *(országot)* conquer; **hatalmat gyakorol** exert power, be* in control/command/charge; **hatalmon van** *(kormány, párt)* be* in power/*o*ffice; ~**ra jut** come* to power

hatalomátvétel *n* takeover

hatalomvágy *n* thirst/lust for p*o*wer

hatály *n* force, p*o*wer, oper*a*tion ‖ ~**ba lép** come* (*v.* be* put) *i*nto force/effect, take* effect; ~ **át veszti** lapse, bec*o*me* inv*a*lid/void; **azonnali hatállyal** with immediate effect

hatálybalépés *n* coming *i*nto force/effect

hatályos *a* effective, *o*perative, v*a*lid ‖ ~ **jogszabályok** current legisl*a*tion/laws/regul*a*tions/rules

hatálytalanít *v* repe*a*l, annu*l*, make* void, c*a*ncel *(US* -l), nu*l*lify ‖ **ítéletet** ~ quash (*v.* set* as*i*de) a dec*i*sion, quash a v*e*rdict, set* as*i*de a s*e*ntence

hatan *num adv* six (pe*o*ple), six of them/us/you ‖ ~ **vagyunk** we are* six, there are* six of us

határ *n (területé)* bo*u*ndary; *(országé)* b*o*rder, frontier; *(városé)* (c*i*ty) l*i*mits *pl*, *ou*tskirts *pl* ‖ *(képességé)* l*i*mit, bounds *pl* ‖ *nép (föld)* field ‖ **a** ~**on** at/on the b*o*rder; **a** ~**on túl** bey*o*nd the fr*o*ntier; **átlépi a** ~**t** cross the fr*o*ntier; ~ **menti** fr*o*ntier, b*o*rder(land); **mindennek van** ~**a** that's the l*i*mit!, en*o*ugh's en*o*ugh!

határállomás *n* b*o*rder/fr*o*ntier station

határátkelőhely *n* (fr*o*ntier/b*o*rder) cr*o*ssing point, ch*e*ckpoint

határátlépés *n* b*o*rder/fr*o*ntier cr*o*ssing

határérték *n* l*i*mit

határeset *n* b*o*rderline case

határforgalom *n* cr*o*ss-border tr*a*ffic

határidő *n (vm elkészítésére/benyújtására)* deadline, cl*o*sing date/day, t*i*me l*i*mit ‖ **a fizetési** ~ **aug. 31.** p*a*yment due by 31 August; ~ **előtt** bef*o*re the d*e*adline; *(építkezés stb. így is)* ah*e*ad of schedule; ~**t kitűz** app*o*int/fix a day

határidőnapló *n* d*a*te c*a*lendar, eng*a*gement d*i*ary

határincidens *n* b*o*rder/fr*o*ntier *i*ncident

határkő *n* b*o*undary-stone, l*a*ndmark

határnap *n* d*a*te (fixed), the app*o*inted day; *(határidő)* d*e*adline

határol *v* b*o*rder, form the b*o*undary (of)

határos *a (terület vmvel)* b*o*rdering on *ut.*, adj*a*cent to ... *ut.*; *(igével)* b*o*rder (on) ‖ *átv* verging/b*o*rdering on *ut.*; *(igével)* verge/b*o*rder on (sg) ‖ **Franciaország és Svájc** ~**ak (egymással)** France and Switzerland b*o*rder each *o*ther, Fr. b*o*rders (on) Sw.

határoz *v* decide *(vmről, vmben* on sg *v.* to do sg), determine (sg), come* to a dec*i*sion; *(hiv. szerv)* res*o*lve; *(bíróság)* rule ‖ **úgy** ~**ott, hogy** (s)he dec*i*ded/res*o*lved to (do sg), (s)he dec*i*ded on (d*o*ing sg)

határozat *n* dec*i*sion, resol*u*tion ‖ ~**ot hoz** *(hiv. szerv)* pass/ad*o*pt a resol*u*tion/motion, res*o*lve; *(bíróság)* give* one's dec*i*sion, rule, pass judg(e)ment/sentence

határozathozatal *n (gyűlésé)* (p*a*ssing of a) resol*u*tion ‖ *(bíróságé)* dec*i*sion ‖ ~**ra vonul vissza** ret*i*re for delib*e*r*a*tion

határozati javaslat *n* draft resol*u*tion/prop*o*sal

határozatképes *a* qu*o*rate *ut.*; *(mondattal)* there is* a qu*o*rum

határozatképtelen *a* inqu*o*rate *ut.*; *(mondattal)* there is* no qu*o*rum

határozatlan *a (dolog)* indefinite, undetermined || *(ember)* indecisive, irresolute, hesitant || ~ **névelő** indefinite article; ~ **válasz** vague reply

határozatlanság *n (dologé)* uncertainty || *(emberé)* indecisiveness, irresoluteness, indecision, hesitation

határozó *n nyelvt* adverbial complement/phrase

határozói *a* adverbial || ~ **mellékmondat** adverbial clause

határozószó *n* adverb

határozott *a (jellemben)* determined, resolute, strong-minded; *(fellépés)* self--confident, determined || *(körülírt)* definite, precise, exact, accurate || *(időpont)* definite, settled, stated, appointed, fixed || *biz (nyilvánvaló)* clear, unquestionable || ~ **egyéniség** strong/forceful personality; ~ **elutasítás** flat refusal; ~ **kérés** express wish; ~ **névelő** definite article

határozottan *adv (pontosan)* definitely, precisely; *(kétségtelenül)* definitely, clearly, emphatically; *(céltudatosan)* resolutely; firmly || ~ **tudom** I am* quite/absolutely certain

határozottság *n (jellemé)* resoluteness, resolution, firmness

határőr *n* frontier/border guard

határőrség *n* frontier/border-guards *pl*

határsáv *n* frontier zone, borderland

határsértés *n* violation of the frontier, frontier incident

határtalan *a (átv is)* unlimited, boundless, unbounded, infinite, immense || ~ **lelkesedés** boundless enthusiasm

határterület *n* frontier (zone), borderland || *(tudományágak közt)* borderland, borderline, overlap

határvidék *n* frontier zone, borderland

határvillongás *n* (frontier) incidents *pl*

határvonal *n (országé)* border(line), boundary/frontier (line) || *átv* dividing line

hatás *n* ált effect, influence, impression; *(szellemi)* influence || *(vegyi, belső)* action; *(gyógyszeré)* effect || **azt a ~t kelti, hogy** it suggests that; **érezteti ~át** make* itself felt (in sg); **~sal van vkre** have*/produce an effect on sy, make* an impression on sy, influence/impress sy; *vm* be* affected by sg; *vmre* affect sg

hatásfok *n* efficiency, efficacy || **nagy ~kal** very efficiently

hatáskeltő *a* impressive, effective

hatáskör *n* (sphere of) authority, powers *pl,* remit; *(bírói)* competence, jurisdiction || **vk ~ébe tartozik** fall*/be* within the competence of sy; **saját ~én belül** on its own authority; **~én kívül** beyond one's range

hatásköri túllépés *n* misuse of power

hatásos *a* ált effective, effectual || *(megjelenés)* impressive || *(beszéd)* powerful, moving, rousing; *(érv)* potent || *(orvosság)* efficacious, potent

hatástalan *a* ineffective, ineffectual; *(beszéd stb.)* unimpressive

hatástalanít *v* ált neutralize, counteract || *(bombát)* defuse, deactivate

hatástalanítás *n (bombáé)* bomb-disposal; *(gyógyszeré)* counteraction, neutralization

hátborzongató *a* gruesome, eerie

hátcsigolya *n* (dorsal) vertebra *(pl* -brae)

hatékony *a* efficient, effective, powerful

hatékonyság *n* efficiency, effectiveness

hatéves *a (kor)* six-year-old, six years old *ut., (tartam)* of six years *ut.,* six years'

hatféle *a* six kinds/sorts of

hátgerinc *n* spine, backbone, spinal column

hátgerincferdülés *n* curvature of the spine, scoliosis

hátha *adv* supposing, suppose, if after all, maybe

hathatós *a* efficient, effectual, effective || ~ **segítség** powerful help

hathetes *a* six weeks old *ut.,* six-week-old

hatheti *a* six weeks', of six weeks *ut.*

hátitáska *n* school-satchel/bag

hátizsák *n* rucksack, *US* backpack || **vázas** ~ framed rucksack

hátlap *n* back; *(éremé)* reverse (side), verso || **lásd a ~on** see overleaf

hatlövetű revolver *n* six-shooter

hatnapi *a* six days', of six days *ut.*

ható *a* acting, effective, having an effect *ut.* || **vmre** ~ affecting sg *ut.*

hatóanyag *n* agent, active ingredient

hatod *n (hatodrész)* (a/one) sixth || *zene* sixth

hatodik 1. *num a* sixth; 6th **2.** *n (osztály)* the sixth class/form *(US* grade) → **első**

hatodikos (tanuló) *n* sixth-form *(US* sixth-grade) pupil

hatodmagával *adv* with five other persons

hatodrész *n* a sixth part, (one) sixth

hatóerő *n* (active) force, efficiency

hatol *v (erőszakkal vmbe)* penetrate into, force/make* one's way into || **vmnek mélyére** ~ penetrate into sg, probe deeply into sg

hátoldal *n =* **hátlap** || *(hanglemezé) biz* flip side, B-side

hátország *n* hinterland, home territory

hatos 1. *a* six(fold) **2.** *n (számjegy)* (the number/figure) six || *zene* sextet(te)

hatóság *n* authority || **felsőbb** ~ higher authority; **a** ~ **tölti ki** for official use
hatósági *a* of the authorities *ut.*, official || ~ **közeg** official, public servant
hatóságilag *adv* officially || ~ **engedélyezett** licensed
hatótávolság *n* range, reach
hatökör *n* dolt, ninny, *GB* ass || ~ **hozzá** doesn't know the first thing about it
hátra *adv (irány)* back(wards) || ~ **arc!** about turn!, *US* about face!
hátraarcot csinál *v* turn about, *US* make* an about-face
hátrább *adv* further/farther back, more in the background
hátrabillen *v* tilt backwards
hátrabuk|ik *v* fall* backwards
hátradob *v* cast*/throw*/hurl back
hátradől *v (székben)* sit*/lean* back
hátraes|ik *v* fall* over/backward
hátrafelé *adv* back(wards)
hátrafordít *v* turn back
hátrafordul *v (testtel)* turn (a)round; *(csak fejjel)* look round/back
hátrahagy *v (otthagy)* leave* (sg) behind || *(vknek örökséget)* leave*/bequeath (sg to sy *v.* sy sg)
hátrahőköl *v* recoil *(vmtől)* from sg *v.* at the sight of sg)
hátrahúz *v* draw*/pull/drag back
hátrahúzód|ik *v* draw* back, withdraw*
hátraigazít *v* **(egy órával)** ~**ja az órát** set*/put* the clock back one hour
hátrakiált *v* shout/call back
hátraküld *v* send* back (*v.* to the rear)
hátrál *v (ember)* back away, draw* back, withdraw* || *(sereg)* retreat, give* way || *(jármű)* reverse, back
hátralék *n* arrears *pl*, remainder (of debt), residue; *(restancia)* backlog || ~**ban van** *(fizetéssel, pénzzel stb.)* be* in arrears with, be* behind in/with
hátralékos *a* outstanding, overdue || ~ **követelés** outstanding debt
hátralevő *a* remaining || **a** ~ **feladat az, hogy** what remains to be done is ...
hátralök *v* push/thrust* back
hátráltat *v* hinder; impede, hold* back
hátramarad *v (lemarad)* lag/fall*/stay behind || *(vk után, örökségképp)* be* left behind || ~ **a fejlődésben** be* backward, lag behind (in development)
hátramegy *v vk* go* back, walk/go* to the rear || *(jármű)* reverse, back
hátramenet *n (gépkocsié)* reverse || ~**be kapcsol** put* the car into reverse
hátramozdító *n* nuisance (of a man)
hátranéz *v* look back
hátrány *n* disadvantage, drawback; *(anyagi)* loss, detriment || ~**ára van** be* a disadvantage/drawback to sy/sg

hátrányos *a* disadvantageous, detrimental || ~ **helyzetben levő** underprivileged, disadvantaged
hátrarúg *v (puska)* kick; *(ágyú)* recoil || *(állat)* fling* out || *(labdát)* kick back
hátraszól *v* call back
hátratesz *v* put*/set* (sg) back/behind
hátratett kézzel *adv* with one's hands behind one's back
hátratol *v* push/move *(v. biz* shove) back
hátraugr|ik *v* jump/leap*/spring* back
hátravan *v (ezután kerül sorra)* be* still to come, remain (to be done), be* still left || **még tíz perc van hátra** (there's) ten minutes left (*v.* to go); **nincs más hátra, mint** there's nothing for it but to
hátsó *a (hátul levő)* back(-), rear(-) || ~ **ablak** *(járművön)* rear window; *biz* ~ **fele vknek** sy's behind, buttocks *pl*; ~ **gondolat** ulterior motive; ~ **kerék** back/rear wheel; ~ **lábak** *(állaté)* hind legs; ~ **lépcső** backstairs *pl*; ~ **rész** *vmé* the back part of sg, (the) rear; *(állaté)* hindquarters *pl*; ~ **ülés** back seat
hátsókerék-meghajtás *n* rear-wheel drive
hatszáz *num* six hundred
hátszín *n* sirloin, rump(steak)
hátszínszelet *n* fillet/undercut of sirloin
hatszor *num adv* six times
hatszori *a* repeated six times *ut.*
hatszoros *a* sextuple, sixfold
hatszög *n* hexagon
hatszögű *a* hexagonal
háttér *n* background || **kék** ~ **előtt** against a blue background; ~**be szorul** be* pushed/thrust into the background; ~**ben marad** remain in the background
háttérinformáció *n* background information
háttéripar *n* background industry
hátul *adv* at the back, in/at the rear, behind
hátulja *n vmnek* = **hátsó** *rész*
hátulról *adv* from behind, from the back/rear || ~ **ledöf** stab in the back
hátulsó *a* = **hátsó**
hátulütője *n* **az a** ~**, hogy** it has the drawback that
hátúszás *n* backstroke (swimming)
hatvan *num* sixty
hatvanadik *num a* sixtieth, 60th
hatvanan *num adv* sixty (of them)
hatvanas 1. *a* sixty; || **a** ~ **évek** the sixties *(v.* the 60s *v.* the 1960s) **2.** *n* man°/woman° in his/her sixties || **jó** ~ **lehet** is* sixty if a day
hatvány *n* power [of a number] || **második** ~ second power, square; **harma-**

dik ~ third power, cube; **negyedik** ~ fourth power, biquadratic; **a második/harmadik/stb.** ~ **ra emel** raise [a number] to the second/third/etc. power

hatványkitevő *n* exponent, (power) index *(pl* indices)

hatványoz *v* = **hatvány***ra emel*

hatványozód|ik *v átv* be* increased/multiplied

hátvéd *n kat* rear-guard ‖ *(futball)* (full-)back

hattyú *n* swan

hattyúdal *n* swan-song

havas 1. *a (hóval borított)* snowy, snow--covered/capped ‖ ~ **eső** sleet **2.** *n a* ~ **ok** snow-covered mountains

havasi *a* → **gyopár**

havazás *n* snowfall, fall of snow

havaz|ik *v* snow, be* snowing

haver *n biz* pal, *US* buddy ‖ **jó** ~ **om** I am* pally with him

havi *a* monthly, a month's ‖ ~ **fizetés** monthly pay/salary; ~ **vérzés** menstruation ‖ ~ **hónapi**

havibér *n* monthly wage/pay

havibérlet *n* monthly season ticket; *(utazáshoz GB)* travelcard [monthly]

havonta *adv* a/every/per month, monthly ‖ ~ **kétszer(i)** twice a month, twice-monthly, *GB* fortnightly

Hawaii *n* Hawaii(an Islands)

hawaii *a* Hawaiian

ház *n* house; *(nagyobb)* residence; *(otthon)* home ‖ *(képviselőház)* The House, *GB* House of Commons, *US* House of Representatives ‖ *(uralkodói)* (royal) house, dynasty ‖ *(csigáé)* shell ‖ **az én** ~ **am az én váram** my house is my castle; ~ **hoz szállít** deliver; ~ **hoz szállítás** *(árué)* delivery [of goods] to sy's door; *(tejé)* doorstep delivery; ~ **on kívül van** is* out, is* not in, has gone out; ~ **tól** ~ **ig** *(feladott)* registered through; **szính telt** ~ full house

haza 1. *n* native land, country, mother country, home(land) ‖ ~ **nkban** in Hungary, *(ritkábban)* in this country **2.** *adv* home ‖ **elindult** ~ he started (back) for home

hazaad *v (keresményt)* give* [one's earnings] to one's family ‖ *sp* pass back

hazaárulás *n* (high) treason

hazaáruló *n* traitor

házadó *n* house-tax

hazaenged *v ált* let* sy (go) home ‖ *(iskolából tanítás után)* dismiss ‖ *(hadifoglyot)* release

hazaér *v* = **hazaérkezik**

hazaérkezés *n* homecoming, return (home), coming home

hazaérkez|ik *v* return/come*/arrive home ‖ ~ **ett már?** is (s)he back yet?

hazafelé *adv* homewards, on the way home

hazafi *n* patriot

hazafias *a* patriotic

hazafiság *n* patriotism

hazahoz *v* bring*/fetch home

hazai 1. *a* native, domestic, home, national ‖ **a** ~ **csapat** the home team; ~ **termék** home produce/product **2.** *n* **kap egy kis** ~ **t** get* a hamper from home

hazáig *adv* (as far as) home, to one's house/home

hazajön *v* come* home, return ‖ **ebédre hazajövök** I'll be back for lunch; **nem jön haza** stay/stop out

hazajövet *adv* on one's/the way home

hazakísér *v* see*/take* sy home

hazaküld *v* send* home

hazalátogat *v* visit the land of one's birth/fathers

házaló *n* door-to-door salesman°; *(régen)* peddler; *(előfizetésgyűjtő)* canvasser

hazamegy *v* go*/walk home ‖ **haza kell mennem** I must be/go home

hazánkfia *n* our compatriot, fellow countryman°

hazardíroz *v* risk, take* risks, venture

hazárdjáték *n* gambling

hazárdjátékos *n* gambler

hazarendel *v* summon/order home, recall

házas 1. *a* married **2.** *n* ~ **ok** married couple, husband and wife; **fiatal** ~ **ok** young marrieds

házasélet *n* married life

házaspár *n* (married) couple

házasság *n (intézménye)* marriage; *(állapota)* married life ‖ **jó** ~ good marriage; ~ **előtti** premarital; ~ **on kívüli** *(viszony)* extramarital; ~ **ot köt** get* married, vkvel marry sy

házassági *a* marriage-, of marriage *ut.*, matrimonial ‖ ~ **anyakönyvi kivonat** marriage certificate; ~ **évforduló** (wedding) anniversary

házasságkötés *n (intézménye)* marriage ‖ *(az aktus)* marriage service

házasságkötő terem *n* register office

házasságközvetítő iroda *n* marriage bureau

házasságtörés *n* adultery

házasságtörő *n* adulterer; *(nő)* adulteress

házastárs *n* spouse, one's husband/wife ‖ ~ **ak** (they are) husband and wife, (married) couple

házastársi *a* marital ‖ ~ **kötelesség** conjugal duty, marital obligations *pl*

hazaszalad *v* run* home

hazaszeretet *n* love of one's country, patriotism
hazatalál *v* find* one's way home
hazatelefonál *v* (tele)phone/ring* home
hazatelepít *v* repatriate
hazatér *v* return/come* home
hazátlan *a* homeless, displaced, exiled
hazautazás *n* homeward travel/journey; *(repülővel)* return flight
hazavisz *v (vkt pl. kocsin)* take* sy home, give* sy a lift home; *(csak vmt)* carry home
házbeli *n* a ~**ek** the tenants
házbér *n* rent
házépítés *n* house-building
házfelügyelő *n* caretaker, porter, *US* janitor
házgyári ház *n* prefab (house)
házhely *n* building site/plot *(US)* lot
házi 1. *a* home-; *(otthon készült)* home--made ‖ ~ **feladat** home-work, home task; ~ **kabát** smoking-jacket; ~ **koszt** home cooking; ~ **őrizet** house arrest **2.** *n* a ~**ak** the tenants
háziállat *n* domestic/farm animal
házias *a* house-proud; *(férfi)* domesticated, *tréf* house-trained
háziasság *n* domestic virtues *pl*
háziasszony *n (otthon)* lady of the house, housewife°; *(vendégségkor)* hostess ‖ *(szállásadó)* landlady
háziasszonyi *a* ~ **teendőket végez** keep* house, run* the house
házibuli *n biz* party, bash, thrash
házigazda *n (vendégségkor)* host
háziipar *n* domestic/cottage industry, handicraft(s)
házikenyér *n* home-baked bread, *GB kb.* crusty bread
házikolbász *n* home-made sausage
házilag *adv (készítve)* home-made
házimunka *n* = **háztartási** munka
házinyúl *n* tame/pet rabbit, hutch-rabbit
háziorvos *n* family doctor
házirend *n* rules of the house *pl*
háziúr *n* landlord
házkezelőség *n kb.* housing department
házkutatás *n* house search ‖ ~**t tart** search/raid sy's premises
házőrző kutya *n* watch/house-dog
házsor *n* row of houses, terrace
házszám *n* street-number
házszentelő *n* house-warming
háztáji gazdaság *n* household (farming) plot
háztartás *n vké* household; *(tevékenység)* housekeeping ‖ ~**t vezet** keep* house *(vkét* for sy)
háztartásbeli *n* housewife°, *US* home-maker

háztartási *a* ~ **alkalmazott** domestic, (home) help; ~ **bolt** household stores *pl*; *(felirat)* housewares *pl*; ~ **gépek** household appliances, labour-saving devices; ~ **munka** (domestic) chores *pl*, housework
háztető *n* roof, housetop
háztömb *n* block (of houses)
hazud|ik *v* tell* a lie, lie* ‖ **úgy** ~**ik, mintha könyvből olvasná** be* an arrant liar
hazudoz|ik *v* be* given to lying
hazug *a (ember)* lying ‖ *(valótlan)* untrue, not true ‖ ~ **ember** liar
hazugság *n* lie ‖ **ártatlan** ~ white lie; **merő** ~ pure fabrication
hazulról *adv* from home
házvezetőnő *n* houskeeper
házsártos *a* quarrelsome ‖ *(nő)* shrewish
H-dúr *n* B major
hé! *int* hey!, hallo there!, hello!, *US* így is: hi!
hébe-hóba *adv* now and then/again
héber *a/n* ~ **(nyelv)** Hebrew; ~**ül** *(van írva)* (be* written) in Hebrew
hecc *n (hercehurca)* bother, fuss ‖ *(mulatság)* prank, joke ‖ ~**ből** for the fun/hell of it; **jó** ~ **volt** it was a great joke
heccel *v (ugrat)* tease, chaff, kid, have* sy on; *(vkt vk ellen)* egg sy on, stir it up (between X and Y)
heg *n* scar, cicatrice
heged *v (seb)* heal (up), skin/scar over
hegedű *n* violin
hegedűkészítő *n* violin builder
hegedül *v* play the violin
hegedűművész *n* violinist
hegedűs *n* violinist, violin-player ‖ **első** ~ leader
hegedűverseny *n* violin concerto
hegedűvonó *n* bow
hegemónia *n* hegemony, supremacy
heges *a* scarred, cicatrized
hegesedés *n* scar, cicatrice
hegesed|ik *v* scar over
hegeszt *v (fémet)* weld ‖ ~**ett** welded
hegesztő 1. *a* welding **2.** *n* welder
hegesztőpisztoly *n* welding torch
hegy[1] *n földr* mountain; *(kisebb)* hill! ‖ **a** ~ **oldalán** on the hillside; **a** ~**ekben él** live in the mountains/highlands; ~**nek föl** uphill; ~**ről le** downhill
hegy[2] *n (ceruzáé, kardé, késé, tűé)* point; *(lándzsáé, ujjé, nyelvé, nyílé, orré)* tip; *(tollé)* nib; *(toronyé)* top
hegycsoport *n* mountain range
hegycsúcs *n* peak, mountaintop, summit
hegyén-hátán *adv* **egymás** ~ [being] topsy-turvy, all in a heap

hegyen-völgyön *adv* ~ **át** over hill and dale; ~ **túl** far away
hegyes[1] *a (vidék)* mountainous
hegyes[2] *a (tárgy)* pointed, sharp || ~ **orrú** sharp-nosed; ~ **szerszám** sharp/pointed tool/instrument
hegyesszög *n* acute angle
hegyez *v (ceruzát)* sharpen || ~**i a fülét** prick up one's ears
hegyező *n* sharpener
hegyfok *n (tengerbe nyúló)* headland; *(meredek nyúlvány)* peak
hegygerinc *n* (mountain) ridge
hegyi *a* mountain(-), of the mountain(s) *ut.* || ~ **lakó** mountain dweller, highlander; ~ **legelő** alpine pasture
hegyláb *n* foot of the/a mountain
hegylánc *n* mountain range, range of mountains, mountain chain
hegymászás *n* mountaineering, alpinism
hegymászó *n* mountaineer, alpinist || ~ **bot** alpenstock; ~ **cipő** climbing/mountaineering boot(s)
hegymenet *n* uphill passage || ~**ben** uphill
hegyoldal *n* mountainside, hillside, slope
hegyomlás *n* landslide; *(kisebb)* landslip
hegység *n* mountains *pl*, mountain range
hegyszoros *n* (mountain) pass, defile
hegytető *n* mountain-top, top
hegyvidék *n* mountainous region/area
hej! *int* oh!; *(lelkesítve)* hey!, heigh-ho!
héj *n (alma, körte, barack, burgonya, hagyma)* skin; *(tojás, dió)* shell; *(dinnye, sajt, alma)* rind; *(kenyér)* crust; *(lehámozott)* peel, peelings *pl*, parings *pl* || ~**ában főtt burgonya** baked potato(es), potatoes cooked/baked in their jackets *pl*
héja *n* kite, hawk, goshawk
héjas *a* having a shell/skin *ut.*, shelled
hektár *(röv* ha*) n* hectare *(röv* ha*)*
hektó, hektoliter *(röv* hl*) n* hectolitre *(US* -ter*) (röv* hl*)*
hekus *n tréf, biz* cop, *GB* bobby, *US* fuzz
helikopter *n* helicopter, *biz* chopper
hélium *n* helium
hellén 1. *a* Hellenic, Greek 2. *n* Hellene, Greek
hely *n ált* place; *(férő)* room, space; *(ülő)* seat, place || *(színhely)* spot, scene; *(épületé)* site; *(vidék, tájék)* locality, spot, place, district || **első** ~**en áll** be* in the first position, stand* in first place; **(én) a (te)** ~**edben** if I were you; **foglaljon** ~**et!** please take a seat, please be seated; ~**ben** in/at the place, locally, on the spot/premises; *(levélen)* local; ~**ből ugrás** standing jump; ~**ére tesz vmt** *(vissza)* return sg to its place, put* sg

back (in its place); ~**et kérek!** make* way please!, mind your backs!; ~**hez köt** localize; ~**t ad vmnek** admit sg; *(fellebbezésnek)* grant [an appeal]; **hol a** ~**e?** *(vm tárgynak)* where does it go?; **nincs** ~ there is* no room, it is* full up
helyár *n* price of seat(s)
helybeli *a/n* local || **a** ~**ek** the local population *sing.*, *biz* the locals
helybenhagy *v* = **jóváhagy** || *biz (megver)* thrash sy (within an inch of his life)
helycsere *n* change of place
helyenként *adv* here and there, in some places || ~ **zivatarok** local showers
helyénvaló *a* fitting, proper, appropriate, suitable || ~ **megjegyzés** an apposite remark; **nem** ~ out of place *ut.*, improper
helyes *a (helyénvaló)* right, proper, fitting, sensible || *(korrekt)* correct || *(számszerűen)* accurate || *biz (vkről)* nice, sweet; *(vmről)* nice, lovely || ~ **angolság** good English; ~ **kis szoba** a nice little room; **(nagyon)** ~! (that's) right!, quite right/so!
helyesbít *v* correct, set*/put* (sg) right, rectify || ~**ek** I'm sorry, I will read that again
helyesbítés *n* correction, rectification
helyesebben *adv* **(vagy)** ~ or rather; or, to be precise; to be more exact
helyesel *v vmt* approve of sg, agree to/on sg
helyesen *adv* rightly, properly, correctly, accurately || ~ **ír** spell* correctly
helyesírás *n* spelling, orthography || **rossz** ~**sal ír vmt** misspell*, spell* sg wrong; **jó** ~**a** sy's/one's spelling is good, be* a good speller
helyesírási *a* spelling, orthographical || ~ **hiba** spelling mistake, misspelling
helyeslés *n* approval, approbation; *(lelkes)* acclamation
helyeslő *a* approving || ~**en bólint** nod one's approval/assent
helyett *post* instead of, in place of || **az igazgató** ~ *(aláírásnál)* for/p.p. the Director; ~**em** instead of me, on my behalf
helyettes 1. *a* deputy, assistant || ~ **tanár** supply teacher 2. *n (állandó)* deputy; *(kisebb beosztásban)* assistant; *(alkalmilag)* sy's substitute; *(igazgatóé stb. átmenetileg)* the acting director/manager/president etc. || ~**t állít** arrange for a substitute
helyettesít *v vkt* deputize/substitute for sy, stand* in for sy, be* sy's substitute/deputy; *biz* sub for sy || *vmt vmvel* substitute sg for sg, replace sg by/with sg

helyettesítés *n vké* deputyship; *isk* supply teaching || *vmé* substitution (of sg by/with sg)

helyez *v vmt vhova* place, put*, lay* *(mind:* sg swhere) || *(vkt munkakörbe, hivatalba)* appoint (sy) to, place sy swhere || **az irodára ~ték** (s)he was transferred to the office; *sp* **~i a labdát** place the ball

helyezés *n (cselekedet)* placing, putting || *sp* place, placing || **jó ~t ért el** he was well placed

helyezett *n sp* place winner || **első ~** winner; **második ~** placed second *ut.*; *(főnévvel)* runner-up

helyezkedés *n sp* positioning || *átv* jockeying for position

helyezked|ik *v vhol* take* up a place somewhere || *sp* position oneself || *(érvényesülést keresve)* jockey/manoeuvre *(US* maneuver) for position || **jól ~ik** *biz kif* he's a smooth operator

helyfoglalás *n* (seat) reservation, advance booking

helyfoglalási díj *n* reservation fee

helyhatározó *n* adverb of place

helyhatóság *n* local authority, *US* municipality

helyhatósági *a* municipal, local || **~ választások** municipal elections

helyi *a* local || **~ beszélgetés** local call; **~ önkormányzat** local self-government; **~ idő** local time; **~ vonat** local train

helyiérdekű *a* **~ vasút** suburban/local railway/line

helyiség *n* room, premises *pl*

helyismeret *n* local knowledge

helyjegy *n* reserved seat (ticket) || **~et vált** reserve a seat, make* a reservation

helyőrség *n* garrison

helyrajzi szám *n* (topographical) lot number

helyreáll *v* **egészsége ~t** he got well again, he recovered (from an illness); **a rend ~t** order was restored

helyreállít *v (tárgyat)* repair; *(újjáépít)* rebuild*; *(tataroz)* renovate || *(rendet)* restore || **~ják a forgalmat** (the) traffic is flowing again

helyreállítás *n (épületé)* restoring, restoration, renovation, repair(ing); *(tárgyé)* repairs *pl* || **egészsége ~a céljából** to recover/restore one's impaired health

helyrehoz *v (megjavít)* repair; *(épületet)* restore; *(gyomrot)* settle || *(jóvátesz)* put* sg right, make* amends for sg

helyrehozhatatlan *a* irremediable, irreparable, beyond/past repair *ut.*

helyrehozható *a* reparable, redeemable

helyreigazít *v* adjust; *(rendbe hoz)* set* (sg) right, set* (sg) to rights || *átv* rectify; *(téves közlést)* correct

helyreigazítás *n átv* rectification, correction; *(tiltakozó)* disclaimer

helyrejön *v (az egészsége)* get* well, be* restored to health

helyretesz *v (ficamot)* reduce [a dislocated joint etc.]

helység *n ált* place, locality || *(község)* community

helyszín *n* locale, locality, the scene of sg; *(pl. konferenciáé)* venue || **a ~en** on the spot/scene

helyszínelés *n* = **helyszíni** *szemle*

helyszíni *a* **~ bírságolás** on-the-spot fine; *(a cédula)* ticket; *(tiltott parkolásért)* parking-ticket; **~ közvetítés** running commentary (on); *kif* sg is broadcast live; **~ szemle** examination on the spot, visit to the scene

helytáll *v (küzdelemben)* hold*/stand* one's ground, hold* on; *(megállja a helyét vmben)* cope with sg || *(állítás)* be* (still) valid || **~ a tanulásban** keep* up with one's work

helytálló *a (elfogadható)* acceptable, apposite; *(érv)* sound; *kif* it doesn't stand up || **nem ~** untenable

helytartó *n* governor, (vice-)regent

helytelen *a (nem pontos/igaz)* incorrect, inaccurate, faulty, wrong || *(viselkedés)* improper, inappropriate, unbecoming || **~ használat** wrong use

helytelenít *v* disapprove of, deplore, condemn

helytelenül *adv* wrongly, incorrectly || **~ jár el** act wrongly; **~ ítéli meg a helyzetet** misjudge the situation

helyváltoztatás *n* change of place

helyzet *n (tárgyé)* situation, position; *(testi)* posture, attitude, position || *(fekvés)* setting; site || *(társadalmi)* social standing/status/position || **a ~ az, hogy** the fact/thing is* (that); **kedvező ~** favourable/happy position; **miután az a ~ (, hogy)** that being the case

helyzetjelentés *n* progress report

helyzetlámpa *n* side lamp

hematológia *n* h(a)ematology

hempereg *v* roll/tumble about

hemzseg *v (emberektől)* swarm with; *(állatoktól)* teem with || *(tévedésektől, hibáktól)* teem with, be* riddled with

henceg *v* brag, boast

hencegés *n* bragging, boasting

hencegő 1. *a* bragging, boastful **2.** *n* braggart, show-off

henger *n ált* cylinder; *(simító, mezei, textilnyomó)* roller; *(írógépé)* cylinder,

hengerel

platen; *(gépkocsiban)* cylinder || ~ **alakú** cylindrical

hengerel *v (utat)* roll (down) || *(fémet)* roll, flat(ten)

hengerűrtartalom *n* cylinder capacity

Henrik *n* Henry || **VIII.** ~ Henry VIII

hentereg *v* = **hempereg**

hentes *n* (pork-)butcher, the butcher's || **a ~hez megy** go* to the butcher's

hentesáru *n* meats and sausages *pl*

hentesüzlet *n* butcher's shop, the butcher's

henyél *v* idle/laze/lounge around/about

hepehupás *a* bumpy, rough, uneven

herceg *n (GB királyi)* prince; *(nem királyi)* duke

hercegnő *n (GB királyi)* princess; *(nem királyi)* duchess

hercehurca *n* running around/about bother

here *n (méh)* drone || *(emberről)* drone, idler, parasite || *(testrész)* ~**k** testicles

herél *v* castrate; *(lovat)* geld; *(macskát)* neuter

herélés *n* castration; *(lóé)* gelding; *(macskáé)* neutering

herélt 1. *a* castrated; *(ló)* gelded; *(macska)* neutered **2.** *n (ember)* eunuch || *(ló)* gelding

herezacskó *n* scrotum *(pl* -ta *v.* -tums)

hergel *v* = **heccel** || *(állatot)* set* on

hering *n* herring || **(sózott és) füstölt** ~ kipper; **mint a ~ek** packed like sardines

hermelin *n* ermine

hermetikusan *adv* hermetically

hernyó *n* caterpillar, worm

hernyótalpas traktor *n* caterpillar--tractor, *biz* cat

herpesz *n* herpes, cold sore

hervad *v* fade, wither, droop, languish

hervadt *a (virág, szépség)* faded

hess *int* shoo!, scat!

hét[1] *num* seven || **négytől** ~**ig** from four to/till seven; **este** ~**ig** until seven in the evening, till seven p.m.; ~**kor** at seven; ~**re** *(időpont)* at seven; *(határidő)* by seven

hét[2] *n (hét nap)* week || **két** ~ two weeks *pl, GB* a fortnight; **ma egy hete** this day last week, a week ago (today), it is* just a week since ...; **jövő** ~**en** next week; **kétszer egy** ~**en** twice a week; **minden** ~**en** every week; **keddhez egy** ~**re** Tuesday week, a week on Tuesday, *US* a week from Tuesday; **mához egy** ~**re** today week, a week (from) today; **holnaphoz egy** ~**re** tomorrow week; **egy** ~**re** for a week; ~**ről** ~**re** from week to week

heted *n* seventh

220

hetedhét országon túl *adv* far away, behind the beyond

hetedik *num a* seventh, 7th || ~ **osztály** the seventh class/from *(US* grade)

hetedikes tanuló *n* seventh-form *(US* grade) pupil

heten *num adv* seven (people), seven of them/us/you

hetenként *num adv* weekly, every week || ~ **egyszer** once a week

heterogén *a* heterogeneous, mixed

hetes[1] **1.** *a* seven(fold) **2.** *n (szám)* (the number/figure) seven; *(kártya)* the seven

hetes[2] **1.** *a (életkor)* ... weeks old *ut.*, of ... weeks *ut.*; *(vmennyi hétig tartó)* ... weeks', lasting ... weeks *ut.* || **két~ csecsemő** a baby two weeks old, a two--week-old baby **2.** *n (szolgálatban)* person on duty for a/the week; *isk* monitor

hetet-havat összehord *v* talk nonsense/drivel, drivel *(US* -l) (about)

hétéves *a* seven years old *ut.*, seven-year--old

hétféle *a* seven kinds/sorts of

hétfő *n* Monday || → **kedd**

hétfői *a* Monday, of Monday *ut.*, Monday's || → **keddi**

hétfőnként *adv* every Monday, on Mondays, *US így is:* Mondays

heti *a* weekly, a week's, of ... weeks *ut.* || **e** ~ this week's, of this week *ut.*; **jövő** ~ next week's; **múlt** ~ last week's

hetijegy *n* weekly (season) ticket, weekly pass; *(londoni közlekedésben)* travelcard

hetilap *n* weekly (paper)

hétköznap 1. *n* weekday **2.** *adv* on weekdays

hétköznapi *a (hétköznapra eső)* weekday- || *átv* everyday || ~ **ruha** everyday/casual clothes *pl*

hétpecsétes titok *n* closely-guarded secret, top secret

hétszámra *adv* by the week

hétszáz *num* seven hundred

hétszer *num adv* seven times

hétszeres *a* sevenfold

hétszög *n* heptagon

hétvég(e) *n* weekend || **vhol tölti a** ~**ét** spend* the weekend (at), weekend (at); ~**eken** (at) weekends, during every weekend, *US* (on) weekends; **a** ~**én** during/at the weekend; ~**ére elmegy vhová** go* away for the weekend

hétvégi *a* weekend || ~ **ház** weekend cottage; ~ **kiránduló** weekender

hetven *num* seventy

hetvenedik *num a* seventieth

hetvenes 1. *a* seventy; || **a** ~ **évek** the seventies *(v.* the 70s *v.* 1970s) **2.** *n (szám)* (the number) seventy || *biz (ember)* be* in one's seventies; septuagenarian

hetvenéves *a* seventy years old *ut.*, seventy-year-old
hetvenked|ik *v* bluster, brag
hetyke *a* cocky, impudent; *(leány)* pert; *(fiú)* raffish
hév *n (hőség és átv)* heat ǁ **a pillanat hevében** in the heat of the moment; **nagy ~vel dolgozik** hammer away
HÉV *n* = helyiérdekű *vasút*
heveder *n ált* strap, band ǁ *(gépé)* belt
heveny *a* acute
hever *v vk* lie*, be* lying; *(lustán)* lie*/loll about ǁ *(tárgy)* lie* (idle/unused); *(szerteszét)* lie* scattered/about
heverész|ik *v* be* lying; *(lustán)* lie*/loll about
heverő 1. *a (ember)* lying; *(lustálkodva)* idle ǁ *(tárgy)* lying about *ut.* **2.** *n (bútor)* single bed, (studio-)couch, divan
heves *a ált* violent ǁ *(ember)* impetuous, violent, passionate, hot(-tempered) ǁ *(fájdalom)* violent, intense, acute, sharp ǁ *(harc)* fierce, bitter ǁ *(szél)* high, keen, tempestuous ǁ *(vita)* heated
hevesked|ik *v* be* hot-tempered/headed, flare up ǁ **ne ~j!** *biz* cool it!, keep your shirt/hair on!
hevesség *n ált* violence
hevít *v (forróvá tesz)* heat, make* hot ǁ *átv* fire, incite, stimulate
hévíz *n* (thermal) waters *pl*
hevül *v (tárgy)* get*/become*/grow* hot; *(izzva)* glow ǁ *vk* get* heated, fire
hevület *n* enthusiasm, ardour, zeal
hexaéder *n* hexahedron
hexensussz *n* lumbago
-hez *suff* → **-hoz**
hézag *n (nyílás)* gap; *műsz* clearance ǁ *átv* deficiency, shortcoming ǁ **van vm ~?** *biz* is there a hitch?
hézagos *a (nem folytonos)* discontinuous ǁ *átv* imperfect, defective
hézagpótló *a (much/long-needed,* supplying a long-felt want *ut.*, filling a long-felt gap *ut.*; *(igével)* fill a gap
hiába *adv* in vain, to no purpose ǁ **~ minden!** all is* in vain, nothing can be done; **nem ~** not for nothing
hiábavaló *a* useless, vain, futile, idle, fruitless ǁ **~ erőfeszítés** fruitless effort
hiány *n ált* want (of sg), lack, absence; *(áruban stb.)* shortage of (sg); *(elégtelenség)* deficiency; *(műveltségben)* gap ǁ *(költségvetési)* deficit; *(pénztári)* amount missing ǁ **a ~om 10 dollár** I am 10 dollars short/out; **~t pótol** fill/stop a gap; **vmnek ~ában** for want/lack of sg; **vmnek ~át érzi** feel* the want of sg
hiánybetegség *n* deficiency disease, vitamin deficiency

hiánycikk *n* article/commodity/goods in short supply, scarce commodity; *(eladó válasza)* (sorry,) it's out of stock
hiányérzete van *v* miss sg
hiányol *v (hiányát érzi vmnek)* miss (sg), find* (sg) wanting (in sy) ǁ *(vkt)* miss (sy)
hiányos *a* defective, imperfect, deficient, incomplete, scant(y), insufficient ǁ **~ táplálkozás** malnutrition
hiányosság *n* deficiency, defectiveness, insufficiency; *(műveltségben)* gap
hiánytalan *a* complete, entire, full, whole ǁ **~ul visszafizette** repaid the sum in full
hiányzás *n (vm nincs meg)* lack, want (of sg) ǁ *(távollét)* absence
hiányz|ik *v (nincs jelen)* be* absent ǁ *(nincs meg)* be* missing/wanting/lacking; *(nem található)* be* not to be found ǁ *(hiányérzetet kelt)* miss (sg/sy) ǁ *(szükség volna rá)* miss, need, be* wanting (in) sg ǁ **még csak ez ~ott!** that's the last straw!, that puts the lid on it; **nagyon ~ik az eső** rain is sorely/badly needed; **ő igen ~ik nekem** I miss her/him very much; **20 Ft ~ik** we are 20 fts short, 20 fts are missing
hiányzó 1. *a* missing ǁ **~ láncszem** missing link **2.** *n* **a ~k** *isk* absent pupils
hiba *n (tévedés, mulasztás)* mistake, error, fault, slip; *(baklövés)* blunder ǁ *(tökéletlenség)* defect, deficiency; *(szervi)* defect; *(működési)* trouble; *(gépé, árué)* flaw; *(mint felirat)* (slight) seconds ǁ *(jellembeli)* flaw (of character), failing, blemish, fault; *(szépségbeli)* flaw, imperfection ǁ *(testi)* deformity, bodily defect ǁ **beismeri a ~ját** admit one's mistake, stand* corrected; **ez nagy ~** that's a serious error/mistake; **ez nem az én ~m** it is* not my fault, I am not to blame; **~t követ el** make* a mistake/slip, make*/commit* an error, err
hibabejelentő *n (telefonközpont)* fault-repair service, the engineers *pl*; *(egyéb)* service department
hibaforrás *n* source of error
hibajegyzék *n (könyvben)* (list of) errata
hibapont *n sp* fault, penalty (point); *(lovaglásban)* penalty
hibás *a vm* defective; deficient, faulty ǁ *(bűnös)* guilty, at fault *ut.* ǁ **nyelvt** ungrammatical, bad ǁ **~ áru** damaged/bad/defective inferior goods *pl*; **ki a ~?** who is* to blame?
hibásan *adv* defectively, wrongly ǁ **~ beszél** speak* incorrectly, slur one's words ǁ **~ ír** (s)he can't spell
hibátlan *a ált* faultless, flawless, perfect ǁ *(áru)* undamaged, perfect ǁ *(jellem)* per

fect || *(nyelvileg)* correct, good || *(számítás)* exact, accurate
hibátlanul *adv* faultlessly, perfectly, without mistake/fault, correctly
hibáz|ik *v* ált make* a mistake, commit an error || *(lövésnél)* miss [the mark], fail [to hit]
hibrid *a/n* hybrid
híd *n* bridge || **átmegy a** ~**on** cross the bridge; *(kocsival)* drive* across the bridge
hideg 1. *a* ált cold; *(időjárás)* cold, chilly || *(arckifejezés)* stony [look/face]; *(ember)* cold, stand-offish, aloof *ut.* || ~ **étel(ek)** cold foods/dish(es)/meal(s); ~ **hús(étel)** cold meat, cold cuts *pl*; ~ **vacsora** buffet supper; cold table; ~ **vérű állat** cold-blooded animal; ~ **víz** cold water; *(hűtött, ivásra)* chilled water; ~**re fordul az idő** weather turns cold(er); **se** ~, **se meleg** neither hot nor cold, neither fish nor flesh 2. *n* cold, chill || **rázza a** ~ *(láztól)* be* shivering with fever, have* the shivers; **5 fok** ~ **van** it is* 5 degrees below [zero]
hidegbüfé *n* cold buffet
hidegen *adv (tart)* cold || *átv* coldly, coolly || ~ **hagy** *(vkt vm)* leave* sy/one cold, make* no impression on, fail to move (sy)
hidegfront *n* cold front
hidegháború *n* cold war
hideghullám *n* cold wave/spell
hidegkonyha *n* buffet meals *pl*
hidegrázás *n* the shivers *pl*
hidegtál *n* cold dish/plate
hidegvér *n* coolness, sang froid, nerve || ~**!** keep your shirt *(GB* hair) on!, cool it!; **megőrzi a** ~**ét** keep* one's head/temper *(v. biz* cool); ~**rel** in cold blood
hidegvérű *a átv (nyugodt)* cool(-headed), calm, self-possessed
hídfő(állás) *n* bridgehead
hídpillér *n* pier
hidraulikus *a* hydraulic
hidrogén *n* hydrogen
hidrogénbomba *n* hydrogen bomb, H--bomb, fusion bomb
hiéna *n* hyena
hierarchia *n* hierarchy
hifitorony hi-fi equipment/set/system/unit, hi-fi, music centre
híg *a* thin, watery, diluted
higany *n* mercury, quicksilver
higgadt *a* sober, settled, calm
higgadtság *n* soberness, calmness, coolness
higiénia *n* hygiene
higiénikus *a* hygienic
hígít *v (bort)* dilute, water down; *(festéket)* thin *(vmvel* with), add thinner to

hígítás *n* dilution, watering (down), thinning
hígító *n (oldat)* thinner
hihetetlen *a* unbelievable, incredible
hihető *a* credible, believable, authentic || **alig** ~ hardly to be believed *ut.*
híja *n* vmnek ~ lack/want of sg; ~ **van vmnek** lack (for) sg, be* short of sg; **kis** ~, **hogy ... nem** all but, almost, nearly; **jobb** ~**n** for want/lack of something better
hím 1. *a* male, he- 2. *n* male
himbál *v* rock, swing*, sway
himbálódz|ik *v* swing*, seesaw, rock
hímes *a (hímzett)* embroidered || *(tarka)* (many-)coloured *(US* -or-), variegated || *(virágos)* flowery || ~ **tojás** painted/Easter egg
hímez *v* embroider
hímez-hámoz *v* hum *(US* hem) and haw, beat about *(US* around) the bush
himlő *n* smallpox, variola
himlőoltás *n* vaccination
hímnem *n biol* male sex || *nyelvt* masculine (gender)
hímnemű *a biol* male || *nyelvt* masculine
himnusz *n (nemzeti)* national anthem
hímpor *n növ* pollen || *(lepkéé)* scale
hímvessző *n* penis
hímzés *n* embroidery, embroidering
hímzett *a* embroidered
hínár *n* reed-grass; *(tengeri)* seaweed
hinta *n (kötélen)* swing || *(deszka)* seesaw, *US így is:* teeter
hintaló *n* rocking-horse
hintaszék *n* rocking chair, rocker
hintázás *n* swing(ing)
hintáz|ik *v (kötélen)* swing* || *(deszkán)* seesaw; *(hintaszéken)* rock
hintőpor *n* talcum powder, talc || **(baba)**~ baby powder
hiperbola *n mat* hyperbola
hipermangán *n* potassium permanganate
hipermarket n hypermarket
hipermodern *a* ultra-modern, luxury
hipnotizál *v* hypnotize
hipnózis *n* hypnosis *(pl* hypnoses), trance
hipochonder *n* hypochondriac
hipp-hopp *int* hey presto!
hippi *n biz* hippie, hippy
hír *n (értesülés)* news *(pl* ua.) *(vmről* of sg), information *(pl* ua.); *(egy hír)* a piece of news/information || *(hírnév)* reputation, repute, fame || **az a** ~ **járja, hogy** rumour has* it that; ~**be hoz vkt** get* sy talked about, get* sy into disrepute; ~**ből ismer** know* sy (only) by repute/report; ~**ek** *(rádió, tévé)* the news sing.; ~**t hall vmről/vkről** have* news of sg/sy, hear* of sg/sy; **vmnek a**

~ében áll be* said to be, have* a reputation as sg
híradás n information, message
híradástechnika n telecommunications sing., communications (sing. v. pl)
híradó n (moziban) newsreel; (tévé) (TV) news sing.
híradós n kat signaller, signalman° || **~ok** signal corps
hirdet v (eseményt tudtul ad) announce, proclaim, make* sg known publicly || (újságban) advertise, place/put* an ad(vertisement) in a paper; (plakáttal) put* up a poster about sg || (tant, eszmét) advocate, profess, propagate || **eredményt ~** declare/publish the result(s); **ítéletet ~** pass/give* judg(e)ment (on sy), pass sentence (on sy); **pályázatot ~** announce a competition for
hirdetés n (cselekvés) advertising || (szöveg) advertisement; (apró) (classified/small) ad; (plakát) poster, bill || **~ útján** through an advertisement; **~t tesz közzé** advertise (that), place/put* an ad
hirdetmény n notice || (falragasz) bill
hirdető 1. a advertising **2.** n (újságban) advertiser
hirdetőiroda n advertising agency
hirdetőoszlop n advertising pillar
hirdetőtábla n notice (US bulletin) board, message board; (nagyobb) hoarding, US billboard
híres a vk, vm famous, celebrated, well--known || **~ orvos** famous doctor; **vmről ~** famous/noted (v. well-known) for sg ut.
hírrésség n (ember) celebrity, personality, dignitary, famous person
hírrésztel v spread* a report of, trumpet
hírrésztelés n report, rumour (US -or), talk || **alaptalan ~** baseless/unfounded rumour
hírforrás n source of information, authority
hírhedt a notorious, ill-famed, disreputable
hírközlés n telecommunications sing.
hírközlő szervek n pl the (mass) media pl v. sing.
hírlap n (news)paper; (napi) daily
hírlapbolt n newsagent('s)
hírlapírás n journalism
hírlapíró n journalist, newspaperman°, pressman°
hírl|ik v it is* rumoured (US -or-), it is said, we are* told, people say* (that)
hírmagyarázó n news commentator/analyst, (TV-ben így is) correspondent
hírnév n reputation, fame, repute || **~ re tesz szert** make* a name for oneself, make* a/one's name as, become* famous

hírneves a famous, renowned
hírnök n herald, messenger
hírszerzés n intelligence (service/work)
hírszerző kat **1.** a **~ szolgálat** intelligence (service) **2.** n (intelligence) agent
hirtelen 1. a ált sudden, unexpected, abrupt || (mozdulat) quick, rapid || (ember) hasty, impetuous, impulsive **2.** adv suddenly, all of a sudden, all at once
hirtelenében adv in the first moment, all at once || **~ azt sem tudta, mihez kapjon** for a moment (s)he didn't know which way to turn
hirtelensült n sauté, quick-fried (meat)
hírű a **jó ~** of good repute ut., reputable, respectable; **rossz ~** ill-famed, disreputable
hírügynökség n news agency
hírverés n propaganda, advertising, publicity, biz hype
hírvivő n messenger, courier
hírzárlat n news blackout
história n (történelem) history || (történet) story, tale
hisz[1] v vmt, vmben believe (in) sg, believe sg to be true, hold* sg true || (vél) believe, think*, expect, hold*, consider, US guess || **vknek** believe sy, trust sy || **vkben** believe in sy, have* faith in sy || **alig ~em(, hogy)** I hardly think (that); **azt ~em, hogy ő** ... I think (s)he ..., I expect (that) (s)he ...; **~ Istenben** believe in God; **ki hitte volna!** who'd have thought it!, think of it!; **nem akart hinni a szemének** he couldn't believe his eyes; **nem ~em** I don't think so; (= **nem ~ek benne**) I don't believe it
hisz[2] n (zene) B sharp
hiszékeny a credulous, naive
hiszékenység n credulousness, naivety
hiszemben adv **abban a ~** in the belief (that)
hiszen adv/conj (magyarázva) for, as, since || (elvégre) after all || **de ~** but then, why; **~ jól tudod (,hogy)** but you know* very well (that)
hisztéria n hysteria, hysterics pl
hisztérika n hysteric(al woman*)
hisztérikus a hysteric(al) || **~ rohama van** have* hysterics
hisztiz|ik v biz create, throw* a tantrum
hit n (meggyőződés) belief (in sg), faith, trust, confidence || (vallás) faith, religion || **a jövőbe vetett ~** faith in the future; **(vmlyen) ~re tér** be* converted (to)
hiteget v string* sy along, feed* (sy) with promises/hopes
hitel n ker credit || (hihetőség) authenticity, trustworthiness; (elhivés) belief (in

hitelbank 224

sg), credence || ~re vesz buy* sg on credit; ~t ad vmnek believe sg, give* credence to sg; ~t érdemlő authentic, authoritative, credible; ~t nyújt give* sy credit, allow sy an overdraft; vmnek ~éül in witness whereof
hitelbank n credit bank
hiteles a (valódi) authentic, genuine, trustworthy, valid || (hitelesített) authenticated, certified || ~ **másolat** certified/attested/true copy
hitelesít v ált authenticate, certify || (mértéket) check, test; (mérőedényt) calibrate || **jegyzőkönyvet** ~ confirm the minutes (of the meeting)
hitelesítés n authentication, certifying
hitelesség n authenticity, genuineness
hitelez v (pénzt) credit sy with, credit [an amount] to sy
hitelintézet n credit bank
hitelkártya n credit card
hitelképes a credit-worthy, trustworthy, solvent; (igével) enjoy credit
hitelképesség n credit-worthiness, financial standing
hitelkeret n credit limit || **igénybe nem vett** ~ dormant balance
hitellevél n letter of credit (röv L/C)
hitelnyújtás n granting of credit
hitelpolitika n credit/financial policy
hitelrontás n discredit
hitelszámla n credit (US charge) account
hitelügylet n credit deal/operation
hites a (esküt tett) sworn || (törvényes) lawful, legitimate
hitetlen 1. a (kétkedő) incredulous, sceptical (of sg) || (nem hívő) unbelieving, faithless || ~ **Tamás** doubting Thomas **2.** n unbeliever, infidel
hitetlenked|ik v refuse to believe, be* sceptical/incredulous
hitetlenség n ált incredulity, disbelief || vall unbelief
hithű a faithful, orthodox
hitközség n (religious) community
hitoktatás n religious education/instruction
hitoktató n teacher of religion (v. of religious education), RE teacher
hitszegő 1. a perfidious **2.** n perjurer, traitor
hittan n (tantárgy) religious education || (elmélet) theology, divinity
hittankönyv n religion textbook; scripture book
hittanóra n religious education (class/lesson), RE class/lesson, scripture lesson
hittérítés n mission(ary) work
hittérítő n missionary
hittudomány n theology, divinity
hittudományi a theological, of divinity ut. || ~ **főiskola** theological/divinity college; (főleg r. kat) (theological) seminary
hitvallás n vall confession (of faith); (hiszekegy) creed || átv creed
hitvány a (minőségileg) worthless, valueless || (erkölcsileg) base, contemptible, mean || ~ **áru** rubbish, shoddy goods pl, trash
hitványság n baseness, vileness || **minden** ~**ra képes** kif I wouldn't put anything past him
hitves n (feleség) wife°; (házastárs) spouse
hiú a (ember) vain, conceited, foppish || (hiábavaló) vain, illusory || ~ **remény** vain hope
hiúság n (emberi) vanity, conceit || (hiábavalóság) vanity || **sértett** ~ wounded/offended pride/vanity
hív[1] v vkt vhová call (to) || (telefonon) ring* sy (up) v. ring* up sy, give* sy a ring, (tele)phone sy, US call sy (up) || (nevez) call, name || **ebédre** ~ invite/ask to dinner; **engem Ferencnek** ~**nak** my name is F., I am (called) F.; **hogy** ~**nak?** what's your name?; **orvost** ~ call a doctor, send* for a doctor; **rossz számot** ~**ott** you('ve) got the wrong number; **segítségül** ~ call sy to one's aid; **taxit** ~ call a taxi/cab
hív[2] n ~**e** (vknek, vmnek) follower, adherent (of sy/sg); (igével) adhere to sg, believe in sg, be* in favour (US -or) of sg, be* keen on sg || vall **a** ~**ek** the congregation/flock sing.
hivalkodás n ostentation, flaunting, showing-off
hivalkod|ik v vmvel parade/flaunt sg, make* a show of sg
hivalkodó a vain, ostentatious, conceited
hívás n vhová call(ing) || (telefon) call || **belföldi** ~ inland/national call; **helyi** ~ local call; **nemzetközi** ~ international call
hívat v send* for sy; (magához) summon sy || **orvost** ~ send* for a doctor
hivatal n (hely) office, bureau (pl -s v. -x) || (állás) position, function, post, job || ~**ba lép** take* up (v. enter) office, come* into office; ~**ból** officially; ~**ból kirendelt védő** appointed counsel (for the defendant); ~**t betölt** hold* an office, occupy a post
hivatali a official, professional || ~ **helyiség** office; ~ **titok** official secret
hivatalnok n (state) official, civil servant, clerk

hivatalos *a (hivatali)* official, governmental, administrative, professional || *(vhová meghíva)* be* invited (to) || ~ **idő** office/business hours *pl;* ~ **közlöny** the (official) Gazette; ~ **nyelv** official language; *(hivatali stílus) biz* officialese; ~ **úton** through the official/normal channels; ~ **ügyben** on business; ~ **ünnep** public holiday, *GB* bank holiday, *US* legal holiday; **nem** ~ unofficial, informal; *(közlés)* off-the--record

hivatalsegéd *n* junior clerk, office boy
hivatalvezető *n* head, director, principal
hivatás *n (elhivatottság)* calling, vocation (to) || *(szakma)* profession, trade, career
hivatásos *a* professional || ~ **katona** professional soldier, regular; **nem** ~ non-professional, amateur
hivatásszerű *a* professional || ~**en foglalkozik vmvel** be* a professional sg, follow/practise a profession of sg
hivatkozás *n vmre* reference (to sg) || ~**sal vmre** with reference to sg
hivatkoz|ik *v vmre* refer to sg || *vkre (pl. állásnál)* give* sy as a reference; *(tud. irodalomban)* refer to sy, cite sy || **aug. 10-i levelére** ~**va** with reference to your letter of 10 August
hívatlan *a* uninvited || ~ **vendég** unbidden/uninvited guest; *(betolakodó)* gatecrasher; ~**ul** uninvited, unbidden
hivatott *a vmre* with a talent (for sg), qualified/destined (for sg) *(mind: ut.)*
híve *n* → **hív**²
híven *adv* **vmhez** ~ true to sg, in accordance with sg
hívó 1. *a* calling || ~ **fél** caller 2. *n* caller
hívóállomás *n* calling-station
hívogat *v* keep* calling/inviting, call often
hívójel *n* call(ing) signal
hívólift *n* automatic lift *(US* elevator)
hívószám *n* calling/telephone number
hívott fél *n* called party
hívő 1. *n* believing 2. *n* believer; *(protestáns szóhasználatban így is)* Christian
hízás *n* putting on weight || ~**ra hajlamos** inclined to obesity *ut.*
hízeleg *v vknek* flatter sy, fawn on sy, butter sy up
hízelgés *n* flattery, blandishment
hízelgő 1. *a* flattering, fawning || ~ **szavak** flattering words, *biz* blarney 2. *n* flatterer, toady, sycophant
híz|ik *v (ember)* gain weight, put* on weight, grow*/get* fat; *(állat)* fatten || *(dicsérettől)* swell* (with pride); *(káröröntől)* gloat (over sg) || ~**ni kezd** begin* to put on weight, be* getting fat

hizlal *v (állatot)* fatten (up) || *vm vkt* make* (sy) fat, sg is fattening || **disznót** ~ fatten pigs
hizlaló 1. *a (étel)* fattening 2. *n* pig farm
hízó *n* porker
hízókúra *n* fattening cure/diet/up
hízott *a (állat)* fattened
hm *int* humph, hm, ahem
h-moll *n* B minor
hó¹ *n* snow || **esik a** ~ it is* snowing
hó² *n* = **hónap**
hóakadály *n* snowdrift, snow-bank
hobbi *n* hobby || **... a** ~**ja ...** is his (chief) hobby
hóbort *n (szeszély)* whim, fad, caprice, whimsy, fancy || *(divat)* craze, mania, fad
hóbortos *a* eccentric, cranky, crazy, wild || ~ **ember** crank, faddist, eccentric
hóbucka *n* heap of snow, snow-bank
hócipő *n* (rubber) overshoes, gumshoes || *biz* **tele van a** ~**m** I'm fed up (with)
hócsizma *n* gumboots *pl,* wellingtons *pl*
hód *n* beaver
hodály *n (akol)* sheep-pen/fold || *átv* barn
hódít *v (földet, országot)* conquer || *(nő, férfi)* make* a conquest of sy
hódítás *n* conquest
hódító 1. *a (országot)* conquering || *átv* winning, captivating || ~ **háború** war of conquest, aggressive war 2. *n* conqueror
hódol *v vknek* pay* homage (to sy), pay* one's respects (to sy) || *(szenvedélynek)* have* a passion (for sg), indulge (in sg) || *(divatnak)* follow
hódolat *n* homage, reverence
hódoló 1. *a* respectful, paying/rendering homage (to sy) *ut.* 2. *n* admirer, devotee, follower; *(nőé)* admirer
hódoltság *n tört* **török** ~ the Ottoman (Turkish) occupation (of Hungary)
hóeke *n* snowplough *(US* -plow)
hóember *n* snowman°
hóesés *n* snowfall
hófedte *a* snow-covered/bound; *(hegy)* snow-capped
hófehér *a* snow-white, white as snow *ut.*
Hófehérke *n* Snow White
hófelhő *n* snow cloud
hófúvás *n (hóvihar)* snow-storm, blizzard || *(akadály)* snowdrift, snow-bank
hógolyó *n* snowball
hogy¹ *adv (hogyan)* how, in what manner, by what means || *(mennyire)* how || **de még** ~! and how!; ~ **a szilva?** how much are the(se) plums?; ~ **mondják ezt angolul?** what is the English for ...?, how do you say it/that in English?; ~ **vagy?** how are you (getting on)?; ~ **volt!** encore!

hogy 226

hogy² *conj* that || *(célhatározó)* in order to/that, so that || *(függő kérdésben)* whether || **kérdezte,** ~ **elmegyek-e** he asked me whether I was going; **kért,** ~ **siessek** he asked me to hurry; **remélem,** ~ **eljön** I hope he will come
hogyan *adv* = **hogy**¹
hogyha *conj* if, supposing, presuming
hogyhogy *adv* what do you mean?
hogyisne *int (tagadólag)* certainly not, nothing of the sort!, not a bit!
hogylét *n* state of health, condition || **valaki** ~**éről érdeklődik** inquire after sy's health
hogyne *adv* of course, naturally, yes indeed, sure, certainly, by all means
hóhányó *a/n biz* good-for-nothing
hóhér *n* executioner, hangman°
hohó *int* not so fast!, whoa!
hójelentés *n* snow-report
hokedli *n* kitchen stool
hoki *n* hockey
hokiütő *n* (hockey) stick
hokiz|ik *v* play hockey
hókotró *n* snowplough (*US* -plow)
hókuszpókusz *n (szemfényvesztés)* hocus-pocus || *(bűvész mondja)* hey presto
hol¹ *adv* **1.** *(kérdő)* where?, in what place?, whereabouts? || ~ **jár az eszed?** a penny for your thoughts! **2.** *(vonatkozó)* = **ahol**
hol² *conj* ~ **hideg,** ~ **meleg** now hot now cold; ~ **volt,** ~ **nem volt** once upon a time there was ...
hólánc *n* snow-chain, skid chain
hólapát *n* snow shovel
hold¹ *n csill* moon; *(más bolygóé)* satellite, moon || *(körmön)* half-moon, lunule || ~ **körüli pálya** lunar orbit; ~**ra szállás** moon landing; **mesterséges** ~ earth satellite
hold² *n (mérték)* Hungarian acre ⟨0,57 hectares or 1,42 English acres⟩
holdas¹ *a (holdfényes)* moonlit
holdas² *a* **kétszáz** ~ *kb.* of two hundred Hungarian acres *ut.*
holdfelvétel *n* moon picture
holdfény *n* moonlight || ~**ben** by moonlight
holdfogyatkozás *n* eclipse of the moon, lunar eclipse
holdjármű *n* mooncraft
holdkomp *n* lunar module
holdkóros *n* sleepwalker, night-walker
holdtérkép *n* moon chart
holdtölte *n* full moon
holdudvar *n* halo (a)round the moon
holdutazás *n* moon flight
holdvilág *n* moonlight
holdvilágos *a* moonlit

holland *a/n* Dutch || ~ **(nyelv)** Dutch; ~ **férfi** Dutchman°; **a** ~**ok** the Dutch
Hollandia *n* the Netherlands *pl*, Holland
hollandiai 1. *a* Dutch, of the Netherlands (*v.* Holland) *ut.* **2.** *n* Netherlander
hollandul *adv* (in) Dutch → **angolul**
holló *n* raven || **ritka, mint a fehér** ~ it is* a rare bird
hollófekete *a* jet-black || ~ **haj** raven hair
holmi 1. *n* sy's things *pl*, belongings *pl* || **ócska** ~ lumber; ~**jával együtt** *biz* bag and baggage **2.** *a* sort of, some
holnap 1. *adv* tomorrow || ~ **reggel** tomorrow morning; ~**ra** (by) tomorrow **2.** *n (másnap)* the next day
holnapi *a* of tomorrow *ut.*, tomorrow's
holnapután *adv* the day after tomorrow
holott *conj* (al)though, whereas
holt 1. *a* dead, deceased || ~ **nyelv** dead language; ~ **szezon** off season; ~ **szezonban** off season, in the low season; ~ **tőke** unemployed capital; ~**an esett össze** he dropped dead **2.** *n (halál)* death || **a** ~**ak** the dead; **a jó pap** ~**ig tanul** you/we live and learn
holtág *n (folyóé)* backwater, stagnant water
holtbiztos *a* dead certain || ~ **tipp** *biz* a sure-fire recipe
holtfáradt *a* dog/dead-tired, ready to drop *ut.*
holtidő *n (munkában)* idle time, idle hours *pl; sp* time out
holtjáték *n* play; *(túl nagy)* backlash
holtpontra jut *v* come* to a deadlock
holtrészeg *a* dead/blind-drunk
holtsúly *n* dead-weight/load
Holt-tenger *n* Dead Sea
holttest *n* dead body, corpse
holtvágány *n* siding, side-track || *átv* ~**ra jut** come* to a deadlock
holtverseny *n* dead heat, tie, draw || ~**ben elsők lettek** they tied for first place
hólyag *n (szerv)* bladder || *(bőrön)* blister || *(emberről biz)* fathead, fool, idiot
hólyaghurut *n orv* (catarrhal) cystitis
hólyagos *a* blistered, full of blisters *ut.*
homály *n (sötétség)* obscurity, darkness, dimness, shadow || *(esti)* twilight, dusk || *átv* obscurity, mystery, uncertainty || ~ **fedi sg** has remained a mystery
homályos *a (sötét)* dim, obscure, dark; *(körvonal)* fuzzy || *(fémfelület)* dull, tarnished || *(célzás)* not clear *ut.*, obscure, opaque
homályosan *adv* ~ **emlékszem rá** I have* a vague recollection of it
homár *n* lobster
homlok *n* forehead, brow, front || ~ **ára üt** slap one's forehead/brow

homlokegyenest ellenkező a diametrically opposed, radically different
homlokfal n front wall, facade
homlokpánt n (sportolón) sweatband
homloküreg-gyulladás n sinusitis
homlokzat n front, facade
homlokzati a frontal
homogén a homogeneous
homogénezett tej n homogenized milk
homok n sand || **tengerparti** ~ sands pl, beach; ~ **ra épít** build* on sand
homokbánya n sand-pit
homokbucka n sand-hill
homokkő n sandstone
homokóra n sand-glass; (egyórás) hour-glass
homokos[1] a sandy, sanded || ~ **part** sandy beach, sands pl
homokos[2] a biz (homoszexuális) gay, queer
homokoz|ik v play in the sand
homoksivatag n sandy desert/waste
homokzátony n sandbank, sand-bar
homokzsák n sandbag
homorít v make* concave/hollow || vk draw* back the shoulders; sp hollow back
homorú a concave, hollow || ~ **lencse** concave lens
homoszexuális a homosexual
hómunkás n snow-sweeper
hon n ir fatherland, homeland, native country
hóna alatt adv under one's arm
honalapító n founder of the state
hónalj n armpit || ~ **ban szűk** too tight under the arm(s)
hónap n month || **egy** ~ **leforgása alatt** within a month, in the course of a month; **a hetedik** ~ **ban van** (nő) she is* seven months pregnant
hónapi a (vhány hónapig tartó) ... months'; || **három** ~ three-months', of three months ut.; **múlt** ~ last month's, of the last month ut.
hónaponként adv a/per month, monthly, every month
hónapos a ... months old ut., ...-month-old; monthly || ~ **retek** (small) earliest red radish
honfitárs n compatriot, fellow-countryman°
honfoglalás n conquest; tört the Hungarian/Magyar conquest
honfoglaló 1. a conquering **2.** n **a** ~**k** the first Magyar settlers of Hungary
honi a native, home
honnan adv **1.** (kérdő) (irány, hely) from where?, where ... from?, from what place? || átv how?, why?, for what reason? || ~ **gondolod?** what makes you think so?; ~ **tudja?** how do* you know?; ~ **tudjam?** how should I know?; ~ **veszi?** where does* he get it from? **2.** (vonatkozó) = **ahonnan**
honorál v recompense, requite
honorárium n fee; (szerzői) royalty
honos 1. a növ, áll native/indigenous (vhol to) **2.** n citizen, (főleg külföldön élő) national
honosít v vkt naturalize || (oklevelet) have* [a diploma] accepted/registered
honosítás n vké naturalization || (oklevélé) registration, acceptance
honpolgár n citizen, subject
hontalan 1. a homeless, exiled **2.** n displaced person (röv D.P.)
honvágy n homesickness, nostalgia || ~**a van** be* homesick (vm után for sg)
honvéd n (Hungarian) soldier
honvédelem n national defence (US -se)
honvédelmi a of national defence (US -se) ut., defence || ~ **miniszter** Minister of Defence; ~ **minisztérium** (nálunk és GB) Ministry of Defence, US Department of Defense
honvédség n Hungarian Army
hóolvadás n thaw(ing of the snow)
hópehely n snowflake
hopp! int oops! || ~**on marad** get* nothing for one's pains
hord v (visz) carry || (ruhát, cipőt) wear*, have* sg on || (fegyver) carry || **magánál** ~ have*/carry sg on one
horda n horde
hordágy n stretcher
hordalék n alluvial deposit(s)
hordár n porter
hordás n (ruháé) wear(ing)
horderejű a nagy ~ of great import(ance)/significance ut., of the utmost importance ut.
hordó n (fa v. fém) barrel; (fa) cask; (kisebb) keg; (olajnak, 159 l) barrel || ~**ba tölt** barrel (US -l), put* into a barrel/cask
hordócsap n tap, spigot, bibcock
hordódonga n stave
hordoz v (visz) carry, keep* carrying; (tárgyat magával) have*/carry always on one || (súlyt, terhet) bear*, carry, support
hordozható a portable
hordozórakéta n carrier rocket
horgany n zinc
horganylemez n zinc-plate, rolled zinc
horganyzott a zinc-plated, galvanized
horgas a hooked, curved, crooked || ~ **orr** hook-nose, hooked nose
horgász n angler
horgászat n angling, fishing
horgászbot n fishing-rod, rod and line
horgászfelszerelés n fishing-tackle, fishing/anglers outfit

horgász|ik v angle/fish (vmre for sg) || ~ni megy go* angling
horgol v crochet
horgolás n (folyamat) crocheting || (eredménye) crochet-work
horgolótű n crochet-hook
horgony n anchor || ~t vet let* go the anchor, cast*/drop anchor, anchor
horgonyoz v ride*/be*/lie* at anchor, anchor
hórihorgas a long-legged, lanky
horizont n horizon; (város sziluettjével) skyline
horizontális a horizontal
horkol v snore
horkolás n snore
hormon n hormone
hormonzavar n hormonal imbalance
horog n (kampó) hook; (horgásze) fish--hook || (ökölvívásban) hook || ~ra akad (hal) take* the hook
horoszkóp n horoscope
horpadás n ált dent (in sg), indentation, hollow || (talajban) dip, pan
horribilis a (ár) exorbitant
hortenzia n hydrangea
hortyog v snore
horvát a/n Croatian
Horvátország n tört Croatia
horvátul adv (in) Croatian || → angolul
horzsol v graze, chafe, scratch
horzsolás n (folyamat) grazing, chafing || (sérülés) graze, abrasion
hószemüveg n snow goggles pl
hossz n length || sp egy teljes ~al nyer (úszó, ló stb.) win* by a length
hosszában adv lengthways, lengthwise || vmnek ~ along(side) sg
hosszabb a longer || 3 cm-rel ~ 3 cm longer, longer by 3 centimetres
hosszabbít v. ált lengthen, make* longer || (időt) prolong, spin* out || sp extend the time
hosszabbítás n vmé lengthening, elongation; (könyvtárban) renewal || (időé) prolongation || (futball) extra time
hosszabbító (zsinór) n extension lead/cord
hosszabbod|ik v grow*/get* longer, lengthen || ~nak a napok the days are getting longer, the days are drawing out
hosszabb-rövidebb ideig adv for shorter or longer periods
hosszan adv long, for a long time || ~ elnyúló (beszéd, történet) long-drawn--out; ~ tartó long(-lasting), prolonged, persistent
hosszanti a longitudinal || ~ irányban lengthways, US lengthwise

hosszas a (hosszadalmas) lengthy, long--winded/drawn || ~ **gondolkodás után** after due deliberation
hosszasan adv at great length, (for) long, endlessly || ~ **tárgyal vmről** discuss sg at great length
hosszat post (hely) along || (idő) during, for || **egy óra ~ vártam** I was waiting for an hour; **órák ~** for hours on end
hosszmérték n linear measure
hosszmetszet n longitudinal/vertical section
hossztengely n longitudinal axis
hosszú a vm long; (emberről) tall, lanky || **3 méter ~** three metres long, three metres in length ut.; ~ **életű** long-lived; ~ **hajú** long-haired; ~ **ideig** for a long time; ~ **időre szóló** long-term; ~ **lábú** long-legged, (biz nő) leggy; ~ **lejáratú** long-range, (hitel) long-term; ~ **szőrű** long-haired; ~ **távon** in the long run
hosszúkás a longish, elongated, oblong
hosszúnadrág n trousers, slacks, US pants (mind: pl)
hosszúság n ált length || földr longitude || ~**a tíz méter** its length is* ten metres (US -ters), it is* ten metres long
hosszúsági a longitudinal || ~ **fok** degree of longitude
hosszútávfutás n long-distance running
hosszútávfutó n long-distance runner
hótakaró n blanket of snow
hotel n hotel
hotelcímke n hotel label/sticker
hótorlasz n snowdrift, bank of snow
hova adv I. (kérdő) in which direction?, where?, which way? || ~ **gondol(sz)!?** how can you think of such a thing!; (nem!) by no means!; ~ **mész?** where are* you going (to); ~ **valósi (vagy)?** where do you come from? II. (vonatkozó) = **ahova**
hovatartozás n **politikai ~** party affiliation
hovatovább adv before long, in a short time, as time goes/went on
hóvihar n snow-storm, blizzard
hóvirág n snowdrop
hoz v ált bring*, carry; (érte menve) fetch || (eredményez) bring* in; (jövedelmet) yield; (kamatot) bear*; (gyümölcsöt) produce, bear* || **Isten ~ott!** welcome!; **hát téged mi ~ott (ide)?** what brings* you here?; **magával ~** bring* along; (következményt) bring* sg in its train, cause, involve; **7 millió Ft-ot ~ott** it brought in 7 million fts
-hoz, -hez, -höz suff 1. (helyhatározó) a) to; **házhoz szállít** deliver to one's

house; **fához köt** tie to a tree; **b)** *(elöljáró nélkül)* **kézhez vesz vmt** receive/get* sg; **közel vmhez** near sg; **menj (el) az orvoshoz** go to see the doctor! **2.** *(időhatározó)* **mához egy évre** this day next year, a year from today; **mához egy hétre** today week, a week (from) today **3.** *(véghatározó)* **a)** to; **fordul vkhez** apply to sy for sg; **folyamodik vmhez** resort to sg; **szól vkhez** speak* to sy; **kedves vkhez** be* kind/nice to sy; **b)** to *(v. elöljáró nélkül)* **csatlakozik vkhez** join sy; **közel jár az igazsághoz** be*/come* near (to) the truth; **c)** *(különféle elöljáróval v. elöljáró nélkül)* **ért vmhez** be* proficient in sg, be* well up in sg; **hozzáfog vmhez** set*/go* about sg, begin*/start/commence sg; **készülődik az ebédhez** be* getting ready for lunch; **hozzájut vmhez** get* at sg, come* by sg, obtain sg; **semmihez sincs kedve** take* no interest in anything **4.** *(hasonlításban, különféle elöljáróval v. elöljáró nélkül)* **hasonlít vkhez/vmhez** resemble sy/sg, be*/look like sy/sg, be* similar to sy/sg; **jól illik vmhez** suit sg well, go* well with sg, go* together
hozam *n* output, yield
hózápor *n* flurry of snow
hozat *v* send* for; *(rendel)* order
hozomány *n* dowry, marriage portion
hozzá *adv* to/towards sy ‖ **odalépett** ~ he went/came up to her/him; **elég az** ~ suffice it to say, to cut a long story short; ~**m** to me; ~**d** to you; ~**d beszélek** I am talking to you; ~**nk** to us; ~**tok** to you; ~**juk** to them
hozzáad *v vmhez vmt* add (sg to sg) ‖ **hathoz** ~**unk hetet** add seven to six; ~**ja a lányát vkhez** marry one's daughter (off) to sy
hozzáállás *n vmhez* attitude, approach (to sg)
hozzácsatol *v vmhez* fasten/attach (sg); *(kapoccsal)* hook/hang* on(to) ‖ *(területet)* annex sg to
hozzáér *v vmhez* touch sg, come* into contact with sg
hozzáerősít *v vmhez* fasten/fix/attach sg to sg
hozzáértés *n* expertise, competence
hozzáértő *a* competent, expert, skilled (in sg)
hozzáfér *v vmhez* reach (sg), be* able to get hold of sg; *vkhez* come*/get* near (enough) to sy ‖ **nehéz** ~**ni** be* difficult/hard to get at; **(könnyen)** ~ **vmhez** have* (easy) access to sg
hozzáférhetetlen *a (dolog)* inaccessible, out of reach ut., unavailable, *biz* ungetatable ‖ *(ember)* incorruptible

hozzáférhető *a (dolog)* accessible, approachable, available, *(igével)* be* within (one's) reach ‖ *(ember)* approachable ‖ **könnyen** ~ easy of access ut.
hozzáférkőz|ik *v* (manage to) get* at
hozzáfog *v vmhez* set* about sg, start/begin* to do sg, start doing sg, set* off/out to do sg, commence sg ‖ ~ **a munkához** get* down to work
hozzáfűz *v vmhez* tie (sg) on (sg), bind*/fasten (sg) to (sg) ‖ *(megjegyzést)* add ‖ **(ehhez) nincs mit** ~**ni** I've nothing to add; no comment
hozzáigazít *v vmhez* adjust to ‖ *(órát)* set* [one's/the watch] by (sg)
hozzáilleszt *v vmhez* fit/apply (sg) to sg
hozzáill|ik *v vkhez* become*/suit sy, be* suited to sy ‖ *vmhez* suit sg; *(jól áll)* go* (well) with sg
hozzáillő *a* suitable, fitting, becoming, appropriate ‖ **színben** ~ ... to match
hozzájárul *v (vmhez okként)* contribute to (sg) ‖ *(anyagilag)* contribute to (sg), make* a contribution to (sg) ‖ *(beleegyezik)* assent, agree, consent *(vmhez* to)
hozzájárulás *n (ténye, összege)* contribution *(vmhez* to) ‖ *(beleegyezés)* assent, consent, approval ‖ **étkezési** ~ meals allowance, *GB* luncheon voucher, *US* meal ticket; **megadja** ~**át vmhez** approve of sg, assent to sg; *(hatóság)* approve (sg)
hozzájön *v biz (vmhez még vm)* be* added to (sg) ‖ **hogy jövök én hozzá?** what have I (got) to do with it?
hozzájut *v (térben vmhez)* get* at; have* access to (sg) ‖ *(időben)* find* time (for sg or to do sg) ‖ **olcsón jutott hozzá** he got it cheap, it was a good bargain
hozzákever *v* stir sg in(to) sg
hozzákezd *v* = **hozzáfog**
hozzálát *v (evéshez)* settle down to sg
hozzálép *v* step/walk up to sy
hozzámegy *v (feleségül vkhez)* get* married to (sy)
hozzányúl *v vmhez* touch/handle sg, lay* hands/fingers on sg ‖ **ne nyúlj hozzá!** don't touch (it)!, leave it alone, hands off!
hozzáragad *v vmhez* cling*/stick* to, get* stuck to
hozzáragaszt *v vmhez* stick*/affix to
hozzásimul *v vk vkhez* snuggle/cuddle up to sy, cling* together ‖ *(ruha)* cling*, fit (sy) well
hozzászámít *v vmhez* add on, include (in sg), reckon in (sg) ‖ *(beleszámít vm)* be* included in
hozzászegőd|ik *v vkhez* join sy
hozzászok|ik *v vmhez* get*/become*/grow* accustomed to sg, get* used to sg ‖

hozzá van szokva be* acc*u*stomed/ used to sg
hozzászoktat *v vkt vmhez* acc*u*stom sy to sg, g*e*t* sy used to sg
hozzászól *v vmhez* speak* (on a subject), make* a c*o*mment (on), comment on sg ‖ **mit szólsz hozzá?** what do* you think (of it)?, what do* you say (to this)?
hozzászólás *n (ülésen)* contrib*u*tion [to a deb*a*te], rem*a*rks *pl* [at a me*e*ting]
hozzászóló *n* sp*ea*ker [*a*dding his rem*a*rks]; *(felkért)* disc*u*ssant
hozzátapad *v vmhez* stick*/*a*dh*e*re to sg ‖ *vkhez* cl*ea*ve*/cling* to sy
hozzátartoz|ik *v vmhez* bel*o*ng to sg, be* (a) part of sg
hozzátartozó *n (rokon)* rel*a*tive, rel*a*tion ‖ **legközelebbi** ~ (one's) next of kin, cl*o*sest/n*ea*rest relative
hozzátesz *v* = **hozzáad** ‖ **nincs semmi hozzátennivalóm** I have* n*o*thing to add, I have* no c*o*mment to make; *(főleg pol)* no c*o*mment
hozzávág *v vmt vkhez/vmhez* throw*/hurl/fling* sg at sy/sg
hozzávaló *n (kellékek)* acc*e*ssories, US f*i*ndings; *(szabóé)* tr*i*mmings, US f*i*xings; *(ételhez)* ingr*e*dients *(mind: pl)* ‖ **megvan a ~ja** *(pénze)* he has* the wherew*i*thal
hozzávetőleg *adv* appr*o*ximately, ab*o*ut, r*o*ughly (sp*ea*king)
hozsanna *n* hos*a*nna
hő *n* heat ‖ ~**re keményedő** thermos*e*tting; ~**re lágyuló** thermopl*a*stic; ~ **okozta** th*e*rmal
hőálló *a* h*ea*t-res*i*stant, h*ea*tproof
hőemelkedés *n (légköri)* rise in t*e*mperature ‖ *orv* slight f*e*ver/t*e*mperature ‖ ~**e van** have*/run* a t*e*mperature
hőenergia *n* h*ea*t-energy, th*e*rmal *e*nergy
hőerőmű *n* (th*e*rmal) p*o*wer st*a*tion
hőfok *n* t*e*mperature
hőfokszabályozó *n* therm*o*stat
hőforrás *n (hősugárzó test)* source of heat/warmth ‖ *(víz)* hot/th*e*rmal spring
hőguta *n* h*ea*t-stroke, s*u*nstroke ‖ ~**t kap** g*e*t* s*u*nstroke
hőhullám *n* h*ea*t-wave ‖ *(nőé)* hot flush, US hot flash
hőlégballon *n* h*o*t-air balloon
hölgy *n* lady ‖ **H**~**eim és uraim!** L*a*dies and G*e*ntlemen!
hőmérő *n* therm*o*meter
hőmérő *v* take* sy's t*e*mperature
hőmérséklet *n* t*e*mperature
hőpalack *n* th*e*rmos (flask), v*a*cuum flask, US th*e*rmos b*o*ttle
hőpárna *n* electric pad
hörcsög *n áll* h*a*mster, US g*o*pher
hörgés *n* rattle (in one's throat)

hörghurut *n* bronch*i*tis
hörgő 1. *a (hang)* r*a*ttling **2.** *n* br*o*nchial tube
hörög *v* rattle (in one's throat)
hős *n* hero ‖ **a nap** ~**e** the h*e*ro/man° of the hour; **a regény** ~**ei** the h*e*roes (*v.* the main ch*a*racters) of the n*o*vel
hőség *n* (great) heat ‖ **nagy** ~ **van** it is* very hot
hősi *a* her*o*ic ‖ **a** ~ **halottak** the war dead *pl*, those killed in the war
hősies *a* her*o*ic ‖ ~**en** her*o*ically
hősiesség *n* h*e*roism, g*a*llantry; *átv biz* *vké* h*e*roics *pl*
hőskor *n* her*o*ic age (of)
hősnő *n* h*e*roine
hőstett *n* her*o*ic/brave feat/deed
hősugárzás *n* heat radi*a*tion
hősugárzó *n* r*a*diator, (el*e*ctric) h*ea*ter ‖ **fali** ~ *(gáz)* gas h*ea*ter
hőszigetelés *n* heat insul*a*tion
hőtágulás *n* th*e*rmal exp*a*nsion
hőtakaró *n* electric blanket
hőtároló *n* storage h*ea*ter
-höz *suff* → **hoz**
húg *n* y*ou*nger s*i*ster
húgy *n u*rine, water
húgycső *n* ur*e*thra
húgyhólyag *n* (*u*rinary) bl*a*dder
hugyoz|ik *v vulg u*rinate, make*/pass water
huhog *v* hoot, to-wh*oo*, *u*lulate
huligán *n* h*oo*ligan, (young) thug
huliganizmus *n* h*oo*liganism
hull *v* fall* (off), drop (d*o*wn/off) ‖ *(könny)* flow ‖ *(meghal)* die; *(állatok tömegesen)* die off ‖ ~ **a haja** he is l*o*sing his hair, his hair is f*a*lling out; ~ **a hó** it is sn*o*wing, snow is f*a*lling
hulla *n* corpse, cad*a*ver, (dead) b*o*dy; *(állati)* c*a*rcass
hulladék *n ált* waste (material), r*e*fuse, US g*a*rbage; *(szemét)* l*i*tter
hulladékfeldolgozás *n* rec*y*cling (*v.* re*u*se) of waste (materials)
hullafáradt *a* dead/d*o*g-tired
hullafolt *n* cadav*e*ric ecchym*o*sis (*pl* -ses)
hullaház *n* m*o*rtuary, US *így is:* m*o*rgue
hullám *n* wave; *(nagy tengeri)* b*i*llow ‖ **nagy** ~**okat ver** *átv* cause great exc*i*tement; **tartós** ~ p*e*rmanent wave
hullámbádog *n* c*o*rrugated *i*ron
hullámcsat *n* c*u*rling-pin, US b*o*bby pin
hullámerevség *n* r*i*gor m*o*rtis
hullámfürdő *n* wave bath
hullámhossz *n* w*a*velength
hullámlovaglás *n* s*u*rfriding, s*u*rfing
hullámlovas *n (személy)* s*u*rfrider
hullámos *a (víz)* = **hullámzó** ‖ *(haj)* w*a*vy, c*u*rly
hullámpapír *n* c*o*rrugated c*a*rdboard

hullámsáv *n* waveband
hullámtörő (gát) *n* breakwater
hullámváltó *n el* waveband switch, band select button(s)
hullámvasút *n* switchback (rail-way), roller coaster, *US így is:* coaster
hullámverés *n* rolling sea, swell of the sea; *(parti)* surf
hullámvonal *n* wavy line
hullámvölgy *n átv* depression
hullámzás *n (tengeré)* surge of the sea, waves *pl* ‖ *(áraké)* fluctuation
hullámz|ik *v (szelíden)* ripple, undulate; *(erősen)* surge, billow, swell*; *(erősebben)* there is a rough sea ‖ *(árak)* fluctuate ‖ ~**ik a tenger** the sea is choppy
hullámzó *a (víz)* billowy, rough; *(kis hullámokban)* rippling ‖ *(tömeg)* milling, surging [crowd]
hullaszag *n* cadaverous smell
hullaszállító kocsi *n* (motor) hearse
hullat *v* drop, let* fall ‖ *(könnyet, vért, levelet)* shed* ‖ *(hajat)* lose*
hull|ik *v* = **hull**
hullócsillag *n* shooting star
hullott *a* ~ **gyümölcs** windfall
humán *a* ~ **beállítottságú** interested in (*v.* oriented towards) the arts/humanities *ut.*; ~ **műveltség** arts education, education in the humanities/classics
humanista *a/n* humanist
humanizmus *n* humanism
humánus *a* humane, humanitarian
humbug *n biz* humbug, eyewash; *(ostobaság)* baloney, boloney, nonsense
humor *n* humour (*US* -or)
humorérzék *n* sense of humour (*US* -or) ‖ **nincs** ~ **e** he has* no sense of humour
humoreszk *n* humorous sketch/writing
humorista *n* humorous writer, humorist
humorizál *v* crack jokes
humoros *a* homorous, funny, comic
huncut 1. *a (pajzán)* waggish, prankish, impish, roguish; *(mosoly)* mischievous ‖ *(nem becsületes)* wily, crafty **2.** *n* rogue, rascal ‖ **te kis** ~ you little imp/rascal
huncutkod|ik *v* play pranks, play the imp, be* naughty
huncutság *n (pajkosság, tréfás gonoszkodás)* impishness ‖ *elít* villainy
hunyó *n* finder ‖ *átv biz* **ő a** ~ he is carrying the ean
hunyorgat *v* blink, nictitate
hunyorít *v (egyet)* wink; *(tartósan)* narrow one's eyes
huppan *v* give* a thud, thud
húr *n zene* string(s) ‖ *mat* chord ‖ **egy** ~ **on pendülnek** they are* thick as thieves
hurcol *v* drag, haul; *biz* lug ‖ **magával** ~ drag along
hurcolkodás *n* removal, moving

hurcolkod|ik *v* move house, move *(vhova* to)
hurka *n* sausage ‖ **májas** ~ liver sausage, *US* liverwurst, *GB* white pudding; **véres** ~ black pudding
hurkol *v* loop, knot
hurok *n* ált noose, slip-knot, loop ‖ **szorul a** ~ the net is closing (on sy)
húros hangszer *n* string(ed) instrument
húroz *v (teniszütőt, zongorát)* string*
hurrá *int* (hip, hip) hurray! ‖ **háromszoros** ~ three cheers (for sy)
hurrázás *n* cheers *pl,* cheering
hurut *n* catarrh
hurutos *a* catarrhal
hús *n (élő)* flesh; *(ennivaló)* meat; *(vadé)* game ‖ *(gyümölcsé)* pulp, flesh ‖ *biz* **jó** ~**ban van** be* in good condition
húsadag *n* meat ration
huság *n* cudgel, club
húsbolt *n* butcher's (shop), the butcher's
húsdaráló *n* mincer, *US* meat grinder
húsétel *n* meat dish
húsevő 1. *a* carnivorous, meat-eating **2.** *n* carnivore
húshagyókedd *n* Shrove Tuesday
húsipar *n* meat trade/industry
húskonzerv *n* canned/tinned meat
húsleves *n* meat-soup, clear soup; *(sűrű)* broth
húsos *a* meat- ‖ *(személy, testrész)* well--covered, chubby; *(undorítóan)* fleshy ‖ ~ **étel** *(fogás)* meat dish/course
hússaláta *n* meat salad
hússzelet *n* steak
hústalan *a (étkezés)* meatless ‖ ~ **nap** fish-day
húsvét *n* Easter ‖ ~**kor** at Easter
húsvéti *a* Easter ‖ ~ **locsolás** Easter sprinkling; ~ **nyuszi** Easter bunny; ~ **tojás** Easter egg
húsvétvasárnap *n* Easter Sunday
húsz *num* twenty ‖ ~ **óra** twenty hours, 8 p.m.; ~ **on aluli** teenager
huszad *n* a/one twentieth, twentieth part
huszadik *num a* twentieth ‖ **a XX. század** the 20th century
huszadszor *num adv* for the twentieth time
húszan *num adv* twenty (of them/us/you)
huszár *n* hussar, cavalryman° ‖ *(sakkban)* knight
húszas 1. *a* twenty ‖ **a** ~ **évek** the twenties, the 1920s **2.** *n* ~ *(szám)* (figure/number) twenty ‖ → **húszforintos**
húszéves *a vk* twenty-year-old, twenty years old *ut.*; *vm* of twenty years *ut.* ‖ **még nincs** ~ he is* still in his teens
húszfilléres *n* twenty-fillér (piece)
húszforintos *n (bankjegy)* twenty--forint note; *(érme)* twenty-forint piece

huszonegy *num* twenty-one || **kivágtam, mint a ~et** I sent him packing
huszonegyes *n (szám)* (the number) twenty-one || *(kártya)* pontoon, US twenty-one
huszonegyez|ik *v* play pontoon (*v.* US twenty-one)
huszonnégy *num* twenty-four || **~ órán át** round the clock; **~ órán belül** (with)in twenty-four hours
huta *n* smelting-works, foundry; *(üveg)* glass-works
húz *v* ált draw*, pull; *(vonszolva)* drag, haul, pull || *(ruhát)* put* on [clothes] || *(ugrat vkt, biz)* kid (sy), pull sy's leg || *(vonzódik vkhez)* feel* attracted to sy, feel* drawn towards sy; *(vm vm felé)* be* drawn towards || *(madár)* fly* (in a direction), pass by || *(sakkozó)* (make* a) move || *(írásból töröl)* cut*, make* cuts in [an article], cut* out [of play] || *(huzat)* there is* a draught, it is* draughty || **ágyat ~** put* clean sheets on the bed, change/make* the bed; **cipőt ~** put* on one's shoes, put one's shoes on; **~za a lábát** drag one's feet; **jót ~ az evezőn** pull one's weight, pull a good oar
huzakod|ik *v* quarrel (US -l), wrangle
huzal *n* wire; *(erősebb)* cable
huzalozás *n* wiring
huzamos *a* protracted, (long-)lasting, of long duration *ut.* || **~ időre** for a long time
húzás *n* ált pull, pulling, draw, drawing; *(vonszolva)* drag, dragging, haul, hauling || *(evezővel)* stroke || *(madaraké)* flight || *(sorsjegyé, kötvényé)* drawing || *(írásból)* cut || *biz* = **sakkhúzás**
huzat *n (léghuzat)* draught (US draft) || *(bútorra)* cover; *(párnára)* case, slip
huzatos *a* draughty (US drafty), blowy
huzavona *n* wrangling, delays *pl*
húz-halaszt *v* keep* putting off, keep* postponing; *(elnyújt)* drag out
húzódás *n (vágtagfájdalom)* strain || **~a van** he has strained a muscle/ligament
húzód|ik *v (anyag)* stretch || *(ügy)* drag on, take* a long time (in getting done) || *(terület vmeddig)* extend to/over (*v.* as far as), spread* as far as || *(vk vhová bújik)* withdraw* to, retire to, hide* in
húzódoz|ik *v vmtől* fight* shy of sg, be*/feel* reluctant/loath to do sg
húzódzkod|ik *v* pull up at/to the bar
húzott *a (szoknya)* gathered (skirt)
hű[1] *a* faithful, loyal, true, devoted *(vkhez, vmhez mind:* to sy/sg) || **~ fordítás** close/faithful translation; **~ marad vkhez** remain faithful/loyal to sy
hű[2] *int* oh!, wow!
húha *int* by golly!, oh dear!

hűhó *n* ado || **sok ~ semmiért** much ado about nothing, a storm in a teacup; **nagy ~t csap vmért** make* a fuss about sg
hűl *v* cool, grow*/get* cool || **hadd ~jön** let it cool
hüledez|ik *v* be* dumbfounded
hűlés *n (folyamat)* cooling || *(meghűlés)* cold, chill
hüllő *n* reptile
hülye 1. *a* idiotic, half-witted, stupid **2.** *n* idiot || *biz* **te ~!** you fool/idiot!; **~nek nézel?** do* you take me for a fool?
hülyeség *n* idiocy, stupidity || *biz* **~!** (stuff and) nonsense!; **ilyen ~et!** what nonsense!, isn't that crazy?
hülyésked|ik *v* act foolishly, play silly pranks || **ne ~j!** don't be silly!
hümmög *v* hum, US *így is:* hem
hűs *a* cool, fresh, refreshing
hűség *n ált* faithfulness, fidelity; *(ragaszkodó)* devotion || *(párthoz)* loyalty
hűséges *a* faithful, loyal, true, devoted
hűsít *v* refresh
hűsítő 1. *a* refreshing, cooling **2.** *n (ital)* soft drink
hűsöl *v* rest in the shade, rest in a cool place || **árnyékban ~** enjoy the cool of the shade
hűt *v ált* cool, make* cold; *(ételt hűtőkészülékkel)* refrigerate, chill
hűtés *n* cooling, chilling, refrigeration
hűtlen *a (barát stb.)* faithless, unfaithful, disloyal; *(házastárs)* unfaithful
hűtlenség *n ált* faithlessness, disloyalty, breach of faith || *(házastársi)* infidelity
hűtő 1. *a* cooling, chilling **2.** *n (autóé)* radiator || *(szekrény)* refrigerator
hűtőfolyadék *n* coolant
hűtőház *n* cold store, cold-storage depot/plant || **~ban** in cold storage/store
hűtőkocsi *n* refrigerator van
hűtőpult *n* (display-type food) freezer
hűtőrács *n (autón)* grille
hűtőrendszer *n (autóé)* cooling system
hűtőszekrény *n* refrigerator, *biz* fridge, US *így is* icebox || **~ mélyhűtővel egybeépítve** fridge freezer
hűtőtáska *n* freezer bag
hűtött *a* chilled, iced
hűtővitrin *n* cold-storage (show)case
hűtővíz *n* cooling water
hüvely *n (kardé)* scabbard, sheath; *(töltényé)* cartridge-case; *(tok)* case; cover; *műsz* sleeve, jacket, casing || *növ* legume, pod || *(női)* vagina
hüvelyes 1. *a növ* leguminous, papilionaceous || *(más)* having a sheath/case *ut.* || **~ termés** legume **2.** *n* **~ek** leguminous/papilionaceous plants, pulses

hüvelyk *n (kézen)* thumb; *(lábon)* big toe || *(mérték)* inch (= 2,54 cm) || **H~ Matyi** Tom Thumb
hüvelykujj *n* = **hüvelyk**
hűvös 1. *a (idő, kellemesen)* cool, fresh, refreshing; *(kellemetlenül)* chilly, chill || *(modor)* stiff, icy, unresponsive || **~ fogadtatás** cold/frosty reception; **~ helyen tartandó** to be* kept in a cool place; **~ van** it is* a bit chilly **2.** *n (börtön, biz)* the cooler || **~re tesz** clap (sy) in jail/jug
hűvösödik *v* become* colder, turn cool/chilly

I, Í

-i *suff (vhonnan származó);* **budapesti** of Budapest *ut.*, Budapest; **a budapesti brit nagykövet** the British ambassador in Budapest; **a Helsinki záróokmány** The Helsinki Final Act
ibolya *n* violet || **alulról szagolja az ~t** be* pushing up the daisies
ibolyántúli *a* ultraviolet || **~ sugarak** ultraviolet rays
ibolyaszínű *a* violet(-coloured) *(US* -or-)
icipici *a* tiny, teeny(-weeny), *sk* wee
idáig *adv (időben)* up to now, till now, up to the present, so far, hitherto || *(térben)* as far as here, right here, this far
ide *adv* here, to this place || **gyere ~!** come here!; **~ figyelj!** listen!, look here
idead *v* give*, hand over || **kérlek, add ide a sót** please pass (me) the salt
ideál *n* ideal
ideális *a* ideal
idealista 1. *a* idealistic **2.** *n* idealist
ideáll *v* come* over (this place), stand* here
ideát *adv* over here
idébb *adv* further this way, nearer here
idefelé *adv* on the way here
idefigyel *v* listen (to), pay* attention (to)
ideg *n* nerve || **az ~ei felmondják a szolgálatot** his nerves are* shattered/ruined; **az ~eire megy vm/vk** sg/sy gets* on one's/sy's nerves
idegbeteg *a/n* neurotic, neuropathic
idegbetegség *n* nervous disease, neurosis
idegcsillapító *n* sedative, tranquillizer *(US* -l-)
idegen 1. *a (ismeretlen, szokatlan)* foreign, strange, unknown, unfamiliar *(vk számára mind*: to) || *(külföldi)* foreign, alien || **~ ajkú** speaker of a foreign language, non-native speaker; **~ állampolgár** alien, foreigner **2.** *n* stranger, outsider || *(külföldi)* foreigner, alien || **~ben** in a strange country, abroad; **~ben játszott mérkőzés** away game; **~eknek tilos a bemenet** no entry except to authorized persons, no admittance (except on business)
idegenforgalmi iroda *n* tourist office/agency
idegenforgalom *n* tourism; *(mint iparág)* the tourist industry/trade
idegenkedés *n* aversion (to)
idegenkedik *v* vmtől be* averse to sg || vktől dislike sy, have* an aversion to sy
idegennyelv-oktatás *n* the teaching of foreign languages, language teaching
idegenszerű *a* strange, unfamiliar, unusual, peculiar; *(külföldies)* outlandish
idegenvezető *n* guide
ideges *a* nervous, edgy, worried *(vm miatt mind:* about sg); *(nyugtalan)* restless
idegesít *v* vkt vm make* sy nervous, set* sy's teeth on edge, vkt vk v. vm get* on sy's nerves, irritate sy
idegesítő *a* nerve-racking, tiresome
idegeskedik *v* be* nervous/jittery || **nem kell ~ned** you need not worry
idegesség *n* nervousness, jangled nerves *pl*
idegfeszítő *a* nerve-racking
ideggyógyász *n* neurologist, nerve specialist
ideggyógyászat *n* neurology
ideggyógyintézet *n* neurological clinic, neurological nursing home *(v.* hospital)
ideggyulladás *n* neuritis
idegkimerültség *n* nervous exhaustion/breakdown
idegosztály *n* neurological ward
idegőrlő *a* nerve-racking
idegösszeomlás *n* nervous breakdown
idegrendszer *n* nervous system
idegroham *n* attack/fit of nerves, hysterics *pl* || **~ot kap** go* into hysterics
idegroncs *n* nervous wreck
idegzet *n* nervous system, nerves *pl* || **gyenge ~ű** weak nerved
idegzsába *n* neuralgia
idehaza *adv* here, at home, in || **nincs ~** he is* not in *(v.* at home), he is* out
idehív *v* call/summon (sy) here
idehoz *v* bring* (sg/sy) here, fetch (sg)
idei *a* **(ez) ~** this year's, of this year *ut.*
ideiglenes *a (átmeneti)* temporary, provisional, interim; *(pillanatnyi)* momentary || *(rögtönzött)* makeshift || **~ intézkedés** interim/temporary measure(s); **~ kormány** caretaker government

ideiglenesen *adv* temporarily, for the time being, provisionally ‖ ~ **bejegyez vmt/vkt** pencil (*US* -l-) in sg/sy

ideig-óráig *adv* for a short time ‖ ~ **tartó** short-lived, momentary

ideill|ik *v* it belongs/fits here ‖ **nem illik ide** it is* out of place here

idejekorán *adv* in (good) time

idejétmúlt *a* out-of-date, outdated, old-fashioned, out of fashion *ut.*, outmoded

idejön *v* come* here

idejövet *adv* on one's way here

idejut *v* hát ~**ottál?** have* you sunk as low as that?

idekívánkoz|ik *v* (*ideillik*) seem to belong here, seem appropriate here

ideküld *v* send* here, send* to this place ‖ ~**ött érte** he has sent (sy over) for it

idelátsz|ik *v* may/can be seen from here

idén *adv* this year ‖ ~ **tavasszal** this spring

idenéz *v* look here, look this way, look in our direction; (*rám néz*) look at me

idény *n* season, time (of the year)

idénymunka *n* seasonal employment/work

ide-oda *adv* here and there; (*előre-hátra*) to and fro, back and forth

ideológia *n* ideology

ideológiai *a* ideological ‖ ~ **szempontból** ideologically

ideológus *n* ideologist

ideszámít *v* include (in), reckon (in)

idetartoz|ik *v* (*vk, vm*) belong here; (*hozzánk*) be* one of us ‖ (*ügyhöz átv*) pertain/relate to ‖ **ez (már) nem tartozik ide** this has nothing to do with the question/subject, (but) that is another story

idétlen *a* (*alakra*) misshapen, unsightly ‖ (*megjegyzés*) inept, foolish, silly; (*tréfa*) stupid ‖ (*ügyetlen*) clumsy, awkward

ideutaz|ik *v* travel (*US* -l) here, come* (over) here

idevágó *a* relevant, referring/pertaining to this *ut.*

idevaló *a* local ‖ (*ideillő*) suitable, proper, appropriate; relevant ‖ ~ **idézet** apposite/apt quotation; ~ **vagyok** I belong here, I am a native here; **nem vagyok** ~ I am a stranger here

idéz *v* (*szöveget*) quote (*vmt* sg, *vkt* sy, *vmből* from sg, *vktől* from sy), cite (sy v. sg) ‖ (*hatóság elé*) summon, give* a summons to ‖ **Adyt** ~**i** (s)he quotes (from) Ady; **azt mondta,** ~**em:** "..." he said, quote "..."

idézés *n* (*szövegé*) quoting, citing ‖ (*bírósági*) summoning, citation ‖ (*irat*) summons (*pl* -ses); (*bírósági*) subpoena (*pl* -nas)

idézet *n* quotation (from); *biz* quote (from) ‖ **eddig az** ~ unquote

idézőjel *n* quotation marks *pl*, *biz* quotes *pl*; inverted commas *pl* ‖ ~ **bezárva** unquote; ~**be tesz** put* in inverted commas, *biz* put* in quotes

idilli(kus) *a* idyllic

idióta 1. *a* idiotic **2.** *n* idiot

idom *n mat* figure ‖ (*női*) figure, form ‖ **telt** ~ **ok** full figure *sing.*

idomít *v* (*állatot*) train; (*vadállatot*) tame ‖ *vmhez* adapt/fit/adjust to sg

idomítás *n* (*állaté*) training; (*vadállaté*) taming

idomító *n* trainer, tamer

idomtalan *a* shapeless, unshapely

idő *n* ált time; (~*tartam*) (length of) time, period, term; (~*pont*) (point of) time, date; (*kor*) time, times *pl*, days *pl*, age, period ‖ (*időszámítás*) time ‖ (*időjárás*) weather ‖ *nyelvt* tense ‖ **a pontos** ~ ... time now ...; **annak idején** (*akkor*) in those days, at the/that time; (*jövőben*) when the time comes; **az egész** ~ **alatt** all the time; **az** ~ **pénz** time is money; **az** ~ **tájban** (at) that time; **az ő idejében** in his time; **budapesti** ~ **szerint este 8-kor** at 8 in the evening, Budapest time; **(csak)** ~ **kérdése** it is (only) a question/matter of time; **egy** ~ **óta** for some time (past), of late, lately; **egy** ~**ben** (*valamikor*) at one time; **egy** ~**re** for a while/time; **ettől az** ~**től kezdve** from this time on; **ez ideig** up to now, so far, as yet; **ez** ~ **szerint** at present, at the moment, (as of) now; **hosszú** ~ **múlva** after a long while, considerably later; **húzza az** ~**t** be* marking time; **ideje, hogy** the time has come to, it is time to, now is the time to; ~ **előtti** premature, untimely, immature; ~**ben, idejében** in (good) time; ~**ről** ~**re** from time to time; ~ **vel** in (the course of) time, by and by, in due course; **jó ideje** a good while (ago), for a long while; **közép-európai** ~ Central European Time; **kellő** ~**ben** in good time, in due course/time; **kis** ~ **múlva** after a while/time/bit, before long, soon, presently; **legfőbb ideje, hogy** it is high time (that); **mennyi az** ~**?** what's the time?, what time is it?; **mennyi ideig?** (for) how long?; **milyen** ~ **van?** what's the weather like (today)?; **mind ez ideig** so/thus far, till now, up to now, up to the present; **mindent a maga idejében** there is a time for everything, all in good time; **nincs rá ideje** (s)he has no time to spare; **rossz** ~ **van** the weather is bad, it's rotten/foul weather;

sok idejébe került it took him a long time, it took him long; **sok ~t tölt vmvel** spend* a lot of time doing sg; **szép ~ van** it's fine, it's a nice/fine day (today); **van elég ideje** (s)he has plenty of time, (s)he has time and to spare (to); **vmvel tölti (az) idejét** spend* one's time (doing sg), pass the time in/by doing sg; **vknek/vmnek az idején** in the days/time of
időbeosztás *n* time-table, schedule
időfecsérlés *n* waste of time
időhatározó *n* adverb of time
időhiány *n* lack of time || **időhiánnyal küzd** work against the clock
időhúzás *n* marking time, playing for time
időigényes *a* time-consuming
időjárás *n* weather || **a várható ~ ...** today's/the weather/forecast..., (the weather) outlook...; **az évszaknak megfelelő ~** seasonable weather
időjárási *a* **~ térkép** weather map/chart; **~ viszonyok** (weather) conditions
időjárás-jelentés *n* weather-report; *(előjelzés)* weather forecast
időjelzés *n* time-signal; *(rádióban biz)* (the) pips *pl*; *(telefonon)* speaking clock
időköz *n* interval, space of time || **meghatározott ~ökben** at stated intervals; **ötperces ~ökben** at five minute intervals
időközben *adv* meanwhile, (in the) meantime
időmérés *n* timing, measurement of time
időmérő *n (személy)* time-keeper; *(stopper)* stopwatch
időmérték *n (verstani)* quantity, measure
időmilliomos *a (igével)* have* plenty of time
időnként *adv* from time to time, (every) now and then/again, occasionally, once in a while
időpont *n* (point of) time, date || **megbeszél egy ~ot vkvel** make*/fix an appointment with sy (*v.* to see sy)
idős *a* old, aged, elderly || **mennyi ~?** how old is* he?; **mikor ennyi ~ voltam** when I was your age; **nem látszik annyi ~nek** he does* not look his age; **~ebb** older; *(testvéreknél)* elder *(összehasonlításban sohasem)*; **három évvel ~ebb nálam** he is three years older than me, he is five years my senior
idősb *a (személynévvel)* Senior *(röv* Sr. *v.* Snr.) *ut.*
időszak *n* period, term
időszaki *a* periodic || **~ kiadvány** periodical
időszakos *a* periodic; *(munka)* seasonal
időszámítás *n (rendszere)* time || **~unk előtt** *(röv.* **i. e.**) B.C. (= before Christ); **~unk szerint** *(röv.* **i. sz.**) A.D. (= *Anno Domini,* in the year of our Lord); **helyi ~** local time; **nyári ~** summer time, *US* daylight saving time
időszerű *a* timely, topical || **igen ~** *kif* it is very much on the agenda
időszerűség *n* timeliness, opportuneness, topicality
időszerűtlen *a* untimely, ill-timed, inopportune, out of place *ut.*
időtartam *n* length of time, period, duration || **2 évi ~ra** for a period of two years
időtlen *a* timeless, immemorial || **~ idők óta** since/from time immemorial; *biz* since the year dot
időtöltés *n* pastime, recreation, hobby || **hasznos ~** useful/profitable way of passing the time; **kedvenc ~em a zenehallgatás** listening to music is my favourite (*US* -or-) pastime
időváltozás *n* break/change in the weather
időveszteség *n* loss of time, lost time
időzavar *n* **~ban van** be* pressed for time
időz|ik *v* stay, *ir* sojourn (**vknél** with sy, **vhol** at/in) || *(tárgynál)* dwell* on sg
időzít *v* time
időzítés *n* timing
időzített *a* **~ bomba** time-bomb, delayed-action bomb/mine; **jól ~ well--timed
idült *a* chronic
i. e. → **időszámítás**
ifi *n sp* junior || **~k** junior team *sing.*
ifjabb *a* ált younger || *(személynévvel)* **ifj. Szabó Béla** Béla Szabó, Junior *(röv* Jun. *v.* Jnr. *v.* Jr.), the young Mr Szabó
ifjú 1. *a* young; || **az ~ nemzedék** the rising/younger generation; **az ~ pár** the young (*v.* newly married) couple, the newly-weds 2. *n* young man°, youth, lad; *(tapasztalatlan)* youngster
ifjúkor *n* youth, younger years/days *pl*
ifjúkori *a* of youth *ut.* || **~ barát** friend of one's youth; **~ szerelem** calf/puppy love
ifjúság *n (kor)* youth, days of youth *pl* || *(ifjak)* youth, young people *pl,* the young *pl* || **egyetemi ~** (the) undergraduates *pl,* university students *pl*
ifjúsági *a* of/for youth *ut.*; youth; *sp* junior || **~ egyesület** youth club/centre (*US* -ter); **~ előadás** school/children's matinee/performance, matinee for the young; **~ irodalom** juvenile literature, books for the young *pl*; **~ szervezet**

youth organization; ~ **(turista)szálló** youth hostel; ~ **válogatott** junior team

-ig *suff* **1.** *(helyhatározó)* **a)** to; **Londontól Edinburghig** from London to Edinburgh; **b)** as far as; **(egészen)** Londonig as far as London **2.** *(időhatározó)* **a)** *(időpont)* to, up to; **(mind) a mai napig** up to the present, up to now, to this date/day; **elejétől végig** from beginning to end; **b)** *(vmely időpontig nem)* not before ...; **karácsonyig nem** not before Xmas; **c)** *(időtartamon belül valameddig)* till, until; **három óra utánig** until after three o'clock; **reggeltől estig** from morning till night; **holnaputánig** until the day after tomorrow; **d)** *(időtartam alatt)* *(főleg)* for; **két évig tanult angolul** he learnt English for two years **3.** *(fokhatározó)* *(főleg)* to (*v.* elöljáró nélkül); **az utolsó emberig elestek** they fell to a man; **vérig sért vkt** offend sy mortally, hurt* sy to the quick || → **határozókban,** *pl.* **eddig, sokáig** *stb.*

iga *n* yoke || ~ **ba hajt** *átv* subjugate, subdue; ~**t leráz** throw* off the yoke

igaz 1. *a* *(való)* true, genuine, real, veritable, authentic || *(becsületes)* true, straight, just, honest; *(hű)* loyal || **ami** ~**, (az)** ~ there is no getting away from it, there is no getting round it, as a matter of fact; **egy szó sem** ~ **belőle** there is* not a word/grain of truth in it; ~ **barát** true/real friend; ~**, hogy** ... *(állításban)* true (enough) (that), to be sure, no doubt; *(elismerem)* I admit; *(kérdésben)* is it true (that)?; ~ **(is)** *(most jut eszembe)* by the way; **(nem)** ~**?** isn't that so?, don't you agree? **2.** *n* *(valóság)* truth || ~**a van** he is* right; **az** ~**at megvallva** to tell the truth, strictly speaking; **nincs** ~**a** he* is wrong/mistaken

igazán *adv* *(állítva)* really, truly, in truth, indeed || *(kérdve)* really?; indeed?, is that so?

igazgat *v* *(vállalatot)* manage, direct, conduct || *(ruhát)* adjust, arrange

igazgatás *n* *(vállalaté)* management, direction, administration || **rossz** ~ mismanagement, maladministration

igazgató 1. *a* ~ **főorvos** *kb.* senior consultant, hospital superintendent **2.** *n* *(banké)* manager, *(fölötte)* director, *(nagyobb banké)* governor, *(bankfióké)* branch manager; *(vállalaté)* manager, director, head; *(múzeumé)* custodian, keeper, curator || *isk* headmaster; *(nő)* headmistress, (the) head [of the school], *(főleg US)* principal

igazgatóhelyettes *n* *(banké, vállalaté)* deputy/assistant manager || *isk* deputy headmaster *(nő:* headmistress)

igazgatónő *n* *(banké, vállalaté)* directress, director || *isk* headmistress

igazgatóság *n* *(testület)* management, board of directors || *(állás)* managership, directorship || *(helyiség)* manager's/director's office

igazgatótanács *n* board of directors, governing board/body || **az** ~ **elnöke** chairman of the board of directors

igazgyöngy *n* real/genuine pearl

igazi *a* true, real, genuine, authentic || **ez az** ~! that's the real thing/McCoy

igazít *v* ált put* (sg) right; *(beállít)* adjust, set*, (re)arrange; *(órát)* set*

igazítás *n* *(javítva)* repair(ing), repairs *pl,* *US* fixing || *(ruháé)* alteration

igazodás *n* *vmhez* alignment (with) || *(csak kat)* dressing

igazod|ik *v vk vmhez* go* by sg, be* guided by sg, adjust to sg || *vk vkhez* adjust to sy, take* one's cue from sy

igazol *v* *(cselekedetet)* justify, give* reason for || *(tudományosan)* prove*, verify, demonstrate || *(mulasztást)* excuse || *(gyanúsított egyént)* clear; *(vk politikai múltját)* screen, vet || *(okmánnyal vmt)* certify, certificate; *(vmnek átvételét)* acknowledge [receipt of] || **alulírott ezennel** ~**om** I (the undersigned) hereby certify (that); **az események őt** ~**ták** he was justified by the events; **ezennel** ~**juk, hogy** this is to certify that; ~**ja (személy)azonosságát** prove/establish one's identity, identify oneself; ~**ja magát!** your identity card please!

igazolás *n* *(cselekedeté)* justification, *(állításé)* verification || *(politikai múlté)* (political) screening/vetting || *(személyazonosságé)* proof of one's identity, *(okmánnyal)* certification || *(az irat)* certificate || ~**t ad vmről** give*/issue a certificate to sy about sg, certificate sg

igazolatlan mulasztás *n* unjustified/uncertified absence

igazolt *a* justified, authorized, verified, certified || *sp* ~ **játékos** registered player; *isk* **az** ~ **órák száma** number of classes attended, number of credits

igazoltat *v vkt* ask to see sy's papers, carry out an identity check

igazoltatás *n* identity check

igazolvány *n* certificate; *(engedély)* pass || **személyi** ~ identity card

igazolványkép *n* passport(-size) photo(graph)

igazság *n* truth || ~ **szerint** to tell the truth; by rights; as a matter of fact; **az**

~ napfényre jön truth will out; **~ot szolgáltat** *(bíróság)* administer justice (to); *átv* do* justice to, give* sy his due
igazságérzet *n* sense of justice
igazságos *a* just, fair(-minded) || **nem ~** it is* not fair
igazságszolgáltatás *n* administration of justice, jurisdiction
igazságtalan *a* unjust, unfair || **~ vkvel szemben** do* sy an injustice
igazságtalanság *n* injustice, unfairness
igazságtétel *n* (doing) justice
igazságügy *n* justice, judicature
igazságügyi *a* of justice *ut.*, judicial || **~ minisztérium** Ministry of Justice
igazságügy-miniszter *n* Minister of Justice, *GB* Lord Chancellor, *US* Attorney-General
ige *n nyelvt* verb || **vall** the Word
igealak *n* verb(al) form || **cselekvő/szenvedő ~** active/passive voice
igei *a* verbal, verb(-)
igeidő *n* tense
igeidő-egyeztetés *n* sequence of tenses
igekötő *n* verb prefix
igemód *n* mood
igen[1] **1.** *int* yes || **Esik (az eső)? - I~.** Is it raining? - Yes, it is; **Nem is láttad. - De ~!** You didn't see it. - But I did (*v.* Oh yes, I did); **~ is, nem is** yes and no **2.** *n* yes; **~nel felel** answer in the affirmative, say* yes
igen[2] *adv* = **nagyon**
igenév *n* **főnévi ~** infinitive; **melléknévi ~** participle
igenis *int (igen)* yes (sir)!, yes indeed!; *(felszolgálótól stb.)* very good sir/madam! || **de ~ így lesz!** well, that's how it's going to be
igenlő *a* affirmative, positive || **~ válasz** a positive answer
igény *n vmre* claim (to), title (to), demand (on) || *átv (anyagi stb.)* pretension, (the) expectations *pl* || **~be vesz** *(eszközt)* make* use of, employ; *(alkalmat)* take* advantage of; *(anyagiakat)* draw* on, utilize; **~t tart vmre** lay* claim to sg; **minden ~t kielégít** satisfy every demand, meet* every requirement; **túl nagyok az ~ei(k)** they have too many expectations
igénybevétel *n (eszközé)* employment, making use of; *(alkalomé)* taking advantage of || **műsz** bearing force, stress
igényel *v (jogot formál vmre)* claim (sg), lay* claim to (sg); *(kiutalandó dolgot kér)* put* one's name down for sg || *(szükségessé tesz)* demand, require, call for sg || **ez (némi) magyarázatot ~** that demands an explanation

igényes *a (vk minőség dolgában)* exacting, demanding; *kif* (s)he has (very) high standards; *(munka stb.)* taxing, demanding care *ut.*; *(színvonalas)* of a high standard *ut.*
igénylés *n (vmé ált)* claiming (of), claim (to), demand (of) || *(kiutalási)* application(-form) || **benyújtja az ~t** hand in an/the application (for sg)
igénylő 1. *a (gondot stb.)* requiring/demanding *ut.* **2.** *n* claimant, applicant
igénytelen *a (szerény)* unassuming, modest || *(egyszerű)* simple, plain, undemanding || *(jelentéktelen)* insignificant
igénytelenség *n (szerénység)* modesty || *(egyszerűség)* simplicity, plainness || *(jelentéktelenség)* insignificance
ígér *v vk vmt* promise || *ker* bid*, offer || **sokat ~ be*** promising, bid* fair || **többet ~ vknél** make* a higher bid (than sy), outbid* sy
igeragozás *n* conjugation
ígéret *n* promise, *(ünnepélyes)* pledge, word || **az ~ földje** the Promised Land
ígéretes *a* promising; full of promise *ut.*; *(igével)* promise well
igető *n* stem, root, base (of verb)
így 1. *adv* so, thus, in this way/manner || **a szöveg ~ szólt** the text went as follows; **és ~ tovább** and so on/forth; **~ áll a dolog** that's how it is, this is* how matters stand; **~ is, úgy is** either way, anyway; **~ történt** that/this is how it happened; **~ van?** am I right? **2.** *conj (eszerint)* so, thus || *(tehát, következésképpen)* thus; consequently; therefore
igyekezet *n* effort, endeavour (*US* -or); exertion
igyeksz|ik *v (szorgalmas)* work hard, exert oneself, be* hard-working || *vhová* make*/head for || **igyekezzünk!** let's get a move on!, hurry up!; **~ik vmt tenni, azon ~ik, hogy** try/do* one's best to (do sg), make* an effort to, endeavour (*US* -or) to (do sg)
igyekvő *a* hard-working, ambitious
ihatatlan *a* undrinkable
iható *a* drinkable || **~ víz** drinkable water, drinking-water
ihlet 1. *v* inspire, give* inspiration to **2.** *n* inspiration || **~et merít vmből** draw* inspiration from sg, be* inspired by sg
ihletett *a* inspired, enthusiastic
íj *n* bow
íjász *n* archer, bowman°
íjászat *n (target)* archery
ijedős *a* easily frightened/scared *ut.*, timorous
ijedt *a* frightened, scared, alarmed

ijedtében

ijedtében *adv* in his alarm, overcome by fear
ijedtség *n* fright, alarm, fear, terror
ijeszt *v* frighten, alarm, terrify || **úgy rám ~ett, hogy** he gave me such a fright that
ijesztget *v* keep* frightening (sy with sg)
ijesztő *a* frightening, frightful, alarming
ijesztően *adv* frightfully, awfully, dreadfully
iker *n* twin || **Péter és János ikrek** Peter and John are twins; **hármas ikrek** triplets
ikerház *n* semi-detached (*US* duplex) house
ikerpár *n* twins *pl*
ikertelefon *n* party line (telephone)
ikertestvér *n* twin brother/sister || **~ek** twins || **az ~em** *(fiú)* my twin brother; *(lány)* my twin sister
ikrás *a* having roe *ut.* || **~ méz** crystallized honey
iksz-lábú *a* knock-kneed, bandy-legged
iktat *v (hivatalban)* file, register, enter [in records] || **törvénybe ~** enact, codify
iktató *n (tisztviselő)* filing clerk || *(hivatal)* registry, office files *pl*
iktatókönyv *n* register
iktatószám *n* reference (number), registry number
ill. = **illetőleg, illetve**
illan *v* volatilize, evaporate
illat *n* fragrance, pleasant/sweet smell, scent || **jó/kellemes ~a van** have a pleasant smell/scent, smell* sweet; **vm ~ot áraszt** give off a scent
illatos *a* fragrant, sweet-smelling/scented
illatosít *v* scent, perfume
illatoz|ik *v* smell* sweet, be* fragrant
illatszer *n* scent, perfume || **~ (ek)** *(részleg áruházban)* perfumery
illatszerbolt *n kb.* chemist's (shop), *US* drugstore
illatú *a* smelling of ... || **édes ~** sweet--smelling, fragrant
illedelmes *a* well-behaved/mannered, polite, becoming
illegális *a* ált illegal || *pol* underground
illegalitás *n* ált illegality || *pol* underground (activity) || **~ba vonul** go* underground
illem *n* proper/decent behaviour (*US* -or), decency, good manners *pl*
illemhely *n* lavatory, toilet, *(női)* powder room; *US* washroom; *(nagyobb épületben)* rest room || **nyilvános ~** public convenience/lavatory
illemtudó *a* well-brought-up, polite
illendő *a* proper, becoming, decent
illeszked|ik *v (tárgy vmbe)* fit in(to sg)

illeszt *v (tárgyat vmbe/vmhez)* fit (to, into), join (to); *(ajtót, ablakot)* true up || **egymásba ~** fit, join
illesztés *n (folyamata)* fitting (in)to, joining (to); *(eredménye)* joint, fit
illet *v (vm vké)* belong/appertain to sy, be* sy's right/due || *(vonatkozik vkre/vmre)* concern sy/sg, refer/relate to, have* to do with || **a pénz őt ~i** it is his money, the money is rightfully his; **ami azt ~i** as a matter of fact; **ami engem ~** as for/regards me, as far as I am* concerned, as for myself
illeték *n (kisebb jelentőségű eljárásért)* dues *pl*, fee, tax; *(nagyobb)* duty, *(ingatlan adásvételénél)* stamp duty || **~ lerovása** payment of duty/tax
illetékbélyeg *n* fee/official stamp
illetékes *a* competent (to), authorized (to) || **az ~ bíróság** court of competent jurisdiction; **ebben (az ügyben) nem vagyok ~** this (case) is beyond my competence; **~ szerv** competent authority
illetékesség *n* competence
illetéktelen *a* unauthorized, not competent
illetlen *a* improper, indecent, ill-bred || **~ szó** four-letter word
illető 1. *a (szóban forgó)* in question/point *ut.*, the said ... || *(vkre vonatkozó)* concerning, relating/referring to; *(vknek járó)* due/belonging to *(mind: ut.)* **2.** *n (ember)* the person in question, man°, person || **mit mondott az ~?** what did the man (in question) have to say?
illetőleg 1. *adv* **vkt/vmt ~** concerning/regarding sy/sg, as regards sy/sg **2.** *conj (röv ill.) (ki-kire vonatkozó)* or ...(, as the case may be) || *(szakszövegben így is)* ... respectively *(röv resp.)* || *(pontosabban)* or rather || **6, ill. 10% béremelés** pay rises of 6% and 10% respectively (*v.* resp.)
illetve → **illetőleg**
ill|ik *v* vhova, vmbe *(pl. alkatrész)* fit (into) || **vmhez vm go*** (well) with sg; **vkhez vm** become*/suit sy; *(színek)* the colours go well together || **ahogy ~ik** as is right and proper, in a due manner, duly; **~enek egymáshoz** they are made for each other; *(ruhadarabok)* they match well; **nem ~ik hozzá** vmhez it doesn't go (well) with it, *vkhez* it doesn't suit him/her; *(viselkedésben)* **nem ~ik vkhez vm** it does not become him/her to ...; **úgy ~ik, hogy** the correct thing to do is, it is the done thing to
illó *a vegy* volatile
illogikus *a* illogical, contrary to reason *ut.*

illő *a* állt proper, fitting, due, suitable || *(vkhez, vmhez)* appropriate for/to *ut.* || ~**en,** ~ **módon** properly, in a proper manner, duly, suitably; **nem** ~ indecent, *vkhez* unbecoming for sy

illusztráció *n* illustration

illusztrál *v* illustrate

illúzió *n* illusion || ~**kban ringatja magát** cherish an/the illusion (that); **nincsenek** ~**i vkt/vmt illetően** have* no illusions about sy/sg

ily *pron* such || ~ **módon** in this manner/way, thus, consequently, so; **(no) de** ~**et!** well, well!, well I never!, my word!; **ki hallott** ~**et!** whoever heard of such a thing?

ilyen 1. *pron* such, such a(n), of this/the kind/sort *ut.*, that/this kind of ... || **az én táskám is** ~ my bag is/looks just like yours; ~ **az élet** such is life, that's life; ~ **még nem volt** it is* unprecedented; **se** ~**, se olyan** neither this nor that **2.** *adv* so, such a(n) || **egy** ~ **okos ember** such a clever man° **3.** *n* **nekem senki se mondjon** ~**eket!** don't try to fool me!, I wasn't born yesterday

ilyenformán *adv (így)* in this manner/way, in such a way || *(így tehát)* thus

ilyenkor *adv (ilyen időben)* at such a time; at such times, when(ever) this happens/happened || *(ilyen esetben/alkalommal)* under such *(v.* in these) circumstances, in such a case || **holnap** ~ tomorrow at this time, this time tomorrow

ilyesmi *pron* such a thing, sg of the kind

ima *n* prayer

imád *v* adore, worship || *biz* ~ **táncolni** (s)he adores dancing

imádkoz|ik *v* pray, say* one's prayers

imádó *n* vké biz admirer, lover

imádott *a* adored, beloved

imádság *n* prayer

imaház *n* place/house of worship, chapel, house of prayer

imakönyv *n* prayer-book, book of prayers

imbolyog *v (járva)* totter, stagger || *(hajó)* rock || *(fény)* flicker

íme *int* there (you are)!, lo! || ~ **néhány példa** here are some examples

ímmel-ámmal *adv* reluctantly, indifferently, dragging one's feet/heels

immunhiány *n* immune deficiency

immúnis *a* immune *(vmvel szemben)* to/against sg; *oltás után* from sg)

immunitás *n* immunity (from/to)

immunológia *n* immunology

immunológiai *a* immunological

immunreakció *n* immunoreaction, immune/immunological response

immunrendszer *n* immune system

imperialista *a/n* imperialist

imperializmus *n* imperialism

imponál *v vknek* impress sy, make* a great impression on sy

import *n (művelet)* importation, importing, import || *(cikk, rendsz pl)* import(s)

importál *v* import

importcikk *n rendsz pl* import(s)

importőr *n* importer

impotencia *n* impotence

impotens *a* impotent

impregnál *v (átitat)* impregnate || *(vízhatlanít)* (water)proof

impresszárió *n* (artist's) agent *(v.* business manager), impresario

impresszionista *a/n* impressionist

impresszionizmus *n* impressionism

improduktív *a* unproductive, non-productive

improvizáció *n* improvisation

improvizál *v* improvise, extemporize

impulzív *a* impulsive || ~ **ember** man° of impulse

impulzus *n* impulse, impetus

ín *n* tendon, sinew || **inába száll a bátorsága** get*/have* cold feet, have* one's heart in one's boots

inas[1] *a* tendinous, sinewy, *(hús)* stringy

inas[2] *n (ipari tanuló)* apprentice || *(gazdagoknál)* valet, man-servant *(pl* men-servants), footman°

inaszakadtáig dolgozik *v* toil/work like a galley slave, work one's fingers to the bone

incidens *n* incident

incselkedés *n* teasing, mockery, raillery, jest, joke

incselked|ik *v vkvel* tease, mock, chaff *(mind:* sy)

inda *n* trailer, creeper

index *n* = **indexszám** || = **irányjelző** *(műszeren)* pointer, hand, indicator || *isk kb.* record/report (card), course record || *(névmutató)* index *(pl* indexes)

indexszám *n mat* index (pl indices); *(statisztikában)* index number || **alsó** ~ subscript; **felső** ~ superscript

India *n* India

indiai *a/n* Indian, *(hindu)* Hindu

Indiai-óceán *n* Indian Ocean

indián *a/n* (American) Indian

indigó *n (átírópapír)* carbon (paper)

indiszkréció *n* indiscretion || ~**t követ el** commit an indiscretion

indiszkrét *a* indiscreet, tactless

indiszponált *a* indisposed || ~ **voltam** I was off colour *(US* -or), I wasn't in form

indít *v (járművet)* start (up), get* (sg) going, set* (sg) in motion; *(űrhajót)* launch || *sp (jeladással)* give* the starting

indítás 240

s*i*gnal, start [the race] || **folyóiratot** ~ launch a peri*o*dical; *biz* ~**s!** (let's) get g*o*ing/st*a*rted!; **pert** ~ bring* an *a*ction (ag*ai*nst)

indítás *n (járműé)* starting, *(űrhajóé)* la*u*nching

indíték *n* m*o*tive, re*a*son, incentive || ~**ok** m*o*tives, motivation *sing.*

indítógomb *n* starter-button

indítókapcsoló *n* starter-switch

indítókar *n* starting-lever *(GB* -handle), crank

indítókulcs *n* ign*i*tion key

indítómotor *n* starter (m*o*tor)

indítvány *n* m*o*tion, prop*o*sal, *(szűkebb körben tett)* propos*i*tion, suggestion || ~**t elutasít** throw* out a m*o*tion; ~**t tesz** make* a propos*a*l, put* forward a m*o*tion, suggest/move sg

indítványoz *v* move (that... *v.* for sg), prop*o*se, suggest; *(tervet)* put* forward

individuális *a* indiv*i*dual

individualista 1. *n* indiv*i*dualist **2.** *a* individual*i*stic, indiv*i*dualist

individualizmus *n* indiv*i*dualism

indok *n* m*o*tive, re*a*son, ground; *(érv)* *a*rgument

indokol *v (vk vmt)* give*/off*er (one's) re*a*sons (*v.* the grounds) for sg, give* grounds for sg, acc*o*unt for sg; *(szavait, tetteit)* expla*i*n ones*e*lf; *(vm vmt)* acc*o*unt for sg, be* the re*a*son for sg

indokolás *n (ítéleté stb.)* re*a*sons for a/the j*u*dg(e)ment *pl*; *(tetteké)* motivation || ~ **nélkül** with*o*ut *o*ffering an explan*a*tion

indokolatlan *a* unj*u*stified || **félelme** ~ **volt** he had no cause to be (so) al*a*rmed

indokolatlanul *adv* with*o*ut cause/re*a*son

indokolt *a* j*u*stified || ~ **esetben** for good cause

indukció *n* ind*u*ction

indul *v (gép)* start; *(repülőgép)* take* off, *(hajó)* sail, *(busz, vonat)* dep*a*rt, leave *(vhonnan* from, *vhová* for) || *sp* take* part, compete [in a race] || *vmerre* start out for, leave* for || **az 5. vágányról** ~ ... leaves from platform 5; **(éppen)** ~**ni készül** be (just) ab*o*ut to start/leave; ~**j!** *kat* march!; ~**junk!** let's go/start!; **mikor** ~**?** *(a vonat/repülőgép/hajó)* when does it leave?

indulás *n (gépé)* start; *(hajóé)* sa*i*ling, *(buszé, vonaté)* departure, *(repülőgépé)* ta*k*eoff; *(útnak)* setting out; *(kiírás)* dep*a*rtures *pl* || *sp* start || ~**ra készen** ab*o*ut to start, ready to leave/dep*a*rt/sail

indulási *a* of dep*a*rture *ut.* || ~ **idő** dep*a*rture time; ~ **oldal** dep*a*rtures *pl*; *(repülőtéren)* dep*a*rture lounge

indulat *n (harag)* temper || ~**ba jön** lose* one's t*e*mper, *biz* g*e*t* worked up

indulatos *a* p*a*ssionate, h*o*t-tempered || ~**an** he*a*tedly, em*o*tionally, t*e*stily

indulatszó *n* interjection

induló 1. *a* starting, dep*a*rting || **Bécsbe** ~ **vonatok** trains to Vienna; ~ **vonatok** *(kiírás)* dep*a*rtures **2.** *n zene* march || *sp* comp*e*titor, *e*ntrant, *(autóversenyen, lóversenyen)* starter || ~**ban van** be* ab*o*ut to start/leave/dep*a*rt

infarktus *n* (myocardial) inf*a*rction, inf*a*rct, *biz* heart att*a*ck

infinitivus *n* inf*i*nitive

infláció *n* infl*a*tion

inflációs *a* infl*a*tionary || ~ **pénz** infl*a*ted c*u*rrency

influenza *n* infl*u*enza, *biz* (the) flu || **egy kis** ~ *biz* a touch of flu

influenzajárvány *n* infl*u*enza epid*e*mic

influenzás *a* ~ **megbetegedés** a bout of influ*e*nza; ~ **vagyok** I am down with (the) flu, I am in bed with flu

információ *n* inform*a*tion *(pl* ua.); *(adatok)* part*i*culars *pl* || *(vkről munkavállalásnál)* reference, *GB* ch*a*racter || *(kiírás)* Inform*a*tion, Inqu*i*ries *pl* || ~**t kér (vktől) vkről** ask (sy) for references (*v.* for a reference); **téves** ~ misinform*a*tion

információelmélet *n* inform*a*tion theory

információs *a* ~ **iroda** inform*a*tion bureau, inqu*i*ry *o*ffice; ~ **pult** inform*a*tion desk

informál *v vkt vmről* inf*o*rm sy of sg, give* sy inform*a*tion/part*i*culars on/ab*o*ut/reg*a*rding sg || **rosszul** ~**ták** you've been misinf*o*rmed (*v.* wr*o*ngly inf*o*rmed)

informálód|ik *v* make* inqu*i*ries (ab*o*ut sg/sy), inqu*i*re/ask ab*o*ut sg/sy

informatika *n* inform*a*tion sc*i*ence, inform*a*tics *sing.*

infrastruktúra *n* *i*nfrastructure

infravörös *a* infrar*e*d

ing *n* shirt || **se** ~**em, se gallérom** (s)he has/is n*o*thing to do with me; **akinek nem** ~**e, ne vegye magára** if the cap fits (wear it)

inga *n* pendulum

ingadozás *n (mennyiségé)* fluctu*a*tion || *vké* vacill*a*tion, hesit*a*tion, irresol*u*tion

ingadoz|ik *v (ár, mennyiség)* fl*u*ctuate (between ... and ...) || *vk* v*a*cillate, h*e*sitate, w*a*ver

ingadozó *a (mennyiség)* fl*u*ctuating || *vk* *i*rresolute, v*a*cillating, h*e*sitant, w*a*vering

ingajárat *n* sh*u*ttle(-service)

ingaóra *n* pendulum clock, *(nagy és padlón álló)* grandfather clock

ingás *n (ingáé)* swing, oscillation || *(hajóé)* tossing
ingatag *a (tárgy)* unstable, unsteady, wobbly, shaky || *vk* = **ingadozó**
ingatlan *n* real estate, property
ingáz|ik *v biz* commute
ingázó *a biz* commuter
ingblúz *n* shirtwaister, *US* shirtwaist
inger *n (érzékszervi)* stimulus *(pl* -li) || **ami szemnek szájnak** ~**e** a feast (fit for a king)
ingerel *v (érzékszervet)* stimulate, excite, irritate || *(bosszantva)* irritate, nettle, vex
ingerküszöb *n* stimulus threshold
ingerlékeny *a* irritable, excitable, *(lobbanékony)* hot/short-tempered, irascible, inflammable
ingerlés *n (érzékszervé)* stimulation, irritation || *(bántó)* provocation
ingerlő *a* ált stimulating || *(pikánsan)* provocative, arousing || *(bosszantó)* provoking, annoying
ingerült *a* irritated, exasperated
ingerültség *n* (state of) exasperation, irritation
ingkabát *n* blouson
ingó *a (mozgatható)* movable
ingóságok *n pl* personal/movable property *sing.*, belongings, (personal) effects
ingovány *n* bog, swamp, fen, marsh
ingoványos *a* swampy, marshy
ingruha *n* shirtwaister, *US* shirtwaist
ingujjban *adv* in (one's) shirt-sleeves
ingyen *adv* free (of charge), gratis, for nothing, for no charge || **ez** ~ **van!** it is* a gift, *biz* it is* dirt cheap
ingyenélő *a* parasite, sponger
ingyenes *a* free, gratuitous
ingyenjegy *n* free/complimentary ticket
inhalál *n* inhale
ínhüvelygyulladás *n* tendovaginitis
iniciálé *n* initial || **díszes** ~**kkal ellátott** illuminated
iniciatíva *n* initiative
injekció *n* injection || **bőr alá adott** ~ hypodermic/subcutaneous injection; ~**t ad** give* sy an injection; ~**t kap** get* an injection; ~ **ra jár** get* a course of injections
injekciós *a* ~ **fecskendő** hypodermic syringe; **eldobható** ~ **tű** disposable (hypodermic) needle
inkább *adv* rather, sooner; ... instead || ~ **várok** I prefer to wait, I'd rather wait; **annál is** ~, **mert** especially as; **minél** ~ ..., **annál kevésbé** ... the more ... the less ...; ~ **mint** rather than; ~ **nem** (I'd) rather not; **sokkal** ~ much rather
inkognitó *n* incognito

inkorrekt *a vk* unfair; *(viselkedés)* incorrect improper
inkubátor *n* incubator
innen *adv (hely)* from here, from this place, hence || **menj** ~! be off!, get out of here! *biz* scram!; **ötkor ment el** ~ he left us/here at five; **vmn** ~ (on) this side of sg
innen-onnan *adv (idestova)* nearly, almost || *(különböző helyekről)* from here and there, from various places
innenső *a* hither (side), this (side)
inni *v* → **iszik**
innivaló *n* (sg to) drink
inog *v (tárgy)* be* unsteady, wobble, shake*, sway || *(vk állásában)* sy's position is shaky || ~ **ni kezd** *(létra)* wabble
ínrándulás *n* sprain, wrench
ínség *n* penury, distress, poverty, misery
ínséges *a* poverty-stricken, poor
ínszakadás *n* rupture of a tendon
ínszalag *n* tendon, ligament
ínszalagszakadás *n* torn ligament
int *v* make* a sign, *(kézzel)* beckon, wave, motion; *(fejjel)* nod; *(szemmel)* wink || **vkt vmre** warn sy to do sg; **vkt vmtől** warn/admonish sy against sg || **csendre** ~ **bid*** sy be silent; **óva** ~ **vkt** *(vmtől)* caution/warn sy against sg
intarzia *n* marquetry, inlay
intarziás *a* inlaid
integet *v* wave (one's hand) *(vknek* to sy)
integráció *n* integration
integrál 1. *v ált* integrate (sg) (into sg) || *mat* find* the integral of **2.** *n mat* integral
integrálszámítás *n* integral calculus
integrált áramkör *n* integrated circuit
intellektuális *a* intellectual
intelligencia *n (értelem)* intelligence || *(értelmiségiek)* the intellectuals *pl*, intelligentsia || **mesterséges** ~ artificial intelligence
intelligens *a* intelligent, bright || **nagyon** ~ highly/very intelligent
intenzitás *n* intensity
intenzív *a* intensive || ~ **nyelvtanfolyam** intensive (language) course, intensive language training; *orv* ~ **osztály** intensive care *(unit) (röv.* i.c.u.)
interferencia *n* interference
interjú *n* interview
interkontinentális *a* intercontinental || ~ **(ballisztikus) rakéta** intercontinental (ballistic) missile
Internacionálé n az ~ the Internationale
internacionális *a* international
internál *v* intern
internálás *n* internment
internálótábor *n* internment/concentration camp

internátus *n* boarding-school
interpelláció *n* interpellation, question (to a/the minister)
interpellál *v* interpellate, question
interurbán beszélgetés *n* long-distance call
intervenció *n* intervention
Intervízió *n* Intervision
intés *n* *(kézzel)* wave, waving, motion, *(fejjel)* nod ‖ *(figyelmeztetés)* warning, caution
intéz *v* *(ügyet)* manage, conduct, direct ‖ *(elrendez)* arrange ‖ *vmt vkhez* address sg to sy ‖ **úgy ~te, hogy** he arranged to/that; **ügyesen ~i a dolgait** play one's cards well
intézet *n* *(tudományos stb.)* institute ‖ = **nevelőintézet** ‖ **élettani ~ i**nstitute of physiology
intézeti növendék *n* boarder
intézkedés *n* measure(s), step(s), order(s), arrangement(s); *(törvényé)* provision, clause ‖ **további ~ig** until further notice, for the present
intézked|ik *v vk* take* measures/steps, make* arrangements, *vmről* arrange for sg (to be done), arrange for doing sg, see* to/about sg *(v.* doing sg*)* ‖ *(törvény)* provide ‖ **majd ~ni fogunk** we shall see to it, measures will be taken
intézmény *n* institution, establishment, institute
intézményes *a* institutional, regular
intézőbizottság *n* executive committee/board
intim *a* intimate, personal, private
intimitás *n* intimacy ‖ **~ok** *(vk életéből)* personal gossip, details
intonáció *n* intonation
intő 1. *a* exhorting, warning 2. *n isk kb.* warning
intravénás *a* intravenous
intrika *n* intrigue(s), machinations *pl* ‖ **~t sző vk ellen** hatch a plot against sy
invázió *n* invasion
inzulin *n* insulin
íny *n* *(szájpadlás)* palate ‖ *(foginy)* gums *pl* ‖ **~ére van be*** to sy's taste/liking; **nincs ~emre** it is* not to my taste/liking, it does* not suit me
ínyenc *n* gourmet
ion *n fiz* ion
ipar *n* *(gazdaság ága)* industry; *(egy bizonyos)* trade ‖ *(mesterség)* trade, (handi)craft ‖ **vmlyen ~t űz** be* engaged in a trade, be* in a trade
iparág *n* (branch of) industry
iparcikk *n* (industrial) product, manufacture, manufactured/consumer goods *pl*
iparengedély *n* trade licence *(US* -se)

ipari *a* industrial, of industry *ut.*, industry-, trade- ‖ **~ formatervezés** industrial design; **~ pályára lép go*** into trade/business; **~ tanuló** (industrial/trade) apprentice; **~ termelés** industrial production, output; **~ vásár** trade/industrial fair
iparigazolvány *n* trade licence *(US* -se)
iparilag *adv* industrially
iparmágnás *n* tycoon, captain/leader of industry, big industrialist
iparművész *n* *(tervező)* industrial designer/artist; *(reklám stb.)* commercial artist
iparművészet *n* applied art(s), arts and crafts *pl*
iparművészeti *a* **~ bolt** arts and crafts shop, craft shop; **~ főiskola** school of applied arts, school of arts and crafts
iparos *n* *(kis)* craftsman°
iparosít *v* industrialize
iparosítás *n* industrialization
iparosod|ik *v* become* industrialized
iparvállalat *n* industrial company
iparvidék *n* industrial(ized) area/region
ipse *n biz* chap, bloke, *US* guy
ír[1] *v* ált write*; *(írógéppel)* type ‖ **csúnyán ~** have* poor handwriting; **hogyan ~juk (ezt a szót)?** how do you spell it?, how is it spelt?; **~j majd pár sort!** drop me a line!; **lapokba ~** *(cikkeket stb.)* contribute to *(v.* write* for) a paper *(v.* to papers/magazines etc.); **szépen ~** write* a good/fine hand
ír[2] 1. *a* Irish ‖ **Ír Köztársaság** Republic of Ireland, Irish Republic 2. *n* *(férfi)* Irishman°, *(nő)* Irish woman° *(nyelv)* Irish ‖ **az ~ek** the Irish
iram *n* pace, speed ‖ **őrült ~ban** at a furious pace, at a breakneck speed; **nem győzi az ~ot** (s)he can't stack the pace
iránt *post (vk/vm felé és átv)* towards, to ‖ *átv* towards, to ‖ **az ~ érdeklődöm ...** I'd like to inquire about ... *(v.* whether ...), I'd like to know [when/what/whether ... etc.]; **érdeklődik vk ~** ask after sy; **érdeklődik vm ~** inquire after/about sg, show* interest in sg
iránta *adv* towards him/her ‖ **~m** towards me, with regard to me, concerning me
iránti *a* concerning *ut.*, regarding *ut.* ‖ **az ön ~ tiszteletből** out of respect for you
irány *n* *(földrajzi)* direction, course; *(hajó)* bearing ‖ = **irányzat** ‖ **~ London!** destination London; **~t változtat** change (one's) direction, alter one's course/route, change course; **vmlyen ~ba(n)** in the direction of, towards sg

irodalomtörténet

irányadó *(mérvadó)* authoritative, influential
irányár *n* guiding/guide price
irányelv *n* directive, guiding principle || ~**ek** guidelines, *(párté)* policy *sing*.
irányít *v vkt vhova* direct (to), guide (to); *vkt vkhez* refer sy to sy, *(küldeményt vhova)* send*, direct, address || *(intézményt)* direct, manage, run*, *(forgalmat)* control || *(műsz, vezérel)* control; *(hajót)* steer, pilot || **figyelmét vmre** ~**ja** turn one's attention to sg
irányítás *n* direction, guiding, control, guidance || *(vezérlés)* control; *(hajóé)* steering || *(vállalkozásé)* leading, management, control || **vk** ~**a alatt áll be*** under sy's direction/leadership/guidance
irányítástechnika *n* control engineering
irányítható *a* controllable || **nem** ~ beyond control *ut*.
irányító *n (vezető)* leader
irányítószám *n (postai)* postal code, postcode, *US* zip code
irányítótorony *n* control tower
irányjelző *n (gépkocsin)* indicator
iránytű *n* compass, magnetic needle
irányul *v vmre* be* aimed at, be* directed towards, tend towards/to || **ellene** ~ it is* directed against him; **minden figyelem feléje** ~**t** all eyes were (focussed/riveted) on him/it
irányváltoztatás *n* change of direction; *pol* change-over
irányvonal *n pol* line, policy
irányzat *n* tendency, trend
irányzatos *a* tendentious, propagandistic
irányzék *n (fegyveren)* sights *pl*
írás *n* writing || *(kézírás)* (hand)writing || *(írásrendszer)* script, alphabet || ~**ban** in writing; **vknek az** ~**ai** sy's writings/ works
írásbeli 1. *a* written, in writing *ut*. || ~ **értesítés** notice (in writing); ~ **vizsgát tesz** sit* (for) the/a written examination, take* the/a written examination/ paper (on/in sg) 2. *n (dolgozat)* composition, essay, (written) paper
írásjegy *n* character, letter
írásjel *n (vessző stb.)* punctuation mark || **kiteszi az** ~**eket** punctuate [a text]
írásszakértő *n* handwriting expert
írástudatlan *a* illiterate
írástudatlanság *n* illiteracy
írástudó 1. *a* literate 2. *n (bibliában)* scribe, *(középkorban)* clerk
írásvetítő *n* overhead projector
irat *n (hivatalos stb.)* document; documents (relating to a case) || **az** ~**aim** my papers; **az** ~**ok** *(egy ügyről)* the file (on) *sing*.
írat *v* have* sg written || **nevére** ~ **vmt** have* sg registered in one's name, transfer sg in writing to sy
iratgyűjtő *n* folder
iratkapocs *n* paperclip
íratlan *a* unwritten || ~ **törvény** an unwritten law
iratrendező *n* binder
iratszekrény *n* filing cabinet, files *pl*
irattár *n* archives *pl*, *(kisebb)* filing cabinet, files *pl* || ~**ba helyez** file
irattáska *n* attaché case, briefcase
irgalmas *a* merciful, compassionate
irgalmatlan 1. *a* merciless, unmerciful 2. *adv* very || ~ **nagy** enormous
irgalmaz *v vknek* be* merciful to sy, have* pity/mercy on sy
irgalom *n (könyörület)* mercy, pity, compassion || *(kegyelem)* clemency, pardon || ~ **nélkül** ruthlessly; ~**ból** out of pity (for sy)
irhabunda *n* sheepskin coat/jacket
irigy 1. *a* envious *(vkre, vmre* of sy/sg) || ~ **kutya** dog in the manger 2. *n* **sok az** ~**e** he is envied by many
irigyel *v vkt, vmt* envy (sy, sg), be* envious (of) || **nem irigylem tőle a sikert** I do* not envy him his success
irigyked|ik *v* be* envious (*vkre/vmre* of sy/sg), be* filled/green with envy
irigylésre méltó *a* enviable
irigység *n* envy, enviousness || **majd megeszi az** ~ be* green with envy, be* eaten up with envy
írisz *n* iris
irka *n* exercise/copy-book
irkafirka *n* scribbling, scribble, scrawl
irkál *v* scribble
író[1] *n* writer, author, man° of letters
író[2] *n (tejtermék)* buttermilk
íróasztal *n* (writing) desk, writing-table
íróasztali *a* ~ **lámpa** desk/table lamp; ~ **munka** deskwork, paper-work
iroda *n* office, bureau *(pl* -s *v.* -x) || **központi** ~ head office
irodaház *n* office-block, office building
irodai *a* office || ~ **dolgozó** office worker, *biz* white-collar worker; ~ **munka** clerical/office work, *biz* white-collar job; ~ **órák** office hours
irodalmár *n* literary man°, man° of letters
irodalmi *a* literary || ~ **alkotás** literary work; ~ **nyelv** standard language
irodalom *n (írott művek)* literature || *(felhasznált)* ~ bibliography; *(folyóiratcikk végén)* references *pl*
irodalomtörténet *n* history of literature, literary history (of)

irodalomtudomány *n* (study of) literature, literary studies *pl*
irodaszerek *n pl* office supplies/stationery
írógép *n* typewriter || ~**pel írott** typewritten
írógépel *v* type
írói *a* literary || ~ **(ál)név** pen-name; ~ **pálya** profession of writing
irónia *n* irony || **a sors** ~**ja, hogy** ironically, ...; it's ironical that ...
ironikus *a* ironic(al)
írónő *n* woman writer (*pl* women writers)
írópapír *n* writing paper
Írország *n* Ireland, Eire
írországi *a* Irish, of Ireland *ut*.
írószerbolt *n* stationer('s)
írószerek *n pl* writing materials *pl*, stationery
írószövetség *n* writers' association
írott *a* written || **kézzel** ~ hand-written, written by hand *ut*.; **géppel** ~ typewritten
irracionális *a* irrational || ~ **szám** irrational number, surd
irreális *a* unrealistic
irt *v (élősdit)* destroy, exterminate, *(gyomot)* kill, get* rid of || *(tömegesen gyilkol)* butcher, slaughter, massacre || **erdőt** ~ deforest a region, cut* down a forest; **patkányt** ~ clear a place of rats
irtás *n (élősdié)* destruction, extermination, *(gyomé)* killing, eradication, *(erdőé)* deforestation, cutting down, clearing || *(tömeges gyilkolás)* massacre, slaughter
irtó *adv biz (szörnyen)* awfully, terribly
irtózás *n* horror, terror, dread
irtózatos *a* horrible, horrific, dreadful, awful, monstrous
irtóz|ik *v vmtől* have* a horror/dread (of sg); *vktől* be* repelled by sy, find* sy repugnant
irtvány *n* clearing
irul-pirul *v* keep* blushing, flush
is *conj* also || **én** ~ **ott leszek** I shall also be there, I shall be there, too; **én** ~ **voltam Bécsben** I too have been to Vienna; **Bécsben** ~ **voltam** I have been in Vienna, too; **még akkor** ~ even if; ... ~, ... ~ both; **látni fogod Pestet** ~**, Budát** ~ you will see both Pest and Buda; **itt** ~**, ott** ~ here as well as there; **én** ~**!** me too!; **tízen** ~ **látták** no fewer than ten people saw it, at least ten people saw it
isiász *n orv* sciatica
iskola *n (intézmény, épület)* school || *(irányzat)* school || **ma nincs** ~ there are* no lessons/classes today; ~**ba jár** go* to school, be* at school, attend school; ~**it elvégzi** leave* school, complete one's (course of) studies; **az** ~**ját!** *biz* blast/darn (it)!
iskolai *a* school- || ~ **dolgozat** composition, school exercise, essay, test-(paper)
iskolakerülő *n* truant; *(igével)* play truant
iskolaköpeny *n* school gown
iskolaköteles kor *n* school age
iskolakötelezettség *n* compulsory education
iskolalátogatás *n* school attendance
iskolaorvos *n* school doctor
iskolapélda *n* **vmnek az** ~**ja** a textbook/classic example of sg, a textbook case of sg
iskolarádió *n (iskoláknak sugárzott)* school broadcasts *pl* || *(iskolai)* school radio
iskolarendszer *n* educational system
iskolás *a/n* ~ **(gyermek)** schoolboy, schoolgirl, schoolchild (*pl* schoolchildren), pupil; ~**ok** schoolchildren, pupils
iskoláskor *n* school age || ~ **előtti** preschool; ~**ú gyermekek** children of school age
iskolaszék *n* school board
iskolaszerek *n pl* school supplies, school equipment *sing*.
iskolatárs *n* schoolmate, schoolfellow || ~**ak voltunk** we were at school together
iskolatáska *n* (school) satchel, schoolbag
iskolatelevízió *n* schools television
iskolaügy *n* educational affairs *pl*
iskolázatlan *a* uneducated, unschooled, untutored
iskolázott *a* educated, (well-)trained
iskoláztat *v* send* [one's child] to school, provide schooling for [one's child]
iskoláztatás *n* schooling, education
ismer *v vkt, vmt* know* (sy, sg), be* acquainted with (sy, sg) || *(jártas vmben)* be* familiar with (sg), have* a knowledge of (sg) || **évek óta** ~**em** I've known him/her for years; **alaposan** ~ **egy tárgyat** be* well up (*v*. well-versed) in a subject, know* all about it/sg
ismeret *n* knowledge || **a tények** ~**ében** with full knowledge of the facts; **az angol nyelv alapos** ~**e** a good command of the English language
ismeretanyag *n* factual knowledge/material
ismeretes *a* (well-)known || **mint** ~ **as is*** well-known ...
ismeretkör *n* one's field (of knowledge); *(összesség)* one's range of interests, one's interests *pl*

ismeretlen 1. *a ált* unknown (to sy), not known, *(arc)* unfamiliar, *(holttest)* unidentified ‖ **a címzett ~** "not known"; **az ~ katona sírja** the tomb of the Unknown Soldier/Warrior; **~ terület** unexplored area, *(átv is)* terra incognita **2.** *n mat* unknown (quantity)
ismeretlenség *n* anonymity
ismeretség *n* acquaintance ‖ **~ben van vkvel** know* sy (personally), be* acquainted with sy; **~(i kör)** circle of acquaintances
ismeretterjesztő *a* educational ‖ **~ előadás** educational (*v.* popular-science) lecture; **~ könyv** popular work
ismerkedés *n* getting acquainted (with)
ismerkedési est *n* social (evening), *(konferencia alkalmából így is)* wine and cheese party
ismerked|ik *v* get* to know*; *vkvel* make* contacts/acquaintances; *vmvel* familiarize oneself with sg, *biz* get* the hang of sg
ismerő 1. *a* **a kérdést alaposan ~ ember** a man° well-informed on a matter/subject; **határt nem ~** unbounded, immense **2.** *n vmnek kiváló ~je* an expert in
ismerős 1. *a* known (*vk számára* to); *(arc, hang stb.)* familiar ‖ **ebben a városban nem vagyok ~** I am* a stranger here, I do* not know anybody here, *US* I have* no contacts here **2.** *n* acquaintance; *(kapcsolat)* contact
ismert *a* (well-)known ‖ **vk által ~** known to sy *ut.*; **alig ~** little-known, not widely known *ut.*; **~té válik** become* known
ismertet *v (ismertté tesz)* make* sg known, set* forth, *(álláspontot)* state, expound, *(tervet)* outline, describe ‖ *(könyvet)* review, write* a review of [a book]
ismertetés *n (véleményé)* statement (of views), *(helyzeté)* survey, overview, exposé ‖ *(könyvé)* review ‖ *(reklámszerű)* prospectus
ismertető *n (könyvé)* reviewer ‖ *(nyomtatvány)* brochure, information sheet
ismertetőjel *n* distinguishing mark, distinctive feature, characteristic ‖ **különös ~** *(vké, pl. útlevélben)* distinguishing mark
ismét *adv* again, once more
ismétel *v* repeat; *(összefoglalva)* recapitulate; *(isk vizsgára)* do* some revision (for the examination), revise (sg) ‖ **osztályt ~** repeat the/a year, stay down (for the year)
ismétlés *n ált* repetition; *isk* revision, review ‖ *(tévéközvetítésben)* replay ‖ *zene* repetition, repeat ‖ **~ekbe bocsátkozik** repeat oneself
ismétlőd|ik *v* repeat itself, recur, be* repeated
ismétlőjel *n (kottában)* repeat(-mark)
istálló *n (ló)* stable(s), *(marha)* cowshed/house ‖ **az ~ját!** blast/darn it!
isten *n* god, God ‖ **~ hozott!** welcome!; **~ vele(d)!** goodbye!; **~ ments!** God/heaven forbid; **az ~ért!** for heaven's sake; **~ háta mögötti** godforsaken, in the back of beyond *ut.*
istenadta *a (sajnálkozva)* poor, wretched ‖ **~ tehetség** *(személy)* a born poet/musician/artist etc.
istencsapás *n* scourge ‖ **valóságos ~a** *(dolog)* a veritable disaster; *(személy)* (he is*) a wretched nuisance
istenhit *n* belief in God
istenhívő 1. *a* godly, pious **2.** *n* believer
isteni *a* divine, of God *ut.* ‖ *(pompás)* superb, divine
istenít *v* idolize, worship, *vmt* praise (sg) to the skies
istenkáromlás *n* blasphemy
istenkísértés *n* **~ vmt tenni** it is tempting providence/fate (to)
istennő *n* goddess
istennyila *n* lightning, thunderbolt ‖ **hova az ~ba?** where in/the hell?
istenség *n* divinity, deity
istentagadás *n* atheism
istentagadó 1. *a* atheistic **2.** *n* atheist
istentelen *a (nem hívő)* godless, ungodly, atheistic ‖ *átv (gyalázatos)* wretched, abominable, wicked ‖ **~ül rossz** execrable
istentisztelet *n* service ‖ **~en részt vesz** attend a/the service, worship (swhere)
istenverte *a* wretched, damned, cursed
i. sz. → **időszámítás**
iszákos 1. *a* given/addicted to drink(ing) *ut.*, alcoholic **2.** *n* drunkard, hard drinker, alcoholic
iszákosság *n* alcoholism
iszap *n ált* mud, *(folyóhordalék)* silt ‖ *(kohászatban)* dross
iszapfürdő *n* mud-bath
iszapkezelés *n* mud-cure
iszapos *a* muddy, muddied
iszappakolás *n* mudpack
isz|ik *v ált* drink*, *(iszákos)* drink*, be* a drunkard, *biz* booze ‖ **inni kezd** take* to drink*, take* to the bottle; **~ik egyet** have* a drink; **~ik, mint a kefekötő** drink* like a fish; **~ik vmből** *(italból)* drink* (of) sg; *(pohárból, forrásból)* drink* from sg; **mit ~ol?** what will you drink/have?, what's yours?; *vk* **egészségére ~ik** drink* to sy, drink* a toast to sy, drink* the health of sy

iszlám *n* Islam
iszogat *v* keep* (on) drinking
iszony *n* horror, terror, dread, repulsion
iszonyat *n* horror, horrible sight
iszonyatos *a* horrible, horrific, terrible, dreadful, awful, monstrous
iszonyod|ik *v vmtől* have* a horror (of sg), be* horrified by sg; *(túlzó)* dread sg
ital *n* drink; *(gyűjtőnév)* beverage || **meleg** ~**ok** *(tea, kávé)* warm/hot beverages; **szeszes** ~ alcohol, alcoholic drink(s)/beverage(s), *US* liquor; **palackozott** ~**ok boltja** *GB* off-licence, *US* liquor store; *(bornak)* wine shop/merchant; **bírja az** ~**t** he can* carry/hold his liquor (well); **nem bírja az** ~**t** he can't take alcohol
italbolt *n (kocsma)* pub(lic house), bar; *(csak bort árusító)* wine-bar
Itália *n* Italy
itáliai *a/n* Italian
italozás *n* drinking, tippling; *biz* boozing
italoz|ik *v* drink*, tipple; *biz* booze
itat *v (inni ad)* give* sy sg to drink, make* sy drink sg; *(állatot)* water || *műsz vmvel* saturate with || ~**ja magát** *(bor)* it goes* down well
itató *n (hely)* watering-place; *(vályú)* (watering) trough
itatós(papír) *n* blotting paper, blotter
ítél *v (törvényszéken)* pass sentence on; *vmennyire* sentence sy to ... years, sentence sy to pay a fine of ... || **a gyermekeket az anyának** ~**ték** the mother was given custody of the children; **börtönre** ~ sentence sy to imprisonment, send* sy to prison; **szükségesnek** ~ deem necessary (that sg should be done); **vmlyennek** ~ **vmt** consider, hold*, think*
ítélet *n (bírói)* judg(e)ment, decision; *(büntető)* sentence || *(vélemény)* opinion, judg(e)ment, conclusion, verdict || ~**et hirdet** deliver judg(e)ment (*v.* a/the sentence); ~**et mond vmről** form one's own opinion about sg, give* one's judg(e)ment on sg; ~**et végrehajt** execute (*v.* carry out) a sentence
ítélethirdetés *n* delivery of judg(e)ment, (declaration of) sentence
ítélethozatal *n* verdict, sentence || **a bíróság** ~**ra visszavonul** the court retires to deliberate
ítéletidő *n* stormy weather, tempest
ítéletnapig *adv* till doomsday, for ever
ítélkezés *n* passing of judg(e)ment/sentence
itt *adv* here, in this place, on this spot || ~ **nálunk** over here; ~ **az ősz** autumn has come/arrived; ~ **van** here he/it is*; ~ **vagyok** here I am; ~ **lakók** locals, inhabitants; ~ **a vonat** the train has come (*v.* is) in; **tessék,** ~ **van** here you are; ~ **kell leszállni** this is where you get off; ~ **Kovács (beszél)** *(telefonon)* (this is) Kovács speaking
ittas *a* drunk, tipsy, intoxicated || ~ **állapotban** in a drunken state, under the influence of drink *ut.*; ~ **vezetés** drink drive/driving; ~ **vezető** drink-driver
itteni *a* of this place *ut.*, (from) here *ut.*
itthon *adv* (here) at home, in this place/country || ~ **van** he is* (at) home, he is* in; **nincs** ~ he is* not at home, he is* not in, he is* out; **egy óra múlva** ~ **leszek** I'll be back in an hour
ív *n (boltozat)* arch; *(hídé)* span; *mat, fiz* arc || *(vonal)* curve || *(papírlap, bélyeg)* sheet || **(nyomdai)** ~ printed sheet
ivadék *n* issue, offspring
ivarérett *a* (sexually) mature
ivarmirigy *n* sexual/genital gland
ivarsejt *n* spermatozoon (*pl* -zoa)
ivarszerv *n* sexual organ; *(külső)* genitals *pl*
ivás *n* ált drink(ing) || *(szeszes italé)* drinking (of alcohol); alcoholism
ívás *n* spawning (of fish)
ivászat *n* drinking (bout), carousal
ível *v* arch, bend*, vault, curve || **pályája felfelé** ~ his star is* rising
ívfény *n* arc-light
ívlámpa *n* arc lamp/light
ivó *n (ember)* drinker || *(kocsma)* bar, taproom || **nagy** ~ hard drinker
ivólé *n* juice
ivópohár *n* tumbler, glass, (drinking-)cup
ivóvíz *n* drinking-water
ívpapír *n (irodai)* flat paper || *nyomd* sheet-paper
íz[1] *n (ennivalóé)* taste, flavour (*US* -or), relish || *(lekvár)* jam, *US így is:* jelly; *(narancs*~) marmalade || **nincs** ~**e** be* tasteless; **se** ~**e, se bűze** *(unalmas)* dull as ditch-water; **vmlyen** ~**e van** take like/of sg, savour (*US* -or) of sg
íz[2] *n (tagolt rész)* joint, limb || **minden** ~**ében remeg** tremble/shake* all over
ízben *adv* **három** ~ three times, on three occasions; **első** ~ (for) the first time, at first
izé *n (dolog)* what's-it('s name), what-d'you-call-it, thingummy; *(ember)* what's-his-name, what's-her-name; *(mondat elején)* I say; *(közben)* er
izeg-mozog *v* fidget, be* restless
ízelítő *n* sample, a taste of sg || **hideg/vegyes** ~ hors d'oeuvre (*pl* hors d'oeuvres); ~**nek** to give sy a foretaste
ízes *a (jóízű)* tasty, flavourful (*US* -or-); *(gyümölcs)* juicy || *(lekváros)* with jam *ut.*, ... and jam

ízesít v flavour (US -or); (fűszerrel) season, spice
ízesítő n seasoning, condiment
ízetlen a konkr tasteless, flavourless (US -or-), insipid || átv (száraz, lapos) dull, vapid, flat, stale || (ízléstelen) tasteless, (be) in bad taste; (igével) sg lacks taste
izgága a (nyugtalan) unruly
izgalmas a exciting; (esemény) sensational, thrilling || ~ **olvasmány** thriller; ~ **történet** gripping story; **nem** ~ unexciting
izgalom n excitement; thrill; (aggodalom) anxiety
izgat v (vkt kellemetlenül érint) excite, upset*, make* anxious/uneasy, disturb || (érzéket, testileg) excite, stimulate, irritate || (tömeget) stir (up), inflame, provoke, incite || **ez nem ~ja** that leaves him cold; **ne izgasd magad!** don't worry (about it), don't get excited!, keep calm!, take it easy!; **ne izgasd magad a szervezéssel** don't bother yourself about the arrangements
izgatás n ált incitement (to), instigation, stirring up || jog subversion, sedition
izgató a ált exciting, stirring || (beszéd) seditious, inflammatory, subversive
izgatószer n stimulant; sp dope
izgatott a excited, agitated || **igen** ~ be* very much upset; ~ **jelenetek játszódtak le** there were tumultuous scenes
izgatottság n vké (state of) excitement, excited state || (tömegé) commotion
izgul v (izgatja magát) be* excited/anxious, worry, fret (vm miatt mind: about sg) || vkért keep* one's fingers crossed || **ne ~j!** don't get excited!, don't worry!; biz keep your hair (US shirt) on!
ízig-vérig adv out-and-out, thorough(-going); to the backbone/core ut. || ~ **amerikai** a hundred per cent American; ~ **sportember** every inch a sportsman°
Izland n Iceland
izlandi 1. a Icelandic, of Iceland ut. 2. n (ember) Icelander || (nyelv) Icelandic
ízlel v taste, try
ízlelés n tasting, trying
ízlelőszerv n organ of taste
ízlés n (ízek érzékelése) faculty/sense of taste, tasting, gustation || átv taste || ~ **kérdése** a matter of taste; **jó** ~ (good) taste; **tégy hozzá cukrot** ~ **szerint** add sugar to taste
ízléses a tasteful, neat, trim || ~ **en öltözködik** dress with/in style
ízléstelen a tasteless, in bad/poor taste ut. || ~ **ül öltözve** badly/tastelessly dressed
ízléstelenség n tastelessness, bad/poor taste
ízlésű a of (...) taste ut. || **finom** ~ discriminating, refined; **jó** ~ of good taste ut.; aesthetic; **jó** ~ **ember** man° of taste/discrimination; **rossz** ~ without any taste ut.
ízletes a tasty, flavourful, (US -or-)
ízl|ik v taste good, be* to one's taste; vknek vm sy likes sg || **hogy ~ik?** how do* you like it?, what do* you think of it?; **nagyon ~ik** it is* excellent, it tastes very good/nice, I like it very much
izmos a muscular, strong(-muscled)
izom n muscle
izomláz n stiffness (after overexertion) || ~**a van** feel* (rather) stiff, US biz suffer a charley horse
izommunka n physical exertion, muscle work
izomzat n muscles pl, muscular system
izotóp n isotope
Izrael n Israel
izraeli a/n Israeli
izraelita 1. a Jewish 2. n Jew; (bibliai) Israelite
íztelen a = ízetlen
ízű a tasting of sg ut., -tasting, -flavoured (US -or-) || **vmlyen** ~ (igével) taste of sg; **sós** ~ salty; **víz** ~ watery
ízület n joint
ízületi a of the joints ut., articular || ~ **bántalom** pain in the joints; ~ **gyulladás** arthritis
izzad v sweat, be* in a sweat, perspire || átv (munkában) toil (away), biz sweat one's guts out
izzadás n sweat(ing), perspiration
izzadság n sweat, perspiration
izzadságszag n smell of sweat/perspiration || ~**a van** konkr be* sweaty, smell* of sweat; átv (könyvnek) smell* of the lamp
izzadt a sweaty, sweating, perspiring
izzadtság n (állapot) sweating, perspiring || = **izzadság**
izzás n glow, incandescence, heat || **fehér** ~ white heat; **vörös** ~ red heat
izzaszt v make* sy sweat/perspire
izzasztás n (causing) sweating; orv sudation
izzasztó a (meleg) sweltering || ~ **munka** sweaty work
izz|ik v glow; (vörösen) be* red-hot; (fehéren) be* white-hot
izzít v (fémet) heat, make* red/white-hot
izzó 1. a (parázs) glowing, in a glow ut., burning || átv ardent, fervent, passionate || ~ **gyűlölet** fervent/burning hatred 2. n (light) bulb
izzószál n (incandescent) filament

J

ja *int* ah ‖ ~ **úgy?** oh I see!; ~ **igaz!** by the way!
jacht *n* yacht
jachtklub *n* yacht club
jachtoz|ik *v* yacht
jácint *n* hyacinth
jaguár *n* jaguar
jaj *int (fájdalom)* ow!, ouch!, oh!, ah! ‖ *(baj)* woe ‖ ~ **de fáj!** (ouch,) it hurts; ~ **de szép!** how beautiful; ~ **nekem!** oh dear!, woe is me!; **ó** ~**!** alas!
jajgat *v* wail, lament, moan; *átv* complain
jajgatás *n* wail(ing), lamentations *pl*, moans *pl*
jajszó *n* cry (*v.* cries *pl*) of pain
jámbor *a (vallásos)* pious, devout ‖ *(jó)* simple, meek ‖ *(állat)* tame ‖ ~ **ember** man° of good will, simple/good soul
jancsiszeg *n* hobnail
Jani *n biz* **azt hiszi, hogy ő a** ~ he thinks he's Jack the Lad
janicsár *n* janissary, janizary
január *n* January ‖ → **december**
januári *a* January, in/of January *ut.* ‖ ~ **időjárás** January weather → **decemberi**
Japán *n* Japan
japán 1. *a* Japanese ‖ ~ **nyelv** Japanese 2. *n (ember, nyelv)* Japanese ‖ **a** ~**ok** the Japanese; **egy** ~ **csoport** a group of Japanese
japánul *adv* (in) Japanese ‖ → **angolul**
jár *v (helyét változtatja)* go* (about), move (about); *(jármű közlekedik)* go*, run* ‖ *(vmlyen ruhában)* wear* sg, be* always dressed (in sg) ‖ *(gép, szerkezet)* work, be* working, run*, be* running, be* in operation ‖ *(büntetés vmért)* sg is punishable (by sg) ‖ *(vmvel, következménnyel)* involve sg, be* accompanied by sg, bring* about sg, entail sg, lead* to sg ‖ *(vknek pénz stb.)* sg is* due to sy, sy is* owed sg ‖ **állás után** ~ be* looking for a job; **autón** ~ go* by car; **az a hír** ~**ja, hogy** there's a report that, rumour (*US* -or) has it that; **az idő már későre** ~ it is* getting late; **nyolcra** ~ **az idő** it is* nearly eight, it is* getting on for eight, *US így is:* it is* close on eight; **az órám jól** ~ my watch keeps* good time; **dolga után** ~ go* about one's work/business, be* busy with one's work; **egyetemre** ~ study/be* at (a) university *(US így is:* school), attend (a) university *(US így is:* school); **én is úgy** ~**tam** the same thing happened to me, *(az előző mondat igéjétől függően)* so did/had I; **gyalog** ~ go* on foot; *(vhova)* walk (to); **harmadik osztályba** ~ be* in the third form/class *(US* grade) [of a school], be* a third form pupil; **iskolába** ~ go* to school, be* at school, attend school; ~ **a szája** his tongue is* (always) going/wagging; *biz* ~ **vkvel,** ~**nak** go* out with [a girl/boy], X is her boy(friend), Y is his girl(friend); **jól** ~**t** he was fortunate/lucky, he came off well; **lányok után** ~ be* always going after girls; **mennyi** ~ **(ezért)?** what (*v.* how much) do I owe you (for this)?, what do you charge (for this)?; **milyen újság** ~ **hozzátok?** what paper(s) do you get/take?; **nem** ~ **az óra** the watch/clock has stopped; **sokat** ~ **színházba** go* to the theatre a lot, be* a regular theatre-goer; **súlyos következményekkel** ~**t** it involved grave/serious consequences; **sűrűn** ~ **hozzánk** (s)he comes to see us a lot, (s)he's a regular visitor; **úszni** ~ swims* regularly; **vkhez** ~ be* a frequent caller/visitor at sy's house; **vmn** ~**nak a gondolatai** one's thoughts run* on sg
járás *n (menés)* walking, going ‖ *(ahogyan vk jár)* gait, walk, bearing, way of walking ‖ *(távolság)* walk ‖ *(óráé)* movement ‖ *(csillagoké)* course ‖ **az óramutató** ~**ával ellenkező irányba(n)** anticlockwise, *US* counterclockwise; **megismeri a** ~**áról** recognize/know* sy by his/her walk/gait; **nem ismeri a** ~**t** he does* not know his way around, he is* a stranger here; **10 perc** ~ a ten-minute walk
járat 1. *v (gépet)* race; run*, operate ‖ *(közlekedtet)* run* ‖ **a bolondját** ~**ja vkvel** make* a fool of sy, send* sy on a fool's errand; **a Magyar Nemzetet** ~**ja** (s)he takes/gets Magyar Nemzet; **iskolába** ~ send* to school 2. *n (hajó)* line, service; *(busz)* service; *(repülő)* flight ‖ *bány* gallery, level; *(egyéb anyagban)* channel ‖ **mi** ~**ban van?** what are you doing here?, what brings you here?
járatlan *a (út)* untrodden, unbeaten ‖ *vmben* inexperienced in sg, unfamiliar with sg, unaccustomed to sg; *(munkában)* unskilled in sg *(mind: ut.)*
járatlanság *n* inexperience, lack of skill
járatos *a (vhová: igével)* be* a frequent visitor (at), go* often (to) ‖ *(vmben)* = **jártas**
járda *n* pavement, *US* sidewalk ‖ ~ **felőli oldal** the nearside [of a vehicle]
járdaszegély *n* kerb, *US* curb

járdasziget *n* (traffic) island, *US* safety island
járhatatlan *a (út)* impassable; *(hozzáférhetetlen)* inaccessible || *átv* impracticable
járható *a (út)* passable || *átv* ~ **út** practicable plan; **nem** ~ not feasible, impracticable
járkál *v* walk/stroll/roam about
járkálás *n* coming(s) and going(s)
jár-kel *v* come and go, wander about
jármű *n* vehicle
járműforgalom *n* vehicular traffic
járó *a vhol* going, walking, moving (swhere, *mind: ut.*) || *(pénz)* due to *ut.* || *vmivel* consequent (up)on sg, inherent in sg, running with sg (*mind: ut.*) || **ötven felé** ~ **ember** man° getting on for fifty; **súlyos következményekkel** ~ pregnant with consequences *ut.*
járóbeteg *n* outpatient
járóbeteg-rendelés *n (hely)* outpatients (department)
járóka *n (ketrec)* playpen; *(kerekes)* baby-walker, *US* go-cart
járókelő *n* passer-by *(pl* passers-by*)*
járom *n* yoke || ~ **alá hajt** *átv* subjugate
járomcsont *n* yoke/cheek-bone
járőr *n* patrol
járőrautó *n (rendőrségi)* patrol car
jártas *a (vmiben)* be* well up (*v.* well--versed) in sg; *(szakemberként)* be* an expert in sg; *(szakmában)* be* skilled in sg
jártasság *n* expertise, expertness, skill
jártatja a száját *kif* gossip, *biz* shoot* one's mouth off
járt út *n* the beaten track
járul *v (vk elé)* appear (before sy), present oneself (before sy); *(vk vmhez)* approach (sg), make* one's way (to sg) || *(vmhez vm)* add to (sg) || **ehhez** ~ **még az is** add to this (that...), besides, moreover
járvány *n* epidemic
járványos *a* epidemic || ~ **megbetegedés** communicable/infectious/contagious disease
jász *n* Jazygian
jászol *n* manger, crib
játék *n* ált és sp play; *(csapatjáték ált. és tenisz)* game || *(szerencsejáték)* gambling, gaming || *(színészi)* acting, playing; *(hangszeren)* play(ing) || *(játékszer)* toy || ~**ban nyer** win* the game; ~**ból** for fun, in sport/play
játékáru *n* toys *pl*, playthings *pl*
játékasztal *n (szerencsejátékhoz)* gaming-table || *(orgonáé)* console
játékautó *n (kicsinyített mása)* model car; *(hajtány)* toy (motor) car
játékautomata *n* game machine, *biz* one-armed bandit, *GB* fruit-machine, *US* slot machine; *(pénzbedobós)* coin-operated game machine
játékbaba *n* doll
játékbolt *n* toyshop
játékfilm *n* feature film
játékidő *n sp* playing time || *(játszásra szánt)* playtime
játékkaszinó *n* casino, gam(bl)ing-house
játékos 1. *a* playful **2.** *n sp* player; *(csapatban)* member/one of the team, man° || *(szerencsejátékban)* gambler, punter
játékszabály *n* laws/rules of the game *pl* || **megtartja a** ~**okat** *(átv is)* play the game, go* by the book
játékszer *n* toy
játékterem *n (játékautomatákkal) GB* amusement arcade, *US* gaming room/hall
játékvezető *n (futball, jégkorong, kosárlabdajátékokban)* referee, *biz* ref; *(asztalitenisz, tenisz)* umpire || *(vetélkedőben)* quizmaster, host
játsz|ik *v* ált és sp play || *(előadóművész)* perform, play; *(színész szerepet)* play, perform, act || *(szerencsejátékban)* gamble; *(pénzben)* play (for money) || **az Otellót játsszák** Othello is on (at the ... theatre); **bújócskát** ~**ik** play (at) hide-and-seek; **egymás ellen** ~**anak** are playing against each other; **életével** ~**ik** trifle with one's life, risk one's life; **filmen** ~**ik** play/appear/act in a film/picture; **hangszeren** ~**ik** play an instrument; ~**ik vkvel** *sp* play (against) sy; *átv* play with sy; **jól** ~**ik** *(játékos)* play a good game (of), be* a good player; **kicsiben** ~**ik** play for small stakes; **minden az én kezemre** ~**ik** everything is* coming my way (*v.* falling into my hands); **nagyban** ~**ik** play for high stakes
játszma *n (sakk, kártya)* game; *(tenisz)* set || **a** ~ **elveszett** the game is up
játszód|ik *v (cselekmény)* take* place (in), happen || **a történet Londonban** ~**ik** the story is* set in London
játszótér *n* playground, playing field
játszva *adv (könnyen)* easily, with (the greatest) ease, with the greatest (of) ease, without the slightest effort || ~ **győz** have* an easy win, win* hands down
jattol *v biz (kezet fog)* shake* hands || *(borravalót ad)* slip sy [money]
java 1. *a* best || ~ **korában van** be* in the prime of life; **vmnek a** ~ **része** the better/best/greater part of sg, the bulk of sg **2.** *n (embereknek)* pick (of men), élite || *(üdve)* good, benefit, advantage || **a** ~ **még hátra van** the best is yet to come; **a** ~**dat akarom** it is* for your own good; **kenyere** ~**t megette** he is past

his prime; **vknek a ~t akarja** mean* well by sy
javában *adv* at its height || ~ **csinál vmt** be* busy doing sg; **még** ~ **áll** it is still going strong; **már** ~ **alszik** (s)he's (already) fast asleep
javak *n pl* goods, possessions
javakorabeli *a (élete delén)* in the prime of (one's) life *ut.*
javall *v* suggest, advise
javára *adv* for the good/benefit of, to the advantage/benefit of, to sy's advantage || **a közösség** ~ for the benefit/welfare of the community; **egy null a javadra** one up to you; ~ **ír** *ker* credit sy with
javaslat *n* proposal, suggestion, proposition; *(ülésen)* motion || ~**ot tesz** put* foward a proposal (for sg), propose a/the motion (that); ~**ot elfogad** carry/adopt a motion
javasol *v ált* propose, suggest, recommend, put* forward (*v.* make*) a proposal/suggestion,; *(ülésen)* move || *(törvényjavaslatot)* bring* in [a bill], *GB* table [a bill] || **azt** ~**ta, hogy** (s)he proposed/suggested that
javít *v (tárgyat)* mend, repair, *US* fix; *(épületet)* restore || *átv* better, improve; *(hibát, tévedést)* correct; *(dolgozatot tanár)* mark || *(rekordot)* break*, better || ~ **(anyagi) helyzetén** better oneself (*v.* one's circumstances)
javítás *n (tárgyé)* mending, repairing, repairs *pl, US* fixing || *átv* improvement, bettering, betterment; *(hibáé, tévedésé)* correcting, correction || ~ **alatt** under repair
javítgat *v* correct, touch up
javíthatatlan *a (tárgy)* irreparable || *(ember)* incorrigible; *biz* hopeless; *(erkölcsi hiba)* incurable
javítható *a (tárgy)* reparable
javítóintézet *n GB* approved school, Borstal, *US* reformatory, reform school
javítóműhely *n* garage, *(főleg US)* service station, *(így is)* workshop
javított *a* improved; *(szöveg)* emended || ~ **és bővített kiadás** revised and enlarged edition
javítóvizsga *n* repeat exam/examination || ~**t tesz** retake* an exam/examination
jávorszarvas *n (amerikai)* moose; *(európai)* elk
javul *v ált* improve, get*/become* better; *(egészségileg)* be* getting better, improve in health; *(idő, körülmény)* change for the better
javulás *n* improvement, advance, upturn, upswing; *(nemzetközi helyzeté)* improvement || **határozott** ~ distinct improvement

jázmin *n* jasmine
jég *n* ice || *(eső)* hail || **a** ~ **hátán is megél** he's got his wits about him, he can always manage; *átv* **és ezzel megtört a** ~ after that the ice was broken; ~ **esik** it hails, *(most)* it's hailing; ~ **be hűtött** iced, icecooled, on ice *ut.*
jégcsap *n* icicle
jegelt *a* iced, on ice *ut.*
jegenye(fa) *n* poplar
jegenyefenyő *n* fir(-tree), silver fir
jégeralsó *n* thermal/woollen (under-)-pants *pl*
jeges 1. *a konkr* iced, icy; *(jéghideg)* cold as ice *ut.*; *(halmazállapotú)* glacial || = **jégbe hűtött** || *(fogadtatás)* chilly, frosty, icy || ~ **borogatás** ice pack **2.** *n* iceman°
jegeskávé *n* iced coffee
jegesmedve *n* polar bear
jégeső *n* hail; *(egy szem)* hailstone || ~ **esik** it is hailing
Jeges-tenger *n* → **Északi-, Déli-**
jéghegy *n* iceberg || **de ez csak a** ~ **csúcsa** but this is only the tip of the iceberg
jéghideg *a* ice-cold, icy, cold as ice *ut.* || *átv* chilly, icy, frosty
jéghoki *n* ice hockey
jégkár *n* damage caused by hail, damage from hail
jégkéreg *n* covering/layer of ice
jégkocka *n* ice cube || ~**val (felszolgálva)** on the rocks
jégkorong *n (játék)* ice hockey || *(maga a korong)* puck
jégkorszak *n* ice-age, glacial period
jégkrém *n* ice lolly
jégmentesítő *n* de-icer
jégpálya *n* skating rink; *(fedett, mű)* ice-rink
jégrevü *n* ice-show
jégszekrény *n (jéggel hűtő)* icebox; *(villamos)* refrigerator; *biz* fridge, *US* icebox
jégtábla *n* ice-floe
jégtánc *n* ice dancing
jégtelenít *v (pl. szélvédőt)* de-ice; *(hűtőszekrényt)* defrost
jégtelenítő *n (spray)* de-icer
jégtorlasz *n* ice-pack/barrier; *(úszó)* pack-ice
jégvirág *n (ablakon)* frost-work
jégvitorlás *n* ice-boat/yacht
jégzajlás *n* breaking up (*v.* break-up) of ice, ice drift
jégzokni *n* ski socks *pl*
jegy *n (közlekedési, színház- stb.)* ticket || *(élelmiszer)* ration book/card || *(ismertetőjel)* (distinguishing) mark, characteristic, (distinctive) feature; *(jel)* sign, token; *(beleégetett)* brand; *(gyártási)* trade-mark || *isk* mark, *US* grade || **a**

~eket kérem! *(járművön)* tickets please!; **~ben jár vkvel** be* engaged to sy; **~et vesz/vált** *(vasúton)* buy*/book a ticket *(vhová* to, for*)*; *szính* book a seat; **~re adják a cukrot** sugar is rationed *(v.* on ration*)*; **vmnek a ~ében** in the spirit of sg, [think*] in terms of sg **jegyárusítás** *n* booking (of tickets) ‖ **~ 10-20 óráig** tickets on sale from 10 a.m. to 8 p.m.

jegyelővétel *n* advance booking

jegyes[1] *a (jegyre kapható)* rationed

jegyes[2] *n (férfi)* fiancé; *(nő)* fiancée

jegyespár *n* engaged couple; *(az esküvőn)* the bride and groom

jegyesség *n* engagement

jegyez *v (ír)* make*/take* notes (of sg), note/write* down; *(gyorsírással)* take* down ‖ *ker (céget)* sign (the firm) ‖ *(részvényt)* underwrite*, subscribe for [shares] ‖ **hogy jegyzik a fontot?** what is the exchange rate of the pound?

jegygyűrű *n (esküvő előtt)* engagement ring; *(utána)* wedding ring

jegyiroda *n* booking/ticket office/agency

jegykiadás *n* issue of tickets; *(felirat)* booking/box-office

jegypénztár *n* ált ticket office; *(főleg vasút)* booking-office, ticket office; *szính* box-office

jegyrendszer *n* rationing

jegyszedő *n szính* usher, attendant; *(nő)* usherette; *vasút* ticket collector

jegyzék *n* list; *(számlát helyettesítő árujegyzék)* invoice; *(névsor)* roll; *(választókról)* register ‖ *(diplomáciai)* (diplomatic) note, memorandum *(pl* -da *v.* -dums) ‖ **fizetési ~** pay-sheet, payroll; **~be vesz** register, list; **~et intéz vkhez** address/hand a note (to)

jegyzékváltás *n* exchange of (diplomatic) notes [between two governments]

jegyzet *n (feljegyzés)* note, jotting(s); *(könyvben)* note, *(lapalji)* footnote; *(magyarázó)* annotation ‖ *(egyetemi)* lecture notes *pl*

jegyzetel *v* make*/take* notes *(vmt* of sg) ‖ **~ az előadáson** take* notes in the lecture

jegyzetfüzet *n* notebook

jegyzettömb *n* (scratch-)pad, memo pad/block

jegyzőkönyv *n (ülésen)* minutes *pl; (diplomáciai)* protocol; *(rendőré)* police record ‖ **~be vesz vmt** *(ülésen)* enter/record sg in the minutes; *(bíróságon)* record sg, take* sg down (on record *v.* in evidence), place/put* sg on (the) record

jel *n* ált sign, mark, stamp; *(betegségé)* symptom, trace; *(vmre utaló)* indication; *(bizonyíték)* token, mark ‖ mat, vegy symbol, sign ‖ *(figyelmeztető)* signal, sign ‖ *nyelvt* **a többes szám ~e** the plural marker/affix; **~éül annak, hogy** as a proof that, as a sign/token of ...; **~t ad** give* a/the signal, signal *(US* -l), make* a sign; **minden ~ szerint** according to all indications, there is every indication (that)

jeladás *n* signal(ling) *(US* -l-)

jelbeszéd *n* sign language

jelen 1. *a* present ‖ **a ~ esetben** in the present case, in this particular case; **~ (idő)** present tense, the present; **a ~ pillanatban** (the) present, today, the present time **2.** *adv* **~ van** be* present, attend (sg); *(tanúként)* witness (sg); **nincs ~** be* absent **3.** *int* here!, present!

jelenet *n* scene ‖ **~et rendez** make* a scene, make* scenes, *(hisztizik)* create, throw* a fit

jelenkor *n* the present (time), our age

jelenkori *a* contemporary, modern, of today *ut.*

jelenleg *adv* at present, for the time being, now, for the moment

jelenlegi *a* present; *(mai)* present-day ‖ **a ~ helyzetben** in/under the circumstances

jelenlét *n* presence, attendance ‖ **vk ~ében** in the presence of sy, with sy present

jelenlevő *n* person present ‖ **a ~k** those present

jelenség *n (tünet)* phenomenon *(pl* -mena), symptom

jelent *v (közöl)* report (sg to sy), notify (sy of sg), let* sy know (about/of sg) ‖ *(vm jelentése van)* mean*, signify, indicate, denote, have* the meaning (of) ‖ **beteget ~** report sick; **Chicagóból ~ik** it is reported from Chicago; **(ez) mit ~?** what does it (*v.* this word) mean?, what is the meaning of this (word)?; **nem ~ semmit** it does not mean anything

jelentékeny *a* important, significant, considerable ‖ **~ ember** person of distinction/note, important person; **~ összeg** considerable amount

jelentéktelen *a* unimportant, insignificant, of no importance/consequence account *ut.* ‖ **~ összeg** a trifling sum

jelentés *n (közlés)* report *(vmről* on); *(hivatalos)* official statement/report/announcement, communiqué ‖ *(szóé)* meaning, sense ‖ **~t tesz vmről** report sg, make* a report (on sg), give* an account of sg

jelentéstan *n* semantics *sing.*

jelentkezés *n vké* reporting, presenting oneself; *(vhol)* registering (for); *(repté-*

jelentkezési 252

ren) check-in || *(betegségé)* manifestation, first symptoms pl || *(vmre)* application (for sg)

jelentkezési *a* ~ **határidő** *(pályázatra stb.)* closing date; ~ **lap** application form

jelentkez|ik *v vk* present oneself, report, make* one's appearance; *vknél* call on (sy); *(állásra)* apply for; *kat* report oneself (to sy); *(hivatalnál)* report (to); *(repülőtéren)* check in; *(bűnös a rendőrségen)* give* oneself up; *(vizsgára)* enter for || *(betegség)* break* out, manifest itself; *(nehézség)* arise*

jelentkező *n (állásra)* candidate, applicant; *(vizsgára)* candidate

jelentő *a* || *nyelvt* ~ **mód** indicative (mood); **sokat** ~ **pillantás** a meaning(ful) look

jelentős *a* = **jelentékeny**

jelentőség *n* importance, significance || **nincs** ~**e** be* of no importance/significance

jelentőségteljes *a* (very/most) significant, of great/considerable importance *ut.*

jeles 1. *a isk* excellent, very good, eminent || *(nevezetes)* excellent, famous, illustrious || ~ **(rendű) tanuló** outstanding pupil, pupil who passes with distinction 2. *n (osztályzat)* very good (mark), excellent, *US* A

jelez *v (jelt ad)* signal *(US* -l), make* a signal, give* signals || *(mutat)* indicate, show* || **előre** ~ give* notice, notify (in advance), announce; **jelzem, már el is késtünk** mind you, we are already late

jelfogó *n el* relay

jelige *n (jelszó)* motto, slogan, catchword

jelkép *n* symbol, emblem

jelképes *a* symbolic || ~**en** symbolically

jelképez *v* symbolize, represent symbolically/allegorically

jelleg *n* character, type, nature, quality || **más a** ~**e** it is different in character/nature

jellegtelen *a* characterless

jellegzetes *a* typical, characteristic

jellegzetesség *n (vonás)* characteristic, (characteristic) feature, peculiarity

jellem *n* (personal) character, personality || **erős** ~ man° of (strong) character; **gyenge** ~ man° of weak character

jellemez *v vkt* characterize (sy), draw* sy's character/profile, describe (sy); *(író, festő)* portray || *(egy vonás vkt)* be* characteristic of (sy), characterize (sy) || ~**te az esetet** he outlined the case

jellemtelen *a* unscrupulous, dishonest

jellemtelenség *n* unscrupulousness, lack of scruple, dishonesty

jellemű *a* of ... character *ut.*

jellemvonás *n* characteristic, feature, trait

jellemzés *n* characterization, description of character, character-drawing || ~**t ad vkről** *(csak GB)* write*/give* a character of sy, give* a reference of sy

jellemző *a vkre* characteristic/typical of sy; *vmre* peculiar to sg, typical of sg || **ez** ~ **rád!** that's typical (of you)!, just like you!; ~ **tulajdonság** (characteristic) feature

jelmagyarázat *n* signs and abbreviations *pl*, key (to signs); *(térképen)* legend

jelmez *n* szính costume; *(jelmezbálon)* fancy dress

jelmezbál *n* fancy-dress ball

jelmezes főpróba *n* dress rehearsal

jelmezkölcsönző *n* fancy dress hire

jelmondat *n* motto; *(pol, reklám)* slogan

jelöl *v vmt vmvel* mark/indicate (sg with sg); *(jelez)* indicate, show*, point to || *(állásra)* propose as [candidate], nominate (for) || **elnökségre** ~**ték** he has been nominated for president (*v.* for the presidency)

jelölés *n vmvel* marking, designation || *(a jel)* mark; *(jelrendszer)* notation || *(tisztségre)* nomination, proposal

jelölt 1. *a* marked 2. *n (tisztségre, vizsgára)* candidate (for); *(állásra)* nominee

jelöltség *n* candidature, candidacy

jelszó *n (párté)* slogan, watchword; *kat* password

jelvény *n (kitűzhető)* badge

jelzés *n (megjelölés)* marking, stamping, labelling *(US* -l-); *(a jel)* mark, stamp; *ker* brand, label; *(aktán)* (classification) mark; *(turista)* blaze, trail || *(jeladás művelete)* signalling *(US* -l-); *(figyelmeztető)* warning; *(amit észlelünk)* signal || **közúti** ~**ek** traffic signs and signals; **piros** ~ red (light)

jelzett *a (tárgy)* marked || **a** ~ **időben** at the appointed hour/time; ~ **út** (marked) trail

jelző *n nyelvt* attribute; *(díszítő)* epithet

jelzőberendezés *n* signalling *(US* -l-) equipment/device/system

jelzőfény *n* beacon; *(repülőtéri)* ground-lights *pl*

jelzői *a* attributive || ~ **használatban** (used) attributively

jelzőlámpa *n (forgalmi)* traffic lights *pl*, traffic light/signal

jelzőtábla *n (közúti)* (road/traffic) sign; *(tilalmi)* signs giving orders *pl*; *(veszélyt jelző)* warning signs *pl*; *(tájékoztatást adó)* information signs *pl*; *(utasítást adó)* mandatory signs *pl*; *(feloldó)* end of

jénai tál *n kb.* Pyrex dish/bowl

jenki *n* Yankee
jérce *n* pullet
jersey *n* jersey
Jézus *n* Jesus || ~ **Krisztus** Jesus Christ
jiddis *n/a* Yiddish
jó 1. *a ált* good; *(alkalmas, célszerű)* fit, suitable, proper; *(befektetés)* profitable, advantageous; *(ember)* upright, good, honest; *(föld)* fertile; *(íz)* nice, pleasing, delicious; *(levegő)* fresh; *(munkaerő)* efficient; painstaking; *(tanuló)* diligent, industrious || *(sok)* rather, pretty, fairly, very || **eljössz?** ~, **elmegyek** Will you come (along)? — All right(, I will); **ez nem** ~ **rám** it doesn't fit me; **ez arra** ~, **hogy** this is for..., this serves to ...; **(ez)** ~ **lesz** that'll do, that'll be fine; *(beleegyezés)* ~! (all) right!, okay!, OK!; ~ **fejű** intelligent, clever, bright; ~ **ideje** a good while (ago), for a long while/time; ~ **minőségű** good quality, first-rate; ~ **modorú** well-mannered; *kif* have* good manners; ~ **nagy** pretty big, fairly large, considerable; ~ **napot (kívánok)!** *(délig)* good morning!; *(délután)* good afternoon!; *(búcsúzáskor)* good-bye, *US* good-by; ~ **nevű** famous, noted, well-known; ~ **ötlet** a good idea, a happy thought; ~ **sok** quite a lot, a good deal/many; ~ **szándékú** well-intentioned, well-meaning, kindly; ~ **szemmel néz** approve of; ~ **utat!** have a pleasant journey!, have a good trip!, bon voyage!; ~ **vknél** *biz* be* well in with sy; ~ **vmben** *(vk)* be good at sg; ~ **vmre** be* of (some) use for sg, be* fit/good/suitable for sg; **légy** ~! be good!; **minden** ~, **ha** ~ **a vége** all's well that ends well; **mire** ~? what is it good for?; **nem** ~ **szemmel néz** disapprove of, doesn't like (sg/to) **2.** *n ált* good, good thing || *(osztályzat)* good, *US* B || **a bor nem tesz** ~**t nekem** wine doesn't agree with me; ~**ban van vkvel** be* on good terms with sy; ~**ból is megárt a sok** enough is as good as a feast, too much is as bad as nothing at all; ~**nak lát** find*/deem sg advisable, think* sg proper/fit; ~**ra fordul** take* a turn *(v.* change) for the better; ~**t akar vknek** have* good intentions towards sy, mean* sy well; ~**t fog tenni** it will do you good; ~**t nevet vmn** laugh heartily at sg, *biz* have* a good laugh at sg; **minden** ~**t kívánok** (my) best wishes (to); *(születésnapra)* many happy returns; **nem sok** ~**t ígér** bode ill; **tegyen, amit** ~**nak lát** take what action you think fit, do as you think fit
jóakarat *n* goodwill, benevolence

jóakaratú *a* kindly/well-disposed, benevolent
jóakaró *n* well-wisher, patron, benefactor
jobb[1] *a (a jó középfoka)* better *(vmnél* than) || **annál** ~ all the better, so much the better; ~ **volna (ha)** it would be better (to/if), one had better; ~**nál** ~ better and better, one better than the other; ~**ra fordul** change for the better
jobb[2] *a/n (kéz, oldal stb.)* right [hand], right-(-hand) [side] || ~ **kéz, vknek a** ~**ja** right hand; ~ **kéz felől** to the right, on one's right(-hand) side; ~ **kéz felőli** right-hand; *átv* **vknek a** ~**keze** sy's right hand, sy's right-hand man; ~ **oldal** the right, the right-hand side; *(hajóé)* starboard; **a** ~ **oldalon** on the right(-hand) side; **az út** ~ **oldalán** on the right-hand side of the road; ~ **oldali** right-hand; ~ **parti** of the right bank *ut.*, right(-)bank; ~**ra,** ~ **felé** to-(wards) the right, right; ~**ra hajt(s)!** keep (to the) right!; ~**ra kanyarodik** turn right; ~**ra kanyarodni tilos!** no right turn; ~**ra tolódik** veer/drift to-(wards) the right; ~**ra át!** right turn!; ~**ra igazodj!** dress right!; ~**ra nézz!** eyes right!; ~**ról,** ~ **felől** from the right; ~**ról balra** *(képen)* (from) right to left
jobbágy *n tört* serf, bond(s)man°, villein
jobbágyság *n tört (intézmény)* serfdom, villeinage || *(a jobbágyok)* serfs *pl,* villeins *pl*
jobban *adv* better; *(erősebben)* more, harder || ~ **van** be* better, be* feeling better; **egyre** ~ better and better; *(erősebben)* more and more; ~ **jársz, ha** ... you would do better to ...; ~ **mondva** or rather, that is to say; ~ **szeret** *vmt vmnél (v. vmt tenni)* prefer sg to sg, prefer to do sg; ~ **tennéd, ha mennél** you'd better leave now
jobbfedezet *n sp* right half°
jobbféle *a* of a better kind/sort *ut.*
jobbhátvéd *n sp* right back
jobbik *a/n* the better of the two || **a** ~ **énje** one's better half
jobbkezes *a* right-handed
jobbkéz-szabály *n* priority to traffic from the right, priority on the right, *US* yield to traffic from the right
jobbkor *adv* **soha** ~! it could not have come at a better time, just what was wanted/needed
jobbközép *n* right centre *(US* -ter)
jobboldal *n pol* the Right
jobboldali 1. *a pol* right(-wing), conservative, rightist **2.** *n* right-winger, rightist
jobbos *a műsz* closing/opening to the right *ut.*, right(-hand), right-handed

jobbösszekötő *n sp i*nside right
jobbratolódás *n pol* swing to the right
jobbszélső *n sp ou*tside right, right-wing(s)
jobbulás *n* improvement, betterment, getting better ‖ ~**t kívánok!** get better quickly!, (I wish you a) speedy recovery!
jócskán *adv* pretty much, considerably
jód *n i*odine
jódoz *v i*odize; *(jóddal ecsetel)* paint with *i*odine
jóérzés *n* goodwill, decency
jóérzésű ember *n* a kind/tender-hearted *(v.* decent) person
jófajta *a* first-rate, excellent, (of a) good quality
jóformán *adv* practically, virtually, as good as, so to speak
jog *n (rendszer)* law; *(tudomány)* law, jurisprudence ‖ *vmhez* right (to), title (to) ‖ **emberi** ~**ok** human rights; ~**a van vmhez** have* the right to (do) sg, be* entitled to sg, have* the power to (do) sg; ~**gal** rightly, with good reason; ~**ot végzett** *(személy)* graduate in law; **mi** ~**on?** by what right?; **minden** ~ **fenntartva** all rights reserved
jóga *n* yoga
jogalap *n* legal ground/title/cause, claim ‖ ~ **nélküli** unjustified, groundless
jogállam *n* constitutional state; state under the rule of law
jogállamiság *n* constitutionality
jogar *n* sceptre *(US* -ter)
jogász *n (ügyvéd)* lawyer; *US így is:* jurist ‖ *(diák)* law student ‖ **a** ~**ok** the legal profession
jógáz|ik *v* practise *(US* -ce) yoga
jogbitorlás *n* usurpation of rights
jogcím *n* (legal) title ‖ **azon a** ~**en** by right/virtue of, on/under the pretext of; **milyen** ~**en?** (up)on what grounds?, by what right?; ~ **nélküli beköltöző** squatter
jogdíj *n* royalties *pl,* royalty
jogellenes *a* unlawful, illegal, contrary to the law *ut.*
jogfolytonosság *n* continuity of right, legal continuity
joggyakorlat *n* court/legal practice, practice of the law
joghallgató *n* law student
joghurt *n* yog(h)urt
jogi *a* legal ‖ ~ **doktor** Doctor of Laws *(röv.* LLD); ~ **kar** faculty/department of law; ~ **képviselő** legal representative, counsel, *US* attorney; ~ **osztály** legal department; ~ **személy** legal entity/person, corporate body
jogkör *n* sphere of authority, jurisdiction

jogos *a* lawful, rightful, legitimate, legal; *(igény)* just ‖ ~ **panasz** justified complaint; *kif* the complaint was upheld; **ez az ő** ~ **tulajdona** it belongs to him by right; ~**an** rightly, by right, de jure
jogosít *v* entitle (to), authorize (to) ‖ **két személy belépésére** ~ admits two
jogosítvány *n* ált licence *(US* -se) ‖ = **vezetői** *engedély*
jogosulatlan *a* unjustified, unauthorized
jogosult *a* entitled (to) *ut.; (illetékes)* authorized
jogosultság *n* title, competence
jogrend *n* law and order
jogrendszer *n* legal system
jogsértés *n* infringement of lawful rights
jogszabály *n* law, rule ‖ **a** ~**oknak megfelelő** lawful, legal
jogszerű *a* lawful, legal ‖ ~ **követelés** legal/just/equitable/legitimate claim (to sg); ~**en** by right, according to law
jogszolgáltatás *n* administration of justice, jurisdiction
jogtalan *a* unlawful, illegal, illegitimate, unauthorized, lawless ‖ ~ **követelés** unjust/unreasonable claim
jogtalanság *n* illegality, wrong, unlawfulness
jogtanácsos *n* legal adviser, counsel ‖ **vállalati** ~ company solicitor/lawyer
jogtiprás *n* crushing/defying the law
jogtudomány *n* law, jurisprudence
jogtudományi kar *n* faculty/department of law
jogutód *n* legal successor
jogügyi *a* ~ **előadó** legal adviser; ~ **osztály** legal department/branch
jogvédelem *n* legal remedy
jogvédő *a* ~ **iroda** legal aid office; **szerzői** ~ **iroda** copyright office/agency/bureau
jogvesztés *n* loss of rights
jogviszony *n* legal relation(s)/relationship
jogvita *n* legal dispute/debate
jóhiszemű *a (ember)* well-meaning, honest ‖ *(cselekedet)* well-meant/intentioned ‖ ~**en cselekszik** do* sg in good faith
jóhiszeműség *n* good faith, bona fides *(sing. v. pl),* honest intentions *pl*
jóindulat *n* goodwill, benevolence ‖ ~**tal van vk iránt** be* well-disposed towards sy, mean* well by sy
jóindulatú *a (ember)* well-meaning ‖ ~ **daganat** benign tumour *(US* -or)
jóízű *a (étel)* tasty, delicious; *(igével)* it tastes nice
jóízűen *adv* ~ **eszik** eat* with relish, relish (sg); ~ **nevet** laugh heartily (at sg)
jókedv *n* high spirits *pl*

jókedvű *a* cheerful, jolly, merry, in good/ high spirits *ut.*
jóképű *a* good-looking, handsome
jókívánság *n* best wishes *pl* ‖ **születésnapi** ~**ok** [a card with] birthday greetings
jókor *adv (idejében)* in (good) time ‖ *(korán)* early ‖ **éppen** ~ just in time, at the right moment, in the nick of time
jól *adv ált* well; *(helyesen)* properly, fairly; *(hibátlanul)* correctly, without a mistake ‖ ~ **áll** *vknek* suit sy; *(ruha)* fit sy well; ~ **él** live a life of ease, be* in clover, live in style, be* comfortably off; ~ **értesült** well-informed; ~ **érzi magát** feel* (quite/pretty) well, be* well/fine, be* all right; ~ **fésült** well-groomed; ~ **fizetett** highly-paid; ~ **járt vele** *vmvel* it was* a good choice, he was* lucky with it; ~ **jön** *vknek vm* come* in useful/handy; ~ **megmondja neki a magáét** tell* sy off, give* sy a piece of one's mind; ~ **megy** *(vállalkozás, ember boldogul)* thrive*, prosper, get* along/on; ~ **menő** *(vállalkozás)* going [concern]; ~ **nevelt** well-bred/educated; *(igével)* know* how to behave; ~ **vagy?** are you feeling well?, are you all right?; ~ **van** be*/feel* well, be* keeping well; ~ **van!** (all) right, that's right, *US* OK; **nem érzi** ~ **magát** feel*/be* unwell, be* under the weather; **nincs** ~ be* unwell
jólelkű *a* kind-hearted, charitable, kind
jólesik *v vknek vm* be* pleased/flattered by (sg), sg gives* pleasure (to sy), be* agreeable (to sy) ‖ ~**ett a vacsora** the dinner was delicious, *biz* the dinner went down a treat; ~**ik ránézni** she is nice to look at
jóleső *a* pleasant, pleasing, agreeable ‖ ~ **érzés** a good feeling
jólét *n (anyagi)* welfare, well-being; *(bőség)* wealth, plenty, abundance, prosperity ‖ ~**ben él** be* well off, live a life of ease, be* comfortably off
jóléti *a* welfare ‖ ~ **állam** welfare state
jóllakik *v* eat* one's fill, have* enough ‖ ~**tál?** have you had enough?
jóllakott *a* full, satisfied
jómód *n* → **jólét**
jómódú *a* well-to-do, wealthy, well-off
jópofa *n* jolly good fellow, *biz* a real card; *(jelzőként)* funny
jóravaló *a* honest, decent, upright
jórészben, jórészt *adv* for the most part, mostly, mainly, chiefly
jós *n* prophet, seer, oracle
jóság *n* goodness, kind(li)ness, charity
jóságos *a* good, kind(ly), kind-hearted
jóslat *n* prophecy, prediction

jósnő *n* prophetess, sibyl, fortune-teller
jósol *v* prophesy, foretell*, predict ‖ **nem sok jót** ~**ok neki** I do* not expect much (good) of him/it
jószág *n (állat)* cattle *pl*, domestic animals *pl*
jószántából *adv* **a maga** ~ of one's own choice/accord, of one's own free will
jószívű *a* kind/warm-hearted, charitable
jószívűség *n* kindheartedness, generosity
jószolgálati küldöttség *n* goodwill delegation/mission
jószomszédi viszony *n* neighbourliness neighbourly relations *pl*
jótáll *v vkért* stand* surety for sy, go*/ stand security for sy; *vmért* guarantee sg
jótállás *n* surety, guarantee ‖ **kétévi** ~ a guarantee for two years, a two-year guarantee/warranty
jótállási jegy *n* service voucher/coupon
jótálló *n* guarantor
jótékony *a (bőkezű)* charitable, philanthropic, generous ‖ ~ **célú hangverseny** *(... számára)* a benefit concert (for ...); ~ **hatás** beneficial result, good influence
jótékonykod|ik *v* practice *(US* -se) charity
jótékonyság *n* charity, beneficence
jótett *n* good deed/turn ‖ ~**ért jót várj** one good turn deserves another
jótevő *n* benefactor; *(nő)* benefactress
jottányit sem *kif* not an iota, not a jot
jóvágású *a (ember)* good-looking
jóváhagy *v (tervet stb.)* approve (sg), endorse (sg), agree to (sg), sanction (sg); *US biz* okay (sg)
jóváhagyás *n* approval, endorsement, sanction(ing)
jóváír *v* credit [an amount *v.* sy with an amount], enter sg to sy's credit
jóváírás *n* credit entry, crediting
jóval *adv* much, quite, well, far ‖ ~ **előbb** long before; ~ **idősebb** much older; ~ **több a kelleténél** far too many
jóvátehetetlen *a* irredeemable, irreparable, inexpiable
jóvátesz *v (hibát)* remedy, repair; *(sérelmet)* make* amends for ‖ *(veszteséget)* compensate for, make* up for
jóvátétel *n (hibáé)* reparation ‖ *pol* ~**t fizet vknek** indemnify sy; *(államnak)* pay* reparations to
jóvoltából *adv* **vknek a** ~ thanks to sy, through/owing to the good offices of sy
józan *a (nem iszik)* temperate; *(nem részeg)* sober ‖ *(higgadt)* sober, restrained ‖ ~ **ész** common/good sense; ~ **eszű ember** man° of (common) sense; ~ **gondolkodású** right-minded, sensible, sane

józanság

józanság *n (alkoholtól tartózkodás)* temperance; *(mértékletesség)* sobriety, soberness || *(józan gondolkodás)* soundness, common sense, sensibleness
józanul gondolkodik *v* be* reasonable/sensible *(about sg)*
jön *v ált* come*, be* coming; *(érkezik)* arrive || *(származik)* come* (from); *(pénzbe)* cost* || **honnan ~ (ön)?** where do you come from?; **jól ~** *(vm vknek)* come* in handy/useful; **jöjjön, aminek ~ni kell** come what may; **mibe ~?** how much does it come to?, what will/does it cost?; *biz* **ő ~** (s)he comes on; **rögtön jövök** I'll be back in a minute; *(kiírás)* back soon
jön-megy *v* come* and go*
jöttment *a/n* vagrant, vagabond
jövedelem *n (magán)* income; *(vállalaté)* receipts *pl*; *(állami)* revenue || **bruttó ~** gross income; **nemzeti ~** national income; **havi jövedelme 8000 Ft** (s)he earns 8,000 fts a month; **nettó ~** net income
jövedelemadó *n* income tax
jövedelembevallás *n* (income-)tax return
jövedelmező *a (üzlet)* paying, profitable; *(igével)* pay*, be* profitable || **nem ~** unprofitable
jövedelmű *a* **kis ~** low-income, having a modest income *ut.*
jövendő *n* the future, the time to come
jövendőbeli 1. *a* future 2. *n* sy's future wife/husband
jövés-menés *n* comings and goings *pl*
jövet *adv* on the way here
jövetel *n* coming, arrival
jövet-menet *adv* there and back, going and coming, *biz* in and out
jövevény *n* newcomer, new/fresh arrival
jövő 1. *a (vhonnan)* coming (from) *ut.* || *(eljövendő)* future, coming, to come/be *ut.* || **~ év** next year; **~ héten** next week; **~ idő** future tense 2. *n (jövendő)* the future, the time to come || *(nyelvt idő)* future tense || **a ~ zenéje** it remains to be seen; **a ~ben** in the future; **mit hoz a ~?** what has the future in store (for us)?; **nagy ~ vár rá** have* fine prospects
jövőbeni *a* future, prospective, coming
jövőre *adv* next year; in the coming year
jubilál *v* celebrate one's jubilee
jubileum *n* jubilee, anniversary
jubileumi *a* jubilee
jugoszláv *a/n* Yugoslav, Yugoslavian
Jugoszlávia *n* Yugoslavia
jugoszláviai *a* Yugoslavian
juh *n (élő)* sheep *(pl* sheep); *(anya)* ewe || *(húsa)* mutton

juharfa *n (élő)* maple(-tree) || *(faanyag)* maple(-wood)
juhász *n* shepherd
juhászkutya *n* sheepdog, shepherd dog || **német ~** Alsatian, *US* German shepherd; **skót ~** collie
juhhús *n* mutton
juhsajt *n* sheep's/ewe's milk cheese
juhtej *n* sheep's milk, ewe-milk
juhtenyésztés *n* sheep-farming
juhtenyésztő *n* sheep-farmer
juhtúró *n* sheep's cottage cheese, curded ewe-cheese
juj *int* oh!, my goodness!
Júlia *n* Julia; *(Rómeóé)* Juliet
július *n* July || → **december**
júliusi *a* July, of/in July *ut.* || **~ kánikula** the sweltering heat of July || → **decemberi**
június *n* June || → **december**
júniusi *a* June, of/in June *ut.* || **~ meleg** the heat of June || → **decemberi**
jut *v (vhová térben)* come* (to), get* to, arrive at || *átv vmre* arrive at; *(állapotba)* become* (sg) || *vmhez* get* at sg, come* by sg, obtain sg || *vknek vm* fall* to the share/lot of sy || **álláshoz ~** come* by a job; **ezzel nem ~sz messzire** it will not take you far; **~ is, marad is** there is enough and to spare; **pénzhez ~** come* by money, get*/obtain money; **semmire se fog ~ni** (s)he will never get anywhere (*v.* amount to anything); **szóhoz ~** obtain a hearing, have* a chance of speaking
jutalmaz *v* reward, recompense; *(pályaművet)* award sg a/the prize
jutalmazás *n* rewarding
jutalmazott 1. *a* rewarded, earning a reward *ut.* 2. *n* prize-winner, prizeman°
jutalom *n (jó teljesítményért)* reward; *(pályadíj)* prize, award; *(pénzbeli)* prize-money; *(teljesítménytöbbletért)* premium, bonus || **~ ban részesít vkt** reward sy; **szolgálatai jutalmául** for services rendered
jutalomdíj *n (megtalálónak)* reward; *(szerzőnek)* prize
jutalomkiosztás *n ált* prize-giving; *isk* speech-day
jutalomkönyv *n* book award, gift book
juttat *v vkt vhová* bring*/get* sy to, place sy in || *vkt vmhez* let* sy get sg; *(kiutal)* allocate (sg to sy) || **álláshoz ~** find* a place (*v.* employment) for sy, get* sy a job; **lakáshoz ~ vkt** get* sy a flat, help sy get a flat
juttatás *n vmhez* assignment, allotment || *(béren felüli)* allowance, grant

K

kabala *n (babona)* superstition || *(tárgy)* mascot || ~**ból** out of superstition
kabaré *n szính kb.* cabaret, *GB* music hall || *(műsor)* cabaret, (floor) show || *iron ez* **tiszta** ~! this is sheer comedy!; **politikai** ~ a satirical political revue, a political satire
kabát *n (felső)* (over)coat; *(meleg)* topcoat; *(zakó)* jacket
kábel *n (huzal)* cable || ~**t lerak** lay* a cable
kábelfektetés *n* cable-laying
kábeltelevízió *n* cable television
kabin *n (strandon, uszodában)* (changing) cubicle, beach hut, *US* cabana || *(hajón stb.)* cabin, stateroom; *(űrhajón)* (space) capsule
kabinet *n (kormány)* cabinet, government, *US* administration
kabinetkérdés *n átv* question of vital importance
kabinos *n* swimming-pool attendant
kábít *v (átv is)* daze; *(kábítószer)* drug, dope, narcotize
kábítószer *n* (narcotic) drug, narcotic || ~**t szed** take* drugs, be* on drugs; ~**es cigaretta** *biz* joint
kábítószer-csempészet *n* drug smuggling
kábítószer-élvező *n* drug-addict; *(heroint élvező) biz* junkie
kábulat *n ált* daze, stupor, torpor; *orv* narcosis; *(mély)* coma
kábult *a* dazed; *(ütéstől)* stunned; *(szertől)* stupefied, drugged
kábultság *n* daze, stupor; *orv* narcosis
kacag *v* laugh heartily, have* a good laugh *(vmn* at)
kacagás *n* loud/hearty laugh(ter)
kacat *n biz* junk, lumber, clutter
kacér *a* coquettish, flirtatious || ~ **nő** coquette, flirt
kacérkod|ik *v vkvel* flirt with sy || ~**ik a gondolattal** flirt/toy with the idea (of doing sg)
kacérság *n* coquetry
kacifántos *a* convoluted, complicated
kacs *n* tendril
kacsa *n (állat)* duck || *(hírlapi)* false report, canard
kacsasült *n* roast duck
kacsáz|ik *v (járás közben)* waddle || *(kővel)* play ducks and drakes
kacsingat *v vkre* keep* winking (at) || *vm felé* have* an eye to, toy with the idea of

kacsint *v* wink || **vkre** ~ wink at sy, give* sy a wink *(v.* the wink)
kacsó *n* [woman's/child's] little hand
kád *n (fürdő)* bath, *US* bath(tub); *(erjesztő, cserző)* vat
kádár *n* cooper
kadarka *n* ⟨a Hungarian red wine⟩
kádárműhely *n* cooper's workshop
káder *n pol és kat* cadre
káderpolitika *n* cadre(-management) policy
kagyló *n (állat)* shellfish, mollusc *(US* -sk), cockle, bivalve || *(kagylóhéj)* (cockle-)-shell, scallop(-shell) || *(emberi füle) (telefoné)* receiver || *(mosdóé)* wash basin, *US így is:* sink
kaja *n biz* grub, nosh, eats *pl*
kajak *n* (Eskimo's) kayak, canoe; *(összecsukható túrakajak)* faltboat, foldboat, collapsible boat
kajak-kenu *n* canoeing
kajakos *n* canoeist
kajakoz|ik *v* paddle a kayak/canoe, canoe
kajla *a (lekonyuló)* bent (downwards), droopy, awry || *biz (hebehurgya)* ungainly
kajszi(barack) *n* apricot
kajüt *n* cabin; *(nagyobb)* stateroom
kaka *n biz* shit
kakál *v vulg* shit*
kakaó *n növ* cacao || *(por és ital)* cocoa; *(ital még)* hot chocolate
kakas *n áll* cock, *csak US:* rooster || *(fegyveré)* cock || **felhúzott** ~**sal** at full cock
kakastaréj *n* cockscomb
kakasülő *n biz (színházban)* the gods *pl*
kaktusz *n* cactus *(pl* -es *v.* cacti)
kakukk *n* cuckoo
kalács *n kb.* milk loaf°
kaland *n* adventure; *(szerelmi)* (love) affair
kalandor *n* adventurer
kalandorpolitika *n* adventurism, reckless policy
kalandos *a* adventurous || ~ **utazás** eventful/adventurous journey, odyssey
kalandvágy *n* spirit/love of adventure
kalap *n (fejfedő)* hat || *(gombáé)* cap || **egy** ~ **alá vesz** lump together, treat (sy) alike, judge (sy) by the same standard; ~ **van a fején** have* the hat on; **le a** ~**pal!** I take my hat off to you/him etc.; **megemeli a** ~**ját** take* off *(v.* raise) one's hat; *biz* **megeszem a** ~**om, ha** I'll eat my hat if
kalapács *n (szerszám)* hammer; *(elnöki, árverező)* gavel || *(fülben)* hammer, malleus || ~ **alá kerül** come* under the hammer
kalapácsvetés *n* throwing the hammer
kalapácsvető *n* hammer-thrower

kalapál v hammer || *(szív)* pound
kalapos 1. a hatted, wearing a hat *ut.* **2.** n hatter, hatmaker; *(női)* milliner
kalaposnő n milliner
kalapszalon n milliner's
kalarábé n kohlrabi, turnip cabbage
kalász n ear || ~**ba szökken** ear
kalászos a/n ~**ok** cereals
kalauz n *(villamoson, buszon)* conductor; *(vonaton)* ticket-inspector || *(útikönyv)* guide(-book) || ~ **nélküli** one-man *(operated)*
kalauznő n *(villamoson, buszon)* conductress
kalauzol v guide (sy), *(körbevezetve)* show* (sy) round
kalcium n calcium
kaleidoszkóp n kaleidoscope
kaliber n *(csőé)* calibre (*US* -ber); *(furat)* bore || **nagy** ~**ú ember** a man of high calibre
kalibrál v *(hitelesít)* calibrate || *(idomszerrel mér)* gauge (*US* gage)
kalibrálás n calibration
Kalifornia n California
kalimpál v *(kéz)* beat* the air; *(láb)* fling* about, kick || *(szív)* beat* feverishly, palpitate
kalitka n cage
kálium n potassium
kalkuláció n calculation, reckoning; *(áré)* costing
kalkulál v calculate, reckon, estimate, compute; *(árat)* cost sg
kalkulátor n calculator, estimator
kallód|ik v be* thrown about; try/fail to find one's niche
kalmár n merchant
kalória n calorie
kalóriaérték n calorific value
kalóriaszegény a low in calories *ut.*
kalóz n pirate
kalózhajó n pirate, privateer
kalózkiadás n pirate(d) edition
kalózkod|ik v be* a pirate, practise piracy, pirate
kálvinista 1. a Calvinistic, Calvinist **2.** n Calvinist
kálvinizmus n Calvinism
kályha n stove
kamara n *(testület)* chamber
kamaraszínház n studio/fringe theatre
kamarazene n chamber music
kamarazenekar n chamber orchestra
kamasz n adolescent || **nagy** ~ big booby
kamaszkor n adolescence, puberty
kamaszkori a adolescent, pubertal, pubescent
kamaszod|ik v reach puberty, reach the awkward age

kamat n interest || **kamatos** ~ compound interest; **15%** ~**ra ad kölcsönt** lend* money at 15% *(kimondva:* per cent) interest
kamatláb n rate of interest, interest rate
kamatoztat v *(pénzt, tőkét)* invest || **tudást** ~ make* good use of one's knowledge
Kambodzsa n Cambodia, Kampuchea
kambodzsai a/n Cambodian, Kampuchean
kamera n *fényk, film, tv* camera
kamilla n camomile
kamillatea n camomile tea
kamion n (articulated) lorry, *biz* juggernaut, *US* truck
kampány n campaign
kamra n *(éléskamra)* pantry, larder; *(egyéb)* shed, box-room; *(lomtár)* lumber-room || *(gépé, zsilipé)* chamber || *(szívé)* ventricle
kan n *(állat hímje)* male [animal] || *(disznó)* boar || ~ **kutya** (male) dog
Kanada n Canada
kanadai a/n Canadian
kanál n spoon; *(merítő)* ladle || *biz* **nagy** ~**lal eszik** wine and dine
kanalas orvosság n liquid medicine, mixture
kanális n sewer
kanapé n settee, sofa, couch, *US* davenport
kanári n canary
Kanári-szigetek n *pl* Canary Islands
kanca n mare
kancellár n chancellor
kancellária n chancellery
kancsal a cross/squint-eyed
kancsalít v squint, have* a squint, be* cross/squint-eyed
kancsalság n squint, *tud* strabismus
kancsó n *(italnak)* pitcher, jug; *(bornak, víznek)* carafe; *(sörös)* tankard
kandalló n fireplace
kandidatúra n candidature
kandidátus n candidate (for sg)
kandikál v peep, peek, pry
kandúr n tomcat
kánikula n heatwave, dog days *pl*
kánikulai a ~ **nap** a scorching day, *biz* a scorcher
kankalin n primrose, cowslip
kánkán n cancan
kankó n gonorrhoea (*US* gonorrhea)
kanna n *ált* can; *(tejes)* milk-can/churn || *(teás)* (tea)pot; *(vízforralásra)* (tea)kettle
kannibál n cannibal
kannibalizmus n cannibalism
kánon n *(egyházi)* canon || *zene* canon, round

kanonok *n* canon
kantáta *n* cantata
kantin *n* GB (the) Naafi/NAAFI, US the PX
kántor *n* cantor, (parish) choir-master
kánya *n* kite
kanyar *n* bend, curve, turn(ing) || **éles** ~ sharp bend/turn; **kettős** ~ double bend; **veszi a** ~**t** take* the bend, turn a corner [on the road], negotiate a corner
kanyargó(s) *a* winding, twisting, zigzag(ging)
kanyaró *n* measles *sing. v. pl*; *orv* morbilli, rubeola || ~**ja van** be* down with measles
kanyarodás *n* (*járműé*) turn(ing), cornering || (*úté, folyóé*) bend, turn
kanyarod|ik *v* turn, bend || **balra** ~**ik** (*jármű*) turn left; (*út*) turn/bend* left; **jobbra** ~**ni tilos!** no right turn!
kanyarog *v* wind*, meander, zigzag
kap *v* (*ajándékot*) get*, receive, be* given; (*hozzájut*) get* (hold of), obtain, find* || (*betegséget*) catch*, contract || **ezt nem** ~**ni sehol** you can't get it for love or money, it is* nowhere to be had; **fejéhez** ~ clutch one's head; **két évi börtönt** ~**ott** he was* given two years, he got two years; **levelet** ~**ott** he got/had a letter; **ruhát** ~ **magára** slip on one's clothes, tumble into one's clothes; **szívéhez** ~**ott** he clutched his chest; **utána**~ try to catch/reach, clutch/snatch at, reach after
kapa *n* hoe
kapacitál *v* vkt vmre try to persuade sy to do sg, try to talk sy into sg
kapacitás *n* *fiz* capacity || (*képesség*) capacity, ability
kapál *v* hoe (*jel. id. igenév:* hoeing)
kapálás *n* hoeing
kapálódz|ik *v* writhe, struggle || **kézzel--lábbal** ~**ik vm ellen** kick/protest against sg, US buck/protest sg
kapar *v* scratch, scrape || ~ **a torkom** I've got a tickle in my throat
kaparás *n* (*karcolás*) scratching, scraping
kapásból *adv* off the cuff, extempore, on the spot, right away, impromptu || ~ **fordít** translate sg extempore (*v.* off the cuff *v.* at sight); ~ **válaszol** answer like a shot, shoot* back an answer
kapaszkod|ik *v* vmre fel climb up (on) || vmbe grasp sg, hang*/hold* on to sg, cling* (on) to sg, clutch sg, take* hold of sg || ~**j belém!** hold/hang on to me!
kapaszkodósáv *n* crawler lane
kapcsán *postp* vmnek (a) ~ in connection with sg, with reference to sg; (*alkalmából*) on the occasion of sg

kapcsol *v* ált connect, couple (up); join || (*áramkört*) connect [the wires] (*párhuzamosan:* in parallel, *sorosan:* in series); (*telefonon*) connect sy (to/with), put* (sy) through to || *biz* (*megért*) catch* on || **gyorsan** ~ be* sharp/quick(-witted), be* quick on the uptake; **kérem,** ~**ja a 12-70-et** can you put me through to 12-70?; **második sebességre** ~ move/go*/shift into second (gear)
kapcsolás *n* ált (*folyamat*) connecting, joining, linking (*vmvel mind:* with) || (*kapcsolóval*) switching || (*el és telefon*) connection || **téves** ~ (you've got the) wrong number
kapcsolási rajz *n* circuit diagram
kapcsolat *n* (*személyes*) connection, contact, relationship, relation(s); (*érzelmi*) attachment || (*dolgoké*) link, tie(s), connection, relation(s), relationship (between) || **baráti** ~**ban vannak** they are on friendly terms; **jó** ~**ai vannak** have* good contacts/connections, be* well connected; ~**ban van vkvel** be* in touch/contact with sy, have* contacts with sy; **üzleti** ~**ok** business relations, dealings (with); vmvel ~**ban** in connection with sg, with regard to sg, with reference to sg
kapcsoló *n* switch
kapcsolód|ik *v* vmhez be* connected/joined/linked with sg, be* attached to sg
kapcsológomb *n* switch knob, button
kapcsolótábla *n* switchboard
kapcsos zárójel *n* brace, curly bracket
kapható *a* obtainable, available; (*igével*) to be had/obtained || **nem** ~ be* out of stock, be* sold out, be* unavailable; **nehezen** ~ **cikk** scarcity
kapitalista *a/n* capitalist
kapitalizmus *n* capitalism
kapitány *n* ált captain || *sp* captain, skipper || **szövetségi** ~ manager
kapitányság *n* (*rendőri*) local/district police station
kapitulál *v* surrender, capitulate
kapkod *v* (*árut*) snap up, buy* up || (*vm után*) catch*/grab/snatch at sg, keep* catching/snatching (at) || (*zavarában*) be* in a flurry/fluster || (**csak úgy**) ~**ják az emberek** sell* (*v.* be* going) like hot cakes; **levegő után** ~ gasp/pant for breath, be* short of breath; **ruháit magára** ~**ja** fling* one's clothes on, tumble into one's clothes
kapkodás *n* (*zavar*) confusion, flurry, fluster
kapkodó *a* (*zavart*) flustered, confused
kapocs *n* hook, fastener; (*ruhán*) hook and eye; (*patent*) snap (fastener); (*gem*~) clip; (*fűző*~) staple; *orv* (*sebé*) (wound) clamp, clip

kápolna *n* chapel
kapor *n* dill
kapóra jön *v* vknek vm come* just at the right moment, come* in very handy; *(vkis)* come* in the nick of time
kapormártás *n* dill sauce
kapós *a biz (áru)* be* selling like hot cakes
káposzta *n* cabbage
káposztaleves *n* cabbage-soup
káposztás *a* ~ **kocka** cabbage ravioli; ~ **rétes** cabbage strudel
káposztasaláta *n* coleslaw
kappanhang *n* high-pitched male voice, falsetto
kápráz|ik *v* ~**ik a szeme** *(fénytől)* be* dazzled; **azt hittem,** ~**ik a szemem, amikor ...** I thought my eyes were deceiving me when, I couldn't believe my eyes when
kapszula *n* capsule
kaptafa *n* (shoemaker's) last || **egy ~ra húz mindent** do*/make* everything after the same pattern, treat all alike
káptalan *n* vall chapter || **nem ~ a fejem** I am not a walking encyclop(a)edia
kapu *n (kerti)* gate; *(házé)* (street) door, entrance door || *(futballban)* goal || **belőtte a labdát a** ~**ba** he kicked the ball into the goal; **hátsó ~** back door; **kerti ~** (garden) gate; **megnyitja ~it** *(intézmény)* be* opened (to the public); **utcai ~** *(házé)* front door; *(előkerté)* gate
kapualj *n* gateway, doorway, entrance
kapucíner *n* cappuccino, white coffee
kapucni *n* hood
kapukulcs *n* (latch)key
kapupénz *n* kb. gate-money
kapus *n (portás)* gate/door-keeper, porter || *(futball)* goalkeeper
kapuszárny *n* wing of door
kaputelefon *n* entryphone
kapuzárás *n (ideje)* locking-up time, closing-time
kapzsi *a* greedy, grasping, avaricious
kapzsiság *n* greed, avarice, rapacity
kar[1] *n (emberé)* arm || *műsz (emelőé)* arm; *(mérlegé)* (scale-)beam || **jó ~ban** in good repair/condition; *(vm)* in good state of preservation; ~**jába vesz vkt** take* sy in one's arms; ~**jánál fogva** taken sy by the arm; ~**on fog** take* sy by the arm; ~**on ülő gyermek** child°/babe in arms; **rossz ~ban van** be* in bad repair
kar[2] *n (egyetemi)* faculty; department || *(ének)* choir, chorus; *(tánc)* (corps de) ballet || **bölcsészettudományi ~** Faculty/School of Arts, Arts Faculty/Department; **orvosi ~** *(egyetemen)* Medical School, Faculty/School of Medicine; **tanári ~** (teaching) staff, masters *pl*
kár *n (anyagi)* damage, loss; *(pénzbeli)* cost, expense; *(erkölcsi)* detriment, harm, injury, wrong || **de** ~! what a pity!, that's a great pity, that's too bad!; ~ **a fáradságért** it's not worth the trouble; ~ **érte!** *(vmért)* it is much to be regretted; *(vkért)* he is much to be pitied; ~, **hogy** it is unfortunate that, what/it's a pity (that) you ...; ~**ba vész** be* wasted, be* all for nothing; ~**ba veszett** futile, useless, fruitless; ~**t okoz** vknek/vmnek cause/do* damage (to sy/sg), do* sy a lot of harm, injure sy/sg
karácsony *n* Christmas (*röv* Xmas) || ~ **első napja** Christmas Day; ~ **másnapja** Boxing Day; **fekete ~** green Christmas; ~**kor** at Christmas
karácsonyest *n* Christmas Eve
karácsonyfa *n* Christmas tree
karácsonyfadísz *n* Christmas-tree ornament/decoration, Xmas decorations *pl*
karácsonyfaégők *n pl (villany)* Christmas lanterns, Christmas tree lights (set)
karácsonyi *a* Christmas || ~ **ajándék** Christmas present; *(alkalmazottaknak)* Christmas-box; ~ **üdvözlet** Christmas greetings *pl*; **kellemes ~ ünnepeket (kívánok)!** (I wish you a) merry Christmas
karaj *n (sertés)* (pork) chop
karakter *n (szt is)* character
karalábé *n* kohlrabi, turnip cabbage
karám *n* (sheep-)pen, sheepfold
karambol *n közl* collision, (road) accident, smash-up
karamboloz|ik *v* collide, have* an accident, crash (into sg)
karamell *n* caramel
karamella *n* toffee, caramel(s)
karát *n* carat
karátos *a* -carat || **14 ~ arany** fourteen--carat gold
karbantart *v* maintain, keep* in good repair/condition
karbantartás *n* maintenance, servicing
kárbecslés *n* assessment of damage, loss adjustment/assessment
kárbecslő *n* insurance (claims) adjuster, loss adjuster/assessor
karbunkulus *n* carbuncle
karburátor *n* carburettor (*US* -t-)
karcol *v (kapar)* scratch, scrape || *(torkot)* irritate (one's throat)
karcolás *n (folyamata)* scratching, scraping; *(nyoma)* scratch
karcsont *n (felkaré)* humerus (*pl* -ri)
karcsú *a* slim, slender, svelte

karcsúság n slimness, slenderness
karcsúsít v make* slender, US slenderize
kard n sword; *(lovassági és sp)* sabre *(US -ber); ir* steel, iron
kardántengely n cardan shaft
kardigán n cardigan
kardvívás n sabre *(US -ber)* fencing
kardvívó n (sabre) fencer
karéj n *(kenyér)* slice (of bread)
káreset n damage
karfa n *(hídé)* railing; *(lépcsőé)* banister; *(ülőbútoré)* arm/elbow-rest
kárfelvétel n assessment of damages || ~**i jegyzőkönyv** *(balesetnél)* accident report form
karfiol n cauliflower
karhatalom n force of arms, armed force || ~**mal** by force
karigazgató n choir/chorus-master
kárigény n claim for damages || ~**t jelent be** *(vkvel szemben)* lodge a complaint (against sy), claim damages (from sy)
karika n *ált* ring; *(rajzolt)* circle || *(játék, abroncs)* hoop || *(görgő)* castor || **egy ~ szalámi** a slice of salami
karikacsapás n biz **úgy megy, mint a ~** go* like clockwork
karikás a ringed || ~ **a szeme** have* rings round one's eyes
karikatúra n caricature, cartoon
karikaturista n caricaturist, cartoonist
karima n edge, border, rim; *(kalapé)* brim; *(csőé)* flange
kárjelentés n report of damage
karkötő n bracelet
karmester n conductor; *(fúvósoké)* bandmaster || ~ ... conducted by ...
karmol v claw, scratch with the/one's (finger-)nails
karnevál n carnival
karó n *mezőg* stake, pale, post; *(szőlőé)* stick, stake, prop, support || biz *(egyes osztályzat)* fail (mark)
káró n *(kártya)* diamond || ~ **ász** the ace of diamonds
károg v *(holló)* croak; *(varjú)* caw
Károly n Charles || **Nagy ~** Charlemagne
karom n claw; *(ragadozó madáré)* talon || **vk karmai közé kerül** get* into sy's clutches
káromkodás n *(cselekedet)* swearing, cursing || *(szövege)* oath(s), curse, bad/foul language
káromkod|ik v swear*, curse (and swear*), use bad language
karonfogva adv arm in arm (with sy)
karóra n wrist-watch
káros a injurious, harmful, damaging *(vmre mind:* to sg) || ~ **szenvedély** harmful habit

károsodás n loss suffered, damage; *(testi)* injury (sustained)
károsod|ik v suffer/sustain a loss
karosszék n armchair, easy-chair
károsult a/n injured/damaged person; *(elemi csapástól)* victim of a disaster
karosszéria n bodywork, carbody
karosszérialakatos n panel beater
karöltve adv vkvel arm in arm with sy, hand in hand with sy, together with sy
káröröm n malicious joy/glee (at sy's misfortune) || ~**mel jegyezte meg** he gloated
Kárpátalja n Sub-Carpathia
kárpáti a Carpathian
Kárpát-medence n Carpathian basin
Kárpátok n pl the Carpathians
karperec n bracelet, bangle
kárpit n *(függöny)* curtain, hangings pl; *(ajtón)* door-curtain; *(autóé)* upholstery
kárpitos n upholsterer
kárpitozott a *(bútor)* upholstered, padded
kárpótlás n compensation (given for sg), recompense; *(pénzbeli)* indemnity || ~**ul** by way of compensation
kárpótol v vkt vmért compensate/indemnify/recoup sy for sg, make* amends to sy for sg, make* up for sg
kárrendezés n loss adjustment
karrier n career || ~**t csinál** get*/rise* to the top, make* one's fortune
kártalanítás n = **kártérítés**
kártárs n colleague, fellow worker || *(megszólításban)* **Kovács ~** Mr. Kovács
kártékony a harmful, damaging, detrimental; *(hatás így is)* pernicious; *(ártalmas)* noxious || ~ **állat** pest
kártérítés n compensation, damages pl, indemnity, indemnification, US smart money || ~**t fizet vknek vmért** pay* damages to sy for sg, make* amends to sy for sg, compensate/indemnify sy for sg
kártérítési a ~ **igény** claim for damages; ~ **összeg** damages pl; ~ **per** damage suit, action/suit for damages
kártevő 1. a harmful, causing damage ut., noxious 2. n *(szándékos)* vandal, saboteur || *(állat)* pest
kártolt gyapjú n carded wool
karton[1] n *(papír)* cardboard; *(keményebb)* pasteboard || *(kártya)* card || *(doboz)* carton || **egy ~ cigaretta** a/one carton of cigarettes
karton[2] n tex cotton, print
kartonált a *(könyv)* paperback
kartonruha n print dress
kartoték n card index, file || ~**(lap)** card
kartotékol v (card-)index, file
kartörés n fracture of the arm

kártya n (játék) card || (cédula) slip || ~t vet tell* fortune by cards; **keveri a** ~t átv stir it/things up, be* intriguing; **mindent egy** ~**ra tesz fel** put* all one's eggs in(to) one basket; **nyílt** ~**val játszik** put*/lay* one's cards on the table
kártyamutatvány n card trick
kártyaparti n a game of cards
kártyás n (inveterate/keen) card-player; (hazárd) gambler
kártyázás n card-playing, playing cards
kártyáz|ik v play cards
kárvallott n loser, the injured party
karzat n szính gallery; (templomi) choir, loft, gallery
kas n (kocsié) wicker framework || (méheké) (bee-)hive, (bee-)skep || bány cage
kása n ált mush, pap; (kukoricából) cornmeal mush; (árpából) barley-water; (darából) gruel; (zab~) porridge
kásás a (gyümölcs) mushy; (jég) slushy
kasmírszövet n cashmere
kastély n mansion (house), GB country house, manor (house); (palota) palace; (várkastély) castle
kasza n scythe
kaszál v (füvet) mow, cut* down, scythe || **szénát** ~ **make*** hay
kaszálás n mowing, cutting; (széna~) hay-making
kászálód|ik v be* getting ready, gather one's things (together)
kaszinó n club; (játék~) casino
kaszinótojás n egg mayonnaise
kaszkadőr n stunt man°
kaszkó(biztosítás) n (fully) comprehensive insurance (policy), car insurance
kassza n (boltban) cash desk; (pénztárgép) cash register; (szupermarketben) checkout; (színház, mozi stb.) box office || **a** ~**nál tessék fizetni** please pay at the desk; ~**t csinál** cash up, balance (up) one's/the cash
kasszasiker n box-office hit/smash
katakomba n catacombs pl
katalizátor n vegy catalyst || (autóban) catalytic converter
katalógus n (jegyzék) catalogue (US -log)
katapultál v rep (üléssel együtt) eject
kataszter n cadaster
kataszteri a cadastral
katasztrális hold n cadastral acre, "hold" (= 1.42 acres)
katasztrófa n catastrophe, disaster
katasztrofális a catastrophic
katedra n isk (dobogó) platform; (tanári asztal) teacher's desk || (egyetemi) chair
katedrális n cathedral
kategória n category; (osztály) class

kategorikus a (kijelentés) categorical; (visszautasítás) flat || ~**an tagad** deny sg categorically
katéter n catheter
katéterez v catheterize
katicabogár n ladybird, US ladybug
katlan n (üst) cauldron; (kisebb) kettle
katód n cathode
katolikus a/n Catholic || **a** ~ **egyház** the (Roman) Catholic Church
katona n soldier, serviceman°; (köz~) private (soldier) || ~**k** soldiers, troops, men; ~**nak megy** enter the army, enlist, join the army/services; ~ **volt** he saw service, he was in the Army
katonai a military || ~ **behívó** call-up papers pl, US draft call; ~ **felszerelés** kit; ~ **főiskola** military academy/college; ~ **pályára megy** join (v. go* into) the army, become* a soldier; ~ **szolgálat** military service
katonakötelezettség n conscription, compulsory military service
katonaruha n army clothes pl, uniform
katonaság n the army/military, armed forces pl || **a** ~**nál** in the army
katonaszökevény n deserter
katonatiszt n (army) officer
kátrány n tar
kattan v click
kattog v click (repeatedly), clack, rattle
kattogás n click, clack
kátyú n (úton) pot-hole, puddle || ~**ba jut** átv get* bogged down, stall
kaució n security, caution-money
kaucsuk n caoutchouc, rubber
kavar v stir
kavargás n whirl(ing), swirl(ing)
kavargat v keep* (on) stirring
kavarodás n upheaval, hurly-burly, stir
kavarod|ik v összevissza ~**ik** get* mixed up
kavarog v whirl, swirl; (folyadék) eddy || ~ **a gyomra** feel* sick, one's stomach turns
kávé n coffee; (eszpresszókávé) espresso; (tejes) white coffee || **kérsz egy (csésze)** ~**t?** would you like a (cup of) coffee?; ~**t főz** make* coffee
kávédaráló n coffee mill; (elektromos) coffee grinder
kávéfőző n (gép) (coffee) percolator; (nagyobb) coffee maker
kávéház n café
kávékeverék n blend (of coffees)
kávépótló n ersatz coffee, coffee substitute
kávéscsésze n coffee-cup
kávéskanál n teaspoon || ~**nyi** teaspoonful
kávéskészlet n coffee-set

kávézás n coffee-drinking, having (a) coffee
kávéz|ik v have*/drink*/take* coffee
kávézó n coffee bar, coffee-room, coffee shop
kaviár n caviar
kavics n pebble(s pl); (murva) gravel; (tengerparton) shingle; pebbles pl || **folyami** ~ river gravel/ballast
kavicságy n gravel bed, bottom ballast
kavicsburkolat n (úté) pebble-work, pebble(d) surface
kavicsos a pebbly, covered with pebbles ut.; (kerti út) gravelled (US -l-), gravel-; (tengerpart) shingly
kazal n rick, stack
kazán n boiler
kazetta n (ládika) case; (ékszeres) casket || (mennyezeti) (sunk) panel, coffer || (fényk, magnó, video) cassette
kazettás magnó n cassette recorder
kb. = körülbelül
kebel n (mell) bosom, breast; átv heart || **keblére ölel** clasp/fold (sy) in one's arms; **vmnek a** ~**ében** (with)in sg, belonging to sg
kebelbarát n intimate/bosom friend
kecmec n biz **nincs (sok)** ~ there's no messing/footling about/around
kecsege n sterlet, sturgeon
kecsegtet v hold* out promises of sg, be* promising, bid* fair || **szép reményekkel** ~ hold* out the best hopes of sg, be*/look promising
kecsegtető a promising, alluring
kecses a graceful, charming, dainty
kecske n áll goat; (bak) he/billy-goat; (nőstény) she/nanny-goat || ~**re bízza a káposztát** set* the fox to watch the geese; iron **vén** ~ old goat
kecskebak n he/billy-goat
kecskebéka n bull-frog
kecskegida n kid
kecskeszakáll n (emberé) goatee
kedd n Tuesday || ~**en** on Tuesday; **jövő** ~**en** next Tuesday; **múlt** ~**en** last Tuesday; **minden** ~ on Tuesdays, every Tuesday; ~**(en) este** Tuesday evening/night; ~**re** by Tuesday
keddenkint adv every Tuesday, on Tuesdays
keddi a Tuesday, of Tuesday ut., Tuesday's || **a** ~ **nap folyamán** in the course of Tuesday, on Tuesday; **egy** ~ **napon** on a Tuesday; **a múlt** ~ **napon** last Tuesday; **a jövő** ~ **óra** next Tuesday's lesson, the lesson next Tuesday
kedély n temper(ament), humour (US -or), spirit, mood || **jó** ~ good humour, high spirits pl, cheerfulness; **lecsillapítja a** ~**eket** pour oil on troubled waters

kedélyállapot n frame/state of mind
kedélybeteg a melancholy, melancholic, depressed
kedélyes a jovial, merry, convivial || ~ **ember** breezy/jovial/cheerful character/fellow
kedv n (hangulat) mood, temper; (hajlam) disposition, frame of mind; (öröm vmben) liking, pleasure || **jó** ~**e van** be* in good humour (US -or), be* in a good mood, be* in high spirits; (mulatozónak) have* a good time; **rossz** ~**e van** be* in bad humour, be* in a bad mood, be* out of sorts, US így is: feel* blue; ~**e van vmhez** feel* like ...ing; **nincs** ~**em hozzá** I don't feel like it, I haven't the slightest intention of [doing sg]; ~**e volna vmt tenni** have* a great mind to (do sg); **volna** ~**e(d)...?** would you care to/for ...?, how about a ...?; **nincs** ~**e(d) vmt inni?** would you care for a drink?; **elmegy a** ~**e vmtől** lose* interest in sg, be* no longer in the mood for sg, go* off sg; **vknek a** ~**éért** for the sake of sy, for sy's sake/benefit; **vmnek a** ~**éért** (vm érdekében) because of sg, for the sake of sg
kedvel v like, be* fond of, have* a liking for || **nem** ~ dislike, does not like, (csak vmt) does not care for
kedvelt a popular, fashionable, much liked
kedvenc 1. a favourite (US -or-); (egyetlen) pet || ~ **étele** his favourite dish 2. n favourite || **a közönség** ~**e** a favourite with the audience
kedves 1. a (szeretett) dear || (nyájas) kind, gentle, decent, nice, pleasant || (bájos) pretty, sweet, charming, lovely || **ez igen** ~ **tőled** that's very kind/nice of you; **ha** ~ **az élete** if you value your life; ~ **barátom!** Dear Friend; **legyen olyan** ~ **és** be so kind as to (do sg) 2. n (nő) his beloved/sweetheart; (férfi) her beloved/lover || ~**em!** my dear!, dearest!, darling!
kedvesked|ik v vknek vmvel favour sy with sg, give* sy sg as a (surprise) gift
kedvesség n (modoré) kind(li)ness, courtesy, gentleness, kind manners (pl) || (szívesség) kindness, favour (US -or)
kedvetlen a moody, dispirited, depressed, out of sorts ut., down-hearted
kedvetlenség n low spirits pl, depression, bad humour (US -or)
kedvez v vk vknek favour (US -or-) sy, give* sy an advantage; (előnyben részesít) prefer sy (over sy else) || **vm vknek/vmnek** be* favourable (US -or-) to sy/sg

kedvezmény *n (előny)* advantage, favour (*US* -or) granted to sy; *(engedmény)* allowance, reduction, discount || **legnagyobb ~ záradéka** most favoured (*US* -or-) nation clause; **vasúti ~** reduced fares *pl*; **~ben részesít** grant/give* sy a (special) discount

kedvezményes *a* preferential, reduced || **~ ár** reduced/discount price; **~ díjszabás** special tariff, reduced rate; **~ vám(tarifa)** preferential tariff/rate

kedvezményezett *a/n* a ~ *(biztosításban)* the beneficiary

kedvező *a* favourable (*US* -or-), advantageous; *(pillanat)* opportune, propitious || **~ feltételek mellett** under favourable conditions; **~ színben tüntet fel vmt** show* sg to its best advantage, give* a favourable account of sg

kedvezőtlen *a* unfavourable (*US* -or-); disadvantageous; *(időjárás)* adverse, inclement || **~ feltételek** adverse/unfavourable conditions

kedvtelés *n (öröm)* pleasure, fancy, delight; *(időtöltés)* diversion, pastime, hobby || **~ből tesz vmt** do* sg for pleasure

kefe *n* brush; *(súroló)* scrubbing brush

kefél *v* brush, give* sg a brush up/down || *vulg (közösül)* screw (*vkvel* with sy)

kefír *n* kephir, kefir

kégli *n biz (lakás)* pad; *(szeretkezésre)* love-nest

kegy *n* favour (*US* -or), grace, benevolence, kindness, goodwill, patronage

kegyelem *n* mercy; *(büntetés enyhítése)* clemency; *(elengedése)* pardon; *(halálraítéltnek)* reprieve || *vall* grace || **nincs ~** no quarter (given)

kegyenc *a/n* favourite, minion

kegyes *a (kedves)* kind, friendly, amiable || *vall* pious, devout || **~ hazugság** white lie

kegyetlen *a* cruel, merciless, brutal (*vkhez mind:* to) || **~ül bánik vkvel** treat sy cruelly, maltreat sy; *biz* **~ül hideg van** it is* dreadfully/terribly cold

kegyetlenkedés *n* cruelties *pl*, atrocities *pl*, barbarity

kegyetlenked|ik *v* commit atrocities

kegyetlenség *n* cruelty, inhumanity, brutality; savageness (of sg)

kegyvesztés *n* disgrace

kegyvesztett *a (fallen)* out of favour (*US* -or) (with sy) *ut.*, in disfavour/disgrace *ut*. || **~ lesz** lose* favour, fall* out of favour, fall* into disgrace (with sy)

kehely *n (ivó)* drinking cup; *vall (katolikus haszn.)* chalice; *(protestáns haszn.)* (communion) cup || *(virágé)* calyx (*pl* calyces *v.* calyxes), flower-cup

kehes *a (ló)* broken-winded || *(ember)* with a cough *ut.*

kéj *n (nemi)* (sexual) pleasure || *átv* pleasure, delight

kéjelgés *n (nemi)* lust, carnal pleasure(s) || *jog* üzletszerű (titkos) ~ soliciting, prostitution

kéjes *a átv* delicious, delightful, blissful || *(nemi)* voluptuous, sensual, lustful

kéjgyilkos *n* sex murderer, rapist and murderer

kéjgyilkosság *n* sex murder, rape and murder

kéjsóvár *a* lustful

kéjutazás *n* pleasure trip

kék 1. *a* blue || **~ folt** *(ütéstől)* bruise, contusion; **~ szemű** blue-eyed **2.** *n (szín)* blue || **~re fest** *ált* paint (sg) blue; *tex* dye/stain sg blue

kékcinege *n* blue tit

kékes *a* bluish; *(ajak, arc)* livid

kékharisnya *n* bluestocking

kékl|ik *v* look/appear blue; *(hegyek távolból)* loom, be* hazy (in the distance)

kéklő *a* bluish; *(hegyek)* hazy, looming

kékre-zöldre: **~ verték** *kif* he was beaten black and blue

kékróka *n* blue/Arctic fox

keksz *n* biscuit, *US* cookie; *(sós)* cracker

kékszakáll *n* Bluebeard

kékül *v* become*/turn blue

kel[1] *v (ágyból)* rise*, get* up || *(égitest)* rise* || *(növény)* shoot*, sprout, come* up, spring* || *(tészta)* rise*, swell* || **levele okt. 25-én ~t** his letter was dated 25 October (*US* October 25th) *(kimondva:* the twenty-fifth of October); **ki korán ~, aranyat lel** the early bird catches the worm

kel[2] *n* = kelkáposzta

kelbimbó *n* Brussels sprouts *pl*

kelendő *a* ~ **áru** marketable/saleable goods *pl*, goods much in demand *pl*

kelendőség *n* marketableness, saleability

kelengye *n (menyasszonyé)* trousseau (*pl* -seaux *v.* -seaus)

kelepce *n* trap, pitfall, snare || **~ be csal** lure into a trap, enmesh

kelepel *v (gólya)* clatter

kelés *n orv* boil, furuncle, abscess || *(ágyból)* getting up || *(tésztáé)* rising || **korai ~** getting up early

kelet[1] *n (égtáj)* East, east || *(vidék)* the (far) East, the Orient || **~ felé** eastward(s); **~en** in the east; **~re** to(wards) the east, eastbound; **~re utazik** go* east; **~ről** from the east; **vmtől ~re fekszik** lie* east of sg

kelet[2] *n* = keltezés

kelet[3] *n* **nagy ~(j)e van** be* much in demand

keletbélyegző *n* date-stamp
Kelet-Európa *n* Eastern Europe
kelet-európai *a* East European
keleti *a* eastern, of the East/east *ut.*, east, in the East *ut.*; *(távol~)* oriental, Oriental || ~ **fekvésű ház** house facing (the) east; ~ **irányban** eastward(s), towards the east, eastbound; **K** ~ **pályaudvar** Budapest East (railway station)
keletkezés *n* rise, origin, beginning
keletkez|ik *v* come* into being; *vmből* originate in/from sg, (a)rise*/issue from sg; *(tűz, vihar)* break* out
keletkező *a* originating in *ut.*; arising from *ut.* || ~**ben van** be* in the making; *(vihar)* be* brewing; *(mozgalom)* be* starting/afoot, be* in the offing
keletlen *a (tészta)* unleavened, stodgy
keletnémet *n tört* East German
Kelet-Németország *n tört* East Germany
keletű *a* **új(abb)** ~ recent; **régi** ~ long-standing
kelkáposzta *n* savoy cabbage || ~**-főzelék** boiled savoy cabbage
kell *v (vm szükséges)* be* needed; *vknek vm* sy wants/needs sg || *vmhez* be* necessary/required for sg || *(kedvére van)* (sg) is* to sy's taste/liking || **csak szólnod** ~ you have only to say the word; **ehhez idő** ~ it will take (some) time to ...; **el** ~ **jönnie** he has (got) to come, he's bound to come; **el** ~ **mennem** ~ I must go; **el** ~**ett mennem** I had to go; *(feltételes)* **el** ~**ett volna hoznom** I should (*v.* ought to) have fetched/brought it; **mondanom sem** ~ I need hardly say, needless to say; **nem** ~ **elmenned oda** you don't need to go there; **nem** ~ **nekem!** not for me, thanks!; **nem** ~**ett volna bíznom benne** *(= hiba volt)* I shouldn't have trusted him
kellék *n* ~**ek** *(felszerelések)* accessories, *US* fixings; *(főzéshez)* ingredients; *(varráshoz)* trimmings, materials; *(ruhához)* accessories; *(színpadi) biz* props
kellemes *a* agreeable, pleasant, nice; *(élvezetes)* enjoyable || ~ **érzés** agreeable/pleasant sensation/feeling
kellemetlen *a* disagreeable, unpleasant; *(helyzet, ügy)* awkward, troublesome, annoying; *(szag)* offensive, bad || ~ **fráter** nasty person, tough/rough/ugly customer; ~ **helyzetben van** be* in an embarrassing situation, *biz* be* in a spot *(US* fix); **milyen** ~**!** how annoying!, what a nuisance!
kellemetlenség *n (tulajdonság)* unpleasantness || *(eset)* trouble, bother, inconvenience, nuisance || **sok** ~**em volt** I had a lot of trouble

kellemetlenül *adv* disagreeably || ~ **érint vkt** it makes one feel uneasy/uncomfortable, *biz* it touches one on the raw
kellet *v* ~**i magát** try to please *(vk előtt* sy), flaunt oneself, try to attract attention
kellete *n* a ~**nél jobban** (only) too well, excessively, more than necessary; **a** ~**n felül** too much/many, more than enough/necessary
kelletlen *a* unwilling, reluctant
kelletlenül *adv* unwillingly, reluctantly, willy-nilly; *kif* dragging one's feet/heels
kellő *a* proper, right, due, adequate || **a** ~ **formában** in due form, properly, duly; ~ **időben** at the right/proper time, in due time
kellőképpen *adv* duly, properly, as required
kellős *a vmnek* **a** ~ **közepén** in the very/exact centre *(US* -ter) of sg
kelme *n* material, fabric, cloth, stuff
kelmefestő *n* dyer
kelt[1] *v (alvót)* wake* (up) || *(gyanút)* give* rise to [suspicion]; *(hatást)* produce, bring* about; *(szánalmat)* arouse || **azt a benyomást** ~**i, hogy** ... it gives* the impression of ...ing *(v.* that...); **életre** ~ *(ájultat)* revive, resuscitate; **izgalmat** ~ cause great excitement, give* rise to great excitement
kelt[2] *a* ~ **tészta** leavened/raised dough/pie/cake
kelt[3] *a* **hivatkozva f. hó 10-én** ~ **levelére** with reference to your letter of the 10th inst.
kelta 1. *a* Celtic || ~ **nyelv** Celtic **2.** *n (ember)* Celt
keltető(gép) *n* incubator, brooder
keltez *v* date [a letter] || **előbbre** ~ antedate; **későbbre** ~ postdate
keltezés *n* date; *(folyamat)* dating || **budapesti** ~**ű levél** a letter dated from Budapest
kelvirág *n* cauliflower
kém *n* spy; *(rendőri)* informer
kémcső *n* test tube
kémelhárítás *n* counterintelligence (work), counterespionage
kémelhárító *n* counterintelligence (corps) || ~ **tiszt** counterintelligence officer
kemence *n (péké)* oven; *(olvasztó)* furnace; *(téglaégető, szárító)* kiln
kemény *a* hard, stiff || *átv* hard, severe; *(bánásmód)* hard, harsh; *(elhatározott)* resolute, unyielding; *(szavak)* hard, harsh || ~ **ceruza** a hard/fine pencil; ~ **hideg** severe cold; ~ **izmok** hard/steely muscles; ~ **kézzel bánik vkvel** be* hard/rough on sy; ~ **kritika** severe criticism; ~ **kötésű könyv** hardback; ~

legény sturdy lad, tough chap; ~ **munka** hard work; ~ **tojás** hard-boiled egg; ~ **valuta** hard currency

kémény n chimney; *(gyáré)* factory chimney, (chimney-)stack; *(hajón, mozdonyon)* funnel, *(US főleg mozdonyon)* smokestack

keményedés n *(folyamat)* hardening, stiffening || *(bőrön)* callus

keményed|ik v harden, stiffen, grow*/become* hard/stiff

keményen adv hard, severely || ~ **bánik vkvel** deal* severely with sy, be* hard on sy; ~ **dolgozik** work hard

keményítő n starch

keménykötésű a *(legény)* sturdy [lad], tough [chap]

keménység n hardness, stiffness; *(acélé)* temper || átv severity; *(bánásmódé)* harshness, severity; *(szigor)* sternness, strictness; *(időé)* bitterness

kéményseprő n chimney-sweep, biz sweep

kémhatás n (chemical) reaction

kémia n chemistry

kémiai a chemical || ~ **kötés** chemical bond

kémiatanár n master/teacher of chemistry, chemistry master/teacher

kémikus n chemist

kémkedés n spying, espionage

kémked|ik v act as a spy, spy *(vk után* vagy *sy)* || ~**ik vknek** spy for sy

kémközpont n espionage/spy centre *(US* -ter)

kémlel v *(fürkészve)* pry into, scrutinize, investigate

kemping n campsite, camping ground/site, *US főleg* campground; *(GB üdülőtelep faházakkal)* holiday camp

kempingágy n camp-bed, *US* cot

kempingasztal n camping table

kempingbicikli n fold-up bicycle

kempingcikkek n pl camping articles

kempingezés n camping

kempingez|ik v camp || ~**ni megy** go* camping

kempingező n camper

kempingfelszerelés n camping equipment

kempingfőző n camp(ing) stove

kempinglámpa n camp light, hurricane lamp

kempingszék n camp-chair/stool, garden/picnic chair, *US így is:* lawn chair

kémszervezet n spy network, spying organization/agency

kémtörténet n spy story/thriller

ken v vmt vmvel smear sg with sg; vmt vmre smear/spread* sg on/over sg; *(gépet)* grease, lubricate || biz *(veszteget)* grease sy's palm, bribe sy, *US így is:* soap sy || **falhoz** ~ **vkt** knock sy flat; **krémmel** ~**i a kezét** put* cream on one's hands; **másra** ~ **vmt** lay* sg at sy's door; **vajat** ~ **a kenyérre** spread* butter on the/one's bread

kén n sulphur, *US* sulfur

kender n hemp

kenderfonal n hemp yarn

kendő n *(fejre, vállra)* shawl; *(nyakra, vállra)* scarf° *(törölgető)* duster

kenés n *(gépé)* lubrication, greasing; *(másé)* smearing; orv unction || biz *(vesztegetés)* greasing sy's palm, bribing, bribe, slush money, *US így is:* soap

kenet n orv *(kenőcs)* ointment; *(híg)* liniment; *(testrészből vett)* smear || **vall utolsó** ~ extreme unction

kenetteljes a *(szavak)* unctuous

kenguru n *(állat)* kangaroo; *(kis fajtájú)* wallaby || *(gyermekhordó)* (baby) carrier

kengyel n *(lovagláshoz)* stirrup || *(fülben)* stapes *(pl* ua.), stirrup(-bone)

kenőanyag n lubricant, grease

kenőcs n *(testre, sebre)* ointment, cream; *(híg)* liniment

kenőmájas n liver pâté, chopped liver; *(hurka)* liver sausage, *US* liverwurst

kenőolaj n lubricating oil, lubricant

kénsav n sulphuric acid *(US* -lf-)

-**ként** suff as *(v. elöljáró nélkül)* || **edzőként működik** act as coach to, coach; *(hasonlító)* **egy emberként** as one man, with one voice, unanimously

kentaur n *(mitológiában)* centaur

kenu n *(Canadian)* canoe

kenus n canoeist, paddler

kenuzás n canoeing

kenuz|ik v canoe, paddle a canoe

kényelem n comfort, ease, convenience || ~**be helyezi magát** make* oneself comfortable

kényelmes a vm comfortable; *(lakályos)* cosy, *US* cozy, snug; *(alkalmas)* convenient || *(emberről)* comfort-loving, easy-going, elít indolent || ~ **állás** sinecure, comfortable job; ~ **ruha** loose/easy-fitting clothes pl

kényelmesen adv comfortably; *(lakályosan)* cosily || ~ **ül** be* comfortable

kényelmetlen a uncomfortable; *(alkalmatlan)* inconvenient; *(kellemetlen)* awkward || ~**ül ül** be* uncomfortable in this/his chair; ~**ül érzi magát** be*/feel* ill at ease, be* embarrassed, feel* uncomfortable/awkward

kényelmetlenség n discomfort, lack of comfort; *(kellemetlenség)* inconvenience

kenyér n ált bread; *(nem szeletelt, nem pirítósnak)* crusty bread/loaf || *(kereset)* livelihood, a living, bread and butter ||

egy darab ~ a piece of bread; **friss** ~ new bread; **vajas** ~ a slice of bread and butter

kenyérellátás *n* bread-supply

kenyérgabona *n* cereals *pl*

kenyérgyár *n* (large) bakery

kenyérhéj *n* (bread)crust

kenyérkosár *n* bread-basket

kenyérpirító *n* toaster

kenyértészta *n* dough

kenyérvágó *n (kés)* bread knife°; *(gép)* bread-slicing machine

kényes *a (nem ellenálló)* delicate, tender, fragile ‖ *(ízlésre)* refined, fastidious, critical; *(finnyás)* be* (rather/very) particular about sg ‖ *(kínos)* thorny, awkward, embarrassing ‖ ~ **ügy** delicate matter, ticklish affair; ~ **vmre** *(érzékeny)* be* sensitive to sg

kényesked|ik *v* be* sensitive/touchy; *(finnyás)* be* fastidious (about)

kényeztet *v* pamper, spoil*, coddle

kényeztetés *n* pampering, spoiling

kényszer *n* compulsion, constraint, force, pressure ‖ ~ **hatása alatt tesz vmt** do* sg under duress/pressure, feel* constrained to do sg; **enged a** ~ **nek** yield to pressure/force

kényszeredett *a* constrained; *(mosoly)* wry ‖ ~ **en** with a bad grace

kényszerhelyzet *n* (time of) necessity, difficult situation, exigency

kényszerít *v vkt vmre* compel/force/press sy to do sg

kényszerleszállás *n* forced/emergency landing; *(géptöréssel)* crash-landing ‖ ~ **t hajt végre** make* a forced landing; *(géptöréssel)* crash-land

kényszerül *v vmre* be* constrained/forced/driven/compelled to do sg ‖ **arra** ~, **hogy** have* no choice but to

kénytelen *a* be* forced/compelled/obliged to (do sg) ‖ ~ **vagyok** I can't help [doing sg], I cannot choose but, I am* compelled/forced to

kénytelen-kelletlen *adv* willy-nilly, unwillingly, reluctantly

kép *n* ált picture; *(arckép)* portrait, picture; *(fénykép)* photo(graph), snap(shot); *(papírkép)* print; *(festmény)* painting, picture; *(képmás)* image, likeness; *(könyvben)* picture, illustration; *(tv)* picture ‖ *biz (arc)* face, visage ‖ *(látvány)* picture, sight, view, prospect ‖ *(vmről alkotott)* picture, image; *(fogalom)* idea, notion ‖ *szính* scene ‖ **a** ~ **en** in the picture; **jó** ~ **et vág a dologhoz** grin and bear* it, put* a good/bold face on sg; **van** ~ **e hozzá** have* the nerve/cheek/face to sg

képaláírás *n* caption

képcsarnok *n (art)* gallery

képcső *n tv* television/picture tube

képernyő *n tv* (television/TV) screen ‖ **a** ~ **n** on (the) television, on TV; **nagy** ~ **jű** large-screen

képes[1] *a (képpel ellátott)* with pictures *ut.*, illustrated ‖ *(képletes)* figurative, metaphorical ‖ ~ **folyóirat** illustrated magazine/journal

képes[2] *a (vmre)* (be*) able (to do sg), (be*) capable of (doing) sg; *(igével)* can* (do sg), be* fit/qualified to do sg; **elit** be* (quite) capable of anything

képesít *v (képessé tesz vkt vmre)* enable sy to do sg ‖ *(képesítést ad vknek)* qualify sy for sg

képesítés *n* qualification ‖ ~ **t szerez** qualify; *(egyetemit)* take*/obtain a/one's degree [at a university], graduate [from Debrecen etc. *v.* in arts etc.]; **angoltanári** ~ **e van** be* qualified to teach English; ~ **nélküli** unqualified [teacher etc.]

képesített *a* qualified, certificated

képesítő **1.** *a* qualifying **2.** *n (vizsga)* qualifying examination

képeskönyv *n* picture-book

képeslap *n (újság)* (illustrated) magazine ‖ *(levelezőlap)* (picture) postcard

képesség *n* ability, capacity, aptitude, faculty; *(különleges)* talent, gift; *(ügyesség)* ability, capability, skill ‖ ~ **e van vmre** have* the ability to (do sg), have* a talent/gift for sg; **jó** ~ **ű** showing aptitude *ut.*; gifted, talented

képest *post* compared to/with sg, in/by comparison with sg ‖ **hozzá** ~ compared to/with her/him/it; **korához** ~ **magas** he is* tall for his age

képez *v (tanít)* instruct, train, teach* ‖ *(alkot)* form, constitute, compose ‖ *nyelvt* form ‖ ~ **i magát** learn* sg, study/train (on one's own); **vmnek az alapját** ~ **i** constitute the basis/foundation of sg

képhiba *n* picture/image distortion

képkereskedés *n* art/picture gallery, art shop, picture(-dealer's) shop

képlékeny *a* easy to shape *ut.*, plastic, pliable

képlet *n* formula *(pl* -las *v.* -lae)

képletes *a* figurative, metaphorical, allegorical, symbolic

képmagnó *n* = **videomagnó**

képmás *n* picture, image, likeness; *(arckép)* portrait ‖ **vknek hű** ~ **a** *átv* the very picture/image of sy

képmutatás *n* hypocrisy

képmutató **1.** *a* hypocritical **2.** *n* hypocrite

képregény *n* comic strip(s *pl*), strip cartoon; *főleg US:* comics *pl*

képrejtvény *n* picture puzzle
képtár *n* picture/art gallery
képtelen *a vmre* incapable of, unable to; *(alkalmatlan)* unfit for, not qualified for *(mind: ut.)* ‖ *(lehetetlen)* absurd, impossible; *(értelmetlen)* unreasonable, nonsensical ‖ ~ **állítás** absurd assertion
képtelenség *n (vmre)* incapacity (for), incapability (to), inability (to) ‖ *(lehetetlenség)* absurdity, absurdness, impossibility ‖ ~ **ezt állítani** it is absurd to suggest that
képújság *n (tévében)* teletext
képvisel *v ált* represent (sy); *(vk nevében eljár)* act on behalf of sy, act for sy; *(országgyűlésen)* be* (the) member for [a constituency] ‖ **vk érdekeit** ~**i** promote/protect sy's interests; **a bíróság előtt** ~ **vkt** *(ügyvéd)* act (as counsel) for sy, plead sy's cause, represent sy in court; **a védelmet** ~**i** appear for the defence *(US* -se)
képviselet *n ált* representation ‖ **ker** agency ‖ **vknek a** ~**ében van jelen** appear on behalf of sy; **XY, a vád** ~**ében** XY, prosecuting, ...
képviseleti *a* representative ‖ ~ **demokrácia** representational democracy
képviselő *n ált* representative; *(küldött)* delegate; *US* representative, congressman°, congresswoman° ‖ **(országgyűlési)** ~ representative, *GB* Member of Parliament *(röv* MP)
képviselőfánk *n kb.* vanilla cream puff
képviselőház *n GB* House of Commons, *(US, Ausztrália)* House of Representatives; *GB és US* the House ‖ **a** ~ **elnöke** the Speaker (of the House)
képviselőjelölt *n* candidate (for Parliament), prospective Member of Parliament
képzel *v* imagine, suppose ‖ **sokat** ~ **magáról** have* a high opinion of oneself, be* conceited; **magát vknek/vmnek** ~**i** he imagines/fancies himself (to be) sy/sg; ~**je (csak), mi történt!** just imagine what happened!
képzelet *n* imagination, fantasy, *ir* fancy ‖ **minden** ~**et felülmúl** it's beyond belief, it defies description
képzeletbeli *a* imaginary, fictitious
képzelőd|ik *v (hallucinál)* be* imagining things, hallucinate
képzelőerő *n* imaginative/creative faculty/power
képzelt *a* imaginary, fictitious, invented ‖ ~ **beteg** hypochondriac
képzés *n (oktatás)* instruction, teaching, training ‖ *(alkotás)* forming, formation, making ‖ *nyelvt* formation, derivation

képzetlen *a* unskilled, untrained, unqualified
képzett *a (tanult)* educated, trained, skilled; *(művelt)* cultivated; *(előképzettséggel bíró)* qualified ‖ ~ **szó** derived word, derivative
képzettársítás *n* association (of ideas)
képzettség *n (szellemi)* education, culture; *(előképzettség)* qualification
képző 1. *a (alkotó)* forming *ut.*, constituting *ut.* **2.** *n nyelvt* affix, (lexical) formative
képzőművész *n* artist
képzőművészet *n* the fine arts *pl*
képzőművészeti *a* of the fine arts *ut.* ‖ ~ **főiskola** academy of fine arts, school of art, art school
kér *v vmt ált* ask for (sg), request (sg), *hiv* solicit (sg) ‖ *vktől vmt* ask sy for sg ‖ *vkt vmre* ask/request sy to do sg ‖ *vmből* want, ask for ‖ *(felszámít)* ask, charge, want ‖ *(kérvényez)* apply for ‖ **csendet** ~**ek!** silence please!, be quiet!; *(gúnyosan)* **ebből nem** ~**ek** no thanks, no thank you, I will have none of it, that's not for me; **engedélyt** ~ **vmre** ask permission to ...; ~**ek** ... I should like to have ..., please give me ...; *(kínálásra válaszként)* thank you; ~**ek a húsból** (please) could/may I have some (of the) meat, *(még udvariasabban)* may I trouble you for some (of the) meat; *(udvariassági kifejezések)* ~**em** *(könyörögve)* please; *(mint megszólítás)* excuse me, *US* pardon me, I say!; *(tessék?)* sorry?, (I beg your) pardon? *US így is:* excuse me?; *(„köszönömre" adott válaszban)* don't mention it!, not at all!, you're welcome!; *(telefonon)* **kérem a 20-36-ot** give me two-o-three-six (please), put me on to two-o-three-six; ~**lek** *(vmre)* please, be so kind, will you be kind enough; *(beszédben közbevetve gyakran nem fordítjuk, vagy:)* you see; ~**(sz) kávét? Igen,** ~**ek** do you want coffee? Yes, please, *US* (yes) sure; ~**te, hogy menjek vele** he asked me to go with him; **köszönöm, nem** ~**ek belőle** no (more) thank you; **nem** ~**ek érte semmit** you may have it free (of charge); **önt** ~**ik a telefonhoz** you are wanted on the phone
kerámia *n (szakma)* ceramics *sing.*, pottery ‖ *(tárgyak)* ceramics *pl*; *(egy db.)* a piece of pottery, *biz* pot
kerámiai *a* ceramic ‖ ~ **termékek** ceramics
keramikus *a/n* potter, ceramist, ceramicist
keramit *n* glazed tile

kérdés n ált question, query; *(érdeklődés)* inquiry || *nyelvt* question; *(kérdő mondat)* interrogative (sentence) || *(probléma)* question, problem, issue || **eldöntendő** ~ yes or no (v. yes/no) question; **ez más** ~ that's another matter; **ízlés** ~**e** (it's) a matter/question of taste; *(kétséges dolog)* ~, **hogy** ... I wonder whether/if..., the question is: ...; ~**t tesz fel vknek** ask sy a question, put* a question to sy; ~**re válaszol** answer a question; **napok** ~**e** (it's) a matter of days; **vmnek a** ~**e** a question/matter of

kérdéses a *(szóban forgó)* in question ut., *(tárgyalt)* under discussion ut. || *(eldöntetlen)* problematical, undecided; *(bizonytalan)* questionable, doubtful, uncertain

kérdez v ált ask, put* a question || *(érdeklődve)* inquire (about/after sg) || *(vizsgán)* examine, ask/put* questions || **azt** ~**te, hogy** he asked if/whether; ~**te (tőlem), hol lakom** he asked (me) where I lived, he inquired where I lived

kérdezget v keep* asking, be* always asking (questions)

kérdezősködés n inquiring, inquiry

kérdezősköd|ik v *(vknél vm/vk után)* put* questions to sy about sg/sy, question sy about sy/sg, inquire after sy/sg (v. about sg)

kérdő 1. a *nyelvt* interrogative || ~ **mondat** interrogative (sentence), question; ~ **pillantás** inquisitive look/glance; ~**en** inquiringly 2. n ~**re von vkt** call sy to account (for sg)

kérdőív n questionnaire, form || ~**et kitölt** fill in/out a form/questionnaire

kérdőjel n question mark, US interrogation point/mark

kérdőszó n interrogative (word), question-word

kéredzked|ik v vktől vhová ask (sy's) permission to go swhere

kéreg n *(fáé)* bark; *(földé)* crust || *(cipőben)* counter, stiffener

kéreget v beg (alms), go* begging

kerek 1. a *(kör alakú)* round(ed), circular || *(egész)* round || *(nyílt)* flat || **a** ~ **világon** in the whole world; ~ **elutasítás** flat refusal; ~ **összeg** a round sum; *biz* ~ **perec** flatly, bluntly, straight; ~ **zárójel** round brackets pl 2. n **a föld** ~**én** (all) the world over, all over the world

kerék n wheel || **első** ~ front wheel; **hátsó** ~ rear wheel; **hiányzik egy kereke** átv have* a screw loose, he is not all there; **kereket old** take* to one's heels

kerékabroncs n tyre, US tire

kerékagy n (wheel) hub

kerekasztal n round table; round-table discussion || **ellenzéki** ~ opposition round table

kerekasztal-konferencia n round--table conference/discussion

kerekded a round(ish), rotund

kereked|ik v *(kerek lesz)* become* round, round || *(keletkezik)* arise*; *(szél)* spring* up || **vihar** ~**ett** a storm arose; **vk fölé** ~**ik** overcome*, get* the better of sy

kereken adv *(nyíltan)* bluntly, flatly, explicitly || ~ **megmond** tell* (sy sg) straight, *(véleményt)* not mince one's words; ~ **visszautasít** flatly refuse sg

kerekes a wheeled || ~ **kút** draw-well

kerekít v round (off), make* round

kerékpár n bicycle, *biz* bike

kerékpármegőrző n parking place for bicycles, bicycle-park

kerékpáros 1. a cycling 2. n cyclist

kerékpározás n cycling

kerékpároz|ik v cycle, ride* (on) a bicycle; *biz* bike, pedal (US -l)

kerékpárpumpa n (bicycle) pump

kerékvágás n **kizökken a rendes** ~**ből** get* out of the rut/groove

kérelem n *(kérés)* request, plea; *(kérvény)* application, petition || **saját kérelmére** at one's own request

kérelmez v request sg, *(kérvénnyel)* apply (to sy) for sg, make* an application for sg

keres v vmt look for sg, seek* sg; *(kutatva)* search for/after sg, hunt for sg, be* in search of sg; *(állást)* seek*, look for [a job] || **vkt** seek*, look for; *(alkalmazottat)* want || *(pénzt)* earn; *(üzlettel)* make* [money] || **a főnököt** ~**em** I'm looking for the man in charge; **gépírónőt** ~**ünk** *(hirdetésben)* typist wanted; **havi 10000 Ft-ot** ~ he earns (v. *biz* makes) 10,000 fts a month; **jól** ~ earn a good living, be* doing well; **mit** ~**el?** what are you looking for?; **senki sem** ~**ett?** did anyone ask for me?, did anybody call (to see me)?

kérés n request || **volna egy** ~**em** may I ask (for) a favour (US -or)?; **vk** ~**ére** at sy's request; ~ **nélkül** unasked

keresés n search, seeking, pursuit

kereset n *(megélhetés)* living; *(jövedelem)* income, earnings pl; *(fizetés)* salary; *(munkabér)* wages pl || *jog* action, suit || **mennyi a havi** ~**e?** how much does (s)he earn a month?

kereseti a ~ **forrás** source of income; ~ **kimutatás** statement of income

keresetlen *a (mesterkéletlen)* unaffected, artless, informal || **néhány ~ szóval** in a few simple words, in plain words

keresett *a (cikk)* in demand *ut.* || *(felkapott)* popular, fashionable || = **mesterkélt** || **nagyon ~** much in demand *(v.* sought-after) *ut.*

keresgél *v* search for, rummage about, try to find

kereskedelem *n* trade, commerce || **kereskedelmet folytat/űz** trade

kereskedelmi *a* commercial, of commerce *ut.*, of trade *ut.*, trade, business || **~ alkalmazott** (commercial) clerk; **~ egyezmény** trade agreement; **~ hajó** merchantman°, merchant ship, trading vessel; **~ kamara** Chamber of Commerce, *US* board of trade; **~ levelezés** commercial correspondence; **~ levelező** (foreign) correspondence clerk, secretary dealing with foreign correspondence; **~ minisztérium** Ministry of Internal Trade; **~ pályára megy** (s)he'll do business; **~ tárgyalások** trade talks

kereskedés *n (folyamat)* trade, trading, business || *(üzlet)* shop, *US* store

kereskedik *v (kereskedést folytat)* trade, be* in business, carry on trade || **~ik vkvel** transact/do* business with sy, trade with sy; **~ik vmvel** trade/deal* in sg

kereskedő *n (boltos)* tradesman°, shopkeeper || *(üzletember)* merchant, trader, dealer, businessman°

kereskedőnegyed *n* business quarter

kereslet *n* demand || **élénkül a ~** demand is booming; **~ és kínálat** supply and demand

keresmény *n* earnings *pl*

keresnivaló *n* **itt nincs semmi ~d** you have no business here

kereső 1. *a (vmt, vkt)* seeking sg/sy *ut.*, looking/searching for sy/sg *ut.* || **~ családtag** wage-earner (in/of the/a family); **~ foglalkozás** gainful employment/occupation 2. *n fényk* viewfinder || *(kenyeret)* (wage-)earner, breadwinner

keresőképes *a* capable of earning one's living *ut.*; *(munkaképes)* fit for work *ut.*

keresőképtelen *a* incapable of earning (*v.* unable to earn) one's living *ut.*, disabled, dependent

kereszt *n* ált cross; *(feszület)* crucifix || *(gabona)* shock || *zene* sharp (sign) || **~ alakú** cross-shaped, cruciform; **~et vet** cross oneself; **~et vet vmre** give* up sg as lost; **~re feszít vkt** crucify

keresztanya *n* godmother

keresztapa *n* godfather

keresztbe *adv* across, crosswise || **~ teszi a karját** cross/fold one's arms

keresztben *adv* across, crosswise, crossways; *(átlósan)* diagonally || **~ áll a szeme** squint, be* cross-eyed; *(ittas is)* see* double

keresztcsont *n* rump-bone, sacrum

keresztel *v* baptize, christen || **Pálnak ~ték** [the child] was christened Pál

keresztelés *n* baptism, christening

keresztelő *n* baptism, christening (ceremony)

keresztény *a* Christian || **~ erkölcs** Christian ethic; **~ hitre tér** convert to Christianity, turn Christian

keresztényi *a* Christian

kereszténység *n (hit)* Christianity, Christian faith || *(hívek)* Christianity, Christendom, the Christians *pl*

keresztes 1. *a* bearing a cross *ut.* || **~ hadjárat** crusade 2. *n* crusader

keresztespók *n* (common) garden/cross spider

keresztez *v* ált cross || *(meghiúsít)* cross, thwart || *mezőg (állatot)* cross(-breed*); *növ* cross(-fertilize), hybridize || **~i vknek a terveit** cross sy's plans

keresztezés *n biol (folyamat)* crossbreeding; *növ* cross-fertilization, hybrydization || *biol (eredménye)* cross(-breed), hybrid

kereszteződik *v (utak, vonalak)* intersect, cross each other || *biol* interbreed*, cross, hybridize

keresztfiú *n* godson

keresztfahó *n* transept

keresztkérdés *n* cross-question || **~ek alá fog vkt** cross-question sy, cross-examine sy

keresztlány *n* goddaughter

keresztlevél *n* certificate of baptism

keresztmetszet *n* cross-section

keresztnév *n* first/Christian/given name

keresztrejtvény *n* crossword (puzzle)

keresztszülők *n pl* godparents, sponsors,

keresztút *n* crossroad(s), side turning || *vall* the stations of the Cross *pl*

keresztutca *n* side street || **jobbra az első ~** the first turning on the right

keresztül *adv (térben)* through, across, over; *(utazásnál)* via || *(segítségével)* by means of, through || *(időben)* for, during, through(out) || **a réten ~** across the fields; **a sajtón ~** by means of *(v.* through) the press; **Bécsen ~** via Vienna; **tíz éven ~** (for) ten years

keresztülgázol *v (vízen)* wade through || *(ellenfélen)* cut* a (wide) swath(e) through

keresztülhúz *v (töröl)* strike*/cross out; *(érvénytelenít)* cancel *(US* -l) || *átv* thwart, frustrate || **~za vk számításait** upset*/ruin sy's plans

keresztüljut *v* get* through
keresztül-kasul *adv* through and through, from one end to the other
keresztülmegy *v (halad)* pass (through), cross || *(átél)* undergo*, go* through; *(egy ország vmn)* pass through; *(szenvedésen, betegségen)* go*/come*/ pull through [an illness] || *(vizsgán)* pass
keresztülnéz *v vmn* look through || ~ vkn cut* sy dead/cold, ignore sy
keresztülvág *v (elvág)* cut* across/ through || *vmn* take* a short cut [across the fields etc.], cut* through [the forest etc.], cross, traverse || ~ja magát vmn cut*/force one's way through sg
keresztülvisz *v (terhet)* take*/carry through/across || *átv* carry out/through, go* through with, carry/put* sg into execution || ~i az akaratát have* one's way
keresztvas *n* cross-bar, cross-piece
keresztvíz *n* (baptismal) water || **leszedi vkről a keresztvizet** curse sy roundly, *(lehord)* tear* sy off a strip
keret *n (képnek stb.)* frame; *(szemüvegkeret)* frame, frames *pl* || *kat* cadre; *(ált létszám)* a given/stated number of people; *sp* selection [of representative players/athletes] || *(határ)* compass, range, limits *pl*; *(váz)* framework || **az előadás** ~**ében** in the course of the performance/lecture; **nincs rá** ~ it is* not budgeted for, it has* not been allowed for in the estimates; **pénzügyi** ~ earmarked/available funds *pl*; **vm** ~**ében** (with)in the scope/framework of sg
kéret *v* ask (sy) to come, send* for sy || **magához** ~ **vkt** invite sy to appear before one, send* for sy; ~**i magát** take* much asking/persuading (to do sg)
kéretlen *a* unasked, uninvited || ~**ül** unasked
kérges *a (kéz)* horny, callous
kerget *v* chase, pursue, hunt || **halálba** ~ **vkt** drive*/hound sy to death
kergető(d)z|ik *v* chase about; *(fiatal állatok)* frisk, gambol (*US* -l)
kering *v (bolygó)* revolve *(vm körül* round); *(űrhajó)* orbit; *(vm a levegőben)* circle; *(folyadék, gáz)* circulate || *(hír)* circulate, go* (a)round
keringés *n (bolygóé)* revolution; *(más tárgyé)* circling; *(folyadéké, véré stb.)* circulation
keringési *a orv* ~ **elégtelenség** circulatory failure/disturbance; ~ **rendszer** circulatory system
keringő *n (tánc)* waltz
keringőz|ik *v* waltz, dance a/the waltz
kerít *v (szerez)* get*, get* hold of, obtain, go* and fetch || *(nőt)* procure || **orvost** ~ find* a doctor; **pénzt** ~ raise money

kerítés *n (vm körül)* fence, fencing || *(nőkkel)* procuring
kerítő *n* procurer, pimp
kerítőnő *n* procuress
kérkedés *n* boasting, bragging, braggadocio, big talk
kérked|ik *v* talk big, brag; *(vmvel)* vaunt sg, boast of sg
kérkedő **1.** *a* bragging, vaunting, boastful **2.** *n* boaster, braggart
kérlelhetetlen *a* implacable, relentless
kérő **1.** *a* asking, requesting **2.** *n (leányé)* suitor
kérődz|ik *v* chew the cud, ruminate
kérődző *a* ruminant
kert *n* garden; *(gyümölcsös)* orchard; *(konyha*~*)* kitchen-garden
kertel *v* mince matters, beat* about the bush
kertelés *n* mincing matters, beating about the bush || ~ **nélkül** bluntly, frankly; ~ **nélkül megmond vmt** *biz* make* no bones about it
kertépítés *n* landscape architecture/gardening
kertépítő (mérnök) *n* landscape architect/gardener
kertes *a* having/with a garden *ut.* || ~ **ház** house with a garden
kertész *n* gardener; *tud* horticulturist
kertészet *n (foglalkozás)* gardening; *tud* horticulture || *(üzem)* garden, nursery(-garden); *(piacra termelő)* market garden, *US* truck farm
kertészeti *a* of gardening *ut.*, gardening; *tud* horticultural || ~ **egyetem** school/ department of horticulture
kertészkedés *n* gardening; *tud* horticulture
kertészked|ik *v* do* some/the gardening, garden
kertészmérnök *n* horticulturist
kertésznadrág *n* dungarees *pl*
kerthelyiség *n* garden
kerti *a* garden || ~ **növény** garden plant; ~ **olló** secateurs *pl*; ~ **törpe** garden gnome
kertkapu *n* garden gate
kertmozi *n* open-air cinema
kertváros *n* garden city/suburb
kertvárosi *a* suburban
kerül *v vhova* get* somewhere, arrive at, come*/get* to || *vmre* come* to, result/ end in || *(vmbe, pénzbe)* cost*, come* to; *(időbe)* take*/require || *vkt, vmt* avoid, give* sg/sy a wide berth, shun (seeing), keep* out of the way (of) || *(kerülőt tesz)* go* a roundabout/circuitous way, go* round, go* out of one's way || **az életébe** ~**t** it cost him his life; **csak egy szavadba** ~ you need only say a/the

word; **hát te hogy ~tél ide?** how (on earth) did you get here?; **~, amibe** ~ cost what it may, at any cost, at all costs; **~i az embereket** be* unsociable, avoid people; **kórházba** ~ be* taken/sent to hospital, be* hospitalized; **mennyibe ~?** how much is it?, what does it cost?; **nagyot ~t** went a/ the long way round; **rá ~ a sor** it is his/ her turn now; **sokba ~** it costs* a lot, it costs* a great deal, it is* very expensive; **vidékre ~t** he was transferred to the provinces

kerület *n (körvonal)* outline, contour, circle; *mat* circumference || *(városi, közigazgatási)* district, *GB így is:* borough || **a XII. ~** the 12th district

kerületi *a (városi)* district || *mat* cirumferential || **~ bíróság** local/district court

kerülget *v (témát)* talk round [the subject], skirt [the issue] || **~i, mint macska a forró kását** beat* about the bush

kerülő 1. *a* **~ út** detour; **~ úton** by a roundabout route; *átv* in a roundabout way; **társaságot ~ ember** person shunning company **2.** *n (út)* detour || **nagy ~** it is* a long way round

kérvény *n* application, request; *(közügyben, ill. válókereseti)* petition || **~t bead** *(vkhez vm ügyben)* make*/submit an application (to sy for sg), apply (to sy) for (sg); *(főleg jog)* file a petition (for sg)

kérvényez *v* make*/submit an application (for sg), apply for (sg)

kés *n* knife° || **~ ek** *(háztartásban)* cutlery

késedelem *n* delay; *(fizetési)* default || **~ nélkül** without delay, forthwith, at once

késedelmi *a* **(100 Ft) ~ díj** a late fee [of 100 fts]; **~ kamat** interest for/on default, default interest

késelés *n* knifing

keselyű *n* vulture

kesereg *v vmn* grieve at/over/about sg, lament (over) sg

kesergés *n* lament, lamentation

kesergő 1. *a* grieving, lamenting **2.** *n zene* lament, dirge

kesernyés *a* tart, bitterish

keserű *a* bitter

keserűség *n (íz)* bitterness || *(szomorúság)* bitterness, grief, distress

keserves *a (fájó)* painful; *(keserű)* bitter, grievous, sorrowful; *(nehéz)* troublesome, hard, laborious || **~ csalódás** bitter disappointment

keservesen *adv* bitterly || **~ csalódik** have* the disappointment of one's life; **~ zokog** sob bitterly, sob/cry one's heart out

késes *n* cutler || **~ (és köszörűs)** knife grinder

késés *n (vonaté stb.)* delay, late arrival || **a vonatnak 25 perc ~e van** the train is* (running) 25 minutes late, the train was delayed for 25 minutes; **elnézést a ~ért** I apologize for my late arrival *(v.* for being late)

kés|ik *v (vk)* be* late; *(vonat)* be* (running) late || **ami ~ik, nem múlik** everything comes to him who waits; **~ik a válasz** the answer is* overdue; **két órát ~ett** he was two hours late; **öt percet ~ik az órája** his watch is* five minutes slow, his watch loses five minutes (a day); **2 órát ~ett a vonat** the train was delayed (for) two hours

keskeny *a* narrow, tight; *(szűk)* strait || **~ nyomtávú vasút** narrow-gauge (*US* -gage) railway

keskenyfilm *n* 16 mm film, cinefilm

késlekedés *n* tardiness || **nincs idő a ~re** there is* no time to lose

késleked|ik *v* fall*/lag behind, linger; *vmvel* be* slow in [doing sg]

késleltet *v (feltart)* detain, keep* (back), hold* up || *(lassít)* delay, retard, hold* up/back

késleltetés *n* retardation, delay(ing)

késő 1. *a (elkésett)* late, belated, coming (too) late *ut.* || **~ éjszakáig** far into the night; **~ este** late in the evening **2.** *adv* (too) late || **már ~ van** it is late in the day, it is getting late; **már ~** *(= nincs tovább)* it is too late **3.** *n* **~re jár az idő** it is getting late

később *adv* later (on), afterwards || **egy évvel ~** a year later; **~re halaszt vmt** put* off sg, defer/delay sg

későbbi 1. *a* later; *(rákövetkező)* subsequent, following **2.** *n* **a ~ek során** later on, subsequently

későn *adv* (too) late || **~ jövő** latecomer; **~ fekszik le** stay up late; **~ kel(ő)** get* up late, be* a late riser; **jobb ~, mint soha** better late than never

késszúrás *n* thrust*/stab with a knife

kész *a (befejezett)* ready, finished || *(készen kapható)* ready-made, ready-to--wear || *(készséges)* obliging, willing || **... és ~!** and that's that/it, that's all; **~ cirkusz** it's (quite) ridiculous; **~ örömmel** with pleasure, gladly, most happily/willingly; **~ tények elé állít vkt** face sy with a fait accompli; **~ vagyok** I am* ready; *vmvel* I have finished/ done it; **mindenre ~** be* ready/prepared to do everything, be* ready for anything

készakarva *adv* deliberately, on purpose, intentionally

készáru *n* finished product, finished goods *pl*

keszeg *n* bream
készen *adv (befejezetten)* ready, finished, done, accomplished ‖ *(felkészülten)* ready, prepared ‖ ~ **vagy vele?** are you ready (with it)?, have you done it?; ~ **van** *vk/vm* be* ready; *vm* be* finished/done; *(írásmű)* be* written
készenlét *n* readiness, preparedness ‖ ~**ben van** be* on (the) alert, stand* by [to do sg], be on call/standby; *(rendőrség)* be* on standby
készétel *n (üzletben)* ready-to-eat meal/food, instant/convenience meal/food, *US:* TV dinner ‖ *(étteremben)* dish [on the menu]
készít *v (csinál)* make*, prepare ‖ *(előállít vmből)* produce, make*; *(gyárilag)* manufacture; *(ételt)* prepare, make* ready, cook ‖ *(összeállít)* construct ‖ ~**hetek egy italt?** *US* can I fix you a drink?; **tervet** ~ make*/devise a plan/scheme, draw* up a plan/scheme
készítés *n (csinálás)* making, preparation, preparing ‖ *(előállítás)* producing, production, manufacture, manufacturing
készítmény *n* product, manufacture; *vegy* preparation; *(gyógyszer)* specific ‖ **gyári** ~**ek** industrial goods/products
készíttet *v* have* sg made
készlet *n (áru)* store, stock (in hand); *(tartalék)* reserve (fund), supply ‖ *(összetartozó dolgok)* set; *(edények)* set, service; *(szerszámok)* kit ‖ **amíg a** ~ **tart** while stocks last; ~**et gyűjt** lay* in a store (of), stockpile (sg)
készpénz *n* cash, ready money ‖ ~**zel fizet** pay* in cash, pay cash (down); ~**nek vesz vmt** take* sg for granted
készpénzfizetés *n* payment in cash, cash payment
készruha *n* ready-to-wear *(v.* off-the-peg) clothes *pl* ‖ ~**t vesz** buy* sg off the peg
készség *n (szerzett)* skill ‖ *(hajlandóság)* readiness, willingness ‖ ~**gel** readily, willingly; *(örömmel)* gladly, with pleasure; ~**gel elismeri, hogy** he is* ready/happy to admit that
készséges *a* ready, willing, helpful ‖ **nem** ~ unhelpful
késztet *v vmre* induce/get*/prompt/urge sy to do sg ‖ **mi** ~**te erre?** what made him do it?
kesztyű *n* glove(s); *(egy- és kétujjas)* mitten(s) ‖ ~**t húz** put* on gloves
kesztyűs 1. *a* gloved ‖ ~ **kézzel bánik vkvel** handle/treat sy with kid gloves, treat sy leniently **2.** *n* glover, glove-maker
kesztyűtartó *n (kocsiban)* glove-compartment

készül *v (munkában van)* be* in hand, be* being made; *(javítás alatt)* be* under repair; *(építés alatt)* be* being built, be* going up; *(gyártott)* be* manufactured from sg, be* made from/of sg ‖ *(előkészületeket tesz)* make* (oneself) ready for, make* preparations/arrangements for; *(szándékozik vmt tenni)* be* going to do sg, be* about to do sg ‖ *vhova* be* about *(v.* get* ready) to go somewhere; *(tanul)* study medicine, study for the medical profession ‖ *(diák a másnapi órákra stb.)* prepare for ‖ ~ **az ebéd** lunch is on the way; ~ **az útra** make* preparations for the journey, be* preparing to go ...; **mérnöknek** ~ he is studying to be an engineer; **orvosnak** ~ want to become a doctor
készülék *n* apparatus, appliance, machine; *(rádió, tévé)* (radio/TV) set ‖ **ügyes kis** ~ *biz* a clever little gadget
készülés *n ált* preparation, getting ready; *isk* preparation, *GB biz* prep; *(vizsgára)* studying/reading for
készülő 1. *a (munkában levő)* in hand/preparation *ut.* ‖ *vmre* preparing for *ut.*; *(vizsgára)* preparing/studying for [one's exams] *ut.* ‖ *(közeledő)* imminent, approaching ‖ ~ **mű** the work in hand/preparation **2.** *n* ~**ben van** *vm* be* under way, be* in preparation/progress, be* in the making
készülődés *n* preparation(s), getting ready
készülőd|ik *v vmre* prepare (oneself) for sg, get* ready for sg
készültség *n (készenlét)* preparedness, readiness, standby ‖ *kat (alakulat)* squad on standby ‖ ~**ben van** *(kat, rendőrség stb.)* be* on (the) alert, be* (kept) on standby; *(orvos)* be* on call
két *num* two ‖ ~ **kézzel kap vmn** jump/leap* at sg; ~ **legyet üt egy csapásra** kill two birds with one stone
kétágú *a* forked, two-pronged, bifurcate
kétágyas szoba *n* double bedroom
kétajtós kocsi *n* coupé, two-door model
kétbalkezes *a* ham-fisted/handed, clumsy; *(főnévvel) biz* butterfingers *pl; kif* he is all (fingers) and thumbs
kétdimenziós *a* two-dimensional
kételkedés *n* doubt(ing), scepticism
kételked|ik *v* doubt; *vmben* be* doubtful/sceptical (about), have* (one's) doubts (about)
kételkedő 1. *a* doubting, unconvinced, sceptical **2.** *n* sceptic
kétell *v* doubt, call in(to) question, question ‖ **kétlem!** I (rather) doubt it, Hardly!; **kétlem, hogy eljön** I doubt if/whether/that he'll come; **nem kétlem,**

hogy eljön I don't doubt that he'll come

kétéltű 1. *a* amph*i*bious ‖ ~ **jármű** amph*i*bious vehicle, amph*i*bian **2.** *n* amph*i*bian ‖ ~**ek** amph*i*bia

kétely *n* doubt, scr*u*ple

kétemeletes *a* ~ **ház** a house on/with three floors, three-storey(ed) house (*v*. block of flats)

kétértelmű *a* ha*v*ing a d*o*uble meaning *ut.*, amb*i*guous, equ*i*vocal ‖ *(illetlen)* risqué, d*o*uble entendre

kétes *a* d*o*ubtful, d*u*bious; *(bizonytalan)* unc*e*rtain; *(vitás)* disp*u*ted, cont*e*stable; *(nem megbízható)* untr*u*stworthy, unrel*i*able; *(gyanús)* susp*i*cious ‖ ~ **egzisztencia** sh*a*dy/d*u*bious ch*a*racter; ~ **értékű** of d*o*ubtful v*a*lue *ut.*, equ*i*vocal; ~ **hírű** *i*ll-rep*u*ted

kétévenként *adv* every two years, biennially

kétévenkénti *a* bi*e*nnial

kétéves *a* two years old *ut.*, two-year-old ‖ *(két évig tartó)* lasting two years *ut.*, two-year

kétevezős *a* *(hajó)* pa*i*r(-*o*ar)

kétévi *a* (of) two years, lasting two years *ut.*, two-year

kétezer *num* two thousand

kétfekhelyes *a* two-berth

kétfelé *adv* *(félbe)* in two/half ‖ *(két irányba)* in two/opposite directions ‖ ~ **ágazik** b*i*furcate, branch (off)

kétféle *a* of two (d*i*fferent) kinds/sorts *ut.*, alternative, alt*e*rnate

kétféleképpen *adv* in two (d*i*fferent) ways

kétforintos 1. *a* two-forint **2.** *n* two-forint coin/piece

kétharmad *adv* two-th*i*rds *pl*

kéthavi *a* *(kéthavonként megjelenő)* bi-m*o*nthly ‖ *(két hónapra szóló)* two month's, for two months *ut.*

kéthavonként *adv* *(megjelenő)* bi-m*o*nthly, every two months

kéthetenként *adv* every two weeks, *GB* f*o*rtnightly, biwe*e*kly ‖ ~ **megjelenő** biwe*e*kly

kéthetes *a* *(időtartam)* two weeks', *GB* a f*o*rtnight's ‖ *(kor)* two weeks old *ut.*, two-week-old

kéthónapi *a* two months', for two months

kéthónapos *a* two months old *ut.*, two--month-old

kétirányú *a* two-way, two directional ‖ ~ **forgalom** two-way tr*a*ffic

kétjegyű *a* ~ **betű** d*i*graph; ~ **szám** d*o*uble figures *pl*

kétkamarás *a* bic*a*meral [legislature], two-chamber, consisting of two chambers *ut.*

kétkarú emelő *n* two-*a*rmed l*e*ver

kétkazettás magnó *n* tape to tape (*v*. d*o*uble) c*a*ssette rec*o*rder

kétkezi munkás *n* m*a*nual w*o*rker

kétnapi *a* two-days', of two days *ut.*

kétnapos *a* two days old *ut.*, two-day-old

kétnyelvűség *n* bil*i*ngualism

kétnyelvű szótár *n* bil*i*ngual d*i*ctionary

kétoldali *a* ~ **bénulás** bil*a*teral par*a*lysis, dipl*e*gia; ~ **tüdőgyulladás** d*o*uble pneum*o*nia

kétoldalú *a* bil*a*teral; *(szövet)* double-faced ‖ ~ **megállapodás** bil*a*teral agr*e*ement

kétóránként *adv* every two hours, bi-ho*u*rly

kétórás *a* two hours long *ut.*, lasting two hours *ut.*, two hours', two-hour

kétpályás autóút *n* d*u*al c*a*rriageway road

kétpúpú teve *n* B*a*ctrian (*v*. two--h*u*mped) c*a*mel

ketrec *n* cage; *(baromfinak)* coop

kétrészes *a* two-piece ‖ ~ **fürdőruha** two-piece b*a*thing suit, bik*i*ni

kétsávos *a* *(magnó)* d*o*uble-track

kétség *n* doubt ‖ **ehhez** ~ **nem fér** there is* no doubt ab*o*ut it; ~**be ejt** drive* sy to desp*a*ir/desper*a*tion, fill sy with desp*a*ir; ~**be von** call (sg) in question, question, doubt, cast* doubt on; *(vitat)* disp*u*te; *(tagad)* den*y*, ref*u*se to bel*ie*ve

kétségbeejtő *a* d*e*sperate, h*o*peless

kétségbeesés *n* desp*a*ir, desper*a*tion

kétségbeesett *a* d*e*sperate ‖ ~ **erőfeszítés(ek)** d*e*sperate/fr*a*ntic *e*ffort(s)

kétségbees|ik *v* desp*a*ir, lose* heart ‖ ~**tem** my heart sank; **kétségbe van esve** be* d*e*sperate, be* in desp*a*ir

kétséges *a* d*o*ubtful, d*u*bious, unc*e*rtain

kétségkívül *adv* und*o*ubtedly, with*o*ut/no/bey*o*nd doubt, d*o*ubtless; *(valóban)* s*u*rely, c*e*rtainly

kétségtelen *a* unqu*e*stionable, indisp*u*table, c*e*rtain, sure

kétsoros *a* *(két sorból álló)* in two rows *ut.*, d*o*uble-rowed; *(írás)* of/in two lines *ut.* ‖ *(ruha)* d*o*uble-breasted

kétszakos *a* ~ **tanár** te*a*cher qu*a*lified to teach two s*u*bjects

kétszáz *num* two h*u*ndred

kétszázéves évforduló *n* bicent*e*nary, 200th ann*i*versary, *főleg US:* bicent*e*nnial

kétszemélyes *a* for two (p*e*ople) *ut.* ‖ ~ **ágy** d*o*uble bed; ~ **beutaló** a h*o*liday for two

kétszer *num adv* twice ‖ ~ **annyi** twice as much/m*a*ny; ~ **kettő négy** twice two is/are four

kétszeres 1. *a* double, twofold, duplicate **2.** *n (mennyiség)* double (amount) ‖ ~ére emelkedik be*/become* doubled, double
kétszeresen *adv* doubly, twofold, twice
kétszeri *a* done/occurring twice *ut.*, double
kétszersült *n* zwieback, rusk
kétszintes *a (ház)* two-storey(ed), US two-storied ‖ ~ lakás GB maisonette, US duplex (apartment)
kétszínű *a* two-coloured (US -or-), of two colours *ut.*, bicolour(ed) US (-or-) ‖ *átv* hypocritical, double-dealing, two-faced ‖ ~ ember double-dealer
kétszínűség *n* duplicity, double-dealing
kétszínűsköd|ik *v* be* a hypocrite, be* a double-dealer, play a double game
kétszobás *a* two-room(ed), with two rooms *ut.*
kéttagú *a (két részből álló)* having/of two parts/members *ut.* ‖ *mat* binomial ‖ ~ szó disyllable
ketté *pref* in two (halves), asunder
ketted *num* **(egy)** ~ one half
ketten *num adv (in)* two, two of; *(együtt)* together ‖ mi ~ the two of us; ők ~ the two of them; mind a ~ both (of them/us/you)
kettéoszt *v* halve, divide in two
kettes 1. *a (számú)* (number) two ‖ ~ számrendszer binary system **2.** *n (számjegy)* figure/number two ‖ *(kártyában, kockában)* deuce ‖ *(osztályzat)* rather weak (mark) ‖ ~re felelt he was found rather weak
kettesben *adv (párosan)* in pairs/twos ‖ *(együtt)* (the two of them/us/you) together, in private
kettesével *adv* by/in twos, two by/and two
kettészakít *v* tear*/rip in half/two
kettétör|ik *v* break* in two/half, snap
kettévág *v* cut* in(to) two, cut* in half
kettéválaszt *v* separate, sever
kettéválik *v* fall* apart, separate, divide in two (*v.* into two parts), part
kettő *num* two; *vmből* a couple of ‖ mind a ~ both; *(személyről)* both (of them); ~n áll a vásár it takes* two to make a bargain
kettős 1. *a (kétszeres)* double, twofold, duplicate; *(kettő vmből)* double, twin ‖ ~ állampolgárság dual citizenship; ~ kereszt cross of Lorraine, patriarchal cross; ~ könyvvitel double-entry book-keeping **2.** *n zene* duet
kettőshangzó *n* diphthong
kettőspont *n* colon
kettősség *n* duality
kettőszáz *num* two hundred

kettőz *v* double, duplicate; *nyelvt* reduplicate
kettőzés *n* doubling, duplication; *nyelvt* reduplication
kétujjas kesztyű *n* mitten(s *pl*)
kétüléses autó *n* two-seater
kétütemű *a* ~ **motor** two-stroke engine ‖ ~ **verssor** two-beat line
ketyeg *v* tick
ketyegés *n* ticking
kettyen *v* click, tick
kéve *n* sheaf°, bundle
kever *v (össze)* mix; *(főzéskor)* stir; *(vm közé)* mix (with); *(vegyileg)* combine ‖ *(kártyát)* shuffle ‖ *(átv, vmbe)* involve/embroil in, get* sy mixed up in ‖ **bajba** ~ **vkt** get* sy into trouble (*v.* a fix); **italt** ~ **vknek** get* (US fix) sy a drink
keveredés *n (egybe)* mixing, blending ‖ *(fajoké)* interbreeding, crossing ‖ *(zűrzavar)* confusion, chaos, *biz* muddle
kevered|ik *v (több egybe)* mix, blend; *(vegyileg)* combine ‖ *(fajilag)* interbreed*, cross-breed*/fertilize ‖ *vk vmbe* become*/get* involved in sg ‖ **bajba** ~**ik** get* into trouble; **rossz társaságba** ~**ik** get*/fall* into bad company
keverék *n ált* mixture; *(dohány, kávé)* blend; *(üzemanyag)* fuel mixture; *(rendszertelen)* medley, mishmash; *átv* amalgam ‖ ~ **faj(ú)** mixture of breeds, hybrid, crossbreed
keverés *n (össze)* mixing, mingling; *(főzéskor)* stirring; *(vegyítés)* combination ‖ *(kártyáé)* shuffling
keverő *n (eszköz)* stirrer, mixer; *(gépi)* mixer, mixing machine ‖ *(személy)* mixer
keverőgép *n* mixer, mixing machine; *(háztartási)* liquidizer, blender
kevert *a (anyag)* mixed, blended ‖ *(faj)* hybrid, crossbred
kevés *num* little, few *(utána: pl)*, small; *(valamennyi)* some; *(idő)* short; *(csekély)* slight, limited, scanty; *(nem elég)* wanting, insufficient, not enough, too little/few ‖ ez ~ that's not much, that's insufficient/unsatisfactory; ~ kivétellel with few exceptions; ~ a pénzem I have* little money, I am* short of money; keveset keres earn (very) little, earn a pittance; ~sel ezelőtt a short time ago, not long ago; ~sel azután shortly/soon after
kevésbé *adv* (the) less ‖ annál ~, mert all the less since, especially as; egyre ~ less and less, decreasingly
kevesebb *a* less, fewer ‖ vmvel ~ a little/trifle less; egyre ~et less and less
kevesell *v* find* unsatisfactory/insufficient, find*/think* sg too little

kevesen *adv* (a) few (people), some (people) || ~ **voltak** *(vmn)* it was poorly attended

kevéssé *adv* a little/trifle, somewhat, a little bit

kéz *n* hand || ~ **alatt** *(vásárol)* second-hand; **kezébe vesz** *vkt/vmt* take* sy/sg into one's hands; **nem való gyerek kezébe** it is not for children; **vmt (jól) ~ben tart** *átv* keep* one's hands on sg, keep* a firm hand on sg; *(főleg pol)* control sg, be* in control of sg; **első ~ből tud vmt** learn/hear* sg at first hand (*v.* firsthand), *kif* have* sg (straight) from the horse's mouth; **~hez kap/vesz vmt** receive/get* sg; *(levelet, hiv)* be* in receipt of; **X úr kezéhez** *(levélen)* attn./attention Mr X; **~en fog vkt** take* sy by the hand; **~en fogva** hand in hand; **~nél van be*** to hand, be* (near) at hand; **kezet fog vkvel** shake* hands with sy; **kezet nyújt vknek** give*/offer sy one's hand; **kezét csókolom** *(az angolban pontos megfelelője nincs, helyette csak ez mondható:)* good morning/afternoon/evening (Madam/Sir); how do you do?; *biz* hello, Mrs Smith etc.; **~zel** by hand; **~zel festett** hand-painted; **el a kezekkel!** hands off!; **fel a kezekkel!** hands up!

kézápolás *n* manicure

kézbesít *v* deliver, hand

kézbesítés *n* delivery, handing (over) || **téves ~** misdelivery

kézbesítési díj *n* delivery charge

kézbesítő *n* *(vállalaté stb.)* messenger; *(postás)* postman°

kezd *v vmt, vmbe, vmhez* begin*/start (*v. hiv, ill. US:* commence) sg (*v.* to do sg); set* out to (do sg) || **azzal ~te, hogy** he began by (...ing); **beszélgetésbe ~ vkvel** strike* up a conversation with sy; **énekelni ~** start singing, begin* to sing; **most mihez ~jünk?** what (are we to do) now?; **(már) ~em érteni** I'm beginning to understand, it has just dawned on me; **~em megszokni** I'm getting used to it

kezdeményez *v* take* the initiative (in sg), start (sg), set* sg going, initiate (sg)

kezdeményezés *n* initiative || **egyéni ~** private venture, an individual initiative

kezdeményező 1. *a* initiative **2.** *n* initiator, originator, starter

kezdés *n* beginning, start

kezdet *n* beginning, start, outset, opening, commencement; *(időszaknak)* opening; *(eredet)* origin, source || **minden ~ nehéz** every beginning is difficult; **~ben** in the beginning, at first; **~től fogva** from the beginning/outset

kezdeti *a* initial || ~ **stádium** early/initial stage

kezdetleges *a* primitive, elementary

kezdő 1. *a vmt* beginning, commencing; *(kezdeti)* initial || *(tapasztalatlan)* inexperienced || ~ **fizetés** starting/initial salary; ~ **író** budding author; ~ **tanfolyam** a course for beginners **2.** *n* beginner, tyro, tiro, *biz* greenhorn, tenderfoot° *(pl* -foots *v.* -feet) || *(tanuló)* US így is: beginning student

kezdőbetű *n* initial (letter) || ~ **k** initials; **nagy ~** capital letter; **nagy ~vel ír** write* [a word] in capital/block letters, capitalize

kezdődik *v (kezdetét veszi)* begin*, start, commence || *(származik vhonnan)* originate in/from, derive from || ~ **ik a tanítás** teaching begins (on...); **rosszul ~ött** it made (*v.* got off to) a bad start, it started badly

kezdődő *a* beginning; *(betegség)* incipient

kezdőpont *n* starting/zero point

kezdősebesség *n* initial velocity

kezdve *adv* from ... on(wards) || **1953-tól ~** 1953 onwards; **ettől az időtől ~** from this time on; **mostantól ~** from now (on), henceforth

kezel *v (beteget)* treat *(vkt vm ellen* sy for sg), attend (sy) || *(gépet)* handle, operate, work; *(karbantart)* maintain, service || *(jegyet)* inspect, check, control || *(pénzt)* be* in charge of, administer, handle; *(ügyeket)* manage, have* charge of, administer, look after || *(vkt vhogyan)* treat (sy), deal* with (sy), handle (sy)

kezelés *n orv* treatment, therapy || *(gépé)* handling, operation || *(jegyeké)* check, control || *(pénzé, ügyeké)* administration, managing, management || **a jegyeket ~re kérem!** fares/tickets please!; **~be vesz** *átv vmt* take* sg in hand; *biz vkt* take* sy in hand

kezelési *a* ~ **költség** service/handling charge(s), administrative costs *pl*; ~ **utasítás** operating/service manual/handbook (*v.* instructions *pl*)

kezelhető *a* manageable, treatable || **könnyen ~** easy to manage/handle *ut.*; **könnyen ~ ember** an amenable person; **nehezen ~** difficult, difficult to handle/manage *ut.*; *(vk, igével)* be* hard to handle, be* unruly; **nehezen ~ gyermek** (he is*) a problem/difficult child°

kezelő *n (gépé)* operator, mechanic || *(ügyé)* administrator, manager; *(vagyoné)* trustee || *(kórházi helyiség)* operating room, surgery

kézelő *n* cuff; *(rávarrt)* wristband

kézelőgomb n cuff-links pl
kezelőorvos n consultant, US medical advisor
kezeltet v have* sg/sy treated ‖ *(jegyet)* show*/produce [one's ticket] (for inspection) ‖ ~**i magát** undergo* treatment
kézenállás n handstand
kézenfekvő a obvious, (self-)evident, clear
kezes[1] a *(szelíd)* tame, meek
kezes[2] n *(összegért)* guarantor
kezesked|ik v *vmért* guarantee sg, vouch for sg; *vkért* stand*/be* security/surety for sy, vouch for sy; *(feltételesen szabadlábra helyezettért)* go* bail for sy ‖ *(biztosít vkt vmről)* guarantee (sg) ‖ ~ **em (róla), hogy** I guarantee that
kezeslábas n ált overalls pl; *(szerelőruha)* boiler suit ‖ *(gyermeké)* rompers pl; *(téli, orkán)* snow-suit
kezesség n surety(ship), security, guarantee
kézfej n hand, orv metacarpus (pl -carpi)
kézfelemelés n ~**sel szavaz** vote by a show of hands
kézfogás n handshake
kézi a *(kéz-)* hand-, of the hand(s) ut. ‖ *(kézzel végzett)* manual; *(kézi működtetésű)* hand-operated ‖ ~ **(gyártású)** handmade, made by hand ut.; ~ **kapcsolású** manually operated, hand-operated; ~ **vezérlés** manual controls pl
kézifegyver n small arms pl
kézifék n handbrake ‖ **be van húzva a** ~ the handbrake is on
kézigránát n (hand)grenade
kézikönyv n manual, handbook, reference book
kézilabda n handball
kézilabdáz|ik v play handball
kézilány n *(konyhai)* kitchen maid
kézimunka n *(kötés, hímzés, horgolás)* needlework, fancywork; *(főleg hímzés)* embroidery ‖ *(a tárgy)* a piece of needlework/fancywork/embroidery
kézimunkáz|ik v do* needlework
kézipoggyász n hand luggage (US baggage), personal luggage (US baggage)
kézírásos a handwritten, written by hand ut.
kézirat n manuscript ‖ ~ **gyanánt** as (a) manuscript, for private circulation
kéziszótár n concise dictionary
kézitáska n *(női)* handbag, csak US: purse; *(kis bőrönd)* suitcase
kézjegy n initials pl ‖ ~**ével ellát** initial (US -l) (sg)
kézkrém n hand-cream
kézmosás n hand-wash
kézmozdulat n movement of the hand, motion, gesture

kézműipar n (handi)craft(s)
kézműves n craftsman°, artisan
kézművesség n (handi)craft, craftsmanship
kézszorítás n handshake, handgrip
kéztörlő n (hand-)towel
kézügyesség n manual skill, handiness ‖ **jó a** ~ **e** be* good with one's hands
kft. = *korlátolt felelősségű társaság* limited liability company, Ltd; US Inc (= incorporated)
kg = *kilogramm* kilogram(me), kg
KGST *tört* = *Kölcsönös Gazdasági Segítség Tanácsa* Council for Mutual Economic Aid, Comecon, COMECON
ki[1] **1.** pron *(kérdő)* who? ‖ ~ **az?** who is that/it/there?; ~**é?** whose?; ~**é ez a könyv?** whose book is* this?, who does* this book belong to?, to whom does* this book belong?; ~**ért?** for whom?, for whose sake?; ~**hez?** to whom?; ~**hez megy férjhez?** who is she going to marry?; ~**nek?** for/to whom?; ~**nek adtad a pénzt?** who did you give the money (to)?; ~**re gondolsz?** who are you thinking of?, who have you (v. do you have) in mind?; ~**t?** whom?; ~**t láttál?** who did you see?, *(formálisabban)* whom did you see?; ~**t vár?** who are you waiting for?; ~**től?** from whom?, who ... from?; ~**vel?** with whom?, who ... with? **2.** pron *(vonatkozó: aki)* who ‖ **nincs,** ~ **megcsinálja** there is* no one to do it **3.** pron *(határozatlan: némelyik)* ~ **jobbra,** ~ **balra fut** some run* to the right, others to the left; ~ **erre,** ~ **arra** some this way and some that (way)
ki[2] adv *(irány)* out; *(kifelé)* outwards ‖ ~ **innen!** get out!, be off!, out you go!, US scram!
kiabál v *(ember)* shout, cry; *(ordít)* bawl
kiabálás n shouting; *(lárma)* uproar, clamour (US -or)
kiábrándít v disillusion, disappoint ‖ ~ **vkt** *vmből* disabuse sy of sg
kiábrándító a disappointing, disillusioning
kiábrándul v *vmből* be* disappointed in sg/sy (v. with sg)
kiábrándulás n disappointment, disillusion(ment)
kiad v *(vhonnan)* give* out; *(raktárból vknek vmt)* issue (sy with sg v. sg to sy) ‖ *(kiszolgáltat)* deliver, give* up, hand over, surrender; *(bűnözőt)* extradite ‖ *(kihány)* bring* up, vomit ‖ *(kézből)* part with sg ‖ *(munkára)* give* sg out (to be made); *(munkát)* assign, distribute ‖ *(parancsot)* give*, issue; *(rendeletet)* publish, issue ‖ *(sajtóterméket)* publish,

kiadás 278

issue || *(útlevelet, jegyet)* issue || *(házat)* let*; *(szobát, lakrészt)* let* (out), *csak US* rent (sg) out || *(pénzt)* spend*, expend; *(félretett pénzből)* disburse || ~ **ta minden pénzét** he has* run out of cash/money, he has* spent all his money; ~**ták új regényét** her/his new novel is out

kiadás n *(kiszolgáltatás)* handing out, delivery, surrender; *(bűnözőé)* extradition || *(sajtóterméké)* publication, issue; *(könyvé)* edition || *(útlevélé, jegyé)* issue || *(költségek)* expenses pl; *(kormányé stb.)* expenditure || *(lakásé stb.)* letting (out) || apró ~ok sundry/incidental expenses, sundries

kiadatás n jog extradition

kiadatlan a unpublished

kiadó 1. a *(bérbe vehető)* to (be) let *ut.*, vacant, *US* for rent *ut.* || ~ **lakás/szoba** flat/room to let; *(hirdetésben)* accommodation vacant, *US* apartment to/for rent; **ez a ház** ~ this house is to (be) let (v. *US* for/to rent) **2.** n *(vállalat)* publisher(s), publishing house

kiadós a abundant, plentiful; *kif* it goes a long way || ~ **ebéd** a substantial lunch; ~ **eső** a heavy rain, heavy rains *pl*

kiadóvállalat n publisher(s), publishing house

kiadvány n publication; *(tud. társaságé így is)* proceedings *pl*, transactions *pl*

kiaknáz v *(felhasznál)* exploit, utilize; *(bányát)* work; *(ország természeti kincseit)* develop || *(lehetőséget)* make* the best/most of, capitalize on, make* capital of

kiaknázás n *(felhasználás)* exploitation, utilization || *átv* making the best/most of sg

kialakul v form, take* shape; *(kifejlődik)* develop, evolve, *biz* shape up || *biz (elrendeződik)* be* settled, get*/be* sorted out || **kezd** ~**ni** be* taking shape, be* getting under way, things are working out

kialakulás n formation, development

kiáll v vk vhová go*/stand* out; *(vhonnan előlép)* step out, come*/step forward || vm vmből stand*/stick* out; *(hegyesen)* jut/stick* out, protrude, project; *(kidomborodik)* bulge (out) || *vkvel* stand* up to (sy), accept the challenge of || *vmért/vkért, vm/vk mellett* fight* for sg, defend sg; *kif* take* up the cudgels for sg/sy || *(fájás megszűnik)* cease, stop || *(kibír vmt)* endure, go* through, suffer, stand*, bear*, tolerate; *ker* compete successfully with || **ki nem állhatom** I can't stand/bear him, I hate the (very) sight of him; ~ **meggyőződése mellett** have* the courage of one's convictions; ~**ja a próbát** pass/stand* the test

kiállás n *(vm mellett)* upholding (the banner of) sg || *(emberé)* bearing

kiállású a jó ~ good-looking

kiállhatatlan a odious; *(viselkedés, modor)* insufferable, intolerable, unbearable; *(pasas)* tiresome

kiállít v vhová put*/place out; vhonnan order out; *sp* send* off, exclude || *(kiállításon)* exhibit; *(bemutat)* display, show*; be* exhibited; *(közszemlére)* be* on display || *(külsőt ad)* finish, get* up, make* (sg) presentable || *(okmányt, számlát)* make* out

kiállítás n exhibition; *(ipari stb. termékeké)* (trade) exhibition, show || *(külső)* finish, get-up, presentation || *sp (játékosé)* send(ing)-off, expulsion || *(iraté)* issue || ~ **napja** date of issue

kiállítási tárgy n exhibit

kiállítású a szép ~ **könyv** a well produced (v. got-up) book

kiállító 1. a ~ **hatóság...** *(okmányé)* issued by ..., issuing authority is ... **2.** n *(kiállításon)* exhibitor

kiálló a projecting, protruding, standing/sticking/jutting out *ut.* || ~ **fog** bucktooth°

kialsz|ik v *(lámpa)* go* out; *(tűz)* burn* (itself) out, be* extinguished, die out || *átv* die away, fade || *vmt* sleep* off || **kialussza magát** have* a good night's rest; **kialudt a tűz** the fire is (v. has gone) out

kiált v cry (out), shout, exclaim, call (out) || **segítségért** ~ cry/shout/call for help

kiáltás n cry, shout, call

kiáltó a *átv* sharp, striking, flagrant || ~ **ellentét** striking contrast

kiáltvány n proclamation, manifesto, appeal

kialudt a *(tűzhányó)* extinct

kialvatlan a vk needing/lacking sleep *ut.*

kiapad v *(kiszárad)* dry up, run* dry || *átv* be* exhausted

kiapadhatatlan a inexhaustible

kiárad v *(folyó)* flood, overflow (its banks); *vmre* inundate, overrun* || *(gáz)* escape; *(fény)* stream out, emanate

kiárusít v *(végleg)* sell* off/out, liquidate

kiárusítás n selling off/out, (clearance) sale

kibányász v extract, get* || *átv (előkotor)* dig out/up, unearth

kibékít v *vkt vkvel* reconcile sy with sy

kibékíthetetlen a *(vk)* unforgiving, implacable; *(ellentétek)* irreconcilable, antagonistic || ~ **ellentét** antagonism

kibékül v *vkvel* be* reconciled (with sy), make* peace (with sy), make* it up (with

sy), make* friends ag*ai*n ∥ *(vmvel)* res*i*gn ones*e*lf to sg, acqu*i*esce in sg ∥ **kezd** ~**ni a helyzettel** (s)he is c*o*ming to terms with the situ*a*tion
kibékülés *n* reconcili*a*tion
kibélel *v* line; *(vattával)* pad
kibelez *v* disembowel (*US* -l); *(vadat, halat)* gu*t*; *(szárnyast)* clean, draw*
kibérel *v* *(csónakot stb.)* hire (out); *(házat hosszabb időre v. földet)* lease; *(házat/ szobát rövidebbre v. autót)* rent
kibernetika *n* cybernetics *sing.*
kibernetikai *a* cybernetic
kibetűz *v* make* out, dec*i*pher; *(jeleket)* decode
kibic *n US biz* k*i*bitzer ∥ **a** ~**nek semmi se drága** *kb.* be* brave/g*a*llant at the expense of someone else
kibicel *v* v*k*nek *US biz* k*i*bitz
kibicsakl∣**ik** *v* *(testrész)* be* sprained/ d*i*slocated ∥ ~**ott a bokája** have* a sprained *a*nkle, (s)he sprained his/her *a*nkle
kibír *v* *(elbír)* bear*, s*u*pport ∥ *(elvisel)* end*u*re, bear*, stand*
kibírhatatlan *a* unbe*a*rable, int*o*lerable
kibocsát *v* *á*lt send* out; *(hőt, szagot)* em*i*t, give* off/out; *(sugarat, fényt)* radiate, pour out/forth ∥ *(bankjegyet)* put* *i*nto circulation, *i*ssue; *(kölcsönt)* float; *(rendeletet)* p*u*blish, issue ∥ *(egyetem szakembereket)* turn out
kibocsátás *n* ált letting out; *műsz* emission, radi*a*tion ∥ *(bankjegyé)* issue; *(kölcsöné)* floating
kibogoz *v* *(csomót)* unt*i*e, und*o**; unravel (*US* -l) ∥ *átv* solve, p*u*zzle out
kibogozhatatlan *a* in*e*xtricable, uns*o*lvable, imp*o*ssible to unr*a*vel *ut*.
kiboml∣**ik** *v* *(kötés, varrás)* come* und*o*ne, come*/get* untied ∥ *(szirom)* unf*o*ld
kibont *v* *(csomót stb.)* und*o**, unt*i*e; *(csomagot)* *o*pen, unp*a*ck, unwr*a*p; *(hajat)* take*/let* down; *(levelet)* *o*pen, tear* *o*pen, uns*e*al; *(vitorlát, zászlót)* unf*u*rl, unfold
kibontakozás *n* *(kifejlődés)* development; *(bonyodalomé)* unravelling (*US* -l-); *(cselekményé)* den*o*uement
kibontakoz∣**ik** *v* v*m*ből free/extricate/disent*a*ngle oneself from sg ∥ *(ködből)* emerge ∥ *(kifejlődik)* develop, blossom out; *(cselekmény)* be* unravelled (*US* -l-)
kiborít *v* *(edényt)* overt*u*rn, upse*t**; *(folyadékot)* spill* ∥ *biz* v*k*t upse*t** s*y*, *US* faze sy, *ki*f throw* sy off the b*a*lance
kiborul *v* *(edény)* be* upset/overturned/ spilt ∥ *biz* *(kijön a sodrából)* get*/be* upset, blow* one's top; *(idegileg)* crack up, break* down

kiböjtöl *v* wait p*a*tiently for sg
kibök *v* *(szemet)* poke out ∥ *biz (szót)* *u*tter, blurt out; *(titkot, kif)* spill* the beans, let* the cat out of the bag ∥ **bökd már ki!** out with it!; *átv* **majd ~i a szemét** it is st*a*ring one in the face
kibővít *v* widen, make* wider, enl*a*rge; *(ruhát)* let* out ∥ *átv* extend, exp*a*nd
kibővül *v* widen, become*/get* wider; *(gyarapodik)* incre*a*se, develop
kibuggyan *v* b*u*bble/gush out/forth
kibúj∣**ik** *v* v*h*onnan creep*/crawl out, emerge from ∥ *vm*ből come* out, emerge ∥ **gyorsan** ~**t a ruhájából** she slipped out of her clothes; ~**ik a szög a zsákból** show* the cloven hoof
kibuliz∣**ik** *v biz* w*a*ngle *(magának vmt* oneself sg*)*
kibúvó *n* *(ürügy)* pretext; *(mentség)* excuse ∥ ~**t keres** try to find a l*oo*phole
kicentrifugáz *v* spin-dr*y*
kicsal *v* v*k*t v*h*onnan coax into coming out; *(állatot rejtekhelyéről)* lure (out) ∥ v*k*ből v*m*t wheedle/worm/draw* sg out of sy; *(pénzt vk*től*)* cheat/swindle/do* sy out of sg; *(titkot)* get* [a secret] out of (sy) ∥ **könnyeket csal ki vk szeméből** draw* tears from sy's eyes, bring* tears to sy's eyes
kicsap *v biz (iskolából)* exp*e*l; *(egyetemről)* send* down, expel ∥ *vegy* prec*i*pitate ∥ *(láng)* leap* up, shoot* up; *(medréből)* overflow
kicsapód∣**ik** *v vegy* be* dep*o*sited/prec*i*pitated/cond*e*nsed ∥ *(ajtó)* fly* *o*pen, be* flung *o*pen
kicsapongás *v* deb*a*uch(ery), dissip*a*tion
kicsapongó *a* d*i*ssolute, r*a*kish ∥ ~ **életet él** lead* a d*i*ssolute/d*i*ssipated life
kicsavar *v* *(csavart)* unscrew ∥ *(vizes ruhát)* wring* (out) ∥ *(gyümölcsöt)* squeeze ∥ ~ **vmt vk kezéből** wrest sg from *(v.* out of) sy's hands
kicselez *v* dodge, el*u*de
kicsempész *v* sm*u*ggle out
kicsempéz *v* cover with tile(s), tile
kicsenget *v* *i*sk ~**tek** the bell went
kicsengetés *n* *i*sk bell
kicserél *v* v*m*t v*m*ért/v*m*re exchange sg for sg, *biz* swap (sg for sg); *(újjal)* replace (sg with/by sg); *(becserél)* trade sg for sg ∥ *(nézeteket)* exchange [views]; *(tapasztalatokat)* share one's experiences (with sy)
kicserepesed∣**ik** *v (ajak)* crack, chap ∥ ~**ett a szám** my lips are chapped, I have chapped lips
kicsi 1. *a* l*i*ttle, small; *(nagyon kicsi)* t*i*ny, *sk* wee; *(termetre)* short; *(filigrán)* tiny, of small build *ut.,* dim*i*nutive; *(jelentéktelen)* p*u*ny, petty, insign*i*ficant, tr*i*fling ∥ ~ **a bors, de erős** *kb.* he is strong for

his size; ~ **korában** as a child, in his childhood 2. *n (gyerek)* little (*v. sk* wee) one/boy/girl, *csak US:* junior ‖ **egy ~t a** little/bit/trifle; **~re nem adunk** we are not so very particular; **sok ~ sokra megy** many a little makes a mickle

kicsinosít *v* **~ja magát** smarten/ spruce (oneself) up; **~ja a szobát** smarten up the room

kicsiny 1. *a* = **kicsi** 2. *n (gyermek)* little one, (tiny) tot ‖ *(állaté)* cub, whelp ‖ **a ~ek** the little ones, the children

kicsinyes *a* small/petty-minded; *(aprólékos)* fussy, pedantic; *(captious)*, hair-splitting; *(szűkmarkú)* niggardly

kicsinyesség *n* small-mindedness, pettiness

kicsinyít *v vmt* make* smaller, diminish ‖ *(optikai lencse)* reduce

kicsinyített *a* reduced

kicsinyítő *a* **nyelvt ~ képző** diminutive (suffix); *fiz* **~ lencse** reducing glass, concave lens

kicsinység *n (állapot)* smallness, littleness ‖ *vm* trifle, trifling/insignificant matter/thing

kicsíp *v vmt vhonnan* pluck out ‖ *(hideg)* nip, bite* ‖ *biz* **~i magát** trick oneself out (in sg), put* on one's best bib and tucker

kicsíráz|ik *v* sprout, bud, germinate

kicsiség *n* = **kicsinység**

kicsoda *pron* who(ever)?, who on earth?

kicsomagol *v* unpack

kicsorbít *v* blunt, chip

kicsorbul *v* chip, get* blunt

kicsordul *v* overflow, run* over, spill* ‖ **~t a könnye** tears came to her/his eyes

kicsorog *v* run*/flow out/away

kicsúfol *v* mock sy, make* fun of sy

kicsúsz|ik *v (kézből)* slip (out) ‖ **~ott vm a száján** sg slipped from his lips, he let it slip that..., he blurted it out (*v.* out sg); **~ik a talaj a lába alól** *átv* lose* (one's) confidence/grip

kidagad *v (levegőtől)* puff out/up, rise*, swell* (out/up); *(vitorla)* fill/belly (out); *(zseb stb.)* bulge/swell* out; *(vmtől)* be* bulging with sg

kiderít *v* find* out, clear up, bring* to light; *(tényt)* ascertain; *(rejtélyt)* unravel, clear up; *(igazságot)* hunt out, seek* after ‖ **a vizsgálat ~ette, hogy** the investigation has revealed/established/proved that

kiderül *v (idő)* clear up, get* brighter; *(ég)* clear ‖ **~t (az idő)** it's turned out nice and sunny (again); **~t, hogy** it came to light that, it turned out that, it appeared that, it turned out to (be...)

kidob *v vmt* throw* out; *(haszontalant)* throw* away/out, discard, scrap; *(pénzt)* throw* away, waste ‖ *biz vkt vhonnan* throw*/turn* sy out (of swhere); *(erőszakkal) biz* chuck out ‖ *(állásából)* give* sy the sack/boot, sack sy ‖ **~ott pénz** money down the drain, a waste of money

kidobóember *n biz* bouncer, chucker-out

kidolgoz *v (anyagot)* make* up, fashion, model (*US* -l); *(kikészít)* process, finish ‖ *(részleteiben vmt)* work out, elaborate (sg)

kidolgozás *n (anyagé)* making (up), finish ‖ *(témáé)* working up/out, elaboration

kidögl|ik *v biz* be*/get* fagged out (*v. US* pooped)

kidől *v (fa)* fall* ‖ *(folyadék)* be* spilt ‖ *átv (fáradtságtól)* drop (down)

kidönt *v (fát)* fell; *(falat)* pull/knock down, demolish ‖ *(kiborít)* spill*, overturn, upset*

kidörzsöl *v (testrészt vm)* chafe, rub till sore

kidudorodás *n* bulge, protuberance

kidudorod|ik *v* bulge, protrude, swell* up/out

kidug *v* stick*/thrust*/poke sg out (of sg)

kidurran *v (gumi)* burst*, blow* out

kidülled *v* bulge, swell* (out); *(szem)* goggle ‖ **~t szemmel** goggle/pop-eyed

kidülleszt *v (mellet)* throw* out, swell*, expand

kié → **ki**[1]

kiebrudal *v biz* throw*/turn/chuck out

kiég *v (ház)* burn* out ‖ **~ett az égő** the bulb has gone; **~ett a biztosíték** the fuse has blown

kiegészít *v* complete, make* sg complete, complement, make* up (*vmre* to), supplement

kiegészítés *n* completion, addition, supplement ‖ *(pénzben)* supplement ‖ *(könyvben)* addendum (*pl* addenda)

kiegészítő *n* supplementary, additional, complementary ‖ **~ színek** complementary colours (*US* colors)

kiéget *v (tűzzel)* burn* (out) ‖ *(biztosítékot)* blow* (out) ‖ **~i a szőnyeget** burn* a hole in the carpet

kiegyenesed|ik *v* straighten (out); *(kihúzza magát)* draw* oneself up (to one's full height)

kiegyenesít *v* straighten (out), make* straight

kiegyenlít *v (egyenlővé tesz)* equalize, set*/put* aright, straighten, even out/ up, level (*US* -l) off ‖ *sp* equalize ‖ *(számlát)* settle; *(adósságot)* clear, pay* (off), settle up, discharge

kiegyenlítés *n* equalization || *(számláé)* settlement; *(adósságé)* settling (up), clearing, paying
kiegyensúlyoz *v* (counter)balance
kiegyensúlyozott *a* balanced || ~ **ember** well-balanced man°
kiegyezés *n* compromise, conciliation, accord; *(csődben)* composition
kiegyez|ik *v vkvel* come* to an arrangement, agree on a compromise (with sy), reach an agreement
kiejt *v (kezéből)* drop, let* sg fall/slip || *(szót)* pronounce
kiejtés *n (szóé)* pronunciation || **idegen ~sel beszéli az angolt** he speaks* English with a foreign accent
kiejtési *a* ~ **hiba** mispronunciation, a(n) error/mistake in pronunciation
kiékel *v* wedge, put* a wedge in sg, put* wedges in sg
kiél *v (szenvedélyt)* gratify one's desires/wishes, indulge oneself || ~ **i magát vmben** indulge in sg; **a sportolásban éli ki magát** sport is his main gratification
kielégít *v ált vkt* satisfy, give* satisfaction to; *(éhséget)* satisfy, appease; *(óhajt)* fulfil *(US* -fill), comply with || *(anyagilag)* satisfy, pay* off || ~ **i az igényeket** meet*/satisfy all demands/requirements
kielégítés *n* satisfaction, satisfying
kielégítetlen *a* unsatisfied
kielégítő *a* satisfactory; *(megfelelő)* adequate; *(elég)* sufficient || ~ **en** satisfactorily
kielégül *v vmben* find* satisfaction in sg || *(vágy)* be* gratified/appeased; *(nemileg)* reach orgasm/climax
kielégülés *n* satisfaction, contentment; *(nemi)* orgasm, climax
kielégületlen *a* unsatisfied, frustrated
kiélesed|ik *v (helyzet)* become* critical/strained, come* to a crisis; *(harc, vita)* intensify, grow*/become* more acute/intense
kiélez *v (helyzetet)* increase the tension; *(ellentétet)* sharpen, deepen, intensify
kiélt *a (ember)* debauched
kiélvez *v* enjoy sg to the full, make* the most of sg
kiemel *v vmből* take*/lift sg out (of sg); *(a sok közül)* pick (out); *(hajóroncsot)* salvage, raise || *(hangsúlyoz)* stress, emphasize, point out || *(feltűnővé tesz)* set* off, enhance, *(mint fontosat)* highlight (sg) || *átv (vkt vhonnan)* advance sy || ~ **i vmnek a fontosságát** stress the importance of sg; *biz* ~ **vmt vk zsebéből** pick sy's pocket

kiemelés *n (vmből, vhonnan)* taking/lifting out, picking (out) || *(hangsúlyozás)* stress, emphasis
kiemelked|ik *v (vhonnan)* rise* (from); *(vízből)* emerge (from), come* out of; *(vm felett)* tower above, overlook || *(szembetűnik)* be* conspicuous/striking || **erősen ~ik a háttérből** it is* in sharp contrast to the background
kiemelkedő *a (kiugró)* projecting, prominent || *(kiváló)* outstanding, excellent, distinguished, eminent || ~ **fontosságú** of overriding importance *ut.*
kiemelt *a (hangsúlyozott)* stressed
kienged *v vkt* let* (sy) out || *vmt* emit, let* escape; *(gázt/levegőt vmből)* deflate sg; *(folyadékot)* run* off || *(ruhát)* let* out
kiengesztel *v* conciliate, appease
kiengesztelés *n* conciliation
kiépít *v (átv is)* build* up, develop
kiépül *v (város)* grow*, develop; *(városrész)* be*/become* built up
kiér *v vk vhová* get* to [a place], arrive at [a place] (in time) || ~ **t a vonathoz** (s)he managed to catch the train
kiérdemel *v* merit, deserve, earn
kiereszt *v vkt vhová* let* (sy) out || *(lazít)* slack(en); *(köteléket)* pay* out || **vitorlát** ~ start the sail
kierőszakol *v vkből vmt* wring*/force/extort sg from sy || *vmt* enforce sg, insist (up)on sg || ~ **ja a győzelmet** gain a hard-won victory
kiértékel *v* evaluate, appraise, size/weigh up, *(fölmérve)* assess
kiértékelés *n* evaluation, appraisal, assessment
kiérz|ik *v (szag)* smell* (of); *(íz)* taste (of) || *átv* can*/may* be felt || ~ **ik belőle a bors** it tastes of pepper; ~ **ik szavaiból** one can sense/feel (it) in/from his words
kiesés *n vhonnan* falling/dropping out, drop-out || *(hiány)* shortfall, deficiency; *(megszakítás)* break, interruption || *sp (versenyből)* elimination
kies|ik *v (vhonnan, vmből)* fall*/drop out (of sg) || *sp* drop out (of), be* eliminated (from) || ~ **ett X has been eliminated;** ~ **ik az emlékezetéből** sg escapes sy, sg slips one's mind
kieszel *v* invent, think*/dream* up, conceive, plot
kieszközöl *v* secure, obtain || ~ **vknél vmt** induce/get* sy to do/permit/grant sg
kievickél *v (vízből)* paddle out (of) || *(bajból)* extricate oneself (from), wriggle/get* oneself out (of)

kifacsar v *(ruhafélét)* wring* (out); *(gyümölcsöt)* squeeze

kifacsart a *(ruha)* wrung-out || ~ **citrom** squeezed lemon; *átv vk* a squeezed orange

kifaggat v question in detail, interrogate, *biz* grill

kifakad v *(kelés)* burst*, break* (open); *(bimbó)* burst* open, open || *(vk)* break* out into angry words; *(megmondja véleményét)* speak* one's mind; *(vk ellen)* attack sy, (let*) fly* at sy

kifakadás n *(kelésé)* opening, breaking, bursting; *(bimbóé)* budding || *(szavakban)* outburst

kifakul v fade, (grow*) pale, lose* colour *(US* -or)

kifárad v *vmtől* tire (of), become*/get*/ grow* tired (of/from), be* exhausted (by/ from) || **lesz szíves** ~**ni** kindly/please go/come out

kifáradás n exhaustion, tiredness

kifarag v carve (out); *(követ)* cut*

kifáraszt v tire (out), make* sy tired/ weary, wear* out, weary, exhaust *(vmvel* by doing sg, with sg)

kifecseg v blurt out || titkot ~ *biz* let* the cat out of the bag

kifehéred|ik v bleach

kifehérít v bleach, whiten

kifejez v *(szavakkal)* express, voice, give* expression to || ~**i magát** express oneself

kifejezés n *(kinyilvánítás)* expression, utterance || *(szókapcsolat)* expression, phrase, *(nyelvben sajátos)* idiom, idiomatic expression || *mat* expression, term

kifejezéstelen a expressionless, lacking in expression *ut*. || ~ **arc** vacant/ blank/expressionless look, poker face

kifejezett a *(kimondott)* expressed || *(határozott)* express, explicit || ~ **kívánságára** at his explicit request

kifejezetten adv expressly, definitely, professed(ly) || ~ **szép** truly beautiful

kifejező a expressive *(vmt* of), suggestive *(vmt* of) || ~ **arc** face full of expression, an expressive face

kifejeződ|ik v be* expressed, manifest itself

kifejleszt v develop; *(tehetséget)* improve [one's abilities], cultivate

kifejlesztés n development; *(tehetségé)* improvement

kifejlődés n development, growth, evolution; *(tehetségé)* development, blossoming

kifejlőd|ik v develop *(vmvé* into sg), grow*; *(tehetség)* blossom || **vita fejlődött ki** a debate arose

kifejt v *(varrást)* undo*, unpick || *(babot, borsót)* hull, shell || *(képességet)* display, show* || *(szavakban)* expound; *(magyaráz)* explain, make* clear, expand on sg; *(véleményt)* express, put* forward, state || ~**i nézeteit** expound/state/give* one's views

kifejtés n *(varrásé)* undoing, unpicking || *(hüvelyből)* hulling, husking || *(tehetségé)* display, exertion; *(erőé)* exertion || *(szavakban)* expounding, explanation; exposition

kifelé adv *(irány)* out, outward(s) || *(külsőleg)* outwardly, seemingly || **(mars)** ~! out you go!

kifelejt v leave* (sg/sy) out (by mistake), forget* to put in

kifényesít v polish, buff up, shine*

kifér v *vm/vk vmn* get* out through, pass through sg || *(van még hely)* there is (enough) room (for sg swhere) || **kiabál, ahogy csak a torkán** ~ shout at the top of one's voice

kifest v *(szobát)* paint || *(arcot)* make* up, paint || *(kiszínez)* colour || ~**i magát** make* up (one's face), make* oneself up, put* on make-up, do* one's make-up

kifestőkönyv n colouring *(US* -or-) book

kifeszít v *(feszessé tesz)* stretch (out), tighten, make* tight; *(mellkast)* expand, throw* out; *(vk vitorlát)* set*; *(szél vitorlát)* fill || *(felfeszít)* break*/force/prise *(US* prize) open

kificamít v sprain, dislocate || ~**otta a bokáját** (s)he sprained his/her ankle, (s)he has a sprained ankle

kificamod|ik v be*/become* sprained/ dislocated

kifiguráz v caricature; *(utánoz)* mimic (-ck-); *(nevetségessé tesz)* guy, make* fun of, ridicule

kifinomult v refined || ~ **ízlésű** of (a refined) taste *ut*., fastidious

kifizet v *(megfizet)* pay* (up/out), disburse; *(adósságot)* pay* || ~ **vkt** pay* sy (off)

kifizetés n paying (up/out), disbursement; *(adósságé, számláé)* settlement, payment

kifizetetlen a unpaid

kifizetődő a paying, remunerative || **nem** ~ (it) does* not pay *ut*., (it is*) unremunerative

kifli n croissant, roll

kifog v *(vízből)* fish, land, take* out; *(halat)* catch*; *(jót)* we're in luck || *(lovat)* unharness || *biz vkn* get*/have* the better of sy || **ez** ~**ott rajtam** that beats me, *US biz* that has/had me beat; **ezt jól** ~**tuk** *(rosszat)* it's not our day, that's just our luck; *biz* **ki kell fogni** *(ritka árucikket)* you've got to be lucky to get it

kifogás *n (helytelenítés)* objection, disapproval; *(panaszos)* complaint, protest; *jog* objection, plea || *(mentség)* pretext, excuse, plea || **ha nincs ellene** ~**od** if you don't mind; **nincs semmi** ~**om ellene** I have* no objection(s) to it, I have nothing (to say) against it; **olcsó** ~ shallow pretext, lame/thin excuse; **van vm** ~**a az ellen, ha...?** do you mind if I ...?

kifogásol *v* object to, protest against, raise objections to/against; *(hibáztat)* disapprove of, find* fault with; *(bírálólag)* censure, criticize

kifogásolható *a* objectionable, reprehensible

kifogástalan *a* unexceptionable, unobjectionable, blameless; *(hibátlan)* faultless; *(viselkedés)* above reproach *(ut.)*, irreproachable, correct; *(minőség)* excellent, top

kifogy *v (elfogy)* come* to an end, run*/be* short, give* out; *(készlet)* give*/run* out, run* low || ~**ott vmből** *vk* be* out of sg; ~**ott** *(pl. mosogatószer)* it's run out; *(áru)* be* out of stock; *(könyv)* be* out of print

kifoly|ik *v* flow*/run* out; *(lyukas edényből)* leak (out)

kifolyó *n (csatornáé stb.)* outfall; *(gáz/folyadék számára)* vent; *(tölcsér alakú)* spout, nozzle; *(kádban)* plug-hole; *(konyhai)* sink

kifolyólag *post ebből* ~ for this reason, owing to this, as a result, consequently

kifordít *v (megfordít)* reverse, turn (sg) inside out; *(ruhát)* turn (out/over) || *(értelmet)* twist

kiforgat *v (vihar fákat)* tear* up; *(zsebet)* turn (inside) out || *vkt vmből* cheat/do*/diddle sy out of sg || *(értelmet)* twist [sy's words], distort, misinterpret [sg said] || ~**ták vagyonából** he was done out of his money

kiforratlan *a vk* immature, unsettled

kiforrott *a vk* mature, settled

kifoszt *v vkt* rob; *biz* fleece, skin; *(háborúban)* plunder, pillage; *(várost)* sack; *kat* loot

kifőtt tészta *n* ált pasta; *(cérnametélt)* vermicelli; *(vastagabb)* spaghetti

kifőz *v (tésztát)* boil [pasta/vermicelli etc. in water], cook [pasta] || *(fertőtlenít)* sterilize (sg by boiling) || *(tervet)* brew, plot, concoct

kifőzés *n (ételé)* boiling (down); *(fertőtlenítés)* sterilization (by boiling) || *(étkezde)* eating-house; *(elvitelre)* takeaway; *csak US:* diner

kifröccsen *v* splash, spurt (out); *(vér)* gush out/forth

kifúj *v (füstöt stb. vmből)* blow* out || **a szél** ~**ta az arcát** (s)he is windswept; ~**ja az orrát** blow* one's nose; *biz* ~**ja magát** get* one's breath (back)

kifullad *v* get* out of breath; *biz* run* out of steam || ~**t** be* out of breath, be* winded

kifúr *v (fúróval)* bore (out/through), drill || *átv* try to elbow sy out [of his job]

kifut *v (kirohan)* run* out || *(hajó)* sail, put* out to sea || *(tej)* boil over || *biz* ~ **az időből** run* out of time

kifutás *n vké* running out || *(tejé)* boiling over || *biz (érvényesülés)* opening, break

kifutópálya *n rep* runway

kifüggeszt *v* hang* out, display; *(hirdetményt)* put*/post/stick* up

kifürkész *v* ferret out

kifürkészhetetlen *a* inscrutable

kifűt *v* heat up/thoroughly

kifütyül *v* boo at/off sy, catcall sy, hiss (sy) off the stage, howl sy down || ~**ik** *biz* get* the bird, be* catcalled

kifűz *v* unlace, undo*, loosen, untie

kigombol *v* unbutton

kigombolód|ik *v* be*/come* unbuttoned, unbutton

kigondol *v* think* up, conceive, invent; *(tervet)* think*/work out; *(megoldást)* think* of

kigördül *v (vonat)* pull out

kiguberál *v* fork/dig* out [money]

kigúnyol *v* ridicule, mock, make* game/fun of sy; *biz* send* sy up

kigúnyolás *n* mocking, derision, mockery; *biz* send-up

kigurul *v* roll out

kígyó *v* snake; *ir* serpent || ~**t melenget keblén** nurse a viper in one's bosom; ~**t-békát kiált vkre** shower abuse on sy

kígyóbűvölő *n* snake-charmer

kigyógyít *v vkt vmből* cure sy of sg; *átv* cure (sy of sg) || ~ **vkt betegségéből** cure sy of a disease, restore sy to health

kigyógyítás *n* restoration to health, curing

kigyógyul *v* recover, be* cured, get* well again || ~ **betegségéből** be* cured of one's/a disease

kígyómarás *n* snake-bite

kígyóméreg *n* snake-poison/venom

kígyóz|ik *v (út, folyó)* twist and turn, wind*

kigyönyörködi magát *v* enjoy the sight of sg

kigyullad *v (lámpa, fény)* be* lit, light* up || *(tüzet fog)* catch* fire, burst* into flames

kihagy *v (mellőz)* leave* out, omit; *(elhagy, töröl)* omit; *(lehetőséget)* miss ||

kihagyás 284

(kimarad) miss; *(motor)* misfire ‖ ~**(ott) a pulzusa** his pulse missed a beat; ~**ott az emlékezete** (s)he had a lapse, his memory failed him/her; ~**ott egy szót** (s)he has left out a word
kihagyás *n (mellőzés)* omission; *(elnézésből)* oversight ‖ *(megszakadás)* interruption; *(érverésé)* intermission; *(motoré)* misfire ‖ *(üres rész)* blank
kihajít *v vmt* throw*/fling*/hurl out ‖ *vkt biz* turn out
kihajl|ik *v vm* overhang*, stick* out
kihajol *v* lean* out (of) ‖ ~**ni veszélyes** do not lean out of the window
kihajt *v (állatot)* drive* out ‖ *(gallért)* turn down [one's collar] ‖ *növ* sprout, put* out shoots; *(rügyezik)* bud, put* out buds
kihal *v (család)* die out; *(terület elnéptelenedik)* become*/be* deserted/depopulated; *(állatfaj)* become* extinct ‖ ~**t belőle minden érzés** his feelings are dead
kihalász *v (halat)* catch*; *(vmt a vízből)* fish up [sg from water], fish (sg) out [of the water] ‖ *biz (előkotor)* fish out [sg from one's pocket], fish sg out of [one's pocket]
kihallgat *v (kikérdez)* interrogate, question ‖ *(beszélgetést)* overhear* [a conversation], eavesdrop [on a conversation] ‖ ~**ja a tanúkat** hear* the witnesses
kihallgatás *n (kikérdezés)* examination, questioning, hearing ‖ *(államfőnél stb.)* audience ‖ ~**on fogad** grant/allow sy an audience
kihaló *a/n* ~**ban lévő állatfaj** a species on the verge of extinction
kihalt *a (faj)* died out, extinct ‖ *(vidék)* desolate ‖ ~ **utca** deserted street
kihámoz *v* shell, peel (off) ‖ **nehéz** ~**ni, mit akar mondani** it is difficult to make out what he means/wants
kihány *v (kidob)* throw*/fling* out ‖ *(ételt)* vomit, throw*/bring* up
kiharcol *v* gain/obtain (sg) by fighting (for); *(elér)* (manage to) obtain, secure, attain
kihasznál *v vmt ált* utilize, exploit, take* (full) advantage of (sg); *(anyagi haszonra)* profit by/from; *(energiaforrást)* harness; *(kimerít)* exhaust, use up ‖ *vkt (tisztességtelenül)* take* advantage of sy, exploit sy (shamelessly) ‖ **jól** ~ **vmt** make* the most of sg; ~**ja az alkalmat** take* (advantage of) the opportunity
kihasználás *n ált* utilization, exploitation; *(haszonra)* profiting; *(energiaforrást)* harnessing
kihasználatlan *a* unexploited, unutilized, unused; *mezőg* uncultivated

kihat *v vmre* have* an effect/impact on, influence/affect sg/sy
kihatás *n* effect, influence, impact; *(eredmény)* result; *(következmény)* repercussions *pl*, consequence ‖ ~**sal van vmre** have* an effect/impact on sg; bear* on/upon sg, affect sg
kiházasít *v* marry off (one's daughter with a dowry)
kiherél *v* castrate
kihever *v (bajt)* get* over; *(betegséget)* recover from; *(csapást)* survive; *(balesetet)* get* over
kihirdet *v* proclaim, publish, announce; *(közöl)* notify, give* notice of ‖ ~**i az ítéletet** pronounce sentence, deliver judg(e)ment
kihirdetés *n* proclamation, announcement, publication
kihív *v vkt vhová* call out/to ‖ *(küzdelemre, párbajra)* challenge ‖ *(diákot felelni)* call upon, ask sy questions ‖ ~**ja a mentőket** summon/call an ambulance; ~**ja a rendőrséget** call (out) the police; *isk* ~**ták felelni** he was tested on his homework
kihívás *n* provocation, *(tágabb ért)* challenge
kihívó *a* provocative, provoking, defiant ‖ ~ **hangon** defiantly; ~ **viselkedés** provocative behaviour *(US* -or), insolence
kihíz|ik *v* ~**ta a ruháját** she has grown too plump for her dress
kihord *v vhonnan* carry/take* out; *(elszállít)* convey, transport ‖ *(házhoz)* deliver; *(leveleket)* distribute, deliver ‖ *(gyermeket)* bear* [a child] [to (full) term] ‖ **lábon** ~ **betegséget** not go* to bed with an illness
kihordás *n (szállítás)* delivery ‖ *(magzaté)* (normal) pregnancy
kihoz *v vhonnan* bring*/get*/take* out ‖ *biz (vmből vm eredményt)* produce, manage to show/prove ‖ **ebből azt hozta ki, hogy** from all this he concluded that (*v.* he came to the conclusion that); ~ **vkt a béketűréséből** exasperate sy, provoke sy, try sy's patience
kihull *v* fall* out/from ‖ ~ **a haja** lose* one's hair, one's hair is falling out
kihurcol *v* drag out, *biz* lug out
kihurcolkod|ik *v* move (out)
kihúz *v vhonnan* draw*/pull out ‖ *(töröl)* cross/strike* out, erase, delete; *(cenzúra)* blue-pencil (*US* -l) ‖ *(tussal)* ink in sg ‖ *(sorsjegyet, kötvényt)* draw* ‖ **dugót** ~ **az üvegből** uncork a bottle; **falidugót** ~ unplug sg, take* the plug out of the socket; **fiókot** ~ open a drawer; **fogat** ~ extract a tooth°, pull out a

tooth°; *átv* ~ **vkből vmt** drag/draw* sg out of sy; ~ **vkt a vízből** fish sy out of the water; ~**za magát** straighten up/out, draw* oneself up; ~**za magát vmből** (*v.* **vm alól**) wriggle out of sg, evade (doing sg), back out of (sg); **majd csak** ~**zuk tavaszig** we'll last out till the spring somehow
kihúzat *v* ~**ja a fogát** have* a tooth (pulled) out
kihűl *v* cool, get* cold/cool; *(étel)* go* cold
kihűt *v* cool
kiigazod|ik *v vhol, vmben* get*/find* one's bearings (swhere), find* one's way (a)round sg, orient oneself || **nem tud** ~**ni** *(pl. új helyen)* he is all at sea; *(pl. íráson stb.)* he cannot make head or tail of it
kiindul *v vhonnan* start/set* out/off, pull out (of) || *vmből* set* out from, take* sg as its starting-point
kiindulópont *n* starting-point, point of departure
kiír *v (kimásol)* copy out; *(vhonnan)* write* out; print out || *(pályázatot)* announce || *orv biz (táppénzesnek)* give* sy a medical certificate (*v.* a doctor's note), put* sy on sickness benefit; *(újból munkaképesnek)* declare sy fit for work || **választásokat** ~ call an election, call elections, *GB* go* to the country
kiírás *n vhonnan* copying; *(adatoké)* writing out; *szt* printout || *(kihirdetés)* publication, announcement; *(felirat)* inscription, notice; *(állásra)* advertisement of vacancies || **pályázati** ~ competition, *ker* invitation to tender; **választások** ~**a** declaration of (general) elections
kiirt *v ált* wipe out; *(gyökerestől)* destroy sg root and branch, root out; *(erdőt)* clear; *(megsemmisít)* annihilate, destroy, extirpate; *(állatfajt)* kill (off) || *(népet)* exterminate, commit genocide || *(vmnek emlékét)* blot out
kiirtás *n ált* wiping out; *(elpusztítás)* destruction; *(erdőé)* clearance; *(lakosságé)* extermination; *(népé)* genocide
kiismer *v vmt* come* to know (sg) thoroughly; *vkt* come*/get* to know sy; *(átlát vkn)* see* through sy; *(dolgokban)* be* (all/completely) at sea, have* lost one's bearings || **kezdi** ~**ni magát** (begin* to) get* one's bearings, find* one's feet; ~**i magát** *vhol* find*/know* one's way about/around; **nem ismeri ki magát** *vhol* be* lost
kiismerhetetlen *a* inscrutable
kiisz|ik *v* drain, drink* up, gulp down

kiizzad *v* get* hot, work up a sweat || *(náthát)* sweat out [a cold] || *biz (szellemi alkotást)* manage to get sg out with great difficulty || *biz (pénzt)* scrape together/up || **ki van izzadva** he is hot and sweaty, he is covered/beaded with sweat
kijár *v (vk vidékre)* visit the countryside || *vm vmből* come* off/out, keep* falling out || *vknek vm* be* due/owing to, be* sy's due || *(vknél vk számára vmt)* manage to obtain/get sg for sy || *(iskolát)* finish/complete one's studies || *(lábadozó)* **már egy hete** ~ he has been up and about for a week
kijárás *n* going out || *(elintézés)* the securing/obtaining [of sg]
kijárási *a* ~ **tilalom** curfew; ~ **tilalmat rendel el** impose a curfew [on a town]; ~ **tilalmat felold** lift the curfew
kijárat *n ált* way out, exit; *(autópályáról)* exit; *(repülőtéren gépekhez)* gate
kijáró 1. *a vhová* going/coming out *ut.* || *vknek* due to *ut.* **2.** *n (kijárat)* way out, exit
kijátszás *n átv* outwitting; *(törvényé)* evasion
kijátsz|ik *v (kártyát)* lead* || *(becsap)* cheat, outwit (sy), take* (sy) in || ~**ik vkt vk ellen** play off one person against the other; **kijátssza a törvényt** evade the law, get* round the law
kijavít *v (hibát, dolgozatot)* correct; *(szöveget)* revise, correct, emend; *(helyesbít)* rectify, put* (sg) right; *(gépet)* repair, *US* fix; *(házat)* repair, renovate; *(ruhát)* mend, do* up || *isk* ~**otta a hármasát** he improved his low grade/mark
kijavítás *n (hibáé, dolgozaté)* correction; *(helyesbítés)* rectification; *(gépé)* repair(ing), *US* fixing; *(házé)* repair(ing), renovation; *(ruháé)* mending
kijavíttat *v* have* sg repaired, *US* get* sg fixed
kijegyzetel *v* make* notes on sg (while reading it), take* notes from sg
kijelent *v vmt* declare, state || *(vkt rendőrileg)* report sy's departure
kijelentés *n (nyilatkozat)* declaration, statement || *(távozásé)* notification of departure
kijelentkezés *n (szállodából)* checking out
kijelentkez|ik *v (lakásból)* notify one's departure; *(szállodából)* check out
kijelentő *a* ~ **mondat** declarative sentence; ~ **lap** form for notification of departure
kijelöl *v (helyet)* designate, indicate, point/mark/stake out; *(időt)* fix, set*, appoint; *(diáknak feladatot)* set* (sy) a

kijelölés 286

task, give*/set* sy an assignment; *(vknek vmlyen munkát)* assign [a/the job] to sy, assign sy [a/the job] || ~ **részeket könyvben** mark passages in a book; ~ **i az irányt** point out the direction; *átv* set* the course
kijelölés *n (helyé)* designation, indication, assignment, marking; *(időé)* fixing, appointment
kijelzés *n el* display
kijelző *n el* display
kijjebb *adv* farther/further out/away
kijózanít *v (részegségből)* sober (sy) up || *átv* disenchant sy (of his illusions), disillusion, sober (sy) down || ~ **ólag hat vkre** sg has sobering effect on sy
kijózanodás *n (részegségből)* sobering up, becoming sober || *átv* disenchantment, disillusionment
kijózanod|ik *v (részegségből)* sober up, become* sober || *átv* get*/become* disenchanted/disillusioned, sober down
kijön *v vhonnan* come* out (of); *(fiók)* pull out || *(szín, folt vmből)* come* out/off || *(biz (könyv, rendelet)* come* out || *(számítás)* be* right; *(számtanpélda)* work out || *biz vkvel* get* on well with sy || **ebből az jön ki, hogy** this proves that, it follows from this that; **így jött ki a lépés** this is how it worked out; **jól ~nek egymással** they get* along/on well (together); **kijött a gyakorlatból** he is out of practice, be* a bit/little rusty; **nem jön ki a fizetéséből** he can't manage on his salary; **nem lehet vele ~ni** he is not easy to get on with
kijut *v vhonnan* (manage to) get* out (of); *vhova* reach (swhere), find* one's way (to) || **ugyancsak ~ott neki!** he (has) had a hard time (of it)!
kijuttat *v vkt* help sy (to) get out (to); *vmt* manage to pass/get/send sg out || **egy levelet ~ a börtönből** (manage to) smuggle out a letter from prison
kikalkulál *v* calculate
kikanalaz *v* empty with a spoon, scoop out (with a spoon)
kikap *v (kiragad)* snatch (sg *v.* sg from sy *v.* sg out of sy's hand) || *(megkap)* get*, receive, obtain || *(megszidják)* be* told/ticked off, get* a telling off *(vmért mind:* for sg); || *biz (vereséget szenved)* be* defeated/beaten || **alaposan ~ott** got a good/sound beating/hiding; **~tak 3:1-re** they were beaten 3-1 *(szóban:* (by) three goals to one)
kikapcsol *v (ruhát stb.)* undo*, unfasten, unhook || *(áramot, gázt)* cut* off; *(telefont, áramot véglegesen)* disconnect || *(el készüléket, gépet)* switch/turn off || **ki van kapcsolva** *(pl. tévé)* ... is off

kikapcsolás *n (ruháé stb.)* undoing || *(áramé, gázé)* cutting off; *(el készüléké)* switching off; *(végleg)* disconnection
kikapcsolódás *n átv biz* getting away from it all, relaxation
kikapcsolód|ik *v (kapocs, ruha stb.)* come* undone/unfastened || *(gép stb.)* be* switched off (automatically) || *vk átv biz relax*, get* away from it all
kikászálód|ik *v vmből* struggle out of sg; *átv* extricate oneself from
kikefél *v (ruhát)* brush, give* sg a brush; *(cipőt)* polish
kikel *v (ágyból)* rise* (from bed) || *(tojásból)* hatch out, be* hatched; *növ* spring*, sprout || ~ **magából** lose* one's temper/patience, be* beside oneself; ~ **vk ellen** inveigh against sy; *biz* run* sy down
kikelet *n ir* spring
kikelt *v* = **kikölt**
kikeményít *v* starch, stiffen
kikémlel *v* spy out, explore; *(felderít)* reconnoitre *(US* -ter), discover, find* out
kikényszerít *v* obtain sg by force || ~ **vkből vmt** wring*/force sg from (*v.* out of) sy
kiképez *v vkt* train, give* sy training in sg, instruct, teach*; *kat* drill, train || *(kialakít)* form, shape || ~ **i magát vmben** acquire training in, teach* oneself
kiképzés *n (iskoláztatás)* training, schooling, instruction; *kat (military)* training, drilling || *(építményé)* shape, form
kikér *v vmt* ask for, request || *(vkt cégtől)* ask for (*v.* request) sy's transfer; *(államok egymás közt bűnöst)* ask for the extradition of sy || *biz* ~ **magának vmt** protest against sg, object strongly to sg; ~ **i vknek a véleményét** ask the opinion of sy, consult sy
kikérdez *v (rendőr)* (cross-)question, interrogate || *isk (gyereket) kb.* ask [the/a child] to go over his/her homework || ~ **i a leckét** hear* the lesson
kikeres *v ált* look/search for, seek* (out); *(kiválogat)* choose*, select; *(szót)* look up [a word in the dictionary]
kikérés *n (alkalmazotté)* request for transfer; *(bűnöse államok között)* demand for extradition
kikeresztelked|ik *v* be* converted to the Christian faith (*v.* to Christianity)
kikerics *n* **(őszi)** ~ meadow-saffron, autumn crocus
kikerül *v (tócsát)* go*/walk round; *(autóval)* drive* round || *(ütést)* evade; *vkt* get* out of the way of sy, evade sy, give* sy a wide berth; *(bajt)* avoid || *(vk vmből)* come* out, emerge from; *átv* get*

out of, escape || **győztesen kerül ki a küzdelemből** come* out on top (v. the winner); ~**i a nehézségeket** skirt/evade/avoid (the) difficulties

kikerülhetetlen a inevitable, unavoidable, inescapable

kikészít v (előkészít) put*/set* out, arrange, prepare || (bőrt) curry; (cserzéssel) tan; tex finish || biz vkt vm finish sy (off), knock sy out/sideways || ~**i a ruháját** lay* out one's clothes; ~**i magát** make* oneself up, make* up one's face

kikészítés n (előkészítés) making/getting ready || (gyártásnál) finish(ing); (bőré) currying; tex finish || (kozmetikai) make-up

kikészül v biz (kifárad) be* ready to drop, be* worn/knocked out, csak US be* pooped || **egészen** ~**tem vmtől** I am worn out from/with sg

kikever v stir, mix

kikezd v (vmt rozsda) corrode, eat* away || (vkvel veszekedni akar) pick a quarrel with || (nővel) make* a pass at, take* up with

ki-ki pron everybody, everyone, each || ~ **alapon ebédel** stb. biz kb. go* Dutch

kikiált v vhonnan shout out || vkt vmvé proclaim sy sg || (eredményt) announce, publish

kikiáltási ár n reserve price, US upset price

kikiáltó n (árverésen) auctioneer; (vásári) barker

kikísér v (ajtóig) show* sy to the door, show*/see* sy out; (állomásra) see* sy off

kikísérletez v work out experimentally

kikop|ik v (ruha) fray, become*/get* frayed/threadbare/shabby || vk vmből (gradually) lose* touch (with)

kikosaraz v biz vkt ált turn sy down, refuse sy

kikosarazás n refusal, turning sy down

kikotor v sweep* out/clean; (tó fenekét) dredge

kikotyog v blurt/let out sg

kikölcsönöz v borrow, US loan

kikölt v (fiókát, tojást) hatch

kiköltözés n removal

kiköltöz|ik v (lakásból) move (out), (re)move [from one's flat] || ~**ik falura** go* to live in the country

kikönyököl v (ablakon) lean* out (of the window)

kikönyörög v vmt vktől beg and beg until one obtains sg from sy

kiköpött a ~ **apja** biz be* the very/spitting image of his father, be* a dead ringer for his father

kiköt v (megköt) bind*, tie, fasten; (csónakot) tie up || (feltételt) stipulate || (hajó) put* in, put* into port, call at [a port] || ~ **magának vmt** reserve [the right] to sg for oneself

kikötés n vmhez tying, fastening (vmhez to) || (feltétel) stipulation, condition || (hajóval stb.) landing, mooring || **azzal a** ~**sel, hogy** on (the) condition that, with the reservation that

kikötő n (tengeri) harbour (US -or), port; (menetrendszerű) port of call; (kisebb, pl. balatoni) (landing-)pier, jetty; (csónakoknak) landing-stage

kikötőbak n bitts pl

kikötőmunkás n docker, stevedore, US longshoreman°

kikötőváros n port, seaport

kikövez v pave, cobble

kiközösít v (közösségből) expel, exclude (from); (társadalomból) ostracise || (egyházból) excommunicate

kiközösítés n ált expulsion, exclusion || (egyházból) excommunication

kikristályosod|ik v (átv is) crystallize

kikupálód|ik v biz acquire social polish

kikúrál v cure (sy of sg)

kikutat v (fiókot, zsebet) rummage through || (feltár) search out, biz dig* up

kiküld v vhonnan send* out (of); vhová send* out (to), dispatch (to) || (megbíz) delegate, depute, commission || **bizottságot küld ki** appoint a committee; ~ **külföldre** send* (sy) abroad; **tanulmányútra** ~**ték Angliába** was sent on a study trip to Great Britain

kiküldetés n posting, mission; (megbízatás) commission || ~**ben van** he is on a posting; (diplomata) he is en poste

kiküldött 1. a delegated, commissioned, sent, sent out ut. || ~ **tudósítónk jelenti Londonból** [news] from our own/special correspondent in London **2.** n delegate, envoy; (képviselő) representative, deputy

kikürtöl v (kissé elít) trumpet abroad, broadcast*, shout from the roof/house tops

kiküszöböl v eliminate, do* away with, get* rid of || mat eliminate || ~ **i a hibákat** get* rid of the mistakes/errors

kiküszöbölés n elimination, removal

kilábal v (betegségből) recover (from); (bajból) get* out of, escape from

kilakoltat v evict (from)

kilakoltatás n eviction

kilát v see* (out) || ~ **az ablakon** see* out of the window; **innen** ~**ni a Balatonra** from here one has (v. you get) a view of Lake Balaton

kilátás *n vhonnan* view, prospect, panorama ‖ *átv (távlati)* outlook, prospect(s) (for sg); *(egyéni)* chance ‖ ~**ba helyez** hold* out the prospect of, promise (sg); **szép ~ nyílik a völgyre** there's* a beautiful/fine view/prospect over the valley, you get* a fine view/prospect of the valley

kilátástalan *a* without prospects *ut.*, hopeless, bleak

kilátótorony *n* look-out (tower)

kilátsz|ik *v* be* visible, show* ‖ ~**ik a kombinéja** her slip is showing

kilehel *v* breathe out, exhale ‖ ~**i a lelkét** breathe one's last, *biz* give* up the ghost

kileli a hideg *kif biz* get* the shivers

kilenc *num* nine

kilenced *n* ninth

kilencedik *num a* ninth; 9th

kilencedszer *num adv* for the ninth time

kilencen *num adv* nine (people) ‖ ~ **vagyunk/vagytok/vannak** we/you/they are nine, there are nine of us/you/them

kilences 1. *a (számú)* number nine 2. *n (számjegy)* (the number) nine

kilencszáz *num* nine hundred

kilencszer *num adv* nine times

kilencszeres *a* ninefold

kilencven *num* ninety

kilencvenedik *num a* ninetieth

kilencvenes 1. *a* **a ~ években** in the nineties (*v.* 90s *v.* 1990s) 2. *n* (the number) ninety

kilencvenéves 1. *a* ninety-year-old, ninety years old *ut.* 2. *n* nonagenarian, ninety-year-old

kilencvenszer *num adv* ninety times

kilencvenszeres *a* ninetyfold

kilendül *v* swing* out

kileng *v* oscillate, swing* ‖ *átv biz kif* paint the town red (for once)

kilengés *n (ingáé stb.)* oscillation, swing; *(eltérés)* amplitude; *(toronyé, hídé)* swaying

kilép *v vhonnan* step/come* out ‖ *(siet)* walk quickly, quicken one's pace, step out ‖ **a folyó ~ett a medréből** the river overflowed its banks; ~ **a vállalattól** leave* the company/firm; ~ **az ajtón** step outside, leave* the room; ~ **egy pártból** resign from (*v.* leave*) a party

kilépés *n (átv vmből)* withdrawal, retiring, retirement; *(ideiglenes, kat is)* leave

kilépő *n (cédula)* pass

kiles *v (kinéz)* peep/peer out ‖ ~**i az alkalmat** watch for the opportunity

kilét *n* identity ‖ **felfedi ~ét** state/disclose one's identity

kilincs *n* door-handle; *(kerek)* (door)-knob

kilincsel *v (koldul)* go* begging from door to door ‖ *(házal)* peddle ‖ **befolyásos embereknél** ~ try to get sy to pull strings for one

kiló *n* kilogram(me) ‖ **kérek 2 ~ krumplit** 2 kilos of potatoes, please

kiloccsan *v* spill*, splash ‖ ~**t az agyveleje** sy's brains were dashed out

kilóg *v vm vhonnan* hang*/stick* out; *(nyelv)* loll (out) ‖ *(látszik)* show* ‖ *biz (nem illik bele)* ~ **a sorból** be* the odd one out; ~ **az inge** his shirt is hanging out (*v.* is showing)

kilogramm *n* kilogram(me) *(röv* kg)

kilométer *n* kilometre *(US* -ter) *(röv* km) ‖ **hány ~ van a kocsiban?** how much mil(e)age has the car done?

kilométeres *a* **órákként 80 ~ sebességgel haladt** he drove at (a rate of) 50 miles per hour *(röv* at 50 mph)

kilométerkő *n* kilometre mark/stone, *GB* milestone

kilométeróra *n* mil(e)ometer

kilop *v* steal* sg out of, filch

kilopódz|ik *v vhonnan* steal*/creep* away/out

kilós *a* **25 ~ csomag** a parcel weighing 25 kg, a 25 kg parcel

kilowatt (kW) *n* kilowatt *(röv* kW)

kilowattóra (kWó) *n* kilowatt-hour *(röv* kWh)

kilő *v vhonnan* shoot*/fire out (of) ‖ *(puskából)* fire, shoot*; *(rakétát)* launch ‖ *kat (tankot)* shoot* up, knock out ‖ *(vadat)* shoot*, bag ‖ **mintha puskából lőtték volna ki** he was off like a shot

kilök *v* push/thrust*/cast*/throw* out

kilöttyen *v* be* spilt

kilöttyent *v* spill*, pour out

kilövell *v* throw* out, spurt/gush out, ejaculate

kilövés *n (puskából)* shot, firing, shooting; *(rakétáé)* launching ‖ **a ~ pillanata** blastoff

kilövőállás *n (rakétának)* launching site/pad

kilyukad *v (lyukas lesz)* wear* through, wear* into holes, become* worn out ‖ ~ **a feneke** the bottom is* coming through; **hova akarsz ezzel ~ni?** what are* you driving/aiming/getting at?

kilyukaszt *v* ált perforate, hole (sg), make* a hole in (sg); *(jegyet)* punch, clip ‖ *(vmt koptatással)* wear* through

kimagasl|ik *v. (kiemelkedik)* stand* out, rise*; *(vm fölé)* tower above (sg) ‖ *átv* be* eminent/distinguished; surpass [sy in sg]

kimagasló *a* outstanding, eminent, distinguished ‖ ~ **teljesítmény** outstanding achievement; ~**an** prominently, eminently

kimagoz v stone, pit
kimar v *(rozsda)* corrode; *(sav)* erode, eat* *i*nto
kimarad v *(kihagyták)* be* left out, be* omitted || *(iskolából)* drop out || *(sokáig távolmarad)* stay away too long, overstay, linger; *(nem alszik otthon)* sleep* out; *(mulatozik)* biz be* (out) on the tiles
kimaradás n *(listából)* omission || vk vmből staying out/away || *(távolmaradás)* absence; kat leave
kimásol v copy out
kimász|ik v vhonnan climb/creep*/crawl/clamber out (of) || átv get* out (of) || ~**ik a bajból** get* out of a difficulty/scrape/mess
kimegy v vhonnan go*/pass/get* out (of), go* swhere || ~ **a csöngetés** *(telefonnál)* get* through, it's ringing; ~ **a fejéből** go* out of (v. slip) one's mind, escape one's memory, be* forgotten; ~ **vk elé az állomásra** (go* to) meet* sy at the station; ~ **vkhez** *(az orvos)* do* one's house call; **kiment a szobából** he left* the room
kímél v *(óv)* take* care of, be* careful (of) || *(megtakarít)* spare || **nem** ~**i a fáradságot** spare no pains, be* unsparing in one's efforts; **nem** ~**i magát** he doesn't spare himself
kímeleged|ik v *(vk mozgástól)* get* hot || ~**ik az idő** it is* getting warm, it is* warming up
kímélet n forbearance, regard, consideration
kíméletes a considerate *(vkvel szemben* towards sy) || ~**en közöl vkvel vmt** break* sg gently to sy
kíméletlen a vkvel szemben *(tapintatlan)* inconsiderate (to v. towards); *(kegyetlen)* cruel (to), unsparing (of/in), ruthless (to), pitiless (towards); *(kérlelhetetlen)* relentless
kímélő étrend n (special) diet
kimenet 1. n *(kijárat)* way out, exit || el output **2.** adv on the way out, going out
kimenetel n issue, outcome, result || **halálos** ~ **ű baleset** fatal accident
kimeneti a el output
kimenő 1. a outgoing **2.** n leave, day off || ~**je van** have* a day off
kimenőjel n el output signal
kiment v vkt vmből rescue/save sy from sg || ~ **vkt a vízből** save/rescue sy from drowning, biz fish (sy) out of the water; ~**ette magát a késésért** he gave an excuse for being late
kimér v *(távolságot)* measure (out); *(földet)* survey; *(szobát)* measure up; *(bort)* sell* by the litre; *(húst)* weigh (out) || ~**(ve árusít)** sell* (sg) retail, retail

kimered v ~ **a szeme** his/her eyes are* popping out (of their sockets), be* goggle-eyed, goggle
kimérés n *(távolságé)* measuring (out); *(súlyra)* weighing || *(árué)* (selling) retail
kimerészked|ik v venture out, venture to go out/abroad
kimereszt v ~**i a szemét** goggle, stare
kimerít v *(tartalékot)* exhaust || *(témát)* exhaust || *(kifáraszt)* wear* out, weary, tire (out) || ~ **i vm fogalmát** be* tantamount to, amount to, qualify as sg
kimeríthetetlen a inexhaustible; *(bőséges)* abundant
kimerítő a *(alapos)* exhaustive, detailed || *(fárasztó)* exhausting, tiring, wearying
kimért a *(megmért)* measured || átv formal; *(kissé elit)* cool, prim; *(tartózkodó)* reserved || ~ **bor** wine sold retail (by the litre); ~ **en** formally
kimerül v *(elfárad)* get* exhausted, get* worn out, be* tired out, be*/feel*/look run down || *(elfogy)* be* used up, be* exhausted; *(készlet)* give* out; bány be* worked out; *(talaj)* become* impoverished || ~**t az akkumulátor** the battery is/has run down; **teljesen ki vagyok merülve** I am thoroughly run down, I am worn out, I am exhausted
kimerülés n *(elfáradás)* exhaustion
kimerült a *(ember)* exhausted, tired, run--down, worn-out; *(igével)* be*/feel* worn out, be* exhausted || bány worked--out; *(talaj)* worn-out; *(akkumulátor)* run-down
kimerültség n exhaustion, weariness
kimeszel v whitewash
kimoccan v biz *(hazulról)* go* out, leave* the house; *(helyéből)* budge/move from
kimond v *(szót)* pronounce, utter; *(érthetően)* articulate || *(kijelent)* state, declare || *(véleményt)* express, put* into words || **a rendelet** ~**ja, hogy** the regulation stipulates/states that; **bűnösnek mond ki vkt** find*/declare sy guilty
kimondhatatlan a unspeakable, unutterable; *(kifejezhetetlen)* inexpressible
kimos v *(ruhát)* wash, US launder; *(sebet)* bathe, irrigate, rinse; *(üveget)* rinse
kimozdít v *(helyéből)* move sg from its place, remove
kimozdul v move, get* displaced || **nem mozdul ki a helyéből** doesn't leave* the spot, stay (on), kif stay put
kimutat v *(megmutat)* show* || *(bebizonyít)* prove, demonstrate; *(felfed)* reveal, disclose
kimutatás n *(jelentés)* statement, report; *(pénztári)* return(s), account || ~**t ké-**

szít vmről make* a statement/report on sg

kín *n* pain, torture, torment || **nagy ~ban van** *átv* be* in agony/agonies

Kína *n* China

kínai 1. *a* Chinese || **~ fal** The Great Wall of China; **K~ Népköztársaság** People's Republic of China; **~ nyelv** Chinese, the Chinese language **2.** *n (ember)* Chinese, Chinaman° || *(nyelv)* Chinese

kínaiul *adv* (in) Chinese || *biz* **ez nekem ~ van** this/it is double Dutch to me → **angolul**

kínál *v* vkt vmvel offer sy sg, make* an offer of sg to sy || *(árut)* offer (sg) for sale, put* up for sale; *(áruért összeget)* offer [a price], bid* [£5 etc.] (for sg) || **étellel ~** help sy to [food], offer food to; **hellyel ~** offer sy a seat

kínálat *n* közg supply, buyer's market; *(árverésen)* bid(ding)

kínáltat *v* **ne kínáltasd magad!** please help yourself!

kincs *n* treasure, jewel || **a világ minden ~éért sem** not for (all) the world

kincsesbánya *n* átv goldmine, treasury

kincstár *n (állami)* treasury, GB the Exchequer

kincstári tulajdon *n* government property

kinevet *v* (have*) laugh at, ridicule, make* fun of

kinevettet *v* **~i magát** make* oneself (look) ridiculous, make* a fool of oneself

kinevez *v (állásba)* appoint (sy sg *v*. sy to be sg); *(tisztségre)* name (as/for) || **X-et nevezték ki igazgatónak** X was appointed/made manager

kinevezés *n* appointment, nomination

kinéz *v (magának vmt)* pick/look out, choose*, select || **jól néz ki** look well; *(csinos)* look fine/good; **úgy néz ki, hogy esni fog** it looks like rain, it's going to rain; **nem néz ki olyan idősnek, amennyi** he doesn't look his age; **jól nézünk ki!** now we are in a fine mess!; **~ az ablakon** look out (of the window); **~tem magamnak egy színes tévét** I've got my eyes on a colour TV; **nem sok jót nézek ki belőle** I have no great confidence in him; **rosszul néz ki** look ill/unwell

kinézés *n (megjelenés)* appearance, looks *pl*

kinézésű *a* **jó ~** good-looking; **rossz ~** evil-looking

kinin *n* quinine

kínlódás *n* torment, torture, agony

kínlód|ik *v (szenved)* suffer pain/agonies/tortures || *átv* vmvel struggle (with), bother with/about sg, take* trouble/pains with/over sg

kinn *adv* outside, out (of doors), outdoors; *(külföldön)* abroad || **~ a szabadban** in the open (air); **~ marad** stay outside; **~ reked** remain outside; *(kizárják)* get*/be* locked out

kinnlevőség *n* outstanding debt, amount outstanding

kínos *a (fájdalmas)* painful || *(kellemetlen)* embarrassing, awkward, unpleasant || *(túlzott)* scrupulous, meticulous || **~ csend** awkward silence; **~ helyzetben van** be* in a tight corner, be* in an awkward situation; **~ pontossággal** [prepared] with meticulous care; **~an érzi magát** be* ill at ease, feel* embarrassed

kínoz *v (gyötör)* torment, torture || *(bosszant)* plague, harass, pester

kinő *v (földből)* grow*, spring* forth || *(fog)* be* teething, cut one's teeth; *(haj, köröm)* grow* || *(ruhát)* grow* out of, outgrow* [one's clothes] || *(rossz szokást)* grow* out of, outgrow* || **ebből már ~ttél** *kif* you are a bit long in the tooth; **majd kinövi!** (s)he'll grow out of it

kinövés *n (testen)* excrescence, (out)growth || *átv* excess, aberration

kínszenvedés *n* torture

kint *adv* = **kinn**

kinti *a* outside; *(külföldi)* foreign, from abroad *ut*.

kintorna *n* barrel/hand/street-organ

kínvallatás *n* torture

kínzás *n* torturing, tormenting, torture

kínzó 1. *a (testileg)* torturing, tormenting || *átv* worrying, harassing || **~ fejfájás** excruciating headache, migrain(e) **2.** *n* torturer, tormentor

kínzókamra *n* torture chamber

kinyal *v* lick up/out || *biz* **~ja magát** spruce oneself up, get* spruced up

kinyilatkoztatás *n* ált manifestation, declaration; *vall* revelation

kinyíl|ik *v* open; *(virág)* blossom, bloom || **~ik a szeme** *átv* he begins* to see clearly, the scales fall* from his eyes

kinyilvánít *v* manifest, declare; *(véleményt)* express

kinyír *v biz* vkt get* rid of sy, eliminate, do* away with sy

kinyit *v (ablakot, ajtót)* open; *(zárat)* unlock; *(boltot; bolt)* open (up) || *(összecsukott vmt)* open; *(kibont)* unfold; *(borítékot)* open; *(levelet)* unfold; *(csatot)* undo*, open; *(esernyőt)* put* up [one's umbrella] || *(vm csavarosat)* unscrew; *(csapot, gázt, vizet)* turn on [the gas/water] || **az üzlet 10-kor nyit ki**

the shop opens at 10 a.m.; **kinyissam az ablakot?** shall I open the window?; ~**ja a rádiót/tévét** turn/switch on the radio/TV v. turn the radio/TV on; ~**ja a szemét** open one's eyes (wide); *(vkét)* open sy's eyes (to sg); **újra** ~ reopen

kinyom v *(levet stb.)* press/squeeze (out), squeeze sg out of sg || *(kiszorít)* press/push/crowd out || *nyomd* print

kinyomoz v trace, track (down), hunt down || **a rendőrség** ~**ta** ... the police traced it/him/her, the police (have) discovered ...

kinyomtat v *nyomd* have* (sg) printed/published; *(kinyom)* print

kinyög v *biz* spit* sg out || **nyögd már ki!** spit it out

kinyújt v *(kezét stb.)* stretch/reach out || *vmt vhonnan* hand sg out || *(meghosszabbít)* draw*/pull out, lengthen || *(tésztát)* roll out || ~**ja a nyelvét** put*/stick* one's tongue out

kinyújtóz|ik v stretch (out), stretch one's limbs

kinyúl v *vk* reach out (from swhere); *vmért* reach out (after/for sg)

kinyúl|ik v *(kiáll)* protrude, project, stand*/stick*/jut out; *(vm fölé)* hang* over || *(megnövekszik)* widen, stretch (out), distend, get* larger/wider

kioktat v *vmre* brief sy on sg, instruct sy in sg; *elít* put* sy wise (to)

kiold v *(kibont)* undo*, untie, unfasten; *(csomót)* undo*; *(bombát)* release

kioldód|ik v come* undone/unfastened/loose, work (itself) loose

kioldószerkezet n releasing/tripping device/mechanism, release

kiolt v *(tüzet)* put* out, extinguish, quench || ~**ja vknek az életét** exterminate/kill sy

kiolvad v *(zsír)* run*, melt || *(biztosíték)* blow* || ~**t a biztosíték** the fuse has blown

kiolvas v *(könyvet)* finish (reading) a book, read* [a book] through || **még nem olvastam ki a könyvet** I haven't finished (reading) that book yet

kioson v slink*/sneak/slip/steal* out

kioszk v kiosk; stall, stand

kioszt v *(vmt szét)* distribute, give*/share out, divide (among); *(díjat)* award, give*, present; *(kiadagol)* portion out; *(szerepet)* assign [sy a role in a play], cast* [the parts in a play] || *biz vkt* give* sy a (good) dressing down || ~**ották az idei Nobel-díjakat** this year's Nobel Prizes have been awarded (to)

kiosztás n distribution, sharing out || **jutalmak** ~**a** prize-giving

kiöblít v rinse (out), wash out

kiöl v kill (off), murder, extirpate; *(érzést)* kill, extinguish; *(fogideget)* devitalize

kiöltöz|ik v dress up, trick oneself out

kiöltöztet v dress/doll sy up

kiöml|ik v run*/pour/spill* out

kiönt v *(vizet stb.)* pour out, spill*, empty || *(folyó)* overflow, burst* its banks || ~**i a szívét** pour one's heart out, unburden oneself (to sy); ~**i haragját** vent one's anger/spleen, give* vent to one's anger

kiöntő n *(konyhában)* sink

kiöregedett a superannuated

kiöreged|ik v become*/grow* too old (for sg)

kiötöl v invent, think*/dream* up, concoct

kiözönl|ik v pour/stream out, come* pouring/streaming out

kipakol v *(kicsomagol)* unpack || *átv biz* ~ *vmvel* come* out (with), get* sg off one's chest, pour one's heart out

kipanaszkodja magát v tell* (all) one's troubles, pour one's heart out

kipárnáz v upholster, cushion, pad

kipárolgás n *(folyamat)* evaporation || *(pára)* exhalation, vapour (*US* -or)

kipárolog v evaporate, vaporize, exhale

kipattan v *(rügy)* burst*; *(szikra)* fly* out || *(titok, hír)* leak/come* out

kipattogz|ik v crack, chap

kipécéz v *biz (vkt)* pick on sy, single sy out (for sg) || *(hibát)* point sg out

kipellengérez v *átv* expose, unmask, pillory

kipenderít v *biz* bundle/throw*/turn (sy) out

kipihen v ~**i a fáradalmait** recover one's strength; ~**i magát** rest, have* a rest

kipipál v tick, *US* check

kipirul v flush, be*/get* flushed

kipiszkál v *vmt* prise/get* sg out of swhere, pick sg out (of) || *vkt biz* lever/edge sy out of [a job]

kiporol v dust; *(szőnyeget, ruhát)* beat* (the dust from) || **jól** ~**ják a nadrágját** get* a sound thrashing

kiporszívóz v vacuum (out), vacuum [the room/car/carpet etc.], *GB* hoover (sg)

kipótol v *(hiányzó dolgot)* supply, add; *(kiegészít)* supplement, make* up [sum, money]; *(veszteséget)* make* sg good, make* good [a loss], make* up [the loss]; *(mulasztást)* make* up for sg

kipotyog v fall*/drop/tumble out

kipottyan v *vmből* fall* out of sg || *átv* get*/be* thrown out

kipödör v *(bajuszt)* twist

kipreparál v *(szöveget)* look up the unknown words

kiprésel

kiprésel v *(szőlőt)* press; *(egyéb gyümölcsöt)* squeeze || *vkből/vmből vmt* squeeze/screw sg out of sy/sg; *(csak vkből)* extort sg from sy
kipróbál v *vmt* try sg, try sg out; *vkt* try sy out, put* sy to the test
kipróbált a *(gyógyszer, módszer, barát)* tried (and tested), well-tried, proven || *átv* ~ **harcos** *GB* veteran
kiprovokál v provoke || ~**ja vk ellenszenvét** arouse sy's displeasure/antipathy, rile sy; ~**ja a vitát** start a debate on sg
kipucol v *ált* clean; *(cipőt)* shine*, polish
kipufogó(cső) n exhaust (pipe), *US* tailpipe
kipufogódob n silencer, *US* muffler
kipufogógáz n exhaust gas, exhaust fumes *pl*
kipuhatol v *biz* (try to) find* out; *(helyzetet)* assess; *(vk szándékát)* sound out [the intention(s) of sy], sound sy out [on sg]
kipukkad v burst*, split*; *(gumi)* puncture, be* punctured || **majd ~ a nevetéstől** burst* with laughter
kipukkaszt v puncture, burst*
kipurcan v *biz (gép)* conk out, break* down || ~**t** *(vk)* he's snuffed it
kipusztít v exterminate, wipe out, eradicate, destroy
kipusztul v *(faj, állat)* die out, become* extinct
kirabol v *(házat, személyt)* burgle; *(vkt úton)* rob, hold* up || ~**tak** *(házban)* I've been burgled (v. *US* burglarized); *(úton)* I've been robbed; ~**ták a bankot** the bank was robbed
kiradíroz v rub out, efface, erase
kiragad v *(kitép)* tear*/pull out || ~ **vmt a kezéből** snatch sg from sy (v. out of sy's hand), wrench sg from (v. out of) sy's grasp/hand; **(találomra)** ~ pick (out) (at random), choose* sg at random
kiragaszt v *(plakátot)* post/stick* (up); *(hirdetményt)* display [a notice]
kirajzolód|ik v be* outlined, take* shape, become* distinct
kirak v *vmt vmből* take* sg out of sg; *(árut)* unload; *(hajót)* unload || *(megtekintésre)* display || *vmvel* stud, trim (with); *(utat)* pave, surface (with) || *biz (állásból)* turn out, dismiss, discharge
kirakás n *(árué)* unloading || *(megtekintésre)* display || *(díszítés céljából)* studding, decoration, trimming(s)
kirakat n shop-window, display ~**o(ka)t néz(eget)** *(vásárlás nélkül)* window-shop
kirakatrendezés n window-dressing
kirakatrendező n window-dresser

292

kirakodás n unloading
kirakod|ik v *(szállítóeszközből)* unload; *(hajóból)* unload, unship || *(vásáron)* put* out, put* on display
kirakodóvásár n fair, open(-air) market, flea market
kirakójáték n jigsaw puzzle
király n king
királydráma n *GB ir* history, historical/chronicle play
királyellenes a anti-royalist
királyfi n prince
királyhű a royalist
királyi a *ált* royal; *(királyhoz méltó)* regal, kingly, king's || ~ **ház** dynasty; ~ **palota** royal palace; ~ **udvar** royal court, the Court; *GB* the Court of St James's; ~ **vár** Royal Castle
királykisasszony, királyleány n princess
királyné n queen (consort)
királynő 1. n queen || **a ~ férje** the prince consort; **az angol ~** the Queen of England **2. Erzsébet angol ~** Elizabeth II, queen of the United Kingdom (of Great Britain and Northern Ireland)
királynői a queenly
királypárti a/n royalist
királyság n *(ország)* kingdom, realm || *(államforma)* kingdom, monarchy
kirámol v *(szekrényt)* clear, empty || *biz =* **kirabol** || ~**ja a szobát** empty the room
kiráncigál v pull/drag out
kirándít v dislocate, sprain
kirándul v *vhova* go* on an excursion/outing (to), take* a trip (to); *(egy napra, hideg élelemmel)* go* on a picnic, have* a picnic; *(autóval)* go* for a ride (to) || ~**t a bokája** he has sprained his ankle, have* a sprained ankle; ~**t a karja** his arm was dislocated
kirándulás n excursion, outing, trip; *(hideg élelemmel)* picnic || ~**ra megy** go* on an excursion/outing (to)
kiránduló n day-tripper, tourist
kirándulóhely n beauty spot
kirángat v *(egyenként)* tear*/pull out (one by one)
kiránt[1] v *vmt vhonnan* pull out (violently)
kiránt[2] v *(húst)* fry (sg) in breadcrumbs || ~**ani való csirke** broiler
kiráz v *vmt* shake* out || ~**za a hideg** shiver with cold, have* the shivers
kirendeltség n local/branch office, branch agency
kireped v *(zsák)* burst*
kirepít v *vmt* throw*/fling* (out); *(rakétát)* launch || *biz =* **kirúg** *(állásból)*
kirepül v *(madár)* fly* away, take* wing, leave* the nest || *(golyó puskából)* fly*/shoot* out

kirí *v vmből* stand* out (from sg), be* in startling contrast (to sg) || ~ **a környezetéből** stick* out like a sore thumb; ~ **a társaságból** be* the odd one/man out

kirívó *a* glaring, flagrant, striking, conspicuous || ~ **igazságtalanság** flagrant/blatant injustice

kiró *v (vkre büntetést)* inflict [a severe etc. penalty/punishment] (up)on || **bírságot ró ki vkre** fine sy

kirobban *v átv* burst*, break* out || ~**t a válság** there was a sudden crisis; ~**t a botrány** a row blew up (over sg)

kirobbanó *a* ~ **nevetés** a burst of laughter; ~ **siker** an overwhelming success

kirobbant *a átv* cause to break out; *(háborút)* trigger/set* off, start [war]

kirohan *v vhonnan* run*/rush/dash out || *(vk ellen)* run* sy down, lash out against sy/sg || *kat* break* out

kirohanás *n kat* sally || *(vk ellen)* attack on sy/sg, outburst against sy/sg

kiröhög *v vkt* laugh in sy's face, laugh at sy

kiről *pron* **1.** *(kérdő)* about whom? || ~ **beszél?** who are you talking about? **2.** *(vonatkozó)* (= *akiről*) → **aki**

kiruccan *v biz (kirándul)* go* for a spin || *(mulat egyet)* have* a fling

kirúg *v vmt* kick out || *vulg vkt* turn/kick out, turn sy out of doors; *(állásból)* sack, fire, give* sy the sack || *sp* ~**ja a labdát** *(kapuból)* take* the goal-kick; ~**ták** *(munkahelyről)* he got the sack/boot, he was sacked; **úgy** ~**ja, hogy a lába sem éri a földet** send* sy packing

kirúzsoz *v (száját)* put* on lipstick *v.* put* lipstick on, use lipstick || **ki van rúzsozva a szája** wear* lipstick

kirügyez|ik *v* bud

kis *a* little, small; *(nem magas)* short || **egy** ~ a little, a bit of, some; **egy** ~ **ideig** for a (little) while, for a/some time; **egy** ~ **idő múlva** shortly, in/after a (short) while; **egy** ~ **kenyér** a little bread, a bit of bread

kiságy *n* cot, *US* crib

kisajátít *v (hatóság)* expropriate || *(vmt magának átv)* monopolize

kisajátítás *n (hatósági)* expropriation, dispossession [of property] || *(saját magának)* monopolization

kisárutermelő *n* small-scale producer, smallholder

kisasszony *n* miss, young lady

kisautó *n* small car, mini, *US* compact

kisbaba *n* baby, infant || ~**t vár** be* expecting a baby

kisbetű *n* small letter; *nyomd* lower case

kiscsirke *n* chick

kisded 1. *a iron* ~ **játékai** his little tricks **2.** *n* infant, baby

kisdiák *n* schoolboy, schoolgirl

kisebb *a (méretre)* smaller; *(mennyiségre, fontosságra)* less || *(fiatalabb)* younger || *(kisebbfajta)* lesser, minor || **a** ~ **testvér** (the) younger brother/sister, *US* kid brother/sister; **egy számmal** ~**et kérek** do you have the next size down?, do you have it one size smaller?; **jóval** ~ **a kelleténél** much too small; ~ **javítások** minor repairs

kisebbik *a (méretre)* the smaller; *(fontosságra)* the lesser/minor || *(fiatalabb)* younger || **ez a** ~ **baj** that's a minor problem

kisebbít *v (mértéket)* make* smaller, reduce; *átv (értéket)* minimize, lessen || ~**i vk érdemeit** disparage sg; *biz* do* sy down

kisebbítés *n* diminution, reduction; *(mennyiségé)* diminishing, reducing

kisebb-nagyobb *a* various, differing

kisebbrendűségi komplexus *n* inferiority complex

kisebbség *n ált* és *pol* minority; *(nemzetiség)* ethnic minority

kisebbségi *a pol* minority

kisebesed|ik *v (bőr)* become*/get* abraded/excoriated

kisegít *v (vkt munkájában)* assist/help sy [in his work] || *(helyettesít)* deputize (for sy); *(orvos)* be* a locum || ~ **vkt vmvel** help sy out with [money etc.]

kisegítés *n vmből* helping out (of); *(munkában)* assisting (sy) || *(helyettesítés)* deputizing (for sy)

kisegítő *a/n* auxiliary, subsidiary || ~ **alkalmazott** (member of the) auxiliary/ancillary staff; ~ **iskola** special school

kiselejtez *v* throw* aside, discard, weed out

kisember *n* man-in-the-street *(pl* men-in--the-street)

kisemmiz *v vkt vmből* cheat/elbow sy out of sg

kísér *v vkt* go* with, accompany, escort (sy), keep* sy company; *kat* escort || **az ajtóhoz** ~ see* sy to the door; **rabot** ~ escort a prisoner; **zongorán** ~ accompany on/at the piano

kíséret *n vké* train, suite, followers *pl* || *(kat, rendőri stb.)* escort || *zene* accompaniment || ~ **nélkül** unaccompanied, unescorted; **vk** ~ **ében** in sy's company, accompanied/escorted by sy

kiserked *v (bajusz)* show*, begin* to grow

kiserken *v* ~ **a vér** blood shows*/appears, sg draws* blood

kísérlet *n (megpróbálás)* attempt *(vmre at sg)* || *tud* experiment || **gyilkossági ~** attempted murder; **~et tesz vmre** make* an attempt at sg *(v. to do sg)*, attempt sg

kísérletezés *n* expermenting, experimentation, experiments *pl*

kísérletez|ik *v vmvel* make* experiments, experiment (with sg)

kísérleti *a* experimental || **~ állomás** experimental/research station/centre *(US* -ter); **~ atomrobbantás** nuclear test; **~ nyúl** guinea pig; **~ üzem** pilot plant

kísérletképpen *adv* experimentally, as an experiment

kísérő 1. *a* accompanying, attending; *(velejáró)* concomitant, attendant || **~ tünet** concomitant symptom **2.** *n (társ)* companion, follower, attendant; *(gyerek mellett)* guardian || *(tünet, körülmény)* concomitant || *zene* accompanist || *biz (ital)* a glass of soda (water); *(gyengébb alkohol)* chaser

kísért *v (megkísért)* tempt || *(szellem)* haunt || **~ a gondolat** be* haunted by the thought

kísértés *n* temptation || **~be esik** be* (sorely) tempted; **~be visz** *vkt* tempt sy; **enged a ~nek** yield *(v.* give* in) to temptation

kísértet *v* ghost, phantom, spirit

kísérteties *a* ghostly; *(túlzó)* startling

kísértő *n* tempter; *(nő)* temptress

kisestélyi *n* cocktail dress

kisétál *v* go* (out) for a walk || *(kijut)* get* out easily

kisfeszültség *n el* low voltage

kisfilm *n (játékfilm)* short (film); *(dokumentumfilm)* (short) documentary (film) || *(fényképezőgépbe)* 35 mm film

kisfiú *n* little boy || *(megszólítás)* **kisfiam!** son!, sonny!

kisfizetésűek *n pl* (those in the) lower income brackets, low-income group *sing.*

kisfröccs *n* a small wine-and-soda ⟨one decilitre of wine and one of soda-water⟩

kisgazda *n* small-holder, small landowner

kisgyerek *n* small/little child° || **a ~ek** the little ones

kishatárforgalom *n* (local) border traffic

kishitű *a* faint/half-hearted

kishitűség *n* faint/half-heartedness, defeatism

kisiklás *n (vonaté)* derailment || *átv* a blot on one's copybook

kisikl|ik *v (vonat)* get* derailed, jump *(v.* go* off) the rails; *vhonnan* slip out of

kisimul *v* become* smooth

kisipar *n* small(-scale) industry; *(egy ága)* craft

kisipari *a (minőségű)* hand-crafted, hand-made || **~ termelőszövetkezet** craftsmen's cooperative

kisiparos *n* craftsman°; *(nő)* craftswoman° || **ács ~** self-employed carpenter

kisír *v* **jól ~ja magát** have* a good cry; **~t szemmel** with red(-rimmed) eyes

kiskabát *n* jacket

kiskanál *n* teaspoon || **egy ~ só** one teaspoon of salt; **2 ~ cukor** two teaspoonfuls of sugar

kiskapu *n* door gate || *átv biz* the back door, backstairs influence

kiskatona *n* soldier boy/lad, boy soldier, (young) serviceman°

kiskereskedelem *n* retail trade

kiskereskedelmi ár *n* retail price

kiskereskedő *n* retailer, shopkeeper

kiskerttulajdonos *n* small-plot owner

kiskirály *n* petty monarch || **úgy él, mint egy ~** live like a lord

kiskocsi *n (autó)* small car, mini, *US* compact; *(mint taxi)* minicab

kiskocsma *n* pub, inn, tavern

kiskorú 1. *a* not of age *ut.*, under age *ut.* **2.** *n* minor

kiskorúság *n* minority, being under age

kislány *n* little/young girl; *(akiknek vk udvarol)* [one's] girl(friend)

kislemez *n* a single

kismalac *n* piglet

kismama *n* young mother(-to-be), mother-to-be, mum

kisméretű *a* small, small-scale, miniature

kisminkel *v biz (magát)* make* (oneself) up; *(mást)* make* up sy

kismutató *n* hour hand

kisorsol *v* draw*, select (sg) by a draw

kisöpör *v* sweep* out || *átv* drive*/chase out/away

kispárna *n* (small) cushion, *(alváshoz)* pillow

kispénzű *a (ember)* of small means *ut.*, impecunious

kisplasztika *n műv* small sculpture || *(egy mű)* statuette, figurine

kispolgár *n* petty bourgeois; petit bourgeois *(pl* petits bourgeois)

kispolgári *a* petty/petit bourgeois, lower middle-class

kisportolt *a* athletic(-looking), muscular

kisregény *n* long short-story, short novel

kissé *adv* a little (bit), a bit, slightly || **egy ~** a little, rather, somewhat

kisszótár *n* pocket dictionary

kistányér *n* dessert plate

kistisztviselő n white-collar worker, főleg US: clerk
kisugároz v radiate, emit
kisugárzás n (sugár kibocsátása) radiation || (fájdalomé) reflection, radiation; (a fájdalom) referred pain
kisugárz|ik v radiate || orv (fájdalom) feel* a referred pain
kisujj n little finger || a ~ában van he has* it at his fingertips; a ~át sem mozdítja meg érte he will not lift a finger for him
kisúrol v scour/scrub (out)
kisurran v slip/steal* out
kisül v (kenyér, tésztaféle) get* baked; (hús) get* roasted, be* well done || (föld/ növény a melegtől) get*/become* scorched/parched || (kiderül) turn/come* out, come* to light, become* known || fiz discharge || **végre ~t, hogy** at last it came out that, it turned out that
kisülés n fiz (electric) discharge
kisüsti a/n home distilled (brandy)
kisüt v (kenyeret) bake; (húst sütőben) roast; (zsírban) fry; (roston) grill; (zsírt) render [lard] || (hajat) curl [one's hair], wave [one's hair with an iron] || fiz discharge || biz (kieszel) dream* up, concoct, invent || (nap) begin* to shine, come* out || biz = **kiderít**
kisüzem n small business/firm/enterprise
kisvad n small game
kisvállalkozás n small company/business/firm/venture, private enterprise, small-scale undertaking
kisvállalkozó n small businessman°, entrepreneur
kisváros n small/provincial town
kisvárosi a provincial
kisvasút n narrow-gauge (US -gage) railway
kisvendéglő n intimate/small restaurant
kiszab v (ruhát) cut* out || (határidőt) fix, set* [a date] || (büntetést vkre) impose [a fine/punishment on sy], fine sy
kiszabadít v (rabot) liberate, release, set* free; (állatot) let* out, release || (veszedelemből) rescue, save
kiszabadítás n (szabadon bocsátás) release, freeing, liberation || (kimentés) rescue, saving
kiszabadul v get* out/away (from), be* set free, be* set at liberty; (börtönből) be* discharged/released; (állat) escape (from), get* free, break* loose
kiszakad v (szövet) tear*, rip, get* torn || átv break* away from, break* with
kiszakít v (ruhát) tear*, rend*, rip || ~ **vkt a környezetéből** tear* sy from his environment, displace/uproot sy

kiszáll v (járműből) get* off/out (vhol at); get* out of [a/the bus etc.]; (hajóból) land, go* ashore, disembark (from); (repülőgépből) get* off (v. down from) [an aeroplane] || (helyszínre) visit the scene/ spot || (játszmából, üzletből) pull/get*/ back out, opt out (of sg) || **hol kell ~ni?** where do I get out/off?; ~ **vidékre** conduct (v. carry out) an investigation on the spot
kiszállás n (járműből) getting off/out; (hajóból) landing, disembarkation || (hatósági) investigation, visit to the scene/ spot; (helyszínre) examination on the spot, on-the-spot investigation, field trip || ~! all change!
kiszállít v vhova convey/transport swhere; (külföldre) export || (vonatból) put*/set* down
kiszállítás n (külföldre) exporting, export, transporting, transport, US transportation || (helyben) delivery
kiszállókártya n landing card
kiszámít v calculate, count, compute, work out || ~**ja a költségeket** count the cost
kiszámíthatatlan a (vm pl. következmények) unforeseeable || (ember) unpredictable, erratic
kiszámítható a calculable; átv predictable
kiszámított a calculated, figured/worked out ut., computed || átv premeditated, studied, calculated
kiszámol v = **kiszámít** || (bokszolót) count out
kiszárad v (kút) dry up, run*/go* dry || (élő fa) die; (növény) wither, shrivel (US -l) || (torok) get* parched/dry || orv dry (out), be* desiccated
kiszáradás n (kúté stb.) drying up/out, running dry || (növényé) withering || orv drying out, dehydration
kiszárít v (földet, hőség) dry up; (növényt, bőrt a szél, hőség) scorch, wither, dry || (lecsapol) reclaim, drain [marsh]
kiszed v vhonnan take* out (of swhere), pick out; (válogatva) sort out || nyomd set* up || biz vkből vmt get*/drag/ wheedle sg out of sy; prise [information] out of sy
kiszegez v nail up
kiszélesed|ik v widen/broaden out
kiszélesít v widen, broaden, extend
kiszellőz|ik v be* aired (thoroughly)
kiszellőztet v air, ventilate || ~**i a fejét** get* some fresh air; ~**i a lakást** air the rooms/flat
kiszemel v vkt vmre select/choose*/pick sy for sg, US slate sy to be/do sg (v. sy for sg); (kiválaszt vmt) look/pick out sg (vk

kiszimatol 296

nek for sy) ‖ ~ **magának vmt** have* (got) one's eyes on sg
kiszimatol *v* find* out, ferret out, get* wind of; *(alattomosan)* spy out
kiszínez *v* colour (*US* -or); *(képet gyerek)* colour in [a/the picture] ‖ *átv* embellish, embroider
kiszív *v* *(folyadékot)* suck (out), drain; *(levegőt)* extract ‖ **a nap ~ta** the sun has faded it, the sun has discoloured it; **~ja vknek az erejét** exhaust sy, wear* sy out, drain sy
kiszivárog *v* *(folyadék)* leak (out) ‖ *(hír)* leak out
kiszivárogtat *v* leak out [the news etc.]
kiszivattyúz *v* pump/suck out
kiszolgál *v vkt* serve (sy), attend on sy, look after sy; *(magas rangú személyt)* wait (up)on; *elit* dance attendance on; *(hatalmat, rendszert)* serve, be* in the service of ‖ *(gépet)* operate, handle [machine] ‖ *(étteremben)* wait on, serve [guests]; *(üzletben)* serve, attend to [customers] ‖ **~ja három évét** serve his three years in the army; **szolgáld ki magad** help yourself
kiszolgálás *n* service, serving ‖ **udvarias ~** attentive/courteous service; **a ~ért 10%-ot számítunk** service 10 per cent; **~sal együtt** service included
kiszolgáltat *v (vmt átad)* deliver, hand over (sg) ‖ *(vknek átad vkt)* give*/hand sy over to sy; *(bűnöst)* extradite
kiszolgáltatás *n vmé, vké* delivery, handing out/over; *(bűnöse)* extradition
kiszolgáltatottság *n* defencelessness, being at sy's/others' mercy
kiszór *v* scatter, disperse ‖ **az ablakon szórja ki a pénzét** spend* recklessly, throw* (one's) money down the drain (*v.* out of the window)
kiszorít *v (helyéből)* squeeze/drive*/push out ‖ *vkt vhonnan/vmből* oust sy from sg, elbow sy out (of sg)
kiszótároz *v (szövegrészt)* look up the words [in a/the dictionary]
kiszögellés *n* projection
kiszögell|ik *v* protrude, project, jut out; *(vm fölé)* overhang* sg, hang* over sg
kiszuperál *v kat* discharge (from service) ‖ *(tárgyat)* discard
kiszúr *v (hegyes tárggyal)* pierce, prick ‖ *biz (kiszemel)* pick out ‖ *biz vkvel* do* sy in, give* sy the works ‖ **majd ~ja a szemét** it is glaringly obvious, *biz* it sticks out a mile, it's under your very nose
kiszűrőd|ik *v* filter out/through, can be heard/seen
kitagad *v (gyereket)* disown; *(örökségből)* disinherit, cut* sy off with a shilling

kitagadás *n (gyermeké)* disowning; *(örökségből)* disinheriting
kitágít *v (rugalmas dolgot)* stretch, expand; *(cipőt)* stretch; *(ruhát, övet)* loosen, slacken; *(lyukat)* enlarge ‖ *átv (látókört)* widen/broaden [one's horizons]
kitágul *v* dilate, expand; *(cipő)* stretch; *(nyílás)* widen, broaden, extend
kitakar *v* uncover, bare
kitakarít *v (szobát)* do* [the room], clean up, clean [the room] up, tidy up [the room]
kitakarítás *n (szobáé)* cleaning (up), tidying (up)
kitakaródz|ik *v* kick the bedclothes/blanket off (while asleep)
kitalál *v (eltalál)* guess, find* out, hit* upon ‖ *(kiötöl)* invent, devise; *(nem tisztességes dolgot)* make* up, concoct ‖ *vhonnan* find* one's way out (from *v.* of swhere) ‖ **~ja vk gondolatát** read* sy's thoughts
kitálal *v (ételt)* serve (up), dish up [a meal] ‖ *tréf (véletlenül kiborít)* spill*, upset* ‖ *átv biz* wash (one's) dirty linen in public
kitalálás *n (eltalálás)* guessing, finding out ‖ *(kiötlés)* invention ‖ **ez üres ~** this is pure invention/fabrication/fiction
kitalált *a* made-up, invented, fictitious
kitámaszt *v* support, prop up
kitámolyog *v* stumble/stagger/totter out (of)
kitaníttat *v* put* sy through school/college
kitanul *v (mesterséget)* learn* [a craft/trade] ‖ finish one's studies
kitapasztal *v* learn* by experience, get* to know the ins and outs (of sg)
kitapétáz *v (falat)* paper [a/the room], hang [wallpaper] on the wall
kitapint *v* feel* (for) ‖ **~ja vk pulzusát** feel sy's pulse
kitapogat *v* touch, feel*; *átv* sound out
kitapos *v (utat)* tread* [a path] ‖ *átv* **a ~ott út** the beaten track
kitár *v (ablakot, ajtót)* open (wide), throw* open [the door] ‖ **szívét ~ja vk előtt** open one's heart to sy
kitart *v (kezével)* hold* out ‖ *(nőt)* keep* [a mistress] ‖ *(állhatatos)* be* persistent, hold* out/on, persevere; *(ügy mellett)* hold* firm to ‖ **~ a végsőkig** endure (*v.* hold* out) to the end; **~ amellett, hogy** (s)he maintains that ...; **~ vk mellett** remain loyal to sy, stand* by sy, stick* by/to sy; **~ vm mellett** persist in, keep*/stick* to sg, insist on
kitartás *n (állhatatosság)* persistence, steadfastness; *(vk mellett)* sticking (to

sy), standing by sy, backing (sy); *(vm mellett)* persisting (in sg), standing by sg, sticking (to sg) || **csak ~!** hold on!; *csak US:* hang in there!
kitartó *a* persistent, steady, firm, steadfast; *(szorgalmas)* assiduous, keen on one's work *ut.*; *(hű)* loyal || **~an csinál vmt** keep* at sg; **~an tanul** study hard/steadily/patiently
kitárul *v* open (out), be* thrown open
kitaszít *v vhonnan* expel (sy from), throw*/turn sy out (of/from)
kitaszított *a/n* outcast
kitát *v* **~ja a száját** open one's mouth wide
kitavaszod|ik *v* spring is coming || **(már) ~ott** spring is/has come
kiteker *v (kicsavar)* wring*/twist out || **~ vmt vk kezéből** wrest/wrench sg from (*v.* out of) sy's hands; **~i a nyakát** *(átv is)* wring* sy's neck
kitekint *v* look out (of/from where)
kitekintés *n* glancing/looking out
kitelepít *v (személyeket, családokat)* resettle, remove, deport || *(gyárat)* relocate || **~ett személy** deportee
kitelepítés *n (személyé)* resettlement, deportation, internal exile || *(gyáré)* relocation
kitel|ik *v vmből* be* enough/sufficient (for) || *vm vktől* be* capable of sg || **ebből minden költség ~ik** it will cover all the costs; **ez ~ik tőle** I wouldn't put it past him
kiteljesed|ik *v* be* fulfilled, fulfil (*US* -fill) itself, achieve/fulfil its purpose
kitép *v* tear*/pull out; *(gyökerestől)* uproot, tear* out by the roots; *(kiragad)* snatch (sg from swhere/sy)
kitér *v (útból)* get* out of the way; *(helyet adva)* make* way, let* pass; *(vk elől)* shun/avoid sy; *(ütés elől)* deflect/ parry [a blow] || *vmre* (also) touch upon sg, mention; *(hosszasan)* dwell* on || **~ egy kérdés elől** dodge/evade/sidestep a question
kitereget *v (ruhát száradni)* hang* out/ up || **~i a szennyesét** *átv* wash one's dirty linen in public
kitérés *n (vm elől)* evasion (of sg) || *(elbeszélésben)* digression || *(műsz (mutatóé)* deflection
kiterít *v (leterít)* spread*/lay* out
kiterjed *v fiz* expand, dilate || *(terület vmeddig)* extend (to/over), spread* over, range (as far as) || *vmre* cover/comprise/ include sg || **a biztosítás ...ra is ~** the (insurance) cover includes ...
kiterjedés *n (test növekedése)* expansion, dilation || *(terjedelem)* extension;

fiz dimension || **nagy ~ű** vast, extensive, wide
kiterjedt *a* extensive, wide, vast, widespread || **~ rokonság** large number of relatives
kitermel *v ásv* exploit, work; *(fát)* lumber || *(terméket)* produce
kitermelés *n (ásv kincsé)* production, exploitation; *(fáé)* lumbering
kitérő 1. *a* **~ válasz** an evasive answer/ reply **2.** *n vasút* = **kitérővágány** || *(közúti)* lay-by || *(kerülő út)* detour, roundabout route || *(beszédben)* digression
kitérővágány *n* siding, side track
kitervel *v (ravaszul)* lay* a scheme (to do sg), scheme (to do sg)
kitesz *v (kihelyez)* put* out(side); *(hirdetményt)* post/stick* up; *(kirakatba)* display, show* (in the shop-window) || *(írásjeleket)* punctuate [a text]; *(ékezeteket)* put* on (the) diacritics || *(állásból)* turn out, dismiss, discharge; *(lakásból)* evict, turn out || **az ár(a) 5000 Ft-ot tesz ki** the price amounts to (*v.* totals) 5,000 fts; **~ magáért** do* one's utmost; **veszélynek teszi ki magát** expose oneself to danger, court danger
kitétel *n (vmlyen hatásnak)* exposure (to sg) || *(vké állásból)* dismissal || *(kifejezés)* term, expression, phrase
kitevő 1. *a (összeg)* amounting to *ut.* **2.** *n mat* exponent
kitilt *v (országból, városból)* expel/banish (from); *(iskolából)* expel (from); *(házból)* forbid* (to enter) the house
kitiltás *n vké* expulsion, banishment
kitisztít *v* clean; *(sebet)* clean out
kitisztul *v (ált vm)* become* clean; *(folyadék)* clarify, fine down || *(idő)* clear/ brighten up
kitol *v vmt* push/thrust* out || *biz (időpontot)* defer, postpone, put* off || **~ vkvel** do* the dirty on sy, do* sy down
kitolás *n (időponté)* postponement || *biz vkvel* doing the dirty (on) || **ez aljas ~ volt (velem)** that was a dirty trick (to play on me)
kitoloncol *v* deport, expel
kitölt *v (folyadékot edénybe)* pour out || *(űrt)* fill in/up, stop/plug [the gap] || *(űrlapot)* fill in, *US* fill out, complete || **~i a büntetését** serve one's term/sentence; *biz* do* one's time
kitöltés *n (folyadéké)* pouring out || *(űrlapé)* filling in (*US* out) || *(büntetésé)* serving (of sentence)
kitöm *v vmvel* stuff, pad; *(állatot)* stuff || **~ött madár** stuffed bird
kitör *v (ablakot)* break*, smash || *(testrészt)* break*, fracture || *(háború, jár-*

kitörés 298

vány, tűz, vihar) break* out; *(tűzhányó)* erupt ‖ ~**t rajta az influenza** (s)he had an attack of influenza *(biz* flu); ~**te a karját** (s)he broke his/her arm; **nevetésben tör ki** burst* out laughing, break*/burst* into laughter
kitörés *n (testrészé)* fracture ‖ *(betegségé, háborúé)* outbreak; *(tűzhányóé)* eruption
kitör|ik *v* break* (off), chip; *(testrész)* be*/get* fractured ‖ ~**t a karja** he broke his arm
kitöröl *v (edényfélét)* wipe (out), dry; *(könnyet)* wipe away/off ‖ *(írást)* erase, efface, rub out; *(könyvből)* expunge; *(emlékezetből)* wipe [from memory]
kitörő lelkesedés *n* tremendous enthusiasm, ecstasy
kitudód|ik *v* come* out *(v.* to light), get*/become* known, leak out
kitűn|ik *v (több közül)* excel, be* prominent/conspicuous among; *vmben* excel *(szellemiekben* in sg; *sportban:* at sg) ‖ *vmből* appear (from), be* evident (from), be* clear (that), be* shown (by) ‖ ~**t jó emlékezőtehetségével** he was noted/notable for his excellent memory
kitűnő 1. *a* excellent, eminent, splendid, first-class/rate, prominent ‖ ~ **minőség** top quality; ~**en érzem magam** I am/feel* fine **2.** *n isk* (an) excellent (mark) ‖ ~**t kap** get* an excellent
kitüntet *v vmvel* reward (with), honour *(US* -or) (with), favour *(US* -or) (with); *(rendjellel)* award sy [a medal]
kitüntetés *n (jutalom, rendjel)* medal, decoration, order; *(címmel járó)* title, distinction, honour *(US* -or) ‖ *isk* ~**sel érettségizik** obtain/achieve a first--class *(v.* excellent) school-leaving certificate; ~**t kap** be* decorated, receive an award (for sg)
kitűz *v (jelvényt)* pin on/up, put* on; *(zászlót)* fly*, hoist, set* up ‖ *(helyet)* mark/set* out ‖ *(időt)* set*, appoint, fix ‖ *(célt)* set* [oneself a(n) aim/target]; *(díjat)* offer, set* [a prize] ‖ **a vitát mára tűzték ki** the debate is to take place today; ~ **vknek egy feladatot** set* sy to do sg, set* sy a task
kiugraszt *v* make* sy/sg jump out
kiugr|ik *v (vhonnan, vmből)* jump/leap* out; *(repülőgépből)* bale out ‖ *átv biz (vk vmből)* break* away (from), drop out (of), desert sg ‖ *biz (kimegy rövid időre)* nip/pop/slip out ‖ *sp (rajtnál)* jump the gun ‖ *orv (ízület)* be* dislocated ‖ ~**ott pap** ex-priest
kiugró *a (térben)* jutting, protruding, projecting

kiújul *v* be* renewed/resumed; *(harc, seb)* flare up (again)
kiúsz|ik *v (vízből partra)* swim* [to the bank/shore] ‖ *(parttól messze)* swim* out
kiút *n* way out ‖ **nincs más** ~**, mint** there is no way out *(v.* no choice) but
kiutal *v vmt vknek* allocate/assign sg to sy; *(pénzt)* remit, grant, pay* out
kiutalás *n* allocation; *(pénzé)* paying out, remittance
kiutasít *v vkt vhonnan* order/turn sy out (of), show* sy the door; *(országból)* declare sy persona non grata, expel, banish
kiutasítás *n vhonnan* ordering/turning out; *(országból)* expulsion
kiutazás *n* going abroad; *(kifelé való út)* outward journey, exit ‖ ~**i engedély** permit to leave; exit visa
kiügyesked|ik *v* ~**ik magának egy jó állást** *biz* wangle oneself a good job
kiül *v vhova* sit* (down) outside/outdoors ‖ ~ **arcára a bánat** sorrow/grief shows* on his face
kiültet *v növ* plant/bed out
kiürít *v ált* empty; *(fiókot)* clear out; *(poharat)* drain; *(zsebet)* empty ‖ *(helyiséget)* vacate, quit ‖ *(várost)* evacuate ‖ ~**i a termet** *(bíróság)* clear the court
kiürítés *n ált* emptying; *(helyiségé)* vacating; *(városé)* evacuation
kiürül *v (edény, hordó)* become* empty, empty; *(terem, szoba)* clear, empty
kiüt *v (vkt bokszban)* knock out, KO [alakjai: KO's, KO'ing, KO'd]; *(sakkfigurát)* take*, remove [chess-man°] ‖ *(tűz, járvány)* break* out ‖ *biz* **rosszul üt ki vm** sg has* a bad ending
kiütés *n (boksz)* knock-out, KO ‖ *(bőrön)* rash, spot(s), eruption
kiütköz|ik *v (tulajdonság)* stand* out, be* manifest/conspicuous/striking
kiűz *v vhonnan* drive*/chase/hound out
kivág *v (ollóval, késsel)* cut*/clip* (sg) out ‖ *(fát)* fell, cut* down; *(erdőt)* cut* down ‖ *(rögtönöz)* improvise, get* up ‖ *(szél az ablakot)* fling*/burst* open ‖ *átv vkt vhonnan* throw*/turn sy out ‖ ~**ja a magas c-t** reach top C; ~**ja magát** *(talpraesetten válaszol)* give* a smart answer; *(nehézségekből)* extricate/free oneself (from)
kivágás *n (ruhán)* neckline, décolletage
kivágód|ik *v (ajtó, ablak)* burst*/fling* open
kivágott *a* cut out ‖ ~ **nyakú** *(ruha)* décolleté, low-cut [dress]
kiváj *v* hollow/dig* out, excavate
kiválás *n vhonnan* leaving (sg), separation (from)

kiválaszt v *(több közül)* choose*, select, pick/single out ‖ *biol* secrete, excrete

kiválasztás n *(több közül)* choice, selection ‖ *biol* secretion

kivál|ik v *(több közül)* excel, be* prominent/outstanding (among), surpass ‖ *vhonnan* leave*, separate/part from, quit (sg)

kivallat v question (sy) closely, interrogate, cross-examine; *biz* grill sy

kiváló a eminent, excellent, outstanding, prominent ‖ *(kitüntető cím)* outstanding, eminent ‖ ~ **egyéniség** an outstanding personality, a person of distinction; ~ **minőségű** high/top quality; ~ **vmben** be* very good at sg

kiválogat v select, pick/sift/sort out

kiválóság n *(személy)* VIP *(ejtve:* ví-ájpí), dignitary, notable, prominent/eminent person ‖ *(tulajdonság)* eminence, prominence

kivált v *(zálogot)* redeem [article in pawn]; *(foglyot)* ransom, buy*/bail out ‖ *(bérletet)* take* out, buy*; *(jogosítványt)* take* out ‖ *(valutát)* buy* ‖ *(hatást)* produce, elicit, bring* about, evoke; *(betegséget)* trigger ‖ *(helyettesít)* replace; *épít* discharge ‖ ~**ható** can be replaced, (be*) dischargeable; ~**ja a poggyászt** collect (v. take* out) one's luggage

kiváltás n *(fogolyé)* ransom(ing); *(tulajdoné)* redemption; *(zálogé, csomagé)* taking out ‖ *átv* bringing about/on, producing ‖ *épít* discharge

kiváltképp adv especially, in particular, above all

kiváltság n privilege, prerogative

kiváltságos a privileged

kivan v *biz (fáradt)* be* exhausted/whacked, be* dog tired, *biz* be* done in, *US* be* pooped

kíván v vknek vmt wish (sy sg) ‖ *vmt* wish/want sg; *(vágyódik vm után)* desire sg, long/yearn for sg ‖ *(megkövetel vm vktől)* demand/expect sg of sy ‖ *(vm igényel vmt)* demand, require, call for ‖ **így ~ja az illendőség** propriety would have it; **jó estét ~ok!** good evening!; **minden jót ~ok!** (my) best wishes, all the best; **nem ~om az ételt** I have* no appetite, I don't feel like eating

kívánalom n requirement, demand

kívánatos a desirable, wanted; *(igével)* it is* desirable (that) ‖ **nem ~** undesirable, unwanted; **nem ~ személy** persona non grata, undesirable person

kíváncsi a curious, *(főleg állat)* inquisitive ‖ ~ **vmre** be* curious/eager to know/learn, wonder (about); ~ **vagyok, vajon ...** I wonder whether/if ..., I should like to know if...; ~ **vagyok, mi történt** I wonder what happened

kíváncsiság n curiosity ‖ **fúrja az oldalát a ~** (s)he is* dying of (v. burning with) curiosity; **~ból** out of (sheer) curiosity

kíváncsiskod|ik v be* inquisitive/indiscreet

kivándorlás n emigration

kivándorló 1. a emigrating **2.** n emigrant

kivándorol v emigrate (to)

kívánnivaló n **(sok) ~t hagy maga mögött** sg leaves* much (v. a lot) to be desired, there's much room for improvement

kívánság n wish, desire, request ‖ **vknek ~ára** at sy's request, at the request of sy; **~ra** on request/application, as requested

kivár v ~**ja a kedvező alkalmat** bide* one's time

kivasal v *(ruhafélét)* iron, press ‖ *vkből vmt* extort sg from sy; *(pénzt)* screw/get*/wheedle [money] out of sy

kivéd v ward/fend off, parry; *átv* hold* one's ground ‖ *(futball)* **lövést ~** save a shot

kivégez v execute, put* sy to death

kivégzés n execution

kivehetetlen a *(láthatatlan)* indiscernible

kivehető a *vmből* removable, detachable ‖ *(látható)* discernible, visible, perceivable; *(hang)* distinct, audible ‖ **szavaiból ~ a félelem** there is fear in his voice

kiver v *(ellenséget)* drive* out, chase away ‖ *(ruhát, szőnyeget)* beat* ‖ **egész testét ~te az izzadság** he was* bathed in sweat, he was* streaming with perspiration; **ezt verd ki a fejedből** get that out of your head, put it out of your mind

kivés v *(falat csőnek stb.)* cut* away

kivesz v *vmből vmt* take* out (of), remove (from) ‖ *(foltot, szálkát)* remove, take* out ‖ *(könyvtárból)* take* out, borrow ‖ *(lakást)* rent, take* (out) ‖ *(szemmel)* discern, make* out; *(következtetve)* infer (from), gather (from) ‖ ~**i a részét vmből** *(részesedik)* take* one's share (of sg); *(munkából)* do* one's share/bit; ~**i a szabadságát** take* one's/a holiday; ~ **egy összeget (a bankból)** (with)draw* a sum of money, draw*/take* out [money], take* [money] out (of one's account); **kivették a manduláját** he has had his tonsils removed/out

kivet v *(idegen anyagot)* reject ‖ *(társadalomból)* cast* out, make* an outcast of sy ‖ **adót vet ki vkre** impose/levy a tax on sy; ~**i a víz a partra** be* washed ashore

kivét *n (bankból)* withdrawal
kivétel *n* exception || **a ~ erősíti a szabályt** the exception proves the rule; **~ nélkül** without exception; **vmnek/vknek ~ ével** with the exception of, except(ing), except for
kivételes *a* exceptional, uncommon || **~ en** *(rendkívülien)* exceptionally; *(most az egyszer)* just this once
kivetés *n (hálóé, horogé)* casting || *(adóé)* assessment, imposition, levying
kivetít *v* project
kivéve *adv* except, but for, all but, barring, apart/aside from || **mindig ráérek, ~ kedden** I am free except on Tuesday(s); **~, ha** unless
kivezet *v vkt vhonnan* lead*/see* sy out, show* sy the way out || *(könyvelésnél)* strike* out, cancel *(US* -I) [an entry] || *(út vhová)* lead* swhere
kivilágít *v vhonnan* shine* out (of swhere) || *(szobát)* light* up; *(épületet)* illuminate, floodlight* || **esténként ~ ják a Várat** the Castle is floodlit/illuminated at night
kivilágítás *n (szobáé)* lighting up; *(épületé)* floodlighting, illumination
kivilágítatlan *a (jármű)* without the lights on *ut.*
kivilágosod|ik *v (nap)* day is* breaking, it is* getting light || *átv* become* clear/obvious
kivisz *v (ált vmt)* take*/carry out; *(árut)* transport/convey (to); *(külföldre)* export *(vhova* to) || *(mosószer piszkot)* take* out, remove || **ez az út ~ a városból** this road leads* out of (the) town
kivitel *n (külföldre)* export, *főleg US:* exportation; *(ennek összessége)* exports *pl* || *(kivitelezés)* workmanship; execution; finish; quality || **igen jó ~ ú** (very) good quality..., of quality *ut.*
kivitelez *v* make* (up), execute, finish, carry out
kivitelezés *n* making (up), execution, finish
kiviteli *a* **~ cikk(ek)** exports *pl,* export goods *pl;* **~ tilalom** embargo, prohibition of export
kivív *v* achieve, reach, effect; *(célt)* attain; *(eredményt)* obtain; *(győzelmet)* win*
kivizsgál *v vmt* examine, investigate; *(ügyet)* look into [the matter], inquire into sg || *orv* **~ ják a klinikán** have*/get* *(v.* be* given) a check-up at the hospital
kivizsgálás *n* examination, inquiry || *orv* check-up || **~ ra megy** go* for a check--up

kivon *v (kihúz)* drag/draw*/pull out || *(munka alól)* keep* away from, shirk [a job, one's duty etc.], avoid; *(felelősség alól)* avoid, evade || *mat* subtract || *(kardot)* draw*, unsheathe [one's sword] || **katonaságot ~ vhonnan** withdraw* troops from swhere; **~ a forgalomból** withdraw* from circulation; **~ ja magát vm alól** back out of sg
kivonandó *a/n* subtrahend
kivonás *n (kihúzás)* drawing/dragging/pulling out || *(forgalomból)* withdrawal || *mat* subtraction || **a csapatok ~ a** the withdrawal of troops
kivonat *n (irat)* extract || *(könyvé)* abridgement, summary; *(főleg tud. cikké)* abstract || *vegy* extract, essence || **(születési) anyakönyvi ~** birth certificate
kivonszol *v* drag/lug/pull/tug out
kivonul *v (tömeg vhova)* turn out || *(mentők, tűzoltók)* turn out || *kat vhonnan* withdraw* (troops) from || **a baleset-hez ~ tak a mentők** an ambulance went to the scene of the accident; **a küldöttség (tüntetően) ~ t a teremből** the delegation withdrew from *(v.* walked out of) the room (in protest)
kivonulás *n (ünnepi)* march, parade, turn-out || *(teremből stb.)* withdrawal; *(tüntetően)* walk-out || *kat* withdrawal, evacuation
kivörösöd|ik *v vk, vm* turn/go* red/scarlet/purple/crimson; *vk* blush
kívül 1. *adv (vhol kinn)* outside, outdoors, out of doors; *átv* stand* apart, stand*/keep*/hold* aloof || **~ marad** stay outside; *átv* keep*/stand* aloof/apart, keep* out (of) **2.** *post (helyileg)* outside (of); *vmből* out of || *(vkn/vmn felül)* beside(s), in addition to, outside, beyond || **a kapun ~** outside the gate; **a lányán ~ fia is van** apart from a/his/her daughter (s)he also has a son; **ezen a ruhán ~ nincs neki több** this is his only suit *(v.* her only dress); **ezen ~** beyond that; **Jánoson ~ mindenki átment** *(a vizsgán)* all of us passed except John; **önhibáján ~** through no fault of his (own); **rajta ~** besides him, apart from him; **rajta ~ álló okokból** for reasons beyond his control; **tréfán ~** joking apart, seriously; **vmn ~** *(= vmtől eltekintve)* apart/aside from sg
kívülálló *n* stranger, outsider; spectator; non-member; third party
kívül-belül *adv* inside and out, within and without
kívüli *a* outside of, beyond, extra- || **Európán ~** non-European; **házon ~** outdoor; **iskolán ~** extra-curricular

kívülről adv *(helyileg)* from outside ‖ *(könyv nélkül)* by heart ‖ ~ **nézve** seen from without

kizár v *(kapun)* lock/shut* out ‖ *(egyesületből)* exclude; *(egyetemről)* send* down [from (the) university]; *(iskolából, pártból)* expel (from), throw* out (of); *(versenyből)* disqualify ‖ *(vmnek a lehetőségét)* rule out (sg), preclude (the possibility of) sg ‖ **ki van zárva** it is* out of the question, no way; **nincs ~va, hogy eljön** it's just possible that he'll come, he may (well) come

kizárás n *(kapun)* shutting/locking out ‖ *(iskolából, pártból)* expulsion; *(egyesületből)* exclusion; *(egyetemről)* sending down; *(versenyből)* disqualification ‖ **a nyilvánosság ~ával** behind closed doors, in camera

kizárólag adv exclusively, solely, alone

kizárólagos a exclusive, sole, absolute

kizárt a vmből excluded/expelled from ut. ‖ **ez ~ dolog!** it is impossible (v. out of the question)

kizökken v átv be* upset ‖ ~ **a munkájából** be* put* off one's stride/stroke

kizökkent v átv disturb ‖ ~**ette a munkájából** it put* him off [his work]

kizöldül v *(fa)* come* into leaf

kizúdul v *(folyadék)* gush/stream/pour out

kizuhan v fall*/tumble out

kizsákmányol v *(munkást)* exploit ‖ *(energiaforrást)* exploit, utilize, harness

kizsákmányolás n *(munkásé)* exploitation

kizsákmányoló 1. a exploiting **2.** n exploiter

kizsákmányolt a/n exploited

klarinét n clarinet

klarinétos n clarinettist (*US* -etist)

klassz a biz great, slick, classy, smashing ‖ **állati ~ volt** it was jet good

klasszicizáló a neoclassical

klasszicizmus n classicism

klasszikus 1. a műv classical ‖ *(mintaszerű)* classic ‖ ~ **esete vmnek** a classic example of sg; ~ **fizika** Newtonian/classical physics; ~ **zene** classical music **2.** n classic ‖ **az angol ~ok** the English classics

klaviatúra n = **billentyűzet**

klerikális a clerical

klerikalizmus n clericalism

klikk n clique

klíma n climate

klímaberendezés n air-conditioning, air-conditioner

klimatikus a climatic

klimatizál v air-condition ‖ ~**t** air-conditioned

klimatizálás n air-conditioning

klimax n climax ‖ orv menopause, climacteric

klinika n teaching/university hospital; *(egyes klinikák)* department of ... ‖ **sebészeti ~** (department of) surgery, surgical department

klinikai a clinical ‖ **a ~ halál állapotában van** be* clinically dead

klíring n ker clearing

klisé n nyomd plate, block ‖ *(közhely)* cliché, stereotyped/hackneyed phrase

klór n chlorine

klorofill n chlorophyll (*US* -phyl), leaf-green

klóros a chloric, chlorous

klóroz v chlorinate

klott a sateen

klub n club

klubtag n club member, member (of a club)

koalíció n coalition ‖ ~**ba lép** form a coalition

koalíciós kormány n coalition government

kobak n *(fej)* pate; biz nut

kóbor a vagrant, roving, strolling, vagabond ‖ ~ **kutya** stray dog

kóborlás n rambling, roaming, vagabondage, strolling, roving

kóborol v roam/wander/stroll about, tramp, ramble; *(állat)* stray

koca n sow

koccan v knock against (sg), clink, clatter; *(autók)* bump each other

koccanás n *(autóé)* bump, knock, *US* fender-bender ‖ ~**os baleset** a (slight) bump

koccint v clink [glasses] ‖ ~ **vknek az egészségére** drink* sy's health

koccintás n clinking (of glasses)

kocka n *(mat is)* cube ‖ *(dobó)* dice (pl ua.) ‖ *(mintában)* square, check ‖ **a ~ el van vetve** the die is cast; **fordult a ~** the tables are turned; ~ **alakú** cube-shaped; **~n forog** be* at stake; **~ra tesz vmt** risk/hazard sg; **~ra vág** dice, cut* into squares/cubes

kockacukor n lump sugar; *(darab)* a lump (of sugar), a sugar cube

kockajáték n (game of) dice

kockakő n *(utcai)* flag(stone), paving stone/block

kockás a squared, checked, chequered (*US* checkered) ‖ ~ **minta** check pattern; ~ **papír** graph paper

kockatészta n *(száraz)* (dried) pasta [cut into small squares]

kockázat n risk, hazard, venture, chance

kockázatos a risky, hazardous ‖ **igen ~** high-risk

kockáz|ik v play dice, dice
kockáztat v risk, chance, venture, run*/take* the risk of (doing) sg || **sokat ~ run*** a grave risk; **az állását ~ja** he risks losing his job
kocog v *(ló)* trot, jog along || *(ember)* jog
kocogás n *(testedzés)* jogging
kócos a tousled, dishevelled, unkempt
kócsag n heron, egret
kocsi n *(lófogatú)* carriage; *(kétkerekű)* cart; *(négykerekű)* cart, wagon; *(hintó)* coach || *(autó)* car, US *főleg:* auto; *(taxi)* taxi, *főleg US:* cab; *(közlekedési eszköz, ált)* vehicle; *(busz)* bus; *(távolsági)* coach; *(zárt, szállító)* van || *(vasúti, metró)* carriage, *főleg US:* car; *(villamos)* tram(car), car, US streetcar; *(troli)* trolley bus; *(kötélpályán)* car, cabin || *(kézikocsi)* handcart; *(pályaudvaron stb. poggyásznak)* trolley; *(gyermekkocsi)* pram, US *(baby)* buggy; *(könnyű összehajtható)* pushchair, *főleg US (és esernyőfogantyús)* stroller || *(írógépé)* carriage || **~ra rak** load a cart with (sg), load sg on (to) a cart; **~val** by car *(de:)* **a(z új) ~mmal** in my (new) car; **~n visz** vkt drive* sy swhere, take* sy by car; *(terhet)* convey, take* sg by car/van
kocsiemelő n *(car)* jack, US *(auto)* lift
kocsifelhajtó n drive(way)
kocsikísérő n lorry/truck guard, driver's mate
kocsikulcs(ok) n car keys *pl*
kocsimosás n car-wash
kocsimosó n *(személy)* car-washer; *(hely)* car-wash
kocsipark n *(vasút)* (wagon) rolling--stock; *(jármű)* carpool, pool of cars/vehicles
kocsis a driver, coachman°, *(kétkerekű kocsié)* carter
kocsiszekrény n (car) body
kocsiszín n *(szekérnek stb.)* coach--house, shed; *(villamosé)* depot, US streetcar shed; *(autóé)* garage
kocsiút n dirt road, track
kocsma n inn, tavern, pub, bar, US saloon
kocsmáros n innkeeper, landlord, tavern-keeper, US saloon keeper
kocsmárosné n landlady, innkeeper's wife°
kocsonya n meat jelly, cold pork/fish in aspic, pig pudding
kocsonyás a jelly-like, gelatinous
kód n code
kódex n codex *(pl* codices)
kódleolvasó n light pen
kódol v (en)code
kódszám n code (number)

koedukáció n coeducation
koedukációs a coeducational
kofa n *(piaci)* fish wife°, market-woman°
koffein n caffeine
koffer n = bőrönd
kofferkuli n (luggage v. US baggage) trolley
kohász n *(munkás)* metalworker, foundry worker || *tud* metallurgist
kohászat n metallurgy
kohó n furnace
kohol v invent, fabricate, forge
koholmány n forgery, fiction, fabrication
koholt a invented, fabricated, fictitious, made-up || **~ vádak alapján elítél** convict sy on trumped-up charges (of), frame a charge against sy
kohómérnök n metallurgical engineer
kokárda n cockade, rosette
koksz n coke
koktél n cocktail
koktélparti n cocktail party, cocktails *pl*
kókuszdió n coconut
kókuszpálma n coconut palm
kóla n *biz* Coke
kolbász n *kb.* sausage, *(GB vékony)* chipolata
koldul v beg
koldus n beggar
kolera n cholera
kolerás a/n cholera patient
koleszterinszint n level of cholesterol
kólibaktérium n colon bacillus, bacillus coli
kollaborál v collaborate
kollaboráns n collaborator
kolléga n colleague || *(diplomáciában)* **vknek a brit ~ja** sy's [British etc.] counterpart *(v.* opposite number)
kollegiális a friendly, fraternal
kollegina n (female) colleague
kollégista a/n college student
kollégium n *isk tört (bennlakásos, 8 osztályos)* college || *(főiskolásoknak, főleg szállás)* students' hostel, hall (of residence), US dormitory, *biz* dorm || *(testület)* board; college || *(előadássorozat egyetemen)* course (of lectures)
kollégiumi a college(-), collegiate
kollekció n collection; *ker* samples *pl*
kollektív a collective || **~ felelősség** joint/collective responsibility
kollektíva n collective
kollektivizál v collectivize, take* sg into public ownership
kolloid 1. a colloidal **2.** n colloid
kollokvál v sit* for *(v.* pass) an oral (examination) *(vmből* in)
kollokvium n oral (examination)

kolonc *n (teher)* clog ‖ *átv* handicap, burden, nuisance ‖ ~ **vk nyakán** a stone round one's neck
kolónia *n* colony, community ‖ **az ádeni magyar** ~ the Hungarian community in Aden
koloniál *a (bútor)* colonial
kolorádóbogár *n* Colorado/potato beetle
koloratúra *n* coloratura
koloratúraénekes *n* coloratura soprano
kolostor *n* monastery, cloister; *(apáca~)* convent, nunnery
kolumbárium *n* columbarium *(pl* -baria)
koma *n (barát)* crony, old friend, *US* brother ‖ **a ~m** *(= gyermekem keresztapja)* godfather (of my child), godparent, sponsor; **róka** ~ master fox, *US* Brer Fox
kóma *n* coma
komámasszony *n* ~, **hol az olló?** puss in the corner
komaság *n* sponsorship
kombájn *n* combine (harvester)
kombi *n (önállóan)* estate (car), *US* wagon, station wagon; *(összetételben)* ...estate, *US* ...wagon (pl. Ford Escort wagon)
kombináció *n mat* combination ‖ *(feltevés)* conjecture, hypothesis *(pl* hypotheses)
kombinációs zár *n* combination lock
kombinál *v vmvel* combine sg with sg ‖ *(következtet)* conclude, reason ‖ **jól** ~ (be* able to) think* (far) ahead
kombinált *a* combined ‖ ~ **szekrény** *kb.* multi-purpose *(v.* combination) wardrobe
kombinát *n* combine; (building/sports) complex ‖ **mezőgazdasági** ~ agricultural complex/combine
kombiné *n* slip
komédia *n* comedy, farce ‖ **szép kis** ~! a fine kettle of fish!
komédiás *n (vígjátéki)* comedian, comic ‖ *átv* charlatan, fraud
komédiáz|ik *v biz (bolondozik)* play the fool, fool about/around
komfort *n* comfort, ease, convenience, amenities *pl* ‖ ~ **nélküli lakás** cold water flat; *rep* ~ **osztály** comfort class
komfortos *a (lakás)* [house/flat] with all mod. cons. *ut.*, with all modern conveniences [but no central heating] *ut.*
komika *n* comedienne
komikum *n* humour *(US* -or)
komikus 1. *a* comical, droll 2. *n* comedian, comic
komisz *a (erkölcsileg)* bad, vile, nasty, mean ‖ *(dolog)* abominable, wretched, wicked ‖ ~ **kölyök** naughty brat
komiszkod|ik *v* treat sy badly/shabbily, ill-treat sy
komló *n* hop(s)
kommentár *n vmhez* commentary (on sg) ‖ *tud* commentary ‖ ~**t fűz vmhez** comment (up)on sg, make* comments on/upon sg
kommentátor *n (főleg sp)* (sports) commentator
kommersz *a* mass-produced
kommunális *a* communal ‖ ~ **létesítmények** public works
kommunista 1. *a* communist ‖ **K~ Párt** Communist Party 2. *n* communist
kommunistabarát *a* pro-Communist
kommunistaellenes *a* anti-Communist
kommunizmus *n* communism
kommüniké *n* communiqué, statement
komoly *a* serious, grave; *(arc)* stern; *(ember)* earnest ‖ *(jelentős)* considerable; serious ‖ ~ **erőfeszítés** considerable effort; ~ **sérülés** bad/serious injury; ~ **zene** classical/serious music
komolyan *adv* seriously, earnestly, in earnest ‖ ~? really?, do you really mean it?, are you serious?; **nem gondolta** ~ he did not mean it; ~ **vesz vmt** take* sg seriously, be* in earnest about sg
komolyság *n* earnestness, seriousness, gravity; *(szigor)* sternness
komolytalan *a* immature; *(beszéd)* irresponsible; *(egyén)* unreliable; *(ígérgetés)* airy; *(viselkedés)* frivolous, flippant
komor *a* gloomy, sombre *(US* -ber); *(ember)* grave, morose; *(idő)* dreary; *(tekintet)* sullen, grim
komp *n* ferry(boat); *(autós)* car-ferry
kompakt 1. *a* compact, solid 2. *n (púder)* compact
kompaktlemez *n* compact disc *(röv* CD)
kompaktlemezjátszó *n* compact disc player
kompánia *n biz (baráti kör)* companions *pl*, crew ‖ *(banda)* company, set, gang
komplett *a* complete, entire, whole, full ‖ ~ **reggeli** (full) English breakfast
komplex *a* complex; compound ‖ *mat* ~ **szám** complex number
komplexum *n* complex; *(épületkomplexum)* (building) complex
komplexus *n pszich* complex
komplikáció *n (orv is)* complication
komplikál *v* complicate
komponál *v* compose
komponens *n* component, constituent
komposzt *n* compost, leaf mould *(US* mold)
kompót *n* stewed fruit(s), compote; *(eltett)* preserved/bottled fruit; *(konzerv)* tinned *(US* canned) fruit
kompozíció *n* composition

kompresszor *n* compressor
kompromisszum *n* compromise, concession || ~**ot köt vkvel** make*/reach a compromise with sy
kompromittál *v* compromise (sy) || ~**ja magát** compromise oneself (with sg/sy)
komputer *n* = **számítógép**
komputertechnika *n* computer technology
koncentráció *n* concentration
koncentrációs tábor *n* concentration camp
koncentrál *v* concentrate || **vmre** ~ concentrate on sg, give* all one's attention to sg
koncentrikus *a* concentric
koncepció *n* (*felfogás*) conception, idea || (*elgondolás*) plan, design || **nagy** ~**jú ember** man° of vision
koncepciós per *n* show trial, *biz* frame-up
koncert *n* (*előadás*) concert || (*versenymű*) concerto
koncertez *v* give* a concert; (*turnén*) give* concerts, be* on a concert tour
koncertmester *n* leader, *US* concertmaster
koncesszió *n* concession
kondenzátor *n el* condenser
kondenzor *n fényk* condenser
kondér *n* ca(u)ldron, (large) kettle
kondíció *n* (*feltétel*) condition, terms *pl* || (*erőnlét*) (physical) condition, form; fitness || **jó** ~**ban van** *vk* be* fit, be* in good condition/form
kondicionál *v* condition
kondicionálóterem *n* gym, health club
kondicionáló torna *n* keep-fit exercises/classes *pl*
kondoleál *v* **vknek** offer one's condolences to sy, express one's sympathy to sy
kondoleáló levél *n* letter of sympathy
konfekció *n* ready-to-wear articles/clothes *pl*, off-the-peg clothes *pl*
konfekcióipar *n* ready-to-wear industry, *US* the garment trade/industry
konferál *v* announce, introduce, compère
konferanszié *n* master of ceremonies (*röv* M.C.), host, compère, *US biz* emcee
konferencia *n* conference, meeting || **tanári** ~ faculty/staff meeting
konfetti *n* confetti
konfirmáció *n vall* confirmation
konfirmál *v vall* confirm || be* confirmed
konfliktus *n* conflict, dispute, quarrel || ~**t felold** resolve a conflict
konflis *n* hansom-cab
konföderáció *n* confederation, alliance
kong *v* ring*/sound hollow/empty, resound || ~ **az ürességtől** be* utterly empty/deserted

kongat *v* (*harangot*) sound, toll, ring*
kongresszus *n* (*tud. tanácskozás*) congress || *US pol* convention; *US* (*törvényhozó testület*) Congress
kongresszusi *a* congressional || ~ **küldött** (*párté*) delegate of the party congress, congress delegate; *US* ~ **tag** congressman°
konjunktúra *n* (*fellendülés*) boom; prosperity || ~**ja van vmnek** there is* a boom in sg, sg is* rather flourishing, business is booming
konjunkturális *a* economic, due to economic factors *ut*.
konkáv *a* concave
konkrét *a* concrete; particular || ~ **adatok** (hard) facts/information, facts and figures; **ebben a** ~ **esetben** in this particular case
konkrétan *adv* in the literal sense of the word, concretely, literally || **mondd meg konkrétabban, mikor...** please specify when you...
konkrétum *n* fact, specific, concrete thing
konkurál *v* **vkvel** compete with, enter into competition with
konkurencia *n* competition, rivalry
konkurens **1.** *a* rivalling (*US* -l-), competing **2.** *n* rival, competitor
konnektor *n* (*dugója*) plug; (*aljzata*) socket, *US* outlet
konok *a* obstinate, stubborn, headstrong, hard-headed
konstrukció *n* construction; (*szerkezet*) structure
konstruktív *a* constructive; positive
konszern *n* concern
konszolidáció *n* consolidation, stabilization
konszolidálód|ik *v* be*/become consolidated/stabilized
konszolidált viszonyok *n pl* normal conditions
kontaktlencse *n* contact lens
kontaktus *n* contact
kontár **1.** *a* bungling, bungled, amateurish || ~ **módon csinál (meg) vmt** make* a botch of sg, botch sg up; ~ **munka** botched (piece of) work, botched job **2.** *n* bungler, botcher, cowboy
kontárkod|ik *v* bungle, botch
konténer *n* container
kontinens *n* continent
kontinentális *a* continental
kontingens *n* quota, share; (*főleg emberekből*) contingent
kontrafék *n* (*kerékpáron*) coaster brake
kontraszelekció *n kb.* Buggins's(s) turn
kontraszt *n* contrast

kontráz v *(box, kártya)* double || *zene* accompany || **vknek** ~ *átv* back sy up, support sy
kontroll n check(ing), control
kontúr n contour, outline
konty n knot (of hair), bun
konvektor n convector (heater)
konvenció n *(társadalmi)* convention(s), form(ality) || *(államközi)* convention
konvencionális a conventional, customary
konvent n convent
konvertibilis a convertible || ~ **valuta** convertible currency
konvex a convex
konzekvencia n consequence, issue, outcome || **levonja a** ~**t** draw* one's own conclusions *(v.* the conclusion) (from sg)
konzekvens a consistent, logical
konzerv n *(fémdobozban)* tinned *(US* canned) food; *(gyümölcs)* preserve, conserve
konzervál v ált preserve; *(gyümölcsöt)* conserve, preserve; *(fémdobozban)* tin, *US* can
konzervatív 1. a conservative, old-fashioned 2. n conservative
konzervativizmus n conservatism
konzervatórium n *zene* conservatory, *GB így is:* conservatoire
konzervdoboz n tin, *US* can
konzervgyár n canning factory, cannery
konzervnyitó n tin *(US* can) opener
konzílium n *orv* (medical) consultation
konzul n consul
konzulátus n consulate
konzultáció n consultation
konzultál v vkvel vmről consult (sy on/about sg)
konyak n cognac, brandy
konyakos meggy n liqueur(-filled) chocolate, liqueur
konyha n *(helyiség)* kitchen || *(főzésmód)* cuisine, cooking || **francia** ~ French cuisine; **jó** ~**juk van** keep* a good table
konyhabútor n kitchen furniture; kitchen units *pl*
konyhaedény(ek) n *(pl)* kitchen/cooking/household utensils *pl*, kitchenware, pots and pans *pl*
konyhafőnök n chef
konyhagép n kitchen/domestic appliance
konyhakert n kitchen/vegetable-garden
konyhakerti növények n vegetables (from the garden)
konyhakés n kitchen-knife°
konyhakész a oven-ready, ready-to-cook
konyhalány n kitchen maid
konyhaművészet n art of cooking, cookery

konyhanyelv n elít (a kind of) pidgin, pidgin German/English/French etc.
konyhapénz n housekeeping (money)
konyharuha n dish-cloth
konyhasó n (table/common) salt
konyhaszekrény n kitchen cupboard/cabinet
konyít v vmhez know* something *(v.* a little) about sg
kooperáció n cooperation
kooperál v cooperate (with)
koordinál v coordinate
kopár a *(föld)* barren, bare; *(fa)* leafless; *(fal)* bare, naked
kopás n wear and tear; *műsz* attrition, abrasion; *geol* erosion
kopasz a bald(headed), hairless || ~ **ember** baldhead, *biz* baldie; ~**ra nyírott** close cropped
kopaszod|ik v become*/go* *(v.* be* going) bald
kopaszság n baldness
kopaszt v *(baromfit)* pluck
kópé n *biz (furfangos ember)* rascal, rogue || *(gyerek)* scamp, imp
kópia n ált copy; *(papírkép)* print; *(film)* print, copy || *(utánzat)* copy, imitation
kop|ik v wear* away/out, get* thin from wear, fret; *(szövet)* become* threadbare/frayed
kopjafa n wooden headboard [on a tomb]
koplal v *(szándékosan)* fast, go* on a hunger cure || *(nincs mit ennie)* starve
koplalás n *(szándékos)* fasting, hunger (cure) || *(éhezés)* starvation, starving
kopó n *(kutya)* hound, foxhound || *átv* iron sleuth, private eye
kopog v *(ajtón)* knock (at the door); *(máson)* tap/rap at/on sg; *(eső, láb)* patter || *(motor)* knock, pink || ~ **a szeme az éhségtől** suffer the pangs of hunger; ~**tak!** *(az ajtón)* there was a knock (at the door)
kopogtat v *(ajtón)* knock (at the door); *(máson)* rap at/on sg || *orv* percuss, sound [sy's chest]
kopogtatás n *(ajtón)* knock(ing), rap(ping) || *orv* sounding, percussion
kopoltyú n gill; *tud* branchia *pl*
koponya n skull || *átv* head, brain || **kitűnő** ~ first-class *(v.* good) brain
koponyaalapi törés n fracture of the skull-base
koporsó n coffin, *csak US:* casket
kopott a ált vm worn; *(ruha)* shabby, threadbare, frayed || *átv vk (megjelenése)* shabby, seedy, *kif* down-at-heel
koppan v knock, thud, strike*; *(csepp)* patter
koppant v rap, tap, slap
Koppenhága n Copenhagen

koppint *v* = **koppant** || orrára ~ vknek give* sy a wigging
koppintás *n biz (utánzat)* mee-*t*oo (product)
koprodukció *n* jo*i*nt prod*u*ction
koptat *v* wear* out/down/away, use up
koptatás *n* wearing out/away/down, *u*sing up
kor *n (életkor)* age || *(időegység)* age, *e*poch, *e*ra, days *pl, p*eriod, time || **(a)** **mai** ~ **omban** our age/time, the pr*e*sent day; **az én ~omban** at my time of life; **abban a ~ban van(, hogy/amikor)** (s)he is of an age [to/when...]; **~ához képest nagy** be* tall for one's age; **Shakespeare ~ában** in the age *(v.* days *pl)* of Shakespeare, in the Shakespearian age; **15 éves ~a óta** since he was fift*e*en (years old); **18 éves ~ára** by th*e* time he is/was eightee*n*; **30 éves ~ában** at (the age of) thirty
-kor *suff (időhatározó)* **a)** at; **hány órakor?** at what time?, when?; **öt órakor** at five o'clock; **éjfélkor** at midnight; **b)** on; **elutazásakor** on le*a*ving; **megérkezésemkor** on my arrival, on reaching [home etc.]; **c)** during; while; **ottlétemkor** during my stay (there)
kór *n* dis*e*ase, *i*llness
kora *a* e*a*rly || ~ **délután** early in the *a*fternoo*n;* ~ **tavasszal** in *e*arly spring
korább(an) *adv (hamarabb)* e*a*rlier, *s*ooner || *(azelőtt)* previously, before || **10 perccel ~ jött** (s)he came/was 10 m*i*nutes *e*arly
korábbi *a* f*o*rmer, e*a*rlier, pr*e*vious, pr*e*ceding
korabeli *a (egyidejű)* cont*e*mporary, contemporaneous || *(akkori)* p*e*riod-, of the age/time *ut.* || ~ **bútor** period furniture; **Mátyás ~** belonging to the p*e*riod of Matthias *ut.*
koraérett *a* pr*e*matu*r*e; *(gyermek)* pr*e*coc*i*ous
korai *a* e*a*rly; *(idő előtti)* premat*u*re, unt*i*mely || ~ **gyümölcs** *e*arly fruit; ~ **halál** unt*i*mely death; ~ **lenne az öröm** it would be pr*e*mat*u*re to rej*oi*ce
korall *n* coral
korallpiros *a* coral-red
korallzátony *n* coral reef
korán *adv* e*a*rly, in good time || **jó ~ in** good time, *(reggel)* e*a*rly in the m*o*rning; ~ **fekszik** go* *e*arly to b*e*d; ~ **kel** rise* *e*arly; *(rendszeresen)* be* an *e*arly ris*e*n *(biz* bird); ~ **fekszik és kel** keep* *e*arly hours; ~ **érő** *(gyümölcs)* e*a*rly (ripening); ~ **jön** arrive/come* too soon; **még ~ van** it's *e*arly yet, it's not yet time (to do sg)

korántsem *adv* by no means, not at all, not in the least, far from it
koraszülés *n* premature birth || **~e van** have* a premat*u*re birth/b*a*by
koraszülött *n* prematu*r*e baby
koravén *a* prematurely old/aged; *(gyerek)* pr*e*coc*i*ous
korbács *n* lash, whip, sc*o*urge
kórboncnok *n* path*o*logist
kórbonctan *n* path*o*logy
korcs 1. *a (keverék)* cr*o*ssbred, h*y*brid || *(nyomorék)* cr*i*ppled, fre*a*kish || *(elfajzott)* deg*e*nerate **2.** *n (állat)* cr*o*ssbred, freak; *(kutya)* m*o*ngrel
korcsolya *n* sk*a*te(s)
korcsolyacipő *n* (ice) sk*a*ting boot(s)
korcsolyapálya *n* sk*a*ting/ice rink
korcsolyázás *n* (ice) sk*a*ting; *(mű~)* figure sk*a*ting
korcsolyáz|ik *v* sk*a*te
korcsoport *n* *a*ge-group/c*a*tegory
kordbársony *n* corduroy || ~ **nadrág** c*o*rduroys *pl,* cords *pl*
kordon *n* c*o*rdon || **~nal lezárták sg** has been c*o*rdoned off
Korea *n* Kor*e*a
koreai *a* Kor*e*an
kórélettan *n* pathophysi*o*logy
korelnök *n* president/cha*i*rman° by s*e*ni*o*rity; *átv* d*o*yen
koreográfia *n* chor*e*ography
koreográfus *n* chor*e*ographer
korgó *a* r*u*mbling || ~ **gyomorral** with one's st*o*mach r*u*mbling
korhad *v* m*o*ulder *(US* m*o*lder), rot, d*e*cay, decomp*o*se
korhadt *a* r*o*tten, r*o*tting, decayed, cr*u*mbling || ~ **fa** dec*a*yed wood, *US* punk
korhatár *n* age l*i*mit || **alsó ~** lower age limit, m*i*nimum age; **felső ~** *u*pper age l*i*mit; ~ **nélküli** *(film) GB* univ*e*rsal *(röv* U)
kórház *n* h*o*spital || **~ba szállít vkt** take* sy to h*o*spital; **~ba felvesz vkt** adm*i*t sy to h*o*spital, *US* h*o*spitalize sy
kórházi *a* h*o*spital || ~ **ápolás** h*o*spital care/tr*e*atment; ~ **beutaló** ref*e*rral [to a hospital]; ~ **osztály** (h*o*spital) ward
korhely 1. *a* r*a*kish, d*i*ssolute, deb*au*ched **2.** *n* rake, dr*u*nkard
korhelyked|ik *v* revel *(US* -l), car*o*use, *biz* go* on the binge
korhelyleves *n kb.* c*a*bbage soup [cons*u*med *a*fter h*e*avy drinking]
korhol *v* chide*/scold/repr*o*ve sy, nag (at) sy
korhű *a* exact, f*ai*thful [representat*i*on of an *e*poch] || ~ **jelmez** p*e*riod dress
kori *a* reneszánsz ~ **műveltség** Ren*ai*ssance civilizat*i*on

korkülönbség n difference of age (between)
kórlap n case-history/sheet/record
korlát n (védő) bar, barrier, guard; (karfa) banister, railing; (hajón, mozgólépcsőn) handrail ‖ (tornaszer) parallel bars pl ‖ átv limit, bounds pl
korlátlan a boundless; (lehetőség) unlimited; (mennyiség) unrestricted; (hatalom) absolute, unbounded ‖ ~ **úr** absolute master, autocrat; ~**ul** without restraint, unlimited
korlátolt a (korlátozott) limited, restricted ‖ (szellemileg) dull, stupid, narrow/small-minded ‖ ker ~ **felelősségű társaság** (röv kft.) limited liability company (röv Ltd.)
korlátoltság n (szellemi) stupidity, narrow-mindedness ‖ (terjedelemben) restrictedness
korlátoz v restrict, limit, set* limits to, keep* within limits, confine, narrow (down), restrain
korlátozás n restriction, limitation, restraint; (főleg anyagi) cutback ‖ ~**ok** restrictions
korlátozód|ik v vmre be* limited/confined (to)
kormány n (kerék) steering wheel; (szerkezet) steering gear; (hajón a kerék) (steering/pilot) wheel, helm; (hajón a szerkezet) steering mechanism/apparatus; (kerékpáron) handle-bar(s); (repülőgépen) control stick/column, wheel; biz joystick ‖ pol government, cabinet, regime, US administration ‖ **a** ~**nál** at the wheel; hajó és átv at the helm; ~**on van** be* in power; ~**t alakít** form a cabinet/government; ~**t átalakít** reshuffle a/the cabinet/government
kormányellenes a anti-government, opposition; (igével) be* against the government
kormányfő n premier, prime minister
kormányhivatalok n pl government offices
kormányhű a loyal to the government ut., loyal
kormánykerék n steering wheel; (hajón) steering/pilot wheel, helm
kormánykörök n pl government circles/quarters
kormányközi a intergovernmental
kormányküldöttség n government representatives pl, government delegation
kormánylapát n rudder
kormányos 1. a (versenycsónak) coxed ‖ ~ **négyes** coxed four; ~ **nélküli** coxless **2.** n (hajón) steersman°, helmsman°; (csónakban) cox

kormányoz v (járművet) steer ‖ pol govern, rule
kormányozhatatlan a ungovernable, uncontrollable ‖ ~**ná vált az autó** the car ran/went out of control
kormánypálca n sceptre (US -ter) mace
kormánypárt n government/governing party
kormányprogram n government programme (US -gram)
kormányrendelet n order in council, decree, (government) edict, US executive decree
kormányrúd n steering column
kormányszerkezet n (autó) steering gear; (hajó) steering/rudder mechanism/apparatus
kormányszóvivő n government spokesman°
kormányválság n government/cabinet crisis (pl crises)
kormányváró n rep VIP lounge
kormányzás n (járműé) steering ‖ pol governing, ruling
kormányzat n (system of) government, regime, US administration
kormányzó 1. a governing, ruling ‖ ~ **párt** governing/ruling party **2.** n US és tört governor; (1920 után) regent
kormányzóság n (tisztség, ált) governorship; (tört, pl. Magyarországon) regency ‖ (terület) province
kormeghatározás n dating, chronology; (radiokarbon-) carbon dating
kormos a sooty, smoky
korog v rumble, grumble ‖ ~ **a gyomra** his stomach is rumbling
kórokozó n pathogen
korom n soot
koromfekete a jet/pitch-black
korona n (uralkodói, pénz, fáé, fogé) crown ‖ zene pause, fermata
koronaékszerek n pl crown jewels
koronagyarmat n crown-colony
koronás a (fő) crowned [head] ‖ (koronával ellátott) with [a/the] crown ut.
koronatanú n chief/principal/crown witness; (bűntársai ellen valló) Queen's/King's evidence, US State's evidence
koronáz v crown ‖ vkt királlyá ~ crown sy king; **fáradozásait siker** ~**ta** his efforts were crowned with success
koronázás n coronation, crowning
koronázási jelvények n pl regalia, crown jewels
korong n ált disc, US disk ‖ (hoki) puck
koros a elderly, aged, advanced in years ut.
kóros a morbid, pathological, diseased, abnormal ‖ ~ **elváltozás** pathological change, abnormality

korosztály *n* age-group/bracket
korpa *n (őrlési termék)* bran || *(fejbőrön)* dandruff, scurf
korpás *a (korpából való)* bran-, made of bran *ut.* || *(fejbőr)* scurfy || ~ **a feje** have* dandruff; ~ **kenyér** wholemeal *(US* whole wheat) bread; ~ **liszt** second flour
korrekt *a* correct, straight, fair || **nem** ~ unfair; **nem (valami)** ~ **eljárás** it's not fair, it's not playing the game
korrektor *n nyomd* proof-reader, printer's reader
korrektúra *n nyomd* proof(s); *(korrektúrázás)* proofreading
korrepetál *v* coach/teach*/tutor/cram sy, give* sy extra tuition, prepare sy for (an/his/her) examination(s)
korrepetálás *n (egy gyereké)* kb. (one-to-one) tutoring; *(csoporté)* kb. remedial teaching/training/course [in maths etc.]
korrigál *v (helyesbít)* correct, rectify, check || *nyomd* read* the proofs
korrózió *n* corrosion
korrózióálló corrosion-proof
korrumpál *v* bribe
korrupció *n* corruption; *(vesztegetés)* bribery; *US így is:* graft
korrupt *a* corrupt, rotten
korsó *n* jug; *(agyag)* pitcher; *(kő)* jar, pot; *(sörös)* mug, stein; *(üveg/vizes)* carafe || **egy** ~ **sör** a pint/mug of beer; **két** ~ ...**t kérek** two pints of ... please; **addig jár a** ~ **a kútra, amíg el nem törik** the pitcher goes so often to the well that it is broken at last
korszak *n* period, era, epoch
korszakalkotó *a* epoch-making; *(igével)* marks the beginning/end of an era
korszerű *a* modern, up-to-date
korszerűség *n* up-to-dateness, modernity
korszerűsít *v* modernize, bring* up to date, update
korszerűtlen *a* out-of-date; *(igével)* (be*) out of date; *(anakronisztikus)* anachronistic
kortárs *n* contemporary || ~**ak vagyunk** we are of the same age; ~ **irodalom** contemporary literature
kórterem *n* (hospital) ward
kortes *n* canvasser, election agent
korteskedik *v* canvass, electioneer
kortörténet *n* history of an age (*v.* a period)
kortörténeti *a* historical, documentary
korty *n (nagy)* draught; *(kis)* sip, drop, mouthful (of sg) || **(csak) egy** ~ **bor** *biz* a drop of wine; **egy** ~**ra** at a gulp
kortyol *v* sip || ~ **ja a teáját** be* sipping (at) one's tea

kórus *n (énekkar)* choir, chorus || *(kórusmű)* chorus; choral work || **egyházi** ~ church choir; **vegyes** ~ mixed choir
kórusfesztivál *n* choirs festival
Korzika *n* Corsica
korzikai *a/n* Corsican
korzó *n* promenade, walk, esplanade
korzózik *v* promenade, saunter, walk
kos *n* ram
kosár *n (sp is)* basket || **kosarat ad vknek** turn sy down, refuse sy; **kosarat kap** be* turned down, be* refused
kosárlabda *n* basketball
kosárlabdázik *v* play basketball
kóser *a biz* **ez nem** ~ **(dolog)** it's fishy, it's not quite kosher
kóstol *v* taste, try, sample
kóstoló *n (ételből)* a bit/taste (of sg), titbit *(US* tidbit)
kosz *n biz (piszok)* dirt
kósza *a* stray, idle || ~ **hírek** vague rumours *(US* -ors)
kószál *v* stroll, rove, ramble, roam
koszolódik *v* get* soiled/dirty/grubby
koszorú *n (ált és temetésre)* wreath || **épít** cornice
koszorúér *n* coronary artery
koszorúér-elmeszesedés *n* coronary sclerosis
koszorúzás *n* wreath-laying (ceremony)
koszos *a biz* dirty
koszt *n (ált, élelem)* food; *(étkezés)* meal(s); *(rendszeres)* board; *(főzésmód)* cooking, cuisine || **rossz** ~ poor food
kosztol *v* board, eat*, take* one's meals || **hol** ~**sz?** where do* you take your meals?
kosztpénz *n (ellátásért)* keep, cost of board || *(háztartásra)* housekeeping (money)
kosztüm *n (női)* suit, ensemble, outfit || *(korabeli viselet)* costume
kosztümkabát *n* jacket
kotkodácsol *v* cluck, cackle
kotlett *n* cutlet
kotlik *v (tyúk)* brood, hatch [eggs] || *átv* **(soká)** ~**ik vmn** brood over sg (for a long time)
kotlóstyúk *n* brood hen, brooder
koton *n biz* sheath, condom, *biz* French letter, *US* rubber
kotor *v* scoop; *(medret)* dredge, sweep*
kotorászik *v biz (vmben)* rummage/delve in sg; *(vmk között)* search among
kotródik *v (el)* clear out/off || ~**j innen!** get out (of here)!, get lost!, scram!
kotta *n* (sheet) music; *(partitúra)* score || ~**ból játszik** play from music; **tud** ~**t olvasni** can* read music
kottaolvasás *n* music/score reading; *(blattolás)* sight-reading

kottapapír *n* music-paper
kottáz *v* = **lekottáz**
kótyagos *a (italtól)* tipsy, dizzy || *(zavaros, átv)* muddled, confused
kotyog *v (tyúk)* cluck, chuck || *(folyadék)* gurgle || *biz vk* chatter, jabber (away) || *műsz* knock, be* knocking
kotyogás *n (tyúké)* cluck || *(folyadéké)* gurgle || *biz (fecsegés)* chattering, jabbering || *műsz* play, slack, knocking
kotyvalék *n* concoction; *(ital)* brew
kotyvaszt *v biz (étett, csak GB)* knock up [a meal], concoct
kovács *n* (black)smith; *(patkoló)* farrier
kovácsműhely *n* smithy, forge
kovácsol *v (kovács)* forge, hammer
kovácsolható *a* forgeable, malleable
kovácsolt *a* wrought, beaten, hammered || ~ **áruk** wrought iron(work)
kovácsoltvas *n* wrought iron
kovakő *n* flint-stone; *ásv* quartz
kóvályog *v (kóborol)* wander about, stroll || ~ **a fejem** my head is* swimming, my head is* going round
kovász *n* leaven
kovászol *v* leaven
kovászos uborka *n* leavened cucumber (preserve)
kozmás *a* burnt, scorched
kozmásod|ik *v* get* burnt/scorched
kozmetika *n* beauty culture, cosmetology; *(kezelés)* beauty treatment
kozmetikai *a* cosmetic || ~ **kezelés** beauty treatment; ~ **szerek** cosmetics
kozmetikáz *v (írásművet)* touch up, improve, *biz* face-lift; *(statisztikai adatokat)* massage
kozmetikus *n* beautician, cosmetician, beauty specialist, cosmetologist || ~**hoz megy** go* for a beauty treatment, go* to the beauty parlour *(US* -or)
kozmikus *a* cosmic || ~ **fegyverek** space weapons; **első** ~ **sebesség** orbital velocity
kozmopolita *a/n* cosmopolitan
kozmopolitizmus *n* cosmopolitanism
kő *n ált* stone || *(drágakő)* precious stone; *(órában)* jewel || *(epe, vese)* stone, calculus *(pl* -li *v.* -luses) || ~**vé dermed** be* petrified, be* rooted to the spot [when...], stand* transfixed with [fear/horror/amazement etc.]; **minden követ megmozgat** leave* no stone unturned; **nagy** ~ **esett le a szívemről** (it's) a load/weight off my mind!; **üsse** ~! I don't care!, to hell with it!
köb *n* cube || ~**re emel** cube, raise to the third power
kőbánya *n* quarry
köbcenti(méter) *(röv* cm³) *n* cubic centimetre *(US* -ter) *(röv* cu. cm.)
köbgyök *n* cube root
köbméter *(röv* m³) *n* cubic metre *(US* -ter) *(röv* cu. m.)
köbtartalom *n* cubic capacity, volume
köcsög *n* jug, *US* pitcher
köd *n (sűrű)* fog; *(ritka)* mist, haze || ~ **van** it's foggy, there's fog; ~**be borult** (be*) blanketed/shrouded in fog/mist, be* fogbound
ködkamra *n fiz* cloud chamber
ködkürt *n* foghorn
ködlámpa *n* fog lamp/light
ködl|ik *v* loom, appear through the mist
ködös *a (sűrű)* foggy; *(párás)* hazy, misty || ~ **elmélet** muddled theory, hazy idea
ködösít *v átv* try to obscure/obfuscate (sg)
ködszerű *a* foggy, mistlike, hazy
ködszitálás *n* (misty) drizzle
kőépület *n* stone building
kőfal *n* stonewall, stonework
kőfaragás *n* stone-cutting/masonry
kőfaragó *n* stone-cutter, (stone-)mason
kőgát *n* rock-filled dam
kőhajításnyira *adv* (within) a stone's throw, a stone's throw away
köhécsel *v* cough slightly
köhint *v* cough, give* a (little) cough
köhintés *n* little cough, hem(ming)
köhög *v* cough, have* a cough
köhögés *n* cough(ing) || **erős (száraz)** ~ hacking cough; ~ **elleni** cough-relieving
köhögéscsillapító *n (szer)* cough medicine/remedy; *(kanalas)* cough mixture; *(cukorka)* cough-drop
kökény *n* blackthorn, wild plum; *(bogyója)* sloe
kőkerítés *n* stonewall
kökörcsin *n* pasqueflower, (wood) anemone
kőlap *n* slab, flag(stone)
kölcsön 1. *n (bankból)* (bank) loan || ~**t ad vknek** lend* sy [money]; *(bank)* grant a loan; ~**t felvesz** *vktől* borrow money (from sy); *(bankból)* take* out *(v.* get*) a loan, raise a loan; **személyi** ~ personal loan; *átv* **visszaadja a** ~**t** pay* off old scores, pay* sy back; **visszafizeti a** ~**t** repay* the loan **2.** *adv (kölcsönbe)* **elviszem ezt** ~ I'll borrow that/it **3.** *a* borrowed, on loan *ut.* || ~ **írógép** a borrowed typewriter, a typewriter on loan/hire
kölcsönad *v vmt vknek* lend* sg to sy *(v.* sy sg), *US* loan sg to sy *(v.* sy sg)
kölcsönhatás *n* interaction
kölcsönkér *v vktől vmt* borrow sg from sy
kölcsönkötvény *n (állami, GB)* government security, *US* state/government bond

kölcsönös *a* mutual, reciprocal || ~ **bizalom** mutual confidence; ~ **megegyezés** mutual understanding/agreement
kölcsönösen *adv* mutually, reciprocally
kölcsönösség *n* reciprocity, mutuality
kölcsönöz *v vknek vmt* lend* sg to sy (*v. sy sg*), *US* loan sg to sy (*v. sy sg*) || *vktől vmt* borrow sg from sy; *(kölcsönzővállalattól rövidebb időre)* hire [a boat, car etc.]; *(hosszabb időre és US)* rent [a television etc.] || *átv* lend*, add (to) || **vmlyen jelleget** ~ **vmnek** endow sg with sg
kölcsönvesz *v vktől vmt* borrow sg from sy
kölcsönzés *n vknek* lending, *US* loaning || *vktől* borrowing (from) || *(könyvtári)* loan, lending
kölcsönző *n (kölcsönadó)* loaner, lender || *(vállalat)* hire/leasing service/company; *(nagyobb gépeké)* equipment/plant hire (company); *(autóé)* car-hire firm, car rental (firm) || *(kölcsönvevő)* borrower
kölcsönzőjegy *n (könyvtári)* borrower's/reader's/library ticket
köldök *n* navel
köldökzsinór *n* umbilical cord, *US* navel string
Köln *n* Cologne, Köln
kölnisüveg *n* scent bottle
kölni(víz) *n* eau de cologne
költ[1] *v (felébreszt)* wake* (up)
költ[2] *v (madár)* brood || *(fiókákat)* hatch
költ[3] *v (pénzt)* spend* (*vmre* on) || **keveset** ~ spend* little, live modestly
költ[4] *v (verset)* compose/write* [a poem] || *(hírt, mesét)* dream*/make* up
költekezés *n* lavish spending, extravagance; *(egyszeri)* spending spree
költekez|ik *v* spend* money; *(pazarló)* spend* lavishly
költekező 1. *a* extravagant, lavish 2. *n* spendthrift
költemény *n* poem, piece of poetry/verse
költés[1] *n (ébresztés)* waking (up)
költés[2] *n (madár)* brooding; *(tojásé)* hatching
költés[3] *n (pénzé)* spending
költés[4] *n (versé)* the writing of poetry
költészet *n* poetry
költő *n* poet
költői *a* poetic(al) || ~ **leírás** poetic description
költőnő *n* poetess
költőpénz *n* pocket/spending money
költött *a (nem valódi)* invented, made-up, fictitious
költözés *n vké* move, removal || *(madáré)* migration

költöz|ik *v vk* move (*vhova* to, *vmbe* in), remove (*vhova* to) || *(madár)* migrate || **hozzánk** ~**ött** he came to live (*v.* moved in) with us
költözködés *n* moving, removal(s)
költöző madár *n* bird of passage, migratory bird
költség *n* expense(s); *(kiadás)* expenditure, cost || ~**ek** expenses, charges, costs; **megélhetési** ~**ek** living costs; **szállodai** ~**ek** hotel charges; **saját** ~**én** at one's own expense; **fedezi vmnek a** ~**eit** cover/meet* the cost(s)/expense(s) of sg, *kif biz* foot the bill
költséges *a* expensive, costly, dear
költségvetés *n* estimate (of the cost), calculation || *(állami, vállalati stb.)* budget, estimates *pl*
költségvetési *a* budget(ary) || ~ **év** budgetary/financial/fiscal year; ~ **hiány** budget deficit
kölykez|ik *v ált* litter; *(kutya)* pup; *(macska)* kitten
kölyök *n (állaté)* young [of an animal]; *(kutya)* pup(py); *(macska)* kitten, puss(y) || *(gyerek)* kid, brat || **négy kölyke lett** had a litter of four [kittens etc.]
köménymag *n* caraway seed
kőműves *n* bricklayer, (brick)mason, stonemason, builder
kőművesmunka *n* bricklaying, bricklayer's trade
köntörfalaz *v* beat* about the bush, palter, equivocate
köntörfalazás *n* beating about the bush || **minden** ~ **nélkül** point blank, outright, straight out
köntös *n (köpeny)* (dressing) gown, *US* (bath)robe
könny *n* tear || ~**be lábadt a szeme** her eyes filled with tears; ~**ek között** in tears; ~**ekre fakad** break*/burst* into tears
könnycsepp *n* tear(drop)
könnyebb *a (súly)* lighter || *átv* easier || ~ **sérülés** minor injury
könnyed *a* easy; *(lépés, mozdulat)* light, airy; *(modor)* unaffected, free (and easy); *(stílus)* easy-flowing, fluent
könnyedén *adv* lightly, easily, without effort, with (the greatest of) ease || ~ **vette a dolgot** he took it lightly, he didn't make a song and dance about it
könnyedség *n* ease, lightness; *(mozdulaté)* grace, airiness; *(stílusé)* elegance, gracefulness
könnyelmű *a ált* light-headed, rash; *(veszélyben)* heedless, thoughtless, rash; *(nemtörődöm)* happy-go-lucky, careless, thoughtless, foolish; *(pénzügyileg)* prodigal, wasteful

könnyelműség *n* rashness, heedlessness, thoughtlessness, folly || ~ **volt részéről** it was* very rash/foolish of him
könnyen *adv* easily, with ease, lightly, freely || **a dolog** ~ **megy** it's going well/smoothly, things are running smoothly, *biz* it's a cinch/pushover; **ő** ~ **beszél** it's easy for him to talk; ~ **megközelíthető** be* easily accessible, be* within reach, be* easy to reach
könnyes *a* tearful, filled/wet with tears *ut.* || ~ **szemmel** with tears on one's eyes
könnyez|ik *v* shed* tears, weep*
könnygáz *n* tear-gas
könnyít *v (terhen)* lighten || *átv vmn* make* sg easier, facilitate; *(fájdalmon)* ease, lessen
könnyű *a (súly)* light; *(anyag)* thin || *átv* easy, light || ~ **bor** light wine; ~ **dolga van** have* an easy job; ~ **étel** light food; ~ **ezt mondani** that's easy to say; ~ **kereset** easy money, money for old rope; ~ **műfaj** light entertainment; ~ **olvasmány** light reading; ~ **sérülés** minor/slight injury; ~ **testi sértés** assault
könnyűatlétika *n* track and field athletics *pl*
könnyűbúvár *n* skin-diver
könnyűipar *n* light industry
könnyűsúly *n sp* lightweight
könnyűvérű *a (nő)* fast, loose, easy
könnyűzene *n* light music
kőnyomatos *n* lithographic print
könyök *n* elbow || **már a** ~ **ömön jön ki** I am fed up with it
könyöklő *n (fal)* parapet; *(ablaké)* window-sill/ledge
könyököl *v* lean* on one's elbows || *átv* elbow, be* pushing
könyörgés *n* entreaty; *(ima)* prayer
könyörög *v* vmért beg/supplicate for sg; *vkhez* beg, entreat, beseech, implore *(mind:* sy)
könyörtelen *a* merciless, unmerciful, pitiless, ruthless
könyörtelenség *n* mercilessness, ruthlessness
könyörület *n* mercy, compassion, pity || ~ **ből vk iránt** out of pity for sy
könyörületes *a* merciful
könyv *n* book; *(kötet)* volume || ~ **alakban** in book form; ~ **nélkül megtanul** commit (sg) to memory, learn* (sg) by heart; *ker* **(üzleti)** ~ books (of account) *pl*, (financial/account) books *pl*
könyvállvány *n* bookstand, bookshelf°, bookcase
könyvárus *n* bookseller; *(utcai)* bookstall
könyvecske *n* small book, booklet

könyvel *v ker (bevezet vmt)* enter sg into the books || *(könyvelést végez)* keep* the books, keep* the business accounts; *(foglalkozása)* do* the bookkeeping
könyvelés *n (művelet)* bookkeeping, *US* így is: accounting || *(osztály)* bookkeeping department, accounts department
könyvelő *n* bookkeeper, accounts clerk
könyvesbolt *n* bookshop, *US* bookstore
könyvespolc *n* bookshelf°, *(többnyire zárt)* bookcase
könyvjelző *n* bookmark(er)
könyvkereskedelem *n* bookselling, the book trade
könyvkereskedő *n* bookseller
könyvkiadás *n* publishing (of books)
könyvkiadó *n* publisher, publishing house
könyvnyomtatás *n* printing (of books)
könyvsiker *n* best-seller
könyvszekrény *n* bookcase
könyvtár *n* library || **nyilvános** ~ public library
könyvtáros *n* librarian
könyvvizsgáló *n* auditor, accountant || **okleveles** ~ *(régebben:* **hites** ~*) GB* char-tered accountant, *US* certified public accountant
kőolaj *n* (crude) oil, petroleum
kőolaj-finomító *n* oil/petroleum refinery
kőolajipar *n* oil/petroleum industry
kőolajvezeték *n* pipeline
köp *v* spit*; *orv* expectorate || *(bűnöző)* sing*, grass (on sy) || *biz* **(csak úgy)** ~ **i az adatokat** (s)he just showers/swamps you with facts and figures; *vulg* ~ **vkre** *(és átv vmre)* spit* at/on sy/sg; **vért** ~ spit* (up) blood
kőpadló *n* tile floor
köpcös *a* stocky, dumpy, (s)tubby
köpeny *n (ruhadarab)* cloak, gown; *(női)* wrap; *(ujjatlan)* cape; *(munkaköpeny)* white coat || *(autógumi)* tyre *(US* tire) || **orvosi** ~ [doctor's] white coat
köpés *n (cselekvés)* spit(ting); *orv* expectoration
köpet *n* spittle, phlegm, *orv* expectoration sputum
köpköd *v* spit* (about), sp(l)utter
köpönyeg *n* cloak, cape || **eső után** ~ lock the stable-door after the horse has bolted; ~ **et fordít** change/switch sides/colours *(US* -ors)
köpönyegforgatás *n* time-serving, coat-turning
köpönyegforgató *n* time-server, turncoat
köptető(szer) *n* expectorant, cough mixture
kőpúder *n* powder compact

kör *n (vonal)* circle; *(emberekből stb. álló)* ring ǁ *(céltáblán)* (scoring) ring ǁ *(versenypályán)* lap ǁ *(társas)* club, circle ǁ **baráti** ~ circle of friends; **három** ~**t ír le** do* three laps; *földr* **hosszúsági** ~ (line of) longitude; **írói** ~**ökben** in the literary world; ~ **alakú** circular, round; ~ **alakú épület** rotunda; ~**be áll** make*/form a ring/circle; ~**ben forog** rotate, go* round, circle; **politikai** ~**ökben** in political circles; **szélességi** ~ (line of) latitude

kör *n (kártya)* heart(s) ǁ **két** ~ *(bemondás)* bid* 2 hearts

körbe *adv* round ǁ ~ **ad** hand/pass round

körbeáll *v (= köréje áll)* stand* round sy, surround sy

körbe-körbe *adv* round and round

körben *adv* (a)round

köré *adv/post* (a)round ǁ **az asztal** ~ **ülnek** sit* round the table

kőrengeteg *n (nagyvárosé)* asphalt jungle

köret *n* trimmings *pl*, vegetables and potatoes/chips *(v. US* French fries) *pl; (díszítés)* garnish(ing)

körfolyamat *n* cycle

körforgalom *n* roundabout, *US* traffic circle, rotary

körforgás *n* circulation, rotary motion, rotation; *(égitesté)* revolution; *(jelenségeké)* recurrence, cycle

körgyűrű *n* mat annulus *(pl* annuli) ǁ *(forgalmi)* ring-road, *US* belt(way)

körhinta *n* merry-go-round, roundabout, *US így is:* carousel

körít *v vmvel* garnish/trim with

körív *n* mat arc ǁ *épít* arch, bow

körkép *n (festmény)* cyclorama, panorama ǁ *(áttekintés)* panorama, survey

körkörös *a* concentric, circular

körlevél *n* circular

körmenet *n* procession

körmondat *n* period, complex sentence

körmozgás *n* circular motion, rotation

körmönfont *a (ravasz)* wily, cunning, artful, shrewd ǁ *(bonyolult)* complicated, subtle ǁ ~ **okoskodás** (a piece of) sophistry

környék *n* environs *pl; (vidék)* countryside ǁ **a város** ~**e** the environs/outskirts of the town *pl;* **a seb** ~**e** periphery of the wound

környékbeli *a/n* **a** ~**ek** people from/of/ in the neighbourhood

környékez *v* **ájulás** ~**i** be* on the verge of fainting, feel* faint

környezet *n (vkt körülvevő, természeti)* environment, surroundings *pl; (személyi)* milieu, surroundings *pl*

környezeti ártalmak *n pl* environmental damages/effects

környezetszennyezés *n* environmental pollution, pollution of the environment

környezetvédelem *n* environmental protection, conservation/protection of the environment

környezetvédelmi *a* environmental, environment ǁ ~ **szakember** environmentalist

környezetvédő *n* environmentalist

környező *a* surrounding, near(by), neighbouring

köröm *n (emberé)* (finger)nail; *(lábujjakon)* toenail ǁ *(állaté)* claw ǁ **körmöt ápol** *(kézen)* manicure; *(lábon)* pedicure; **körmöt vág** clip/cut*/pare one's nails

körömágy *n* nail-bed

körömápolás *n* manicure; *(lábon)* pedicure

körömcipő *n* pumps *pl*

körömlakk *n* nail polish/varnish; *US így is:* enamel

körömlakklemosó *n* nail-polish *(v.* -varnish) remover

körömolló *n* nail scissors *pl*

körömpörkölt *n* Hungarian stew of trotters

körömreszelő *n* nail file

körönd *n* circus

körös-körül *adv* all (a)round, round and round

köröz *v (kört ír le)* circle, describe circles ǁ *vkt* issue a warrant for the arrest of sy ǁ *(írást)* send*/pass round, circulate ǁ ~**i a rendőrség** he is wanted by the police, the police are after him

körözés *n (körleírás)* circling ǁ *(keresés)* warrant (for sy's arrest) ǁ *(körbeadás)* passing round, circulation

körözött 1. *a (személy)* wanted (person) **2.** *n (étel)* Liptauer ⟨spiced sheep's cheese⟩

körpálya *n csill* orbit; *(autóverseny)* circuit

körséta *n* (sightseeing) tour, walk (a)round town

körszakáll *n* full beard

körszínház *n (mai)* theatre-in-the-round; *(ókori)* amphitheatre

körtánc *n* round dance

körte *n (gyümölcs)* pear ǁ *(égő)* (light) bulb

körtefa *n* pear-tree

körút *n (utca)* boulevard ǁ *(utazás)* tour, trip; *(szolgálati)* round, beat ǁ **körutat tesz** make* a tour, do* the rounds (of sg)

körutazás *n* round trip

körül *post (körben)* (a)round ǁ *(időben: táján)* (at) about, round ǁ *(megközelítő-*

*leg) abo*ut, near || **a ház** ~ abo*u*t the house; **az ára 10 Ft** ~ **lehet** it costs* ab*o*ut 10 fts, 10 fts or thereabo*u*ts; **az asztal** ~ (a)ro*u*nd the t*a*ble; **9 óra** ~ aro*u*nd (*v*. at abo*u*t) 9 o'cl*o*ck; **1900** ~ round 1900
körüláll *v* surro*u*nd, enc*i*rcle
körülálló *n* b*y*stander
körülbelül (*röv*. **kb**.) *adv* ab*o*ut, r*o*ughly, appr*o*ximately (*röv* appr*o*x.), some, *US* aro*u*nd || ~ **ötvenen voltak ott** there were ab*o*ut/some/appr*o*ximately 50 p*e*ople there; ~ **egy hét múlva** in a week or so
körülfog *v vmt* surro*u*nd, encl*o*se, enc*i*rcle; *(vk személyt)* gather/ stand* round, surro*u*nd, form a ring (a)ro*u*nd
körülhatárol *v (körülkerít)* enc*i*rcle, enc*o*mpass || *(körülír)* c*i*rcumscribe, del*i*mit, def*i*ne || **jól** ~**t** well-def*i*ned
körüli *a* abo*u*t *ut*., (a)ro*u*nd *ut*. || **a város** ~ **vidék** the co*u*ntry(side) aro*u*nd the town; **hatvan év** ~ **férfi** a man (round) ab*o*ut sixty
körüljár *v (vk/vm körül)* go*/walk round || *(bejár, területet)* tour [a co*u*ntry etc.]
körülmegy *v* go*/walk round, make* a round; tour || **körülmentem a városban** I walked aro*u*nd (in) the c*i*ty/town
körülmény *n jog* c*i*rcumstance || **a** ~**ekhez képest elég jól** not bad, cons*id*ering; ~**ek** c*i*rcumstances, cond*i*tions; **nehéz** ~**ek között él** be* b*a*dly off, live in red*u*ced c*i*rcumstances, find* it hard to make ends meet
körülményes *a vm* circ*u*itous, c*o*mplicated; ro*u*ndabout || *(személy)* formal, p*o*nderous
körülmetélés *n* circumc*i*sion
körülnéz *v* look/glance (a)ro*u*nd, take*/ have* a look round
körülötte *adv* (a)ro*u*nd/abo*u*t him/her/it
körültekintés *n (szemlélve)* looking round || *átv* c*i*rcumspection, ca*u*tion || **kellő** ~**sel** ca*u*tiously, with c*i*rcumspection
körültekintő *a átv* c*i*rcumspect, w*a*ry, ca*u*tious, pr*u*dent
körülvesz *v vmt* surro*u*nd, encl*o*se, enc*i*rcle (*vmvel mind:* with) || *vkt* surro*u*nd sy, stand* round sy || *kat* = **körülzár** || **kerítéssel vesz körül** fence off
körülvisz *v* take*/c*a*rry round; *(körülvezet)* show* sy (a)ro*u*nd [a place]
körülzár *v* surro*u*nd, enc*i*rcle; *kat* cut* off, block*a*de, hem in
körvonal *n (kontúr)* o*u*tline, c*o*ntour; *(városé távolból)* sk*y*line
körvonalaz *v átv* o*u*tline/sketch sg, prod*u*ce an o*u*tline (*v*. a rough draft) of sg

körzet *n (igazgatási)* d*i*strict, zone; *(terület)* *a*rea
körzeti *a* d*i*strict || ~ **hívószám** *a*rea code; ~ **orvos** p*a*nel/d*i*strict/l*o*cal d*o*c*tor; *(igével)* be* on the p*a*nel; *(háziorvos GB)* f*a*mily d*o*ctor, GP
körző *n* c*o*mpasses *pl*
körzőkészlet *n* c*o*mpass set
kősó *n* r*o*ck salt
kősz! *int biz* th*a*nks
kőszén *n* (h*a*rd) c*o*al
kőszikla *n* rock, cliff
kőszívű *a* h*ea*rtless, st*o*ny/c*o*ld-h*ea*rted, hardh*ea*rted
köszön *v (vknek, üdvözölve)* greet sy || *vknek vmt* thank sy for sg, say* thank you to sy for sg || *(vknek köszönhet vmt)* have* sy to thank for sg, be* ind*e*bted to sy for sg || **előre is** ~ **öm** thank you in anticip*a*tion, thanks in adv*a*nce; ~**öm!** thank you (very much)!, m*a*ny thanks!; ~**öm, hogy...** thank you for (... ing); ~**öm (, kérek)** thank you; ~**öm, nem (kérek)** no, thank you; **magadnak** ~**heted** *(a bajt)* you have brought it on yours*e*lf, you asked for it; **nagyon szépen** ~**öm** thank you very much, thank you *e*ver so much; **neki** ~**hetem, hogy** it was thanks to him that
köszönés *n* gr*ee*ting
köszönet *n* thanks *pl*, acknowledgement || **hálás** ~! thank you *e*ver so much, thank you very much; ~**et mond vknek vmért** thank sy for sg, express/ *o*ffer one's thanks to sy for sg; ~**tel vesz** rec*ei*ve with thanks, be* gr*a*teful/ th*a*nkful for
köszönhető *a vmnek* due/thanks to || **bátorságának volt** ~, **hogy** thanks to his co*u*rage; *vknek* **neki** ~, **hogy** it is* due/thanks to him that
köszönőlevél *n* letter of thanks; *(szíveslátásért) biz* bread-and-butter letter
köszönt *v (üdvözöl)* greet, welcome, sal*u*te; *(kalapemeléssel)* take* one's hat off to || *(beszéddel)* address || **X** ~**ötte a kongresszust** X addressed the congress; *vmlyen alkalomból* ~ congratulate sy on sg
köszöntés *n (üdvözlés)* greeting, salut*a*tion || *(ünnepélyes alkalommal)* congratul*a*tion(s)
köszöntő 1. *a* congratul*a*tory, compliment*a*ry || ~ **szavak** *(érkezéskor)* words of welcome **2.** *n (szavak)* congratul*a*tions *pl*; *(pohárral)* toast
köszörű *n* gr*i*nding mach*i*ne, gr*i*nder
köszörűkő *n* gr*i*ndstone, wh*e*tstone
köszörül *v (élesít)* grind*, sh*a*rpen || **torkát** ~ **i** clear one's throat

köszörűs *a* (kni*f*e-)grinder
köszvény *n* gout; *(lábé)* pod*a*gra
köszvényes *a* go*u*ty
köt *v (megköt)* bind*, tie; *vmhez* tie/ f*a*sten/att*a*ch to ‖ *(pulóvert)* kni*t** ‖ *(könyvet)* bind* ‖ *(beton)* se*t** ‖ **barátságot** ~ make* friends (with sy); **biztosítást** ~ take* out ins*u*rance; **csomót** ~ tie/make* a knot (in sg); **házasságot** ~ m*a*rry sy; **üzletet** ~ do*/ trans*a*ct b*u*siness (*v*k*v*el with sy)
kötbér *n* penalty, f*o*rfeit
köteg *n* b*u*ndle, p*a*rcel, p*a*cket, bunch; *(széna)* truss
kötekedés *n* provoc*a*tion, prov*o*cative rem*a*rk
köteked|ik *v (szemtelenül)* prov*o*ke, (try to) pick a qu*a*rrel (with) ‖ *(tréfásan)* b*a*nter, chaff
kötekedő *a* qu*a*rrelsome, cant*a*nkerous, prov*o*cative
kötél *n* cord, rope; *(hajó)* c*a*ble, rope; *(vontató)* towline, h*a*wser ‖ ~ **általi halálra ítél** cond*e*mn sy to be hanged, s*e*ntence sy to death by h*a*nging; ~**nek áll** toe the line
kötelék *n (kötés)* tie, bond, link, band ‖ *(érzelmi)* ties *pl*, bonds *pl* ‖ *kat u*nit; *rep* form*a*tion ‖ **baráti** ~**ek** ties/bonds of fr*i*endship; ~**ben repül** fly in form*a*tion
kötelem *n jog* obligation, d*u*ty, engagement
köteles *a (kötelező)* obligatory; *(feladata)* be* supposed to do sg ‖ ~ **tisztelet** due respect; ~ **vmt megtenni** be* bound/obl*i*ged/requ*i*red to do sg
kötelesség *n* d*u*ty, obligation, task, f*u*nction ‖ ~**em vmt megtenni** I am* obl*i*ged/bound to do sg, it is* my d*u*ty to do sg
kötelességszegés *n* breach of d*u*ty
kötelességteljesítés *n* fulf*i*lment (*US* fulf*i*llment) *v.* exec*u*tion of one's d*u*ty
kötelez *v vmre* obl*i*ge, bind*, compel (sy to do sg) ‖ ~**i magát** *vmre* undert*a*ke* (to do sg), bind*/comm*i*t oneself (to do sg); ~**zük magunkat** we herewith undert*a*ke
kötelezettség *n* oblig*a*tion, engagement, d*u*ty, liab*i*lity ‖ ~ **nélkül** with*o*ut liab*i*lity/eng*a*gement/obligation; ~**et vállal** undert*a*ke* (to), ass*u*me an obligation
kötelező *a* obl*i*gatory, comp*u*lsory ‖ ~ **elmenni** one/sy is* requ*i*red to go; ~ **(gépjármű-)biztosítás** third-p*a*rty liab*i*lity; *közl* ~ **haladási irány** ahead *o*nly; ~ **olvasmány** comp*u*lsory/requ*i*red reading, prescr*i*bed book
kötélmászás *n* rope-climbing
kötélpálya *n* c*a*ble-railway, rope-way; *(elektromos, könnyebb)* telpher
kötéltáncos *n* t*i*ghtrope w*a*lker
kötény *n* *a*pron; *(kislányé)* p*i*nafore
kötényruha *n* p*i*nafore (dress), *US* j*u*mper
kötés *n (művelet)* b*i*nding, tying; *(csomóra)* knotting; *(a csomó)* knot, tie; *(seben)* b*a*ndage, dressing ‖ *(kézimunka)* kn*i*tting ‖ *(könyvé, művelet)* (book-) -b*i*nding, b*i*nding books; *(a könyv kötése)* b*i*nding, cover ‖ *műsz* bond, link, joint ‖ *(silécen)* b*i*ndings *pl* ‖ *(cementé)* set(ting); *(tégláé)* bonding ‖ *vegy* bond ‖ ~**t cserél** *(seben)* change/replace a b*a*ndage
kötet *n* volume
kötetes *a* -volume ‖ **két**~ **regény** n*o*vel in two v*o*lumes
kötetlen *a (társalgás)* informal
kötőanyag *n* b*i*nder/b*o*nding *a*gent/mat*e*rial, b*i*nder
kötöde *n* kn*i*twear works *sing. v. pl*, kn*i*twear f*a*ctory
kötőgép *n* kn*i*tting mach*i*ne
kötőhártya-gyulladás *n* conjunctiv*i*tis, pink eye
kötőjel *n* h*y*phen ‖ **hosszú** ~ (em) dash; ~**lel ír** write* with a h*y*phen, h*y*phenate
kötőmód *n* subj*u*nctive
kötőszó *n* conj*u*nction
kötőszövet *n orv* connective t*i*ssue
kötött *a (össze)* tied, bound; *(vmhez erősített)* fixed, attached, f*a*stened *(mind:* to) ‖ *(kézimunka)* kn*i*tted ‖ *(könyv)* bound ‖ *(meghatározott)* def*i*ned, settled ‖ ~ **ár** fixed price; ~ **kabát** c*a*rdigan; ~ **ruha** kn*i*tted dress
kötöttáru *n* kn*i*twear
kötöttfogású birkózás *n* Graeco- -Roman wrestling
kötöttség *n* restr*i*ction, constr*a*int
kötőtű *n* (kn*i*tting) needle
kötöz *v (megköt)* tie (up), f*a*sten, bind (up); *(szőlőt)* tie up ‖ *(sebet)* dress, b*a*ndage
kötözés *n (megkötés)* tying, fastening, b*i*nding up ‖ *(sebé)* dressing, bandaging
kötözköd|ik *v* = **kötekedik**
kötözőhely *n* dressing/ambulance station
kötszer *n* dressing, bandage
kötve *adv (könyv)* bound ‖ *(aligha)* ~ **hiszem** I very much doubt it, it is h*a*rdly credible (that); **vászonba** ~ cloth- (bound)
kötvény *n (pénz)* bond, sec*u*rity ‖ **biztosítási** ~ ins*u*rance policy
kövér *a (ember)* fat, stout, c*o*rpulent; *(hús, állat)* fat ‖ *(föld)* rich, fertile ‖ ~ **betű** b*o*ldface type, bold(face)

kövérít v *(ruha)* make* sy look fat/plump
kövérkés a fattish, plump
kövérség n fat(ness), stoutness, corpulence, plumpness
köves a *(talaj)* stony, full of stones *ut.* || **15 ~ óra** watch with 15 jewels
követ[1] v *(utána megy)* follow (sy), go*/be* after || *(sorrendben)* succeed, follow, come* after *(mind:* sy *v.* sg) || *(példát)* imitate; *(utasítást)* observe, obey || **érdeklődéssel ~** follow with attention; **~i vk tanácsát** take* sy's advice; **távolról ~ vkt** shadow/trail sy, follow sy secretly
követ[2] n *(diplomáciai)* minister
követel v vktől vmt claim, demand || *(szükségessé tesz)* require, necessitate || **ker a számla ~ oldalán** on the credit side of the account; **~ vmt vkn** press sy for sg; **~i jussát** demand/assert one's rights ...; **(új) emberéleteket ~ nap mint nap** claim new lives every day
követelés n claim, demand || **ker credit balance,** US account receivable; *(folyószámláé)* balance || **~e van vkn** have* a claim on sy
követelmény n requirement, demand || **a ~eknek megfelel** comply with *(v.* meet*) the requirements
követelődzés n excessive (repeated) demands *pl*
követelődz|ik v put* in excessive claims, make* (excessive) demands
követelődző a clamorous, insistent
követendő a *(követésre méltó)* exemplary, worthy of imitation *ut.* || **~ példa(kép)** model/example to be followed, exemplar
követés n vké following || *(sorrendben)* succession || *(példáé)* imitation
követési távolság n safety gap
következés n *(sorrendi)* succession, sequence, order
következésképpen adv consequently, in consequence, as a consequence, therefore
következetes a consistent
következetesség n consistency
következetlen a inconsistent, illogical, contradictory
következetlenség n inconsistency, contradiction
következ|ik v *(sorrendben)* follow, come* (after/next); succeed; be*/come* next || vmből result (from), follow (from), ensue || **a fentiekből ~ik, hogy** it follows from the foregoing that; **folytatása ~ik** to be continued (in our next issue); **ki ~ik?** who is/comes next?, whose turn is it?

következmény n consequence; *(eredmény)* result, upshot, outcome; *(főleg káros)* aftermath; *(kedvező)* issue; *(szükségszerű)* corollary || **az a ~e, hogy...** it results in...; **a ~eket vállalja/viseli** take* the consequences
következő 1. a following; *(legközelebbi)* next || **a ~ alkalommal** next time; **a ~ évben** in the following year; **a ~ hét(en)** the following week; **a ~ napon** on the following day **2.** n *(személy)* the next || *(közlendő)* the following || **a ~kben** in the following; **kérem a ~t!** next *(v.* the next one) please
következtében adv vmnek ~ in consequence of sg, as a consequence (of sg), because of sg, owing/due to sg; **ennek ~** therefore, whereupon, thereupon
következtet v vmből vmt/vmre deduce sg from sg, infer sg from sg, conclude from
következtetés n *(eredménye)* conclusion, inference, deduction || fil inference, conclusion, reasoning, deduction || **arra a ~re jut, hogy** come* to *(v.* reach) the conclusion that; **helytelen ~** faulty reasoning; **levonja a ~t vmből** draw* the/a conclusion from sg
követő 1. a following, subsequent, succeeding || **egymást ~ öt napon** five days running, on five consecutive days; **vmt ~en** following sg **2.** n vké follower, adherent, disciple
követség n *(hivatal)* legation; *(nagykövetség)* embassy || *(küldöttség)* mission || **~be küld vkt vkhez** send* sy on a mission to sy
követségi a legation, embassy || **~ titkár** secretary at a/the embassy/legation; **~ ügyvivő** chargé d'affaires
kövez v *(utcát)* pave, flag
kövezet n paving, road surface
kövező n *(munkás)* paver, paviour (US -or)
köz n *(idő)* interval, pause, break || *(tér)* distance, intermediate space || *(utcácska)* close, lane, passage || *(közösség)* community, public || **a ~ érdekében** in the public interest, for the common good; **~e van vmhez** have* to do with sg; **mi ~öd hozzá?** (it's) none of your business, mind your own business; **mi ~öm hozzá?** it's no business/concern of mine, I've nothing to do with it
közadakozás n public subscription, public contributions *pl*
közalkalmazott n civil servant, public employee, US sy in public service
közállapotok n *pl* the general conditions
közbeeső a *(időben)* intervening; *(térben)* intermediate

közbejön *v* intervene, occur, happen, come* up ‖ **hacsak valami közbe nem jön** unless something happens, unless sg crops/comes up
közbejött akadály *n* unforeseen obstacle
közbelép *v* step in, intervene, interfere
közbelépés *n* intervention, interference
közben 1. *adv (egyidejűleg, ezalatt)* meanwhile, (in the) meantime ‖ *(térben)* in between; in the midst of **2.** *post (idő)* during, while ‖ **beszélgetés(ünk)** ~ as/while we were talking ...; **előadás** ~ during the performance/play
közbenjár *v vkért* intercede with sy for sy, use one's influence with sy to do sg, mediate between sy and sy
közbenjárás *n* intercession, mediation
közbeszéd *n (amiről beszélnek)* common talk ‖ ~ **tárgya** topic on everybody's lips, the talk of the town
közbeszól *v* put* one's/a word in, interrupt (sy), get* a word in; *biz* chime/cut* in
közbeszólás *n* interruption, interference ‖ ~**okkal megzavarja a szónokot** heckle the speaker
közbeszóló *n* interrupter; *(pol gyűlésen, zavarólag)* heckler
közbevág *v* interrupt, *biz* cut* in
közbevet *v* interpose, interject
közbevetőleg *adv* incidentally, by the way
közbiztonság *n* public security/order
közbotrány *n* public scandal
közbülső *a (középső)* middle, centre (*US* -ter); *(közbeeső)* intermediate
közcsendháborítás *n* breach of the peace, public nuisance
közé 1. *adv* in between, among(st) ‖ ~**jük való** be* one of them; **állj (be)** ~**nk!** join us!, be one of us! **2.** *post* **kiment a gyerekek** ~ (s)he went out to join the children; **vknek a szeme** ~ **néz** look sy in the eye, look into sy's eyes; **a rendőrök a tömeg** ~ **lőttek** the police fired into the crowd
közeg *n vm* medium (*pl* media), agent ‖ *vk* official ‖ **hivatalos** ~ official, functionary
közegészségügy *n* public health, sanitation
közegészségügyi *a* sanitary, public-health
közel 1. *adv (térben)* near, not far off ‖ *(időben)* near, towards, around ‖ *(csaknem)* nearly, about ‖ **a házhoz** ~ near the house; **egészen** ~ close to, within easy reach (of), close/near by, close/near at hand, no distance at all; ~ **áll vkhez** stand* near sy; *átv* be* on intimate/friendly terms with sy; ~ **ezer forint** about/almost a thousand forints; ~ **jár az igazsághoz** be* near the truth; ~ **lakik** live nearby; ~ **sem** not by a long way/chalk, not nearly, very far from it, far from...; ~ **van** be* near **2.** *n* vicinity, proximity, neighbourhood (*US* -bor-) ‖ **a** ~**ben** in the vicinity, not far off/away, nearby, at hand
közelálló *a* **a** ~**k** *(barátok)* close friends, intimates; *(bennfentesek)* the inner circle, those in the know
közelebb *adv* nearer
közelebbi 1. *a* closer; *(részletesebb)* fuller, more particular/detailed ‖ ~ **tájékoztatás** fuller/further information, further details *pl* **2.** *n (adat)* details *pl*, particulars *pl* ‖ ~**t megtudhat X-től** for further details please apply to (*v.* contact) X
közelebbről *adv (térben)* more closely ‖ *átv (pontosabban)* in (more) detail ‖ ~ **meghatároz** specify; ~ **megvizsgálva** on closer examination
közeledés *n* approach, coming; *(átv is)* advance; *pol* rapprochement (between)
közeled|ik *v vmhez* approach/near sg, come* nearer/closer to sg; *(egymáshoz)* come* closer, draw* near ‖ **az ötvenedik évéhez** ~**ik** he is* approaching fifty, he is* getting on for fifty; ~**ni próbál vkhez** make* approaches to sy
közélelmezés *n* public supply, national food supply
közélet *n* public life
közéleti *a* public ‖ ~ **személyiség** public figure, VIP; ~ **szereplés** public appearance
közelgő *a* approaching, coming, advancing, nearing; *(veszély)* imminent
közeli *a (közel levő)* near, close, neighbouring (*US* -bor-); *(jövő)* immediate; *(napok)* coming; *(veszély)* imminent ‖ **a** ~ **napokban** before long, in the near future; ~ **rokonok** they are* close/near relatives
közelít *v vmhez* approach sg, come*/draw* near to sg, near sg ‖ **helyesen** ~ **a kérdéshez** his approach to the question is right, he has the right idea
közelítés *n* approach(ing), advance, advancing
közeljövő *n* **a** ~**ben** in the immediate future, one of these days, before long
Közel-Kelet *n* the Middle East, *US* the Mideast
közel-keleti *a* Middle Eastern; *US* Mideast; of/in the Middle East *ut.*
közellátás[1] *n* public supply
közellátás[2] *n* = **rövidlátás**
közellenség *n* public enemy

közelmúlt *n* recent past || **a ~ban** recently, lately, not long ago
közelre *adv* close, at close range, at a short distance
közelről *adv* from a short distance, closely || **~ érint** *vkt* affect sy, concern sy greatly; **~ ismer vkt** know* sy well
közelség *n* nearness, closeness, proximity
közember *n* man° in the street, *biz* Mr Average
közép *n (vmnek a közepe)* the middle of sg; the centre *(US* -ter) || *mat* mean || **a tél kellős közepén** in midwinter, in the depths of winter; **június közepén** in the middle of June, in mid-June; **vmnek a (kellős) közepén** right in the middle of sg, in the very centre of sg
Közép-Afrika *n* Central Africa
közép-afrikai *a* Central African, of Central Africa *ut.*
Közép-Amerika *n* Central America
közép-amerikai *a* Central American, of Central America *ut.*
Közép-Anglia *n* the Midlands *pl*
középangol *a* Middle English
Közép-Ázsia *n* Central-Asia
közép-ázsiai *a* Central Asiatic, of Central Asia *ut.*
középcsatár *n* centre *(US* -ter) forward, striker
középdöntő *n* semifinal
középen *adv* in the middle/centre *(US* -ter)
középérték *n mat* mean (value), average
közepes 1. *a (minőségű)* medium; *(rendsz. elít)* mediocre (in quality); *biz* middling, so-so || *(átlagos)* mean, average || **~ eredmény** *isk* satisfactory, fair [mark]; **~ hatótávolságú rakéta** intermediate/medium range missile; **~ magasságú** (s)he is of/about medium/average height; **~ méretű** medium(-)sized, of medium/moderate size *ut.*, moderate-sized, middle-sized 2. *n (osztályzat)* satisfactory, fair, *US* C
közepette *adv* amid, in the midst/middle of
Közép-Európa *n* Central Europe
közép-európai *a* Central European, of Central Europe *ut.* || **~ idő** Central European time; CET
középfedezet *n sp* centre *(US* -ter) half, half back
középfinom *a* second-rate
középfok *n nyelvt* comparative || *(tudásfokozat)* **~on tud angolul** have* a fair knowledge of English
középfokú *a isk* secondary || **~ nyelvtudás** a satisfactory/fair knowledge of [a language]; **~ oktatás** secondary education

középfülgyulladás *n* inflammation of the middle ear; *tud* otitis || **~a van** have* an inflamed middle ear
középhaladó *a* intermediate
középhátvéd *n sp* centre *(US* -ter) half, half back
középhegység *n* ⟨mountain of medium height⟩
középhullám *n* medium wave
középidő *n* mean time
középiskola *n ált* secondary school; *GB (állami)* comprehensive (school); *GB (magán, rendsz. bentlakással)* public school; *GB (kb. gimnázium)* grammar school, *US* high school, secondary school
középiskolai *a* secondary school, *US* high school || **~ oktatás** secondary (school) education, *US* high school education; **~ tanár** secondary (school) teacher, (assistant) master
középiskolás *n* secondary/grammar school student, *US* high school student, high-schooler
középjátékos *n sp* midfield player
Közép-Kelet *n* the Middle East, *US* Mideast
közép-keleti *a* Middle Eastern, of the Middle East *ut.*
középkor *n* Middle Ages *pl*
középkori *a* medieval, of the Middle Ages *ut.*
középkorú *a* middle-aged, of middle age *ut.*
középmagas *a* of medium/average height *ut.*
középosztály *n* the middle class
középosztálybeli 1. *a* of the middle class *ut.*, middle-class 2. *n* middle-class person, bourgeois
középpárt *n* centre *(US* center)
középpont *n* centre *(US* center), central point; middle || **az érdeklődés ~jában** in the centre of interest, in the limelight
középponti *a* central, middle
középső *a* central, centre *(US* -ter), middle || **~ elválasztó sáv** *(autópályán)* central reserve, *US* median strip; **~ sáv** middle/overtaking lane; **~ ujj** middle finger
középsúly *n sp* middleweight
középsúlyú *a sp* middleweight
középszerű *a* middling, average; *elít* mediocre, run-of-the-mill || **~en** *biz* so-so
középszerűség *n* mediocrity
középtávfutó *n* middle-distance runner
középtermetű *a* of medium height/build *ut.*
középút *n átv* middle course, middle-of--the-road || **az arany ~** the golden

mean; **a ~on halad** follow/take* the/a middle course
középület n public building
középütt adv in the middle/centre (*US* -ter)
középvonal n axis, centre (*US* -ter) line; *(futball)* halfway line
közérdek n general/public interest
közérdekű a of (v. in the) public/general interest ut.
közerkölcs n public morality
közért n grocer's, grocery, *US* grocery store, food shop (v. *US* store)
közérthető a clear, clear to all ut., easy to understand/follow ut.
közérzet n general state of health; general feeling || **rossz ~** indisposition, malaise, (the general feeling of) being unwell; **rossz a ~em** I feel* low/unwell; **jó a ~em** I feel* well
kőzet n rock
közétkeztetés n canteen meals pl
közfelfogás n public opinion; *(igével)* it is generally held/believed that...
közfelháborodás n general indignation, public outcry
közfelkiáltás n public/general acclamation || **~sal** by acclamation
közgazdasági a economic
közgazdaságtan n economics sing.
közgazdász n economist; *(hallgató)* student of economics
közgyűlés n general assembly
közhangulat n general/public feeling, (political) climate
közhasznú a (generally) useful, for public use ut., of public utility ut.
közhely n cliché, commonplace, banality, platitude || **~eket mond** talk in clichés
közhír n **~ré tesz** inform the public, announce, make* known to the public
közhit n public belief
közhivatal n public office
közigazgatás n (public) administration, the executive (branch of government), the civil service
közigazgatási a administrative, executive
közintézmény n public institution/corporation/body
közismert a well-known, widely known, famed (for) ut.; elit notorious (for) ut. || **~ dolog, hogy** it is a well-known fact that; **~ tény** it's common knowledge
közízlés n general taste
közjáték n interlude; entr'acte
közjegyző n notary (public)
közjegyzői a notarial || **~ iroda** notary's office; **~leg hitelesít** attest, authenticate; *US* notarize
közjó n public welfare, common good

közjog n public/constitutional law
közjólét n public/social welfare
közkedvelt a popular, much-loved
közkegyelem n (general) amnesty, (general) pardon || **~ben részesül** be* amnestied/pardoned
közkeletű a in/of current use ut., current, everyday, common, popular || **~ nevén** generally/commonly called...
közkézen forog kif be* in common use, pass through many hands; *(pénz, könyv stb.)* be* in circulation, circulate
közkívánatra adv by popular request || **~ megismételve** (to be) repeated (v. performed again) by public/popular demand; *(főnévvel)* request/repeat performance
közköltség n public expense/cost || **~en** at public expense
közkönyvtár n public library
közlekedés n traffic, transport, főleg *US:* transportation; *(járat)* service || **egyirányú ~** one-way traffic; **vasúti ~** train service
közlekedésbiztonság n road/traffic safety
közlekedési a traffic, transport, service || **~ baleset** *(közúti)* road accident, traffic accident; **~ eszköz** means of transport, vehicle; **~ szabályok** rules of the road pl, the Highway Code; **~ szabálysértés** infringement of traffic regulations, traffic/motoring offence (*US* violation)
közlekedésrendészet n traffic department/control
közlekedésügy n transport
közleked|ik v *(jármű)* go*, be* on the road; *(gyalogos)* walk, go* on foot || *(menetrendszerűen)* run* || **az autóbuszok tíz percenként ~nek** buses run every ten minutes; **~ik autóbusz Pécsre?** is there a coach service to Pécs?
közlékeny a communicative, talkative
közlékenység n communicativeness, talkativeness, readiness to talk
közlemény n communication, notice, announcement; *(hivatalos)* communiqué, statement; *(hírlapi)* article, newsitem; *(rádióban, tévében rövid)* newsflash || **~ek** *(kiadvány)* publication; *(tud. társaságé)* proceedings pl, bulletin
közlendő n communication || **fontos ~m van** I have* an important announcement to make
közlés n *(folyamata)* communication; *(hírlapban)* publication || *(közölt dolog)* communication, message, news sing.; *(hírlapban)* publication
közlöny n *(kormányé)* gazette; *(egyéb)* journal, bulletin

közmegbotránkozás *n* public/general indignation/outcry
közmegegyezés *n* general agreement, *pol* consensus || ~**sel** by common consent, by general agreement
közmondás *n* proverb
közmondásos *a* proverbial
közművek *n pl* public utilities/services, public utility (companies), *US így is:* public-service corporation
közművelődés *n* general education
közművelődési *a* educational, cultural
közműves(ített) *a (telek)* supplied with public services/utilities *ut.*
köznév *n nyelvt* common noun
köznyelv *n* everyday/standard language
közokirat *n* official document, deed
közoktatás *n* public/general education
közoktatásügy *n* public education
közöl *v (hírt stb.)* tell*, report, announce, disclose, make* known; *(rádióban)* announce; *(árat)* quote [a price] || *(közzétesz)* publish || **bizalmasan ~ vkvel vmt** tell* sy sg in confidence; **cikket ~** publish an article (*vmről* on), *(lap)* carry an article (on, about); **közlöm önnel, hogy** I should like to tell/inform you that; **~ték, hogy** it was announced that; **sajnálattal közlöm** I regret to inform you
közömbös *a* indifferent, uninterested, passive; *pol* apolitical || *vegy* neutral, inert
közömbösít *v vegy* neutralize
közömbösség *n* indifference, unconcern
közönség *n (nagy~)* the public; *(szính stb.)* audience, public || **nyitva (van) a ~ számára** be* open to the public
közönséges *a* general, usual, common, everyday, ordinary; *(postai küldemény) GB* second class || *elit* vulgar, gross, coarse, low || **~ bűnöző** ordinary/common criminal; **~ kifejezés** coarse/vulgar expression/phrase; **~ nő** tramp, low woman°; **~ szélhámos** a scoundrel/rascal
közönségsiker *n ált* great success; *(színdarab)* box-office hit, smash-hit; *(könyv)* best seller
közönségszolgálat *n (vállalati)* public relations department, public relations *pl;* *(tájékoztató szolg.)* information service, agency
közöny *n* indifference, unconcern
közönyös *a* indifferent, uninterested
közös *a* common, collective, public, joint; *(kölcsönös)* mutual; *(közösen használt, pl. tévé)* communal || **~ állásfoglalás** a joint stand; **~ konyha** communal kitchen; *(társbérleti, diákszálláson stb.)* shared kitchen; **~ kórterem** public/general ward; **K~ Piac** the Common Market (= European (Economic) Community *röv* (E)EC); **~ szerzemény** common/joint acquisition; **~ tulajdon** joint property; *jog* collective/joint/public ownership; **~ vállalat** joint venture; **~ek vmben** they have* sg in common
közösen *adv* jointly, in common (with) || **~ használják a fürdőszobát** they share the bathroom
közösköd|ik *v vkvel* own/manage/use sg in common with sy || **nem ~ik senkivel** keep* oneself to oneself, refuse to share (sg) with anyone
közösség *n* community || *vall* fellowship || **~et vállal vkvel** make* common cause with sy, identify oneself with sg
közösségi *a* communal || **~ szellem** esprit de corps, public mindedness/spirit
közösül *v vkvel* have* sexual intercourse (with), *biz* have* sex (with)
közösülés *n* (sexual) intercourse, *biz* sex
között *adv (kettőnél)* between; *(több mint kettőnél)* among; *ir amid* || **többek ~** among others, inter alia; **aug. 10-e és 15-e ~** from 10th to 15th August, between 10 and 15 August, *US* from August 10th through August 15th; **a ~ a két ház ~** between those/the two houses
közötti *a* between *ut.* || **a kettő ~ különbség** the difference between them
központ *n (középpont)* centre *(US* center), middle || *(hivatal)* central office, centre *(US* center), headquarters *pl* || *(telefon~)* (telephone) exchange; *(intézményé)* switchboard
központi *a* central || **~ fűtés** central heating; **~ idegrendszer** central nervous system
központilag *adv* centrally
központosít *v* centralize
központosítás *n* centralization
közrefog *v* surround
közrejátsz|ik *v vmben* take* part in, contribute to sg, have* an influence on sg
közreműködés *n* collaboration, contribution, co-operation, assistance
közreműköd|ik *v vmben* take* part in, participate in, contribute to || **~tek...** *(közreműködők névsora)* the credits
közreműködő *n (műsorban stb.)* performer
közrend *n* law and order, public order
község *n* village; *(közigazgatásilag)* community
községi *a* communal, parish, village-, local || **~ adót fizet** pay the rates, pay the ratebill; **~ elöljáróság** parish council
közszemérem *n* **~ elleni vétség** public indecency

közszolgáltatás *n* services *pl*
közszükségleti cikkek *n pl* consumer goods
közt *post* **egymás** ~ between/among ourselves/yourselves/themselves; **magunk** ~ between you and me, between ourselves
köztársaság *n* republic || **a Magyar K**~ the Hungarian Republic
köztársasági *a* of the republic *ut.* || *(köztársaságpárti)* republican || ~ **elnök** president of the republic
közte *adv* between || ~**m és** ~**d** between you and me; **van köztük olyan, aki** there are some of/among them who
közterhek *n pl* rates and taxes
közterület *n* public domain
köztisztelet *n* ~**ben áll** be* universally/highly respected, enjoy prestige
köztisztviselő *n* civil/public servant, government official/worker, official, *US* officeholder
köztörvényes *n* ordinary/common criminal
köztudat *n* common knowledge || **átmegy a** ~**ba** become* public, become* generally/widely known
köztudomású *a* generally known || ~, **hogy...** it is* well-known that...; ~ **tény** everyone knows (that...), it is* a generally known fact
köztulajdon *n (viszony)* public ownership || *(tárgya)* public/common property || ~**ba megy át** pass into public ownership, be* nationalized; ~**ba vesz** place under public ownership, nationalize
közút *n* public road, *US* highway
közúti *a* road || ~ **baleset** road accident; ~ **híd** road/highway bridge; ~ **ellenőrzés** traffic check; ~ **jelzőtábla** traffic/road sign
közügy *n* public affair/matter/concern || ~**ek** public affairs
közül *post* from (among), among, one (of), (out) of || **melyik a kettő** ~ **?** which of the two?; **egy a sok** ~ one among/of many; **hat** ~ **kettő** two out of six; ~**ük való** one of them; ~**ünk hárman** three of us
közület *n* public institution/corporation; *(vállalat)* company
közüzem *n* ~**i díjak** heating and lighting charges/costs
közvagyon *n* public property, national wealth
közvélemény *n* public opinion
közvélemény-kutatás *n* public opinion poll, *(csak US és GB)* Gallup poll
közveszélyes *a* a danger to the public *ut.*, dangerous || ~ **őrült** a lunatic, a raving lunatic/maniac/madman°

közvetett *a* indirect
közvetít *v (vm ügyben)* mediate, act as (a) go-between || *(üzletet)* act as a (*v.* be* the) middleman°; *(állást)* secure/obtain [a job for sy]; *(házasságot)* arrange, bring* about || *(rádión)* broadcast*; *(televízión)* broadcast*, televise || **a miniszterelnök beszédét a televízió** ~**i** the Prime Minister's speech will be (shown) on television
közvetítés *n (ügyben)* mediation || *(rádió, televízió)* broadcast || **helyszíni** ~ ált outside/live broadcast; **vk** ~ **ével** on sy's intervention, through the medium of sy, (with) sy acting as a go-between (*v.* an intermediary)
közvetítő 1. *a (vm ügyben)* mediatory || ~ **indítvány** compromise (proposal) **2.** *n* mediator; *ker* middleman°, go-between, intermediary
közvetítőállomás *n* relay station
közvetítőkocsi *n* outside broadcast vehicle/van
közvetlen 1. *a (direkt)* direct, immediate || *(modor)* informal, free and easy, unstuffy || ~ **kocsi** *(vasúti)* through carriage (to...); ~ **közelében** near, hard/close by; ~ **összeköttetés/vonat** through train (to...); ~ **veszély esetén** in an emergency **2.** *adv* = **közvetlenül**
közvetlenség *n vmé* directness, immediacy || *vké* informality, lack/absence of reserve
közvetlenül *adv (térben)* directly; *(időben is)* immediately || *átv* in an informal manner || ~ **a megérkezése után** right after his arrival; ~ **mellette** next to sy, right/hard by
közvetve *adv* indirectly, in a roundabout way
krajcár *n kb.* penny
krajcároskod|**ik** *v* be* penny-pinching, be* stingy/niggardly
Krakkó *n* Cracow
krákog *v* clear one's throat, croak
krapek *n biz GB* bloke, chappie, *US* guy
kráter *n* crater
kreáció *n* creation, production; *(divat)* design, model
kreál *v* design, create, produce
kreatív *a* creative
kredenc *n* sideboard, dresser
krém *n (étel)* cream, mousse || *(kozmetikai)* (skin/face) cream || *átv* **vmnek a** ~**je** the cream/pick of sg
krematórium *n* crematorium *(pl* -riums *v.* -ria)
krémes 1. *a* filled with cream *ut.*, cream **2.** *n kb.* cream bun/cake
krémsajt *n* cream cheese

krémszínű *a* cream-coloured (*US* -or-), creamy
kreol *a/n* creole ‖ ~ **bőr** dark skin
krepp *n* crepe
krepp-papír *n* crepe (paper)
KRESZ = *A közúti közlekedés szabályai* the Highway Code; rules of the road *pl*
KRESZ-tábla *n* traffic/road sign; *(feloldó tábla)* de-restriction sign, end of [speed limit etc.]
KRESZ-vizsga *n* driving test
Kréta *n* Crete
kréta *n* chalk; *(színes)* crayon, pastel
krikett *n* cricket
krimi *n* (crime) thriller, *biz* whodunit, crime story/film (*v. US* movie) ‖ **folytatásos tv-** ~ crime series *sing*.
kriminális *a* abominable, dreadful
krinolin *n (felvágott) kb.* polony, sausage
kripta *n* burial vault, tomb; *(templomi)* crypt
kristály *n* crystal
kristálycukor *n* granulated sugar
kristályos *a* crystalline, crystal(lized)
kristálytiszta *a* crystal-clear, pure/clear as crystal *ut*.
kristályvíz *n* mineral water
Krisztus *n* Christ
kritérium *n* criterion (*pl* -ria *v.* -rions)
kritika *n (rövidebb, szóban is)* criticism; *(írásban)* review; *(hosszabb, tudományos, írásban)* critique ‖ **jó ~t kapott** it had good reviews, it was well received; **~n aluli** beneath contempt (*v.* all criticism) *ut*.
kritikai *a* critical ‖ ~ **kiadás** critical edition
kritikátlan *a* uncritical, undiscriminating
kritikus 1. *a vm* critical; *(döntő)* crucial ‖ *vk* critical ‖ *fiz* critical **2.** *n* ált critic; *(ismertetés/kritika írója)* reviewer
kritizál *v* criticize, find* fault with
krizantém *n* chrysanthemum
krízis *n* crisis (*pl* crises)
krokett *n sp* croquet ‖ *(étel)* croquette
krokodil *n* crocodile
króm *n vegy* chromium; *műsz* chrome
kromoszóma *n* chromosome
krómozott *a* chromed, chromium/chrome-plated
krónika *n* chronicle; *(átv is)* annals *pl* ‖ *(rádióban)* **reggeli** ~ the (morning) news *sing*.
krónikus *a orv* chronic ‖ *átv* lingering, lasting
kronológia *n* chronology
kronologikus *a* chronological
krumpli *n* potato (*pl* potatoes) → **burgonya** *és összetételei*
krumplinyomó *n* potato-masher, *US* ricer
krumpliorr *n* snub/stumpy nose
krumplipüré *n* mashed potatoes *pl*, potatoe purée
Kuba *n* Cuba
kubai *a/n* Cuban
kubista *n* cubist
kubizmus *n* cubism
kuckó *n* nook, recess
kucsma *n* furcap
kudarc *n* failure, defeat, setback, fiasco ‖ ~**ba fullad** end in failure, be*/prove (*v.* end in) a fiasco/failure; ~**ot vall** fail, be* defeated
kugli *n* (tenpin) bowling, *US* tenpins *sing*.
kuglibábu *n* pin
kugligolyó *n* bowl
kuglipálya *n* bowling-alley
kugliz|ik *v* bowl, go* bowling, play tenpin bowling
kuglóf *n kb.* ring-cake, deep-dish cake
kuka¹ *a* tongue-tied, dumb
kuka² *n (autó)* dustcart, *US* garbage truck; *(tartály)* dustbin, rubbish bin, *US* garbage/trash can
kukac *n (giliszta)* worm; *(gyümölcsben)* maggot; *(sajtban)* cheese-mite
kukacos *a* maggoty, wormy, worm-eaten ‖ *átv* fussy, nitpicking
kukacoskod|ik *v* be* fussy/nitpicking
kukás *n* refuse collector
kukk *n* **egy ~ot sem értek** I can't* understand a (single) word, it's all Greek to me; **egy ~ot sem szól** doesn't utter a sound
kukorékol *v* crow
kukorica *n* maize, Indian corn, *US* corn; *(csemege~)* sweet corn, corn on the cob
kukoricakása *n* mush, *US* samp
kukoricamálé *n* (corn) pone, *US kb.* hoecake
kukoricapehely *n* cornflakes *pl*
kukoricás 1. *a* corn-, of corn *ut*. **2.** *n* = **kukoricatábla**
kukoricatábla *n* maize-field, cornfield
kukoricáz|ik *v vkvel* trifle with sy ‖ **nem lehet vele ~ni** he is* not a man to be trifled with
kuksol *v* crouch, cower, squat
kukta *n (fiú)* cook's/kitchen boy ‖ *(edény)* pressure cooker, steamer
kukucs! *int* peekaboo!
kukucskál *v* peep/peek at/into
kukurikú! *int* cock-a-doodle-doo!
kulacs *n* canteen, flask
kulák *n* kulak
kulcs *n (zárba)* key ‖ *(rugó felhúzására)* key; *(húros hangszeren)* tuning peg/pin; *(szardíniás dobozon)* opener ‖ *(feladatok megoldásához)* key ‖ *átv (vmnek a nyitja)* key, clue ‖ *zene (kottán)* clef ‖ **a helyzet ~a** the key to the situation; *biz* **beadja**

kulcscsont

a ~ot kick the bucket, snuff it; **~ra zár** lock (up)
kulcscsont n collarbone, clavicle
kulcsember n key man°
kulcsfontosságú a key(-)
kulcskarika n key/split ring
kulcskérdés n key issue
kulcslyuk n keyhole
kulcsmásolás n key cutting
kulcsosház n rented holiday chalet
kulcspozíció n key position
kulcsszám n (kulcs száma) key number || (fizetése) category
kulcsszó n key word
kulcstartó n (tábla) keyboard; (tok) key-case
kuli n coolie; átv slave, drudge
kulimunka n hard work, drudgery, toil, donkey work
kulissza n szính wings pl || **~k mögött** behind the scenes, backstage
kulisszatitok n backstage secret; kif the inside story
kuliz|ik v work like a trojan/horse, toil hard
kullancs n ált tick || átv barnacle || **olyan, mint a ~** he sticks* like a leech
kullog v (baktat) trudge || **vk után ~** trail after sy
kulminál v culminate, reach its highest pitch/point
kultivál v (tevékenységet, ismeretséget) cultivate; (helyet) frequent
kultúra n ált civilization; culture || vké culture, taste || biol (tenyészet) culture || **a görög ~** (ancient) Greek culture, the civilization of Ancien Greece
kulturálatlan a uncivilized, uncultured
kulturális a cultural || **~ rovat** (újságban) entertainments pl
kulturált a (nép) civilized; (személy) civilized, cultured, cultivated, educated
kultúrattasé n cultural attaché
kultúregyezmény n cultural agreement
kultúrember n civilized man°/woman°, person of culture
kultúrforradalom n cultural revolution
kultusz n worship, cult
kultuszminiszter n Minister of Education
kun n Cumanian
kuncog v chuckle, chortle, titter, giggle
kuncogás n chuckle, titter, giggle
kuncsaft n biz customer, client
kunkorod|ik v (haj) curl (up), frizz
kunszt n biz stunt, trick || **ez nem (nagy) ~** big deal, that's not saying much
kunyerál v elít nép cadge, beg (for sg)
kunyhó n hut, hovel, cabin

322

kúp n cone || **~ alakú** conical, cone-shaped
kupa n (serleg) cup, goblet; sp cup || **~n vág vkt** bash sy on the head
kupac n small heap/pile
kupadöntő n cup final
kupagyőztes n cup winner(s)
kupak n (palackon) cap
kupamérkőzés n cup tie
kupé n (vasúti) compartment
kupica n liqueur glass || **egy ~ pálinka** a shot/snort/short/snifter
kuplé n (music-hall v. vaudeville) song
kupleráj n biz brothel, US whorehouse
kuplung n clutch || **felengedi a ~ot** let* in/up the clutch; **kioldja a ~ot** step on the clutch, declutch, let* the clutch out
kupola n dome; (kisebb) cupola
kupolás a domed, with a dome ut.
kupon n coupon
kuporgat v scrape together (penny by penny)
kuporog v cower, crouch; csak US hunker down
kúpos a conical, cone-shaped
kúra n cure, (course of) treatment || **injekciós ~** a course of injections
kúrál v treat, cure
kúria n (vidéki) country-house/mansion || (legfelsőbb bíróság †) Supreme Court
kurjant v shout (with joy), whoop
kurjantás n shout, whoop
kurta a short; átv brief, curt, laconic(al)
kurtán-furcsán adv brusquely, off-hand
kuruttyol v croak
kuruttyolás n croak(ing)
kuruzslás n quackery, charlatanry
kuruzsló n quack(-doctor), charlatan
kuruzsol v practise (US -ce) quackery
kurva n vulg whore || (jelzőként) kb. fucking
kurzus n (tanfolyam) course || (árfolyam) (exchange) rate
kuss int (kutyának) sit!, down! || (embernek, vulg) shut up!, shut your trap!
kussol v (kutya) lie* down || (ember biz) hold* one's tongue, keep* one's head down
kusza a ált (en)tangled; (haj) dishevelled (US -l-), ruffled, tousled || (beszéd) confused, incoherent
kúsz|ik v creep*, crawl
kúszónövény n creeper, runner, climber
kút n (vízé) well; (szivattyús) pump || (benzintöltő állomás) filling station, US gas station; (a szerkezet) petrol pump || **~ba esik** átv fall* flat, come* to nothing/nought
kutat v (vm után) try to find, look for; vhol search [a place] thoroughly (for sg);

(fiókban, zsebeiben) search through, ransack [the drawers *v.* one's pockets] (for sg); *(vk után)* search for sy || *(tudományosan)* be* engaged in research; *(vmlyen témakörben)* do* research on sg
kutatás *n (vm/vk után)* search, quest || *(tudományos)* research, researches *pl*
kutatási *a* research || ~ **terület** field of research
kutató 1. *a (kereső)* searching; *(elme)* inquiring, inquisitive; *(tekintet)* searching **2.** *n (tudományos)* researcher, research worker/fellow/student; *(csak term. tud.)* scientist
kutatócsoport *n* research group/team
kutatóintézet *n* research institute, institute for research into/on
kutatónap *n* day off for research/laboratory work
kutatóút *n* research expedition, field trip
kútfő *n (forrásmű)* source, authority
kútvíz *n* well/spring-water
kutya 1. *n* dog || **amelyik ~ ugat, az nem harap** his bark is worse than his bite; **a ~ se törődik vele** nobody cares for him; **a ~nak sem kell** be* beneath contempt; **~t tart** keep*/have* a dog **2.** *a biz* ~ **baja sincs** he is* as fit as a fiddle, he is alive and kicking; **ez neki ~ kötelessége** he damned well has (got) to do it!, there is no doubt that he has (got) to do it **3.** *adv (nagyon)* ~ **hideg van** it is* bitterly/damned cold
kutyabarát *n* dog-fancier/lover
kutyaeledel *n* dog food, dog biscuit(s), pet food
kutyafáját *int* **(azt) a ~!** well I never!, damn (it)!, blast (it)!
kutyafajta *n* breed of dog
kutyafuttában *adv* in a hurry, hurriedly, hastily, in haste || ~ **csinál vmt** do* sy in a slapdash manner
kutyaharapás *n* dog-bite || **~t szőrével (gyógyítják)** (take*) a hair of the dog that bit you
kutyaház *n* kennel, *US* doghouse
kutyakölyök *n* pup(py)
kutya-macska *a* ~ **barátságban élnek** live/lead* a cat-and-dog life
kutyaszorító *n* ~**ban van** be* in a tight corner, be* in a spot *(v. US* fix)
kutyatartó *n* dog-owner
kutyatej *n növ* spurge, wolf's-milk
kutyaugatás *n* bark(ing) (of dogs)
kutyául van *kif* feel* wretched/miserable
kuvik *n* little owl
külalak *n* outward form, exterior, (external) appearance; *(könyvé)* getup; *isk* neatness

küld *v* send*; *(árut)* dispatch, consign; *(levelet)* send*, forward; *(pénzt)* remit || **érte ~ vkt vmért** send* sy to fetch sg; **vkért** send* for sy; **az igazgatóhoz ~tek** I was referred to the manager; ~**i:** *(borítékon)* From
küldemény *n ker* consignment, parcel; *(pénz)* remittance
küldetés *n (átv is)* mission
küldő *n* sender; *ker* dispatcher, consignor; *(pénzé)* sender, remitter
küldönc *n* messenger, runner; *(kifutó)* errand-boy, dispatch rider
küldött *n* delegate
küldöttség *n* delegation; *(főleg alkalmi)* deputation
küldöz(get) *v vmt* send* again and again || **vkt** make* sy run errands, order sy about/around
külföld *n* foreign countries/lands *pl* || ~**ön** abroad, *GB* overseas; ~**ön él** live abroad, *GB így is:* live overseas; ~**ön tanuló diákok** students overseas; ~**re megy** go* abroad; ~**ről** from abroad
külföldi 1. *a* foreign, *(udvariasabban és GB így is:)* overseas; *(csomag stb.)* ...from abroad *ut.* || ~ **áruk** imports; ~ **fizetőeszköz** foreign currency; ~ **hírek** *(GB lapokban)* overseas news; ~ **képviselő** foreign representative; ~ **utazás** trip abroad, foreign travel **2.** *n* foreigner || ~**ek** foreigners, *(udvariasabban)* people from overseas/abroad; overseas visitors
külképviselet *n* foreign representation
külkereskedelem *n* foreign/export/international trade
külkereskedelmi *a* foreign trade/trading, of/for foreign trade *ut.* || **magyar—amerikai ~ kapcsolatok** Hungarian-American trade contacts; ~ **kirendeltség** *(követség részlege)* commercial section [of legation/embassy]; *(ahol nincs követség)* trade representation; ~ **miniszter** Minister of Foreign Trade; ~ **vállalat** foreign trade company, trading company
küllem *n* (outward) appearance, looks *pl*
küllő *n* spoke
külön 1. *a (mástól elválasztott)* separate, different, distinct; *(saját)* private, (sg) of one's own *ut.* || *(különleges)* special, particular, peculiar || ~ **bejáratú szoba** room with a private entrance; *(pótlólagos)* ~**díjak** extra/supplementary charges, extras; ~ **utakon jár** go* one's own way **2.** *adv (elválasztva)* separately, separated, apart || *(magában)* by itself, on one's/its own, individually || *(kizárólag)* (e)specially, particularly || ~ **azért jön, hogy** come* particularly to/for,

come* (e)specially to/for; ~ **élnek** *(házasok)* they are separated, live separately/apart
különálló *a (független)* independent; *(elkülönített)* separate, separated, free-standing, *i*solated || ~ **ház** det*a*ched house; ~ **lap** loose leaf°
különb *a* ~ **vknél/vmnél** (be*) better than sy/sg, (be*) superior to sy/sg; *vmnél* (be*) f*i*ner than sg
különbéke *n* separate peace
különben *adv (másként)* otherwise, or else || ~ **is** besides, in any case, moreover, furthermore, after all, anyhow
különbözet *n* difference; *(viteldíjé)* excess, excess fare
különböz|ik *v vmtől* differ (from sg, *vmben* in sg); *vk vktől* be* different (from sy); *(eltér)* diverge (from); *(megkülönböztethető)* be* distinct (from)
különböző *a (egymástól eltérő tulajdonságú)* different || *(különféle)* various, diverse || **ízlésük** ~ their tastes differ, they differ in their tastes; ~ **érdekek** diverse *i*nterests; ~ **helyről jöttek** they came from different places
különbség *n* difference (between), disparity, variance || ~ **nélkül** without distinction/difference; **mi a** ~**?** what's the difference (between. . .)?
különc 1. *a* eccentric, queer, *o*dd(ball) **2.** *n* eccentric, odd person; *biz* queer/odd fish, *o*ddball
különcködés *n* eccentric behaviour *(US* -or), eccentr*i*city
különcköd|ik *v* be* eccentric
különélés *n* separation, living apart || ~ **i pótlék** separation allowance
különféle *a* various, several, diverse *(mind után: pl)* || ~ **érdekek** diverse *i*nterests
különféleképpen *adv* in different/various ways, variously
különgép *n (repülőgép)* private/special aeroplane *(US air*plane)
különír *v* writ*e*/spell* as two words
különítmény *n kat* det*a*chment, commando *(pl* commando(e)s)
különjárat *n (busz)* special bus/coach (service); *(kiírás buszon)* private; *(repülőgép, bérelt)* charter flight
különkiadás *n* special (ed*i*tion)
külön-külön *adv* separately, severally, one by one || ~ **behívott mindenkit** (s)he called in (*v.* saw) each person individually
különleges *a* special, particular, peculiar, extra || ~ **méretek boltja** *o*utsize shop
különlegesség *n* speciality, *főleg US:* specialty

különmunka *n* extra work || ~**t végez do*** extra work; *(túlórázik)* do*/work overtime
különnemű *a (más jellegű)* different, diverse || *(gyerekek)* of different sexes *ut.*
különóra *n (tanulásban)* private lesson
különös *a (furcsa)* strange, unusual, peculiar; *(személy így is)* odd, strange; *(különleges)* special || **semmi** ~ nothing special, nothing in particular; **elég** ~ **módon** curiously enough; ~ **ismertetőjel** special peculiarity; ~ **tekintettel vmre** with special regard to sg
különösebb *a* **minden** ~ **ok nélkül** for no apparent/obvious reason, without special reason
különösen *adv (főként)* in particular, particularly, especially || *(furcsán)* oddly, peculiarly, strangely, singularly || ~ **alkalmas vmre** be* cut out for sg
különszoba *n* private room; *(kórházi)* private ward
különterem *n (vendéglőben)* banqueting hall; *(kisebb)* private room
különtudósító *n* special correspondent
különváltan élnek *kif* they are separated, they live apart/separately
különvélemény *n* dissent(ing opinion)
különvonat *n* special (train)
külpolitika *n* foreign affairs *pl,* foreign policy
külső 1. *a* exterior, external, outside, outward, outer; *(szabadban lévő)* outdoor; *o*utside/casual worker; *(másutt)* outside lane || ~ **épület** *o*utbuilding; ~ **felület** outside; ~ **felvétel** *(filmé)* shot filmed on loc*a*tion; ~ **megjelenés** outward appe*a*rance(s); ~ **munkatárs** (*o*utside) contributor, contributor/correspondent on a part-time basis; ~ **sáv** *(autópályán) GB* inside/n*ea*rside lane; ~ **szög** *mat* exterior/external angle **2.** *n (személyé)* (*o*utward) appe*a*rance, looks *pl; (tárgyé)* exterior, surface || *(autókerék köpenye)* tyre *(US* tire); *(labdáé)* cover || **ad a külsejére** care about how one looks, care about one's looks; **csinos** ~ good looks *pl,* a pleasing appearance
külsőleg *adv (kivülről nézve)* outwardly, externally, seen from without, to all appearances, on the surface || *orv* for external use/application only
külsőség(ek) *n (külső megjelenés)* the *o*utside, *o*utward appe*a*rances *pl,* externals *pl; (formaságok)* formalities *pl,* ceremony || **sokat ad a** ~**ekre** attach too much importance to externals/form
külszíni *a* ~ **fejtés** *o*pencast mining
kültelki *a* suburban, in/from a poor district of the town *ut.*

külterület *n* the outskirts *pl*, the outer areas *pl*, the fringes [of a town/city]
külügy *n* ~ **ek** foreign affairs
külügyi *a* pertaining to foreign affairs *ut.*, foreign affairs ‖ ~ **államtitkár** (permanent) undersecretary for foreign affairs; ~ **szolgálat** diplomatic/foreign service
külügyminiszter *n* Foreign Minister, Minister of/for Foreign Affairs, *GB* Foreign Secretary, Secretary of State for Foreign Affairs, *US* Secretary of State
külügyminisztérium *n* Ministry of Foreign Affairs, Foreign Ministry, *GB* Foreign Office, *US* State Department
külváros *n* suburb, the outskirts *pl* [of a city/town]
külvárosi *a* suburban
külvilág *n* outside world
küret *n* = **méhkaparás**
kürt *n zene* horn; *kat* bugle ‖ *(autón)* horn; *(gyárban)* hooter, factory whistle ‖ ~ **ön játszik** blow*/play the horn
kürtjelzés *n* ~ **t ad** *(autón)* sound the horn
kürtöl *v* sound/blow* a horn, trumpet; *(autón)* sound/blow*/toot the/one's horn ‖ **világgá** ~ trumpet abroad
kürtös *n kat* bugler, trumpeter ‖ *(zenekari)* horn-player
küszködés *n (erőlködés)* struggle ‖ *(nyomorgás)* penury
küszködik *v* struggle, strive* (hard); *(vesződik vmvel)* struggle/grapple with sg
küszöb *n* threshold, doorstep ‖ **a** ~ **ön áll** *átv* be* imminent/impending/approaching, be* at hand
küzd *v* ált struggle, fight*; *vmért* struggle/fight*/strive* for sg; *(ügyért)* battle for, stand* up for [a cause]; *vk/vm ellen v. vkvel/vmvel* fight*/battle/combat against/with sy/sg ‖ *sp* fight*, compete (with/against sy for sg) ‖ **jogaiért** ~ stand* up (*v.* fight*) for one's rights; **nehézségekkel** ~ struggle, have* difficulties
küzdelem *n ált* struggle, fight, battle, combat, strife; *sp* fight ‖ **létért való** ~ struggle for life; **küzdelmet vív** fight* a battle
küzdelmes *a* hard, strenuous ‖ ~ **élete volt** (s)he had a hard life
küzdés *n* struggle, struggling, fight(ing)
kvantum *n* quantum (*pl* quanta)
kvantumelmélet *n* quantum theory
kvarc *n* quartz
kvarcfény *n* quartz light/radiation
kvarclámpa *n* quartz lamp, sunlamp
kvarcol *v vk* treat oneself with (*v.* use) a sunlamp (*v.* an ultraviolet lamp) ‖ *vkt* treat (sy) with sunlamp (*v.* ultraviolet lamp)

kvarcóra *n* quartz clock/watch
kvarcüveg *n* quartz (glass)
kvartett *n* quartet
kvéker *n* Quaker
kvintett *n* quintet
kvittek vagyunk *kif* we are quits, we are (now) square/even

L

la *n zene* la
láb *n (lábszár)* leg; *(lábfej)* foot° ‖ *(bútoré)* leg; *(hegyé)* foot° ‖ *műsz* rest, stand, support, leg; *(hídé)* pier, pillar ‖ *(hosszmérték)* foot° ‖ **alig áll a** ~ **án** *(fáradtságtól)* be* ready/fit to drop; **az ágy** ~ **ánál** at the foot of the bed; **eltörte a** ~ **át** he has broken his leg; **fél** ~ **bal a sírban van** have* one foot° in the grave; **3** ~ **széles** 3 foot/feet broad; **hátsó** ~ hind leg/foot°; **jó** ~ **a van** *(nőnek)* have* shapely legs; **keresztbe teszi a** ~ **át** cross one's legs; ~ **alatt van** be* in the/one's way, be* underfoot; ~ **a kel vmnek** disappear, get* lost, take* wings; ~ **bal tipor** *átv* trample sg underfoot, ride* roughshod over sg; ~ **hoz!** *kat* order arms!; ~ **ra áll** *(beteg)* get* about again; *(anyagilag)* get* back on one's feet; ~ **ra kap** gain ground, come* into vogue, *biz* be* in; **mellső/első** ~ front leg/foot°, foreleg; **nagy** ~ **on él** live in (great/grand) style; **úgy kidobja, hogy a** ~ **a sem éri a földet** send* sy packing, throw* sy out (unceremoniously)
lábadozik *v* convalesce, be* recovering, be* getting better
labanc *n tört* pro-Hapsburg ⟨in the 17th and 18th centuries⟩
lábápolás *n* pedicure; *orv* chiropody
lábas *n* (cooking) pot, casserole; *(nyeles)* (sauce)pan
lábatlankodik *v (útban van)* be*/stand* in the/one's way, be* underfoot
lábazat *n épít* skirting board; *US* baseboard, mopboard
lábbeli *n* footwear
labda *n* ball ‖ **megszerzi a** ~ **t** seize the ball
labdarúgás *n* (Association) football, *biz* soccer
labdarúgó *n* footballer, football-player → **futball-**
labdarúgó-bajnokság *n* football championship

labdarúgócsapat *n* football team/ eleven
labdarúgó-mérkőzés *n* football match
labdarúgópálya *n* football field/ground/ pitch
labdarúgó-világbajnokság *n* World Cup
labdáz|ik *v* throw* the ball about, play (at/with a) ball
lábfájás *n* pain in the foot
lábfej *n* foot°
lábfürdő *n* foot-bath
lábikra *n* calf°
labilis *a* unstable, unsteady, rickety
labirintus *n* maze
lábjegyzet *n* footnote
lábmelegítő *n* foot warmer
lábmosás *n* washing (of) the feet
lábnyi *a* a/one foot long || **két** ~ *(= 2 láb hosszú/magas)* 2 feet/foot long/high
lábnyom *n* footprint
labor *n* biz lab(oratory) || **nyelvi** ~ language lab(oratory)
laboráns *n* laboratory technician/assistant
laboratórium *n* laboratory
laboratóriumi *a* laboratory || ~ **vizsgálat** laboratory test/ananlysis
lábsérülés *n* foot/leg injury
lábszag *n* smell of sweaty feet
lábszár *n* leg
lábszárvédő *n* ált leggings *pl* || *(labdarúgóé)* shin guard
lábtörés *n* fracture of leg; *(lábfejé)* fracture of foot, broken leg/foot°
lábtörlő *n* (door)mat
lábujj *n* toe || **nagy** ~ big toe
lábujjhegy *n* tiptoe || ~ **en jár** (walk on) tiptoe; ~ **re áll** stand* on tiptoe
lacipecsenye *n* kb. barbecue, fry-up
láda *n* ált chest, box; *(csomagolásra)* (packing) case
láger *n* lager, camp
lagúna *n* lagoon
lágy *a* 1. ált soft || *(akaratgyenge)* soft, weak || *(hang)* soft, gentle, sweet, mellow || *(szellő)* soft, gentle, light || ~ **kenyér** new/fresh bread; ~ **tojás** (soft) boiled egg; ~ **víz** soft water 2. *n* **feje** ~**a** → **fej**[2]
lágyék *n* orv groin
lágyéksérv *n* inguinal hernia
lágyít *v* ált soften, make* soft || *(mássalhangzót)* palatalize
lagymatag *a* wishy-washy, lukewarm, half-hearted
lágyság *n* ált softness || *(akaratgyengeség)* soft/weak character/nature || *(hangé)* softness, gentleness, sweetness
lágyszívű *a* soft/tender-hearted
lágyul *v* soften, grow*/become* soft(er)

laikus 1. *a (nem hozzáértő)* without skill/ experience *ut.*, amateurish; *(nem hivatásos)* non-professional, unprofessional, lay || *vall (világi)* lay 2. *n (nem hozzáértő személy)* amateur || *vall* layman° || **a** ~ **ok** the laity
lajhár *n* áll sloth || átv sluggard, lazybones *(pl* ua.)
Lajos *n* Lewis || **Nagy** ~ Louis the Great
lakáj *n (szolga)* lackey, footman°
lakályos *a* comfortable, cosy, *US* cozy
lakás *n (nagyobb házban)* flat; *US* apartment; *(otthon)* home; *(albérleti)* lodgings *pl,* rooms *pl; US* apartment to rent || *(tartózkodás)* living, residence; *(átmenetileg)* stay || **állandó** ~ permanent place of residence, domicile, permanent address; **háromszobás** ~ three-room(ed) flat; **kiadó** ~ *ált* flat/rooms to let; *(hirdetésben)* accommodation vacant; ~ **és ellátás** board and lodging, bed and board; ~**omon** at my place, where I live; ~**t bérel/kivesz** rent rooms, take* a flat *(US* an apartment); ~**t cserél** change flats, move flat(s); ~**t keres** look for accommodation/lodgings; ~**t kiad** rent a flat (to sy), let* out rooms (to sy)
lakásbérlet *n* leasing/lease (of) a flat
lakáscím *n* (home) address
lakáscsere *n* (ex)change of flats
lakásépítés *n* building (of) flats/houses; *(lakásügy)* housing
lakásfelszerelés(i tárgyak) *n* household fittings *pl,* household equipment
lakásgazdálkodás *n* flat management and distribution, housing management
lakáshiány *n* housing shortage
lakáshirdetés *n* (classified) advertisement of rooms/lodgings/flats (*US* apartments)
lakáshivatal *n* housing department; *US* Housing Board
lakásigény *n* application to be placed on the (council) housing list
lakáskérdés *n* housing problem
lakáskiutalás *n* house/flat allocation/assignement
lakásleválasztás *n* ⟨conversion of part of a flat into a separate flat⟩, *kb.* subdividing a flat
lakásszentelő *n* housewarming
lakásügyi osztály *n* housing department; *US* Housing Board
lakásviszonyok *n* housing conditions
lakat *n* padlock || ~ **alá kerül** *(bűnöző)* be* locked up, be* put behind bars
lakatlan *a* uninhabited; *(ház)* unoccupied, vacant; *(elhagyatott)* deserted, derelict; *(sziget)* desert [island]
lakatos *n (zárlakatos)* locksmith || *(géplakatos)* mechanic, fitter

lakatosműhely *n* locksmith's workshop
lakbér *n* (house-)rent
lakbéremelés *n* rise in rent(s)
lakberendezés *n* (bútorzat) (interior) furnishings *pl*, furniture, set/suite of furniture ‖ (folyamat) interior decorating
lakberendezési tárgyak *n pl* furnishings
lakberendező *n* interior decorator
lakcím *n* (home) address
lakcímváltozás *n* change of address
lakhatási engedély *n* permission to reside, permit of stay
lakhely *n* = **lakóhely**
lak|ik *v* (állandóan) live; *hiv* reside; (lakást, épületet) occupy ‖ **hol ~sz?** where do you live?; **itt ~om** this is where I live; **vknél ~ik** (állandóan) live in sy's house/flat, live at sy's; (átmenetileg) lodge with sy (*v.* at sy's house/flat), stay with sy, *US* room with sy (*v.* at sy's house/apartment)
lakk *n* lacquer, shellac → **körömlakk**
lakkcipő *n* patent-leather shoes *pl*
lakkfesték *n* varnish(-colour) (*US* -or)
lakkoz *v* lacquer, shellac (múlt időben: shellacked) ‖ **parkettet ~** lacquer the parquet (floor); **vörösre ~ott körmök** nails varnished/polished red
lakli *a biz* gangling fellow
lakmároz|ik *v* eat* heartily, feast, banquet
lakó 1. *n* (bérházé) tenant; (társasházé, öröklakásé) owner occupier, occupant; (lakrésze, szobáé bérlőként) lodger ‖ (város) inhabitant, resident **2.** *a* living [in a place] *ut.* ‖ **az első emeleten ~ család** the family on the first (*US* second) floor
lakodalmi *a* wedding- ‖ **~ ebéd** wedding feast; *GB* wedding breakfast
lakodalom *n* wedding (celebrations *pl*), nuptials *pl* ‖ **lakodalmát üli** celebrate one's wedding
lakóház *n* (dwelling) house; (soklakásos) block of flats; *US* apartment house/building/block
lakóhely *n* (állandó) permanent address/residence; *hiv* domicile
lakókocsi *n* caravan, mobile home, *US* trailer ‖ **~val utazik** caravan, take* (*v.* go* for a holiday in a caravan)
lakókonyha *n* kitchen-diner, eat-in-kitchen
lakol *v* atone, pay*, suffer (vmért for sg) ‖ **ezért még ~ni fogsz!** you'll pay*/smart for it!
lakoma *n* (rich) repast, feast ‖ **ünnepi ~** (festive) banquet; **nagy ~t csap** throw*/give* a big dinner
lakónegyed *n* residential district/area/quarter

lakos *n* inhabitant; (állandó) resident ‖ **Papp János budapesti ~** J. P. a Budapest resident, J. P. resident in/of Budapest
lakosság *n* inhabitants *pl*, population; **the local residents** *pl* ‖ **polgári ~** civilian population
lakossági *a* community; (városi) municipal ‖ **~ szolgáltatások** services, service industries; (városi) municipal undertakings
lakószoba *n* living/sitting room
lakosztály *n* suite, apartments *pl*
lakótárs *n* (házban) house-sharer; (kollégiumban) roommate; (társbérletben) sharer (of a flat) ‖ **~ak vagyunk** (szobában) we share a flat/room, *US* we room together
lakótelep *n* housing/council estate, *főleg US:* housing project/development
lakótelepi lakás *n* council flat
lakóterület *n* (városé) residential area
lakott *a* inhabited by *ut.* ‖ **közl ~ terület** built-up area; **~ területen kívül** in open country; **sűrűn ~ terület** densely populated area
lakoz|ik *v* **ki tudja mi ~ik benne?** who knows what he may have in him?
lakrész *n* part of house/flat
laktanya *n* barrack(s), *US* army post, fort
laktató *a* (étel) filling, substantial, rich
lám *int* (íme) (you) see!, well! ‖ **hadd ~ csak!** let me see!; **~, ~!** well well!
láma[1] *n* (buddhista szerzetes) lama
láma[2] *n* áll llama
La Manche-csatorna *n* the English Channel
lámpa *n* ált lamp ‖ (járművön) light(s); (fényszóró) headlight ‖ (forgalmi jelzőlámpa) traffic lights *pl* ‖ **asztali ~** table/desk-lamp; **hátsó ~** rear light; **~nál** by lamplight
lámpaernyő *n* lamp-shade
lámpafény *n* lamplight ‖ **~nél** by lamplight
lámpagyújtás *n* (ideje) lighting-up (time)
lámpaláz *n* stage fright
lámpaoszlop *n* lamppost
lámpás *n* lantern
lampion *n* Chinese/Japanese lantern
lánc *n* ált chain; (rablánc) chains *pl*; (lábra) irons *pl*; *átv* fetters *pl* ‖ **~ban adogat** hand/pass (sg) in a chain; **~ra köt** (kutyát) chain up [a dog]
láncfűrész *n* chain-saw
lánchíd *n* chain/suspension bridge
láncol *v* vmt vmhez/vhova chain sg to sg, join [things] with/by a chain ‖ **magához ~ vkt** bind*/tie/link sy to oneself

láncolat *n* chain, train, series *(pl* series), succession
láncöltés *n* chain/loop(ed) stitch
láncreakció *n* chain reaction
láncszem *n* link, ring, loop (of a chain), chain-loop || *átv* link || **hiányzó** ~ missing link
lánctalp *n* caterpillar
lándzsa *n* lance, spear
láng *n* ált flame || *(égő tűzhelyen stb.)* burner || *átv* **a szenvedély** ~**ja** the flame/fire/heat of passion; **kis** ~**on főz** cook sg gently *(v.* in a slow oven); ~**ba borít vmt** set* sg on fire, set* fire to sg; ~(**ok**)**ban áll** be* (all) in flames, be* ablaze, be* on fire; ~**ra lobban** catch* fire, burst* into flames, flame/blaze/flare up; *átv* flare up
lángész *n* genius
lángeszű *a* brilliant, having/of genius *ut.*
lángnyelv *n* tongue of flame
lángol *v (tűz)* be* flaming/blazing, be* aflame, blaze; *(ég)* be* in flames, be* on fire || *(arc)* glow, blaze
lángoló *a átv* flaming, glowing, blazing, burning (for) || ~ **szenvedély** ardent/consuming passion
lángos *n* "langosh" ⟨fried dough⟩
lángossütő *n* (man° with a) 'langosh' stand/stall, langosh-seller
lángszóró *n* flame-thrower
lángvörös *a* flaming/fiery red; *(indulattól stb.)* blazing with anger *ut.*
langyos *a (víz)* lukewarm, tepid || *(idő)* mild
lankad *v* ált flag, droop; *(bágyad)* grow* languid; *(gyengül)* weaken, grow* faint/feeble; *(érdeklődés)* flag, decline; *(figyelem)* flag, fade || *(hervad)* wilt, wither
lankadt *a* flagging, drooping, droopy; *(bágyadt)* languid
lankás *a (lejtős)* gently sloping || ~ **vidék** downs *pl*
lanolin *n* lanolin, wool-fat
lant *n zene* lute || *kif* **leteszi a** ~**ot** call it a day
lány *n* kislány girl; *(fiatal nő)* young woman° || *(vknek a* ~ *a)* (sy's) daughter || *(férjezetlen)* unmarried woman° || **a kisebbik** ~**a** the younger daughter
lanyha *a (enyhe)* mild; *(langyos)* lukewarm; *(érdeklődés)* waning, lukewarm || *ker (piac)* sagging, bearish
lanyhul *v (enyhül)* grow*/become*/get* mild || *(gyengül)* lose* vigour *(US* -or), lose* intensity || **lelkesedése** ~ one's interest/enthusiasm is flagging
lányos *a (külső viselkedés)* girlish, girl-like || ~ **arcú** baby-face; || **ház** (house/home of) family with marriageable daughter(s)

lap *n (sima felület)* (flat) surface, flat; *mat (síklap)* plane || *(fémből)* plate, sheet; *(papírból)* sheet, leaf; *(fából, burkoló)* panel, wainscot || *(vmnek lapos része)* (flat) surface, flat side; *(kardé)* flat (of sword) || *(könyvé)* page, leaf°; *(hírlap)* newspaper, paper, journal || *(levelező)* (post)card || *(egy kártya)* card || **a 30.** ~**on** on page thirty; **az más** ~**ra tartozik** *átv* that's quite another thing/matter; **jó** ~**ja van** have* a good hand; **zene** ~**ról énekel** sing* at sight, sight-read°; **mindent egy** ~**ra tesz (fel)** *átv* put* all one's eggs in one basket; *biz* **veszi a** ~**ot** *(érti)* catch* on, get* the message; *(belemegy a tréfába)* join in
láp *n* bog, fen, marsh(-land), moor, swamp
lapát *n (szerszám)* shovel; *(öblös)* scoop || *(evező)* oar; *(kajakhoz)* paddle || *(turbináé)* blade
lapátkerék *n (hajóé)* paddle wheel
lapátol *v* shovel *(US* -l); scoop
lapít *v (lapossá tesz)* make* flat, flat(ten) || *biz (rejtőzik)* lie* low/doggo
lapjárás *n* run (of the cards)
lapocka *n* shoulder-blade
lapos[1] **1.** *a* ált flat; *(sík)* plain, even || *átv (unalmas)* flat, dull; *(stílus)* flat, prosy || *biz* ~**ra ver vkt** beat* sy hollow, wipe the floor with sy; ~ **sarkú** *(cipő)* low-heeled (shoes); ~ **sarok** *(cipőn)* low-heel; ~ **tető** flat roof **2.** *n* ~**akat pislant** *(álmos)* have* lids as heavy as lead
lapos[2] *a* of . . . pages *ut.* || **500** ~ **könyv** a 500-page book, a book of 500 pages
laposfogó *n* flat-nose pliers *pl*
lapostányér *n* dinner plate
lapostetű *n* crab-louse°
lapoz *v (egyet)* turn the/a page; *(többet)* turn over pages/leaves [of book], leaf (through) [a book]
lappang *v (rejtőzik)* lurk, be*/lie* hidden, be*/lie* in hiding || *(szunnyad vkben vm)* be* latent (in sy); *(betegség)* incubate || **betegség** ~ **vkben** be* sickening for [an illness]
lappangás *n orv* incubation || ~**i idő** latent/latency period
lappangó *a orv* latent || ~ **betegség** latent disease
lapszemle *n* press review, review of the press
lapszus *n* slip (of the tounge), mistake
lapul *v (laposodik)* become* flat(tened out) || *(észrevétlenül marad)* lurk, skulk; *biz* lie* doggo/low || **falhoz** ~ stand* back *(v.* press/flatten oneself) against the wall
lapzárta *n* deadline, closing date || ~ **utáni hírek** stop-press (news)

lárma n (loud) noise, din; *(kiabálás)* clamour (*US* -or)
lármáz|ik v *(zajong)* make* a noise ‖ *(követel)* clamour (*US* -or); *(veszekszik)* quarrel (*US* -l) (about)
lárva n áll larva (pl larvae)
lásd int *(röv* l.) see ‖ ~ **a 6. lapon** see page 6
lassan adv slowly *(ige előtt v. után állhat)*; slow *(csak ige után állhat, kivéve how után)*; *(ráérősen)* in a leisurely way ‖ ~! slowly!, not so fast!, take it easy!; ~, **de biztosan** slowly but surely; ~ **hajt** drive*/go* slow; ~ **jár** walk slowly, walk at a slow pace; *(ráérősen)* walk in a leisurely way; ~ **megy** *(a dolog)* it is* a slow process/business; ~ **járj, tovább érsz** more haste less speed; ~ **a testtel!** take it easy!, gently does it!
lassanként adv *(fokozatosan)* gradually, little by little, bit by bit ‖ *(nemsokára)* before long
lassít v vk, vm slow (down/up); *(autóval)* slow down ‖ ~**s!** reduce speed!
lassított a *(felvétel)* slow-motion (picture)
lassú a slow; *(ráérős)* leisurely; *(hosszadalmas)* lingering ‖ ~ **ember** biz a slow-coach, *US* slowpoke; ~ **észjárású** slow(-witted), dull; ~ **tűzön** in a gentle/slow oven; ~ **víz partot mos** still waters run deep
lassul v slow down/up, become* slow(er)
lassúság n slowness; *(ráérősség)* leisureliness, leisurely way(s); *(hosszadalmasság)* lingering
lasszó n lasso; *főleg US:* lariat
lat n ~**ba veti befolyását** use one's influence, pull strings; **sokat nyom a** ~**ban** be* of great account/weight
lát[1] v see* ‖ *(vmlyennek ítél)* think*, find*, deem, consider; *(felfog, ért)* see*, perceive ‖ *(tapasztal)* see* ‖ vmhez set* to do sg, see* about sg ‖ **ahogy én** ~**om** in my view/opinion; *biz* **az orráig se** ~ (be*) as blind as a bat; **jónak** ~ **vmt** think* sg proper/fit, find*/deem sg good/advisable; **jól** ~ have* good eyes, one's eyesight is* good; **lásd, kivel van dolgod** you'll see who(m) you are dealing with; **lássuk csak!** let us/me see!; ~**ja, kérem ...** you see!; **másképp** ~**ja a dolgokat** see* things differently; **mit** ~**ok?** *(meglepődve)* what is this (that I see)?; **munkához** ~ set* to work; **nem** ~**om az értelmét** I don't see the point; **rosszul** ~ have* poor eyesight, not see well; **se** ~, **se hall** he neither sees* nor hears*; **tégy, ahogy jónak** ~**od** do as you please, do as you think fit; **szívesen** ~ vkt welcome sy;

vendégül ~ **vkt** entertain sy to [dinner]
lát[2] n ker ~**ra fizetendő** payable at/on sight ut.
látás n *(képesség)* sight, eyesight, vision ‖ *(cselekvés)* seeing ‖ **első** ~**ra** at first sight; ~**ból ismer vkt** know* sy by sight; ~**tól vakulásig** from daybreak till nightfall, from morning till night
látási a visual, optic(al) ‖ ~ **viszonyok** visibility
látásvizsgálat n sight-testing
látatlanban adv unseen, unexamined ‖ ~ **vásárol vmt** buy* a pig in a poke, buy* sg sight unseen
látcső n *(kétcsövű)* binoculars pl, field glasses pl; *(színházi)* opera glasses pl
láthatár n horizon
láthatatlan a invisible, imperceptible (to the eye ut.); *kif* is not to be seen
látható a visible; *(kivehető)* discernible; *kif* be* (with)in sight; *(igével)* that can be seen ‖ ~ **helyen** in/on a conspicuous place/spot; ~**vá válik** come* into view/sight, show itself; **ebből** ~ this goes* to show (that); it is* apparent (that)
láthatóan adv visibly, perceptibly, noticeably
latin 1. a Latin ‖ ~ **betűk** Roman letters/characters; **a** ~ **nyelv** Latin; ~ **nyelvek** *(román nyelvek)* Romance languages; ~**t/**~**ul tanul** learn* Latin **2.** n **a** ~**ok** the Latin people
Latin-Amerika n Latin America
latin-amerikai a Latin American
latinos a ~ **műveltség** classical education/culture
latintanár n teacher of Latin, Latin teacher/master
látkép n view, panorama
látlelet n doctor's/medical statement/report
látnivaló n sight(s), place(s) of interest ‖ **megnézi a** ~**kat** see* the sights [of London etc.], go* sightseeing, visit the places of interest; **nincs sok** ~ not much to see
látnok n seer, prophet
látnoki a prophetic(al)
látogat v vkt visit sy, pay* a visit to sy v. pay* sy a visit, call on sy ‖ *(tanfolyamot)* attend ‖ *(vmt gyakran felkeres)* frequent
látogatás n vknél visit; *(rövid)* call ‖ *(tanfolyamé)* attendance ‖ *(kórházban)* visiting times/hours pl ‖ **hivatalos** ~**t tesz vhol** make* a state (*v.* an official) visit to [a country]; **szerdán, pénteken és vasárnap van** ~ visitors are allowed in the hospital on Wednesdays, Fridays and Sundays

látogatási *a* visiting, calling || ~ **idő** *(kórházban, múzeumban)* visiting hours/times *pl*
látogató *n* visitor, caller; *(könyvtáré, múzeumé, más országé stb.)* visitor || **színház**~ theatre-goer; ~**ban van vknél** be* on a visit to sy; ~**ba megy** call on sy, go*/call to see sy
látogatóútlevél *n* visitor's passport
látogatóvízum *n* visitor's visa
látóhatár *n* horizon
látóideg *n* optic nerve
látókör *n átv* horizon, scope || **széles** ~**ű** with a wide intellectual horizon *ut.*, of wide(-ranging) interest *ut.*
latolgat *v* ponder [the matter]; *(kérdést)* consider (sg), deliberate (over sg) || ~**ja az esélyeket** be* considering (*v*. weighing up) the pros and cons
látomás *n* vision; *(jelenés)* apparition
látószög *n* visual angle || **nagy** ~**ű objektív** wide-angle lens
látótávolság *n* range/distance of vision, visual distance
látszat *n (aminek tűnik)* appearance || **a** ~ **csal** appearances can be deceptive; **a** ~ **kedvéért** for the sake of appearances, for show; ~**ra** in appearance; **minden** ~ **ellenére** in spite of (all) appearances
látszatmegoldás *n* papering over the cracks, specious solution
látszerész *n* optician
látsz|ik *v (látható)* be* visible/seen/noticeable, can* be seen; *(kirajzolódik)* show* || *(vélhető)* appear, seem, look || **az ablakomból jól** ~**ik a híd** you get*/have* a good view of the bridge from my window; **betegnek** ~**ik** he seems (to be) ill, he looks ill; **nem** ~**ik annyinak** she does not look her age; **szomorúnak** ~**ik** (s)he seems (to be) sad; **úgy** ~**ik** so it appears; **úgy** ~**ik, hogy** it appears/seems that, (s)he seems to have ...d; **úgy** ~**ik, igaza van** he appears/seems to be right; **úgy** ~**ik, esni fog** it looks like rain
látszólag *adv* apparently, seemingly, in appearance
látszólagos *a* apparent, seeming
láttára *adv vmnek* at the sight (of sg) || **szemem** ~ before my very eyes
látvány *n ált* spectacle, sight, view || *(tájé)* prospect, scenery || **szomorú** ~ a sad spectacle
látványos *a* spectacular
látványosság *n ált* spectacle, sight || *(vásári)* show, side-show
latyak *n* slush
latyakos *a* slushy
láva *n* lava

lavina *n* avalanche
lavíroz *v hajó* tack (about) || *átv biz* tack, manoeuvre (*US* maneuver)
lavór *n* basin, bowl
láz *n (betegé)* temperature, fever || *(izgalom)* fever || *(divatőrület)* craze || ~**a van** have*/run* a temperature; ~**at mér** take* sy's temperature; **vásárlási** ~ shopping spree
laza *a* loose, slack || ~ **erkölcs** loose/lax morals *pl*
lazac *n* salmon
lázad *v (nép)* be* in (a state of) revolt; *(vm/vk ellen)* revolt/rebel/rise* against sg/sy
lázadás *n* revolt, rebellion; *kat* mutiny || ~**t szít** incite rebellion, stir up rebellion
lázadó **1.** *a* rebellious, in revolt *ut.*; *kat* mutinous **2.** *n* rebel
lázálom *n (rémkép)* nightmare
lazán *adv* loose(ly), slack(ly) || ~ **lóg** *(kötél)* slack, hang* loose(ly); *(ruha vkn)* be* loose fitting, be* baggy
lázas *a (lázzal járó)* feverish, febrile; *tud* pyrexia || *átv* feverish || ~ **állapot** feverish condition; ~ **(beteg)** [patient] with a fever/temperature *ut.* → **láza van;** ~ **izgalomban** at fever pitch
lazaság *n (kötésé)* looseness, slackness || *(erkölcsi)* looseness, slackness, laxness
lázcsillapító *a/n* antipyretic, febrifuge
lazít *v (kötést)* loosen, slacken || *(talajt)* loosen || *(vk)* relax, ease up
lázít *v* incite sy to revolt/rebel/rebellion
lazítás *n vké* relaxing, relaxation
lázítás *n* incitement, instigation, sedition
lázító **1.** *a* inciting, incendiary, seditious || ~ **propaganda** inflammatory/subversive/seditious propaganda **2.** *n* subversive, inciter, instigator
lázkiütés *n* heat rash/spot, fever-blister/sore
lázmentes *a* free from fever *ut.*, without fever *ut.*; *(igével)* have* no temperature
lázmérő *n* clinical thermometer
lázrózsa *n* fever-spot [on face]
láztalan *a* = **lázmentes**
lazul *v ált* loosen, slack(en); *(csavar)* work itself loose; *(kötél)* slack, yield || *(fegyelem)* (begin* to) become* lax
le *adv* down; downwards; *(hegyről)* downhill; *(folyón)* downstream || ~ **a Dunán** down the Danube; ~ **a kalappal!** hats off!; ~ **vele!** down with him!
lé *n (folyadék)* liquid, fluid; *(gyümölcsé)* juice || **minden** ~**ben kanál** have* a finger in every pie; **vmnek megissza a levét** *kb.* have* to pay the piper/price, (have to) pay* dearly for sg
lead *v (nyújt)* give*/hand down || *(letétbe)* deposit || *(lövést)* fire [a shot], let* off

[a gun] || *sp (labdát)* pass || ~**ja a kulcsot a portán** deposit/leave* the key at the reception desk (*v.* at reception)
leadás *n (lenyújtás)* handing down || *(letétbe)* depositing || *sp* (long) pass
leágazás *n közl ex*it road, slip road
leágaz|ik *v műsz* branch off, fork
leakaszt *v (szegről)* take* down/off [from the hook/peg]
lealacsonyít *v* debase, lower, degrade
lealacsonyod|ik *v* ~debase/degrade/demean oneself || **odáig alacsonyodott le, hogy** he stooped to doing sg, he was not above doing sg
lealjasod|ik *v* debase/degrade/demean oneself, become* debased
lealkusz|ik *v* ~**ik 10 forintot vmnek az árából** get* 10 forints off the price of sg
leáll *v (megáll)* stop, halt; *(forgalom)* come* to a standstill; *(motor, gép)* stall, break* down || *biz (vkvel beszélni)* stop [to have a talk with sy] || **a gyár** ~**t** the factory ceased work, the factory shut down; ~**t a motor** *(autóé)* the engine stalled (*v.* cut out *v.* seized up)
leállás *n* stop(page), halt; *(forgalomé)* (coming to a) standstill; *(motoré)* breakdown
leállít *v (földre)* let* sg stand on the floor, put*/place/stand* sg on the floor || *(megállít)* stop, bring* to a stop/standstill/ halt; *(motort, kocsit)* stop; *(taxit)* hail [a cab]; *(járművet karjelzéssel)* flag down; *(mozgást)* arrest || ~**ja a motort** stop (*v. biz* kill) the engine
leállósáv *n* hard shoulder, verge, lay-by (*pl* lay-bys)
leány *n ir* = **lány**
leányág *n* female line
leányanya *n* unmarried mother
leánycserkész *n GB* girl guide; *US* girl scout; *(7-10 év között)* Brownie (Guide) || ~**ek** (girl) guides, the Guides, *US* girl scouts; *(kicsik)* Brownie Guides, Brownies
leánygimnázium *n kb.* girls' grammar school
leányiskola *n* girls' school
leányka *n* little/young girl; *(skótosan)* wee/little lass, lassie || *(ruhaméret)* miss
leánykérés *n* proposal (of marriage), suit
leánykérő *n* ~**be megy** go* to make a formal proposal of marriage, plead one's suit
leánykori név *n (űrlapon)* maiden name
leánynév *n (leányé)* girl's name || *(leánykori)* maiden name
leánynevelő intézet *n* girls' boarding school

leánynéző *n* ~**be megy** go* to look (*v.* looking) for a wife
leányszöktetés *n (erőszakkal)* abduction || *(közös akarattal)* elopement, runaway marriage
leányvállalat *n* affiliated company
leányzó *n* girl || *tréf* **ez nem változtat a** ~ **fekvésén** that doesn't change things in the least
learat *v (gabonát)* reap || ~**ja a dicsőséget** reap the laurels
lebarnul *v* get* sunburnt/tanned, get* a tan
lebbencsleves *n kb.* Hungarian pasta soup
lebecsül *v (alábecsül)* underrate, underestimate, undervalue || *(ócsárol)* disparage, belittle, depreciate || ~**i a veszélyt** make* light of danger, disregard danger
lebeg *v ált* float || *(madár)* hover || *(függ)* hang*, be* suspended (over sg) || *(vízen)* float, drift (on) || **élet és halál között** ~ is* (hovering) between life and death
lebegés *n ált* floating, flo(a)tation || *(madáré)* hovering || *(függés)* hanging || *(vízen)* floating, drifting
lebélyegez *v* cancel (*US* -l), postmark
lebeszél *v vkt vmről* reason/persuade/ talk sy out of (doing) sg, dissuade sy from (doing) sg
lebeteged|ik *v (nő)* be* confined, lie* in || *biz* take* sick
lebiggyeszt *v* ~**i az ajkát** pout, purse one's lips
lebilincsel *v* captivate, enthral, fascinate, charm
lebilincselő *a* captivating, enthralling, fascinating
leblokkol *v (pénztárgépen)* register [on a bill] || *(bélyegzőórán)* clock in/out || *biz (zavarában)* go* blank
lebombáz *v* bomb (out), destroy with bombs
lebont *v (házat)* pull down, demolish || *vegy* break* down
lebontás *n (házé)* pulling down, demolition || *vegy* break-down
lebonyolít *v* arrange, settle || **ügyletet** ~ close/complete/conclude a deal (with sy)
lebonyolítás *n* arrangement, settlement
lebonyolód|ik *v (végbemegy)* take* place || *(lezárul)* get* settled
leborít *v vmvel* cover sg with (sg) || *vmt vhonnan* cause sg to tip over (and fall down)
leborotvál *v* shave off || ~**tatja a bajuszát** have* one's upper lip shaved, shave off one's moustache (*US* mus-)
leborul *v vhonnan* tumble down || *(vk előtt)* fall* on one's knees before sy

lebuj

lebuj *n biz* rough pub/tavern; *US* joint
lebukás *n biz (bűnözőé stb.)* being/getting nabbed/caught/collared/pinched
lebuk|ik *v vhonnan* tumble down ‖ *(vízbe)* plunge, dive ‖ *biz (rendőrileg)* be* caught/nabbed/collared/pinched
lebuktat *v (vízbe)* plunge ‖ *biz (rendőrileg)* grass on sy, get* sy pinched/collared/arrested
lebzsel *v* loiter/idle/hang* around/about
léc *n* lath, batten, slat; *(magasugró)* bar
lecke *n* homework; *(átv is)* lesson ‖ ~t **felad vknek** give* sy a lesson/task to do
lecsap *v (madár)* swoop (down) on sg, pounce on sg; *(rendőrség)* pounce on sy; *(ellenségre)* bear*/swoop down on [enemy] ‖ *(villám)* thunderbolt strikes* ‖ *(vm fedelét)* bang/slam sg shut ‖ *(teniszlabdát)* smash, kill [the ball] ‖ *(levág)* strike*/lop/cut* off ‖ *(nőt vk kezéről)* cut* sy out ‖ ~ **(egy) hibára** pounce on a mistake; *vk* ~ **vmre** *(hogy megszerezze)* pounce on sg, snap sg up, snatch sg (away); ~**ja a telefont** hang* up on (sy); ~**ott a villám** lightning struck swhere
lecsapható *a* ~ **ülés** tip-up seat
lecsapód|ik *v (fedél)* come* down with a bang/snap ‖ *vegy* precipitate, be* precipitated; *(pára)* condense
lecsapol *v (vizet)* drain, draw*; *(kiszárít)* dry out ‖ *(földet)* reclaim ‖ *orv* drain, draw* off
lecsapolás *n (vízé, földé)* drainage, draining; *(kiszárítás)* drying out ‖ *orv* draining, drawing off
lecsatol *v* unbuckle, unhitch, undo*
lecsavar *v vmt vmről* unscrew, screw off ‖ *(leteker)* unroll, uncoil, wind* off
lecsavarható *a (tetejű)* screw-top(ped)
lecsendesed|ik *v (vihar)* subside, abate, calm/die down ‖ *vk* compose (oneself)
lecsendesít *v (embert)* calm, pacify, soothe, appease
lecsepeg *v* drip down, fall* drop by drop
lecseppen *v (egy csepp)* drop (down)
lecsillapít *v* = **lecsendesít**
lecsillapod|ik *v* = **lecsendesedik**
lecsíp *v (csipesszel)* pinch/nip off ‖ *(pénzből)* cut* [a sum], reduce
lecsiszol *v (simít)* smooth; *(ledörzsöl)* scrape
lecsó *n* ⟨pepper and tomato stew⟩, 'letcho'
lecsöpög *v* = **lecsepeg**
lecsuk *v (fedelet)* close, shut* ‖ *(börtönbe)* lock up, run* in ‖ ~**ja a szemét** close/shut* one's eyes; *átv (= meghal)* fall* asleep
lecsukat *v vkt* have* (sy) locked up
lecsukód|ik *v* close, shut*

lecsurog *v* = **lecsepeg** ‖ *(csónakban folyón)* drop/drift downstream
lecsúsz|ik *v (lesiklik)* slide*/slither/glide/slip down; *(szánkón)* coast down ‖ *(harisnya stb.)* slip down ‖ *vk, átv* come*/go* down in the world, fail ‖ *vk vmről, átv* fail to achieve/reach sg; *kif* miss the bus/boat
lecsúsztat *v* slide* down, let* sg slip down, cause sg to slip
ledér *a* licentious, lascivious ‖ ~ **nő** a loose/fast woman°; *vulg* an easy lay
ledob *v* throw* down; *(bombát)* drop, release [bombs]
ledolgoz *v (munkaidőt)* work/do* [one's 8 etc. hours] ‖ *(restanciát)* work off, pay* off in labour *(US* -or), clear a debt by working
ledől *v vm* collapse, tumble/topple/come* down, fall* in/down ‖ *(szunyókálni)* take* a siesta/nap; *biz (rövid időre)* have* forty winks
ledönt *v (falat)* pull/knock down; *(fát)* fell, cut* down; *(szobrot)* demolish, hurl down ‖ *(bábut tekében)* knock down
ledörzsöl *v vmt* rub/scrape off ‖ *(vkt törülközővel)* give* sy a rub-down
leég *v (ház)* burn* down, be* burnt down ‖ *(bőr)* become* sunburnt, get* sunburn ‖ *(kudarcot vall)* fail, come* a cropper ‖ *(anyagilag)* lose* one's shirt, get* cleaned out ‖ **porig** ~**ett** be* burnt to ashes *(v.* to a cinder)
leéget *v (ételt; nap bőrt)* burn* ‖ *biz (szégyenbe hoz)* take* sy down a peg or two, put* sy to shame
leegyszerűsít *v* simplify; *vmre, vmvé* reduce sg to
leejt *v* drop, let* (sg) fall, slip
leél *v (életet)* live, spend*, pass [one's life]
leemel *v vhonnan* lift/take*/get* down from ‖ *(bank vmely összeget)* transfer [money from sy's account to sy else's]
leendő *a* future, prospective; -to-be *ut.* ‖ ~ **anya** expectant mother, mother-to-be
leenged *v vkt vhova* allow sy to go/come down ‖ *(árat)* reduce, lower ‖ ~**i a gyerekeket a térre** allow the children out into the playground/square
leépít *v (alkalmazottat)* dispense with [sy's services], lay* sy off, *biz* give* (sy) the chop/axe; *(létszámot)* reduce [the personnel], cut* down/back ‖ ~**ették** (s)he got the chop/axe, (s)he has been axed
leépítés *n (létszámé)* reduction, cutting down, cut(back); *biz* the axe
leér *v vmeddig* come*/hang*/reach down (to); *(földig)* touch the ground; *(lába az uszoda fenekéig)* touch bottom ‖ *(leérkezik vhova)* get* down

leereszked|ik *v (vk kötélen)* let* oneself down; *(hegyről)* descend || *(köd)* descend, fall* || *vkhez, elit* be* condescending to sy; *(vállveregetően)* patronize sy

leereszkedő *a átv* condescending, patronizing || ~ **modorban** with a condescending tone, in a patronizing manner

leereszt *v vmt ált* let* down, lower; *(függönyt, redőnyt)* let* down; *(színházi függönyt)* drop, lower, ring* down; *(horgonyt)* cast*, drop; *(mentőcsónakot)* lower || *(ruhát)* let* down || *(gumi)* go* down/flat, be* deflated

leérettségiz|ik *v* pass/take* the final examination [at a secondary school]; *US* graduate [from a high school]

leértékel *v (pénzt)* devalue || *(árut)* mark down, reduce the price of || ~**t áru** goods at reduced prices *pl,* cut-price goods; ~**t áruk** *(áruházban)* bargain counter

leértékelés *n (pénzé)* devaluation || *(áraké)* price reduction, markdown; *(vásár)* sale

lees|ik *v ált* fall* (down/off) || *(láz)* abate || *(ár)* fall* || *átv* ~**ett a tantusz/ húszfilléres** it has clicked for me; ~**ett vm a földre** it fell to the ground

lefagy *v (gyümölcs)* be* nipped (by the frost) || ~**ott egy lábujja** his toe was frostbitten/frozen, have* a frozen toe

lefarag *v (kőből, fából)* whittle down, chisel *(US* -l) off, cut* away/off || *biz (pénzösszeget, kiadást)* cut* down (on)

lefed *v* cover, put* a cover/lid over/on

lefegyverzés *n* disarming, disarmament

lefékez *v (járművet a vezető)* brake, apply the brakes, put* on the brakes || *átv* slow down, hold* back; *(fejlődést)* arrest

lefeksz|ik *v vmre* lie* down || *(aludni)* go* to bed || *biz (férfi nővel)* go* to bed with sy, sleep* with sy

lefektet *v vmt* lay*/put* down; *(kábelt)* lay* (down) || *(gyereket)* put*/send* to bed

lefekvés *n vmre* lying down || *(aludni)* going to bed || ~ **ideje** bedtime

lefelé *adv* down(wards) || **fejjel** ~ upside down; ~ **fordít vmt** turn sg upside down; ~ **néz** look downwards; **a folyón** ~ down the river, downriver

lefényképez *v* take* a picture/photo(graph) *(v. biz* snap/snapshot) of sy/sg, photograph sy/sg

lefényképezteti magát *v* have* one's photograph taken

lefest *v (festő)* paint [a portrait/picture of sy/sg] || *(szavakkal)* depict, portray

lefitymál *v* belittle, pooh-pooh

lefixál *v (időpontot)* fix [time/date for sg with sy], make* an appointment (with sy for sg)

lefizet *v (összeget)* pay* down deposit || *(megveszteget)* bribe (sy)

lefizetés *n (összegé)* payment || *(megvesztegetés)* bribery

lefog *v (erőszakkal)* hold*/keep* down || *biz (bűnözőt)* arrest, seize, apprehend

lefoglal *v (helyet, jegyet, szobát stb.)* book (in advance), reserve; make* the reservations/bookings || *(hatóság ingatlant)* seize; *(ingóságot)* distrain (upon) [sy's goods] || ~ **egy asztalt** *(étteremben)* make* a reservation, reserve a table; ~ **egy helyet** *(repülőn)* book *(v. főleg US:* reserve) a seat [on a/the plane]

lefogy *v vk* lose* weight, grow* thin

lefolyás *n (vízé)* outflow, flow(ing) || *(eseményeké, betegségé)* course, process

lefoly|ik *v (felülről)* flow, run*, trickle (down) || *(vm vhogy)* take* a ... course, pass off, take* place; *(betegség)* run*/ take* its course

lefolyó *n (kagylón)* plug-hole, outflow pipe; *(konyhai mosogató)* sink

lefolyócső *n (lakásban)* waste-pipe, outflow pipe || *(ereszcsatornából)* gutter/ rain(water) pipe

lefolytat *v (tárgyalásokat)* conduct [negotiations]; *(vizsgálatot)* make* [an investigation], hold*/institute [an inquiry]; *(kísérletet)* carry out [an experiment]

lefordít *v (tárgyat)* turn (upside) down || *(vmlyen nyelvből vmlyen nyelvre)* translate (from ... into ...) || **vmt angolról magyarra** ~ translate sg from English into Hungarian

lefordíthatatlan *a* untranslatable

lefordul *v vmről* fall* from/off (sg), tumble down (from sg) || **holtan fordul le a székről** drop/fall* dead from one's chair

leforráz *v (forró vízzel)* scald, pour boiling water (over); *(teát)* infuse || ~**va távozott** he left rather crestfallen/deflated

le-föl *adv* up and down

leföldel *v el* earth, ground

lefölöz *v (tejet)* skim (off) the cream from [the milk]; *átv* take* the best part of sg, cream off

lefőz *v biz vkt* outdo* sy, go* one better than sy, run* rings round sy

lefröcsköl *v (vízzel)* sprinkle [with water]; *(sárral)* (be)spatter/splatter [with mud]

lefúj *v* blow* off || *kat* sound the dismiss || *sp* stop [the match] || *(rendezvényt)* call off, cancel *(US* -l)

lefut *v (hegyről)* run* down, come*/go* running down || *sp* run*/dribble down the field || *(távolságot)* run*, cover a distance || ~ **három kört** do* 3 laps; ~**ott egy szem a harisnyámon** I've got a ladder in my stocking

lefülel *v* collar, run* to earth, nab

leg- *pref (egyszótagú mellékneveknél, ill.* -er, -y, -ly *végű kétszótagúaknál ált)* -(e)st; *(két- és többszótagúaknál)* most ... [+ *melléknév*] || ~ **csinosabb** prettiest; ~ **fiatalabb** youngest; ~ **szebb** most beautiful

lég *n* air || ~ **ből kapott hírek** groundless rumours (*US* -ors), groundless allegations, fabrications

legalább *adv* at least, at the very least || ~ **egy évig tart** it takes (*v.* will take) at least a year; ~ **80 éves** he is* 80 if a day; **ha** ~ **igaz volna!** if only it were true!

legalábbis *adv (helyeselve)* at least, or rather; well, that's how I see it || *(legalább)* at least, not less than || ~ **én így gondolom** I think so, anyway; ~ **én nem hiszem** I for one don't believe it

legális *a* legal || ~ **úton** by legal means

legalizál *v* legalize

legalsó *a* lowest, bottom

legalul *adv* down below, lowest down

légáramlat *n air* current, breeze || **meleg** ~ warm current of air

legázol *v* trample (sg) down/underfoot, crush (sg) || *átv* run* down/over

légbuborék *n* air-bubble

légcsavar *n* airscrew, propeller

légcső *n* windpipe; *orv tud* trachea

légcsőhurut *n* tracheitis

legel *v* graze, browse [in the fields], pasture

legeleje *n vmnek* foremost/front part (of sg), the very front (of sg) || *(időben)* ~ **n vmnek** at the very beginning, right at the beginning/start

légelhárítás *n* = **légvédelem**

légellenállás *n* drag, air resistance

legelő *n* pasture, grazing ground

legelöl *adv* in the very front, in the forefront; *(sorban)* at the head of the line/row

legelőször *adv* first(ly), at first, first of all || **ki érkezett** ~? who came* first?, who was the first to arrive?

legelső *a* (the very) first; *(legelülső)* foremost

legeltetés *n* grazing, pasturing, pasturage

legenda *n* legend

legendás *a* legendary, fabled, mythical

legény *n (fiatal ember)* young man°, lad || *(nőtlen)* bachelor || ~ **a talpán** quite a lad, plucky fellow

legénylakás *n* bachelor flat

legénység *n kat* men (of the rank and file) *pl*, the rank and file; troops *pl*; *US* enlisted men *pl* || *(hajóé)* crew, the lower deck; *(repülőgépé, űrhajóé)* crew

legépel *v* type

légfék *n air* brake(s)

legfeljebb *adv* at most, at the (very) most; at (the) worst; not more than || ~ **elkésünk** we'll be late, that's all

legfelső *a (legmagasabb)* highest, uppermost, top(most) || *(hatóság)* supreme || ~ **szintű tárgyalások** top-level talks

legfelsőbb *a* supreme || ~ **bíróság** supreme court (of justice)

legfelül *adv* uppermost, topmost, at the top (of sg)

legfőbb *a* chief, main, most important, principal, cardinal, greatest || ~ **ideje, hogy (el)induljunk** it's high time we went

legfőképpen *adv* chiefly, mainly, especially, above all

légfrissítő *n* air-freshener

léggömb *n* balloon; *(gyermeké)* (toy-)-balloon

léghajó *n* airship, balloon || **kormányozható** ~ dirigible (airship)

léghajózás *n* ballooning

leghátul *adv* farthest/right back/behind, at the very back of sg, at the end/rear of sg || ~ **megy** bring* up the rear

leghátulsó *a* hindmost, backmost || ~ **sor** last/back row, rear rank

leghosszabb(an) *a/adv* longest

légi *a* aerial, of/in the air *ut.*; *(összet)* air- || ~ **felderítés** air reconnaissance; ~ **folyosó** air corridor; ~ **fuvar** air cargo; ~ **haderő** airforce; ~ **járat** flight, air service; ~ **közlekedés** air transport/service; ~ **küldemények** airmail *sing*.; ~ **mentőszolgálat** airborne ambulance service; ~ **szállítás** air transport, transport by air; ~ **támaszpont** air base; ~ **úton szállított** airborne; ~ **útvonal** air route, airway; ~ **úton** by air

légibeteg *a* airsick

légibetegség *n* airsickness

légibusz *n* airbus

légierő *n* airforce

légies *a* (light and) airy, ethereal

légiflotta *n* air fleet, airforce

légihíd *n* airlift

légikikötő *n* airport; *(kezdetlegesebb)* landing field

légikisasszony *n* = **légiutas-kísérő**

leginkább *adv* most(ly), for the most part, most of all, principally, especially, above all (things)

légió *n tört* legion

légiposta *n* airmail || ~ **val** by airmail

légipostai *a* airmail || ~ **levél** *(önborítékoló)* air letter, aerogram

légiriadó *n* air-raid warning, alert

légitámadás *n* air raid/attack

légitársaság *n* airline (company)
légitaxi *n* air-taxi
légiutas *n* air passenger
légiutas-kísérő *n* stewardess, air hostess
legjobb *a* best ‖ ~ **lesz, ha** *(vmt teszel)* you had better *(US* best) do sg, it would be better *(US* best), if ...; **a ~ esetben** at best, at the very best; **~ tudása szerint** to the best of one's ability
legjobban *adv* (the) best, best of all
legjobbkor *adv* **a ~** just in time, in the nick of time
legkésőbb *adv* at the latest, not later than ‖ **~ 6-ra itt leszek** I'll be here/back by 6 (o'clock) at the latest
legkevésbé *adv* (the) least, least of all ‖ **a ~ sem** not in the least
legkevesebb *a* → **legalább**
legkisebb *a* smallest, slightest, least, minimum ‖ **a ~ bér** the minimum wage; **a ~ gyerek** the youngest child°
légkondicionálás *n* air-conditioning
légkondicionáló berendezés *n* air-conditioning, air-conditioner
légkondicionált *a* air-conditioned
légkör *n* atmosphere ‖ *átv* atmosphere, climate
légköri *a* atmospherical, meteoric ‖ **~ nyomás** atmospheric pressure; **~ zavarok** static, atmospherics *pl*
legközelebb *adv (térben vmhez)* nearest to sg; *(közvetlenül)* next to sg ‖ *(időben)* next (time), very shortly/soon ‖ **ha/amikor ~ találkozunk** when next we meet, next time we meet
legközelebbi *a (térben)* nearest; *(közvetlen)* next ‖ *(időben)* next
legmagasabb *a (hegy)* highest ‖ *(ember)* tallest
légmentes *a* airtight, hermetically sealed ‖ **~ tömítés** hermetic seal
légmentesen *adv* hermetically, airtight
legnagyobb *a* biggest, largest, greatest ‖ **a ~ gyerek(e vknek)** sy's eldest child°; **a ~ kedvezmény záradéka** the most-favoured-nation clause; **a ~ örömmel** with the greatest of *(v.* utmost) pleasure
légnemű *a* gaseous, aerial
légnyomás *n fiz* (atmospheric) pressure; *(autógumiban)* air pressure ‖ *(bombarobbanáskor)* blast (of explosion)
légnyomásmérő *n* barometer
légópince *n* air-raid shelter
legorombít *v biz vkt* abuse sy, eff and blind at sy
legördül *v* roll down ‖ **a függöny ~** the curtain drops/falls*
légörvény *n* whirlwind, air eddy
légpárna *n* aircushion
légpárnás hajó *n* hovercraft

légpuska *n* air rifle
legrosszabb *a* worst ‖ **a ~ esetben** if the worst comes to the worst
legszélső *a* outermost, farthest, extreme
légszennyezés *n* air pollution
légszűrő (betét) *n* air filter/cleaner (element), replacement filter
légtér *n* airspace
légtornász *n* acrobat, trapeze artiste
legtöbb *a* most, the greatest number/quantity/part (of sg) ‖ **ez a ~, amit megtehet** that is* the utmost/best he can do; **a ~en** most people
legtöbbször *adv* most often/times, more often than not
leguggol *v* crouch (down), squat (oneself) down; *US* hunker down
legújabb *a* newest, latest ‖ **~ divat** latest fashion; **~ fejlemények** latest developments
legurít *v* roll down
legurul *v* roll down
légutak *n pl orv* respiratory tract/system *sing.*, air passages
légúti *a* respiratory ‖ **~ fertőzés** infection of the respiratory tract/organs
legutóbb *adv (nemrég)* recently, lately, the other day ‖ *(utoljára)* last
legutóbbi *a* recent, latest, last; *(legújabb)* newest ‖ **a ~ években** in the last few years, of late, in recent years; **a ~ időkben** recently, of late
legutoljára *adv (utoljára)* last (of all), in the last place ‖ *(végül)* at last, finally
legutolsó *a* (very) last, latest, last of all *ut.* ‖ **~ ár** lowest price, rock-bottom price
légügyi *a* air-, of air/aviation *ut.* ‖ **~ attasé** air attaché; **~ miniszter** Aviation Secretary, Secretary for Aviation
légüres *a* airless, devoid of air *ut.* ‖ **~ tér** vacuum; *átv* void, vacuum
légvárak *n pl* castles in Spain, castles in the air ‖ **~at épít** build* castles in Spain, live in cloud cuckoo land
légvédelem *n* anti-aircraft defence *(US* -se), air defence *(US* -se)
légvédelmi *a* anti-aircraft ‖ **~ tüzérség** anti-aircraft artillery
legvége *n vmnek* extremity, the very/extreme end (of sg) ‖ **az asztal ~n** at the foot/bottom of the table
legvégső *a* (very) last, extreme, ultimate, final ‖ **a ~ esetben** in the last resort
legvégül *adv* at the (very) end, at last, last (of all), lastly, finally
légvonal *n* **~ban 10 kilométer** 10 kilometres as the crow flies, 10 air kilometres
légzés *n* breathing, respiration ‖ **mesterséges ~** artificial respiration

légzési *a* ~ **zavarok** respiratory trouble *sing.*, respiratory disturbances
légzőszervek *n pl* respiratory organs
légzsák *n (levegőben)* airpocket || *(repülőtéren)* windsock, windsleeve
légy[1] *v* be = **legyen**
légy[2] *n* (house) fly || **tudja, mitől döglik a** ~ knows* on which side his bread is buttered, knows* what's what, *US* knows* the score; **egy csapásra két legyet üt** kill two birds with one stone
legyalul *v (simára)* plane, make* even, smooth (down)
légycsapó *n* (fly-)swatter, swat
legyen *v* be || ~ **itt 8-ra** (will you) be here by 8; ~ **olyan szíves** (will/would you) be so kind as to..., would you mind ...-ing
legyengít *v* weaken, make* (sy/sg) weak, enfeeble; *(betegség)* bring* low/down
legyengül *v* grow*/become* weak(er)/ weakened/feeble(r); *(betegségtől)* be* laid/low, be* debilitated
legyez *v* fan
legyező *n* fan
légyfogó *n (papír)* flypaper
legyilkol *v vkt* murder (sy) (in cold blood), kill || *(tömegesen)* massacre, slaughter
legyint *v (kezével)* wave one's hand; *(lemondóan)* wave one's hand in resignation, make* a gesture of resignation || **pofon** ~ slap sy on the cheek
legyintés *n (kézlegyintés)* wave of the hand || *(könnyed ütés)* slap, flick
legyőz *v (ellenfelet)* defeat, conquer, overcome*, subdue || *sp ált* beat*; *(birkózásban)* floor || *(nehézséget, indulatot)* overcome*, conquer, surmount; *(betegséget)* fight* off
legyőzhetetlen *a (ember)* invincible, unconquerable || *(nehézség)* insurmountable, inextricable [difficulty]
legyűr *v vkt* overcome*, subdue, get* the upper hand of sy; *(nehézséget)* overcome* || *(ételt)* get* down [food]
léha *a* frivolous, light-minded; *(életmód)* loose, idle
lehagy *v (megelőz)* outstrip, outrun*; *(egy körrel)* lap; *(járművel)* pass, overtake*; *(vkt tanulásban stb.)* get* ahead of (sy), do* better than (sy), leave* sy far behind || *(lefelejt)* leave* out/off, omit
lehajl|ik *v* bend*/bow down
lehajlít *v* bend*, bow, curve (down)
lehajol *v* bend*/bow down; *(csak vk)* stoop
lehajt *v (lefelé fordít)* bend* down; *(gallért)* turn down || *(italt)* gulp down, knock back || **nincs hova ~ania a fejét** have* nowhere to lay one's head

lehalkít *v* deaden, soften, subdue, tone down; *(rádiót)* turn down || ~**ja a hangját** lower one's voice
lehallgat *v (telefont)* tap sy's phone
lehallgatókészülék *n biz* bug, tap
leháml|ik *v* peel (off), be* peeling off
lehámoz *v* peel off, hull, husk, strip
lehangol *v (hír vkt)* depress, dispirit, distress, deject, cast* (sy) down
lehangolt *a (hangszer)* out of tune *ut.* || *átv* depressed, dejected, downcast || **nagyon** ~ *biz* feel* blue/low
lehány *v (ledob)* throw*/hurl/fling* down || *(leokád)* vomit on (sg)
lehanyatl|ik *v (fej)* droop (suddenly) || *átv* decline, decay, come* down
leharap *v* bite* off
lehasal *v* lie* flat on one's stomach
lehel *v* breathe; *(erősen)* blow*, puff
lehelet *n* breath || **utolsó ~éig** *(küzd)* [fight*] to one's dying/last breath; to the last ditch
lehengerel *v (utat)* roll down [with a roller] || *(ellenfelet)* bowl over, crush; *(nagy sikert arat)* sweep* the board || **mindenkit** ~ wipe the floor with one's opponent(s)
lehet *v (lehetséges)* be* possible, (it) may/ can be; *(talán)* maybe, perhaps, possibly || *(szabad)* sy can/may do sg || **amennyire (csak)** ~ as far as possible; **az nem** ~**!** that/it is impossible, that's/it's out of the question; **be** ~ **menni** you can/may enter (*v.* go* in); **Eljössz?** — **L**~ Will you come (with us)? — Possibly (*v.* maybe *v.* perhaps); **itt nem** ~ **játszani!** you may/must not play here!, you are not allowed/supposed to play here!; **legfeljebb 30 éves** ~ he can't be more than 30; ~, **hogy igazad van** you may (well) be right; ~, **hogy késni fog** he is likely to be late, he may be/come/arrive late; **még baj** ~ **belőle** it could lead to (some) trouble, it may turn out bad; **mihelyt** ~ as soon as possible
lehetetlen *a (nem lehetséges)* impossible; *kif* try to make bricks without straw || *(képtelen)* impossible, absurd; *US biz* a fix || **(ez)** ~ **!** it is impossible!, it can't be (possible/true)!, it is out of the question; **megkísérli a** ~**t** attempt the impossible
lehetetlenség *n* impossibility
lehetetlenül *adv* impossibly
lehető *a* possible || **a** ~ **legjobb** the best possible; **vmt** ~**vé tesz** render/make* sg possible
lehetőleg *adv* if possible, possibly, as far as possible || ~ **délelőtt** preferably a.m. (*v.* in the morning)

lehetőség *n* possibility; *(érvényesülési)* chance, opening; *(lappangó)* potentialities *pl*; *(főzési, sportolási stb.)* [cooking/sports etc.] facilities *pl*; *(kétféle/többféle)* alternative, alternative possibility; option || ~ **szerint** as far as possible; ~ **nyílik vmre** an opportunity presents itself; **két** ~ **e van** have* two alternatives; **nincs más** ~ **e** have* no option/alternative (but to ...)

lehetséges *a* possible; *(megvalósítható)* practicable || **nagyon** ~ very/most likely, it looks like (it)

lehiggad *v (dühös ember)* calm down, regain one's composure || *(fiatal ember)* settle down

lehív *v vkt vhová* call down, ask sy (to come) down || *pénz* call (in) || *(kártya)* play [a card]

lehívat *v vkt vhonnan* ask sy (to come) down

lehord *v vmt* carry*/bring* down (piecemeal) || *vkt* upbraid; *kif* haul sy over the coals, give* sy a ticking-off; *biz* tear* sy off a strip

lehorgaszt *v* ~ **ja a fejét** hang*/bow one's head

lehorgonyoz *v* cast*/drop anchor, anchor

lehorzsol *v (bőrt)* graze, scrape off [skin]

lehoz *v vhonnan vmt* bring*/fetch down || *(leközöl)* publish, print

lehull *v* fall* (down), drop || ~ **ott a szeméről a hályog** the scales fell from his eyes

lehuny *v* ~ **ja a szemét** close one's eyes || **egész éjjel nem hunyta le a szemét** (s)he didn't sleep a wink all night, (s)he didn't have a wink of sleep all night

lehúz *v (felülről)* pull down || *vmt vmről* pull/strip sg off/from sg || *(kritikus)* slate, savage, pan || ~ **za a cipőjét** take* off one's shoes; ~ **za a vécét** flush the toilet

lehűl *v* cool down || ~ **t a levegő** it has turned cold/cool/chilly

lehűt *v ált* cool (down), chill || *(olvadt fémet)* quench || *(lelkesedést)* cool

léhűtő *n* idler, loafer, ne'er-do-well

leigáz *v* subjugate, subdue, conquer

leint *v vkt* warn sy not to do sg || *(taxit)* hail

leír *v ált* write*/take*/put* down; *(másol)* copy || *(eseményt)* describe; *(ábrázol)* depict, paint a picture of sg || *(veszteséget)* write* off

leírás *n ált* writing down; *(másolás)* copying || *(eseményé)* description; *(ábrázolás)* depiction; *(veszteségé)* writing off, write-off

leirat *n* rescript, ordinance

leírat *v vmt* have* sg written down; *(másoltat)* have* sg copied (out)

leírhatatlan *a* indescribable, beyond description *ut.*, *kif* it defies description

leíró **1.** *a* descriptive || ~ **nyelvtan** descriptive grammar **2.** *n* copyist; *(írógépen)* copy-typist

leisz|ik *v vmennyit* drink* off || **leissza magát** get* drunk; **leissza magát a sárga földig** get* as drunk as a lord

leitat *v vkt* make* sy drunk, drink* sy under the table || *(írást)* blot (the ink)

leiterjakab *n* gross mistranslation, (schoolboy) howler

lejár *v (eljárogat)* come*/go* (regularly/frequently) down to, visit frequently || *(levehető)* be* detachable/removable || *(szerkezet)* run* down; *(óra)* stop || *(határidő)* expire, lapse, fall* due; *(árukon)* sell* by, best before; *(igazolvány)* expire, be* no longer valid; *(váltó)* expire, fall*/become* due || ~ **ja a lábát** be* (clean) run off one's feet; ~ **t az idő** time is up

lejárat **1.** *n vhová* way/passage/exit leading down; *(földalatti)* underground entrance, subway || *(határidőé)* expiry, expiration; *(kölcsöné, váltóé)* falling due, maturity; *(adósságé stb.)* due-date || ~ **napja** day/date of expiry, expiry date; ~ **kor** when due, upon expiry **2.** *v* ~ **ja magát** discredit oneself

lejárt *a ált* expired, no longer valid; *(követelés)* overdue; *(szerződés)* expired; *(váltó)* mature

lejátszás *n (magnón)* playback, replay

lejátsz|ik *v (mérkőzést)* play || *(hangfelvételt)* play back, replay

lejátszód|ik *v* take* place, be* played out

lejegyez *v* take*/make* a note of sg, note sg down || **gyorsírással** ~ **vmt** take* down (sg) in shorthand

lejjebb *adv* lower (down), below, deeper, further down || ~ **enged** *(redőnyt)* lower (a little bit); *(árat)* lower, cut*; ~ **ment az ára** sg has become cheaper, sg has gone down in price; **lásd** ~ see below

lejön *v vk vhonnan* come* down, descend || **ebből még** ~ **24 forint** 24 fts is* to be deducted from this, less 24 fts

lejövet *adv* coming down, on one's way down

lejt *v (út)* slope

lejtmenet *n* descend, downhill ride || ~ **ben** downhill

lejtő *n (hegyé)* slope, gradient, *US* grade; *közl* hill || ~ **n lefelé** downhill; ~ **n felfelé** uphill; *átv* ~ **re kerül** *(ember)* go* to the bad/dogs, go* downhill; **30 fokos** ~ a slope of 30 degrees; **veszélyes** ~ *(közúti jelzés)* 'steep hill'

lejtős *a* sloping, inclining

lék *n (hajón)* leak; *(jégen)* ice hole || ~**et kap** spring* a leak

lekáderez *v* screen/vet/clear sy

lekap *v vmt* remove, snatch off || *fényk biz* snap, take* a snap(shot) of (sg/sy) || *vkt biz* tell* sy off || ~ **vkt tíz körméről** give* sy a rap on/over the knuckles

lekapar *v* scratch/scrape (off)

lekapcsol *v vmről* unbuckle || *(vasúti kocsit)* uncouple, disconnect

lekaszál *v* scythe, cut* (with a scythe); *(füvet)* mow*

lekefél *v* brush (down)

leken *v* ~ **vknek egy pofont** *biz* slap sy in/across the face, fetch sy one in the face

lekenyerez *v* buy* sy off

lekér *v biz (táncban)* cut* in (on)

lekés|ik *v vmről/vmt* come*/arrive late for (sg), miss (sg) || ~**ik a vonatról** miss the train

lekezel *v (kezet ráz vkvel)* shake* hands with (sy) || *vkt elít* treat (sy) in an off-hand manner, be* condescending (towards sy)

lekiált *v vhonnan* shout down (from above)

lekicsinyel *v* belittle, make* little/light of (sg) minimize, pooh-pooh

lekicsinylő *a* disparaging, disdainful

lekísér *v* see* (sy) down

lekonyul *v* bend* down, droop, flag

lekop|ik *v* wear* off/down || *biz* **kopj le!** shove off!, get lost!

lekopog *v (írógépen)* type (out) || *biz (babonából)* **kopogjuk/kopogd le!** touch wood!, *US* knock on wood!

leköltöz|ik *v (alacsonyabb emeletre)* move (to a lower storey), move down(stairs) || *(vidékre)* move to [the country], go* to live in [the country]

leköp *v* spit* on (sy)

leköröz *v vkt* lap sy; *átv* run* rings round sy

leköszön *v (tisztségről)* resign [one's post], resign/retire from withdraw* || **a** ~ **ő elnök** the outgoing/retiring president

leköt *v (kötelékkel)* bind*, tie/fasten down || *(árut)* contract, secure an option on goods; *(szerződéssel)* bind* (sy by contract); *(zálogul)* pledge; *(ingatlant)* mortgage; *(utat utazási irodában)* book [a tour]; *(szobát)* book [a room] || *(figyelmet)* hold*/arrest [sy's attention], hold* [the audience]; engage [sy's interest] || *(munka)* occupy, absorb; sg keeps* sy busy || *vegy* absorb, neutralize, fix || ~**i a gyermek érdeklődését** the child's interest is engaged (by . . .); **nagyon** ~**i a munkája** be* completely absorbed in his work

lekötelez *v* oblige, place (sy) under an obligation || **vkt vmvel** ~ oblige sy by (. . . ing); **nagyon** ~**ne, ha** . . . I would be much obliged to you if . . . ; **le van vknek kötelezve** be* indebted/obliged to sy (for sg), be* under an obligation to sy

lekötelező *a* obliging

lektor *n (egyetemen)* lector, visiting/exchange lecturer; *US* instructor || *(könyvkiadónál)* (publisher's) reader, copy editor; *(szótáré stb.)* consultant/consulting/contributing editor

lektorál *v (kéziratot)* read* [a manuscript] [for a publisher]; *(nyelvileg)* check sg linguistically || ~**ta** . . . *kb.* contributing/consultant editor . . .

lektorátus *n (egyetemen)* modern languages department, language centre (*US* -ter) || *(könyvkiadónál)* readers' department

leküld *v vk vkt* send* down

leküzd *v (akadályokat)* overcome*, get* over, surmount [difficulties]; *(betegséget)* (manage to) overcome*, fight* off [an illness]

leküzdhetetlen *a (akadály)* insurmountable, insuperable [obstacle]

lekvár *n* jam, preserve; *(citrom, narancs)* marmalade

lekváros *a* ~ **bukta** *kb.* jam roll; ~ **kenyér** bread and jam

lekvárosüveg *n* jam-jar/pot

lel *v (talál)* (happen to) find*, hit*/come*/light* (up)on sg, come* across (sg) || **halálát** ~**te** he met his death; **mi** ~**te?** what has come over him?

leláncol *v* fasten with a chain, chain up

lelassít *v (jármű)* slow down/up || *(mozgást)* slacken [the/one's pace]

lelassul *v* slow down

lelátó *n* grandstand

lélegzés *n* breathing, respiration

lélegzet *n* breath || ~**et vesz** take* (a) breath, breathe; ~**hez jut** get* one's breath/wind; *átv* gain/obtain a breathing space, take* breath

lélegzetelállító *a* breath-taking

lélegzetvétel *n (egy)* breath || *(légzés)* breathing, respiration

lélegzet-visszafojtva *adv* with bated breath, holding one's breath

lélegz|ik *v* breathe || **mélyet** ~**ik** take* a deep breath

lélek *n (test ellentéte)* soul, spirit || *(lényege/mozgatója vmnek)* (life and) soul, moving/leading spirit; it's his funeral || **az ő lelkén száradt** he will have it on his conscience; **egy (árva)** ~ **sem volt ott** not a (living) soul was there; **600** ~ (a population of) 600 people; **lelke raj-**

ta he is to blame; **lelkem!** my dear!, darling!, dearest (heart); **lelkem mélyén** in my heart of hearts; **lelkére beszél vknek** appeal to sy's better nature/feelings; **nyugodt** ~**kel** *(megtesz)* (do*/state sg) in good conscience/faith; **vm nyomja a lelkét vknek** have* sg on one's conscience, sg is on one's mind

lélekharang *n* deathbell

lélekjelenlét *n* presence of mind, composure

lélekölő *a* soul-destroying || ~ **munka** drudgery, *biz* grind, slog

lélekszakadva *adv* out of breath, breathless(ly) || ~ **fut** run* at breakneck speed

lélektan *n* psychology

lélektani *a* psychological

lélektelen *a* soulless, spiritless; *(unalmas)* dull, uninspiring

leleményes *a* inventive, ingenious || ~ **ember** resourceful man°, *kif* he is* never at a loss

lelép *v (vk vhonnan)* step* down/off; *(járműről)* get* off || *biz* = **meglóg** || *(megmér)* pace

lelépési díj *n (lakásért)* key money, premium

leleplez *v (szobrot)* unveil || *átv (összeesküvést, csalást stb.)* expose, uncover, reveal

leleplezés *n (szoboré)* unveiling || *átv* exposure

lelet *n* ált finding; *(régészeti)* find || *orv* ~**ek** (laboratory) findings (*v*. report *sing*.)

lelkendez *v* be* enthusiastic about sg, rave (about sg), enthuse (over sg)

lelkendezés *n* (burst of) enthusiasm

lelkes *a* enthusiastic, keen, ardent, zealous || ~ **éljenzés** ovation, loud cheers *pl*; ~ **fogadtatásra talál** meet* with a warm reception; ~ **híve vknek** a fervent/ardent admirer of sy

lelkesedés *n* enthusiasm, ardour (*US* -or), zeal, fervour (*US* -or)

lelkesed|ik *v vmért* be* enthusiastic (about sg), enthuse (over sg); *vkért* be* a fervent admirer of sy

lelkesen *adv* enthusiastically || ~ **beszél vmről** rhapsodize about sg

lelkesít *v* animate, inspire, fire (sy) with enthusiasm (for sg), enthuse (sy)

lelkesítő *a* animating, inspiring, rousing

lelkész *n (katolikus)* (parish-)priest, clergyman°; *(anglikán)* parson, vicar, rector; *(protestáns ált)* minister; *(nem GB prot.)* pastor, minister; *(zsidó)* rabbi

lelkészi *a* ~ **hivatal** vestry; ~ **pályára megy** go* into the ministry/Church

lelketlen *a* heartless, unfeeling, callous

lelketlenség *n* heartlessness, callousness

lelki *a pszich* mental; *tud* psychic(al); *vall és ált* spiritual || ~ **alkat** mentality, mental/spiritual constitution, cast of mind

lelkiállapot *n* state/frame of mind, mood

lelkierő *n* strength of mind, moral strength

lelkiismeret *n* conscience || **tiszta a** ~**e** have* a clear conscience; **rossz a** ~**e** have* a (guilty/bad) conscience

lelkiismeretes *a* conscientious; *(aggályosan)* scrupulous

lelkiismeretesség *n* conscientiousness

lelkiismeret-furdalás *n* pangs/qualms of conscience *pl*, a twinge of conscience, remorse || ~**a van** have* a (guilty) conscience (about sg), be* filled with remorse (for sg)

lelkiismereti *a* of conscience *ut*.

lelkiismeretlen *a* unconscientious, unconscionable, *(igével)* have* no conscience

lelkiismeretlenség *n* unconscientiousness, lack of conscience, unscrupulousness; *(hanyagság)* carelessness, negligence

lelkipásztor *n* ált minister; *(nem GB)* pastor

lelkivilág *n* frame of mind, mentality || **beleéli magát vk** ~**ába** empathize with sy

lelkület *n* disposition, temper(ament), cast of mind

lelocsol *v* spill* water on (sy/sg), slop sy, splash [liquid] (up)on sy

lelohad *v (daganat)* go* down, subside || *(lelkesedés)* abate, cool off; *(harag)* subside

lelohaszt *v (daganatot)* reduce, bring* down [a swelling] || *(buzgalmat)* cool, dash, damp || *(reményeket)* dash, throw* cold water on [sy's hopes]

lelő *v* shoot* (down)

lelőhely *n (ásványé)* quarry, place of occurrence; *(áll, növ)* home; *(eredet)* source, provenance

lelök *v vhonnan* push/shove/thrust*/knock down/off (from)

leltár *n (jegyzék)* inventory

leltári *a* inventory, of inventory *ut*.

leltároz *v* inventory, take*/make* an inventory of (sg), make* a list of sg; *(leltározást végez)* take* stock

leltározás *n* taking an inventory, stock-taking

lemarad *v (csoporttól)* drop/fall*/lag behind || *(tanulásban)* slip/fall*/lag behind; *(fejlődésben)* lag behind, be* backward || *vk vmről* be* late for sg, miss sg || ~ **a vonatról** miss the train

lemaradás *n* lag(ging behind); *(munkával)* backlog, arrears *pl*

lemásol

lemásol *v (másolatot készít)* copy, make* a copy (of sg)
lemász|ik *v* climb/crawl down/off sg
lemberdzsek *n (casual)* jacket, anorak
lemegy *v vk vhová* go* down, descend; *(lépcsőn)* go* downst*airs* ‖ *(árvíz, láz)* ab*a*te, subs*i*de, dro**p**; *(árak)* fall*, come* down ‖ *(nap)* go* down, set* ‖ ~ **a Balatonra** go* (down) to the B*a*laton (*v.* to Lake B.)
lemenet *adv* on one's way down, going down
lemenő *a* **a ~ nap** the setting sun; **~ ágon** *jog* in the descending line
lemér *v ált* me*a*sure; *(szövetet)* measure off ‖ *(mérlegen)* weigh ‖ *(felmér)* gauge (*US* gage)
lemereved|ik *v (izom)* tense/st*i*ffen up
lemerül *v* plunge, dive, sink*; *(tengeralattjáró)* submerge ‖ *(akku)* go* flat ‖ **~t az akku** the b*a*ttery is run down (*v.* dead *v.* flat)
lemészárol *v ált* b*u*tcher, sl*a*ughter, m*u*rder; *(embereket)* massacre
lemez *n (fém)* plate; *(vékonyabb)* sheet ‖ *(hanglemez)* record, disc, *US* disk ‖ *(magnetic)* disk ‖ **hajlékony ~** floppy disk; **mikrobarázdás ~** long pl*ay*(ing) record *(röv* LP)
lemezjátszó *n* record-player
lemezlovas *n* d*i*sc *(US* disk) j*o*ckey *(röv* DJ)
lemond *v (vmről ált)* give* up; *(igényről)* ren*o*unce, give* up, waive; *(orvos betegről)* give* up [patient] ‖ *(tisztségről)* res*i*gn, give* up; *(trónról)* *a*bdicate [the throne] ‖ *(előadást, jegyet stb.)* c*a*ncel (*US* -l), call off ‖ *(újságot)* disc*o*ntinue, cancel (*US* -l) (one's) subscription to ‖ **a versenyt ~ták** the race has been called off; **~ a dohányzásról** give* up sm*o*king; **~ja a (vacsora)meghívást** send* one's regr*e*ts (to sy), cry off the p*a*rty; **~ott a kormány** the C*a*binet/ G*o*vernment has res*i*gned; **~ vmről vk javára** ren*o*unce sg in sy's f*a*vour (*v.* on sy's beh*a*lf)
lemondás *n (ált vmről)* g*i*ving up; *(igényről)* waiver; *(örökségről)* renunciation ‖ *(tisztségről)* resignation ‖ *(meghívásé)* cancelling (*US* -l-), c*a*lling off; *(udvarias formában)* regrets *pl* ‖ *(beletörődés)* resignation, renunciation ‖ **benyújtja ~át** *o*ffer (*v.* send*/hand in) one's resign*a*tion
lemos *v (kocsit)* wash (down) [the car], wash [the car] down; *(tömlővel)* hose down [the car] ‖ **~ vmt vhonnan** wash sg aw*a*y/off; **~ vkt** give* sy a sponge-down

340

lemosható tapéta *n* sp*o*ngeable wallpaper
len *n* flax
lencse *n növ* lentil ‖ *(üveg)* lens ‖ *(bőrön)* freckle, mole
lencsefőzelék *n* dish of l*e*ntils
lencseleves *n* l*e*ntil soup
lencsenyílás *n fényk* *a*perture
lendít *v* swing*, fling* ‖ **ez nem sokat ~ a dolgon** it is* not much use/help, that d*o*esn't help much
lendkerék *n* fl*y*wheel
lendül *v (begi*n* to)* swing* ‖ **támadásba ~** charge, start att*a*ck, be* roused to att*a*ck
lendület *n (cselekvésre)* *i*mpetus, drive, *i*mpulse ‖ *(emberben)* energy, drive, v*i*gour (*US* -or), dash, *é*lan ‖ *(fejlődésé)* rate (of pr*o*gress), pace ‖ *(szónoki)* dyn*a*mism‖ **~et ad vmnek** give* sg m*o*mentum, give* sg a st*i*mulus
lendületes *a ált* energetic, v*i*gorous, l*i*vely, dyn*a*mic; *(ember)* brisk, dyn*a*mic
lenéz *v (fentről vkre)* look down at/on sy ‖ *vkt elít* look down on sy, desp*i*se/disd*a*in/scorn sy
lenézés *n* contempt, disd*a*in, scorn
leng *v (inga)* swing*, oscillate ‖ *(zászló)* fly*, fl*u*tter
lengés *n (műszer mutatójáé)* oscillation ‖ *sp (tornában)* swinging ‖ **inga ~e** swing of the p*e*ndulum
lengéscsillapító *n* shock abs*o*rber
lenget *v (karját)* swing* ‖ *(zászlót, kalapot)* wave, flourish; *(zsebkendőt)* wave, fl*u*tter ‖ *(szél ágakat)* sway
lengő *a (mozgás)* sw*i*nging; *(zászló)* w*a*ving, fl*o*wing, fl*y*ing
lengőajtó *n* swing(ing) door
lengyel 1. *a* Polish 2. *n (ember)* Pole ‖ *(nyelv)* Polish → **angol**
Lengyelország *n* Poland
lengyelországi *a* Polish, of Poland *ut.*
lengyelül *adv* (in) Polish → **angolul**
lenn *adv* (down) below, down; *(földszinten)* downst*ai*rs ‖ **~ van** *(földön)* be* down, be* l*y*ing on the ground, be* down below; *(vidéken)* be* (down) by/at
lenni *v* to be ‖ **mi akar ~?** what is (s)he g*o*ing to be?, what does (s)he want to do?; **mérnök akar ~** (s)he wants to be an engin*ee*r → **van, lesz**
lenolaj *n* l*i*nseed oil
lent *adv* = **lenn**
lenti *a (hely)* lower, (sg) below; *(lakó)* (sy) downst*ai*rs ‖ *(lejjebb említett)* mentioned below *ut.*
lenvászon *n* l*i*nen
lény *n* (l*i*ving) being, ind*i*vidual, person ‖ **vknek a ~e** sy's nature/temper/ch*a*racter

lényeg *n* essence, substance; *(beszéd, írásműé)* meat || **a ~ az, hogy ...** the (main) point/thing is* that/to; **ez nem változtat a ~en** that makes* no difference; **a ~re tér** get*/come* to the point; *biz* get* down to brass tacks
lényegbevágó *a* vital, all-important, of primary/prime/vital importance *ut.*
lényeges *a* substantial, essential; *(alapvető)* fundamental; *(fontos)* important
lényegileg *adv* essentially, basically, substantially
lényegtelen *a* unimportant, of no importance *ut.*; *(mellékes)* be* beside the point/mark
lenyel *v (átv is)* swallow; *(egyszerre)* gulp (down), swallow (sg) at a mouthful || **~i a békát** *átv* swallow the bitter pill
lenyír *v (hajat)* cut* (off); *(rövidre)* crop, trim; *(birkát)* shear* [a sheep], shear* off [the sheep's wool] || *(füvet)* mow*
lenyom *v (ált vmt)* press down, depress; *(súlyával)* weigh(t) down; *(vkt erővel)* hold*/get*/force (sy) down; *(víz alá)* duck, submerge || *(árakat)* force [prices] down || **~ja a kilincset** turn the handle/doorknob
lenyomat *n (vm nyoma)* mark, print, impression || *nyomd* **(új) ~** impression, reprint, printing
lenyugsz|ik *v (égitest)* set*, go* down
lenyúz *v (bőrt)* strip/pull off [skin]
lenyűgöző *a* fascinating, captivating || **~ látvány** entrancing sight/spectacle
leold *v (övet)* unfasten, loosen and take* off
leolt *v (villanyt)* switch off, turn out [the light]
leolvas *v (műszert)* read* || *(vmt vknek az arcáról)* see*/read* sg in sy's eyes || **gázórát ~** read* the gas meter
leolvaszt *v (hűtőszekrényt)* defrost
leoml|ik *v (fal)* fall* in, collapse; *(vakolat)* fall* (off); *(part)* cave in || *(haj)* fall* (over), cascade
leopárd *n* leopard
leöblít *v (edényeket stb.)* rinse || *(vécét)* flush [the toilet]
leöl *v* kill; *(disznót így is)* stick*
leönt *v (abroszt)* spill* sg [on the tablecloth] || *(fölösleget)* pour off || **~ vkt vízzel** spill* water on sy, throw* water over sy
lép[1] *v vk ált* step; *(egyet)* take* a step || *(sakkban)* move [a piece], make* a move [with a piece] || **házasságra ~ vkvel** marry sy, be*/get* married to sy; **huszadik évébe ~** turn twenty; **ki ~?** whose move is it?; **lábára ~ vknek** tread* on sy's foot°/toes; *vmre* **~** step/tread* on sg

lép[2] *n (szerv)* spleen
lép[3] *n (méhé)* honeycomb
lép[4] *n (madárlép)* bird-lime || **~re csal** take* in sy *v.* take* sy in, ensnare
leparkol *v* park [one's/the car]
lepárlás *n* distillation
lepárlókészülék *n* distilling apparatus, still
lepárol *v* distil, *US* distill
lepattan *v (gomb)* fall*/fly* off || *(golyó)* glance off/aside; *(labda)* rebound
lepattogz|ik *v (egy darabka)* crack/chip off || *(festék)* crack, chip/flake off
lépcső *n (sor)* stairs *pl,* stair; *(lépcsőfok)* step, stair; *(autóbuszé)* platform; *(vasúti kocsié)* steps *pl* || *(rakétáé)* stage || **felmegy a ~n** go* upstairs, climb the stairs; **hátsó ~** backstairs *pl*; **lemegy a ~n** go* downstairs; **vigyázat, ~!** mind the step!
lépcsőfok *n* step, stair
lépcsőforduló *n* landing
lépcsőház *n* staircase, stairway
lépcsős *a* **három~ rakéta** 3-stage rocket; **~ út/feljáró** steps/stairs *pl* up to swhere
lépcsőzetes *a* stepped; terraced || *átv* gradual, staggered || **~ munkakezdés** stagger(ed working) hours *pl, GB* flexitime
lepecsétel *v (iratot)* stamp (sg), seal (sg); *(bélyeget)* cancel *(US* -l), postmark || *(lakást)* seal up
lepedő *n (ágyon)* sheet
lépeget *v (gyorsan)* trot || *(kimérten)* pace || *(kényelmesen)* amble (along)
lepel *n* veil || *átv* **vmnek a leple alatt** under cover of sg
lepény *n* flan; *(töltött)* pie
lepereg *v (homok)* run* down || *(könny)* run*/trickle down || **~ róla** *(hatástalanul) kif* it's like water off a duck's back (to him/her)
leperget *v (filmet)* show*
lépés *n (egy)* (foot)step; *(járásmód)* step, tread, walk(ing pace), amble; *(autóval)* dead slow, at a very slow pace || *(távolság)* step, pace || *(sakk)* move || *(intézkedés)* step(s), measures *pl* || **csak egy ~ ide** it's only a few steps away; **ha kijön a ~** if things work out, if (it) all goes according to plan; **~ben** at walking pace (*v.* footpace); **~eket tesz** *(vmnek az érdekében)* take* steps (to do sg), take* measures *(vm ellen)* against sg; **~ről ~re** step by step, gradually; **~t tart vkvel/vmvel** *(átv is)* keep* pace/up with sy/sg; **~t tart a korral** keep* abreast of the times; **nem jött ki a ~** it just didn't work out; **20 ~(nyi)re vmtől** twenty paces from sg

lépes méz

lépes méz *n* honey in the comb
lepihen *v* have* a rest, lie* down
lepipál *v biz vkt* beat* sy hollow; *kif* run* rings round sy
lepke *n* butterfly; *(éjjeli)* moth
lépked *v (kimérten)* pace; *(kényelmesen)* amble *(along)*
lepkeháló *n* butterfly-net
leplez *v (érzelmeket, szándékot)* conceal, hide*, disguise
leplezés *n* disguising
leplezetlen *a* open, plain, unconcealed, undisguised ‖ ~ **káröröm** undisguised/ unconcealed schadenfreude
leplezetlenül *adv* openly, frankly, outright
leplombál *v* seal
lepontoz *v (igazságtalanul)* mark sy down
leporelló *n (könyvben)* gatefold, foldout
leporol *v* dust (off)
lepotyog *v* fall*/drop down one by one
lepottyan *v* drop/fall*/tumble (from)
lepra *a/n (betegség)* leprosy ‖ *biz (jelzőként)* stinking
leprás 1. *a* leprous 2. *n* leper
leprésel *v (virágot)* press
léptek *n pl* (foot)steps, tread *sing* ‖ **lassú** ~**kel** with slow steps
lépték *n* scale
lépten-nyomon *adv* at every step/turn/moment
lerág *v* gnaw off/away
leragad *v (odaragad)* stick* ‖ *(sárba)* get* stuck *(v.* bogged down) ‖ **már majd** ~ **a szeme** one's eyes are heavy with sleep
leragaszt *v* stick* (down); *(levelet)* seal
lerajzol *v* draw*, sketch
lerak *v (letesz)* put*/set*/lay* down, deposit ‖ *(iratokat)* file ‖ *(folyó üledéket)* deposit, lay* down ‖ *(tojásokat)* lay* ‖ ~**ja vmnek az alapjait** lay* the foundations of sg
lerakat *n* depot, store, warehouse
lerakodás *n (kocsiról)* unloading
lerakódás *n (folyamata)* deposition, depositing ‖ *(eredménye)* deposit; *(üledék)* sediment
lerakód|ik *v (üledék)* settle, be* deposited, form a deposit
leránt *v vmt/vkt vhonnan/vmről* pull/ tear*/strip off (violently), whip off ‖ *biz (megkritizál)* run* (sy) down, tear* sy off a strip
leráz *v (gyümölcsöt)* shake* down ‖ *(igát)* shake* off [yoke] ‖ *(magáról vkt)* shake*/brush sy off, get* rid of sy ‖ **nem lehet** ~**ni** one/you can't get rid of him
lerészeged|ik *v* get* drunk/intoxicated
lereszel *v* file (down/off)

342

lerí *v* ~ **róla a butaság** stupidity is* written on *(v.* all over) his face
leró *v (illetéket)* discharge, pay* off, settle; *(kötelezettséget)* fulfil *(US* -fill), discharge ‖ ~**ja kegyeletét vk iránt** pay* a tribute to sy
lerobban *v biz (autó)* conk out, break* down, have* a breakdown, stall ‖ *vk* ~**(t)** *(egészségileg)* be* (thoroughly) run down, crack up; *(anyagilag)* get* cleaned out, go* bust; ~**t a kocsink** our car *(v.* we) had a breakdown, the car broke down, the car has conked out
lerogy *v (székbe)* sink*/drop (into a chair) ‖ *(ájultan)* (faint and) sink* to the ground, collapse
lerohan *v vk vhová* run*/rush (down); *(lépcsőn)* run*/rush downstairs ‖ *vkt* rush at sy, crush sy ‖ *(országot ellenség)* overrun* [a country]
lerombol *v (épületet)* pull down, demolish ‖ *átv* destroy, ruin ‖ **földig** ~ raze sg to the ground
leroml|ik *v (értékben)* fall* (in value), depreciate ‖ ~**ott** *(vk egészségileg)* be* in poor/weak health, be* in poor shape; *(strapában)* be* run down, be* worn out
lerongyolód|ik *v (ember)* go*/run* to seed
leront *v vhonnan* rush down ‖ *(eredményt, hatást)* destroy, wipe out
lerövidít *v (szöveget)* cut*, abridge, shorten
lerúg *v (cipőt)* kick off
les 1. *v vkt/vmt* watch/eye sy/sg; *vkre/ vmre* watch (out) for sy/sg; *(rossz szándékkal)* lie* in wait for sy ‖ ~**i az alkalmat** watch for one's opportunity 2. *n (ált és kat)* ambush ‖ *sp* ~! off side! ‖ ~**ben áll** *(vmre, vkre)* be*/lie in ambush/wait (for); *sp* ~**en van** be* off side
lesegít *v (vkt járműről stb.)* help (sy) down, help (sy) get off ‖ ~**i vkről a kabátot** help sy off with his coat
leselked|ik *v vkre* be* on the watch/lookout for sy, look out for sy, lie* in wait for sy; *(vk után)* spy (up)on sy ‖ **veszély** ~**ik vkre** there is* danger ahead for sy
leshely *n ált* cover, hiding/lurking-place, főleg *US* hideaway; *(vadászé)* hide ‖ *kat* ambush
leshelyzet *n sp* off side
lesiklás *n sp (sí)* downhill (run), run
lesikl|ik *v ált* slide* down; *(repülőgép)* glide (down); *(sível)* go*/race/run*/ski downhill ‖ *(vmről hirtelen)* slip off (sg)
lesiklópálya *n* downhill course
lesoványod|ik *v* grow* thin, lose* weight ‖ **le van soványodva** look thin
lesöpör *v (járdát)* sweep*; *vmt vmről* sweep*/brush (sg) off/away/down

lespriccel *v vmvel* sprinkle [water etc.] on sg, sprinkle sg with sg, splash sg over sy
lestrapál *v vkt* overwork, tire/wear* (sy) out || *(ruhaneműt)* wear* out || ~ **ja magát** overwork, get* run down
lesújt *v (villám)* thunderbolt strikes* || *(vkt ököllel)* knock/strike* down || *(vkre törvény)* come* down on sy; *(pl. bűnözőkre)* clamp down on || = **megrendít** || **(mélyen)** ~**otta a hír** (s)he was stunned by the news, (s)he felt much/deeply afflicted at/by the news
lesújtó *a (hír)* stunning, appalling || ~ **pillantás** withering look, look of scorn
lesúrol *v* scour, scrub (sg) down/clean, clean
lesül *v (ember)* get* sunburnt/tanned || *(hús)* be*/get* burnt || *átv* **hogy nem sül le a bőr a képéről!** he has* the cheek to [do sg]; what a cheek!; **jól le van sülve** look/be* (sun)tanned, have* a nice tan
lesüllyed *v* sink* (down), dip || *(erkölcsileg)* degenerate, come* down
lesüllyeszt *v* sink* (down), lower
lesüt *v (húst)* roast, brown || ~**i a szemét** stare at the ground
lesz *v (történni fog)* will be; *kif* in for a penny, in for a pound || *vmvé* become* (sg), make* [a good doctor etc.]; *vmlyenné* become*, get*, grow* || *(birtokába jut)* come* by, obtain, get* || **félek, hogy beteg** ~ I'm afraid he is going to be ill; **ha** ~ **időm** if I have time; **jó** ~ **sietni** we'd better hurry (up); ~, **ami** ~! come what may; ~/**lenne olyan szíves** ... would you (please) ..., would you kindly ...; **mi lett belőle?** what has become of him?; **ott** ~ **(az)!** (= *ott kell lennie)* it/he must be there; **tanár lett belőle** he became a teacher, he took up teaching
leszakad *v (gomb)* come* off || *(építmény)* give* way, fall* in, collapse || *biz (hátramarad)* drop behind/back
leszakít *v* tear* down; *vmt vmről* tear* (sg from/off sg); *(virágot)* pluck, pick
leszalad *v vk vhová* run* down; *(lépcsőn)* run* downstairs || ~ **egy szem a harisnyáján** she has laddered her stocking
leszáll *v (madár ágra)* settle, perch [on a twig], (a)light || *(repülőgép)* land, touch down; *(űrhajó vízre)* splash down; *(szárazföldre)* touch down, land || *(mélybe)* descend, go* down || *(vm fentről)* fall* (down), drop, come* down || *(járműről)* get* off [the bus/train], alight [from the bus/train] || *(lóról)* dismount (from a horse) || *(köd)* descend, fall*, come* down || **hol szállunk le útközben?** where do we touch down?; ~ **az éjszaka** night is* falling, night is* setting/closing in; **szállj le rólam!** *biz* get off my back(, will you)!
leszállás *n (járműről)* getting off, alighting; *(lóról)* dismounting || *(repülőgépé)* landing || *(mélybe)* descent
leszállási engedély *n* permission to land; *(okmány)* landing permit
leszállít *v vkt vhonnan* make*/order/force (sy) to get down/off || *(árakat)* reduce, lower, cut*; *(fizetést)* reduce, cut* [sy's salary]; *(színvonalat)* level *(US* -l) down; *(igényeket)* lower [one's pretensions]; *kif* tighten one's belt
leszállított *a* ~ **ár** reduced price; *(vásáron, alkalmi)* sale/bargain price; ~ **áron** at a reduced price; ~ **árú** cut-price, *US* cut-rate
leszálló **1.** *a* descending, downward **2.** *n (utas)* passenger getting off
leszállóhely *n rep* landing ground || *(autóbuszról stb.)* this is where to get off; terminus
leszállópálya *n rep* landing strip, runway
leszámítás *n* reduction, deduction
leszámol *v (elszámol)* settle up, settle/balance one's account || *(pénzt)* count out || *vkvel, átv* get* even/square with sy, settle accounts with sy || ~ **vkvel régi sérelmekért** pay* off old scores
leszámolás *n (elszámolás)* settling, settlement [of account]; *(US)* pay-off || *átv* settling (off) the score; *biz* showdown
leszármazás *n* descent, lineage || **egyenes ági** ~ lineal descent
leszármaz|ik *v vktől* be* descended from, be* a/the scion of
leszármazott *n* descendant
leszavaz *v (szavazatát leadja)* vote *(mellett:* for; *ellen:* against) || *(indítványt)* vote/turn down; *(kormányt)* outvote, defeat
leszázalékol *v* pension sy off
leszed *v (virágot)* pick, pluck; *(gyümölcsöt)* pick; *(termést)* harvest || *vmt vmről* take*/pick sg off sg; remove sg (from sg) || ~**i a tej fölét** skim (off) the cream from the milk; ~**i az asztalt** clear the table
leszerel *v vmt vmről* strip (sg off sg), take* down; *(gépet, alkatrészt)* take* off/down, remove || *kat* demobilize, *GB biz* demob; *csak US:* veteran || *vkt átv biz* get* round sy, disarm sy || *sp (támadást)* check, stop; *(játékost)* tackle || ~**t katona** demobilized soldier, ex-service man°
leszerelés *n kat* disarmament, arms reduction; *(atom)* nuclear disarmament
leszerelési értekezlet *n* disarmament conference
leszerepel *v (csúfosan)* be* badly beaten/defeated; *biz* be* a washout

leszid *v* give* sy a (good) dressing-down (*v.* talking-to), tell*/tick sy off, tear* sy off a strip, tear* a strip off sy

leszok|ik *v vmről* give* up sg ‖ ~**ik a dohányzásról** give* up smoking

leszoktat *v vkt vmről* get* sy out of the habit of [doing sg], make* (sy) give up sg

leszól *v (fentről)* shout down ‖ *vkt* speak* disparagingly of sy, run* sy down

leszólít *v vkt* accost sy; *biz (nőt)* make* a pass at

leszór *v* sprinkle sg on sg

leszorít *v (tárgyat)* press/hold*/tie/pin down ‖ *vkt vhonnan* push/force sy off

leszorul *v vk vhonnan* be* pushed/forced off

leszögez *v (tényt)* state, make* it clear, establish ‖ **le kell szögeznünk, hogy** we must make it absolutely clear that

leszúr *v vkt* stab sy (to death) ‖ *(disznót)* stick* ‖ *(karót)* stick* ‖ *biz* ~ **20 forintot** shell out 20 forints ‖ *biz* = **leszid**

leszűr *v (folyadékot)* filter, strain ‖ *átv (tanulságot)* draw* the conclusion

leszüretel *v* gather (in) the grapes, harvest grapes (from), vintage

lét *n (létezés)* existence, (state of) being, life° ‖ **küzdelem a** ~**ért** struggle for life; **öreg** ~**ére** old as he is*, in spite of his age, though old

letáboroz *v* pitch one's tent swhere, pitch (*v.* set* up) camp swhere

letagad *v* deny [the truth/fact]

letakar *v* cover (over/up), lay* a cover (over sg)

létalap *n átv* justification, raison d'être ‖ *(anyagi)* financial basis, means *pl*

letapogat *v el* scan

letapos *v* tread*/trample/stamp down, tread* (sg) underfoot ‖ ~**ott sarok** worn-down heel

letartóztat *v* arrest, take* (sy) into custody, put* sy under arrest, detain, apprehend (sy)

letartóztatás *n* arrest, detention ‖ ~**ban van** be* under arrest, be* detained; **előzetes** ~**ban van** be* (detained) on remand, be* in custody, be* in pre-trial detention

létbizonytalanság *n* uncertainty of existence

leteker *v* unroll, uncoil, wind* off

letelepedés *n* settling, settlement

letelepedési engedély *n* permission to reside

leteleped|ik *v* settle (down) ‖ *(székbe)* settle (oneself) down [in a chair]

letelepít *v* settle

letel|ik *v (határidő)* come* to an end, expire ‖ *(idő)* elapse ‖ ~**t az idő** time is up

letép *v ált* tear*/rip off/away ‖ *(virágot)* pluck, pick ‖ *(szelvényt)* tear* off, detach

letér *v (útról)* turn off, leave* [a road] ‖ *átv* ~ **a helyes útról** go* wrong, leave* the straight and narrow (path)

letérdek *n* vital interest

letérdel *v* kneel* down, go* down on one's knees

leterít *v (földre vmt)* spread*/lay* out [sg on the ground/floor]; *(kártyáit)* show* [one's hand] ‖ *(letakar vmt vmvel)* cover (sg) with (sg) ‖ *(vadat)* bring* down, kill ‖ *vkt* knock/strike* (sy) down, floor sy

letérít *v (vkt útjáról)* take* sy (*v.* make* sy go) out of his way

létesít *v* institute, establish, set* up ‖ **kapcsolatot** ~ establish contact (with sy)

létesítés *n* instituting, institution, establishing, establishment

létesítmény *n (szervezet)* establishment; *(intézmény)* institution ‖ *(beruházási)* (construction) project; *(műtárgyak)* constructive works

létesül *v* be* established, be* set up

letesz *v vmt vhová* put*/set*/lay* down; *(fegyvert)* lay* down ‖ *(megőrzésre)* deposit, leave* (sg with sy) ‖ *(ruhát)* take* off ‖ *(járműből vkt)* drop (sy) ‖ *(vkt hivatalról)* dismiss, remove [sy from office] ‖ *(vizsgát)* pass, get* through [an/the examination] ‖ **esküt** ~ take*/swear* an oath; *(ötletről)* abandon, drop, give* up; **hol tegyelek le?** where shall I drop you?; ~**i a telefonkagylót** hang* up (*v.* replace) the receiver

letét *n (megőrzésre)* deposit ‖ ~**be helyez vmt** deposit sg, leave* sg in safe custody

letéteményes *n* depositary, depository; *átv így is* repository

letéti jegy *n* bank deposit

létezés *n* existence, being

létez|ik *v* exist, be* (in existence), subsist ‖ **(az) nem** ~**ik!** it can't be (true)!, it is out of the question!

létfeltétel *n* condition of existence/survival, sine qua non

létfenntartás *n* existence, subsistence, livelihood

létfenntartási *a* ~ **költségek** the cost of living *sing.*, living expenses; ~ **ösztön** instinct of self-preservation

létfontosságú *a* of vital importance *ut.*

létige *n* the verb "to be"

letiltás *n (fizetése)* stoppage of payment

letipor *v (lábbal)* tread*/tramp(le) on sg, trample sg underfoot ‖ *(átv is)* crush

letisztáz *v* make*/write* a fair copy (of sg), copy out

letisztít *v* clean, make* (sg) clean; *(vmt vmről)* clean sg off sg

létjogosultság *n* reason for the existence of sg, raison d'être
létkérdés *n* question of life and death
létminimum *n* (*mint életszínvonal*) subsistence level, the poverty line || (*kereset*) living/subsistence wage
letol *v vmt* push/shove down || *biz vkt* give* sy a dressing-down, haul (sy) over the coals, tear* sy off a strip || **jól ~ta a főnöke** his boss tore him off a strip (*v.* tore a strip off him); **~ja a nadrágját** drop one's trousers (*US* pants)
letolás *n biz* dressing-down, tongue-lashing
letompít *v* (*éles tárgyat*) blunt, take* the edge off (sg) || (*hangot*) deaden, damp; (*fényt*) subdue, soften; (*autón*) dim the headlights
letorkol *v* jump down sy's throat
letör *v vmt* break* down; *vmről* break* off/away || (*lázadást*) put* down, crush, suppress || (*elcsüggeszt*) discourage, dispirit, depress || **le van törve** be* in utter despair; **~te a hír** (s)he was stunned by the news
letör|ik *v* break* down/off, come* off || (*elcsügged*) lose* heart/courage, despair; (*kimerül*) break* down || **majd ~ik a karom** my arms are* breaking (under the load)
letöröl *v* (*tárgyat*) wipe (sg) (down/off), wipe (sg) clean; (*porosat*) dust (sg), wipe the dust off sg; (*nedveset*) dry (sg); (*könnyet*) wipe [the tears] away || **töröld le a lábad!** wipe your feet/shoes!
létra *n* ladder
létrafok *n* rung [of ladder]
létrehoz *v* (*intézményt*) bring* into existence, establish, found || (*folyamatot*) bring* about, originate || (*művet*) create, produce, accomplish
létrejön *v ált* come* into being/existence; (*intézmény*) be* established (*v.* set up); (*esemény*) happen, take* place, come* about || **megállapodás jött létre** an agreement has been reached/concluded
létszám *n* number [of people on the staff of an office etc.], staff (numbers); (*résztvevőké*) number of participants || **~ feletti** supernumerary, redundant
letűn|ik *v* (*eltűnik*) disappear, vanish, pass out of sight || **~őben van** (*közéletből*) be* on the way out
letűz *v* (*leszúr*) stick*/drive* [a stake] into the ground/earth, pin sg down || (*levarr*) stitch down
leugr|ik *v* jump down/off
leukémia *n* leukaemia (*US* -kemia)
leukoplaszt *v* (adhesive) plaster; *GB* elastoplast, *US* bandaid

leül *v* (*székre*) sit* down, take* a seat; (*étkezéshez*) sit* down to eat || (*büntetést*) serve one's sentence || **üljön le, kérem!** (*udvariasan*) will you sit down please, please take a seat
leüleped|ik *v* (*üledék*) sink* to the bottom, settle
leültet *v* (*székre*) seat, make* (sy) sit down || **~ték** (*börtönbe*) he was put behind bars
leüt *v vkt* knock/strike* down || *vmt* knock/strike* off || (*hangot zongorán*) strike* [a note] || *sp* (*labdát*) smash || **~ötték és kirabolták** (s)he was mugged; *biz* **vknek a kezéről ~ vkt cut*** sy out
levág *v ált* cut* (off); chop off; (*ollóval*) cut* off; (*ágat*) lop off; (*hajat*) cut*, crop [sy's hair] || *orv* (*végtagot*) amputate || (*állatot*) slaughter, butcher, kill || *utat* take* a short cut to || **~ egy szelet kenyeret** cut* off a slice (of bread); **nagy dumát vág le** give* a long spiel
levágat *v* **~ja a haját** have* one's hair cut
leválaszt *v ált* detach, separate, sever || (*lakást*) convert (a large flat *v. US* apartment) into two smaller ones
levál|ik *v ált* come*/break* off, separate || (*festés*) peel (off), scale, flake off; (*tapéta*) peel off
levált *v* (*állásból*) relieve [sy of one's post], replace sy || *kat* (*őrséget*) relieve || **~ották az igazgatót** the director was relieved of his position/post
leváltás *n* (*állásból*) replacement; (*elbocsátás*) being relieved of one's position/post || *kat* relief
levegő *n* air || *átv* atmosphere || **a ~ben** (up) in the air; **a szabad ~n** in the fresh/open air; **~be repül** blow* up, be* blown up; **kimegy a ~re** go* out for a breath of fresh air, go* out into (the) fresh air; **rossz a ~** (*szobában*) it is* stuffy in here; **tiszta a ~** *átv* the coast is clear
levegő-föld rakéta *n* air-to-ground rocket/missile
levegő-levegő rakéta *n* air-to-air rocket/missile
levegőréteg *n* layer of air, stratum (*pl* strata) of air
levegős *a* airy, breezy
levegőtlen *a* airless; (*szoba*) stuffy, close
levegőváltozás *n* change of air || **~ra van szüksége** he needs a change of air
levegőz|ik *v* take* the air
levehető *a* removable, detachable
levél *n* (*fán*) leaf° || (*írott*) letter || **egy ~ aszpirin** a strip of aspirin; *hiv* f. hó 10- -i **levelük** your letter of the 10th inst.;

köszönettel megkaptam június 7--i levelét thank you very much for your letter of 7 June; **külön ~ben** under separate cover; **~ben** by letter/mail/post; **márc. 6-i levelére válaszolva** in reply to your letter of 6 March; **Tokaji úr leveleivel** *(borítékon)* c/o Mr. Tokaji [= care of ...]

levélbomba *n* letter-bomb

levelez *v* correspond (with sy) || **~nek egymással** they write* to each other (regularly)

levelezés *n* correspondence || ~ **útján** by correspondence; **üzleti** ~ business correspondence

levelező 1. *a* **isk** ~ **hallgató** correspondence student; ~ **tag** corresponding member; **~társ** pen friend/pal **2.** *n* correspondent; **kereskedelmi** ~ correspondence clerk

levelezőlap *n (nyílt)* postcard || **képes** ~ picture postcard

levelibéka *n* tree-frog

levélpapír *n* writing paper, notepaper

levélszekrény *n (falon)* GB postbox, letterbox, US mailbox; GB *(járdán)* pillar box; *(lakásajtón)* letterbox

levéltár *n* archives *pl* || **Országos L~** National Archives, GB Public Record Office

levéltárca *n* wallet, US billfold

levéltávirat *n* overnight/letter telegram, US night letter

levéltetű *n* plant louse°, aphid

levéltitok *n* privacy of letters, secrecy of the mails || ~ **megsértése** violation of the secrecy of correspondence

levélváltás *n* exchange of letters

levendula *n* lavender

lever *v (vmt földbe)* drive* (sg into the earth) || *(vmt véletlenül)* knock down/off || *(felkelést)* put* down, suppress || *(letör)* depress, dispirit, cast* down || **~te a hír he was*** cast down by the news

levert *a* depressed, dejected

levertség *n* depression, dejection, low spirits *pl*, biz the blues *pl*

leves *n* soup || **zacskós** ~ packet soup

leveses *a* juicy, succulent

leveseskanál *n* table-spoon

levesestál *n* (soup-)tureen

levesestányér *n* soup-plate

leveskocka *n* stock/bouillon cube

levestészta *n* vermicelli, noodles *pl*

leveszöldség *n* vegetables/greens [for soup/stock] *pl*

levesz *v* ált take*/get* down; *vmről* take* off, remove (from); *(ruhadarabot)* take* off || = **lefényképez** || *(leoperál)* take* off || ~ **egy könyvet a polcról** take* down a book from the shelf; ~ **vkt a lábáról** *(betegség)* put* sy out of action/circulation; *(megtöri ellenállását)* get* round sy, charm sy off his feet; ~ **vmt a napirendről** strike* off the agenda, shelve sg; **~ik a darabot a műsorról** the play is being taken off; **nem tudja levenni a szemét vmről** he cannot take his eyes off sg

levetít *v (filmet)* show*, screen

levetkőz|ik *v* undress, take* one's clothes off || **derékig** ~**ik** strip to the waist

levetkőztet *v* undress, strip || **meztelenre** ~ strip sy naked (*v.* to the skin *v.* biz buff)

levezet *v vkt* lead* (sy) down || *(vizet)* carry away/off || *(indulatot)* vent [one's anger, ill-temper etc.], work off [one's temper] || *(ülést)* chair [a meeting]; *(szülést)* conduct [a delivery], assist [at birth]; *(mérkőzést)* referee, umpire || *átv (vmt vmből)* trace (sg) back (to sg), deduce; *mat* deduce, obtain, work out || **ez ~te a feszültséget** it cleared the air; **felesleges energiáját ~i let*** off steam

levezetés *n (vízé)* carrying off/away, draining || *(ülésé)* chairing, chairmanship; *(szülésé)* assistance; *(mérkőzésé)* refereeing, umpiring || *átv (vmből)* deduction || *mat* demonstration, proof

levisz *v vmt* carry/take* down || *vkt* take* (down) to || *(szél)* blow* off || *(piszkot)* take* out || ~ **vkt a Balatonra** take*/drive* sy (down) to Lake Balaton

levizsgáz|ik *v* pass one's/an examination, get* through one's examination/exam(s)

levizsgáztat *v* examine sy (in sg)

levon *v (zászlót)* haul down || *(mennyiségből elvesz)* subtract; *(pénzösszegből)* deduct; *(engedményként)* discount; *(fizetésből)* deduct, keep* back || **20 Ft-ot ~ az ár(á)ból** biz knock 20 fts off the price; **3%-ot ~** *(árból)* discount 3 per cent, allow a discount of 3%

levonás *n (összegből)* deduction, discount; *(fizetésből)* deduction, sum kept back || **6% ~ával** less 6%

levonható *a* **adóból** ~ tax-deductible

levonul *v* march down, go*/come* down; *(csapat pályáról)* leave* [the field] || **az ár ~t** the flood has passed/subsided

levő *a vhol* being; *(létező)* existing, that exist(s) *ut.* || **a nálam ~ pénz** (all) the money on me; **jó karban ~ kerékpár** a bicycle in good condition/repair

lexikális *a (adatszerű)* encyclopaedic (US -pedic) || *(szókészleti)* lexical

lexikon *n (ismerettár)* encyclopaedia (US -pedia) || **ez az ember valóságos ~** he is* a walking encyclopaedia (US -pedia)

lezajl|ik v go*/pass off, take* place, run* its course

lezár v *(kulccsal)* lock (up) || *(levelet)* close, seal || *(listát)* close || *(vizet, fűtést stb.)* turn off || *(ügyet)* close, settle; *(vitát)* end, finish, conclude || **az utcát ~ták a forgalom elől** the street has been closed to through traffic; **és ezzel a dolog le van zárva** and that settles it

lezáród|ik v *(fedél stb.)* shut* down || *(ügy)* close, end, terminate, be* concluded

lézeng v linger, loiter, hang* around

lézer n laser

lézernyomtató n laser printer

lezúdul v *(eső)* pour, come* down in torrents; *(víztömeg)* rush/cascade down, come* rushing/cascading down || *(lavina)* crash down

lezuhan v ált fall*/tumble down, plummet; *(robajjal)* thud/crash down, come* down with a bang || *(repülőgép)* crash || *(ár)* plummet, fall*, drop

lezuhanyoz|ik v take*/have* a shower, shower

lezüll|ik v vk come* down in the world, go* to the dogs || vm go* off, deteriorate

liba n áll goose° || iron **buta ~** silly/stupid goose°

libaaprólék n goose-giblets pl

libabőr n **~ös lesz vmtől** sg gives* him the creeps, sg makes* his flesh creep

libamáj n goose-liver

libamájpástétom n pâté de foie gras, biz foie gras

libamell n breast of a goose

libasorban megy v go* in single/Indian file

libazsír n goose fat/grease/dripping

libeg v *(felfüggesztve)* dangle, hang* loose || *(szélben)* flap, flutter, float || *(láng)* flicker, waver

libegő n chair-lift; *(kétüléses)* double chair-lift

liberális a *(párti)* liberal || átv broad/open-minded, kif have* an open mind || **~ párt** Liberal Party

liberalizmus n liberalism

libériás a **~ inas** servant/footman° in livery

libretto n libretto

licenc n licence (US -se)

licit n *(kártya)* bid(ding)

licitál v (make* a) bid* || **te ~sz** your bid

licitálás n bidding

lidérc n nightmare

lidérces a *(nyomasztó)* nightmarish

lidércnyomás n nightmare

lift n lift, US elevator || **a ~ nem működik** the lift is* out of order

liftes 1. a with a lift ut. **2.** n biz **~(fiú)** *(szállodában)* bellboy, US bellhop

liga n league

liget n grove, green wood, park || **a L~** (= Városliget) City Park

liheg v pant, gasp (for breath), be* out of breath

likőr n liqueur

likőrös a *(készítmény)* with liqueur ut. || *(összet)* liqueur || **~ cukor(ka)** liqueur(-filled) chocolate/sweet (US candy)

likőröspohár n liqueur glass, pony

likvidál v *(céget)* liquidate, wind* up [firm] || pol liquidate

lila a *(szín)* violet; *(orgona)* lilac

liliom n lily

limlom n odds and ends pl, lumber, junk

limonádé n *(ital)* lemonade, lemon-squash, US lemon soda || átv *(olvasmány)* romance, pap, sob stuff

lincsel v lynch

lincselés n lynching, mob rule

lineáris a linear

link a biz **~ alak** good-for-nothing, layabout, shady character; **~ duma** blah, bunkum

linóleum n linoleum, biz lino

líra n *(pénznem)* lira || *(görög lant)* lyre || *(költészet)* lyric poetry

lírai a ir lyric || *(bensőséges)* lyrical || **~ költő** lyric poet

lírikus 1. a lyric(al) **2.** n lyric poet

lista n list, roll, register, catalogue (US -log)

listavezető n (person) at the head of the poll/list ut.; *(igével)* head/top the poll/list

listázás n szt listing

liszt n flour; *(durvább)* meal

lisztes a floury, mealy

litánia n vall litany

liter n litre, US liter || **5 ~ bor** 5 litres of wine

literes a holding/containing a litre (US -ter) ut. || **~ üveg** one-litre bottle/flask

liturgia n liturgy

ló n áll horse || *(sakk)* knight || *(tornaszer)* horse || **ha ~ nincs, a szamár is jó** half a loaf is better than none (v. no bread); **leesik a ~ról** fall* from [a/one's] horse, have* a spill, take* a toss; **~ra ül** mount [a/one's horse], get* on horseback; **~ra!** to horse!; **~ról leszáll** dismount (from a horse), get* off a horse; **~vá tesz** make* a fool of sy, dupe, biz bamboozle, take* sy in; **lovon jár** ride*, go* on horseback

lóbál v ált swing*, dangle

lobban v **szerelemre ~ vk iránt** fall* in love with sy, lose* one's heart to sy

lobbanékony *a (természetű)* (in)flammable; *(ingerlékeny)* irascible, inflammable, explosive

lobbant *v* **lángra** ~ *vmt* ignite, set* on fire; *(szenvedélyt)* inflame, kindle, stir up [passion]

lobog *v (tűz)* flame, blaze || *(zászló)* wave

lobogó *n* flag, standard, banner

lobogtat *v (kendőt)* wave || *(vmt diadalmasan)* flourish

loccsan *v* splash, plop

locsog *v vk* chatter/prattle on/away, rabbit on/away

locsogás *n (fecsegés)* chatter(ing), tittle-tattle, twaddle

locsol *v (virágokat)* water, sprinkle

lóden(kabát) *n* loden (coat)

lódít *v (egyet vmn)* give* sg a push/toss, shove || tell* a fib/lie, talk through one's hat || **nagyokat** ~ be* having sy on, be* always telling whoppers

lódobogás *n (futó lóé)* clatter of hoofs

lóerő *n* horsepower (*röv* h.p.)

lóerős *a* **40** ~ **autó** a 40 h.p. (*v.* horsepower) car

lófarok (frizura) *n* ponytail

lóg *v* hang*, be* suspended (from), dangle || *biz (kószál)* loaf (about/around); *(iskolából)* play truant, *US* play hook(e)y; *(munkából)* swing* the lead, be* an absentee; *kat* malinger, shirk || *biz* ~ **az eső (lába)** it looks like rain; *biz* ~ *vkn* hang* around sy

logaritmus *n* logarithm || ~**t keres** take* the logarithm, look up the logarithm

logaritmustábla *n* logarithmic table

logarléc *n* slide-rule

lógás *n biz isk* playing truant, *US* playing hook(e)y; *(munkából)* swinging the lead

lógat *v* hang*, swing*, dangle || ~**ja a lábát** idle, lounge around/about

loggia *n* loggia

logika *n* logic

logikai *a* logical

logikátlan *a* illogical

logikus *a* logical; *(ésszerű)* reasonable; *(magától értetődő)* natural || ~ **érvelés** logical argument

logopédia *n* speech therapy

logopédus *n* speech therapist

lógós *a nép (ló)* relay/trace horse || *biz (ember)* malingerer, shirker; *csak US:* goldbrick

lóhalálában *adv* at breakneck speed

lóhát *n* ~**on** on horseback; ~**on megy** ride*, go* on horseback

lóhere *n növ* trefoil, clover || *(különszintű csomópont)* cloverleaf junction, cloverleaf (*pl* -leafs *v.* -leaves)

lohol *v* paut (along); *átv vm után* run* after, chase after

lóistálló *n* stable

lojális *a* loyal, faithful, honest || ~**an cselekszik** act on the straight

lokalizál *v* localize, locate

lokálpatriotizmus *n* parochialism, localism

lokátor *v* radar

lóláb *n* **kilóg a** ~ the cloven hoof is* showing

lólengés *n sp* pommel(led) horse exercises *pl*

lom *n* lumber, odds and ends *pl*, junk

lomb *n* foliage, leaves *pl* || **a** ~**ok alatt** under the leafy boughs

lomberdő *n* broad-leaved forest, leafy forest

lombhullás *n* falling of the leaves

lombik *n* test-tube

lombikbébi *n* test-tube baby

lombos *a* leafy, in leaf *ut.*

lombosod|ik *v* come* into leaf, put* out leaves, leaf

lombozat *n* foliage, leaves *pl*

lombtalanít *v* defoliate

lombtalanító *a/n* ~ **(harcanyag)** defoliant

lomha *a* sluggish, inactive

lompos *a* slovenly, slatternly || ~ **nő- (személy)** sloven, slattern

lomtalanít *v* clear sg out, clear sg of rubbish/junk, remove lumber

lomtalanítás *n* house/junk-clearance

lomtár *n* junk/lumber room, boxroom

londiner *n* boy, page, porter; *US* bellhop, bellboy

londoni 1. *a* of London *ut.*; *(összet)* London 2. *n* Londoner

lop *v ált* steal*; *(apróságot)* pilfer, filch || ~**ja a napot** idle/fritter away one's time, loaf around/about

lopakod|ik *v vhova* go* swhere stealthily, creep* along/towards; *(vhova be)* steal* into

lopás *n ált* stealing; *(jog)* theft, larceny; *(üzletben)* shop-lifting || *(kártyában)* trump(ing), ruff || **betöréses** ~ burglary

lopó *n (lopótökből)* gourd; *(üvegből)* sampling-tube

lopódz|ik *v* = lopakodik

lopótök *n* (bottle-)gourd, calabash

lopva *adv* stealthily, furtively; *(csak titokban)* secretly || **vmt** ~ **megnéz** cast* a furtive look/glance at, steal* a glance at

lósport *n* horse-racing, the turf

lótenyésztés *n* horse-breeding

lót-fut *v* run*/rush (a)round/about

lottó n lottery || = **lottószelvény** || **20 ezer forintot nyert a ~n** (s)he won 20 thousand fts in the lottery
lottószelvény n lottery ticket/coupon
lottóz|ik v play (in) the lottery, *biz* do* the lottery
lóugrás n *(sakk)* knight's move || **~ szerint** *átv* at random, unpredictably
lovacskáz|ik v play at horses
lovag n *(tört, ill. ma is GB)* knight || *átv tréf* sy's boyfriend/steady || **~gá üt** knight sy
lovagi a knightly || **~ rangra emel** confer a knighthood on sy
lovagias a *ált* chivalrous; *(nőkkel)* gallant || **~ ügy** affair of honour
lovagiasság n *ált* chivalrousness, chivalry; *(nőkkel)* gallantry
lovaglás n *ált* riding; *(olimpián)* equestrian events *pl*; *(öttusában)* riding
lovaglóiskola n riding-school
lovaglónadrág n *(csizmához)* riding--breechs *pl*; *(csizma nélkül)* jodhpurs *pl*
lovaglóruha n riding clothes *pl*, riding--habit
lovagol v ride* (a horse) || *biz* **mindig ugyanazon ~** *átv* be* always harping on sg, that's his/her hobbyhorse; **jól ~** be* a good rider/horseman°; **~ a széken** sit* astride a chair; **~ vk hátán** *(gyerek)* ride* on sy's back; **térden ~** ride* a cockhorse
lovagrend n *tört* order of knighthood
lovas 1. a *ált* (mounted) on horseback *ut.* || *kat* mounted, cavalry || **~ bemutató** horse-show; **~ katona** cavalry-man°; **~ kocsi** horse/horsed carriage, horse-drawn vehicle; **~ rendőr** mounted policeman°; **~ szobor** equestrian statue; **~ tüzérség** horse artillery **2.** n rider; horseman°; *(nő)* horsewoman°
lovaspóló n polo
lovasroham n cavalry charge
lovasság n cavalry
lóvasút n horse tramway
lovasverseny n equestrian/riding competition, equestrian events *pl*
lovász n groom, stableman°; *(fiú)* stable boy/lad; *(lány)* stable girl
lóverseny n horse-race; *(több futamos)* race-meeting, the races *pl*
lóversenyez v go* to the races
lóversenypálya n racecourse, the turf
lóversenyzés n horse-racing, the turf
lő v *ált* shoot*; *(tüzel)* fire; *(ágyúval)* shell; *(vadat)* shoot* || *sp (labdát)* shoot* || *biz* **annak már ~ttek** the game is up, it's all up, it/he/she has had it; **gólt ~** shoot*/kick a goal
lődörög v loaf/loiter/hang* about/around
lőfegyver n firearm, gun

lőgyakorlat n target-practice
lőhető vad n fair game
lök v *ált* give* (sg) a push/shove, push; *(durván)* thrust*, knock; *(hirtelen)* jerk || *(könyökkel)* nudge, dig/poke [in the ribs] || *(földre)* throw* [to the ground] || **vkt a folyóba ~** push sy into the river
lökdös v *(ide-oda)* keep* jerking/pushing; *(tolongásban)* jostle, elbow (sy)
lökdösőd|ik v push and shove, jostle
lökés n push, shove; *(durván)* toss, thrust, butt; *(könyökkel)* nudge, dig, poke || *átv* impetus, impulse || **~t ad vmnek** *átv* give* sg a push/fillip, get* the thing moving/going
lökhajtásos a jet-propelled, jet- || **~ repülőgép** jet(-plane)
lökhárító n bumper
lösz n loess
lőszer n ammunition, munition(s)
lőtávol(ság) n range, gunshot || **~on belül** within range/gunshot; **~on kívül** out of range
lőtér n rifle/shooting-range; *(zárt, kisebb)* shooting-gallery
lötyög v *(ruha vkn)* hang* loose(ly) (on sy); *(bőszárú nadrág)* be* baggy || *(géprész)* have* some play; *(ált egyéb tárgy)* be* loose || *(folyadék vmben)* slop about (in sg)
lötty n wash; *(leves, bor, kávé, tea)* thin/watery soup/wine/coffee, slop, wish--wash, dishwater
lövedék n projectile, shot, bullet, missile || **irányított ~** guided missile
löveg n gun, cannon
lövell v *(folyadék)* spurt (out), squirt (out) *(vmből mind*: from) || **fénysugarat ~** *vmre* throw* rays of light (up)on sg; **szeme villámokat ~t** his eyes flashed
lövés n *(cselekvés)* shooting, firing; *(ágyúval)* shelling || *(egy)* shot; *(sorozat)* round || **~ érte** he was shot (and wounded)
lövész n *kat* rifleman°, fusilier || **kiváló ~** sharpshooter, a good marksman°
lövészárok n trench
lövészet n *kat* musketry, rifle/target practice; *sp* shooting
lövet v *vkre* give* the order to shoot/fire (at sy) || **~i a várost** have* the town shelled/bombarded
lövöldöz v *(vadra)* shoot* aimlessly, blaze away (at game) || *(emberek egymásra)* fire away (at), snipe at the enemy
lövöldözés n fusillade; *(tűzharc)* gunfight/battle, shoot-out, shooting affray
lucerna n medick, *US* medic; *(takarmány)* alfalfa, lucerne
lucfenyő n spruce

lucskos *a (idő)* wet, dirty ‖ *(izzadságtól)* bathed in perspiration *ut.*, streaming with perspiration *ut.* ‖ ~ **káposzta** boiled cabbage with meat
lucsok *n* slush, sludge, slime
lúd *n* goose° ‖ **ha (már)** ~, **legyen kövér** (one might) as well be hung for a sheep as a lamb, go* the whole hog
lúdtalp *n* fallen arch(es), flat foot°
lúdtalpbetét *n* arch-support; *(Scholl-féle, rugalmas)* arch cushions *pl*
luftballon *n* balloon
lúg *n* lye, strong caustic; *vegy* alkali
lugas *n (pihenőhely)* bower, arbour ‖ *(növény felfuttatására)* trellis
lúgos *a* alkaline
lúgoz *v (kilúgoz)* leach ‖ *(szennyest)* wash [linen] in lye
lumbágó *n* lumbago
lúmen *n* **nem nagy** ~ he won't set the Thames on fire, he is* no genius
lumpol *v biz* carouse, have* a night out on the tiles, be*/go* on the spree
lusta *a (munkára)* lazy, idle; *biz* lazybones ‖ *(mozgásban)* sluggish, sleepy ‖ ~ **ember** sluggard
lustálkodás *n* idling, slacking
lustálkod|ik *v* idle (away one's time), laze
lustaság *n* laziness, idleness
lutheránus *a* Lutheran
luxus *n* luxury, luxuriousness ‖ **összet** luxury ‖ ~**kivitel(ben)** de luxe *(v.* superior) quality
luxusadó *n* luxury tax
luxusautó *n* luxury/saloon car
luxuscikk *n* luxury article/item, luxury goods *pl*
luxushajó *n* cruise liner, yacht
lüktet *v (szív, ér)* beat* (strongly/rapidly), pulsate ‖ *(seb)* throb, pulsate
lüktetés *n* beat(ing), throb(bing), pulsation
lüktető *a* pulsating, throbbing

Ly

lyuk *n* ált hole; *(nyílás)* opening, gap, mouth; *(egéré)* hole; *(nyúlé)* burrow, hole; *(fogban)* cavity; *(sajtban)* hole, eye ‖ *(rossz lakás)* (rotten) hole (of a place), hovel ‖ **csupa** ~ **a zoknim** my socks are full of holes; *biz* ~**at beszél vk hasába** talk sy's head/ear off, talk the hind legs off a donkey
lyukacsos *a* full of holes *ut.*; *(szerkezetű)* porous

lyukas *a (ruha)* holed, with holes (in it) *ut.*, full of holes *ut.*, in holes *ut.*; *(fog)* decayed, hollow; *(autógumi)* punctured, flat ‖ ~ **a zoknim** there's a hole in my sock; ~ **a cipője** his boots let* in water; *isk* ~ **óra** free hour, an hour off
lyukaszt *v* make* a hole (in sg), hole sg; *(jegyet)* punch, clip
lyukasztás *n (cselekvés)* making holes; *(jegyé)* punching, clipping
lyukasztó *n* punch; *(kalauzé)* ticket--punch
lyukkártya *n* punch(ed) card
lyukszalag *n* punched/paper tape

M

ma *adv* today ‖ *(manapság)* nowadays, these days ‖ ~ **délben** today (at) noon; ~ **egy hete** this day last week, a week ago today; ~ **este** this evening, tonight; ~ **reggel** this morning; **mához egy hétre** today week, a week today, this day week; **mához két hétre** a fortnight today; **máig** up to this day, up to now, hitherto, so far; **mára** *(a mai napra)* for today; *(legkésőbb máig)* by today; **mára elég** that'll do for today, let's call it a day; **máról holnapra** *(hirtelen)* overnight, from one day to the other; *(nehezen)* [live] from hand to mouth; **mától fogva** from now on, from today
macerál *v biz* vex, pester, nag
maci *n* teddy (bear)
mackó *n (állat)* bear (cub); *(mesékben)* Bruin ‖ *(játék)* teddy (bear)
macska *n* cat
macskaeledel *n* cat's-meat
macskajaj *n* hangover
macskakörmök *n pl* inverted commas, quotation marks
macskaszem *n (járművön)* (rear) reflector; *(úttesten)* cat's-eye *(pl* cat's-eyes)
macskazene *n* caterwaul(ing), charivari
madám *n (szülésznő)* midwife°
madár *n* áll bird ‖ *biz (pasas)* bird ‖ **madarat tolláról, embert barátjáról** birds of a feather flock together
madarász *n* fowler, bird-catcher
madáretető *n* bird table
madárfióka *n (fészekben)* nestling; *(röpülni tanuló)* fledgling
madárijesztő *n (átv is)* scarecrow ‖ **olyan, mint egy** ~ she is* a veritable scarecrow

madártan n ornithology
madártani a ornithological
madártávlat n bird's eye view (of sg)
madártej n *(étel)* oeufs à la neige, floating *i*slands pl
madrigál n madrigal
madzag n string, twine, packthread
maffia n mafia
mafla 1. a st*u*pid, thick(headed), US klutzy **2.** n blockhead, th*i*ckhead, booby, US klutz
mag n növ ált seed; *(csonthéjasé)* stone, pit; *(belseje)* kernel; *(almáé, körtéé, narancsé)* pip; *(szőlőé)* seed ‖ *(atommag)* n*u*cleus ‖ *(műsz)* core [of mould] ‖ biol semen, sperm ‖ ~**va szakad** die ch*i*ldless, die witho*u*t progeny; *átv* **vmnek a** ~**va** *(lényege)* the nub/gist/kernel of sg
maga[1] **1.** *pron (saját)* one's own ‖ *(visszaható)* **(én)** ~**m** (I) myself; *(egyedül)* (all) by oneself; **gondolta** ~**ban** he said*/thought* to himself; ~ **a gondolat** the very idea; ~ **a megtestesült egészség** the picture of health; ~ **a puszta tény** the mere fact (in) itself; ~ **alatt van** *átv biz* be* *u*nder the weather; *(nyomatékosan)* ~ **az igazgató jött el** the director himself came; ~**ba fojt** *(haragot)* bottle up; ~**ban** *(egyedül)* alone, apart; *(magában véve)* in itself; ~**ban beszél** talk to oneself, sol*i*loquize; ~**ba(n) foglal** include, contain, comprise; *(költséget stb.)* be* incl*u*sive of; ~**ban nevet** laugh to oneself; ~**hoz kéret** vkt send* for sy, ask sy to come; ~**hoz tér** *(ájult)* recover/regain consciousness, come* to/ round; *(gyengeségből)* recover/gather strength; ~**nál van** be* conscious; ~**ra hagy vkt** leave* sy to oneself; ~**ra marad** be* left alone, be* lonely; ~**tól** *(beavatkozás nélkül)* by/of itself/oneself, of one's own accord; *(kérés nélkül)* [do sg] unasked; ~**tól értetődik** it goes* without saying, it is* only too obvious/ natural; **megkapja a** ~**ét** get* one's due; get* his/her/one's (just) deserts; **(mi) magunk** (we) ourselves; **nincs** ~**nál** be* unconscious; **(ő)** ~ *vk* (he) himself, (she) herself; *(egyedül)* alone, (all) by himself/herself; *vm* (by) itself; **(ők) maguk** they themselves; **őt** ~**t** himself, herself; **(ti)** ~**tok** (you) yourselves; **törődj a** ~**d dolgával** mind your own business **2.** *adv (egyedül, saját maga)* alone, (all) by himself/herself
maga[2] *pron (ön)* you ‖ *(birtokos)* your ‖ **ez a** ~**/maguk háza?** is that your house?; ~**nak hoztam** I brought that/ this for you; **maguk(at)** you; **van** ~**nak ...?** have you got ...?

magabiztos a sure of oneself *ut.*, confident, self-assured; *elít* cocksure ‖ ~**an** full of confidence, sure of oneself
magáé *pron (sajátja)* sy's/one's own ‖ *(öné)* yours ‖ **az én könyvem csak fűzött, a** ~ **kötött** my book is* only stitched, yours is* bound
magamfajta a/n like me *ut.*, such as I *ut.*
magánalkalmazott n employee [of a pr*i*vate firm/office]
magánbeszélgetés n pr*i*vate talk/conversation/interview; *(telefonon)* private call/conversation
magánbeteg n private patient
magáncég n (private) firm
magáncélra adv for personal use
magánélet n private/personal life, pr*i*vacy ‖ **a** ~**ben** in pr*i*vate (life)
magánember n private indiv*i*dual
magánérdek n private *i*nterest
magángazdálkodás n *mezőg* individual farming
magángyűjtemény n pr*i*vate collection
magánhangzó n vowel
magániskola n private school
magánjellegű a private; *(bizalmas)* confidential
magánjog n c*i*vil law
magánkéz n ~**ben van** be* pr*i*vately owned, be* in pr*i*vate hands
magánkívül van *kif (dühtől)* be* beside oneself (with anger), be* in a rage, be* furious; *(örömtől)* be* transported, be* beside oneself (with joy)
magánlakás n pr*i*vate flat (*US* apartment)
magánlaksértés n violation of the privacy of sy's house/home, *US* breach of domicile
magánlátogatás n ált private call/visit ‖ *(hiv közegé)* visit in an unofficial capacity
magánnyomozó n private detective
magánóra n private lesson ‖ ~**kat ad** give* pr*i*vate lessons, t*u*tor (sy)
magános a *(különálló)* isolated, solitary; *(félreeső)* secl*u*ded ‖ ~**an álló épület** isolated/detached b*u*ilding; *(egyedül élő)* unmarried, s*i*ngle, unatt*a*ched → **magányos**
magánpraxis n private practice (*US* -ise) ‖ ~**t folytat** he rece*i*ves pr*i*vate patients
magánszám n *(ének, zene)* solo
magánszektor n private sector [of trade/ production]
magánszemély n private indiv*i*dual
magántanuló n private p*u*pil
magántaxi n private cab/t*a*xi
magántermészetű a pr*i*vate
magánterület n private property; *(kiírás)* Private

magántulajdon *n (viszony)* private ownership || *(tárgyak)* private property || ~**ban levő** privately owned, in private ownership *ut.*

magánúton *adv* privately, through private channels

magánügy *n* private/personal affair/ matter, private business

magánvagyon *n* private means *pl*, private property/estate

magánvállalat *n* private company/firm/ business

magánvállalkozás *n* private enterprise/ venture/business

magánvállalkozó *n* entrepreneur, owner of a business (enterprise) (*v.* private firm)

magánvélemény *n* private/personal opinion

magánzárka *n (hely)* cell || *(büntetésnem)* solitary confinement

magány *n* solitude, loneliness

magányos *a (elhagyatott)* lonely, solitary || *(társaságkerülő)* odd man° out || *(különálló)* isolated; *(félreeső)* secluded, isolated || ~ **nő** an unattached woman°; ~ **an él** lead* a lonely/secluded life

magas 1. *a (hegy, épület)* high; *(ember, torony)* tall || *(hang, magánhangzó)* high, front || *(szint, színvonal)* high(-level) || *biz* **ez nekem** ~ this beats me, it's beyond me; **2 m** ~ **fal** a two-metre high wall, a wall 2 m high; ~ **állás** high office/position; ~ **fizetés** high salary; ~ **hangú** high-pitched; ~ **kort ért meg** lived to (*v.* reached) an advanced age; ~ **nyakú pulóver** turtleneck (sweater); ~ **szárú cipő** boots *pl*; ~ **színvonalú** high-class/level/standard; ~ **vérnyomás** high blood-pressure **2.** *n* ~**ba emelkedik** *(repülőgép)* rise* (into the sky)

magasabb *a (tárgy)* higher, loftier; *(ember, oszlop)* taller (*mint* than) || *(állás, rang)* higher

magasan *adv* high || **nagyon** ~ **van he** is very high up; ~ **repül** fly* high

magasföldszint *n* mezzanine

magaslat *n* height, elevation, altitude || **a helyzet** ~**án van** prove/be* equal to the task, be* on top of the job

magaslati *a* high-altitude, alpine || ~ **levegő** mountain-air

magasl|ik *v (vm fölött)* tower above/over *sg*

magasod|ik *v (magasabb lesz)* become*/ grow* high(er)/taller || *(magaslik)* rise*, project, jut out, be* prominent

magasság *n* ált height; *(csak dolgoké)* altitude; *(vízé)* depth || *vké* height || ~**a 180 cm** he is six feet (in height), he is six foot/feet tall, he is a six-footer

magasugrás *n* high jump

magasugró *n* high-jumper

magasztal *v* praise (highly), extol (*US* extoll), eulogize

magatartás *n (viselkedés)* conduct, behaviour (*US* -or); *isk* conduct; *(állásfoglalás)* attitude || **helytelen** ~ misconduct

magatehetetlen *a* helpless, crippled; *(béna)* lame

magaviselet *n* conduct, behaviour (*US* -or) || **jó** ~ good conduct; **jó** ~**ű** well -behaved/conducted; **rossz** ~ bad/ poor conduct; **rossz** ~ **ű** ill-behaved, badly behaved

magáz *v* ⟨address sy formally as "maga"⟩

magazin *n (folyóirat)* (illustrated) magazine

magenergia *n* nuclear energy

magfizika *n* nuclear physics *sing.*

magfúzió *n fiz* nuclear fusion

maghasadás *n fiz* nuclear fission

magház *n (virágé)* ovary || *(almaféléké)* core

mágia *n* magic, black art, wizardry

mágikus *a* magic(al) || ~ **erő** magic power, spell

magkémia *n* nuclear chemistry

máglya *n* bonfire, pile of logs || *(kivégzéshez, tört)* the stake

máglyahalál *n* the stake, death by burning; *(az inkvizíció idején)* auto-da-fé

máglyarakás *n (étel) kb.* jam pudding

Magna Charta *n GB tört* Magna Carta (*v.* Charta)

mágnás *n* magnate, aristocrat, *GB* peer

mágnes *n* magnet

mágneses *a* magnetic || ~ **erő** magnetism; ~**sé válik** be* magnetized

mágnesez *v* magnetize

mágneskártya *n* credit card

mágneslemez *n* (magnetic) disk || **hajlékony** ~ floppy disk

mágnesség *n* magnetism

mágnesszalag *n* magnetic tape

mágnestű *n* magnetic needle

magnetofon *n* tape-recorder; *(mint hifitorony része)* tape deck

magnetofonfelvétel *n* tape-recording

magnetofonszalag *n* (magnetic) tape

magnézium *n* magnesium

magnó *n biz* tape-recorder; *(kazettás)* cassette recorder || ~**ra felvesz** tape *sg* [off/from the radio etc.]

magnókazetta *n* (audio)cassette

magnós 1. *a* ~ **rádió** radio/cassette recorder **2.** *n* tape-recording buff

magnóz|ik *v (felvesz)* tape-record; *(hallgat)* listen to tapes

magol *biz v* swot/mug up *sg*, bone up on *sg* || cram, swot, mug || **vizsgára** ~

cram/swot/mug for an/one's exam, US grind* (away) for one's exam(s)
magolás n biz swot(ting), cram(ming), US grind(ing)
magoló n swot, US grind
magömlés n ejaculation
magtalan a vk barren, sterile, childless || növ seedless
magtár n granary, barn
magtechnika n fiz nucleonics sing.
magtermés n növ seed-crop
mágus n magus (pl magi)
magvas a növ having/bearing seeds/grain ut. || ~ **növények** seed plants; átv ~ **tanulmány** a concise study, a solid piece of work
magvaváló a freestone [peach etc.] || **nem** ~ clingstone
magvető n sower
magzat n biol (embrió) embryo; (a terhesség 5. hetétől kezdve) f(o)etus || ir (utód) descendant, offspring, issue
magzatelhajtás n (procured) abortion
magyal n holly
magyar a/n Hungarian, Magyar || ~ **ajkú/anyanyelvű** Hungarian-speaking; a ~ **ajkúak/anyanyelvűek** (native) speakers of Hungarian, Hungarian-speakers; ~ **ember** a Hungarian/Magyar; **M**~ **Köztársaság** Hungarian Republic; ~ **nyelv** Hungarian (language), Magyar (language); ~ **nyelvű** (személy) Hungarian-speaking, (folyóirat stb.) Hungarian; ~ **származású** of Hungarian birth/descent ut., Hungarian-born; **M**~ **Tudományos Akadémia** Hungarian Academy (of Sciences); ~ **szakos tanár** teacher of Hungarian; ~**t tanít** teach* Hungarian (language and literature)
magyarán adv frankly, bluntly, clearly, openly || ~ **megmond vmt** make* no bones about sg, speak* from one's heart
magyaráz v explain; (kifejt) expound; (értelmezve) interpret; (eseményt, szöveget) comment on || (vmt indokol) account for (sg) || **azzal** ~**za, hogy** he explains it by saying that, he gives* (it) the following explanation
magyarázat n explanation, explication; (értelmezve) interpretation; (eseményhez, szöveghez) comment(ary); (ir szöveghez) gloss, annotation; (indok, ok) reason, motive || ~**ra szorul** it calls for an explanation, it needs explaining (v. to be explained); ~**ot kér** ask for an explanation (of sg)
magyarázkodás n explanation of one's conduct, excuse/apologies for one's conduct

magyarázkod|ik v explain oneself; (mentegetődzve) excuse oneself, apologize (for)
magyardolgozat n Hungarian essay/homework
magyaróra n class in Hungarian, Hungarian class
Magyarország n Hungary || ~**on** in Hungary
magyarországi a of/from/in Hungary ut., Hungarian, Magyar || ~ **viszonyok** conditions in Hungary
magyaros a (typically/characteristically) Hungarian || ~ **étel** Hungarian dish
magyarosan adv in (true) Hungarian/Magyar fashion/style; (ételnév) à la hongroise || ~ **főz** cook (in the) Hungarian style
magyarosított a Magyarized || ~ **név** Magyarized name
magyarság n (nép) Hungarians pl, the Magyars pl, the Hungarian people/nation || (nyelvi) Hungarian || **jó** ~ good/correct Hungarian (speech)
magyarságtudomány n Hungarian studies pl
magyartalan a un-Hungarian/Magyar; (beszéd) bad Hungarian (speech)
magyartanár n teacher of Hungarian, Hungarian teacher
magyarul adv (in) Hungarian || (érthetően) clearly, plainly || ~ **beszél** speak* Hungarian; ~ **beszélő** Hungarian-speaking; (főnév) speaker of Hungarian; ~ **tanul** learn* Hungarian; ~ **van (írva)** is* (written) in Hungarian
mahagóni n mahogany
mai a today's, this day's, of today ut., of this day ut. || (jelenlegi) present-day; contemporary, of today ut., modern || (korszerű) up-to-date, modern || **a** ~ **élő angol nyelv** present-day English; **a** ~ **naptól** from this date/day; **(mind) a** ~ **napig** up to the present, up to now, to date, so far, as yet
máj n (szerv, étel) liver
majális n picnic (in May)
májas hurka n white pudding
majd adv (valamikor) sometime, someday (in the future); (később, aztán) then, later (on) || (majdnem) almost, nearly || **ezt én** ~ **elintézem** I'll settle/arrange it, I'll see to it; **ha** ~ **elkészül, szólj** tell me if it is ready; ~ **adok én neki!** I'll give him what for
majdnem adv almost, (very) nearly, all but || ~ **tíz óra van** it is nearly ten (o'clock); ~ **egy óráig tart** it/sg takes* just under an hour; **a vonat már** ~ **indult, amikor** ... the train was about/going to leave when ...

májgombóc n liver dumplings pl
májgyulladás n hepatitis
májkrém n liver paste, pâté
majmol v ape, imitate/copy slavishly
majolika n majolica
majom n áll monkey; *(emberszabású)* ape || *átv* ape
majomszeretet n doting love (of parents for children), blind adoration (of)
majonéz n mayonnaise
majoránna n marjoram
májpástétom n liver paste, pâté
majszol v munch, nibble
május n May || ~ **elseje** 1st May, US May 1st; *(mint ünnep)* May Day || → **december**
májusfa n may-pole
májusi a May, of/in May ut. || ~ **eső** May rain || → **decemberi**
májzsugorodás n cirrhosis of the liver
mák n *(növény)* poppy || *(magja)* poppy-seed
makacs a *(ember)* stubborn, obstinate, headstrong || *(láz)* persistent
makacskod|ik v show* obstinacy, be* stubborn/obstinate
makacsság n stubbornness, obstinacy
makadámút n macadam(ized) road
makaróni n macaroni
mákdaráló n poppy-seed grinder
makett n model, mock-up
maki(majom) n lemur, macaco
makk n *(termés)* acorn; *(disznóeleség)* mast || *(kártya)* club(s) || **éhes disznó** ~**al álmodik** a hungry horse dreams of oats
makkegészséges a (as) fit as a fiddle ut.
mákony n opium
mákos a ~ **bejgli** poppy-seed roll; ~ **tészta** ⟨vermicelli dusted with ground poppy-seed and sugar⟩
makrancos a recalcitrant, refractory; *(gyerek)* unmanageable, disobedient, unruly || **A** ~ **hölgy** The Taming of the Shrew
mákszem n (grain of) poppy-seed
makulátlan a spotless, immaculate
mákvirág n iron díszes ~ bad lot, scapegrace
malac 1. n áll (young) pig, piglet; *(hússertés kb. 100 kilón felül)* hog || *(emberről)* pig **2.** a obscene, foul(-mouthed) || ~ **vicc** dirty/blue joke/story
malacpecsenye n roast pig
malacság n obscenity, smut
malária n malaria
maláta n malt
málé[1] **1.** a *(mafla)* doltish, stupid, thick-(headed) **2.** n dolt
málé[2] n US corn pone, hoecake
málha n luggage, US baggage; kat kit

máll|ik v crumble (away), become* crumbly/brittle, disintegrate
malmoz|ik v *(malmot játszik)* play nine-men's morris || *(ujjával)* twiddle one's thumbs
málna n raspberry
málnaszörp n raspberry-juice
malom n (flour-)mill, US gristmill || *(játék)* nine-men's morris
malomkerék n mill-wheel
malomkő n millstone
Málta n Malta
máltai a Maltese || ~ **kereszt** Maltese cross
malter n mortar
mályva n mallow, hollyhock
mályvaszínű a mauve, pinkish-purple
mama n biz mum(my), ma, US mom(my), ma(ma)
mamlasz 1. a simple(-minded) **2.** n simpleton, pudding-head, dolt
mámor n ált intoxication *(szesztől)* drunkenness, biz tipsiness; *(könnyű)* dizziness, giddiness || *(örömtől)* rapture, ecstasy || **győzelmi** ~**ban** flushed with victory
mámorító a intoxicating, ecstatic
mámoros a ált intoxicated || *(szesztől)* drunk, biz tipsy, mellow || *(örömtől)* rapturous, ecstatic || **sikertől** ~ drunk with success ut.
mamusz n felt slippers pl
mamut n *(átv is, jelzőként is)* mammoth
mamutvállalat n mammoth (business) enterprise (v. corporation), a business giant
manapság adv nowadays, these days
mancs n paw
mandarin n *(gyümölcs)* mandarin (orange); tangerine || *(kínai)* mandarin || **A csodálatos** ~ The Miraculous Mandarin
mandátum n *(meghatalmazás)* mandate || *(képviselői)* seat (in Parliament)
mandolin n mandolin
mandula n növ almond || *(szerv)* tonsil || **kiveszik vk** ~**ját** have* one's/sy's tonsils removed/out
mandulafa n almond(-tree)
mandulagyulladás n tonsillitis
mandulakivétel n removal of tonsils, tonsillectomy
mandzsetta n = **kézelő**
mangán n manganese
mánia n mania
mániákus 1. a maniacal, obsessive || ~ **depresszió** manic-depressive psychosis **2.** n orv manic || *(megszállott)* fanatic
manifesztum n manifesto *(pl -s v. -oes)*, proclamation
manikűr n manicure

manikűrkészlet n manicure set
manikűrös n manicurist
manipuláció n wheeling and dealing, underhand practices pl
manipulál v *(mesterkedik)* be* wheeling and dealing, scheme, manoeuvre || *(a választást)* rig the elections
mankó n crutch, pair of crutches, crutches pl
manó n mischievous sprite, imp, goblin
manométer n manometer
manöken n model
manőver n manoeuvre *(US* maneuver*)*
manőverez v manoeuvre *(US* maneuver*)*
Man-sziget n Isle of Man || ~**i** Manxman°; *(nő)* Manxwoman°
manufaktúra n tört *(termelési forma)* manufacture; *(üzem)* manufactory
manzárd n mansard, garret, attic
manzárdlakás n garret/attic room
manzárdtető n mansard/garret roof
mappa n *(írómappa)* (writing) pad; *(konferencián stb.)* folder
mar[1] v *(állat)* bite* || *(sav)* bite*, corrode; *(rozsda)* fret, corrode || *műsz* mill || ~**ja a nyelvet** it burns* one's tongue
mar[2] n *(lóé)* withers pl
már adv already; *(kérdésben)* already, yet; *(kérdésben: valaha/egyáltalán)* ever; *(tagadásban)* any more || ~ **amennyire** (in) so far as; ~ **akkor is** even then; ~ **1914-ben** as far back as 1914; ~ **az V. sz.-ban is** as early as the 5th century; ~ **egy éve beteg** (s)he has been ill for a year; ~ **nem dolgozom** I do* not work any more; ~ **nem** no longer/more, not now; ~ **nem a régi** he is* no longer what he used to be, he is* no longer his former/old self; **megjött** ~**?** has he come yet?; **siess** ~**!** come on now!, get a move on, will you!; ~ **találkoztunk** we have* met before, we have* already met;
marad v *(vm állapotban)* remain, rest || *vhol* stay, remain, make* a stay, stop *(swhere)* || *vmennyi* be* left (over), remain || **ágyban** ~ stay in bed; **egy vasam sem** ~**t** I haven't got a penny left, I am* stone/stony broke; **ennyiben** ~**unk** we'll leave it at that, that's that; **életben** ~ survive; *mat* **ha 5-ből elveszünk 2-t,** ~ **3** five minus two leaves three; **hol** ~**tál ilyen sokáig?** where have you been so long?; **hű** ~ **vmhez** remain faithful/loyal to sg; ~**junk a tárgynál** let us stick to the point/subject; **minden** ~ **a régiben** everything remains unchanged, there will be no change(s); **ne** ~**j soká!** don't be long; **nem** ~**t más, mint ...** nothing was left to me but ...; **ott** ~ stay there;

otthon ~ stay at home; **semmi sem** ~**t** nothing was left (of it), nothing remained
maradandó a lasting, enduring, permanent
maradék 1. n ált remainder, remains pl, rest; *(kevés)* remnant(s) || *(étel)* leftover(s), remains [of a meal] pl || *(kivonásnál, osztásnál)* remainder; *(összeadásnál)* carry-over **2.** a remaining, residual, left ut. || **a** ~ **pénzem** what remained of my money
maradéktalanul adv fully, entirely
maradi 1. a vk backward(-looking), old-fashioned || *(eszme)* old-fashioned, antiquated **2.** n fuddy-duddy, old fogey
maradiság n old-fashioned ideas pl; *vké* backwardness, fustiness
maradvány n *(pusztulás után)* ~**ok** remains pl; vk **földi** ~**ai** mortal remains (of sy)
marakodás n quarrel(ling), bickering
marakod|ik v *(állatok)* fight* (over); *(emberek)* quarrel, bicker
marás n *(állaté)* bite || *(savé)* biting/corrosive effect || *műsz* milling
marasztal v vkt detain, ask (sy) to stay (on/longer)
marat v *(savval)* corrode || *műsz* mill
maratoni futás n marathon
marcangol v lacerate || *(kín)* torment, torture, gnaw
marcipán n marzipan
március n March || → **december**
márciusi a March, in/of March ut. || → **decemberi**
marcona a grim(-looking), martial
mardos v *(kín)* gnaw (at), torment, torture; *(lelkiismeret-furdalás)* prick || ~ **a tudat, hogy** it pains me to know that
marék n *(mennyiség)* handful
maréknyi a a handful of
margaréta n daisy
margarin n margarine, GB biz marge
margó n margin
marha 1. n *(állat)* cattle *(pl* ua.) || *(ember)* blockhead, fathead, idiot **2.** a *vulg (emberről)* idiotic, stupid, GB gormless || *kif* it's great || ~ **jó** bloody *(US* damn*)* good, jet good; ~ **nagy** *vm* great big sg
marhabélszín n sirloin (steak)
marhabőr n oxhide, rawhide
marhahús n beef || **sült** ~ roast beef
marhahúskonzerv n canned/corned beef
marhanyelv n ox-tongue
marhapörkölt n beef-stew with paprika, Hungarian stew of beef
marhaság n nonsense, rubbish
marhasült n roast beef, beefsteak
marhaszelet n *(hirtelen sült)* beefsteak

marihuána *n* marijuana
mariníroz *v* marinade *v.* marinate ‖ ~**ott hal** marinated fish
máris *adv (azonnal)* at once, immediately, right/straight away ‖ *(már most)* already, just now, *US biz* right now
márka *n (védjegy)* trademark ‖ *(gyártmány)* make, brand ‖ *(pénz)* mark
markáns *a* ~ **arcú** sharp-featured/faced
márkás *a* a good brand (of sg), quality ‖ ~ **áru** branded goods *pl*, quality products *pl*; ~ **óra** a good watch
marketing *n* marketing
markol *v* grasp, grip, clutch, seize ‖ **ki sokat** ~, **keveset fog** he who grasps much holds little; grasp all, lose all
markolat *n (kardé)* hilt
markológép *n* excavator
markos *a (férfi)* muscular, strapping
már-már *adv* almost, (very) nearly; *kif* be* on the point of ...ing ‖ ~ **azt hitte** he was (just) beginning to think
mármint *conj (tudniillik)* namely *(röv.* viz.*)*, that is to say *(röv.* i.e.*)*
marmonkanna *n* jerrycan
mármost *adv* now (then), and now, well now
maró *a vegy* corrosive, corroding ‖ *(megjegyzés)* biting, cutting, caustic, scathing, stinging ‖ ~ **anyag** corrodent, corrosive; ~ **gúny** sarcasm, scathing irony
marógép *n* milling machine
marok *n (kéz)* (hollow/palm of the) hand ‖ *(mennyiség)* a handful/fistful of ... ‖ ~**ra fog vmt** grasp/grip sg; **vknek vmt a markába nyom** hand sg to sy, thrust* sg in(to) sy's hand
Marokkó *n* Morocco
marokkói *a* Moroccan
maroknyi *a* a handful of
marós *n* miller
márpedig *(ellenkezés)* but ‖ *(megokolás)* and
marsall *n* marshal, *GB* field marshal
marsallbot *n* field marshal's baton
mars (ki)! *int* get out (of here)!, *US* scram!
marslakó *n* Martian
márt *v (folyadékba)* dunk (in), dip (into), immerse (in), plunge (into)
martalék *n* prey, booty ‖ **a lángok** ~**a lett** went (*v.* had gone) up in flames
mártás *n (húshoz)* sauce, gravy
mártír *n* martyr
mártogat *v* dunk [one's bread in the gravy]
márvány *n* marble
márványos *a* marbly, marbled
márványoszlop *n* marlbe column/pillar
márványsajt *n* Roquefort, *kb.* blue Stilton

márványszobor *n* marble statue; **márványszobrok** marbles
márványtábla *n* marble tablet
marxista 1. *a* Marxist, Marxian 2. *n* Marxist
marxizmus—leninizmus *n* Marxism-Leninism
más 1. *pron a* other, different ‖ ~ **idők**, ~ **emberek** other days/times, other ways/manners; ~ **szóval** in other words 2. *pron n vk* somebody/someone else; *(kérdésben)* anyone else; *vm* something else; *(kérdésben)* anything else ‖ *(vk mása)* (sy's) alter ego, second self ‖ *(vm mása)* copy, duplicate, replica ‖ **az már** ~ **!** that's more like it, that puts a different complexion on the matter; **bárki** ~ anyone else; **ez** ~ that's different, that's something else; ~**ok** others, other people; „~**sal beszél"** *(telefon)* Sorry! The line's/number's engaged (*US* busy); **semmi** ~ nothing else; **vknek a szakasztott** ~**a** (s)he is* a carbon copy of her/his [sister etc.]
másállapot *n* pregnancy
másé *pron* somebody/someone else's, that of somebody/someone else *ut.* ‖ **ne vedd el a** ~**t** don't take what is another's, don't take what belongs to somebody else
másfajta *pron* another/different kind/sort of ..., other, different
másfél *num* one and a half ‖ ~ **óra** an hour and a half
másfelé *pron* the/some other way; *(máshova)* elsewhere, somewhere else ‖ ~ **néz** look another way
másféle *pron* of another kind/sort/type *ut.*, a different kind of, other, different
másfelől *adv (irány)* from another direction, from a different direction ‖ *(viszont)* on the other hand
másfélszer *num adv* ~ **akkora** half as big again; ~ **annyi** half as much again
máshogyan *adv* = **másként**
máshol *adv* elsewhere, somewhere else
máshonnan *adv* from elsewhere, from somewhere else
máshova *adv* elsewhere, somewhere else ‖ ~ **néz** look the other way, look in another direction
másik *pron* another ‖ **egyik is,** ~ **is** both
maskara *n (jelmez)* fancy dress, masquerade ‖ *(nevetséges öltözet)* grotesque/ridiculous clothes *pl (v.* outfit)
másként *adv (eltérően)* differently, in another manner/way, in a different manner/way, otherwise ‖ ~ **gondolkodó** (political) dissident

máskor *adv* another time, at some other time/date, on another occasion ‖ **mint** ~ as usual/before, as at other times
másmilyen *pron* = más 1., másféle
másnap 1. *adv* the next day, (on) the following day ‖ ~ **reggel** the following/next morning; **minden** ~ every other day 2. *n* **karácsony** ~**ja** *GB* Boxing Day, *US* December 26
másnapi *a* of the next/following day *ut.*, the next/following day's
másnapos *a (ivás után)* hung-over, liverish; *kif* feel* a bit hung-over, have* a hangover ‖ ~ **szakáll** a second day's growth of beard
másnaposság *n* hangover, *biz* the morning after
masni *n* bow, ribbon
másod *n zene* second
másodállás *n* second(ary) job/employment, part-time job, moonlighting
másodéves *a/n* ~ **(hallgató)** second--year student, *US* sophomore; ~ **jogász** law-student in his/her second year, *US:* sophomore law-student
másodfokú *a* of the second degree *ut.* ‖ ~ **égés** second-degree burn; ~ **ítélet** judgement of the court of the second instance (v. of the second appeal court); ~ **unokatestvér** second cousin
második 1. *num a* second ‖ ~ **emelet** second floor, *US* third floor; ~ **gimnazista** student in his/her second year at high/secondary school; ~ **helyezett** runner-up (*pl* runners-up); **M**~ **Richárd** Richard II (*kimondva*: Richard the Second); **minden** ~ **héten** every other/second week, every two weeks 2. *n* **május** ~**a** *(kimondva:)* the second of May; *(írásban:)* 2 May, 2nd May, *főleg US:* May 2(n)d ‖ *isk* ~**ba jár** go* to (v. attend) the second form/class ‖ → **első**
másodikos (tanuló) *n* second-form student [in a Hungarian school]
másodízben *adv* (for) the second time
másodkézből *adv* second-hand ‖ ~ **vesz vmt** buy* sg second-hand
másodlagos *a* secondary, subsidiary
másodmagával *adv* he/she and another (person), he/she and sy else
másodosztályú *a* second-class ‖ ~ **jegy** second-class ticket; ~ **étterem** a Class/Grade II restaurant
másodpéldány *n* duplicate (copy)
másodperc *n* second ‖ **egy** ~ **ezredrésze alatt** in a split second
másodpercmutató *n* second hand
másodpercnyi *a (idő)* a second('s time) ‖ ~ **pontossággal** (punctual) to the second, *biz* [he was] dead on time
másodpilóta *n* co-pilot

másodrendű *a (áru)* second-rate/class/best, inferior *(vmhez képest* to) ‖ *(jelentőségre)* non-essential ‖ ~ **áru** seconds *pl*; ~ **vádlott** accused of the second order
másodsorban *adv* secondly, in the second place
másodszor *adv (másodízben)* (for) the second time ‖ *(másodsorban)* secondly, in the second place
másodszori *a* second ‖ ~ **figyelmeztetésre** at the second warning
másod-unokatestvér *n* second cousin
másol *v (szöveget)* copy, make*/take* a copy of sg; *(kazettát)* copy ‖ *fényk* print, take* a print from a negative
másolás *n* copying
másolat *n (szövegé)* copy, duplicate (copy); *műv* replica, reproduction; *fényk* print ‖ **(gépelt)** ~ carbon (copy); **hiteles** ~ certified/attested copy
másoló 1. *a* copying 2. *n* copier
másológép *n* copier; *(xerox)* Xerox machine
másolópapír *n indigó* carbon (paper) ‖ *fényk* contact paper
másrészt *adv* on the other hand
mássalhangzó *n* consonant
másutt *adv* elsewhere, somewhere else ‖ **bárhol** ~ anywhere else
másvalaki *pron* somebody/someone else
másvilág *n* the other world, the beyond ‖ **vkt a** ~**ra küld** *biz* send* sy to kingdom come, bump sy off
maszat *n* stain, dirt, smear
maszatol *v* stain, dirty, smudge, smear
maszatos *a* stained, dirty, smeared, smudged
maszek *a/n* self-employed (person) ‖ **sok** ~ **munkát végez** he has/does a lot of work on the side
maszekol *v* do* private work, work on the side, moonlight
mász|ik *v vmre* climb sg *(csúszik)* crawl; *(négykézláb)* creep* *(hegyet)* climb ‖ **fára** ~**ik** climb a tree
maszk *n* ált mask; *(színészé)* make-up ‖ **halotti** ~ death-mask
mászkál *v* ramble, stroll, roam, loaf *(mind:* about)
maszkíroz *v* mask; *(színészt)* make* up
maszkírozás *n* masking, make-up
maszkmester *n* make-up man°
maszlag *n növ* thorn-apple ‖ *átv* eye--wash, bunkum, humbug
mászóka *n (játszótéri)* climbing frame
mászóvas *n* climbing irons *pl*
massza *n* mass
masszázs *n (orvosi)* (medical) massage
masszíroz *v* massage, give* a massage to
masszív *a* massive, solid, bulky
masszőr *n* masseur; *(női)* masseuse

matat v rummage
matek n biz maths sing. v. pl, US math
matematika n mathematics sing.
matematikai a mathematical
matematikatanár n teacher of mathematics, mathemathics/maths teacher
matematikus n mathematician
materialista 1. a materialistic; *(az elméllettel kapcs.)* materialist **2.** n materialist
materializmus n materialism
matiné n morning performance/concert
matrac n mattress
matrica n nyomd mould (*US* mold), matrix (*pl* matrices v. matrixes)
matróna n ir old lady, matron
matróz n sailor, (ordinary) seaman°; *(hadihajón)* bluejacket; *biz* tar, leatherneck
matrózblúz n sailor/middy blouse
matrózruha n *(fiúé)* sailor suit
matrózsapka n sailor hat
matt[1] a *(fém)* mat(t), unpolished; *(bútor)* unvarnished; *(szín)* dull, flat
matt[2] n *(sakk)* (check)mate || ~! checkmate!; ~ **ot ad vknek** checkmate sy
Mátyás n Matthias || ~ **király** King Matthias
mauzóleum n mausoleum
MÁV = *Magyar Államvasutak* Hungarian State Railways
maxi a maxi
maximál v *(vm árát)* set* a ceiling on [the price of sg]
maximális a maximum, greatest/highest possible, utmost, top || ~ **ár** maximum/ceiling price; ~ **sebességgel** at maximum/top speed
maximalista a/n perfectionist
maximum 1. a/n maximum **2.** adv at the (very) outside, at (the) most, at the very most || ~ **100 ember számára való férőhely** room for 100 people at the outside
maxiszoknya n maxi (skirt)
máz n *(kerámián)* glaze; *(fémen)* enamel || *(tortán stb.)* glaze, icing
mázli n biz bit/stroke of luck, fluke || **micsoda** ~! what a fluke!
mázlista n biz lucky beggar/dog
mázol v paint || **vigyázat,** ~ **va!** wet paint
mázolás n paint(ing)
mázolmány n daub
mázoló n *(szobafestő)* (house-)painter
mázsa n 100 kilos, quintal, *kb.* two hundredweight
mázsás a *(egy mázsás)* weighing a quintal *ut.*
mazsola n raisin, sultana || *átv biz (kezdő autóvezető) kb.* learner driver
mecénás n patron [of art], Maecenas
mechanika n fiz mechanics sing. || *(szerkezet)* mechanism; *(zongoráé)* action

mechanikai a mechanical
mechanikus 1. a *átv is* mechanical **2.** n mechanic, technician
mechanizmus n *műsz és tud* mechanism || **gazdasági** ~ economic mechanism
mécs n night-light, wick
meccs n match
mecset n mosque
medál n *(nyakban)* medallion, pendant; *(nyitható-csukható)* locket
meddig adv *(térben)* how far? || *(időben)* (for) how long?, till/until when?
meddő a orv infertile, barren, sterile; *(föld)* unproductive, infertile || *(munka)* unproductive, fruitless, ineffective, vain || ~ **vita** sterile dispute
medence n *(edény)* basin; *(úszó)* (swimming) pool || *földr* basin || *orv* pelvis
medencecsont n hip-bone
meder n *(folyóé)* bed || *átv* channel || **a tárgyalások jó** ~**ben folynak** the negotiations are* going well
média n biz (mass) media
medikus n medical student, *GB biz* medic
medve n *áll* bear || **ne igyál előre a** ~ **bőrére** don't count your chickens before they are hatched, first catch your hare, then cook it; *biz* **vén tengeri** ~ old salt, sea-dog
medvebocs n bear-cub
medvebőr n bearskin
meg conj *(felsorolásban)* and || **kettő** ~ **kettő az négy** two and/plus two make/is/are four
még adv *(időben: ami még tart)* still; *(tagadó mondatban)* yet || **és** ~ **sok más** and much/many more; **ilyet** ~ **nem hallottam** I have never heard (of) such a thing (v. heard anything like it); ~ **akkor is, ha** even if; ~ **eddig** so far, as yet; ~ **egyszer** once more/again, over again; ~ **inkább** even/still more; ~ **kevésbé** even/still less; ~ **ma délután** this very afternoon; ~ **mindig** still; ~ **(mindig) esik** it is still raining; ~ **mit nem!** biz not in the least!, by no means!; ~ **nem** not yet; ~ **nem érkezett meg** he hasn't arrived yet
megad v *(ami megilleti)* give* sy his/her due; *(adósságot)* repay* sy [a sum], pay* (sy) back [the money] || *(adatokat)* give*, supply [information]; *(címet)* tell*, give* [one's/sy's address]; *(árat)* state, quote [price] || ~ **vknek vmt** ált grant sy sg, grant sg to sy; ~**ja az engedélyt vknek** give*/grant sy permission to do sg; ~**ja magát** surrender, yield, give* in
megadás n *vmé* granting || *(tartozásé)* repayment || *kat* surrender || *(beletörődés)* resignation, submission || **feltétel nélküli** ~ unconditional surrender

megadóztat v put*/levy a tax (on sy/sg), tax (sg/sy)
megágyaz v make* the bed(s)
megajándékoz v vkt vmvel present sy with sg, present sg to sy
megakad v *(szerkezet)* stop; *(alkatrész)* catch*, get* stuck/caught; *(sárban)* get* stuck || *(beszélő, szavaló)* falter, dry up, get* stuck || **a szálka ~t a torkán** the fish-bone stuck in his throat
megakadályoz v vkt vmben prevent (v. keep* back) sy from (doing) sg || vmt cross, stymie, impede
megakaszt v ált stop, check, block || *(szerkezetet, forgalmat)* jam, stop || *(vkt beszédben)* interrupt (sy), cut* (sy) short
megalakít v form, organize; *(bizottságot)* set* up [a committee]; *(kormányt)* form
megalakítás n forming, formation
megalakul v be* formed/founded/established, be* set up
megalakulás n forming, formation
megalapít v ált found, establish; ker *(társaságot)* set* up
megalapoz v átv establish; *(vádat)* substantiate
megaláz v humíliate, humble, bring* sy low
megalázás n humiliation, humbling
megalázó a humíliating, degrading
megaláztatás n humiliation, degradation
megáld v *(pap)* bless || *(vkt vmlyen képességgel)* bless, endow (sy with sg) || **az Isten áldjon meg!** *(jókívánságként)* God bless you!; *(felháborodva)* for Heaven's sake!
megalkot v create
megalkusz|ik v vkvel come* to an agreement with sy about sg || átv come* to terms with sg (v. a/the situation) || **~ik a helyzettel** make* the best of it
megalkuvás n átv compromise; elít opportunism || **meg nem alkuvás** intransigence, uncompromising attitude
megalkuvó a átv compromising || **~ ember** compromiser, opportunist, time-server
megáll v ált stop, come* to a stop/standstill; *(egy időre)* halt, come* to a halt, pause; *(jármű ház előtt stb.)* pull/draw* up; *(vonat állomáson)* call at, stop (at); *(gép leáll)* stall, stop, *(meghibásodik)* break* down || *(beszédben)* stop short, break* off || **~ni tilos!** no stopping, stopping prohibited; *(mint jelzőtábla)* clearway; **~t a vonat** the train stopped; **nem állja meg szó nélkül** he can't resist; **nem álltam meg nevetés nélkül** I couldn't help laughing;
nem tudja ~ni, hogy ne ... he can't help doing sg, he can't refrain from doing sg
megállapít v || *(kiderít)* establish, ascertain || *(kijelent)* state || *(kimutat)* find*, point out (that), show*; *(hibát)* find*, locate || *(meghatároz)* determine, fix, settle, decide; *(árat)* fix, settle [the price]; *(időpontot)* fix, appoint, assign, set* [a date]; *(kárt)* assess || *(betegséget)* diagnose
megállapítás n *(kiderítés)* establishing, establishment; *(kijelentés)* statement; *(tud. műben)* findings pl || *(áré)* fixing; *(káré)* assessment|| **~t nyert, hogy** it was found/proved/ascertained that
megállapodás n *(két fél között)* agreement, understanding; *(szerződés)* contract || **~t köt vkvel** make*/conclude (v. enter into) an agreement with sy
megállapod|ik v vkvel vmben agree with sy on/about sg (v. as to how ...), make* (v. come* to) an agreement (with sy on/about sg), make* (v. come to) an arrangement (with sy) || *(mozgó tárgy megáll)* come* to a standstill || átv vk settle (down); || **~ ik egy időpontban vkvel** make*/fix an appointment with sy (for)
megállapodott a fixed, settled
megállás n stop(ping), stoppage, halt, standstill || **~ nélkül** *(halad)* without stopping, without a stop, non-stop; *(szakadatlanul)* incessantly, unceasingly; **~ nélkül dolgozik** keep* at it, work non-stop
megállít v ált stop, bring* (sg) to a stop; *(járművet)* stop; *(karjelzéssel)* flag down || *(beszédben)* interrupt || **hirtelen ~ották** was brought up short, was flagged down
megálló(hely) n stop || **feltételes ~** request stop
megálmod|ik v see* sg in a dream; *(megsejt)* dream* of/about (sg) beforehand
megalsz|ik v *(tej)* curdle || vk vhol put* up for the night
megalvad v *(vér)* clot, cake
megárad v rise*, swell*, flood, overflow || **~t a Duna** the Danube is rising
megárt v vknek, vmnek do* (sy/sg) harm, be* harmful/injurious (to sy/sg) || *(gyomornak)* upset* (sy v. sy's stomach), disagree (with sy) || **jóból is ~ a sok** too much is as bad as nothing at all, enough is as good as a feast
megátkoz v curse, damn
megavasod|ik v go*/turn/become* rancid

megáz|ik *v vk* get* wet; *vm* become* wet; *(bőrig)* get* sopping wet, get* soaked to the skin

megbabonáz *v (varázsló)* bewitch || *átv* entrance, fascinate, enchant, charm

megbámul *v* gaze/stare/gape at (sy, sg)

megbán *v (bűnt, vall)* repent (of) [one's sins *v.* what he has done] || *(hibát stb.)* regret [a mistake || **ezt még ~od!** you'll be sorry!, you'll live to regret it

megbánás *n* regret, sorrow; *vall* repentance

megbánt *v* offend (sy), hurt* sy's feelings || **nem akartalak ~ani** no offence meant, I mean(t) no offence/harm

megbántód|ik *v* be* offended (at sg)

megbarátkoz|ik *v vkvel* become* friends, make* friends (with sy) || *vmvel* familiarize oneself with (sg)

megbecstelenít *v (nőt)* rape (sy)

megbecstelenítés *n* rape

megbecsül *v (értékel vkt)* appreciate, esteem, value || *(vm értéket)* value, appraise, estimate; *(kárt)* assess [damage]

megbecsülés *n (személyé)* esteem, appreciation || *(vm értéké)* estimation, valuing, valuation; *(káré)* assessment

megbékél *v* be* reconciled *(vkvel* with sy), calm down

megbékélés *n vall* atonement; *ált és pol* reconciliation [between former enemies]

megbéklyóz *v (lovat)* hobble || *vkt* shackle, fetter

megbélyegez *v (tüzes vassal)* brand || *átv (erkölcsileg)* condemn

megbélyegzés *n (tüzes vassal)* branding || *átv* condemnation

megbénít *v (átv is)* paralyse (*US* -lyze); *(pl. forgalmat)* bring* to a standstill

megbénul *v (átv is)* be*/become* paralysed (*US* -lyzed) || **(valósággal) ~t a forgalom a belvárosban** traffic in the city is at a complete standstill

megbeszél *v ált* talk (sg) over; *(megvitat)* discuss, debate; *(vkvel vmt)* have* a talk (with sy about sg) || *(találkozót stb.)* arrange || **időpontot ~ vkvel** make*/fix an appointment with sy

megbeszélés *n ált* talk, discussion; *(értekezlet)* meeting, *főleg US:* conference; *hiv (két ember között)* interview || *(találkozó)* appointment || **~ szerint** by appointment; **~t folytat vkvel** have* a talk with sy

megbetegedés *n ált* illness, disease || *(szervé)* disorder, trouble || *(eset)* case

megbetegsz|ik *v* fall*/get* ill, be* taken ill, *US így is:* fall* sick || **influenzában megbetegedett** he fell ill with influenza, *biz* be* down with (the) flu

megbilincsel *v* shackle, fetter, put* (sy) in chains/irons; *(kezén)* handcuff

megbillen *v vm* tilt, tip (up/over), overbalance; *vk* lose* one's balance

megbillent *v* tilt, tip (up/over)

megbirkóz|ik *v vmvel* ált wrestle with sg, (can*) manage sg, cope with sg; *(betegséggel)* overcome* [an illness]

megbíz *v vkt vmvel* charge/entrust sy with sg, commission sy to do sg || **~zák vmvel** be* charged with (doing sg)

megbízás *n ált* commission, charge, assignment, authority; *pol* mandate [to do sg]; give* sy a mandate to ... || **~t teljesít** fulfil (*US* -fill) an order; **vk ~ából** on behalf of sy, on sy's authority

megbízhatatlan *a (ember, adat)* unreliable, not to be relied on *ut.*; *kif* there is no relying on him; *vk* untrustworthy

megbízhatatlanság *n* unreliability, untrustworthiness

megbízható *a (ember)* reliable, dependable, trustworthy || *(adat)* accurate [fact, information]; *(értesülés)* reliable [information] || **~ forrásból tudom** I have* it on good authority

megbízhatóság *n vké* reliability, dependability, trustworthiness || *(adaté)* authenticity

megbíz|ik *v vkben/vmben* trust sy/sg, put* trust in sg, rely/depend on sy, believe in sy/sg || **nem lehet benne ~ni** he is* not to be trusted, you cannot depend/rely on him

megbízólevél *n (diplomatáé)* credentials *pl*, letter of credence

megbizonyosod|ik *v vm felől* make* sure/certain of sg, ascertain sg

megbízott 1. *a vmvel* in charge of sg *ut.* || **~ igazgató** *isk* acting headmaster **2.** *n pol* deputy || *(diplomáciai)* representative || *jog* delegate || *ker* agent

megbocsát *v vknek vmt* forgive* sy sg (*v.* sy for doing sg), pardon sy sg (*v.* sy for sg), excuse sy for sg (*v.* for doing sg); *(bűnt, sérelmet stb.)* forgive* [wrongs, offences, sins] || *(vall, bűnt)* forgive* [sins] || **bocsásd meg, hogy kibontottam a levelet** excuse my opening the letter, forgive* me for opening the letter; **bocsáss meg!** excuse me!, I'm sorry!, I beg your pardon!

megbocsátás *n* forgiveness, pardon

megboldogult *a/n* a **~** deceased; *(csak jelzőként)* the late ...

megbolondít *v* drive* sy mad, madden sy

megbolondul *v* go* mad/crazy, go* out of one's mind

megboml|ik *v (rend)* break* down

megbont v *(egységet)* disrupt, break* (up) [unity] ‖ *(rendet)* disturb [peace]
megborotvál v shave*
megborotválkoz|ik v shave* (oneself); *(borbélynál)* get* shaved, have* a shave
megborzad v vmtől be* horrified/shocked (at sg v. to see/hear sg)
megborzong v *(hidegtől, félelemtől)* shiver/shudder [with cold/horror]
megbosszul v ez még ~ja magát this may (prove to) be your/sy's undoing; (vm) ~ja magát sg brings* its own punishment, there is* a (heavy) price to be paid for sg; ~ vmt (vkn), ~ja magát vkn avenge/revenge sg on sy, revenge/avenge oneself on sy
megbotl|ik v vmben stumble (on/over sg), trip (over sg)
megbotránkozás n indignation, disgust, shock, outrage ‖ mindenki ~ára to the disgust of everybody
megbotránkoz|ik v vmn be* scandalized/shocked (at/by sg)
megbotránkoztat v vkt scandalize/shock/disgust/offend/outrage sy
megbök v push (gently), give* (sy/sg) a slight push, poke (sy)
megbúj|ik v hide*, be*/lie* in hiding
megbuk|ik v *(vizsgán)* fail (to pass) an/the examination, fail (in an/the exam/examination) ‖ *(vállalkozás stb.)* fail, fall* through, biz go* under, fold; *(pénzügyileg)* go*/become* bankrupt ‖ *(kormány)* fall* ‖ *(színdarab)* fail, be* a failure (v. biz flop), biz flop ‖ a ~ott kormány the defeated government; ~ott történelemből (s)he (was) failed in history, biz (s)he got a fail in history
megbuktat v *(vizsgán)* fail sy [in an examination], biz plough sy, főleg US flunk sy ‖ *(tervet)* wreck; kif bring* about the failure (of a plan) ‖ *(pénzügyileg)* bankrupt, ruin ‖ *(kormány)* overthrow*
megbüdösöd|ik v be*/go* off, begin* to stink; *(és rothad)* putrefy
megbűnhőd|ik v vmért suffer for [one's sins], expiate sg
megbüntet v ált punish ‖ *(pénzbírsággal)* fine
megcáfol v *(érvekkel)* refute, prove (sg) wrong; *(elméletet)* disprove ‖ *(hírt)* contradict, deny ‖ *(vádat)* rebut, repudiate
megcáfolhatatlan a irrefutable, undeniable, incontrovertible
megcéloz v vmt, vkt aim (sg) at sg/sy, take* aim/sight at sg/sy; *(fegyverrel)* aim/point [a gun] at sy
megcibál v vmt tug (at) sg, pull at sg
megcímez v address
megcirógat v caress, stroke, fondle

megcukroz v sugar, put* sugar in, sweeten; *(hintve)* sprinkle/dust (sg) with sugar
megcsal v ált deceive, cheat ‖ *(házastársat)* be* cheating on (one's wife/husband)
megcsap v *(ostorral)* whip, lash ‖ vmnek a szaga ~ja az orrot get* a whiff of sg
megcsapol v *(hordót)* tap, broach
megcsappan v diminish, decrease; *(haszon, jövedelem)* fall* (off)
megcsavar v *(csavaros dolgot)* screw, twist, give* sg/it a twist/turn
megcserél v = **felcserél**
megcsiklandoz v tickle
megcsillan v flash, gleam, glint ‖ átv ~ előtte a remény he has* a gleam of hope; ~t a szeme az örömtől a flash of joy came into his eyes
megcsinál v *(elkészít)* do*; *(készre)* get* sg ready, carry out, finish (off); *(ételt)* prepare, cook, make* [meal]; *(gyógyszert)* make* up, prepare, dispense; *(ruhát)* make* up; *(számlát)* make* out/up; *(tervezetet)* draw* up, draft; ‖ *(megjavít)* repair, fix, mend ‖ iron ezt jól ~tad you've made a fine mess of it!; ~ja a reggelit get* (the) breakfast ready; ~tad a leckéidet? have you done your homework?
megcsíp v *(ujjával)* pinch, nip ‖ *(élősdi)* bite*; *(csalán, darázs, méh)* sting* ‖ *(fagy)* bite*, nip
megcsodál v admire, gaze at sy in wonder
megcsókol v give* sy a kiss, kiss sy
megcsontosodott a átv confirmed, inveterate, hardened
megcsóvál v *(fejét)* shake* ‖ *(farkát)* wag
megcsömörl|ik v vmtől grow* disgusted with sg, grow* sick of sg
megcsúfol v *(tettével vmt)* make* a mockery of sg
megcsúfolás n minden emberi érzés ~a an outrage against humanity
megcsúnyul v grow*/become* ugly
megcsúsz|ik v vk slip ‖ *(jármű)* skid
megdagad v swell* (up)
megdarál v grind*, mill
megdermed v *(hidegtől vk)* be* numbed with cold ‖ *(ijedtségtől)* become* paralysed/numb(ed) with fear/terror
megdézsmál v biz lift, filch, pinch
megdicsér v vkt vmért praise (sy for sg)
megdob v vkt vmvel throw*/cast* sg at (sy) ‖ ~ vkt egy kővel throw*/fling* a stone at sy
megdobban v ~t a szíve his heart throbbed, his heart leapt (for joy)

megdohosod|ik *v* m*i*ldew, go*/turn mo*u*ldy (*US* m*o*ldy)
megdorgál *v* r*e*primand, reb*u*ke, repr*o*ve
megdöbben *v* *vmtől* be* shocked/app*a*lled (at sg), be* st*a*rtled/ast*o*nished (at sg *v.* to see/hear sg);
megdöbbenés *n* shock, ast*o*nishment || **nagy** ~**ére** to his great ast*o*nishment
megdöbbent 1. *v* shock, app*a*l (*US* app*a*ll), st*a*rtle, stu*n* **2.** *a* shocked, app*a*lled; *(erősen)* h*o*rrified, stunned
megdöbbentő *a* sh*o*cking, app*a*lling, st*a*rtling
megdögl|ik *v* die, p*e*rish
megdől *v* *(gabona)* be* be*a*ten down || *(hajó)* lurch, heel *o*ver || *(uralom)* coll*a*pse, be* overthr*o*wn || *(elmélet)* prove a f*ai*lure, prove false
megdönget *v* b*a*tter at, bang on
megdönt *v* *(gabonát)* beat* down || *(uralmat)* overthr*o*w* || *(tervet)* disapp*o*int, frustr*a*te || *(rekordot)* beat*, break* [a r*e*cord] || *(érvet)* ref*u*te, dispr*o*ve
megdöntés *n* *(gabonáé)* be*a*ting down || *(uralomé)* overthr*o*w || *(rekordé)* be*a*ting, br*e*aking || *(állításé)* refut*a*tion, reb*u*ttal
megdördül *v* *(ágyú)* beg*i*n* to roar/ th*u*nder; *(ég)* beg*i*n* to th*u*nder
megdörzsöl *v* rub || ~**i a szemét** rub one's eyes
megdrágít *v* *(árut)* raise the price of sg
megdrágul *v* go* up (in price), bec*o*me* more exp*e*nsive || ~**(t) a benzin** the price of p*e*trol (*US* gas) is g*o*ing up
megduplá*z* *v* d*o*uble
megduzzad *v* swell* (up)
megduzzaszt *v* swell*
megdühöd|ik *v* bec*o*me* enr*a*ged/f*u*rious, lose* one's t*e*mper
megebédel *v* have* (one's) lunch, lunch
megédesít *v* sw*e*eten
megedz *v* *(vasat, acélt)* h*a*rden, chill || *átv* h*a*rden; t*o*ughen (sy) up
megedződ|ik *v* bec*o*me* h*a*rdened, t*o*ughen up (*vmvel szemben* to sg)
megég *v* burn*, get*/be* burnt
megéget *v* burn* || ~**i a nyelvét** burn*/scald one's tongue
megegyezés *n* *(egyetértés)* agr*ee*ment, h*a*rmony, conc*o*rd || *(megállapodás)* c*o*ntract, agr*ee*ment || **közös** ~ **alapján** by m*u*tual/c*o*mmon ass*e*nt/cons*e*nt
megegyez|ik *v* *(vkvel vmben)* agree (with sy on sg), come* to (*v.* arr*i*ve at) an agr*ee*ment (with sy on sg), be* in agr*ee*ment (with sy) || *(egyező vmvel)* corresp*o*nd to/with, agr*ee*/acc*o*rd with || *(tervvel, elmélettel)* fit/fall*/chime in with, be* cons*i*stent with || *nyelvt* agr*ee* (with) || *(hitelezőkkel)* comp*o*und (with) || ~**tek abban, hogy** they (all) agr*ee*d to ..., they are* (all) agr*ee*d on sg (*v.* that ...)
megegyező *a* agr*ee*ing/conc*o*rdant with *ut.*, corresp*o*nding/true to *ut.*; *(azonos)* id*e*ntical (with), same (as)
megéhez|ik *v* get*/feel*/grow* h*u*ngry
megejt *v* *(vizsgálatot)* hold* [an inqu*i*ry], make* [investig*a*tions] || *(megigéz)* sed*u*ce, charm || ~ **egy lányt** get* a girl *i*nto tr*o*uble
megél *v* *(eleget keres)* earn/make* one's/ a l*i*ving; *vmből* live on sg || *(vmely életkort)* live to see sg || *(időszakot stb.)* exp*e*rience, live through || **a jég hátán is** ~ surv*i*ve (*v.* make* good) *a*nywhere
megelégedés *n* cont*e*nt(ment); *vmvel* satisf*a*ction || ~**ére** to one's satisf*a*ction
megelégel *v* have* en*o*ugh of || ~**te** he could not stand/st*o*mach it *a*ny l*o*nger
megelégsz|ik *v* *vmvel* be* s*a*tisfied/cont*e*nt(ed) (with) || ~**ik azzal, hogy** he conf*i*nes h*i*mself to, he cont*e*nts h*i*mself with d*o*ing sg
megélénkül *v* *(ember, társalgás)* l*i*ven up, come* to life || *(forgalom)* bec*o*me* l*i*vely
megélesít *v* sh*a*rpen (the edge of sg)
megelevened|ik *v* *(életre kel)* rev*i*ve, come* to life (ag*ai*n)
megélhetés *n* l*i*ving; *(szűkösen)* subs*i*stence || **biztos** ~ safe/sec*u*re job
megélhetési költségek *n pl* cost of l*i*ving *sing.*
megelőz *v* *(balesetet)* av*e*rt; *(betegséget, veszélyt)* prev*e*nt, ward off || *vkt, vmt* prec*e*de, go*/come* before || *(járműt)* overt*a*ke*, *US* pass || *(sorrendben)* take*/ have* pr*e*cedence *o*ver, prec*e*de || ~**te korát is*** ah*e*ad of his time
megelőzés *n* *(baleseté, veszélyé)* prev*e*ntion, w*a*rding off || *(sorrendben)* pr*e*cedence || *(vké, átv)* outstr*i*pping || *orv* prev*e*ntion, prophyl*a*xis
megelőző *a* *(előző)* pr*e*vious, prec*e*ding, f*o*rmer; *(előzetes)* prel*i*minary || *orv* prev*e*ntive, prophyl*a*ctic
megelőzően *adv* pr*e*viously, pr*i*or to
megemberel *v* ~**i magát** *(összeszedi magát)* pull ones*e*lf tog*e*ther; *(nekibátorodik)* pluck up (one's) c*o*urage
megemel *v* *(erőfeszítéssel)* raise (with *e*ffort), lift up [weight], heave* || *(kalapot)* raise/doff [one's hat to sy] || *biz* ~**te magát** he has (over)str*ai*ned h*i*mself by l*i*fting
megemészt *v* *(átv is)* dig*e*st
megemlékezés *n* *ált* commemor*a*tion || *(nekrológ)* obituary (n*o*tice) || ~**ül** as a mem*o*rial to, in commemor*a*tion of
megemlít *v* m*e*ntion, make* m*e*ntion of

megenged *v vknek vmt* allow/permit sy sg, give* sy leave/permission (to ...) || *(lehetővé tesz)* sg admits/allows of sg || **engedje meg (kérem), hogy** (please) allow me to, let me ...; **ha az időjárás** ~**i** weather permitting; ~ **magának vmt** *(élvezetet stb.)* allow oneself to ..., indulge in sg; ~**i?** *(elnézést kérek)* excuse me!; *(szabad?)* may I?; **nem engedhetem meg magamnak** I can't afford it

megengedett *a ált* allowable, permissible; *(igével)* be* allowed/permitted || *(törvényes)* legitimate, lawful; || *jog* illicit, illegal, unlawful || **meg nem engedett** (sg) not allowed/permitted; ~ **legnagyobb sebesség** (maximum) speed limit

megengedhetetlen *a* inadmissible, unpardonable; *(viselkedés)* improper

megengedhető *a* permissible, allowable, admissible

megenyhül *v (időjárás)* turn/grow* milder || *(fájdalom)* abate, subside || *vk* become*/get* friendlier || ~**t a hideg** it has become/turned a little less cold

megépít *v* build*

megépül *v* be* built/finished

megér[1] *v (él addig)* live to see || **a beteg nem éri meg a holnapot** the patient will not live through the night

megér[2] *v (értékben)* be* worth || ~**i?** *biz* is it worth it?; ~**i a fáradságot** be* worth one's while, be* worth the trouble (taken)

megérdeklőd|ik *v vmt* inquire about sg || ~**tem, hogy jutok el az állomásra** I inquired the way to the station

megérdemel *v* deserve || ~ **te!** *(úgy kell neki!)* it serves him right

megérdemelt *a* well-deserved || **meg nem érdemelt** *(jutalom stb.)* undeserved, unmerited; *(igazságtalan)* unjust, undeserved

megered *v (eső)* begin* to rain, start raining; *(könny)* begin* to flow, start flowing || *növ (palánta)* take* root || ~ **a nyelve** find* one's tongue

megereszt *v (lazít)* slacken, loosen; *(gyeplőt)* slacken [the reins] || *(csapot)* turn on || *átv biz* ~ **egy káromkodást** let* out an oath

megérez *v (szagot, ízt)* can* smell/taste sg || *(ösztönösen felfog)* feel*, become* conscious/aware of sg; *(vm rosszat)* scent, smell*; *(vmt előre)* have* a presentiment of sg || **megérzi a veszélyt** have* a presentiment/feeling of danger

megér|ik *v (gyümölcs)* grow*, become* ripe, ripen || *átv* be*/become* ripe/fit for sg || ~**ett a döntésre** [the matter] is* ripe for decision

megérint *v* touch (lightly), brush against

megérkezés *n* arrival || ~**(e)kor** on (one's) arrival

megérkez|ik *v* arrive *(országba, nagyvárosba:* in, *kisebb helységbe, repülőtérre stb.:* at), come* || **amint** ~**ik** the minute *(v.* as soon as) (s)he arrives; ~**ett már a vonat?** has the train arrived (yet)?, is the train in?; ~**ett a gép?** has the plane arrived/landed?

megerőltet *v*~**i a szemét** strain one's eyes; ~**i magát** overtax oneself *(v.* one's strength), overdo* it

megerőltetés *n (fizikai)* exertion, effort || *(szellemi)* mental strain || ~ **nélkül** effortlessly

megerőltető *a (munka)* exhausting, demanding

megerősít *v (kötelet)* make* fast, fix, fasten || *(erősebbé tesz)* strengthen, reinforce || *kat (várost)* fortify || *átv* confirm || **vk gyanúját** ~**i** confirm sy's suspicions

megerősítés *n (kötélé)* fastening, fixing || *(erősebbé tevés)* strengthening, reinforcement, reinforcing || *(városé)* fortification || *átv* confirmation

megerősödés *n* strengthening

megerősöd|ik *v* become*/grow* stronger, strengthen || ~**ött a szél** the wind has picked up

megerőszakol *v vkt* rape (sy)

megért *v (felfog)* understand*, comprehend; *(nehezen)* make* out || **nem értik meg egymást** they don't get on well (together); ~ **ette?** is that clear?, do you understand (me)?, *biz* (you) get me?; ~ **ettem!** I get (*v.* I've got) it, (all) right!

megértés *n (felfogás)* understanding, comprehension || *(együttérző)* understanding, goodwill

megértet *v* ~**i magát** *ált* make* oneself understood/clear; *(zajban)* make* oneself heard

megértő *a* sympathetic, understanding, considerate *(vkvel* to sy)

megérzés *n* || *(ösztönös)* intuition

meges|ik *v (megtörténik)* happen, occur, take* place || *vkvel vm* sg befalls* sy, sg happens to sy || *(leány)* get* pregnant, be* got into trouble || ~**ik a szíve vkn** be* sorry for sy, feel* pity/compassion for sy

megesket *v (esküt kivesz)* make* sy swear/vow, administer an oath to sy || *(házaspárt)* marry

megesküsz|ik *v (esküt tesz)* take*/ swear* an oath (to); swear* *(amire* on) || *(házasságot köt)* get* married (to sy) || **meg mernék esküdni (arra), hogy őt láttam** I could have sworn that I saw him/her

megesz *v vkt* eat* (up), swallow || ~**i a rozsda** rust away

megesz|ik *v vmt* eat* up, *biz* polish/finish off || **egye meg, amit főzött** as you make your bed so you must lie on it

megetet *v (állatot, gyereket, beteget)* feed* || *(csak embert)* give* sy food, give* sy to eat || *biz (elhitet vkvel vmt)* sy swallows sg hook, line and sinker

megfagy *v (folyadék)* freeze* || *(élőlény)* freeze* to death; *(testrész)* freeze*, become* frozen || **a vér ~ott ereimben (erre a látványra)** [that/the sight] made my blood freeze

megfagyaszt *v* freeze*

megfájdul *v* begin to hurt/ache, become* painful || ~**t a feje** she has a headache

megfázás *n* a cold/chill

megfáz|ik *v* catch* (a) cold || **(alaposan)** ~**ott** he caught/has a (bad) cold

megfej *v (állatot)* milk || *(átv biz vkt)* bleed*, fleece

megfejt *v ált* solve, explain || *(kódot)* decode, decipher, break* || *(titkot)* unravel *(US -l)*

megfejtés *n (cselekvés)* solving, decoding, deciphering || *(eredménye)* solution, explanation; *(rejtvényé)* answer || **a helyes ~** the correct/right solution

megfejthetetlen *a ált* insoluble, unsolvable; *(rejtély)* unfathomable || *(szöveg)* indecipherable

megfejtő *n* solver

megfeketed|ik *v* blacken, become*/turn black

megfékez *v (betegséget)* arrest, check || *(szenvedélyt)* curb, master, control || *(támadást)* stop, slow up || *(embert, tűzvészt)* bring* sy/sg under control

megfeksz|ik *v vm* ~**i a gyomrát vknek** sg lies* heavy on one's stomach

megfeledkez|ik *v vkről, vmről* forget* sy/sg || ~**ik az ígéretéről** fail to keep one's promise (to sy); ~**ik magáról** forget* oneself, lose* control (of oneself)

megfelel *v (válaszol)* answer sy [*v.* the question etc.], reply to sy; give* sy an answer || *(vmlyen célra)* be* suitable for, be* equal to; *vknek vm* sg suits sy || *(vm megegyezik vmvel)* correspond to, equal *(US -l)* (sg), be* the equivalent of; be* in accordance with sg || **a követelményeknek ~** suit/meet* the/sy's requirements, *biz* that'll fill the bill; **bármi ~** anything will do; **ha így ~ önnek** if this is convenient to you; ~**?** *(üzletben)* will that be all right?; ~ **a várakozásnak** live up to one's/sy's expectations; **nem felel meg** *(árucikk)* it won't do, it's unsuitable

megfelelés *n (megegyezés vmvel)* correspondence, agreement

megfelelő 1. *a (alkalmas)* suitable (for, to), adequate; *(hely, idő)* convenient; *(megkívánt)* appropriate, required, adequate, proper || **ez a megoldás ~ volna nekem** this arrangement would suit me; **nem ~ ált** unsuitable, inadequate; *(időben)* inconvenient **2.** *n* equivalent || **ennek a szónak nincs magyar ~je** this word has* no equivalent in Hungarian

megfelelően *adv vmnek* ~ in accordance/conformity/compliance with sg, according to sg

megfélemlít *v* intimidate, frighten, terrify

megfélemlítés *n* intimidation, terrorization

megfelez *v* halve, cut* in half, divide in(to) two || **felezzük meg!** let's go halves

megfellebbez *v (ítéletet)* appeal against [a sentence/decision]

megfellebbezhetetlen *a (döntés stb.)* unappealable, final || *(ellentmondást nem tűrő)* magisterial

megfen *v (kést)* sharpen, grind*; *(borotvát)* strop, hone; *(kaszát)* whet*

megfenekl|ik *v (hajó)* run* aground, founder, be* stranded; *(kocsi sárban)* get* bogged down (*v.* stuck) [in the mud]

megfenyeget *v vmvel* threaten/menace sy (with sg)

megfér *v vkvel* get* on/along (with), be* on good terms (with) || *vm vhol* there's room for sg || **jól ~nek** they get* on well (together), *biz* they hit* it off well

megfertőz *v (élőlényt)* infect; *(levegőt, vizet)* pollute, poison

megfest *v (vmlyen színűre)* paint; *tex* dye || *(képet)* paint

megfésül *v* ~**i a haját** comb one's hair

megfésülködik *v* comb one's hair

megfeszít *v (húrt, kötelet)* tighten; *(íjat)* bend*, draw* || *(izmot)* flex, tense || *átv* **minden erejét ~i, hogy** strain every nerve to, do* one's utmost/best to

megfeszül *v (anyag)* tighten, stretch (out); *(izom)* tense

megfiatalít *v (üdülés stb.)* make* sy young again, rejuvenate sy || *(ruha vkt)* make* sy look younger

megfiatalodik *v* grow*/get* younger, be* rejuvenated

megfigyel *v ált és tud* observe, notice; *vkt, vmt* watch, have*/keep* one's eye on; *(orvosilag)* observe, keep* under observation || *(rendőrileg)* shadow, tail, keep* under surveillance

megfigyelés n ált, tud és orv observation; vké, vmé watching ‖ (rendőri) shadowing, police surveillance
megfigyelhető a observable, noticeable
megfigyelő n observer, spectator ‖ pol observer ‖ **jó** ~ keen observer
megfigyelőállomás n tud observation hut; kat observation post, lookout
megfilmesít v film, make* a film of, adapt for the screen
megfizet v (tartozást) pay* sg to sy, pay* (sy) back [money], pay* [money] back, (számlát) settle ‖ vmt, vmért pay* for (sg) ‖ (lakol vmért) pay*for (sg) ‖ vkt vmért pay* sy for sg ‖ **ezért ~sz!** you'll (have to) pay dearly for that
megfizethetetlen a (ár) exorbitant, extravagant ‖ átv priceless, inestimable
megfog v (kézzel) seize, catch*, take*/get*/catch* hold of; (megragad) grip, grasp; (vmnél fogva) take* by [the hand etc.] ‖ (állatot) catch*, trap ‖ (tolvajt) catch*, seize, stop, collar ‖ (festék) stain ‖ **a kávé ~ta az abroszt** coffee stained the tablecloth; **fogják meg!** stop him!, stop thief!
megfogad v (megígér vmt) pledge (oneself) to do sg, make*/take* a vow, vow ‖ **~ja vk tanácsát** take* sy's advice; **~tam magamban** I resolved (to)
megfogalmaz v draft draw* up, formulate
megfogalmazás n (folyamata) drafting, drawing up, formulation; (eredménye) wording
megfogamz|ik v (élőlény) be* conceived ‖ (növény) take*/strike* root ‖ (oltás) take* ‖ (gondolat) be* conceived
megfoghatatlan a átv inconceivable, unfathomable
megfogódz|ik v vmben grip sg, hold* on to sg (tightly), cling* (on) to sg, hold* sg tight
megfojt v (átv is) strangle; suffocate; (vízben) drown ‖ **~aná egy kanál vízben** hate sy like poison
megfoltoz v (ruhát) mend, patch (up)
megfontol v (latolgatva) weigh (up), think* (sg) over, ponder; (meggondol) consider (sg) (carefully), biz put* on one's thinking cap ‖ **előre ~** premeditate, think* (sg) over in advance; **~ja szavait** weigh one's words
megfontolás n consideration ‖ **hosszas ~ után** after long/much deliberation [they decided ...], after much thought
megfontolt a (tett stb.) carefully thought out (v. considered), deliberate; (vélemény) considered [opinion]; (ember) judicious, thoughtful ‖ **jog előre ~** premeditated, deliberate

megfordít v ált turn (over/round); (ellenkezőjére fordít) reverse, turn (sg) over
megfordul v ált turn (round); (visszafordul) turn back ‖ (vk hirtelen) turn/swing* round; (vk után) turn round, look back (after) ‖ (autó) turn (back/round), make* a U-turn ‖ (szél) shift round; (hirtelen) chop about ‖ (vk vhol, társaságban) mix (in society v. with people), move (in society) ‖ (utat oda--vissza megjár) be* back ‖ **egy óra alatt ~ok** I'll be (here and) back in an hour; **~ni tilos!** no U-turns!; **minden azon fordul meg, hogy** everything hinges on [what we do next]
megforgat v ált turn sg (several times v. again and again v. US over and over), rotate; (húst zsírban) roll (in)
megformál v fashion, form; átv formulate
megforraszt v solder
megfoszt v vmtől deprive (sy/sg) of sg; (kenyerétől) take* the bread (out of sy's mouth); (állástól) remove [from office], dismiss ‖ **jogaitól ~** deprive of one's rights; **trónjától ~** dethrone
megfő v cook, boil; (lassú tűzön) simmer ‖ **~tt az ebéd** lunch/dinner is ready
megfőz v (ételt) cook, boil; (ebédet, vacsorát) make*, cook, prepare ‖ do* the cooking ‖ biz ~ vkt talk sy round, talk sy into (doing) sg, soft-soap sy ‖ **~ök, mire megjössz** I'll have cooked the meal/dinner by the time you come back; **~te a nőt** he got her dead stuck on him
megfúj v (trombitát) sound, blow* ‖ (ételt) blow* ‖ biz (elcsen) walk off with (sg), nick (sg)
megfullad v ált suffocate, stifle; (torkán akadt vmtől) choke (to death); (gáztól stb.) be* asphyxiated [by fumes]; (vízben) drown, be* drowned
megfúr v (fúróval) drill, bore; (páncélszekrényt) crack [a safe] ‖ (tervet) torpedo (alakjai: torpedoed, torpedoing) ‖ vkt stab sy in the back, US badmouth sy
megfutamít v put* to flight
megfutamodás n flight, running away, escape
megfutamod|ik v run* away, take* to one's heels, flee*
megfürdet v give* a bath to; (kisbabát) bath (US bathe) [the baby]
megfürd|ik v (szabadban) bathe; (kádban) have* (US take*) a bath ‖ átv **itt állok megfürödve** I've been done!, a lot of good it has done me!
meggátol v vkt vmben hinder sy in (doing) sg, prevent sy from doing sg, impede sy in doing sg
meggazdagodás n getting/growing rich

meggazdagod|ik v grow*/get*/become* rich, make* a/one's fortune

meggémbered|ik v grow* numb; *(hidegtől)* grow* stiff with cold || **hidegtől ~ett** benumbed/numb with cold ut.

meggondol v *(megfontol)* think* (sg) over, consider || **ezt jól meg kell gondolni** this requires reflection, it is* worth thinking over; **jól gondold meg!** think it over!; **~ja magát** change one's mind, think* better of sg

meggondolandó a **ez ~** this needs careful consideration

meggondolás n *(megfontolás)* consideration, thought || *(indítóok)* reason, motive

meggondolatlan a *(beszéd)* foolish; *(cselekedet)* ill-considered/advised, irresponsible, thoughtless, hasty || *(ember)* unthinking, inconsiderate

meggondolatlanság n *(tulajdonság)* thoughtlessness, inconsiderateness || *(tett)* thoughtless action, a rash thing to do, imprudent act

meggondolatlanul adv without due reflection, unthinkingly, rashly

meggondolt a *(cselekedet)* deliberate, considered || *(ember)* thoughtful, serious

meggörbít v bend*, crook

meggörbül v bend*, crook || **egy hajszála sem fog ~ni** we'll not harm a hair on his head

meggyaláz v ált vkt disgrace, dishonour *(US* -or); *(tárgyat)* deface, desecrate || *(nőt)* violate, ravish

meggyalázás n ált insult (against), disgrace || *(nőé)* violation, ravishment

meggyanúsít v accuse/suspect sy of [doing] sg

meggyengít v weaken, enfeeble

meggyengül v grow*/become* weak(er), lose* one's strength

meggyilkol v murder, *(főleg politikust)* assassinate

meggyógyít v cure [sy of a disease], restore (sy) to health

meggyógyul v vk recover *(vmből* from), be* cured (of sg), get* well (again) || *(seb)* heal (up) || **a beteg ~t** the patient recovered; **gyógyulj meg!** get well/better!

meggyón v confess (one's sins)

meggyóntat v confess (sy), hear* sy's confession

meggyorsít v accelerate, speed* up || **~ja lépteit** he quickens his pace

meggyorsul v accelerate, speed* up

meggyökeresed|ik v *növ* take*/strike* root || *átv* become* established, become* deeply rooted *(v.* ingrained)

meggyötör v torture, torment

meggyőz v *(vkt vmről)* convince/persuade sy of sg, bring* sy (a)round to one's point of view; *(vmnek a szükségességéről)* talk sy into doing sg; *(hogy ne tegyen meg vmt)* argue sy out of doing sg

meggyőző a convincing, persuasive || **ez nem ~** it does* not carry conviction

meggyőződés n conviction, persuasion, belief || **az a ~ e, hogy** be* convinced that; **~ből** from *(v.* out of) conviction; **~ nélkül** half-heartedly, in a half--hearted manner

meggyőződéses a convinced, out-and--out; to the core ut.

meggyőződ|ik v make* sure of sg, make* sure/certain (that) ...; *(ellenőrizve)* check (sg) || **győződjék meg róla, hogy** make sure/certain that ...; **meg van győződve vmről** be* convinced/persuaded of sg *(v.* that ...)

meggyújt v *(tüzet)* light*; *(gázt)* turn on || *(villanyt)* switch/turn on

meggyullad v catch* fire; *(lángra kap)* burst* into flame(s)

meggyúr v *(tésztát)* knead || *biz* vkt *(megmasszíroz)* knead (sy) || *átv biz* vkt soften sy up, talk sy round

meggyűl|ik v *orv* fester, suppurate, gather || **~ik a baja vkvel** have* a lot of trouble with sy, get* into trouble with

meggyűlöl v come*/begin* to hate/detest

meghág v *(mén)* cover, serve; *(bika)* cover; *(kankutya)* mount; *(kos)* tup

meghagy v *(vmely állapotban)* keep*, leave* [in a certain state] || *(vknek vmt)* let* sy keep sg || *(hátrahagy)* have* sg left over || *(utasít)* order/charge (sy to do sg) || **meg kell hagyni, hogy** it must be granted that

meghagyás n charge, order

meghajlás n *(köszöntés)* bow(ing) || *(tárgyé)* bending, yielding

meghajl|ik v ált bend*, be(come)* bent || vk/vm előtt bow before sy/sg

meghajlít v bend*, bow, curve

meghajol v bow *(vk előtt* before sy, *átv* to sy) || **~ vk érvei előtt** bow/yield to sy's arguments, back down *(US* off)

meghajt[1] v *(fejet)* bow, incline; *(zászlót)* lower the colours *(US* -ors) || **~ja magát** bow

meghajt[2] v *(lovat)* whip on || *orv* purge || *műsz* drive*

meghajtás[1] n *(fejé)* bow(ing)

meghajtás[2] n *műsz* drive || **elsőkerék--~** front wheel drive

meghal v die || **baleset következtében ~t** (s)he died in an accident; **fiatalon hal meg** die young; **rákban halt meg** (s)he died of cancer

meghalad v *(árban, súlyban)* exceed (sg), be* in excess of (sg); *(erőben, képességben)* surpass (sg v. sy in sg), go*/be* beyond sg/sy || **ez a munka ~ja képességeimet** this work is* beyond me
meghálál v show* one's gratitude (for), repay* sy for sg *(v.* sy's help, kindness *stb.)*
meghall v hear* sg || *(véletlenül)* overhear* || *(megtud)* hear* of/about, get* to know/hear (of)
meghallgat v *vkt, vmt* listen to, hear* (sy) || *(kérést)* grant [a request] || *orv* sound, examine by auscultation || **hallgasson meg!** listen to me
meghallgatás n *(vké hivatalban stb.)* hearing, audience || *orv* auscultation, sounding || **~ra talál** gain a hearing
meghamisít v *ált* falsify, tamper with; *(okmányt)* forge; *(számlát)* fiddle
meghamisítás n *ált* falsification, tampering (with); *(okmányé)* forging, forgery
meghámoz v peel, pare, skin
megharagít v make* sy angry
megharagszik v get* angry *(vkre* with sy)
megharap v bite* || **a kutya ~ta a lábamat** the dog bit my leg, the dog bit me in the leg
megháromszoroz v treble, triple
meghasad v tear*, split*, crack, burst* || **majd ~ a szíve** it breaks* one's heart
meghat v touch, move, affect
meghatalmaz v *vkt vmre* authorize (sy to do sg) || *(követet)* accredit (sy to swhere)
meghatalmazás n authorization || **ügyvédi ~** power/letter/warrant of attorney; **~t ad vknek** *ált* authorize sy to do sg, give* sy authority to do sg; *(ügyvédnek)* brief [a solicitor/lawyer], give* sy power(s) of attorney
meghatalmazó n *(személy)* principal, mandator
meghatalmazott 1. *a* authorized || **~ miniszter** minister plenipotentiary **2.** *n ált* (appointed) representative; *(ügyvéd)* counsel *(pl* ua.), *főleg US:* attorney
meghatároz v *(értéket, fajtát, területet)* determine; *(vmt közelebbről)* specify || *(fogalmat)* define. || *(időpontot)* fix, settle, appoint [a day]; *(helyet)* appoint [a place] || *(növényt)* classify, identify || *orv* diagnose || **~za helyzetét** *(hajó)* fix one's position
meghatározás n *(értéké, fajtáé, területé)* determination; *(közelebbi)* specification || *(fogalomé)* definition || *(időponté)* fixing, settling || *(növényé)* classification, identification || *orv* diagnosis

meghatározatlan *a* indeterminate, undefined || **~ időre** without a day fixed, *sine die,* for an indefinite period
meghatározhatatlan *a* indefinable, indeterminable, unidentifiable
meghatározott *a ált* definite, well-defined, determined; *(megállapított)* set, stated; *(közelebbről)* specific; *(konkrét)* particular; *(szám, idő)* given; *(hely)* appointed [place]; *(nap)* fixed, appointed || **~ időpontban** at a stated time, at the time stated
megható *a* moving, touching, affecting
meghatód|ik v be* moved/touched/affected
meghatott *a* moved, touched, affected
meghatottság n emotion
meghátrál v move*/step back, back away || *átv* ba(u)lk at, draw* back (from)
megházasod|ik v marry, get* married || **~tak** they got/were married
meghazudtol v *vkt* give* the lie to, belie *(j. m. igenév:* belying) || *vmt* deny || **~ja korát** belie sy's age
meghibásodás n *(gépé)* fault, failure; *(járműé)* breakdown
meghibásod|ik v *(gép)* develop a fault, go* wrong; *(jármű)* break* down
meghint v *(porfélével)* dust/powder sg with sg || *(folyadékkal)* sprinkle [water etc.] on sg, sprinkle sg with [water etc.]
meghirdet v *(előadást)* announce, advertise || **pályázatot ~** announce a competition (for); *(állásra)* invite applications (for); *ker (versenytárgyalásra)* invite tenders
meghitt *a* intimate, familiar || **~ beszélgetés** heart-to-heart talk
meghittség n intimacy, familiarity
meghiúsít v *ált* frustrate, baffle, bring* (sy/sg) to nought; *(reményeket)* frustrate, blight; *(tervet)* upset*
meghiúsul v fail, fall* through, be* frustrated; *(terv)* come* to grief/nought/naught, fail || **kísérlete ~t** he failed in his attempt
meghiúsulás n frustration
meghív v *ált* invite [*vhová* to one's house, *vmre* to a conference/party etc.], ask sy to come || *(állásra)* appoint || **~ vkt vacsorára** *(saját házába)* ask/invite sy to dinner, have* sy for dinner; *(étterembe)* take* sy out to dinner; **tisztelettel ~juk vacsorára okt. 10-én 7 órára** Mr. and Mrs. X request the pleasure of the company of Mr. and Mrs. Y to dinner on Thursday, 10th October at 7 p.m.
meghívás n *ált* invitation || *(állásra)* appointment by invitation || **~t kap ebédre** get*/receive an invitation to lunch, be* invited for/to lunch

meghívó

meghívó *n* invitation (card)
meghívólevél *n* letter of invitation
meghívott 1. *a* invited || ~ **előadó** *(egyetemen)* visiting/guest lecturer **2.** *n* a ~**ak** the guests
meghíz|ik *v* put* on weight, grow*/get* fat
meghódít *v (területet)* conquer || *vkt* make* a conquest of sy
meghódol *v* yield (to sy), give* in, surrender (to)
meghonosít *v áll, növ* naturalize, introduce, domesticate || *(divatot, szokást)* introduce, bring* into fashion
meghonosodás *n áll, növ* naturalization, domestication || *(divaté)* coming in; *(szokásé)* catching on
meghonosod|ik *v (ember, állat, növény)* be(come)*/get* naturalized/acclimatized || *(divat, szokás)* catch*/take* on, come* in(to vogue/fashion)
meghosszabbít *v (tárgyat)* lengthen, elongate, make* longer || *(érvényességet)* extend; *(könyvtárban)* renew; *(tartózkodást stb.)* prolong || ~**tatja a vízumot** have* one's visa prolonged/extended
meghosszabbítás *n (tárgyé)* lengthening, elongation || *(útlevélé)* extension, prolongation
meghosszabbod|ik *v* get*/become* longer
meghoz *v vmt* bring* (in); *(érte menve)* fetch || *(ítéletet)* pass [judg(e)ment]
méghozzá *conj* besides, moreover, in addition, at that
meghökken *v* be* taken aback, be* startled/astounded
meghökkent 1. *v* take* sy aback, amaze, astonish, startle **2.** *a* astounded, startled, thunderstruck
meghunyászkod|ik *v vk* humble oneself, grovel *(US* -l)
meghurcol *v vkt, átv* calumniate, slander, vilify
meghúz *v ált* pull, give* sg a pull || *(gyeplőt)* pull in || *(csavart)* screw in/tight, tighten (up), drive* in || *(cikket stb.)* cut* || *(vizsgán, biz)* plough *(US* plow), flunk || ~**tak kémiából** I've been flunked in chemistry; ~**za a karját** pull/strain one's arm; ~**za a vécét** flush the toilet/wc; ~**za magát** *(szerényen)* draw* back, withdraw*; *vhol* crouch/huddle/shelter somewhere, hide*
meghúzód|ik *v (vm mögött)* hide*/conceal oneself behind sg, lurk behind sg || *(vk mögött)* take* cover/shelter behind sy || ~**ott a dereka** (s)he has pulled/strained his/her back
meghűl *v* catch* (a) cold || **(erősen)** ~**t** he has* a (bad) cold

meghűlés *n* (common) cold, chill
meghülyül *v* go* crazy/mad, *GB* go* round the bend, *US* go* nuts
megidéz *v (vkt vhová)* summon, order to appear [in court], serve a summons on sy || *(szellemeket)* call, conjure up
megigazít *v (elrendez)* adjust, put*/set* right/straight || *(szabó)* alter, make* alterations to || *(órát)* set*, adjust
megígér *v* promise *(vknek vmt* sy sg *v.* sy that . . .)
megigéz *v* bewitch, charm
megihlet *v* inspire, give* inspiration to sy
megijed *v* be*/become*/get* frightened, take* fright || **meg van ijedve** be*/feel* frightened, have* a fright; ~ **vmtől/vktől** be*/get* frightened of sg/sy, take* fright at sg/sy, be* scared by/at sg; **ne ijedj meg!** don't worry!, don't be afraid!, have no fear!
megijeszt *v* frighten, scare, alarm, terrify, make* sy afraid
megillet *v (jár vknek)* be* due to, be* sy's due || **megadja neki, ami** ~**i** give* sy his due
megillető *a vkt* ~ **rész** sy's share; **az őt** ~ **pénz** money due to him
megilletődés *n* (deep) emotion
megilletőd|ik *v* be* (deeply) moved/touched
megindít *v (mozgásba hoz)* start, set* (sg) in motion; *(motort)* start; *(villamos készüléket)* press the button || *(mozgalmat)* launch, start up || *(nyomozást)* begin*/institute [an investigation] || *(meghat)* affect, touch, move || **eljárást** ~ **vk ellen** bring* an action against sy, start/take* (legal) proceedings against sy
megindítás *n (mozgásba hozás)* setting in motion || *(motoré)* starting || *(mozgalomé)* launching, starting up
megindító *a* moving, touching
megindokol *v* give* grounds/reasons for (doing) sg
megindul *v (elkezdődik)* begin*, commence || *(gép, jármű)* start, get* moving/going || **a bírói eljárás** ~**t ellene** legal proceedings were started/instituted against him
megindultság *n* (deep) emotion
megingat *v vkt* shake* sy, make sy falter || ~ **vkt elhatározásában** shake* sy's resolution
meginog *v vk átv* vacillate, waver, falter || ~ **elhatározásában** waver in one's resolution
megint[1] *v* warn
megint[2] *adv* again, once more || **mi van már** ~**?** what is* the matter now?
meginterjúvol *v* interview sy (about sg)

megír v vmt write*; (vknek vmt) write* sy about sg ‖ **hol van az ~va, hogy** why should I (do it if I don't want to)?

megirigyel v vkt, vmt grow*/become* envious of sy/sg

mégis adv yet, nevertheless, notwithstanding, still

mégiscsak adv after all

megismer v (megismerkedik vkvel) get*/become* acquainted with sy, make* sy's acquaintance, come*/get* to know sy ‖ (ismeretet szerez vmről) get* to know* sg, become* acquainted with sg, familiarize oneself with sg ‖ (felismer vkt) recognize (vmről by/from sg), know* (by sg) ‖ **örülök, hogy ~hetem** pleased to meet you

megismerés n vké, vmé getting/becoming acquainted with (sy/sg) ‖ (felismerés) recognition ‖ fil cognition

megismerked|ik v vkvel get*/become* acquainted with sy, make* sy's acquaintance ‖ vmvel get* (v. make* oneself) acquainted with sg, make* oneself familiar with sg

megismétel v repeat, say*/do* sg (over) again

megismétlőd|ik v repeat itself, occur again

megisz|ik v (italt) drink* ‖ **~ik vkvel egy pohár bort** have*/take* a glass of wine with sy, crack a bottle with sy

megitat v vkt give* sy a drink ‖ vkvel vmt make* sy drink (sg) ‖ (jószágot) water

megítél v (vmt/vkt ált) judge (vmnek alapján by), form an opinion of ‖ vknek vmt adjudge (sg to sy); (kártérítést) award

megítélés n vmé ált judgement (of) ‖ (bírói) awarding, adjudication ‖ **~em szerint** in my opinion/view/judgement

megízlel v taste, get* a taste of

megizzad v (begin* to) sweat, get* into a sweat ‖ **~ bele, amíg** he will have to sweat (it out) until ...

megizzaszt v make* (sy) sweat, sweat (sy)

megjár v (utat) do*, cover [distance] ‖ (rosszul jár vmvel) make* a bad bargain with sg ‖ **ez még ~ja** that will (just about) do, that is* passable; **3 nap alatt ~ta** he did it in 3 days; **jól ~ta!** he's been had/done; **~ja** (tűrhető) not (so) bad, passable; **~ja vkvel** be* taken for a ride, be* taken in (mind by)

megjátsz|ik v (szerepet) act, play ‖ (színlel) pretend, feign ‖ **megjátssza magát** put* on airs, play-act

megjavít v (jobbá tesz) improve, make* better, better ‖ (gépet) repair, mend, fix ‖ (rekordot) better, improve on; (megdönti) break* [a record]

megjavítás n (jobbá tevés) improvement ‖ (gépé) repair(ing), mending, fixing; (rekordé) bettering, breaking [of record]

megjavíttat v vmt have*/get* sg repaired/fixed

megjavul v ált improve, get*/become* better ‖ (motor stb.) be* running again ‖ **egészségi állapota ~t** his health improved, he has recovered (from his illness)

megjegyez v (megjegyzést tesz) remark (that), observe (that), remark/comment on/upon sg ‖ (emlékezetébe vés) remember sg, memorize sg, note sg ‖ **ha szabad ~nem** if I may say so

megjegyzés n remark, observation, note, comment ‖ **~t tesz vmre** remark/comment on/upon sg, make* comments on sg

megjelenés n vké vhol appearance, presence; (repülőtéren) check-in ‖ (könyvé) publication ‖ (külső) (outward) appearance, look ‖ **jó ~ű** (be*) good-looking (de főnévvel: good-looking); **meg nem jelenés** non-appearance, failure to appear; (repülőtéren) no-show; **~ estélyi ruhában** (meghívón) evening dress, black tie

megjelenési idő n (repülőtéren) check-in time

megjelen|ik v ált appear; (személy) make* one's appearance, show*/turn up ‖ (könyv) be* published, come* out; (újság) appear*, be* published ‖ (rendelet) be* issued ‖ **bíróság előtt ~ik** come* before the court, appear in court; **most jelent meg** just out/published

megjelentet v (könyvet) publish, write*

megjelöl v (jellel) mark ‖ átv indicate, point out ‖ **közelebbről ~** specify, state sg precisely, determine

megjelölés n (jellel) marking ‖ (tulajdonságé) indication

megjósol v ált vmt predict, foretell*, prophesy ‖ (időjárást) forecast*

megjön v (megérkezik) come*, arrive; (visszatér) get* home/back, be* back, return ‖ **megjött** vk is back, has arrived; (vonat stb.) is in, has arrived; (havi vérzés) she's/I'm having a period; **~ az étvágya** feel* like eating (again); **megjött már?** has (s)he arrived (yet)?, is (s)he here?

megjutalmaz v reward (vkt vmért sy for sg)

megkap v get*, receive; (elnyer) win*, obtain ‖ (visszakap pl. kölcsönt) get* back ‖ (betegséget) catch*, get*, contract, develop ‖ (mély hatást tesz vkre) affect sy deeply ‖ **~hatnám?** may I have it?; **~tad a magadét** you got what you deserved; ~**tam levelét** I have received/got your letter; *(udvariasabban)* thank you for your letter [of 20 April]; *ker, hiv* I am in receipt of your letter

megkaparint *v* get* one's hands on sg, snatch/grab sg

megkapaszkod|ik *v vmben* clutch at, cling* to

megkapó *a* engaging, fascinating, striking

megkarcol *v* scratch, scrape, graze [one's knee etc.]

megkarmol *v* claw, sratch

megkárosít *v (anyagilag)* cause loss/damage to sy, damage sy || **vevőt** ~ cheat the/a customer

megkavar *v (folyadékot)* stir, give* sg a stir || *biz (vm megzavar vkt)* embarrass (sy), be* shaken (by sg)

megkedvel *v vkt/vmt* take* to sy/sg, take* a liking to sy, come* to like sy/sg

megkefél *v (hajat)* brush [one's hair], give* [one's hair] a (quick) brush; *(vmt megtisztítva)* brush (sg), clean (sg) with a brush, give* (sg) a brush || *vulg vkt* screw/lay* sy

megkegyelmez *v vknek ált* pardon (sy), have* mercy on || *(halálraítéltnek)* reprieve/pardon sy || ~ **vk életének** spare the life of sy (*v.* sy's life)

megkékül *v* become*/turn blue

megkel *v (tészta)* rise*

megkeményed|ik *v* set*, become* hard/solid, harden, solidify || *átv* harden, become* callous

megkeményít *v* make* (sg) hard, harden; *(vasat)* temper || *átv* ~**i szívét** harden one's heart

megken *v (gépet)* lubricate, grease || *átv vkt* bribe/square sy, slip sy money, grease/oil sy's palm || ~**i a kenyeret vajjal** spread* butter on bread, spread* a piece of bread with butter

megkér *v vkt vmre* ask/request sy to do sg || ~ **vkt arra, hogy** ask sy to (do sg); ~**i vk kezét** propose to sy, ask for sy's hand, *biz* pop the question (to sy)

megkérdez *v vkt* ask sy || *(megérdeklődik vmt)* ask sy about sg, inquire sg of sy || ~ **vktől vmt** ask sy sg, ask sy a question; ~**tem, el akar-e jönni** I asked (him) if/whether he would come; ~**tem, hol van** I asked where he was

megkérdezés *n* inquiry, question, asking || ~**e nélkül** without asking/consulting him

megkeres *v ált* look for, try to find || *hiv (vkhez fordul)* apply/turn to; *(folyamodik)* appeal to, request (sg of sy) || *(pénzt)* earn || *(szót a szótárban)* look up || ~ **8000 Ft-ot** he earns 8,000 fts (a month)

megkeresés *n hiv* request

megkeresztel *v ált vkt* christen; *csak vall* baptize || *(hajót stb.)* christen, name || ~**ik** be* christened/baptized

megkeresztelked|ik *v* be* baptized

megkerget *v* chase

megkergül *v (állat)* get* the staggers || *vk átv* go* mad/crazy, go* out of one's mind

megkerül *v (előkerül)* be* found, turn up || *(járva)* go*/walk/come* round, skirt || *átv (kérdést)* evade, skirt, get* round [the question]

megkésel *v* wound (sy) with a knife, knife

megkeserít *v átv* embitter

megkeserül *v* regret sg bitterly || **ezt még** ~**öd!** you will be sorry for this, you'll rue the day (when you did sg)

megkettőz *v (tétet)* double, duplicate || *nyelvt* double, reduplicate || ~**i lépteit** quicken one's pace

megkettőződ|ik *v* double

megkever *v (folyadékot)* stir || *(kártyát)* shuffle

megkezd *v ált vmt* begin*/start (to do) sg; *hiv* commence || *(munkát)* start work [at 7.30], get* down to (work), begin* ...ing, set* about (sg), set* out to (do sg); *hiv* commence (sg); *(új szakmát stb.)* set* up [as a builder *v.* in business] || *(kenyeret)* cut*; *(borosüveget)* open

megkezdőd|ik *v ált* begin*, start; *hiv* commence || **az előadás** ~**ött** the performance/show has started (*v.* is on)

megkímél *v vkt vmtől* save/spare sy sg || *(megóv, pl. ruhát)* look after, take care of || ~**i vk életét** spare sy('s life)

megkínál *v vmvel* offer sy sg || ~**hatom egy csésze teával?** may I offer you a cup of tea?

megkínoz *v* torment, torture, rack

megkísérel *v* attempt (sg *v.* to do sg), make* an attempt (to do sg *v.* at doing sg), try (to do sg)

megkísért *v (kísértésbe visz)* tempt sy, lead* sy into temptation

megkíván *v vk vmt* desire/want sg (suddenly), wish for sy; *(férfi nőt)* lust after [a woman] || *(elvár vmt vktől)* require sg of sy (*v.* sy to do sg) || ~**om az engedelmességet** I expect to be obeyed

megkockáztat *v (kockázatot vállalva tesz)* risk/chance sg, take*/run* the risk of doing sg || *(szóvá tesz)* venture || ~**om azt a megjegyzést, hogy** I venture to say that

megkondít *v (harangot)* ring*, toll

megkondul *v* ring*, (begin* to) toll, peal

megkontráz v *(kártyában)* double; *átv (megcáfol)* contradict/counter sg
megkopaszod|ik v get*/become* bald, lose* one's hair
megkopaszt v *(szárnyast)* pluck ‖ *átv vkt* fleece/skin sy, bleed* sy white
megkopogtat v *(ajtót)* knock, tap, rap ‖ *orv* sound, percuss
megkoronáz v *(átv is)* crown
megkóstol v taste, try
megkoszorúz v *vkt* crown (with a wreath/garland), wreathe ‖ *(sírt, emlékművet)* lay* a wreath on
megkottyan v *biz* **meg sem kottyan neki** *(olyan kevés)* it is* a drop in the bucket/ocean; *(olyan könnyű)* he makes* short work of it, it's child's play for him
megkönnyebbül v *ált vk* feel* relief/relieved, relax ‖ *(beteg)* feel*/be* better ‖ ~**t sóhaj** a sigh of relief
megkönnyebbülés n (a sense of) relief ‖ **micsoda** ~**!** what a relief!
megkönnyít v *(vk helyzetét)* facilitate, make* it/sg easier/easy for sy
megkönyörül v *vkn* have*/take* pity on sy, have* mercy on sy
megkörnyékez v (try to) get* at sy, make* approaches to sy
megköszön v thank sy, give* thanks to sy, express one's thanks *(mind:* for sg) ‖ **azt nem köszönöd meg!** you'll pay for it, you'll be sorry
megköszörül v *(kést)* sharpen, grind* ‖ ~**i a torkát** clear one's throat
megköt v *(csomóra vmt)* tie (up), knot (sg) ‖ *(ruhadarabot)* knit ‖ *(szerződést)* sign/contract to do sg, enter into [a contract] *(vkvel* with sy), sign [a contract]; *(házasságot)* contract a marriage (with sy); *(békét)* sign [a peace treaty] ‖ *(betont)* set* ‖ ~**i a kendőt** tie a/one's scarf; ~**i a kutyát** tie the dog to [the fence etc.]; ~**i a nyakkendőjét** knot one's tie *(US* necktie)
megkötés n *(csomóra)* tying ‖ *(szerződésé)* signing ‖ *átv* restriction, restraint
megkötöttség n constraint; *(korlátozó körülmények)* restrictions *pl*
megkötöz v bind*, truss/tie (up)
megkövesed|ik v petrify, turn (in)to stone
megkövetel v *(vk vktől vmt)* demand [that sy (should) do sg], require (sy to do sg *v.* sg of sy) ‖ *(vm vmt szükségessé tesz)* require, call for, demand ‖ **a körülmények** ~**ik** the circumstances demand it
megközelít v *(közelébe megy)* approach, come* near (to), near (sg), come* close to ‖ *(minőségileg)* be* nearly as (good/bad) as, be* comparable to/with; *(mennyiségileg)* approximate, come* near to ‖ *(kérdést)* approach, tackle ‖ **meg sem közelíti** be* far from, be* no match for
megközelítés n approach, drawing near(er) ‖ *(mennyiségileg)* approximation ‖ *(kérdésé)* approach, line
megközelíthetetlen a *vk, vm* inaccessible, unapproachable
megközelíthető a *(hely)* accessible, approachable ‖ *átv vk* approachable, *biz* getatable ‖ **nehezen** ~ **hely** place difficult to reach (*v.* to get to)
megközelítőleg adv approximately, roughly
megkritizál v *ált* criticize
megküld v *(levelet, csomagot)* send*; *(ker így is)* dispatch, forward *(vknek mind:* to sy) ‖ *(pénzt)* remit
megkülönböztet v *vmt ált* distinguish [things, persons etc.]; *vmt/vkt vmtől/vktől* distinguish/discriminate/differentiate sg/sy from sg/sy, tell* sg/sy from sg/sy ‖ *(vmt vmnek az alapján)* distinguish sg/sy by sg; *(vkt kitüntet)* confer a distinction on ‖ **nem tudom** ~**ni** I can't tell one from the other
megkülönböztetés n distinction, differentiation
megkülönböztető a distinctive, characteristic ‖ ~ **jegy** distinctive feature
megküzd v *vmért* fight*/struggle for sg ‖ *vkvel* fight* with ‖ *(nehézségekkel)* tackle, brave, fight* [difficulties]
meglágyít v *(anyagot)* soften ‖ ~**ja vk szívét** move sy to pity/mercy
meglapul v *vhol* lie* flat/low (*v. biz* doggo), cower, keep* one's head down
meglassít v ~**ja lépteit** slacken one's pace
meglassul v slacken, slow up/down
meglát v *(megpillant)* catch* sight of, catch* a glimpse of, set* eyes on ‖ *(észrevesz)* notice ‖ **majd** ~**juk!** we'll/I'll see, that remains to be seen
meglátás n *(észrevétel)* perception, observation ‖ **jó** ~**ai vannak** he has* keen insights, he is* a person of insight
meglátogat v *vkt* pay* sy a visit, visit sy, call on sy ‖ **látogass meg** come round, come and see me
meglátsz|ik v appear; *(észrevehető)* show*; *(nyilvánvaló)* be* evident/noticeable ‖ ~**ik rajta, hogy beteg volt** you can see he was ill
meglazít v *ált* loosen, slacken ‖ *(fegyelmet)* relax
meglazul v *ált* slacken ‖ *(kötés)* loosen, come* loose; *(csavar)* get*/become*/come*/work loose ‖ *(fegyelem)* relax

megleckéztet *v vkt* give* sy a lecture, sermonize to (sy), lecture *(vkt* sy for doing sg)

meglehet 1. *v (valószínűleg megvan)* may be || **ez ~ a mi könyvtárunkban is** we probably have this in our library too 2. *adv (lehetséges)* maybe, perhaps

meglehetősen *adv (eléggé)* rather, fairly, pretty, quite, reasonably [good, broad etc.]; *(jelentékeny mértékben)* considerably || ~ **gyakran** quite/pretty often; ~ **hosszú ideig** a good while; ~ **jó** pretty/fairly good; ~ **jól tud angolul** his English is* pretty good; ~ **nagy** sizable, fairly large; *(mennyiség)* considerable

meglékel *v (hajót)* scuttle; *(tó jegét)* cut* a hole in the ice; *(dinnyét)* cut* [a wedge] from || *orv* trepan, trephine

meglendül *v* begin* to swing/sway

meglep *v (meglepetést okoz)* surprise (sy); *(megdöbbent)* astonish || *(rajtakap)* take* sy/sg by surprise, come* upon sy/sg unexpectedly || *(váratlanul ér)* take*/catch* sy unawares; *(vkt vmvel pl. ajándékkal)* surprise sy with sg || ~**te az eső útközben** he was* caught in the rain on the way

meglép *v* = **meglóg**

meglepetés *n ált* surprise; *(megdöbbenés)* astonishment, amazement || *(ajándék)* present, gift || ~ **volt, hogy** it was a surprise that; ~**ében** in his surprise

meglepő *a* surprising, astonishing, amazing || **nem ~, hogy** no wonder that

meglepődik *v* be* surprised/astonished *(vmn* at sg *v.* to hear sg), be* taken aback || **ezen nincs mit ~ni** it's nothing to be surprised/astonished about/at

megles *v (kiles)* watch sy, spy (up)on sy

meglett *a* adult, grown(-up), mature

meglevő *a (készlet stb.)* available, disposable

meglincsel *v* lynch

meglóbál *v (farkát kutya)* wag, *(ló)* whisk about || ~**ja a karját** wave one's arm

meglocsol *v (kertet, növényt)* water; *(kertet öntözőcsővel)* hose [the garden] || *(vkt húsvétkor)* sprinkle water/perfume on

meglóg *v biz* ált decamp, skip off, slip away || *(vm elől)* skip sg, skip off || ~ **vmvel** make*/walk/waltz off with

meglovagol *v (lovat)* ride* a horse || *vmt átv* make* the most of sg, cash in on sg

meglő *v* shoot* || *biz* **meg vagyok lőve** I'm stumped, I'm high and dry

meglök *v vkt* knock/jostle (against) sy; *vmt* shove/push sg

megmagyaráz *v* explain, make* sg clear

megmagyarázhatatlan *a* inexplicable, unexplainable

megmakacsolja magát *v vk biz* dig* one's heels in; *(ló)* jib, ba(u)lk (at sg)

megmámorosodik *v ir* get*/become* mellow/tipsy || ~**ik az örömtől** be* drunk/elated with joy

megmar *v (kutya)* bite*; *(kígyó)* sting*, bite*

megmarad *v vhol* stay, remain || *(vmely állapotban)* remain || *(életben marad)* survive || *(fennmarad)* last, endure || *vmből* be* left, remain || *(vm mellett)* stick*/keep*/adhere to, stand* by || **a hó nem maradt meg** the snow did* not lie; ~**t elhatározásánál** he kept his resolve

megmarkol *v* grip, seize, grasp, catch* hold of

megmártózik *v* go* for *(v.* have*) a dip

megmásít *v* modify, alter, change || ~**ja szándékát** change one's mind

megmásíthatatlan *a* unalterable, irreversible, irrevocable || ~ **elhatározás** an irrevocable decision

megmászik *v (hegyet)* climb

megmattol *v (sakk)* (check)mate

megmelegedik *v* get*/become* warm/hot || ~**ett a tűznél** he warmed himself by the fire

megmelegít *v* warm (up); *(ételt)* warm up, heat (up)

megmenekül *v vhonnan, vmből* escape (from), make* one's escape (from) || *vmtől, vm elől* escape/evade/avoid sg || *vktől, vk elől* escape sy, get* rid of sy || **hajszálon múlt, hogy ~tem** I escaped by the skin of my teeth, it was *(v.* I had) a narrow escape, it was a close shave

megment *v ált* save *(vmtől/vhonnan vkt* sy from sg), rescue (sy from sg) || *(megóv vkt vmtől)* save/protect sy (from sg), keep* sy safe (from sg) || ~**i a becsületét** save one's honour (US -or), save one's face; ~**i vknek az életét** save sy's life

megmentés *n* saving, rescuing, rescue

megmér *v (hosszt, mennyiséget)* measure || *(hőmérsékletet)* take* the/one's/sy's temperature || *(súlyt)* weigh || ~**i magát** weigh oneself

megméredzkedik *v* weigh oneself, get* weighed

megmerevedik *v* grow* stiff, stiffen, go* rigid; *(izom)* tense/stiffen up; *(folyékony anyag)* set*, become* firm, solidify || *átv* stiffen

megmerevít *v ált* stiffen || *(kötelet)* tighten, make* taut || *(merevgörcs izmot)* constrict, *orv* tetanize || *átv* ossify

megmérgez *v* po*i*son (sy, sg) || *átv* po*i*son, env*e*nom || ~**i magát** po*i*son one*se*lf, take* po*i*son

megmérkőz|ik *v* vk*vel* me*a*sure one's strength with sy

megmoccan *v* stir, move || **meg se moccant** he n*e*ver budged

megmond *v* *(közöl, utasít)* tell* (sy sg) || *(kijelent)* tell* || *(megjósol)* tell* (sy); pred*i*ct || *(beárul)* tell*/spl*i*t* on sy || *isk biz* ~**alak!** I'll tell on you!; ~**ja a véleményét vmről** give* one's op*i*nion of/on sg, tell* sy (*v.* say) what one thinks of sg ~**ja a magáét** tell* sy a few home truths, speak* one's mind, make* no bones ab*ou*t sg; ~**tam, hogy ne menj el** I told you not to go (there)

megmos *v vmt* wash sg || *biz* ~**sa a fejét vknek** *átv* haul sy *o*ver the coals, give sy a good/r*e*al ro*a*sting

megmosdat *v* give* sy a wash, wash sy

megmosd|ik *v* wash (one*se*lf), have* a wash, g*e*t* washed

megmotoz *v* search (sy), go* through sy's p*o*ckets

megmozdít *v* move, shift, stir || **a kisujját se mozdította meg** he didn't stir/ lift a f*i*nger

megmozdul *v* move, stir, make* a move; *(elmozdul)* shift; *(magzat)* qu*i*cken || ~ **benne a lelkiismeret** his c*o*nscience (was) aw*a*kened/st*i*rred/roused

megmozdulás *n (mozgás)* stir, m*o*vement, m*o*tion; *(elmozdulás)* sh*i*fting || *(akció)* (collective) *a*ction, m*o*ve(ment); *(mozgalom)* m*o*vement; *(tüntetésszerű)* demonstr*a*tion; *(felkelés)* r*i*sing || **forradalmi** ~ revol*u*tionary *a*ction

megmozgat *v* move, stir, set* (sg) in m*o*tion/*a*ction

megmukkan *v o*pen one's mouth || **meg sem tudott mukkanni** words failed him, he was t*o*ngue-tied

megmutat *v ált* show* (*vknek vmt* sy sg *v.* sg to sy) || *(rámutat vmre/vkre)* point to sg/sy, point sg/sy out to sy || *(kimutat)* show*, prove* || **majd** ~**om neki** I'll teach/show him, *biz* I'll make him sit up; ~**ja vknek az utat** show* sy the way

megmutatkoz|ik *v* appear, m*a*nifest one*se*lf/itse*l*f

megmutogat *v* show*, point out (in det*a*il) || ~ **mindent a házban** take*/ show* sy round the house

megműt *v* = **megoperál**

megművel *v (földet)* c*u*ltivate, till [land]

megművelés *n (földé)* cultiv*a*tion

megnagyobbít *v* enl*a*rge, ext*e*nd, make* l*a*rger, incr*e*ase

megnagyobbod|ik *v* enl*a*rge, grow* l*a*rger

megnedvesed|ik *v* get*/bec*o*me* wet/ damp/moist

megnedvesít *v* mo*i*sten, wet, d*a*mpen

megnehezít *v átv* render/make* sg more d*i*fficult

megneheztel *v vkre* be* off*e*nded with sy, feel* res*e*ntful tow*a*rds sy

megnemjelenési díj *n (repülőtéren)* n*o-*show charge

megnemtámadási egyezmény *n* non--aggression tr*e*aty/pact

megnémul *v* bec*o*me* mute/dumb, be* struck dumb

megneszel *v* scent sg, smell* out sg, *biz* get* wind of (sg)

megnevel *v* train/*e*ducate sy

megnevettet *v* make* sy laugh, raise a laugh || **az egész asztalt** ~**te** he set* the t*a*ble in a roar

megnevez *v ált* name, den*o*minate || *(közelebbről)* sp*e*cify || *(időpontot)* fix, app*o*int

megnéz *v ált* look at, take*/have* a look at || *(előadást)* (go* to) see* [a play/performance/film etc.], attend [concert/ lecture etc.]; *(tévében)* watch sg [on (the) television] || ~**i a látnivalókat** go* s*i*ghtseeing, do* some s*i*ghtseeing, see* the sights [of L*o*ndon etc.]; ~**i a menetrendet** cons*u*lt the t*i*metable; ~**i a szótárban** look it up in the d*i*ctionary; ~**i magát a tükörben** look at one*se*lf in the m*i*rror

megnő *v (ember)* grow* up/tall || *(növény)* shoot*/sprout up, grow* || **hogy** ~**tt!** how (tall) he has grown

megnősül *v* m*a*rry (sy), get* m*a*rried

megnövel *v (terjedelemben)* enl*a*rge; *(hatásfokban)* incr*e*ase, add to, augment

megnöveszt *v* make* sg grow || ~**i a bajuszát** grow* a moust*a*che (*US* mus-)

megnyal *v* lick

megnyálaz *v* lick, mo*i*sten

megnyer *v (háborút, versenyt, játszmát stb.)* win* || *(díjat)* obta*i*n, get*, win* || *(vkt vm ügynek)* win* sy *o*ver/ round to sg || ~**i a pert vk ellen** win* one's case aga*i*nst sy

megnyerő *a (modor, külső)* w*i*nning, ple*a*suring, eng*a*ging, attr*a*ctive

megnyes *v (fát)* prune, trim; *(ágakat)* lop (off)

megnyikkan *v* squeak || **meg se nyikkan** *(nem beszél)* he does* not say a word, he keeps* mum; *(félelmében)* he does* not dare (to) *o*pen his lips

megnyilatkozás *n* manifest*a*tion; *(kijelentés)* st*a*tement

megnyilatkoz|ik *v* show*, show*/rev*e*al/m*a*nifest itself

megnyíl|ik *v o*pen

megnyilvánul v show*/reveal/manifest itself, come* out
megnyilvánulás n manifestation
megnyír v *(hajat)* cut*; *(rövidre)* trim, clip || *(birkát)* shear*
megnyiratkoz|ik v have* one's hair cut, get*/have* a haircut
megnyirbál v clip, cut* (down) || *átv* whittle away, erode [rights, privileges]
megnyit v *ált* open; *(intézményt)* open || *(kiállítást, tárlatot)* open || **az ülést ~om** I declare the session/meeting open
megnyitás n *(kiállításé, konferenciáé, tárlaté)* opening || **hivatalos ~** *(intézményé)* official opening, opening ceremony
megnyitó a/n **~ (beszéd)** opening speech/address, inaugural address; **hivatalos ~** official opening, opening ceremony
megnyom v **~ja a csengőt** ring* the bell; **~ja a gombot** press/push the button
megnyugsz|ik v *ált* relax, calm down || *vmben* resign/reconcile oneself to sg, acquiesce in sg || **~ik az ítéletben** acquiesce in the sentence
megnyugtat v *(aggódót)* reassure *(vkt vm felől* sy about sg); *(izgatottat)* calm/soothe sy || *(vkt gyógyszerrel)* sedate (sy), put* (sy) under sedation || **~lak ...** *(= biztosíthatlak)* I (can) assure you ...
megnyugtatás n reassurance, calming, soothing || **lelkiismerete ~a végett** for one's conscience's sake
megnyugtató a *(jelenség, hír)* reassuring, comforting || **~ hatás** soothing/calming effect
megnyúlás n *ált* extension, lengthening || *(ruháé)* stretching || *(fémé)* elongation
megnyúl|ik v stretch, lengthen, grow*/become* longer || **~t az arca** he made* a long face, his face/jaw fell
megnyúz v *(állatot)* flay, skin || *átv* fleece
megokol v *ált* give* (one's) reasons for (doing) sg; *(állítást, döntést, tettet)* justify
megokolás n reasons (for) *pl*
megolajoz v *(gépet)* oil, lubricate
megold v *(csomót)* untie, undo*, loose(n) || *(mat)* solve; *(kérdést)* solve, settle; *(rejtélyt)* solve, clear up || **majd ~juk** *(a dolgot)* we shall deal with it (v. sort it out) (somehow); **~ egy számtanpéldát** work out a sum
megoldás n solution; *(példáé, rejtvényé)* answer, solution; *(műszaki feladaté)* device || **ez nem jó ~** that's not a good solution, that's no good, that won't do; **a válság ~a** resolution of the crisis
megoldatlan a unsolved, unresolved
megoldhatatlan a *(probléma)* insoluble, unsolvable || **~ helyzet** deadlock
megoldható a *(probléma)* solvable; *(feladvány)* answerable
megoldód|ik v *(csomó)* come* undone || *(probléma, rejtély)* be* solved, work out || **~ik a nyelve** find* one's tongue
megoltalmaz v *vmtől* protect/guard against/from (sg), shield from (sg)
megolvad v *(fém)* melt, run*; *(hó, jég)* thaw, melt
megolvaszt v *ált* melt
megoperál v operate on sy *(vmvel* for sg), perform an operation on sy *(amivel* for sg) || **tegnap ~ták** he was operated on yesterday
megorrol v *vmért* take* sg amiss/badly
megostromol v *(erődöt)* lay* siege to
megoszlás n division, distribution
megoszl|ik v be* divided/distributed || **a vélemények ~anak** opinions vary/differ
megoszt v *(több személy közt)* divide (sg among/between people) || *vmt vkvel* share sg with sy
megosztoz|ik v *vmn vkvel* share sg with sy || **~ik a haszon** share/split* the profits, go* halves in the profits
megóv v *vkt/vmt vmtől* preserve/protect/safeguard sy/sg from sg; *(biztonságossá tesz)* secure sg against sg || *(zsűri határozatát)* protest against (sg), lodge a protest against (sg) || **~ja a látszatot** save/preserve appearances
megóvás n *vmtől* preservation, protection, safeguarding, safe-keeping
megöl v *vkt* kill, murder || *(állatot)* kill, slaughter || **~i magát** kill oneself, commit suicide
megölel v embrace, put* one's arms round (sy), enfold sy in one's arms
megöntöz v *(növényt, utcát)* water; *(tömlővel kertet)* hose [the garden]
megöregsz|ik v get*/grow*/become* old
megőriz v *(tárgyat)* preserve, protect, keep* (sg) safe, (safe)guard; *(megtart)* retain, hold* || **nem tudta ~i komolyságát** he couldn't keep a straight face
megőrjít v madden, drive* sy mad/crazy/frantic/wild
megörökít v record; *(lefényképez)* photograph (sy); *(halhatatlanná tesz)* immortalize
megőröl v *(gabonát)* grind*, mill
megörül v *vmnek* welcome (sg), be* glad of, be* delighted at/with sg || **~ egy hírnek** welcome a piece of news
megőrül v go* mad, go* out of one's mind || **~tél?** are you crazy?, are you out of your mind?

megőrzés n preservation, guarding, retaining; *(letété)* safe custody, safekeeping || ~ **re átad** vknek vmt entrust sy with sg (v. sg to sy), give* sg to sy for safekeeping

megőrző n *(értéktárgyaké)* safe-deposit; *(poggyászé)* left-luggage (office), US checkroom

megőszül v get*/turn/become* grey (US gray) || **becsületben őszült meg** he turned grey in honourable service

megpályáz v *(állást)* apply for, put* in for [a post/job]

megpaprikáz v season sg with (Hungarian) paprika

megparancsol v order/direct/bid* sy to do sg; *főleg kat* command sy to do sg (v. that sy (should) do sg)

megpattan v. *(üveg stb.)* burst*, crack || *biz (disszidál)* defect, *biz* split*

megpecsétel v *(szövetséget)* seal, set* the seal on || **(vm) ~i vknek a sorsát** sg seals sy's doom/fate

mégpedig conj namely *(írásban gyakran:* viz.*)*; or, to be more precise

megpendít v *(húrt)* touch [a chord], pluck [the strings] || *(kérdést)* raise, bring* up

megpenészed|ik v mildew, go* mouldy (US moldy)

megpenget v *(hangszert)* sound, pluck, touch, twang

megperzsel v singe *(j. m. igenév:* singeing*)*, scorch

megperzselőd|ik v get*/become* singed/scorched, scorch

megpihen v have* a rest, take* a break, rest, relax

megpillant v catch* sight of, catch* a glimpse of, glimpse

megpillantás n glimpse, sight, glance

megpirít v *(húst)* brown; *(kenyeret)* toast

megpirongat v vmért tick sy off for sg, scold sy (for sg)

megpirul v *(hús)* turn brown, brown; *(kenyér)* toast

megpiszkál v *(tüzet)* stir*, poke up || *átv biz (kérdést)* drag/rake up

megpofoz v slap sy's face, slap sy in the face (v. on the cheek), box sy's ears

megportóz v surcharge sg

megposhad v *(víz)* stagnate, become* stagnant; *(étel, ital)* go* off

megpörget v whirl/twirl/spin* (a)round

megpörköl v ált roast; *(cukrot)* burn* || *(odaéget)* scorch, singe *(j. m. igenév:* singeing*)*, burn*

megpróbál v ált try || *(kipróbál)* test, give* sg a try; *(megkísérel)* attempt sg, make* an attempt at sg (v. to do sg)

megpróbálkoz|ik v vmvel make* an attempt at (doing) sg

megpróbáltatás n trial, ordeal, affliction || **sok ~on ment át** be* sorely tried

megpuhít v soften; *(húst)* tenderize; *(bőrt)* dress, soften || *átv vkt* bring* sy round (to one's point of view etc.); soften (sy) up

megpuhul v soften, grow* soft || *átv* soften, weaken

megpukkad v **(majd) ~ mérgében** be* hopping mad, be* foaming/bursting with rage/anger; **majd ~ a nevetéstől** (nearly/almost) split*/burst* one's sides (laughing); *biz* **pukkadjon meg!** the devil take him/her!

megpumpol v touch/tap sy for money

megrág v *(ételt vk)* chew || *(féreg)* eat* into || *(egér)* nibble (away) at sg, chew holes in sg || *biz* **jól ~ja a dolgot** chew on sg, chew sg over, ruminate about/over/on sg

megragad v *(kézzel)* seize, grasp, catch* || *(átv magával ragad)* captivate, fascinate, grip || *átv* **~ja az alkalmat** take*/seize the opportunity

megragadó a fascinating, captivating || **~ látvány** gripping/thrilling sight

megrágalmaz v *(szóban)* slander; *(írásban)* libel (US -l)

megragaszt v ált glue, stick* (together), join (sg) with glue || *(tömlőt)* seal [a puncture]

megrajzol v draw* || *átv (leír)* describe

megrak v *(kocsit, hajót stb.)* load sg (up) (vmvel with), || *biz (megver)* give* sy a good hiding, tan sy's hide || **~ja a tüzet** *(előkészíti)* make* a fire; *(rárak)* feed* the fire, make* up the fire

megrakod|ik v load (up)

megrándít v *(bokát stb.)* sprain || **~ja a vállát** *(nemtörődés jeléül)* shrug one's shoulders

megrándul v **egy arcizma sem ránult meg** he didn't bat an eyelid, he didn't move a muscle; **~t a bokám** I've sprained my ankle, I have* a sprained ankle

megránt v jerk, pull (on) || **~ja a vészféket** pull the communication cord

megráz v shake* || *(áram vkt)* get* a(n electric) shock || *(lelkileg)* shake* sy (up), be* shaken by sg || **~za a fejét** *(tagadólag)* shake* one's head; **~za vknek a kezét** shake* hands with sy

megrázkód|ik v vk shudder, get*/have* a shock || *(tárgy)* shake*, be* shaken

megrázkódtatás n shock; *(társadalmi)* convulsion || **lelki ~** (mental) shock

megrázó a shocking, upsetting, harrowing || **~ jelenet** harrowing scene

megreformál *v* reform
megreggeliz|ik *v* have* (one's) breakfast
megreked *v (jármű)* be*/get* stuck; *(sárban)* get* bogged down *(v.* bog down) in the mud ‖ *(ügy)* come* to a deadlock/standstill
megrekken *v (levegő)* be* close/sultry/stifling
megreklamál *v* complain about (sg), lodge a complaint against/about sg; *(megsürget)* chase sg up
megrémít *v* frighten, terrify, scare
megrémül *v vmtől/vktől* take* fright (at sg/sy), be* terrified/frightened/scared (of sg/sy)
megrendel *v ker (árut stb.)* order sg, place an order with sy for sg, give* sy an order for sg ‖ *(szobát, jegyet stb.)* book *(US így is:* reserve) ‖ **előre ~ vmt** book sg in advance, *US így is:* make* a(n advance) reservation; **~i a szobát** book *(US így is:* reserve) a room [at a hotel]
megrendelés *n* order
megrendelő *n ker* customer
megrendelőlap *n* order form
megrendez *v (hangversenyt, ünnepélyt)* arrange, organize, put* on ‖ *szính* stage; *átv* stage-manage
megrendít *v* shatter, stagger ‖ *(vknek hitét)* shake* [sy's faith] ‖ **~ette a hír** he was* (badly) shaken/shocked/staggered by the news
megrendítő *a* shocking, staggering
megrendül *v (ált és hatalom)* be* undermined ‖ *(vm következtében)* be* shaken by sg, be* shocked at/by sg ‖ **~t a hír hallatára** (s)he was badly shaken (up) by the news
megrendülés *n* mély **~sel értesültem a hírről** I was shocked to hear the (sad) news (of sg)
megreped *v (kemény tárgy)* split*, crack
megrepedez|ik *v* crack, become* cracked
megrepeszt *v (kemény tárgyat)* crack, split*
megrészeged|ik *v* get* drunk/tipsy, become* intoxicated ‖ *átv* **~ik vmtől** be* drunk/intoxicated with sg
megrészegít *v (itallal)* intoxicate, make*/get* sy drunk/tipsy ‖ *átv* **~i vm** be* intoxicated by/with sg
megreszel *v (fémet)* file (down); *(ételfélét)* grate
megrezdül *v* tremble, shudder
megrezzen *v (személy)* give* a start, quiver, shudder
megriad *v* start, be* startled; be* frightened (by/of sg/sy *v.* at sg)

megriaszt *v* frighten (away), terrify
megritkul *v (levegő)* rarefy, become* rarefied ‖ *(haj, növény)* become* thin, thin ‖ *(vmnek előfordulása)* tail off, become* less frequent
megró *v vkt vmért* blame/reprimand/rebuke sy for sg
megrohad *v* rot, decay, become* rotten
megrohamoz *v kat* attack, make*/launch an assault on ‖ *átv* besiege (sg *v.* sy with sg)
megrohan *v* **~ták az üzleteket** there was* a run on the shops
megrokkan *v* become* disabled/invalid
megroml|ik *v (étel)* go* off/bad, spoil* ‖ *(egészség)* be* becoming worse, deteriorate ‖ *(látás, emlékezet)* be* failing/going ‖ *(helyzet)* worsen, deteriorate
megrongál *v (tárgyat)* spoil*, do* damage to, damage (sg); *(telefont utcán)* vandalize
megrongálód|ik *v (tárgy)* spoil*, get* spoiled/damaged
megront *v nép (varázslással)* bewitch, practise magic on ‖ *(erkölcsileg)* corrupt, deprave ‖ *(leányt)* seduce
megrontás *n (erkölcsileg)* corruption, depravation; *(leányé)* seduction
megroppan *v* crack, break*
megrostál *v (átszitál)* sift ‖ *átv* screen, sift (through)
megrothad *v* = **megrohad**
megrovás *n* censure, rebuke; *hiv* reprimand ‖ **~ban részesít** reprimand, censure
megrozsdásod|ik *v* rust, get* rusty
megrögzött *a* **~ agglegény** confirmed bachelor; **~ bűnöző** habitual/hardened criminal, *biz* an old lag
megrökönyödés *n* astonishment, stupefaction
megrökönyöd|ik *v* stand*/be* dumbfounded/astounded, be* taken aback
megröntgenez *v* X-ray (sy); take* an X-ray of sy['s hand etc.] ‖ **~ik** be* X-rayed, have* an X-ray (examination)
megrövidít *v* shorten, make* shorter; *(utat)* take* a short cut ‖ *(cikket)* cut* (down); *(ügyintézést)* speed* up ‖ *(megkárosít)* defraud sy (of) ‖ **~ vkt jogaiban** encroach/impinge (up)on sy's rights
megrövidítés *n* shortening ‖ *(úté)* short cut ‖ *(megkárosítás)* defrauding
megrövidül *v* become*/get* shorter, shorten ‖ *(károsodik)* be* deprived of sg
megrúg *v* kick, give* sy/sg a kick
megsaccol *v biz* size sg up, make* a guesstimate
megsajnál *v vkt* feel* pity/sorry for sy, pity sy
megsántul *v vk* go*/fall* lame, begin* to limp

megsárgul v ált become*/grow*/turn yellow || *(papír)* be* foxed || *(falevél)* wither

megsarkal v *(cipőt)* (re-)heel

megsavanyod|ik v turn/go* sour, sour || ~**ott a tej** the milk has turned (sour)

mégse 1. adv not ... after all **2.** conj **nem titok, de** ~ **említsd** it's no secret but don't mention it anyway

megsebesít v *(csatában)* wound || *(balesetben)* injure

megsebesül v *(csatában)* be* wounded || = **megsérül**

megsegít v help sy (out), give*/lend* sy a hand, aid (sy)

megsegítés n help, assistance, aid

megsejt v have* a presentiment/feeling, guess; *(rosszat)* suspect

mégsem adv/conj not ... after all, still not || ~ **hiszi el** he still does* not believe it

megsemmisít v *(elpusztít)* annihilate || *jog (érvénytelenít)* declare sg null and void; *(ítéletet)* quash; *(szerződést)* cancel *(US* -l), annul

megsemmisítés n *(elpusztítás)* annihilation, destruction || *jog* annulment, cancellation, nullification

megsemmisítő a *(elpusztító)* annihilating, destroying || *jog* annulling || ~ **hatása van** have* a disastrous effect; ~ **kritika** devastating criticism/review

megsemmisül v be* destroyed/annihilated, be* wiped out, come* to nothing

megsemmisülés n annihilation, destruction

megsért v *(vkt testileg)* injure, hurt*; *vmt* damage || *vkt átv* affront/insult/offend sy || *(törvényt)* infringe, break* [the/a law] || **ha meg nem sértem (önt)** if I may say so

megsértés n *vké* offence *(US* -se), insult || *(törvényé)* infringement, breaking, *(főleg US)* violation [of the law]

megsértőd|ik v *vmtől/vmn* be* offended at/by/with sg, get*/be* hurt at sg

megsérül v *vk* be*/get* injured; *(kicsit)* be*/get* hurt || *vm* become*/get* damaged || **halálosan** ~**t** (was) fatally injured, received fatal injuries; **súlyosan** ~**t** was badly/seriously injured

megsimogat v caress, fondle, stroke

megsínyli v suffer for (v. on account of), be* hard hit by

megsokall v have* enough (v. one's fill) of, *biz* get*/be* fed up with (sg)

megsóz v salt (sg), put* salt in/on

megspékel v *átv is* lard (with)

megspórol v *biz (pénzt)* save; *(fáradságot)* spare, save [trouble]

megstoppol v darn, mend

megsúg v *vknek vmt* whisper (sg) in sy's ear || ~**om neked** just between us, between you and me

megsüketít v deafen

megsüketül v go*/become* deaf || **bal fülére** ~ become* deaf in the left ear

megsül v *(hús)* roast, get* roasted || *(kenyér)* get* baked || **majd** ~ **az ember** it's baking here; ~**t a hús** the meat is done (to a turn)

megsürget v urge, press for; *(hivatalt stb.)* chase [the Gas Board v. the Council etc.] up about sg, expedite [visa application etc.]

megsűrűsöd|ik v *(főzésnél)* thicken, become* thick || *(gyakoribbá válik)* become* more frequent

megsüt v *(húst)* roast || *(kenyeret)* bake || *biz* **süsd meg!** *(a tudományodat stb.)* hang it all!, confound it!

megszab v determine, lay* down, prescribe, fix || ~**ja a feltételeket** dictate/set* the terms

megszabadít v *vkt/vmt vmtől/vktől* free/liberate sy/sg from sg/sy, set* sy/sg free from sg/sy || ~ **vkt terheitől** relieve sy of [his burdens etc.]

megszabadítás n *vmből* liberation, setting free (from) || *(veszélyből)* rescue || *(kötelezettségtől)* exemption (from)

megszabadul v *vktől* rid oneself of sy, get* rid of sy; *(nem kívánt személytől)* throw* off [reporters, police etc.] || *vmtől* get* rid of sg, rid oneself of sg || **nem lehet** ~**ni tőle** you cannot shake him off

megszabott a ~ **feltételek** terms/conditions agreed (up)on, terms/conditions stipulated

megszagol v *(ételt)* smell* sg, have* a smell of sg || *átv biz* scent sg, get* wind of sg

megszakad v ált break* || *(folyamat)* be* interrupted, be* cut/broken off, break* off || *(telefon-összeköttetés)* be* cut off, be* disconnected || **a tárgyalások** ~**tak** the negotiations were broken off || *átv* **majd** ~ **a nagy erőlködésben** break* one's back, work one's fingers to the bone

megszakít v ált break*, interrupt, be* broken/interrupted by || *(beszélgetést)* interrupt, break* off || *(telefon-összeköttetést)* cut* off; *(áramot)* disconnect || *(utazást)* **Bécsben 2 napra** ~**ottam utamat** I broke my journey (v. stopped off) for 2 days in Vienna; **terhességet** ~ terminate (the) pregnancy

megszakítás n *(folyamaté)* break, interruption || *(diplomáciai kapcsolatoké)* breaking off, severance || *(áramé)* switching off || ~ **nélkül** without a break; *(munkaviszonyról)* continuously; ~**okkal** intermittently, on and off

megszakító *n el* contact breaker

megszáll *v (szállóban)* stay at, put* up at [a hotel]; *vknél* stay with sy, put* up with sy; *(egy éjszakára)* stay overnight [at a friend's house], stay the night with sy || *kat* occupy/invade [a country]; *(egyéb)* take* possession of; *(sztrájkolók gyárat)* take* over, occupy || *átv vkt vm* ~**ta a félelem** be* overcome with fear

megszállás *n kat* occupation || **idegen** ~ **alatt** under foreign occupation

megszálló 1. *a* occupying, invading || ~ **erők** invading forces; ~ **hadsereg** army of occupation, occupation army **2.** *n* occupier, invader

megszállott 1. *a* obsessed, obsessive, possessed **2.** *n (személy)* fanatic, person possessed/obsessed with an idea || **egy gondolat** ~**ja** he is* obsessed with an idea

megszállottság *n* obsession

megszállt *a (terület)* occupied

megszámít *v* charge || **drágán számít meg vmt** overcharge (sy for sg)

megszámlál *v* count || **napjai meg vannak számlálva** his/her days are* numbered

megszámlálhatatlan *a* countless, innumerable

megszámol *v* count

megszámoz *v* number

megszán *v* pity, feel* pity for; *(megkönyörül, megsegít)* have*/take* pity on

megszaporáz *v* **lépést** ~ hasten one's steps, quicken one's pace

megszárad *v* become* dry, dry

megszárít *v* dry

megszavaz *v (indítványt)* adopt, carry || *(törvényjavaslatot)* vote for, pass, carry || **hitelt szavaz meg vknek** grant sy credit

megszavaztat *v* put*/submit sg to a/the vote, poll || **törvényjavaslatot** ~ get* a bill through Parliament

megszed *v* ~**i magát** feather one's nest, line one's pocket, make* one's pile

megszédít *v (ütés)* stun, daze, shock || *átv vm vkt* turn sy's head

megszédül *v* be*/become* dizzy, feel* giddy || ~**t a sikertől** success has turned his head

megszeg *v (esküt)* break*; *(ígéretet)* renege on [a promise]; *(törvényt)* break*, violate || *(kenyeret)* cut* || ~**te a szavát** he went back on his word

megszegez *v* nail sg

megszégyenít *v* put* sy to shame, shame

megszégyenítés *n* shaming, humiliation

megszégyenül *v* be* humiliated, be* put to shame, suffer humiliation

megszelídít *v (állatot)* tame, domesticate || *(embert)* tame, make* submissive

megszelídítés *n* taming, domestication

megszelídül *v (ember)* mellow, sober down || *(állat)* grow* tame, be* domesticated

megszenesedett *a* charred

megszenesed|ik *v* carbonize, char, turn into charcoal

megszentel *v* consecrate, sanctify

megszentségtelenít *v* profane, desecrate, defile

megszentségtelenítés *n* profanation, desecration

megszeppen *v* be*/get* scared of/at, get*/have* cold feet

megszépül *v* grow* more handsome/ beautiful

megszeret *v vkt* become* attached to, become* fond of, take* to sy || *vmt* come*/begin* to like, take* to sg || **mindjárt** ~**tem** I took to him at once

megszerez *v* get*, obtain, get* hold of, acquire || ~ **egy lakást** secure a flat; ~ **egy (jó) állást** *biz* land a (good) job

megszerkeszt *v (szöveget)* draw* up, draft, word, write*, formulate || *(kéziratot, könyvet)* edit; *(szótárt)* compile, edit || *(gépet)* construct, design

megszervez *v* organize, arrange

megszerzés *n* acquisition, acquiring, obtaining

megszid *v* scold, reprimand, rebuke (*vkt vmért* sy for sg)

megszigorít *v ált* make* (sg) more severe/rigorous, tighten up (on) sg

megszilárdít *v* strengthen, reinforce || *átv* strengthen, firm up, stabilize, consolidate, confirm

megszilárdul *v (anyag)* set*, solidify, firm || *átv* be* firmly established, be-(come)* consolidated

megszimatol *v (kutya)* scent, smell*/ nose (out) || *(odaszagol)* sniff at || *(veszélyt)* smell*, scent, suspect

megszitál *v* sift, screen, pass (sg) through a sieve

megszív *v* suck on/at sg; *(egyszer)* have* a suck on/at sg

megszokás *n vmé* custom, usage, habit | *vhol* acclimatization, adaptation || ~**ból** out of habit, from force of habit

megszok|ik *v vmt* get*/become* used/accustomed to sg, get* into the habit of doing sg, make* a habit of doing sg; *vkt* get* used to sy || *vhol* get*/become* acclimatized, adapt to [different conditions], get* used to || ~ta, hogy he has got used to, be* accustomed to; vagy ~ik, vagy megszökik it's sink or swim

megszokott *a (szokásos)* usual, habitual, customary; *(rendszeres)* regular; *(látvány)* everyday || ~ dolog routine matter

megszól *v vkt* speak* ill/badly of sy, backbite* sy, *csak US:* badmouth sy

megszólal *v vk* begin* to speak, start speaking || *(telefon)* ring*; *(harang)* ring* out || szólalj meg már! say something!

megszólalás *n* speaking || a ~ig hasonlít vkhez be* the living image of sy; ~ig hű arckép lifelike portrait, a speaking likeness

megszólaltat *v vkt* make* sy speak || *(hangszert)* sound || ~ja a vészcsengőt sound/ring* the alarm

megszólás *n* scandal-mongering, backbiting, *csak US:* badmouthing

megszólít *v* speak* to, address (sy); *(idegent, főleg nőt)* accost

megszólítás *n (szóval)* address, *(főleg idegen nőé)* accosting || *(levélben)* form of address

megszomjaz|ik *v* become*/get* thirsty

megszondáz *v (autóst)* breathalyse (sy), give* sy a breath test

megszoptat *v* suckle, nurse [the baby] || már ~tam I've fed him/her

megszorít *v (csavart)* give* it another turn, tighten (up); *(kötést)* tighten || *(kezet)* shake* hands with || *(korlátoz)* limit, restrict, restrain

megszorítás *n (csavaré)* tightening, screwing fast/tight || *átv* restriction, restraint || azzal a ~sal érvényes, hogy it is* valid with the proviso that...

megszoroz *v* multiply *(amivel* by)

megszorul *v (tárgy)* get*/be* stuck/wedged *(vmben* in) || *(levegő)* get* stuffy || *(pénzben)* be* short of money, be* hard up, feel* the pinch, *kif* be* in a tight corner

megszök|ik *v* vhonnan escape/flee* from, run*/break* away from; *(börtönből)* break* out of, escape from [prison] || *(más házastársával)* run* off with || *(folyadék, gáz)* escape, leak out || ~ik vk- vel elope with sy, run* away with sy

megszöktet *v ált vkt* help sy to escape *(v.* break out of) [prison]; *biz* spring* sy [from prison] || *(nőt)* elope with, run* away with sy; *(más házastársát)* run* off with

megszövegez *v* draft, draw* up, formulate

megszúr *v (késsel vkt)* stab || *(vkt darázs)* sting*; *(tövis)* prick

megszül *v* give* birth to [a baby]

megszület|ik *v (gyerek)* be* born || *átv* be* born, come* into being/existence

megszűnés *n ált* cessation, ceasing, stopping || *(szerződésé)* expiration, expiry, termination || *(fájdalomé)* easing *(üzleté)* liquidation; *(vállalaté)* winding-up

megszűn|ik *v (véget ér)* stop, come* to an end; *(vihar, eső)* cease, stop || *(intézmény)* be* wound up; *(üzlet, gyár stb.)* close down

megszüntet *v ált* stop, end, cease, discontinue, put* an end to || *(eljárást)* stop [proceedings]; *(intézkedést)* terminate, abandon || korlátozást ~ lift control

megszüntetés *n ált* stopping, ceasing, discontinuance || *(eljárásé)* abandonment (of proceedings), nonsuit

megszűr *v (folyadékot)* filter, strain || *(fényt)* soften

megszürkül *v* grey, *US* gray, turn/become*/go* grey *(US* gray)

megtagad *v (nem teljesít vmt)* refuse (sg *v.* to do sg), deny (sg) || *vkt elől* disown/deny sy, turn one's back on sy || ~ vktől vmt refuse/deny sy sg; ~ja az engedelmességet refuse to obey; nem tagad meg magától semmit (s)he denies himself/herself nothing

megtagadás *n vktől* refusal, denial || *vké* disowning, disavowal || engedelmesség ~a *kat* insubordination

megtakarít *v (pénzt)* save (up) [money] || *(időt, energiát)* save, spare

megtakarítás *n (folyamat)* saving, economy || *(eredmény)* savings *pl*

megtakarított pénz *n* savings *pl*, nest egg

megtalál *v* find* || *(véletlenül)* discover, come* across || ~ja a módját find* a way (of doing sg *v.* to do sg), find* the way (to do sg)

megtalálható *a* to be found *ut.*; *(igével)* (sg) can* be found || könnyen ~ easy to find *ut.*

megtaláló *n* finder || a becsületes ~ jutalomban részesül a reward will be paid to the finder (of sg)

megtalpal *v* (re-)sole

megtámad *v (vkt utcán)* attack, assault || *kat* attack, make* an assault on || *(országot)* attack, invade || *(véleményt)* challenge, impugn || *jog (végrendeletet stb.)* contest || ~ták és kirabolták (s)he was mugged

megtámadás *n* attack, assault

megtámadható *a kat* exposed, vulnerable || *(vitatható)* disputable, contestable, questionable

megtámaszkod|ik *v* lean*/rest on/against

megtámaszt *v* prop/shore up

megtanácskoz|ik *v* talk it (*v.* the matter) over with sy, consult sy about sg

megtáncoltat *v (leányt)* dance with sy || *átv* order sy about, lead* sy a merry dance

megtanít *v ált* teach*; *vkt vmre (v. vmt vknek)* teach* sy sg [*v.* (how) to do sg] || ~ **vkt úszni** teach* sy (how) to swim

megtántorod|ik *v* reel (back), lose* one's balance, begin* to sway, totter

megtanul *v ált* learn*; *(könyv nélkül)* learn* by heart, commit to memory; *(nyelvet)* learn*, acquire || ~ **angolul** learn* English; *(angol nyelvterületen, rátapad)* pick up English; ~ **olvasni** learn* (how) to read

megtapad *v vhol, vmn* stick*, adhere (to)

megtapogat *v* feel*, touch

megtapos *v* stamp (on) [the ground], tread* (out) (sg)

megtapsol *v vkt* applaud/clap sy, *biz* give* sy a hand

megtárgyal *v vmt* discuss sg, talk sg over

megtart *v (birtokában)* keep*, retain; *biz* hang*/hold* on to; *(magának)* keep* (sg) for oneself || *(előadást)* give*, deliver [a lecture], present, read* [a paper]; *(értekezletet)* hold* [a meeting] || *(esküvőt)* celebrate [one's wedding] || *(szokást, ünnepet)* observe, keep* || *(vmt/vkt emlékezetében)* keep*/bear* sg/sy in mind, remember sg/sy || ~ **ja a határidőt** keep* to time/schedule, meet* the deadline; **nem tartja meg ígéretét** go* back on one's word; **tartsa meg magának (a véleményét)!** keep it to yourself

megtartóztat *v* ~ **ja magát** abstain/refrain from (doing) sg

megtáviratoz *v* wire/cable/telegraph sy sg

megtekint *v* inspect, view, examine; *(kiállítást)* visit, view

megtekintés *n* inspection, viewing, survey || **a látnivalók** ~ **e** sightseeing, seeing the sights || **ker** ~ **re küld** *(árut)* send* [goods] on approval

megtelefonál *v vmt vknek* (tele)phone sy sg, ring* (*v. US* call) up sy about sg

megtel|ik *v (edény)* fill (up) (*vmvel* with sg), be*/become* full || ~ **t a busz** the bus is full (up)

megtépáz *v vkt* tear* at sy, *biz* rough sy up || *(vihar vmt)* batter, buffet; *átv (vk hírnevét)* damage sy, leave* [sy's reputation] in tatters

megtér *v (visszaérkezik)* return, come* back || *vall* be* converted [to Christianity etc.]

megterem *v vmt* bear* [fruit], produce, yield || *vm* grow*

megteremt *v* create, produce || ~ **i vmnek a feltételeit** create the (right) conditions for sg

megtérés *n vall* conversion

megterhel *v (rakománnyal)* weigh/load (down) (*vmvel* with sg); *(túlságosan)* overload, overburden (*vmvel* with sg) || *átv vkt* trouble/burden sy (*vmvel* with sg) || ~ **i vk számláját 1000 Ft-tal** debit sy's account with 1,000 forints, charge 1,000 forints to one's account

megterhelés *n (súllyal)* load, weight || *(átv vk számára)* burden, encumbrance || *(számlán)* debit(-side)

megterít *v* lay* the table, spread* a cloth on the table

megtérít *v (pénzt)* refund [the cost of sg *v.* sy the/his etc. money]; *(megfizet)* pay* [a sum] for sg || *(kárt)* pay* for sg, pay* compensation for [damage] || *(vm hitre)* convert sy to [a faith]

megtérítés *n (pénzé)* refunding || *(vm hitre)* conversion || **a költségek** ~ **ére ítél** order to pay costs

megtermékenyít *v biol (petesejtet)* fertilize [an ovum]; *(nőnemű lényt)* make* sy pregnant, *tud* impregnate; *növ* pollinate || *átv* enrich

megtermékenyítés *n biol* fertilization; *növ* pollination || **mesterséges** ~ artificial insemination

megtermékenyül *v biol ált* become* fertile; *(nő)* conceive, become* pregnant

megtermékenyülés *n biol* fertilization, fecundation, impregnation; *(nőé)* becoming pregnant, *tud* conception

megtermel *v* produce

megtermett *a* **jól** ~ *(ember)* robust, sturdy, well-built

megtérül *v (vknek a pénze)* get* one's money back, be* refunded [one's money] || **a kár** ~ **t** the damage was recovered

megtestesít *v (eszmét, fogalmat)* embody, incarnate, personify || **a fukarság** ~ **ője** he is a byword for meanness, he is meanness incarnate

megtestesül *v* become* incarnate/embodied

megtestesülés *n* incarnation, embodiment

megtestesült *a* **maga a** ~ **egészség** (be* the) picture of health

megtesz *v vmt* do*; *(teljesít)* perform, achieve, accomplish || *vkt vmnek* make* sy sg, appoint sy (to) sg || *(utat, távolságot)* do*, cover || **akármelyik** ~ **i** either of them will do; *biz* **az is** ~ **i** that'll do; **az út egy részét repülővel tette meg** he flew part of the way; **megteheti** *ált* can/may do, be* able to do; *(pénzügyileg)* (s)he can afford it; ~ **minden**

tőle telhetőt do* one's utmost/best, do* everything possible; ~**i a magáét** do* one's share/part/duty/bit/stuff; **óránként 100 km-t tesz meg** do*/go* 100 kilometres an/per hour

megtetsz|ik v vknek vk be* taken with sy, biz fall* for sy; vknek vm fall* for sg, take* a liking to/for sg || **rögtön ~ett nekem** I fell for her at once

megtetvesed|ik v get*/be* covered in/with lice

megtéveszt v vkt deceive/delude sy

megtévesztés n deceit, delusion, deception, fraud || **a ~ig hasonlít a bátyjára** you can't tell him from his brother

megtilt v vknek vmt forbid* sy sg (v. sy to do sg), prohibit sy from doing sg || **~om, hogy odamenj** I forbid you to go there

megtisztel v vkt vmvel honour (US -or) sy with sg, do* sy the honour (US -or) of sg || **~ve érezzük magunkat** we are*/feel* (highly) honoured (by)

megtisztelő a flattering

megtiszteltetés n honour (US -or), privilege

megtisztít v vmt ált clean sg (vmtől of sg), give* sg a (good) clean; (sebet) cleanse || átv cleanse || (csirkét) clean; (halat) clean/scale (and gut); (zöldséget) peel, pare, clean || (területet stb. ellenségtől) clear || (pártot) purge

megtisztítás n ált cleaning, cleansing || (zöldségé) peeling, cleaning || (ellenségtől) clearing || (párté) purge, purging

megtisztul v clean, become* clean, be* cleaned || (terület) be* cleaned up || átv purify

megtizedel v (átv is) decimate

megtol v give* sg a push, push sg

megtold v add sg to sg, make* (sg) longer, lengthen

megtollasod|ik v (madár) grow* feathers, fledge || biz make* one's pile

megtorlás n reprisal, retaliation, revenge, vengeance || **~képpen** in retaliation (for), by way of reprisal

megtorló a repressive, retaliatory || **~ intézkedéseket tesz** take* retaliatory measures

megtorol v (megbosszul) avenge, requite, revenge (oneself for) || (megbüntet) punish

megtorpan v stop short, come* to a sudden stop/standstill

megtorpedóz v torpedo (alakjai: torpedoed, torpedoing)

megtölt v (teletölt) fill (up) (vmvel sg with sg) || (töltelékkel) stuff (sg with sg) || (puskát) charge, load

megtöm v ált stuff; (pipát) fill || (libát) cram

megtör v ált break*, crush; (diót) crack; (borsot) grind* || (fénysugarat) refract || (csendet) break* [the silence] || (ellenállást) bear*/wear* down, crush [opposition, resistance] || (vkt bánat/csapás) crush, break*

megtör|ik v (deszka stb.) break*, crack, snap; (papír a hajtás mentén) crinkle, crease || (vk vallatásnál) crack under [questioning, torture] || **a hullámok ~nek a sziklán** the waves break* against the rocks

megtöröl v ált vmt wipe (sg); (nedveset) dry; (portalanít) dust || **megtörli a kezét** dry/wipe one's hands; **megtörli az orrát** wipe one's nose

megtört a ált broken || **~ hangon** in a broken voice

megtörtén|ik v ált happen, take* place, come* about; (főleg, ha vm rossz) (this is) (just) one of those things || **ami ~t, ~t** what is done cannot be undone, no use crying over spilt milk; **ez nem fog ~ni** this won't happen; **~hetik, hogy** it may happen/occur/be that || **~ik vkvel vm** sg happens to sy

megtörülköz|ik v dry oneself (with a towel), rub oneself down

megtréfál v play a (practical) joke on sy, play tricks on sy

megtud v come*/get* to know, learn*, hear* || **ha ezt apád ~ja** should it come to your father's ears; **tudd meg, hogy** I would (v. I'll) have you know that

megtudakol v vmt inquire about sg, make* inquiries about sg, ask after sg

megtűr v tolerate, bear*, endure; (hallgatólagosan) turn blind eye to sg

megtűzdel v (átv is) lard (with)

megugat v bark at

megújít v (bérletet, szerződést) renew [lease, contract] || (átalakítva) renovate

megújítás n (bérleté, ígéreté) renewal || (átalakítás) renovation

megújul v ált be* renewed/refreshed, regenerate || (természet, remény) revive

megújulás n ált renewal, regeneration || (természeté) revival

megun v vmt/vkt get*/be* bored with sg/sy (v. doing sg)

megundorod|ik v vmtől become*/get*/be* disgusted with, take* a dislike to

megúsz|ik v **éppen hogy ~ta** (s)he had a narrow escape; **ezt nem úszod meg** you can't get away with it

megutál v take* a dislike/loathing (v. an aversion) to

meguzsonnáz|ik v have* (one's) tea

megül v vhol remain sitting || (lakodalmat, ünnepet) celebrate || **~i a lovat**

(biztosan ül rajta) ride* a horse, be* in the saddle, keep* one's seat

megünnepel *v (évfordulót)* celebrate; *(rendszeresen)* observe; *(megemlékezik vkről/vmről)* commemorate

megünneplés *n* celebration; *(megemlékezés)* commemoration

megüt *v* strike*, hit* ‖ **azt hittem, ~ a guta** I was ready to burst; **~ vkt** strike*/hit* sy; **~ vmlyen hangot** *átv* strike* a note/chord; **~i a fejét** bump one's head (on/against sg); **~i a lábát** hurt* one's foot; **~i az áram** get* an electric shock; **~ötte a guta** he had a stroke, he had (an attack of) apoplexy; **~ötted magad?** did you hurt yourself?

megütközés *n (megbotránkozás)* indignation, annoyance ‖ **~t kelt** sg scandalizes/shocks sy

megütköz|ik *v (ellenséggel)* encounter, give* battle to ‖ *átv vmn* be* shocked by/at, be*/become* indignant at

megüzen *v vknek vmt* send*/give*/leave* sy a message, leave* a message for sy

megvacsoráz|ik *v* have* (one's) dinner/supper

megvadít *v* enrage, make*/drive* (sg/sy) wild

megvádol *v vkt vmvel* accuse sy of sg, charge sy with sg *(v.* doing sg)

megvadul *v ált* get*/become* wild *(vmtől* with sg) ‖ *(ló)* bolt, shy

megvág *v ált* cut ‖ **~ta magát** he cut himself *(v.* his finger etc.) ‖ *biz* **vkt ~ 500 forintra** sting*/touch sy for 500 forints

megvajaz *v* spread* [a slice of bread] with butter, spread* butter on [bread]

megvakar *v* scratch

megvakul *v* go* blind, be* blinded ‖ **bal szemére ~** go* blind in the left eye

megválaszol *v* reply to [a/sy's letter], answer [a/sy's letter]

megválaszt *v vkt vmnek* elect sy (as) sg *(v.* to be sg) ‖ *vmt* choose*; select ‖ **~ották képviselőnek** (s)he has been elected/returned as Member of Parliament

megvál|ik *v vmtől* part with sg; *vktől* part company (with sy)

megvall *v (bűnöket)* confess ‖ *(elismer)* admit, acknowledge ‖ **az igazat ~va** to tell the truth, as a matter of fact

megválogat *v* choose*, select ‖ **~ja szavait** choose* one's words carefully

megvalósít *v ált* realize, carry out/through, accomplish ‖ *(gyakorlatilag)* put* into practice, carry out, implement

megvalósítás *n* realization

megvalósíthatatlan *a* unrealizable, impracticable, unfeasible

megvalósítható *a* realizable, workable, practicable

megvalósul *v ált* be* realized/attained, be* carried out, materialize

megvalósulás *n* realization, fulfilment, materialization

megvált *v (jegyet)* buy*; *(előre)* book *(US* buy*) one's ticket (in advance) ‖ *(pénzzel)* redeem, buy* off ‖ *vall* redeem ‖ **~ja a jegyét** *(vonatra stb.)* buy*/book one's ticket; **~ja a repülőjegyeket** book *(US* reserve) seats on a plane

megváltás *n vall* redemption

megváltó *n vall (Krisztus)* the Redeemer/Saviour *(US* -or), Our Savio(u)r

megváltoz|ik *v* change, be* changed/transformed

megváltoztat *v* change, alter ‖ **~ja elhatározását** change one's mind

megváltoztatás *n* change, alteration

megvámol *v* impose/levy a duty on sg

megvan *v (létezik)* exist, be* ‖ *(kész)* (be*) ready/finished/done ‖ *(végbemegy)* take* place ‖ **egy óra alatt ~** it will be done/ready in an hour; **ez a könyv nekem ~** I have (got) this book ‖ *(egészségileg)* **Hogy van?** — **(Csak) megvagyok** How are you?—I'm not too bad, I'm all right; **megleszek nélküle** I can do without him, I can manage (all right); **~ a kalapod?** have you got your hat?; **~ vm nélkül** do*/go* without sg, (can) manage without sg, dispense with sg; **~!** here it is!, (I've) got it

megvár *v ált vkt/vmt* wait for sy/sg ‖ *(állomáson vkt)* (go* to) meet sy at the station/airport etc.

megvárakoztat *v* keep* sy waiting, make* sy wait, *biz* let* sy cool his heels

megvarr *v* sew*

megvásárol *v vmt* buy*, purchase ‖ *(megveszteget vkt)* buy* sy off

megvéd *v (vk/vm ellen)* defend sg/sy against sy/sg; *(vk/vm védelmet nyújt)* protect sg/sy from sg/sy, shield sy from sy/sg; *(megelőzve)* safeguard sg/sy against sg ‖ *(kiáll vk mellett)* stand* up for sy ‖ *sp* **~i a bajnoki címet** defend one's title; **~i disszertációját** defend one's thesis

megvédés *n* defence *(US* -se)

megvendégel *v (otthon)* entertain sy to [dinner, tea etc.], invite sy to [dinner, tea etc]; *(vendéglőben)* take* sy out [to dinner etc.], stand* sy [a dinner/drink]

megvénül *v* grow* old, age

megver *v* beat* (up), *biz* thrash ‖ *(ellenséget)* defeat, overcome* ‖ *sp (futball)* defeat; *(tenisz, sakk stb.)* beat* ‖ **~ték** he was beaten; *(gyereket biz)* he got a

beating; **2:1-re** ~**ték** was defeated 2-1 (*kimondva*: two (goals) to one)
megvesz[1] *v (megvásárol)* buy*, purchase || **majd** ~**i az Isten hidege be*** almost frozen to death, be* chilled to the bone/marrow; **100 fontért vesz meg vmt** buy* sg for £100
megvesz[2] *v (állat)* go* mad, get* rabid || **majd** ~ **vkért be*** mad (*US* crazy) about sy, be* madly in love with sy || *biz* **majd** ~ **vmért be*** mad about sg, be* dying for sg
megveszekedett *a biz* **nincs egy** ~ **vasa sem** not have two pennies to rub together
megveszteget *v* bribe, buy* sy off
megvesztegetés *n* bribing, bribery
megvesztegethetetlen *a* incorruptible, unbribable
megvesztegethető *a* bribable, corruptible, corrupt
megvesztegető *n (aki veszteget)* briber
megvet *v (lenéz)* despise, scorn, hold* (sy) in contempt || ~**i a lábát vhol** plant one's feet firmly; *átv* gain a footing, get* a foothold; ~**i az ágyat** *biz* make* the bed
megvétel *n* purchase
megvetemed|ik *v* warp, buckle
megvetendő *a* **nem** ~ not to be disdained/despised *ut.*
megvetés *n* detestation, contempt, scorn, disdain
megvétóz *v* veto (*alakjai:* vetoes, vetoed, vetoing)
megvető *a* contemptuous, scornful, disdainful || ~ **pillantást vet vkre** give* sy a withering look
megvigasztal *v* console, comfort, soothe
megvigasztalód|ik *v* be* consoled/comforted, cheer up || *(kárpótlást talál)* find* consolation (with sy *v.* in sg)
megvilágít *v* light* (up), illuminate || *átv* illuminate, shed* light on, clarify, illustrate || *fényk* make* an exposure, expose
megvilágítás *n ált* lighting, illumination || *fényk* exposure
megvilágítási idő *n* exposure time
megvilágításmérő *n* exposure meter
megvilágosod|ik *v* light*/brighten up || *(kérdés)* clear up, become* clear, be* clarified || **egyszerre** ~**ott előttem** in a flash it (all) became clear to me
megvirrad *v* day/it is* dawning, day is* breaking
megvisel *v vkt* try, wear* sy out, take* a heavy toll of sy, tell* on sy || **ez a csapás nagyon** ~**te** he has been sorely tried by this blow
megviselt *a* worn(-out)

megvitat *v* discuss, talk sg over, debate || ~**ják a kérdést** argue the issue
megvitatás *n* discussion, debate
megvív *v (csatát)* fight*
megvizsgál *v vmt* examine, investigate, inquire/look into, consider || *(könyvelést)* audit [accounts], inspect; *(poggyászt)* examine, search, go* through [luggage] || *(vkt orvos)* examine (sy), give* sy a check-up || **hivatalosan** ~ **vmt** hold* an official inquiry into sg
megvon *v (megfoszt, elvesz)* withdraw*, deprive of, cut* off || ~**ja a határt** draw* the line (between)
megvonagl|ik *v (élőlény)* jerk, twitch, give* a jerk/twitch || *(száj, arc)* quiver, flinch, wince
megvonalaz *v* line, rule
megvonás *v (elvevés)* withdrawal || *(adagé, fizetésé)* stopping
megzabál *v vulg* wolf (sg) down, gabble (sg) up, *GB* scoff
megzabolázi *v (átv is)* bridle
megzavar *v (vmlyen körülmény vkt/vmt)* disturb sy/sg, be* disturbed by sy/sg; *(munkát, forgalmat)* disrupt; *(tájékozódást megnehezít)* confuse || ~ **vkt vmben** disturb/interrupt sy while (s)he is doing sg; ~**ja a csendet** break* the silence
megzavarod|ik *v (víz)* get* muddy || *átv vk* get*/become* confused, lose* one's bearings || *(elme)* become* deranged
megzenésít *v* set* [words] to music || ~**ette** music by
megzenésítés *n* setting to music
megzöldül *v* go*/turn green
megzördül *v* rattle, clatter, clank
megzörget *v* rattle, clatter || ~**i az ablakot** tap on the window
megzörren *v* rattle, clatter, clang, cling
megzsarol *v* blackmail (sy), *US biz* shake* sy down
megzsíroz *v (gépet)* grease, lubricate || ~**za a kenyeret** spread* [one's] bread with lard/dripping, spread* lard on [one's] bread
megy *v (vhova, vmn, vhogy)* go* (vhova to); *(utazik)* go*, travel (*US* -l) || *(közl. eszköz, út)* go*; *(hajó)* sail; *(vonat, kocsi)* go*, travel (*US* -l) || *biz (működik, jár)* work || *biz (folyamatban, műsoron van)* be* on || *biz (idő)* fly* by || **a blúz** ~ **a szoknyájához** the blouse matches her skirt; **autón** ~ go* by car; **az út lefelé** ~ the road descends, the road goes* downhill; **ez a cipő nem** ~ **a lábamra** these shoes won't go on (*v.* don't fit) my feet, it's not my size; **ez nem** ~ nothing doing, (it's) no good; **férjhez** ~ marry, wed; **hogy** ~ **a so-**

ra? how are* you doing (v. getting on)?, how goes* the world with you?; **hosszú ideje** ~ *(film, darab)* it's having a long run, it's been on for a long time; **jól** ~ **vknek** *(munka, tanulás)* be* going well; *(anyagilag)* be* well off, be* doing well, be* thriving; **lábába ment egy tövis** (s)he ran a thorn into his/her foot°; ~ **a motor** the motor is working; ~**ek már!** (I'm) coming!, I'm just coming; **menj innen!** go away!, get out (of here)!; **mennem kell** I must go, I must get/be going; **mi** ~ **a tévében?** what's on (the) television/TV?; **nem mész vele sokra** a fat lot of use that will be to you, it won't carry/get you very far; **repülővel** ~ fly*, go*/travel *(US* -l) by air; **tanárnak** ~ go* in for (v. take* up) teaching, become* a teacher; **vasúton** ~ go*/travel *(US* -l) by train/rail; **villamoson** ~ go* by tram, take* a/the tram to
megye *n* county, *GB* néha shire ‖ **Baranya** ~ Baranya county
megyei *a* county ‖ ~ **bíróság** county court; ~ **tanács** county council
megyeszékhely *n* county town
meggy *n* morello (cherry), sour cherry
meggyfa *n* morello tree, sour cherry (tree)
meggylikőr *n* maraschino
méh[1] *n* (honey-)bee
méh[2] *n* *(testrész)* womb, uterus *(pl* uteruses *v.* tud uteri) ‖ *átv* **a föld** ~**e** the bowels of the earth *pl*; ~**en kívüli terhesség** ectopic/extrauterine pregnancy
méhcsípés *n* bee-sting, sting of a bee
méhész *n* bee-keeper, apiarist
mehetnék *n* ~**je van** feel* like going
méhkaparás *n* curettage, *biz* D and C
méhkas *n* beehive
méhkirálynő *n* queenbee
méhpempő *n* Royal jelly
méhraj *n* swarm of bees
mekeg *v* bleat, baa
mekegés *n* bleating [of goat]
mekkora *pron (kérdés)* how large/big?, what size? ‖ *(felkiáltás)* what a(n) ... ‖ ~ **tornya van!** what a big tower it's got!
méla *a* dreamy, musing, wistful ‖ ~ **tekintet** dreamy/dreaming/musing look; ~ **undor** mild disgust
mélabú *n* mournfulness, melancholy, gloom
mélabús *a* melancholy, gloomy
melankólia *n* melancholy
melankolikus *a* melancholy, mournful
melasz *n* treacle, *US* molasses *pl*
méláz *v* muse (on), ponder over

meleg 1. *a* warm, hot ‖ *(szín)* mellow ‖ ~ **étel** hot food; *átv* ~ **fogadtatás** warm reception/welcome; ~ **ruha** warm clothes *pl*; ~ **szendvics** toasted sandwich, *(sajtos)* Welsh rarebit/rabbit; ~ **takaró** warm blanket; ~ **víz** hot water **2.** *n (meleg időszak)* warm weather, heat, hot season ‖ **a nagy** ~**ben** in the heat, when it is very hot; ~**em van** I am* hot; **valami** ~**et eszik** have* a hot meal, eat* hot food
melegágy *n* mezőg hotbed ‖ **a korrupció** ~**a** hotbed of corruption
meleged|ik *v (idő)* get*/become* warm(er) ‖ *(motor)* be* overheating, run* hot ‖ *vk* **a napon** ~**ik** sit*/bask in the sun
melegedő *n (jégpályán)* warming room
melegen *adv* hot, worm; *átv* warmly ‖ ~ **ajánl** recommend warmly/cordially; ~ **fogad** give* sy a hearty/warm welcome/reception ‖ ~ **öltözik** dress warmly, wear* warm clothes; ~ **üdvözöl** *(szóban)* greet sy warmly; *(levél befejezése)* kind regards from ...
melegfront *n* warm front
melegház *n* green house, hothouse, *GB* glasshouse, forcing house
melegházi *a* hothouse, forced
melegít *v* warm (up), heat (up)
melegítés *n* warming, heating
melegítő *n (tréningruha)* tracksuit, *US* így is:* sweat suit ‖ *(ágyba, villany)* electric underblanket ‖ *(főző)* (electric) dishwarmer, heater
melegpadló *n* insulated warm flooring
melegség *n (átv is)* warmth
melegsz|ik *v* = melegedik
melegvérű 1. *a (élénk vérmérsékletű)* warm-blooded; *(ló)* hot-blooded **2.** *n* áll ~**ek** warm-blooded animals; *tud* homoiothermic animals
melegvíz-szolgáltatás *n* hot-water supply
melegvíz-tároló *n* immersion heater
melenget *v* warm (up) ‖ **kezét** ~**i a tűznél** warm one's hands by the fire ‖ *átv (gondolatot stb.)* cherish, nurse
mell *n (főleg férfié, gyereké)* chest; *(főleg nőé)* breast; *(ir v. nőé)* bosom; *(női emlő)* breast ‖ *(csirkemell)* breast [of chicken] ‖ *biz* **jó** ~**e van** be* shapely; *átv* ~**be vág vkt** touch sy on a tender spot; ~**re szív** *(füstöt)* inhale deeply; *átv* take* sg to heart, take* sg too seriously; **nem kell** ~**re szívni** *átv* don't take it to heart
mellbedobás *n sp* ~**sal** *(igével)* thrust* one's chest forward
mellbimbó *n* nipple, teat; *tud* mamilla *(pl* -llae)

mellbőség n *(férfiaknál)* chest (measurement); *(nőknél)* bust (measurement)
melldöngetés n bragging, braggadocio
mellé *post/adv* next to, beside, close to, at one's side ‖ **ülj (ide)** ~**m** come and sit by my side, sit beside/by me
mellébeszél v ~ **a kérdésnek** talk beside the point, waffle (about)
melléfog v *biz* be*/fall* wide of the mark, make* a blunder, blunder
mellélógás n blunder
mellehúsa n *(csirkéé)* breast (of chicken)
mellék n *(környék)* the environs/surroundings of sg *pl* ‖ *(telefon)* extension ‖ **a Duna** ~**e** the Danube region; **a 39- -es** ~**et kérem** extension 39, please
mellékág n *(folyóé, fáé)* branch ‖ *(családé)* collateral
mellékállás n part-time job
mellékállomás n *(telefon)* extension
mellékel v *vmt vmhez* add, attach (to); *(csatol, iratot)* enclose, attach
mellékelt a enclosed ‖ ~ **levél** ált enclosed letter; *(kísérő)* covering letter
mellékelten adv enclosed *(röv* encl.) ‖ ~ **tisztelettel megküldöm** enclosed/ herewith please find
melléképület n outhouse, outbuilding
mellékes 1. a subsidiary, secondary, subordinate, of minor importance *ut.* ‖ ~ **(dolog)** minor matter, side-issue, *kif* [is*] beside the point **2.** n perks *pl*
mellékesen adv *(közbevetőleg)* by the way ‖ ~ **említem** by the way/by, incidentally
mellékfoglalkozás n second job/occupation, sideline, secondary occupation; *(részfogl.)* part-time job
mellékfolyó n tributary
mellékhajó n épít side-aisle
mellékhatás n side-effect
mellékhelyiség n *(illemhely)* lavatory, *US* the bathroom, *GB biz* the loo, *US biz* the john
mellékíz n after-taste
mellékjövedelem n second(ary)/side/ additional/supplementary income, extra earnings *pl*
melléklet n *(újsághoz)* supplement ‖ *(levélhez)* enclosure ‖ *(könyvben)* insert ‖ **vasárnapi** ~ Sunday magazine section, Sunday supplement/review
mellékmondat n dependent clause
melléknév n nyelvt adjective
melléknévi a adjectival ‖ ~ **igenév** participle
mellékoltár n side-altar
mellékszerep n szính, film supporting role; ált subordinate/secondary part/role

mellékszereplő n szính, film supporting character/actress/actor
mellékszög n mat adjacent angle
melléktéma n zene second theme
melléktermék n ált by-product, secondary product, *biz* spin-off ‖ *vegy* derivative
mellékút n minor/secondary road
mellékutca n side street, *US* back alley ‖ **jobbról a negyedik** ~ the fourth turning on the right
melléküzemág n sideline
mellékvágány n *(vasút)* shunt-line, side- -track/rail
mellékvese n adrenal glands *pl*
mellékzörej n el howl ‖ orv accessory murmur
mellélép v miss a/the/one's step
mellémegy v *(töltéskor)* spill* ‖ **vigyázz,** ~! you're spilling it
mellény n *(férfi)* waistcoat, *US* vest; *(bebújós)* slipover ‖ *(női)* bodice, sleeveless jacket; *(ujjas)* jersey ‖ **nagy a** ~**e** *átv* he is* too big for his boots
mellényzseb n waistcoat/vest-pocket ‖ **ezt a** ~**éből is kifizeti** it is* nothing/ peanuts for him
mellérendelés n co-ordination
mellérendelő kötőszó n co-ordinating conjunction, co-ordinator
mellérendelt mondat n co-ordinate clause
mellesleg adv by the way, by the by(e), besides
mellett *post (hely)* beside, by, by the side of, next to, adjoining ‖ *(vmn felül)* in addition to, over and above ‖ **a** ~ **a ház** ~ beside/near that house, next to that house; **e**~ next to this; **egymás** ~ side by side, next/close to each other; **elmegy vk** ~ pass sy by; **közvetlenül vm** ~ close by, close to sg; **vk** ~ **áll** *átv* back sy (up), stand* by sy, stand* up for sy; **vk** ~ **lakik** live next door to sy
mellette adv *(hely)* by/near/beside him/ her/it ‖ **a** ~ **és ellene szóló érvek** the pros and cons; **minden** ~ **szól** he has* everything in his favour; ~ **van** be*/stand* near (v. next to) him/her/it; *átv* be*/speak* for sy/sg, stand* by sy/sg
mellhártyagyulladás n pleurisy
mellkas n chest
mellkép n half-length portrait
mellmagasságban adv chest-high
mellől *post* from beside, from the side of ‖ **felkel az asztal** ~ leave* the table
mellőz v *(cselekvést)* omit (to do sg), leave* out, *biz* skip [a meeting etc.] ‖ *(nem vesz figyelembe)* ignore, disregard, put*/set* aside ‖ *(vkt háttérbe szorít)* slight, ignore, neglect

mellőzés *n (cselekvése)* omission || *(figyelmen kívül hagyás)* disregard, omission || *vké* slighting, disregard || **részvétlátogatások** ~**ét kérjük** no visitors by request

mellrák *n* breast cancer

mellső *a* anterior, front-, fore- || ~ **lábak** forelegs

mellszobor *n* bust

melltartó *n* brassière, *biz* bra

melltű *n* breast-pin, brooch

mellúszás *n* breast-stroke

mellvéd *n (erődön)* breastwork, parapet || *(korlát)* banister, hand-rail

meló *n biz* work, *biz* slog

melódia *n* melody, tune || = **meló**

melós *n biz* manual/heavy worker, workman°, sweater, hand

melóz|ik *v biz* work (hard), drudge, work like a slave

méltán *adv* deservedly, justly, rightly || ~ **tartják nagy tudósnak** he is reckoned as (*v.* considered) an outstanding scholar and rightly so

méltánylás *n* appreciation

méltányol *v* appreciate

méltányos *a (elbánás)* fair (and square), equitable, just || *(ár)* reasonable || ~**an** fairly, evenly; ~**nak tartom** I think it only fair

méltányosság *n* equity, fairness

méltánytalan *a* unfair, inequitable

méltánytalanság *n* unfairness, inequity, injustice || ~ **érte** he has been slighted

méltat *v* favour (*US* -or) sy with || *(vkt/vmt írásban)* write* an appreciation of sy/sg || **figyelemre sem** ~ **vkt** ignore/overlook sy; **vkt vmre** ~ deem a person worthy of

méltatás *n* appreciation, estimation

méltatlan *a vmre* be* unworthy/undeserving of sg || ~**ul bánik vkvel** treat sy unfairly, do* wrong to sy

méltatlankodás *n* indignation

méltatlankod|ik *v* be* indignant (*vm miatt* at sg), express indignation (at sg)

méltó *a vkhez* be* worthy of sy; *vmre* be* worthy/deserving of sg || **ez nem** ~ **hozzád** this is* beneath you, this is* unworthy of you; ~ **büntetés** fit/deserved/just punishment

méltóképp(en) *adv* worthily, deservedly, suitably

méltóság *n (fogalom, állás)* dignity, honour (*US* -or) || *(személy)* dignitary || ~**án alulinak tart vmt** think* it beneath one's dignity to ...

méltóztat|ik *v* deign to, be* pleased to || **méltóztassék helyet foglalni** kindly sit down, kindly take a seat

mely *pron (kérdő)* which? || *(vonatkozó)* = **amely**

mély 1. *a* deep; *(alacsonyan fekvő)* low || *átv* profound || ~ **álom** deep/sound sleep; ~ **hang** deep voice; ~ **hangú** low/deep voiced, of a deep voice *ut.*, booming; ~ **tisztelet** high respect; ~ **víz** deep water; ~ **víz, csak úszóknak!** for swimmers only; ~**et lélegzik** draw* a deep breath **2.** *n* the deep, the depth(s); **az erdő** ~**e** the depths/heart of the forest/wood

mélyed *v átv vmbe* be*/become* absorbed/immersed in || **gondolatokba** ~ be* lost in thought; **vmbe** ~ sink* into sg

mélyedés *n vmben* cavity, dent || *(földben)* depression

mélyen *adv* deeply; *(csak átv)* profoundly || **3 m** ~ 3 m deep; ~ **alszik** sleep* fast/soundly, be* fast/sound asleep; ~ **tisztelt közönség!** Ladies and Gentlemen!; ~ **ülő szem(ek)** deep-set eyes

mélyenszántó *a (gondolat)* profound, penetrating; *(tanulmány)* in-depth

mélyeszt *v* sink* (*vmbe* into)

mélyhegedű *n* viola

mélyhűt *v* deep-freeze*; *(zöldséget szárítva)* freeze-dry

mélyhűtés *n* deep-freeze

mélyhűtő *n (frizsider része)* freezing/freezer compartment; *(önálló)* freezer

mélyhűtött *a* deep-frozen; *(zöldség)* freeze-dried

melyik *pron (kérdő)* which (one)?; *(csak személyre)* who? || *(vonatkozó)* = **amelyik** || ~ **tetszik jobban?** which (one) do* you like best?, which do* you prefer?; ~**et?** which one?; ~**nek?** to which?

mélyít *v ált* deepen, sink*

mélylélektan *n* depth psychology

mélynyomás *n nyomd* photogravure

mélypont *n* lowest/deepest point; *(pl. vk pályájának)* nadir

mélyreható *a* ~ **elemzés** searching/thorough(going) analysis; ~ **változások** radical/profound changes

mélyrepülés *n* low-altitude flying

mélység *n (átv is)* the deep, the depths *pl*

mélytányér *n* soup-plate

mélytengeri *a* deep-sea

mélyül *v* deepen, sink*

membrán *n biol* membrane || *el* diaphragm

memoár *n* memoirs *pl*

memorandum *n* memorandum *(pl* -dums *v.* -da), note

memória *n (szt is)* memory

memóriaegység *n szt* memory (unit), storage (unit), (main) store

memoriter n sg learnt by heart
mén n stallion
mendegél v saunter, stroll
mendemonda n hearsay, rumour (US -or), (idle) talk/gossip
menedék n refuge, shelter || ~et keres take* (v. look for) shelter/refuge/cover (vm elől from, vhol in, under etc.); **politikai** ~et ad vknek grant sy political asylum
menedékház n (turistáké) (tourist) hostel; (kunyhó) shelter, hut
menedékhely n (place of) refuge, haven, asylum; (éjjeli) night-shelter/refuge
menedékjog n politikai ~ot kér ask for political asylum; **politikai** ~ot ad vknek grant sy political asylum
menedzsel v ker vmt manage; (pénzügyileg fenntart) sponsor, finance, support, promote || biz ~ vkt promotes/push sy; **jól** ~i magát he's good at self-promotion
menedzser n ált manager || szính impresario
menekül v ált flee*, fly*, run* away, take* (to) flight; (vk/vm elől v. vhonnan) escape from, make* one's escape from || **a vihar elől egy fa alá** ~t (s)he took refuge under a tree
menekülés n flight, escape
menekülő n fugitive, runaway, escapee
menekült n refugee
menekülttábor n refugee camp
menés n going, walk(ing)
ménes n stud (farm)
meneszt v vhová send* sy swhere || (állásból) dismiss, biz fire, sack
menet 1. n (vonulás) march, procession || (lefolyás) course || (gépé) working, motion || sp round || (csavaré) thread || **a** ~ **élén halad** head the procession, lead* the way; biz **álljon meg a** ~! stop!, hang on a minute!; ~ **közben** on the way, under way; átv as (we) go along, on the way 2. adv (vm felé) ~ on the/ one's way [to a place]; **hazafelé** ~ on the way home, homeward bound
menetdíj n fare
menetelés n march, marching
menetes a (csavar) threaded || sp of ... rounds ut.
menetidő n running-time, journey time; (repülőgépé) flight time
menetirány n direction, course || ~**ban ül** sit* facing the engine (v. the direction of travel); **a** ~**nak háttal ül** sit* with one's back to the engine
menetirányító n dispatcher
menetjegy n (railway/bus/tram-)ticket || **félárú** ~ half price/fare ticket; ~**et vált** (vonatra) buy*/purchase a ticket; (hajóra) book one's passage

menetjegyiroda n travel/tourist agency, US ticket bureau; (pályaudvaron GB) travel centre
menetlevél n waybill
menetrend n ált timetable, US schedule; (vasúti, nagyobb) railway guide, US railroad schedule; (GB kis füzetek címe) train services pl || (rendezvényé) programme (US -gram), US schedule || ~ **szerint** on schedule
menetrendszerű a ált according to the timetable ut., scheduled, regular || ~ **járatok** (busz) regular services; (hajó) regular sailings
menettérti jegy n return (ticket), US round-trip ticket; (egy napig érvényes) day-return (to)
menlevél n safe-conduct, free pass
mennél adv ~ ..., **annál** ... the ... the ...; ~ **több, annál jobb** the more the better/merrier
menni → megy
menő a biz top; (főnévként is, főleg sp) ace || **százakra** ~ **tömeg** numbering (many) hundreds
menstruáció n menstruation, menses pl, biz period
menstruál v menstruate, biz have* one's period
ment[1] v vmtől save, rescue, snatch (from) || (eljárást) excuse, pardon, justify || **életet** ~ save sy's life; **Isten** ~**s!** God forbid!
ment[2] a = **mentes**
menta n mint
mentalitás n mentality, disposition
mentében 1. adv = **menet közben** 2. post along || **a part/folyó** ~ downstream, along the bank/river
menteget v make*/find* excuses (for), excuse (sy); vmvel plead sg as an excuse for || ~**i a késését** apologize for being late
mentegetődzés n excuses pl, apology
mentegetődz|ik v vmért make* apologies/excuses, apologize, excuse oneself (for sg v. for doing sg)
mentelmi jog n parliamentary privilege/immunity
menten adv (rögtön) at once, on the spot, immediately, forthwith
mentén post along, by the side of || **a part** ~ along the bank (v. tengernél beach); vm ~ **halad** go*/run* along sg
mentes a vmitől free from, devoid of || vm alól, vmtől exempt from || **előítéletektől** ~ unprejudiced, free of all prejudice(s) ut.
mentés n life-saving, rescue
mentési a rescue-, salvage- || ~ **munkálatok** rescue operations, salvage

mentesít *v vkt vm alól* exempt sy from sg; *(felment)* relieve sy of sg ‖ **katonai szolgálattól** ~ exempt sy from military service
mentesítés *n* exemption, release
mentesítő vonat *n* relief train
mentesség *n* exemption, discharge
mentesül *v vm alól* be* exempted/freed from sg
menthetetlen *a* lost, irretrievable; *(mulasztás)* irremediable ‖ *(megbocsáthatatlan)* inexcusable, unpardonable ‖ ~ **beteg** patient past recovery/help
menthetetlenül *adv* irremediably, irretrievably ‖ ~ **elvész** be* irretrievably lost, be* irrecoverable
menthető *a (megmenthető)* can be saved/salvaged, be* recoverable ‖ *(eljárás)* excusable, pardonable
menti *a* → part, út
mentol *n* menthol
mentő **1.** *a* life-saving, rescue, rescuing ‖ ~ **ötlet** saving idea **2.** *n* ált (life-)saver, rescuer ‖ *orv* **a** ~**k** ambulance; **(fel)hívja a** ~**ket** ring* for an ambulance
mentőállomás *n* ambulance station
mentőautó *n* ambulance
mentőcsónak *n* lifeboat
mentől *adv* = **mennél, minél**
mentőláda *n* first-aid box/kit
mentőmellény *n* life-jacket
mentőorvos *n* ambulance officer/doctor
mentőosztag *n* rescue party/team
mentőöv *n* life-belt/buoy
mentős *n* ambulanceman°, *(női)* ambulancewoman° ‖ ~**ök** ambulancemen, ambulance officers/members
mentőszolgálat *n* ált life-saving service; *(mentők)* ambulance (service); *(tengerparton)* lifeguards *pl*
mentség *n* excuse ‖ ~**ére legyen mondva** be it said in his favour (US -or); ~**ül** by way of an excuse
mentsvár *n* retreat, resource, refuge ‖ **utolsó** ~**ként** as a last resort
menü *n* set dinner/meal/menu ‖ *szt* menu
menüett *n* minuet
menza *n* refectory, canteen, *US* commons *sing.*
menzakoszt *n* college/canteen food, *US* commons *sing.*
meny *n* daughter-in-law *(pl* daughters-in-law)
menyasszony *n* fiancée; *(esküvő napján)* bride
menyasszonyi *a* bridal ‖ ~ **ruha** wedding dress; ~ **torta** wedding cake
menyegző *n* wedding-feast
menyét *n* weasel
menny *n* heaven
mennybemenetel *n* Ascension
mennybolt *n* sky, firmament
mennydörgés *n* thunder, thunder-clap
mennydörgő *a* thundering ‖ ~ **taps** thunderous applause
mennyei *a* heavenly, celestial
mennyezet *n (szobáé)* ceiling ‖ *(ágyé)* canopy
mennyi *pron (kérdő) (megszámlálható mennyiség)* how many?; *(tömeg)* how much? ‖ *(vonatkozó)* = **amennyi** ‖ ~ **az idő?** what's the time?, what time is* it?; ~ **ember** *(kérdve)* how many people?; *(csodálkozva)* what a lot of people!; ~ **ideig?** (for) how long ...?; ~**be kerül?** how much is* it?, what's the/its price? ~**en vannak?** how many are* there?; ~**ért?** for how much?, at what price?; ~**vel tartozom?** how much do I owe you?
mennyiben *pron (mértékben)* to what extent?, how far? ‖ *(vonatkozásban)* in what respect?, wherein?; ~ **érint ez bennünket?** how far does it concern us?; ~ **igaz?** what truth is* there in it?
mennyire *pron* how far? ‖ *(felkiáltásban)* how ‖ **de még** ~ ! I should think so!, by all means!, and how!; ~ **van ide Bécs?** how far is Vienna?
mennyiség *n* quantity; *(tömeg)* mass ‖ **nagy** ~**ben** in large quantities, in bulk
mennyiszer *pron* how many times?, how often?
mennykő *n* thunderbolt ‖ **a** ~ **üssön belé!** the devil take him!, confound him!
mennykőcsapás *n* thunderbolt
mennyország *n* heaven
meó *n* quality control (section)
meós *n* (quality) checker
meóz *v vmt* check sg for quality
mer[1] *v (vizet)* draw*, scoop (out) ‖ ~**j a levesből** take* a ladleful of soup, help yourself to (some) soup
mer[2] *v* dare (to do sg); *(veszi a bátorságot)* make* (so) bold (as) to do sg ‖ **aki** ~**, az nyer** fortune favours the brave, faint heart never won fair lady; ~**em állítani** I dare say *(v.* daresay) (that); **fogadni** ~**nék** I could/would bet; **nem** ~ **vmt (meg)tenni** [I/he etc.] dare not *(v.* daren't) do sg, be* afraid to do *(v.* of doing) sg
mér *v ált* measure ‖ *(súlyt)* weigh ‖ *(italt)* retail, draw* ‖ *(időt, sebességet)* clock, time ‖ **büntetést** ~ **vkre** inflict a punishment on sy
mérce *n* measure, scale
mered *v (kiáll)* stand* (up), rise* ‖ **kővé** ~ turn to stone, petrify, be* petrified; **a semmibe** ~ *(tekintet)* stare/gaze into space *(v.* into the air)

meredek *a (lejtő)* steep || ~ **hegyoldal** steep slope *(v.* mountain-side); ~ **szikla(fal)** bluff, steep promontory, cliff
meredt *a (test)* stiff, torpid; *(tekintet)* staring, fixed
méredzked|ik *v* weigh oneself
méreg *n poison* || *átv* anger; *(bosszúság)* annoyance, vexation, anger, bother || **erős** ~ violent poison; **eszi a** ~ **be*** bursting/choking with rage; **lassan ölő** ~ slow poison; ~**be jön** get*/fly* into a passion/rage, lose* one's temper
méregdrága *a* very steep/expensive/dear
méregfog *n* (poison-)fang || **kihúzza a** ~**át** *vmnek* take* the sting out of sg
méregzöld *a* ivy green
méregzsák *n (férfi)* spitfire, hot-head; *(nő)* shrew, termagant
mereng *v* muse, meditate, day-dream*
merengés *n* reverie, day-dream(ing), musing, pipe-dreams *pl*
merengő *a* musing, day-dreaming
merénylet *n* attempt || ~**et követ el vk ellen** make* an attempt on sy's life
merénylő *n* assailant, would-be assassin
mérés *n ált* measuring || *(földé)* surveying || *(súlyé)* weighing
merész *a* bold, daring, audacious || **kissé** ~ *(pl. vicc)* risqué
merészel *v* dare, have* the audacity/face to
merészség *n* daring, audacity
mereszt *v* **szemét** ~**i vkre** goggle at sy, stare at sy (goggle-eyed), *(főleg nőre)* ogle at sy; **nagy szemeket** ~ open one's eyes wide, goggle, be* all eyes
méret *n ált* measurement, dimension; *(öltözékdarabé)* size || *átv* magnitude, proportions *pl* || **a szoba** ~**ei** the dimensions of the room; **nemzetközi** ~**ekben** on an international scale; **óriási** ~**eket ölt** grow* out of (all) proportion, grow* to huge dimensions
méretarány *n* scale || **nagy** ~**ú** large-scale
merev *a ált* stiff, rigid || *(testrész)* numb, benumbed || *(tekintet)* fixed, set, stony || *átv* rigorous, inflexible, stiff; *(mozgás, viselkedés)* angular || ~**en visszautasít** give* (sy) a flat refusal, refuse (sy) point-blank
mereved|ik *v* grow* stiff, stiffen, get* rigid
merevgörcs *n* tetanus, lockjaw
merevítő *n* stay, prop, brace
merevség *n ált* stiffness, rigidity || *átv* inflexibility, stiffness, rigidity, severity
mérföld *n* mile || **angol** ~ statute mile *(1609,34 m);* **tengeri** ~ nautical mile *(1852 m)*

mérföldes *a* (of) one mile, of ... miles *ut.*, -mile || **15** ~ **távolság** a 15-mile distance, a distance of 15 miles
mérföldkő *n (átv is)* milestone
mérgelőd|ik *v* be* angry *(vm miatt* at/about sg, *vk miatt* with sy), *biz* fume (and fret) *(vm miatt* about/at sg, *vk miatt* at sy) || **ne** ~**j!** keep your hair/shirt on!
mérges *a (állat)* poisonous, venomous || *biz (dühös)* angry, *US biz* mad || ~ **gáz** poison-gas; ~ **gomba** toadstool; ~ **vkre** be* angry/cross with sy
mérgesít *v* anger, vex, irritate, enrage
mérgez *v (átv is)* poison, envenom
mérgezés *n* poisoning
mérgezett *a* poisoned
mérgező *a* poisonous
merinógyapjú *n* merino
merinó juh *n* merino *(pl* -nos), merino sheep
merít *v vmbe* dip (sg) into (sg) || *vmből* draw* (sg) from (sg) || *átv vmből* take*/derive (sg) from (sg); *(átvesz vmből)* draw* on (sg) || **bátorságot** ~ take* heart/courage
mérkőzés *n sp* match || **barátságos** ~ a friendly (match)
mérkőzésvezető *n (futball, boksz)* referee, *(tenisz, krikett stb.)* umpire
mérkőz|ik *v ált és átv* compete with sy || *sp* play against
mérleg *n (eszköz)* pair of scales, scales *pl*; *(konyhai)* scale, scales *pl*; *(patikamérleg)* balance || *ker* balance (sheet) || **kereskedelmi** ~ balance of trade; ~**et készít** balance one's/the accounts/books, draw* up a balance sheet
mérlegel *v átv* weigh, ponder [matter], consider || ~**i a helyzetet** take* stock of *(v.* size up) the situation
mérlegelés *n átv* examination, consideration, reflection || **hosszas** ~ **után** after due deliberation, after careful consideration
mérleghiány *n* **fizetési** ~ balance of payment deficit; **kereskedelmi** ~ trade deficit
mérleghinta *n* see-saw
mérlegképes könyvelő *n* chartered accountant, *US* certified public accountant
mérnök *n* engineer || **mezőgazdasági** ~ agricultural engineer
mérnöki *a* engineering || ~ **diploma** degree/diploma in engineering
mérnök-üzletkötő *n* sales-engineer
merő *a (tiszta)* pure, mere, sheer || ~ **hazugság** downright lie; ~ **véletlen** a mere *(v.* sheer) accident
merőben *adv* wholly, totally, entirely
mérőedény *n* measure, measuring-dish, *US* graduate

merően *adv* ~ **néz** stare (at sy/sg) without moving

merőkanál *n* ladle, *US így is:* dipper

merőleges 1. *a* perpendicular || ~**en vmre** at right angles to sg **2.** *n* perpendicular || ~**t húz** draw* a perpendicular (on sg)

mérőszalag *n* (measuring) tape, tape measure

merre *adv (kérdő: hol?)* where?, whereabouts? || *(hová?)* which way?, in which direction? || *(vonatkozó)* = **amerre** || **megkérdi,** ~ **kell menni** ask one's/the way

merről *adv (kérdő)* where ...from?, from where?, from which direction? || ~ **jössz?** where do* you come from?

mérsékel *v ált* moderate || *(fájdalmat, büntetést)* mitigate || *(árat)* reduce

mérsékelt *a (éghajlat)* temperate || *(ár)* moderate, reasonable || *pol* moderate

mérséklés *n ált* moderation, restraint || *(büntetése)* mitigation || *(áré)* reduction

mersz *n biz* pluck, courage || **nincs** ~**e** lack pluck/courage

mert *conj (objektív ok)* because; *(a beszélő szubjektív szempontja)* for, since, as || ~ **különben** or else

mértan *n* geometry

mértani *a* geometrical

mérték *n (a mérés egysége)* measure(ment) || *(vké, ruha)* measurement(s) || *(versmérték)* metre *(US* meter*)*, measure || *(térképen)* scale || *(mennyiség)* **a legcsekélyebb** ~**ben (sem)** (not) in the slightest (degree); **a legnagyobb** ~**ben** to the highest degree; **egy bizonyos** ~**ig** to a certain extent; ~ **után készült** *(ruha)* made-to-measure, *US főleg* custom-made; ~**en felül** beyond measure; **teljes** ~**ben** fully, completely

mértékegység *n* measure, unit (of measurement)

mértékletes *a (személy)* temperate, sober || ~ **vmben** (be*) moderate in sg, [smoke, drink* etc.] in moderation

mértékletesség *n (ételben, italban)* temperance, moderation, sobriety

mértékrendszer *n* system of weights and measures

mértéktartás *n* moderation, temperance, temperateness

mértéktartó *a* moderate, temperate

mértéktelen *a ált* immoderate, excessive, extravagant || *(evésben, ivásban)* intemperate, insatiable, free-living || ~ **alkoholfogyasztás** the consumption of an excessive amount of alcohol; ~**ül** beyond measure, excessively

mértéktelenség *n ált* immoderateness, extravagance || *(evésben, ivásban)* intemperance

mérten *adv vmhez* (as) compared to/with sg || **igényeihez** ~ in proportion *(v.* according*)* to one's claims/pretensions

merül *v (vízbe)* dive, dip, submerge, plunge || **álomba** ~ fall* asleep; **gondolatokba** ~ be* absorbed/deep in thought

merülőforraló *n* cup heater

mérvadó *a* authoritative, competent; *vm* standard

mérvű *a* **vmlyen** ~ of some proportions/extent *ut.*; **igen nagy** ~ rather/very extensive, of high proportion

mese *n (gyermek~)* (nursery) tale; *(tündér~)* fairy tale/story; *(tan~)* fable || *(regényé stb.)* story, plot || *(kitalálás, biz)* story, yarn, tale, fabrication || ~ **habbal!** that's all just a fairy tale *(v.* fairy tales); ~**be illő** fabulous, like a fairy tale *ut.*; **nincs** ~! *kb.* there's no getting away from it

mesebeli *a* mythical, fictitious

mesejáték *n* fairy play

mesekönyv *n* story-book

mesél *v (mesét mond)* tell* a tale/story, narrate [a fable/story] || *(elbeszél)* tell*, relate, narrate || *(hazudik)* spin* a yarn, tell* a (tall) story || **azt** ~**ik** there is* a story afloat, people are* saying

mesés *a* fabulous, fabled, legendary

meseszép *a* wonderful, ravishing

messiás *n* Messiah

mester *n (iparos)* (master) craftsman°, master || *(művész, sakk és átv)* master || *átv (vk szellemi vezetője)* sy's mentor || **M**~! *(zenész megszólítása)* Maestro

mesterember *n* craftsman°, artisan

mesterfogás *n* master stroke

mesteri *a* masterly, *biz* superb, brilliant || ~**en** in a masterly manner, superbly

mesterkedés *n átv, elít* machinations *pl*, plot, manoeuvring *(US* -neuver-*)*

mesterked|ik *v biz* plot, machinate, manoeuvre *(US* maneuver*)* || **már megint miben** ~**el?** what are* you up to again?

mesterkélt *a (viselkedés)* affected, sophisticated || *(hamis)* false, artificial

mesterkéltség *n (viselkedésé)* affectation, affected manner || *(hamisság)* artifice

mesterlövész *n* marksman°, sharpshooter

mestermű *n* masterpiece

mesterség *n* trade, profession, craft

mesterséges *a* artificial, man-made || ~ **intelligencia** artificial intelligence; ~ **légzés** artificial respiration

mész *n* lime || *(meszeléshez)* whitening || *(emberi szervezetben)* calcium || **oltatlan** ~ quicklime; **oltott** ~ slaked/

slacked lime; *biz* **nem ettem meszet** I wasn't born yesterday, what do* you take me for?
mészárlás *n (embereké)* m*a*ssacre, sl*au*ghter(ing)
mészárol *v (embert)* m*a*ssacre, sl*au*ghter
mészáros *n* b*u*tcher
meszel *v* wh*i*tewash, wh*i*ten
meszelés *n* wh*i*tewash(ing), wh*i*tening
meszes *a* l*i*my, lime- || ~ **talaj** calc*i*ferous soil; ~ **víz** calc*a*reous w*a*ter
meszesedés *n orv* calcification
meszesed|ik *v orv* c*a*lcify, bec*o*me* c*a*lcified
mészhiány *n orv* c*a*lcium def*i*ciency
mészkő *n* l*i*mestone
mészlerakódás *n orv* c*a*lcification
messze 1. *a* f*a*r-off, f*a*raway, rem*o*te, d*i*stant || ~ **földön híres** far-f*a*med **2.** *adv* far || *(kimagaslóan)* by far, far and away || ~ **a legjobb** by far the best, much the best; ~ **hordó ágyú** longrange gun; ~ **lakik** *(a munkahelyétől)* live far away (from his work); ~ **bb** f*a*rther, f*u*rther; **nagyon** ~ **van** be* very far (away); **nincs** ~ **innen** it is* not far from here, it is* no d*i*stance
messzelátás *n orv* long-sightedness, *US* far-sightedness, hyperopia
messzelátó 1. *a orv* long/far-sighted **2.** *n* field glasses *pl*, binoculars *pl*; *(egy csövű)* t*e*lescope
messzeség *n* d*i*stance, rem*o*teness
messzi *a és adv* = **messze**
messzire *adv* far, a long way, to a great d*i*stance || ~ **megy** go* far; ~ **elkerülte** gave him/it a wide berth
messziről *adv* from af*a*r, from a great distance || ~ **jött** (s)he came from a d*i*stant c*ou*ntry
metán *n* m*e*thane, marsh gas
metél *v* chop (sg) up (small), mince
metélő *n (eszköz)* ch*o*pper, m*i*ncer
metélőhagyma *n* chive
metélt *n* vermicelli, n*oo*dles *pl* || **diós** ~ ⟨vermic*e*lli d*u*sted with ground w*a*lnuts and s*u*gar⟩; **mákos** ~ ⟨vermic*e*lli d*u*sted with ground p*o*ppy-seed and s*u*gar⟩
mételye *n (féreg)* fluke || *(állatbetegség)* (the) rot [in sheep] || *átv* corr*u*ption, infection, cont*a*gion
meteor *n* m*e*teor
meteorológia *n* meteor*o*logy
meteorológiai *a* meteorol*o*gical || ~ **előrejelzés** w*ea*ther f*o*recast; ~ **jelentés** w*ea*ther rep*o*rt/f*o*recast
meteorológus *n* meteor*o*logist
méter *n* metre, *US* meter || **5 m széles és 10 m hosszú** 5 m*e*tres wide and 10 m*e*tres long

méteráru *n* dr*a*pery, *US* dry goods *pl*
méteres *a* of a m*e*tre (*US* -ter) *ut.* || **egy-** ~ **oszlop** a c*o*lumn one m*e*tre high/ long; **100** ~ **síkfutás** 100 m*e*tres race/ sprint, (men's/w*o*men's) 100 m*e*tres (*US* m*e*ters)
méterrendszer *n* m*e*tric sy*s*tem || **áttérés a** ~ **re** metric*a*tion
méterrúd *n* metre-stick
metilalkohol *n* m*e*thyl *a*lcohol, meth*a*nol, w*oo*d-spirit/*a*lcohol
metodista *n* M*e*thodist
metrikus *a (méterrendszeren alapuló)* m*e*tric || ~ **mértékek** weights and m*ea*sures in the m*e*tric sy*s*tem
metró *n* (the) *u*nderground, *GB biz* the tube, *US* s*u*bway, *(Európában több országban)* metro || ~**val megy** go*/ travel (*US* -l) by *u*nderground/tube/ metro (*v. US* s*u*bway)
metronóm *n* m*e*tronome
metróz|ik *v* = **metró***val megy*
metsz *v (vág)* cut* || *mezőg* prune, dress || *műv* engr*a*ve (sg on sg) || *mat* intersect
metszés *n (vágás)* c*u*t(ting); *orv* inc*i*sion || *mezőg* pr*u*ning, dr*e*ssing || *műv* engr*a*ving || *mat* intersection
metszéspont *n* point of intersection
metszet *n (szelet)* cut, s*e*gment || *műv* engr*a*ving
metszett *a* engr*a*ved, cut, ch*i*selled (*US* -l-) || ~ **üveg** cut glass
metsző *a* ~ **fájdalom** ac*u*te/sharp pain; ~ **gúny** p*i*ercing *i*rony, p*u*ngent s*a*rcasm; ~ **hideg** p*i*ercing/b*i*tter cold
metszőfog *n* inc*i*sor
metszőolló *n* pr*u*ning sc*i*ssors/shears *pl*
mettől *adv (időben)* from what time?, since when?; *(térben)* from where? || ~ **meddig?** *(terjed)* [extend] from where to where?; ~ **meddig voltál Angliában?** for how long were you in *E*ngland (*v*. Great Britain)?
mez *n sp* strip, kit, colours *pl*. jersey
méz *n* h*o*ney
mezei *a ált, növ* field-, meadow-; *(vidéki, mezőg)* country, agricultural, farm-|| *sp* ~ **futás** cross-c*o*untry (race/r*u*nning/ run); ~ **munka** work in the fields, agric*u*ltural work; ~ **nyúl** hare; ~ **virág** wild flower, flowers of the field *pl*
mézes 1. *a (mézet tartalmazó)* h*o*neyed, mell*i*ferous || *(mézzel készített)* h*o*neyed, honey- **2.** *n* = **mézeskalács**
mézeshetek *n pl* honeymoon *sing*.
mézeskalács *n* honey-cake
mézesmadzag *n* **elhúzza a** ~**ot vknek a szája előtt** hold* out a c*a*rrot to sy
mézesmázos *a* h*o*neyed, s*o*apy; *(igével)* be* all sugar and honey

mézga *n növ* resin, rosin
mezítelen *a* = **meztelen**
mezítláb *adv* barefoot, barefooted
mezítlábas *a* barefoot, barefooted, unshod
mező *n (fiz, nyelvt is)* field || **mágneses** ~ magnetic field
mezőgazda *n (gazda)* farmer; *(okleveles)* agriculturist, agronomist
mezőgazdaság *n* agriculture
mezőgazdasági *a* agricultural || ~ **főiskola** agricultural college; ~ **gép** agricultural/farm machine; ~ **munkás** agricultural labourer *(US* -or-), agricultural worker, farm hand; ~ **termelőszövetkezet** farmers'/agricultural co-operative
mezőgazdaság-tudomány *n* agricultural science, agriculture
mezőny *n sp (futballban)* midfield || *(a versenyzők; egy futamban induló lovak)* field || **elindult a** ~! off they are!
meztelen *a (ember)* naked, nude, unclothed; *(igével)* have* nothing on; *(vállak, tagok)* bare || **a** ~ **igazság** the naked truth; ~**re vetkőzik** undress completely, take* off one's clothes; *(vetkőzőszámban)* strip
meztelenség *n* nakedness, nudity
meztelenül *adv* naked, with nothing on
mezzoszoprán *n* mezzo-soprano
mgtsz = **mezőgazdasági** *termelőszövetkezet*
mi[1] *pron (személyes névmás)* we || *(birtokos jelzőként)* our || **a** ~ **házunk** our house; ~ **magunk** we ourselves
mi[2] *pron (kérdő)* what? || *(vonatkozó)* = **ami** || ~ **az?** what's that?, what's going on?; ~ **az ördög!** (what the) hell!, the deuce!; ~ **célból?** for what purpose?, what for?; ~ **okból?** for what reason?, why?; ~ **történt?** what happened?, what's the matter?; ~ **újság?** what's the news?; ~ **van X-szel?** how about X?; ~**be** = **mennyibe**; ~**ben lehetek szolgálatára?** what can I do for you?; ~**ből él?** what does* he *(v.* do you) live on?; ~**ből van?** what is* it made of?; ~**d fáj?** what's wrong with you?, what's the trouble?; ~**n dolgozol?** what are you working at/on?; ~**ről beszél?** what is* he talking of/about?; ~**ről szól?** what is* it about?; ~**t csináljak vele?** what shall I do with it?; ~**t sem** not (...) anything; ~**től félsz?** what are* you afraid of?; **most** ~**hez kezdjek?** what am I to do now?; *biz* **(na)** ~ **van?** what's up?
mialatt *adv* while
miáltal *adv (kérdőszó)* by what (means)? || *(ami által)* whereby

miatt *post vm* because of, owing to, in consequence of, on account of || *vk* for the sake of, for sy's sake || **a** ~ **jött(, hogy)** he came to/because ...; **haláleset** ~ **zárva** closed on account of bereavement
miatta *adv* because of [it/him/her], on sy's account
miatyánk *n* the Lord's prayer || **úgy tudja, mint a** ~**ot** have* sg word-perfect
miau *int* miaou
mibenlét *n* state, nature
micisapka *n* cloth cap
micsoda *pron (kérdés)* what (on earth)? || *(meglepődéskor)* what do you mean? || *(felkiáltásban)* what a(n) ... || ~ **kérdés!** what a question!
mielőbb *adv* as soon as possible
mielőbbi *a* early, the earliest possible || ~ **javulást!** get better quickly!; ~ **viszontlátásra** see you again soon; *(levélben főleg)* I am (*v.* we are all) looking forward to seeing you again soon, *US* I'll be seeing you
mielőtt *conj* before || ~ **elmegyek** before I go*/leave*, before leaving
mienk *pron* ours || **ez a ház a** ~ this house is ours, this house belongs to us
miért *adv (ok)* why?, for what reason?; *(cél)* why?, for what purpose?, what for? || ~ **ne?** why not?; **nincs** ~ *(köszönetre)* you're welcome, don't mention it; **nincs** ~ **kétségbeesni** there is* no reason to/for despair
miféle *pron* what kind/sort of?, what?
mifelénk *adv* in our parts, *biz* round our way
míg *adv/conj (ellentétes ért.)* while || = **amíg** || ~ **azelőtt egy is elég volt, most** ... while formerly one was enough, now ...
migrén *n* migraine
mihaszna *a* good-for-nothing
mihelyt *conj* as soon as, the moment that || ~ **megérkezett** the moment/minute he arrived; ~ **megláttam** as soon as I caught sight of him
miként *adv (kérdő)* how?, in what manner? || *(vonatkozó)* as
mikor 1. *adv (kérdő)* when?, at what time? || *(vonatkozó)* when || ~ **hogy!** it depends **2.** *conj (hiszen)* since || *(ha)* when
mikorra *adv* by when?, by what time?
mikortól *adv* since when?, from what time?
miközben *adv* while
mikroba *n* microbe
mikrobarázdás lemez *n* long-playing record, LP *(pl* LPs)
mikrofiche *n* = **mikrokártya**

mikrofilm *n* microfilm
mikrofon *n* microphone, *biz* mike
mikrohullám *n* microwave
mikrohullámú sütő *n* microwave (oven/cooker)
mikrokártya *n* microfiche
mikrokord *n* needlecord
mikrolemez *n* = **mikrobarázdás lemez**
mikroorganizmus *n* microorganism
mikroprocesszor *n* microprocessor
mikrosebészet *n* microsurgery
mikroszámítógép *n* microcomputer, *biz* micro
mikroszkóp *n* microscope || *(átv is)* ~ **alatt** under the microscope
mikroszkopikus *a* microscopic(al)
Milánó *n* Milan
milánói *a* Milanese
militarista *n* militarist
militarizál *v* militarize
militarizmus *n* militarism
millenáris *a* millennial, millenary
millennium *n* millennium *(pl* millennia)
milliárd *num* a thousand million, *US* billion
milligramm *n* milligram(me)
milliméter *n* millimetre *(US* -ter)
milliméteres *a* **12 mm-es** 12 millimetres *(US* -ters) in length, 12 millimetres long; **35** ~ **film** a 35 mm film
millió *num* million || **két** ~ **lakosa van** has two million inhabitants; **harminc** ~ **font** £30 million(s); **220** ~ **dollár** $220 million
milliomodik *num a* millionth
milliomos *n* millionaire
milliós *a* of (a) million *ut.* || ~ **sikkasztás** an embezzlement of a million, an embezzlement of several millions
milyen *pron (kérdésben)* what?, what kind/sort of?, what is . . . like? || *(felkiáltásban)* how; what a(n). . . || ~ **az idő?** what is the weather like?; ~ **címen?** by what right?; ~ **messze van?** how far is it?; ~ **nap van ma?** what day is it today?; ~ **piszkos!** how dirty (it is)!; ~ **szerencse!** what luck!
mimika *n* mimicking
mimikri *n* mimicry, mimesis
mimóza *n* mimosa
minap *adv* **a** ~ the other day, recently, lately
mind 1. *pron (valamennyi)* all *(utána többes szám)*, every, each *(utánuk egyes szám)* || **a fiúk** ~ all the boys, every (single) boy; ~ **a kettő** both; ~ **a két kezem** both my hands; ~ **az öt ember** all five men; ~ **az öten** the/all five of us/them/you; ~, **kivétel nélkül** one and all **2.** *adv (középfokkal)* ~ **nagyobb lesz** it is* getting larger and larger, it is* growing continually, it keeps* (on) growing; ~ **a mai napig** to this (very) day, (down) to the present (day); ~ **ez ideig** *(állításban)* so/thus far, till now, up to now, to the present, hitherto; *(tagadásban)* as yet **3.** *conj* ~ **az egyik,** ~ **a másik** both the one and the other
mindaddig *adv* ~, **amíg** until, as long as
mindamellett *conj* nevertheless, all the same, notwithstanding
mindannyian *pron* all (of us/you/them)
mindannyiszor *adv* every/each time
mindaz *pron* all, all that/those || ~ **(t), amit** all that; ~ **ok, akik** all those who
mindazonáltal *conj* nevertheless, nonetheless, after all
mindeddig *adv* so/thus far, till now, up to now, up to the present; *(tagadásban)* [not . . .] as yet
mindegy *(állítmányként)* (it is*) all the same || **nekem** ~ it is* (all) the same to me, I do* not mind/care (if . . .); ~, **hogy hol/mit** *stb.* no matter where/what etc.
mindegyik *pron* each, each/either one, every, every (single) one (of) || ~ **oldalon** on each/either side, on both sides; ~ **ünk** each (one) of us, every one of us; *(ha kettőről van szó)* both of us
minden 1. *pron* every *(utána egyes szám)*, all *(utána többes szám)* || ~ **egyes** each (and every), every single; ~ **ember** all men/people, every man/person, everybody, everyone; ~ **másnap** every other day; **2.** *n* all, everything; *(bármi)* anything || **ez** ~ that's all, that's the lot; ~ **jó, ha jó a vége!** all's well that ends well; ~ **e fáj** (s)he is* aching all over; **megvan** ~ **e** (s)he has (got) everything; ~ **nek vége** it is* all over, this is* the end; ~ **re képes** capable of anything *ut.*; ~ **t összevéve** after all, taking everything into consideration, when all is said and done; **a** ~ **it!** the deuce!, the hell!, damn!
mindenáron *adv* at any price, at all costs
mindenekelőtt *adv* first of all, first and foremost, in the first place, above all
mindenes *n* general servant; *(nő)* maid-of-all-work; *(férfi)* utility man°
mindenesetre *adv* in any case, at all events, by all means
mindenestül *adv* bag and baggage; *(teljesen)* entirely, completely
mindenevő *áll.* **1.** *a* omnivorous **2.** *n* omnivorous animal, omnivore
mindenfelé *adv (irány)* in every direction, in all direction || *(mindenhol)* everywhere

mindenféle *pron* all sorts/kinds of, of all sorts/degrees *ut.* ‖ ~ **ember** all manner of people
mindenfelől *adv* from all sides/directions
mindenható 1. *a* almighty, all-powerful, omnipotent **2.** *n* **a M**~ the Almighty
mindenhatóság *n* omnipotence, almightiness
mindenhogyan *adv* anyhow, in any case
mindenhol *adv* everywhere
mindenhonnan *adv* from everywhere, from every direction
mindenhova *adv* everywhere, in/to all directions, to all places
mindenképp(en) *adv* in any case, whatever happens, by all means, anyway
mindenki *pron* everybody, everyone *(utánuk egyes szám),* all *(utána többes szám)* ‖ *(bárki)* anyone, whoever ‖ ~, **aki** whoever, anyone that/who; ~ **tudja** everybody knows* (it)
mindenkor *adv* always, at all times; *(bármikor)* (at) any time
mindenkori *a* prevailing, current ‖ **a** ~ **kormány** the government in power
mindennap *adv* every day, daily
mindennapi *a* daily, day-to-day ‖ *(hétköznapi)* everyday, familiar, common ‖ **a** ~ **életben** in everyday life; **nem** ~ uncommon, unusual
mindennapos *a* daily, day-to-day ‖ *(hétköznapi)* everyday, ordinary, common ‖ ~ **dolog** an ordinary (v. a common) thing, commonplace
mindennemű *a* all kinds/sorts of, of all sorts *ut.*, sundry, various
mindenség *n (világegyetem)* universe, world ‖ *biz* **az egész** ~ **the whole caboodle** ‖ **a** ~ **it!** the deuce!, damn!
mindenszentek (napja) *n* All Saints' Day, All Hallows' Day, Allhallows
mindentudó *a* omniscient; *iron* know-all
mindenütt *adv* = **mindenhol**
mindez *pron* all this/these ‖ ~**ek alapján** on the basis of all these
mindhalálig *adv* to the very last, to the grave, till death
mindhárman *num adv* all three (of us/you etc.)
mindhárom *num* all three of ...
mindig *adv (minden időben)* always, at all times; *(változatlanul)* invariably ‖ **még** ~ still
mindjárt *adv (időben)* instantly, immediately, right away, at once, promptly ‖ *(térben)* immediately, right [on ..., at ...] ‖ ~ **jövök!** coming/back in a minute; ~ ! just a minute!, *biz* half a tick/sec!

mindkét *num* both *(utána többes szám)*, either *(utána egyes szám)* ‖ ~ **részről** from both sides/directions, from either side/direction
mindketten *num* both (of us/you/them)
mindkettő *num* both (of us/you/them) ‖ ~ **diák** both (of them) are students
mindmáig *adv* (up) till now, up to the present day
mindnyájan *pron* all (of us/you/them), one and all ‖ **mindnyájatokat sokszor ölel** *(levél végén)* (give my) love to all from ...
mindörökre *adv* for ever (and ever)
mindössze *adv* altogether, all in all, no(t) more than ‖ ~ **5 fontba került** it cost no more than £5
minduntalan *adv* incessantly, perpetually, time after time, time and (time) again
mindvégig *adv* from first to last, all the time, to/till the (very) last
minek 1. *pron (birtok)* ~ **az árát kérdezted?** what did you ask the price of? ‖ *(vonatkozó)* ~ **következtében** as a consequence of which ‖ ~ **nézel (te engem)?** who do* you think I am*?, what do* you take me for? **2.** *adv (cél)* why?, what ... for?, for what purpose?; ~ **ez neked?** what do* you want it for?; ~ **ez?** what is* this for?
minél *adv* ~ **előbb** as soon as possible; ~ ...**bb** ..., **annál** ...**bb** the + középfok ..., the + középfok; ~ **előbb, annál jobb** the sooner the better; ~ **inkább** ..., **annál kevésbé** the more ... the less
mini *n biz* = **miniszoknya**
miniatúra *n* miniature
miniatűr 1. *a* miniature **2.** *n* miniature
minimális *a* minimum, minimal
minimum 1. *n* minimum **2.** *adv* at the least
miniszoknya *n* mini(skirt)
miniszter *n* Minister, *GB* Secretary of State, *US* Secretary ‖ **a** ~ **első helyettese** the Minister's First Deputy
miniszterelnök *n* Prime Minister, Premier
miniszterelnökség *n* the Prime Minister's office, *GB* Downing Street
miniszterhelyettes *n* Deputy Minister
miniszteri *a* ministerial ‖ ~ **rendelet** departmental order, ministerial act, *GB* Order in Council, *US* executive decree; ~ **tárca** (ministerial) portfolio
minisztérium *n* ministry, department ‖ ~**ok** government offices
minisztertanács *n* Council of Ministers, Cabinet
minitaxi *n* minicab
mínium *n* minium, red lead

minőség *n (árué)* quality, class, variety, kind || *(szerep)* capacity || **milyen ~ben?** in what capacity?, by what right?; **orvosi ~ében** as a doctor, in his capacity as (a) doctor

minőség-ellenőrzés *n* quality control

minőségi *a (minőséggel kapcs.)* qualitative || *(kiváló minőségű)* quality || **~ ellenőr** quality controller/checker

minőségű *a* **jó ~** good-quality, first-rate; **kiváló ~** of excellent quality *ut.*, first-class, first-rate, excellent

minősít *v vmlyennek* qualify (sg as) || *(osztályoz)* classify (as), rate (as), grade [according to quality/size etc.]

minősítés *n* classification, qualification || *tud (rang)* degree

minősített *a* qualified || *jog* **~ lopás** aggravated larceny

minősíthetetlen *a (gyalázatos)* unspeakable, beyond words *ut.*, base

minősül *v vmnek* be* qualified (as)

mint[1] *conj (azonos, vmlyen minőségben tevékenykedő)* as; *(hasonló)* like || *(összehasonlítás középfokkal)* than; as || **jobban beszél, ~ ír** he speaks* better *(v.* more correctly) than he writes; **~ a 4. sz. ábrán látható** as can be seen *(v.* as shown) in Fig. 4; **~ ahogy(an)** as; **~ amikor** when; **olyan nagy, ~ én** he is* as tall as I/me; **olyan, ~ be*** like; **több, ~** more than; **utálom, ~ a bűnömet** I hate him like poison/sin

mint[2] *adv (kérdő)* how || *(vonatkozó)* as

minta *n vmből* sample, specimen; *(mint felirat így is)* sample of no commercial value || *(modell)* model, pattern || *(dísz)* pattern, design || **csíkos ~** striped pattern/design; **~ érték nélkül** sample; **~t vesz vmből** take* a sample of sg, take* samples of sg, sample sg

mintabolt *n* top-quality shop, showroom

mintadarab *n* sample, model

mintagazdaság *n* model farm

mintakép *n* model, pattern || **a szorgalom ~e** a model of diligence

mintapéldány *n (mintának tekinthető példány)* specimen; *(gépé)* prototype; *(könyvé)* specimen copy

mintás *a (szövet, tapéta stb.)* patterned

mintaszerű *a átv* model, exemplary

mintaterem *n* showroom

mintavétel *n* sampling

mintáz *v (szobrász)* model *(US* -l), sculpture (sy), carve sy *(v.* sy's portrait) in stone || *tex* figure

mintázat *n* pattern, design

mintegy *adv (körülbelül)* about, some, approximately || **~ húszan voltak** there were some twenty (of them)

mintha *conj* as if/though || **~ láttam volna** I thought* I saw him; **úgy tesz, ~** pretend to

minthogy *conj* as, since || **~ igen meleg van** since/as it is very hot

mintsem *conj* than || **előbb megjött, ~ vártuk** (s)he arrived earlier than we expected

mínusz 1. *a (zéró alatt)* minus || *(kivonásnál)* minus, less || **~ 10 fok van** it is* minus ten degrees, it is* ten degrees below zero; **8 ~ 5 az 3** eight minus five leaves/is three **2.** *n (hiány)* deficit, lack

mínuszjel *n* minus (sign)

minyon *n (cukrászsütemény)* [sugar-coated] (fancy) cake, petits fours *pl*

mióta *adv (kérdő)* since when? || *(amióta)* since || **~ csak** ever since ... ; **~ lakik itt?** since when have you been living here?

mire 1. *pron (kérdő: cél)* for what?, what ... for? || *(hely)* on/upon what? || *(vonatkozó)* = **amire** || **~ ülsz?** what will you sit on?; **~ való ez?** what is* the use of this/it?, what is* it good for?; **~ vársz?** what are you waiting for?; **nincs ~ leülnöm** there is nothing (for me) to sit on **2.** *adv (és erre)* thereupon || *(amikorra)* by the time ... || **~ elindultunk** by the time we left/started; **rászóltam, ~ megsértődött** I warned him, whereupon he took offence

mirelit *a/n* (deep-)frozen; *(mint főnév)* frozen food || **~ borsó** (deep-)frozen peas *pl*

mirigy *n* gland

mise *n* mass

miseruha *n* chasuble

misszió *n* mission

misszionárius *n* missionary

misztikus *a (titokzatos)* mysterious

mitesszer *n* comedo, black-head

mitévő *a* **~ legyek?** what am* I to do?; **nem tudja, ~ legyen** be* in a quandary

mitikus *a* mythical

mitológia *n* mythology

mítosz *n* myth, legend

miután *conj (idő)* after (having ...), when || *(mivel)* because, since, as || **~ hazaérkeztem** after/on my return home, having reached/arrived home ...

mivel[1] *pron (kérdő)* with/by what?, what ... ? || *(vonatkozó)* = **amivel** || **nem volt ~ írnia** he had nothing to write with

mivel[2] *conj (mert)* because, since, as

mixer *n (bárban)* barman°; *(nő)* barmaid; *US főleg:* bartender, barkeep || *(keverőgép)* mixer

mobilizál *v* mobilize

moccan *v* budge, stir, move || **ne ~j!** don't stir/move!
moccanás *n* move, stir || **~ nélkül** stock still, without a movement
mocorog *v* move, stir
mocsár *n* marsh, bog, fen, swamp
mocsaras *a* marshy, swampy, boggy || **~ terület** marshland, moorland
mocsári *a* marsh-, paludal || **~ gólyahír** marsh marigold
mócsing *n biz* tendon, sinew, gristle [in meat]
mócsingos *a biz* gristly, stringy
mocskol *v (gyaláz)* abuse, slander, defame
mocskos *a (piszkos)* dirty, soiled, filthy || *átv* dirty, smutty || **~ beszéd** foul/obscene words *pl (v.* language)
mocsok *n (piszok)* dirt, filth || *átv* squalor, dirt
mód *n (eljárásé)* mode [of action], manner, fashion, method, way, procedure || *(mérték)* measure || *(lehetőség)* possibility || *nyelvt* mood || *(anyagi helyzet)* resources *pl,* means *pl* || **az a ~, ahogy** the way/manner in which; **ily ~on** in this way/manner, thus; **maga ~ján** after his/her own fashion, in his/her own way; **megadja a ~ját** he does it properly/unstintingly; **~ jával** keeping within bounds, temperately; **nem áll ~ jában** he can't afford it (*v.* to do sg); *(ételről)* **Pékné ~ra** à la Pékné
módbeli segédige *n* modal auxiliary
modell *n* model || *(festőé)* model, sitter
modellez *v* build*/make* models, model (*US* -l-)
modellezés *n* modelling (*US* -l-)
modellező *n* modeller (*US* -l-)
moderál *v* **~ja magát** control oneself
modern *a* modern, up-to-date, new, recent || **~ kor** modern era (*v.* times *pl*); **~ nyelv** modern language
modernizál *v* modernize, bring* up-to-date
modernség *n* modernity, up-to-dateness
módhatározó *n* adverb of manner, manner adjunct
módjával *adv* in moderation
modor *n (viselkedés)* manners *pl* || *(stílus)* manner || *(hangnem)* tenor || **jó ~** good manners *pl,* good breeding; **rossz ~** bad manners *pl,* unmannerliness
modoros *a* affected, mannered
modortalan *a* ill-mannered, boorish
modortalanság *n* unmannerliness, ill-breeding
modorú *a* of ... manners *ut.,* -mannered || **jó ~** good/well-mannered, [man] of (good) breeding *ut.,* polished; **rossz ~** bad/ill-mannered, unmannerly

módos *a* well-to-do, wealthy, of means *ut.*
módosít *v ált* modify, alter, change; *(helyesbítve)* rectify; *(javaslatot)* amend
módosítás *n ált* modification, alteration, change; *(helyesbítve)* rectification, amendment; *(javítva)* improvement || **~okat eszközöl vmben** make* modifications in sg
módosító *a* modifying || **~ javaslat** motion for an amendment
módosítójel *n zene* accidental(s)
módosítószó *n* modifier
módosul *v* be* changed/altered, change, alter
módszer *n ált* method; *műsz* process, treatment, procedure, method
modul *n műsz* module
mogorva *a* peevish, sullen, sour, surly, morose, gruff || **~ ember** cross-patch, *US* grouch; **~n néz** scowl, glower *(vkre, vmre* at sy/sg)
mogorvaság *n* sullenness, peevishness, crossness, surliness, gruffness
mogyoró *n* hazel-nut
mogyoróbokor *n* hazel bush
mogyorós *a* hazel(-nut) || **~ (tej)csokoládé** whole nut (milk) chocolate
moha *n* moss
mohamedán *a/n* Mohammedan, Muhammadan, Muslim, Moslem
mohikán *n* Mohican || **az utolsó ~** the last of the Mohicans
mohó *a* eager, greedy, avid || **~n lesi szavait** hang*/wait on sy's every word
mohóság *n* eagerness, greed(iness); *(evésnél)* greed, voraciousness
móka *n* fun, joke, prank
mokány *n (ember)* plucky, *US* spunky
mókás *a* witty, droll || **~ ember** joker, wag
mókáz|ik *v* joke, jest, play tricks, make* fun
mokkacukor *n* lump sugar, sugar cubes *pl*
mokkáscsésze *n* coffee-cup
mokkáskanál *n* coffee-spoon
mókus *n* squirrel
mól *n fiz* mole
molekula *n* molecule
molesztál *v* molest, importune, pester, bother
molett *a* roundish, plump, buxom
moll *a/n* minor [key/mode] || **~ skála** minor scale; **c-~** C minor; **h-~ szonáta** sonata in B minor
molnár *n* miller
móló *n* pier, jetty, mole, breakwater
moly *n* (clothes) moth
molyirtó (szer) *n* moth/insect powder
molyos *a* mothy, moth-eaten
molytalanít *v* make* [clothes] mothproof, mothproof

momentán *adv* momentarily, for the time being, for the moment
momentum *n* circumstance
monarchia *n* monarchy
monarchista *a/n* monarchist
mond *v* ált say* (sg); *(közöl vmt vkvel)* tell* sy sg || *(említ)* mention, say* || *(vmnek nyilvánít)* call, declare, pronounce || *(szöveg, írásmű kifejez vmt)* express sg || **ahogy** ~**ani szokás** as the saying/phrase goes, as we/they say; **azt** ~**ják, hogy** it is* said/reported that; **beszédet** ~ make*/deliver/give* a speech; **búcsút** ~ bid* farewell, say* goodbye; **ezt se nekem** ~**ták** that is* a hit/dig at you; **hogy** ~**ják angolul?** how do you say that/it in English?; **igazat** ~ tell* the truth; **jobban** ~**va** to be more precise, or rather; **köszönetet** ~ *(vknek vmért)* thank sy for sg, express one's thanks/gratitude to sy for sg; ~**anom sem kell** I need hardly say, needless to say; ~**d neki, hogy várjon** tell him to wait; ~**hat(sz), amit akar(sz)** say what you will; ~**hatnám** *(akár, szinte)* I might as well say; ~**juk** ... *(például)* say *(mindig két vessző között)*; ~**juk, hogy** *(tegyük fel)* let's say/suppose, shall we say; **ne** ~**d!, ne** ~**ja!** really!, you don't say (so)!, you don't mean it; **nekem azt** ~**ták, hogy** I was told that/to ...; **rosszat** ~ **vkről** speak* ill of sy; **sokat** ~**ok** (= *legfeljebb)* at (the) most; **vmnek** ~**ja magát** profess/pretend to be, call himself/herself [a doctor etc.]
monda *n* legend, saga, myth
mondai *a* legendary, mythical, fabulous
mondakör *n* cycle || **az Artúr-**~ the Arthurian cycle
mondanivaló *n* what one has got to say; *(főleg írásműé stb.)* message || **nincs semmi** ~**ja** have* nothing to say
mondás *n* (common) saying, phrase
mondat *n* sentence, period || **kérdő** ~ interrogative sentence
mondatrész *n* part of a sentence, phrase
mondattan *n* syntax
mondattani *a* syntactic
mondavilág *n* world of legends/sagas
mondogat *v* keep* saying, repeat
mondóka *n* (sy's) say, short speech
mondvacsinált *a* trumped up, invented
mongol 1. *a* Mongolian **2.** *n* *(ember)* Mongol, Mongolian || *(nyelv)* Mongol, the Mongolian language
Mongólia *n* Mongolia
mongoloid *a/n orv* mongoloid (person)
monitor *n* monitor
mono *a* mono, monophonic, monaural || ~ **lemez** mono (record)

monográfia *n* monograph
monogram *n* monogram, initials *pl*
monokli *n* *(üvegből)* monocle (eye-)glass || *(ökölcsapástól)* black eye
monológ *n* monologue (*US* -log), soliloquy
monopolhelyzet *n* monopoly, *biz* a corner (in sg)
monopolista 1. *a* monopolistic **2.** *n* monopolist
monopólium *n* monopoly
monopolkapitalizmus *n* monopoly capitalism
monopoltőke *n* monopoly capital
monoton *a* monotonous [voice, work etc.], dull [life] || ~ **hangon** in a singsong voice, monotonously
monszun *n* monsoon
montázs *n* montage
montíroz *v* *(gépet)* mount, assemble, set* up || *(fényképet)* mount
monumentális *a* monumental, huge
moraj(lás) *n* ált murmur || *(hullámoké)* roar, roaring || *(ágyúzásé, tengeré)* boom
morajlik *v* ált tumble, rustle || *(tenger)* sound, boom, roar || *(dörgés távolról)* boom
morál *n* morality, ethics *pl*, morals *pl*
morális *a* moral
moralizál *v iron* moralize, sermonize
morbid *a* morbid || ~ **humor** black humour (*US* -or)
morc *a* = **mogorva**
morcos *a* peevish, sullen, sour, surly, morose, gruff
mord *a* grim, stern, sinister
mordul *v* vkre snarl at, turn on
móres *n* ~**re tanít vkt** teach* sy manners, teach* sy how to behave
morfin *n* morphine
morfinista *n* morphinist, morphine addict
morfium *n* morphine
morfológia *n* morphology
morfondíroz *v biz* vmn brood over sg, ruminate/cogitate over sg
morgás *n* *(vadállaté)* growling, snarling || *(emberi)* muttering, grumbling
morgolódik *v* keep* grumbling/growling
mormog *v* mumble, mutter
mormogás *n* mumbling, muttering, murmur(ing)
mormol *v* murmur, mumble, mutter
mormon *a/n* Mormon
mormota *n* marmot, *US* woodchuck || **alszik, mint a** ~ sleep* like a log
morog *v* *(állat)* growl, snarl || *(ember)* grumble *(vm miatt* at/over/about sg)
morózus *a* morose, surly, sullen
morzejel *n* Morse signal

morzéz|ik *v* send* Morse signals
morzsa *n (kenyér)* (bread)crumbs *pl* ‖ *átv* morsel, bit, crumbs *pl*
morzsál *v* crumble
morzsálód|ik *v* crumble (away)
morzsol *v ált* crumble ‖ *(gyűr)* crumple ‖ *(rózsafüzért)* tell* (one's beads)
mos *v* wash ‖ ~ **vkre** do* sy's washing/laundry; **fogat** ~ brush one's teeth; **a haját** ~**sa** wash/shampoo one's hair; **kezet** ~ wash one's hands; *átv* ~**sa a kezeit** wash one's hands of sg
mosakodás *n* washing
mosakod|ik *v* wash (oneself), have* a wash, *US* wash up
mosás *n ált* wash(ing) ‖ *(fodrásznál)* ~ **és berakás** shampoo and set; ~**ba ad ruhát** send* clothes to the laundry
mosatlan *a/n* unwashed
mosdás *n* wash, *US* washup
mosdat *v* wash sy, give* sy a wash
mosdatlan *a* unwashed, dirty, filthy ‖ ~ **szájú** foul-mouthed
mosdó *n (helyiség)* lavatory ‖ = **mosdókagyló**
mosdófülke *n* washbasin alcove
mosdókagyló *n* washbasin, basin, *US így is:* washbowl
mosdókesztyű *n* face cloth, flannel, *US* washcloth
mosdószappan *n* toilet soap
mosható *a* washable, washproof, washfast ‖ **jól** ~ it washes/launders well
moslék *n* swill, slop(s), kitchen waste ‖ *átv* wish-wash, dishwater
mosócédula *n* laundry list
mosoda *n* laundry
mosogat *v* wash up, do* the dishes, do* the washing-up ‖ **sok a** ~**ni való** there's a lot of washing-up to be done
mosogatás *n* washing-up
mosogató *n (személy)* washer-up, dish--washer ‖ *(medence)* sink, washing-up bowl
mosogatógép *n* dish-washer
mosogatórongy *n* dish-cloth ‖ *átv* **olyan, mint a** ~ *kb.* feel* like a wet rag
mosógép *n* washing-machine ‖ **automata** ~ automatic washing-machine
mosókefe *n* scrubbing-brush
mosókonyha *n* wash-house, *US* laundry
mosoly *n* smile ‖ **gúnyos** ~ derisive smile, sneer
mosolygó *a* smiling, jolly, jovial
mosolyog *v* smile (*vmn/vkn* at sg/sy; *vkre* at/upon sy) ‖ **min** ~**sz?** what are you smiling at?
mosónő *n* washerwoman°, washwoman°, laundress
mosópor *n* washing-powder

mosószer *n* detergent
most *adv* now, at present ‖ **éppen** ~ **this** very moment, right/just now; ~ **nem** not now; ~ **is** still, even now; ~ **az egyszer** for/just this once
mostan *adv* now, at present ‖ ~**ra** by this time, by now; ~**tól (fogva)** from now on, from this time on
mostanában *adv (nemrég)* lately, (quite) recently, not long ago ‖ *(manapság)* nowadays
mostanáig *adv* until now, by this time, by now, up to now, up to the present
mostani *a* present(-day)
mostoha 1. *a átv* harsh, hostile, cruel ‖ *(természet)* unkind ‖ ~ **körülmények** adverse circumstances 2. *n* (~*anya*) stepmother; (~*apa*) stepfather
mostohaanya *n* stepmother
mostohaapa *n* stepfather
mostohafiú *n* stepson
mostohafivér *n* stepbrother
mostohagyermek *n* stepchild°
mostohaleány *n* stepdaughter
mostohanővér *n* stepsister
mostohaszülő(k) *n* step-parent(s)
moszat *n* seaweed
moszkitó *n* mosquito
Moszkva *n* Moscow
moszkvai 1. *a* of Moscow *ut.*, Moscow 2. *n* inhabitant of Moscow, Muscovite
motel *n* motel
motetta *n* motet
motiváció *n* motivation
motivál *v (cselekvést)* motivate ‖ *(ítéletet stb.)* state the reasons for, give* the grounds for
motívum *n (indíték)* incentive, motive ‖ *(díszítőmintában)* motif, motive, pattern
motor *n (gép, főleg villany)* motor; *(főleg autóé)* engine ‖ = **motorkerékpár**
motorbicikli *n biz* = **motorkerékpár**
motorcsónak *n* motor boat, powerboat; *(gyorsasági)* speedboat
motorfék *n* power brake(s)
motorháztető *n* bonnet, *US* hood
motorhiba *n* engine trouble/failure, breakdown
motorhűtés *n* cooling
motorkerékpár *n* motorcycle, motorbicycle, *biz* motorbike
motorkerékpáros 1. *n* motorcyclist 2. *a* ~ **küldönc** dispatch-rider
motorkocsi *n (vasúti)* railcar, powercar ‖ *(villamosé)* motor/driving carriage
motorolaj *n* motor oil
motoros 1. *a* motor-(driven), power(-) ‖ ~ **fűrész** petrol chainsaw 2. *n* motorcycle rider, motorcyclist
motorosszemüveg *n* goggles *pl*

motoroz|ik v ride* a (v. go* by) motorcycle
motorsport n motoring
motorszerelő n car/motor mechanic
motorteknő n crankcase
motorverseny n speed-race, motorcycle race
motorvonat n motor-train
motoszkál v fumble/grope about, rummage ‖ **vm ~ a fejében** sg is* running through one's head
motoz v vkt search sy, go* through sy's pockets
motozás n vké search(ing)
motring n skein, hank
mottó n motto, saying
motyog v mumble, mutter
mozaik n mosaic
mozaikkép n an Identikit picture, a Photofit picture
Mozambik n Mozambique
mozambiki a/n Mozambican
mozdít v move, stir, remove
mozdítható a movable, mobile
mozdony n engine, locomotive
mozdonyvezető n engine-driver, US engineer
mozdul v stir, move, budge
mozdulat n movement, move, motion
mozdulatlan a motionless, still, unmoved, immobile ‖ **~ arc** set face
mozdulatlanság n immobility, motionlessness, standstill
mozdulatművészet n eurhythmics sing., cal(l)istenics sing. v. pl
mózeskosár n carry-basket, Moses basket
mozgalmas a (eseménydús) eventful, busy, crowded, lively ‖ **~ nap** a busy day, biz a hectic day
mozgalmi a belonging to the (workers') movement ut. ‖ **~ munka** work in/for the movement, political/militant work
mozgalom n pol movement, campaign, drive ‖ **részt vesz a ~ban** participate in (v. work actively for) the movement
mozgás n ált movement, motion, moving ‖ (testedzés) exercise ‖ **~!** get a move on!, hurry up! look lively!; **~ba hoz vmt** put*/bring* sg in motion, set* sg going, start sg
mozgáshiány n lack of exercise
mozgási a motive, kinetic, driving ‖ **~ energia** kinetic energy; **~ lehetőség** scope of movement/action
mozgásképtelen a (személy) disabled, crippled
mozgássérült a/n (partially) disabled, (physically) handicapped ‖ **a ~ek** the disabled, the physically handicapped
mozgat v move

mozgatható a movable, mobile
mozgató 1. a moving, motive **2.** n mover ‖ **az ügy ~ja** prime mover of sg, the champion of sg
mozgékony a mobile, agile, lively, nimble, brisk
mozgó a (mozgásban levő) moving, mobile, in motion ut. ‖ (nem rögzített) movable, sliding ‖ **~ bérskála** sliding scale of wages
mozgóbüfé n (light) refreshment car/vendor
mozgójárda n moving pavement, travolator, travel(l)ator, US moving sidewalk
mozgókonyha n field kitchen
mozgókönyvtár n mobile library, US bookmobile
mozgólépcső n escalator, moving staircase
mozgolódás n movement, moving ‖ átv commotion, turmoil
mozgolód|ik v be* moving/stirring/bustling about
mozgósít v kat, ker mobilize
mozgósítás n kat mobilization
mozi n (hely, szórakozás, művészet) cinema, the pictures pl; US (szórakozás és műv. ág) (the) movies pl; US (hely) movie (v. motion-picture) theater ‖ **~ba megy** be* going to the cinema/pictures (v. US to the movies)
mozibérlet n cinema season ticket
mozielőadás n (cinema) performance/show/screening
mozijegy n cinema ticket, ticket for the cinema, US movie ticket
mozuműsor n cinema programme
mozog v vk move ‖ (szerkezet) work, go*, run* ‖ (vm pályán) travel (US -l) ‖ (inog) shake*, totter ‖ (testedzést végez) exercise ‖ **fiatalosan ~** (s)he is spry, (s)he moves like a young man/woman; **~ a fogam** my tooth is loose; **~j!** hurry up!, look lively!; **~junk!** get a move on!
mozzanat n ált moment ‖ (körülmény) circumstance, motif, element; (történésben) phase, momentum, moment
mozsár n (konyhai) mortar
mozsárágyú n mortar, howitzer
mozsártörő n pounder, pestle
mögé post behind ‖ **a ház ~ rejtőzik** he is* hiding behind the house; **a ~ (a ház ~)** behind that (house); **e ~** behind this
mögött post behind, at the back of, US (in) back of (sg) ‖ **e ~** behind this, at the back of this; **a ~ a ház ~** behind that house; **maga ~ hagy vkt** leave* sy behind; (megelőz) overtake* sy; **vknek a háta ~** behind sy('s back)

mögötte *adv* behind me/you/him etc. || **közvetlenül** ~ immediately behind sy/sg; *biz* close on sy's/sg's tail
mögötti *a* placed behind *ut.*, behind sg *ut.*
mögül *post* from behind sg/sy
MTA = *Magyar Tudományos Akadémia* Hungarian Academy of Sciences
MTI = *Magyar Távirati Iroda* Hungarian News Agency
muff *n* muff
muflon *n* mouf(f)lon
mufurc *n* lout, yokel
mukk *n* **egy** ~**ot sem szól** not to say/breathe a word, *kif* mum's the word
mukkan *v* breathe a word/sound, utter a word/sound
mukkanás *n* ~ **nélkül** without (breathing) a word
mulandó *a* fleeting, short-lived, transitory, ephemeral
mulandóság *n* transitoriness, transitory/ephemeral character/nature of sg
múlás *n* passing, flow || **az idő** ~**a** the progress/passing/march of time
mulaszt *v* *(alkalmat)* miss, let* slip [opportunity] || *(távol marad)* be* absent (from), fail to appear (swhere); *(órát, előadást)* miss, *biz* cut*, skip [a class]; *(hiányzik iskolából)* be* absent (from school) || *(nem teljesít)* neglect [duty], omit/fail to [do sg]; *jog* default, be in default of [appearing etc.]
mulasztás *n isk* absence || *(kötelességé)* omission, neglect (of); *jog* default || **igazolta** ~**át** (s)he gave a good reason for his/her absence
mulat *v* *(szórakozik)* pass time, amuse/enjoy oneself, have* (great) fun at [the party etc.] || *(lumpol)* carouse, revel *(US* -l), have* a fling || *(nevet vmn)* laugh at; be* amused at/by sg
mulatás *n* *(szórakozás)* amusement, fun, merry-making || *(lumpolás)* carousal, revels *pl*, revelry || **jó** ~**t!** have a good time!, have fun!
mulató 1. *a vk* making merry *ut.* 2. *n vk* reveller *(US* -l-) || = **mulatóhely**
mulatóhely *n* night-club, bar
mulatozás *n* revels *pl*, revelry, jollification
mulatoz|ik *v* carouse, revel *(US* -l), have* a good time
mulatság *n* *(szórakozás)* amusement, entertainment, fun || **csak úgy** ~**ból** (just) for the fun of it (*v.* of the thing)
mulatságos *a* amusing, entertaining
mulattat *v* amuse, entertain, divert
mulattatás *n* entertainment || **az ő** ~**ára** for his amusement
mulattató 1. *a* amusing, entertaining 2. *n* entertainer; *(komikus)* comedian

múlékony *a* passing, ephemeral, momentary, transient
múl|ik *v* *(idő)* pass, elapse || *(fájdalom)* stop, cease || *vkn/vmn* depend on sy/sg || **egy hete** ~**t, hogy** it happened a week ago that; **ha csak ezen** ~**ik** if it is only a question of this; ~**tak az évek** the years have gone by; **nehezen** ~**ik az idő** time hangs* heavy on one's hands; **25 éves** ~**t** he is past 25, he has turned 25; **5 óra múlt** it is past five (o'clock), it's just turned 5 o'clock, *US* gone 5; **6 (óra)** ~**t tíz perccel** it is ten past six, *US* ten after six
mullpólya *n* muslin/gauze bandage
múló *a* passing, fleeting, momentary, transitory
múlt 1. *a* past, last || **a** ~ **órán** during/in our last class; ~ **alkalommal** last time; ~ **évi** last year's, of last year *ut.*; ~ **havi** in/during the previous month *ut.*; ~ **héten** last week; ~ **idő** past tense 2. *n* past || *nyelvt* past tense || **ez most már a** ~**é** it is* a thing of the past
múltán *adv* after (the lapse of) || **évek** ~ years after; **két hónap** ~ after the lapse of two months
múltával *adv* after || **évek** ~ years after
multinacionális *a* multinational
múltkor *adv* the other day, not long ago, (the) last time
múltkori *a* recent, of late *ut.*
múlva *post* in || **3 hét** ~ in three weeks, *hiv* 3 weeks hence; **(kb.) egy óra** ~ **jövök** I'll come in an hour (or so); **évek** ~ several years later
mulya 1. *a* simple, foolish 2. *n* simpleton, dolt
múmia *n* mummy
mumpsz *n* mumps *sing.*
muníció *n* ammunition, *biz* ammo
munka *n* ált work || *(elfoglaltság, állás)* job; *(erőfeszítés)* effort, toil || *(feladat)* task, job || *(mű)* (piece of) work || **a napi** ~ **után** after the daily grind; **jó** ~**t végez** do* good work; **kemény** ~ hard work; ~ **nélküli jövedelem** unearned income; ~**ba áll** enter work/service; ~**ba megy** go* to work; ~**ban van** *vk* be* at work; *vm* be* in hand, be* in the making; ~**hoz lát** set* to work; ~**t ad vknek** engage/employ sy, give*/find* sy work; ~**t keres** look for work, look for a job; ~**t vállal** take* on a job, accept work; **nehéz testi** ~ hard physical work
munkaadó *n* employer
munkaalkalom *n* opening, situation, opportunity to work, job
munkabér *n* wage(s), pay

munkabeszüntetés *n* strike, walkout, stoppage
munkabírás *n* working ability/capacity
munkabíró *a* capable of work(ing) *ut.*
munkadíj *n (elkészítési díj)* cost, charge, price, (set) fee || *(munkabér)* wage(s), pay
munkaebéd *n* working lunch(eon)/dinner
munkaegység *n* unit of work, work unit
munkaerkölcs *n* work ethic
munkaerő *n (munkabírás)* working power/ability/capacity, capacity for work || *(munkások összessége)* manpower; *(egy ország iparáé v. egy gyáré)* workforce, labour *(US* -or) force || *(munkavállaló, fizikai)* worker, workman°, (common) labour; *(alkalmazott)* employee, clerk || **eladja munkaerejét** sell* one's labour *(US* -or); **jó ~** he is an outstanding worker
munkaerő-csábítás *n* labour *(US* -or) piracy
munkaerő-gazdálkodás *n* manpower-management
munkaerőhiány *n* manpower/labour shortage, shortage of labour *(US* -or)
munkaerő-vándorlás *n* migration of manpower, *biz* floating
munkaeszköz *n* (working) tool, implement || **~ök** tools, set of tools *sing.*
munkafegyelem *n* work(shop) discipline, discipline at work
munkafeltételek *n pl* working conditions
munkafüzet *n* workbook
munkahely *n (a vállalat, üzem stb.)* place of work/employment, *US* workplace || *(állás, munkaalkalom)* employment, job || **a ~én van** be* at work, be* in the office; **~et változtat** change one's job
munkahelyi *a* **~ légkör** atmosphere of/ at the/one's place of work; **~ telefonszám** work telephone number
munkahét *n* working week, *US* work week || **40 órás ~** a 40 hour week (at work)
munkaidő *n* working hours *pl,* working time || **részleges/teljes ~ben dolgozik** work part-time/full-time
munkajog *n* law of labour, labour *(US* -or) law
munkakedv *n* love of work, feeling for (one's) work
munkaképes *a* able to work *ut.,* fit for/to work *ut.,* able-bodied
munkaképesség *n* ability to work, fitness for work
munkaképtelen *a (átmenetileg)* unable to work *ut.,* unfit for/to work *ut.* || *(rokkant)* permanently disabled, invalid
munkaképtelenség *n (átmeneti és ált.)* inability to *(v.* unfitness for) work || *(ál-*

landó) (permanent) disablement/disability, invalidity
munkakerülés *n* work-shyness, idleness
munkakerülő 1. *a* workshy **2.** *n* (work-) shirker, slacker
munkakönyv *n kb.* work card, employment record, employee's record book
munkaköpeny *n* overalls *pl,* smock
munkakör *n ált* sphere/field of work/ activity; *(feladatkör)* range/scope of (sy's) duties, occupation, job; *(beosztás)* duty
munkaköri kötelesség *n* duty, responsibility
munkakörülmények *n pl* working conditions
munkaköteles *a* liable to work *ut.*
munkaközösség *n (állandó)* co-operative, collective; *(alkalmi, főleg szellemi munkára)* team, work(ing)/study-group || **gazdasági ~ (gmk)** *kb.* (business) partnership
munkaközvetítés *n* finding jobs/employment
munkaközvetítő *a/n* **~ (hivatal/iroda)** *ált* employment agency; *GB (főhivatal)* Employment Service Agency, *(részlege)* jobcentre; *US* employment agency
munkalassítás *n* work-to-rule
munkálat *n* work, operation || **a ~ok folynak** work is* in progress
munkalehetőség *n* = **munkaalkalom**
munkálkod|ik *v ált* be* active, work (hard) || *vmn* be* engaged in sg *(v.* doing sg), be* occupied with sg
munkáltató *n* employer
munkamegosztás *n* division of labour *(US* -or)
munkamorál *n* work ethic
munkanap *n* working day *v. (főleg US)* workday || **nyolcórás ~** eight-hour working day *v. (főleg US)* workday
munkanélküli *n (igével)* be* unemployed/jobless; *(munkás)* unemployed workman° || **a ~ek** the unemployed/jobless
munkanélküliség *n* unemployment
munkanélküli-segély *n* unemployment benefit, *biz* dole
munkanyelv *n (konferenciáé)* working language(s)
munkareggeli *n* working breakfast
munkarend *n* scheme/plan of work, work schedule
munkaruha *n* working-clothes, work clothes, overalls *(mind: pl)*
munkás *n (ipari stb.)* (industrial) worker; *(ált pl. építkezésen stb.)* workman° || **nehéz testi ~** labourer *(US* -or-), heavy manual worker; **szellemi ~** white-collar worker

munkásasszony *n* working woman°
munkáscsalád *n* workmen's family, working-class family
munkásellenes *a* anti-working-class, anti-labour (*US* -or)
munkásember *n* workman°, worker
munkáskáder *n* worker-cadre
munkásmozgalom *n* working-class movement
munkásnegyed *n* working-class district
munkásnő *n* working woman°, woman-worker (*pl* womenworkers), woman labourer (*pl* women labourers) (*US* -or-)
munkásosztály *n* working class
munkásotthon *n* workers' home
munkáspárt *n* workers' party, *GB* Labour Party
munkáspárti *a/n GB* adherent/member of the Labour Party || ~ **képviselő** Labour MP
munkásság *n (mint osztály)* working class, workers *pl*; *(egy üzemé)* workers *pl*, workmen *pl* || *(tudományos)* academic/scientific achievement, scholarly activities *pl* || **gyári** ~ factory workers *pl*
munkástanács *n* workers' council
munkastílus *n* working method
munkásvonat *n* workmen's train
munkaszeretet *n* love for work
munkaszervezés *n* organization of work
munkaszerződés *n* contract of employment, employment/labour contract
munkaszünet *n* holiday, rest
munkaszüneti nap *n* bank/public holiday
munkatábor *n* labour camp
munkatárs *n* colleague; *(könyvé)* contributor || *(beosztás)* employee (of) || **a rádió** ~**a** producer/editor (of the Hungarian Radio); ~**ak** *(szerkesztőségben)* editorial staff/team; **tudományos** ~ research fellow/worker
munkatempó *n* rate/speed of work(ing) || **fokozza a** ~**t** speed* up (the) work
munkaterápia *n* occupational/work therapy
munkaterület *n (tárgykör)* sphere/area/field of work, scope of activities || *(hely)* building area/site
munkaterv *n* ált work(ing) plan, work schedule/scheme; *(ösztöndíjasé)* scheme of study/work
munkaügyi *a* labour (*US* -or), of labour *ut.*, employment || ~ **miniszter** Minister of Labour, Employment Minister, *GB* Employment Secretary, *US* Labor Secretary; ~ **minisztérium** Ministry of Labour; ~ **osztály** work/personnel department
munkavacsora *n* working dinner

munkavállaló *n* employee
munkavédelem *n* industrial safety, safety provisions (for workers) *pl*
munkaviszony *n (munkáltató és munkavállaló között)* employee—employer (*v.* employment) relationship; employment || ~**ban van** be* employed, *(teljes munkaidőben)* be* in regular full-time employment
murci *n* stum
muri *n biz* fun, lark, spree, beanfeast
muris *a biz* funny
muriz|ik *v biz (mulat)* go* out on a spree, have* fun, revel (*US* -l) || *(veszekszik)* kick up a shindy/row
murva *n növ* bract || *(kő)* gravel
musical *n* musical
muskátli *n* geranium, pelargonium
muskotály *n (szőlő)* muscat grapes || *(bor)* muscatel, muscat
muslica *n* vinegar/fruit/wine fly
must *n* must
mustár *n* mustard
mustármag *n* mustard-seed
muszáj *v* must, be* obliged to, have* (got) to || **ha (éppen nagyon)** ~ if absolutely necessary, *kif* at a pinch
mutál *v* sy's voice breaks*
mutálás *n* break(ing) of voice
mutat *v* ált show*; *vmre/vkre* point to/towards sg/sy; *(ujjával)* point one's fingers at sg/sy || *(műszer)* read*, register, show* || *(jelez, bizonyít vmt)* show*/indicate sg, point at sg, show* signs of sg || *(kifejez érzést)* show*, express || *(vmlyennek látszik)* look, seem, appear, give* the impression of || **a hőmérő 7 fokot** ~ the thermometer reads*/registers 7 degrees; **az óra** ~**ja az időt** the clock tells the time; **az óra 10-et** ~ the clock shows* ten (o'clock); **minden (jel) arra** ~, **hogy** everything points to ...; ~ **vmt vknek** show* sg to sy, show* sy sg; ~ **ja az utat** *vknek* show* sy the way, show* the way to sy; **mutasd csak!** let me see (it)!
mutatkoz|ik *v vk vhol* show* (oneself) || *vmnek, vmlyennek* look, seem || **hasznosnak** ~**ik** promise to be useful
mutató *n (órán)* hand; *(mérőműszeré)* pointer || *(könyvé)* index (*pl* indexes) || *(minta)* sample, specimen || ~**ba küld vmt** send* sg as a sample || = **mutatószám**
mutatós *a* ált showy; *(látványos)* spectacular
mutatószám *n* index number, index (*pl* indexes *v.* indices)
mutatóujj *n* forefinger, index finger
mutatvány *n (közönség előtt)* spectacle, exhibition, show || *(szemelvény)* speci-

men || *(áruból)* sample(s) || **cirkuszi** ~ stunt
mutatványos *n* showman°
mutatványosbódé *n* sideshow
mutatványszám *n* specimen copy
mutogat *v vmt* keep* showing/displaying/exhibiting (sg); *(vmt dicsekedve)* boast of/about sg || *(jelez)* make* signs
muzeális *a* ~ **darab** museum piece
muzeológus *n* museologist, custodian, keeper, curator [of a museum]
múzeum *n* museum
muzikális *a* musical, talented in music *ut.*
muzulmán *a/n* Muslim, Mussulman
múzsa *n* Muse
muzsika *n* music
muzsikál *v* make* music, play (an instrument)
muzsikaszó *n* (sound of) music
muzsikus *n* musician
mű *n ált* work; *(irodalmi)* (literary) work, writing; *(zenei)* opus, composition, (musical) work || *(ipari létesítmény)* (the) works *pl* || **a véletlen** ~**ve volt** it was a matter of chance; **Ady Endre összes** ~**vei** the complete works of Endre Ady
műalkotás *n* work of art
műanyag *n* plastic || ~**(ból készült)** made of plastic *ut.*, plastic; ~ **esőköpeny** plastic mac(kintosh)
műbőr *n* imitation leather, leatherette
műbútor *n* cabinet-work, furniture (of fine craftsmanship)
műbútorasztalos *n* cabinet-maker
műcsarnok *n* art gallery
műegyetem *n* = **műszaki egyetem**
műemlék *n* (ancient/historic/national) monument || ~ **épület** historic building, monument, *GB* listed building
műemlékvédelem *n* protection of monuments (*v.* historic buildings)
műértő *n* connoisseur, art expert
műfaj *n* (literary) genre
műfog *n* false tooth°
műfogsor *n* set of false/artificial teeth, false teeth *pl*, denture, *biz* (dental) plate
műfordítás *n* translation [of literary works], literary translation
műfordító *n* translator [of literary/works], literary translator
műgyűjtemény *n* art collection
műgyűjtő *n* art collector
műhely *n* workshop; *(autójavító)* garage || *átv, tud* workshop
műhiba *n (orvosi)* malpractice
műhold *n* artificial satellite
műholdfelvétel *n* satellite picture
műjég(pálya) *n* (skating) rink
műkedvelő **1.** *a* amateur, non-professional || ~ **színtársulat** amateur theatrical company **2.** *n* amateur

műkereskedés *n* art(-dealer's) shop
műkereskedő *n* art-dealer
műkincs *n* art treasure
műkorcsolya *n* **M** ~ **Európa-bajnokság** European Figure Skating Championship
műkorcsolyázás *n* figure skating
műkorcsolyázó *n* figure skater
műkő *n* artificial/cast stone
működés *n* ált function(ing); *(gépé)* working, operation || *(emberé)* activity || ~**be hoz** ált set* sg going, put*/set* sg into action/operation; *(gépet)* set* [a machine] going; ~**ben van** be* working/going
működési *a* ~ **engedély** (operational) permit; *(orvosé)* licence (to practice)
működ|ik *v (gép, szerkezet)* work, run*, operate, function, be* in operation/service || *(szerv)* function || *(ember)* work, act as || **a lift nem** ~**ik** the lift (*v. US* elevator) is* out of order
működő *a ált* active || *(gép)* working || ~ **tőke** working capital; ~ **tűzhányó** active volcano; **nem** ~ not operating, idle, faulty
működtet *v (gépet)* operate
műkritika *n* (art) criticism
műkritikus *n* art critic
műláb *n* artificial foot°/leg
műleírás *n* specification, description
műlesiklás *n* slalom, downhill (run)
műmelléklet *n (könyvhöz)* (full-page) plate || *(újsághoz)* artistic supplement
München *n* Munich
műpártoló *n* patron of art, Maecenas
műremek *n* work of art, masterpiece
műrepülés *n* stunt flying, aerobatics *(mint sportág: sing.; a mutatványok: pl)*
műselyem *n* rayon
műsor *n ált* programme (*US* program); *(könnyű műfajbeli)* show || *(állandóan játszott darabok)* repertoire || = **műsorfüzet** || **két hónapig volt** ~**on** it had a run of two months; **mi van** ~**on?** what's on (just now)?; ~**ra tűz** *(filmet, színdarabot)* bill
műsorfüzet *n* (theatre) programme, playbill
műsoridő *n* running time (of programme)
műsorközlő *n* announcer
műsoros est *n* evening (with entertainment/programme)
műsorszám *n* item (of programme) || **állandó** ~ standing/stock piece
műsorvezető(-szerkesztő) *n (rádió)* broadcaster, presenter; *(tévé)* presenter
műszak *n* shift, turn || **éjjeli** ~ night shift; **nappali** ~ day shift; **8 órás** ~**ban dolgozik** work an eight-hour shift

műszaki 1. *a* technological; *(korábban, és ma is néhány kapcsolatban)* technical ‖ ~ **áru** *(vas- és edényboltban)* fittings *pl*; ~ **beállítottságú** technically minded; ~ **egyetem** technological university; *GB* College of Advanced Technology; ~ **értelmiség** technical intelligentsia, (the) technocrats *pl*, technocracy; ~ **főiskola** college of technology, *GB* polytechnic; ~ **hiba** breakdown, mechanical trouble; *(tévében)* transmitter failure; ~ **igazgató** works manager; ~ **rajz** technical drawing; ~ **rajzoló** draughtsman°, *US* draftsman°; ~ **segélyhely** *(autópályán stb.)* mechanical help/assistance; ~ **tanulmányok** technical/technological studies; ~ **tudományok** technological sciences, technology; *(gépészmérnöki)* engineering; ~ **vizsga** *(gépkocsié) GB* MOT (test) **2.** *n a* ~**ak** the technical staff; *kat biz* the sappers

műszál *n* synthetic fibre (*US* -ber)
műszem *n* artificial eye; *(üveg)* glass eye
műszempilla *n* false eyelashes *pl*
műszer *n* instrument; *(készülék)* apparatus, appliance ‖ **finommechanikai** ~ precision instrument
műszeres leszállás *n* instrument/blind landing
műszerész *n* mechanic, technician
műszerfal *n (autóé)* dashboard; *(repülőgépé)* instrument panel
műszív *n* artificial/mechanical heart
műtárgy *n műv* work of art ‖ *műsz* ~**ak** (construction) works *pl*
műterem *n* studio; *(művészé)* atelier
műtét *n* (surgical) operation, surgery ‖ **kisebb** ~ minor surgery; **nagyobb** ~ major operation/surgery; ~**nek aláveti magát** undergo* an operation
műtéti *a* operative ‖ ~ **beavatkozás** surgical intervention/treatment, surgery; ~**leg** by operation, surgically
műtő *n* (operating) theatre, *US főleg:* operating room
műtőasztal *n* operating table
műtős *n* theatre orderly
műtősnő *n* theatre nurse
műtrágya *n* artificial fertilizer
műugrás *n* springboard diving
műugró *n* (springboard) diver
műút *n* high road, highway
művek *n* works *sing. v. pl* ‖ **elektromos** ~ electricity works
művel *v (tesz)* do* ‖ *(tudományt)* study ‖ *vkt* educate, polish, refine ‖ **csodát** ~ work miracles; **földet** ~ cultivate the land, farm; **mit** ~**sz?** what are* you doing?, *biz* what are* you up to?

művelés *n (földé)* cultivation (of land/soil) ‖ *(tudományé, művészeté)* study ‖ ~ **alatt álló** under/in crop *ut.*
művelet *n ált és mat* operation ‖ *pénz, ker* transaction
műveletlen *a (ember)* uneducated, uncivilized, lacking culture *ut.*
műveletlenség *n* lack of education
művelhető *a mezőg* arable
művelődés *n* education, culture
művelődési *a* cultural ‖ ~ **ház** *kb.* community (arts) centre (*US* -ter), arts centre; **M**~ **és Közoktatási Minisztérium** Ministry of Education
művelődéspolitika *n* cultural and educational policy
művelődéstörténet *n* history of civilization/culture, cultural history
művelődéstörténeti *a* historico-cultural, relating to the history of civilization *ut.*
művelődésügy *n* public education
művelőd|ik *v* improve (one's) mind/manners
művelt *a (ember)* educated, cultured, cultivated; *(nagy tudású)* erudite; *(nép)* civilized ‖ ~ **beszéd** educated/standard speech, spoken standard
műveltető *a* ~ **ige** causative
műveltség *n vké* education ‖ *(népé)* civilization ‖ **humán** ~ arts education; **ókori** ~ ancient civilization; **természettudományos** ~ science/scientific education
műveltségi *a* of culture/civilization *ut.*, cultural ‖ ~ **fok** cultural level/standard
műveltségű *a* **nagy** ~ **ember** a highly cultured man°
művese *n* artificial kidney, kidney machine
művész *n* artist
művészegyüttes *n* ensemble
művészet *n* art
művészeti *a* artistic, art-, of art *ut.* ‖ ~ **alkotás** work of art; ~ **iskola** art school, school of (fine) arts, *US* arts college; ~ **rovat** art column; ~ **vezető** artistic director
művészettörténész *n* art historian, historian of art
művészettörténet *n* history of art
művészi *a* artistic ‖ ~ **érzék** artistic sense, artistry; ~ **torna** eurhythmics, *US* eurythmics *(mind: sing.)*
művészies *a* artistic, tasteful
művészlemez *n* classical record
művésznév *n szính* stage-name
művésznő *n* artist
művészszoba *n* green room
művezető *n* works manager
művi *a orv* ~ **úton** artificially; ~ **vetélés** induced abortion
művirág *n* artificial flower

N

na *int (biztatólag)* ~! go on! ‖ *(kérdőleg)* ~? what's the news?, well? ‖ ~ **és (aztán)?** so what?; ~ **mi (baj) van?** what's up?; ~ **végre!** at (long) last!

náci *a/n* Nazi

nacionalista *a/n* nationalist ‖ ~ **eszmék** nationalistic ideas

nacionalizmus *n* nationalism

nácizmus *n* Nazism

nád *n növ* reed; *(bambusz/cukornád szára)* cane ‖ *zene* reed

nádas 1. *a* reedy 2. *n* reeds *pl*

nádfedél *n* thatch

nádfedeles *a* thatched

nádor *n tört* palatine [of Hungary]

nádpálca *n* cane

nadrág *n (hosszú)* a pair of trousers, trousers *pl, US* pants *pl*; *(könnyebb, mindennapi használatra)* slacks *pl*, a pair of slacks ‖ *(női alsó)* briefs, panties, knickers, pants *(mind: pl)* ‖ ~**ot húz** put* one's trousers on, put* on trousers

nadrágkosztüm *n* trouser suit, *US* pant suit

nadrágszíj *n* (waist-)belt ‖ *átv* **összehúzza a** ~**at** tighten one's belt (*v.* one's/the purse-string)

nadrágszoknya *n* culottes *pl*

nadrágtartó *n* braces *pl, US* suspenders *pl*

nádtető *n* thatch(ed roof)

naftalin *n* naphthalene, *biz* mothball

nagy 1. *a (méretre)* big, large; *(magas vk)* tall ‖ *(erkölcsileg)* great, grand ‖ *(felnőtt)* grown up ‖ **ez a kabát** ~ **neked** this coat is too big for you; **ha** ~ **leszek** when I grow up; **igen** ~ **méretű** extra large, outsize(d); ~ **múltú** with a great past *ut.*; ~ **A-val** with a capital A; ~ **bajban vannak** they are* in great/big trouble; ~ **családja van** has a large family; ~ **darab ember** *biz* a big burly fellow, a beefy/hefty fellow; ~ **ember** great man°; ~ **fontosságú** very/most significant, of considerable/great importance *ut.*; ~ **hideg** bitter/severe cold; ~ **hírű** famous, of great renown *ut.*, well-known, celebrated; ~ **idők** historic times; ~ **mennyiségű** a lot of..., great many; ~ **műveltségű** highly cultured, of great erudition *ut.*; ~ **orrú** large/big-nosed; ~ **sikerű** highly successful; ~ **teljesítményű** *(gép)* high-powered, heavy-duty; ~ **tömegben** in quantity, en masse; ~ **tudású** very learned, erudite, scholarly; ~ **út** long way, *(utazás)* a long journey/trip 2. *n* a ~**ok** *(= felnőttek)* the grown-ups; **naggyá tesz** make* sy/sg great/famous, aggrandize; ~**okat mond** talk big, *(lódít)* fib ‖ *vkt* ~**ra becsül** appreciate, esteem, have* a high opinion (of), respect, think* highly of (sy); *vmt* set*/lay* great store by sg, value sg highly; ~**ra becsült** esteemed, appreciated; ~**ra törő** (very) ambitious; ~**ra van vmvel** pride oneself on (doing) sg, flaunt sg ‖ *(vm zöme)* **vm** ~**ja** the greater part of sg, the bulk of sg 3. *adv* ~ **bölcsen** elit foolishly/stupidly (enough); ~ **nehezen** after much exertion, with (great) difficulty

nagyágyú *n tréf biz (személy)* big gun

nagyanya *n* grandmother, *biz* grandma(ma), granny

nagyapa *n* grandfather, *biz* grandpa(pa)

nagyarányú *a* large-scale, vast

nagyáruház *n* department store

nagybácsi *n* uncle

nagyban *adv (nagy tételben, ker)* (at) wholesale, in bulk ‖ = **nagymértékben** ‖ *(javában)* **ekkor már** ~ **állt a bál** the ball was already in full swing; ~ **játszik** play for high stakes; ~ **vásárol** buy* sg wholesale

nagybani *a* wholesale ‖ ~ **ár** wholesale price

nagybeteg 1. *a* seriously/desperately ill 2. *n* desperately/seriously ill person

nagybetű *n (kezdő)* capital (letter), *biz* cap(s) ‖ ~**kkel** in block letters

nagybetűs *a (kezdőbetű)* capitalized, written/printed in capital letters *ut.*

nagybőgő *n* double bass

nagybőgős *n* double-bass player, contrabassist

nagyböjt *n* Lent

Nagy-Britannia *n* Great Britain, *(nem hiv)* Britain ‖ ~ **és Észak-Írország Egyesült Királysága** United Kingdom of Great Britain and Northern Ireland

nagy-britanniai *a* of Great Britain *ut.*, British

Nagycsarnok *n* Great Market Hall

nagycsoportos *a* child° at nursery school [5 to 6 years]

nagycsütörtök *n* Maundy Thursday

nagydíj *n* grand prize; *(autóversenyen)* Grand Prix

nagydob *n* bass drum

nagydobos *n* bass drummer

nagyérdemű *a* ~ **közönség!** ladies and gentlemen!

nagyestélyi *n* evening dress, ball gown

nagyevő *a* a big/hearty eater

nagyfeszültség *n el* high voltage
nagyfilm *n* feature (film)
nagyfokú *a* intense, considerable, the highest degree *ut.* || ~ **hanyagság** gross negligence
nagyfrekvencia *n* high frequency
nagyfrekvenciás *a* high-frequency
nagyfröccs *n* wine and soda
nagygyűlés *n* congress, general assembly
nagyhangú *a (ember)* loud-mouthed, ranting | *(kijelentés)* grandiloquent, ory, bombastic || ~ **alak** *biz* a loud-mouth
nagyhatalmi *a* ~ **politika** power politics *sing.*
nagyhatalom *n* Great Power
nagyhét *n vall* Holy Week
nagyipar *n* big industry, large-scale industry
nagyiparos *n* industrialist, tycoon, [beef, etc.] baron
nagyít *v fényk* enlarge; *(optikailag)* magnify || *(túloz)* exaggerate, magnify
nagyítás *n fényk* enlargement; *(optikai)* magnifying || *(nagyított kép)* enlargement, *(kinagyítás)* blow-up || *(túlzás)* exaggeration, magnification
nagyító *n (üveg)* magnifying glass, magnifier, reading glass || = **nagyítógép**
nagyítógép *n fényk* enlarger
nagyítólencse *n* magnifying/convex lens
nagyjából *adv* by and large, roughly, roughly/broadly speaking, on the whole
nagykabát *n* overcoat, topcoat
nagykendő *n* shawl
nagyképű *a* bumptious, pompous, self-important || *biz* ~ **alak** bumptious fellow, stuffed shirt, show-off
nagyképűség *n* bumptiousness, pompousness, self-importance
nagyképűsköd|ik *v* ride* a high horse, give* oneself airs
nagykereskedelem *n* wholesale trade
nagykereskedő *n* wholesaler, wholesale dealer, merchant; *US így is:* distributor
nagykorú *a* major, of age *ut.*
nagykorúság *n* (one's) majority || **eléri a** ~**ot** come* of age, reach/attain one's majority
nagykövet *n* ambassador
nagykövetség *n (hely)* embassy || *(tisztség)* ambassadorship
nagyközség *n* large village [an incorporated municipality]
nagykutya *n biz (személy)* bigwig, big noise, *US* big shot
nagylány *n* big girl
nagylelkű *a* generous, magnanimous
nagylelkűség *n* generosity, magnanimity
nagymama *n* grandma(ma), granny
Nagymedve *n csill* the Great Bear

nagyméretű *a* large-size(d), large-scale, of great size *ut.*
nagymértékben *adv* to a great extent, in large measure
nagymértékű *a* considerable, substantial, extensive, large-scale
nagymester *n (sakkban)* grandmaster || *vmben* past master (at/in/of sg *v.* at doing sg) || **nemzetközi** ~ International Grandmaster
nagymise *n* high mass
nagymutató *n (órán)* minute hand
nagynéni *n* aunt
nagyobb *a (méretre)* larger, bigger; *(magasabb)* taller (...*mint:* than); *(belső tulajdonságra)* greater (than) || *(elég nagy)* fairly big; *(fontosabb)* major || ~ **nehézségek nélkül** without major difficulties
nagyobbik *a* **a** ~ **fiam** my elder son || **a** ~ **része vmnek** the major/better part of sg
nagyobbrészt *adv* mostly, for the greater/most part
nagyon *adv* very; *(rendkívül)* most, highly; *(meglehetősen)* quite || *(igével)* very much || ~ **akar** *(vmt tenni)* be* very keen on (doing sg); ~ **esik it*** raining very hard; ~ **helyes!** quite right!; ~ **kevés** very little; ~ **nagy** very big/large; ~ **örülök** I am* very pleased/glad/happy; ~ **sajnálom** I am very sorry (for... *v.* that...); ~ **sok** very much, a great many, ever so many, quite a lot; ~ **szépen köszönöm** thank you very much, thank you ever so much; ~ **szívesen** with (great) pleasure; **nem** ~ *(és melléknév)* not too..., not very...
nagyopera *n* grand opera
nagyoperett *n* light opera, operetta
nagyothall *v* be* hard of hearing
nagyothalló *a* hard of hearing *ut.*, partially deaf
nagyotthalló-készülék *n* hearing aid
nagypapa *n* grand-dad, grandpa(pa)
nagypéntek *n* Good Friday
nagypolgár *n* member of the upper middle-class
nagypolgári *a* upper middle-class
nagypolitika *n* power/high politics *sing. v. pl*
nagyrabecsülés *n* (high) esteem, appreciation, respect
nagyravágyás *n* ambition, ambitiousness
nagyravágyó 1. *a* ambitious, high-flying; *(igével)* be* flying (too) high **2.** *n* high-flier (*v.* -flyer), *biz* whiz(z) kid
nagyrészt *adv (nagyobb részben)* largely, mostly, for the most part, in the main || *(rendszerint)* as a rule, mostly, usually

nagyság n ált bigness, largeness; *(fokozat)* extent, scale, grade; *(kiterjedés)* dimension, extent; *(magasság)* height; *(mennyiség)* volume; *(méret)* size, measure, magnitude || *(lelki, szellemi)* greatness [of soul/mind] || *(fontosság)* significance, dimensions pl || *(személyiség)* notability || **a feladat** ~**a** the size (v. magnitude) of the task/challenge; **a szoba** ~**a** the size (v. dimensions pl) of the room; **ez a** ~ **megfelel** this is my size, this size will do; ~ **szerint** in order of size/height

nagyságrend n order (of magnitude) || ... ~**ű** of the order of...

nagystílű a *(terv)* large-scale, grand, bold || vk high-living (and high-spending) || ~**en él** live in (the grand) style

nagyszabású a vast, large-scale, monumental || ~**an** on a large scale

nagyszájú a elít *(feleselő)* saucy, pert

nagyszálló n Grand Hotel

nagyszerű a grand, magnificent, splendid, wonderful, superb; *biz* great, super || *(felkiáltás)* splendid!, that's fine!, *biz* great! || ~ **ötlet!** what a great idea!

nagyszerűen adv splendidly, magnificently, wonderfully

nagyszombat n Easter Eve, Holy Saturday

nagyszótár n comprehensive/unabridged dictionary

nagyszülők n pl grandparents

nagytakarítás n big cleaning, house-cleaning || **tavaszi** ~ spring-cleaning

nagyterem n big/banqueting hall, assembly hall/room

nagytőke n big business || *átv* **a** ~ the capitalists pl, plutocracy

nagytőkés n great capitalist/financier, plutocrat, tycoon

nagyujj n *(kézen)* thumb, *(lábon)* big toe

nagyüzem n *(ipari)* large-scale (v. mammoth) works *sing. v. pl* (v. plant)

nagyüzemi termelés n bulk/serial production, mass-production

nagyvad n big game

nagyvállalat n *(ipari)* big/large industrial/enterprise/company

nagyváros n city

nagyvárosi élet n city life

nagyvilági a fashionable || ~ **élet** high life

nagyvizit n *(kórházban)* round

nagyvonalú a *(ember)* generous, open--handed, liberal || *(terv)* grandiose, bold

nagyvonalúan adv generously, *(csak pénzt illetően)* handsomely

nagyvonalúság n generosity, largeness

nagyzási hóbort n delusion(s) of grandeur

nagyzol v *(henceg)* show* off, swagger, swank

nagyzolás n showing off, big talk, boasting

nahát! int *(meglepődés)* well, I never!; come come!; you don't say (so)!

naiv a *(jóhiszemű)* naive artless, ingenuous || *(hiszékeny)* simple-minded, credulous || **műv** ~ **festő** naive artist/ painter

naivitás n naivety, naïveté

-nak, -nek *suff* **1.** *(helyhatározó; különféle elöljáróval)* **az erdőnek tart** he makes* for the forest; **völgynek megy** go* downhill; **nekirohan vmnek/vknek** fly*/rush at sg/sy; **a falnak támaszkodik** he is* leaning against the wall **2.** *(részeshatározó)* **a)** to-*val* v. to *nélkül*; **ad vknek vmt** give* sg to sy v. give* sy sg; **ajánl vknek vmt** recommend sg to sy v. recommend sy sg; **ír vknek** *(levelet)* write* sy (a letter) v. write* (a letter) to sy; **b)** *(csak tárgyesettel, elöljáró nélkül)* **fizet vknek** pay* sy; **hisz vknek** believe sy; **segít vknek** help sy; **c)** *csak* to-*val* **árt az egészségnek** be* injurious/detrimental to health; **enged vmnek/vknek** yield to sg/sy; **üzen vknek** send* a message (v. send* word) to sy; **d)** for; **rossz vknek** be* bad for sy; **használ vknek** be* useful for sy, be* of use for sy; **e)** *(különféle elöljáróval v. elöljáró nélkül)* **ellenáll vmnek** resist sg, offer resistance to sg, **kell vm vknek** sy wants sg, sy is in need/want of sg, sg is necessary for sy; **örül vmnek** rejoice at/in sg, be* glad at/of sg, be* delighted at sg, be* pleased with sg; **utánanéz betegeinek** look after one's patients; **vknek hátat fordít** turn one's back on sy; **f)** *(vk/vm szempontjából, többnyire elöljáró nélkül)* **Jóskának mindegy** it's all the same to J.; **megfelel a várakozásnak** live up to expectation **3.** *(birtokos jelző, birtokos eset)* ... of sg, ...'s; **ennek a fiúnak az apja** the father of this boy, this boy's father; **ennek a lánynak szőke haja van** this girl has fair hair, she is a girl with blond hair; **4.** *(kell, lehet, szabad igék mellett)* **Jánosnak el kell mennie** John has (got) to go; **sok pénzének kell lennie** he must have lots of money **5.** *(mondást, véleményt jelentő igék mellett)* *(elöljáró nélkül, tárgyesettel)* **jónak bizonyul** prove good; **betegnek érzi magát** feel* sick/ill/unwell; **betegnek látszik** seem (to be) ill, look ill; **tart vmnek** regard as, look upon as, take* for, take* to be, hold*, think*, consider **6.** *(vmvé tesz/lesz; többnyire elöljáró nél-*

kül) **tanárnak megy** go* in for teaching, become* a teacher; **orvosnak tanul** (s)he is studying medicine **7.** *(véghatározó)* **futásnak ered** take* to one's heels, take* to flight, run* away **8.** *(célhatározó,* to, for *v.* **elöljáró nélkül)** **nekifog vmnek** set* to sg, set* about doing sg, get* down to sg; **jó vmnek** good/fit for sg

-nál, -nél *suff* **a)** *(helyhatározó)* at; **az ablaknál** at the window || by; **a kandallónál** by the fireside || with; **a könyvem a barátomnál maradt/felejtettem** I left my book with my friend; **marad/tartózkodik vknél** stay with sy || on; **vknél van vm** *(pénz, igazolvány)* sy has got [money *v.* his/her ID card etc.] on him/her || in; **a televíziónál dolgozik** (s)he works in television **b)** *(állapothatározó; különféle elöljáróval v. elöljáró nélkül)* **kéznél van** be* (ready) at hand, be* near at hand **c)** *(időhatározó; különféle elöljáróval v. körülírással)* **a cikk megírásánál** when writing the article; **ebédnél** at dinner; **magánál van** be* conscious **d)** *(eszközhatározó)* by; **orránál fogva vezet** lead* sy by the nose; **villanyfénynél olvas** read* by electric light **e)** *(középfok mellett)* **ezer forintnál kevesebbe került** it cost less than thousand forint; **mennél több, annál jobb** the more the better/merrier; **tízezer forintnál többet keres** he earns/makes* more than ten thousand forints; **X idősebb Y-nál** X is older than Y (is)

nála *adv (vknél, vkvel, vhol)* with him/her etc. || *(birtokában)* on him || *(összehasonlításnál)* than he || **én idősebb vagyok ~** I am older than he (is); **én ~ lakom** I live at his place; **~ m** on me, *US* by me; **nálunk** *(lakásunkban)* with us; *(országunkban)* over here, in this country; **nincs nálunk pénz** we have no money on us

nana! *int* not so fast!

naná! *int* sure (enough)!, sure it is/does!

nap *n (égitest)* sun || *(napsütés)* sun-(shine) || *(24 óra)* day || **a helyzet egyik ~ ról a másikra megváltozott** the situation has changed overnight; **a mai ~ tól** from this day/date; **a ~ folyamán** in the course of the day; **a ~ okban** recently, the other day; **a tűző ~ on** in the blazing sun; **az utóbbi ~ okban** lately; **egész ~** all day (long); **egy ~ on** *(régen)* one day; *(majd)* some day; **egy-két ~ alatt** in a day or two; **három ~ ig marad** stay three days; **három ~ on át** for three days, three days running; **jó ~ ja van** he is* in good spirits today; **jobb ~ okat látott** he has seen better days, he has had his day; **jó ~ ot (kívánok)** good morning/afternoon; **kiül a ~ ra** sit* (out) in the sun; **milyen ~ van ma?** what day is (it) today?; **mind a mai ~ ig** to date, to this day, until now, so far; **~ mint ~** day after/by day, day in day out; **~ jai meg vannak számlálva** his days are numbered; **~ jainkban** in our time, nowadays, these days; **~ okon át** for days (on end); **~ ról ~ ra** from day to day, every day; **néhány ~ on belül** in a few days, in a day or two; **nincs semmi új a ~ alatt** there is nothing new under the sun; **rossz ~ ja volt** it was one of his off days; **süt a ~** the sun is* shining/out, it is* sunny; **ugyanazon a ~ on** the same day

napbarnított *a* sunburnt, sunburned, suntanned, brown

napéjegyenlőség *n* equinox

napelem *n* solar cell

napelemes *a* solar

napellenző *n (ablak fölött)* awning; *(ponyva)* canopy; *(autóban)* sun-shield/visor || *(sapkán)* peak, visor

napenergia *n* solar energy

napernyő *n* parasol

napfény *n* sunlight; *(napsütés)* sunshine

napfényes *a* sunlit, sunny

napfogyatkozás *n* eclipse of the sun, solar eclipse

napfolt *n* sunspot

napfolttevékenység *n* sunspot activity

napforduló *n* solstice

napfürdő *n* sun bath

napfürdőz|ik *v* sun-bathe, take* a sun bath, bask in the sun

naphosszat *adv* all day long

napi *a (egy napi)* a/the day's, day(-); *(mindennapi)* daily; *(ismétlődő)* day-to-day, daily || **egy ~ járásra van innen** it is a days' walk from here; **két ~ , öt ~** *stb.* two/five etc. days'; **~ áron** at the current/market price; **~ jegy** daily ticket; **~ jelentés** daily report, *orv* bulletin; **~ munka** a/the day's work

napidíj *n (kiszállásnál)* per diem (allowance), daily/travel allowance

napilap *n* daily (paper)

napirend *n (ülésé stb.)* agenda *(pl* agendas); *(parlamentben)* order of the day || **~ en van be*/appear on the agenda; **~ en levő ügy** the point/case/matter at issue; **~ re tér vm fölött** *átv* get* over sg, let* bygones be bygones; **~ re tűz** put*/place sg on the agenda; **levesz a ~ ről** remove (*v.* take* off) from the agenda

napirendi pont *n* item on the agenda
napisajtó *n* daily press, daily papers *pl*
napjában *adv* daily, ...a/every day ‖ ~ **háromszor** three times a day
napkelte *n* sunrise ‖ ~**kor** at sunrise/daybreak
napközben *adv* in the daytime, in the course of the day, during the day, by day
napközi *n* ~ **(otthon)** day-nursery, day-care centre ‖ **öregek** ~ **otthona** day centre for the elderly
napközis *a (igével)* go* to a/the day-care centre
napkúra *n* sunlight treatment, *orv* heliotherapy
naplemente *n* sunset, sundown ‖ ~**kor** at sunset/sundown
napló *n* (personal) diary ‖ ~**t vezet** keep* a diary
naplopó *a* idler, lounger, loafer, *biz* lazybones
napnyugta *n* = **naplemente**
napolaj *n* suntan oil/lotion
Nápoly *n* Naples
nápolyi *a* Neapolitan, of Naples *ut.* ‖ ~ **(szelet)** cream slice, (creamy) wafer biscuit
naponként *adv (egy-egy nap)* a/per day ‖ *(mindennap)* every day, daily ‖ ~ **és személyenként 600 Ft** 600 fts per day per person; ~ **kétszer** twice a day, twice daily
naponkénti *a* daily
naponta *adv* = **naponként**
napóra *n* sun-dial
napos[1] *a (napsütötte)* sunny ‖ ~ **lakás** sunny/bright flat
napos[2] **1.** *a (valahány napig tartó)* lasting ... days *ut.* ‖ *(szolgálatra beosztott)* on duty *ut.* ‖ *kat* ~ **tiszt** orderly officer, officer of the day; **öt**~ **hajóút** a five-day voyage; *(korra vonatkozóan)* **12** ~ **csecsemő** a baby 12 days old, a 12-day-old baby **2.** *n biz* person on duty
napozás *n* sunbathing
napoz|ik *v* sunbathe, bask in the sun, sun oneself
napozó *a (személy)* sunbather ‖ *(hely)* beach, sun-terrace ‖ *(ruha)* sun-dress, *(gyereké)* sunsuit
nappal 1. *adv* by day, during the day, in the daytime ‖ **fényes** ~ in broad daylight **2.** *n* day(time) ‖ **rövidülnek a** ~**ok** the days are drawing in (*v.* getting shorter)
nappali 1. *a* day-, of the day *ut.* ‖ ~ **fény** daylight; ~ **hallgató** regular student; ~ **(arc)krém** day/vanishing cream; ~ **műszakban dolgozik** be*/work on the day-shift; ~ **világítás mellett** by/in daylight, while it's still daylight **2.** *n (szoba)* sitting/living-room

nappalod|ik *v* **már** ~**ik** day/dawn is* breaking, the day is* dawning
nappalos *n* day(-shift) worker, *(igével)* be* on the day-shift, work (on) the day-shift
napraforgó *n* sunflower
napraforgóolaj *n* sunflower-seed oil
naprakész *a* current, daily; up-to-date
naprendszer *n* solar system
napsugár *n* sunbeam, ray of sunlight
napsugaras *a* sunny, sunlit ‖ *átv* radiant, bright, cheerful
napsütés *n* sunshine ‖ **ragyogó** ~**ben** in the bright sunshine
napsütéses *a* ~ **idő** sunny weather/day
napsütötte *a* sunlit, sunny
napszak *n* part of the day
napszemüveg *n* sunglasses *pl*
napszúrás *n* sunstroke ‖ ~**t kap** get* a touch of sunstroke
naptár *n* calendar
naptáros (kar)óra *n* calendar watch
napvilág *n* daylight, sunlight ‖ *átv* ~**ra hoz vmt** bring* sg to light, disclose/reveal sg; ~ **ot lát** come* to light; *(könyv)* appear, be* published, be* out
narancs *n (gyümölcs)* orange ‖ *(fa)* orange-tree
narancsdzsem *n* marmalade
narancsdzsúsz *n* orange juice
narancsfa *n* orange-tree
narancshéj *n* orange-peel
narancsital *n* orangeade, orange drink/squash
narancsízű *a* orange-flavoured (*US* -or-)
narancslé *n (kipréselt)* orange juice; *(sűrítmény)* orange squash
narancslekvár *n* (orange) marmalade
narancslikőr *n* orange liqueur
narancssárga *a* orange(-coloured) (*US* -or-)
narancsszörp *n* orange drink/squash, orangeade
nárcisz *n* narcissus *(pl* narcissi)
narkománia *n* drug/narcotic addiction
narkomániás *a* drug-addict
narkós *a biz* junkie, drug-addict
narkotikum *n* narcotic(s), drug
narkózis *n* narcosis
nász *n (esküvő)* wedding, marriage, nuptials *pl*
naszád *n* sloop, cutter
nászajándék *n* wedding-present
nászéjszaka *n* wedding/bridal night
nászinduló *n* wedding/bridal march
násznagy *n (vőlegény részéről)* best man°
násznép *n* the wedding guests *pl*
nászút *n* honeymoon ‖ ~**ra megy** go* on (one's) honeymoon
nászutasok *n pl* newly wedded couple, honeymoon couple *(mind: sing. v. pl)*

nátha *n* (common) cold ‖ ~-t kap catch* (a) cold

náthás *a* having a cold *ut.* ‖ **(nagyon)** ~ **vagyok** I have* (got) a (bad) cold

NATO → **Észak-atlanti**

nátrium *n* sodium

natúra bolt *n* health-food shop

naturista *a* naturist, nudist

naturizmus *n* naturism, nudism

natúrszelet *n* veal/pork cutlet/escalope

nazális *a* nasal

ne *int (felszólító módú igével)* don't ‖ *(tiltószó)* no!, don't!, stop it/that! ‖ *(feltételes módú igével)* **bár** ~ **jönne** I wish he wouldn't come, I wish he weren't coming; **ki** ~ **tudná?** who doesn't know it?, surely everybody knows (that)!; **miért** ~? why not?; ~ **menj(en) el!** don't go!; ~ **mondd!** *(nem hiszem)* you don't say (so)!, well I never!; ~ **tedd ezt!** don't do that!

-né *suff (családnévvel)* Mrs ... ‖ *(köznévvel)* the wife of ..., ...'s wife ‖ **a gyógyszerészné** the chemist's wife; **Kovács Pálné** Mrs. Pál Kovács

nebáncsvirág *n* növ balsam, touch-me--not, impatiens ‖ *átv* oversensitive person, *biz* shrinking violet

necc *n biz* net

n-edik *a mat* **az** ~ **hatványra emel** raise to the power of n (*v.* to the nth power)

nedv *n* moisture, fluid; *(gyümölcsé, húsé)* juice; *(növényé)* sap; *(testben)* (body) fluid

nedves *a* ált wet, humid, *(kissé)* moist, damp, *(nagyon)* watery, *(egészségtelenül)* dank, *(időjárás)* wet ‖ ~ **kéz** clammy hand; ~ **lakás** damp flat

nedvesed|ik *v* become*/grow* moist/ wet/damp

nedvesít *v* moisten, (make*) wet, damp(en)

nedvesség *n (tulajdonság)* wetness, humidity, moistness, dampness ‖ *(nedv)* moisture, water

nedvszívó *a* hygroscopic

nefelejcs *n* forget-me-not

negáció *n* negation

negatív 1. *a* negative ‖ *mat* ~ **előjel** minus sign; ~ **hős** anti-hero; **2.** *n fények* negative

negatívum *n* the negative side, a minus factor; *(hátrányos oldal)* drawback

néger 1. *a* Black, Negro; ‖ ~ **nő** a Black woman°, Negress **2.** *n* (a) Black *(pl* the Blacks), Negro *(pl* -oes); *(tapintatosan:)* non-white ‖ *biz (más helyett dolgozó)* ghost(-writer) ‖ **az amerikai** ~**ek** the Blacks of the U.S.A.

négerkérdés *n* the colour (*US* -or) problem, the 'Negro' question

negligál *v* neglect, ignore, disregard

négy *num* four ‖ ~ **lábon jár** walk on all fours; ~**kor kezdődik** it begins at four (o'clock); ~**re megjövök** I will be back at/by four

négyajtós *a* four-door

negyed 1. *a* (a) quarter (of) ‖ ~ **hangjegy** crotchet, *US* quarter note; ~ **kettő** (a) quarter past (*US* after) one; ~ **kettőkor** at a quarter past one; ~ **kiló** quarter (of a) kilo(gram); ~ **liter** quarter of a litre, *kb.* half a pint **2.** *n ált* quarter, fourth part ‖ *(városrész)* district, quarter ‖ *sp (vízilabda)* period ‖ = **negyedév**

negyeddöntő *n* quarter-finals *pl*

negyedév *n* quarter [of a year] ‖ ~**enként** every quarter, every three months, quarterly

negyedéves 1. *a (negyedévre szóló)* quarterly ‖ *(negyedik éves)* of the fourth year *ut.*, in its fourth year *ut.*, fourth-year **2.** *n (egyetemista)* fourth-year student, *(US, ha ötéves az egyetem)* senior

negyedévi *a* quarterly

negyedik 1. *num a* fourth; 4th **2.** *n (osztály)* ~**be jár** attend (*v.* be* in) the fourth class/form (*v. US* grade) ‖ → **első**

negyedikes (tanuló) *n* fourth-form pupil/boy/girl, fourth-former

negyedóra *n* a quarter of an hour

negyedórányi *a/n* a quarter of an hour's, of a quarter of an hour *ut.* ‖ ~ **ra innen** it is a quarter of an hour's walk/drive from here

negyedrész *n* quarter, fourth part

negyedszer *num adv* for the fourth time; *(felsorolásnál)* fourthly

négyemeletes *a* ~ **ház** a house on/of four storeys (*US* five stories); a four--storey(ed) (*US* five-storied) house

négyen *num adv* four ‖ ~ **vannak/vagyunk** *stb.* there are four of them/us etc.

négyes 1. *a* ~ **fogat** four-horse carriage, coach and four, four-in-hand; ~ **szám(jegy)** number/figure four/4; ~ **találata van** *(a lottón)* win* **2.** *n (szám, mennyiség)* four ‖ *(osztályzat)* good ‖ *sp (hajóegység)* four(s *pl*) ‖ *zene* quartet ‖ ~**re felelt** (s)he got a "good", (s)he was given a "good"

négyesével *adv* in fours, four at a time

négyevezős *a* four-oar

négyévi *a* four years', four-year, of four years *ut.*

négyfelé *adv* ‖ ~ **vág** cut* into four; ~ **futottak** they ran in four (different) directions

négyféle *a* four kinds/sorts of

négyhengeres *a* four-cylinder [engine]

négykerekű *a* four-wheeled

négykezes n *(zenedarab)* piece for four hands, four-handed piece || ~**t játszanak** play four-hands (on the piano)
négykézláb adv on all fours
négylábú a four-legged; *áll* quadruped
négylevelű lóhere n four-leaved/leaf clover
négylovas hintó n four-horse carriage, four-in-hand
négynapi a four days', of four days *ut.*, four-day
négynapos a *(kor)* four days old *ut.*, four-day-old || *(négy napig tartó)* four-day
négyoldalú a four-sided
négyötöd num four-fifths
négyrét adv (folded) into four
négysávos a *(magnó)* four-track
négysoros a of four lines *ut.* || ~ **vers** quatrain
négyszáz num four hundred || ~ **éves évforduló** quatercentenary, 400th anniversary
négyszemélyes a *(autó)* four-seater
négyszemközt adv in private, privately, between ourselves, between you and me
négyszer num adv four times; *(négy alkalommal)* on four occasions
négyszeres a fourfold || **vmnek a** ~**e** the quadruple of sg, four times as many/much as
négyszólamú a four-part
négyszótagú a four-syllable(d), quadrisyllabic
négyszög n *mat* quadrilateral, quadrangle || ~ **alakú** quadrangular
négyszögletes a square, four-sided/cornered, *mat* rectangular
négyszögöl n *(= 3,57 m² = 38,32 square feet)*
négytagú a *mat* quadrinomial || ~ **család** family of four
négyüléses a with four seats *ut.*, four-seat || ~ **autó** four-seater
négyütemű a *zene* in/of quadruple time/rhythm *ut.* || *(motor)* four-stroke, US four-cycle || ~ **verssor** tetrameter
negyven num forty || **túl van a** ~**en** he is over forty
negyvened n fortieth (part)
negyvenedik a/n fortieth
negyvenen adv forty (people), forty of you/them/us
negyvenes 1. a ~ **évek** the forties (40s) **2.** n *(számjegy)* number/figure forty || **ő jó** ~ he is* well over forty, he is* a good forty
negyvenéves a forty years old *ut.*, forty--year-old
négyzet n *mat (alakzat)* square || *(hatvány)* square || ~ **alakú** square, quad-

rate; ~**re emel** raise to the second power, square
négyzetes a quadratic
négyzetgyök n *mat* square root
négyzetkilométer (km²) n square kilometre, sq. km
négyzetméter (m²) n square metre, sq m(etre)
néha adv sometimes
néhai a late || ~ **Szántó István** Mr. I. Szántó, deceased; the late Mr. I. Szántó
néhány pron some, a number of, a few, several || ~ **nappal ezelőtt** some (v. a few) days ago
néhányan pron some/a few (of us/them/you)
néhányszor adv *(többször)* several times, repeatedly, again and again
nehéz 1. a *(súly)* heavy || *átv* difficult, hard; *(fárasztó)* tiring, fatiguing, wearisome *(felelősségteljes)* responsible; *(probléma)* knotty, intricate || **a** ~ **napokban** in the days of hardship; **milyen** ~**?** how much does it weigh?; ~ **a fejem** my head feels/is heavy; ~ **ember** he is* difficult to get on (v. deal) with, he is* a difficult person; ~ **étel** heavy/stodgy/rich food; ~ **helyzetben van** be* in an awkward (v. a difficult) situation, *(anyagilag)* be* badly off; ~ **idők** hard times; ~ **kérdés** a difficult question, a knotty problem; ~ **légzés** heavy/laboured breathing; ~ **munka** *(fizikai)* hard (manual) work, *(szellemi)* difficult/hard (piece of) work; ~ **órákban** in time of need; ~ **pasas** *biz* a(n) awkward/tough customer; ~ **sor(s)a van** his is a hard (v. not easy) lot; ~ **szülés** difficult confinement/birth; ~ **ügy** a difficult case, *biz* tough going; **nem olyan** ~ **dolog** it is not so difficult (to do) **2.** n a **nehezén már túl vagyunk** we are over the worst, the worst is over; **nehezet kérdez** ask a difficult question, *biz kif* that's a tough one (to answer)
nehezed|ik v *(nehezebb lesz)* become*/grow* heavier || *átv* become* harder, become* more difficult || *(vmre/vkre)* press/weigh/lie* heavily on sg/sy
nehezen adv with difficulty *ut.* || ~ **halad vmvel** make* slow progress with sg, find* sg heavy/hard going; ~ **kezelhető gyerek** that child is a handful, (s)he is a problem/difficult child; ~ **lehet megérteni** be* hard to understand
nehézfejű a dull, slow, slow to understand *ut.*
nehézfém n heavy metal
nehézipar n heavy industry
nehézipari a of heavy industry/industries *ut.*

nehezít v *átv* make*/render (sg) (more) difficult, hamper, impede

nehézkes a clumsy, cumbrous; *(stílus)* ponderous, laboured; *(átv, személy)* difficult, unaccommodating || ~**en mozog** move with difficulty, lumber along

nehézkesség n clumsiness, cumbrousness; *(stílusé)* ponderousness; *(személyé)* difficult character

nehezményez v *(rossz néven vesz vmt)* take* exception to sg, be* offended by sg, take* offence at sg || *(helytelenít)* disapprove of sg, object to sg || **én éppen ezt ~tem** that was exactly what I objected to

nehézség n *(súly)* heaviness || *átv* difficulty; *(technikai)* hitch, snag, trouble || **legyőzi a ~eket** overcome* the difficulties; **~ nélkül** easily, without difficulty; **~ei vannak** be* up against difficulties, have* difficulty in doing sg, *kif* be* in deep water

nehézségi erő n gravitational force/pull

nehézsúlyú a heavyweight || **~ ökölvívó** heavyweight (boxer)

neheztel v vkre vmért bear*/have* a grudge against sy for sg, bear* sy a grudge for sg

neheztelés n rancour (*US* -or), resentment, grudge, ill feeling

nehogy *conj* so that ... not, lest, so as not to... || **vigyél ernyőt, ~ megázz!** take* your umbrella so that you don't/ won't get wet, take* your umbrella lest you (should) get wet; **~ elfelejtsd!** (mind you) don't forget (it)!

néhol *adv* here and there, in (some) places

neje n his wife || **hogy van a kedves ~?** how is Mrs. ...?

nejlon n nylon

nejlonharisnya n nylons *pl*, a pair of nylons, (nylon) stockings *pl*

nejlonzacskó n plastic bag/carrier, polythene (*v. US* polyethylene) bag

-nek → -nak

neki *adv* (to/for) him, (to/for) her || *(birtoklás)* **~ van** he has*, he has (*v.* he's) got (sg) || **küldök ~ csomagot** I am sending him/her a parcel; **megmondtam ~k** I told them; **neked, nektek** (to/for) you; **neked/nektek van** you have, you have (*v.* you've) got (sg); **nekem** (to/for) me; **nekem van** I have*, I have (*v.* I've) got (sg); **~k** (to/for) them; **~k van** they have, they have (*v.* they've) got (sg); **nekünk** (to/for) us; **nekünk nincs** we haven't got (sg) etc.; **nekünk van** we have, we have (*v.* we've) got (sg)

nekidől v vmnek lean*/rest against sg, prop oneself against sg

nekies|ik v vmnek fall*/bump against sg || *(támadólag)* turn on (sy), set* about (sy), attack (sy) || vmnek set* upon (sg), fall* to || **~ az ételnek** fall* to (eagerly), pitch into one's food, attack one's food; **~ vknek (és veri)** hit* out at sy

nekifeksz|ik v vmnek set*/buckle/fall* to; *(minden erejével)* put* one's back into, give* one's full attention to

nekifog v = **nekilát**

nekifut v vmnek, vknek run* at/against (sg/sy) || *(lendülettel)* take* a run at, run* up to

nekifutás n *sp* run-up || **ugrás ~ból** running jump

nekigyürkőz|ik v *(ingujját feltűri)* turn/ roll up one's sleeves || *biz* vmnek buckle (down) to [a task, work etc.], set* about doing sg, put* one's back into [the job etc.]

nekilát v vmnek set about (doing) sg, set*/fall* to, fall* to doing sg, buckle (down) to [a work, task, job etc.] || **~ a munkának** get* down to work, set*/ fall* to, buckle to

nekilök v vkit/vmt vmnek throw*/bump/ knock sy/sg against sg

nekimegy v *(ütközve vmnek/vknek)* knock/run*/bang into/against sg, come* up against sg, bump into sy || *(átv is vknek)* attack sy, fall* (up)on sy, *biz* set* about sy || *biz (vizsgának)* have* a go at [an examination]

nekiront v vmnek/vknek dash into/ against sg/sy || *(támadólag vknek)* pitch into sy, fall* on sy

nekiszegez v *(fegyvert vknek)* point/ aim/level (*US* -l) [a gun] at sy || **~tem a kérdést** I sprang the question on him

nekitámad v vknek attack sy

nekitámaszkod|ik v vmnek lean*/rest against sg, prop oneself against [the door etc.]

nekitámaszt v vmt vmnek lean*/prop/ rest sg against sg

nekiütköz|ik v vmnek bump/knock/hit* against sg

nekivág v vmt vmnek hurl/dash/fling* sg against sg || set*/go* about (doing) sg, set* out (to do sg) || **vágj neki!** go ahead!

nekrológ n obituary (notice)

nektár n nectar

nélkül *post* without || **könyv ~** by heart, from memory; **szó ~** without (wasting/ uttering) a word; **e ~** without/lacking that/this

nélküle *adv* without him/her || **~d/~tek** without you; **nélkülünk** without us; **nélkülük** without them

nélküli *post* without, -less ‖ **állás** ~ jobless, unemployed

nélkülöz *v (megvan vm nélkül)* be*/do* without, lack (sg) ‖ *(hiányol)* miss (sy, sg), be* in want of (sg) ‖ *(ínséget szenved)* live/be* in want/privation, suffer (many) privations

nélkülözés *n* want, privation

nélkülözhetetlen *a* indispensable, essential

nem[1] *n (nő, férfi)* sex; *(rendszertani)* genus *(pl* genera) ‖ *(fajta)* kind, sort ‖ *nyelvt* gender ‖ **az emberi** ~ human race/species, mankind; **páratlan a maga** ~**ében** unique of its kind

nem[2] **1.** *adv (az egész mondat tagadására)* no; *(csak igével)* not, ...n't ‖ **egyáltalán** ~ not at all; **eljössz ma?** ~, ~ **megyek** are you coming today? no, I'm not (going/coming); **már** ~ no more/longer; **még** ~ not yet; ~ **egészen** not quite; ~ **igaz?** isn't it true?; ~ **kérek** *(kínálásra válaszolva)* no, thanks; no, thank you; ~ **nagyon** not very ..., not much; ~ **rossz** not bad; ~ **teljesítés** omission (of sg), default (on sg), failure [to perform duty etc.]; ~ **tudás** ignorance; **vagy** ~**?** is it so?, isn't it so? **2.** *n* no ‖ ~**et mond** say* no; ~**mel válaszol** say*/answer no, answer in the negative

néma 1. *a (személy)* dumb; *(főleg átmenetileg)* mute ‖ *(hangtalan)* mute, speechless, silent ‖ ~ **csend** profound silence; ~ **szereplő** supernumerary, walk-on **2.** *n* dumb person, mute

némafilm *n* silent film

némajáték *n* pantomime ‖ *(színpadi játék néma részlete)* dumb show

némán *adv* mutely, speechless, dumbly ‖ ~ **ül** is sitting in silence; ~ **tűr** suffer in silence

nemcsak *conj* not only ‖ **ő** ~ **szép, hanem okos is** she is both pretty and intelligent

nemdohányzó 1. *a* non-smoking ‖ ~ **szakasz** compartment for non-smokers, non-smoker **2.** *n* non-smoker

némely 1. *pron a* some ‖ ~ **esetben** in certain/some cases **2.** *pron n* ~**ek** some, some people

némelyik *pron a* some ‖ ~ **azt gondolja, hogy** some think* that, there are* some who believe that; ~**ünk** some of us *pl*

nemes 1. *a (származásra)* noble, of noble/gentle birth/descent *ut.* ‖ *átv* noble, high/noble-minded, lofty, generous **2.** *n* noble(man°)

nemesfém *n* precious/noble/rare metal

nemesgáz *n* rare/noble gas

nemesi *a tört* nobiliary, noble, of nobility *ut.* ‖ ~ **cím** title of nobility; ~ **címer** coat of arms; **régi** ~ **család** family of ancient lineage *(v.* of noble ancestry); ~ **előnév** title of nobility

nemesít *v (erkölcsileg)* ennoble, refine ‖ *(fajtát)* improve [by breeding]

nemesség *n tört (cím, osztály)* nobility ‖ *átv* nobility, nobleness, magnanimity

német 1. *a* German; *összet* Germano- ‖ *tört* Germanic ‖ *tört* **a** ~ **birodalom** the German Empire, Reich; ~ **juhászkutya** Alsatian, *US* German shepherd ‖ **2.** *n* (ember) German ‖ *(nyelv)* German ‖ ~**ek** Germans ‖ → **angol**

Németalföld *n* the Netherlands *pl,* the Low Countries *pl*

németalföldi 1. *a* of the Netherlands *ut.* ‖ ~ **festő** Flemish painter **2.** *n* Netherlander

németbarát *a* pro-German, Germanophile

németellenes *a* anti-German, Germanophobe

németes *a* Germanic ‖ ~ **kiejtés** German accent

németesít *v* Germanize

németóra *n* German lesson/class

Németország *n* Germany

németországi *a* German, of Germany *ut.*

némettanár *n* teacher of German, German teacher

németül *adv* (in) German ‖ → **angolul**

nemez *v* felt

nemhiába *adv* not for nothing ‖ ~ **tanult oly sokat** his studies were not in vain

nemhogy *conj* ~ **hálás lett volna érte!** he could at least have been grateful!

nemi *a (szexuális)* sexual; *biz* sex ‖ *nyelvt* of gender *ut.* ‖ ~ **aktus** sex act, sexual intercourse; ~ **beteg** VD-sufferer/patient; ~ **betegség** venereal disease, *röv* VD; ~ **erőszak** sexual assault, rape; ~ **élet** sex(ual) life; ~ **felvilágosítás** sex education; ~ **ösztön** sex instinct/urge, sexual impulse; ~ **szervek** genitals, external sex organs, *(szépítően)* private parts

némi *a* some, (a) certain, a little ‖ ~ **büszkeséggel** with a touch of pride

nemigen *adv (aligha)* scarcely, hardly; *(nem sokat)* not very much ‖ ~ **hiszem** I (can) hardly believe (it)

némiképp(en) *adv* in a way, to some *(v.* a certain) extent, in some measure

nemileg *adv* sexually

nemiség *n* sex(uality)

nemkívánatos *a* undesirable ‖ ~ **személy** persona non grata

nemleges *a* negative || ~ **válasz** negative answer, answer in the negative; ~ **szavazat** no, *US* nay
nemlét *n* non-existence
nemrég *adv* recently, not long ago, the other day; only lately
nemsokára *adv* soon, shortly, before long, presently
nemtetszés *n* displeasure, disapproval, dislike || ~**ét nyilvánítja** show* one's disapproval
nemtörődöm *a* neglectful, negligent || ~ **alak** *kif* he couldn't care less
nemtörődömség *n* neglect, negligence, nonchalance, carelessness
nemz *v (ember)* beget*, father || *(állat)* sire, get* || *átv* give* rise to, breed*
nemzedék *n* generation || **az új** ~ the rising/new generation
nemzedéki ellentét *n* generation gap
nemzés *n (ember)* begetting, generation; *(állat)* siring, breeding
nemzet *n* nation
nemzetbiztonság *n* national security
nemzetbiztonsági *a* (of) national security || ~ **tanácsadó** national security adviser
nemzetellenes *a* anti-national
nemzetgazdaság *n* national economy
nemzetgyűlés *n* national assembly
nemzeti *a* national || **N**~ **Bank** *(nálunk)* National Bank, *GB* Bank of England; **angol/brit** ~ **jelleg** the British national character; ~ **jövedelem** national income; ~ **nyelv** national language, vernacular; ~ **össztermék** gross national product (GNP); ~ **park** national park; **N**~ **Színház** National Theatre; ~ **ünnep** national holiday;~ **zászló** national flag; *(háromszínű)* tricolour *(US* -or), *GB* Union Jack, *US* the Stars and Stripes *pl*
nemzetiség *n (kisebbség)* (national/ethnic) minority || *(hovatartozás)* nationality
nemzetiségi 1. *a* nationality-, of nationalities *ut.*, ethnic, minority(-) || ~ **kisebbség** national/ethnic minority; ~ **politika** policy towards the national/ethnic minorities 2. *n* **a szlovák** ~**ek** ethnic Slovaks
nemzetiségű *a* **milyen** ~ **ön?** what is your nationality?
nemzetiszín(ű) *a* in the national colours *(US* -ors) *ut.*; *(magyar)* red, white and green || ~ **lobogó** the national colours *pl*, *(magyar)* the Hungarian Tricolour *(US* -or)
nemzetközi *a* international || ~ **jog** international law; ~ **szerződés** treaty

nemzetközileg *adv* internationally || ~ **elismert** internationally recognized/known
nemzetközösség *n* commonwealth || **Brit N**~ the Commonwealth
nemzetőr *n tört* member of the national guard, militiaman°
nemzetőrség *n tört* national/home guard, militia
nemzetség *n tört* clan, family || *növ* genus *(pl* genera)
nemzetvédelmi *a* of national defence *ut.* || ~ **miniszter** *US* Secretary of Defense
nemzőképesség *n* sexual capability, potency
nemzőszerv(ek) *n* genitals *pl*
néni *n* aunt(y), auntie || **Mari** ~ Aunt Mary; **Kovács** ~ Mrs. Kovács; ~ **kérem** madam
nénike *n (öreg)* old woman° || *biz (nagynéni)* auntie/aunty
neoklasszicizmus *n* neoclassicism
neologizmus *n* neologism
neon *n* neon || ~ **fényreklám** neon sign
neoncső *n* neon tube/lamp
nép *n (közösség, nemzet)* people *sing.* || *(lakosság)* the people *pl* (of ...) || **a magyar** ~ the Hungarian people; **Budapest** ~**e** the people/population of Budapest
népballada *n* folk ballad
népbetegség *n* widespread/endemic disease
népcsoport *n* ethnic group
népdal *n* folk-song
népdalénekes *n* folk singer
népellenes *n* against the people *ut.* || ~ **bűntett** crime against (the state and) the people
népes *a* populous || ~ **család** large family; ~ **városnegyed** densely populated quarter
népesedés *n (népszaporulat)* growth of (*v.* increase in) the population
népesedési *a* demographic || ~ **statisztika** population statistics *pl*, demography
népesség *n* population, number of inhabitants, inhabitants *pl*
népfelkelés *n (lázadás)* insurrection, rebellion, revolt, (popular) uprising || **az 1956-os** ~ the (popular) uprising of 1956
népfelkelő *n* insurrectionist; freedom fighter
népfront *n* Popular Front
népgazdaság *n* national economy
népgazdasági *a* of (the) national economy *ut.*

népgyűlés *n* public/mass meeting
néphagyomány *n* popular tradition, folklore
néphatalom *n* people's power
néphit *n* popular belief
népi *a* people's, of the people *ut*. ‖ ~ **sajátosságok** national traits/peculiarities/characteristics; ~ **tánc** folk-dance; *(angol)* country dance; ~ **zenekar** gipsy orchestra/band
népies *a (népit utánzó)* folksy ‖ *(paraszti)* rustic; *(népi)* popular
népiesség *n (irány)* popular tendency/trend ‖ *(tulajdonság)* popular character
népirtás *n* genocide
népjólét *n* public/national welfare
népjóléti *a* welfare
népképviselet *n* popular representation
népképviseleti rendszer *n* representative system
népkonyha *n* soup-kitchen
népköltészet *n* folk-poetry
néplélektan *n* folk psychology
népmese *n* folk-tale
népmonda *n* folk legend
népművelés *n kb*. adult education
népművelési *a* of adult education *ut*.
népművészet *n* folk art
népművészeti *a* ~ **bolt** folk art shop, local (handicrafts) shop; ~ **tárgyak** peasant arts/crafts-products, local handicraft(s)
népnyelv *n* popular speech, the vernacular
néposztály *n* social class
néppárt *n US tört* People's Party
néppárti *a* populist
néprajz *n* ethnography
néprajzi *a* ethnographic(al)
néprajzos *a* ethnographer
néprajztudomány *n* ethnography
népség *n elít* rabble, mob, plebs, crowd
Népstadion *n* People's Stadium
népsűrűség *n* density of population
népszámlálás *n* (national) census
népszavazás *n* referendum *(pl)*, plebiscite ‖ ~**t tart** hold* a referendum on sg
népszerű *a* popular
népszerűség *n* popularity
népszerűsít *v* popularize, make* (sg/sy) popular
népszerűsítés *n* popularization
népszínmű *n* ⟨play about village life with musical interludes⟩, *kb*. folk play
népszokás *n* national/folk custom
néptánc *n* = **népi** *tánc*
néptelen *a (gyéren lakott)* underpopulated; *(elnéptelenedett)* depopulated ‖ ~ **utca** deserted street
néptömeg *n* ~**ek** the masses
népünnepély *n* mass entertainment

népvándorlás *n tört* migration of nations, the great migrations *pl* ‖ *biz* teeming crowd, rush (to)
népviselet *n* national/traditional costume/dress
népzene *n* folk-music
népzenész *n* folk musician
nerc *n* mink
nercbunda *n* mink (coat)
Nescafé *n* instant coffee
nesz *n* slight noise, rustle
nesze! *int* take it/this!, here you are! ‖ ~ **semmi, fogd meg jól!** *kb*. it's eyewash, *US* bunkum
neszesszer *n* toilet-case, *GB* sponge bag, *(női)* vanity case
nesztek! *int* here/there you are!
nesztelen *a* soundless, noiseless, silent
netán *conj* by (any) chance ‖ **ha** ~ **megérkeznék** should he arrive, if (by any chance) he happens to arrive
netovább *n vmnek a* ~**ja** ne plus ultra of sg, high-water mark of sg; **ez a szemtelenség** ~**ja!** that's the limit!, that's the height of insolence/impudence
nett *a biz* smart, neat, trim, well-groomed
nettó *a* net ‖ ~ **kereset** take-home pay; ~ **jövedelem** net income; ~ **súly** net weight
neurotikus *a/n orv* neurotic
neurózis *n orv* neurosis *(pl* neuroses*)*
neutron *n fiz* neutron
neutronbomba *n* neutron bomb
név *n ált* name; *(elnevezés)* designation ‖ *(hírnév)* renown, reputation ‖ **jó** ~**en vesz vmt** be* pleased with sg; **más** ~**en** alias, otherwise/also known as; **megmondja a nevét** give* one's name; **mi a** ~**e?** what is* his/her name?, what do* you call him/her?; **neve van** *(a szakmában)* have* a name, be* (well) known; **nevet szerez magának** win* renown [as a ...], make* a name/reputation for oneself; ~ **re szóló meghívás** personal invitation; **rossz** ~**en vesz vmt** take* sg in bad part; **saját nevemben** in my own name; **vknek/vmnek a nevében on** (v. *US* in) behalf of sy, on (v. *US* in) sy's behalf, in the name of sy/sg; **vmlyen** ~**en** under the name of...
névadás *n* naming, christening, giving (of) a name
névadó 1. *a* ~ **ünnepség** name-giving ceremony; ~ **szülő(k)** *kb*. sponsor(s) **2.** *n* eponym ‖ **az iskola** ~**ja** the person giving his/her name to the school
nevel *v (gyermeket)* bring* up, rear, *főleg US*: raise; *(oktatva)* educate ‖ *(állatot)* rear, breed*; *(baromfit)* raise, keep*; *(növényt)* grow*, cultivate ‖ **vkt vmre** ~ train sy for sg, bring* up sy to (do) sg

nevelés *n (gyermeké)* bringing up, upbringing, rearing, *főleg US:* raising (one's children) || *(iskolában stb.)* education || *(állaté)* breeding, rearing; *(baromfié)* raising, keeping; *(növényé)* growing, cultivation

nevelési *a* educational || ~ **tanácsadó** *kb.* educational counselling (service)

nevelésű *a* jó ~ well brought up (*v.* educated), well-bred; **rossz** ~ badly brought up, ill-bred, spoilt

nevelésügy *n* (public) education

neveletlen *a (rosszul nevelt)* badly brought-up, spoilt; *(modortalan)* lacking good manners *ut.,* ill-mannered/bred; *(komisz gyermekről)* naughty, behaving badly *ut.* || ~ **fráter** lout, ill-bred fellow

neveletlenség *n (tulajdonság)* ill-breeding, churlishness, ill-manners *pl;* (*gyermeké)* naughtiness || *(cselekedet)* misbehaviour (*US* -or), bad form/behaviour (*US* -or)

nevelked|ik *v* be* brought up, be* reared/educated, grow* up, *US* be* raised

nevelő 1. *a* educational, instructive || ~ **hatású** educational, educative **2.** *n* educator; *(magán)* (family) tutor, private teacher

névelő *n* article || **határozott** ~ definite article; **határozatlan** ~ indefinite article

nevelőanya *n* foster-mother

nevelőapa *n* foster-father

nevelőintézet *n (bennlakásos) főleg GB:* boarding-school, *US* preparatory (*v. biz* prep) school || *(fiatalkorú bűnözőké) GB* community home, borstal → **nevelőotthon**

nevelőnő *n* governess

nevelőotthon *n (állami gondozottaknak)* ált home; state/council home (for those in care), foster home

nevelőszülők *n pl* foster-parents, adoptive parents

nevelt *a (fogadott)* foster || *(igével)* be* (well-)educated, has* a good education || **jól** ~ well brought up, well-bred; ~ **gyermek** foster-child°; **rosszul** ~ (be*) badly brought up, (be*) ill-bred

neveltetés *n* education, upbringing; *(iskolai)* schooling

névérték *n* face/nominal/par value || ~**en** at par; ~**en alul** below par

neves *a* famous, renowned, well-known || ~ **író** writer of distinction

nevet *v* laugh; *(vkn)* laugh at sy; *(vmn)* laugh at/about sg, be* amused at/by sg || **az** ~ **legjobban, aki utoljára** ~ he who laughs last laughs longest; ~**nem kell!** nonsense!, don't make me laugh!, you make me laugh!; **nincs ezen sem mi** ~**ni való** it's no laughing matter, it's nothing to laugh at/about; **mit/min** ~**sz?** what are you laughing at?

nevetés *n* laughter, laugh(ing) || ~ **be tör ki** burst* out laughing, burst* into laughter

nevetség *n (nevetséges dolog)* (be*) a laugh || **ez kész** ~! this is simply/quite ridiculous!; ~**be fullad** be* drowned in ridicule

nevetséges *a* ridiculous, laughable, funny || ~ **alak** a figure of fun; a funny fellow (*US* guy); ~ **ár** ridiculously low price; ~**sé tesz** vmt, vkt ridicule (sg, sy), make* (sg/sy) ridiculous; ~**sé válik** make* oneself ridiculous, become* ridiculous, make* a fool/show of oneself; **ebben nincs semmi** ~ there is nothing to laugh at (here), it is no laughing matter

nevettében *adv* (from) laughing || **majd megpukkadt** ~ he nearly died with laughter

nevettető 1. *a* amusing, comical, funny **2.** *n* comedian, humorist

nevez *v vkt vmnek* call/name sy sg; *vmt vmnek* call/name/term sg sg; *vmt/vkt vmről/vkről* name sg/sy after sg/sy || *sp* enter sy [in/for a competition] || **a gyermeket Péternek** ~**ik** the child is* called Peter

nevezés *n vmnek* calling, naming || *sp* entry

nevezetes *a vk* notable, renowned, celebrated; *vm* remarkable, noteworthy || *(vmről)* famous/famed/known for sg || ~ **nap** memorable day, red-letter day

nevezetesség *n (tulajdonság)* celebrity, fame || ~**ek** *(látnivalók)* places of interest, sights; **a város** ~**ei** the sights of the town

nevezett *a* ált called, named; *(hiv stílusban)* said, above(-mentioned), aforesaid || ~ **személy** person in question

nevező *n* denominator || *sp* entrant (for), competitor || *mat* **közös** ~ common denominator

névházasság *n* nominal marriage

névjegy *n* (visiting) card; *US* így is: calling card; *(üzletemberé)* (business) card || **leadja a** ~ **ét** leave* one's card with sy

névleg *adv* nominally, in name

névleges *a* ált nominal, titular || *ker stb.* nominal || ~ **bér** nominal wages *pl*

névmás *n* nyelvt pronoun || **birtokos** ~ possessive pronoun; **határozatlan** ~ indefinite pronoun; **kérdő** ~ interrogative pronoun; **mutató** ~ demonstrative pronoun; **személyes** ~ personal pronoun; **visszaható** ~ reflexive pronoun; **vonatkozó** ~ relative pronoun

névmutató *n* index (*pl* indexes)

névnap *n* name-day ‖ **gratulál vknek ~jára** *kb.* wish sy many happy returns (of the day)
névnapi köszöntő *n* name-day greetings *pl*
névrokon *n* namesake
névsor *n* list (of names), register, roll ‖ **~t olvas** call the roll, take*/hold* a roll-call; **~ba felvesz nevet** enter a name on a list
névsorolvasás *n* roll-call
névszó *n* nominal ⟨noun, infinitive, adjective, participle, numeral, and pronoun⟩
névszói *a* nominal
névszóképző *n* nominal formative (suffix)
névszóragozás *n* declension
névtábla *n* name-plate
névtelen *a* álit unnamed, nameless, anonymous ‖ *(ismeretlen)* unknown, nameless ‖ **~ levél** anonymous letter
névtelenség *n* anonymity; *(ismeretlenség)* obscurity ‖ **a ~ homályába burkolózik** preserve one's anonymity
névutó *n* postposition
nevű *a* **egy Papp ~ ember** a man called/named P., a man by the name of P., jó ~ of (good) repute *ut.*, reputable; **jó ~ orvos** (s)he has a good reputation as a doctor
New York-i 1. *a* New York, of New York *ut.* **2.** *n* New Yorker
néz *v* vmt/vkt *v.* vmre/vkre look at sg/sy; *(előadást, televíziót)* watch ‖ *biz (keres)* look for sg ‖ *(tekint)* consider, take* into consideration, look (up)on sy/sg (as); *vmt/vkt vmnek/vknek* take* sg/sy for sg/sy ‖ *(nyílik vmre)* look out on sg, face/front sg ‖ **a ház délnek ~** the house faces south; **az ablakok a kertre ~nek** the windows look onto (*v.* out on) the garden, the windows give* on to the garden; **állás után ~** look for a job; *biz* **hadd ~zem, ~zük** let me see, let's see; **húszévesnek ~em** I (should) put* him down as twenty, I take* him to be no more than twenty; **képeket ~** *(pl. fényképeket)* be* looking at pictures; **minek ~ maga engem?** what do you take me for?; **~d csak!** (just) look at that!; **~ze kérem!** look here!, *US* (now) listen!
nézeget *v* keep* looking at (sy, sg) ‖ **egy könyvet ~** glance/skim through a book, dip into a book
nézelődik *v* look around
nézés *n (figyelés)* looking ‖ *(tekintet)* look
nézet *n* = **vélemény**
nézetazonosság *n* identity of views

nézeteltérés *n* difference of opinion, clash of views, disagreement ‖ **~e van vkvel** disagree with sy
néző 1. *a* **utcára ~ ablakok** windows looking onto the street; **délre ~ szoba** south-facing room **2.** *n* onlooker, looker--on, spectator; *(tévéadásé)* viewer; **szính ~k** the audience
nézőke *n (optikai készüléken)* sighting slot; *(puskán)* notch, (back-)sight
nézőközönség *n* public, audience, spectators *pl*
nézőpont *n* point of view, stand-point
nézőtér *n* auditorium
nézve *adv* **jobbról ~** seen from the right; **oldalról ~** in profile; **végtelenül kellemetlen volt rám ~** it was* extremely unpleasant for me
Niagara-vízesés *n* Niagara Falls *pl*
Nicaragua *n* Nicaragua
nicaraguai *a/n* Nicaraguan
nikkel *n* nickel
nikotin *n* nicotine
nikotinmentes *a* nicotine-free, free from nicotine *ut.*
nikotinmérgezés *n* nicotinism
nincs *v (nem létezik)* there is* no(t) ‖ *(nem kapható)* is* out of stock, is* not to be had ‖ **~ hely** there is* no seat to be found, (there is) no room; **~ idő** there is* no time; **~ itthon** he is* out; **~ jól** be* unwell; **~ meg az erszényem** I can't find my purse; **~ miért** *(köszönetre válasz)* you're welcome, don't mention it, it's nothing; **~ mit tenni** there is* nothing to be done, there is* nothing to do; **~ pénzem** I have* no money, I am* out of cash; **~ nálam pénz** I haven't got any money on me, I've no (ready) cash on me; **~ semmi bajom** I'm all right; **~ (belőle) több** there is* no more (left)
nitrát *n* nitrate
nitrogén *n* nitrogen
nitrogéntartalmú *a* nitrogenous
nitroglicerin *n* nitro-glycerine (*US* -rin)
nívó *n* level; *átv* standard
-nként *suff (helyhatározó* ‖ *(részelés)* főleg by ‖ *elöljáró nélkül v. különféle elöljáróval)* **házanként** every house, from house to house ‖ *(időhatározó)* **apránként** little by little, bit by bit, gradually; **darabonként árul** sell* by the piece; **egyenként** one by one; **helyenként** here and there, in some places, sporadically; **személyenként** per head/person, ... each
N. N. anon. (= anonymous)
no *int* **~ mi az?** what is it?; **~, megjöttél?** so you're here; well, you've arrived/come?; **~ megállj csak!** hold your horses!; **~ de ilyet!** well, I never!

Nobel-díj n Nobel prize || ~**at kapott** he was* awarded the/a Nobel prize
Nobel-díjas a Nobel prize winner, winner of the/a Nobel prize, Nobel laureate
nocsak! int well, well!
Noé n Noah || ~ **bárkája** Noah's Ark
noha conj (al)though, whereas
nomád a nomad, nomadic
nono! int come come!, now now!
norma n (teljesítménykövetelmény) (industrial) norm, piece-rate || átv standard || **nyelvi** ~ standard English/Hungarian etc., correct usage
normál a (szabványos) standard || (átlagos) normal, ordinary, regular, standard || (kazettán) normal (position) || zene ~ **a (hang)** concert pitch
normálbenzin n regular, 86 octane petrol (US gas/gasoline); GB two-star (petrol)
normálfilm n standard (v. 35 mm) film
normális a (rendes) normal || (épeszű) be* in one's right mind || ~ **körülmények között** normally, under normal conditions; ~ **vagy?** are you in your right mind?, are you crazy?
normalizálódik v get* back to normal
normann a/n tört Norman || **a** ~ **hódítás** the Norman Conquest (1066)
normatív a normative
norvég a/n Norwegian
Norvégia n Norway
norvégül adv (in) Norwegian || → **angolul**
nos int (kijelentésben) well (now), ... || ~, **befejeztem** well, I have finished (it); (kérdésben) ~, **mi a véleményed?** well, what do you think?
nosztalgia n nostalgia
nosztalgiahullám n wave of nostalgia
nosztalgiázik v indulge in nostalgia
nóta n (magyar) (Hungarian) song (in the folk style); (dallam) tune, melody || (mai) pop song || **mindig ugyanazt a** ~**t fújja** he is always harping on the same string
nótázik v sing* popular/Hungarian songs/tunes
notesz n note-book, diary
novella n short story
novelláskötet n volume of short stories
november n November || → **december**
novemberi a November, in/of November ut. || → **decemberi**
novokain n Novocaine
nő[1] v ált (és növ) grow* || (nagyobbodik) grow*, increase, augment; (fejlődik) develop; (adósság, bevétel, tekintély) increase || **magasra** ~ grow* tall, shoot* up; ~**tt a szememben** he has grown in my estimation

nő[2] n ált woman°; (udvariasan) lady || (feleség) wife° || **a** ~**k** women, womankind; **jó** ~ a nice bit of fluff, a cute little number; ~**k** (felirat és női WC) Ladies; biz **vknek a** ~**je** sy's woman°/mistress, sy's fancy woman°
nőbolond n womanizer; kif be* mad about women
nőcsábász n lady-killer, Don Juan, womanizer
nőcske n elit (könnyűvérű) easy/loose woman, biz bird; (nagyon fiatal) chick, female || (kis termetű) little/small woman
nőgyógyász n gynaecologist (US gynec-)
nőgyógyászat n gynaecology (US gynec-)
nőgyógyászati a gynaecological (US gynec-)
nőgyűlölő n misogynist, woman-hater
női a woman-, woman's, women's, ladies('), female || ~ **betegség** gynaecological (v. US gynec-)/women's disease; ~ **divat** ladies' fashion; ~ **divat(áru)** ladies' wear; ~ **fodrász** ladies' hairdresser; ~ **(kézi)táska** handbag, US pocket book, purse; **a** ~ **nem** womankind, womanhood, the fair/gentle sex; ~ **osztály** (kórházban) female/women's ward; (áruházban) ladies' department; ~ **ruha** (woman's) dress, frock; ~ **szabó** ladies' tailor; (szabónő) dressmaker; sp ~ **számok** women's events; ~ **szerep** female/woman's part/role; ~ **vécé** (the) ladies, US ladies' room
nőies a (nő) womanly, womanlike, ladylike, feminine || (férfi) effeminate, womanish
nőietlen a unwomanly, unfeminine
nőismerős n woman acquaintance (pl women acquaintances), girl-friend, a woman°/lady I know
nőnap n **Nemzetközi N**~ International Women's Day
nőnem n nyelvt feminine (gender)
nőnemű a nyelvt feminine || ~ **főnév** feminine
nőrablás n abduction of women
nős a married
nőstény n female (animal) || összet female, she-; (őz, nyúl) doe- || ~ **elefánt** cow-elephant; ~ **farkas** she-wolf; ~ **kecske** she/nanny-goat; ~ **macska** she-cat; ~ **nyúl** doe-rabbit; ~ **oroszlán** lioness; ~ **tigris** tigress
nősül v get* married, marry
nősülés n marrying, getting married, marriage
nőszövetség n Women's Association
nőtársaság n company of women, female company

nőtartás *n (díj)* maintenance; *főleg US:* alimony
nőtlen *a* unmarried; *(hiv nyomtatványokon)* single ‖ ~ **férfi** unmarried man°, bachelor
nőtlenség *n* unmarried/single state, bachelorhood; *(papi)* celibacy
nőügy *n biz* affair
növekedés *n (ált és élő szervezeté)* growth; *(számban)* increase; *(terjedelemben)* growth, expansion
növeked|ik *v (ált és élő szervezet)* grow*; *(mennyiségben)* increase, be* on the increase; *(terjedelemben)* grow* larger/bigger, expand ‖ **egyre** ~**ik** keep* growing
növekedő *a* growing, increasing; *(terjedelemben)* expanding ‖ ~**ben van** be* steadily/continually growing/increasing/expanding, be* on the increase/rise
növel *v ált* increase, swell*; *(terjedelemben)* enlarge, expand, extend; *(árat, bevételt)* increase; *(értéket)* enhance, increase; *(befolyást, hatalmat)* extend; *(sebességet)* increase; *(szókincset)* enrich; *(termelést)* increase, step up; *(tudást)* improve ‖ ~**i a nehézségeket** add to the difficulties
növelés *n ált* increase; *(termelésé így is)* step(ping)-up
növendék *n ált* pupil; *(főleg főiskolai)* student; *(intézeti)* boarder ‖ *(állatról)* young ‖ ~ **marha** young cattle; **volt** ~ *(iskoláé)* ex-pupil, *GB* old boy/girl, graduate, *US* alumnus *(pl* alumni)
növény *n* plant ‖ **kerti** ~**ek** garden plants
növénybetegség *n* plant disease
növényevő 1. *a* plant-eating, *tud* herbivorous **2.** *n* plant-eater, *tud* herbivore
növénygyűjtő *n* herbalist, plant-collector
növényi *a (növényhez tartozó)* plant-; *(a növényvilággal kapcs.)* vegetal; *(növényi eredetű)* vegetable ‖ ~ **olaj** vegetable oil; ~ **rost** vegetable fibre *(US* -ber); ~ **zsírok** vegetable fats
növénynemesítés *n* plant improvement
növénytan *n* botany
növénytani *a* botanical
növénytermesztés *n* cultivation of plants
növényvédelem *n* plant protection/conservation
növényvédő szer *n* plant-protecting agent/material, insecticide
növényvilág *n* flora *(pl* floras *v.* florae), plant/vegetable kingdom, plant life
növényzet *n* plants *pl,* vegetation, flora *(pl* floras *v.* florae), plant life
nővér *n (testvér és ápoló)* sister

nővérke *n (testvér) biz* sis ‖ *(ápolónő megszólítása)* excuse me, nurse/sister
növés *n (növekedés)* growth ‖ *(termet)* build, figure, stature ‖ ~**ben levő gyermek** growing child°
növeszt *v* make* grow, grow* ‖ **szakállt** ~ grow* a beard
nudista *n* nudist
nudizmus *n* nudism
nudli *n* noodles *pl,* vermicelli
nukleáris *a* nuclear ‖ ~ **energia** nuclear energy; ~ **fegyverkísérlet** nuclear (weapon) test; ~ **hadviselés** nuclear warfare; ~ **leszerelés** nuclear disarmament
nulla 1. *num (számjegy)* zero, nought, nil; *(számban kiolvasva:* ou*)* ‖ *sp* **három** ~ **(3:0)** three goals to nil, three-nil (3-0); ~ **alatti** below zero *ut.*; ~ **alá süllyed** fall* below zero; ~ **egész 6 tized (0,6)** (nought) point six (0.6); ~ **fok (van)** (it's) zero (centigrade); ~ **óra 35 perckor** at 0035 hours, at zero *(v.* 0-0) thirty-five hours **2.** *n el* neutral ‖ *biz* **ő egy nagy** ~ he is a mere cipher
nulladik *a* ~ **óra** *isk* ⟨school class beginning at 7 a.m.⟩
nullpont *n* zero (point)
nullszéria *n* trial series, pilot, batch
numerikus *a* numerical
numizmatika *n* numismatics *sing.*
nutria *n* coypu, nutria
Nürnberg *n* Nuremberg

Ny

nyafog *v* whine, whimper, snivel *(US* -l)
nyafogás *n* whine, whimper(ing), sniveling) *(US* -l-)
nyafogós *a* whining, *biz* whinging
nyaggat *v* trouble, bother, nag, pester
nyáj *n* flock
nyájas *a ir* kind(ly), friendly, ami(c)able, affable ‖ ~ **olvasó** gentle reader
nyak *n (testrész)* neck ‖ *(ruháé, ingé)* neck(-piece) ‖ *(üvegé, hangszeré)* neck ‖ **a** ~**ára jár vknek** hound/bother/pester/importune sy; ~**amat teszem rá** I'd stake my life on it; ~**ába borul** fall* on sy's neck, fling* one's arms round sy's neck; ~**ába varr vknek vmt** palm/fob sg off on sy, foist sg on sy; ~**át töri** *(átv is)* break* one's neck; ~**ig úszik az adósságban** be* up to one's ears/neck in debt; ~**on csíp vkt** collar sy, get*/catch* hold of, seize sg by

nyakas 420

the collar; ~**on üt** give* sy a clout round the ear, slap sy's face
nyakas *a* obstinate, stubborn, headstrong
nyakaskod|ik *v* be*/remain obstinate/stubborn
nyakatekert *a* convoluted, tortuous
nyakazás *n* beheading, decapitation
nyakbőség *n* collar size || **39-es** ~ collar (size) 39 cms (15 ins), size 15 collar
nyakcsigolya *n* cervical vertebra *(pl* -brae *v.* -bras)
nyakék *n* (necklace/necklet with a) pendant
nyakfájás *n* neck-ache; *(reumás)* stiff neck
nyaki *a orv* cervical
nyakigláb *n* long-limbed/legged; *kif* be* all-leg(s)
nyakizom *n* cervical muscle
nyakkendő *n* tie, *US* necktie || **megköti** ~**jét** tie one's (neck)tie; *(csokrot)* knot one's tie
nyakkendőtű *n* tie-pin
nyakkivágás *n (ruhán)* neckline || **mély** ~ a plunging neckline
nyaklánc *n* chain, necklace; *(rövid, nyakhoz simuló)* necklet || **arany** ~ gold chain
nyakleves *n biz* cuff, clout round the ear || ~**t ad** cuff (sy), clout sy round the ear
nyakló nélkül *adv* unbridled, unrestrainedly, beyond measure
nyakörv *n* (dog) collar
nyakra-főre *adv* helter-skelter, headlong
nyakszirt *n* nape (of the neck)
nyakszirtmerevedés *n* nuchal rigidity
nyaktörő *a* break-neck || ~ **mutatvány** stunt; ~ **sebességgel** at break-neck speed
nyal *v vmt* lick, lap || *biz (a főnökének stb.)* lick sy's boots, play up to sy, toady to sy; *(gyerek tanárnak stb.)* suck up to sy
nyál *n* saliva, spittle, slaver, slobber
nyaláb *n* bundle (of sg); *(rőzse)* faggot, bundle of firewood/sticks
nyalakod|ik *v* eat* titbits *(US* tidbits), eat*, sweets (on the sly)
nyalánk *a* (very) fond of titbits *(US* tidbits) *ut.,* sweet-toothed; *kif* have* a sweet tooth
nyalánkság *n (jó falat)* titbit, *(US* tidbit), delicacy
nyalás *n vmt* lick(ing), lapping || *biz* bootlicking, fulsome flattery, fawning || **utálom a** ~**t** I hate being sucked up to
nyálas *a* slobbering, slobbery || *biz (hízelgő)* oily, *GB* smarmy
nyaldos *v* lick, keep* licking || *(tenger)* ~**sa a partot** wash (against/over) the shore

nyal-fal *v biz* **nyalják-falják egymást** they're all over each other
nyálkahártya *n* mucous membrane
nyálkás *a* mucous, slimy
nyalogat *v* lick || ~**ja a száját** lick one's lips/chops
nyalóka *n* lollipop, *biz* lolly
nyamvadt *a (ember)* weedy, sickly, puny; *(dolog)* lousy, rotten
nyanya *n* grannie, granny
nyápic *a* puny, weedy
nyár¹ *n* summer || ~ **on** in (the) summer, during the summer; **ezen a** ~ **on** this summer; **a múlt** ~**on** last summer; **jövő** ~**on** next summer; **1980 nyarán** in the summer of 1980; ~ **ra** by/for the summer
nyár² *n =* **nyárfa**
nyaral *v* spend* the summer, spend* one's summer holiday(s) (at) || ~**ni megy** go* swhere for the summer holiday(s); *US* vacation swhere (in the summer); **a tengeren** ~ holiday by the sea(side)
nyaralás *n* summer holiday(s) *(US* vacation)
nyaraló *n (épület, kisebb)* holiday home/chalet, summer cottage; *(nagyobb)* country cottage, villa || *(személy)* holiday-maker, *US így is:* vacationer
nyaralóhely *n* summer/holiday/seaside resort
nyaraltatás *n* (paid) summer holidays *pl*
nyaranta *adv* every summer
nyárfa *n* poplar
nyárfasor *n (út)* poplar-lined road
nyargal *v (lovon)* gallop, ride* hard/fast || *(gyalog)* hurry, rush, run*
nyári *a* summer || ~ **időszámítás** summer time, *US* daylight saving time, DST; ~ **meleg** summer heat, the great heat of summer; ~ **menetrend** summer timetable; ~ **ruha** summer clothes *pl,* summer suit/dress; ~ **szünet** *isk* long vac(ation), summer holiday(s), *US* vacation; *szính* summer break; *(mint kiírás)* "closed for the summer/season"; ~ **tábor** *isk* summer/holiday camp
nyárias *a (idő)* summery; *(öltözet)* light
nyárs *n* spit || ~ **on süt** roast on the spit, barbecue
nyársonsült *n* meat/joint roasted on the spit, barbecue(d meat)
nyárspolgár *n* petit/petty bourgeois
nyárspolgári *a* petit/petty bourgeois, narrow/small-minded
nyavalya *n (betegség)* illness, disease, malady || *vulg* **töri a** ~ *vmért/vkért* be* mad for sy/sg
nyavalyás *a (betegeskedő)* sickly, seedy || *biz (nyomorúságos)* miserable, wretched || *biz (vacak)* paltry, wretched; *(boszszúsan)* damned

nyavalygás *n (betegeskedés) a*iling, sickliness ‖ *(siránkozás)* lamentation, whining, wailing ‖ *(bajlódás)* bother
nyavalyog *v (siránkozik)* lament, whine, wail, moan ‖ *(bajlódik)* bother about (sg), have* tr*o*uble with sg ‖ *(betegeskedik)* be* in poor health
nyávog *v* mew, me*o*w, mi*a*ow
nyávogás *n* mewing, mi*a*owing
nyekereg *v (hangszer v. vk hangszeren)* screech, scrape ‖ *vk* bleat
nyekken *v* groan ‖ **földhöz vágtam, hogy csak úgy ~t** I floored him and he gave a groan as he fell
nyel *v* swallow ‖ **~t egy nagyot, és** ... he swallowed (hard) and ...
nyél *n (szerszámé ált)* handle; *(hosszúnyelű szerszámé)* handle, shaft; *(baltáé, kalapácsé)* handle, helve; *(késé)* h*a*ndle, haft; *(zászlóé)* staff; *(seprőé)* handle, stick ‖ *átv* **~be üt vmt** carry sg out/through; *(üzletet)* clinch/close [a deal] with sy
nyelés *n* swallow(ing)
nyeletlen *a* without a handle *ut.*
nyelőcső *n* g*u*llet, oes*o*phagus *(pl* oes*o*phagi) *(US* eso-)
nyelv *n (szerv)* tongue ‖ *(cipőé)* tongue; *(fúvós hangszeré)* reed, tongue; *(harangé)* clapper, tongue; *(mérlegé)* pointer ‖ *(a társadalmi érintkezés eszköze)* language; *ritk ir* tongue ‖ *(írásműé, isk dolgozaté stb.)* style ‖ **a ~e hegyén van** have* sg on the tip of one's tongue; **az angol ~** the *E*nglish language; **élő ~** l*i*ving/modern language; **füstölt ~** smoked tongue; **három ~en jól tud(ó)** (be*) fl*u*ent in three languages *ut.*; **holt ~** dead language; **kinyújtja a ~ét vkre** put*/stick* out one's tongue at sy; **lóg a ~e** *(vké fáradtságtól)* be* dead tired, be* done in; **mutassa, kérem, a ~ét** let me see your tongue, say "Aa(h)"; **(jól) pereg a ~e** have* the gift of the gab, have* a re*a*dy tongue; **rossz ~ek** sc*a*ndal-mongers, m*i*schief-makers
nyelvbotlás *n* slip of the tongue, l*a*psus l*i*nguae
nyelvcsalád *n* family of languages
nyelvemlék *n* literary rem*a*ins of a language *pl,* lingu*i*stic record
nyelvérzék *n* lingu*i*stic *i*nstinct, sense of language, gift for languages ‖ **jó ~e van** have* a f*e*eling for a language, have* a t*a*lent/head for languages
nyelves *a (feleselő)* sharp-t*o*ngued, pert, fl*i*ppant ‖ **~ csók** French kiss
nyelvész *n* l*i*nguist
nyelvészet *n* linqu*i*stics *sing.*
nyelvészeti *a* lingu*i*stic

nyelvezet *n* language; *(írásé)* style; *(szónoké)* d*i*ction ‖ **jogi ~** legal p*a*rlance; **politikai ~** the l*a*nguage of politics
nyelvgyakorlat *n* language drill/practice/exercise
nyelvhasználat *n u*sage ‖ **mindennapi ~ban** in *e*veryday *u*sage
nyelvhelyesség *n* good/correct/standard *u*sage, gramm*a*tical correctness, correctness of speech
nyelvi *a (beszélt nyelvi)* rel*a*ting to language(s) *ut.*, of language *ut.*, language; *tud* lingu*i*stic ‖ **~ fordulat** *i*diom; **~ hiba** mist*a*ke (in the l*a*nguage, in *E*nglish etc.), gramm*a*tical mist*a*ke/*e*rror, speech *e*rror, s*o*lecism; **~ sajátság** idiom*a*tic expression, *i*diom
nyelvileg *adv* lingu*i*stically ‖ **~ helyes** lingu*i*stically correct, (it's) gramm*a*tically correct
nyelviskola *n* language school, school of languages
nyelvjárás *n* d*i*alect
nyelvjárási *a* dialect*a*l, d*i*alect
nyelvkönyv *n* c*o*urse (book), t*e*xtbook; *(kezdő)* pr*i*mer ‖ **angol ~ középhaladóknak** an intermediate course in English
nyelvlecke *n* language lesson ‖ **angol ~** lesson in English, English lesson
nyelvoktatás *n* = **nyelvtanítás**
nyelvóra *n* l*a*nguage lesson ‖ **~kat ad** give* lessons (*v.* hold* classes) (in English/etc.); **~kat vesz** go* to classes (*v.* take* lessons) in [English etc.]
nyelvpótlék *n* language allowance
nyelvszakos *a* **~ hallgató** student specializing in languages, student of English/Hungarian etc., *US* student majoring in languages; **~ tanár** language teacher
nyelvtan *n* grammar
nyelvtanár *n* language teacher, teacher of (a) language ‖ **angol ~** *E*nglish teacher, teacher of English
nyelvtanfolyam *n* (language) course ‖ **angol ~** an *E*nglish course, a course in Eng-lish
nyelvtani *a* grammatical, of grammar *ut.* ‖ **~ hiba** grammatical mist*a*ke/*e*rror, bad grammar
nyelvtanilag *adv* grammatically
nyelvtanítás *n* language teaching
nyelvtankönyv *n* grammar
nyelvtanulás *n* language learning/acquisition, learning (foreign) languages, study of languages
nyelvtanulási *a* language-learning
nyelvtanuló *n* language learner
nyelvtehetség *n* gift for languages ‖ **ő egy valódi ~** (s)he has a talent/head for languages, (s)he is a lingu*i*stic genius

nyelvterület *n* language/speech area ‖ **angol ~ the** English language area
nyelvtörő *n* tongue-twister
nyelvtörténet *n* history of language
nyelvtudás *n (több nyelvé)* ált foreign language skills *pl*, knowledge of languages; *(egy nyelvé)* knowledge/command of [English etc.], proficiency in [English etc.] ‖ **angol** ~**a** ... his/her English is ...; **jó angol** ~ competent knowledge of English, proficiency in English
nyelvtudomány *n* linguistics *sing.*, linguistic science
nyelvtudományi *a* linguistic
nyelvtudós *n* linguist
nyelvű *a (beszélt nyelven)* -speaking, of ... language *ut.* ‖ **angol ~ beszéd** speech/address in English, English speech; **angol ~ lakosság** English-speaking population; **angol ~ szöveg** a text (written) in English
nyelvvizsga *n* állami (angol) ~ state examination in English; **alapfokú angol ~** lower (state) examination in English; **középfokú angol ~** intermediate (state) examination in English; **felsőfokú angol ~** higher/advanced (state) examination in English; **két nyelvből van ~ja** (s)he has a (state) qualification in two foreign languages
nyer *v (játékban, üzletben stb.)* win*, gain ‖ *(versenyt, versenyen)* win* ‖ *(megkap, szerez)* get*, obtain ‖ *(haszna van vmből, átv)* profit/gain by/from (sg) ‖ *(anyagot vmből)* get*/win*/obtain sg from sg ‖ **a mérkőzést a magyar csapat ~te** the Hungarian team won the match; **csak ~ vele, ha ...** it can do nothing but good if (s)he ...; **időt ~ can gain/save** time; **játékban ~** win* the game; **kártyán ~** win* at cards; **20 000 Ft-ot ~t a lottón** (s)he won 20,000 fts in the State Lottery
nyereg *n* saddle ‖ *(hegyé)* saddle(-back), mountain-pass, col ‖ *(orré)* bridge ‖ **női ~** side-saddle; **~be száll** mount a horse, mount into the saddle; **~ben érzi magát** be* (*v.* feel* that one is) firmly in the saddle
nyeremény *n (sorsjátékban)* prize; *(csak pénz)* the winnings *pl*
nyerés *n* winning, gain(ing)
nyereség *n (üzletileg)* profit, gain, proceeds *pl*, earnings *pl*; *(játékon)* winnings *pl* ‖ *átv* gain, benefit, advantage ‖ **ő nagy ~** *(nekünk)* he is* a great asset (to us); **tiszta ~** net/clear profit
nyereséges *a* profitable, paying, lucrative; *kif* be in the black

nyereségrészesedés *n (elv)* profit-sharing ‖ *(rész)* share of/in the profit(s), bonus
nyereségvágy *n* greed (for gain), love of gain ‖ **~ból elkövetett emberölés** murder for pecuniary gain/advantage
nyeretlen 1. *a* ~ **ló** maiden horse **2.** *n* ~**ek versenye** maiden stakes *pl*
nyergel *v* saddle, put* the saddle on
nyerges 1. *a* saddle-backed ‖ ~ **vontató** semi-trailer **2.** *n* ‖ *(foglalkozás)* saddler ‖ *(ló)* saddle-horse, hack; *(fogatban)* near horse
nyerő *a* winning ‖ **nem ~ szám** blank; *biz* **nem ~** dead loss
nyers *a (anyag)* raw, crude, unmanufactured ‖ *(étel)* raw, uncooked ‖ *(ember)* rough, coarse ‖ *ker* gross ‖ ~ **bánásmód** rough treatment; ~ **bevétel** gross receipts/takings/earnings *pl*; ~ **erő(szak)** brute force; ~ **fa** natural/plain/unvarnished wood; ~ **hús** raw meat; ~ **modor** rudeness, coarseness; ~ **modorú** blunt, bluff; ~ **tej** fresh/unboiled milk
nyersanyag *n* raw material
nyersanyaghiány *n* shortage of raw materials
nyersen *adv* ~ **eszik** it is to be eaten raw/uncooked ‖ *átv* ~ **felelt** replied rudely/bluntly
nyerseség *n (anyagé)* rawness ‖ *(emberé, átv)* roughness, coarseness, harshness, rudeness
nyersfordítás *n* rough translation
nyersolaj *n* crude oil
nyersselyem *n* raw silk
nyersvas *n* crude iron; *(tömb)* pig iron
nyert *a* ~ **ügye van** (s)he is bound/sure to win (*v.* is assured of success)
nyertes 1. *a* winning ‖ ~ **számok** winning numbers **2.** *n* winner
nyest *n* (beech-)marten
nyihog *v (ló)* neigh, whinny
nyikkan *v* = **mukkan**
nyikorgás *n (ajtóé)* creak(ing), squeak(ing); *(szekéré)* groaning, creaking
nyikorgó *a* creaking, creaky, squeaky
nyíl *n* arrow ‖ **a ~ irányában** *(halad)* follow the arrows
nyilall(ik) *v (fájdalom)* shoot* ‖ **a szívébe ~ik** it cuts* one to the heart/quick; **(a fájdalom) a vállamba ~ik** a pain shoots* through my shoulder, I have a shooting pain in my shoulder
nyilalló *a* shooting, stabbing ‖ ~ **fájdalom** shooting pain
nyilas 1. *a (nyíllal felszerelt)* armed/equipped with arrows *ut.* **2.** *n (íjász)* archer, bowman°; *csill* the Archer, Sagit-

tarius || *pol tört* arrow-cross man°, Hungarian Nazi
nyílás *n* opening, aperture; *(hézag)* gap; *(automatáé)* slot
nyilaskereszt *n* arrow-cross
nyilatkozat *n* declaration, statement; *hiv* communiqué; *(kiáltvány)* proclamation || **hivatalos** ~ official statement; ~ **ot ad/tesz** make* a statement
nyilatkoz|ik *v ált* make* a statement/declaration || *(házassági ígéretet tesz)* propose (to sy) || *biz* pop the question || ~**ik az újságíróknak** make* a statement to the journalists
nyilaz *v* shoot* an arrow, shoot* with a bow
nyílegyenesen *adv* straight (as a dart), directly || ~ **megy/siet vhova/vkhez** *biz* make* a bee-line for sg/sy
nyílhegy *n* arrow-head
nyíl|ik *v (ajtó, bolt, pénztár stb.)* open || *(virág)* open, bloom || **az ablakok a kertre** ~**nak** the windows give* onto the garden, the windows overlook the garden; **befelé** ~**ik** opens inwards; **itt** ~**ik** open here
nyíló *a (virág)* blooming, opening || **kertre** ~ **szoba** room that opens onto the garden, room giving onto the garden, room overlooking the garden; **két egymásba** ~ **szoba** rooms that open out of one another, intercommunicating rooms
nyílsebesen *adv* like a shot, lightning fast
nyílt *a* open; *(nem titkolt)* undisguised, unconcealed; *(jellem)* open, direct, straight; *(őszinte)* frank, above-board; *(szókimondó)* outspoken, candid, straightforward || ~ **erőszak** brute force, undisguised/naked violence; ~ **eszű** clear-headed; ~ **láng** naked flame; ~ **láng használata tilos** No naked flames; ~ **levél** open letter; ~ **magánhangzó** open vowel; ~ **nap** an open day, *US* open house; ~ **pálya** open track; ~ **parancs** open order, military pass; ~ **seb** open wound, raw sore; ~ **szavazás** open vote/ballot; ~ **szótag** open syllable; ~ **támadás** direct/open attack; ~ **tekintet** straight look; ~ **tenger** the open sea; ~ **tengeren** on the high seas, (out) at sea; ~ **törés** *(csonté)* compound fracture; **a** ~ **utcán** in the street, in broad daylight, publicly; ~ **város** open city/town
nyíltan *adv* openly, frankly, plainly, overtly (*US* overtly), directly || ~ **beszél** speak* frankly, be* plain with sy, *US* talk turkey; ~ **megmond vmt** does not mince matters

nyíltság *n (jellemé)* openness, directness, frankness, candour (*US* -dor); *(szókimondás)* plain speaking, straightforwardness
nyíltszívű *a* open-hearted
nyíltszívűség *n* open-heartedness
nyilván *adv* evidently, obviously, apparently, clearly
nyilvánít *v (akaratot, hálát)* give* expression to; *(érzést)* manifest, show*, reveal || *vmnek, vmvé* declare, pronounce || **holttá** ~ declare (legally) dead; **véleményt** ~ express one's/an opinion, opine
nyilvános *a* public, open || ~ **illemhely** *GB* public convenience(s), *US* public toilet(s), rest room; ~ **főpróba** public rehearsal; ~ **telefon** (public) call box, (tele)phone box/booth; ~**sá tesz** make* public, announce, proclaim
nyilvánosan *adv* in public, publicly
nyilvánosház *n* (licensed) brothel
nyilvánosság *n (vmnek nyilvános volta)* publicity; openness || *(közönség)* public || **a** ~ **kizárásával** the public are not admitted, privately, behind closed doors; ~**ra hoz vmt** make* sg public, publish sg; ~**ra hozás** publication
nyilvántart *v* keep* a record of
nyilvántartás *n (tény)* recording, registering || *(az írások)* records *pl*, register, file || ~**t vezet** keep* a record of sg; **rendőrségi** ~ police registers *pl*
nyilvántartó 1. *a* registering, recording || ~ **könyv** register(-book) **2.** *n (tisztviselő)* registrar, recorder || *(intézmény)* record office, register(s)
nyilvánvaló *a* evident, obvious, manifest, clear, plain || ~**vá válik** come* out, become* obvious/manifest/evident/clear
nyílvessző *n* arrow, bolt
nyír[1] *v (hajat)* cut*; *(stuccol)* clip, trim; *(rövidre)* crop (close/short) || *(birkát)* shear* || *(füvet)* mow, cut*; *(növényt)* cut*, clip
nyír[2] *n növ* birch(-tree)
nyírás *n (hajé)* haircut, cut(ting); *(rövidre)* crop(ping); *(stuccolás)* trimming || *(birkáé)* shear(ing)
nyiratkoz|ik *v* have* one's hair cut, have*/get* a haircut
nyírfa *n (anyaga)* birch(-wood) || = **nyír**[2]
nyírfaerdő *n* birch forest/wood/grove
nyirkos *a (éghajlat)* moist, humid; *(idő, hideg)* (cold and) damp, raw; *(idő, meleg)* muggy, (warm and) humid; *(testrész)* moist, wet; *(ház, pince)* damp
nyirkosság *n (éghajlaté, testé)* moistness, moisture; *(házé, ágyneműé)* dampness; *(időé)* humidity

nyirok 424

nyirok *n* lymph
nyirokcsomó *n* lymphatic gland
nyirokér *n* lymphatic vessel
nyirokmirigy *n* lymphatic gland
nyirokmirigy-gyulladás *n* inflammation of the lymphatic glands
nyirokrendszer *n* lymphatic system
nyiroksejt *n* lymphocyte
nyírott *a (haj)* cut, cropped; *(rövidre)* close-cut/cropped ‖ ~ **gyapjú** clippings *pl*, shearings *pl*
nyiszlett *a* scraggy, scrawny, puny, lean
nyit *v* open ‖ *(nyitott politikát kezd)* open up ‖ **ajtót** ~ **vknek** answer the door to/for sy; **folyószámlát** ~ *o*pen an account; **mikor** ~ **a pénztár?** when does the box-office open?; **tágra** ~**ja a szemét** open one's eyes wide; **tüzet** ~ open fire; **utat** ~ **magának** clear a way for oneself
nyitány *n* overture
nyitás *n* ált opening; *(üzleté)* opening time ‖ *sp (röplabda)* service
nyitható *a* ~ **tető** convertible top, sun roof; ~ **tetejű autó** convertible
nyitja *n* vmnek key to sg, solution (of sg) ‖ **rájön a dolog** ~**ra** find* the key to sg
nyitogat *v* try to open
nyitott *a* open ‖ ~ **szemmel jár** go* about open-eyed; ~ **uszoda** outdoor (*v.* open-air) swimming-pool
nyitva *adv* open ‖ ~ **van a csap** the tap is* on; ~ **felejt** *(gázt)* leave* [the gas] on, forget* to turn the gas off; ~ **9 órától 17 óráig** opening hours 9 a.m. to 5 p.m.; **egész évben** ~ open all (the) year round; **az ajtó** ~ **van** *(= nincs kulcsra zárva)* the door is* not locked (*v.* is on the latch); ~ **tartja a szemét** *átv* keep* one's eyes open/skinned
nyitvatartási idő *n* office/opening/shop hours *pl*, business hours *pl*
nyivákol *v* mewl, caterwaul; *(gyerek)* whine
nyivákolás *n* mew(l)ing, caterwauling; *(gyereké)* whining
nyolc *num* eight ‖ ~ **felé** *(irány)* in eight directions, into eight parts; *(idő)* about eight; **Földszint** ~ (door) number 8 on the ground (*US* first) floor; **a** ~**ban (8-ban) lakik** (s)he's living at No. 8; **reggel** ~ **kor** at eight in the morning (*v.* at 8 a.m.); *biz* **nekem** ~ it's all the same to me, I don't care, it makes no odds
nyolcad *n (rész)* eighth (part) ‖ *(hangjegy)* quaver, *US* eighth note
nyolcadik 1. *num a* eighth; 8th ‖ ~**ba jár** go* to the eighth form/class
nyolcadikos (tanuló) *n* eighth form (*US* grade) pupil/student [in a Hungarian public elementary school], school-leaver

nyolcadrész *n* eighth (part), one eighth
nyolcadszor *num adv (nyolcadik alkalommal)* (for) the eighth time ‖ *(felsorolásnál)* in the eighth place
nyolcan *num adv* eight (of them/us/you)
nyolcas 1. *a (számú)* number eight **2.** *n (számjegy)* the figure/number eight ‖ *(nyolcevezős)* eight(-oared) boat) ‖ *(kerékpárkeréké)* wobbly wheel ‖ *zene* octet
nyolcéves *a (kor)* eight years old *ut.,* eight-year-old ‖ *(tartam)* of eight years *ut.,* eight years' ‖ ~ **fiú** a boy of eight
nyolcevezős *n* eight(-oared) boat)
nyolcévi *a* of eight years *ut.,* eight years'
nyolcféle *a* eight kinds/sorts of, of eight parts/sorts *ut.*
nyolcnapi *a* of/for eight days *ut.,* eight days'
nyolcnapos *a (kor)* eight days old *ut.,* eight-day-old ‖ *(tartam)* eight-day, eight days long *ut.,* lasting/for eight days *ut.,* eight days'
nyolcórai *a (időtartam)* eight hours' ‖ *(időpont)* eight o'clock
nyolcórás *a* eight-hour, lasting/for eight hours *ut.*
nyolcszor *num adv* eight times
nyolcszori *a* of eight times *ut.*
nyolcszoros *a* eightfold, eight times as many/much as ...
nyolcszög *n* octagon
nyolcszögű *a* octagonal
nyolcvan *num* eighty ‖ ~ **forint** 80 forints (*v.* fts); **10** ~**ba kerül** it costs 10 fts eighty; ~ **an** eighty (people), eighty of them/us/you
nyolcvanas *a/n (szám)* number eighty ‖ *(korban)* in one's eighties *ut.* ‖ **a** ~ **évek** the eighties (the 80s *v.* 1980s)
nyolcvanéves 1. *a* eighty years old *ut.,* eighty-year-old **2.** *n* octogenarian
nyom¹ *v (szorít, ránehezedik átv is)* press ‖ *(súlyban)* weigh ‖ *nyomd, tex* print ‖ *(elnyom vkt)* oppress (sy) ‖ *biz (támogat)* push ‖ **a cipő** ~**ja a lábát** the shoe pinches; ~**ja a lelkét** sg is* (weighing) on his mind; ~**ja az ágyat** be* confined to bed, be* bedridden
nyom² *n* trace, trail, track, mark; *(lábé)* foot-print(s), foot-mark(s); *átv* footsteps *pl*; *(erkölcsi hatásé)* impression, sign, mark ‖ ~ **a sincs** there is* no trace of it; ~**ába sem léphet** can't (*v.* be* not fit to) hold a candle to, be* not to be compared with/to sy; ~**ában van** be* hot on the scent/track of sy, be* on sy's trail; *(fenyegetően)* breathe down sy's neck; **hamis** ~**on van** be* on the wrong track; **helyes** ~**on van** be* on the right track; **Shakespeare** ~**án írta** adapted from Shakespeare (by); **vm**

~ **án** on the basis of, after, from, according to; ~**ra vezet** put* sy on the right track, give* sy a clue/hint; ~**ára jön/ jut vmnek/vknek** happen (up)on sg/ sy, find* a/the trace of sg/sy, find* traces of sg/sy; *(kutya)* pick up the scent (of); *(bűnözőnek)* get* on the track of, *biz* be* on to sy

nyomakod|ik *v (tömegben)* squeeze/ push/elbow one's way through

nyomás *n ált* pressure; *(embertömegé) pushing* || *fiz* pressure || *nyomd (folyamata)* printing; *(eredménye)* print || *biz* ~! get a move on! || *sp (súlyemelés)* snatch || **a körülmények** ~**a alatt** under the pressure of circumstances/necessity; **a levegő** ~**a** (atmospheric) pressure; **enged a** ~**nak** yield to pressure; *orv* ~**t érez a mellében** sy feels* pressure on his/her chest; ~**t gyakorol vkre** put* pressure on sy, bring* pressure to bear on sy; *biz* **van benne** ~ *(= sokat ivott)* he has had a skinful

nyomásmérő *n* manometer, pressure gauge *(US* gage)

nyomaszt *v (gond)* weigh (heavily) on sy('s mind), distress

nyomasztó *a* oppressive, depressing || ~ **érzés** uneasy/sickening/depressing feeling; ~ **gondok** grinding/oppressive cares. serious worries

nyomat[1] *v* have* sg printed

nyomat[2] *n* print, impression

nyomaték *n (hangsúly)* emphasis; *(fonetikai ért. is)* stress || *fiz* moment || **kellő** ~**kal** with due emphasis

nyomatékos *a (hangsúlyozott)* emphatic; *(fonetikai ért. is)* stressed || ~**an kijelenti, hogy** lay* emphasis/stress on, declare emphatically that

nyomban *adv* at once, immediately, instantly, forthwith, straightaway || **azon** ~ on the spot, then and there

nyombél *n* duodenum *(pl* duodena)

nyombélfekély *n* duodenal ulcer

nyomda *n (nagyobb)* printing house/ press/office, *US így is:* printery; *(kisebb)* print(ing) shop || ~**ban van** *(= nyomják)* be* in the press, *US így is:* be* in press, is* being printed

nyomdafesték *n* printer's/printing ink || **nem bírja el a** ~**et** it's* unprintable

nyomdahiba *n* misprint, printer's/typographic error

nyomdai *a* typographical, printer's, printing

nyomdaipar *n* printing (industry)

nyomdaköltség *n* cost of printing

nyomdász *n* printer

nyomdászat *n* printing, typography

nyomelem *n biol* trace element

nyomócső *n ált* water pipe

nyomógomb *n el, műsz* push button, button; *(csak csengőnek)* bell push

nyomógombos telefon *n* push-button telephone

nyomor *n* misery, distress, need || ~**ba jut** sink*/fall* into poverty; **(nagy)** ~**ban él** suffer from *(v.* live in) (extreme) poverty, be* poverty-stricken

nyomorék 1. *a* crippled, disabled, deformed **2.** *n* cripple

nyomorgó *a* needy, destitute, poverty-stricken, down-and-out

nyomornegyed *n* slum(s)

nyomorog *v* lead* a miserable/wretched existence/life

nyomortanya *n* dirty hole, hovel

nyomorult *a (szerencsétlen)* miserable, wretched; *(szánalmas)* woeful, pitiful, piteous, pitiable || *(hitvány)* knavish, villainous; *(megvetendő)* despicable || *(összeg)* paltry, *biz* measly, *US biz* lousy

nyomorúság *n* misery, destitution

nyomorúságos *a* miserable, wretched, needy, poor; *(szánalmas)* woeful, pitiful, piteous; *(összeg)* paltry, *biz* measly, *US biz* lousy; *(városnegyed)* poverty-stricken

nyomós *a* ~ **érvek** weighty/sound arguments; ~ **ok** good/strong reason

nyomott *a nyomd, tex* printed || *(levegő)* close || *(lelkiállapot és vk)* depressed, downcast, dejected, low-spirited || ~ **hangulat** depression, dejection

nyomoz *v (vm ügyben, bűnügyben)* investigate [a case/crime], look/inquire into [the/a matter etc.]

nyomozás *n* investigation, inquiry, search || **a** ~ **megindult** an inquiry has been set up

nyomozó 1. *a* investigating || **bűnügyi** ~ **osztály** *GB* Criminal Investigation Department (CID) **2.** *n* detective

nyomtalan *a* traceless || ~**ul eltűnt** disappeared/vanished without (a) trace

nyomtat *v nyomd* print

nyomtatás *n nyomd* printing || ~**ban** in print

nyomtató *n szt* printer

nyomtatott *a (szöveg)* printed || **kérjük,** ~ **betűkkel írja a nevét** please print your name (clearly) (in block capitals); ~ **áramkör** printed circuit; ~ **betűk** *nyomd* type; *(kézírással)* block/capital letters

nyomtatvány *n (nyomdatermék)* print(ed publication) || *(postai küldeményként)* printed matter, *GB* printed paper, *US* third class; *(US könyvekre)* book post || *(űrlap)* form, blank; *(pályázathoz)* application form

nyomtáv *n* gauge (*US* gage), track ‖ **keskeny** ~**ú** narrow-gauge; **szabvány(os)** ~**ú** standard-gauge; **széles** ~**ú** broad-gauge
nyomul *v* advance, progress, press (forward); *(vhová be)* force one's way into, penetrate (sg *v*. into sg)
nyomvonal *n közl* lane
nyög *v (erőlködve, panaszosan)* groan, moan ‖ *(vm következményeit)* feel* the (evil) effects of ‖ **még most is** ~**jük** we still feel the effects of it
nyögés *n* moan(ing), groan(ing)
nyugágy *n* deck-chair
nyugállomány *n* retirement
nyugállományú *a* retired
nyugalmas *a* restful, calm; *(békés)* peaceful; *(nyugodt)* quiet, tranquil
nyugalom *n (cselekvés megszűnése)* rest, standstill; *(békesség)* calmness, quiet(ness), tranquillity, peace(fulness) ‖ *(önuralom)* composure ‖ **a** ~ **helyreállt** public order has been restored; **megőrzi nyugalmát** compose oneself, keep* calm
nyugat *n* west ‖ **a** ~ the west; *pol* the West; ~**on** in the west; ~ **felé**, ~**ra** (towards the) west, westward(s); **vmtől** ~**ra fekszik** lie* west of sg; **Londontól** ~**ra** west of London; ~ **felől**, ~**ról** from the west
Nyugat-Berlin *n* West Berlin
nyugat-berlini *a/n* West Berliner
Nyugat-Európa *n* Western Europe
nyugat-európai *a* of Western Europe *ut*., West(ern) European
nyugati 1. *a* west(ern), of the west *ut*.; *(szél, áram)* westerly, from the west *ut*. ‖ ~ **fekvésű ház** house facing west; ~ **irányban** westward(s), towards the west; ~ **oldal** west(ern) side; **Anglia** ~ **részén** in the west of England/Britain; **a** ~ **sajtó** the Western press; ~ **szél fúj** there is* a westerly wind, the wind is*/lies* in the west **2.** *n* **a Ny**~ *(pályaudvar)* Budapest West (Railway Station)
nyugatias *a* Western
Nyugat-India *n* the West Indies *pl*
Nyugat-Magyarország *n* Western Hungary
nyugdíj *n* (retirement *v*. old-age) pension, superannuation ‖ ~**ba megy** retire; ~**ban van** be* retired, be* receiving a pension, be* a pensioner; ~**ból él** live on a pension
nyugdíjalap *n* pensionable salary
nyugdíjas 1. *a* pensioned-off, retired, receiving a pension *ut*., on the retired list *ut*. ‖ ~ **korú (állampolgár)** senior citizen **2.** *n* pensioner

nyugdíjasbérlet *n (moziba, vasútra stb.)* pensioner's season-ticket
nyugdíjasház *n (nyugdíjasok háza)* retirement/sheltered home
nyugdíjaz *v ált* pension off, retire
nyugdíjazás *n* pensioning off, retirement
nyugdíjigény *n* claim/right/entitlement to a pension
nyugdíjintézet *n* pension fund
nyugdíjkorhatár *n* retirement/retiring/pensionable age
nyughatatlan *a* unable to rest *ut*., restless, fidgety
nyugi! *int biz* take it easy!, cool/calm down!, *US* keep your cool!, cool it!
nyugodalmas *a* tranquil, peaceful, restful ‖ ~ **jó éjszakát!** good night and (have) a good rest!
nyugodt *a ált* tranquil, quiet, calm, peaceful; *(ember)* calm, imperturbable, steady; *(lelkiismeret)* undisturbed, easy; *(megnyugodott)* reassured; *(modor)* composed; *(tenger)* calm, still ‖ ~ **vm felől** be* easy about sg, be* not worried about sg; **efelől** ~ **vagyok** my mind is* at rest about the matter, I have* no worry (*v*. worries) on that score; **legyen** ~ you may/can rest assured (that), you need have no worry on that score, *biz* don't worry; ~ **lélekkel** with a clear/clean conscience, in all conscience, *elit* without the slightest scruple
nyugodtan *adv (nyugalmasan)* calmly, quietly, peacefully, tranquilly ‖ **csak** ~! steady!, easy/gently (does it)!, take* it easy; **maradj** ~! keep still!; ~ **alszik** sleep* soundly; *biz* ~ **elmehetsz** you can/may safely go (there)
nyugovóra tér *v kif* retire
nyugsz|ik *v (pihen)* lie*, (take* a) rest, repose ‖ *(lemegy, égitest)* set* ‖ *átv vmn* rest (up)on, be* based (up)on ‖ *(szünetel)* be* at a standstill ‖ **addig nem** ~**ik, amíg** he won't rest until/till; **itt** ~**ik** here lies ... (buried)
nyugta[1] *n (elismervény)* receipt ‖ ~ **ellenében** against a receipt; ~**t ad** give* a receipt *(amiről* for sg)
nyugta[2] *n (nyugvás)* **nincs** ~, **míg** he won't rest till; ~**val dicsérd a napot** don't count your chickens before they are hatched, first catch your hare then cook him
nyugtalan *a (nem nyugodt)* restless, restive; *(álom)* troubled, broken; *(életmód)* unsettled, hectic; *(ember)* restless; *(izgő-mozgó)* fidgety ‖ *(aggódó)* anxious, worried, uneasy *(vk/vm miatt mind:* about)
nyugtalanít *v* make* sy uneasy/anxious, worry, trouble

nyugtalanító *a* worrying, unsettling, disquieting

nyugtalankod|ik *v (nyugtalanul viselkedik)* be* restless, be* restive || *(aggódik vm/vk miatt, vmért, vkért)* be* anxious (for/about sg/sy), worry (about sg/sy)

nyugtalanság *n (nyugtalan természet)* restlessness, disquiet || *(aggódás)* anxiety, worry, uneasiness || *(tömegjelenség)* unrest, disturbance

nyugtat *v vkt* calm sy (down); *(vigasztal)* comfort

nyugtató(szer) *n* sedative, tranquillizer (*US* -l-), calmative || **nyugtatókkal él** (s)he's on tranquillizers

nyugtáz *v (küldeményt)* acknowledge receipt of (sg), be* in receipt of (sg)

nyugton *adv* ~ **marad** keep* still/quiet; ~ **hagy** let*/leave* sy alone

nyújt *v (terjedelemben)* stretch, extend, expand; *(hengerléssel)* roll, draw*; *(hosszában)* lengthen, elongate; *(tésztát)* roll out || *(kezet)* stretch/hold* out [one's hand]; *(tárgyat vknek)* pass, hand || *(ad vmt ált)* give*/offer sy sg, provide sg for sy (*v.* sy with sg); *(lehetőséget, alkalmat)* afford, provide; *(előnyt, kényelmet)* offer; *(kölcsönt)* grant; *(látványt)* command, offer, present; *(menedéket)* give*/afford; *(reményt)* hold* out; *(szolgáltatást)* supply, provide

nyújtás *n (terjedelemben)* stretching, extending, extension, expanding, expansion; *(hosszában)* lengthening, elongation; *(hengerléssel)* rolling; *(sebészi)* extension || *(idő)* prolongation, protraction || *(átv, adás)* affording, providing, giving, offering, grant(ing)

nyújtható *a (terjedelemben)* extendable, extensible, expandable, expansible || *(időben)* *(igével)* can* be prolonged/protracted || *(fém)* ductile, drawable

nyújtó *n (tornaszer)* horizontal bar

nyújtogat *v* keep* stretching || **nyakát ~ja** crane one's neck

nyújtott *a (feszített)* stretched, extended, expanded, rolled || *(beszélgetés)* prolonged, protracted || *(felkínált)* afforded, provided, offered, rendered, given, granted *(mind: ut.)* || ~ **műszak** extended/stretched shift

nyújtózkod|ik *v* stretch (oneself), stretch one's limbs || **addig ~j, ameddig a takaród ér** cut your coat according to your cloth

nyúl[1] *v vkhez, vmhez* touch (sy, sg), lay* hands on (sy, sg) || *(vmhez folyamodik)* resort to, have recourse to || **ne ~j hozzá!** leave it alone!, don't touch it!; **nem ~ vkhez/vmhez** let*/leave* sy/sg alone; **vm után ~** reach out (one's hand) for sg, stretch out one's hand after sg

nyúl[2] *n (mezei)* hare; *(üregi)* rabbit; *(házi)* pet rabbit

nyúlánk *a* slender, tall and slim, lanky

nyúlás *n* stretching, expansion, extension; *(hosszabbodás)* lengthening

nyúlhús *n* hare(-flesh), rabbit (meat)

nyúl|ik *v (anyag, ált)* stretch, extend, expand; *tex* stretch || *vmeddig* reach (as far as), stretch (out) || **hosszúra ~ik** *(beszéd, előadás)* drag on, be* prolonged, be* lengthy

nyúlkál *v* keep* (on) reaching after/into sg, stretch out one's hand after sg repeatedly

nyúló *a (táguló)* stretching || **hosszúra ~** lengthy, long-winded

nyúlós *a (folyadék)* viscous, gelatinous; *(tésztaféle, kenyér)* sticky, gluey; *(ragacsos)* glutinous, tacky

nyúlpástétom *n* hare-spread/paste

nyúlszívű *a* chicken/faint-hearted, chicken-livered

nyúlszőr *n* rabbit's hair/wool || ~ **kalap** fur/felt hat

nyúlvány *n (tárgyé)* extension, continuation, prolongation || *(földé)* tongue; *(tengeré)* arm; *(szikláé, hegyé)* spur, foothills *pl*

nyurga *a* lanky, tall and thin

nyuszi *n* bunny (rabbit)

nyuszt *n* marten

nyúz *v (bőrt)* skin, flay || *(koptat)* wear* sg out || *(alkalmazottat)* sweat

nyúzás *n (állaté)* skinning, flaying; *(gépé stb.)* excessive wear/use || *(alkalmazotté)* sweating

nyúzott *a (állat)* skinned, flayed || *(ember)* worn-out, careworn || ~ **arc** a haggard/careworn face

nyű[1] *n* maggot, worm || *biz* **annyi, mint a ~ kif** there are millions of them

nyű[2] *v (ruhát)* wear* (sg) out/threadbare, wear* (sg) to rags || *(lent)* pull up/out

nyűg *n (átv, teher)* burden, load || *(kellemetlenség)* bother, nuisance || ~ **vk nyakán** be* a drag on sy, a stone around sy's neck

nyűglőd|ik *v (bajlódik vmvel)* have* trouble with sg, bother about/with sg

nyűgös *a átv* peevish, grumpy, petulant, tiresome; *(gyermek)* whining, whimpering

nyüszít *v* whimper, whine

nyűtt *a* threadbare, worn, shabby

nyüzsgés *n (férgeké és ált)* swarming, teeming, bustle; *(csak férgeké)* crawling; *(tömegé)* milling (about/around); *(nagyvárosé)* bustle || *biz (fontoskodás)* hustle and bustle

nyüzsög v *(féreg és ált)* swarm, teem, bustle; *(csak féreg)* crawl; *(tömeg)* mill (about/around) ‖ *biz (fontoskodik)* be* much in evidence, bustle about/around ‖ ~ **vmtől** swarm/teem with, be* alive with, pullulate with; ~**nek benne a hibák** be* riddled with mistakes

O, Ó

ó *int* o!, oh!, ah! ‖ ~ **jaj!** oh dear!, dear me!
óangol *a* Old English
óarany *a* old gold
oázis *n* oasis *(pl* oases)
óbégat *v* lament, yammer, wail, moan
óbégatás *n* lamentation, lamenting, yammering, wail(ing)
objektív 1. *a* objective; *(elfogulatlan)* impartial, unbias(s)ed **2.** *n (tárgylencse)* objective, object glass/lens
objektivitás *n* objectivity, objectiveness
objektum *n (tárgy)* object, thing ‖ *(létesítmény)* project
oboa *n* oboe
oboás *n* oboist
oboáz|ik *v* play the oboe
óbor *n* aged wine, older vintage(s)
obszcén *a* obscene, indecent
obszcenitás *n* obscenity, indecency
obszervatórium *n* observatory
Óbuda *n* Old Buda
óceán *n* ocean, sea
óceáni *a* oceanic
óceánjáró *n* hajó (ocean) liner
ócska *a (öreg)* old ‖ *(értéktelen, silány)* worthless, rubbishy, trashy ‖ ~ **ruha** shabby/threadbare clothes *pl,* cast-off clothing, second-hand clothes *pl;* ~ **tragacs** (old) crock/banger
ócskapiac *n* flea-market
ócskaság *n* second-hand goods *pl,* trash, lumber, junk
ócskavas *n* scrap-iron
ocsmány *a* ugly, hideous, nasty, foul; *(erkölcstelen)* dirty, filthy ‖ ~ **beszéd** obscene/filthy talk/language, bawdy
ocsmányság *n* nasty/dirty action, ugliness, hideousness, nastiness, foulness
ocsúd|ik *v* vmből come* to, recover, awake*, sober up *(mind: from)*
oda *adv/pref* there ‖ ~ **és vissza** there and back, *(jegy)* return (ticket), US round-trip ticket; **csak** ~ **(kéri)?** single or return, please?; ~ **a pénzem!** all my money is gone; ~ **se neki** never mind!

óda *n* ode
odaad *v* vknek vmt give*/hand/pass sy sg (*v.* sg to sy), hand over sg to sy (*v.* hand sg over to sy) ‖ ~**om 200 Ft-ért** *(árból engedve)* I'll let you have it for 200 forints; ~**ja magát** *(nő férfinak)* give* oneself to sy; *(feladatnak)* devote oneself to (a task); ~**ja nevét vmhez** lend* one's name (to sg)
odaadás *n (átadás)* handing over, giving, passing (to sy) ‖ *(vonzalom)* devotion, devotedness; *(buzgalom)* dedication
odaadó *a* devoted, self-sacrificing
odaajándékoz *v* vknek vmt give* sg away (as a present), make* sy a present of sg
odaáll *v* (go* and) stand* swhere ‖ ~ **vk elé** stand* squarely (*v.* plant oneself) in front of sy
odaállít *v* place/stand* sg/sy swhere
odaát *adv* over there, on the other side ‖ ~**ról** from over there, from the far/other side
odább *adv* farther/further (away/on)
odabenn *adv* inside, in there, within
odabúj|ik *v* vkhez snuggle/cuddle up to sy, snuggle into sy's arms, nestle up against (*v.* close to) sy
odacsal *v* vkt vhová entice/lure sy to [swhere, a place]
odacsap *v* vmre strike* at sg, hit* (out at) sg ‖ *vmt vmre* fling* sg (swhere *v.* on *v.* down *v.* down on sg) ‖ ~ **az asztalra** bang (one's fist on) the table, *átv* put* one's foot down
odacsatol *v (csattal)* buckle (up) sg, clasp sg; *(hozzáerősít)* fasten/bind* to ‖ *(iratot)* enclose, attach ‖ *vmhez* buckle/ clasp (to); *(területet)* annex sg to sg
odadob *v* vmt vhova throw*/fling* sg down (*v.* into the corner etc.); *vmt vknek* throw* sg to sy
odaég *v (étel)* get* burnt ‖ ~**ett a hús** I've burnt the meat, the meat is/got burnt
odaenged *v* let*/allow sy to go swhere, let*/allow sy near sg
odaér *v (odaérkezik)* get*/arrive there, arrive *(kisebb helyre, állomásra, repülőtérre stb.* at, városba, nagyobb helyre in); come*/get* to [a place], reach sg/swhere ‖ *vmhez* touch sg, come* into contact with sg ‖ **mikor érünk oda?** when do we get there?, how long will it take (us) to get there?; ~**t az előadásra** she managed to get to the lecture
odaerősít *v* fasten/fix/attach sg to sg, make* sg secure
oda- és visszautazás *n* the journey there and back, the return journey
odafagy *v* vhová be* frozen to
odafelé *adv* on the way there, *(utazásnál)* on the outward journey

odafenn *adv* up there, at the top, *(emeleten)* upstairs

odafér *v vhová* find* room (for sg) swhere || **ez még** ~ there is still room for it

odaférkőz|ik *v vhová* make*/worm one's way *i*nto; *elít* thrust* oneself in, push in

odafigyel *v vkre* listen to, pay* attention to || ~ **az iskolában** be* attentive in school

odafordul *v vkhez/vmhez* turn to/ towards sy/sg; *(vkhez kéréssel)* turn to sy

odafut *v vhová* run* there (*v.* to a place), *vkhez* run* (up) to sy

odahajol *v vkhez* lean* over to sy, bow towards sy

odahallatsz|ik *v* be* heard as far (away) as . . ., be* audible

odahamisít *v* ~**ja az aláírást** fake the/ sy's signature on sg

odahaza *adv* at home || ~ **Amerikában** *US* back in the U.S.A.

odahederít *v biz* **oda se hederít** not take* the slightest notice (of), pay* no heed (to)

odahív *v vkt* call sy, summon sy

odahívat *v* send* for

odahoz *v* carry/take* sg/sy to, fetch sg/ sy

odahúz *v vmt vhova* draw*/pull/drag there/swhere

odáig *adv* as far as (that) || ~ **jutott, hogy** he got to the point that/where

odaígér *v* promise (to give) sg to sy

odaint *v vkt* beckon (to) sy to come

odaír *v* write* (sg) on/there || ~**ja a nevét vmre** sign one's name, write*/put* one's name on (sg)

odaítél *v (díjat vknek)* award [a prize] to sy, sy is awarded [a prize] || *jog* adjudge/ award sg to sy || **neki ítélték oda a gyermeket** *(válóperben)* (s)he was given/awarded custody of the child°

odajár *v (gyakran egy helyre)* frequent [a place], be* a regular swhere

odajön *v vhova* come* (up) to

odajut *v vhova* reach [a place], get*/ come* to [a place] || *átv* ~**ott, hogy** . . . he reached a/the point where . . .

odakacsint *v* wink at sy

odakap *v vmhez* make* a grab at, catch*/ snatch/grab at; *(kutya)* snap at

odaken *v (anyagot vhova)* smear || *biz (ütést)* give* sy a smack, land a blow [on sy's nose etc.]

odakerül *v vhova* get* swhere, find* one's way to

odakiált *v* shout (to sy), call out (to sy), hail sy

odakinn *adv (kívül)* outside, outdoors, out there, out of doors || *(külföldön)* abroad

odakinti *a (kinti)* (that is) outside *ut.* || *(külföldi)* (that is) abroad *ut.* || ~ **élet** life abroad

odaköltöz|ik *v* move to

odaköszön *v vknek* greet sy, bow to sy

odaköt(öz) *v vmt vmhez* fasten/tie/bind* sg to sg

odaküld *v* send*, dispatch; *(árut)* forward, dispatch; *(pénzt)* remit *(mind:* to)

odaláncol *v* chain to sg

odalenn *adv* down there; *(épületben)* downstairs

odalép *v vkhez/vmhez* come*/go*/walk up to sy/sg

odalök *v* throw*/hurl sg to sy

odamegy *v vhova* go* to [a place]; *(kocsin)* drive* to [a place]; *vkhez* approach sy, go*/walk/come* up to sy

odamenekül *v* escape/flee* there

odamenet *adv* on the way there

odamerészked|ik *v vhova* venture

odamutat *v vmre* point at/to, indicate, show*

odanéz *v vkre, vmre* look at, (cast* a) glance at || ~**z!** look!; *(meglepődve)* well, I never!; well, well!

odanyom *v vmt vmhez* press sg to sg

odanyújt *v vknek vmt* hand (sg to sy), offer (sg to sy) || ~**ja kezét** *vknek* hold* out one's hand to sy

odanyúl *v vmért* reach (out) for sg

odaöml|ik *v* empty/flow/discharge into (sg)

odaragad *v vmhez* stick* (fast) (to sg), get* stuck to sg

odaragaszt *v* stick*, glue *(vmt vmhez* sg on/to sg)

odarepül *v* fly* swhere/to; *(csak madár vmre)* alight on

odarohan *v vkhez* rush/dash up to (sy)

odasiet *v vhova* hurry/rush to [a place]

odasimul *v vkhez* press/nestle close to, cling* to

odasóz *v* ~ **vknek (egyet)** hit*/slap/ strike* sy, give* sy a clout [round the ear]

odasúg *v vmt vknek* whisper sg to sy

odaszagol *v biz* **oda se szagol** *vkhez, vhova* give* sy/sg a wide berth

odaszalad *v vhova* rush/run* to [a place]; *vkhez* run* up to (sy)

odaszegez *v vmt vmhez* nail sg on/to sg

odaszok|ik *v* get* into the habit of going swhere, vk become* a regular swhere

odaszól *v* speak* to (sy); *(telefonon)* phone (sy), give* sy a ring

odatalál *v vhova* find* one's way swhere (*v.* to sg)

odatámaszkod|ik *v vmhez* lean*/rest against, be* propped up against (sg)

odatámaszt *v* lean* (sg) against sg, prop (sg) (up) against (sg)

odatapad *v* adhere to, stick* on/to, get* stuck to sg
odatapaszt *v* stick*/glue on/to sg
odatart *v (vmt kínálva)* hold* out (sg to sy)
odatartoz|ik *v* belong to (sg/sy), *(társasághoz)* be* one of [a party]
odatesz *v* put*, lay*, place *(mind: there/swhere)*
odatéved *v* go*/get* *(v.* end up) swhere (by mistake), happen to find oneself swhere
odatol *v (széket stb.)* push over/across ‖ *elít* ~**ja a képét** (dare to) show* one's face
odatűz *v vmt vmre* pin/fasten (sg) on (sg) ‖ ~ **a nap** the sun is* beating/blazing down on (sg)
odaugr|ik *v* jump to(wards), leap*/dart to
odautazás *n* outward journey
odautaz|ik *v* go*, journey, travel *(US* -l); *(gépkocsin)* drive* *(mind:* there *v.* to a place)
odaül *v* sit* there, sit* down near *(v.* next to sy/sg)
odaültet *v vkt vhova* seat/sit* sy swhere
odaüt *v vhová* strike* a blow (swhere); *vknek* hit*/slap/strike* sy
odavág *v vmt* throw*/fling*/hurl (sg) down
odavaló *a (megfelelő)* ~ **ember** the right man ‖ *(onnan származó)* **ő is** ~ he too is/comes from the same part of the country *(v.* the same village/town etc.)
odavan *v* **(nagyon)** ~ *(= nagyon beteg)* (s)he is* very ill ‖ **odalesz** *(elpusztul)* perish, die, *(elvész)* be*/get* lost ‖ ~ **a fáradtságtól** be* worn out (with fatigue), be* exhausted, *biz* be* dead tired *(v.* tired out); ~ **a kétségbeeséstől** be* in utter despair, be* dismayed; ~ **az örömtől** be* beside oneself with joy; **minden pénze** ~ *(v.* **odalett)** he (has) lost/spent all his money, he is (flat) broke; ~ **vkért** *(akit szeret)* be* head over heels in love with sy, *biz* be* crazy about sy, *(akiért rajong)* adore/worship sy
odavesz[1] *v* take*
odavesz[2] *v.* **-vesz|ik** *v (odalesz)* be* lost, *vk* perish
odavet *v (dob)* throw*/fling* there/down *(v.* on the ground) ‖ *(néhány sort)* dash off [a few lines] ‖ ~ **egy megjegyzést** drop a remark
odavezet *v vkt vhova* lead*/conduct/ guide sy to [a place] ‖ *(út)* lead* to
odavisz *v vmt/vkt* take*, carry [sg/sy there *v.* to a place] ‖ *(út)* lead* to

oda-vissza *adv* there and back ‖ ~ **jegy** return (ticket), *US* round-trip ticket
odébb *adv* farther/further (away/on)
odébbáll *v* make*/run* off, take* to one's heels ‖ ~ **vmvel** *(= ellopja)* make* off with sg
ódon *a* ancient, old, antique, archaic
odú *n (fában)* hollow, cavity ‖ *(állaté)* den, lair, hole ‖ *elít (piszkos lakás)* miserable room, dirty hole
odvas *a* hollow ‖ ~ **fog** decayed/hollow tooth°
ódzkod|ik *v vmtől* be* loath/reluctant to do sg, shrink* back from (doing) sg
óév *n* bygone/old year
offenzíva *n* offensive ‖ ~**t indít** start/ launch an offensive
óhaj *n* wish, desire
óhajt *v* desire, want, wish for, *(vmt tenni)* should/would like to (do sg) ‖ **mit** ~**?** what can I do for you?; ~ **valamit inni?** would you care for a drink?
óhajtás *n* wish, desire
óhajtó mód *n* optative (mood)
óhatatlan *a* inevitable, unavoidable
óhaza *n* the old country
ok *n* cause (of sg), reason (for sg), *(indíték)* motive (for sg) ‖ **a betegség** ~**a** cause of a/the disease; **azon egyszerű** ~**nál fogva** for the simple reason; **bizonyos** ~**oknál fogva** for certain reasons; **én vagyok az** ~**a** it's my fault, I am to blame; **ennek az az** ~**a, hogy** the reason (for this) is (that), ~**ot ad vmre** give* cause/occasion for sg, give* rise to sg; **ez** ~**ból** on that account, for this/that reason; **minden** ~**a megvan arra, hogy** (s)he has* every/ good reason (to), (s)he has* a good reason (for); **nem minden** ~ **nélkül** not without (good) reason; ~ **nélkül** without any reason, for no reason
okád *v (hány)* vomit, throw* up, spew (sg) up ‖ *(tüzet, füstöt)* belch/spout (out), vomit, spew [dense dirty smoke]
okfejtés *n* reasoning, argumentation
okhatározó *n* causal complement
okirat *n* document, deed
okirat-hamisítás *n* forgery, forging (of documents)
okirat-hamisító *n* forger (of documents)
okker *n* ochre *(US* ocher)
okkult *a* occult
okkultizmus *n* occultism
oklevél *n (okirat)* charter, document, deed ‖ = diploma
okleveles *a* holding a diploma *ut.*, certificated, qualified ‖ ~ **mérnök** graduate/ qualified engineer
oklevéltár *n* collection of documents; *(levéltár)* archives *pl*

okmány *n* document, record, certificate, paper || **személyi** ~**ok** identity/personal papers
okmánybélyeg *n* deed/bill/receipt stamp
okol *v vkt vmért* blame (sy for sg), make* (sy) responsible (for)
ókor *n* antiquity, ancient times *pl*
ókori *a* ancient, old || ~ **klasszikusok** the ancients, classics
ókortudomány *n* study of antiquity
okos 1. *a (értelmes)* clever, intelligent, bright, *biz* brainy; *(gyors felfogású)* apt [student], quick to learn (*v.* at learning *ut.*; *(bölcs, tapasztalt)* wise, sensible || ~ **ember** man° of understanding, intelligent/sensible man°; ~ **gondolat** a good/bright idea, a wise thought; **legokosabb volna (vmt tenned)** you had best [do sg] **2.** *n* ~**akat mond** (s)he makes* some sensible/good points
okosan *adv* sensibly, wisely || ~ **beszél** talk sense; ~ **viselkedik** act/behave sensibly
okoskodás *n (érvelés)* reasoning, argument || *elít* arguing, obstinacy, pigheadedness
okoskod|ik *v (érvel) reason*, argue || *elít (feleslegesen vitatkozik)* argue, be* obstinate/stubborn, be* pig-headed || **ne** ~**j!** don't argue
okosság *n (értelmesség)* cleverness, shrewdness, intelligence; *(bölcsesség)* wisdom, sagacity
okoz *v* cause, bring* about, give* rise to, be* the cause of || **bajt** ~ **vknek** cause/give* trouble to sy; **fájdalmat** ~ **vknek** give* pain to sy, pain/hurt* sy
okozó 1. *a* causing, occasioning, being the cause of, producing *(mind: ut.)* || **halált** ~ **fatal 2.** *n* agent, *(személy)* originator, perpetrator, author
okozta *a* vírus ~ caused by a virus *ut.*, viral
oktalan *a (nem okos)* foolish, stupid || *(alaptalan)* groundless, baseless, unfounded || ~ **állat** brute beast, dumb animal
oktalanság *n* folly, foolishness; *(oktalan tett)* foolish act(ion)
oktánszám *n* octane number/rating || **nagy** ~**ú** high-octane
oktat *v* educate, *(vkt vmre)* teach* (sy sg), instruct (sy in sg); *sp* train, coach
oktatás *n* education, teaching, *(gyakorlatibb)* instruction || **iskolai** ~ school education, schooling
oktatási *a* educational || ~ **intézmények** educational institutions; ~ **segédeszközök** teaching/educational aids

oktatásügy *n* public education
oktató 1. *a* instructive, educational || *(erkölcsileg)* didactic || ~ **célzatú** didactic, instructional **2.** *n isk* teacher, instructor; *(magán)* tutor; *(egyetemi)* academic, lecturer, staff member, *US* faculty member || *sp* trainer, coach || **gyakorlati** ~ *(tanulóvezetőé)* driving instructor
oktatófilm *n* instructional/educational film
oktáv *n zene* octave
oktett *n* octet
október *n* October || → **december**
októberi *a* October, in/of October *ut.* || → **decemberi**
okul *v vmn/vmből sg* teaches* sy a lesson
okvetetlenked|ik *v* be* a nuisance/pest, quibble, cavil (*US* -l), fuss, argufy
okvetetlenkedő *a* disputatious, interfering, importunate fussy
okvetlen(ül) *adv* without fail, by all means || *(feleletben)* ~ **(megteszem/megyek** *stb.***)** Certainly (I will)!, Surely!, *US* Sure!
ól *n (disznóé)* sty, pigsty, *(kutyáé)* kennel, *(baromfié)* roost, hen-house, (hen/chicken-)coop
ó-láb *n* bandy legs *pl*, bow legs *pl*
ó-lábú *a* bandy/bow-legged
olaj *n* oil || *(olajfesték)* oil (colour/paint) || **ellenőrzi az** ~**at** *(autóban)* check the oil; ~**at önt a tűzre** add fuel to the flames/fire; ~**jal fest** paint in oils; ~**jal főz** cook with oil; ~**jal fűt** burn* oil, use oil for heating; *biz* ~**ra lép** skedaddle, decamp, make* a quick getaway
olajág *n* olive branch
olajbogyó *n* olive
olajcsere *n* oil change
olajfa *n* olive-tree
olajfesték *n* oil colour (*US* -or), oil paint
olajfestmény *n* oil painting, *(vászon)* canvas
olajfinomító *n* oil refinery
olajfúrás *n (művelet)* drilling/boring of oil well
olajfúró torony *n (tengeren)* oil rig
olajfűtés *n* oil heating
olajipar *n* oil industry
olajkályha *n* oil(-fired) stove
olajkép *n* oil painting
olajkút *n* oil well
olajmező *n* oil-field
olajos *a* = **olajtartalmú** || *(olajjal szennyezett)* oily, greasy, oil-stained || ~ **hal** fish in oil
olajoskanna *n* oil-can
olajoz *v* oil, grease, lubricate
olajozás *n* oiling, greasing, lubrication
olajozatlan *a* unoiled
olajszállító hajó *n* oil-tanker

olajszintmutató n oil-gauge (US -gage)
olajtartalmú a oleaginous, containing oil ut. || (növény, réteg) oil-bearing
olajteknő n sump, US oil pan
olajtermelés n oil production
olajtüzelésű a oil-burning, oil-fired
olajvezeték n pipeline
olajzöld a olive(-green)
ólálkod|ik v vm körül prowl/hang*/loiter around, lurk swhere
olasz a/n Italian || **az** ~**ok** the Italians || → **angol**
olaszóra n Italian lesson/class
Olaszország n Italy
olaszországi a Italian, of Italy ut.
olaszos 1. a Italian-looking/sounding, Italianate || ~ **módra** in the Italian way/fashion 2. n isk (aki olaszt tanul) student of Italian
olasztanár n teacher of Italian, Italian teacher
olaszul adv (in) Italian || → **angolul**
olcsó a cheap, inexpensive, low-price(d) || ~ **ár** low price; ~ **szálloda** inexpensive hotel; ~ **húsnak híg a leve** you get what you pay for
olcsóbb a cheaper || ~ **áron ad** undersell*/undercut* sg
olcsón adv cheap(ly), at a low price, at a cheap rate || ~ **vesz vmt** buy* sg cheap
olcsóság n cheapness
old v (folyadék vmt) dissolve, melt || (csomót, köteléket) undo*, untie, unfasten, loosen || ~**ja a köhögést** it relieves coughs
oldal n (állaté, emberé, tárgyé) side || (könyvé) page || (tulajdonság) aspect, quality, side, point || **a dolog jogi** ~**a** the legal aspect(s) of the matter, the legal angle; **a jó** ~**a vmé** the bright side of sg, vké sy's good point; **a szövet mindkét** ~**a** both sides of the fabric; **a 26.** ~**on** on page 26; **az a dolognak a rossz** ~**a** its/the drawback is ...; **az utca túlsó** ~**án** across the road, on the far/opposite side; **az úttest bal** ~**a** the left-hand side of the road; **erős** ~**a** sy's strong point (v. forte), (igével) be* good at/in sg; **ezen az** ~**on** on this side; **érkezési** ~ arrival platform/side; **indulási** ~ departure platform/side; (majd ki)**fúrja az** ~**át (a kíváncsiság)** (s)he is* dying of curiosity, (s)he is* itching/dying to know; **minden** ~**on** on all sides, all around; ~**án fekszik** be* lying on one/its side; ~**ára dől** lean*/lie*/recline on one's side; ~**ba bök** poke/dig* sy in the ribs, nudge sy; ~**ra dől** (hajó) heel over, be* listing; ~**ról** from the side, sidewards (US sideward), sideways, laterally

oldalág n (leszármazási) collateral line (of descent)
oldalági a collateral
oldalas 1. a **500** ~ **könyv** a 500 page book, a book of 500 pages 2. n (szalonna) side (of pork) || **füstölt** ~ smoked chops/spareribs pl, flitch of bacon
oldalborda n (testben) rib || (feleség, tréf) one's better half
oldalfal n side-wall
oldalhajó n épít aisle
oldalkocsis motorkerékpár n motor cycle with side-car, combination
oldalnézet n side/lateral view/elevation, profile || ~**ből** in profile, from the side
oldalsó a side-, lateral
oldalszakáll n (side-)whiskers, GB sideboards, US sideburns (mind: pl)
oldalszalonna n side of bacon, (füstölt) flitch of bacon
oldalszám n page number
oldalszél n cross-wind
oldalt adv from the side, laterally, sideways, aside || ~ **fordul** turn aside; ~ **lép** sidestep, step aside, step to one side
oldaltáska n shoulder bag
oldalzseb n side-pocket
oldás n (dis)solution, dissolving
oldat n solution || ~ **alakjában** in solution
oldhatatlan a insoluble
oldható a soluble, dissolvable
oldód|ik v vegy dissolve, melt; (oldható) be* soluble
oldószer n solvent
oldott a ~ **hangulat** relaxed atmosphere
oligarcha n oligarch
oligarchia n oligarchy
oligarchikus a oligarchic(al)
olimpia n (the) Olympic Games pl, the Olympics sing. v. pl || **téli** ~ Winter Olympic Games
olimpiai a Olympic, olympic || ~ **bajnok** Olympic champion; ~ **csapat** Olympic team; ~ **csúcs** Olympic record; ~ **falu** Olympic Village; ~ **játékok** the Olympic Games
olimpikon n competitor (in the Olympic Games), Olympic athlete
olívzöld a olive-green
olló n (eszköz) a pair of scissors, scissors pl || (ráké) claw, pincers pl, nippers pl || **kerti** ~ (garden) shears pl
ollóz v (kivág, pl. újságból) cut* (out), főleg US: clip || (plagizál) plagiarize, biz crib [from an author's work] || (úszik) swim* with the flutter/scissors kick, crawl
ollózás n (plagizálás) plagiarism, a scissors-and paste job || (kallózás lábtempója) flutter/scissors kick

ólmos *a (ólomból való)* lead(en); *(ólmozott)* leaded ‖ ~ **eső** sleet
ólmozott *a* leaded
ólom *n* lead
ólombánya *n* lead-mine
ólomkatona *n* tin soldier
ólomkristály *n* lead-glass
ólommentes benzin *n* unleaded (*v.* lead-free) petrol/fuel
ólommérgezés *n* lead-poisoning
ólomsúly *n sp* super heavyweight ‖ **ólomsúllyal nehezedik reá** bears* hard/severely (up)on him, oppresses him
ólomszínű *a* lead-coloured (*US* -or-), leaden ‖ ~ **ég** leaden/murky sky
ólomüveg *n* lead-glass
ólomzár *n* lead seal/stamp
olt[1] *v (tüzet)* put* out, extinguish ‖ *(mészet)* slake, slack [lime]; *(tejet)* curdle ‖ *(szomjúságot)* quench, slake
olt[2] *v mezőg* make* a graft onto [a tree], graft [a plant] ‖ *orv* inoculate, vaccinate (*vm ellen* against)
oltalmaz *v vmtől* protect (from/against), guard, defend (against)
oltalmazás *n* protection, guarding, defence (*US* -se)
oltalom *n* protection, safety, shelter ‖ **vknek oltalma alatt** under sy's patronage, under the aegis of sy
oltár *n* altar, communion table
oltáriszentség *n* Eucharist, Holy Communion
oltárkép *n* altar-piece
oltás[1] *n (tüzé)* putting out, extinguishing ‖ *(mészé)* slaking, slacking; *(tejé)* curdling
oltás[2] *n mezőg* graft(ing) ‖ *orv* inoculation, vaccination
oltási bizonyítvány *n* certificate of vaccination
oltatlan[1] *a* ~ **mész** unslaked lime, quick-lime
oltatlan[2] *a (fa)* ungrafted ‖ *orv* not vaccinated
olthatatlan *a (tűz)* inextinguishable ‖ *(szomjúság)* unquenchable
oltóanyag *n orv* vaccine, *(szérum)* serum (*pl* sera *v.* serums)
oltókés *n* grafting knife°
oltókészülék *n* fire-extinguisher
oltott[1] *a* ~ **mész** slaked lime
oltott[2] *a orv* vaccinated, inoculated ‖ *mezőg* grafted
olvad *v ált* melt, liquefy, become* liquefied/liquid, dissolve, *(fém)* melt, fuse; *(hó, jég)* thaw*; *(viasz, vaj)* melt, run* ‖ *(időről)* it thaws, the thaw is* setting in
olvadás *n ált* melting, dissolution, *(hóé, jégé)* thaw(ing), *(fémé)* melting, fusion
olvadáspont *n* melting-point ‖ ~**on van** be* on the melt

olvadó *a (fém)* melting, dissolving ‖ *(hó)* thawing
olvadóbiztosító *n* (safety) fuse
olvas *v (szöveget)* read* ‖ *(pénzt)* count ‖ **jól** ~ *(gyerek)* (the child°) can* read (*v.* is* reading) well; **kottát** ~ read* music; ~ **vknek a szeméből** can* tell it from (*v.* see it in) his eyes
olvasás *n (szövegé)* reading ‖ *(pénzé)* counting ‖ **harmadszori** ~**ban** at the third reading
olvasatlan *a (szöveg)* unread ‖ *(pénz)* uncounted
olvasgat *v* be* reading, read* a little/bit (from time to time)
olvashatatlan *a (írás)* illegible, indecipherable ‖ *(szerző)* unreadable ‖ ~**ul ír** write* illegibly
olvasható *a* legible, may be read *ut.*
olvasmány *n* (piece of) reading ‖ **érdekes** ~ it's a (very) good (*v.* interesting) read, it makes* good/interesting reading
olvasnivaló *n* something to read, reading matter
olvasó 1. *a* reading **2.** *n (személy)* reader ‖ *(terem)* reading room ‖ *vall* rosary, beads *pl*
olvasójegy *n (könyvtári)* library/reader's ticket, membership card
olvasókönyv *n* reader; *(elsős kisdiáké)* primer
olvasóközönség *n* the reading public
olvasólámpa *n* reading lamp
olvasópróba *n* (first) rehearsal
olvasott *a (ember)* well/widely-read (person) ‖ *(könyv)* much/widely read ‖ ~ **ember** man° of wide reading
olvaszt *v ált* melt, *(fémet kiolvaszt)* smelt; *(havat, jeget)* thaw; *(vajat, zsírt)* clarify, melt down ‖ **magába** ~ *(népet stb.)* assimilate, absorb
olvasztás *n (fémé)* smelting
olvasztható *a* meltable
olvasztott *a* melted, *(csak fém)* molten ‖ ~ **vaj** clarified butter; ~ **zsír** rendered fat, grease
oly *pron* = **olyan** ‖ ~ **módon** in such a way/manner (that/as)
olyan 1. *pron (hasonlítás)* that/this kind of ... ‖ *(adv-szerűen)* so ‖ **az ember mint** ~ man as such; **ne** ~ **hangosan!** not so loud!; **nem** ~ **öreg, mint én** (he is) not as old as I (am) (*v. biz* as me); **olcsó, de** ~ **is** (= *vacak*) (it's) cheap and nasty; ~, **mint** such as ..., just like ...; ~, **mint a méz** it's like honey; ~ ..., **mint** as ... as; ~ **boldog vagyok!** I am so happy!; ~ **(csinos/ügyes), mint** ... (he/she is) as [pretty/clever] as ...; ~ **gyorsan futott, ahogyan csak bírt** he ran as

fast as he could; ~ **nincs!** (it's) quite out of the question, nothing of the kind; **pont** ~, **mint ő** (s)he is very much like him/her; **van** ~ **falu, ahol** there are villages where ...; *hiv* **vm mint** ~ sg as such 2. *n* ~**t kérek, mint a tied** give me (*v.* I'd like) one like yours; **van** ~, **aki** there are people who
olyan-amilyen *pron* mediocre, so-so *ut.*, (we must take it) such as it is
olyanféle *pron* of such (a) kind *ut.*, a kind/sort of || ~ **érzés ez, mint a szédülés** it's a sort of dizzy feeling
olyanképp *adv* in such a manner/way
olyankor *adv* on such occasions, at such times || ~ **menj, amikor süt a nap** go* when the sun is shining/out
olyannyira *adv* ~, **hogy** to such an extent that, to such a degree that, insomuch/inasmuch/insofar as
olyasmi *pron* something (like), something of the sort
olyasvalaki *pron* somebody/someone like/who, such a person as
olykor *adv* sometimes, now and then/ again, occasionally
olykor-olykor *adv* every now and then, once in a blue moon
ómen *n* omen, foreboding
ominózus *a* of ill omen *ut.*, ominous
omladék *n* (mass of) fallen masonry, ruins *pl*
omlás *n* collapse, falling in, falling to pieces, crumbling, mouldering (*US* mol-)
omlett *n* omelet(te)
oml|ik *v (szétesik)* fall* to pieces, collapse, crumble, moulder (*US* molder), fall* in || ~**ik a fal** the wall is* crumbling away
omlós *a* crumbly || ~ **tészta** short pastry, *kb.* shortbread, shortcake
omnibusz *n* (horse-drawn) omnibus
ón *n* tin
-on, -en, -ön, -n *suff (helyhatározó)* **a)** on; **az asztalon** on the table; **b)** at; **a tenger fenekén** at the bottom of the sea; **a végén** at the end; **az állomáson** at the station; **hangversenyen van** be* at a concert; **c)** in; **az utcán** in the street; **Budapesten lakik** live in Budapest; **falun él** live in a village, live in the country; **Magyarországon él** live in Hungary; **d)** by; **a parton** by the riverside; **szárazon és vízen** by land and sea; **e)** *(különféle elöljáróval)* **feljönnek a lépcsőn** they are coming upstairs; **híd a folyón át/keresztül** a bridge over the river; **lemegy a lépcsőn** go* downstairs; **leszalad a dombon** run* down the hill; **szerte az egész világon** all over the world, (all) the world over; **vmn innen** this side of sg; **f)** *(elöljáró nélkül)* **az egyetemen tanul** be* a university student, attend the university; **konferencián részt vesz** attend a conference || *(hely- és eszközhatározó) főleg* by; **autón megy** go* by car || *(időhatározó)* **a)** at; **az év végén** at the end of the year; **b)** on; **hétfőn** on Monday; **c)** in; **nyáron** in summer, *(folyamán)* during the summer; **d)** *(elöljáró nélkül)* **azon a napon, amikor megérkeztél** the day you arrived; **egy szép napon** one/some day; **ezen a héten** this week; **ezen a nyáron** this summer; **e)** (...*n át/keresztül*) throughout, during, for (*v. elöljáró nélkül*); **az egész napon át** throughout the day, the whole day; **három napon át** for three days, three days running; **f)** (...*n belül*) in, within; **egy órán belül** within one/an hour || *(állapothatározó)* **a)** at; **szabadlábon van** be* at large/liberty; **b)** on, upon; **szabadságon van** be* on holiday; **c)** *(elöljáró nélkül)* **talpon van** be* up || *(állapothatározó, irányulás)* **a)** *(különféle elöljáróval)* **bosszankodik vmn** be* annoyed at sg; **think*** about/of sg **b)** *(elöljáró nélkül)* **lendít vkn** give* sy a lift; **segít vkn** help sy || *(módhatározó)* **a)** in, at; **ezen a módon** in this way/manner; **jó áron** at a good price; **b)** *(elöljáró nélkül)* **ennek folytán** consequently, therefore, hence, as a result || *(eszközhatározó)* **a)** at; **veszít a kártyán** lose* at cards; **b)** by; **kézen fogva vezet** lead* sy by the hand; **c)** in; **angol nyelven** in English; **50 ezer forintot nyert a lottón** (s)he won 50 thousand fts in the lottery; **d)** on, of; **pórázon tart** keep* [the dog] on a lead; **vknek a címén** care of sy (c/o...); **e)** *(elöljáró nélkül)* **angol nyelven beszél** speak* English; **zongorán játszik** play the piano
onánia *n* masturbation, onanism
onanizál *v* masturbate, practise (*US* -ce) onanism
ondó *n* sperm, semen, seminal fluid
ónix *n* onyx
onkológia *n* oncology
onkológiai *a* oncological
onkológus *n* oncologist
onnan *adv* from there, from that place, therefrom, thence || ~ **jövök** that's where I come (*v.* am coming) from; ~ **tudom, hogy** that is how I know it, I can tell from/by ...
ónos *a (ónozott)* tinned, tin-plated || *átv* ~ **eső** sleet; ~ **eső esik** it's (started) sleeting

ónozott *a* tinned, t*i*n-plated
opál *n* *o*pal
opció *n* *o*ption, first ref*u*sal
opera *n* *(ház is)* *o*pera
operabérlet *n* sea*s*on-ticket to the *O*pera
operáció *n* *orv* oper*a*tion
opera-előadás *n* *o*pera night/*e*vening, oper*a*tic perf*o*rmance/show
operaénekes(nő) *n* *o*pera/oper*a*tic s*i*nger
operaház *n* *o*pera-house
operál *v* *o*perate *(vkt* on sy), perf*o*rm an oper*a*tion (on sy)
operaszöveg *n* libr*e*tto
operatőr *n* *(film)* cameraman° || *(sebész)* s*u*rgeon
operett *n* oper*e*tta, light *o*pera
operettfigura *n* c*o*mic *o*pera f*i*gure
operettszínház *n* oper*e*tta theatre *(US* -ter)
operettszöveg *n* libr*e*tto (of an oper*e*tta)
ópium *n* *o*pium
ópiumos *a* conta*i*ning *o*pium *ut.,* *o*piate
opportunista 1. *a* opport*u*nist, opportun*i*stic 2. *n* opport*u*nist, t*i*me-server
opportunizmus *n* opport*u*nism, t*i*me-serving
oppozíció *n* oppos*i*tion
optika *n fiz* *o*ptics *sing.* || *fény*k lens
optikai *a* optical || ~ **csalódás** *o*ptical ill*u*sion
optikus *n* opt*i*cian
optimális *a* best, *o*ptimum
optimista 1. *a* optim*i*stic 2. *n* *o*ptimist
optimizmus *n* *o*ptimism
óra *n (fali, asztali, torony)* clock, *(zseb, kar)* watch || *(60 perc)* hour || *is*k class, (t*e*aching) period, lesson || *(gáz/villany stb. mérő)* meter || **a buszok (minden)** ~**kor indulnak** b*u*ses leave* (every hour) on the hour; **az** ~ **siet** the watch/clock has gained, the watch is* fast; **az** ~ **tíz percet késik** the clock/watch is* ten m*i*nutes slow; **hat** ~ **(van)** it is *(v.* it's) six o'clock; **hány** ~ **van?** what's the time?, what time is it?, can you tell me the time?, have you got the time?; **hány** ~**kor?** at what time?, when?; **három** ~**ig** *(tartam)* for three hours; *(időpont)* till three o'clock; **három** ~**tól kezdve** from three o'clock on- (wards); **két percet siet az** ~**m** my watch is two m*i*nutes fast (*v.* gains two m*i*nutes) (a day); **ma nincs** ~ there is no class/l*e*sson tod*a*y; **másfél** ~ an hour and a half; **minden** ~**ban** *e*very hour; **naponta tíz** ~**t dolgozik** work ten hours a day; **nyolc** ~**kor** at eight (o'clock); **6** ~**ra kész leszek** I'll be r*e*ady by 6 o'clock; ~**kon át,** ~**k hosszat** for hours (on end), for hours and hours; ~**n van** *(tanár)* be* in class, be* t*e*aching; **pontos(an jár) az** ~**m** my watch keeps* good time; **pontosan öt** ~**kor** at five o'clock sharp; **ütött az utolsó** ~**ja** his last hour has arr*i*ved, his n*u*mber is up

órabér *n* w*a*ge(s)/p*a*y(ment) by the hour, ho*u*rly rate || ~**ben fizetik** be* paid by the hour, be* paid an ho*u*rly rate

óradíj *n* (tu*i*tion) fee per l*e*sson/class, ho*u*rly pay/wage

óradíjas 1. *a* paid by the hour *ut.* 2. *n* t*e*acher etc. paid by the hour

órai *a (időpont)* ... o'clock, at ... o'clock *ut.* || *(időtartam)* of ... hours *ut.* || **az öt**~ **vonat** the five o'clock train; **öt**~ **utazás** a jo*u*rney of five hours, a five-hour jo*u*rney

óramutató *n* hand || **nagy** ~ m*i*nute hand; **az** ~ **járásával egyező irányban** cl*o*ckwise; **az** ~ **járásával ellenkező irányban** anticl*o*ckwise, *US* counter-clockwise

óramű *n* clockwork || ~**pontossággal** with clockwork prec*i*sion

orangután *n* orang-ut*a*n, orang-out*a*ng

óránként *adv (átlagban)* ho*u*rly || *(minden órában) e*very hour || **három**~ every three hours; ~ **100 km-es sebességgel** (at) 100 km(s) per/an hour; **100 km** ~ one h*u*ndred k*i*lometres per/ an hour

óránkénti *a* ho*u*rly || ~ **sebesség** speed (in miles/k*i*lometres) per hour

órányi *adv* of ... hour(s) *ut.,* ... hours || **négy-öt** ~ **út** a jo*u*rney taking/lasting 4 to 5 hours, a 4- or 5-hour jo*u*rney

órányira *adv* két ~ **innen** two hours' d*i*stance from here

órarend *n* t*i*metable

órás 1. *a* of ... hours, ... hours, lasting ... hours *ut.* || **öt**~ **út** a jo*u*rney of/ l*a*sting five hours, a f*i*ve-hour jo*u*rney; **48** ~ **tartózkodás** 48 hour(s)' stay 2. *n* w*a*tchmaker, cl*o*ckmaker

órásbolt *n* w*a*tchmaker's (shop)

óraszám(ra) *adv* for hours on end; for hours and hours

óraszíj *n* (w*a*tch-)strap

oratórium *n zene* orat*o*rio

óratorony *n* clock t*o*wer

óraütés *n* str*i*king (of clock), *(toronyóráé)* chime(s)

órazseb *n* w*a*tch-pocket, *(nadrágon)* fob

orbánc *n* erys*i*pelas

orbáncfű *n* St. John's wort

orchidea *n* orchid

ordas *n nép (farkas)* wolf°

ordináré *a biz* el*í*t v*u*lgar, gross, coarse, *(csak ember)* unco*u*th

ordít *v (ember)* shout, howl, roar; bawl, *US* holler; *(kisgyerek)* cry, howl, scream || *(farkas)* howl || ~ **a fájdalomtól** screams with pain; ~ **róla, hogy** it is written (large) all over him that

ordítás *n (emberé)* shout(ing), howl(ing), roar(ing), bawling; *(kisgyereké)* crying, howling, scream(ing) || *(farkasé)* howl(ing)

ordítozás *n* (continued) bawling, shouting

ordítoz|ik *v* keep* bawling/shouting

organikus *a* organic

orgánum *n (szerv)* organ || *(hang)* voice || *átv* organ, medium *(pl* media)

orgazda *n* receiver (of stolen goods), *biz* fence

orgazdaság *n* receiving (of stolen goods)

orgazmus *n* orgasm, climax

orgia *n* orgy

orgona *n zene* organ || *növ* lilac, syringa

orgonabokor *n* lilac (shrub/bush)

orgonál *v* play (on) the organ

orgonasíp *n* organ-pipe

orgonista *n* organist, organ-player

orgyilkos *n* assassin, (hired) killer/murderer

orgyilkosság *n* assassination, murder

óriás 1. *n* giant, *(nő)* giantess 2. *a =* **óriási**

óriási *a (rendkívül nagy)* gigantic, giant, huge, colossal, enormous, *biz* jumbo || *biz (remek)* ~! great!, fantastic! || ~ **munka** gigantic/Herculean task; ~ **siker** tremendous success; ~ **többség** overwhelming majority; ~ **tömeg** huge crowd; ~ **türelem** infinite patience; ~ **veszteség** grievous loss

óriásjet *n biz* jumbo jet

óriáskerék *n (vurstliban)* big wheel, *főleg US* Ferris wheel

óriáskifli *n* giant croissant

óriáskígyó *n* boa (constrictor), python

óriásműesiklás *n* grand slalom

orientáció *n* orientation

orientál *v* orient, direct

orientalista *a* orientalist

orientálód|ik *v* orient oneself

orkán *n* hurricane, high wind, tornado

ormány *n (elefánté)* trunk; *(rovaré)* proboscis

ormótlan *a (személy)* clumsy, awkward || *(tárgy)* awkward, cumbersome, unwieldy

ornamentika *n (díszítmény)* decoration, ornament(s) || *(díszítőművészet)* decorative/ornamental art

ornitológia *n* ornithology, bird-watching

ornitológus *n* ornithologist, bird-watcher

orom *n (házé)* gable (end) || *(hegyé)* summit, peak, pinnacle

oromfal *n* gable

orosz *a/n* Russian || → **angol**

oroszbarát *a* Russophile, pro-Russian

oroszellenes *a* Russophobe, anti-Russian

oroszlán *n* lion || **nőstény** ~ lioness

oroszlánkölyök *n* lion('s) cub

oroszlánrész *n* the lion's share || ~ **ét vállalja vmnek** do* *(v.* take* upon oneself) the bulk of sg

oroszlánszáj *n növ* snapdragon, antirrhinum

oroszlánszelídítő *n* lion-tamer

oroszlánszívű *a* lion-hearted || **O** ~ **Richárd** Richard the Lion-Heart

oroszóra *n* Russian lesson/class

Oroszország *n tört* Russia

oroszországi *a/n tört* Russian, of/from Russia *ut.*

orosztanár *n* Russian teacher, teacher of Russian

oroszul *adv* || → **angolul**

orr *n (emberé)* nose, összet nasal || *(állaté)* snout, muzzle || *(cipőé)* toe || *(hajóé)* prow, bow|| **az** ~**a után megy** follow one's nose || *biz* **beleüti az** ~ **át** vmbe stick*/poke one's nose into; **felhúzza az** ~ **át** vmn turn up one's nose (at); **folyik az** ~ **a** his/her nose is running, (s)he has a running nose, snivel *(US* -l); **fönn hordja az** ~ **át** put* on airs, be* stuck-up; **lógatja az** ~ **át** be* crestfallen/downcast, be* dispirited, be* low (in spirits), hang* one's head; **nem lát tovább az** ~ **a hegyénél** he sees* no further than (the end of) his nose; ~ **a alá dörgöl vmt vknek** rub sy's nose in sg, rub it in, cast* sg in sy's teeth; ~ **a bukik** tumble; ~ **a előtt** under his (very) nose; ~ **ánál fogva vezet** vkt lead* sy by the nose; **vérzik az** ~ **a** his/her nose is* bleeding

orrcimpa *n* wing/ala (of the nose) *(pl* alae)

orrcseppek *n pl* nasal drops

orrcsont *n* nasal bone

orrfúvás *n* nose-blowing

orrhang *n* (nasal) twang, snuffle || *nyelvt* nasal (sound) || ~ **on beszél** talk through one's nose, talk with a twang

orrhangú *a* nasal

orrhegy *n* tip of the/one's nose

orrjárat *n* nasal canal

orrlyuk *n* nostril

orrnyereg *n* bridge (of the nose)

orrol *v biz* vmért take* sg amiss/ill, resent sg

orrsövényferdülés *n* deviation of the nasal septum

orrszarvú *n* rhinoceros
orrú *a* **fitos** ~ snub-nosed, with a turned-up nose *ut.*; **nagy** ~ with a big nose *ut.*
orrvérzés *n* nose-bleed
orsó *n* műsz spindle; *(tengely)* arbor, shaft; *tex* reel, *(fonógépen)* bobbin || *(cérnának, filmnek, hangszalagnak stb.)* reel, *US* spool; *(horgászé, peremfutó)* (spinning) reel
orsócsont *n* radius *(pl* -dii *v.* -uses)
orsós *a* provided with spindles *ut.*, spindle-, reel-; *(horgászbot)* with a reel *ut.*
ország *n* country, land, *(állam)* state
országalapító *n* founder of [a/the state/nation]
országalma *n* orb
országépítés *n* building the country
országgyűlés *n* parliament || ~**t egybehív** convoke Parliament
országgyűlési *a* parliamentary || ~ **képviselő** *(Magyarországon stb.)* (parliamentary) representative, deputy, *GB* Member of Parliament *(röv* M.P.), *US* Congressman°
országhatár *n* frontier [of a country]
Országház *n* Parliament (building), parliamentary building(s), *GB* the Houses of Parliament *pl*, *US* the Capitol
országhívószám *n* country code
országos *a* national, nationwide, country-wide || ~ **bajnok** national champion; ~ **csúcs** national record; ~ **eső** widespread rain; ~ **mozgalom** nationwide movement; ~ **választás** general election
országrész *n* (country) district/region/area, part of the country
országszerte *adv* all over the country, throughout the country
országút *n* highway, main road || **öreg, mint az** ~ as old as the hills
országúti *a* ~ **fény** (main) driving beam, *US* high beam; ~ **segélyszolgálat** road patrol service
ország-világ *n* all the world, the whole world
ortodox *a vall* orthodox || *átv* elít backward, old-fashioned
ortopéd *a* orthopaedic *(US* -pe-) || ~ **cipő** orthopaedic shoes/boots *pl*
ortopédia *n (tudományág)* orthopaedics *(US* -pe-) *sing.* || *(osztály)* the orthopaedics department
orvlövész *n* sniper
orvos *n* doctor, physician; *(általános)* general practitioner *(röv* GP); *kat, hajó* surgeon || **körzeti** ~ *kb.* family/local doctor; ~**hoz fordul** take* medical advice; ~**hoz kell fordulni** you have to see a doctor; ~**hoz megy** (go* to) see* a/the doctor; ~**nak megy** go* in for medicine; ~**t hívat/hív** call (out) a/the doctor, send* for a/the doctor
orvosdoktor *n* Doctor of Medicine *(röv* M.D.)
orvosi *a* medical || ~ **bizonyítvány** health/doctor's/medical certificate; ~ **etika** deontology; ~ **felügyelet** medical supervision; ~ **jelentés** bulletin (of health); ~ **költségek** medical expenses; ~ **műhiba** medical malpractice; ~ **műszer** surgical instrument; ~ **rendelés** surgery, consultation; ~ **utasítás** prescription, (doctor's) order(s)/instruction(s); ~ **rendelő** surgery, consulting room, *US* (physician's/doctor's) office; ~ **vizsgálat** medical examination, *biz* medical
orvoskar *n* medical faculty
orvoslás *n (betegségé)* healing, curing, cure || *(bajoké, átv)* remedy(ing), reparation
orvosmeteorológia *n* ⟨(study of the) medical aspects of meteorology⟩
orvosnő *n* lady doctor, woman doctor *(pl* women doctors)
orvosol *v (betegséget)* cure, treat, heal || *(bajt átv)* remedy, help
orvosprofesszor *n* professor of medicine
orvosság *n (gyógyszer)* medicine, drug || *átv* remedy, cure || ~**ot bead vknek** administer/give* (a/the) medicine to sy; ~**ot bevesz** take* (a/the) medicine
orvosságosüveg *n* medicine-bottle
orvosszakértő *n* medical expert
orvostanhallgató *n* medical student, *biz* medic
orvostudomány *n* medical science, medicine
orvostudományi *a* medical || ~ **egyetem** *GB, US* medical school, *(egyéb országokban így is:)* medical university; ~ **kar** medical faculty, faculty of medicine, *GB* medical school, school of medicine
orvtámadás *n* attack from ambush, treacherous stroke/attack
orvul *adv* treacherously, in an underhand manner || ~ **meggyilkol vkt** assassinate sy
orvvadász *n* poacher
orvvadászat *n* poaching
-os, -ös *suff* **az l965-ös birkózó-világbajnokság** the 1965 world wrestling championship
oson *v* sneak, slip by, flit, scurry
ostoba 1. *a (személy)* stupid, silly, foolish, *(cselekedet)* silly, foolish, idiotic **2.** *n (ember)* idiot, blockhead, fool

ostobaság 1. *n* stupidity, silliness, foolishness, folly, *US* bunk(um) || ~**okat beszél** talk nonsense/rubbish, say* silly things, drivel; **ne beszélj** ~**ot!** *biz* don't talk rot! **2.** *int* nonsense!, rubbish!

ostor *n* whip, lash, *átv* scourge || **Attila, Isten** ~**a** Attila the Scourge of God; **végén csattan az** ~ he who laughs last laughs longest

ostorcsapás *n* cut/lash of whip, whiplash, swish

ostrom *n* siege || ~ **alá veszi a várat** lay* siege to the fortress, besiege sg

ostromállapot *n* state of emergency/siege

ostromol *v (várost)* besiege, lay* siege to || *(nőt)* besiege, overwhelm || **vkt kérdésekkel** ~ bombard sy with questions

ostya *n (sütemény)* wafer || *(gyógyszerhez)* cachet || *vall* wafer, Host || ~**ban veszi be** take* sg in cachet-form

oszcillátor *n* oscillator

oszcillográf *n* oscillograph

oszcilloszkóp *n* oscilloscope

ószeres *n* second-hand dealer, rag-and--bone man°, old-clothes-man°, *(nő)* old--clothes-woman° || ~**!** old clo!

oszlás *n (részekre)* division || *(tömegé)* dispersion, scattering || *(holttesté)* decomposition || ~**nak indul** begin* to decompose/rot/decay

oszlik *v (részekre)* be* divided (into), divide into || *(tömeg)* disperse, scatter || *(felhő)* break* up, *(köd)* disperse || *(holttest)* decompose, rot, decay || **két részre** ~**ik** it divides into two parts; *kat* oszolj! dismiss!, fall out (men)!

oszlop *n épít* column, *(pillér)* pillar, post, *(távvezetéké)* pylon, *(hídé)* pier || *kat* column || *átv* pillar, mainstay

oszlopcsarnok *n* colonnade, portico

oszlopfő *n* capital

oszlopos *a épít* columned, pillared

oszloprend *n* order (of columns) || **dór** ~ Doric order; **jón** ~ Ionic order; **korinthoszi** ~ Corinthian order

Ószövetség *n* Old Testament

oszt *v mat* divide || *(részekre)* divide/split* into [parts] || *(kioszt)* distribute, dispense; *(kártyát)* deal*; *(parancsot)* issue, give* || *(véleményt)* share [sy's opinion] || **két részre** ~ **vmt** divide sg in half; **ki** ~**?** whose deal is it?; ~**om nézetedet** I agree with you, I am* of the same opinion; **se nem** ~, **se nem szoroz** it makes* no difference/odds; **15** ~**va 3-mal annyi mint 5** 15 divided by 3 is 5, 3 divides into 15 5 times

osztag *n* detachment, squad, detail

osztalék *n* dividend

osztály *n (társadalmi)* class || *isk (tanulók)* class, form, *US* grade; *(terem)* classroom || *(hivatalban, áruházban)* department; *(kórházban)* ward, department || *(vasúton, hajón)* class || *(kategória)* section, class, category; *tud* class, division; *áll, növ* class || **a harmadik** ~**ba jár** be* in the third form (*US* grade); **első** ~**on utazik** travel (*US* -l) first-class; ~ **on felüli** de luxe; *(szálloda)* five-star, luxury

osztályérdek *n* class interest

osztályfőnök *n isk kb.* form-master

osztályharc *n* class struggle/war

osztályismétlés *n isk* repeating/repetition of a year('s work) [in school]

osztálykirándulás *n isk* school/class outing

osztálykülönbség *n* class distinction(s)

osztálynapló *n isk kb.* attendance register/book

osztályos *a isk* belonging to a class/form *ut.* || *(kórházban)* ward(-) || **első** ~ **(tanuló)** first-form pupil/boy/girl, *biz* first former, *US* first grader; ~ **orvos** ward physician/doctor

osztályoz *v (osztályokba sorol)* class, classify, rate; *(árut)* sort, order || *isk* give*/award marks [to pupils]; *(dolgozatokat)* mark/grade [papers]

osztályozás *n (osztályokba sorolás)* classification, grading, rating; *(árué)* sorting, ordering || *isk* giving/awarding marks (*US* grades), *(dolgozatoké)* marking (*US* grading)

osztálytalálkozó *n* class reunion

osztálytárs *n* class-mate, fellow student

osztálytársadalom *n* class society

osztályú *a összet* -class || **első** ~ *(minőség)* first-class/rate [quality]; **első** ~ **vasúti jegy** first-class train ticket; **első** ~ **szálloda** a first-class hotel; *(Magyarországon)* class A1 hotel

osztályvezető *n* head/chief of (a) department, departmental head/manager; *(múzeumi)* custodian, keeper

osztályvizsga *n* end-of-year examination

osztályzat *n* mark, *US* grade

osztandó *n mat* dividend

osztás *n (részekre)* dividing, *mat* division || *(szét)* distribution, dispensing; *(kártya)* deal || *mat* division

osztatlan *a (fel nem osztott)* undivided || *átv* unanimous

osztható *a* divisible, *(igével)* can be divided || **néggyel** ~ **szám** a number divisible by four

osztó *n (személy)* divider, distributor; *(kártyában)* dealer || *mat* divisor

osztódás *n biol* cell division, fission ‖ ~ **útján való szaporodás** reproduction by fission, fissiparous generation
osztód|ik *v* divide, be* divided; *biol* reproduce (*v.* be* reproduced) by fission
osztogat *v* distribute; *(adományt, igazságot)* dispense, deal* out
osztójel *n* division sign
osztott pályás úttest *n* dual carriageway, *US* divided highway
osztoz|ik *v* ~ **ik vkvel vmn** *(megoszt vmt vkvel)* share sg with sy; *(osztozkodik vmn)* share in sg (with sy); ~**nunk kell a szobán** we'll have to share the room; ~**ik vk véleményében** agree with sy, share sy's opinion
osztozkodás *n* sharing
osztrák *a/n* Austrian
osztrák—magyar *a* Austro-Hungarian ‖ *tört* **Osztrák—Magyar Monarchia** the Austro-Hungarian Monarchy; ~ **(válogatott) mérkőzés** the Austria v. (*US* vs.) Hungary match
osztriga *n* oyster
óta *post (időpont)* since ‖ *(tartam)* for ‖ **már órák** ~ **nincs itt** he's been away for hours; **tegnap** ~ since yesterday; **1954** ~ since 1954
OTP *Országos Takarékpénztár* National Savings Bank
OTP-fiók *n* (local) branch [of the National Savings Bank], *kb.* an/the OTP branch
OTP-kölcsön a loan from the National Savings Bank
otromba *a vk* clumsy, ungainly, *vm* unwieldy ‖ *átv* boorish, vulgar, rude ‖ ~ **fráter** a boor; ~ **tréfa** stupid practical joke
otrombaság *n vké* clumsiness, ungainliness ‖ *átv* vulgarity, boorishness, rudeness
ott *adv* there ‖ ~, **ahol** where; ~ **benn** in there; ~ **fenn** up there, *ir* up yonder; ~ **marad** stay/remain there; ~ **tart vkt** detain, keep* sy back; ~ **tartózkodik** stay/be* there
ottani *a* (that is/are) there *ut.*, of that place *ut.* ‖ ~ **viszonyok** local conditions, conditions (prevailing) there
ottfelejt *v* leave* (sg) behind, forget* sg
otthagy *v vkt* desert, abandon; *(szerelmest)* jilt ‖ = **ottfelejt** ‖ ~**ja az állását** throw* up one's job, quit* one's job
otthon 1. *adv* at home ‖ **érezd magad** ~! make yourself comfortable!, make yourself at home!; **mindenütt jó, de legjobb** ~ there is no place like home; east or west, home is best; **nincs** ~ he isn't at home, (s)he isn't in, (s)he's out/gone; ~ **érzi magát** feel* at home; ~

felejt vmt forget* sg; ~ **hagytam a szemüvegemet** I (have) left my spectacles/glasses behind; ~ **kell lennem 7-re** I must be home by 7; ~ **marad** stay at home, keep*/stay/remain indoors; ~ **ülő (ember)** stay-at-home, *US* homebody; ~ **van a festészetben** be* familiar with painting, be* well-versed in painting; ~ **van Péter?** is Peter in? **2.** *n (családi)* home, *ir* fireside, hearth ‖ *(szállás)* hostel; home ‖ **az** ~ **melege** the fireside, the home; **szociális** ~ old people's home, home for the aged
otthoni 1. *a* home, domestic **2.** *n* **az** ~**ak** sy's folks (back home)
otthonos *a* homely, homelike, cosy, *US* coyy, homy, *US* homey ‖ ~ **an érzi magát** make* oneself at home
otthontalan *a* homeless, without a home *ut.*
ottlét *n* ~**emkor** during my stay (there), while I was there
ottmarad *v →* **ott** *marad* ‖ *(odavész)* ~ **a háborúban** perish in the war
ott-tartózkodás *n* (one's) stay (there) ‖ ~**a alatt** during his/her stay (there); ~ **időtartama** period of stay
ótvar *n* impetigo; ringworm
ótvaros *a* impetiginous; having ringworm *ut.*
óv *v (vkt vmtől, figyelmeztetve)* warn/caution sy against sg, advise sy not to (do sg) ‖ *(vmt/vkt vmtől, megvédve)* protect sy/sg from/against sg, save sy from sg, guard sy from/against sg
ováció *n* ovation, cheering ‖ ~**ban részesít** cheer sy, give* sy an ovation
óvadék *n* caution money, security, guarantee, (non-refundable) deposit ‖ ~ **ellenében szabadlábra helyez** bail sy (out)
óvakod|ik *v vmtől/vktől* beware of sg/sy, be* on one's guard against sg/sy, steer clear of sg/sy, keep* away from sg; *(tartózkodik vmtől)* refrain from sg (*v.* from doing sg)
ovális *a* oval
óváros *n* old(er part of a) town/city
óvás *n vmtől* protecting, guarding (from/against) ‖ ~**t emel vm ellen** lodge a protest against sg
óvatlan *a* unguarded, unprotected ‖ **egy** ~ **pillanatban** in an unguarded moment
óvatos *a* cautious, careful ‖ **légy** ~! take care!, be careful!, watch/look out!; ~ **duhaj** cautious gambler
óvatosan *adv* carefully, cautiously, gingerly ‖ ~ **bánik vmvel/vkvel** handle sg/sy with care, go* easy on sg/sy; ~ **ve-**

óvatosság 440

zet be* a cautious driver, drive* cautiously
óvatosság n cautiousness, (pre)caution, care(fulness) || ~**ból** by way of precaution, to be on the safe side
overall n (mellesnadrág) bib and brace overall; (kezeslábas) boiler suit; (főleg gyereké) dungarees pl
Óvilág n (Európa) Old World
óvintézkedés n precautionary/preventive measures pl || **megteszi a szükséges ~eket** take* the necessary precautions/measures
óvoda n nursery school, kindergarten; GB (félnapos, rendsz. magán) play school/group; GB (5-7 éveseknek) infant school
óvodai a a nursery(-school), kindergarten
óvodás n pupil (at a kindergarten), kindergartener || ~ **korú** of kindergarten age
óvóhely n ált refuge || (légó) air-raid shelter
óvónő n nursery-school (v. kindergarten) teacher
óvónőképző n training school/college for nursery-school (v. kindergarten) teachers
óvszer n ált contraceptive, (gumi) condom, sheath, biz French letter, US rubber
oxidáció n oxidation, oxidizing
oxidál v oxidize
oxidálód|ik v oxidize, become* oxidized
oxigén n oxygen
oxigénhiány n lack of oxygen, anoxia
oxigénpalack n oxygen bottle/flask/tank
ózon n ozone
ózondús a rich in ozone ut. full of ozone ut.
ózonpajzs n ozone layer

Ö, Ő

ő 1. pron (himnemű) he; (nőnemű) she; (semlegesnemű) it || ~ **maga** he ... himself, she ... herself, it ... itself **2.** (birtokos jelzőként) (egyes, hímn.) his; (nőn.) her; (seml. n.) its || (többes) their || **az ~ könyve** his/her book; **az ~ könyvei** his/her books; **az ~ könyveik** their books; **az ~ könyvük** their book
öblít v rinse (sg out), give* sg a rinse || **száját ~i** rinse one's mouth; **torkot ~** gargle
öblítés n rinsing (out), rinse; (torok) gargling; (irrigálás) irrigation
öblöget v (ruhát, edényt stb.) rinse; (torkot) gargle, rinse one's throat
öböl n (nagy) gulf; (közepes) bay; (kicsi) inlet, creek || (öblös tárgyé) hollow, cavity
öcs n younger brother
öcsém n (testvérem) my younger brother || biz (megszólítás) laddie!, US kid!
ödéma n oedema (főleg US: edema)
őfelsége n (király, királynő) His/Her Majesty || **Ő~ II. Erzsébet** Her Majesty Queen Elizabeth the Second (v. Queen Elizabeth II)
őfensége n (királyi herceg/hercegnő) Her/His Royal Highness
ők pron they || ~ **hárman** the three of them; ~ **maguk** they (...) themselves
öklendez|ik v retch
öklömnyi a (nagy) (as) big as my fist || biz (kicsi) tiny, pint-sized, sk wee
ökológia n ecology
ökológiai a ecological
ökonómia n közg economics sing. || (takarékosság) economy, thrift, saving
ököl n fist || ~**be szorítja a kezét** clench one's fist(s); clenched fists
ökölcsapás n blow (with the fist), punch
ökölvívás n boxing; (hivatásos) prizefighting
ökölvívó n boxer; (hivatásos) prizefighter
ökölvívó-mérkőzés n boxing match; (hivatásos) prizefight
ökör n (állat) ox°, bullock; (fiatal) steer || (emberről, durva) fool, blockhead, idiot
ökörnyál n gossamer, air-threads pl
ökumenikus a ecumenical
ökumenizmus n the ecumenical movement, ecumenicalism, ecumenism, ecumenicism
öl[1] v (embert) kill, slay*, put* to death || (marhát) slaughter, butcher; (disznót) butcher, stick* || **ebbe ~te minden pénzét** he sank/put all his money into it; **vízbe ~i magát** drown oneself
öl[2] n (testrész) lap || ~**be tett kézzel** átv idly; **nem nézhetjük ~be tett kézzel** we cannot just sit there doing nothing (about it); **vk ~ébe ül** sit* in/on sy's lap; **a természet (lágy) ~én** in Nature's bosom; ~**re megy vkvel** come* to blows/grips with sy
öldöklés n massacre, butchery, slaughter
ölel v embrace, hug, put* one's arms round sy || **magához ~** fold sy in one's arms, embrace (sy); **szeretettel ~** (levél végén) with (much) love, yours affectionately, yours ever, as ever (és a keresztnév)

ölelés *n* embrace, hug
ölelkezés *n* embrace; *(szerelmeskedve, biz)* necking
ölelkez|ik *v (személyek)* embrace; *(szerelmeskedve, biz)* bill and coo, neck || *(tárgyak, dolgok)* overlap
ölés *n (embert)* kill(ing), slaying; *(mészárlás)* slaughter(ing) || *(állatot)* slaughtering; *(disznót)* sticking
ölt *v (varr)* stitch, make* stitches || *átv (magatartást stb.)* assume || **gyászt ~** go* into mourning (for sy); **kart karba ~ve** arm in arm; **óriási méreteket ~** assume (*v.* grow* to) considerable proportions
öltés *n (orv is)* stitch; *(orv varrat)* suture
öltöny *n* suit
öltözet *n ált* clothing, clothes *pl*; *(férfiöltöny)* suit, outfit; *(női ruha)* dress
öltöz|ik *v* dress, get* dressed, put* on one's clothes; *vmbe* dress (*v.* be* attired) in sg || **melegen ~ik** put* on warm clothes/clothing, dress warmly; **jól ~ött** well-dressed, smart; **rosszul ~ött** shabbily dressed *ut.*, down at heel *ut.*, down-at-heel
öltözködés *n* dressing, putting on one's clothes
öltözköd|ik *v* dress, get* dressed, put* on one's clothes
öltöző *n* szính *és ált* dressing-room; *sp* dressing/changing-room; *(uszodában)* cubicle
öltöztet *v* dress, clothe
öltöztetőnő *n szính* dresser
őméltósága *n* (†, *ill. diplomáciában*) His Lordship, Her Ladyship, His/Her Honour (*US* -or)
ömlesztett *a ker* in bulk *ut.* || **~ áru** goods in bulk *pl*, bulk goods *pl*; **~ sajt** processed cheese
ömlesztve *adv* in bulk
öml|ik *v* flow *(vmből* from, *vmbe* into sg), run* *(vmbe* into), stream, gush into || **~ik az eső** it's pouring (with rain); *biz* it's pissing with rain
ön 1. *pron* you || **~t, ~ök(et)** you; **ez az ~ (ök)é** this is yours **2.** *(birtokos jelzőként)* your || **ez az ~(ök) könyve** this is your book; **ezek az ~(ök) könyvei** these are your books
-ön *suff* → **-on**
önálló *a vk* independent, self-supporting; *(önállóan dolgozó)* self-employed; *(szabadúszó)* freelance; *kif* stand* on one's own (two) feet || *(állam)* independent, autonomous || *(lakás)* self-contained || **nincs egy ~ gondolata** (s)he hasn't a single original idea/thought in his/her head; *közg* **~ elszámolás** self-financing

önállóan *adv* independently; *(egyedül)* unaided, alone, by oneself || **~ él** live alone; **~ gondolkodik** think* for oneself
önállóság *n* independence || **~ra nevel** teach* sy to think/fend for oneself
önállósít *v* **~ja magát** *ált* make* oneself independent, stand* on one's own (two) feet; *ker* set* up in (a) business, set* up for oneself, become* self-employed
önállósul *v* become* independent
önarckép *n* self-portrait
önbecsülés *n* self-respect/esteem
önbírálat *n* = **önkritika**
önbíráskodás *n* taking the law into one's (own) hands, acting as one's own judge, *főleg US:* lynch law
önbizalom *n* (self-)confidence/assurance
önborítékoló levélpapír *n* self-sealing envelope; *(légipostai)* air letter, aerogram(me)
öncélú *a* having an end in itself *ut.* || **~ művészet** art for art's sake
öndicséret *n* self-praise/advertisement
önelégült *a* complacent, self-satisfied/contented, smug, *(ostobán)* fatuous
önelégültség *n* complacency, complacence, self-satisfaction, smugness
önéletrajz *n ir* autobiography || *(álláshoz, pályázathoz)* curriculum vitae (*pl* curricula vitae), *biz* cv, *US:* résumé
önéletrajzi *a* autobiographic(al)
önellátó *a vk* self-supporting, independent || *(ország)* self-sufficient (*vmben* in sg), self-supporting
önelszámoló *a* self-financing
önérzet *n* self-esteem/respect || **túlzott ~ self-importance**, pride, conceit
önérzetes *a* self-respecting/confident
ön- és közveszélyes *a* → **önveszélyes**
önfegyelem *n* self-discipline/control/command
önfejű *a* self-willed, headstrong, stubborn, wilful (*US* willful), obstinate
önfejűség *n* headstrongness, obstinacy, stubbornness
önfeláldozás *n (életét áldozza fel)* self--sacrifice || *(áldozatvállalás)* self-denial
önfeláldozó *a (életét feláldozó)* self-sacrificing || *(áldozatvállaló)* self-denying
önfeledt *a* (self-)abandoned
önfenntartás *n* self-support(ing)
öngól *n* own goal
öngúny *n* self-mockery/irony
öngyilkos 1. *n* suicide **2.** *a* suicide(-), suicidal
öngyilkosság *n* suicide || **~ot követ el** commit suicide, take* one's own life

öngyilkossági *a* suicidal || ~ **kísérlet** attempt at (*v.* attempted) suicide; ~ **szándék** suicidal intentions *pl*

öngyújtó *n* lighter

önhiba *n* ~**jából történt** the fault is his, he has only himself to blame; ~**ján kívül** through no fault of his (own)

önhitt *a* conceited, self-centred/important/sufficient

önhittség *n* conceit, arrogance, haughtiness

önigazgatás *n* self-management, self-administration

önindító *a* self-starter, (automatic) starter

önjáró *a* self-propelled/propelling

önként *adv* (*saját magától*) voluntarily, of one's own accord, of one's own free will, willingly; (*kéretlenül*) unasked (for) || ~ **adódik a válasz** the answer is self--evident; ~ **jelentkezik a rendőrségen** he gives* himself up to the police; ~ **vállalkozik vmre** volunteer to do sg

önkéntelen *a* involuntary, unintentional, automatic, spontaneous

önkéntelenül *adv* involuntarily, spontaneously || ~ **arra gondol az ember, hogy** you can't help thinking of ...

önkéntes 1. *a* voluntary, spontaneous; (*kéretlen*) unasked for *ut.* **2.** *n kat* volunteer

önkéntesség *n* ált spontaneity, spontaneousness || *kat* service as (a) volunteer

önkény *n pol* absolutism, despotism

önkényes *a* arbitrary, high-handed

önkényuralom *n* absolutism, autocracy, despotism

önképzés *n* self-education

önképzőkör *n kb.* (school) literary and debating society

önkezével *adv* by one's own hand || ~ **vetett véget életének** he took his own life, he committed suicide

önkielégítés *n* masturbation

önkínzás *n* self-torment/torture

önkioldó *a fényk* delayed-action (shutter) release, self-timer, delay timer

önkiszolgálás *n* (*étteremben, boltban*) self-service

önkiszolgáló *a* self-service; *US* self-serve || ~ **étterem** cafeteria, self-service restaurant, *US* self-serve restaurant; ~ **bolt** self-service shop (*US* store)

önkormányzat *n* **helyi** ~ local government/authority

önköltség *n* prime/manufacturing cost, cost of production, cost-price

önköltségi ár *n* cost/production price

önkritika *n* self-criticism

önkritikus *a* self-critical

önmaga *pron* (*hímn.*) himself; (*nőn.*) herself; (*seml. n.*) itself; (*nyomatékosan*) he himself, she herself || ~**ban** for itself, in/by itself; ~**ért** for his/her/its own sake; (**ez**) ~**ért beszél** it speaks for itself; **nagyon meg van elégedve** ~**val** be* self-satisfied, be* very pleased with oneself, be* complacent/smug

önmegtartóztatás *n* self-restraint; (*italtól*) abstinence, teetotalism; (*nemi*) continence

önmegtartóztató *a* self-restraining/restrained; (*italtól*) abstinent, teetotal; (*nemileg*) continent

önműködő *a* automatic || ~**en** automatically

önöz *v* ⟨address sy as "ön"; address sy formally⟩

önreklám *n* self-advertisement

önrendelkezés(i jog) *n* (right to/of) self-determination || **a népek** ~**i joga** the right of peoples to self-determination

önsúly *n* (*árué*) net weight; (*járműé*) weight empty, tare, unladen weight

önszántából *adv* → **önként**

önt *v* (*folyadékot*) pour || (*fémet*) (die-)-cast*, found || **bort** ~ **a pohárba** fill one's/sy's glass with wine

öntapadó(s) *a* self-adhesive

öntelt *a* conceited, self-important/satisfied/complacent

önteltség *n* conceit, self-importance/satisfaction

öntés *n* (*folyadéké*) pouring || (*fémé*) cast(ing), founding

öntet *n* (*tésztafélék ízesítésére*) flavouring (*US* -vor-) sauce; (*saláta*) dressing

öntöde *n* foundry

öntörvényű *a* autonomous

öntöttvas *n* cast iron; (*jelzőként*) cast-iron

öntöz *v* (*utcát, növényt*) water; (*gyepet*) sprinkle, hose; (*csatornákkal*) irrigate

öntözés *n* (*utcáé, növényé*) watering; (*gyepé*) sprinkling, hosing; (*csatornákkal*) irrigation

öntözőberendezés *n* irrigation plant

öntözőcsatorna *n* irrigation canal

öntözőkanna *n* watering can, *US így is:* sprinkling can

öntudat *n* (*eszmélet*) consciousness || ~**ánál van** be* conscious, be* in possession of all one's senses/faculties; **elvesztette** ~**át** he lost* consciousness, he became* unconscious; **visszanyerte** ~**át** he recovered/regained consciousness

öntudatlan *a* (*állapot*) unconscious; (*tett*) unintentional, spontaneous

öntudatlanság *n* (*eszméletlenség*) unconsciousness

öntudatos *a* (self-)conscious, self-respecting; *(önérzetes)* self-assured/confident
öntudatosság *n* (self-)consciousness, self-awareness
öntvény *n* cast(ing), mould(ing) *(US* molding)
önuralom *n* self-command/control/restraint/possession
önvallomás *n* confession, avowal
önvédelem *n* self-defence *(US* -se) ‖ ~ből in self-defence
önzés *n* selfishness, ego(t)ism
önzetlen *a* unselfish, selfless; *(magatartás)* altruistic ‖ ~ **ember** altruist
önzetlenség *n* unselfishness, selflessness
önző 1. *a* selfish, ego(t)istic, self-centred *(US* -centered) 2. *n* ego(t)ist, self-seeker
őr *n* ált keeper, guard, watchman°; *(börtön)* warder, turnkey; *kat* sentry, sentinel; *átv* guardian, protector
ördög *n* devil ‖ **a nyomda** ~**e** typographical gremlin(s); **szegény** ~ poor devil/beggar; **vigyen el az** ~! the devil take you!; **az** ~**be is!** hang/damn/confound it!, hell!; **hol az** ~**ben van?** where on earth is* he/it?
ördögi *a* devilish, diabolical
öreg 1. *a ált* old; *(koros)* aged, elderly ‖ **iron az** ~ **lány** the old girl/lady; ~ **bácsi** an old gentleman; ~ **ember** an old *(v. tapintatosabban:* elderly) man°, a rather old man; ~ **este** late in the evening; ~ **szivar** old boy 2. *n* old man°, greybeard ‖ *biz* **az** ~ *(vk apja)* the old man, (the) guv; *(főnök)* theboss; **az** ~**ek** old/elderly people, the old/aged; *(biz a szülők)* mother and father, *US* (sy's) folks; ~**ek otthona** old people's home, old-age home, *biz* old folks' home; ~**em!** I say *(v.* listen) old chap/thing/boy
öregasszony *n* old woman°
öregedés *n* ag(e)ing, growing old
öregember *n* old man°
öreges *a* elderly, of old age *ut.*
öregít *v (öltözet vkt)* make* sy look older ‖ *(öregebbnek mond)* make* sy/oneself out to be older than (s)he is
öregkor *n* old age ‖ **késő** ~**ban** in one's declining years
öregkori *a* old-age, of old age *ut.*; *orv* senile ‖ ~ **biztosítás** old-age insurance
öregségi *a* old-age, of old age *ut.* ‖ ~ **nyugdíj** old-age pension
öregsz|ik *v* grow* old, age *(j. m. igeneve* ageing *v.* aging), be* growing old, be* getting on (in years), be* advancing in years ‖ **érzem, hogy öregszem** I feel my age/years
öregúr *n biz* old gentleman°

őrház *n ált* watchman's hut/house; *kat* sentry-box; *vasút* signal-box, *US* signal tower
őrhely *n* post; *átv* watch, post
őriz *v ált* watch (over), guard, take* care of, keep* an eye on ‖ *(használatra)* keep* (for use), preserve ‖ **Isten** ~**z!** God forbid!; **őrzi az ágyat** be* laid up, keep* to one's bed
őrizet *n (megőrzés)* care, protection, charge, safety ‖ *(rendőri)* custody ‖ *(kíséret, kat stb.)* escort‖ ~**be vették** (s)he is *(v.* has been) detained, (s)he has been taken into custody; ~ **be vétel** detention, seizure, arrest, custody
őrizetes *n* detainee
őrizetlen *a* ~**ül hagy** leave* sg unattended
őrzked|ik *v vmtől* guard against sg; *vktől* be* on one's guard against sy; *(tartózkodik vmtől)* refrain from sg ‖ ~**jünk a zsebtolvajoktól** beware of *(v.* watch out for) pickpocket
őrjárat *n (szolgálat)* patrol; *(körlet)* beat
őrködés *n* watch(ing), guarding, care
őrköd|ik *v (őrségben)* watch over, keep* guard over, keep* watch ‖ *vkre/vmre* take* care of sy/sg, keep* an eye on sy/sg, look after sy/sg
őrlő *a* grinding, milling
őrlőfog *n* molar, grinder
örmény *n* Armenian
Örményország *n* Armenia
őrmester *n* sergeant *(röv* Sergt., Sgt.)
őrnagy *n* major *(röv* Maj.)
örök 1. *a ált* eternal; *(örökkévaló)* everlasting; *(állandó)* permanent ‖ *(folytonos)* perpetual, unending, endless, continual ‖ ~ **életére** for the rest of one's life; ~ **időktől fogva** from/since time immemorial; ~ **igazság** eternal truth 2. *n* ~**be fogad** adopt; ~**be fogadott gyermek** adopted child°
örökbefogadás *n* adoption
örökbefogadó *n* **az** ~**k** the adoptive parents
örökké *adv (örökre)* eternally, for ever ‖ *(folytonosan)* continually, perpetually ‖ ~ **csak morog** he is for ever grumbling; **semmi sem tart** ~ nothing lasts for ever
örökkévalóság *n* eternity, everlastingness, perpetuity ‖ **egy** ~**nak tűnt** it seemed like an eternity
öröklakás *n* owner-occupied flat, *US* condominium ‖ ~ **tulajdonosa** owner-occupier
öröklés *n* succession, inheritance
örökléstan *n* (science of) heredity, genetics *sing.*
örökletes *a (betegség, hajlam)* hereditary

öröklőd|ik v *(betegség, tulajdonság)* be* hereditary, run* in the family || *(vagyon)* be* handed down

örököl v inherit (sg), come* into, be* heir to || **vktől vmt** ~ inherit sg from sy, be* the heir of sy; **nagy vagyont** ~**t** (s)he came into a (v. inherited) a fortune

örökös[1] *a (folytonos)* perpetual, unending, continual, constant || *(örök)* eternal || ~ **tag** *(társaságé)* life member (of sg)

örökös[2] *n* heir, inheritor; *(nő)* heiress

örökösödés *n* inheritance, succession

örökösödési *a tört* ~ **háború** war of succession; *jog* ~ **illeték** *ált* death duty, *GB* capital transfer tax [on gifts after sy's death]

örökre *adv* for ever (and ever), for good; *(kap vmt) biz* for keeps

örökség *n* inheritance, *US* estate; *(ingóvagyon)* legacy, bequest; *(ingatlan)* devise || **szellemi** ~ spiritual heritage; ~**ből kizár** disinherit, deprive of succession

örökül *adv* ~ **hagy** leave* sg by will; *(ingatlant)* devise; *(főleg ingóságot)* bequeath

örökvaku *n* flashgun, automatic flash

örökzöld *a növ és átv* evergreen

őröl *v (gabonát, kávét)* grind*, mill

öröm *n* joy, pleasure, gladness, happiness, delight; *(örvendezés)* rejoicing || ~ **volt őt hallani** it was a pleasure to hear him; **az élet** ~**ei** the joy(s) of life; ~**ömre szolgál** it is* a great pleasure for me to ..., I am* delighted to hear/learn (that), I'm very pleased to ...; **vk nagy** ~**ére** much to the delight of sy; ~**et szerez vknek** please/delight sy, afford/give* sy (great) pleasure; ~**ét leli vmben** take* pleasure in sg, enjoy sg, delight in sg; **oda van az** ~**től** be* wild with joy; ~**mel** gladly, with pleasure; *(készséggel)* most willingly/readily; **legnagyobb** ~**mel** with (the greatest of) pleasure; ~**mel látjuk ebédre** *(meghívón)* we request the pleasure of your company to dinner; ~**mel várjuk a találkozást** we look *(v. we're looking)* forward to seeing you

örömanya *n* bride's/bridegroom's mother [at the wedding]

örömapa *n* bride's/bridegroom's father [at the wedding]

örömhír *n* good news, glad tidings *pl*

örömlány *n* woman° of pleasure, streetwalker

örömmámor *n* ecstasy/thrill of joy || ~**ban úszik** be* overjoyed, be* in an ecstasy of joy/delight

örömszülők *n pl* parents of the bride and bridegroom [at the wedding]

örömtelen *a* joyless, cheerless, mirthless || ~ **élet** drab/dreary/dull life°

örömteli *a* joyful, joyous, glad, merry, jolly, full of joy *ut.*

örömtűz *n* bonfire

örömujjongás *n* jubilation, exultant joy, acclamations of joy *pl*

örömünnep *n* festival, high day, jubilee

őrs *n kat* sentry, sentinel || *(úttörő, cserkész)* patrol

őrség *n kat* guard, watch; *(hely, vár)* garrison; *(sztrájknál)* picket || ~**en van** be* on sentry duty

őrségváltás *n kat* changing of the guard

őrsparancsnok *n kat* officer in command of a post *(v.* an outpost)

őrsvezető *n (úttörő, cserkész)* patrol leader

őrszem *n kat* sentry, sentinel, guard

őrszoba *n kat* post, guard-room; *(rendőri)* police station

őrtorony *n* watch-tower, lookout

örül *v vmnek* rejoice at/over (sg), be* glad (that ... *v.* of sg), be* delighted (that ... *v.* at/with sg); be* pleased (that ... *v.* with sg) || ~, **hogy** be* delighted/pleased that/to; **nagyon** ~ be* very happy/glad; **nagyon** ~**ök, hogy** ~ I'm very pleased [to go etc. *v.* you've come etc.]; **előre** ~ **vmnek** look forward to (doing) sg; ~**ök, hogy láthatom** (I am) glad/pleased *(v.* very pleased) to see you; ~**ök, hogy megismerhetem** pleased to meet you; **igen** ~**ök neki** I am* very glad

őrület *n* madness, insanity; *tud* dementia || **vallási** ~ religious mania; **tiszta** ~! sheer madness!

őrületes *a* terrific, incredible || ~ **fejfájás** splitting/raging headache

őrült 1. *a vk* mad, insane, deranged; *biz* crazy, (gone) off one's head *ut.*; *(igével)* be* out of one's mind; *(cselekedet)* foolish, stupid, senseless || ~ **iramban** at breakneck speed; ~ **siker** sweeping/overwhelming success; ~ **szerencse** fantastic luck **2.** *n* madman°, maniac, lunatic **3.** *adv* ~ **(en)** madly, extremely, out of all proportion; ~**(en) szerelmes** be* madly in love (with sy); *biz* be* gone on sy

őrültség *n* madness, lunacy, insanity, frenzy || **ez (tiszta)** ~! this is* sheer madness!

örv *n* = **nyakörv** || **vmnek az** ~**e alatt** under the guise of sg, on/under the pretext of (doing) sg

örvend *v (örül vmnek)* rejoice (at/over sg), be* glad (of sg), be* delighted (at sg), be* pleased (with sg) || *átv* **jó egészségnek** ~ enjoy *(v.* be* in) good health

örvendetes *a* pleasing, happy, fortunate || **nagyon** ~, **hogy** ... it is a good thing that ...
örvény *n (vízé)* whirlpool, eddy || *átv* whirl, turmoil
őrzés *n* watching, guarding, (safe-)keeping, custody
őrző 1. *a* guarding, keeping **2.** *n ált* guard, preserver, watcher || *orv* intensive care (unit)
ős *n* ancestor, forefather, forebear, progenitor || ~**eink** our fathers/ancestors
ősállat *n* primitive/prehistoric animal
ősbemutató *n* world premiere
ősember *n* primitive man°, caveman°
őserdő *n* virgin forest, jungle || **trópusi** ~ rain-forest
őshaza *n* original/early home(land)
őshonos *a* native
ősi *a (nagyon régi)* ancient; *(ősök idejéből származó)* ancestral; *(eredeti)* original, primeval || ~ **ház** ancestral home/seat; ~ **szokás** ancestral custom, tradition
ősidők *n pl* bygone days, olden/ancient times || ~ **óta** from time immemorial
őskor *n tört* prehistoric/primitive age, prehistory
őskori *a* prehistoric, primitive, ancient || ~ **lelet** fossil
őslakó *n* original inhabitant/settler, native || ~**k** aborigines
őslakosság *n* original inhabitants/ settlers *pl*, aborigines *pl*
őslény *n* primitive/primordial being, fossil
őslénytan *n* palaeontology *(US* paleon-*)*
ősmagyar *n* ancient Hungarian, proto-Magyar/Hungarian
ősnyelv *n* protolanguage
ősrégi *a* (very) old/ancient, age-old, of great antiquity *ut.*
ösvény *n* path
ősvilág *n* prehistoric/primeval/primitive world, prehistoric ages *pl*
ősz[1] *n (évszak)* autumn, *US* fall || **1983** ~ **én** in the autumn/fall of 1983; ~ **re** in autumn/fall; **az** ~ **re** for the autumn/ fall; **ősszel** in autumn, *US* in (the) fall; **az ősszel** this autumn/fall; **múlt ősszel** last autumn/fall; **jövő ősszel** next autumn/fall
ősz[2] *a/n (szín)* grey(-haired), *US* gray; *(ezüstös)* silver-headed || ~ **haj** grey *(US* gray) hair
őszentsége *n* His Holiness [the Pope]
őszes *a* greyish, *US* grayish, touched with grey/gray *ut.*
őszi *a* autumnal, autumn, of autumn *ut., US* fall, of fall *ut.* || ~ **búza** winter/ autumn wheat; ~ **szél** autumn wind; ~ **vetés** *(eredménye)* winter-corn; *(folyamata)* sowing of the winter-corn
őszibarack *n* peach
őszies *a* autumn, autumnal
őszinte *a* sincere, frank, candid, open-hearted, plain-spoken, straightforward || ~ **vkvel** be* plain/open with sy; **ha egészen** ~**k akarunk lenni** to be quite frank; ~ **híve** *(levélben)* Yours sincerely/faithfully, ...; *főleg US:* Sincerely/Faithfully yours, ...; ~ **köszönet** heartfelt thanks *pl*; ~ **tisztelettel** *(levélben)* Yours truly/sincerely, ...; *főleg US:* Sincerely yours, ...
őszintén *adv* sincerely, frankly, openly, candidly || ~ **beszél** speak* sincerely, speak* one's heart/mind; ~ **szólva** frankly, ...; to tell the truth, frankly speaking, to put it bluntly, to be (quite) frank
őszinteség *n* sincerity, frankness, candour *(US* -or*)*, openness
őszirózsa *n* aster, Michaelmas daisy
összamerikai *a* Pan-American
összbenyomás *n* general/overall impression
összbevétel *n* total income
összead *v (számokat)* add (up/together) *biz* tot up || *(pénzt vmre)* raise [a sum] by contributions, contribute (towards), club together || *(összeesket)* marry, wed || *biz* ~**ja magát vkvel** take*/join up with sy
összeadandó *a/n* **az** ~**k** the addable sums
összeadás *n mat* addition
összeakad *v (két tárgy)* get* caught/ stuck (on/in sg) || *biz vkvel* come* across sy, run*/bump into sy
összeáll *v (csoportba, társaságba)* assemble, gather/get* together; *(munkára)* team up with sy; *(egyesül)* unite, combine efforts (to do sg), join forces with sy || *(vadházasságban)* take* up with sy || *(ami folyós)* set*, thicken, coagulate, congeal; *(kötőanyag)* bind*
összeállít *v (részeket)* assemble, put*/fit together; *(gépet, szerkezetet)* assemble, fit together || *(csapatot, sp)* form, pick, field; *(kormányt)* form || *(írásművet, bibliográfiát stb.)* compile; *(listát)* draw* up; *(műsort)* draw* up, organize, arrange || ~**otta** ... compiled by ...
összeállítás *n (gépeké)* assembling, fitting together, setting up || *(folyamat)*; *(csapaté)* selecting; *(kormányé)* forming; *(műsoré)* drawing up, organizing, arranging || *(a folyamat eredménye, ált és gépeké)* assembly, assemblage; *(sp csapaté)* arrangement; *(futball)* line-up || *(írásműé)* compilation; *(listáé)* list; *(műsoré)* line-up, arrangement; *(tervé)* draft

összeállítható *a (alkatrészek)* do-it-yourself, self-assembly || **könnyen (otthon is)** ~ **bútor** easy home assembly furniture, easily assembled furniture

összebarátkoz|ik *v vkvel* make* friends with sy, become* friends

összébb *adv* closer, more closely, closer together

összebeszél *v vkvel* agree to do sg *(v. on sg v.* on doing sg) || *vkvel (vm rossz elkövetésére)* plot to do sg, connive/conspire together *(v.* with each other) (to do sg) || **mindenfélét** ~ talk nonsense/rubbish, rant; ~**tek, hogy korán indulnak** they agreed to leave/start early

összeborzol *v (hajat)* ruffle, tousle, *US* muss (up) [one's hair]

összebúj|ik *v (fázósan)* huddle together; *(szerelmesen)* cuddle/snuggle up to each other

összecsap *v (kezet)* clap; *(bokát)* click [one's heels] || *biz (munkát)* knock up, knock/throw* (sg) together; *(írásművet)* throw* (sg) together || *(könyvet)* shut*/close with a bang || *(ellenféllel)* join battle with, clash (with); *(vívásban és átv)* cross swords || ~**ja a kezét** *(méltatlankodva)* make* a gesture of protest; *(csodálkozva)* throw* up one's hands in astonishment; ~**tak a feje fölött a hullámok** the waves dashed/broke over his head

összecsapás *n (fegyveres)* clash, collision; *(politikai)* clash

összecsapott *a* slap-dash [work], botched [job]

összecsavar *v* roll/coil (up)

összecsendül *v (poharak)* clink

összecserél *v vmt vmvel* confuse sg with sg, mix up sg with sg *v.* mix sg up with sg; *vkt vkvel* mistake* sy for sy

összecsinál *v* ~**ja magát** *biz* make* a mess in one's trousers *(US* pants)

összecsomagol *v (utazásra)* pack (up); *vmt* do*/tie up sg into a parcel || ~**tál már?** have you packed (your suitcase) yet?, have you packed up yet?

összecsuk *v (becsuk)* close, shut*; *(összehajt)* fold (up)

összecsukható *a* folding(-), collapsible || ~ **csónak/kajak** foldboat, faltboat (német Faltboot), collapsible boat; ~ **ernyő** telescopic umbrella; ~ **szék** folding chair

összecsukl|ik *v* collapse; *(fáradtságtól)* drop (down) || ~**ott** his knees gave way; **majd** ~**ott a fáradtságtól** (s)he was fit/ready to drop

összecsukód|ik *v* fold, shut*, close

összedobál *v* throw*/fling*/sling* [things] together

összedől *v (ház, fal)* collapse, tumble down, crumble || **egy világ dőlt össze benne** he was deeply disappointed

összedönt *v* shatter, knock/throw* down/over

összedug *v biz* ~**ják a fejüket** they put* their heads together

összeéget *v* burn* (sg) (badly)

összeegyeztet *v (adatokat)* compare, collate [data]; *(másolatot eredetivel)* check/verify [copy] with [the original]; *(nézeteket)* reconcile [views] || ~ **vmt vmvel** square/reconcile sg with sg

összeegyeztetés *n (adatoké)* comparing, comparison, collation; *(másolaté eredetivel)* checking, verification

összeegyeztethetetlen *a vmvel* incompatible/irreconcilable/inconsistent with sg

összeegyeztethető *a vmvel* reconcilable/compatible with sg

összeér *v (két vége vmnek)* meet*, abut on; *(két tárgy)* touch

összeereszt *v (személyeket)* let* them come* together

összeesés *n (összerogyás)* collapse, fall(ing down) || *(időbeli)* coincidence; *(zavarólag)* clash

összees|ik *v (személy)* collapse, drop; || *(testileg)* get* thinner, lose* weight, be* run down; *(lelkileg)* break* down || *(események időben)* coincide (with), concur; *(zavarólag)* clash *(vmvel* with) || *(felfújt dolog)* deflate, go* flat; *(étel)* settle|| **esküvője** ~**ett a vizsgámmal** her wedding clashed with my examination; **majd** ~**ik a kimerültségtől** be* ready to drop

összeesket *v* marry/wed sy

összeesküsz|ik *v (vk ellen)* conspire/plot (with sy) against sg/sy || *(házasságot köt)* get* married || **mintha minden összeesküdött volna ellenem** as if everything conspired against me

összeesküvés *n* conspiracy || ~**t sző vk ellen** conspire/plot against sy, weave*/hatch a plot against sy

összeesküvő *n* conspirator, plotter

összefagy *v biz* ~**tam** I am* frozen, I am* chilled to the bone

összefér *v vkvel* get* on (well) with sy || *vmvel* be* compatible/consistent with sg || **vm nem fér össze vmvel** be* inconsistent/incompatible with sg, be* not in keeping with sg

összefércel *v* tack/stitch together; *(ruhát)* run* up [a garment] || *biz (írásművet)* throw* (sg) together

összeférhetetlen *a (összeegyeztethetetlen)* incompatible (with); *(felfogás)* inconsistent (with) || *(természet)* unsociable, quarrelsome, bad-tempered || ~ **ember** a person difficult to get on with
összeférhetetlenség *n (dolgoké)* incompatibility; *(felfogásoké)* inconsistency || *(jellemé)* unsociableness, quarrelsomeness
összefirkál *v* scrawl on; *(falat)* cover [a/the wall] with graffiti
összefog *v vmt* hold* together/up; *(ruhát)* gather up || *(rendőrség személyeket)* round up || *vkvel* unite (with sy) (in sg *v.* to do sg); join forces with sy || ~ **vk ellen** unite against sy
összefogás *n* union, concentration of forces, joining (of) forces, collaboration
összefoglal *v* sum up, summarize, give* a summary of
összefoglalás *n* summing up, summary; *(könyvé)* summary; *(cikké)* abstract
összefoglaló 1. *a* ~ **mű** general work (on) **2.** *n (beszéd)* recapitulation, summing up || **külpolitikai** ~ foreign news roundup
összefogó(d)z|ik *v* join hands, go*/ stand* arm in arm
összefolyás *n* ált convergence, meeting; *(folyóké)* confluence, junction || *(színeké)* blending, merging || *(emlékeké, írásé)* blurring, becoming indistinct
összefoly|ik *v* ált join, converge; *(folyók)* meet*, join, unite || *(színek)* blend, merge || *(emlék)* become* indistinct/ blurred
összefon *v (hajat)* plait, főleg *US:* braid [one's hair] || **karját** ~**ja** fold/cross one's arms
összefonód|ik *v átv* interweave*, be* interwoven (with)
összeforr *v (törött csont)* knit*, set*; *(seb)* heal (over), be* closed (by scar) || *(fém)* weld, solder, be* welded/soldered (together)
összeforraszt *v (fémet)* solder (together)
összefut *v (emberek)* assemble/flock together, gather || *(két autó)* bump (together), collide || *(vonalak)* converge *(vhol on)* || *biz* ~ **a nyála vmtől** sy makes one's mouth water; ~ **vkvel** bump/run* into sy, come* across sy
összefügg *v vmvel* be* connected with sg, have* a bearing (up)on sy, bear* (up)on sg || **szorosan** ~ **vmvel** be* bound up with sg, be* closely/intimately connected with sg
összefüggés *n* connection, connexion, relation; *(belső)* inherence, inherency; *(beszédben)* coherence; *(szövegé)* context; *mat* relation(ship) || **minden** ~ **nélkül** incoherently, disconnectedly; ~**ben van vmvel** be* connected with sg, have* to do with sg, have* some/a bearing (up)on sg, bear* (up)on sg, relate to sg, be* related to sg; **nincs** ~**ben a témával** it is* irrelevant to the subject, it bears no relation to the subject; **ezzel** ~**ben** in connection with that/this, in this connection/context
összefüggéstelen *a* incoherent, disconnected; *(beszéd)* meandering, rambling, disjointed || ~ **beszéd** disconnected speech
összefüggő *a (folytonos)* connected, unbroken, uninterrupted, continuous; *(beszéd)* coherent, connected; *(terület)* contiguous || *vmvel* connected with *ut.*, related to *ut*, bearing (up)on *ut.* || **szorosan** ~ close(ly)-knit; closely related; *vmvel* ~ **kérdések** questions connected with sg, questions related to sg
összefűz *v (zsineggel)* bind*, join; *(fűzőkapoccsal)* staple; *(könyvet)* stitch, sew* || *átv* unite, join, tie, link || **szoros barátság fűzi őket össze** they are close friends
összeg *n (mennyiség)* sum, amount; *(végösszeg)* (sum) total || *(pénz)* sum, amount; *(számláé)* total amount || **egy** ~**ben fizet** pay* cash, pay* (in) a lump sum; **kerek** ~ a round/lump sum; **nagy(obb)** ~ a large/siz(e)able sum/ amount; **teljes** ~ total amount, aggregate sum, grand total
összegereblyéz *v* rake together
összegez *v (összead)* add up || *(eredményt stb.)* summarize, sum up || **mindent** ~**ve** to sum up, summing up, in sum
összegezés *n (összeadás)* adding up || *(eredményé stb.)* summarizing, summing-up
összegöngyöl *v vmt* roll up; *vmbe* wrap up (in sg)
összegű *a* amounting to *ut.*, totalling (*US* -l-) *ut.* || **500 Ft** ~ **pénzbüntetésre ítélték** he was fined 500 fts; **nagy** ~ substantial
összegyúr *v (tésztát)* knead (together); *(agyagot)* mould, (*US* mold), shape
összegyűjt *v* collect, gather (together); *(gyűjteménybe)* collect; *(készletet)* stockpile, store; *(személyeket)* gather/get* together, assemble, round up
összegyűl|ik *v (tömeg)* collect, assemble, gather/come* together || *(pénz)* pile up; *(kiadás)* accumulate || **sok restancia gyűlik össze** arrears are* piling up

összegyűr v *(papírt)* crumple/screw up; *(ruhát)* crease, crumple, crinkle; *(erősebben)* crush

összegyűrőd|ik v *(papír)* get* crumpled (up); *(ruha)* become*/get* creased/ crumpled/crinkled, crease; *(erősebben)* get* crushed

összehajt v fold (up), roll up

összehajtható a → **összecsukható**

összehangol v *(nézeteket)* coordinate, harmonize [views]; *(programokat)* fit [holiday etc. arrangements] in with his/yours etc.

összehány v *(egy halomba)* pile/heap up ‖ *(felforgat)* turn (things) upside down ‖ *(leokád)* be* sick over sg, vomit over sg

összeharácsol v amass sg (by underhand means)

összehasonlít v *(két v. több dolgot)* compare, make* a comparison between [x] and [y], liken [x] to [y] ‖ *(összemérhetetleneket)* compare sg/sy to sg/sy; *(ellentéteseket)* set* sg/sy against sg/sy ‖ **Napóleonnal hasonlították össze** he has been compared to Napoleon

összehasonlítás n comparison

összehasonlíthatatlan a incomparable (to/with), beyond compare/comparison ut.

összehasonlítható a comparable *(vmivel* to/with sg)

összeházasod|ik v get* married *(vkvel* to sy), marry *(vkvel* sy), make* a match of it

összehív v ált *(embereket)* call [people] together, summon; *(értekezletet, tanácskozást)* call/convene; *(országgyűlést)* convoke ‖ ~**ták az országgyűlést** Parliament has been convoked

összehívás n *(értekezleté)* calling together, convening, summoning; *(országgyűlésé)* convoking, convocation

összehord v vmt collect, heap/pile up, accumulate ‖ **hetet-havat** ~ drivel *(US* -l) on, talk nonsense

összehoz v *(személyeket)* put* sy in touch with sy, introduce to one another ‖ ~ **pénzt** raise *(v.* find* the) money

összehúz v ált pull/draw* together; *(függönyt)* draw*, close; *(ruhadarabot magán)* gather ‖ *(görcs stb. testrészt)* contract, convulse ‖ ~**za a homlokát/szemöldökét** knit* one's brows, frown; ~**za a szemét** screw up one's eyes; ~**za magát** *(testileg)* double/hunch up; *(anyagilag)* retrench (one's expenses) cut* down one's expenses

összehúzód|ik v *(ideg, izom és ált test hidegben)* contract; *(ruhaanyag)* shrink*

összeilleszt v *(részeket)* assemble, join (up/together); *(csöveket)* fit, join [pipes]; *(törött csontvégeket)* set*, unite

összeillesztés n *(részeké)* assembling, assembly; *(alkatrészeké)* joining, connecting; *(törött csontvégeké)* setting

összeill|ik v *(egyik a másikkal)* fit, suit, be* suitable for (one another), agree; *(stílus, szín)* match, harmonize

összeillő a well-matched, harmonious, suitable, homogeneous ‖ ~ **pár** well-matched couple; **össze nem illő** ill-sorted, heterogeneous

összeír v *(jegyzékbe foglal)* draw* up, make*/compile a list (of); *(adatokat)* write*/take* down [data]

összeírás n *(jegyzék)* list, register, roll; *(népességé)* census

összejátszás n vkvel collusion (between sy and sy), complicity (in sg) ‖ átv coincidence, conjunction [of events etc.]

összejátsz|ik v elit vkvel act in collusion with sy, conspire with sy; *US biz* be* in cahoots with sy ‖ **minden** ~**ott ellene** everything seemed to be (conspiring) against him

összejön v *(összegyűlik család stb.)* gather, come*/get* together; *(barátok)* meet* ‖ *(felgyülemlik)* pile/heap up, accumulate, come* together ‖ *biz* **(ez) nem jött össze** it hasn't worked out, it didn't work out; **sok pénz jött össze** a lot of money was raised

összejövetel n meeting, gathering, csak *US* convention; *(régi barátoké, rokonoké stb.)* reunion

összekacsint v wink at each other

összekap v ált snatch up (several things); *(papírokat)* bundle up ‖ *biz vkvel* quarrel *(US* -l) with sy, fall* out with sy ‖ *biz* ~**ja magát** *(= sietve felöltözik)* get*/put* one's things on quickly

összekapar v *biz (összeget)* scrape/scratch together

összekapcsol v *(dolgokat)* connect *(vmvel* with), join *(vmt vmvel* sg to sg), link *(vmvel* with); *(kapoccsal)* clip (together); *(fűzőkapoccsal)* staple; műsz clamp, brace; *(vasúti kocsikat)* couple, hitch [carriages]; *(űrhajókat)* dock ‖ *(embereket vm)* join ‖ *(fogalmakat)* connect, relate, associate, link (up)

összekapcsolás n *(dolgoké, ált)* connection, joining, linking up; *(kapoccsal)* fastening; *(vasúti kocsiké)* coupling; *(űrhajóké)* docking

összekapcsolódás n *(dolgoké)* joining, juncture, junction; *(fogaskerekeké)* gearing, engaging; *(űrhajóké)* docking

összekapcsolód|ik v *(több dolog)* be* (closely) linked, join, link (up); *(fogaskerekek)* engage; *(űrhajók)* dock

összeken v *(ruhát, testrészt)* get* sg *(v.* oneself *v.* one's sg) all covered in/with sg

összekerül *v (vkvel véletlenül)* run* into, come* across
összekészít *v* make*/get* things ready, prepare for [a certain purpose] ‖ ~**i a reggelit** get* breakfast ready
összekever *v (többfajta anyagot)* mix/ blend [components] (together) ‖ *(összetéveszt)* confuse sg (with sg), mix/muddle/jumble [objects etc.] up
összekevered|ik *v (többfajta anyag)* intermingle (*vmvel* with), mix, be*/get* mixed up (*vmvel* with) ‖ *(tévedésből)* get* confused, get*/be* mixed/muddled/jumbled up
összekeverés *n (anyagoké)* mixing (up), blending ‖ *(tévedésből)* confusing
összekoccan *v (összeütközik)* knock against each other *(v.* one another) ‖ *(pohár)* clink ‖ *biz (összekap vkvel)* quarrel *(v.* fall* out) with sy
összeköltöz|ik *v* move in with sy, go* to live with sy
összeköt *v (madzaggal stb.)* tie (up), bind* (together) [with rope], bundle up ‖ *(összekapcsol)* connect, link, join ‖ *átv* combine, connect, unite, link up ‖ ~**i a kellemest a hasznossal** combine business with pleasure
összekötő 1. *a* connecting, joining; ‖ ~ **kapocs** *átv* connecting link; ~ **szöveg** linking/connecting text, running commentary; ~ **tiszt** liaison officer; ~ **vasúti híd** railway bridge **2.** *n ált (személy)* link; *kat* liaison (officer) ‖ *sp* **bal**~ inside left; **jobb**~ inside right
összekötöz *v vkt* tie up, bind* sy hand and foot ‖ = **összeköt**
összeköttetés *n (kapcsolat)* connection, contact; *(diplomáciai)* diplomatic relations *pl*; *(személyi)* relations *pl*, contact, (inter)communication; *(üzleti)* business contacts/connections *pl* ‖ *(közlekedés)* communications *pl*; *(vasúti)* railway/train service; *(telefon)* telephone service ‖ *(protekció)* influence, connections *pl* ‖ **Budapest és Szeged között jó az** ~ there is* an adequate train service between Bp. and Sz.; **jó** ~**ei vannak** be* well-connected, have* influential friends; **közvetlen** ~ through train; **légi** ~ air links *pl*; **nem tudtam vele** ~**t létesíteni** *(telefonon)* I couldn't get through to him; ~**ben áll vkvel** be* in touch/contact with sy; ~**eket vesz igénybe** use influence, *biz* pull strings, pull (the) wires
összekulcsol *v* ~**ja a kezét** fold/clasp one's hands, knit one's hands together
összekuporod|ik *v* shrink* up, crouch, squat
összekuszál *v (gombolyagot)* get* sg tangled up ‖ *(átv ügyet)* mix/muddle up; *biz* foul/mess up
összekuszálód|ik *v (gombolyag)* get*/ become* entangled ‖ *átv* get*/become* confused, be* muddled up
ősszel *adv* → **ősz**[1]
összelapul *v* be* flattened (out)
összemaszatol *v* smudge, smear with dirt, soil
összemegy *v tex* shrink* ‖ *(kisebb lesz)* contract; *(ember korral)* grow* down ‖ *(tej)* turn, curdle, turn sour
összemér *v (összehasonlít)* compare the weight *(v.* size etc.) of sg with sg ‖ *(erőt)* match
összenéz *v (tekintetük találkozik)* exchange (knowing) glances, catch* each other's eye
összenő *v* grow* together, unite ‖ *(törött csont)* knit*, set*; *(seb)* heal up, close
összenövés *n orv* adhesion; *(csonté)* knitting, union
összenyom *v* press together, compress, crush; *(gyümölcsfélét)* press, squash, squeeze; *(krumplit)* mash
összenyomás *n* pressing, compression, crushing
összeollóz *v* do* a scissors-and-paste job on sg, plagiarize
összeomlás *n ált* collapse; *(épületé)* tumbling down, giving way; *(hirtelen)* crash ‖ *(anyagi)* collapse; *(erkölcsi)* downfall ‖ *kat* rout; *(nemzeté)* downfall, ruin
összeoml|ik *v ált* collapse; *(épület)* come* tumbling down, collapse, fall down/in; *(hirtelen)* come* crashing down ‖ *(birodalom)* decay, break* up; *kat* be* routed *(v.* utterly defeated); *(vállalat)* fold (up), fail, go* to the wall, go* bankrupt ‖ *(erkölcsileg vk)* break* down, be* ruined
összeölelkez|ik *v vkvel* embrace/hug sy
összeönt *v* mix, pour together
összepárosít *v ált* couple, join in pairs
összepiszkít *v* make* (sg) dirty, dirty, soil ‖ ~**ja magát** get* soiled/dirty
összerág *v* chew (well); *(egér, nyúl)* chew holes in
összeragad *v* stick* (together), be*/get* stuck together, adhere (*vmvel* to)
összeragasztz *v vmt* glue/stick* together
összerak *v (rendbe rak)* put*/place sg in order, sort out ‖ *(összeállít)* assemble, fit together; *(összeilleszt)* join (together) ‖ *(pénzt)* collect, get* together
összerakás *n (összehordás)* putting together ‖ *(részeké)* assembling, fitting together
összerakó játék *n* jigsaw (puzzle), puzzle

összeráncol

összeráncol *v* ~ja a homlokát knit* one's brows, frown

összerándul *v* contract (with a jerk), be* contracted, give* a jerk

összeránt *v (görcs testrészt)* convulse, contract (with a jerk)

összeráz *v (anyagokat)* shake* (up/together) || *(jármű)* jolt, jerk, bump || **jól ~ta az autóbusz** the bus shook her up badly

összerázkód|ik *v* shudder (at), give* a shudder; *(félelemtől)* tremble/shake* (with fear); *(hidegtől)* shiver (with cold)

összerázód|ik *v* get* shaken up; *(járműn)* get* jolted (a lot) || *biz (összeszoknak)* be* brought closer together

összerezzen *v (félelemtől)* shudder at, quiver (with fear); *(meglepetéstől)* give* a start, start

összerogy *v* collapse, drop || **holtan rogyott össze** (s)he dropped dead

összerombol *v* destroy, shatter, ruin

összeroncsol *v* smash/dash to pieces, shatter, crush

összeroncsolód|ik *v* get* smashed/crushed

összeroppan *v (pl. híd)* collapse || *(vk lelkileg, idegileg)* have* a breakdown, *biz* crack/break* up

összeroppant *v* break*, crush

összeroskad *v* = **összerogy**

összes *adv (egész, teljes)* all, all the ... *(és pl)*; total *(pl v. sing.)*; *(minden)* every *(és sing.)*, every one of ... || **az ~ iskola** all the schools, every school; **az ~ fiú** all the boys, every one of the boys; **Jókai ~ művei** the complete works of Jókai; **az ~ kiadás** total expenditure; **ez az ~ pénzem** that's all (the money) I've got (to my name)

összesároz *v* make* sg muddy, muddy

összesen *adv* altogether, ... in all; *(számoszlop összegezésekor)* sum total || **~ kettő van** there are two altogether *(v. in all)*

összesít *v (összead)* add/total (*US* -l) up, aggregate; *(eredményeket)* summarize, sum up

összesítés *n (folyamat)* adding/summing up, totalizing || *(kimutatás)* summary

összesített *a* global, total, aggregate(d)

összesöpör *v (szemetet)* sweep* (up) || *(szobát)* sweep* (out/up)

összespórol *v (pénzt)* save (up) [money] *(vmre* for sg), put*/set* [money] aside

összeség *n (részeké)* complex entirety

összesűrít *v* condense, thicken; *(erőket, folyadékot)* concentrate

összesűrűsöd|ik *v* get* condensed/thick/concentrated

összeszalad *v* come* running/rushing together || ~ **vkvel** run* into sy

összeszámol *v* count (up)

összeszed *v vmt* collect/gather sg, bring*/get* sg together; *(felszed)* pick up || *(összegyűjt, pénzt)* scrape together, collect || *(betegséget) biz* contract || *biz* ~**i a bátorságát** pluck up courage, screw up one's courage; ~**i a füzeteket** collect/gather up the exercise books; *biz* ~**i magát** *(egészségileg)* pick up, recover (one's health/strength); *(lelkileg)* collect/compose oneself, *biz* pull oneself together; *(anyagilag)* recoup one's losses

összeszedelődzköd|ik *v* start packing up *(v.* pack up) one's things

összeszerel *v* assemble, set* up, fit*/put* together

összeszid *v* scold, give* sy a scolding

összeszok|ik *v (egyik a másikkal)* get* used to each other, get*/grow*/become* accustomed to each other

összeszorít *v* compress, press together; *(vmbe/vhová* into sg); *(fogóval, kapoccsal)* clamp, clip || ~**ja a fogát** clench one's teeth, set* one's jaw; ~**ja az öklét** clench one's fist

összeszoroz *v* multiply

összeszorul *v (személyek)* be* pressed/squeezed close together || ~**t a szíve** his/her heart sank

összeszurkál *v vkt* stab sy repeatedly

összeszűkül *v* narrow, become* closer/narrower/tighter, grow* narrow

összeszűr *v biz* elít ~**i a levet vkvel** *(cinkosként)* be* hand in glove with sy, *US* be* in cahoots with sy; *(szerelmi viszonyt kezd vkvel)* start an affair with sy

összetapos *v* tread* down, trample down (up)on

összetart *v vmt, vkt* hold*/keep* together || *vkvel* hang*/stick* together || *mat (vonalak)* converge || ~**anak** they stick together

összetartás *n vkvel* loyalty, unity, solidarity, mutual help, togetherness || *mat* convergence || **az osztályban nagy az ~** the class has a lot of team spirit

összetartó *a (személy)* loyal, acting in unison *ut.* || *mat* convergent

összetartozás *n* connection, connexion, affinity, relation, togetherness

összetartoz|ik *v (személyek)* belong/be* together || *(dolgok)* go*/belong together

összetartozó *a* belonging together *ut.*

összetegeződ|ik *v kb.* come* to be on first-name *(v.* familiar) terms with sy *(v.* with one another)

összeteker *v* twist/roll up

összetekered|ik *v* coil up; *(fonal)* get* twisted/tangled
összetép *v* tear* (up), tear* to pieces/ shreds
összetétel *n (eredménye, állt)* composition, make-up; *vegy* composition, compound || *(bíróságé)* constitution (of the Court) || *nyelvt* compound || **a kormány ~e** the composition of the government
összetett *a állt* joined, put together *ut.* || *átv* complex, combined || *nyelvt* **~ szó** compound || *(bonyolult)* intricate, complicated, complex || **~ kézzel** with clasped hands; *átv (tétlenül)* idly; **~ mondat** complex/compound sentence
összetéveszt *v vmt vmvel* mistake* sg for sg, confuse sg and/with sg, mix sg up with sg; *vkt vkvel* mistake* sy for sy, confuse sy and/with sy, mix sy up with sy || **nem tévesztendő össze ...vel** not to be confused with ..., ... should not be confused with sg (else)
összetévesztés *n* confusion (of sg with sg), mistake, mixing up
összeteveszthető *a* **könnyen ~ be*** easily mixed up
összetevő *n* component, constituent
összetevőd|ik *v (-ból, -ből)* be* made up of, be* composed of
összetipor *v* tread* down, trample on
összetol *v* push nearer/closer together; *(egymásba)* telescope
összetorlód|ik *v (forgalom)* become* blocked/congested || *(munka)* pile up || **~ott a forgalom** there was a snarl-up (*v.* traffic jam) [on the motorway]; **~ott a munkánk** we are* snowed under with work
összetör *v állt vmt* break* (up), break* to pieces; *(mozsárban)* pound, crush, grind* || *biz* **nem töri össze magát** *(munkában)* (s)he doesn't exactly kill himself/herself; **~te a kocsiját** (s)he smashed up his/her car; **~te magát** he got* bruised, he was badly injured
összetör|ik *v* break* (up) || **~t a kocsim** my car was/got smashed up
összetűz *v (tűvel vmt)* pin/stitch together; *(gemkapoccsal)* clip (together), join (sg) with a clip || *vkvel* clash (with sy over sg), fall* out (with sy)
összetűzés *n (civakodás)* quarrel, clash, altercation
összeugraszt *v biz* set* people by the ears
összeugr|ik *v (szövet)* shrink* || *(két kakas/ember)* fly* at each other('s throat)
összeül *v (egymás mellé)* sit* together || *(ülésre)* assemble, gather (together), meet*, come*/get* together [for a conference/meeting] || **az Országgyűlés kedden ~** Parliament reassembles on Tuesday
összeütközés *n (járműé)* collision, crash; *(súlyos)* smash-up; *(vasúti)* train-crash || *átv* conflict, clash
összeütköz|ik *v (jármű)* collide (*vmvel* with sg), run* into one another || *átv* have* a conflict with, clash with
összevág *v vmt* cut* sg (up) into pieces, chop up || *(filmet)* edit || *vmvel* agree, tally, chime/fit˙ in; *(időben)* coincide *(mind:* with sg) || **az üveg ~ta a kezét** (s)he cut his/her hand on the glass; **~ja a bokáját** click one's heels
összevágó *a (egyező)* corresponding, concurrent, harmonious; *(időben)* synchronous, simultaneous
összeválogat *v (kiválogat)* pick (out)
összevarr *v (ruhát stb.)* sew*/stitch up/ together; *(sebet)* sew* up
összevásárol *v* buy* up, purchase; *(halmoz)* hoard, stockpile, pile up
összever *v vkt* beat* (sy) up, beat* (sy) black and blue, thrash || **~i a tenyerét** clap one's hands
összevereked|ik *v vkvel* come* to blows (with sy), start a fight
összeverőd|ik *v (tömeg)* collect, come*/ band together, gather
összevesz[1] *v* = **összevásárol**
összevesz[2] *v vkvel* have* a quarrel with sy, fall* out with sy, quarrel *(US* -l) with sy *(vmn mind:* over sg)
összeveszés *n* quarrel, altercation, dispute
összevet *v vmvel* compare *(hasonlóval* with, *eltérővel* to); *(írást, szöveget)* collate || **vesd össze!** compare *(röv* cf.)
összevéve *adv* **mindent ~** in short/ brief, all in all, taking all things into consideration/account, all things considered
összevissza *adv (rendetlenül)* upside down, topsy-turvy, jumbled, in a mess; *(válogatás nélkül)* indiscriminately, at random; *(rendszertelenül)* unmethodically, by fits and starts || *(= összesen)* altogether, all told, in all || **~ beszél** talk nonsense/rubbish
összevisszaság *n* confusion, disorder, chaos, mess
összevon *v (összehúz)* pull/draw* together, contract || *kat (csapatokat)* concentrate || *(intézményeket)* amalgamate, merge || *mat* reduce || **~ja szemöldökét** knit* one's brows, frown
összevonás *n kat* concentration [of troops] || *(intézményeké)* amalgamation, merger || *mat* reduction
összezár *v* shut*/lock up together
összezavar *v (keveredést okoz)* muddle (up) sg, put* into disorder, upset;

(összegabalyít) make* a muddle of sg; *(vizet)* stir up, trouble || *vkt* confuse, upset*, perplex || ~**ja vknek a fejét** confuse sy, get* sy confused/muddled
összezavarod|ik *v vk* get* confused, get* muddled (up)
összezúz *v (darabokra)* crush, smash, dash to pieces; *(testét)* get* one's [arm etc.] crushed || *átv* crush, smash
összezúzód|ik *v* get* crushed
összezsíroz *v* soil (sg) with grease, grease
összezsúfol *v* pack in, pack tightly together || ~**va** packed like sardines
összezsúfolód|ik *v* be* packed into sg
összezsugorod|ik *v (levél stb.)* shrivel (*US* -l) (up); *(bőr)* get* hardened, shrivel up || *(testrész)* get* contracted/atrophied
összhang *n zene* harmony, consonance || *átv* harmony, agreement || ~**ban van vmvel** be* in harmony/line/keeping with sg, chime in with sg
összhangzat *n zene* harmony, consonance, accord
összhangzattan *n* (theory of) harmony, harmonic theory
összhatás *n* general/overall impression
összjáték *n* team-work
összjövedelem *n* total income
összkép *n* overall view/picture (of sg)
összkomfort *n* all modern conveniences *pl*, *biz* mod cons *pl*
összkomfortos *a* with/having all (the) modern conveniences (*v*. every modern comfort) *ut*. || ~ **lakás** flat with every modern comfort (*v*. all (the) modern conveniences), *biz* flat with all mod cons, self-contained flat
összköltség *n* total expenditure/cost
összpontosít *v ált* concentrate (*vmre* on), focus (-s- *v*. -ss-) || *(adminisztrációt)* centralize || **vmre** ~**ja figyelmét** focus one's attention on sg, keep*/concentrate (one's mind/attention) on (doing) sg
összpontosítás *n ált* concentration || *(adminisztrációé)* centralization
összpontosul *v* be(come)* concentrated/centred/focus(s)ed (*vmre/vkre* on), centre (*US* -ter) on
összsúly *n* gross weight
össz-szövetségi *a* all-Union, Federal
összteljesítmény *n* total output
össztermék *n* total output, overall yield || **nemzeti/társadalmi** ~ gross national product (GNP)
össztermelés *n* total output/production; *mezőg* gross yield
össztőke *n* aggregate capital
össztűz *n kat (üdvlövés)* salvo

ösztön *n* instinct || **nemi** ~ sexual instinct, sex drive/urge
ösztöndíj *n* scholarship, bursary; *(összeg)* stipend || **elnyer/kap egy** ~**at** win*/obtain a scholarship
ösztöndíjas 1. *a* scholarship || ~ **diák** scholarship/sponsored student **2.** *n* scholar, holder of a scholarship
ösztönös *a* instinctive, intuitive, spontaneous; *(mozdulat)* reflex || ~**en** instinctively, spontaneously, by instinct
ösztönösség *n* intuition, impulse; *(cselekedeti)* spontaneity
ösztönöz *v vkt vmre* urge (sy to do sg), stimulate/encourage sy (to do sg)
ösztönzés *n* urging, urge, impetus, stimulation, stimulus || *(anyagi)* ~ **(rendszere)** incentive scheme
ösztönző 1. *a* stimulating, stimulative; *(anyagilag)* incentive || ~**leg hat vkre** stimulate sy **2.** *n* **anyagi** ~**(k)** material/money incentive(s)
őszül *v (haj)* turn white, become* grey (*US* gray)
őszülés *n* becoming/turning grey (*US* gray), greying (*US* graying)
őszülő *a* greyish, touched with grey (*US* gray) *ut*., turning/becoming grey (*US* gray) *ut*. || ~ **haj** greying (*US* graying) hair
öszvér *n* mule
öt *num* five || ~ **felé** *(irány)* in five directions/parts; *(idő)* towards five (o'clock)
ötágú *a* five-pointed
ötajtós kocsi *n* hatchback
öten *num adv* five (people), five of us/you/them || ~ **vagyunk** we are five, there are five of us
ötévenként *adv* every five years
ötéves *a (kor)* five years old *ut*., five-year-old, five years of age *ut*.; *(időtartam)* five-year, five years', of/lasting five years *ut*. || ~ **gyermek** five-year-old child°, a child° of five
ötévi *a* of/lasting five years *ut*., five-year, five years'
ötféle *a* five kinds of *ut*.
öthetes *a (kor)* five weeks old *ut*., five-week-old; *(időtartam)* five-week, five weeks'
ötheti *a* of/lasting five weeks *ut*., five-week, five weeks'
öthónapi *a* of/lasting five months *ut*., five-month, five months'
öthónapos *a (kor)* five months old *ut*., five-month-old; *(időtartam)* five months', five-month, of/lasting five months *ut*.
ötjegyű *a (szám)* five-figure; *(logaritmus)* five-place

ötlet *n* idea, (ingenious) thought ‖ **jó** ~ **a good idea**, a happy thought; **micsoda** ~**!** what an idea!
ötletes *a (szellemes)* witty, full of ideas *ut.*; *(találékony)* resourceful, ingenious, inventive, clever ‖ *(tárgy)* ingenious, clever
ötnapi *a* five-day, five days', lasting/of five days *ut.* ‖ ~ **eleség** food for five days
ötnapos *a (kor)* five days old *ut.*, five-day-old; *(időtartam)* five-day, five days', lasting/of five days *ut.* ‖ ~ **munkahét** five-day week
ötnyelvű *a (kiadvány)* in five languages *ut.*
ötórai *a (időpont)* five o'clock, at five o'clock *ut.* ‖ *(időtartam)* lasting/of five hours *ut.*, five hours' ‖ ~ **tea** five o'clock tea
ötórás *a* lasting/of five hours *ut.*, five hours'
ötöd *n (rész)* fifth (part); *zene* quint, fifth
ötödéves 1. *a* fifth-year [student] ‖ ~ **egyetemi hallgató** undergraduate (*v.* university student) in his/her fifth/final year **2.** *n* fifth-year student
ötödik 1. *num a* fifth; 5th **2.** *n (osztály)* ~**be jár** be* in (*v.* attend) the fifth form/class (*v. US* grade) ‖ → **első**
ötödikes (tanuló) *n* fifth-form pupil/boy/girl, fifth-former
ötödmagával *adv* he and/with four others
ötödrész *n* fifth (part)
ötödször *num adv* fifthly, for the fifth time
ötöl-hatol *v* hedge, hum (*US* hem) and haw, beat* about the bush
ötös 1. *n (számjegy)* the number/figure five ‖ *(isk osztályzat)* very good, excellent ‖ *(villamos, autóbusz)* tram/bus number five (*v.* No. 5), the number five tram/bus ‖ ~**re felelt** he got a very good, he got an excellent, he was given an excellent; *(vizsgán)* (s)he got top marks **2.** *a (ötszörös, öt részből álló)* fivefold, quintuple ‖ *(ötórai)* **az** ~ **gyors** the five-o'clock train/express ‖ *(ötös számú)* ~ **autóbusz** the number five bus, bus number five (*v.* No. 5)
ötösével *adv* by fives, five at a time
ötperces *a* five-minute, five minutes', of five minutes *ut.*
ötpróba *n* pentathlon
ötszáz *num* five hundred
ötszázadik *num a* five hundredth
ötszázas, ötszázforintos *n (bankjegy)* a five hundred forint note
ötszög *n* pentagon
ötször *num adv* five times

ötszöri *a* repeated five times *ut.*
ötszörös *a* fivefold, quintuple
öttagú *a* having five members/parts *ut.* ‖ ~ **család** family of five; ~ **zenekar** five-man band, quintet
öttusa *n* modern pentathlon
öttusáz|ik *v* be* a pentathlete, go* in for (modern) pentathlon
öttusázó *n* (modern) pentathlete
ötven *num* fifty
ötvenedik *num a* fiftieth
ötvenen *num adv* fifty (of us/you/them) ‖ ~ **voltak** there were fifty of them
ötvenes 1. *a* fifty, of fifty *ut.*; ‖ **az** ~ **évek** the fifties (50s *v.* 1950s); **az** ~ **éveiben van** he is in his fifties **2.** *n (számjegy)* fifty, (the) number/figure fifty ‖ *(bankjegy)* a fifty forint note
ötvenéves *a (kor)* fifty years old *ut.*, fifty-year-old; *(időtartam)* fifty-year, fifty years', of/lasting fifty years *ut.*
ötvenévi *a* fifty-year, fifty years', of/lasting fifty years *ut.*
ötvenforintos *n (bankjegy)* a fifty forint note
ötvös *n* goldsmith
ötvösmunka *n* goldsmith's work
ötvösművészet *n* goldsmith's craft/art
ötvöz *v* alloy, mix
ötvözet *n* alloy
öv *n (ruhán)* belt ‖ *(föld)* zone ‖ ~**ön aluli ütés** *(igével)* hit(ting) below the belt
övé *pron* his, hers ‖ **ez a ház az** ~ this house is his/hers, this house belongs to him/her; **ezek a könyvek az** ~**i** these books are* his/hers; *(főnévként)* **jól gondoskodik az** ~**iről** he looks after his family well, he takes good care of his own/family
övé(i)k *pron* theirs
övez *v vmt vmvel* encircle, girdle (sy with sg) ‖ *(területet)* surround, encircle ‖ **a várost erdők** ~**ik** the town is surrounded by forest(s)
övezet *n (terület)* zone, area
övsömör *n* shingles *sing.*, *tud* herpes zoster
őz *n* áll deer (*pl* ua.), roe(-deer); *(hím)* roebuck; *(nőstény)* (roe) doe; *(fiatal nőstény)* fawn ‖ *(húsa)* venison
őzagancs *n* antler, horn (of roe-deer)
őzborjú *n* fawn
őzbőr *n* buckskin, deerskin, doeskin ‖ ~ **kabát** suède (coat)
őzcomb *n* haunch of venison
őzgerinc *n* back/saddle of venison
őzike *n* fawn
özön *n (áradat)* deluge, stream, torrent, flood; *(csak átv)* abundance, plenty (of sg) ‖ **szavak** ~**e** torrent of words

özönl|ik v stream, flow, flood, rush; *(tömeg)* flock/throng to [a place]
özönvíz n deluge; *(bibliai)* the Flood || ~ **előtti** antediluvian
őzpecsenye n roast venison
özvegy 1. a widowed || ~**en maradt** she was left a widow, she remained a widow **2.** n *(asszony)* widow; *(férfi)* widower
özvegyasszony n widow
özvegyember n widower
özvegyi nyugdíj n widow's pension
özvegység n *(nőé)* widowhood; *(férfié)* widowerhood

P

pác n *(élelmiszeré)* pickle || *(bőripari)* steep, tanning ooze/liquor || átv biz ~**ban hagy vkt** leave* sy in the lurch; ~**ban van** be* in a pickle/jam/mess, be* in the soup, be* in a real fix
paca n biz (ink) blot || ~**t ejt** make* a blot (on), blot (sg)
pacák n biz guy, fellow, csak GB bloke
pacal n tripe
pacalpörkölt n kb. tripe stew
páciens n patient
pacientúra n practice, [a doctor's] list
pacifista a/n pacifist
pacifizmus n pacifism
packáz|ik v vkvel trifle with sy || **nem hagy magával** ~**ni** he is* not to be trifled with
pácol v *(élelmiszert)* pickle, cure; *(mariníroz)* marinade, marinate || *(bőrt)* steep, tan
pácolás n *(élelmiszeré)* pickling, curing; *(marinírozás)* marinading, marinating || *(ipar)* steeping, soaking, tanning
pácolt a *(étel)* pickled, cured; *(marinírozott)* marinaded, marinated || ~ **hús** corned/cured/pickled meat
pacsirta n (sky)lark
pacskol v splash, plash, paddle || **vízben** ~ **be*** splashing about in the water
pad n ált bench, (long) seat; *(támla nélkül)* form; isk desk
padka n *(kemencéé)* chimney corner seat, inglenook || *(útpadka)* (hard) shoulder
padlás n loft, garret, attic
padlásablak n garret/attic-window
padlásszoba n attic, garret
padlizsán n növ aubergine, US egg-plant
padló n floor

padlóburkolat n floor/bottom covering, flooring
padsor n ált row/line of seats || *(templomban)* pew || *(képviselőházban)* bench
paff: biz **egészen** ~ **voltam** I was flabbergasted/dumbfounded/nonplussed, I was struck all of a heap
páfrány n fern
pagoda n pagoda
páholy n szính box || *(szabadkőműves)* (masonic) lodge || ~**ból nézi a dolgokat** have* a ringside seat, remain aloof, be* above it all
páholyülés n box seat
pajesz n earlock, corkscrew curl
pajkos a elfish, elvish, impish; *(játékos)* playful, frolicsome || ~ **csíny** prank, practical joke
pajkoskod|ik v be* roguish, lark/monkey about
pajkosság n *(cselekedet)* mischief || *(viselkedés)* mischievousness, roguishness
pajtás n ált friend, companion, mate, biz pal, US biz buddy || **jó** ~ (he is*) a good sort, a nice chap
pajzán a *(sikamlós)* risqué, near the bone ut.; *(illetlen)* brazen, naughty || ~ **történet** racy story/tale
pajzsmirigy n thyroid gland
pajzsmirigy-túlműködés n hyperthyroidism
pajzsmirigytúltengés n exophthalmic goitre (US -ter), Graves' disease
pajzstetű n shield bug, shield scale
pakli n *(csomag)* packet, package || **egy** ~ **kártya** a pack (US deck) of cards
pakol v *(csomagol)* pack/wrap (up)
pakolás n *(csomagolás)* packing/wrapping (up) || *(borogatás)* pack, compress; *(kozmetikai)* pack
paktál v conspire, enter into a pact with
paktum n agreement, pact
pala n (roof-)slate || ~**val fed** cover (sg) with slates, slate
palack n bottle; *(lapos)* flask
palackgáz n Calor gas
palackos a bottled || ~ **bor** bottled wine
palackoz v bottle || ~**ott italok boltja** GB off-licence, US package/liquor store
palackozás n bottling
palackzöld a bottle-green
palacsinta n pancake(s pl), crêpe, csak US: flapjack || **diós** ~ walnut pancake; **lekváros** ~ jam pancake
palacsintasütő n *(serpenyő)* frying-pan, griddle, US fry pan, omelette/pancake pan || *(személy)* pancake-seller
palánta n plant, seedling, nursling
palást n *(ruhadarab)* cloak, (long) mantle; *(ref. lelkészé)* Geneva gown || mat superficies (pl ua.)

palatális *a* palatal
palatető *n* slate roof
pálca *n* ált stick, rod, staff || *(karmesteri)* baton || *(fenyítő)* cane; *(lovagló)* (riding-)switch
palesztin *a/n* Palestinian
Palesztina *n* Palestine
palesztinai *a/n* Palestinian
paletta *n* palette
pálfordulás *n* (sudden) conversion, about-turn, *US* turnabout, about-face
pali *n biz* sucker, *GB* mug || ~**ra vesz vkt** take* sy for a fool/ride, take* sy in, dupe sy
pálinka *n* brandy, spirit; *(házi)* poteen
pálinkafőzés *n* distilling of brandy
pálinkamérés *n GB* gin palace, *US* gin mill
pálinkásüveg *n (lapos)* (hip) flask
pállás *n (seb)* sore, fissure; *(hajlatok között)* intertrigo
páll|ik *v növ* rot || *(bőr)* crack
palló *n* plank, board, batten
pallos *n* broadsword, backsword; *(hóhéré, tört)* (executioner's) sword
pálma *n növ* palm(-tree) || **elviszi a ~t** bear* (*v.* carry off) the palm, take* the honours (*US* -ors)
pálmaág *n* palm-branch/leaf°; *(a győzelem jelképe)* palm
pálmafa *n* palm(-tree)
pálmaház *n* glasshouse, greenhouse
pálmalevél *n* palm-leaf° || *(díszítmény)* palmette
palota *n* palace, mansion (house)
pálya *n* ált course, path; *(égitesté, űrhajóé stb.)* orbit; *(lövedéké)* path, course, trajectory || *(vasúti)* (rail)way track, railway (line), *US* railroad (line) || *sp* (sports) ground, (playing) field; *(futó)* track; *(tenisz)* court; *(sí)* course; run; *(lesikló)* downhill course || *(életpálya)* career, profession, occupation; *(hivatás)* calling || ~**t választ** choose* a career/profession
pályadíj *n* prize || ~**at tűz ki** offer a prize
pályafutás *n* career
pályakezdő *a* ~ **fiatalok** young people starting out on a career (*v.* on their careers)
pályaudvar *n vasút* railway (*US* railroad) station; *(autóbusz)* bus/coach station/terminal
pályaválasztás *n (hivatásé)* choice of career/profession || *sp* choice of goals/ends
pályázat *n (versengés)* competition || *(vm elnyerésére)* application (for sg) || **beküldi a** ~**ot** enter/submit a work for a/the competition; ~**ot hirdet** *(álláscra)* advertise a vacancy; *(ösztöndíjra)* announce/advertise scholarships (in ...)
pályázati *a (versengéssel kapcs.)* competition(-) || *(vm elnyerésére)* application, of the application ut. || ~ **felhívás** *(szellemi versengésre)* announcement of a competition (for ...); *ker, hiv* call for tenders; ~ **feltételek** competition rules; ~ **határidő** closing date
pályáz|ik *v (vm elnyerésére)* compete for apply (*v.* put* in) for [a job, a scholarship etc.]; send* in an/one's (*v.* write* an) application for sg || *(pályázaton vesz részt)* compete, enter (for) [a competition] || *biz vmre (= meg akar szerezni vmt)* angle for (sg), make* a bid for sg
pályázó *n (pályázaton részt vevő)* competitor; *(vmre jelentkező)* applicant (for sg), candidate (for sg); *(nagyobb tisztségre stb.)* aspirant (after/for/to sg)
pamacs *n (borotva)* shaving brush
pamflet *n* pamphlet
pamlag *n* couch, settee, sofa, *US* davenport
pamut *a/n* cotton
pamutáru *n* cotton goods *pl*, cottons *pl*; *(fonal)* threads *pl*
pamutszövet *n* cotton (fabric/cloth)
pamutvászon *n* calico
panama *n* (financial) swindle, scandal, *US így is:* racket, a case of bribery and corruption
panamázás *n* swindling, *főleg US:* graft, racket
panamáz|ik *v* swindle, *főleg US:* graft
pánamerikai *a* Pan-American
panasz *n (jog is)* complaint; *(vk ellen)* accusation, charge || **mi a** ~**a?** *(betegtől)* what seems to be the matter?, what is* your complaint?; ~**a van vkre** complain about sy; ~**t tesz vk ellen** make*/lodge a complaint against sy (*vknél* with sy)
panasziroda *n* complaint office/department
panaszkodás *n* ált complaint; *(morogva)* grumble || *(sirám)* jeremiad, lament, lamentation, whine
panaszkod|ik *v vkre, vmre* complain about/of (sy/sg); *(vmről, pl. fejfájásról)* complain of [a headache etc.] || **Hogy van? — Nem** ~**om!** How are things (going)? — Mustn't grumble
panaszkönyv *n* complaints book
panaszol *v* complain
panaszos 1. *a* plaintive, sorrowful, mournful || ~ **hangon** plaintively, in a plaintive voice **2.** *n* plaintiff
páncél *n (lovagi)* (suit of) armour (*US* -or), mail || *(rovaré)* carapace, shell

páncélos

páncélos 1. *a (jármű)* armoured; *(a II. világháború óta így is:)* panzer || **áll** testaceous || ~ **lovag** armour/mail-clad knight, armoured knight **2.** *n (katona)* tank man°/trooper || *(harckocsi)* tank || **a** ~**ok** the armoured troops
páncélököl *n* bazooka
páncélszekrény *n* safe; *(magánletéteknek)* safe-deposit
páncélvonat *n* armoured train
pancser *n biz* duffer, muff, bungler, *US* sad sack
pancsol *v (vízben)* splash (about), paddle || *(bort meghamisít)* water (down)
panel *n (építőelem)* panel
paneles építkezés *n* precast concrete/panel construction, system building (with large panels)
panelház *n* prefabricated house; *biz* prefab; *(toronyház)* high-rise (block), tower block
pang *v (átv is)* stagnate, be* stagnant || **az üzlet** ~ business is* slack/slow, business is* in the doldrums
pangás *n átv is* stagnation, depression, slump, recession, *biz* the doldrums
pánik *n* panic || **csak semmi** ~! don't panic!; ~**ot kelt** create a panic, throw* (the crowd) into a panic
pánikkeltés *n* panic-mongering
pánikszerű *a* panic-stricken
paníroz *v* fry (sg) in breadcrumbs, coat (sg) with/in breadcrumbs, bread
pankráció *n* all-in wrestling, catch-as-catch-can
panoptikum *n* waxworks *pl v. sing.*; *(Londonban)* Madame Tussaud's
panoráma *n* view, panorama, scenery
pánt *n ált* band, hold-fast || *(ruhán)* strap
pantalló *n* trousers, slacks, *US* pants *(mind: pl)*
pantomim *n* pantomime, mime
panzió *n* = **penzió**
pap *n (ált és katolikus, anglikán, ortodox)* priest; *(protestáns, néha anglikán is)* clergyman°; *(főleg református)* minister, pastor || **a jó** ~ **holtig tanul** it is never too late to learn, we [you, etc.] live and learn
papa *n biz* Dad(dy), Papa, *US* Pa, Pop
pápa *n* Pope, the Holy Father || ~**bb a** ~**nál** more catholic than the Pope
papagáj *n* parrot
pápai *a* papal || ~ **állam** Vatican City, the Holy See; ~ **követ** nuncio, papal legate
papi *a ált* ecclesiastical, clerical; *(paphoz illő)* priestly, priestlike || ~ **pályára megy** take* (holy) orders, go* into the Church, enter the Church

papír *n (anyag)* paper; *(egy darab)* a piece of paper; || ~ **on** *(elméletben)* on paper, in theory; *(látszatra)* seemingly, on the face of it; *biz* **vknek a** ~**jai** *(személyi okmányok)* sy's/one's (identity) papers/documents *pl*
papíráru *n* stationery
papírbolt *n* stationer('s)
papírforma *n* ~ **szerint** on paper, in theory; ~ **szerint győz** the odds are* that he will win
papírkosár *n* waste-paper basket, *US* wastebasket
papírkötés *n (könyvé)* paper covers *pl*, paperboards *pl*
papírlap *n* sheet/piece of paper
papírmasé *n* papier-mâché
papírpelenka *n (betét)* nappy-liner; *(eldobható)* disposable nappy (*US* diaper)
papírpénz *n* paper money, (bank-)notes *pl*, *US* bills
papírpohár *n* paper cup
papírszalvéta *n* paper napkin, table napkin, (paper) serviette
papírvágó kés *n* paper-knife°
papírvatta *n* paper wadding
papírzacskó *n* paper bag
papírzsebkendő *n* paper tissue
papjelölt *n (katolikus)* seminarist, novice
paplak *n* vicarage, rectory, parsonage
paplan *n (steppelt)* duvet, continental quilt; *(pehely)* eiderdown
paplanlepedő *n* duvet/quilt-cover
papnevelde *n (katolikus)* seminary
papol *v biz* elít chatter, jaw away, go* on (at sy *v.* about sg) || **ne** ~**j!** cut the cackle!, put a sock in it!
papos *a* clerical, priestly
paprika *n (növény és termése, zöldpaprika)* green pepper, capsicum (*pl* -cums); *(ha piros)* red capsicum, red (green) pepper || *(fűszer)* (Hungarian) paprika || **csípős/erős** ~ hot paprika, *kb.* cayenne pepper; **édes** ~ delicate/sweet paprika; **töltött** ~ stuffed pepper(s)
paprikajancsi *n* Punchinello, (Mr) Punch
paprikás 1. *a (étel)* seasoned with paprika *ut.*, paprika || ~ **csirke** paprika chicken; ~ **krumpli** paprika potatoes *pl* ⟨potato stewed with paprika and onions⟩ **2.** *n* ⟨meat stewed with paprika, onions and sour cream⟩, *kb.* devilled [chicken etc.]
paprikavörös *a* paprika-red
papság *n (gyűjtőnév)* the clergy *pl*, priests *pl*, the priesthood || **alsó** ~ lower clergy; **felső** ~ higher clergy
pápua *a/n* Papuan

papucs n slippers pl || sp biz speedboat || átv ~ **alatt van** be* henpecked, be* tied to his wife's apron-strings || = **papucsférj**
papucscipő n slip-on, US főleg loafer
papucsférj n henpecked husband
pár 1. n (kettő) pair || (házas, szerelmes) couple || (egyenértékű) match, the counterpart, analogue || **élete** ~**ja** (one's/a) partner for life; **hol van ennek a cipőnek a** ~**ja?** where is* the fellow of this shoe?; ~**ját ritkítja** be* (practically) unrivalled/unparalled, (s)he has no fellows (in sg) **2.** a (kettő) pair of || (néhány) a couple (of), some, few (mind után: pl) || **egy** ~ **kesztyű** a pair of gloves; **egy** ~ **szót szólt csak** he said only a few words; ~ **napja nem láttam** I haven't seen him for some days
pára n (gőz) steam, vapour (US -or) || (kipárolgás) fumes pl, exhalation || (lehelet) breath || **szegény** ~ (the) poor soul/thing/devil
parabola n parabola
parabolaantenna n dish aerial/antenna
parabolikus a parabolic(al)
parádé n (felvonulás) parade, pageantry || (pompa) pomp, (spectacular) show, spectacular || **katonai** ~ muster of troops
parádés a (felvonulási) parade || (díszes) festive, gala || ~ **szereposztás** all-star cast
paradicsom n növ tomato (pl -toes) || vall paradise, (the garden of) Eden
paradicsomi a of paradise ut., paradisiacal
paradicsomleves n tomato soup
paradicsommártás n tomato sauce
paradicsomos a tomato, made/prepared with tomato(es) ut.
paradicsomsaláta n tomato salad
paradigma n paradigm
paradox a paradoxical
paradoxon n paradox
páraelszívó n (konyhában) cooker hood; (ventilátoros) extractor fan
parafa n cork || ~ **dugó** cork; ~ **talp** cork sole
parafál v put* one's initials to, initial (US -l) [a document]
paraffin n paraffin (wax)
paragrafus n (szakasz) section, paragraph || (törvénycikk) article
Paraguay n Paraguay
paraguayi a/n Paraguayan
paraj n spinach
paralel a parallel
paralelogramma n mat parallelogram
paralitikus a paralytic
paralízis n paralysis

páramentesítő n (szélvédőé) demister, US defroster
paraméter n parameter
parancs n ált command, order; kat order, directive; (utasítást tartalmazó) direction, command, instruction || **a** ~**nak megfelelően** as directed; **vk** ~**ára** by command/order of sy, on the orders of sy
parancsnok n kat commander (röv Cdr), commanding officer (röv CO); (repülőgépé, hajóé és tűzoltó) captain; (repülőtéré stb.) commandant || **ő a** ~ he is* in command
parancsnoki a commanding || ~ **hajó** flagship
parancsnokság n (ténykedés) command || (szerv) headquarters (of the commander) (röv HQ) sing. v. pl
parancsol v vknek vmt command/order/direct sy [to do sg], give* orders to sy || (udvariassági kifejezésekben) ~? I beg your pardon(?) || **mit** ~? ált what can I do for you?, can I help you?, (is there) anything I can do for you (Sir/Madam)?; (enni) what will you have?; ~ **gyümölcsöt?** would you like some fruit?, may I help you to some fruit?; ~ **még vmt, asszonyom/uram?** (will there be) anything else, Madam/Sir?; ~**jon helyet foglalni!** please take a seat!; **tessék** ~**ni!** (vkt előre engedve) after you; (kínálva) (please) help yourself
parancsoló 1. a commanding, ordering || (ellentmondást nem tűrő) peremptory, imperative || ~ **hangon** in a peremptory tone of voice, peremptorily; nyelvt ~ **mód** imperative (mood) **2.** n commander, commandant, lord
parancsuralom n dictatorship, totalitarianism
parányi a minute, tiny || **egy** ~ **vaj** a little scraping of butter
párás a ált vaporous; (levegő) humid, misty, hazy || (ablak) steamed/misted up, (szemüveg) foggy misted/fogged up
párásodás n (ablakon) condensation
párásod|ik v (ablak) steam/mist up
párásság n (levegőben) mist, haze
paraszt n ált peasant, countryman° || (sakkban) pawn || **elít** (faragatlan személy) boor(ish fellow), lout, US így is: peasant, hick
parasztasszony n peasant woman°
parasztgazda n farmer, peasant holder
parasztgazdaság n peasant farm
parasztgyerek n peasant child°
parasztháború n peasant(s') rising/insurrection
parasztház n farmhouse, peasant cottage/house

paraszti *a* peasant, rustic ‖ **(józan)** ~ **ész** *kb.* common/horse sense; ~ **származású** of peasant origin/stock *ut.*
parasztlány *n* peasant girl, country lass
parasztlegény *n* peasant youth, peasant/country lad
parasztos *a ált* peasant, rustic, rural ‖ **elít** boorish, churlish ‖ ~ **beszéd** broad accent, the (local) vernacular, dialect
parasztpárt *n* peasants' party
parasztpolitika *n* peasant policy
parasztság *n (osztály)* peasantry, the peasants *pl*
páratartalom *n* humidity
páratlan *a (mat is)* odd ‖ *(ritka)* unrivalled *(US* -l-), peerless; matchless, unequalled *(US* -l-) ‖ ~ **a maga nemében** unique (of its kind)
páratlanul *adv* supremely, uniquely ‖ ~ **érdekes** extremely interesting
parazita 1. *a* parasitic(al) ‖ ~ **életmód** being a parasite, parasitism **2.** *n (átv is)* parasite
parázna *a/n ir* lecherous, libidinous; *(nő)* lewd
paráználkod|ik *v* fornicate
parázs 1. *n* glowing embers *pl*, live coal **2.** *a* ~ **veszekedés** heated quarrel, row
parázsl|ik *v* glow, smoulder *(US* -ol-)
párbaj *n* duel
párbajoz|ik *v* fight* a duel, duel *(US* -l)
párbajtőr *n* épée
párbeszéd *n* dialogue *(US* -log), colloquy
parcella *n* plot, lot; *(temetőben)* plot
parcelláz *v* divide into lots/plots, parcel *(US* -l) out
pardon 1. *int* pardon/excuse me!, I beg your pardon!, (I'm) sorry! **2.** *n* pardon, forgiveness ‖ **nincs** ~ ! no quarter (is* given)
párduc *n* leopard, panther; *(fekete)* (black) panther
parfé *n* parfait
parfüm *n* scent, perfume
parfümös *a* scented, perfumed
parfümöz *v* scent, perfume
párhuzam *n* parallel, comparison ‖ ~ **ba állít** compare
párhuzamos 1. *a* parallel *(vmvel* to/with) **2.** *n mat* parallel
párhuzamosan *adv* parallel to/with sg ‖ *el* ~ **kapcsolt** (connected) in parallel
párhuzamosság *n* parallelism
paripa *n* steed, (saddle-)horse
paritás *n ker, pénz* parity; *(valutáé)* par(ity) of exchange
Párizs *n* Paris
párizsi 1. *a* Parisian, of/from/in Paris *ut.* ‖ ~ **szelet** ⟨veal or pork cutlet coated in batter and fried on both sides⟩ *kb.* 'Parisian' cutlet **2.** *n (ember)* Parisian ‖ *(felvágott) kb.* Bologna/bologna sausage

park *n (kert)* park, garden ‖ *(járműállomány)* pool, fleet
párkány *n ált* edge, rim ‖ *(ablaké)* sill
parkett *n (padló)* parquet (floor/flooring) ‖ *(táncparkett)* (dance) floor
parkettacsiszolás *n* ~ **és lakkozás** parquet-floor polishing and varnishing
parkettlakk *n* (floor) varnish, parquet lacquer
parkett-táncos *n* taxi dancer, gigolo
parkol *v* park (the/one's car) ‖ **hol** ~ **hatok?** where can I park (my/the car)?; ~ **ni tilos!** no parking!
parkolás *n* (car-)parking
parkoló 1. *a* ~ **gépkocsi** parked vehicle/car **2.** *n (hely)* car park; *US* parking lot; *(út mentén)* bay; *(autópálya mellett)* lay-by *(pl* -bys), *US* rest stop, pull-off ‖ **fizető** ~ parking meter zone
parkolóház *n* multistorey car park, multistorey, *US* parking garage
parkolóhely *n (férőhely)* parking (space), place to park ‖ **kijelölt** ~ designated bay
parkolóóra *n* parking meter
parkolóőr *n (ülő)* car-park (*v.* parking) attendant; *(járó) GB* traffic warden
parkolótárcsa *n* parking disc
parkosít *v* convert into a park/garden, landscape [a piece of land, an area etc.]
parkosítás *n* landscaping
parkőr *n* park-keeper
parlag *n* waste, fallow/uncultivated land/field ‖ *átv* ~ **on hever** lie* fallow, be* unutilized
parlagi *a (terület)* fallow, waste ‖ *átv, elít* rude, rough, boorish
parlament *n* Parliament; *(épület ált)* parliamentary building(s); *(GB, Mo. az épület)* the Houses of Parliament; *US* Congress, Capitol Hill
parlamentáris *a* parliamentary ‖ ~ **demokrácia** parliamentary democracy
parlamentarizmus *n* parliamentarism
parlamenter *n* negotiator, mediator, go-between
parlamenti *a* parliamentary, of parliament *ut.* ‖ ~ **folyosó** lobby; ~ **képviselő** *(GB, magyar)* member of parliament *(röv* M.P.), *US* Congressman°, Congresswoman°
párlat *n* distillate, distillation
parmezán *n (sajt)* Parmesan (cheese)
párna *n (ágyban)* pillow ‖ *(ülésre)* cushion
párnahuzat *n* pillow-case/slip, tick
párnás *a* cushioned, soft ‖ ~ **ülés** upholstered/padded seat
párnázott ajtó *n* padded door
paródia *n* parody, travesty
parodizál *v* parody, travesty, take* sy/sg off

paróka *n* wig
parókás *a* in/wearing a wig *ut.*, (be)wigged
parókia *n (lelkészlakás)* vicarage, rectory, parsonage; *(presbiteriánus, baptista)* manse || *(egyházközség)* parish
párol *v* steam, cook (sg) in steam, *(húst)* stew, braise
párolás *n* steaming, cooking in steam, *(húsé)* braising, stewing
párolgás *n* evaporation
paroli *n* collar patch
párolog *v* steam, evaporate, vapour (*US* -or)
párologtat *v* evaporate, vaporize
párolt *a* steamed; *(hús)* braised, stewed || ~ **káposzta** steamed cabbage
páros 1. *a (kettős)* paired, twin || *mat* even || ~ **oldal** *(utcáé)* even-numbered side **2.** *n sp* doubles || **férfi** ~ men's doubles; **női** ~ women's doubles *(mind: pl)*
párosával *adv* in/by pairs/twos
párosít *v ált* pair || *áll* mate || *átv* join, combine, unite || **a kellemest a hasznossal** ~**ja** combine business with pleasure
párosítás *n ált* pairing, matching || *áll* mating || *átv* joining, combining
párosodás *n áll* mating
párosod|ik *v áll* mate
párosul *v áll* mate || *vmvel* be* accompanied by sg, be* combined/coupled with sg
pároztat *v áll* mate
párszor *adv* once or twice, a few times
part *n (állóvízé)* shore; *(tengeré, tágabb ért.)* coast; *(a part)* (sea)shore; *(szórakozási szempontból)* seaside; *(homokos)* beach; *(folyóé)* bank, riverside || *(emelkedés)* bank, slope || **a** ~**on** on the shore; **ott van, ahol a** ~ **szakad** *(bajban)* be* up the creek; *(semmire se jutott)* be* back to square one; ~ **mentén halad** sail along the coast, sail close to the shore, hug the coast; ~ **menti** *(tengernél)* coastal, littoral, inshore; *(folyónál)* riverside; ~**ot ér** touch/make* land; ~**ra lép** set* foot on the shore; ~**ra száll** go* on shore (*v.* ashore); *kat is:* land, disembark; ~**ra vet vkt** *(a víz)* wash sy ashore
párt *n pol* party || *(pártfogás)* protection, patronage || **belép egy** ~**ba** join a party; ~**on kívüli** non-party, unaffiliated, independent; ~**jára áll** side with sy, take* sy's part; ~**ját fogja** take* sy's part, back (sy) up
párta *n (fejdísz)* [Hungarian girl's] headdress || *növ* corolla || ~**ban maradt** she never (got) married, *kif* she is/was left on the shelf

pártállás *n* party affiliation || ~**ra való tekintet nélkül** regardless/irrespective of party affiliation
pártapparátus *n* party machine(ry)/apparatus
pártatlan *a* impartial, unbias(s)ed, disinterested || ~**ul** impartially
pártatlanság *n* impartiality, neutrality
pártbizottság *n* party committee
pártdobás *n sp* throw-in || ~**t végez** throw* in the ball
partedli *n* bib
pártelnök *n* party president, president of the party
pártfegyelmi *n* (punishment for) breach of party discipline
pártfogás *n (védelem)* protection, patronage || *(támogatás)* support, backing || ~**ába vesz vkt** take* sy under one's wing, take* sy up
pártfogó *n ált* patron, protector; *(támogató)* benefactor, backer, supporter
pártfogol *v (segít)* patronize, support, back (up), sponsor || *(véd)* protect, stand* up for || *(ügyet)* give* one's backing/support to, espouse, back
pártfogolt *a* protégé
pártfunkcionárius *n* party functionary, elit apparatchik
pártgyűlés *n* party meeting
pártharc *n* struggle between parties, party struggles *pl*
párthatározat *n* party decision, resolution
parti[1] *a (tengeri)* coastal, coast-, shore-, of the coast/shore *ut.*, littoral; *(folyóé)* riverside, riparian || ~ **hajózás** sailing along the coast, coasting
parti[2] *n (játszma)* game || *(házasság)* **jó** ~**t csinál** make* a good match
párti *a* of a party *ut.*, belonging to a party *ut.*
participium *n* participle
partiképes *a* eligible [young man°]
pártiroda *n* party office
partitúra *n zene* score
partizán *n* partisan, *US* így is: partisan
partizáncsapatok *n* partisan/irregular troops, irregulars
partizánháború *n* partisan warfare
pártjelvény *n* party badge
partjelző *n sp* linesman°
pártkassza *n* party funds *pl*
pártkonferencia *n* party conference
pártkongresszus *n* party congress
pártközpont *n* party headquarters *sing. v. pl*, party centre (*US* -ter)
partner *n ált* partner || *film, szính* co-star || *(szexuálisan)* partner, friend, *US biz* buddy || **állandó** ~**e van** have* a regular (sexual) partner; **Kabos volt a** ~**e** she played opposite K.

pártol v = átpártol; = pártfogol
pártoló 1. a vmt ~ supporting/patronizing/favouring (US -or-) sg; ~ **tag** supporting member **2.** n = **pártfogó**
pártonkívüli n non-party man°/politician/member, independent, (igével) be* unaffiliated
partőr n coast-guard; US főleg: coast-guard(s)man°
pártpolitika n party politics sing. v. pl, party policy
pártprogram n party programme, US party platform
partraszállás n landing, disembarkation, debarkation || ~**i hadművelet** amphibious/amphibian operation, landing (on enemy coast)
pártszakadás n split (in the party)
partszakasz n (folyóé) riverside sector || (tengeré) coastal/littoral sector
pártszervezet n party organization
párttag n party member
párttagság n (állapot) party membership || (tagok) party members pl
párttagsági könyv n party (membership) card/book
párttitkár n party secretary
partvédelem n coastal defence
pártvezér n (party) leader, biz party boss
pártvezetőség n leadership of a/the party, party leaders pl, party executive/ leadership
partvidék n (tengeré) maritime/coastal district/region
partvis n broom
pártviszály n party strife
partvonal n földr shoreline, coastline || sp touch-line
parvenü n parvenu, nouveau riche (pl nouveaux riches), upstart
párviadal n single combat || ~**ra hív ki** challenge sy (to a combat), send* sy a challenge
párzás n mating
párz|ik v mate
pasa n tört pasha
pasas n biz fellow, chap, (csak GB) bloke, US guy
paskol v slap, lap, pat
passió n vall the Passion || **Máté-**~ the Passion according to St. Matthew, the St. Matthew Passion
pást n (vívás) piste
pástétom n pâté
pasziánsz n patience, US solitaire
pasziánszoz|ik v play patience
paszomány n braid, frogging, piping
passz 1. int (kártya) no bid!, pass!, go! **2.** n (futball) pass || (kártya) pass, no bid
passzió n hobby || ~**ból csinálta** it was a labour (US -or) of love (for him)

passzíroz v pass through a sieve, sieve
passzív a passive, inactive || ~ **ember** passive/retiring person; ~ **szókincs** passive vocabulary; ~ **választójog** eligibility
passzívák n pl ker liabilities, debts
passzivitás n passivity, inactivity
passzol v (ráillik méretben) fit || (kártyajátékban) pass, say "no bid" || (futballban) pass [the ball to sy] || **tökéletesen** ~ be* a perfect fit, fit like a glove
paszta n (kenőcs) polish; (étel) spread, paste
pásztáz v mezőg work a field by strips || kat rake, enfilade; (repülőgépről) strafe || (fényszóróval, távcsővel) sweep* (with); (filmfelvevővel) pan
pasztell n pastel (US pastel)
pasztellkép n pastel (US pastel), crayon
pasztilla n orv pastille, lozenge, tablet
pásztor n (marháké) herdsman°; (birkáké) shepherd
pásztorbot n (pásztoré) shepherd's crook || (püspöké) crosier, crozier
pasztőröz v pasteurize
pasztőrözött tej n pasteurized milk
paszuly n (száraz bab) beans pl
pát n spar
pata n hoof°
patak n brook, stream(let), US creek
patakz|ik v flow in torrents, stream, gush (vmből from) || ~**ott a könnye** tears gushed from his/her eyes
patália n biz noise, row || ~**t csap** kick up a row/shindy
patás n/a hoofed, ungulate
patentkapocs n press-stud, snap-fastener, biz popper, US így is: snap(s)
páternoszter n paternoster lift (US elevator), paternoster
patetikus a solemn, lofty, elevated, moving; (hamis) bombastic, theatrical
patika n = **gyógyszertár**
patikamérleg n chemist's/precision scales pl
patina n patina, verdigris
patkány n áll rat
patkányirtás n extermination of rats
patkányméreg n rat-poison
patkó n (lóé) horseshoe || (sütemény) kb. horseshoe cake || **diós** ~ kb. walnut croissant; **mákos** ~ kb. poppyseed croissant
patológia n pathology
patologikus n pathological
pátosz n emotion(al style), loftiness, feeling || **hamis** ~ bathos
patron n (töltőtollba, autoszifonba is) cartridge
patronál v sponsor, support, patronize
patrónus n patron, protector

patt *n (sakkban)* stalemate
pattan *v (ostor)* crack || *(ugrik)* spring*, jump || **lóra** ~ jump/spring* into the saddle
pattanás *n (zaj)* crack || *(bőrön)* pimple, spot, acne, pustule || ~**ig feszült** be* at a stretching point
pattanásos *a* pimpled, pimply, spotty
pattint *v (ujjával)* snap one's fingers
pattog *v (tűz)* crackle || *(vk átv)* rail, fume, bark/snap (out)
pattogás *n (tűzé)* crackling || *(vké, átv)* railing, fuming
pattogatott kukorica *n* popcorn
pattogó *a (tűz)* crackling || *(ember)* fulminating, fuming || ~ **hangon rendelkezik** bark/snap out orders
pattogz|ik *v (festék)* scale, peel/flake off || *(bőr)* chap
patyolat *n* **olyan, mint a** ~ (as) white as snow, (as) clean as a new pin || **P**~ *(= mosoda)* laundry, cleaners(')
pausálé *n* flat-rate tariff
pauszpapír *n* tracing paper
páva *n (ált és hím)* peacock; *(nőstény)* peahen; *(bármelyik, néha)* peafowl || **büszke, mint a** ~ (as) proud as a peacock
pávatoll *n* peacock feather
pávián *n* baboon, mandrill
pavilon *n (kórházé, kiállító)* pavilion; *(árusítóbódé)* kiosk
pazar *a (fényűző)* luxurious || *(pompás)* brilliant, lavish, splendid || ~ **berendezésű lakás** lavishly furnished flat/home
pazarlás *n (anyagé)* wasting, waste || *(pénzé)* prodigality
pazarló **1.** *a* prodigal, extravagant **2.** *n* waster, squanderer, spendthrift
pazarol *v* squander, lavish, waste || ~**ja az idejét** waste one's time
pázsit *n* grass, lawn, turf
pázsitfű *n* (lawn) grass
PB-gáz *n* Calor gas
pecáz|ik *v biz* angle, go* angling
pech *n biz* bad/hard luck || ~**em volt** I've had bad luck
peches *a biz* unlucky, unfortunate; *(igével)* have* bad luck, be* down on one's luck
pecsenye *n* roast
pecsenyebor *n* full-bodied wine
pecsenyecsirke *n* broiler
pecsét *n (viaszból stb.)* seal || *(lebélyegzés)* stamp || *(folt)* stain, blotch, spot || ~**et kivesz** remove a stain
pecsétel *v (lebélyegez)* stamp
pecsétes *a (levél)* sealed || *(foltos)* stained, blotched, spotted
pecsétgyűrű *n* signet/seal ring

pedagógia *n* teaching, pedagogy, pedagogics *sing.*, education(al theory)
pedagógiai *a* pedagogic(al)
pedagógus *n* teacher; *(általánosabban)* educator
pedál *n* pedal
pedáloz|ik *v biz* push the pedals, pedal *(US* -l), go* pedalling/biking
pedáns *a (rendszerető)* thorough, meticulous, precise, particular || *(túlzón)* fussy, overparticular, over-scrupulous || ~ **ember** (a) stickler for detail; ~ **vmben** be* particular about sg
pedantéria *n (rendszeretet)* meticulousness; *(túlzott)* fussiness, punctiliousness
pedig *conj (viszont)* while, and; *(azonban)* but, however || *(noha)* (al)though || *(mégpedig)* and || **egy megoldás van, ez** ~ **az, hogy** there is only one solution and this/that is [to do sg *v.* that ...]; **ez kék, az** ~ **piros** this is blue, while that one is red; **én** ~ **azt mondom** as for me I say; **nem jött el,** ~ **megígérte** (s)he didn't come, (al)though (s)he promised (s)he would; **ő** ~ **nem hiszi** but (s)he won't believe it
pedikűr *n* chiropody, pedicure, *US így is:* podiatry
pedikűrös *a* chiropodist, pedicurist, *US így is:* podiatrist
pedikűröz *v* give* sy a pedicure, treat sy's foot/feet
pedz *v (hal a horgot)* nibble at the bait/hook
pehely *n (hó, szappan)* flake || *(szőr, toll)* (eider)down, fluff
pehelykönnyű *a* (as) light as a feather *ut.*
pehelypaplan *n* eiderdown, duvet, continental quilt
pehelysúly *n sp* featherweight
pehelytoll *n* down-feather
pejoratív *a* pejorative, derogatory
pék *n* baker('s)
pékség *n (üzem)* bakery || *(mesterség)* baking, baker's trade
péksütemény *n* rolls *pl*, baker's ware
péküzlet *n* baker's (shop), bakery
példa *n ált* example, instance, case, precedent || *mat* problem || *(nyelvtani)* example || **mint** ~**ul** as, for example ...; such as ...; ~**ként felhoz** cite/give* (sg) as an example; ~**t megold** solve a problem
példaadó *a* exemplary, model
példakép *n* model, pattern, example, ideal
példamutató *a* exemplary || ~**an viselkedik** be*/set* an example to
példány *n (könyvé, újságé)* copy || *(minta)* sample, specimen

példányszám *n* size of edition, number of copies (printed/issued/published); *(sajtóterméké)* circulation

példás *a* exemplary, model ‖ ~ **magaviselet** exemplary conduct; ~ **büntetés** exemplary punishment

példásan *adv* ~ **megbüntet vkt** make* an example of sy

példátlan *a* unprecedented, without precedent *ut*. ‖ ~ **eset** it is* a case without parallel

például *adv* for example/instance *(röv* e.g. *v.* eg)

pelenka *n* nappy, *US* diaper

pelenkabetét *n* (disposable) nappy-liner

pelenkáz *v* change [the baby's] nappy *(v. US* diaper), change the baby

pelenkázó *n (alul fiókos)* baby dresser

pelerin *n* cape, cloak

pelikán *n áll* pelican

pellengér *n* pillory ‖ ~**re állít** put* in the pillory; *(átv is)* pillory; ~**re állították** was pilloried *(vm miatt* for sg)

pelyhes *a (ált és ifjú álla.)* downy ‖ *tex* fluffy, fleecy ‖ *növ, áll* pubescent

pempő *n* pap, mush

pendely *n nép (női ing)* shirt ‖ *(gyereké)* (child's) long shirt

penész *n* mildew, mould *(US* mold)

penészed|ik *v* mildew, mould *(US* mold)

penészes *a* mildewy, mouldy *(US* moldy), musty

penetráns *a* penetrating, acrid, pungent

peng *v ált* sound, twang ‖ *(sarkantyú)* jingle; *(más tárgy)* clink

penge *n* blade

penget *v ált* sound; *(hangszerhúrt)* pluck [the strings]; *(gitárt)* pluck/strum *(v.* thrum on) [a guitar] ‖ *(sarkantyút)* jingle

penicillin *n* penicillin

péntek *n* Friday ‖ → **kedd**

péntekenkint *adv* every Friday, on Fridays

pénteki *a* Friday, of Friday *ut.*, Friday's ‖ → **keddi**

pénz *n* money; *(érme)* coin; *(papírpénz)* (bank)notes *pl, US* bills *pl; (pénzalap)* fund; *(fizetési eszköz)* currency ‖ **ezért a ~ért** for that much; *átv* for that matter; **jó ~ért** at a price; **kevés a ~em** I'm a bit short of funds; **kidobja a ~ét az ablakon** throw* money out of the window; **minden ~t megér** it's worth its weight in gold; **nincs nálam ~** *(készpénz)* I've no (ready) cash on/with me; **semmi ~ért (sem)** not for love or/nor money; **van nálam ~** I have* money on/with me; ~ **áll a házhoz** have* a windfall; ~ **beszél, kutya ugat** money talks, money makes the world go round; ~**hez jut** come* into money; ~**t keres** earn/make* a lot of money, *biz* be* coining it, be* making money hand over fist; ~**t vált** change money

pénzalap *n* funds *pl*

pénzátutalás *n* (money) transfer

pénzbedobós *a* coin-operated, operated by insertion of a coin *ut*. ‖ ~ **automata** vending machine, *GB* slot-machine; ~ **telefon** coin-operated telephone

pénzbeszedő *n* collector, teller

pénzbüntetés *n* fine, penalty ‖ ~ **terhe alatt** under pain of a penalty; ~**re ítél vkt** fine sy, impose a fine on sy

pénzdíj *n* money prize

pénzegység *n* monetary unit

pénzel *v* supply (sy) with money/funds, finance *v.* finance, fund; *(támogat)* sponsor

pénzember *n* financier, banker

pénzes *a* moneyed, wealthy, rich; *biz (főleg US)* well-heeled

pénzesutalvány *n* money order

pénzfeldobás *n* toss(-up) ‖ ~**sal sorsot húz** toss a coin, toss (up) for sg

pénzhamisítás *n* counterfeiting

pénzhamisító *n* forger, counterfeiter

pénzhiány *n* lack/shortage of money/funds ‖ ~**ban szenved** be* in financial difficulties/straits; *biz* be* pushed for money, be* hard up

penzió *n (szálló)* boarding-house, guest-house, pension ‖ *(ellátás)* board ‖ **fél**~ half board; **teljes** ~ full board

pénzjutalom *n* (money) reward, bonus

pénzkidobás *n* waste of money, money (thrown) out of the window

pénznem *n* currency

pénzösszeg *n* amount, sum (of money) ‖ ~**ek** sums of money, monies

pénzpiac *n* money-market

pénzreform *n* monetary reform

pénzrendszer *n* monetary system

pénzromlás *n* depreciation, fall in (the) value (of money); *(devalváció)* devaluation

pénzsóvár *a* grasping, avaricious, money-grubbing, greedy (for money)

pénztár *n (üzletben stb.)* cash desk/point, cashier; *(ABC-áruházban)* checkout; *(bankban)* counter, window, cash point; *(jegy~)* ticket office; *szính* box-office; *vasút* booking office; *(~helyiség)* cashier's office ‖ **mikor zár a ~?** when does the box-office close?; **a ~nál tessék fizetni!** please pay at the (cash) desk

pénztárablak *n* (cashier's) desk, counter, window, cash point

pénztárca *n (bankjegynek)* wallet ‖ *(erszény)* purse, *csak US:* pocket-book, change purse

pénztárgép n cash register
pénztári órák n hours of business, business hours
pénztárnyitás n opening (time) of booking office (v. box-office etc.)
pénztáros n ált cashier; *(banké)* cashier, bank clerk, teller; *(vasúti)* booking clerk
pénztelen a short of (v. without) money ut., penniless; biz broke
pénztelenség n impecuniousness, poverty
pénztőke n money capital
pénzügyek n pl finances v. finances
pénzügyi a financial, finance || ~ **év** financial year; US fiscal year; ~ **helyzet** *(országé)* financial situation; *(vállalaté)* state of the ...'s finances; ~ **körökben** in financial circles, US in/on Wall Street; ~ **nehézségek** money problems/troubles, financial straits; ~ **politika** financial policy (v. policies pl)
pénzügyileg adv financially || **rosszul áll** ~ his finances are low
pénzügyminiszter n Minister of Finance, GB Chancellor (of the Exchequer), US Secretary of the Treasury, Treasury Secretary
pénzügyminisztérium n Ministry of Finance, GB, US the Treasury
pénzügyőr n customs officer/official
pénzügyőrség n *(testület)* customs; GB the Board of Customs and Excise
pénzváltás n exchange (of currency)
pénzváltó n (money-)changer; *(automata)* change machine
pénzváltóhely n bureau de change (pl bureaux de change)
pénzverde n mint
pénzzavar n financial difficulties pl || ~**ban van** be* in financial difficulties/straits, biz be* hard up (for money); **pillanatnyi** ~ momentary shortage of funds/cash
pép n pulp, mush; *(püré)* purée
pépes a pulpy, mushy
pepita a checked, chequered, US checkered
per n jog (law)suit, (legal) action proceedings pl; (court) case || **polgári** ~ civil action/suit/case; ~**t indít** vk ellen take* legal proceedings/action against sy, proceed against sy; **elveszti/megnyeri a** ~**t** lose*/win* one's/the case/suit
perbeszéd n jog pleadings pl
perc 1. n *(időegység)* minute || *(rövid idő)* moment, instant, second, minute || **bármely** ~**ben** (at) any minute; **csak egy** ~**re** (just) for a moment; **ebben a** ~**ben** just this moment/instant/second/minute; **egy** ~ **alatt** in an instant, in a second/minute, biz in no time, in a flash/

trice; **innen néhány** ~**re van gyalog** it's a few minutes' walk from here (to); **néhány** ~**e** a few minutes ago; ~**ekig** for (several) minutes; **tíz** ~ **múlva hat** ten (minutes) to six, US ten minutes of six; **tíz** ~**cel múlt hat** ten (minutes) past six, US ten (minutes) after six; **tíz** ~**et késik** (be*) ten minutes late; **8 után 10** ~**cel** at 10 (minutes) past 8 (v. US after 8) **2.** a *(percnyi)* of minutes ut., ... minutes(') || **öt** ~ **szünet** an interval (v. US intermission) of five minutes, five-minute interval (v. US intermission)
percenként adv ált every minute || tud, műsz per minute || ~ **100 fordulat** 100 revolutions per minute (röv rpm)
perces a of/lasting ... minutes ut. || **húsz**~ **szünet** interval (v. US intermission) of 20 minutes
percmutató n minute-hand, big-hand
percnyi a/n of a minute ut., ... minutes(') || ~ **pontossággal** on the dot, to the minute
perdöntő a decisive, deciding || ~ **bizonyíték** decisive proof/argument, clinching argument, biz clincher
perec n pretzel
pereg v *(forog)* spin*/whirl/turn round, twirl || ~ **a dob** the drum rolls (out); ~ **a nyelve** his/her tongue never stops, (p)rattle on
perel v jog ~ **vkt** sue sy, take* sy to court, take* legal action against sy || *(veszekszik)* quarrel, dispute || ~ **vmt** sue sg, take* sg to court
perem n ált border, edge, margin || *(edényé, kalapé)* rim, brim || műsz flange, raised edge || **a város** ~**én** on the outskirts of [a/the city]
peremkerület n outlying district/area || ~**ek** the outskirts
peremváros n suburb, (the) suburbs pl
pereputty n one's kith and kin || **az egész** ~ the whole tribe/lot/caboodle
peres a jog litigious, disputed || ~ **eljárás** litigation, (legal) proceedings pl, suit, procedure; ~ **ügy** lawsuit, action
pereskedés n jog litigation
pereskedik v jog litigate, carry on a lawsuit, engage in legal proceedings; *(öncélúan)* be* litigious
perfekt a perfect, accomplished || ~ **angol** he speaks* good/fluent English, his English is* first-rate
perforál v műsz perforate || orv perforate
perget v *(dobot)* roll || *(filmet)* run*, play, show* || *(mézet)* run*
pergő a spinning, whirling, turning round ut. || ~ **beszéd** fluent/glib talk, volubility

pergőtűz *n* drumfire, barrage || **kérdések pergőtüze** a barrage of questions

periféria *n* periphery, the outskirts *pl*

periferiális *a* peripheral

periodikus *a* periodic(al), cyclic(al)

periódus *n* period; *el* cycle

periszkóp *n* periscope

perköltség *n jog* (legal) costs *pl* || ~**et fizet** bear*/pay* the costs (of the proceedings)

permanens *a* permanent, lasting

permetez *v* drizzle || *ált* sprinkle; *(permetezővel)* spray || ~**i a növényeket** spray insecticide on plants

permetezés *n* spraying; *(növényé)* crop spraying/dusting

permetező 1. *a* ~ **eső** drizzle, mizzle **2.** *n (eszköz, gép)* sprayer; *(kézi, főleg festékszórásra)* spray-gun

permetezőszer *n* spray insecticide

pernye *n* flying ash(es)

peron *n (pályaudvari)* platform

peronbejárat *n* (platform) barrier

peronjegy *n* platform ticket

perpatvar *n* squabble, altercation, quarrel || **családi** ~ domestic tiff

perrendtartás *n jog* rules of the court *pl*, code *(v.* rules *pl)* of procedure, trial/legal procedure || **bűnvádi** ~ criminal/penal code; **polgári** ~ civil code/procedure

persely *n (takarék)* (money-)box; *(gyereké)* piggy bank || *(templomi)* collecting box || *műsz* bush, *US* bushing

perspektíva *n (távlat)* perspective || **új** ~**kat nyit** open up new vistas

persze *conj* of course, certainly, naturally, to be sure || ~ **hogy nem** of course not, certainly not; **hát** ~ why, certainly

pertli *n ált* lace, tape; *(cipőé)* shoe-lace

pertu 1. *n biz* ~ **ban van vkvel** be* on first-name terms with sy, be* a good/close friend of sy; ~**t iszik vkvel** drink* Brüderschaft with sy, drink* to one's close friendship with sy **2.** *a biz* ~ **barátok** they are* (very) close friends

Peru *n* Peru

perui *a/n* Peruvian

perverz *a* perverted, *biz* kinky

perverzitás *n ált* perversity; *(nemi)* perversion, *biz* kinkiness

perzsaszőnyeg *n* Persian carpet/rug

perzsel *v (nap)* scorch, broil, singe *(j. m. igeneve:* singeing) || *(disznót)* singe

perzselő *a* torrid, scorching || ~ **nap** scorching sunshine

Pest *n* Pest || ~**en dolgozik** works in Pest

pesti *a* (of) Budapest || **a** ~ **oldalon** on the Pest/left bank (of the Danube)

pestis *n* (bubonic) plague

pesszárium *n orv* pessary, vaginal suppository

pesszimista 1. *a* pessimistic **2.** *n* pessimist, *biz* croaker, doomster

pesszimizmus *n* pessimism

petárda *n* petard

pete *n biol* egg (cell) || ~**t rak** lay* an egg, ovulate

peteérés *n biol* ovulation

petefészek *n biol* ovary

petefészek-gyulladás *n orv* oophoritis, ovaritis

petesejt *n* ovum *(pl* ova)

petíció *n* petition

petrezselyem *n növ* parsley || *átv* **petrezselymet árul** be* a wallflower

petróleum *n GB* paraffin, *US* kerosene

petróleumfőző *n* paraffin stove, primus (stove), *US* kerosene stove

petróleumlámpa *n* paraffin/oil *(v. US* kerosene) lamp

petrolkémia *n* petrochemistry, petrochemical(s) industry

petúnia *n növ* petunia

petyhüdt *a (bőr)* loose, slack; *(mell)* sagging || *(izomzat)* soft, flabby, flaccid || ~ **lesz** sag

petty *n (állaton)* spot || *(minta)* (polka) dot || *(piszok)* speck(le), fleck

pettyes *a* spotted, spotty || *(minta)* dotted; polka-dot [shirt etc.] || *(piszkos)* speckled, flecked || ~ **minta** polka dots *pl*

pévécé *n* PVC, vinyl

pezseg *v (folyadék)* sparkle, fizz, fizzle, bubble || *(utca forgalomtól)* swarm/teem/bustle with [activity/life etc.]

pezsgés *n (folyadéké)* sparkling, fizzing, bubbling || *(utcán)* teeming life, milling crowds

pezsgő 1. *a ált* sparkling || *átv* ~ **élet** bustling/teeming life **2.** *n* champagne

pezsgőfürdő *n* bubble bath

pezsgőz|ik *v* drink* champagne

pézsma *n* musk

pfuj *int* fie!, (for) shame!; *(undor)* pooh!, ugh!, yuck! || ~ **bíró!** kill the ref!

pfujoz *v* boo, hoot

pfujozás *n* booing, *biz* raspberry; *US* Bronx cheer

pia *n biz* booze, *US* liquor

piac *n* market || **a** ~ the market-place; **nincs** ~**a** there is* no demand/call/market for it; **a** ~**on vásárol** buy* [goods] in the market; **a** ~**ra megy (vásárolni)** go* to (the) market, go* *(v.* do* one's) shopping in the market; *biz átv* **ő is a** ~**ról él** he, too, has to make a living

piacgazdaság *n* market economy

piaci *a* market || ~ **ár** market/current/going/prevailing price/rate; ~**árus** market trader; ~ **viszonyok** market relations
piackutatás *n* market research
piacszervezés *n* marketing
piactér *n* market-place
piál *v biz* booze, soak, knock it back
pianínó *n* upright/cottage piano
piarista *n* Piarist
piás *biz* 1. *a (részeges)* boozy; *(berúgott)* lit up, screwd, tight, *US* stinko 2. *n* **(nagy)** ~ boozer, (old) soak, hard drinker
pici *a* tiny, minute, *biz* weeny, *sk* wee || ~ **gyerek** tiny tot, toddler
pihe *n* fluff, flock, floss
pihen *v* rest, take* a rest, relax
pihenés *n* rest; *(betegség után)* rest cure || **aktív** ~ active recreation; ~**re van szüksége** have* need of (a) rest, need rest
pihenj! *int kat* (stand) at ease!
pihenő 1. *a* resting, relaxing || ~ **ember** man° at rest 2. *n (pihenés)* rest; *(munka közben)* break, breather, pause || *(lépcsőházban)* landing || ~**t tart** have*/take* a break/rest, stop for a rest
pihenőhely *n (autópályán)* lay-by *(pl* -bys), *US* rest stop; pull-off
pihenőnap *n* day off, rest day, day of rest, holiday
pihentet *v* rest, relax
pikáns *a (történet)* naughty, spicy, juicy, racy || *(arc)* piquant || *(kellemesen csípős, fűszeres)* (highly) seasoned, piquant || **a** ~ **a dologban az, (hogy)** the funny thing is*; ~ **íz** spicy/piquant taste, piquancy; ~ **történet** blue story, *US* off-color story; ~ **vicc** blue/dirty joke
pikk *n (kártya)* spade(s) || ~ **dáma** the queen of spades
pikkel *v vkre* pick on sy, have* it in for sy
pikkely *n* scale
pikkelyes *a* scaly
piknik *n kb.* bottle party || ~ **alapon** on a bring-your-own-food basis
pikoló *n zene* piccolo || **egy** ~ **sör** a small beer, half a pint of beer, small glass of beer
pillanat *n* instant, moment, second || **egy** ~**(ra)!** just/wait a moment!, half a second/moment!; **egy** ~ **alatt** in an instant, in a flash; **pár** ~ **múlva** *(később)* a few moments later; *(most)* in a moment, in two shakes; **ebben a** ~**ban** this (very) instant/moment, just now; **bármely** ~**ban** any minute (now); **egy** ~**ig sem kételkedett** he never doubted (for) a moment/second; ~ **okon belül** in a matter of (*v.* in a few) moments
pillanatfelvétel *n* snapshot

pillanatnyi *a* momentary, temporary || ~ **csend** a moment of (*v.* a moment's) silence
pillanatnyilag *adv* at/for the moment, just/right now, just at the moment
pillangó *n áll* butterfly || *átv biz* woman° of the town/streets
pillangóúszás *n* butterfly (stroke)
pillant *v vkre, vmre* glance at sy/sg, cast*/throw* a glance at sy/sg
pillantás *n* glance, look, glimpse || **dühös** ~ angry look; **szerelmes** ~ amorous glance(s), *biz* sheep's eyes *pl*; **első** ~**ra úgy tűnik** at first sight it seems/appears (that/to); ~**t vet vkre/vmre** cast*/throw* a glance at sy/sg, glance at sy/sg
pillér *n* pillar, column, post; *(hídé)* pier
pilóta *n rep* (airline) pilot || ~ **nélküli** unmanned, pilotless
pilótafülke *n* flight deck; *(kisebb gépen)* cockpit
pilótaülés *n* pilot's seat, cockpit
pimasz *a* impudent, insolent, impertinent, cheeky
pimaszkod|ik *v* be* impudent/insolent/impertinent
pimaszság *n* impudence, impertinence, cheek || **micsoda** ~**!** what a cheek!
pince *n* cellar
pincegazdaság *n főleg US:* winery, wine-cellars *pl*
pincér *n* waiter; *(hajón)* steward; *(söntésben)* barman°, *főleg US:* bartender, *US* **így is:** barkeep
pincérnő *n* waitress; *(hajón)* stewardess; *(söntésben)* barmaid
pincsi *n* pinscher
pingpong *n* table tennis, ping-pong
pingpongasztal *n* table-tennis table
pingponglabda *n* table-tennis ball
pingpongoz|ik *v* play table tennis, play (a game of) ping-pong
pingpongütő *n* (table-tennis) bat
pingvin *n* penguin
pinty *n áll* chaffinch
pióca *n áll* leech || *átv* leech, blood-sucker
pipa *n (dohányzáshoz)* pipe || *(könnyűbúváré)* snorkel || *(kipipálás listán)* tick, *US* check || **egy** ~**ra való (dohány)** a pipeful (of tobacco); **megtömi** ~ **ját** fill one's pipe; *biz* **nem lát a** ~**tól** be* fuming/furious; ~ **ra gyújt** light* a pipe
pipacs *n* (red/corn/field) poppy
pipadohány *n* pipe tobacco
pipál *v (pipázik)* smoke a pipe || **a hegy** ~ the mountain is* shrouded in mist; **ilyet még nem** ~**tam** well, I never!
pipás 1. *a* pipe-smoking || *biz (= dühös)* hopping mad, fuming || **olyan** ~ **voltam** I was livid/furious 2. *n* pipe smoker

pipaszárlábú *a* sp*i*ndle-legged/shanked, with/h*a*ving sp*i*ndly legs *ut.*

pipáz|ik *v* smoke a pipe

piperecikkek *n pl* to*i*let/cosm*e*tic *ar*ticles; *(főleg feliratként)* to*i*letries

pipereszappan *n* to*i*let soap

piperetáska *n* cosm*e*tic/v*a*nity bag

piperkőc *a*/*n* d*a*ndy, fop, c*o*xcomb

pipi[1] *n (kiscsirke és biz lány)* chick

pipi[2] *n biz (pisi)* pee, w*ee*(-wee), a t*i*nkle

pír *n (arcé)* flush, blush, glow || *(hajnali)* flush of dawn

piramis *n* pyramid

Pireneusok *n pl* the Pyren*ee*s

pirinyó *a* t*i*ny, teeny-we*e*ny, *sk* wee

pirít *v (kenyeret, szalonnát)* toast; *(húst, májat)* sauté *(alakjai:* sau*t*éed *v.* sau*t*éd, sau*t*éing), (sh*a*llow) fry

pirítós (kenyér) *n* toast

pirított *a (hús)* browned, sau*t*é(ed) || ~ **burgonya** sau*t*é pot*a*toes; ~ **sertésmáj** sau*t*é pork l*i*ver

pirkad *v* the day is* br*e*aking, it is* d*a*wning

pirkadat *n nép* dawn, d*a*ybreak

piromániá *n* pyrom*a*nia, incendiarism

pirom*á*niás *n* pyrom*a*niac

pirongat *v* lecture/chide*/reprove sy

pironkod|ik *v vk/vm miatt* be* ash*a*med of sy/sg || ~**va** shamef*a*cedly

piros 1. *a* red || *(rózsaszínű)* pink || ~ **arc** rosy/r*u*ddy face (*v.* cheeks *pl*); ~ **betűs ünnep** red-letter day; ~ **fény** *(jelzőlámpában)* red light; ~ **jelzést ad** give* a warning of red alert; ~ **tojás** *E*aster egg **2.** *n (szín)* red; *(fény, jelzőlámpában)* red light || *(kártya)* heart(s)

piros-fehér-zöld *a*/*n* red, white and green, tr*i*colour *(US* -or*)*

pirosít *v ált* make* red, r*e*dden || *(ajkat)* put* on l*i*pstick; *(arcot)* rouge

pirosító *n (ajak)* l*i*pstick; *(arc)* rouge

pirosl|ik *v* look/glow/show* red

pirosod|ik *v* grow*/become*/turn red, r*e*dden

pirospaprika *n (őrölt)* (Hung*a*rian) pap*r*ika

pirospozsgás *a* r*o*sy/r*u*ddy-cheeked

pirosság *n* r*e*dness, p*i*nkness, r*u*ddiness

pirul *v ált* r*e*dden, grow*/turn/become* red/pink || *(arc)* blush *(vmtől* with/at sg), flush *(vmtől* with sg) || *(hús)* (beg*i*n to) brown || ~ **a szégyentől** blush with shame

pirula *n* pill, p*a*stille || **(a) keserű** ~ **a** b*i*tter pill to sw*a*llow

pirulás *n (arcé)* blush, flush

pisál *v vulg* piss, make* w*a*ter

pisi *n biz* pee, w*ee*(-wee), p*i*ddle

pisil *v biz* pee, p*i*ddle, w*i*ddle, have* a pee, do*/have* a w*ee*-wee || ~**ni megy** go* for (*v.* have*) a pee, go* for (*v.* have*) a w*ee*(-wee), go* to the loo *(US* john)

pisis *a* wet

piskóta *n (rudacskák)* sp*o*nge-f*i*nger, sp*o*nge b*i*scuit || *(tészta)* sp*o*nge(-cake)

piskótatészta *n* sp*o*nge(-cake)

pislant *v (akaratlanul)* blink; *(tudatosan)* wink

pislog *v (vk akaratlanul)* blink; *(tudatosan)* wink

pislogás *n (szemmel)* bl*i*nking, w*i*nking || *(fényé)* gl*i*mmer(ing), sh*i*mmer(ing)

pisze *a* retrouss*é*, p*u*g/sn*u*b-nosed || ~ **orr** sn*u*b/p*u*g-nose, t*u*rned-up nose

piszi *n biz* hiszi a ~! tell that/it to the mar*i*nes!, *GB* pull the *o*ther one!

piszkafa *n (tűzhöz)* poker || **olyan (sovány), mint a** ~ (s)he is (as) thin as a rake

piszkál *v (vmt, tüzet)* poke, stir || *vkt* b*a*dger, ch*i*vvy || *(bosszantva)* n*ee*dle, ann*o*y, t*e*ase, pick at (sy) || **fogát** ~**ja** pick one's teeth

piszkálód|ik *v (kellemetlenkedik)* nag sy, pick at sy, go* on at sy

piszkavas *n* poker

piszkít *v (ürülékkel)* foul, d*i*rty || d*i*rty, soil || **a konyhapadlóra** ~ d*i*rty the k*i*tchen floor

piszkol *v (szid)* rev*i*le, v*i*lify, ab*u*se, *biz* fling*/throw* dirt at sy || = **piszkít**

piszkolódás *n (ruhaé)* s*o*iling, becoming d*i*rty/soiled/gr*i*my || *(átv, vk ellen)* vilification, ab*u*se, sl*a*nder

piszkolód|ik *v (piszkos lesz)* soil, get* d*i*rty/soiled || **nem** ~**ik** it does* not pick up dirt

piszkos *a (tárgy)* d*i*rty || *(erkölcsileg)* f*i*lthy, foul || ~ **beszéd** foul l*a*nguage, d*i*rty talk; ~ **csirkefogó** (d*i*rty) rat, skunk, a bad egg; ~ **fehérnemű** soiled l*i*nen; ~ **munka** d*i*rty/messy work

piszkosfehér *a* off-white

piszkoskod|ik *v (kellemetlenkedik vkvel)* be* n*a*sty (to sy), treat sy like dirt

piszkozat *n* rough (copy), (first) draft (of sg)

piszmog *v vmn, vmvel* dawdle *o*ver sg, t*i*nker with (*v.* away at) sg || **a kertben** ~ p*o*tter *(US* p*u*tter) (away) in the g*a*rden

piszmogás *n* p*o*ttering *(US* p*u*ttering) (ar*o*und), d*a*wdling

piszok 1. *n* dirt, filth, *biz* muck **2.** *a* ~ **alak** d*i*rty rat/dog, skunk, bl*a*ckguard

pisszeg *v* hiss, boo

pisszegés *n* hiss, h*i*ssing, b*o*oing

pisszen *v* ~**ni sem mert** he did not dare to stir

pisztoly *n* p*i*stol, (hand) gun || **önműködő** ~ autom*a*tic (p*i*stol); ~**t fog vkre** point/aim/level *(US* -l) a p*i*stol/gun at sy

pisztráng *n* trout
pite *n (fruit-*flan, pie, tart ‖ **almás** ~ apple tart/turnover
piti *a biz (kisszerű)* petty, *vulg* piddling
pitvar *n (tornác)* porch ‖ *(szívé)* atrium
pityereg *v* whimper, whine, snivel *(US* -l)
pityergés *n* whimpering, whining
pitypang *n növ* dandelion
pizsama *n* pyjamas *pl, US* pajamas *pl*
plafon *n (mennyezet)* ceiling ‖ *biz (felső határ)* [price etc.] ceiling, roof
plágium *n* plagiarism
plagizál *v* plagiarize (from)
plakát *n* bill, poster, placard
pláne 1. *adv biz* particularly, especially **2.** *n az benne a* ~**, hogy** the beauty of it is that ...
planetárium *n* planetarium
planíroz *v* level *(US* -l), plane, grade
plántál *v növ* plant, set* out ‖ *átv* instil *(US* instill) sg into sy, implant sg into sy
plasztik *a/n* plastic
plasztika *n műv* the plastic arts *pl*
plasztikai *a* ~ **műtét** plastic operation/surgery; ~ **sebészet** plastic surgery
plasztikus *a* plastic; *ir* graphic
platán(fa) *n* plane(tree), *US* sycamore
platform *n pol* platform
platina *n* platinum
platinaszőke *a biz* platinum blonde
plató *n* plateau *(pl* plateaus *v.* plateaux)
plátói *a* Platonic ‖ ~ **szerelem** Platonic love
plazma *n biol* plasma
plébánia *n (kat. egyházközség)* parish ‖ *(épület)* parsonage, vicarage, rectory
plébános *n* parson, parish priest, vicar
pléd *n* (travelling-)rug *(US* -l-)
pléh *n* tin
pléhlemez *n* tin/iron-plate, iron-sheeting
pléhpofa *n biz* poker-face(d), deadpan face, a cool customer ‖ ~**val** coolly, as coolly as you like, deadpan
plenáris ülés *n* plenary session
plénum *n* public ‖ **a** ~ **előtt** before the public, in public
pletyka *n* (piece of) gossip, tittle-tattle; *(rosszindulatú)* scandal(-mongering) ‖ **megindul a** ~ tongues start wagging; **jó kis** ~ a juicy bit of gossip
pletykafészek *n (személy)* scandal-monger, gossip, newsmonger, tattler; *US* tattletale
pletykál *v* gossip, tittle-tattle
pletykarovat *n* gossip column
pletykás *a* gossipy, gossiping; *(rosszindulatú)* scandal-mongering
plexi(üveg) *n* plexiglass, Plexiglas(s)
plomba *n (ólom)* lead seal ‖ *(fogtömés)* filling, stopping
plombál *v (pecsétel)* seal ‖ *(fogat)* do* a filling, fill/stop a tooth°
pluralista *a* pluralist, pluralistic
pluralizmus *n* pluralism
plusz 1. *a (előjel)* plus ‖ **a hőmérséklet** ~ **10 °C** the temperature is* ten degrees centigrade/celsius *(v.* 10°C), ... a temperature of 10°C **2.** *n (többlet)* excess, surplus **3.** *adv mat* plus ‖ *biz (azonfelül)* plus ‖ **bevásárol,** ~ **takarít** (s)he does the shopping plus the housework; **öt** ~ **három** five plus three
pluszjel *n* plus sign
pluszköltség *n* extra charge
pluszmunka *n biz* additional/extra work
plüss *a* plush
pneumatikus *a* pneumatic
pocak *n* paunch, pot(belly)
pocok *n áll* vole, fieldmouse°
pocsék *a (vacak)* worthless ‖ *(komisz)* atrocious, rotten, lousy, foul
pocsékol *v (pazarol)* squander, waste ‖ ~ **ja az időt** waste (one's) time
pocskondiáz *v* abuse, revile, decry, run* down, throw* mud at
pocsolya *n* puddle, muddy pool, mire
pódium *n* stage, platform; *(karmesteri is)* rostrum, podium
poén[1] *n (kártyában)* point
poén[2] *n (viccé)* point (of a joke), punch line, *biz* pay-off ‖ **az benne a** ~**, hogy** the beauty of it is that ...
poétikus *a* poetic(al)
pofa *n (emberé, lóé)* cheek, jowl; *(más állaté)* chops *pl* ‖ *biz =* pasas *(satué)* jaws *pl*‖ *vulg (kifejezések)* **fogd be a** ~**dat!,** ~ **be!** shut/dry up!, shut your face!; **két** ~**ra eszik** stuff oneself, stuff one's face; ~**kat vág** make* faces; **nagy a** ~**ja** *(sokat beszél)* talk the hind leg off a donkey; *(magabiztos)* be* too cocksure/cocky; **van** ~**ja** have* the cheek/gall; ~**ra esik** *biz kb.* come* a cropper; fall* flat on one's face
pofacsont *n* cheekbone
pofaszakáll *n* (side-)whiskers, *GB* side-boards, *US* sideburns *(mind: pl)*
pofátlan *a* bare-faced, insolent
pofátlanság *n* brazen cheek, insolence
pofátlanul *adv* (as) bold as brass
pofázás *n vulg* rant, mouthings *pl*
pofáz|ik *v vulg (sokat beszél)* shoot* one's mouth off ‖ *(zabál)* stuff oneself, guzzle ‖ **ne** ~**z!** shut up!, shut your face/mouth!
pofézni *n* French toast
pofi(ka) *n biz* pretty/sweet little face
pofon 1. *n (kézzel)* slap/smack in the face, box on the ear ‖ *(erkölcsi átv)* snub, affront, humiliation **2.** *adv* ~ **vág** slap/smack sy in the face

pofoz v vkt slap sy (repeatedly) in the face
pofozkod|ik v box one another's ears
pogácsa n kb. savoury scone, scones pl
pogány a (nem keresztény) heathen; (istentelen) pagan
pogányság n (nem keresztény vallás) heathenism; (istentelenség) paganism || (pogányok) heathens, the heathen (peoples); (istentelenek) pagan people (mind: pl)
pogrom n pogrom, Jew-baiting
poggyász n luggage (pl ua.), főleg US: baggage (pl ua.) || ~t felad check in (one's baggage); **kevés poggyásszal utazik** travel (US -l) light
poggyászfeladás n (cselekvés) registration of luggage (US baggage) || (hivatal) luggage (US baggage) office
poggyászjegy n left-luggage ticket, US baggage check, check number
poggyászkiadás n (cselekvés) delivery of luggage/baggage || (hivatal) (luggage/baggage) delivery office; (repülőtéren) baggage reclaim
poggyászkocsi n luggage-van, US baggage car
poggyászkuli n (baggage) trolley
poggyászmegőrző n left-luggage (office), US checkroom, baggage room || ~ **automata** left-luggage locker
poggyásztartó n (luggage/baggage) rack
poggyásztúlsúly n excess baggage/luggage/weight
poggyászvizsgálat n examination of luggage/baggage
pohár n glass || **egy ~ bor** a glass of wine; **emeli vkre a poharát** drink* sy's health, drink* to sy
pohárköszöntő n toast || ~t **mond** give* a toast
pók n áll spider
pókháló n (spider's) web, cobweb
pokol n ált hell; (alvilág) the underworld || ~ **az élete** his life is* hell (on earth); **eredj a ~ba** go to blazes/hell, go to the devil
pokolgép n time bomb
pokoli a hellish, infernal, of hell ut.; biz (rendkívüli) frightful, fiendish || ~ **fejfájás** splitting headache; ~ **meleg nap** a very hot day, a scorching day, biz a scorcher; ~ **zajt csap** raise Cain, kick up an infernal row; ~**an csinos** dressed to kill
pokróc n (takaró) coarse/heavy blanket || átv **goromba ~** churlish (v. crossgrained) fellow, crosspatch
polc n shelf°; (kisebb, konzolos fali) bracket || ~**ok** shelves, shelving
polcos a shelved

polgár n (államé) citizen; (nem katona) civilian || pol bourgeois
polgárháború n civil war
polgári 1. a (élet, intézmény) civil; (nem katonai) civilian || pol bourgeois, middle-class || **a ~ életben** in civilian life; ~ **bíróság** civil court; ~ **demokrácia** bourgeois democracy; ~ **házasság** civil marriage; ~ **iskola** higher elementary school; ~ **jogok** civil rights/liberties; ~ **lakosság** civilian population; ~ **per** civil action/case/suit; ~ **repülés** civil aviation; ~ **ruha** civilian dress; ~ **személy** civilian; ~ **törvénykönyv** civil code/law **2.** n = **polgári iskola**
polgárjog n ~**ok** civil rights pl; ~**ot nyer** vk be* granted civil rights; (szokás) be(come)* accepted, take*/strike* root
polgárjogi a ~ **harcos** civil rights leader/activist/campaigner; ~ **mozgalom** civil rights movement
polgármester n mayor
polgármester-helyettes n deputy mayor
polgárság n (vmely város lakossága) citizens pl || (középosztály) bourgeoisie, the middle classes pl
polietilén a polythene
polihisztor n polymath
polip n áll octopus (pl -puses) || orv polyp, polypus (pl -pi)
politika n (tudomány és rendszer) politics sing.; (tevékenység és vk pol. nézetei) politics pl || (irányzat, elvek) policy || **a kormány ~ja** the policy (v. policies pl) of the government, government policy; ~**ról beszél** talk politics
politikai a political || ~ **bizottság** political committee, Politburo; ~ **bűncselekmény** political offence (US offense), political crime, (állam elleni bűncselekmény) crime against the state; ~ **bűnper** political/state trial; ~ **fogoly** political prisoner; ~ **fordulat** (választáson) turn/change in politics; ~ **irányvonal** pol, (political) line; ~ **menedékjogot kér** ask for political asylum; ~ **pályára megy** go* into politics, go* in for politics; ~ **pártok** political parties; ~ **program** policies pl, policy, (party) platform
politikailag adv politically
politikamentes a free of politics ut., nonpolitical, apolitical
politikus 1. a (célszerű) politic, prudent, diplomatic || **nem ~** impolitic, inexpedient; ~ **válasz** shrewd answer **2.** n politician
politizál v (beszél róla) talk/discuss politics; (foglalkozik vele) engage (v. be*

eng*a*ged) in p*o*litics || **nem** ~ have* nothing to do with p*o*litics, is* ap*oli*tical
politológia *n* pol*i*tical sc*i*ence, p*o*litics sing.
politológus *n* pol*i*tical scientist
pólóing *n* T-shirt
poloska *n áll* b*e*dbug, *US így is:* chinch || *biz (lehallgató)* bug
pólóz|ik *v (lovon)* play p*o*lo
pólus *n* pole
pólya *n (csecsemőé)* sw*a*ddling-clothes *pl*; *(ma)* b*a*by's wr*a*paround/shawl || *orv* b*a*ndage, dressing
pólyás *a/n* ~ **(baba)** b*a*be-in-arms, *i*nfant
pólyáz *v (csecsemőt)* swaddle || *(kötöz)* b*a*ndage, dress, bind* up
pólyázó *n (bútordarab)* baby dresser
pompa *n (látványosság)* pageantry, pomp; *(ünnepi)* ceremony || **nagy** ~ **val** with pomp and c*i*rcumstance, with great p*a*geantry
pompás *a (fényűző)* luxu*r*ious, magn*i*ficent; *(látványosan szép)* splendid, gloriou*s*; *(ember vmben)* excellent, first-r*a*te, *(ha főnévvel áll:)* first-rate, top(-notch) || ~ **alkalom** excellent opportu*n*ity; *(idő)* glorious, fine, l*o*vely; ~ **ötlet** a br*i*lliant id*e*a, a br*a*in-wave; **ez** ~! that's excellent/splendid!, well done!; ~ **an érzi magát** have* a w*o*nderful/splendid time
pompáz|ik *v vk* look fine, be* in full bloom, be* in the pride of her be*a*uty || *vm* be* resplendent, have* a br*i*lliant/ splendid *a*ppearance; *(fa)* be* in full bloom; *(kert, erdő)* be* a r*i*ot of colour *(US* -or)
pompon *n* pompon, p*o*mpom
pond *n fiz* gr*a*mme-weight
pongyola 1. *n* dressing gown, wrap, *US* bathrobe || ~ **ban** (in (a state of) deshab*í*lle/dishab*í*lle/undr*e*ss **2.** *a* c*a*reless, negligent, unt*i*dy; *(stílus)* loose, c*a*reless, sl*o*ppy, sl*i*pshod
pongyolaság *n ált* carelessness, negligence || *(stílusé)* carelessness, sloppiness, slipshod ch*a*racter
póni *n* p*o*ny
pont 1. *n (térben)* point || *(mondat végén)* full stop, *US* period; *(ékezet)* dot || *(petty)* dot || *(időben)* point || *(mérték)* point, stage, ext*e*nt, degr*ee* || *(részlet, szakasz)* point, paragraph, *a*rticle || *(sp játék)* score, mark, point; *(műkorcsolya, műúszás)* mark || **a szerződés** ~ **ja** clause/*a*rticle/p*a*ragraph of a/the cont*a*ct; **egy bizonyos** ~ **ig** to a certain ext*e*nt/degr*ee*, up to a point; **ezen a** ~ **on** at this j*u*ncture/stage/point; **min**‑**den** ~ **on** in *e*very resp*e*ct; **nem ért el**

~ **ot** sy failed to score; ~ ~ ~ **(...)** susp*e*nsion points; ... ~ **ot ért el** (s)he scored [3, 4 etc.] points; ~ **ról** ~ **ra** point by/for point; **4. szakasz c** ~ **ja** *i*tem c of p*a*ragraph 4 **2.** *adv* just, ex*a*ctly, precisely || **és** ~ **az apja!** and his f*a*ther, of all p*e*ople!; **nem** ~ **így mondta** well, he didn't say it in so m*a*ny words; ~ **a közepén** right *(v. biz* bang/slap) in the m*i*ddle; ~ **(ban) két órakor** at two o'cl*o*ck sharp, *biz* on the dot/stroke of two
pontatlan *a (vk időben)* late, unp*u*nctual || *(nem precíz)* inex*a*ct, in*a*ccurate, imprec*i*se || *(megbízhatatlan)* unreli*a*ble || ~ **fordítás** loose/in*a*ccurate translation, mistranslation; ~ **válasz** d*u*sty *a*nswer
pontatlanság *n (vké időben)* lateness, unpunctu*a*lity || *(precizitás hiánya)* inaccuracy, inex*a*ctness, lack of prec*i*sion || *(maga a hiba)* inaccuracy, *e*rror, slip
ponteredmény *n* score
pontonhíd *n* pont*o*on-bridge
pontos *a (időben)* p*u*nctual, ex*a*ct || *(precíz)* *a*ccurate, ex*a*ct, correct, prec*i*se || **a** ~ **idő** *(rádió)* the time is now ...; **az órám** ~ my watch keeps* good/excellent time; **nem** ~ unp*u*nctual, incorrect, imprec*i*se; ~ **adatok** prec*i*se/ex*a*ct f*i*gures; ~ **idő** right/c*o*rrect time; ~ **volt** he was p*u*nctual, he was/arr*i*ved on time || *(vonat)* the train arr*i*ved p*u*nctually, the train came in on time; *sp* **tizennégy** ~ **győzelem** a win by fo*u*rteen points
pontosabban *adv* or r*a*ther; (or,) to be more pr*e*cise, spec*i*fically
pontosan *adv (időben)* p*u*nctually || *(precízen)* accur*a*tely || *(teljesen, egészen,* on*t*ról p*o*ntra*)* exactly, prec*i*sely, to a T || **nem tudom** ~ **megmondani** I c*a*nnot say ex*a*ctly; ~ **(erről van szó)!** that's ex*a*ctly it!, quite!, ex*a*ctly!, *a*bsol*u*tely!; ~ **egyezik** agr*ee* ex*a*ctly; ~ **érkezik** be*/come* on time; ~ **közlekedik** it is* r*u*nning on time *(v. US* on schedule); ~ **meghatároz** state prec*i*sely, sp*e*cify; ~ **ötkor** at five (o'cl*o*ck) sharp; ~ **ugyanaz** just/ex*a*ctly the same (thing)
pontosít *v* state prec*i*sely; specify
pontosság *n (időben)* p*u*nctuality || *(precizitás)* accuracy, prec*i*sion, ex*a*ctness, c*o*rrectness || **percnyi** ~ **gal** to the m*i*nute, on the dot
pontosvessző *n* semicolon
pontoz *v (ponttal megjelöl)* dot || *sp* score
pontozás *n (ponttal megjelölés)* dotting; *(kipontozás)* suspension points *pl* || *sp* scoring || ~ **sal győz/veszít** win*/lose* on points

pontozóbíró *n sp* scorer, judge, umpire
pontozott *a (zene is)* dotted || ~ **vonal** dotted line
pontrendszer *n sp* point(s) system
pontszám *n főleg sp* score, points *pl* || **egyenlő** ~ **esetén** in case of a tie (on points)
pontverseny *n* points competition
ponty *n* carp
ponyva *n (anyag)* canvas || *(üzleté, kirakaté)* awning
ponyvaregény *n* pulp/trashy novel, *US* dime novel
pópa *n vall* pope
pop-art *n* pop art
popénekes *n* pop singer
popfesztivál *n* pop festival
popó *n biz* bum, bottom, *US* fanny
popzene *n* pop music
por *n (úté)* dust || *(porított vm; gyógyszer)* powder || **elveri a** ~**t vkn** dust sy's jacket for him, give* sy a sound beating; **fölveri a** ~**t** raise the dust; *átv* **nagy** ~**t ver fel** cause a stir/sensation; ~**ig aláz vkt** humble sy into the dust; ~**rá ég** burn* down, burn* to ashes; ~**rá tör** (grind* to) powder, pulverize; ~**t töröl** dust (the room)
póráz *n* lead, leash || ~**on tart** *(kutyát)* keep* [a/one's dog] on a/the lead; *átv vkt* hold* sy in leash
porc *n* cartilage
porcelán *n* porcelain, china
porcelánáru *n* china(ware), porcelain ware; household china
porceláncsésze *n* porcelain/china cup
porcelánkészlet *n* (a set of) china
porcika *n* **remegett minden** ~**jában** (s)he was* trembling all over
porció *n* portion, dole; *(asztalnál)* helping
porcióz *v* portion (out), share/dole out, ration, divide into portions
porckorongsérv *n orv* slipped disc
porcogó *n* gristle
porcukor *n GB* castor/icing sugar, *US* granulated/confectionery sugar
póréhagyma *n* leek
porfelhő *n* cloud of dust, dust-cloud
porhanyó(s) *a (talaj)* light, loose, loamy, mellow || *(tészta)* crumbly || ~**s sütemény** crumbly cake, light-pastry, *kb*. shortcake
porhó *n* powder(y) snow
porít *v (szenet)* pulverize; *(egyebet)* desiccate, dehydrate
porított *a (szén)* pulverized; *(tej)* powdered; *(tojás)* dried
porlaszt *v (folyadékot)* atomize, vaporize || *(motor)* carburet *(US* -ret)

porlasztó *n ált* pulverizer || *(motoré)* carburettor *(US* -retor)
pormentes *a* dustless, dust-free, dust-proof
pornó *n biz* porn(o)
pornográf *a* pornographic
pornográfia *n* pornography
porol *v (port csinál)* raise the dust || *(ruhát)* beat* the dust out of sg, dust sg; *(szőnyeget)* beat* [the carpet]
porolás *n* beating (the dust out of) sg, dusting, carpet beating
poroltó *n* fire-extinguisher
porond *n (cirkuszi)* ring, arena || *átv (küzdőtér)* arena || **megjelenik a** ~**on** appear* on the scene
poronty *n biz (gyermek)* kid, mite; *elít* brat || *(ebihal)* tadpole
poros *a* dusty
porosod|ik *v* become*/get* dusty || *átv* be* (just) gathering dust
porózus *a* porous
porszívó *n* vacuum cleaner, *GB* hoover
porszívóz *v* vacuum(-clean), *GB* hoover
porta *n (szállodai)* reception (desk) || **hagyja a kulcsot a** ~**n** leave the key at reception
portál *n* portal
portás *n (kapus)* doorman, *GB* porter, gatekeeper, *US* janitor || *(szállodai)* receptionist, *US* reception/desk clerk
portásfülke *n* doorman's/porter's/gatekeeper's lodge
portó *n* excess postage, postage due stamp, surcharge
portói (vörösbor) *n* port
portómentes *a* post-free, *US* postpaid
portörlő *n* duster, dustcloth
portré *n* portrait
portugál **1.** *a* Portuguese **2.** *n* **a** ~**ok** the Portuguese || → **angol**
Portugália *n* Portugal
portugálul *adv* (in) Portuguese || → **angolul**
pórul jár *v* come* (badly) unstuck (*v*. to grief), get* the worst of it
pórus *n biol* pore (of skin)
porz|ik *v* give* off *(v*. raise) clouds of dust || ~**ik az út** the road is* smothered in dust
porzó *n növ* stamen *(pl* stamens *v*. stamina)
poshad *v (víz)* be* stagnant; *(más)* go* off/musky, rot
poshadt *a (víz)* stagnant; *(más)* stale, rotten
posta *n (intézmény)* post; *(hivatal)* post office, post || *(küldemény)* post, mail *(US csak:* mail) || **a legközelebbi** ~**val** by return (of post), by the next post *(US* mail); **nincs** ~**m?** any mail/letters for

me?; ~n küld vmt post sg (to sy), send* (sy) sg by post, *US* mail sg, send* sg by mail; ~n maradó *(küldemény)* poste rest*a*nte, to be kept unt*i*l called for, *US* general del*i*very; ~ra ad egy levelet post (*US* mail) a le*t*ter
postabélyeg *n* p*o*stage stamp
postabélyegző *n* p*o*stmark, c*a*ncelling/cancell*a*tion stamp (*US* -l-)
postacím *n* p*o*stal addr*e*ss, *US* ma*i*ling address
postadíj *n* p*o*stage
postafiók *n* p*o*st *o*ffice b*o*x (*röv* P.O. Box *v.* POB)
postafordultával *adv* ~ válaszol *a*nswer by ret*u*rn (of p*o*st), send* a pr*o*mpt repl*y*
postagalamb *n* carrier p*i*geon
postahivatal *n* p*o*st *o*ffice
postai *a* p*o*stal, p*o*st-*o*ffice ‖ ~ díjszabás p*o*stal r*a*tes *pl*, p*o*stal/m*a*il t*a*riff; ~ küldemény m*a*il, *hiv* p*o*stal p*a*cket
postakocsi *n* *(régen)* st*a*gec*o*ach ‖ *(vonaton)* ma*i*lc*o*ach, *US* ma*i*lc*a*r
postaköltség *n* p*o*stage, p*o*stal ch*a*rges *pl*
postaláda *n* p*o*st-b*o*x, *GB* p*i*llar-b*o*x; *(fali)* le*t*ter-b*o*x, p*o*sting b*o*x; *US* ma*i*lb*o*x; *(máshol)* le*t*ter-b*o*x
postás *n (levélkézbesítő)* p*o*stman°; *(női)* p*o*stwoman°; le*t*ter-c*a*rrier; *US* ma*i*lman° ‖ *(tisztviselő)* p*o*st-*o*ffice *o*ffici*a*l/empl*o*yee/cl*e*rk
posta-takarékpénztár *n* ált p*o*stal s*a*vings b*a*nk; *(GB korábban és Magyarországon ma)* P*o*st *O*ffice S*a*vings B*a*nk; *(GB ma)* N*a*tional S*a*vings B*a*nk
postautalvány *n* m*o*ney *o*rder; *csak GB:* p*o*stal *o*rder; *US csak:* m*o*ney *o*rder
postavonat *n* m*a*il tr*a*in
postáz *v* p*o*st, *US* m*a*il
posvány *n* b*o*g, fen, sw*a*mp; *átv is* sl*o*ugh
poszt *n (őrhely)* gu*a*rdp*o*st ‖ *átv biz* p*o*st, p*o*s*i*tion ‖ ~on áll be* on s*e*ntry-go/duty
poszter *n* p*o*ster
posztgraduális *a* p*o*stgr*a*duate
posztó *n* (br*o*ad-)cl*o*th; *(biliárdasztalra)* b*a*ize ‖ se pénz, se ~ *kb.* be* left *e*mpty-h*a*nded
posztumusz *a* p*o*sth*u*mous
pótágy *n* sp*a*re bed
pótalkatrész *n* sp*a*re part, sp*a*re
pótcselekvés *n* (act of) compens*a*tion, redir*e*ction act*i*vity
pótdíj *n* add*i*tional/*e*xtra ch*a*rge; *(vasúton)* *e*xcess f*a*re ‖ gyorsvonati ~ s*u*pplement*a*ry f*a*re (for a h*i*gh-sp*ee*d train); ~at fizet *vmért* be* s*u*rcharged (on sg), pay* an *e*xtra ch*a*rge for sg; *(vasúton)* pay* an *e*xcess f*a*re

potencia *n* (s*e*xual) p*o*tency
potenciál *n* pot*e*ntial
potenciális *a* pot*e*ntial, p*o*ssible
potentát *n* pot*e*ntate
pótjegy *n (vasúton)* *e*xcess f*a*re
pótkávé *n* c*o*ffee s*u*bstitute, *e*rsatz c*o*ffee
pótkerék *n* sp*a*re wh*ee*l/tyre (*US* tire)
pótkocsi *n (autónál)* tr*ai*ler ‖ *(villamoson)* tr*ai*ler, s*e*cond (tr*a*m)car
pótkötet *n* s*u*pplement, s*u*pplem*e*ntary v*o*lume
pótlás *n* subst*i*t*u*tion, repl*a*cement, s*u*pplement; *(veszteségé)* compens*a*tion
pótlék *n (vm helyett)* s*u*bstitute (for) ‖ *(díj)* b*o*nus, all*o*wance
pótlólag *adv* add*i*tionally, *a*fterwards, s*u*bsequently ‖ ~ megküld send* sg on l*a*ter
pótmama *n* b*a*by-s*i*tter
pótol *v (helyettesít)* repl*a*ce *(vmt vmvel* sg by/with sg), s*u*pplement (sg by sg), s*u*bstitute (sg for sg) ‖ *(kiegészít)* s*u*pply (sg) with, add (sg) to (sg); *(összeget)* make* up [the t*o*tal, etc.]; *(elmulasztott dolgot)* make* up for (sg); *(veszteséget, kárt)* make* sg good, ref*u*nd, comp*e*nsate ‖ ~ja a mulasztottakat make* up for what one has m*i*ssed, catch* up, fill (in) the gaps
pótolhatatlan *a vk, vm* irrepl*a*ceable, indispensable ‖ *(veszteség)* irrec*o*verable, irr*e*parable; *(kár)* irretr*ie*vable
pótolható *a vk, vm* (*ea*sily) repl*a*ceable, c*a*pable of b*e*ing repl*a*ced/s*u*bstituted *ut.* ‖ *(veszteség)* rec*o*verable, r*e*parable
potom *a* tr*i*fling, insign*i*ficant ‖ ~ pénzen *biz* for a song, dirt ch*ea*p, next to n*o*thing
potroh *n (rovaroké)* *a*bdomen ‖ *(emberé, iron)* pot-belly, p*au*nch
potrohos *a* p*o*t-b*e*llied, p*au*nchy, c*o*rpulent
pótszavazás *n* run-off b*a*llot, s*e*cond b*a*llot, s*e*cond round of v*o*ting
pótszék *n* *e*xtra seat
pótszög *n mat* complem*e*ntary *a*ngle
póttag *n* alt*e*rnate m*e*mber, d*e*puty
pótválasztás *n* b*y*-el*e*ction, *US* sp*e*cial el*e*ction
pótvizsga *n biz =* javítóvizsga
potya 1. *a (ingyenes)* free (of ch*a*rge), gr*a*tis, *biz* fr*ee*bie ‖ *(könnyű) (igével)* be* a cinch, *US* be* a steal ‖ ~ dolog a cinch, *US* a steal; ~ ebéd volt that meal/lunch was a fr*ee*bie; ~ gól a g*i*vea*w*ay goal; ~n utazik steal* a ride; ~ra *(hiába)* for n*o*thing; *(ingyen)* for love, *(for)* free **2.** *n (alkalom, ajándék stb.)* fr*ee*bie
potyautas *n biz* fr*ee*bie p*a*ssenger; *(buszon, vonaton)* f*a*re-d*o*dger; *főleg US:* d*ea*dhead; *(repülőgépen)* st*o*waway

potyázás *n (hangversenyen stb.)* gatecrashing; *(metrón stb.)* fare dodging
potyáz|ik *v (hangversenyen)* gatecrash; *főleg US:* be* a deadhead; *(járművön)* steal* a ride; *(vknél pl. étkezik)* freeload; *(főnévvel)* be* a freeloader
potyázó *n vknél* freeloader; *(hangversenyen stb.)* gatecrasher, *főleg US:* deadhead
potyog *v* plop/drop (repeatedly/continuously) ‖ ~**nak a könnyei** tears are streaming down her face
pottyan *v* plop, plump, flop ‖ **égből** ~ **t** came as a godsend
póz *n* attitude, pose ‖ **vmlyen** ~**t vesz föl** strike* an attitude, assume a pose
pozdorja *n* ~**vá tör/zúz** crush/shatter to pieces, smash up (*v.* to smithereens), wreck
pozdorjalemez *n* chipboard
pozíció *n (helyzet)* position ‖ *(állás)* post, situation, position, standing
pozícióharc *n* jockeying for position
pozitív 1. *a (orv is)* positive **2.** *n fényk* print
pozitivizmus *n* positivism
pozitívum *n* fact ‖ **van benne** ~ there is* something to be said for it
pozitúra *n* posture, attitude
pózna *n* pole, post, staff
pózol *v* posture, be* affected, strike* an attitude, attitudinize
pöcegödör *n* cesspool, cesspit
pödör *v* twirl, twist; *(bajuszt)* twirl one's moustache (*US* mustache)
pöffeszked|ik *v* swagger, strut about/around, be* puffed up, *biz* swank
pöffeszkedő *a* haughty, conceited, arrogant, *biz* bumptious
pöfög *v* bubble (away), *átv* fume
pökhendi *a* arrogant, insolent
pörget *v* spin*/whirl (round), rotate
pörgettyű *n (játékcsiga)* (humming/spinning) top ‖ *tud* gyroscope
pörk *n orv* scab, scurf
pörköl *v (disznót)* singe *(j. m. igenév* singeing) ‖ *(kávét)* roast
pörkölőd|ik *v (naptól)* become*/get* scorched/parched/burnt ‖ *(vmnek a szélel/szőre)* get*/become* singed
pörkölt *n kb.* (Hungarian) stew
pösze *a* lisping ‖ ~**n beszél** have* a lisp, lisp
pöszeség *n* lisp(ing)
pöttöm(nyi) *a* tiny, minute, *sk* wee ‖ ~ **emberke** little fellow, manikin
pötyög *v (gagyog)* babble ‖ ~ **vmt angolul** (s)he can manage a few words of English
pötty *n* = **petty**
pracli *n biz* paw

Prága *n* Prague
prágai 1. *a* of Prague *ut.,* Prague **2.** *n* inhabitant of Prague
praktikus *a* practical; *(hasznos)* useful; *(könnyen kezelhető)* easy to handle *ut.,* handy ‖ **nem** ~ not practical, impractical; ~ **ember** businesslike man°
praktizál *v* practise (*US* -ice)
praktizáló *a* practising
pravoszláv egyház *n* Eastern/Orthodox Church
praxis *n (gyakorlat)* practice (*US* -ise), practical experience ‖ *(orvosé, ügyvédé)* practice
precedens *n* precedent ‖ ~ **nélkül** without precedent, unprecedented; **nincs rá** ~ it is without precedent, it is unprecedented/unparalleled; ~**t képez** create/set*/establish a precedent (for sg)
precíz *a* precise, exact, accurate, correct ‖ ~ **ember** painstaking/meticulous person, perfectionist
precizitás *n* precision, exactness, accuracy
préda *n (zsákmány)* prey, quarry; *(áldozat)* victim ‖ **vmnek** ~ **jává lesz** fall*/be*/become* prey to sg
predesztinál *n* predestine ‖ **arra van** ~**va** be* (pre)destined to/for
prédikáció *n* sermon, preaching
prédikál *v vall* preach/deliver/give* a sermon *(vmről* on/about sg), preach *(vknek* to, *vmről* about/on), *(igét hirdet)* preach the word of God (*v.* the Gospel) ‖ *biz* **ne** ~**j!** no sermonizing!, stop preaching!; **vizet** ~, **bort iszik** he does* not practise what he preaches
prédikátor *n* preacher; *(evangelizátor)* evangelist
prefixum *n nyelvt* prefix
pregnáns *a* pithy, trenchant, succinct
prelúdium *n* prelude
prém *n* fur ‖ ~**mel bélelt** fur-lined, lined with fur *ut.*
prémes *a* ~ **állat** furry animal; ~ **kabát** fur coat
prémgallér *n* fur collar
premier *n* first/opening night [of a play], première
premier plán *n film* close-up
prémium *n* bonus, premium, incentive
premizál *v* award a bonus to (sy)
preparál *v (állatot)* mount ‖ *(szavakat)* write* out the words [of a text]
prepotens *a (jellem)* insolent; *(hang)* peremptory; *(modor)* presumptuous, haughty, arrogant
préri *n* prairie
prés *n ált* press; *(szőlőnek)* (wine-)press
presbiter *n (protestánsoknál)* elder
presbiteriánus *a/n vall* Presbyterian

presbitérium *n (protestánsoknál)* session; *(Skóciában)* the kirk session
présel *v ált* press; *(gyümölcsöt)* squeeze, press
préselt *a* (com)pressed ‖ ~ **bőr** embossed leather; ~ **virág** dried flower
présház *n* wine-press house
presszó *n* coffee-bar
presszókávé *n* espresso *(pl* -os)
presszós *n* café waiter/waitress
presztízs *n* prestige, (high) reputation ‖ ~**ét megvédi** save (one's) face (by)
presztízsveszteség *n* loss of prestige/face
prezentál *v* present
prézli *n* breadcrumbs *pl* [for frying]
priccs *n* plank-bed, berth
príma *a* first-class/rate, A1 *(v.* A-1 *v.* A-one) ‖ ~! great!
prímabalerina *n* príma ballerina, top ballet-dancer
primadonna *n* príma donna, leading lady, star
prímás *n vall* primate ‖ *(cigányzenekaré)* leader (of a gipsy-band), first violin
prímhegedű *n* first violin
primitív *a* primitive
primitívség *n* primitiveness
primőr *n* first-fruits *pl,* early fruit and vegetables *pl*
primula *n* primrose, primula, cowslip
prioritás *n* priority *(over)*
priusz *n* criminal record ‖ ~**a van** have* a record
privát *a (magán)* private, personal ‖ *(bizalmas)* confidential ‖ ~ **beteg** private patient; ~ **vélemény** private opinion
privatizáció *n* privatization
privatizál *v* privatize
privilégium *n* privilege
prizma *n (fénytani)* prism; *(gépkocsin, fényvisszaverő)* reflector
próba *n ált* test; *(kísérlet)* test(ing), trial, proof, try-out, experiment ‖ *(áruból)* sample, specimen ‖ *(ruha)* trying on, fitting [of clothes] ‖ *(nemesfémen)* hallmark ‖ *szính* rehearsal ‖ *(cserkészé)* test ‖ **kibírja a** ~**t** stand* the trial, *biz* hold* water; ~**ra teszi vk türelmét** try/tax sy's patience
próbababa *n* dummy, mannequin
próbadarab *n* test-piece, sample
próbafülke *n* fitting room
próbaidő *n* (term of) probation
próbaképpen *adv* on trial/approval, experimentally, by way of experiment
próbakő *n átv* touchstone, standard, criterion *(pl* criteria)
próbál *v (kipróbál)* try out, test, put* (sy/sg) to the test ‖ *(kísérletezik)* try, make* a trial ‖ *(ruhát)* try on, have* a fitting ‖ *(színdarabot)* have* a rehearsal, rehearse ‖ *(merészkedik)* venture, dare ‖ ~ **vmt tenni** try/attempt to do sg
próbálgat *v* attempt repeatedly, keep* trying, experiment (with)
próbálgatás(os módszer) *n* trial and error
próbálkozás *n* trial, try-out, attempt ‖ **az első** ~**ra** at the first try/attempt; **első** ~**ra levizsgázott** (s)he passed the test first go
próbálkoz|ik *v* try
próbareggeli *n* test/barium meal
próbatanítás *n* (period of sy's) teaching practice
próbáz|ik *v (cserkész)* take* a test
probléma *n* problem, question ‖ **ez nem** ~ (it's) no problem; ~**ja van vmvel** have* difficulty in doing sg, find* it hard to do sg; **nem csinál magának** ~**t abból, hogy ...** he thinks* nothing of ...ing
problematikus *a* problematical; *(kérdéses)* questionable, uncertain; *(vitatott)* controversial
procedúra *n* procedure, palaver; *(kínos)* ordeal
produkál *v* produce ‖ ~**ja magát** show* off, parade one's talents
produkció *n* production, performance, feat
produktív *a* productive, fruitful; *(csak vk)* efficient
produktivitás *n* productivity; efficiency
pró és kontra *adv* for and against
profán *a* profane, secular; *(tiszteletlen)* irreverent, sacrilegious
professzionális *a* professional
professzor *n* professor
próféta *n* prophet ‖ **senki sem** ~ **saját hazájában** no one is a prophet in his own country
profi *a biz* (real) pro
profil *n (oldalnézet)* profile, side-face ‖ *műsz* profile, contour, outline
profilíroz *v közg (üzemet)* specialize; *(termelést)* streamline
profit *n* profit
profitál *v vmből* profit/benefit/gain by/from
prognózis *n (időjárási)* weather forecast ‖ *ált* prognosis, forecast, prediction
program *n ált* programme, *US* program; *(terv)* schedule; *(találkozás vkvel)* engagement; *(szórakozás)* entertainment ‖ *pol* [party's] platform, *US* [election] program ‖ *szt* program ‖ ~**ja van** have* an engagement (for the evening etc.), *biz* (s)he's got something on (this evening etc.); ~**unk van ma este** we go out tonight; **sűrű** ~ full/heavy schedule/programme/timetable

programnyelv *n* programming language
programnyilatkozat *n* statement of (the government's/party's) programme/platform, *GB* the Queens's/King's speech
programoz *v* program (*US* -m- *is*) ‖ ~**ott** programmed
programozás *n* programming
programozó *n* programmer
programpont *n* ált item [of programme]; *(párté)* plank [in party platform]
programvezérlés *n* program control
progresszív *a pol (haladó)* progressive ‖ ~ **adózás** progressive taxation
proletár *a/n* proletarian
proletárdiktatúra *n* the dictatorship of the proletariat
proletariátus *n* proletariat
proli *n/a biz* prole, pleb
prolongál *v* prolong, protract, extend; *(filmet)* hold* over (*v.* retain)
prolongálás *n* prolongation, extension
propagál *v* propagate, spread* sg (by propaganda), propagandize
propaganda *n pol* propaganda; *(ker reklám)* publicity; elit hype
propaganda-hadjárat *n* propaganda/publicity campaign, elit *biz* media hype
propagandista *n* propagandist
propeller *n* propeller, (air)screw
propozíció *n* suggestion, proposition, offer, recommendation
prospektus *n ált* prospectus; *(könyvecske)* brochure, leaflet; *(összehajtható)* folder
prostituál *v* prostitute ‖ ~**ja magát** prostitute onself
prostituált *n* prostitute, call-girl
prostitúció *n* prostitution
proszektúra *n* section of pathology
prosztata *n* prostate (gland)
prosztataműtét *n* ~**en esik át** undergo* prostate surgery
protein *n* protein
protekció *n* influence, backing ‖ ~**ja van** have* influential friends [in high places etc.], be* well-connected; ~**t vesz igénybe** pull strings, use influence [to get sg], *biz* lean* on sy
protekcionizmus *n (egyéni)* favouritism (*US* -or-) ‖ *közg* protectionism
protekciós 1. *a* well-connected 2. *n* well-connected person
protestáns *a/n* Protestant
protestantizmus *n* Protestantism
protézis *n (végtag, fog stb.)* prosthesis (*pl* -theses); *(fog)* denture, a set of dentures, (dental) plate
protezsál *v* patronize, back, recommend
protokoll *n* protocol
proton *n* proton

prototípus *n műsz* prototype (of sg) ‖ *(minta)* prototype, archetype
provinciális *a* provincial, parochial
provincializmus *n* provincialism, parochialism
provokáció *n* provocation
provokációs *a* provocative, provoking
provokál *v* provoke
provokatív *a* provocative, provoking
próza *n* prose
prózai *a (írásmű)* prosaic, (written) in prose *ut.*, prose ‖ *(hétköznapi)* prosaic, commonplace, ordinary
prózaíró *n* prose-writer
prózairodalom *n* prose (works *pl*)
prűd *a* prudish, strai(gh)t-laced, prim, *US* így is: prissy
prüszköl *v* sneeze ‖ *átv* ~ **vmtől** fret and fume at/over/about sg
pszichés *a* psychic ‖ ~**en** psychically
pszichiáter *n* psychiatrist
pszichiátria *n* psychiatry
pszichikai *a* psychic
pszichoanalitikus *n* (psycho)analyst
pszichoanalízis *n* psychoanalysis
pszichológia *n* psychology
pszichológiai *a* psychological
pszichológus *n* psychologist
pszichózis *n* psychosis (*pl* -choses)
pszt! *int* hush!, (s)sh!, shush!
pubertás *a* puberty
publicista *n* publicist, (political) journalist
publicisztika *n* (political) journalism
publikáció *n* publication
publikál *v (nyilvánosságra hoz)* make* public/known, announce, proclaim; *(közzétesz, megjelentet)* publish
publikum *n* the public, audience
pucér *a* (stark) naked, *biz* in the buff *ut.*
pucol *v (ruhát, ablakot)* clean; *(cipőt)* polish; *(krumplit)* peel ‖ *biz (eliszkol)* skedaddle, clear/make* off ‖ ~**j!** scram!, *US* beat it!
puccs *n* coup (d'état) (*pl* coups d'état)
puccskísérlet *n* attempted coup
púder *n* (face) powder
púderkompakt *n* compact
púderos *a* powdered
púderoz *v* sprinkle with powder, powder
púderpamacs *n* powder-puff
puding *n* pudding
pudingpor *n* custard-powder
Puerto Ricó-i *a/n* Puerto Rican
puff[1] *n (ülőhely)* pouf(fe), *US* hassock
puff[2] *int* bang!, plop! ‖ ~**, beleesett a gödörbe** fell plop/plump into the hole
puffad *v* swell* (up/out); *vk* feel* bloated
puffadás *n* inflation, distension, swell(ing), puffing (up)
puffadt *a* puffy, swollen

puffan v *(esik)* plop, plump, thump ‖ **ahogy esik, úgy** ~ whatever will be, will be
puffanás n thump
puffaszt v bloat, distend, swell*
pufogtat v *(puskát)* fire off ‖ **frázisokat** ~ mouth platitudes
pufók a chubby, plump-cheeked
puha a ált soft ‖ *(gyümölcs)* soft, mellow; *(húsétel)* tender; *(kenyér)* fresh ‖ ~ **fedelű könyv** paperback, softcover book; ~ **fogású** soft to the touch ut.
puhány n átv weakling, spineless person
puhatolódzás n investigation, inquiry, enquiry
puhatolódz|ik v *(vk/vm után)* make* inquiries about sy/sg, sound sy out about sg, biz nose around/about for sg
puhít v soften; *(húst)* tenderize; vkt soften sy up
puhul v *(átv is)* soften
pukedli n curts(e)y
pukkan v pop, go* pop, burst*
pukkant v pop, make* sg burst, burst* (sg)
pukkaszt v *(mérgesít)* vex, annoy
puli n puli ⟨Hungarian sheep-dog⟩
puliszka n kb. corn(meal)/maize porridge
pulóver n *(női, férfi)* sweater; *csak GB:* jumper; *(főleg férfi)* pullover; *(ujjatlan)* slipover
pult n *(üzletben)* counter; *(bárban, büfében)* bar (counter) ‖ *(karmesteri)* rostrum ‖ *(zenekarban hegedűké)* desk ‖ **a** ~ **alatt** under the counter; ~ **alatti** *(áru)* under-the-counter; ~ **alól** from under the counter
pulzus n pulse ‖ **megtapogatja vk** ~**át** feel* sy's pulse
pulyka n turkey
pulykakakas n turkeycock, biz gobbler
pumpa n pump ‖ biz **felmegy benne a** ~ get*/be* steamed up (about), get* one's dander/hackles up
pumpál v *(gumit)* pump (up) ‖ = **szivattyúz**
púp n hump, hunch
pupilla n pupil
puplin n poplin
púpos 1. a hunchbacked, humpbacked, humped ‖ ~ **teve** *(egypúpú)* dromedary, Arabian camel; *(kétpúpú)* two-humped camel, Bactrian camel 2. n hunchback, humpback
púpoz v *(kanalat)* fill/heap up ‖ **egy** ~**ott evőkanállal** a heaped spoonful
purgatórium n purgatory
puritán 1. a puritan, puritanical 2. n tört Puritan

puska n ált rifle, gun; *(vadászé)* hunting rifle, shotgun ‖ *isk* crib; *(fordításhoz)* US pony ‖ **kétcsövű** ~ double-barrelled gun; **mintha** ~**ból lőtték volna ki** like a shot, like a flash of lightning
puskaagy n butt, stock
puskacső n (gun) barrel
puskagolyó n rifle-bullet, bullet
puskalövés n (gun/rifle-)shot
puskapor n gunpowder, powder ‖ **nem találná fel a** ~**t** he won't set the Thames on fire, he's no Einstein
puskaporos a ~ **hordó** *(átv is)* powder keg, *(átv)* volcano, tinderbox; ~ **hangulat** explosive atmosphere
puskaropogás n chatter of guns, rattle of gunfire
puskatus n (gun)stock
puskáz|ik v isk crib, use a crib (v. US pony)
puszi n biz peck, kiss
puszil v biz peck, kiss
puszipajtás n biz pal, crony, US buddy
puszta 1. a *(elhagyott)* deserted, abandoned, uninhabited ‖ *(kopár)* bare, bleak ‖ *(nyomatékosító szóként:* bare, mere ‖ **a** ~ **gondolat** the bare idea (of ...); **már a** ~ **látása is** the mere sight of it; ~ **kézzel** with one's bare hands; ~ **szemmel lát vmt** see* sg with the naked eye, see* sg with the unaided eye 2. n *(síkság)* (the) puszta ⟨Hungarian plain⟩ ‖ *(major)* farm(stead), US ranch
pusztán adv merely, only, solely, purely ‖ ~ **azért, hogy** merely in order to/that
pusztaság n lowland plain, prairie, wilderness
pusztít v devastate, destroy, lay* waste, wreak havoc ‖ **tűzvész** ~**ott a faluban** the village was ravaged by (a) fire
pusztítás n devastation, destruction, ravage(s)
pusztító a destructive, ruinous, (all-)destroying; *(vihar)* devastating
pusztul v go* to rack and ruin, perish, be* ruined/destroyed ‖ *elít* ~**j innen!** clear out (of here)!, be off!, US scram!, beat it!
pusztulás n destruction, ruin
putri n (gipsy) hovel, shanty, shack
puttony n ⟨basket for gathering grapes⟩
püföl v beat*, pummel (US -l), flog, thrash
pünkösd n Whitsun(tide), US Pentecost
pünkösdi a Whitsun, of Whitsuntide ut., US Pentecostal ‖ ~ **királyság** passing glory
pünkösdirózsa n (common) peony
pünkösdvasárnap n Whit Sunday
püré n purée, mash

püspök *n* bishop
püspökfalat *n* parson's nose, *US* pope's nose
püspöki *a* episcopal, bishop's; *(katolikus)* pontifical
püspökkenyér *n* fruit cake, spice-cake
püspöksüveg *n* mitre, *US* miter
PVC *n* PVC, vinyl
PVC-fólia *n* PVC/vinyl sheet(ing)

R

-ra, -re *suff* a) *(helyhatározó)* on; **tedd az asztalra** put it on the table ‖ to; **vidékre megy** go* to the country; **balra** to the left ‖ at; **ujjal mutat vmre** point at sg ‖ *(elöljáró nélkül)* **innen egy kilométerre van** it is a kilometre from here; **felszáll a hatosra** take* tram/bus number six b) *(időhatározó)* *(időpontra)* by; **ötre ott leszek** I'll be there by five (o'clock); **őszre** by autumn, *US* by fall ‖ *(idő tartamára)* for; **egy hétre** for a week ‖ to; **hétről hétre** from week to week ‖ *(elöljáró nélkül)* **mához egy hétre** today week, this day week, a week today c) *(állapothatározó)* *(különféle elöljáróval v. elöljáró nélkül)* **szabadlábra helyez** set* at large; **könnyekre fakad** burst* into tears; **esőre áll** it looks like rain d) *(vmvé válik/tesz)* to; **darabokra törik** break*/come*/fall*/go* to pieces ‖ *(különféle elöljáróval v. elöljáró nélkül)* **három részre oszt** divide into three parts; **jóra fordul** take* a turn for the better e) *(véghatározó)* at; **céloz vkre** *átv* hint at sy ‖ for; **vár vkre/vmre** wait for sy/sg, look out for sy/sg ‖ of; **emlékeztet vkt vmre** remind sy of sg ‖ to, into; **hallgat vkre** listen to sy, pay* heed to sy; **magyarról angolra fordít** translate from Hungarian into English ‖ on, upon; **hat vm vkre** make* an impression on sy, have*/produce an effect on sy; **(rá)bukkan vmre** strike*/light*/stumble/happen upon sg ‖ with; **haragszik vkre** be* angry with sy ‖ *(rendszerint főnévi igenévvel rövidített szerkezettel v. elöljáró nélkül)* **kér vkt vmre** ask/request sy to do sg; **tanít vkt vmre** teach* sy sg f) *(módhatározó)* at; **első látásra** at first sight ‖ *(különféle elöljáróval)* **szóról szóra** word for word; **szavamra mondom** (up)on my word g) *(hasonlításban)* **hasonlít az apjára** he is/looks like his father, he resembles his father h) *(fokhatározó; különféle elöljáróval v. elöljáró nélkül)* **felére csökkent** reduce by half; **amennyire tudom** as far as I know; **tökélyre visz vmt** bring* sg to perfection i) *(tekintethatározó; különféle elöljáróval)* **fél szemére vak** he is blind in one eye; **vmre nézve** as regards sg, in connection with sg, with regard to sg j) *(célhatározó)* to, for; **nagy örömömre** to my great joy ‖ *(különféle elöljáróval)* **szomjazik vmre** thirst after sg, *átv* long/crave for/after; **törekszik vmre** strive* after, aim at, be* set on, aspire to ‖ *(elöljáró nélkül)* **iszik vk egészségére** drink* sy's health

rá *adv* upon/on/onto him/her/it ‖ **emlékszem** ~ I remember him/her/it; **haragszom** ~ I am* angry with him/her; ~ **egy hétre** a week later/after, after a week; ~ **következő** following, next, subsequent, ensuing
ráad *v (ruhadarabot vkre)* put* sg on sy ‖ ~**ja a gyújtást** switch on the ignition
ráadás *n ált* sg given in addition, sg extra, plus ‖ *(művésztől)* encore ‖ ~**t ad** give* an encore
ráadásul *adv* besides, at that *ut.*, (and) what is more, moreover, furthermore ‖ **és** ~ **még gyenge is** and a poor/weak one at that *(v.* into the bargain)
ráakaszkod|ik *v vkre* thrust* oneself upon sy, *biz* latch onto sy; *(élősködik vkn)* sponge on sy, be* a sponger on sy, batten on/upon sy
ráakaszt *v vmt vmre* hang* (up) sg on sg, suspend sg from sg
rááldoz *v vmre* sacrifice sg to/for, give* up sg to/for
rááll *v vmre* stand* on ‖ *(beleegyezik)* agree (to), consent to
rab 1. *n ált* prisoner, *(fegyenc)* convict ‖ **a kábítószer** ~**ja** be* addicted to a drug *(v.* drugs), be* a drug-addict, *biz* be* hooked on a drug *(v.* drugs); ~**ul ejt vkt** take* sy prisoner, capture sy; *átv* captivate/enthral *(US* enthrall) sy, charm sy, put* a spell on sy; **a televízió** ~**ja** be* a slave to television, *biz* be* hooked on TV; ~**ja vknek** be* the slave of sy 2. *a* captive, imprisoned
rábámul *v* gape/gaze/stare at sy/sg
rabbi *n* rabbi
rábeszél *v vkt vmre* persuade sy to do sg, talk sy into doing sg, get* sy to do sg
rábeszélés *n* persuasion ‖ **enged a** ~**nek** allow oneself to be persuaded/convinced
rábír *v vkt vmre* get*/bring*/induce sy to do sg, make* sy do sg

rábíz v vkre vmt entrust sg to sy (v. sy with sg); vkre vkt put* sy in sy's charge/care ‖ ~**za a gyereket a nagymamára** leave* the child° with grandma; **ezt** ~**om önre** I leave* it/that to you, it's up to you; **bízza csak rám** leave that to me

rábizonyít v vkre vmt convict sy of sg, prove sy guilty of sg

rablás n robbery ‖ **ez kész** ~! this is* daylight robbery

rabló n robber, thief°, gangster, bandit, *(tengeri)* pirate, *(utcai)* mugger

rablóbanda n gang of thieves/robbers

rablógazdálkodás n ruthless/ruinous exploitation

rablógyilkos n robber and murderer

rablógyilkosság n robbery with murder

rablótámadás n robbery (with violence), hold-up, *(utcai)* mugging, *(úton)* highway robbery ‖ **fegyveres** ~ armed robbery

rablott holmi n stolen goods pl, booty, plunder

rablóvezér n ringleader, gangster/robber chief

rabol v ált rob, commit robberies; *(fosztogat)* pillage, loot, plunder ‖ *(embert)* kidnap (US -p) ‖ **időt** ~ take* up a great deal of time, it is* very time-consuming

rabomobil n biz Black Maria, US paddy/patrol wagon

ráborít v *(ráterít vmt vmre)* lay*/spread* sg over sg ‖ *(folyadékot)* spill* sg on sg

ráborul v *(vmre rádől)* fall* on ‖ *(folyadék)* spill* on sg

raboskod|ik v be*/languish in prison, do* one's time

rabruha n prison clothes pl, prison garb

rabság n *(fogság)* captivity ‖ *(leigázottság)* bondage, servitude

rabszállító autó n police/prison van

rabszolga n tört slave ‖ átv slave, *(kuli)* drudge

rabszolga-kereskedelem n slave-trade/traffic

rabszolga-kereskedő n slave-trader

rabszolgamunka n slave-work/labour (US -or), slavery ‖ átv drudgery, slavery

rabszolganő n woman° slave, slave girl

rabszolgapiac n slave-market

rabszolgaság n slavery ‖ **a** ~ **eltörlése** abolition of slavery

rabszolgatartó 1. n slave-holder, slaver **2.** a ~ **állam** slave state

rábukkan v vkre, vmre come* across, come*/hit* on/upon ‖ ~ **a hibára** find* the fault

ráció n reason, sense

racionális a rational ‖ *mat* ~ **szám** rational number

racionalizál v *(ésszerűsít)* rationalize ‖ *(vkt elbocsát)* make* sy redundant, dismiss (sy)

racionalizmus n rationalism

rács n ált grating, screen ‖ *(rostély)* grill(e), grid, grate ‖ *el* grid ‖ ~ **mögött** (= *börtönben)* behind bars

rácsatol v vmre buckle/fasten/fix on, attach to

rácsavar v *(csavarozással)* screw (sg) on (to sg), *(fedelet)* screw [the lid] down ‖ *(fonalat, kötelet)* wind* on, coil on/round

rácsavarod|ik v vmre vm twine round sg, wind*/coil itself (a)round sg; vkre vm get* entangled in sg

rácsavaroz v screw/bolt sg on (to sg)

raccsol v speak* with a uvular/Parisian r

raccsolás n use of uvular r

rácsodálkoz|ik v stare/gaze at sy/sg (in wonderment)

rácsos a trellised, latticed, railed ‖ ~ **ablak** lattice window; ~ **ágy** crib, railed cot; ~ **kapu** trellis(-work) gate

rácsúk v close/shut* sg on sy ‖ ~**ja az ajtót** vkre shut* sy in

radar n radar

radarernyő n radar screen

radiálgumi n radial (tyre, US tire)

radiátor n radiator

radikális a/n radical ‖ ~ **intézkedés** drastic measures pl

radikalizmus n radicalism

rádió n *(intézmény)* radio, broadcasting company ‖ *(készülék)* radio, *(korábban)* wireless ‖ **a** ~**ban hallottam** I heard it on the radio; **a** ~**nál dolgozik** work for/in the radio; **az angol** ~ the British Broadcasting Corporation *(röv* BBC); *(hordozható)* **magnós** ~ radio cassette recorder; ~**n közvetít** broadcast*; ~**t hallgat** listen in (on the radio), be* listening in, listen to the radio

rádióadás n broadcast(ing)

rádióadó n radio transmitter

radioaktív a radioactive ‖ ~ **anyag** radioactive matter/substance; ~ **csapadék** radioactive fallout; ~ **hulladék** radioactive waste; ~ **izotóp** radioisotope

radioaktivitás n radioactivity

rádióállomás n radio station

rádióamatőr n radio amateur, biz (radio) ham

rádióbemondó n announcer

rádióbeszéd n broadcast/radio/wireless talk ‖ ~**et mond** speak*/go* on the air

rádiófrekvencia n radio frequency

rádióhallgató n listener

rádióhullám *n* radio wave
rádióirányítás *n* wireless/remote control || ~ **után repül be*** on the beam
radioizotóp *n* radioisotope
rádiójáték *n* radio play
rádiókészülék *n* (vevő) radio, *GB* így is: wireless (set)
rádiókezelő *n* radio operator, (hajón) radio officer
rádióközvetítés *n* broadcast(ing), (radio) coverage
radiológia *n* radiology
radiológus *n* radiologist
rádiólokátor *n* radar
rádióműsor *n* radio programme (*US* -ram), broadcast
rádiónavigáció *n* radio navigation
rádiónyilatkozat *n* declaration/statement made on the radio
rádiós 1. *a* ~ **magnó** radio cassette recorder **2.** *n biz kif* (s)he's in radio
rádióstúdió *n* broadcasting studio
rádiószerelő *n* radio mechanic
rádiótársaság *n* broadcasting corporation/company
rádiótechnika *n* radio engineering
rádiótelefon *n* radiotelephone, radiophone
rádióvevő *n* radio receiver
rádiózavarás *n* jamming
rádióz|ik *v* listen in (on the radio), listen to the radio
radír *n* rubber, eraser
radíroz *v* erase, rub out, delete
rádium *n* radium
rádiusz *n* radius *(pl* radii *v.* radiuses*)*
rádöbben *v vmre* realize sg suddenly, become* aware/conscious of sg || ~**t arra, hogy** he suddenly realized that
rádől *v vkre* esik fall*/tumble (down) on (sy) || *(nekitámaszkodik)* lean*/rest on/against sg || ~**t a szekrény** the wardrobe/cabinet crashed/came* down on him
ráébred *v vmre* realize sg, awake* (*v.* wake up) to sg || ~ **a valóságra** awake* to reality
ráépít *v* build* sg on (top of) sg
ráér *v* have* (plenty of) time, find* time (*vmre* for sg *v.* to do sg) || **nem érek rá** I am* busy, *biz* I'm a bit tied up (at the moment)
ráérő *a* ~ **idő** leisure/spare/free time, leisure; ~ **idejében** at one's leisure
ráerősít *v vmt vmre* fix/fasten sg on sg, attach/secure sg to sg
ráerőszakol *v vmt vkre* force/thrust*/press sg on sy; *(véleményét)* ram*/staff [one's opinions] down sy's throat
ráes|ik *v vm vkre/vmre* fall*/tumble (down) on sy/sg || *(sor kerül vkre)* fall* on/to sy

ráfagy *v vmre* freeze* to sg || *biz* = **ráfázik** || **arcára** ~**ott a mosoly** the smile froze on his lips
ráfanyalod|ik *v vmre* decide (*v.* bring* oneself) to do sg reluctantly, have* recourse to sg
ráfáz|ik *v biz* **alaposan** ~**ott** (s)he got his/her fingers severely burnt
ráfeksz|ik *v vk vmre* lie* down on, lay* oneself down on || *átv vm vkre* weigh sy down
ráfektet *v* lay*/put* on
ráfér *v (felfér vmre)* there is room for sg/sy (swhere) || *(vkinek vm átv* be* (badly) in need of || **rám férne egy kis pihenés** I could (really) do with a (little) rest/break
rafinált *a átv* cunning, artful, wily
ráfizet *v (pl. vasúti jegyre)* pay* the difference (*v.* excess fare) || *(üzletre)* lose* [money] by/on sg, make* a loss on sg, be* out of pocket || *átv vmre* come* off a loser (in sg), burn* one's fingers, lose* out (on sg) || **1000 Ft-ot** ~**ett az üzletre** he lost 1000 fts on the deal
ráfizetés *n (felülfizetés)* extra payment || *(veszteség)* loss, deficit
ráfizetéses *a* losing, showing a deficit *ut.,* unprofitable
ráfog *v (lőfegyvert)* point/aim/level (*US* -l) [a gun] at sy || *vkre vmt* (falsely) accuse sy of (doing) sg, charge sy with sg
ráfordít *v (összeget)* spend* money on sg, put* [money etc.] into [a business etc.]; *(erőt, fáradságot)* put* [a great deal of effort] into [a project etc.] || ~**ja a kulcsot** *vkre* lock (sy) in
ráfordítás *n* expenditure, cost, outlay, outgoings *pl*
ráförmed *v vkre* bawl/snarl at sy, round (up)on sy
ráfröccsen *v* sg spatters [mud, oil etc.] on sy, sg spatters sy with [mud, oil etc.]
ráfutásos baleset *n (több járműé)* pile--up
rag *n nyelvt* inflection(al) affix), suffix, ending, *(személyrag)* personal suffix/ending/marker
rág *v ált* chew, *(rágcsáló)* gnaw, nibble (at) || **körmét** ~**ja** bite* one's nails
ragad *v (vmhez, egymáshoz)* stick* (together), adhere (to each other) || *(ragadós)* be* sticky || *(megragad)* seize, grasp || **galléron** ~ collar/nab sy; **magához** ~**ja a hatalmat** seize power; **magával** ~ *átv* thrill, carry one away, captivate; ~ **a piszoktól** be* thick with dirt; **tollat** ~ put* pen to paper; **vk vhol** ~ stick* around, stay on swhere
ragadozó 1. *a* predatory || ~ **madár** bird of prey **2.** *n* beast of prey, predator; ~**k** *áll* carnivores

ragadtat *v* **vmre** ~**ja magát** be* carried away by, give* free rein to

rágalmaz *v (szóban)* slander, calumniate, vilify; defame [sy's character] || *(írásban)* libel *(US* -l)

rágalmazás *n (szóban)* slander, calumny, defamation || *(írásban)* libel

rágalmazási per *n* libel action, action for libel

rágalmazó 1. *a (kijelentés)* slanderous, defamatory || *(írás)* libellous **2.** *n* slanderer, calumniator, vilifier, libeller

rágalom *n (szóval)* slander, calumny; *(írásban)* libel || **ez** ~! it is a (whopping) lie, it is a nasty piece of mud-slinging

rágalomhadjárat *n* campaign of slander/vilification

ragályos *a (betegség)* infectious

rágás *n* chewing

ragaszkodás *n vkhez* affection (for), devotion (to) || *vmhez* adherence (to), insistence (on)

ragaszkod|ik *v vkhez* cling*/stick* to sy, be* loyal/devoted/attached to sy || *vmhez* stick*/cling*/adhere to sg, insist on sg, *US* stand* pat on || ~**ik álláspontjához** stick* to one's guns; ~**om hozzá, hogy ott légy** I insist on your being there

ragaszkodó *a* loyal, staunch, faithful, steadfast

ragaszt *v ált* stick*, glue, (af)fix *(vmhez mind:* to*)* || **bélyeget** ~ **vmre** stick* a stamp on, stamp sg

ragasztás *n* sticking, glu(e)ing || **szétjött a** ~ the join has come undone

ragasztó *n* adhesive, glue, *biz* stick

ragasztószalag *n* adhesive tape

rágcsál *v* gnaw/chew (away) (at sg)

rágcsálók *n pl* rodents

rágód|ik *v vmn* ruminate/brood on/over sg || **sokat** ~**ik vm miatt** sg preys on his mind

rágógumi *n* chewing gum, *(felfújható)* bubble gum

rágondol *n vkre/vmre* think* of sy/sg || **ne gondolj rá!** (just) forget (about) it!, put it out of your mind!

ragos *a nyelvt* inflected, suffixed

rágós *a* tough (as leather), leathery, rubbery

ragoz *v nyelvt ált* inflect; *(igét)* conjugate; *(főnevet)* decline

ragozás *n nyelvt ált* inflection; *(igéé)* conjugation; *(főnévé)* declension

ragtapasz *n* sticking plaster, *GB* Elastoplast, *US* Band-aid

ragu(leves) *n* veal/chicken-broth, ragout

ragyás *a (arc)* pock-marked

ragyog *v* shine*, glitter, glisten, gleam, *átv* glow, be* radiant *(mind: vmtől* with*)*

ragyogás *n* brilliance, glitter || *átv* glamour *(US* -or*)*, magnificence, splendour *(US* -er*)*

ragyogó *a (tárgy)* bright, shining, gleaming || *(napsütés)* bright || *átv* brilliant, excellent, splendid || ~! excellent!; ~ **formában van** be* in great shape/form; ~ **idő** gorgeous weather; ~ **ötlet** brilliant/bright idea, brain-wave; ~ **színben van** be* in the pink (of health); ~**an éreztem magam** I had the time of my life, I had a marvellous *(US* -l-*)* time, *biz* I had a whale of a time

rágyújt *v (cigarettára)* light* [a cigarette]

ráhagy *v (örökséget)* leave* sg (by will) to sy, bequeath sg to sy, devise sg to sy || *(nem ellenkezik)* indulge sy in sg, agree to || *műsz* allow for || **mindent** ~ **nod** assent to everything

ráhajol *v vmre* bend* over sg, *vkre* lean* over sy

ráhajt *v (járművel hídra stb.)* drive* on to || *biz (fokozza a munkatempót)* gear/step up [production etc.], work flat out

ráhasal *v* lie* (down flat) on sg

ráhibáz *v biz vmre* hit* upon sg (by accident/fluke), blunder (up)on sg

ráhúz *v (tárgyat)* draw* sg over/on sg || *(ráüt)* give* sy a slap, slap sy || *biz* ~ **egy emeletet a házra** add a floor/storey to a/the house

ráigér *v (vkre vmennyit)* outbid* sy (by)

ráijeszt *v vkre* frighten/alarm sy || **alaposan** ~ scare sy out of his/her senses/wits

ráill|ik *v vmre/vkre* suit sg/sy || **pontosan** ~**ik** suit sy to a nicety/T *(v. GB* down to the ground); **a leírás** ~**ik** he answers (to) the description, the description fits him

ráír *v vmre* write* (on)

ráirányít *v vkre* turn on/to, direct to || *(fegyvert)* point/level *(US* -l) *(v.* aim) [a/one's gun etc.] at sy/sg || ~**ja a figyelmet vmre** draw*/turn/direct sy's attention to sg, spotlight* sg

ráírat *v (szöveget vmre)* have* sg written on sg || *(vagyont vk nevére)* make*/sign over [one's property] to sy

ráismer *v vkre/vmre* recognize sy/sg *(vmről* by sg) || **rá lehet ismerni vmről** you can tell (it) by/from sg

raj *n (méheké, rovaroké)* swarm; *(madaraké)* flock, flight || *kat* squad, detachment, *(hajó)* squadron

rája *n (hal)* ray

rájár *v (pl. a kamrában ételre)* make* frequent raids on [the larder etc.] for sg, raid the larder; *biz (vmre ált)* make* inroads into/on sg || ~ **a keze vmre** do* sg out of (force of) habit

rajcsúroz *v* be* romping about

rajkó *n* gipsy child°
Rajna *n* Rhine
rajnai *a* Rhine(land), Rhenish || ~ **bor** Rhine wine, hock
rajong *v vmért* be* enthusiastic about/over sg, have* a passion for sg; *vkért/vmért* be* an (enthusiastic) admirer of sy/sg || ~ **a zenéért** love music, be* a music-lover
rajongás *n (forró szeretet)* passion, adoration || *(lelkesedés)* enthusiasm, ardour (*US* -or), rapture || ~**sal beszél vmről** go* into ecstasies/raptures over sg
rajongó 1. *a* rapturous, devoted, enthusiastic, passionate **2.** *n vké* admirer (of); *ált* enthusiast, *biz* fan || **a** ~**k levelei** fan-mail
rájön *v (megtud)* find* (sg) out, discover (sg), *biz* tumble to sg || ~ **a szapora** *biz* be* taken short; **rájöttem, hogy** I realized that, I came to realize that; *vm* ~ *vkre* sg comes* over sy, be* overcome by sg
rajt *n sp* start || ~**hoz áll** toe the line (*v.* *US* mark)
rajta 1. *adv (vmn, vm felületén, vkn)* (up)on him/her/it, over it || ~ **a sor** it is his turn; ~ **áll** *vkn* it is* (all) up to him, it lies*/rests with him (to do sg); **segít** ~ help sy (with sg), help sy out; **új ruha van** ~ she is* wearing a new dress, she has* a new dress on **2.** *int sp* go!
rajtakap *v vkt vmn (tiltott cselekedet közben)* catch* sy in the act (of doing sg), *biz* catch* sy red-handed || ~ **hazugságon** catch* sy out (*v.* in a lie)
rajtaüt *v vkn (ellenségen)* descend/pounce on make* a surprise attack on; *(rendőrség bűnözőkön)* make* a raid/swoop on, raid
rajtaütés *n* (surprise) attack, raid, swoop
rajtaütésszerűen *adv* unawares, by surprise
rajtaveszt *v* come* off badly, come* to grief, be* a loser
rajtol *v* start || **jeladás előtt** ~ jump the gun
rajtvonal *n* starting-line, mark
rajz *n (rajzolás)* drawing || *(kész rajz)* drawing || *isk* ~**ot tanít** teach* drawing
rajzás *n* swarming
rajzfilm *n* (animated) cartoon
rajzfüzet *n* sketch/drawing-book
rajz|ik *v* swarm
rajzlap *n* (sheet of) drawing-paper
rajzoktatás *n* drawing class, *isk* art
rajzol *v ált* draw* || *(vázol)* sketch, trace, outline || **természet után** ~ draw* from nature/life
rajzolás *n* drawing
rajzoló *n (műszaki is)* draughtsman° (*US* drafts-)

rajzszeg *n* drawing-pin, *US* thumbtack
rajztábla *n* drawing-board
rajztanár *n* drawing master, art teacher
rak *v (helyez, tesz)* put*, set*, lay*, place || *(elrendez)* arrange || **egymásra** ~ stack/pile (up); **hajóra** ~ ship, put*/take* on board, load [goods] on (to); **ládába** ~ crate, pack/stow into boxes/crates; **tüzet** ~ make* a fire
rák *n áll (rákok)* crustaceans *pl*; *(folyami)* crayfish (*főleg US* crawfish), *(tengeri)* crab, *(homár)* lobster || *orv* cancer
rákacsint *v vkre* wink at sy
rákap *v vmre* take* to, get*/fall* into the habit of, *biz* get* hooked on || ~ **az ivásra** take* to drink, *biz* hit* the bottle (*US* sauce)
rákapcsol *v (kocsit stb.)* couple sg on (to) || *el* connect to/with || *(sebességre)* increase speed, step on it, *US* step on the gas, *GB* put* one's foot down || *átv biz* pitch in, pitch into (the job), snap into it
rakás *n (halom)* pile, stack, heap || **egy** ~ **pénz** oodles of money *pl*, money galore; **egy** ~ **on** in a heap
rákbeteg *n* cancer patient
ráken *v (kenyérre stb.)* spread* sg on sg, spread* sg with sg; *(bemázol)* smear sg on sg, smear sg with sg || *biz vmt vkre* lay*/put* the blame on sy for sg || ~ **egy kis rúzst az ajkára** give* one's lips a touch of lipstick
rákerül *v vmre* get* on to, be* put/placed on sg; *(vhogyan)* land on || ~ **a sor** it is* his turn
rakéta *n* rocket, *(rakétahajtású lövedék)* missile || **interkontinentális** ~ intercontinental (ballistic) missile
rakétafegyverek *n* ballistic weapons, military rockets
rakétahajtómű *n* rocket engine/motor
rakétakilövő állomás *n* launching pad/site, launch pad, rocket-range
rakétatámaszpont *n* rocket base
rakétatechnika *n* rocketry
rakétatelepítés *n* deployment of missiles
rakett *n* racket, racquet
rákezd *v vmre* begin* to, start/begin* to do sg (*v.* doing sg) || *(énekre, zenére)* strike* up [a tune, song etc.]
rákiált *v vkre* shout/bawl at sy
rákkeltő *a* carcinogenic || ~ **anyag** carcinogen
rákkutatás *n* cancer research
rakodás *n (berakodás)* loading, lading || *(kirakás)* unloading
rakod|ik *v (szállítóeszközre)* load (up)
rakód|ik *v* be* deposited (*vmre* on)
rakodóhely *n hajó* quay, wharf || *vasút* platform

rakodómunkás *n* stevedore; *(dokkmunkás)* docker, dock-worker; *(egyéb)* loader, packer
rakomány *n* ált load; *(hajóé, repülőgépé)* cargo
rákos *a* cancerous || ~ **beteg** cancer patient; ~ **daganat** cancer(ous tumour), malignant tumour (*US* -or)
rakott *a (szállítóeszköz)* loaded, laden || ~ **káposzta** layered cabbage (with rice, pork and sour cream); ~ **krumpli** *kb.* layered potato casserole; ~ **szoknya** pleated skirt
rákölt *v (pénzt)* spend* [money etc.] on sg/sy
rákönyököl *v vmre* rest one's elbow(s) on sg
ráköszön *v vkre* say* hello (*v.* good morning, etc.) to sy
ráköt *v* tie on/to, bind*/fasten* to || **nem fogom** ~ **ni az orrodra** it is* none of your business
rakpart *n* quay(side), wharf
rákszűrés *n* screening for cancer
raktár *n* ált store(-room), storehouse; *ker* warehouse; *(gyárban, üzemben)* stores *pl* || *(készlet)* stock, supply || **nincs** ~ **on** it is* out of stock; ~ **on tart vmt** have*/keep* sg in stock
raktárhelyiség *n* warehouse, store(-room)
raktári *a* warehouse(-) || ~ **készlet** stock (in/on hand), supplies *pl* (on hand)
raktáros *n* stockkeeper, warehouseman°, stock clerk, *US így is:* storeman°
raktároz *v* store, warehouse
Ráktérítő *n* Tropic of Cancer
rákvörös *a* lobster red || ~ **lett** (s)he went as red as a lobster
rálát *v* overlook (sg), have* a view of (sg)
rálép *v* ált step on (to); *(vk lábára)* tread* on
rálő *v vkre* shoot* at sy, fire at/on sy
ráma *n (képé)* frame
ramaty *a biz* wretched, rubbishy
rámegy *v vmre* step/go*/get* on sg || *(pénz)* be* spent on || **ráment az egész napja** it took him/her all day (to do sg); **ráment az egészsége** it cost him his health
rámenős *a* aggressive, pushy
rámered *v* stare/gape/gaze at
rámordul *v* snap/bark/snarl at sy
rámosolyog *v* smile at/on sy || ~ **a szerencse** fortune smiles on him
rámpa *n* ramp, slope
rámutat *v vkre, vmre* point at/to sy/sg || *átv vmre* ~ **ott arra, hogy** he suggested that, he called/drew attention to the fact that; **ujjával** ~ point a finger at, point out with one's finger

ránc *n (arcon)* wrinkle, *(homlokon)* furrow || *(ruhán)* fold, pleat || ~**(ok)ba szed** pleat, arrange in pleats; ~**ba szed vkt** *(fegyelmez)* bring* sy to heel, bring* sy under (control)
ráncigál *v vmt* tug/pull at sg || *biz (vkt zaklat)* bother/pester sy, keep* on at sy, *US* bug sy || **ide-oda** ~ **vkt** order sy about/around
ráncol *v (ruhát)* pleat, arrange (sg) in pleats || ~**ja homlokát** knit/furrow one's brow(s)
ráncos *a (arc)* wrinkled, wizened
randalíroz *v* run* riot, brawl, kick up a row/shindy
randevú, biz randi *n* rendezvous *(pl* ua.), *biz* date
randevúz|ik, biz randiz|ik *v vkvel* make*/have* a date with sy, *US főleg:* date sy
rándít *v* pull/tug on/at, give* sg a pull/tug || **egyet** ~ **a vállán** shrug (one's shoulders)
rándulás *n* ált twitch, jerk || *(ficam)* sprain
ránehezed|ik *v* weigh/press/lie* heavy on sg || *átv* weigh heavily on sy, weigh sy down
ránevet *v vkre* smile at sy, give* sy a smile
ránéz *v* look/glance at, cast* a glance at || **rá sem néz vkre/vmre** (s)he doesn't even look at him/her/it (any more)
rang *n* ált rank; *(társadalmi)* rank, standing, status || **magas** ~**ban van** be* in a high position
rangadó *n* (football) match [between member teams of a league], (local) derby
rangás *n* jerk, twitch(ing)
rángat *v* = **ráncigál**
rángató(d)zás *n* convulsion(s), fit, *(görcsös)* jerk(s)
rángató(d)z|ik *v (görcsösen)* jerk; *(ajak, arc)* twitch
rangfokozat *n* (order/grade of) rank
rangidős *a* senior, senior in rank *ut.*; *US* ranking || ~ **tag** *(testületé)* doyen
rangjelzés *n* stripes *pl*, chevron
rangkórság *n* mania for titles, snobbery
ranglétra *n (hivatali)* promotion by seniority, hierarchy, *GB biz* Buggins' turn; *(társadalmi)* social ladder/scale
rangrejtve *adv* incognito
rangsor *n hiv, kat* order (of rank), (order of) precedence, priority || *(társadalmi)* social hierarchy || *sp* ranking list, the rankings *pl*
rangsorol *v* rank, grade
rangú *a* -rate, -ranking, of ... rank *ut.* || **harmad** ~ **szálloda** third-rate hotel; **magas** ~ high-ranking, *biz* top
ránt *v* give* sg a pull, pluck, pull, jerk, tug at, *biz* yank (*vmt* at)

rántani való csirke *n* broiler
rántás *n (mozdulat)* pull, tug, jerk, *biz* yank || *(ételhez)* roux, thickening
rántott *a (hús)* fried in breadcrumbs *ut.* || ~ **csirke** chicken fried in breadcrumbs; ~ **leves** caraway-seed soup ⟨thick brown soup⟩; ~ **szelet** breaded cutlet, *(borjú)* escalopes of veal, *(bécsi)* (Wiener) schnitzel
rántotta *n* scrambled eggs *pl, (vajas)* buttered eggs
rányit *v vkre* open the door (and break* in) on sy
rányom *v vmt vmre* (im)print/(im)press sg on sg || ~**ja a bélyegét vmre** leave* one's/its mark on sg
ráoml|ik *v vkre/vmre* collapse (*v.* ram/fall*/tumble down) on sy/sg
ráordít *v vkre* bawl/shout at sy
ráöml|ik *v vmre* pour on sg, spill* on sg, be* spilt (*US* spilled) on sg
ráönt *v (folyadékot)* pour sg on/over sg, spill* sg on sg || **úgy áll rajta, mintha** ~**ötték volna** it fits him like a glove, it is* a perfect fit
ráparancsol *v vkre* charge/order/command sy to do sg
rápazarol *v vmt vkre* lavish/waste sg on sy; *vmre* waste/squander money on sg
rápillant *v vkre/vmre* glance at sy/sg, cast* a glance at sy/sg
raplis *a biz (szeszélyes, rigolyás)* whimsical, crotchety, capricious
rapszódia *n* rhapsody
rapszodikus *a vk* temperamental, moody
ráragad *v* stick* on/to sg/sy, adhere to sy/sg || ~ **a betegség** catch*/contract a disease
ráragaszt *v vmt vmre* stick*/glue sg on/to sg
rárakód|ik *v vmre* settle on
ráránt *v biz* **rá se ránt vmre** not take a blind bit of notice of sg
rárivall *v vkre* scold sy, bawl sy out (for sg), shout at sy
ráront *v vkre* rush/charge at sy, pounce on sy
ráruház *v (tulajdont/jogot vkre)* transfer sg to sy; *(pénzt, tulajdont)* settle sg on sy
rásegít *v* ~**i a kabátját** help sy on with his/her coat
rásóz *v biz (vkre tárgyat)* fob/palm off sg on sy, foist sg (off) on sy || *biz* **egyet** ~ **vkre** give sy a whack, thump/sock sy one
rásüt *v (nap)* shine* (down) on || *(bélyeget vkre/vmre)* brand/stamp sg on sy/sg || ~**i a fegyvert vkre** fire (a/one's gun) at sy, shoot* at sy
rászabadít *v vmt vkre/vmre* let*/turn sg loose on sy/sg; *(kutyát)* set* [the dog] on sy

rászakad *v* = **ráomlik** || *átv* ~**t a sok munka** (s)he was inundated (*v.* swamped *v.* snowed under) with work
rászáll *v (rárepül)* fly* on || *(por, korom)* settle on, be* deposited on || *(tulajdon)* fall*/descend to || *biz (nem tágít vktől)* ~ **vkre** descend on sy; ~**ott az egész vagyon** the whole fortune devolved on him, he inherited the entire estate
rászán *v (összeget vmre)* assign/allot [a sum] to || ~**ja magát vmre** decide to do sg, make* up one's mind to do sg; **1000 Ft-ot szánok rá** I'm allowing 1000 fts for that/it
rászed *v vkt* deceive/dupe/fool/cheat sy, take* sy in, play sy a trick
rászegez *v (szöggel)* nail sg on sg || *(fegyvert)* aim/level (*US* -l) (*v.* point) [a gun] at sy || ~**i a szemét vkre** fix/fasten one's eyes on sy
rászegeződ|ik *v* **minden szem** ~**ött** all eyes were (focus(s)ed) on him/her
rászok|ik *v vmre* become*/get* accustomed to sg, fall*/get* into the habit of doing sg || ~**ik az ivásra** start drinking, take* to drink
rászoktat *v vkt vmre* accustom sy to sg, get* sy into the habit of (doing) sg
rászól *v (rosszallólag)* rebuke sy, *biz* tell*/tick sy off (for doing sg)
rászorít *v (tárgyat)* press on/against || *átv vkt vmre* compel/force/press(ure) sy to do sg, keep* sy at it
rászorul *v vmre* be* in need of sg, be* reduced to doing sg
rászorult *a/n* **a** ~**ak** the poor/needy, those in need
rátalál *v (kitalál)* discover, find* out || *(keresés után)* trace, track down, run* sy/sg to earth || *(véletlenül)* hit*/chance (up)on sg
rátámad *v vkre* attack sy, fall* on sy
rátámaszkod|ik *v* lean* on || *átv* depend/rely on
rátapad *v* adhere/stick* to
rátapint *v vmre* put* one's finger on sg || *átv* put* one's finger on sg, touch the spot || ~**ott a lényegre** (s)he hit* the nail on the head, (s)he got to the heart of the matter
rátapos *v* trample/tread*/stamp on sg
rátarti *a* uppish, priggish, uppity, hoity-toity
rátehénked|ik *v vmre* sprawl on, lean* heavily on
ráteker *v (huzalt)* wind*/coil sg on sg
rátekered|ik *v* = **rácsavarodik**
rátelefonál *v vkre* give* sy a ring, chase sy up on the phone
rátelepedik *v* settle on

rátér v *(útra)* take* the (right) way to, turn to ‖ ~ **a tárgyra** come* to the point, get* down to business

ráterel v ~**i a beszélgetést vmre** bring* the conversation round to sg; ~**i a gyanút vkre** cast* suspicion (up)on sy

ráterelőd|ik v ~**ött a gyanú** suspicion was cast upon him, he fell under suspicion

ráterít v vmt vmre spread*/lay* sg over sg

rátermett a vmre (be*) suitable/suited/fitted/qualified for sg (v. to do sg), (be*) cut out for sg

rátermettség n suitability, fitness, aptness, aptitude, efficiency

rátesz v vmt vmre put*/lay*/place sg on sg ‖ **a fejemet teszem rá, hogy** I'll bet anything you like that, I'll lay* my life on it that; ~ **a tűzre** make* up the fire; ~**i a kezét vmre** lay*/take* hold of sg, lay* (one's) hands on sg

ratifikáció n ratification

ratifikál v ratify

rátör v vkre/vmre attack sy/sg ‖ ~**i az ajtót vkre** force/burst* open the door on sy, break* the door down on sy

rátukmál v force/thrust* sg on/upon sy, fob/palm off sg on sy

rátűz v stick*/pin/fasten sg on(to) sg ‖ ~ **a nap** the sun beats* down on sg/sy

ráugr|ik v vkre/vmre jump/leap/spring* on/at sy/sg

ráun v vkre/vmre be*/get*/grow* weary/sick/tired of sy/sg

ráuszít v *(kutyát vkre)* set* a dog on sy

ráutal v **rá van utalva** vmre be* in need of sg; vkre be* dependent on sy, have* to rely on sy

ráül v vmre sit* (down) on sg

ráüt v vmre/vkre strike*/hit*/slap sg/sy, strike* at sg/sy ‖ *(bélyegzőt)* stamp sg, put* a stamp on sg

rávág v vkre/vmre strike* (a blow) at sg/sy ‖ **gyorsan** ~**ja a választ** answer quick as a flash

rávall v *(bíróságnál)* give* evidence against sy ‖ **ez egészen** ~ it is* just like him, that's him all over

ravasz[1] n trigger ‖ **elhúzza a** ~**t** pull the trigger

ravasz[2] a sly, cunning, artful, wily ‖ ~ **ember** biz cunning fellow, sly-boots sing.; ~ **róka** átv a wily/sly old fox

ravaszkod|ik v finesse, wheel and deal

ravaszság n *(tett)* wile, trick, piece of cunning ‖ *(tulajdonság)* cunning, slyness, wiliness

ravatal n bier, catafalque

ravatalozó n mortuary, morgue, funeral parlour, US funeral parlor/home

rávehető a vmre be* amenable to sg, be* easily persuaded

ráver v *(bottal, ütéssel)* strike*, hit*, slap ‖ biz *(legyőz)* win* against, beat* ‖ biz put* one's back into it (v. the work/job)

rávés v vmt vmre engrave sg on sg

rávesz v *(ruhát)* put* on ‖ vkt vmre get*/persuade sy to do sg

rávet v ~**i magát** vmre/vkre hurl oneself at/on sg/sy, pounce on sg/sy; átv vmre throw* oneself into sg

rávezet v átv vkt vmre give* sy a clue/hint ‖ *(ráír)* write (sg) on (sg)

rávilágít v *(átv is)* throw*/shed* light (up)on sg

rávisz v *(rajzot)* transfer ‖ átv vkt vmre lead*/induce sy to do sg ‖ **mi vitte őt rá erre?** what led/induced him to do it/that?

ráz v shake* ‖ *(jármű)* jolt ‖ *(áram, vezeték)* shock, be* live ‖ **fejét** ~**za** shake* one's head; **kezet** ~ **vkvel** shake* hands with sy, shake* (each other) by the hand

rázás n ált shake, shaking ‖ *(járműé)* jolt(ing)

rázendít v *(dalra)* break* into [a song], begin* [to sing]; *(zenére)* strike* up [a tune]

rázkódás n ált shake, shaking, shock

rázkód|ik v shake*, be* shaken

rázós a *(út)* rough, bumpy ‖ *(ügy)* biz ticklish, tricky, touchy

rázúdít v vmt vmre/vkre hurl sg at sy/sg ‖ átv vkre vmt overwhelm sy with sg

rázúdul v *(folyadék)* fall*/pour/gush/stream on, be* flooded/flushed with ‖ átv be* flooded/showered/inundated with

razzia n (police-)raid

razziáz|ik v raid, make* a raid (on)

R-beszélgetés n reverse(d)-charge call, US főleg: collect call ‖ ~**sel hív** reverse the charges, US főleg: call sy collect

-re suff → **-ra**

reagál v vm vmre react (up)on sg, respond to sg ‖ vk vmre react/respond to sy

reagens n reagent

reakció n tud, pol és ált reaction

reakciós a/n reactionary

reaktivál v reinstall, reinstate

reálbér n real wages pl

reálértelmiség n science people

reáliák n the (pure and applied) sciences

reális a *(valóságos)* real, actual, true ‖ **nem** ~ unreal

realista 1. a realistic 2. n realist

realitás n reality, actuality

realizál v *(megvalósít)* realize, carry/put* into effect, carry out/through

realizálód|ik v take* place, be* realized

realizmus n realism

reáljövedelem *n* real *i*ncome
reálpolitika *n* re*a*lpolitik, pol*i*tical realism
rebarbara *n* rh*u*barb
rebben *v* **szeme se ~t** he didn't turn a hair, he didn't bat an *e*yelid
rece *n (reszelőé)* teeth *pl; (érméé)* m*i*lling
réce *n* duck
recehártya *n* retina
recenzió *n* review; *(rövid)* (short) n*o*tice
recepció *n* reception desk, *US* front desk ‖ **jelentkezned kell a ~n** you have to sign in at reception
recept *n (főzéshez)* recipe ‖ *orv* prescr*i*ption ‖ **~et (meg)ír** write* out a prescription (for sy)
recés *a (hálószerűen)* reticular, reticulated ‖ *(ércpénz)* milled ‖ *(nem sima)* rough ‖ **áll ~ gyomor** reticulum *(pl* -la)
recesszió *n* recession
recézett *a* ált és áll reticulated ‖ *(ércpénz)* milled
reccsen *v* creak, crack, give* a creak/crack/squeak/groan
recseg *v* ált creak, cr*a*ck(le), *(szék)* groan, give* a groan ‖ *(hang)* rasp; *(rádió stb.)* (hiss and) cr*a*ckle
recsegés *n (rádióé)* crackling, h*i*ssing, atmospherics *pl*
redőny *n (ablakon, ajtón, kirakaton)* (rolling) sh*u*tter, r*o*ller-blind ‖ *(átv is)* **lehúzza a ~t** put* up the sh*u*tters
redőz *v (homlokot)* furrow, wrinkle ‖ *(szoknyát)* pleat
redukál *v* ált és tud red*u*ce, decre*a*se; *(költséget)* cut* (down), trim
redukció *n* ált red*u*ction; *(költségeké)* c*u*t(ting down)
referencia *n* reference ‖ **jó ~t kap vktől** get* *e*xcellent reference(s) from sy
referens *n* executive (officer), offi*c*ial in charge of sg, desk *o*fficer (for sg)
reflektál *v (megjegyzést tesz vmre)* respond to sg, comment/rem*a*rk on sg
reflektor *n* ált *(és hajón)* se*a*rchlight, *szính* projector, *(spotlámpa)* sp*o*tlight; *(autón)* he*a*dlight(s), main beam
reflektorfény *n szính* fl*oo*dlight, *(spotlámpából)* sp*o*tlight
reflex *n* reflex ‖ **feltételes ~** cond*i*tioned reflex
reform *n* reform ‖ **~okat hajt végre** carry out reforms
reformáció *n tört, vall* Reform*a*tion
reformál *v* reform, impr*o*ve
reformátor *n* ref*o*rmer
református *a/n* Calvinist, ref*o*rmed
reformer *n* reformer
reformfolyamat *n* reform process
reformkor *n* reform era, the age of reform

reformpárti *a/n* reformist
reformpolitika *n* reform p*o*licy
refrén *n* refrain, b*u*rden
rég *adv* = **régóta, régen** ‖ **~ óhajtott** long des*i*red, long wished for *ut.*
rege *n* tale, s*a*ga, l*e*gend
régebben *adv* previously, in f*o*rmer times, bef*o*re(hand), f*o*rmerly ‖ **~ szerettem** I used to like it
régebbi *a* former, *e*arlier, pr*e*vious, onetime ‖ **~ szám** *(folyóiraté)* back n*u*mber
régen *adv* long ag*o*, a long time/while ag*o*, f*o*rmerly, *ir* in *o*lden times ‖ **már ~** long since; **nagyon ~** a long time ag*o*, *biz* way back, *a*ges ago; **mint ~** as in the past; **~ nem láttam** I ha*v*en't seen him for a long (*v.* some) time, it's a long time since I saw him; **~ itt egy ház állt** there used to be a house here; **~ (= azelőtt) vmt nem csinált** he used not (*v. biz u*sen't) to [do sg], he didn't use to [do sg]
régente *adv* in the past, f*o*rmerly ‖ **~ szokás volt ...** there/it used to be ..., it used to be the c*u*stom (*v.* c*u*stomary) that
regény *n* novel ‖ **élete valóságos ~** his life is* quite a rom*a*nce/story
regényalak *n* character [in a/the n*o*vel]
regényhős *n* hero, rom*a*ntic hero
regényíró *n* novelist, n*o*vel-writer
regényirodalom *n* fiction, the n*o*vel
réges-rég(en) *adv* very long ag*o*, a long time ag*o*; a very long time (since)
réges-régi *a* very old, *a*ge-old, *a*ncient
régész *n* arche*o*logist
régészet *n* arche*o*logy
reggel **1.** *adv* in the m*o*rning ‖ **ma ~** this morning; **korán ~** early in the morning, in the early morning; **kedd ~ (on)** Tuesday morning; **~ 7-kor** at 7 (seven) in the morning **2.** *n* morning ‖ **mindjárt ~** first thing in the morning; **jó ~t (kívánok)!** good m*o*rning!; **~től estig** from morning to night
reggelenként *adv* every/each morning, in the morning(s)
reggeli **1.** *a* morning; ‖ **~ hírek** the (morning) news *sing.*; **a kora ~ órákban** in the early/small hours **2.** *n* breakfast ‖ **angol ~** English breakfast; **meleg ~** cooked breakfast; **(sima) ~** continental breakfast
reggeliz|ik *v* have* (one's) breakfast ‖ **kávét ~tem** I had coffee for breakfast
régi 1. *a (régóta meglevő)* old, long--standing, of long/old standing *ut.* ‖ *(a múltban megvolt)* *a*ncient, old, early, bygone, past ‖ *(előző)* former, late, ex-, past ‖ *(ócska)* dil*a*pidated, worn(-o*u*t), old ‖

a ~ jó idők the good old days, *sk auld lang syne;* **nagyon ~** very old; **ő még mindig a ~** he is* still his former self, he has not changed a bit; **~ barátság** long-standing friendship; **~ ember** *vhol* old-timer; *(munkás)* an old hand; **~ ismerősöm** an old acquaintance (of mine); **~ szerelem** old flame **2.** *n a* **~ek** the ancients; **minden marad a ~ben** everything remains as it was

régies *a* antiquated, archaic

régimódi *a* **~ ember** old-fashioned man°/person, old fogey

régió *n* sphere, region, field

regionális *a* regional

régiség *n (tárgy)* antique || **~ek** antiquities, old curiosities, curios

régiségbolt *n* antique(s) shop

régiséggyűjtő *n* antiquary, antiquarian, collector of antiquities

régiségkereskedő *n* antique(s) dealer

regiszter *n (nyilvántartás)* register, record || *zene (orgonán)* register, stop; *(hangfekvés)* register

régmúlt 1. *a* long past, bygone || **~ idők** bygone days, days of old **2.** *n nyelvt* past perfect, pluperfect

régóta *adv* for a long time/while, for ages || **~ fennálló** old-established, of long standing *ut.*

rehabilitáció *n jog, orv* rehabilitation

rehabilitál *v jog, orv* rehabilitate

rejl|ik *v vmben* lie*/be* in/behind sg, be* inherent in sg || **mi ~ik a hír mögött?** what's behind this piece of news?

rejt *v* hide*; *(leplez)* conceal

rejteget *v (vk elől vmt)* (try to) hide/conceal (sg from sy) || *(szökevényt)* harbour *(US* -or), shelter, give* refuge to

rejtegetés *n (vk elől)* hiding, concealment || *(szökevényé)* sheltering

rejtekhely *n* hiding place, *(csak vké) biz* hideout, hideaway

rejtély *n ált* riddle, puzzle, enigma, secret || *(titokzatosság)* mystery || **~ vk előtt** be* a puzzle to sy

rejtélyes *a* mysterious, enigmatic

rejtett *a (eldugott, titkos)* hidden, concealed, secret || *(felfedezetlen)* undiscovered; *(lappangó)* latent || **~ hiba** *(árué, gépé)* latent defect, hidden fault, *biz* bug || **~ mikrofon** hidden microphone, *biz* bug

rejtjel *n* code, cipher

rejtjeles *a* coded, in code/cipher *ut.*

rejtjelkulcs *n* key to a cipher, code book

rejtőzés *n ált* concealment, hiding

rejtőzköd|ik *v* be* in hiding

rejtve *adv* secretly, on the sly/quiet || **~ marad** be*/remain/lie* hidden/concealed

rejtvény *n* riddle, puzzle || **~t (meg)-fejt** solve a riddle/puzzle

rekamié *n* sofabed, (studio) couch, bedsettee

reked *v vhol, vmben* stick* (fast), get* stuck in, *(vk is)* be*/get* left/stranded/trapped swhere || **kint ~** be* shut/left out

rekedt *a (hang)* hoarse, husky, harsh

rekedtség *n* hoarseness, huskiness

rekesz *n ált* compartment || *(istállóban)* stall, box || *(ládika)* crate || *fényk* diaphragm, stop

rekeszizom *n* diaphragm

rekettye *n* gorse, furze, whin

rekkenő *a* **~ hőség** oppressive/sweltering heat, a stifling hot day

reklám *n (reklámozás)* advertising, publicity, (sales) promotion || *(maga a reklám)* advertisement, *biz* ad, *GB biz* advert; *(tévében, rádióban)* commercial

reklamáció *n* complaint

reklamál *v (panaszt tesz)* make*/lodge a complaint (about sg), complain about sg || *(követel vknél vmt)* demand sg from sy, claim sg from sy

reklámár *n* special/giveaway/bargain price, special/limited offer

reklámfőnök *n* publicity/advertising manager, public relations officer (PRO)

reklámfüzet *n (kötött)* brochure, booklet, prospectus; *(hajtogatott)* leaflet

reklámoz *v* advertise, promote, publicize, *biz* push, give* sg publicity; *(rádióban, tévében) biz* give* sg a plug

reklámozás *n* advertising, (sales) promotion, publicity

rekonstruál *v* reconstruct || **~ja a tényállást** reconstruct the facts

rekord *n sp* record; *(csúcsteljesítmény, biz)* an all-time high

rekordidő *n* record(-breaking) time

rekordtermés *n* bumper crop, record yield

rektor *n (magyar egyetemen)* Rector [of the University], *GB* Vice Chancellor, *US* Rector, President [of the University]

rektorátus *n (tisztség) GB* vice-chancellorship, *US* rectorship

rektori hivatal *n (magyar)* Rector's Office, *GB* Vice Chancellor's *(v. US* Rector's) office

rekviem *n* Requiem

relatív *n* relative

relatíve *adv* comparatively, relatively

relativitás *n* relativity

relativitáselmélet *n* theory of relativity

relé *n el* relay

relief *n* relief; *(magas)* high relief; *(fél)* bas-relief

relikvia *n* relic(s)

reluxa *n kb.* Venetian blind
rém 1. *n (kísértet)* spectre (*US* -ter), ghost, apparition, phantom || **a háború ~e** the spectre (*US* -ter) of war; **a környék ~e** the terror of the neighbourhood (*US* -or-); **~eket lát** he is* an alarmist, he is* a Jeremiah **2.** *adv* = **rémesen**
remeg *v* tremble, quake, shake*, quiver, shiver *(vmtől mind:* with) || **egész testében ~ be*** trembling/shaking all over
remegés *n* trembling, tremble, quake, shake, quiver(ing), shiver(ing)
remek 1. *a* superb, magnificent, splendid || **~ fickó** a splendid chap, a good man°, *US* great guy **2.** *int* great!, splendid!
remekel *v vmben* excel (in), surpass/distinguish oneself (in)
remekmű *n* masterpiece
remekül *adv* splendidly, brilliantly, magnificently || **~ éreztük magunkat** we had a wonderful/marvellous (*US* -l-) (*v.* glorious) time
remél *v* hope *(vmt* for sg); *(vmt vár)* expect (sg), look forward to (sg *v.* doing sg); have* hope (that *v.* of sg) || **~ em, még találkozunk** I hope to see you again, I hope that we shall meet again
remélhető *a* to be expected/hoped *ut.*
remélhetőleg *adv* it is (only) to be hoped that; I hope ...; *biz* hopefully ... || **~ eljön** I hope/trust that he will come; **~ nem fog esni** I hope it will not rain
remény *n* hope, expectation || **abban a ~ben, hogy** in the hope that (*v.* of ...)
reménykedlik *v* hope *(vmben/vkben)* for sg/sy), attach hopes *(vmben* to sg) || **abban ~ik, hogy** (s)he cherishes the hope that, (s)he hopes that
reménység *n* hope, expectation || **ez az utolsó ~e** that is* his last hope/resort
reménytelen *a ~ eset* hopeless matter/case; **~ szerelem** unrequited love
rémes *a* awful, frightful, dreadful, horrible, *biz* ghastly || **~en** terribly, horribly, awfully, dreadfully
remete *n* hermit, recluse
remeteség *n átv* seclusion, solitude
rémhír *n* rumour (*US* -or)
rémhírterjesztés *n* rumour-mongering (*US* rumor-), scaremongering
rémhírterjesztő *n* rumour-monger (*US* rumor-), scaremonger, alarmist
rémít *v* terrify, frighten, alarm
rémítget *v* keep* terrifying/scaring/alarming
remíz *n (villamosé)* (tram-)depot
rémkép *n* nightmare
rémlik *v vknek* seem, appear to sy || **valami ~ik** it rings* a bell; **úgy ~ik, mintha** I seem to remember (that), I fancy

rémregény *n* horror story, blood-and--thunder story, thriller, *US* dime novel
rémség *n* horror, atrocity
rémtörténet *n* blood-curdler, blood--and-thunder story, thriller
rémuralom *n* terror(ism), reign of terror
rémület *n* terror, horror, dread || **legnagyobb ~emre** to my utter horror
rémült *a* horrified, terrified, alarmed
rend *n (elrendezettség)* order; *(szobáé)* tidiness || *(sor)* row, line, array || *(lekaszált)* swath || *áll, növ* order || *(társadalmi, tört)* estate, order, class [of society] || **a dolgok majd ~be jönnek** things will sort themselves out, it/things/matters will work out; **a ~ kedvéért** for the sake of order; **egy ~ ruha** a suit (of clothes); **egyházi ~** holy order(s); **ez a dolgok ~je** this is how it should be; **itt valami nincs ~ben** there is* sg wrong (here), *biz* I smell a rat; **polgári ~** bourgeoisie, the commons *pl*; **~be hoz** *ált vmt* put*/set* sg/things to rights, sort sg out; *(megjavít)* repair/mend sg; **~be jön** settle down, return (*v.* be* back) to normal; **~be tesz vmt** put*/set*/get* sg in order, *(szobát)* do* [the room], tidy [the room] (up); **~ben van** *ált* be* in order; *(gép)* be* in (good/perfect) running/working order, be* in perfect trim; *(elintézett)* be* done/settled; **~ben (van)!** *(helyeslés, beleegyezés)* (all) right!, fine!, *biz* OK, okay!; *(el van intézve)* done!; **~et csinál** *vhol* make* order, sort sg out, put*/get* sg in order, *(szobában)* do* the room, tidy the room; *(rosszalkodó gyerekek között)* sort [the children] out; **~et tart** keep* order
rendel *v (árut)* order, give*/send* sy (*v.* put* in) an order for sg; *(ruhát, cipőt)* have* (sg) made for oneself, order (oneself); *(taxit, étteremben)* order; *(színházjegyet, repülőjegyet)* book; *(szobát szállodában)* book, make* a booking || *(vkt vhova kat)* detail, post || *(orvosságot, kezelést)* prescribe [a medicine/treatment] for [an illness] || *(orvos rendelést tart)* have*/hold* one's surgery || **~ 2-től 4-ig** surgery/consulting hours 2 p.m. to 4 p.m.; **magához ~ vkt** summon sy, send* for sy; **tetszett már ~ni?** *(étteremben)* are you being served?
rendelés *n (áruké)* order(ing) || *orv* surgery || **délelőtti ~** morning surgery; **~re készült** made to order/measure *ut., US* custom-made/built; **~t felvesz** take* an order
rendelési idő *n* consulting/surgery hours *pl*

rendelet *n jog* order, decree || **miniszteri** ~ ministerial decree, departmental order (signed by a minister); **orvosi** ~**re** on doctor's orders
rendeletileg *adv* by order/decree
rendelkezés *n* disposition, disposal, direction, order, command, instruction || **további** ~**ig** until further orders/notice; ~**re álló** available, at sy's disposal *ut.*; **miben állhatok** ~**ére?** can I do anything for you?, what can I do for you?; ~**re bocsát** place/put* sg at sy's disposal
rendelkez|ik *v (parancsot ad)* give* orders, order || *(vm felett)* dispose of/over, have* sg at one's disposal || **jeggyel** ~**ők** ticket-holders; ~**ik vmvel** *(birtokol)* possess sg, be* in possession of sg
rendellenes *a* abnormal
rendellenesség *n* ált abnormality, abnormity, *(fejlődési)* developmental abnormality, anomaly, deformity
rendelő *n orv* consulting-room, surgery, *US* (doctor's/dentist's) office
rendelőintézet *n* clinic
rendeltetés *n (cél)* (intended/special) purpose, designation; *(funkció)* function
rendeltetési hely *n* destination
rendes *a (rendszerető)* tidy, neat; *(rendben tartott)* tidy, neat (and tidy), orderly, in order *ut.* || *(derék, tisztességes)* decent, nice, good, upright, straight || *(megszokott)* usual, normal, customary || *(teljes jogú, pl. tag)* ordinary, full [member] || **nagyon** ~ **volt tőled, hogy** ... it was really nice/kind/good of you to ...; ~ **időben** *at* the *u*sual time
rendesen *adv (jól, megfelelően)* properly || *(rendszerint)* usually, normally || ~ **viselkedik** *(erkölcsileg)* behave correctly; *(udvariasan)* behave oneself, be* polite
rendetlen *a (nem rendes)* untidy, disorderly || *(hanyag)* careless, negligent, *biz* sloppy || ~ **ember** unpunctual/careless/untidy person; ~ **ül** in a careless manner, *biz* sloppily
rendetlenked|ik *v (gyerek)* misbehave, be* mischievous, *biz* be* playing (sy) up
rendetlenség *n* disorder, chaos, confusion, *biz* mess
rendez *n (elrendez)* arrange, order, put* sg in(to) (proper) order, *biz (dolgokat)* sort out || *(egyenletet)* reduce [an equation] || *(elintéz)* put*/set* sg to rights, settle; *(kényes/vitás ügyet)* set* [a matter] straight || *(szervez)* organize || *(filmet, színdarabot)* direct || **adósságot** ~ pay*/settle one's debts; **kirakatot** ~ dress the window; ~**ik a fizetéseket** *(emelik)* raise/increase wages/salaries; ~**te** ... directed by ...

rendezés *n (elsimítás)* putting in order, settlement || *(szervezés)* organization, organizing || *(színházi)* direction
rendezetlen *a* disordered, disorderly, confused || *átv* unsettled || ~ **adósság** outstanding/unsettled debt
rendezett *a* orderly, in order *ut.*, properly arranged, well-arranged; *(szoba stb.)* tidy, orderly, *biz* in apple-pie order || ~ **anyagi körülmények között** in financially sound circumstances
rendezked|ik *v* make* order, set* (sg) in order
rendező 1. *a* ~ **pályaudvar** marshalling yard **2.** *n (szervező)* organizer || *szính, film* director
rendeződ|ik *v* be(come)* settled; *(helyzet)* get*/be* back to normal
rendezvény *n* programme (*US* program)
rendfenntartás *n* maintenance of (public) order
rendfokozat *n kat* rank
rendhagyó *a nyelvt* irregular
rendjel *n* order, decoration
rendkívül *adv* extraordinarily, extremely, exceedingly, exceptionally, remarkably, uncommonly || ~ **fontos, hogy** it is* of the utmost/greatest importance that
rendkívüli *a (szokatlan)* extraordinary, unusual, *(kivételes)* exceptional, *(különleges)* singular, remarkable, *(különös)* unusual, uncommon || ~ **esemény** singular/unusual event/incident; ~ **kiadás** *(lapé)* special/extra edition, extra
rendőr *n* policeman°, *(női)* policewoman°, *(férfi v. női)* police-officer, *GB* (police) constable *(röv.* PC, *pl* PCs) || ~ **őrmester** police sergeant; **közlekedési** ~ traffic policeman°
rendőrautó *n* police-car, *(URH-kocsi)* patrol car, *GB így is:* panda car
rendőrfelügyelő *n* inspector
rendőrfőkapitány *n* chief commissioner of police, police commissioner
rendőr-főkapitányság *n* central police station
rendőrfőnök *n* police superintendent, *US* chief of police
rendőri *a* police || ~ **felügyelet alatt áll** be* under police surveillance
rendőrkéz *n* ~**re kerül** be* taken into custody, be* arrested
rendőrkordon *n* (police) cordon
rendőrkutya *n* police dog
rendőrnő *n* policewoman° *(röv* PW), woman police constable *(röv* WPC)
rendőrs *n* police station
rendőrőrszem *n* policeman° on duty
rendőrőrszoba *n* police station

rendőrség

rendőrség *n* police *pl*; *(mint országos testület)* police force || **kivonult a** ~ the police turned out in force
rendőrspicli *n biz* elít (police-)spy, informer
rendőrtiszt *n* police officer
rendreutasít *v* call sy to order, take* sy to task, rebuke sy
rendreutasítás *n* calling to order, rebuke
rendszabály(ok) *n (intézkedés)* measures *pl*, steps *pl* || **megtorló** ~**ok** reprisals, retaliatory measures
rendszám *n (autóé)* registration number
rendszámtábla *n* number plate, *US* license plate
rendszer *n* system; *(módszer)* method || **(politikai)** ~ regime, system of government
rendszeres *a (rendszerezett)* systematic, methodical; *(rendszerszerű)* systemic || *(állandó)* constant, permanent || *(megszokott)* habitual, regular || ~ **tájékoztatás** *(sajtóban)* coverage
rendszeresen *adv* systematically, regularly
rendszeresít *v (bevezet)* establish, introduce
rendszerez *v* systematize || ~**ett** systematic
rendszerezés *n* systematization, system
rendszerint *adv* as a rule, usually, generally, normally, in general
rendszertan *n* taxonomy, taxology
rendszertani *a* taxonomic
rendszertelen *a* without plan/system *ut.*, unsystematic || *(nem összehangolt)* uncoordinated || *(alkalmi)* casual, random
rendszerváit(oz)ás *n pol* change of regime
rendtartás *n* rules *pl*, regulations *pl*
rendületlen *a* firm, resolute, steadfast, steady, unshakable
rendzavarás *n* ált disturbance, *(zendülés)* riot(ing); *(garázdaság)* breach of the peace, disorderly conduct
rendzavaró *n* troublemaker
reneszánsz *n* the Renaissance
reng *v ált* shake*, tremble, quiver || *(föld)* quake, there is an earthquake
rengeteg 1. *num a (számra)* vast number of, countless *(és utána: pl)*, *biz* lots of; *(tömegre)* huge, enormous, vast || ~ **dolgom van** I'm very busy, I've got my hands full, I'm snowed under; ~ **ember** vast/immense/huge crowd(s), a mass of people; ~ **munka** a vast amount of work; ~ **pénz** a lot of money, a mint; ~ **pénze van** he is* rolling in money, *biz* he's loaded **2.** *n (hatalmas erdő)* vast/ trackless forest || ~**et dolgozik** work very hard, work like a Trojan
renovál *v (épületet)* renovate, repair, restore
rénszarvas *n* reindeer
rentábilis *a* profitable, paying, *(igével)* it pays
rentabilitás *n* profitability, profitableness
renyhe *a ált* inert, inactive, torpid || *(bélműködés)* sluggish
répa *n (fehér)* turnip || *(sárga)* carrot || *(cukor)* (sugar-)beet
répacukor *n* beet-sugar
repce *n* rape, colza
reped *v ált* crack, burst*, split*; *(bőr)* chap, crack || *(ruha)* tear*, *(nadrág)* tear*, split*, rip
repedés *n (folyamat ált)* bursting, splitting; *(bőrön)* cracking, chapping || *(eredménye, ált)* burst; *(rés)* gap, slit; *(falban)* crack, chink; *(bőrön)* chaps *pl*; *(ruhán)* tear
repedezett *a ált* cracked, *(bőr)* chapped
repedez|ik *v ált* crack, chap, rend* (easily), split* || *(bőr)* chap
repertoár *n szính* repertoire, repertory
repertoárdarab *n* stock play
repes *v* flit, flutter (about) || **a szíve** ~**ett örömében** his heart jumped/leapt for joy
repesz *n* shrapnel, splinter
repeszt *v* crack, split* || *átv biz (motorral)* tear*/roar along, do* a ton
repeta *n biz* seconds *pl*, a second helping
repít *v vmt ált* let* sg fly, *(sárkányt)* fly* [a kite] || *(hajít)* throw*, fling*, hurl
repked *v* fly* about, *(ide-oda)* flit/flutter to and fro
repkény *n* ground ivy
reprezentáció *n* public/official duties *pl*
reprezentációs költségek *n pl* entertainment expenses
reprezentál *v (képvisel)* represent || *(szerepel a közéletben)* ⟨maintain the dignity of one's (official) position⟩ *kb.* act in one's official capacity
reprezentatív *a (kiállítás, statisztika)* representative || *(mutatós)* impressive, imposing, *biz* swish, *(épület stb.)* imposing, stately || ~ **mintavétel** representative sample (of), sampling
reprivatizál *v* reprivatize
reprivatizálás *n* reprivatization
repríz *n (színdarab)* revival (of a play); *(film)* rerun
reprodukál *v* reproduce
reprodukció *n* reproduction
republikánus *a/n* republican || ~ **párt** *US* Republican Party

repül *v ált* fly*; *(repülőgépen utazik)* fly*, travel *(US* -l) *(v.* go*) by air ‖ **levegőbe** ~ *(felrobban)* blow* up, be* blown up
repülés *n ált* flying ‖ *vké, vmé* flight ‖ *(technika)* aeronautics *sing.,* aviation
repülési *a* flying-, flight- ‖ ~ **magasság** (flying) altitude
repülő 1. *a vm* flying **2.** *n (személy)* flier *v.* flyer, aviator, pilot, *kat GB* aircraftman°, *US* airman° ‖ = **repülőgép**
repülőgép *n ált* aircraft *(pl* ua.), *GB* (aero)plane, *US* airplane, *biz* plane, *(utasszállító)* airliner ‖ **sugárhajtású** ~ jet-propelled aircraft, jet (plane); ~**pel utazik** travel *(US* -l) by air, go* by air, fly*
repülőgép-anyahajó *n* aircraft carrier
repülőgép-eltérítés *n* = **géprablás**
repülőgépgyártás *n* aircraft production
repülőhal *n* flying fish *(pl* ua.)
repülőjárat *n* flight ‖ ~ **száma** flight number
repülőjegy *n* air/passenger ticket
repülőszerencsétlenség *n* air-crash
repülőtér *n (polgári)* airport, *(kisebb)* aerodrome; *(főleg kat)* airfield
repülőtiszt *n* air-force officer, *GB* officer of the Royal Air Force, RAF-officer, *US* officer of the USAF
repülőút *n* flight ‖ **jó repülőutat!** have a good flight/trip, happy landings!
rés *n ált* slit, rift, *(repedés)* fissure, crack, split, *(nyílás)* aperture, orifice, *(lyuk)* hole, gap ‖ ~**en van** be*/stand* on guard *(v.* on the alert/watch)
réshang *n* fricative (consonant)
respektál *v* respect sy, have* respect/regard for sy
rest *a* lazy, slothful, sluggish
restancia *n* backlog ‖ **sok** ~**m van** I have a huge backlog (of work)
restauráció *n tört* restoration
restaurál *v* restore
restaurátor *n* (picture-)restorer
restell *v (szégyell vmt)* be* sorry that ..., be* ashamed of/that ... ‖ *(vmt megtenni)* be* too lazy to do sg, be* loth/reluctant to do sg ‖ ~**em a dolgot** I feel really (very) bad about it
rész *n* part, piece ‖ *(osztályrész)* share, proportion ‖ *(terület)* section, region ‖ *átv* part, side ‖ **a rá eső** ~ one's share; **két** ~**ből álló** consisting of two parts/ sections *ut.*; **kiveszi a** ~**ét vmből** take* a share in sg, participate in sg; **legnagyobb** ~**ben** for the most/greater/ greatest part, to a great/large extent; ~**e van vmben** be* a party to sg, have* a hand in sg, be* involved in sg; ~**emről** for/on my part, as far as I am* concerned; ~**t vesz** *vmben* take* part in sg, share/participate/join in sg; *(vm rosszban)* be* engaged in sg; *vmn* take* part in, participate in sg; **vk** ~**ére** for sy; **vk** ~**éről** on sy's part, on the part of sy
részben *adv* partly, in part, partially, to some degree/extent, to a certain extent
részecske *n* particle, fragment ‖ **elemi** ~ elementary particle
részeg 1. *a* drunk(en), intoxicated, *biz* pissed, *(kissé)* tight, tipsy ‖ ~**en** in a state of drunkenness/intoxication; ~, **mint a csap** (as) drunk as a lord/newt **2.** *n* drunk, drunkard
részeges *a* drunken, given/addicted to drinking *ut.*
részegítő *a* intoxicating, heady
részegség *n* (state of) drunkenness/intoxication, inebriation, tipsiness
reszel *v (fát, fémet, körmöt)* file ‖ *(ráspollyal)* rasp ‖ *(ételfélét)* grate ‖ ~ **a torkom** sg is* irritating my throat
reszelő *n ált* file ‖ *(ételhez)* grater
részes 1. *a (érdekelt vmben, igével)* have* a(n) interest/hand/share in sg, be* concerned/interested in sg ‖ *(vmben részt vevő)* participating *(v.* taking part) in sg *ut.* ‖ **ő is** ~ **a dologban** he is also involved **2.** *n* participant (in), partner (to)
-részes *suff* -part ‖ **négy**~ four-part, consisting of four parts *ut.*
részesedés *n (nyereségből stb.)* share, dividend
részeshatározó (eset) *n* dative (case)
részesít *v vkt vmben* give* sy a share in sg, grant sy sg ‖ **szívélyes fogadtatásban** ~ **vkt** give* sy a warm welcome/reception
részesül *v vmben* participate/share in sg, have* a share in sg
részfoglalkozású *a (igével)* work part- -time, have* a part-time job
részint *adv* partly ‖ ~ ..., ~ both ... and; on the one hand ... on the other (hand)
reszket *v* tremble ‖ *(borzong)* shiver, shudder ‖ *(átv fél)* tremble (with fear) ‖ **hidegtől** ~ shiver with cold; ~, **mint a nyárfalevél** tremble like an aspen- leaf
reszketés *n* trembling, tremble ‖ *(borzongás)* shiver(ing), shudder(ing)
reszkető *a* ~ **hang** trembling/quavery/ tremulous voice; ~ **kézzel írt** written by a shaky/trembling hand
reszkíroz *v* risk, take* chances, take* a risk/chance
részleg *n* section, department, part
részleges *a* partial
részlet *n (ált vmnek a részei)* detail, particulars *pl;* ‖ *(irodalmi/zenei műből)* extract, passage ‖ *(részletfizetésnél)* instal-

részletes 490

ment *(US* -ll-); payment ‖ **apró ~ek** part*i*culars, min*u*te d*e*tails; **~ekbe bocsátkozik** go* *i*nto d*e*tail(s); **~re vesz** buy* (sg) on hire-p*u*rchase; **12 havi ~re** [pay*] by twelve m*o*nthly inst*a*lments

részletes *a* detailed

részletesen *adv* in detail

részletez *v (részletesen előad)* detail (sg), go* *i*nto d*e*tail(s) ab*o*ut sg ‖ **nem akarom ~ni** I will not go *i*nto (the) d*e*tails

részletezés *n (felsorolás)* details *pl*; *ker is:* specification, itemization

részletfizetés *n* hire-p*u*rchase

részletkérdés *n* a (question/m*a*tter of) detail

részrehajlás *n* partiality, b*i*as

részrehajló *a* p*a*rtial, b*i*as(s)ed

resztelt *a* = pir*í*tott

résztvevő *n* = **részvevő 1.**

részvény *n* share, *US* stock ‖ **~t jegyez** subscr*i*be for shares

részvényes *n* sh*a*reholder, *US* st*o*ckholder

részvénytársaság *n (röv* **rt.***)* jointst*o*ck c*o*mpany; *US* stock c*o*mpany

részvét *n (együttérzés)* comp*a*ssion, s*y*mpathy (for) ‖ **~et érez vk iránt** feel* s*y*mpathy for sy; **fogadja őszinte ~emet** please acc*e*pt my cond*o*lences, please acc*e*pt my h*e*artfelt/d*ee*pest s*y*mpathy in your ber*e*avement

részvétel *n* particip*a*tion, t*a*king part (in)

részvételi díj *n* participation fee, ch*a*rges *pl*

részvétlátogatás *n* v*i*sit of cond*o*lence

részvéttávirat *n* telegram of cond*o*lence

részvevő 1. *n* part*i*cipant, att*e*ndant; *(konferenciáé)* part*i*cipant ‖ **a ~k** those present, (the) att*e*ndance **2.** *a (sajnálkozó)* comp*a*ssionate, symp*a*thetic, s*y*mpathizing

rét *n* m*e*adow, field

réteg *n ált* l*a*yer; *(felületen)* c*o*ating ‖ *(földben)* str*a*tum *(pl* str*a*ta); *bány* seam, bed, streak ‖ *(társadalmi)* str*a*tum *(pl* str*a*ta), l*a*yer

réteges *a (föld stb.)* in l*a*yers/str*a*ta *ut.;* l*a*minated

rétegeződés *n (társadalmi is)* stratific*a*tion

retek *n* radish

rétes *n* str*u*del ‖ **almás ~** apple str*u*del

retesz *n* bolt, f*a*stener

réti *a* m*e*adow

retikül *n* (h*a*nd)bag, *US* purse

retina *n* retina

retkes *a (testrész, átv)* d*i*rty, gr*i*my

retorika *n* rhetoric

retorzió *n* repr*i*sal(s), retali*a*tion

retteg *v vmtől* dread/fear sg, be* afr*ai*d/ terr*i*fied of sg ‖ *vktől* be* terrified of sy, dread sy, be* in dread of sy

rettegés *n* dread, fear

rettegett *a* feared, dr*e*aded

rettenetes *a* t*e*rrible, dr*e*adful, fr*i*ghtful, *a*wful, h*o*rrible

rettenetesen *adv* t*e*rribly, *a*wfully, *(fél)* d*e*sperately

rettenthetetlen *a* intr*e*pid, f*e*arless

rettentő 1. *a* t*e*rrific, horr*i*fic **2.** *adv* **~ nagy** col*o*ssal, en*o*rmous

retúrjegy *n* ret*u*rn (t*i*cket), *US* round-trip t*i*cket; *(egy napi)* day-ret*u*rn (to)

retusál *v* ret*o*uch, touch up

reuma *n* rh*e*umatism

reumás *a/n* rheum*a*tic

reumatikus *a* rheum*a*tic

reumatológia *n* rheumat*o*logy

reumatológus *n* rheumat*o*logist

rév *n (révátkelés)* ferry ‖ *(kikötő)* h*a*rbour *(US* -or), port ‖ **~be ér** come* (safe) (*i*n)to port, *átv* be* home and dry

reváns *n (bosszú)* ret*u*rn, revenge ‖ **~ot vesz vkn** have*/take* (one's) revenge on sy (for sg)

révedez|ik *v* ind*u*lge in r*e*veries/d*a*y-dreams, d*a*y-dream*, be* lost in (a) r*e*verie

reveláció *n* revelation

révén *post/adv* **vknek a ~** through (the intervention of) sy, *(jóvoltából)* through the good *o*ffices of sy; **vmnek a ~** through sg, by means of sg

reverenda *n* c*a*ssock, sout*a*ne

révész *n* ferryman°

revízió *n* rev*i*sion

revizionista *a/n* rev*i*sionist

revizionizmus *n* rev*i*sionism

revíziós *a* rev*i*sionist

revizor *n ker* au*di*tor

révkalauz *n* (l*i*censed) p*i*lot

revolver *n* rev*o*lver, p*i*stol, *US* (h*a*nd)gun ‖ **~t ránt** whip out a rev*o*lver

revü *n* revue, vari*e*ty show

révület *n* trance, entr*a*ncement, *e*cstasy ‖ **~be esik** fall* *i*nto a trance

revüszínház *n* vari*e*ty th*e*atre, m*u*sic hall

réz *n (vörös)* copper, *(sárga)* brass ‖ *biz* **kivágta a rezet** he has done h*i*mself proud, he did his l*e*vel best

rezdül *v* qu*i*ver, vibr*a*te, *o*scillate

rezdülés *n ált* qu*i*ver, vibr*a*tion, oscill*a*tion ‖ *(szellőé)* puff, waft (of air)

rezeda *n növ* mignon*e*tte, res*e*da

rezeg *v (húr)* qu*i*ver ‖ *(más)* tr*e*mble, shake* ‖ *fiz* vibr*a*te, *o*scillate

rezervátum *n* (n*a*ture) reserve

rezes *a (vörösrezet tartalmazó)* c*o*pper(-); *(rézszerű)* c*o*pper-like, c*o*ppery; *(sárga)* brassy ‖ *(hang)* br*a*zen

rezesbanda *n* brass band
rézfúvós 1. *a* brass(-) ‖ ~ **hangszer** brass instrument **2.** *n (zenész)* brass(-instrument) player ‖ **a ~ok** the brass
rézfúvószenekar *n* ált brass ensemble; *kat* brass band
rézgálic *n* blue vitriol, copper sulphate *(US* -lf-)
rezgés *n* ált quiver(ing), flutter ‖ *fiz* vibration, oscillation
rezgésszám *n* frequency
rezgő *a* ált vibrant, shaking ‖ *(hang)* tremulous, quavery, quivering ‖ *fiz* vibrating, oscillating ‖ *növ* ~ **nyár(fa)** aspen, trembling poplar
rezidencia *n* residence
rezignált *a* resigned
rézkarc *n* etching, etched engraving, copperplate
rézmetszet *n* copperplate (engraving), copper/line engraving, etching
rezonál *v* resound, resonate
rezonancia *n* resonance
rézpénz *n* copper (coin)
rezümé *n* résumé, abstract, summary; *(nyelvoktatásban)* précis
rézveretes *a* brass/copper-studded
rezsi(költség) *n* overheads *pl,* overhead costs/expenses *pl*
rezsim *n* régime, (system of) government
rezsó *n (gáz)* gas ring/cooker, *(villany)* hot plate
rézsútos *a (ferde)* slanting, oblique, askew *ut.,* awry *ut.*
rézsútosan *adv* obliquely, askew, awry
RH-negatív *a* RH negative
RH-pozitív *a* RH positive
riad *v* start up (with fright)
riadalom *n* panic, commotion, chaos
riadó *n* ált alarm, *kat* alert
riadóautó *n (rendőri)* police van *(US* truck)
riadókészültség *n* alert ‖ ~**ben van** be* on the alert
riadt *a* startled, alarmed
rianás *n (jégen)* crack, crevasse
riaszt *v (ált és katonaságot, rendőrséget)* alert ‖ = **ijeszt**
riasztó 1. *a (ijesztő)* alarming, startling, frightening; *(félelmetes)* fearful, frightful **2.** *n* alarm ‖ **megszólalt a ~ the** alarm went off
riasztóberendezés *n* burglar alarm, alarm/security system
riasztólövés *n* warning shot
riasztópisztoly *n* pop-gun, cap-pistol
ribiszke, ribizli *n növ* currant ‖ **vörös ~** redcurrant; **fekete ~** blackcurrant
ricinus(olaj) *n* castor oil

ricsaj *n biz (zaj)* din, shindy, row, racket ‖ **nagy ~t csap** kick up a row, make* a hell of a row
rideg *a (ember)* cold, unsociable, unfriendly; ‖ *(éghajlat)* bleak, severe ‖ *(anyag)* brittle ‖ **a ~ valóság** the sober/naked truth, the stark reality; ~ **elutasítás** flat refusal
rigó *n* thrush
rigófütty *n* thrush-song
rigolya *n* whim, crotchet
rigolyás *a* crotchety, whimsical
rikácsol *v* screech, scream, shriek
rikít *v (szín)* glare
rikító *a (szín)* glaring, garish, loud ‖ *(szembeszökő)* conspicuous, striking ‖ ~ **vörös** bright red
rikkancs *n* newsboy, *GB* paperboy
rikolt *v* scream, shriek, cry out
rikoltoz *v* shriek out, keep* shrieking
rím *n* rhyme
rimánkod|ik *v vknek vmért* implore/beseech* sy for sg *(v.* sy to do sg)
rímel *v vmvel* rhyme (with sg)
ring *v* ált rock, swing* ‖ *(hajó)* sway, dance (on the waves)
ringat *v (bölcsőt)* rock; *(karban)* cradle ‖ **abban ~ja magát, hogy** (s)he cherishes the hope/illusion that
ringató(d)z|ik *v* rock, swing*
ringli *n (étel)* anchovy-rings *pl*
ringlispíl *n* merry-go-round
ringló *n* greengage
ringyó *n vulg* tramp, trollop, *GB* scrubber, slag
rinocérosz *n* rhinoceros
ripacs *n (színész)* ham, *(US szónok is)* barnstormer
ripityára *adv biz* ~ **ver** beat* sy to pulp/jelly
riport *n* report (on sg) ‖ ~**ot ír vmről** write* a report on sg, report on sg
riporter *n* reporter, *(tudósító)* correspondent; *sp* commentator
riposzt *n sp* riposte ‖ *átv* riposte, retort, pat answer
riposztoz|ik *v sp* riposte, counter ‖ *átv* counter sy, answer pat, cap sy's remark
ripsz *n tex* rep(s), repp
ripsz-ropsz *adv* in a hurry, in haste, in a slapdash manner
riszál *v (testet)* move/swing* to and fro ‖ ~**ja a csípőjét** sway/swing*/wiggle one's hips, *(járás közben) US* sashay
ritka *a (nem gyakori)* rare, infrequent, scarce ‖ *(nem sűrű)* thin, sparse, scanty ‖ ~ **alkalom** a golden/unique opportunity; ~ **haj** thin hair
ritkán *adv (nem gyakran)* rarely, seldom, not often ‖ *(nem szorosan)* sparsely, thinly ‖ **nagy ~** once in a blue moon

ritkaság

ritkaság *n (ritka előfordulás)* rarity, rareness, scarcity, scarceness || *(ritka dolog)* rarity, curio, curiosity || ~, **hogy** it is* rare that, it rarely/seldom happens that
ritkít *v (sűrűt)* thin (out) || **párját** ~**ja** *(személy)* (s)he is* (almost) unrivalled *(US* -l), you will not easily find his/her peer
ritkítás *n (sűrű dologé)* thinning (out)
ritkul *v (gyérül)* grow*/get*/become* thin(ner)/sparse(r), be* thinned (out) || *(kevésbé gyakorivá válik)* get*/become* rare(r)/scarce(r) || ~ **a haja** his hair is* getting thin
ritmikus *a* rhythmic(al) || ~ **sportgimnasztika** rhythmic gymnastics *sing.;* ~ **torna** eurhythmics *sing. v. pl*
ritmus *n* rhythm
ritmuszavar *n orv* arrhythmia
rituális *a* ritual
rítus *n* rite, ritual
rivalda *n* the front of the stage
rivaldafény *n* szính footlights *pl,* limelight || *átv* limelight || **a nyilvánosság** ~**ében** in the glare of publicity
rivális *n* rival
rivalizál *v vkvel* rival *(US* -l) sy, compete/vie with sy
rizikó *n* risk, hazard, venture, chance
rizikófaktor *n* risk factor
rizling *n* riesling
rizs *n* rice
rizses *a* rice-, with rice *ut.* || ~ **aprólék** giblets with rice *pl*
rizsfelfújt *n* rice-pudding, rice soufflé
rizskása *n (étel)* rice-milk, creamed rice
rizsleves *n* rice soup
ró *v (bevés jelet)* cut* (in), carve, scratch || **az utcát** ~**ja** walk/roam the streets; **bírságot** ~ **vkre** fine sy
robaj *n* din, loud noise, *(összeomlásé, törésé)* crash || **nagy** ~**jal összedől** collapse with a great crash
robban *v* explode
robbanás *n* explosion, detonation
robbanó *a* explosive
robbanóanyag *n* explosive
robbanóbomba *n* (demolition) bomb, *(nagy erejű)* high explosive (bomb)
robbanófej *n (rakétában)* warhead
robbanómotor *n* internal combustion engine
robbanószer *n* explosive || **nagy erejű** ~ high/powerful explosive
robbanótöltet *n* explosive (charge), *(rakétában)* warhead
robbant *v (tárgyat)* blow* up, *(bombát)* explode || *(kártya)* **bankot** ~ **break*** the bank
robbantás *n (ált és régi épületé)* blowing up; *(bombáé és bány)* explosion

robog *v (rohan)* thunder/speed*/rattle past, rush
robot[1] *n tört (hűbéri)* socage, statute/forced labour || *átv* hard work, drudgery, toil || **a mindennapi** ~ the daily grind
robot[2] *n* = **robotember, robotpilóta**
robotember *n* robot, automaton *(pl* -tons *v. -ta)*
robotgép *n (háztartási)* food-processor
robotol *v tört (hűbéri szolgáltatásként)* do*/perform socage-service || *átv* drudge, toil/slave away, work hard
robotpilóta *n* robot/automatic pilot, autopilot
robottechnika *n* robotics *sing.,* robot technology
robusztus *a* robust, hefty
rock *n zene* rock (music) || **kemény** ~ hard/heavy rock
rockénekes *n* rock singer
rockopera *n* rock opera
rockzene *n* rock music
rockzenész *n* rock musician
rododendron *n* rhododendron
rohad *v* = **rothad**
rohadt *a vulg* ~ **alak** a shit
roham *n (támadó)* attack, assault, charge || *(atlétikában)* run-up || *(betegségé)* bout, fit, attack || ~**mal bevesz** take*/carry sg by assault; ~ **ot kap** have* a fit, have* a sudden attack of sg; ~**ra indul vm ellen** *(átv is)* launch an attack against sg
rohamcsapat *n* shock-troops *pl,* commandos *pl*
rohamkocsi *n (mentő)* mobile clinic
rohamlépés *n* ~**ben** *(átv is)* at the double, double-quick
rohammunka *n* rush(ed) work, rush job
rohamos *a* rapid, swift, fast, speedy || ~ **fejlődés** rapid development; ~ **javulás** speedy recovery
rohamosztag *n kat* commando unit
rohamoz *v* attack, charge
rohamrendőrség *n* riot-police *pl*
rohamsisak *n* steel helmet, *biz* tin hat
rohan *v* run* (along), hurry || **vhova** ~ be* in a hurry to, rush to; **vesztébe** ~ court danger/disaster
rohanás *n* run(ning), rush(ing), hurry(ing)
rohangál *v* run*/rush about/around, run* to and fro
rojt *n* fringe, tassel
rojtos *a (rojtokkal ellátott)* fringed, tasselled *(US* -l-) || *(kikopott)* frayed
róka *n áll* fox || **ravasz, mint a** ~ (as) cunning/sly as a fox, (as) sharp as a needle; *átv* **ravasz** ~ a sly fox/dog; ~ **koma** Reynard (the Fox), Brer Fox; **(tapasztalt) vén** ~ an old fox, an old hand (at it)

rókalyuk *n* fox's earth, *(kat is)* foxhole
rókavadászat *n* fox-hunting
rókavörös *a* foxy-red, ginger; **áll rufous**
rókáz|ik *v biz* be* sick, throw* up
rokfort *n* Roquefort
rokka *n* spinning wheel
rokkant 1. *a (ember)* disabled, crippled **2.** *n* disabled person, cripple ‖ **a ~ak** the disabled, *(végtagnélküliek)* the limbless
rokkantkocsi *n* invalid carriage
rokkantság *n* disability
rokkantsági nyugdíj *n* disability pension
rokokó *n* rococo
rokon 1. *a vkvel* related to *ut.* ‖ *átv vmvel* be* related/akin to sg ‖ **~ nyelvek** related/cognate languages; **~ szakma** related field (of work/study) **2.** *n (családi kapcsolatban)* relative, relation ‖ **~ok vagyunk** we are* related, we are* relatives; **távoli ~** a distant relation
rokonság *n (kapcsolat)* relationship ‖ *(rokonok összessége)* family, relatives *pl*, relations *pl*, sy's kindred
rokonsági fok *n* degree of relationship
rokonszenv *n* sympathy ‖ **vk iránti ~ből** out of sympathy for sy
rokonszenves *a* sympathetic, congenial
rokonszenvez *v vkvel* take* to sy, be* drawn/attracted to(wards) sy
rokonszenvtüntetés *n* demonstration of solidarity/sympathy
-ról, -ről *suff* **a)** *(helyhatározó)* from; **Pécsről érkezik** arrive from Pécs ‖ off; **leszáll a vonatról** get* off the train **b)** *(időhatározó)* from; **időről időre** from time to time **c)** *(eredet, irányulás)* of, about, on; **álmodik vkről/vmről** dream* about/of a person/matter; **ír vmről** write* on sg ‖ *(elöljáró nélkül)* **megfeledkezik vkről/vmről** forget* sy/sg; **lemond a dohányzásról** give* up smoking ‖ *(különféle elöljáróval)* **magyarról angolra fordít** translate from English into Hungarian; **lebeszél vkt vmről** argue/reason talk sy out of sg **d)** *(módhatározó)* **szóról szóra** word for word
róla *adv (hely)* from him/her/it, of it ‖ *(felőle)* of/about him/her/it ‖ **gondoskodik ~ vkről** take* care of sy, look after sy; *vmről* see* to it that ...; **nem tehetek ~** I can't help it, it's not my fault; **szó sincs ~** it is* out of the question
roletta *n* = **roló**
roller *n* scooter
rolleroz|ik *v* scooter
roló *n (vászon)* blind(s), *US így is:* window shade ‖ = **redőny** ‖ **felhúzza a ~t** draw* up the blind(s); **leereszti a ~t** let*/pull down the blind(s)

rom *n ált* ruin ‖ *(maradvány)* remains *pl* ‖ **~ba dől** fall* into ruin; **~okban hever** lie*/be* in ruins
Róma *n* Rome
római *a/n* Roman ‖ **R~ Birodalom** Roman Empire; **~ katolikus** Roman Catholic; **~ számok** Roman numerals
román 1. *a (romániai)* Romanian, Rumanian ‖ **~ nyelv** Romanian, Rumanian; **~ nyelvek** Romance languages; **~ stílus** Romanesque style, *GB* Norman style **2.** *n (ember, nyelv)* Romanian, Rumanian
románc *n* romance
Románia *n* Romania, Rumania
romániai *a/n* Romanian, Rumanian
romantika *n (irányzat)* romanticism ‖ *(romantikusság)* romance, the romantic
romantikus 1. *a* romantic **2.** *n* romantic author/poet, romantic
románul *adv* (in) Romanian/Rumanian ‖ → **angolul**
rombol *v* destroy, lay* sg waste, ravage, devastate; *(tárgy nélkül)* wreak havoc ‖ **vknek a tekintélyét ~ja** destroy/undermine sy's authority
rombolás *n* destruction, ravaging, devastation
romboló 1. *a (erkölcsileg)* **~ hatású** destructive, subversive **2.** *n kat* destroyer
rombusz *n* rhombus *(pl* -buses *v.* -bi)
romhalmaz *n* heap of ruins
romlandó *a (áru)* perishable
romlás *n ált* deterioration; *(anyagé)* perishing, decomposition, *(szerves anyagé)* putrefaction, rotting ‖ *(pénzé)* devaluation, depreciation ‖ *(erkölcsi)* corruption; *(minőségi)* deterioration
romlatlan *a (anyag)* undeteriorated, undamaged, *kif* has not gone off; *(hús)* free from taint *ut.* ‖ *(erkölcsileg)* unspoiled, pure; *(lány)* chaste, pure
romlatlanság *n (erkölcsi)* pureness, purity, innocence
roml|ik *v (anyag)* deteriorate, spoil*, decompose; *(szerszám stb.)* go* wrong; *(étel)* spoil*, go* off ‖ *(pénz)* be* devalued, depreciate ‖ *(egészség)* fail, be* getting worse, worsen, become* impaired ‖ *átv* worsen, grow* worse, decline; *(minőség)* deteriorate, fall* off ‖ **a hal gyorsan ~ik** fish goes off quickly; **~ik a helyzet** things are* getting worse; **~ik a szeme** his sight is* failing
romlott *a (anyag)* spoiled, deteriorated, damaged; *(rothadt)* rotten, putrid ‖ *átv* corrupt(ed) ‖ **~ hús** tainted meat, *(igével)* the meat is high/off; **velejéig ~** rotten to the core *ut.*
romos *a* (partly) ruined

roncs *n (hajóé, járműé)* wreck(age) || *átv* wreck

roncsol *v (pusztít)* shatter, smash to pieces; *(szaggatva)* tear* to shreds || *(maró anyag)* corrode

roncsolód|ik *v* be* shattered, be* smashed to pieces

ronda *a (csúnya)* ugly, *(undorító)* disgusting, repugnant || *(kellemetlen)* wretched, nasty || *(utálatos, ellenszenves)* horrid, horrible, wretched, loathsome || ~ **beszéd** foul/obscene language, dirty talk; ~ **fráter** nasty/disgusting fellow; ~ **idő** wretched/nasty weather

rondít *v (vhova kutya)* make* a mess swhere, foul/dirty [the kitchen floor etc.]

rongál *v ált* damage, *(köztulajdont)* vandalize

rongálás *n* harm, damaging, damage

rongált *a (tárgy)* damaged, *(köztulajdon)* vandalized

rongy *n ált* rag; *(padlóhoz)* (floor) cloth; *(ruhanemű)* old rag, rags (and tatters) *pl* || **rázza a** ~**ot** keep* up appearances, show* off

rongyos *a (ruha)* ragged, tattered, frayed || *biz (csekély)* ~ **ötven forintért** for a measly/lousy/paltry fifty forints

ront *v (rongál)* spoil*, damage (sg) || *vkt* corrupt (sy) || *(kényeztet)* spoil* || *sp isk (bizonyítványán stb.)* be* not up to scratch, be* below one's best || *(rohan)* **vhová** ~ rush, dash (to); ~**ja a levegőt** taint/vitiate the air; *átv* be* a nuisance; ~**ja a szemét** *(apró betű stb.)* stain/spoil* the eyes; ~**ja az erkölcsöket** be* morally corrupting/harmful; **vkre/vknek** ~ attack sy, rush at sy, *biz* go* for sy

rop *v* ~**ja a csárdást** dance the csardas/czardas briskly

ropog *v ált* crack || *(tűz)* crackle || *(fegyver)* rattle || *(hó)* crunch

ropogás *n* crack(ing), crunch(ing), *(tűzé)* crackle, crackling

ropogós 1. *a ált* crisp; *(nassolni való)* crunchy || ~**ra süt** crisp **2.** *n (étel)* croquette

ropogtat *v ált* crack(le) || *(ételt szájban)* crunch, munch

roppant[1] *v* crack(le), snap

roppant[2] **1.** *a* huge, enormous, vast **2.** *adv (nagyon)* extremely, exceedingly || ~ **nagy** enormous; ~ **sajnálom** I very much regret it, I'm awfully sorry

rósejbni *n* chips *pl*, chipped potatoes *pl*, *US* French fries

roskad *v* **földre** ~ fall* down, sink*/fall* to the ground; **magába** ~ sink* into oneself

roskadoz|ik *v (majdnem összedől)* (be* about to) fall*/cave in, be* on the verge of collapse || **gyümölcstől** ~**ó fák** trees laden with fruit

roskatag *a (épület)* dilapidated, tumbledown, ramshackle || ~ **aggastyán** decrepit old man°

rost[1] *n (szerves, ált)* fibre (*US* fiber), *(növ még:)* filament, staple

rost[2] *n (sütőrostély)* grill, gridiron || ~**on sült hús** grill(ed meat/steak); ~**on süt** grill, *US* broil

rosta *n* riddle, sieve

rostál *v* riddle, sift || *átv* sift, select, screen

rostély *n ált* grate, grating; *(ablakon)* grating, bars *pl*; *műsz* screen || *(sisakon)* visor *v.* vizor, beaver || = **rost**[2]

rostélyos *n (étel)* braised steak || **hagymás** ~ braised steak with fried onions

rostnövény *n* fibre (*US* fiber) crop/plant

rostokol *v biz vk* be* hanging around, be* kept waiting, *vm* be* held up

rostonsült *n* grill(ed meat/steak)

rostos *a ált* fibrous, *növ* filamentary, filamentous || ~ **ételek** dietary fibre (*US* fiber), roughage; ~ **gyümölcslé** fruit juice with fibre (*US* fiber) of the fruit, crush, *US* nectar

rosttoll *n* fibre (*US* fiber) tip(ped) pen

rossz 1. *a ált* bad; *(elvont értelemben)* evil; *(gonosz)* evil, wicked, vicious || *(káros vmre)* injurious (to), bad (for) || *(nem megfelelő)* poor, inadequate, unsuitable, inconvenient; *(téves)* wrong || *(nem működő)* out of order *ut.*; *(elromlott)* be* broken || ~ **anyagi körülmények között él** be* poor, be* badly off; ~ **bőrben van** look ill/seedy, be* in a bad way, be* off colour (*US* -or); **(ez) nem** ~**!** (that's) not (at all) bad!; ~ **értelemben** in a bad (*v.* the wrong) sense; ~ **fényt vet rá** it shows* him in a poor light, it reflects discredit on him; ~ **formában van** be* in bad shape, be* off one's form; ~ **gyerek** naughty/mischievous child°; ~ **hírű** notorious, ill-famed, disreputable; ~ **idő van** the weather is bad/dreadful/foul, it's rotten weather; ~ **ízű** foul-tasting, unsavoury (*US* -ory), sg tastes foul/awful → **rosszízű**; ~ **közérzet** malaise, indisposition; ~ **külsejű** *(szegényes)* shabby, *(erkölcstelen)* unsavoury-looking; ~ **lelkiismeret** bad/uneasy/guilty conscience; ~ **minőségű** of poor/inferior quality *ut.*, low-grade; ~ **modor** unpleasant/rude manner(s), ill-breeding; ~ **napja volt** it was one of his off days; ~ **néven vesz vmt** take* offence at sg, be* offended by sg, resent sg; ~ **szaga**

van have* a bad/unpleasant smell, smell* horrible/bad, stink*; ~ **számot hívott** you('ve) got the wrong number; ~ **szeme van** have* poor/bad eyesight; ~ **szemmel néz vmt** disapprove of sg, dislike sg, doesn't like sg; ~ **színben van** look ill/pale; ~ **termés** poor crop/harvest, crop failure; ~ **útra csábít vkt** lead* sy astray, mislead* sy; ~ **útra téved** go* astray, lose* one's way; ~ **vége lesz** it will come to no good; ~ **viszonyban van vkvel** be* on bad terms with sy **2.** *n ált evil* ‖ *(helytelenség)* wrong ‖ **ebben nincs semmi** ~ there is* no harm in that; **két** ~ **közül a kisebbiket választja** choose* the lesser of two evils; **nem akarok** ~**at neked** I mean* you no harm; ~**at sejt** have* misgivings, fear the worst; ~**ban vannak** they are* on bad terms

rosszabb *a* worse *(vmnél than)*, inferior *(vmnél* to*)* ‖ ~ **napokra** for a rainy day; **annál** ~ so much the worse

rosszabbodás *n* growing/getting worse, worsening, change for the worse

rosszabbod|ik *v* grow*/get*/become* worse, worsen, take* a turn *(v. change)* for the worse ‖ **a helyzet** ~**ik** things are going from bad to worse

rosszakarat *n* ill-will, malice, malevolence

rosszakaratú *a* ill-willed/disposed/intentioned, malevolent, malicious

rosszall *v* disapprove of, find* fault with

rosszallás *n* disapproval

rosszalló *a* disapproving ‖ ~ **tekintet** look of disapproval, frown

rosszaság *n ált* badness ‖ *(tárgyé)* bad/poor/inferior quality ‖ *(gonoszság)* wickedness, evil character (of sy) ‖ *(gyereké)* naughtiness, mischievousness

rosszhiszemű *a (bizalmatlan)* mistrustful, distrustful *(vkvel szemben* of sy*)* ‖ ~**en** *(csalárdul)* in bad faith

rosszhiszeműség *n (bizalmatlanság)* mistrust, distrust ‖ *(csalárdság)* bad faith

rosszindulat *n* spite, spitefulness, malice, malevolence, ill-will

rosszindulatú *a ált* malicious, evil-minded, malevolent, hostile ‖ *orv* malignant ‖ ~ **daganat** malignant tumour (*US* -or); ~ **vkvel szemben** bear* sy malice

rosszízű *a (bántó)* distasteful, tasteless ‖ ~ **tréfa** a joke in poor taste

rosszkedv *n* low spirits *pl*, depression

rosszkedvű *a* moody, huffy, out of sorts, bad-tempered, dejected

rosszkor *adv (helytelen időben)* at the wrong time ‖ *(alkalmatlanul)* at a bad *(v.* an inconvenient*)* time, at an awkward moment/time ‖ **a legrosszabbkor** at the worst possible moment

rosszmájú *a* malicious, sarcastic, *biz* bitchy

rosszul *adv ált* ill, badly, poorly ‖ *(helytelenül)* wrong(ly) ‖ *(nem előírásosan/rendesen)* out of order, amiss ‖ ~ **áll** *(anyagilag)* be* badly off; *(vmlyen ügy)* be* not looking good; ~ **áll a ruha vkn** his suit (*v.* her dress) doesn't fit, the dress/suit is* a bad fit; ~ **érzi magát** *(beteg)* feel* unwell; *(feszélyezett)* feel* ill at ease, feel* awkward/uncomfortable; ~ **ítél meg vkt** misjudge sy; ~ **jár** *(pórul jár)* come* to grief; *(óra)* go* wrong; ~ **járt** he came off badly, *US* he lost out; ~ **lett** *vmtől* (s)he was* taken ill, (s)he became* unwell, *(elájult)* (s)he fainted; ~ **öltözött** badly-dressed; ~ **sikerül** fail, miscarry, misfire; ~ **tájékozott** ill-informed; ~ **tetted!** you ought not to have done it, you should not have done it, you were wrong; ~ **van** be* ill/unwell; ~ **viselkedik** misbehave, behave badly

rosszullét *n* indisposition; *(émelygés)* nausea; *(ájulás)* faint, collapse

rothad *v* rot, decay, become* rotten

rothadás *n* rot, rotting, decay, putrefaction

rothadt *a* rotten, decayed, putrid ‖ *átv* wretched, rotten ‖ **velejéig** ~ rotten to the core

rothaszt *v* rot, putrefy

rotyog *v* bubble, simmer, seethe, stew

rovar *n* insect, *US így is:* bug

rovarcsípés *n* insect-bite

rovarevő 1. *a ált* insectivorous **2.** *n ált* insectivore ‖ ~**k** insectivores

rovarirtó (szer) *n* insecticide, pesticide, *(por)* insect-powder, *(spray)* insect spray, *US így is:* bug spray

rovarpor *n* insect-powder

rovartan *n* entomology

rovás *n (bevágás)* notch, score ‖ **sok van a** ~**án** he has* much to answer for, he has* much on his conscience; **vknek a** ~**ára** at sy's cost/expense, on sy's account; **vmnek a** ~**ára** at the expense of sg

rovásírás *n* runic writing, runes *pl*

rovat *n* column, side [of account] ‖ *(újságban)* column

rovátkol *v* groove/notch sg, cut*/make* a notch/groove (*v.* notches/grooves) in sg

rovatvezető *n* columnist, editor

rozetta *n (szalagdísz)* rosette; *(ablak)* rose (window)

rozmár *n* walrus

rozmaring *n* rosemary

rozoga *a (épület)* dilapidated, ramshackle, shaky; *(bútor)* rickety, shaky, broken down || *(beteges)* frail, delicate, weak, *(és öreg)* decrepit, doddery || ~ **állapotban** run down, in disrepair
rozs *n* rye
rózsa *n növ* rose || *(locsolóé, zuhanyé)* rose || **nincsen** ~ **tövis nélkül** (there's) no rose without a thorn; ~**m** *(kedvesem)* (my) love/sweetheart/darling, *US* így is: honey
rózsabimbó *n* rosebud
rózsabokor *n* rosebush
rózsadísz *n* rosette, rose
rózsafa *n növ* rosetree, *(bokor)* rosebush || *(anyag)* rosewood
rózsafüzér *n vall* beads *pl*, rosary
rózsahimlő *n* German measles *sing.*, rubella
rózsaillat *n* scent/perfume/fragrance of roses
rózsakert *n* rose-garden, rosary
rózsaolaj *n* attar (of roses), rose oil
rózsás *a átv* rosy || **nem valami** ~ **a helyzet** the situation is* not bright/ rosy; ~ **arc** rosy cheeks *pl*; ~ **hangulatban van be*** in high spirits
rózsaszál *n* a rose
rózsaszín *a/n* pink, rose, pinkish-red, rose-red/coloured *(US* -ored) || ~**ben látja a világot** see* everything (*v.* the world) through rose-coloured *(US* -ored) spectacles/glasses
rózsaszirom *n* rose-petal
rózsavíz *n* rose-water
rozsda *n (vason)* rust, corrosion || *növ* rust, mildew, smut || **belepi a** ~ become* rusty, gather rust, be* covered with rust
rozsdaálló *a* rustproof, rustless
rozsdafolt *n* rust stain
rozsdamarta *a* rust-eaten, rusty
rozsdamentes *a (rozsdaálló)* rustproof, *(acél)* stainless || *(nem rozsdás)* rustless
rozsdás *a (fém)* rusty, rusted, rust-eaten || *növ* rusty, mildewy
rozsdásodik *v (fém)* get*/become* rusty, rust
rozsdaszínű *a* rust-coloured *(US* -colored), rusty (brown)
rozsdavörös *a* rusty-red, russet
rozskenyér *n* rye-bread
rozsliszt *n* rye-flour/meal
rozstermés *n* rye-crop
röfög *v* grunt
röfögés *n* grunt, grunting
rög *n (göröngy)* clod, lump, sod || *(arany)* nugget || *(vér)* clot || *(föld)* soil
rögbi *n* rugby (*v.* Rugby) (football)
rögbijátékos *n* rugby/Rugby player
rögbizik *v* play rugby/Rugby (football)

rögeszme *n* fixed idea, idée fixe, obsession || **az a** ~ **je, hogy** he is* obsessed by/with the idea that
rögös *a (talaj)* lumpy; *(út)* bumpy || ~ **életpálya** life° of adversity, a hard life
rögtön *adv* at once, immediately, without delay, right/straight away, in a moment, *US* right off/now || ~ **jövök** back in a minute (*v.* in a few minutes), I shan't/ won't be a minute, *US* I'll be right back
rögtönítélő *a jog* summary || ~ **bíráskodás** summary jurisdiction; ~ **bíróság** summary court; ~ **eljárás** summary proceedings *pl*
rögtönöz *v ált* improvise, extemporize; *szính* ad lib || **(beszédet)** ~ speak* off the cuff (*v.* offhand/impromptu)
rögtönzés *n ált* improvisation, extemporization; *szính és biz* ad lib; *zene* impromptu
rögtönzött *a* improvised, extempore, impromptu; *szính és biz* ad-lib || ~ **beszéd** an off-the-cuff (*v.* impromptu *v.* extempore) speech
rögzít *v ált vmt* secure, fix, fasten, stabilize; *(vmt vmhez)* fix sg to/on sg; *(törött végtagot)* immobilize, splint, fix || *(árat)* fix, peg, freeze* || *(írásban vmt)* put* sg down (in writing), put* it in writing || *el (hangot, képet)* record sg, make* a recording of sg || *fényk* fix
rögzítés *n ált* fixing, fastening, securing; *(törése)* immobilization || *(áré)* fixing, pegging (of prices), (price) freeze; *(béré)* freezing of wages, (wage) freeze || *(írásban)* setting/putting down || *(hangé, képé)* recording
rögzített *a (tárgy)* secured, fastened, fixed || *(ár)* fixed, pegged, *(bér)* frozen
rögződik *v átv* become* (firmly) rooted/ fixed
röhej *n vulg* guffaw, horse-laugh || **kész** ~ it is* (simply/just) ridiculous, it's a joke
röhög *v vulg* guffaw, laugh like a drain, laugh one's head off
röhögés *n vulg* horse-laugh, guffaw(ing) -**ről** *suff* → -**ról**
rönk *n* stump, block, log
röntgen *n (készülék)* x-ray machine/ equipment || *(röntgenezés)* x-ray(ing) || ~ **re megy** go* for an x-ray, have* an x-ray taken
röntgenbesugárzás *n* x-ray therapy, radiotherapy, irradiation
röntgenez *v* x-ray
röntgenezés *n* x-ray examination
röntgenfelvétel *n* x-ray (photograph/ picture), radiograph
röntgenkészülék *n* x-ray apparatus/ machine

röntgenkezelés *n* x-ray treatment/therapy, radiotherapy
röntgenosztály *n* x-ray department, radiology
röntgensugár *n* x-ray(s)
röntgenvizsgálat *n* x-ray (examination)
röpcédula *n* leaflet, flyer, handbill ‖ ~**kat osztogat** distribute (*v.* hand out) leaflets
röpdolgozat *n* test
röpgyűlés *n kb.* ad-hoc meeting
röpirat *n* leaflet, pamphlet
röpke *a (mulandó)* fleeting, ephemeral, passing, transitory
röplabda *n* volleyball
röplabdáz|ik *v* play volleyball
röppálya *n* trajectory
rőt *a ir* red, russet
rőtvad *n* red/fallow deer°
rövid 1. *a ált* short, *(idő)* brief, short ‖ *(tömör)* brief, concise, succinct ‖ **egy** ~ **ideig** for a short time, for a/some time, for a while; **hogy** ~ **legyek** to cut a long story short, in a word, suffice it to say (that); ~ **életű** short-lived; ~ **és velős** brief/short and to the point; ~ **haj** short/cropped hair, hair cut short; ~ **idő alatt** in a short time; ~ **idő múlva** in a short time, shortly, before long, soon; ~ **lejáratú** short-term [credit, loan]; ~ **pihenő** break, *biz* breather; ~ **táv** short distance; ~ **távon** for short distances, *(időben)* in the short term, for a short period; ~ **távú** short-distance, *(terv)* short-range; ~ **ujjú** *(ruha)* short-sleeved; ~ **úton** directly, without undue delay **2.** *n* ~**del ... előtt** shortly before ...; ~**del vm után** shortly after(wards), soon after ...; ~**re vágat** *(hajat)* have* one's hair cut short (*v.* cropped); ~**re zár** *el* short-circuit sg, cause a short circuit swhere; ~**re fog vmt** cut*/make* sg short
rövidáru *n GB* haberdashery, *US* notions *pl*, dry goods *pl*
rövidáruüzlet *n GB* haberdashery, haberdasher('s), *US* dry goods store
rövidebb *a* shorter ‖ ~ **út** short cut; **a** ~**et húzza** get* the worst of it, lose* out; **leg**~ shortest; **a leg**~ **utat választja** make* a beeline for
röviden *adv (tömören)* in short/brief, briefly, in a word, in a few words, concisely ‖ *(rövidítve)* short for ‖ ~ **és velősen** brief/short and to the point
rövidesen *adv* shortly, before long, (very) soon
rövidfilm *n* short film/feature, *biz* short, *(tévében)* TV short
rövidhullám *n* short wave
rövidhullámú *a* short-wave

rövidít *v ált* shorten, cut*/make* (sg) short(er), reduce the length of ‖ *(szöveget)* cut*, abridge
röviditalok *n pl* short drinks
rövidítés *n (szövegé)* abridgement ‖ *(betűk)* abbreviation ‖ ...**nek a** ~**e** abbrev. for ..., short for ...
rövidített *a (szöveg stb.)* abridged
rövidítve *adv* shortened, in a shortened form, short for ...
rövidlátás *n* short-sightedness
rövidlátó *a/n* short-sighted (person)
rövidnadrág *n* shorts *pl*
rövidnadrágos *a* in shorts *ut.*
rövidség *n (térben)* shortness ‖ *(időé)* shortness, briefness, brevity [of time] ‖ **az idő** ~**e miatt** for lack of time
rövidtávfutó *n* sprinter
rövidül *v ált* shorten, grow*/become* shorter ‖ ~**nek a napok** the days are closing/drawing in
rövidzárlat *n* short circuit, *biz* short
rőzse *n* brushwood, twigs *pl*, sticks *pl*
rubeóla *n* German measles *sing.*, rubella
rubin *n* ruby
rúd *n ált* bar, rod, beam ‖ *(kocsié)* shaft, pole ‖ *(rúdugráshoz)* (vaulting) pole ‖ **egy** ~ **szalámi** a whole salami; **kifelé áll a szekere** ~**ja** he's on the way out, be* about to be dismissed/fired; **rájár a** ~ misfortune (*v.* ill-luck) dogs his (foot)-steps, be* out of luck
rúdugrás *n* pole-vault
rúdugró 1. *a* pole-vault(ing) **2.** *n* pole-vaulter
rúg *v* kick ‖ *(gólt)* score/kick [a goal] ‖ *(összeg vmre)* amount/come* to sg
rugalmas *a (átv vm is)* elastic; *(hajlíthatóan és átv vk)* flexible ‖ ~ **munkaidő** flexible working hours *pl*, flexitime, flextime
rugalmasság *n (átv vmé is)* elasticity; *(hajlíthatóság és átv vk)* flexibility
ruganyos *a* elastic, springy ‖ ~ **léptekkel** with a spring in one's step, with rapid strides
rúgás *n ált* kick(ing) ‖ *(labdáé)* shot, kick ‖ *(lőfegyveré)* recoil, kick
rugdal *v* keep* (on) kicking (sy/sg)
rugdaló(d)z|ik *v* kick out, kick about ‖ *átv vm ellen* kick against sg, *(változhatatlan ellen) kif* kick against the pricks
rugdalódzó *n (kisbabáé)* sleepsuit
rugó *n műsz* spring, *(tekercsrugó)* coil spring ‖ *átv vmé* mainspring (of), motive (for) ‖ **cselekedeteinek** ~**ja** the motive for his actions
rúgó *a (vmely összegre)* amounting to *ut.*, mounting up to *ut.* ‖ **5000 Ft-ra** ~ **költség** expenses mounting up to 5,000 fts

rugós *a (rugózott)* elastic, springy, spring ‖ ~ **kés** switchblade (knife°), flick-knife°
rugóz *v* provide/fit with springs, spring*
rugózás *n (szerkezeté, fotelé stb.)* springs *pl*, springing, *(kocsié)* (spring) suspension ‖ **jó a** ~**a** *(ágyé)* it has fine springs; *(autóé)* its suspension is sound/good
rugóz|ik *v* recoil, spring*/fly* back
ruha *n (ált ruházat, ruhák)* clothes *pl*, clothing; *(női)* dress, *(férfiöltöny)* suit ‖ *(textildarab tisztításhoz)* cloth, duster ‖ **estélyi** ~ evening dress, ball gown; **hétköznapi** ~ everyday/casual clothes *pl*; ~**t levet** take* off one's clothes; ~**t ráad vkre** help sy on with his clothes; ~**t vált** change (one's clothes), get* changed; **utcai** ~ *(férfi)* lounge-suit, business suit; *(női)* morning dress; **vizes** ~ damp cloth
ruhaakasztó *n (vállfa)* (clothes) hanger
ruhadarab *n* article of clothing
ruhafogas *n (akasztó)* hat-rack, *(álló)* coat-stand
ruhagyár *n* clothes factory
ruhaipar *n* garment trade, *biz* the rag trade
ruhakefe *n* clothes brush
ruhanemű *n* clothes *pl*, clothing, garments *pl*, articles of clothing *pl*
ruhásszekrény *n* wardrobe, *US* (clothes) closet
ruhástul *adv* fully dressed, with (all) one's clothes on
ruhaszárító *n/a (állvány)* clotheshorse, clothes airer ‖ ~ **csipesz** clothes peg, *US* clothes pin; ~ **kötél** clothesline
ruhaszövet *n* cloth, (dress) material, fabric
ruhatár *n (színházban stb.)* cloakroom, *(pályaudvaron)* left-luggage office, *US* checkroom ‖ ~**ba (be)teszi a kabátját** leave*/put* one's coat in the cloakroom, *US* check one's coat
ruhatári jegy *n (színház stb.)* cloakroom ticket, *US* check (for one's coat)
ruhatáros *n* cloakroom attendant, *US* hat check girl
ruhatervező *n* dress designer
ruhatetű *n* (body-)louse°
ruhatisztító *n* (dry-)cleaner, (dry-)cleaner's
ruhátlan *a* unclothed, undressed
ruhaujj *n* sleeve
ruház *v (ruhával ellát)* clothe, dress ‖ *vmt vkre* confer, bestow (on), grant (to)
ruházat *n* clothes *pl*, clothing, dress
ruházati *a* clothing ‖ ~ **bolt** clothes shop (*US* store); ~ **cikkek** (articles of) clothing
ruházkodás *n* clothing

ruházkod|ik *v* clothe oneself
rulett *n* roulette
rum *n* rum
rumli *n biz* commotion, confusion, chaos, rumpus ‖ **nagy volt a** ~ there was a great to-do
rumos *a* with rum *ut.*, rum ‖ ~ **tea** tea with rum
rusnya *a (csúf)* ugly, unsightly, hideous
rusztikus *a* rustic, country, rural
rút *a (csúnya)* ugly, hideous ‖ *(aljas)* base, mean, abominable ‖ ~ **hálátlanság** downright ingratitude
rutin *n (tapasztalat, készség)* experience, practice, skill; *(megszokás)* routine
rutinmunka *n* routine job
rutinos *a* experienced, practised, accomplished (in), expert (in/at)
rútság *n* ugliness, hideousness
rútul *adv* basely, despicably ‖ ~ **becsap vkt** play sy a dirty trick
rúzs *n (ajak)* lipstick, *(arc)* rouge
rúzsos *a vk* wearing lipstick *ut.* ‖ ~ **száj** painted lips *pl*
rúzsoz *v* ~**za magát** *(ajkát)* put* lipstick on, wear* lipstick, *(arcát)* put* rouge on
rücskös *a (arc)* pock-marked, pitted ‖ *(fa)* gnarled ‖ *(felület)* rough, pitted
rügy *n* bud
rügyes *a* budding
rügyez|ik *v* bud, put* forth/out buds, come* into bud, be* in bud
rügyfakadás *n* budding
rüh *n (emberen)* the itch, scabies ‖ áll scab, mange
rühatka *n* itch-mite
rühes *a (ember)* itchy, scabby ‖ *áll* mangy
rühesség *n (emberé)* itch(iness), scabbiness, scabies ‖ *(állaté)* manginess, mange
rüszt *n* instep

S

s *conj* and ‖ ~ **a többi** and so on/forth, etc. *(kimondva:* etcetera)
sablon *n (minta)* pattern, model; *(lyuggatott)* stencil ‖ *átv* commonplace, cliché, stereotype
sablonos *a* stereotyped, conventional, trite, commonplace
saccol *v* guess, estimate; *biz* gues(s)timate
saccolás *n* guessing, guess-work
sáfrány *n (virág)* crocus; *(fűszernövény)* saffron

sah *n* shah

saját 1. *pron* own; *(magán)* private ‖ ~ **érdeke** one's own interest; **a ~ feje után megy** s(he) has* a will of his/her own; ~ **költségen** at one's own cost/expense; ~ **maga** he himself, she herself; ~ **szemével** with one's own eyes **2.** *n* own property

sajátkezű aláírás *n* signature, autograph

sajátos *a* particular, peculiar, specific, characteristic, typical (of sy/sg) ‖ ~ **módon** in a peculiar (v. an odd) way; *(furcsa módon)* strangely/curiously enough

sajátosan *adv* specifically; *(különösen)* particularly ‖ ~ **magyar** specifically/characteristically Hungarian

sajátság *n* characteristic, feature, characteristic/special/specific feature/quality

sajátságos *a (különös, furcsa)* strange, singular, odd, queer

sajgó *a* throbbing, aching, smarting ‖ ~ **fájdalom** burning/throbbing pain

sajnál *v vkt* be*/feel* sorry for, feel* pity for, pity (sy) ‖ *(bánkódik vm miatt)* regret sg (v. doing sg v. that ...), be*/feel* sorry about/for sg (v. that ...) ‖ **nagyon ~om!** I am very/really/awfully sorry!, I'm so sorry!; **nem ~ja a költséget és a fáradságot** he spares neither trouble nor pains/expense, no expense(s)/pains spared; ~ **om, de** I am sorry but

sajnálat *n (szánalom)* pity; *(bánkódás)* regret ‖ **legnagyobb ~omra** to my great regret, much to my regret

sajnálatos *a* regrettable, sad, pitiable, deplorable ‖ ~ **tévedés** regrettable/unfortunate mistake

sajnálkozás *n (történtekért)* regret; *(bocsánatkérően)* apology; *(szánalom)* pity; *(részvét)* sympathy ‖ **legmélyebb ~át fejezte ki** *(halálesetkor)* he expressed his deepest sympathy; *(bocsánatkéréskor)* he expressed his deepest regret, he apologized

sajnálkoz|ik *v (történtekért)* be* sorry for/about, regret; *(bocsánatkérően)* apologize for; *vkn* feel* pity for

sajnos *int* I'm sorry, unfortunately, sorry (to say); *kif* it is* to be regretted that ... ‖ ~ **nem jött el** I am* sorry to say she has not come

sajog *v* throb, ache, smart ‖ ~ **minden tagom** I ache all over

sajt *n* cheese

sajtkukac *n biz* fidget ‖ **olyan, mint a ~** he is* constantly fidgeting

sajtó *n (nyomdai gép) (prés)* press ‖ *átv* **a ~ the press**; **a ~ útján** through the (medium of the) press; **napi ~** daily press; ~ **alatt van**

be* in the press (*US* in press), is being printed; ~ **alá rendez** edit, prepare for the press

sajtóattasé *n* press attaché

sajtóbemutató *n* press view/preview; *(darabé)* press night

sajtóértekezlet *n* press/news conference

sajtófogadás *n* press conference

sajtóhadjárat *n* press campaign

sajtóhiba *n* misprint, printer's error ‖ **~k jegyzéke** errata *pl*, corrigenda *pl*

sajtóközlemény *n* communiqué, statement to the press, press release

sajtol *v (kisajtol)* press, squeeze (sg out of sg) ‖ *műsz* extrude

sajtónyilatkozat *n* communiqué, statement to the press

sajtóosztály *n* publicity department, press-department

sajtóper *n* libel suit/case

sajtos *a* cheese, made with cheese *ut.* ‖ ~ **makaróni** macaroni cheese; ~ **meleg szendvics** Welsh rabbit/rarebit

sajtószabadság *n* freedom of the press

sajtótájékoztató *n* press conference

sajtótermék *n* printed matter

sajtótörvény *n* press laws *pl*

sajtótudósító *n* journalist, pressman°, press correspondent, (newspaper) reporter

sajtóügynökség *n* press/news agency

sajtóvisszhang *n* press reaction ‖ **jó ~ja van** get* (v. be* given) a good press/coverage

sajtreszelő *n* cheese grater

sakál *n* jackal

sakk *n* chess ‖ ~! check!; ~ **ot ad vknek** give* check to sy, check sy; ~ **ban tart vkt** keep*/hold* sy in check, keep*/hold* sy at bay

sakkbajnok *n* chess champion

sakkbajnokság *n* chess championship

sakkfeladvány *n* chess problem

sakkfigura *n* chessman°, (chess) piece

sakkhúzás *n* move ‖ **ez ügyes ~ volt** this was* a clever trick/move

sakkjátszma *n* game of chess

sakk-kör *n* chess club

sakk-matt *n (főleg átv)* checkmate

sakkmester *n* (chess) master

sakkóra *n* chess clock

sakkozás *n* (playing) chess

sakkoz|ik *v* play (a game of) chess ‖ **jól ~ik** he is* good at chess

sakkparti *n* game of chess

sakktábla *n* chessboard

sakkverseny *n* chess tournament

sál *n* scarf°

salabakter *n* **vén ~** *(személy)* old fog(e)y; *(könyv)* useless old tome

salak *n (anyag)* slag; *(fémé)* dross; *(széné)* clinker ‖ *biol* excrement, excreta *pl* ‖

salakos *átv* scum, refuse ‖ **a társadalom ~ja** the scum (*v.* dregs *pl*) of society

salakos *a* ~ **teniszpálya** hard court; ~ **út** cinderpath

salakpálya *n (motoré)* dirt track, speedway track; *(futóé)* cinder-track

saláta *n növ* lettuce ‖ *(elkészített)* salad ‖ **egy fej ~** a (head of) lettuce; **fejes ~** (cabbage) lettuce

salátaöntet *n* (salad) dressing

salátástál *n* salad-bowl

salétrom *n* saltpetre (*US* -peter), potassium nitrate

salétromos *a* nitrous

salétromsav *n* nitric acid

samesz *n biz* factotum, bottle-washer

sámfa *n* shoetree, boot tree

sámli *n* (foot)stool

samott *n* fire-clay

samott-tégla *n* fire-brick

sampinyon *n (gomba) =* **csiperkegomba**

sampon *n* shampoo

sánc *n (erődrész)* rampart; *(földből)* mound

sáncárok *n* trench, ditch

sáncol *v (röplabdában)* block; *(sakkban)* castle

sanda *a (kancsal)* squint/cross-eyed ‖ **az a ~ gyanúm** I've got a suspicion that ..., I suspect ...; ~ **szemmel néz vkre** look askance at sy, eye sy with suspicion, *vmre* look (up)on sg with a jaundiced eye

sandít *v* ~ **vmre/vkre** squint at sg/sy, cast* a stealthy glance at sg/sy

sansz *n* chance(s), *US* break

sánta *a* lame, limping ‖ **jobb lábára ~** be* lame in the right leg, have* a game/ gammy right leg

sántaság *n* limp, lameness

sántikál *v* limp, hobble (along), walk with a limp ‖ **rosszban ~** he is* up to some mischief (*v.* no good)

sántikálás *n* hobble, hobbling/limping along

sántít *v* limp, walk with a (bad) limp, have* a (bad) limp, hobble ‖ **jobb lábára ~** he is lame in the right leg; ~ **a dolog** it doesn't go on all fours

sanzon *n* song, chanson

sanzonénekes *n (férfi)* crooner; *(nő)* chanteuse

sápad *v* turn/grow* pale

sápadt *a* pale, pale/pasty/whey-faced

sápadtság *n* paleness, pallor, waneness

sapka *n (fejre)* cap ‖ *(kupak)* cap

sár *n* mud; *átv* dirt ‖ ~**ba tipor** defame, profane, sully, drag sy (*v.* sy's name) through the mud; **(meg)állja a sarat** stand*/hold*/keep* one's ground

sárcipő *n* galoshes *pl*, overshoes *pl*, *US* rubbers

sárfogólap *n (járművön)* mud-flap, splash-guard, *biz* spats

sárga 1. *a* yellow ‖ **a ~ földig lehord vkt** *biz* give* sy a good dressing down; **a ~ földig leissza magát** get* blind/ roaring drunk; ~ **angyal** *(a szervezet)* patrol (car) service; *(az ember a kocsival) GB* A.A. patrolman°; ~ **az irigységtől** be* green with envy; ~ **fény** *(forgalmi jelzőlámpán)* amber (light); ~ **irigység** green-eyed monster **2.** *n (szín)* yellow ‖ *(tojássárgája)* (egg) yolk

sárgabarack *n* apricot

sárgaborsó *n* split/dry peas *pl* ‖ ~**leves** pea soup

sárgadinnye *n* honeydew melon, cantaloup (*US* cantaloupe) (melon), musk-melon

sárgáll|ik *v* be*/look/shine* yellow

sárgarépa *n* carrot

sárgarépa-főzelék *n* a dish of boiled carrots, boiled carrots *pl*

sárgaréz *n/a* brass

sárgarigó *n* golden oriole

sárgás *a* yellowish, yellowy

sárgaság *n* jaundice ‖ ~**ban szenved** have* jaundice, be* jaundiced

sárgászöld *a* yellowish green

sárgít *v* make* sg yellow, yellow

sárgul *v* become*/turn yellow, yellow; *(levelek)* wither; *(gabona)* ripen; *(arc)* sallow

sárhányó *n* mudguard, *US* fender

sarj *n növ* shoot, sprout ‖ *vké* offspring, descendant, scion

sarjad *v növ* bud, shoot*, sprout ‖ *átv* originate (in/from), spring* from

sarjerdő *n* brush-wood, copse, second growth

sark *n földr* pole

sarkal *v (cipőt)* heel, put* new heels on

sarkalás *n (cipőé)* heeling

sarkalatos *a* cardinal, fundamental, pivotal

sarkall *v vkt vmre* stimulate, encourage, urge *(mind:* sy to do sg), spur sy on to

sarkantyú *n (csizmán és kakas csüdjén)* spur

sarkantyús *a* spurred, wearing spurs *ut.*

sarkantyúz *v (lovat)* spur, set* spurs to [one's horse]

sárkány *n (mesebeli)* dragon ‖ *(játék)* kite ‖ *(asszony)* virago *(pl* -goes *v.* -gos), shrew, dragon, *biz* battle-axe ‖ ~**t ereget** fly* a kite

sárkányrepülés *n* hang-gliding

sárkányrepülő *n* hang-glider

sarkcsillag *n* the Pole Star, the North Star, Polaris

sarki *a földr* polar; *(északi)* Arctic; *(déli)* Antarctic || *(utcán)* standing at/on the corner *ut.*, corner
sarkkör *n* polar circle
sarkkutató *n* Antarctic/Arctic explorer
sarkpont *n* pivot, turning-point
sarkvidék *n* polar region(s), *(déli)* Antarctic region, *(északi)* Arctic region
sarkvidéki *a* polar, *(déli)* antarctic, *(északi)* arctic || ~ **hideg** arctic cold/ weather
sarlatán *n* charlatan, quack, sham
sarló *n* sickle
sármány *n áll* yellowhammer, bunting
sarok *n (cipőé, harisnyáé, kenyéré, lábé)* heel || *(szobáé)* corner; *(zug)* nook; *(könyvé, utcáé, szemé)* corner || *(ajtóé)* hinge || *el* pole || **a negyedik ~nál jobbra** the fourth turning on/to the right; **a sarkában van vknek** be* breathing down sy's neck, be* (hard) at/ on sy's heels, follow sy (hot) on/at his/her heels; **kiemel vmt a sarkából** unhinge sg; ~**ba állít** *(gyereket)* stand* a child° in the corner; ~**ba szorít vkt** *átv* drive* sy into a corner, corner sy; **sarkára áll** put* one's foot down, make* a stand; **sarkon fordul** turn on one's heels, turn round sharply
sarokcsont *n* heel-bone
sarokház *n* corner house || *(sütemény)* ⟨wedge-shaped gâteau topped with whipped cream⟩
sarokkő *n* cornerstone
sarokvas *n (ajtón)* hinge || *(cipőn)* heelplate
sáros *a* muddy; *(ruha)* spattered with mud *ut.*
saru *n (lábbeli)* sandal || *műsz* shoe
sárvédő *n* = **sárhányó**
sas *n* eagle
sás *n* sedge
sasfiók *n* eaglet
sáska *n* locust
sáskajárás *n (átv is)* plague of locusts
sasorrú *a* with an aquiline/Roman nose *ut.*
sasszeg *n* cotter pin
sasszem *n átv* ~**e van** have* eyes like a hawk, be* eagle/hawk-eyed
sasszemű *a* eagle/hawk/gimlet-eyed
sasszé *n (táncban)* chassé, gliding step, side-step
sasszi *n el* chassis
sátán *n* Satan, Lucifer, the Devil
sátor *n* ált tent || *(cirkuszi)* big top; *(vásári)* booth, stall || **felszedi a sátrat** take* down a tent, *(tábort bont)* strike*/ break* (up) camp; ~**ban alszik** sleep* in a tent, camp out
sátorcövek *n* tent-peg

sátorfa *n* tent-pole || **szedd a ~dat!** be* off!, make yourself scarce!
sátorlap *n* side/flap of tent
sátoros *a* ~ **cigány** wandering/nomadic gipsy; **tréf minden ~ ünnepen** on high days and holidays
sátoroz *v* camp out, live in a tent
sátorozás *n* camping (out), living in a tent *(v. tents)*
sátorponyva *n* canvas
sátortábor *n* camp
sátortető *n* épít tent roof
sátorverés *n* pitching a tent *(v. tents)*
satrafa *n biz* vén ~ old hag
satu *n* vice, *US* vise || ~**ba fog vmt** grip sg in a vice, vice *(US* vise) sg
satupad *n* work/vice-bench
sav *n* acid
sáv *n (csík)* stripe, streak; *(rangjelzés)* stripes *pl* || *földr* strip (of land), zone || közl lane || *el (hullámsáv)* (wave)band || **belső ~** outside/offside lane; **külső ~** inside/nearside lane; **polgári ~** Citizens' Band, CB; ~**ot változtat** change lanes
saválló *a* acid-resistant, acid-proof
savanyít *v* make* sour, sour; *(tartósít)* pickle
savanykás *a* sourish, acidulous; *(alma)* tart(ish), rather sour
savanyú *a (íz)* sour, acid, tart || *átv* sour, dour, wry, bitter || ~ **alak** wet blanket, *biz* misery, sourpuss; ~ **cukor** acid/ lemon drops *pl*; ~ **káposzta** pickled cabbage, sauerkraut; ~ **képet vág** make*/pull a sour/long face, look glum; ~ **uborka** pickled cucumber/gherkin, *US* pickle
savanyúság *n (tulajdonság)* sourness, tartness || *(ételhez)* pickles *pl*
savas *a vegy* acid, acidic || *biz (gyomorsavas)* suffering from an acid stomach *ut.*, hyperacid || ~ **eső** acid rain
savhiány *n orv* acid deficiency, anacidity
sávkapcsoló *n el* band switch/selector
sávnyújtás *n (rádión)* bandspreading
savó *n (tejé)* whey; *(véré)* (blood) serum
sávos *a* striped, streaked, streaky
sávszélesség *n el* bandwidth
sávváltás *n (közúton)* lane changing, changing/change of lane(s), *(veszélyes)* lane-hopping
sávváltó *n el* band switch/selector
sci-fi *n* science fiction, sci-fi
se *conj/adv* neither || **nem kell a pénz, és a könyv ~** I don't want the money or the book, I don't want the money and I don't want the book either; **egyikőtöknek ~ hiszek** *(kettő közül)* I don't believe either of you, *(több közül)* I don't believe any of you; ~**...,** ~ neither ...

seb 502

nor, *(tagadás után)* either ... or; ~ **nem evett,** ~ **nem ivott** he neither ate nor drank; ~ **pénz,** ~ **posztó** *kb.* be* left empty-handed; **nem mondott** ~ **igent,** ~ **nemet** he didn't say either yes or no; **azt** ~ **tudja, mikor mentek el** (s)he doesn't even know when they left

seb *n* wound; *(sérülés)* injury; *(égett)* burn; *(horzsolt)* abrasion; *(szúrt)* stab--wound; *(tátongó)* gash || **nyílt** ~ open wound

sebbel-lobbal *adv* in a tearing rush/ hurry || **nagy** ~ **elrohant** he pelted/ ran hell for leather [down the street]

sebes[1] *a (gyors)* quick, swift, speedy, rapid, fast, hurried || ~ **folyó** rapid stream, fast-flowing river

sebes[2] *a (sérült)* wounded, hurt, sore

sebesség *n* ált *(és gépkocsié)* speed; műsz velocity; *(tempó)* rate, pace || *(autó sebességfokozata)* **első** ~ first/low/bottom gear; **kezdő** ~ initial velocity/ speed; **legnagyobb** ~ full/top/ maximum speed, maximum velocity; **megengedett legnagyobb** ~ speed limit, maximum speed; **óránként 80 kilométeres** ~**gel haladt** he was going/driving at a speed of 80 kilometres an hour *(v.* 80 kph) (= 50 miles an hour *v.* 50 mph); **őrült** ~**gel** at a breakneck speed; **teljes** ~**gel** at full speed; ~**ben van** be* in gear; ~ **et vált** change gear

sebességkorlátozás *n* speed limit || **40 km-es** ~ a speed limit of 40 kph

sebességmérő *(és kilométerszámláló) n* speedometer (and mileometer *v.* US odometer)

sebességváltás *n* gear-change

sebességváltó *n (szerkezet)* gearbox, gearcase, gears *pl* || **automata** ~ automatic transmission *(v.* gear system); ~ **(kar)** gear-lever, gear-stick, US gearshift

sebesülés *n (ténye)* being wounded; *(sérülés)* injury *(seb)* wound; injury || **belehal** ~ **ébe** die of one's wounds/injuries

sebesült 1. *a* wounded 2. *n* wounded soldier/man° || **a** ~ **ek** the wounded

sebész *n* surgeon

sebészet *n* surgery; *(kórházi osztály)* surgical department/ward, surgery

sebészi *a* surgical || ~ **beavatkozás** surgery, surgical intervention, operation

sebezhetetlen *a* invulnerable

sebezhető *a* vulnerable; *átv* [bc*] easily hurt, sensitive, touchy || ~ **pont** tender spot, weak point/spot/side

sebfertőzés *n* (wound) infection

sebhely *n* scar, mark, *orv* cicatrice

sebhelyes *a* scarred, covered with scars/ marks *ut.*

sebkenőcs *n* (healing) ointment

sebláz *n* traumatic fever, wound-fever

sebtapasz *n (vízálló)* (sticking) plaster, *US* adhesive plaster, *GB* Elastoplast, *US* Band-aid

sebtében *adv* hastily, in haste, in a hurry

sebtisztítás *n* cleaning out wounds

séf *n (főszakács)* chef || *biz (főnök)* boss

segéd *n (bolti)* (shop) assistant, *(női)* saleswoman°, salesgirl, *US* (sales-)clerk || *ált* aid(e), help(er), assistant || *(párbaj)* second

segédeszköz *n* aid *(vmben* in sg) || **oktatási** ~ teaching aid

segédige *n* auxiliary (verb)

segédkez|ik *v* vknek help sy *(vmben* do *v.* to do sg *v.* with sg), assist sy *(vmben* with sg *v.* in doing sg *v.* to do sg) || ~ **vknek bűncselekmény elkövetésében** aid and abet sy

segédlet *n (segítség)* aid, assistance, help || *(írott, nyomtatott)* (study-)aid || **rendőri** ~**tel** with police assistance/support

segédmotor *n (csónakon)* outboard motor || ~ **os kerékpár** motor-assisted bicycle, *GB* moped

segédmunka *n* unskilled job/work/labour *(US* -or)

segédmunkás *n* unskilled worker, *biz* hand

segély *n (segítség)* help, aid || *(anyagi támogatás)* grant, grant-in-aid, financial support/assistance; *(intézménynek)* subsidy, aid, grant; *(rendszeres juttatás)* allowance; *(országnak)* relief || **anyasági** ~ *GB* maternity benefit *(US* allowance); **külföldi** ~ foreign aid; **rendkívüli** ~ special/emergency allowance; ~ **ben részesít vkt** give* sy aid, give* a grant to sy; **szakszervezeti** ~ trade-union hardship payment; **szociális** ~ *GB* social security (benefits/payments); *US* welfare (handouts/payments)

segélyakció *n* (fund-raising) campaign, (organization of a) relief fund

segélyegyesület *n* charity, relief organization, charitable institution

segélyez *v* assist, support, subsidize

segélyhely *n (orvosi)* first-aid station || *(műszaki)* aid station, aidpoint

segélyhívó telefon *n* emergency/roadside telephone/call-box

segélykérés *n* appeal, supplication

segélykérő *a* suppliant, supplicant || ~ **tekintet** look of entreaty

segélykiáltás *n* cry/call for help/assistance

segélynyújtás *n* assistance, help, aid, *(pénzbeli)* subsidy, subvention, grant || **kölcsönös** ~**i egyezmény** mutual assistance pact

segélyprogram *n* aid programme
segélyszervezet *n* relief organization
segélyszolgálat *n* (lift, tévé stb. javító-szolg.) (emergency) repair service || **országúti ~ patrol** service
segg *n vulg* arse, *US* ass || **~ be rúg** kick (sy) in the pants, give* sy a kick up the backside
segít *v (vknek, ill. vkt vmben)* help sy *(vmben* with sg *v.* to do *v.* do sg); be* of help to sy; assist sy (in doing sg *v.* to do sg) || *vkn* help sy, *(munkában)* help sy (with one's work), lend* sy a hand (with sg) || *(vm segítséget jelent)* be* of help (to) || *(segélyez)* help sy financially/out || **ez a gyógyszer majd ~** this medicine will help (*v.* do you good), *biz* this should/will do the trick; **ezen nem lehet/tudok ~eni** I can't help (you there), there is no help for it; **kérlek, ~s!** please help (me); **nem lehet rajta ~eni** *(vkn)* (s)he is past help, *(vmn)* it can't be helped; **~ a bajon** solve the problem, help sy over a difficulty; **~hetek vmben?** can I help you?, can I be of any assistance to you?; **~i a szüleit** (s)he helps (to) support his/her parents; **semmi sem ~** nothing can help, there is no help; **rám ~ené a kabátot?** would you help me on with my coat, please?
segítő 1. *a* helping || **~ kezet nyújt vknek** lend* sy a helping hand **2.** *n* helper, assistant, aid(e)
segítőkész *a* helpful, willing
segítőkészség *n* helpfulness, readiness to help
segítőtárs *n* helper, aid(e)
segítség *n (vkn/vmn való segítés)* help, aid, assistance; *(támogatás)* support; *(könnyítő)* relief || *(vk aki segít)* help, aid(e) || *(eszköz)* help, aid || *(bejárónő stb.)* home help || **~!** help!; **miben lehetek a ~ére?** what can I do for you?, how can I help you?; **nincs (semmi) ~e** *(háztartásban)* she hasn't got a help (*v.* anybody to help her); **~ nélkül** unaided, without help; **~et nyújt vknek** help sy, lend*/give* sy a (helping) hand, *(balesetnél stb.)* give* assistance to sy, *(elsősegélyt)* give* sy first-aid; **~re szorul** be* in need of help/assistance; *vk* **~ét kéri** ask for sy's help; **vknek a ~ével** thanks to sy's help, *(udvariasabban)* through the good offices of sy; **vmnek a ~ével** by means of sg, with the help/aid of sg
segítségnyújtás *n* giving assistance (to) || **(kötelező) ~t elmulasztja** fail/ neglect to give assistance (*v.* first-aid) to sy, *(gázoló)* be* a hit-and-run driver

sehogy(an) *adv* by no means, in no way/ wise || **~ se(m) értem** I'm at a loss to understand it, *biz* it's beyond me
sehol *adv* nowhere, not anywhere || **~ másutt** nowhere else; **~ se találom** I can't find it anywhere, it's nowhere to be found
sehonnan *adv* from nowhere, not from anywhere
sehova *adv* nowhere, not anywhere
sejk *n* sheik(h)
sejt[1] *v vmt* suspect (sg), have* an idea that || **mit sem ~ve** quite unsuspectingly; **rosszat ~** have* a premonition/presentiment of sg (*v.* a foreboding that ...); **ezt ~eni lehetett** this was (only) to be expected; **nem is ~i** have* not the slightest/remotest idea
sejt[2] *n biol pol* cell
sejtburjánzás *n* cell(ular) proliferation
sejtelem *n (előérzet)* suspicion, feeling, presentiment, *(rossz)* suspicion, premonition || *(elképzelés)* idea || **halvány sejtelmem sincs róla** I haven't the faintest/foggiest idea
sejtelmes *a* mysterious, enigmatical
sejtés *n* conjecture, guess || **ha ~em nem csal** unless I am very much mistaken
sejtet *v* suggest, make* sy think sg
sejttan *n* cytology
sekély *a (átv is)* shallow, flat
sekélyes *a átv* shallow, flat; *(felszínes)* skin-deep *ut.*, superficial, shallow
sekk *n (sakkban)* check to the queen
sekrestye *n* sacristy, vestry
sekrestyés *n* sacristan
selejt *n (termék)* faulty product, shoddy/ inferior/substandard goods *pl*, (manufacturer's) rejects *pl*
selejtes *a* inferior, faulty, substandard || **~ áru** rejects *pl*; **~ gyártmány** faulty product
selejtez *v* weed/sort out, discard
selejtező *n* **~k** *sp* eliminating/preliminary/qualifying heats, *(mérkőzések)* qualifying matches, qualifying round/series
selejtmentes *a* fault-free, faultless
selló *n* mermaid
selyem *n* silk
selyemáru *n* silk goods *pl*
selyemfiú *n* gigolo
selyemgyár *n* silk-mill/factory
selyemharisnya *n* silk stockings *pl*
selyemhernyó *n* silkworm
selyemkendő *n* silk shawl
selyemlepke *n* silkworm moth
selyempapír *n* tissue paper
selyemruha *n* silk dress
selyemsál *n* silk scarf°, *(vállra)* silk shawl

selymes *a (selyemből való)* sílken, silk, of silk *ut.*; *(tapintású, fényű)* sílky, sílk-like, glossy; *(bőr)* smooth
selypít *v* lisp
selypítés *n* lisp
sem *conj/adv (tagadószó)* neither, not ... either, nor || *(nyomatékot adva)* not ... even || **egy percig** ~ not for a moment; **egy** ~ none, not any; **egyik** ~ neither; **egyikük** ~ neither *(kettőnél több:* none) of them; **én** ~ nor I/me (either), biz me neither; **én** ~ **tudom** I don't know myself/either; **ha én** ~ **megyek, te** ~ **mégy** if I do not go (*v.* if I'm not going), neither will you; **még látni** ~ **akarja** she will not even see him; ~ ... ~ neither ... nor; **semmi** ~ nothing (of the kind *v.* whatever); **senki** ~ nobody, no one; **távolról** ~ not by a long chalk, not in the least, by no means
séma *n (vázlatos rajz)* (rough) sketch diagram, *(minta)* pattern, *(sablon, modell)* model, scheme
semeddig *adv (táv)* no distance at all || *(idő)* not for a moment
semelyik *pron* none, not one of them || ~**et sem ismerem** I don't* know any (one) of them
semennyi *pron* nothing at all, not any, not a bit || ~ **pénze sincs** (s)he has no money at all
semerre *adv* nowhere at all, not ... in any direction
sémi *a* Semitic
semleges *a pol, vegy* neutral; *(állást nem foglaló)* non-committal, *kif biz* sit* on the fence; *(közömbös)* indifferent || ~ **terület** neutral zone
semlegesít *v* neutralize
semlegesnem *n nyelvt* neuter || ~**ű** neuter
semlegesség *n* neutrality || **megőrzi** ~**ét** remain/stand* neutral, *kif biz* sit* on the fence
semlegességi *a* ~ **nyilatkozat** declaration of neutrality; ~ **politika** the policy of neutrality
semmi 1. *n/pron* nothing, none || *(tagadásban)* anything, (not) ... any; *(szám)* nought, zero; *(teniszben)* love || *(űr)* space, the void || **ez mind** ~**!** that's nothing, it doesn't matter; nothing; **nem tesz** ~ **t!** never mind, it doesn't matter; ~ **sem** nothing (whatever); ~ **be vesz** ignore/disregard sy/sg; *vmt* think* nothing of sg, take* no notice/account of sg; ~**ért** for nothing, for no reason at all; ~**re sem jó** good for nothing; ~**t sem aludt** he didn't sleep a wink; ~**t sem ér** be* (of) no use (at all), be* worthless, *biz* be* no good; **szinte** ~ next to nothing, scarcely anything **2.** *a* no || ~ **baj!** never mind, it doesn't matter; ~ **esetre (sem)** certainly not, by no means, on no account, *biz* no way; ~ **közöd hozzá** it is no business of yours, it has nothing to do with you; ~ **különös(ebb)** nothing special/extraordinary, nothing (in) particular; ~ **más** nothing else; ~ **pénze sincs** he has no money at all, he hasn't got a penny to his name; ~ **pénzért** not for love (n)or money, not ... at any price, by no means; ~ **szín alatt** by no means, in/under no circumstances, on no account, *biz* no way
semmiféle *pron* no, no kind/sort of, not ... any || ~ **formában** in no way
semmiképpen (sem) *adv* by no means, in no way, not at all, *biz* no way
semmikor *adv* never, at no time
semmilyen *pron* no, not ... any || ~ **ételhez ne nyúljatok!** don't touch any of the food at all
semmis *a* invalid, *jog* (null and) void || ~**nek nyilvánít** invalidate, annul, nullify, declare sg (null and) void
semmiség *n (csekélység)* (a mere) nothing, trifle || ~**eken lovagol** strain at a gnat
semmitmondó *a* meaningless, *(üres)* vacant || ~ **tekintet** vacant look
semmittevés *n* idleness, idling, *(pihenés)* leisure || **édes** ~ dolce far niente, pleasant idleness
semmittevő *n* idler, loafer
senki *pron* nobody, no one *v.* no-one, none || **egy nagy** ~ an absolute nonentity, a mere cipher; **nem vagyok** ~**je** I am* no relation of his; ~ **emberfia** not a soul, no man living; ~ **közülük** none of them; ~ **más** no one else, nobody else; ~ **sem szereti** nobody (*v.* no one) likes her; ~ **többet? harmadszor!** going! going! gone!; ~**m sincs** I have* nobody, I am* entirely on my own
seprő *n (boré)* lees *pl,* dregs *pl*
serceg *v* sizzle, sputter, crackle, *(írótoll)* scrape, *(rádió)* crackle
sercegés *n* sizzle, sizzling, sputter(ing), crackling, *(írótollé)* scraping, *(rádióé)* crackling, crackle
serdül *v* reach puberty, grow* up || **férfivá** ~ reach manhood
serdületlen *a* underage, not of age *ut.*
serdülő *a/n* adolescent (boy/girl), youngster
serdülőkor *n* puberty, adolescence, *ir* the awkward age
serdülőkorú *a/n* adolescent, teenager

sereg *n kat biz* army ‖ *(madár)* flock ‖ **egy ~ hiba van benne** it contains a host of errors, it is riddled with errors
seregély *n* starling
sereghajtó *n* rearguard, *átv kif* bring* up the rear
seregszemle *n* review (of troops), muster
sérelem *n (erkölcsi)* affront, grief, injury; *jog* injury, grievance
sérelmes *a* injurious, deleterious; *(anyagilag)* prejudicial; *(becsületére)* derogatory
sérelmez *v* find* sg injurious, be*/feel* aggrieved at sg
seriff *n* sheriff
serked *v (bajusz, szakáll)* begin* to grow
serkent *v* urge sy on (to do sg), spur sy on to do sg, stimulate (sy) ‖ *(vérkeringést, szívműködést)* stimulate (sg)
serkentő *a* stimulating, stirring
serkentőszer *n* stimulant
serleg *n (díjként)* cup; *(ivásra)* goblet
serpenyő *n (konyhai)* frying-pan, *US így is:* fry-pan, skillet ‖ *(mérlegé)* (scale) pan
sért *v (testileg)* hurt* [one's foot etc.] ‖ *(érzelmileg)* hurt* sy's feelings, affront (sy), offend [sy *v.* sy's sensibilities] ‖ *(jogot, törvényt)* violate, trespass on [sy's rights], break*, violate [a law] ‖ **~ i a fülét** jar on one's/sy's ears (*v.* on the ears of sy), *(ami túl hangos)* be* ear-splitting; **~ i vk érdekeit** interfere with sy's interests
sérteget *v* keep* offending/insulting/affronting sy
sértegetés *n* (continual/repeated) insult
sertés *n* pig, *(sertéshús)* pork
sértés *n (becsületbeli)* insult, offence (*US* -se) ‖ *(törvény/szabály ellen)* violation/breach of the law ‖ **lenyeli a ~ t** swallow an insult/affront; **ne vegye ~ nek** don't take it amiss, I didn't mean any harm; **~ nek vesz vmt** be* offended by sg, take* sg as an offence (*US* -se); **testi ~** *jog* bodily harm, assault
sertésborda *n* pork chop/cutlet
sertéscomb *n* leg (of pork)
sertésflekken *n* barbecued pork
sertéshizlaló *n* pig farm
sertéshús *n* pork
sertéskaraj *n* pork chop/cutlet
sertésól *n* pigsty, piggery, *US* pigpen
sertésoldalas *n* pork chop
sertéspörkölt *n* pork stew with paprika, Hungarian pork stew
sertéssült *n* roast pork
sertésszelet *n* pork chop, fillet of pork
sertéstenyésztés *n* pig-breeding, pig-farming
sertéstenyésztő *n (egyéni gazda, igével)* raise/breed* pigs; *(szövetkezet)* pig-farming cooperative

sertészsír *n* lard
sértetlen *a (testileg)* unhurt, unharmed, uninjured ‖ *átv* intact, unimpaired, *(teljes)* entire, whole ‖ **~ állapotban** in good condition, undamaged
sértetlenség *n* soundness, intactness, integrity
sértett 1. *a (testileg)* hurt, injured; *(erkölcsileg)* harmed, wounded **2.** *n* **a ~** the offended/injured party
sérthetetlen *a* inviolable, invulnerable
sérthetetlenség *n* inviolability, invulnerability ‖ **területi ~** territorial integrity
sértő 1. *a* offending, offensive, injurious, insulting, affronting ‖ **~ szándékkal** *(mond vmt)* with the intention of (being) insulting; **nem ~ szándékkal mondtam** no offence (was) meant **2.** *n* (the) offending party, offender
sértődékeny *a (igével)* be* easily offended, be* quick to take offence at sg
sértődés *n* taking offence (*US* -se), hurt, resentment
sértődött *a* offended, injured
sértődöttség *n* sulkiness, offendedness
sérülés *n (személyi)* injury ‖ *(tárgyé)* damage ‖ **belső ~** internal injury; **~ t szenved** be*/get* injured, suffer/sustain injuries, receive an injury
sérült 1. *a (személy)* injured; *(tárgy)* damaged, injured **2.** *n* injured (person) ‖ **a ~ ek** the injured (people); **tíz súlyos ~ je volt a vasúti szerencsétlenségnek** there were 10 serious casualties in the train crash
sérv *n* hernia (*pl* hernias *v.* herniae)
sérvkötő *n* truss
séta *n* walk, stroll ‖ *(múzeumban stb. vezetéssel)* guided tour ‖ **~ t tesz** take*/have* a walk, go* for a walk
sétahajó *n* pleasure boat
sétahajózás *n* boat trip, a cruise [on the Thames/Danube etc.]
sétál *v* walk (about), take* a walk, stroll, be* out walking ‖ **elmegy ~ ni** take* a walk, go* for a walk, *biz* take* a breath of (fresh) air; **fel és alá ~** walk up and down
sétáló 1. *a* walking **2.** *n* walker
sétálómagnó *n* personal stereo (cassette player), Walkman (*pl* -mans)
sétálóutca *n (járműforgalomtól mentes)* pedestrian precinct, pedestrianized street, *US* mall; *(belterületi vásárlóutca)* downtown shopping precinct, *US* the downtown (shopping) mall
sétáltat *v* take* (out) for a walk, *(csak állatot)* walk [the dog etc.]
sétány *n (főleg tengerparton)* promenade, esplanade

sétapálca *n* walking-stick
sétatér *n* promenade, esplanade
sétaút *n* promenade, esplanade, walk
settenkedik *v* hang* around, sneak
sezlon *n* divan, couch
shakespeare-i *a* Shakespearean
sí *n (eszköz)* ski, a pair of skis || *biz (sízés)* skiing
síbot *n* ski stick/pole
sicc! *int* shoo!, boo!, scat!
sícipő *n* ski boot(s)
síel *v* ski *(múlt ideje:* ski'd *v.* skied), go* skiing
síelés *n* skiing
siet *v* ált hurry (up); *(nem ér rá)* be* in a hurry, have* no time (to spare) || *(óra)* be* fast, gain || vhová hurry/hasten to; *(vk után)* hurry after || **az órám öt percet** ~ my watch is five minutes fast *(v.* has gained five minutes); **ne siess!** don't hurry!, take your time!, take it easy!; **siess!** hurry up!, be quick!, get a move on!; **siessünk!** let's hurry up, let's get a move on; **vk segítségére** ~ run* to help sy
sietés *n* hurry, haste
sietős *a (sürgős)* urgent, pressing || ~ **a dolga (vknek)** be* in a hurry; ~ **léptek** hurried steps
sietség *n* hurry, haste
siettében *adv* as (s)he was hurrying, in his/her haste
siettet *v vkt* hurry sy up, make* sy hurry, *(türelmetlenül)* rush sy; *(munkát)* hurry
sietve *adv* hurriedly, in a hurry, in (great) haste, hastily
sífelszerelés *n* ski(ing) equipment/outfit, skiing gear
sífelvonó *n* ski-lift, chair lift
sifrírozott *a* (en)coded, enciphered
sífutás *n* cross-country ski-racing *(v.* skiing *v.* ski-running)
sífutó *n* cross-country skier *(v.* ski-racer)
sík 1. *a (egyenletes)* even; *(lapos)* flat; *(vízszintes)* level; *(sima)* smooth **2.** *n (síkság)* plains *sing.,* flat ground || *mat* plane || **elméleti** ~**on** theoretically; **gyakorlati** ~**on** in practice
sikál *v (padlót)* scrub; *(csak hajón)* swab; *(edényt)* scour
sikamlós *a átv* risqué, lascivious, lewd, near the bone *ut.* || ~ **vicc** blue/risqué/dirty joke, *US így is:* off-color joke
sikátor *n* alley(way), passage
siker *n* success; *(eredmény)* result, achievement || **nagy** ~ **volt** *(színdarab stb.)* it was a box-office hit/smash; **nagy** ~**e van** vknek succeed, score a hit, have* great success; vmnek be* a great success; **nincs** ~**e** vknek be* unsuccessful, fail, *kif* (s)he hasn't made it; *(színdarabnak)* it has not taken off, it has flop

ped; ~**t arat** be* successful, meet* with success, succeed; **teljes** ~**rel jár** meet* with complete success
sikerélmény *n* ~**e van** get*/have* a real sense of achievement, *biz* sg gives* sy a real kick
sikeres *a* successful || ~ **vállalkozás** flourishing business, prosperous enterprise; ~ **vizsga** pass
sikerkönyv *n* blockbuster, best seller
sikertelen *a* unsuccessful; *(igével)* fail; *(hiábavaló)* futile, abortive || ~ **kísérlet** unsuccessful attempt
sikertelenség *n* failure, lack of success, *(tervé)* failure
sikerül *v vm* work, turn out well || *(vknek vm, vmt megtenni)* succeed in doing sg, manage *(v.* be* able) to do sg || **jól** ~**t** it was a great success; **nem** ~ fail, be* unsuccessful, not work; ~**t átmennie a vizsgán** (s)he succeeded in passing his/her/the examination, *biz* (s)he managed to get through (the exam); ~**t elérnem a vonatot** I managed to catch the train, I just made the train; ~**t neki** (s)he succeeded, *(vmt megjavítani stb.)* (s)he managed to repair it
sikerült *a* successful, *(munka)* successfully done *ut.* || ~ **gyerek** gifted/talented child
siket *a* = **süket**
síkfelület *n mat* plane (surface)
síkfutás *n ált* running, *(rövidtávú)* sprinting || **100 m-es** ~ 100 metre race, 100 metres *(US* meters)
síkidom *n* geometric/plane figure
sikít *v* scream, shriek, screech, squall
sikítoz *v* be* screaming/shrieking
sikk *n* chic
sikkaszt *v* embezzle, misappropriate; *(közpénzt)* peculate [public moneys]
sikkasztás *n* embezzlement, fraud, misappropriation
sikkasztó *n* embezzler
sikkes *a* chic, stylish, *(igével)* have* style || ~ **nő** she has* style
síklap *n mat* plane
sikl|ik *v* glide, slide*, slip
sikló 1. *a* gliding, sliding **2.** *n (jármű)* funicular (railway), cable-car, cable railway || **áll** grass snake
siklópálya *n rep* glide path
siklórepülés *n* glide; *(a sport)* gliding
sikolt *v* scream, shriek, screech
sikoltás, sikoly *n* scream, shriek, screech
sikong(at) *v* keep* screaming, *(csecsemő)* howl
síkos *a* slippery, slithery, *US* slick
síkraszáll *v vmért, vkért* come* out in favour *(US* -or) of, come* out in support of

síkság *n* plain, *US* plains *sing.*, lowlands *pl*, flat (land)

silány *a* inferior, of inferior/poor quality *ut.*, poor; *(eredmény)* second-rate, mediocre, poor ‖ ~ **áru** inferior/shoddy goods *pl*, trash(y goods *pl*); ~ **utánzat** cheap imitation

sildes sapka *n* peaked cap

síléc *n* ski(s), a pair of skis

sílift *n* ski-lift, chair lift; *(csákányos)* T-bar lift

siló *n* silo *(pl* silos)

sima *a (felület stb.)* smooth; *(egyenletes)* even; *(modor)* smooth, easy, suave; *(víztükör)* waveless, unruffled ‖ *(egyszerű)* plain, simple ‖ **két ~ whiskyt kérek** two whiskies, neat, please; *US* two straight whiskeys, please; ~ **leszállás** soft landing; ~ **víz** plain water; ~**ra borotvált** clean-shaven

simán *adv* smoothly, evenly; *(könnyen)* easily, without difficulty ‖ ~ **elintéz** settle easily; ~ **kérem** *(nem légipostán)* surface mail, please; *(nem tejjel/citrommal stb.)* without milk/lemon (etc.), please; *(whiskyt stb.)* neat (*v. US* straight), please; ~ **megy** it is going quite smoothly, it is going without a hitch

simaság *n* smoothness, evenness, plainness

simít *v vmt* smooth, even, *(talajt)* level *(US* -l), even, plane ‖ *(művön)* touch up

simítás *n ált* smoothing ‖ **az utolsó** ~**okat végzi** put*/add the finishing touches to sg

simogat *v* stroke, *(szeretve)* caress

simogatás *n* stroking, *(szeretve)* caressing

simul *v (simává válik)* become* smooth ‖ *(ruha vkhez)* fit sy well, *(női)* be* a figure-hugging dress ‖ *vk vkhez* snuggle/cuddle up to sy, [they] cling* together ‖ **egymáshoz ~** press/nestle close to one another

simulékony *a* accommodating, adaptable, easy-going

sín *n (vasúti)* rail(s) ‖ *orv* splint ‖ ~**be tesz** *orv* put* [an arm etc.] in splints

sínadrág *n* ski pants *pl*

sínautó *n* rail-car

sincs *v* is* not (*v.* isn't) ... either, is* not (*v.* isn't) even ... ‖ **neked ~, nekem ~** neither have you nor have I; **nekem egy ~** I haven't got any; **sehol ~** I can't find it anywhere, there is* no trace of it; **senki ~ otthon** noone is* in, nobody is* at home; **különben ~ kedvem hozzá** and I don't feel like it anyway; **ők ~enek itt** they aren't here either

singcsont *n* ulna *(pl* ulnae)

sintér *n* dogcatcher, poundmaster

sínylőd|ik *v* pine away, languish

síoktató *n* ski(ing) instructor

síp *n* whistle; *(pásztoré)* (shepherd's) pipe, reed ‖ *(orgonáé)* pipe

sípálya *n* (ski) course, ski-run

sípcsont *n* shin-bone, tibia ‖ ~ **on rúg vkt** kick sy on the shin(s), shin sy

sipít *v* screech, scream, shrill, yell (out)

sípol *v* blow* the whistle, whistle; *(mozdony)* hoot

sípolás *n* whistling

sipoly *n* fistula *(pl* fistulas *v.* fistulae)

sípos *n* piper, whistler

sípszó *n* whistle

sír¹ *v (hangosan)* cry; *(halkan)* weep*, be* in tears, shed* tears; *(zokogva)* sob ‖ *átv* complain, always go* on about sg, lament (*vm miatt* for/over sg) ‖ **keservesen ~** cry/weep* very bitterly, cry one's eyes/heart out; ~**va fakad** burst* into tears, burst* out crying

sír² *n* grave, *(sírbolt)* tomb ‖ **fél lábbal a ~ban van** have* one foot in the grave; **forog a ~jában** sy must be turning in one's grave; **hallgat, mint a ~** be* as silent as the grave; ~**ba visz vkt** drive* a nail into one's coffin

siralmas *a* deplorable, lamentable, miserable, pitiful; *(látvány)* pitiable; *(gyenge)* sorry, poor, wretched ‖ ~**an szerepelt** *biz* he put up a poor show

siralom *n (panasz)* lament, lamentation

siralomház *n* condemned/death cell

sirály *n* gull; *(tengeri)* sea-gull

siránkozás *n* continual lamentation/complaint, *elít* whining

siránkozik *v* lament (*vmn, vm miatt* for/over sg), bewail (*vm miatt* sg), whine

sírás *n* crying, weeping

sírásó *n* gravedigger

sírás-rívás *n* weeping, whining, wail(ing)

sirat *v vmt* bewail/lament sg, weep* over/for sg, *vkt* mourn (for) sy, lament (for) sy

sírbolt *n* burial vault, tomb; *(templomi)* crypt

sírdogál *v* be* crying (softly)

sírdomb *n* grave, burial-mound

síremlék *n* tomb(stone), sepulchre *(US* -cher); *(sírkő)* tombstone, gravestone

síri *a* ~ **csend** deathlike/deathly silence, silence of the grave

sírkő *n* tombstone, gravestone

sírógörcs *n* crying-fit

sírós *a* weepy

sír-rí *v* weep*, wail, howl

síruha *n* ski suit, skiing clothes *pl*

sisak *n* helmet; *(vívóé)* mask

sistereg *v (sülő hús)* sizzle, *(tüzes vas vízben)* hiss, fizz(le)

sistergés *n* sizzling

síszemüveg *n* ski-mask
sítalp *n* ski(s)
síterep *n* ski ground/course
sitt[1] *n biz* jug, clink, *GB* choky, *US* hoosegow || **~en van** be* inside, be* doing time, be* in jug, be* in the clink
sitt[2] *n (építési törmelék)* (building) rubble
síugrás *n* ski-jump(ing)
síugró *n/a* ski-jumper || **~ sánc** ski-jump, (ski-)jumping ramp
sivalkod|ik *v* scream
sivár *a (látvány)* bleak, dismal; *(lakás)* cheerless (flat); *(élet)* dreary, penurious; *(vidék)* desolate, barren
sivatag *n* desert
sivatagi *a* desert
síverseny *n* skiing competition, ski race
síversenyző *n* (ski) competitor, (ski) racer
sivít *v* scream, screech, shriek
síz|ik *v* = **síel**
síző 1. *a* skiing 2. *n* skier
skála *n (zene is)* scale || *(rádión)* (tuning) dial || *átv* **széles ~ja vmnek** a wide range of sg
skalp *n* scalp || **~ra vadászik** *biz* be* out for scalps
skandináv *a/n* Scandinavian
Skandinávia *n* Scandinavia
skandináviai *a/n* Scandinavian
skanzen *n* outdoor (village) museum
skarlát *a/n (szín)* scarlet || *(betegség)* scarlet-fever
skarlátvörös *a/n* scarlet
skatulya *n* box || **egy ~ gyufa** a box of matches; **mintha ~ból húzták volna ki** be* natty, look spick and span
skicc *n* sketch
skiccel *v* sketch, make* a rough sketch of
Skócia *n* Scotland
skorbut *n* scurvy
skorpió *n* scorpion
skót 1. *a (ember, nép)* Scottish, Scots; *(különféle termékek, pl. whisky, szövet)* Scotch; *(könyv, szokás, történelem)* Scottish || *biz (fukar)* tight-fisted, niggardly, stingy, penny-pinching || **a ~ egyház** Church of Scotland; **a ~ felvidék** the (Scottish) Highlands *pl*; **~ juhászkutya** collie; **~ kislány** (Scots) lass, lassie; **~ nyelvjárás** Scots, *(parasztos)* broad Scots; **~ szoknya** kilt; **~ terrier** Scottish/Scotch terrier; **~ whisky** Scotch (whisky) 2. *n (ember)* Scot, *(férfi)* Scotsman°, *(nő)* Scotswoman° || *biz (fukar)* scrooge, skinflint, *US így is:* tightwad || **a ~ok** the Scots/Scottish; **ő egy nagy ~** he is a right old scrooge
skótmintás *a* tartan || **~ szövet** tartan

skótos *a* **~ kiejtése van** have* a [strong/slight etc.] Scots/Scottish accent
skrupulózus *a* over-scrupulous
skrupulus *n* scruple || **nincsenek ~ai** have* no scruples about sg
sláger *n (dal)* hit(-song), pop-song || *(áru stb.)* hit, top seller
slamasztika *n biz* **benne van a ~ban** be* in a fix/mess, be* in a tight corner
slampos *a vk* slovenly, slatternly; *(munka)* careless, slipshod, sloppy
slejm *n* phlegm, mucus
slendrián *a (ember)* careless, negligent, sloppy || *(munka)* slipshod, shoddy
slicc *n* fly, flies *pl*
slukk *n biz (cigarettából)* drag, pull (at a fag/cigarette) || *(italból)* gulp, nip, swig || *adj* **egy ~ot** let me (*v.* let's) have a drag; **egy ~ra** at a gulp
slusszkulcs *n* ignition key
smaragd *n* emerald
smaragdzöld *a* emerald (green)
smink *n* make-up, *biz* war paint
sminkel *v vkt* make* up (sy) (*v.* make* sy up) || **~i magát** put* make-up on, use make-up
smirgli *n biz* emery paper, sandpaper
smirgliz *v biz* polish (sg) with emery paper (*v.* sandpaper), sandpaper
smucig *a* elít tight(-fisted), stingy
snapsz *n* brandy
snassz *a* elít *vk* tight, mean || *(ruha)* shabby, tatty
snidling *n* chives *pl*
snúrozás *n kb.* pitch-and-toss
só *n* salt
sóbálvánnyá válik *v* stand* rooted to the spot, be* transfixed/petrified
sóder *n (építőanyag)* (sand and) gravel, ballast || *biz (duma)* waffle, spiel, blather || **nyomja a ~t** waffle on, talk the hind leg off a donkey
sodor[1] *v (fonalat)* twist, twine; *(bajuszt)* twirl; *(cigarettát, tésztát)* roll || **magával ~** sweep* away/along, *(víz)* carry/sweep* along
sodor[2] *n (folyóé)* current || **az események sodra** the course of events; **kijön a sodrából** lose* one's temper, lose* one's self-control, *biz* be* put out
sodrás *n (fonalé)* twist, spinning || *(folyóé)* current
sodródás *n (vízben)* drifting
sodród|ik *v (folyadékban)* drift, be* swept away || **háborúba ~ik** drift into war; **vmbe ~ik** get* involved with/in sg, be* dragged into sg
sodrófa *n* rolling-pin
sodrony *n* wire, cable
sodronybetét *n* spring mattress
sodrott *a (fonal)* twisted

sofőr n driver; *(taxié)* cab-driver, *GB biz* cabbie

sógor n brother-in-law *(pl* brothers-in-law)

sógornő n sister-in-law *(pl* sisters-in-law)

soha adv never ‖ **szinte** ~ hardly ever; ~ **sincs pénze** he never has* any money (on him); ~ **az életben** never in one's life; ~ **többé** never again

sóhaj n sigh

sóhajt v sigh, heave*/breathe/utter a sigh ‖ ~ **egyet** give* a sigh; **nagyot** ~ heave* a sigh, sigh deeply

sóhajtás n sigh

sóhajtoz|ik v heave* sighs, keep* (on) sighing ‖ ~ **vk/vm után** sigh for sy/sg

sohanapján adv biz this year, next year, sometime, never; on the Greek calends

sohase(m) adv never ‖ **még** ~ **láttam** I have never seen it/him/her before

sóher a elít stingy, niggardly

sóhivatal n menj a ~**ba!** go to blazes

sok 1. a *(egyes számmal)* much, *(többes számmal)* many, a lot of, a large number of, a good/great many, lots/heaps/loads of ‖ ~ **beszédnek** ~ **az alja** the least said the better; ~ **ember** (a great) many people, lots of people; ~ **fáradságba került** it was a lot of bother/trouble/effort; ~ **idő** a long time, much time, a lot of time; ~ **időt vesz igénybe** it takes* sy a long time, it is* very time-consuming; **nincs** ~ **időm** I haven't got much time, biz I'm a bit pushed for time; ~ **pénz** a lot of money, much money; ~ **pénze van** (s)he has lots of money, biz he has pots/loads/piles of money **2.** n **ami** ~, **az** ~! that puts the lid on it!, that's the limit!; **elég** ~(**at**) quite a lot; ~ **a jóból** it's too much of a good thing; **nem** ~ **kell hozzá, hogy** it needs little to; ~**ba kerül** it costs* a lot, it is* expensive; ~**ban emlékeztet vkre** in many respects he/it reminds one of sy; ~**ban különbözik** it differs in many respects/ways; ~**ra tart vkt** have* a high opinion of sy, think* highly of sy; ~**ra viszi még** he will make his mark in the world, he'll go far; ~**at ad vkre** have* a high opinion of sy, vmre set* great store by sg

soká adv for long, (for) a long time ‖ ~ **tart** take* long (to do sg), be* long about sg (v. doing sg); ~ **jön** he is a long time coming, he is taking a long time to come (v. coming)

sokadalom n multitude, crowd

sokadik num a/n umpteenth

sokall v *(soknak tart)* find* sg too much; *(árat)* find* [the price] too high

sokan adv (a great) many people, a number/lot of people ‖ ~ **közülünk** many of us; ~ **látták** many have seen it

sokára adv after a long time/pause ‖ ~ **lesz még az** that's a long way off yet

sokaság n *(tömeg)* crowd, multitude

sokatmondó a significant, meaningful ‖ ~ **pillantás** a knowing look, an eloquent look

sokemeletes a multi-storey *(US* -story), high-rise [building]

sokévi a of many years ut., many years'

sokfelé adv *(irány)* in many directions ‖ *(hely)* in many/different/various places

sokféle a many kinds of, all sorts of; of all/many kinds ut.

sokféleképpen adv in many/different/various ways

sokféleség n great variety

sokfelől adv from many directions/sides

sokgyermekes a having many children ut. ‖ ~ **család** large family

sokk n orv shock

sokkal adv *(hasonlításban)* far, much, a good deal, a lot *(és középfok)* ‖ **nem** ~ **később** shortly/soon afterwards, a little later; ~ **jobb** far/much better, a lot better; ~ **jobban érzem magam** I feel (v. I'm feeling) much (v. a lot) better; ~ **később** much later; ~ **okosabb, semhogy** ... he is much too clever to ...

soknemzetiségű a multinational

soknyelvű a multilingual, polyglot

sokoldalú a a ált és vk many-sided, *(csak vk)* versatile, all-round; *(egyezmény stb.)* multilateral ‖ ~ **műveltség** an all-round (v. a comprehensive) education

sokrétű a *(összetett)* complex, intricate, involved; *(sokoldalú)* many-sided, varied

sokszínű a many-coloured, multicoloured, varicoloured *(US mind:* -colored) ‖ átv colourful *(US* -or-), vivid

sokszor num adv many times, many a time, frequently, often

sokszoros a multiple, manifold; *(ismételt)* repeated, frequent

sokszorosít v ált duplicate, *(kazettát, lemezt is)* make* (multiple) copies of, copy; *(fénymásol)* photocopy, *(xeroxszal)* xerox

sokszorosítás n duplicating, copying; *(fénymásolás)* photocopying, *(xeroxon)* xeroxing

sokszorosítógép n duplicator, copier; *(fénymásoló gép)* photocopier, *(xerox)* Xerox(-machine)

sokszög n polygon

sokszögű a polygonal, mult(i)angular

solarium n solarium *(pl* -ia v. -ums)

sólyom *n* falcon, hawk
sompolyog *v* creep*/steal*/slink*/sidle (off/away *v. vkhez* up to sy)
sonka *n* ham ‖ ~ **tojással** bacon and eggs
sonkás *a* ~ **kocka** ⟨pasta squares with minced ham⟩; ~ **zsemle** ham roll/ sandwich
sopánkod|ik *v* wail, lament, yammer
sor *n* (emberekből, tárgyakból) row, line; (ülőhelyekből) row; (sorállásnál) queue, US line ‖ (írásban, könyvben stb.) line ‖ (egymásutániság, sorozat) series (of events) ‖ (sors) lot, fate ‖ **alacsony** ~**ból származik** be* of humble birth/ origin; **beáll a** ~**ba** (üzletben) join the queue; **egy** ~ ... (= sok) a large number of, a good/great many; **eltávozik az élők** ~**ából** depart this life; **ha arra kerül a** ~ if it comes to that; **jó** ~**a van** he is* comfortably/well off; **kin van a** ~? whose turn is it?, who is next?; **mértani** ~ geometric progression; **rajtam a** ~ it's my turn [to do sg]; **rosszul megy a** ~**a** have* a hard/ tough time (of it), (anyagilag) be* badly off; *mat* **számtani** ~ arithmetic progression; *biz* **tiszta** ~! clear enough, evidently, no doubt (about it); ~ **kerül vmre** happen, take* place, occur; ~**ba állít** line up; ~**ba kapcsolás** series-connection; ~**ba rak** (tárgyakat) arrange/place in a row; ~**ba vesz vmt** consider/take* one after the other, take* one by one; ~**ban** in turn, by turns, one after the other; ~**ba(n) áll** (pénztárnál stb.) queue (up), US stand* in line (vmért for); (felsorakozik) line up (behind sy); ~**on kívül** out of (one's) turn; ~**on kívüli** out of turn *ut.*; ~**on következő** next in line *ut.*, next; ~**ra kerül** *vk* one's turn comes, it's his/her turn, come* on; **várjon a** ~**ára!** wait (until it is) your turn!; **vmnek (a)** ~**án** in the course of sg, during sg
sorakoz|ik *v* align, line/form up
sorakozó! *int* fall in!, line up!
sorbaállás *n* (vmre várva) queuing up, US standing in line
sorfal *n* line, row (of people); (futballistáké) line-up
sorház *n* terraced house, terrace-house, US row house
sorjában *adv* in turn, by turns, one after the other
sorkatona *n* conscript, soldier, regular, US GI, enlisted man°
sorkatonaság *n* regular troops *pl*
sorkiemelő *n* (fluorescent) marker
sorköteles *a* liable to conscription *ut.*, of military age *ut.*, US draftable

sorol *v vkt vhova* rank sy among/with, reckon sy among ‖ *vmt vhova* rank/count/ class sg among
sorompó *n* barrier, gate ‖ ~ **nélküli vasúti átjáró** level-crossing without gates
sorompós vasúti átjáró *n* level-crossing with gates
soros *a* -line ‖ (soron következő) next ‖ **ő a** ~ (következő) it is his/her turn, (s)he is next; (szolgálatos) he is on duty; *el* ~ **kapcsolás** series connection; **25** ~ **cikk** a 25-line article
soroz *v kat* recruit, enlist, call up, US draft
sorozás *n kat* recruiting, recruitment, conscription, call-up, US draft
sorozat *n ált* series (*pl* ua.); (dolgok egymásutánja) sequence, succession; (tárgyakból) set; (kiadványoké) series; (bélyeg) series; (tévé) (television/TV) series
sorozatgyártás *n* mass/series production
sorozatos *a* in succession *ut.* ‖ ~ **kudarcok** a series/succession of disappointments
sorozóbizottság *n* recruiting committee, US draft board
sorrend *n* order, sequence ‖ ~**ben az első** first in line/order
sors *n* (végzet) fate; *vké* destiny; (*vk* életkörülményei) lot, life ‖ **jobb** ~**ra érdemes** deserve a better life; ~**ára hagy vkt** leave* sy to his fate; ~**ot húz** draw*/cast* lots, (pénzfeldobással) toss up (a penny) for sg, toss up [to see ...]
sorscsapás *n* terrible blow, calamity
sorsdöntő *a* decisive, crucial; (esemény) historic ‖ ~ **változás** turning-point
sorsfordulat *n* (sudden) change of fortune
sorshúzás *n* drawing (of lots), draw ‖ ~**sal dönt el** decide by lot (*v.* by a draw), draw* lots to decide sg
sorsjáték *n* lottery
sorsjegy *n* lottery ticket
sorskérdés *n* vital question/problem/ matter
sorsol *v* draw* lots for, have* the draw for
sorsolás *n* drawing (of lots)
sorstárs *n* companion in misfortune, fellow (sufferer)
sorszám *n* (jegyzékben) serial number
sorszámnév *n* ordinal number
sorszámozás *n* numbering
sort *n* shorts *pl*
sortűz *n* volley, (ágyúé) round (of cannon), fusillade
sorvad *v* atrophy, waste away ‖ *átv vm* decay, decline; *vk átv* pine away, languish

sorvadás *n* atrophy
sorvaszt *v* atrophy
sós *a* salt(y), salted ‖ ~ **(ízű)** salty; ~ **tengeri levegő** salt/sea-air; **elég** ~? *(étel)* is there enough salt on it (for you)?; ~ **víz** *(tengeri)* salt water, sea water, *(egyéb)* salty water; ~**an szereti** (s)he likes it with salt
sósav *n* hydrochloric acid
sósborszesz *n* rubbing alcohol, alcohol rub
sóska *n* (common) sorrel
sóskeksz *n* cracker
sóskifli *n* salted roll
sósmandula *n* salted almonds *pl*
sósperec *n* pretzel
sószegény *a* *(étel)* low-salt ‖ ~ **étrendet tart** live/be* on a low-salt diet
sótalan *a* saltless, salt-free, *átv* insipid, flat
sótartalom *n* salinity, salt content
sótartó *n* *(vállgödröcske is)* salt-cellar
sovány *a* *(élőlény)* lean, thin, meagre *(US* -ger) ‖ *(étel)* meagre, *(hús)* lean, *(tej)* low-fat, *(lefölözött)* skimmed ‖ *(eredmény, fizetés)* meagre, poor ‖ ~ **arc** thin/hollow/gaunt face; ~ **vigasz** cold comfort
soványít *v* *(étrend, futás stb.)* slim ‖ *(ruha)* make* sy appear/look slim
soványodlik *v* become*/get* thinner, lose* weight, slim
soványság *n* *(állapot)* thinness, leanness ‖ *biz vkről* bag of bones
sóvár *a* ~ **szemmel néz vkt** look at sy longingly (*v.* with longing), long/sigh for sy
sóvárgás *n* yearning, longing
sóvárog *v vk/vm után* long/sigh/yearn for sy/sg
soviniszta 1. *a* chauvinistic **2.** *n* chauvinist
sovinizmus *n* chauvinism
sóz *v* *(ételt)* salt, *(hintve)* sprinkle with salt; *(utat)* salt; *(tartósítva)* salt (down), pickle
sózott *a* salted ‖ ~ **hering** pickled/salted herring; ~ **hús** salt(ed) meat
sömör *n* herpes
söntés *n kb.* bar, *US így is:* saloon
söpör *v* sweep*
söpredék *n átv* riff-raff, mob, rabble ‖ **a társadalom** ~**e** the scum (*v.* dregs *pl*) of society, the scum of the earth
söprögető *n sp biz* sweeper
söprű *n* broom ‖ **új** ~ **(jól söpör)** a new broom (sweeps clean)
söprűnyél *n* broomstick
sör *n* beer, *(világos angol)* (pale) ale, *(könnyebb)* lager, *(barna)* bitter, *(egészen sötét)* stout ‖ **két korsó** ~**t kérek** two pints of Gold Fassl etc., please;
két pohár ~**t kérek** two halves of ..., please
sörény *n* mane
sörét *n* shot
sörétes puska *n* shotgun
sörfőzés *n* brewing (beer), beer-making
sörfőző *n* *(személy)* brewer ‖ ~ **üzem** brewery
sörgyár *n* brewery
sörgyártás *n* brewing, beer-making
sörivó *n* beer-drinker
sörnyitó *n* bottle-opener
söröshordó *n* beer-barrel
söröskancsó *n* beer-mug, tankard, *US* stein
söröspohár *n* beer-glass
sörösüveg *n* beer-bottle
söröz *v* drink* beer
sörözés *n* beer drinking
söröző *n* *(hely)* brasserie, bar, Bierkeller; *(kerthelyiség)* beer-garden; *(nagyobb étteremé, szállodáé)* buttery
sörtehajú *a* crew-cut
sőt *conj* (and) even, (and) indeed, in fact, besides, moreover, actually ‖ ~ **ellenkezőleg!** on the contrary; ~ **még most is** even now; ~ **mi több** and what is more
sötét 1. *a* dark, *átv* gloomy, dark, obscure ‖ ~ **alak** *elít* shady/shifty character; ~ **bőrű** dark-skinned, dusky, swarthy; ~ **éjszaka volt** it was a dark night, the night was pitch dark; ~ **gondolatok** gloomy/dismal thoughts; ~ **középkor** dark Middle Ages *pl*; ~ **külsejű** evil-looking; ~ **szándék** evil intention; ~ **szemű** dark-eyed; ~ **színben látja a dolgokat** look on the dark side (of things); ~ **ügy** shady business, hole-and-corner dealings *pl* (*v.* affair) **2.** *n* dark(ness) ‖ *(sakk)* black ‖ ~ **van** it is dark; ~**ben tapogatódzik** grope about in the dark
sötétbarna *a* dark-brown
sötétedés *n (anyagé)* darkening ‖ *(esteledés)* dusk, twilight, nightfall ‖ ~ **után** after dark; ~ **kor** at nightfall
sötéted|ik *v (anyag)* darken ‖ *(esteledik)* night is* falling, it is* growing/getting dark
sötéten *adv* dark(ly), black, *átv* gloomily ‖ **túl** ~ **lát** be* much too pessimistic, look on the dark side of things; ~ **néz** look black, look daggers (at sy)
sötétít *v* darken, dim
sötétkamra *n* darkroom
sötétkék *a* dark/navy-blue
sötétl|ik *v* appear/shine* dark
sötétség *n* dark(ness), gloom, *átv* obscurity ‖ **a** ~ **beálltával** after dark, at nightfall/dusk

sötétszürke *a* dark-grey
sötétvörös *a* dark/deep red
sötétzárka *n* dark-cell
sötétzöld *a* dark/bottle-green
sövény *n* hedge(row) || **sövénnyel elkerít** hedge in/off
spagetti *n* spaghetti
spájz *n* larder, pantry
spaletta *n* folding/boxing shutters *pl*
spanyol 1. *a* Spanish **2.** *n (ember)* Spaniard || *(nyelv)* Spanish || → **angol**
spanyolfal *n* folding screen
Spanyolország *n* Spain
spanyolul *adv* (in) Spanish || → **angolul**
spanyolviasz *n* sealing-wax || **nem találja fel a ~t** he will never set the Thames on fire
spárga[1] *n (kötözéshez)* string, cord || *(tornában)* the splits *pl* || **~t csinál** do* the splits
spárga[2] *n növ* asparagus
speciális *a* special || **~an** *(különösen)* specially, *(kifejezetten)* specifically
specialista *n* specialist, consultant
specialitás *n* speciality (*US* specialty)
specializál *v* **~ ja magát vmre/vmben** specialize in sg, become* a specialist in sg, *US (egyetemen)* major in sg
specializálódás *n* specialization
specializálód|ik *v* become* specialized (in sg)
speciel *adv* **nekem ~ nem tetszik** I for one don't like it; me, I don't like it; it's not my cup of tea
spejz *n* = **spájz**
spékel *v* lard
spekuláció *n (elmélkedés)* speculation, cogitation || *ker* speculation, gambling
spekulál *v (töpreng vmn)* speculate/meditate on/about (sg) || *ker vmvel* speculate in (sg)
spekuláns *n* speculator
spenót *n* spinach
sperma *n biol* sperm
spicc[1] *n (kutya)* spitz, Pomeranian, *biz* pom || *(cipő)* toe-cap
spicc[2] *n biz (enyhe ittasság)* tipsiness, elevation, a drop too much
spicces *a biz* tipsy, (slightly) elevated, a bit merry/tight/mellow
spicli *n biz* informer, *(diák)* peacher
spiclisked|ik *v biz vkre* inform on sy, *isk* peach on, grass/split* on sy
spirál *n* spiral
spirálfüzet *n* spiral(-bound) notebook
spirális *a/n* spiral
spiritiszta *n* spirit(ual)ist
spiritizmus *n* spirit(ual)ism
spirituálé *n* (Negro) spiritual
spiritusz *n* spirits *pl, biz* meths

spirituszégő *n* (methylated) spirit lamp/stove
spontán 1. *a* spontaneous, *(készséges)* willing, *(önkéntes)* unasked-for, voluntary || **~ elhatározás** free decision **2.** *adv* spontaneously, *(készségesen)* willingly
spóra *n növ* spore, *(kisebb)* sporule
spórol *v ált* save; economize (*vmn* on sg); *(vmennyit)* save (up) [money] (*vmre* for sg) || *átv* **régóta ~ok erre az alkalomra** I've long been waiting for this occasion
sport *n ált* sport, sports *pl* || *(sportág)* sport || **vmlyen ~ot űz** go* in for [some sport]
sportág *n* (branch/kind of) sport, *(pl. olimpián)* event
sportcikk *n* sports/sporting goods *pl*, sports articles *pl*
sportcsarnok *n* sports hall
sportegyesület *n* (sports) club
sportember *n* sportsman°
sporteredmény(ek) *n (pl)* sports results *pl*
sportesemény *n* (sports/sporting) event
sporteszköz *n* athletic/sports implement, sports equipment/kit
sportfelszerelés *n* sports equipment; *biz* sports gear
sportfogadás *n* (football) pools *pl*
sporthírek *n pl* sports news
sportkedvelő *n* sports enthusiast/fan, sports-goer, sporty
sportklub *n* sports club
sportkocsi *n (autó)* sports car, *US* sport car || *(kisbabáé)* pushchair, *(esernyőfogantyús és US)* stroller
sportkör *n* sports club
sportlétesítmény *n* sports establishment/facilities *pl*
sportműsor *n* sports programme (*US* -ram)
sportol *v* go* in for sports, go* in for [some sport], be* a sportsman°/sportswoman° || **mit ~sz?** what sport do you do (*v.* go in for)?
sportolás *n* sports *pl*
sportoló *n* sportsman°, athlete, *(női)* sportswoman°
sportos *a* sporting; *(ruhadarab stb.)* sporty || **~ életmód** outdoor life; **~an vezet** *(autót)* be* a sporty driver
sportöltözet *n* sportswear
sportpálya *n* sports ground/field
sportrepülés *n* sporting flying
sportrepülő *n* sports/private pilot
sportrovat *n* sports column/page
sportruha *n* sports jacket and flannels *pl*
sportszer *n* sports/sporting goods *pl*

sportszerű *a* sportsmanlike, fair || ~**en** in a sportsmanlike manner/way
sportszerűség *n* sportsmanship
sportszerűtlen *a* unsportsmanlike, unsporting, unfair
sportszerűtlenség *n* unsportsmanlike behaviour (*US* -or)
sporttárs *n* fellow sportsman°
sporttáska *n* sports holdall
sportuszoda *n* (swimming) pool [for competitions]
sportverseny *n* match, contest, race, competition, tournament
sportzakó *n* sports (*US* sport) jacket
spriccel *v* squirt, spurt, spray; *(sugárban)* jet
srác *n biz* kid || **kis** ~ scamp; ~**ok!** *biz* fellers, *US* you guys; ~**ok, gyerünk moziba** Hey kids/fellas, let's go to the cinema (*v. US* movies)
srég(en) *a/adv* askew, awry *ut.*
stáb *n (filmé)* crew
stabil *a* stable, steady, stationary
stabilizáció *n* stabilization
stabilizál *v* stabilize, render stable
stadion *n* stadium (*pl* stadiums *v.* stadia)
stádium *n (fokozat)* phase, stage; *(állapot)* state
staféta *n sp* relay (race)
stagnál *v* stagnate, *US* stagnate
standard *a/n* standard
stangli *n (sós)* salty roll, saltstick
start *n* start
startol *v* start
statáriális *a* = **rögtönítélő**
statárium *n* summary jurisdiction, *kat* martial law
statika *n* statics *sing.*
statikai *a* static, of statics *ut.*
statikus *n* structural engineer, stress analyst
statiszta *n* extra
statisztika *n (tudomány)* statistics *sing.* || *(adatok)* statistics *pl*
statisztikai *a* statistical || ~ **adatok** statistical data, statistics, *biz* the figures
statisztikus *n* statistician
statuál *v* **példát** ~ set* an example
státus *n (állomány)* list (of civil servants) || ~**ban van** be* on the payroll
státusszimbólum *n* status symbol
stb. = *s a többi* et cetera, and so on, etc.
stég *n* landing-stage
steksz *n biz* loot, dough, lolly
steppelt *a* quilted || ~ **takaró/paplan** (continental) quilt, duvet
steril *a orv (fertőző anyagoktól mentes)* sterile || *(meddő)* sterile, barren
sterilizál *v* sterilize
sterilizátor *n* sterilizer, autoclave
sterlingövezet *n* sterling area

stiláris *a* stylistic, concerning style *ut.*
stílbútor *n* period furniture/piece
stiliszta *n* stylist
stilisztika *n* stylistics *sing.*
stilisztikai *a* stylistic
stilizált *a* stylized, conventional(ized)
stílszerű *a* in style *ut.*, suitable, appropriate (in style *ut.*), in/of the appropriate style *ut.*, fitting || ~**en** in style, appropriately (enough)
stílus *n* style, *(íróé még)* language, *(művészé még)* manner, *(festőé még)* touch || **van** ~**a** have* style
stílusos *a* in (good) style *ut.* || ~**an** in (good) style
stílustalan *a* in poor taste/style *ut.*, lacking in style *ut.*, (stylistically) incongruous
stílusú *a* in/with ... style; -style
stimmel *v (egyezik)* be* correct, *vmvel* agree/tally with sg || ~ ! that's right!; **itt valami nem** ~ there is something wrong here
-**stól** *suff* → -**stul**
stóla *n (kendő)* stole || *(díj)* surplice-fee
stop *v (állj!)* stop!, halt!
stoplámpa *n* brake-light, *US főleg* stoplight
stopper(óra) *n* stop-watch
stoppol *v (lyukat)* darn, mend || *(sp időt)* clock, time || *(lefoglal)* reserve || *(autót)* hitch (a ride), thumb a lift/ride
stoppos *a/n* = **autóstoppos**
stoptábla *n* stop sign
stopvonal *n* stop-line
stornóroz *v* cancel (*US* -l)
-**stől** *suff* → -**stul**
stramm *a biz vk* sturdy, tough, strapping
strand *n (természetes)* beach; *(mesterséges)* open-air (swimming-)pool, lido || **a** ~**on** on the beach
strandfürdő *n* open-air (swimming-) -pool, lido
strandidő *n* nice weather for a swim || **ma nincs** ~ it's no day for the beach/lido
strandol *v (fürdik)* bathe; be* at the lido; *(tenger- v. tóparton)* be* on the beach
strandoló *n* bather
strandpapucs *n* beach sandals *pl*, *(gumi)* flip-flops *pl*
strandruha *n* beach outfit, beachwear
strandtáska *n* beach bag
strapa *n biz (kimerítő elfoglaltság)* hard work, *biz* sweat, strain || *(erős igénybevétel)* hard wear || **bírja a** ~**t** *(ruhanemű)* be* hard-wearing
strapabíró *a biz (ruhadarab)* hard-wearing, heavy-duty, for hard wear *ut.*
strapacipő *n biz* brogue(s), walking shoes, shoes for heavy wear

strapál v biz (tárgyat) wear* sg out, punish sg || ~ja magát over-exert oneself, wear* oneself out, sweat, work like a horse/Trojan
strapás a biz tiring, punishing, sweaty
stratégia n strategy
stratégiai a strategic
strázsál v kat do* sentry-duty, be* on duty || (sokáig vár) be* waiting around
stréber n biz elít go-getter, pushy fellow/character, (social) climber; kif ruthlessly ambitious person; isk swot
stréberked|ik v biz elít be* pushy; isk suck up to the teacher
strici n vulg (utcanőé) pimp, ponce
strófa n stanza, strophe
strucc n ostrich
struccpolitika n ostrich policy
struktúra n structure
strukturális a structural
strukturalista n/a structuralist
strukturalizmus n structuralism
strúma n struma
stúdió n studio
stukkó n stucco
-stul, -stül suff vkvel **családostul** with all his/her family; vmvel **gyökerestül** by the roots; **ruhástul** without taking off his clothes
suba n sheepskin || átv ~ **alatt** surreptitiously, clandestinely; biz on the quiet
sublót n chest of drawers, US lowboy
súg v vknek vmt whisper (sg to sy v. in sy's ear), breathe sg in sy's ear || isk, szính prompt || **ne ~j!** no prompting!
sugall v vmt vknek suggest (sg to sy), prompt/inspire sy to do sg
sugalmazás n suggestion, inspiration
sugár n (fény) ray, beam || (víz) jet || mat radius (pl -dii v. -diuses)
sugárártalom n radiation injury
sugaras a mat radial || ~**an** radially
sugárbetegség n radiation sickness
sugárbiológia n radiobiology
sugárdózis n radiation dose
sugárfertőtlenítés n decontamination
sugárfertőzés n radioactive contamination
sugárhajtású repülőgép n jet(-propelled plane)
sugárkezelés n radiation therapy/treatment, radiotherapy
sugároz v (sugarakat kibocsát és átv) radiate, beam || (rádió műsort) transmit, broadcast*
sugárszennyezés n radioactive contamination
sugárút n avenue
sugárvédelem n radiation protection
sugárveszély n radiation danger
sugárzás n radiation
sugárzásmentesít v decontaminate
sugárz|ik (anyag stb.) radiate, beam || átv beam, glow || **arca ~ik az örömtől** be* beaming with joy
sugárzó a (anyag, energia) radiating, radiant || átv beaming, radiant
súgás n (fülbe) whisper(ing), breathing || isk, szính prompting
sugdoló(d)z|ik v be* whispering
súgó n isk, szính prompter
súgólyuk n prompt(er's) box
suhan v glide, flit, slip, whisk
suhanc n youth, teenager, lad
suhog v swish; (ruha) rustle; (ostor, kard) whiz(z); (szél) whistle
sújt v strike*, hit* || átv afflict; (csapás) come* upon sy || **büntetéssel ~ vkt** punish sy, inflict/impose a punishment on sy; **öklével arcába ~ott** he hit him in the face with his fist; **villám ~otta** was struck by lightning
sujtás n (ruhán) soutache, braid(ing)
sújtólég n fire-damp, pit gas
súly n (mérhető) weight || sp shot; (súlyemelésben) weight || átv emphasis, stress; (jelentőség) importance, consequence || **hasznos ~** payload; **(nagy) ~t helyez vmre** attach (great) importance to sg, lay* stress on sg; **tiszta ~** net weight; **~t dob put*** the shot
súlycsoport n sp (body-)weight category; (boksz) weight division
súlydobás n putting the shot, shot-put, shot-putting
súlydobó n shot-putter, thrower
súlyemelés n weight-lifting
súlyemelő n weight-lifter, biz lifter
súlyfelesleg n overweight
súlyhatár n weight limit
sulykol v beat* (with beetle/mallet), beetle || átv vkbe vmt hammer/drum sg into sy (v. sy's head)
sulyok n **elveti a sulykot** (nagyokat mond, túloz) exaggerate, tell* a tall story, lay* it on (a bit) thick
súlyos a (tárgy stb.) heavy, weighty || (büntetés, felelősség, veszteség) heavy; (bűn) heinous; (helyzet, probléma) grave; (betegség) serious, grave; (érv, egyéniség) considerable, weighty; (hiba) grave, grievous || **sérülése ~, de nem életveszélyes** his injuries are serious/severe but not critical; **~ baleset** a serious/bad accident; **~ beteg** a serious case; (igével) be* seriously ill; **~ csapás** átv heavy/crushing blow; **~ hiba** serious mistake; **~ műtét** major operation; **~abb vmnél** outweigh sg, be* heavier than sg; **~an megsérült** be* seriously injured
súlyosbít v (betegséget, bűnt) aggravate; (helyzetet) worsen; (büntetést) increase

súlyosbítás *n* a büntetés ~a increase in the severity of a/the sentence
súlyosbító *a* aggravating
súlyosbod|ik *v* worsen, grow* worse
súlypont *n* centre (*US* center) of gravity; *átv* focal point, focus
súlytalanság *n* weightlessness
súlytöbblet *n* overweight, excess weight, *(repülőtéren)* excess baggage
súlyú *a* weighing ...; ... in weight *ut.*
súlyzó *n* dumb-bell, weight
summa *n* amount ‖ **szép kis** ~ a tidy sum
summáz *v* sum up
sunyi *a* shifty, sneaky, foxy, sly
súrlódás *n (tárgyaké)* friction ‖ *(személyek között)* disagreement, difference of opinion, friction
súrlód|ik *v* rub, grate *(vmhez* against)
súrol *v (edényt)* scour, clean; *(padlót, bútort)* scrub ‖ *(érint)* brush, graze/touch lightly ‖ **tisztára** ~ **vmt** scrub/rub sg clean
súrolókefe *n* scrubbing-brush, *US* scrub-brush
surran *v* scuttle, scurry, slide*, slip
susog *v (falevél)* whisper, rustle, *(szél)* breathe, sigh, sough
susogás *n (falevélé)* rustle; *(szélé)* sigh(ing), soughing
suszter *n* shoemaker, bootmaker, cobbler
suta 1. *a (balkezes)* left-handed; *(ügyetlen)* awkward, clumsy, ungainly **2.** *n* áll (roe) doe
suttog *v* whisper, talk in undertones
suttogás *n* whisper(ing)
suttyomban *adv biz* on the sly, stealthily, by stealth
sügér *n* perch
süket 1. *a vk* deaf ‖ *(ostoba)* stupid, silly, *US* dumb ‖ **fél fülére** ~ deaf in one ear; ~, **mint az ágyú** (as) deaf as a post; ~ **a telefon** the phone/receiver is (*v.* has gone) dead; ~ **duma** empty words *pl*, empty talk, claptrap; **teljesen** ~ stone deaf **2.** *n* deaf person ‖ **a** ~**ek** the deaf
süketnéma *a/n* deaf-and-dumb, deaf-mute
süketség *n* deafness
sül *v (tésztaféle)* bake, ... is baking; *(zsírban)* fry, ... is frying; *(pecsenye)* roast, ... is roasting, brown, ... is browning ‖ *(vk napon barnára)* get* a tan, go* brown
süldő 1. *a* ~ **lány** teenage/adolescent girl; *US* bobby soxer **2.** *n (malac)* young/sucking pig, piglet
sületlen *a (tészta, kenyér)* half-baked, half-done, underbaked; *(hús)* underdone ‖ *elit (ostoba)* half-baked, silly, stupid

sületlenség *n átv* nonsense, twaddle, rubbish; *(megjegyzés)* silly thing to say; *biz* balderdash, tripe, rot
süllő *n* zander, pike perch
sült 1. *a (tésztaféle)* baked; *(húsféle)* roast(ed); *(zsírban)* fried ‖ ~ **krumpli** roast potatoes *pl*; *(bő zsírban v. olajban)* fried/sauté potatoes *pl*; *(hasábburgonya) GB* chips, *US* French fries; *(héjában)* baked potatoes *pl*; ~ **csirke** roast/fried chicken; ~ **hús** roast meat **2.** *n* roast; *(csontos)* joint ‖ **hideg** ~ cold joint/roast
sülve-főve *adv* ~ **együtt vannak** they are* inseparable, they are* as thick as thieves
süllyed *v* sink*; *(hajó)* be* sinking; *(barométer, hőmérő)* fall* ‖ **majd a föld alá** ~**t szégyenében** (s)he is* covered in shame, (s)he wished the earth would open and swallow him/her up
süllyedés *n* sinking
süllyeszt *v* ált sink*, lower; *(hajót)* sink*, submerge ‖ *(csavart)* countersink*
süllyeszthető *a* sinkable
süllyesztő *n* szính trap(-door) ‖ **eltűnt a** ~**ben** *átv* disappeared from the scene
sün(disznó) *n* hedgehog
sündörög *v (ólálkodik)* lurk/skulk (about); *(vk/vm körül)* hang* around/about
süpped *v (talaj)* sink*, give* way, subside
sürgés-forgás *n* bustle, stir
sürget *v vkt* hurry/rush/push sy; *(vmt, pl. munkát, döntést)* hurry [the work], hurry [a decision] along; *(pénzét)* press sy [for one's money]; *(vízumot stb.)* expedite ‖ **az idő** ~ time presses; *(engem)* I'm pressed for time; **erélyesen** ~ **vmt** press for sg
sürgetés *n* urge, urging, pressing
sürgető *a* urgent, pressing
sürgölődés *n* bustle, stir
sürgölőd|ik *v* be* bustling about, bustle, stir about, be* (always) on the go
sürgöny *n* = távirat
sürgős *a* urgent, pressing; *(levél)* urgent, special delivery ‖ ~ **dolga van** have* some urgent things/business to attend to; ~ **esetben** in case of (*v.* in an) emergency
sűrít *v (anyagában)* thicken, make* (more) compact; *(folyadékot)* concentrate, evaporate, condense ‖ *(gyakoribbá tesz)* reduce the intervals between sg ‖ *(tömörít)* condense, boil down
sűrített *a* ~ **levegő** compressed air; ~ **tej** condensed/evaporated milk
sűrítmény *n* concentrate
sürög-forog *v* = sürgölődik

sűrű 1. *a* thick, dense; *(tömör)* compact ‖ *(gyakori)* frequent ‖ ~ **erdő** thick/dense forest; ~ **eső** heavy rain; ~ **haj** thick hair; ~ **köd** dense/thick fog; ~ **leves** broth, thick soup **2.** *n* (close) thicket, coppice ‖ **az erdő ~jében** in the thick of the forest
sűrűfésű *n* tooth-comb, fine-tooth comb
sűrűn *adv (gyakran)* frequently; often ‖ **milyen ~?** how often?; ~ **gépelt** closely-typed; ~ **lakott terület** densely populated area
sűrűség *n (állapot)* thickness, denseness, *(fiz* is) density
sűrűsöd|ik *v* thicken, become* thick(er)
süt *v (kenyeret, tésztát, almát)* bake; *(kevés zsiradékban húst stb.)* roast; *(olajban, bő zsírban)* fry; *(roston)* grill, *US* broil; *(a szabadban)* barbecue ‖ *(hajat)* curl, frizz ‖ *(éget)* burn*, scorch ‖ *(égitest)* shine* ‖ **lassú tűzön ~** simmer; ~ **a nap** the sun is* shining/out, there is* sunshine
sütemény *n (édes)* cake, pastry, *US* cookie ‖ *(péké, édes)* patisserie
sütés *n (kenyéré, tésztáé, almáé)* baking; *(húsé kevés zsiradékkal)* roasting; *(bő zsírban, ill. olajban)* frying; *(roston)* grilling, *US* broiling
sütés-főzés *n* **nagy ~** feverish activity in the kitchen
süt-főz *v* do* a lot of cooking and baking; *(rendszeresen)* do* the cooking
sütkérez|ik *v (napon)* bask in the sun(shine), sun oneself
sütnivaló *n* **nincs (valami) sok ~ja** he doesn't seem to have much gumption
sütő *n (tűzhelyrész)* oven
sütöde *n* bakery, bakehouse
sütőpor *n* baking/yeast powder
sütőtök *n* pumpkin, *US* squash
sütővas *n* curling irons/tongs *pl*
süvít *v (szél)* howl, roar; *(lövedék)* whizz, whistle past
sváb *a/n* Swabian ‖ *(Magyarországon)* (ethnic) German
svábbogár *n* cockroach, *US* főleg roach
sváda *n biz kissé elít* **jó ~ja van** have* the gift of the gab
Svájc *n* Switzerland
svájci 1. *a* Swiss ‖ ~ **óra** Swiss watch **2.** *n* Swiss ‖ **a ~ak** the Swiss *pl*
svájcisapka *n* beret
svéd 1. *a* Swedish ‖ ~ **ember** Swede; ~ **nyelv** the Swedish language, Swedish **2.** *n (ember)* Swede ‖ **a ~ek** the Swedish/Swedes *pl* ‖ → **angol**
svédacél *n* Swedish steel
svédasztal *n* smörgåsbord, cold buffet, buffet lunch/supper/meal
Svédország *n* Sweden
svédül *adv* (in) Swedish ‖ → **angolul**

Sz

szab *v (ruhát)* cut* (out), tailor
szabad 1. *a (jelzőként és kifejezésekben) ált* free, *(nyitott)* open; *(nem foglalt)* free, unoccupied, vacant; *(nem fogoly)* free; *(ország)* free, independent, sovereign ‖ *(állítményként: meg van engedve)* [sg is*] permitted/allowed, [sy is*] allowed to ..., you/he etc. may [do sg] ‖ **ezt nem lett volna ~ megtenned** you ought not to have done this, you should not have done this; **nem ~ must** not; ~ **a sót, kérem?** may I trouble you for the salt, please; ~ **akarat** free will; ~ **az út** the way/road is* clear/open; ~ **árak** uncontrolled prices; ~ **délelőtt** morning off; ~ **ez a hely?** is this seat free/vacant?; ~ **ez a kocsi/taxi?** are you free/engaged?; ~ **ez az asztal?** is this table free?; ~ **ég alatt** in the open air; ~ **folyást enged a dolgoknak** let* things take their course, give* (free) rein to sg; ~ **fordítás** free translation; ~ **kezet ad vknek** give*/allow sy a free hand, give* sy carte blanche; ~ **mozgása van** be* free to go/move (wherever one likes); ~ **szájú** free-spoken, elít foul-mouthed; ~ **szakszervezet** free trade union; ~ **szellemű** free-thinking, emancipated; ~ **szemmel látható** visible to the naked eye *ut.*, that can be seen with unaided eye *ut.*; ~ **szombat** free Saturday, Saturday off; ~ **választások** free elections; ~ **vers** free verse; ~ **verseny** (free) competition; ~ **volna kinyitni az ablakot?** do you mind if I open the window?, would/do you mind my opening the window?; ~! *(kopogtatásra feleletül)* (please/do) come in!; ~? *(kopogtatás helyett)* may I come in?; ~**, kérem?** *(utat kérve)* excuse me please!, sorry (to trouble you) **2.** *n* **menjünk ki a ~ba** let's go outdoors, let's go out into the open; ~**ban** in the open air, outdoors, out of doors; ~**jára enged** give* [a horse] the reins, let* [a dog] loose, release (sy/sg); set* (sy/sg) free; *átv* ~**jára engedi képzeletét** give* free rein to one's imagination
szabadalmazott *a* patented, proprietary [article]
szabadalmaztat *v* take* out a patent for/on (sg) *(v.* to protect an invention), patent (sg)
szabadalmi *a* patent ‖ ~ **hivatal** patent office; ~ **jog** patent law(s)

szabadalom *n* patent
szabadegyetem *n* adult education, evening classes *pl, kb.* university extension course
szabadegyházak *n pl* free churches
szabadelvű *a (tört* is) liberal
szabadesés *n fiz* free fall
szabadfogású birkózás *n* freestyle wrestling, catch-as-catch-can
szabadgondolkodó *n* free-thinker
szabadidő *n (pihenőidő)* leisure, free/spare time
szabadidőruha *n* leisure suit/wear, jogging suit/outfit
szabadít *v* free, set* free, liberate
szabadjegy *n* free pass/ticket, complimentary ticket
szabadkozás *n* excuses *pl*
szabadkoz|ik *v* demur, offer/make* excuses
szabadkőműves *n* freemason, mason
szabadkőművesség *n* freemasonry
szabadlábon van *kif* be* at large/liberty, *kif* he is* a free man°
szabadlábra helyez *kif* set* free, release, free
szabadlábra helyezés *n* release, liberation
szabadnap *n* day off *(pl* days off)
szabadon *adv (nyíltan)* openly, frankly || *(korlátozás nélkül)* without restriction/restraint, unimpeded || ~ **bocsát** *vkt (foglyot)* set* sy free, release sy, let* sy go, liberate sy; *(kutyát)* let* [a dog] loose; ~ **hagy** *(kijáratot stb.)* stand* clear (of); ~ **választható** *(tantárgy stb.)* optional [subject etc.]
szabados *a (kicsapongó)* licentious, loose, libidinous; *(viselkedés)* indecent
szabadosság *n* licentiousness; *(beszédé, viselkedésé)* indecency
szabadpiac *n ker* free/open market
szabadpiaci ár *n* free-market price
szabadrúgás *n* free kick
szabadság *n (állapot)* liberty; *(kivívott)* freedom || *(dolgozóé)* holiday, leave, *US* vacation; *kat* leave, furlough || **egy heti** ~ **ot kér** ask for a week's holiday; **fizetett** ~ holiday(s) with pay, paid holiday(s)/leave, *csak US:* paid vacation; **fizetés nélküli** ~ unpaid leave; **hova mész ~ra?** where are you going for your holiday(s)? *(v. US* vacation?); ~**on van** be* (away) on holiday/leave, be* on one's holidays, *US* be* on vacation, vacation *v.* be* vacationing (at/in . . .); ~**ra megy** take* one's holiday(s), go* on holiday
szabadságharc *n* war of independence || **a(z 1848-as) Sz** ~ the (1848) Hungarian War of Independence

szabadságharcos *n* freedom-fighter
szabadságjogok *n pl* human rights
szabadságvesztés *n jog* imprisonment
szabadtéri színpad *n* open-air theatre *(US* -ter)
szabadul *v (börtönből)* be* set free, be* freed/released || *vktől, vmtől* get* rid of, rid* oneself of, escape from || *biz* **csak öt órakor** ~**ok** *(hivatalból)* I am not free until five (o'clock), *GB biz* I don't knock off until five
szabadulás *n (börtönből)* release, discharge
szabadúszó *n átv biz* free lance, *(főleg összet)* freelance [writer, artist, journalist etc.], freelancer, *(igével)* work as a free lance *(v.* freelancer), free-lance
szabály *n* ált és jog law, rule; *(rendelkezés)* order, ordinance || *mat, vegy* formula *(pl* -las *v.* -lae), theorem
szabályellenes *a* in contravention of *(v.* contrary to) the rules *ut.* || ~ **en** contrary to the rules
szabályos *a (alak, elrendezés)* regular, symmetrical || *(előírásos)* standard, normal, proper || ~ **érverés** normal/regular pulse
szabályosan *adv* in accordance/conformity with the rules, properly, regularly
szabályosság *n* regularity
szabályoz *v (intézkedéssel)* regulate, bring* (sg) under regulation/control, control sg || *(szerkezetet)* control, regulate, adjust, set* || *(folyót)* control, regulate || **a 4. és 5. paragrafusban** ~**ott eljárási módok** methods provided in Articles 4 and 5
szabályozás *n* regulation; *(folyóé)* control
szabályozó 1. *a műsz* regulating, adjusting **2.** *n (szerkezet)* regulator, controller, adjuster || *közg* regulator
szabálysértés *n (kihágás)* contravention, (petty) offence *(US* -se) || ~**t követ el** commit an offence *(US* -se) (against the law)
szabályszerű *a* regular, normal
szabálytalan *a* irregular, abnormal
szabálytalankod|ik *v sp* commit a foul
szabálytalanság *n (tulajdonság)* irregularity || *(kihágás)* offence *(US* -se) || *sp* foul
szabályzat *n* regulation, regulations *pl,* statutes *pl,* rules *pl*
szabás *n (kiszabás)* cutting, tailoring || *(fazon)* cut || **jó~a van** have* a good cut, be* well cut
szabásminta *n* pattern (for a dress)
szabatos *a* precise, exact, correct, accurate || ~ **stílus** spare (prose) style
szabatosság *n* precision, exactitude, correctness, accuracy

szabó *n* tailor || **úri** ~ (gentlemen's) tailor; **női** ~ ladies' tailor, dressmaker
szabóolló *n* tailor's scissors *pl*
szabóság *n (mesterség)* tailoring, tailor's trade || *(cég)* tailor's
szabotál *v* sabotage
szabotázs *n* sabotage
szabotőr *n* saboteur
szabott ár *n* fixed/set price
szabvány *n* standard, norm
szabvány(os) *a* standard, normal || ~ **méretű** standard size, of standard size *ut.*, full-length
szabványosítás *n* standardization
szacharin *n* saccharin
szadista *n* sadist
szadizmus *n* sadism
szag *n* smell, odour (*US* -or); *(illatszeré, virágé)* scent || **jó** ~**a van** smell* good, have* a pleasant smell; **rossz** ~**a van** smell* bad/foul, have* a bad/foul smell, reek; **már** ~**a van** *(húsnak)* it is* high
szagelszívó *n (konyhai)* extractor fan
szaggat *v ált vmt* tear* sg (to pieces/bits) || *(pogácsát)* cut* (out) || ~ **a fejem** my head is* splitting
szaggató 1. *a* ~ **fájdalom** racking/lancinating/shooting/stabbing pain **2.** *n (pogácsát)* cake/biscuit cutter
szaggatott *a (alvás, hang)* interrupted, broken || ~ **vonal** broken line
szaglás *n (emberé)* (sense of) smell; *(kutyáé)* scent, nose
szaglász *v (kutya)* scent, smell*/nose out, sniff (out) || *átv vk vhol* nose (a)round, snoop around; *(vm után)* nose about (sg)
szaglószerv *n* organ of smell; *tud* olfactory organ
szagol *v* smell*
szagos *a* fragrant, odorous; *(hús)* high, tainted; *(kellemetlenül)* smelly; *(igével)* it smells* || ~ **szőlő** muscat grapes *pl*
szagtalan *a* odourless (*US* -or-)
szagtalanít *v* deodorize
szagú *a (igével)* smell* *(v.* be* smelling) of sg; with a ... smell/scent *ut.* || **jó** ~ fragrant, pleasant/sweet-smelling; *(igével)* smell* good; **rossz** ~ evil/foul smelling, reeking; *(igével)* smell* bad; **fokhagyma**~ ... reeks of garlic
száguld *v* tear* along, fly*; *(ló)* gallop; *(jármű)* hurtle/race along
száguldoz *v (jármű)* whiz(z)/hurtle past/by
Szahara *n* Sahara
szaharai *a/n* Saharan
száj *n (emberé)* mouth || *(állaté)* mouth, muzzle || *(barlangé)* opening, mouth || *(edényé)* mouth, lip; *(palacké)* mouth || **be nem áll a** ~**a** chatters like a magpie, talk nineteen to the dozen, never stops talking; **fogd be a szád!** shut up!, keep your trap shut!; **jár a** ~**a** his tongue is* wagging; ~**ába rág** spoonfeed* sy, grind*/drum sg into sy *(v.* into sy's head); ~**át tátja** *(csodálkozástól)* gape, gawp, stand* gaping, stand* openmouthed; ~**on csókol** kiss sy on the mouth; ~**ról** ~**ra** from mouth to mouth; **tele** ~**jal beszél** speak* with one's mouth full
szájaskod|ik *v* mouth, talk insolently; *(felesel)* answer/talk back
száj- és körömfájás *n* foot-and-mouth disease
szájfény *n* lip-gloss
szajha *n vulg* whore, prostitute, *US főleg:* tramp, hooker
szájhagyomány *n* oral tradition
szájharmonika *n* mouth-organ, harmonica
szájhős *n* braggart, swaggerer, boaster, loudmouth
szájíz *n* aftertaste, taste (in the mouth) || ~**e szerint** to sy's taste/liking
szajkó *n áll* jay || *átv* parrot
szájkosár *n* muzzle
szajkóz *v (ismétel)* parrot sg off, repeat like a parrot
Szajna *n* Seine
szájpadlás *n* palate, roof of the mouth
szájpenész *n* mouth ulcer
szájsebész *n* dental surgeon
szájsebészet *n* dental surgery
szájtátva *adv* agape, open-mouthed, gawping
szájüreg *n* mouth/buccal cavity
szájvíz *n* mouthwash, gargle
szájzár *n* lockjaw, trismus
szak *n (időé)* period, age, era || *(vmnek egy része)* section, part, division || *(képesítés)* profession, branch; *(tanszak)* branch/field (of study), (special) subject || **magyar—angol** ~**ra jár** be* a student of Hungarian and English (language and literature), read* Hungarian and English, *US* be* majoring in Hungarian and English; **milyen** ~**on tanulsz?** what are your main subjects [at college/university]?, *US* what are you majoring in [at university]?, what's your major?
szakács *n* cook, chef
szakácskönyv *n* cookery book, *US* cookbook
szakácsnő *n* (woman) cook/chef (*pl* [women] cooks/chefs)
szakad *v (ruha)* tear*, get* torn, rip; *(kötél)* break* || *(elszármazik vhová)* get* swhere || **külföldre** ~**t hazánkfia** a compatriot/Hungarian swept abroad by the tide of history; ~ **az eső**

it is* pouring with rain, it is* raining cats and dogs; ~ **róla az izzadság** the sweat is* pouring off him
szakadár *n vall* heretic, schismatic; *pol* dissident || ~ **csoport** splinter group
szakadás *n (ruhán)* tear, rent, hole; *(kötélé)* breaking || *(gáté)* bursting || *(egyházé) (párté)* schism; *(párté)* split, division
szakadatlan *a* unceasing, ceaseless, endless, uninterrupted, never-ending
szakadatlanul *adv* unceasingly, without interruption/stop
szakadék *n* precipice, abyss, chasm; *(sziklán keskeny)* cleft || *átv* gap, gulf
szakadt *a* torn, rent
szakáll *n (férfié)* beard || *(állaté)* barb || **saját** ~**ára** on one's own hook/account, off one's own bat; ~**t növeszt** grow* a beard
szakállas *a (ember)* bearded || ~ **vicc** stale joke, chestnut
szakasz *n (útvonalé, pályáé)* section; *(rész)* part; *(folyóé)* reach || *(könyvben stb.)* passage, paragraph; *(törvényben)* section, clause, article || *(folyamatban, történésben)* period, phase, stage; *tört* period, stage || *(vasúti kocsiban)* compartment || *kat* platoon, section
szakaszos *a ált* divided into sections/portions/paragraphs *ut.*, periodic; *vegy, orv* fractional || *mat* recurrent, periodical || ~ **tizedes tört** recurring/repeating decimal
szakasztott *a* ~ **olyan, mint** ... exactly the same as ...; ~ **mása** *(vknek)* living image of sg, be* a carbon copy of [her sister etc.]; *(vmnek)* exact replica of sg; ~ **az apja** *biz* the dead/very spit of his father
szakbarbár *n* ⟨crank who can think of nothing but his/her subject⟩ *kb.* have* tunnel vision, *(német)* Fachidiot
szakdolgozat *n* dissertation, extended essay
szakember *n* expert, specialist; *(műszaki)* technical expert, technician
szakértelem *n* expertise, special knowledge, competence; *biz* know-how
szakértő 1. *a* expert, competent **2.** *n* expert *(vmben* on), authority (on sg), specialist (in) || *jogi* ~ legal expert/adviser/consultant
szakértői *a* expert, professional || ~ **vélemény** expertise, expert/professional opinion
szakfelügyelet *n* technical supervision || *isk* school(s) inspectorate
szakfelügyelő *n isk* (primary/secondary-)school inspector
szakfolyóirat *n* specialist periodical/journal; *(tudományos)* scientific journal

szakfordítás *n* technical translation
szakfordító *n* technical/specialist/specialized translator
szakirodalom *n* (specialized/specialist/technical/scientific) literature, bibliography
szakiskola *n* technical/professional school || **egészségügyi** ~ school of nursing; **ipari** ~ trade school
szakismeret *n* expert/specialized/technical knowledge, expertise
szakít *v (vmt ált)* tear*, rend*, rip, split*; *(virágot)* pluck || *vkvel* break* with sy || *(súlyemelésben)* snatch || **időt** ~ **vmre** spare/find* time for sg; ~**ottunk** we broke off relations
szakítás *n (ruhán)* tear* || *(súlyemelésben)* snatch || *átv* break, breach, split
szakítószilárdság *n* tensile strength
szakképesítés *n* qualification
szakképzés *n* professional/technical/vocational training
szakképzetlen *a* unskilled, unqualified
szakképzett *a* qualified, skilled, trained || ~ **munkaerő** skilled worker/workman°
szakképzettség *n* skill; qualification
szakkifejezés *n* technical term/expression, term
szakkönyv *n* technical/specialist book; specialized textbook
szakkör *n isk* study group/circle
szakközépiskola *n* specialized/vocational secondary school; *(konkrétabban)* technical school [for catering etc.]
szakma *n* trade, profession; *(pálya)* career || **a** ~ *(üzleti)* the trade; *(értelmiségi)* the profession; **mi a** ~**ja?** what is* his/her line/business?; **az ács** ~ **ban dolgozik** he is* in the carpentry trade, he's a carpenter by trade; **a bank** ~ **ban dolgozik** (s)he is* in banking
szakmabeli 1. *a* trade **2.** *n* colleague || ~**ek** *(üzlet)* the trade; *(értelmiség)* profession
szakmai *a* professional, trade || ~ **ártalom** occupational hazard; ~ **jártasság** professional skill, expertise, practice *(US* -se); ~ **körökben** among experts, in professional circles; ~ **önéletrajz** curriculum vitae, c.v., *US* résumé; ~ **továbbképző (tanfolyam)** refresher *(v.* in-service) course/training
szakmunkás *n* skilled labourer/worker/workman || ~**ok** skilled workers/labour *(US* -bor)
szakmunkásképző iskola *n* industrial/trade school
szakmunkástanuló *n* (industrial/trade) apprentice; trainee
szaknyelv *n* technical terminology

szaknyelvi *a* technical; terminological

szakorvos *n* specialist (in sg), *GB* consultant

szakos *a* **angol ~ hallgató** (be* a) student of English, *US* an English major, student majoring in English; **történelem ~ hallgató** *(igével)* (s)he is* reading history [at Budapest University etc.], *US* be* majoring in history

szakosztály *n sp* section

szakszervezet *n* trade union; *US* labor union

szakszervezeti *a* belonging to a/the trade union *ut*., trade-union(ist) || **~ bizalmi** shopsteward; **~ mozgalom** trade-unionism; **~ segély** trade union benefit (*US* relief) (payments *pl*); **~ tag** trade-unionist, member of a trade union

szakszó *n* (technical) term || **jogi ~** legal term

szakszótár *n* specialist/technical dictionary

szakszöveg *n* technical/specialized text

szaktanácsadás *n* consultation

szaktanácsadó *n* consultant

szaktanár *n* teacher [of a particular/special subject]

szaktárgy *n* special subject

szaktárs *n* colleague, fellow-worker

szaktekintély *n* (be* a) great authority (on sg), be* an expert in sg

szakterület *n* (special) field, specialization

szaktudás *n* specialist/professional knowledge, expertise

szaküzlet *n* specialist shop, speciality (*US* specialty) shop

szakvélemény *n* expert('s) opinion, expertise

szakvizsga *n* special (higher) examination

szál *n* *(fonál)* thread; *(rost)* fibre (*US* fiber) || **három ~ rózsát kérek** I'd like three roses, please; **két ~ kolbász** two (*v.* a pair of) sausages; **mind egy ~ig** to a man; **~ (j)a tíz forint** they are ten forints a stem; **~anként** thread by thread, one/a thread at a time; *(haj)* a hair at a time; **szép ~ férfi** well-built man°, a fine figure of a man°

szalad *v* run* || **~ vm elől** flee*/fly* from sg; **~ a szem a harisnyámon** I have* a ladder (*US* run) in my stocking

szaladgál *v* run* around/about; *(vm után)* chase (after sg)

szaladgálás *n* running to and fro; *(ügyben)* running around, chasing after sg

szalag *n* *(textil)* ribbon, band || *(magnó, videó)* tape

szalagavató *n (bál)* school leavers' ball

szalagcím *n* banner headline

szalámi *n* salami

szálfa *n (élőfa)* (full-grown) tree; *(levágott)* (rough) timber

szálka *n (fáé)* splinter; *(halé)* (fish)bone; *növ* awn, beard || **~ akadt meg a torkán** a fish-bone (got) stuck in his throat; **~ ment az ujjába** he (has) got a splinter in his finger; **~ vk szemében** thorn in sy's flesh/side

szálkás *a (hal)* bony || *(hús, zöldbab)* stringy, fibrous || *(deszka)* rough-hewn, raw

száll *v (gép, madár)* fly*; *(felhő)* drift || *(járműre)* take* [a bus/tram/train]; *(beszáll vmlyen járműbe)* get* on/in(to) [a train/bus], get* on(to) [a plane/ship], go*/get* on board [a ship/plane, *US* train]; board [a ship/plane/bus/train]; get* in(to) [a taxi/car] || *(fogadóba, szállodába)* put* up at, stay at [a hostel/hotel] || **fejébe ~t a bor** the wine has gone to his head; **földre ~** land (at); **hajóra ~** embark, go* on board [a ship], go* aboard [a ship]; **lóra ~** mount (*v.* get* on) a horse; **örökség ~ vkre** inheritance/heritage passes/goes* to sy; **tengerre ~** put* (out) to sea; **vitába ~ vkvel** get* involved in a dispute with sy; **vonatra ~t** he took a train (for)

szállás *n ált* accommodation; *(nem szálloda)* lodgings *pl* || **~t biztosít** secure accommodation (for sy); **hol találok ~t?** where can I find accommodation/lodgings?; *(egy éjszakára)* where can I find lodging for the night?

szállásadó *n (nő)* landlady; *(férfi)* landlord, host

szállásdíj *n* charge for lodging(s)/accommodation, room/accommodation charge

szállásfoglalás *n* booking (of room/accommodation); *(felirat)* hotel bookings

szállingóz|ik *v* **a vendégek ~nak** the guests are drifting in, the guests come* in one by one; **~ik a hó** be* snowing softly, be* snowing a little

szállít *v vmt vhová* carry, transport, forward, dispatch || **házhoz ~** deliver [to sy's door/house], bring* round

szállítás *n (szállítóeszközzel)* transport, *főleg US:* transportation, shipping, forwarding || **házhoz ~** delivery

szállítási *a* **~ határidő** delivery deadline, term of delivery; **~ költség** (cost of) carriage, cost of transportation, freightage, freight charges *pl*

szállítmány *n* consignment, shipment; *(rakomány)* cargo, freight

szállító *n ált* carrier || *(rendszeresen ellátó)* supplier, contractor; *(élelmiszert)* caterer || *(exportőr)* exporter || = **szállítómunkás**

szállítóeszköz *n* means of transportation *sing. v. pl* || ~**ök** transportation facilities
szállítólevél *n* consignment note, waybill
szállítómunkás *n* transport worker
szállítószalag *n* conveyor belt
szálló *n (szálloda)* hotel; *(diákoké stb.)* hostel; *(panzió)* guesthouse
szálloda *n* hotel
szállodai *a* hotel(-) || ~ **alkalmazott** hotel employee/worker; ~ **elhelyezés** hotel accommodation; ~ **szoba** hotel room; ~ **szobafoglalás** hotel booking
szállodaipar *n* hotel and catering trade
szállodaköltség *n* hotel expenses *pl*
szállodaporta *n* reception (desk)
szállodaportás *n (fogadó)* receptionist, *US* desk/reception clerk
szállodatulajdonos *n* owner/proprietor of a hotel, hotelier
szállóige *n* (common) saying
szállóvendég *n* staying guest; *(egy éjszakára)* overnight guest || ~ **eink vannak** we have* friends staying with us
szalma *n* straw; *(tetőfedéshez)* thatch
szalmakalap *n* straw hat
szalmakazal *n* rick (of straw), strawstack
szalmaözvegy *n (nő)* grass widow; *(férfi)* grass widower
szalmaszál *n* (stalk of) straw
szalmonellafertőzés *n* salmonellosis, food poisoning [caused by salmonellae]
szalon *n (lakásban)* drawing room || *(kiállítási)* exhibition room || **kozmetikai** ~ beauty salon/parlour *(US* -or*)*
szaloncukor *n* (Christmas) fondant
szalonka *n* snipe
szalonképes *a (ember)* well-bred, presentable || **nem** ~ **vicc** blue *(US* off--color*)* joke
szalonna *n (angol)* bacon; *(húsos)* streaky bacon; **füstölt** ~ smoked bacon; **nyers** ~ raw/uncured bacon; *(csak sózott)* green bacon; **sült** ~ **tojással** bacon and eggs *pl*; ~**t süt** toast bacon
szalonnasütés *n kb.* barbecue
szalonzenekar *n* palm-court orchestra, salon orchestra
szaloptika *n* fibre *(US* -er*)* optics *sing.*
szaltó *n* somersault || ~**t csinál** turn a somersault in mid-air
szalvéta *n* (table) napkin, serviette
szám *n* ált number; *(számjegy)* figure, numeral || *(méret)* size || *(műsoré)* number, item; *(énekszám)* number; *(cirkuszban)* act; *(sportversenyen)* event || *(folyóiraté)* number, copy, *(napilapé)* issue || **arab** ~ Arabic numeral; **egész** ~ whole number, integer; *(nyelvtani)* **egyes** ~ singular; **két** ~**mal nagyobb** two sizes larger, two sizes too large; **mi az ön** ~**a?** *(cipőben stb.)* what size do you take?; **páratlan** ~ odd number; **páros** ~ even number; **római** ~ Roman numeral; ~ **szerint** numerically; ~ **szerint húszan** twenty in number; ~ **ba jön** count, be* of account, have* to be considered; *(alkalmas, lehetséges)* be eligible; ~**ba vesz** *(tekintetbe vesz)* take* into account/consideration; *(összeszámol)* take* stock of, calculate; ~**on kér vmt** *(magyarázatot kér)* demand an account/explanation of sg; *vktől (felelősségre von érte)* call upon sy to account for sg; ~**on tart vmt** bear*/keep* sg in mind, keep* sg in evidence, keep* an eye on sg; ~**ot ad vmről (vknek)** give* (sy) an account of sg; **többes** ~ plural
számadás *n* (rendering of) account
szamár *n ált* donkey, ass || *átv* ass, fool, idiot, jackass, blockhead, *US így is:* dope, dummy
számára *adv* for him/her || **számomra** for me; **könyv az ifjúság** ~ book for young people
számarány *n* (numerical) ratio, proportion; *(hányad)* quota
szamárfül *n (könyvben)* dog-ear || ~**et mutat vknek** cock a snook at sy
szamárköhögés *n* whooping cough
szamárság *biz* **1.** *n (tulajdonság)* stupidity, silliness; *(tett)* a silly/stupid thing to do; *(beszéd)* stupid talk, rubbish, nonsense, hogwash, bunkum **2.** *int* nonsense!, rot!
számérték *n* numerical value
számfejt *v* calculate, cost
számfejtés *n (eljárás)* calculation, costing, accounting || *(osztály)* accounts division/department, accounts
számít *v vmt* count, calculate, reckon; *(felszámít)* charge sy [a sum] (for sg) || *(vkk közé vkt)* number/count/reckon sy among ... || *(fontos)* count, matter, be* of importance/consequence || *vmre, vkre* reckon/count/depend/rely on sg/sy; *(vár)* expect (that), *US így is:* calculate on sg || *vmnek* count as, pass for, be* considered sg || **arra** ~**va, hogy** in expectation/anticipation of; ... **közé** ~**ják** rank among/with ...; **mire** ~**asz?** what do* you reckon/expect?, what are* you counting on?; **nem** ~ it doesn't matter, no matter; **nem** ~**ottam rá, hogy** I did not expect to; **nem** ~**va** not counting, not including, exclusive of, let alone; **rám ne** ~**s!** don't count on me, count me out; ~**ok reád** I'm counting on you; **tanult embernek** ~ he passes

számítás 522

for a learned man; **-tól/-től** ~**va** as from ..., (is) reckoned from ...
számítás *n mat* counting, calculation, computation || *(tervezés, kilátás)* estimate, calculation || *(ravasz)* scheme || ~**a szerint** according to his calculations; ~**ba vesz vmt** take* sg into account/consideration, consider, allow for sg
számítástechnika *n* computer science, computer/computing technique, computing
számítástechnikai *a* of computer technique/technology *ut.*
számító *a (önző)* selfish, self-seeking, calculating
számítógép *n* computer || **személyi** ~ personal computer; **nagy**~ mainframe; **áttérünk a** ~**re** we go* over to computers (*v.* the computer); ~**re visz** put* into the computer; ~**pel feldolgoz** process [data] by computer, computerize [data]
számítógépes *a* computational, computerized || ~ **adatfeldolgozás** (electronic) data-processing; ~ **program** computer program
számítógépesít *v* computerize
számítógépesítés *n* computerization
számítógép-kezelő *n* computer operator
számítóközpont *n* data processing centre (*US* center), processing department, computer centre (*US* center)
számjegy *n* figure, digit || **három** ~**ből álló szám** three-figure/digit number
számkivetés *n* banishment, exile || ~**be megy** go* into exile
számla *n ker* invoice, bill; *(étteremben)* bill, *US* check; *(elszámolás)* accounts *pl*; *(könyvelési)* account || *(folyószámla)* current account, *US* checking account || ~**m javára** to my credit; ~**m terhére** to the debit of my account; ~**t kiállít** make* out a bill; ~**t nyit** *(vmely bankban)* open an account [with a bank]
számlakivonat *n* statement (of account)
számlál *v (számol)* count, compute, number
számlálás *n* counting
számlálatlan *a (meg nem számolt)* not counted *ut.,* uncounted || *(sok)* countless, innumerable, numberless *(utánuk: pl)*
számláló *n mat* numerator || *(készülék)* counter
számlap *n* dial(-plate), face
számlatulajdonos *n* account holder
számláz *v* invoice, bill (sy for sg)
számnév *n* numeral
szamóca *n* strawberry || **erdei** ~ wood/wild strawberry

számol *v (számolást végez)* count || *vmért* render/give* an account of sg, account for sg || *vmvel* reckon with sg/sy, take* sg/sy into account/consideration, *US* calculate/figure on sg || **ezzel** ~**ni kell** one has* to reckon with that, it can't be left out of account; **(ezért) még** ~**unk!** we'll see about that!; **jól tud** ~**ni** (s)he is* good at sums/figures
számolás *n isk* arithmetic || *(művelet)* counting, calculation, reckoning
számológép *n (mechanikus)* calculating machine, calculator || *(elektronikus zseb-)* calculator
számonkérés *n ált* calling sy to account || *isk* questioning, examining [pupils in sg]
számos *a* numerous, many *(utánuk: pl)* || ~ **esetben** in many cases, in a number of cases
számosan *adv* ~ **látták** many have seen it; ~ **megjelentek a gyűlésen** a good many people attended the meeting
szamovár *n* samovar, tea urn
számoz *v* number, mark with a number; *(lapokat)* paginate
számozás *n* numbering; *(lap)* pagination
számozatlan *a* unnumbered
számozott *a* numbered
számrendszer *n* numerical/number system || **tízes** ~ decimal system; **kettes** ~ binary notation/system
számsor *n* sequence/series of numbers
számszerű *a* numerical
számtalan *a* innumerable, countless, numberless *(utánuk: pl)*
számtan *n (aritmetika)* arithmetic
számtani *a* arithmetic(al) || ~ **alapműveletek** *isk* basics of arithmetic *pl,* simple sums *pl;* ~ **sor** arithmetic progression; ~ **közép** arithmetic mean; ~ **művelet** arithmetical/mathematical operation
számtankönyv *n biz* maths (text)book
számtanóra *n* mathematics class/lesson
számtantanár *n* mathematics teacher
számú *a* **a tízes** ~ **ház** house number ten (*v.* No. 10); **milyen** ~ **cipőt adjak?** what size do* you take?, what is* your size?
száműz *v* exile, banish, send* sy into exile
száműzetés *n* exile, banishment || **(önkéntes)** ~**be megy** go* into (voluntary) exile
száműzött 1. *a* banished, exiled 2. *n* exile, outcast
számvetés *n (összegezés)* reckoning
számvevőszék *n* audit office
számvitel *n* (public) accountancy
számzár *n* combination lock
szán[1] *v (sajnál)* pity, have* pity on, be*/feel* sorry for || *vknek* intend/mean* sg

for sy/sg || *(vmre összeget)* set* aside, earmark [a sum] for || **időt ~ vmre** find* time to do sg *(v.* for sg); **neked ~tam** I intended/meant it for you

szán² *n* sledge, sleigh, *US* sled

szánakozás *n* compassion, pity

szánakoz|ik *v vkn* pity sy, feel* pity for sy

szánakozó *a* compassionate, pitiful

szanál *v (pénzügyeket)* reorganize [the finances] || *(lebont)* pull down, raze

szánalmas *a* pitiable, piteous, deplorable, lamentable || **elít** miserable, pitiful, sorry, poor || **~ alak** a sorry figure, a poor devil

szánalom *n* pity, compassion, commiseration

szanaszét *adv* all over the place, far and wide, scattered about/around || **~ hagy vmt** leave* sg lying about

szanatórium *n* sanatorium *(pl* -riums *v.* -ria), *US* sanitarium *(pl* -riums *v.* -ria), convalescent home/hospital; *(kisebb, magán)* nursing home

szandál *n* sandal

szándék *n* álí intention, purpose, purport, design; *(terv)* plan, scheme || *jog* intent || **az a ~om, hogy** I intend/mean* to; **előre megfontolt ~kal** *(elkövetett)* with malice aforethought, premeditated

szándékos *a* intentional, wilful *(US* wilful), deliberate, intended

szándékosan *adv* intentionally, wilfully *(US* wilfully), deliberately, on purpose || **nem ~ csinálta** he didn't mean it

szándékosság *n* intention, deliberateness, wilfulness *(US* willfulness)

szándékoz|ik *v* intend/plan/mean* to do sg, contemplate doing sg, have* the intention of ...ing || **mit ~ik csinálni?** what do you propose to do?

szankció *n (büntető)* punitive sanction || **~kat alkalmaz vk ellen** impose sanctions on/against sy, penalize sy

szánkó *n* sledge, sleigh, *US* sled; *sp* toboggan

szánkózás *n* sledging, *US* sledding; *sp* tobogganing; sleigh-ride

szánkóz|ik *v* sledge, go* sledging, *US* go* sledding, toboggan

szánt¹ *v* plough *(US* plow)

szánt² *a vknek/vmre* destined/intended for *ut.* || **az erre ~ összeg** the sum allotted for this purpose

szántalp *n* runner

szántás *n (munka)* ploughing *(US* plowing) || *(föld)* ploughed/plowed land, tilling

szántóföld *n* plough-land *(US* plow-), arable land

szántóvető *n* ploughman° *(US* plow-), farmer

szapora *a (jól szaporodó)* prolific, fruitful, fecund || *(gyors)* quick, rapid, hurried, hasty || **~ érverés** quick/rapid pulse

szaporít *v (növel)* increase, augment, multiply || *növ, áll* propagate || **hogy ne ~suk tovább a szót** to cut a long story short ...

szaporítás *n (növelés)* increase (of), augmentation, multiplication || *áll, növ* propagation

szaporodás *n (élőlényé, növényé)* reproduction, multiplication, propagation, breeding || *(mennyiségi)* increase

szaporod|ik *v (élőlény, növény)* propagate, be* propagated, multiply (by reproduction) || *(mennyiség)* increase, grow*, swell*

szappan *n* soap || **egy darab ~** a bar/cake of soap

szappanhab *n (borotvaszappané)* lather; *(egyéb)* (soap)suds *pl*

szappanos *a* soapy

szappanoz *v* soap; *(borotválkozáshoz)* lather

szappantartó *n* soap-holder/dish/tray

szar *n vulg* shit; *átv* crap

szár *n növ* stem, stalk || *(csizmáé, harisnyáé, nadrágé)* leg; *(pipáé)* stem; *(szemüvegé)* arm

szárad *v* dry (up), become* dry || **az ő lelkén ~** he will have it on his conscience

száradás *n* drying (up), becoming dry

száraz 1. *a (nem nedves)* dry; *(éghajlatilag)* arid, dry || *átv* dry, dull, prosaic, flat || **~ ág** dead bough; **~ köhögés** dry/hacking cough; **~ lábbal** without getting wet **2.** *n* **~on és vízen** by land and sea

szárazelem *n* dry battery/cell

szárazföld *n* mainland, continent || **~re lép** go* ashore, land

szárazföldi *a* continental, land-; *(nem légi v. tengeri)* overland

szárazon *adv (szárazföldön)* overland || **~ tart vmt** keep* sg dry

szárazság *n (száraz volta vmnek)* dryness, aridity || *(aszály)* drought

szardella *n* anchovy, anchovies *pl*

szardellagyűrű *n* anchovy rings *pl*

szardellapaszta *n* anchovy paste

szardínia *n* sardine || **két doboz ~** two tins of sardines

szar|ik *v vulg* shit*

szárít *v* dry, make* dry; *(mocsarat)* drain [marsh] || *(dehidratál)* dehydrate

szárítás *n* drying; *(mocsáré)* draining || *(dehidrálás)* dehydration

szárító *n (alkalmatosság)* airer, clothes horse ‖ *(helyiség)* drying room; *(kisebb, szekrényszerű)* airing cupboard
szárított *a* dried; *(dehidratált)* dehydrated
szarka *n* magpie
szarkaláb *n növ* common larkspur ‖ *biz (ránc)* crow's-foot°
szarkasztikus *a* sarcastic
szarkazmus *n* sarcasm
szarkofág *n* sarcophagus *(pl* -phagi)
szarkóma *n* sarcoma
származás *n (személyé)* descent, origin, birth; (social) background ‖ *(dologé, fogalomé)* origin, derivation ‖ ~ **ára nézve kanadai** *(ott született)* (s)he is* Canadian by birth; *(kanadai szülőktől származik)* (s)he is of Canadian descent
származású *a* of ... birth/descent *ut.* ‖ **lengyel** ~ (sy) of Polish birth/descent, sy is* Polish by birth
származ|ik *v (személy vhonnan)* come* from ‖ *vm vmből/vmtől* derive/spring*/come* from sg; *(vm vmt okoz/eredményez)* sg gives* rise to sg, sg leads* to sg ‖ *(időbelileg)* date from, date back to ‖ **a vár a XIV. századból** ~**ik** the castle dates back to the 14th century; **ebből sok baj** ~**ott** this gave rise to a lot of problems, this led to a lot of trouble; **Romániából** ~**ik** he comes* from Rumania
származó *a* originating in/from, coming of/from *(mind: ut.)* ‖ **az ebből** ~ **bajok** the ensuing/resultant troubles/difficulties, the troubles/difficulties arising from this; **a házasságból** ~ **gyermekek** the children born of the marriage
szárny *n* wing ‖ *(ajtóé, ablaké)* leaf° ‖ *(épületé)* (side-)wing, annexe *(főleg US* annex) *(hadseregé)* wing, flank ‖ *pol* wing ‖ **vkt** ~**a alá vesz** take* sy under one's wing
szárnyas 1. *a* winged ‖ ~ **ablak** casement window; ~ **ajtó** folding door(s); ~ **oltár** winged altar(-piece), triptych; ~ **vad** game bird, wildfowl *(pl* ua.). **2.** *n (élő)* poultry *pl,* fowl(s) *pl* ‖ *(étel)* poultry *sing.*
szárnyashajó *n* hydrofoil
szárnycsapás *n* wing-beat, flutter, flapping of wings
szárnyépület *n* annexe *(főleg US:* annex), wing, extension, *US* addition
szárnysegéd *n* aide-de-camp *(pl* aides--de-camp)
szaros *a vulg* shitty, dirty, nasty
szaru *n* horn
szaruhártya *n* cornea *(pl* -neas *v.* -neae)
szarv *n (állaté)* horn ‖ *(ekéé)* handle, stilt
szarvas *n áll* deer *(pl* ua.); *(hím)* stag, hart, buck; *(nőstény)* hind

szarvasagancs *n* antlers *pl,* stag-horn
szarvasbogár *n* stag-beetle
szarvasbőgés *n* belling, troat(ing of hart)
szarvasbőr *a/n* deerskin, buckskin, chamois (leather), suede ‖ ~ **kesztyű** deerskin gloves *pl*
szarvashús *n* venison
szarvasmarha *n* (horned) cattle *(pl* ua.)
szász *a/n* Saxon ‖ **a** ~**ok** the Saxons
szatén *n (selyem)* satin; *(pamut)* sateen
szatír *n* satyr
szatíra *n* satire
szatirikus 1. *a* satiric(al) **2.** *n* satirist
szatyor *n* shopping bag, carrier(-bag); *(necc)* string bag
Szaúd-Arábia *n* Saudi Arabia
szaúd-arábiai *a/n* Saudi (Arabian)
szauna *n* sauna
szavahihető *a (személy)* trustworthy, reliable ‖ ~ **tanú** reliable witness
szavajárása *n (vknek)* (sy's) favourite *(US* -or-) expression/saying, *biz* pet phrase
szaval *v* recite/read* poetry
szavalás *n* recitation, reciting poetry, reading of poetry
szavaló *n* reader (of poetry)
szavatartó *a* reliable, trustworthy ‖ ~ **ember** man° of his word
szavatol *v vmt, vmért* guarantee/warrant sg; *vkért* go*/stand* bail for sy, vouch/ answer for sy
szavatolás *n* guarantee, guaranty, warranty
szavatolt *a* guaranteed, warranted
szavatosság *n* guarantee, warranty ‖ ... **évi** ~**ot vállal vmért** guarantee sg for ... years
szavatossági *a* ~ **biztosítás** liability insurance; **még nem járt le a** ~ **idő** it's still under guarantee
szavaz *v* vote, go* to the poll(s), cast* one's vote ‖ **igennel** ~ vote for sy; **nemmel** ~ vote against sy; **titkosan** ~ ballot *(vk mellett* for, *vk ellen* against sy)
szavazás *n* vote, poll, *(gyűlésen)* voting ‖ ~**ra bocsát (egy kérdést)** put*/bring* [a/the question] to a/the vote; **nyílt** ~ open ballot; **titkos** ~ (secret) ballot(ing)
szavazat *n* vote ‖ **leadja** ~**át vkre** give* one's vote for sy, vote for sy
szavazati jog *n* right to vote
szavazó *n* voter, elector
szavazócédula *n* ballot (paper), vote, voting slip
szavazófülke *n* polling booth
szavazóhelyiség *n* polling station
szaxofon *n* saxophone, *biz* sax

szaxofonos *n* saxophonist
száz *num* (a/one) hundred || **az emberek** ~**ai** hundreds of people; ~**ával** by hundreds, by the hundred
század 1. *n (idő)* century || *kat (gyalogos)* company, *(lovas)* squadron || **a** ~ **elején** at/towards the beginning of the century; **a XX.** ~**ban** in the twentieth/ 20th century **2.** *num (századrész)* hundredth (part)
századbeli *a (idő)* of the ...th century *ut.*, ...th century || **a múlt** ~ of the last century *ut.*
századforduló *n* turn of the century
századik *num a* hundredth || ~ **évforduló** centenary
százados *n kat* captain
századparancsnok *n* company commander, captain of company
századrész *n* a hundredth (part)
századszor *num adv* for the hundredth time
századvég *n* fin-de-siècle, end of the century
századvégi *a* fin-de-siècle, of the close of the century *ut.*
százalék *n* per cent, percentage || **száz** ~**ban** one hundred per cent; *(tökéletesen)* entirely, completely; **száz** ~**ig igaza van** he is* perfectly right
százalékos *a* **három** ~ **kamat** 3 per cent interest, interest at 3 per cent (*v.* p.c.)
százan *num* a hundred (of) || ~ **voltak** they were a hundred, there were a hundred people there
százas 1. *a* **a** ~ **szoba** room number 100 (*v.* No. 100) **2.** *n (szám)* hundred || *(bankjegy)* a hundred forint/pound/ dollar note (*v. US* bill)
százéves 1. *a* 100/hundred years old *ut.* **2.** *a/n* centenarian
százezer *num* a/one hundred thousand
százfelé *adv* in all (*v.* a hundred) directions
százféle *a* hundred (different) kinds/sorts of, all sorts of
százforintos *n* a hundred forint note (*v. US* bill)
százlábú *n áll* centipede
százszámra *adv* by/in hundreds, by the hundred
százszázalékos *a* (one-)hundred per cent; *átv* thoroughgoing, out-and-out, complete
százszor *num adv* a hundred times
százszoros *a* hundredfold
százszorszép *n növ* daisy
szebb *a* more beautiful/attractive, nicer
szecesszió *n* secession
szecessziós *a* secessionist

szed *v (gyűjt)* gather, collect; *(gyümölcsöt, virágot)* pick; *(díjat, vámot)* collect, levy, get* in || *(ételből)* help oneself || *biz (szerez)* get* || *(orvosságot)* take* [medicine], *hiv* be* taking medication || *nyomd* set* (up) [type], compose || **honnan** ~**i ezt?** where do/did you get that from?; ~**d a lábad!** step lively!; *biz* ~**i a lábát** step out briskly
szeder *n (földi)* blackberry, bramble || *(faeper)* mulberry
szederjes *a* violet(-coloured *v. US* -colored), purple-blue || ~**sé vált az arca** he went blue (in the face)
szedés *n nyomd (művelet)* typesetting, setting, composition; *(a kész szedés)* matter, set-up type
szédít *v* stun, daze, make* (one feel) giddy/dizzy || *átv biz (hiteget)* string* sy along
szédítő *a* giddy, dizzying, dizzy || ~ **árak** scandalous/exorbitant prices; ~ **magasság** dizzy/giddy height
szedő *n nyomd* typesetter, compositor
szédül *v* be*/feel* dizzy/giddy
szédülés *n* (fit of) dizziness, giddiness, vertigo
szédületes *a biz* stunning, staggering, colossal || ~**en jó** stunningly good
széf *n* safe
szeg[1] *v (szegélyez)* border, hem, fringe || *(kenyeret)* cut* || *(esküt)* break*
szeg[2] *n* nail; *(szegecs)* pin || **kibújik a** ~ **a zsákból** *(kiderül szándéka)* show* the cloven hoof; *(pedig szeretné leplezni)* can the leopard change his spots?; **fején találja a** ~**et** hit* the nail on the head; ~**et ver a falba** drive*/hammer a nail into the wall; ~**et üt a fejébe** set* sy thinking (about sg); ~**et** ~**gel** tit for tat, measure for measure
szegecs *n* rivet, pin
szegecsel *v* rivet
szegély *n ált* border, edge; *(függönyé)* trimming; *(ruháé)* hem || *(erdőé)* edge, fringes *pl*; *(járdáé)* kerb (*US* curb)
szegény 1. *a (szükséget szenvedő)* poor, needy, in want *ut.* || *(sajnálkozva)* poor || *vmben* poor/deficient in sg *ut.* || ~ **apám** my poor father; ~ **feje** poor fellow/ chap/thing/devil; ~ **sorsú** poor, poverty-stricken, deprived; ~, **mint a templom egere** (as) poor as a church mouse; **vízben** ~ short of water *ut.*, lacking in water *ut.* **2.** *n* **a** ~**ek** the poor
szegényes *a (hiányos)* deficient, scanty, meagre (*US* -ger) || *(nyomorúságos)* miserable || ~**en** in reduced/straitened circumstances
szegénynegyed *n* poor part/district, deprived area, slum

szegénység *n* poverty, indigence, want, penury; *(általános)* pauperism || ~**ben él** lead* a life of poverty

szeges *a (szegezett)* nailed; *(szegekkel kivert)* studded || ~ **bakancs** hobnail boots *pl*

szegesdrót *n* barbed wire

szegez *v (szeggel)* nail *(vmhez* on/to sg)

szegezés *n* nailing

szegeződ|ik *v* **minden tekintet az ajtóra** ~**ött** all eyes were fixed/riveted on the door, everyone stared at the door

szegfű *n* carnation, (clove) pink

szegfűszeg *n* clove

szegről-végről *adv* csak ~ **rokon** he is* only a distant relation

szegy *n (marháé)* brisket

szegycsont *n* breast-bone

szégyell *v vmt* be*/feel* ashamed (of sg *v*. doing sg *v*. to do sg) || ~**i magát** be*/feel* ashamed of oneself; ~**d magad!** you should be ashamed of yourself!, (for) shame!

szégyen *n* shame; *(szégyellnivaló)* disgrace; *(botrány)* scandal || ~, **gyalázat!** it's/what a shame!, (for) shame!

szégyenfolt *n (jó hírén)* a slur/blot [on one's reputation]

szégyenkez|ik *v (vm miatt)* be*/feel* ashamed of sg (*v*. of having done sg), feel* shame at (having done) sg

szégyenletes *a* shameful, disgraceful

szégyenlős *a* shy, bashful || **nem** ~ unashamed, shameless

szégyenszemre *adv* to one's shame

szégyentelen *a* shameless, impudent

szeizmográf *n* seismograph

széjjel *adv (irány)* asunder, apart; *(helyzet)* distant/separated from one another

széjjelhány *v* throw* all over the place, throw*/scatter about

szék *n* chair; *(támla nélküli)* stool; *(ülés)* seat || = **széklet** || **két** ~ **közt a pad alá esik** fall* between two stools

szekció *n* section

székel *v vhol* reside (in/at) || *(ürít)* have* a bowel movement, have* a motion

székely *a/n* Székely, Szekler ⟨i.e. Magyar of Eastern Transylvania⟩ || **a** ~**ek** the Székelys/Szeklers

székelygulyás *n* Székely/Transylvanian goulash ⟨i.e. pork stew with sauerkraut⟩

szekér *n* (farm-)wagon, cart

székesegyház *n* cathedral

székház *n* centre *(US* center), House; *(intézményé)* headquarters *pl*

székhely *n* centre *(US* center), residence, seat, headquarters *pl*; *(megyéé)* county town; *(területé)* chief town || **a vállalat** ~**e** the head office of the company

székláb *n* chair leg

széklet *n* motions *pl*, stool(s), faeces

székrekedés *n* constipation

szekrény *n (akasztós)* wardrobe, *US* closet; *(fali)* cupboard; *(fehérneműs)* linen cupboard *(US* closet); *(öltözőben)* locker || **beépített** ~ built-in wardrobe/cupboard, *US* closet; **üveges** ~ glass-case, glass-fronted cabinet

széksor *n* row/line of seats/chairs

szekta *n vall* sect || *pol* splinter group

széktámla *n* back (of a/the chair), chair back

szektás 1. *a pol* sectarian, factionalist || *vall* sectarian, denominational **2.** *n pol* sectarian, factionalist || *vall* follower/member of a sect

szektor *n* sector || **állami** ~ state/public sector

szekund *n zene* second

szel *v (kenyeret)* slice (up), cut*; *(húst)* carve || **a hajó** ~**i a vizet** the ship ploughs *(US* plows) (her way) through the seas

szél[1] *n (légmozgás)* wind; *(gyenge)* breeze; *(erős tengeri)* gale || *(bélben)* wind, flatulence || *orv* apoplexy, stroke || **a** ~ **irányában** windward, downwind, before/down the wind; **az új idők szele** the wind of change; **csapja a szelet vknek** court/woo sy, pay* one's attentions to sy; **fúj a** ~ the wind is* blowing, it is* windy; *vmt* cast*/throw* sg to the winds; **honnan fúj a** ~**?** how is*/ sits* the wind?; **kedvező** ~ fair wind; **megállt a** ~ the wind has* dropped; **megfordul a** ~ the wind changes/ shifts/veers round; **mi** ~ **hozott ide?** what brings* you here?; ~ **ellen** into/ against the wind, (right) into the wind's eye; ~**lel szemben hajózik** sail against/near the wind (*v*. in the wind's eye); ~**nek ereszt vkt** send* sy away/ off, let* sy go, send* out into the world; **tudja, honnan fúj a** ~ *átv* he knows* which way the wind blows

szél[2] *n (papíré, úté, asztalé, erdőé)* edge; *(szakadéké, síré)* brink, verge; *(edényé)* rim; *(városé)* outskirts *pl*, fringes *pl* || **vmnek a** ~ **én** *átv* on the verge/brink of sg

szélárnyék *n* lee, *rep* sheltered zone

szélcsend *n* calm, lull

szélcsendes *a* calm

széldzseki *n* windcheater, *US* windbreaker, blouson

szeleburdi 1. *a (személy)* scatterbrained, flighty, harum-scarum || *(cselekedet)* rash **2.** *n* scatterbrain, harum-scarum

szelekció *n* selection

szelektál *v* select, choose*

szelektív *a* selective
szélenergia *n* wind power
szelep *n* valve || **biztonsági** ~ safety valve
szélerősség *n* force of the wind, wind-force
szeles *a* (időjárás) windy; (gyengén) breezy || (meggondolatlan) thoughtless, inconsiderate, rash, hare-brained, flighty
széles *a* broad, wide || ~ **körű** wide, wide-ranging, extensive, large; ~ **körű ismeretek** extensive/wide knowledge; ~ **nyomtávú** broad-gauge (US -gage); ~ **vállú** broad/square-shouldered
szélesség *n* ált breadth, width || földr latitude
szélességi *a* ~ **fok** degree of latitude; ~ **kör** parallel, line/parallel of latitude
szélesvásznú *a film* wide-screen
szelet *n* (kenyér) slice, piece; (hús) steak, cutlet; (hal) fillet, steak || *mat* segment || **egy** ~ **csokoládé** a bar of chocolate; **egy** ~ **kenyér** a slice of bread; **rántott** ~ escalope, breaded cutlet
szeletel *v* cut* (sg) into slices, slice (sg); (húst) carve
szélhámos *n* swindler, fraud, impostor, *biz* con-man°
szélhámoskod|ik *v* swindle, be* a swindler/fraud
szélhámosság *n* swindling, swindle, fraud
szelíd *a* (ember) gentle, meek, mild-mannered; (hang, érzelem) soft, gentle, tender || (állat) tame, domesticated; (vadállat) harmless, inoffensive || ~ **természet** sweet temper; ~ **en** gently, sweetly
szelídgesztenye *n* sweet/edible chestnut, marron
szelídít *v* (állatot) tame, domesticate
szelídítő *n* tamer
szelídség *n* (jellemvonás) gentleness, kindness, mildness || (állaté) tameness
szélirány *n* wind direction, direction of the wind || ~ **ba(n)** down/before the wind, windward; **széliránnyal szemben** against/into the wind
szélkakas *n* (átv is) weather-cock || **forog, mint a** ~ chop and change
szellem *n* (erkölcsiség) spirit; (felfogás) spirit, turn of mind, mentality, attitude || (kísértet) ghost, spirit, spectre (US specter), phantom || (elme) mind, intellect || (személy) (brilliant/great) mind, intellectual giant, genius || (belső tartalom, lényeg) spirit || **a törvény** ~ **e** the spirit of the law; **csupa** ~ full of wit
szellemes *a* (gép, szerkezet stb.) ingenious || *vk* witty, full of wit *ut*. || ~ **megoldás** ingenious solution; ~ **mondás** witty remark, bon mot, quip

szellemesség *n* (tulajdonság) wit, wittiness || (mondás) witty remark, witticism, quip
szellemi *a* mental, intellectual, spiritual || ~ **dolgozó** white-collar worker, intellectual; ~ **export** invisible exports *pl*; ~ **foglalkozás** intellectual occupation, white-collar job; ~ **fogyatékosság** mental deficiency, feeble-mindedness, subnormality; ~ **szabad foglalkozású (személy)** *kb*. freelance(r); (igével) *kb*. work as a freelance, free-lance
szellemileg *adv* mentally, intellectually
szellemkép *n* (tévén) ghost image, ghosting
szellent *v* break* wind
széllovaglás *n* windsurfing
szellő *n* breeze
széllökés *n* gust/blast (of wind); (erősebb) squall
szellős *a* breezy; (levegős) airy
szellőzés *n* ventilation, airing
szellőzetlen *a* unventilated, airless; (áporodott) stuffy, musty
szellőz|ik *v* be* aired, be* exposed to the air
szellőzőnyílás *n* air vent/hole, blow-hole
szellőztet *v* ventilate, air, let* fresh air in
szellőztetés *n* airing
szellőztetőkészülék *n* ventilator, fan
szélmalom *n* windmill
szélroham *n* gust/blast of wind, flurry
szélrózsa *n* compass rose/card || **a** ~ **minden irányába** to the four winds
szélsebesen *adv* with lightning speed, like greased lightning || ~ **elrohan** fly* off
szélsebesség *n* wind velocity/speed
szélső 1. *a ált* outside || **leg** ~ outermost, farthest, extreme; *mat* ~ **érték** extreme (value) **2.** *n sp* winger
szélsőbal(oldali) *a pol* extreme left, ultra-left(-wing)
szélsőjobb(oldali) *a pol* extreme right, ultra-right(-wing)
szélsőség *n* extreme, extremity
szélsőséges 1. *a* extreme, extremist **2.** *n* extremist
széltében *adv* (szélességben) across, transversely, crosswise
széltében-hosszában *adv* far and wide, everywhere
szélütés *n* apoplexy, stroke
szélütött 1. *a* (testrész) paralysed **2.** *n* paralytic, paretic
szélvédő *n* (autón) windscreen (US -shield)
szelvény *n* (értékpapíré) coupon; (ellenőrző) counterfoil, stub, US check; (jegyé) (ticket) stub || *műsz* profile, section
szélvész *n* hurricane, high wind

szélvihar *n* (wind-)storm; *(erős)* gale
szélzsák *n* wind-sock/sleeve
szem *n (látószerv)* eye; *(tekintet)* eye(s), gaze, sight || *növ* grain || *(kötés)* stitch; *(lánc)* link || *(homok)* grain (of sand), *(por)* speck, particle (of dust) || **a ~ébe ment vm** sg has* got into sy's/ one's eye; **a(z én) ~emben** in my eyes; **csupa ~ vagyok!** I am all eyes; **egy ~ szőlő** a/one (single) grape; **fél ~ére vak** be* blind in one eye; **jó a ~e** have* good eyesight, sy's sight is* good, *átv* have* good judg(e)ment; **kit látnak ~eim!** what a surprise!, fancy meeting you here!; **lelki ~ei előtt** in one's mind's eye; **mélyen ülő ~ek** deep-sunk/set eyes; **mindenki ~e láttára** in full view (of all), publicly, openly; **mit látnak ~eim!** what a sight!, what do I see!, well, I never!; **nagy ~ek** big eyes; **ne kerülj többet a ~em elé!** get/keep out of my sight!, don't let me see you(r face) again!; **~ elől téveszt** lose* sight of; **~ előtt tart** keep* sg in view, have* sg in sight; **~et ~ért(, fogat fogért)** an eye for an eye (and a tooth for a tooth), tit for tat; **~et huny vm fölött** turn a blind eye to sg, wink at sg, close/shut* one's eyes to sg, overlook sg; **~ébe néz vknek** look sy in the eye/face; **~ére hány vmt vknek** reproach/upbraid sy with sg, upbraid sy for (doing) sg, cast* sg in sy's teeth, blame sy for sg; **~et szúr vknek vm** strike* sy, catch* one's eye; **~mel látható** visible (to the naked eye); *(nyilvánvaló)* obvious, evident, manifest; **~mel tart vkt/vmt** keep* an eye on sy/sg, watch sy/sg; **~től ~be(n)** face to face (with sy); **úgy vigyáz rá, mint a ~e világára** cherish/keep* sg as the apple of one's eye; **vk ~e fénye** *(látása)* one's (eye)sight; *átv* the apple of sy's eye; **vk ~ében** in one's eyes/view/opinion/esteem, in the sight of; **vknek a ~e elé kerül** come* before sy, catch* sight of sy; **vknek a ~e láttára** before sy's very eyes, in sy's sight
szemafor *n* semaphore, signal
szemantika *n* semantics *sing.*
szemantikai *a* semantic
szembe *adv* opposite, in the face of
szembeáll *v vkvel/vmvel* face sy/sg, stand* opposite/facing sy/sg
szembeállít *v vkt vkvel (ellenségesen)* set* sy against sy || *(hasonlít vmt vmhez)* contrast [two things *v.* sg with sg], compare sg with sg, set* sg against sg
szembeállítás *n (tanúké)* confrontation || *(hasonlítás)* contrast, contrasting

szembefordul *v* turn to(wards) (sy) || = **szembehelyezkedik**
szembehelyezked|ik *v vmvel* set* oneself against, set* one's face against, be* opposed to, oppose *(mind:* sg) || *vkvel* turn against sy
szembejön *v* come* from the opposite direction || **~ velünk** be* coming towards us
szembejövő forgalom *n* oncoming traffic
szembekerül *v vkvel* find* oneself face to face with sy || *átv vkvel* come* into conflict with sy; *vmvel* come* up against
szemben *adv (térben)* opposite (to), facing (sg), in front of, over against || *(ellentétben vmvel)* in contrast with/to sg, contrary to sg, as opposed to sg, in contradiction to sg; *(vkvel kapcsolatban)* with respect/regard to, towards (sy) || **a ~ álló ház** the house opposite; **ezzel ~** on the other hand, whereas, while; **~ áll vkvel/vmvel** face sy/sg, be* at odds with sy/sg, oppose sy/sg, be* opposed to sy/sg, be* against sy/sg; **~ álló** *(ellenséges)* opposed to *ut.*, contrary; **~ lakik** (s)he lives opposite
szembenállás *n* opposition
szembenéz *v vkvel* look sy full/straight in the face/eye, face sy || *vmvel* face sg; *(vm kellemetlennel)* face up to sg || **~ a tényekkel** face the facts/issue
szembeni *a* concerning, towards *ut.*
szembeötl|ik *v* strike* sy, catch* one's eye
szembeötlő *a* striking, glaring, conspicuous
szembesít *v vkt vkvel* confront sy with sy
szembesítés *n* confrontation
szembeszáll *v vkvel/vmvel* brave, oppose (sy, sg), take* sy/sg on
szembetegség *n* eye disease
szembetűnő *a* = **szembeötlő**
szembogár *n* pupil, apple of the/one's eye
szemcse *n* grain; *(apró)* granule
szemcsepp *n* eye-drop
szemcseppentő *n* (eye-)dropper; *(üveggel együtt)* dropper bottle
szemcsés *n* granular, grainy, granulous
szemellenző *n (lóé)* blinkers *pl, US* blinders *pl; (sapkán)* peak, visor
szemellenzős *a átv* blinkered, narrow-minded
szemelvény *n* selected passage, selection, excerpt, extract
személy *n* person (*pl* people, *US és jog,* ill. elít persons); *(egyén)* individual || **~ek** *(színdarabban)* characters; **ismeretlen ~ek** persons unknown; **(egy) ~ per hó(nap)** man-month; **~ szerint** per-

sonally, in person; **első** ~**ben beszél** speak* in the first person; ~**ében érint vkt** be* personally affected by it
személyautó n (passenger) car
személyazonosság n identity || ~**át igazolja** prove one's identity
személyazonossági igazolvány n identity card, ID (card), sy's papers pl
személydíjszabás n passenger tariff
személyenként adv per person, per/a head, each || ~ **és naponként** per person per day
személyes a personal, (egyéni) individual || ~ **használati tárgyak** articles for personal use; ~ **szabadság** personal/ individual freedom/liberty; ~ **ügyben keresem** I want to see him about a private matter, it's a personal matter; **12** ~ **asztal** the table sits twelve, a 12--seater table
személyesen adv personally, in person || ~ **ismer vkt** be* personally acquainted with sy, know* sy personally
személyeskedés n personal remarks pl, personalities pl
személyesked|ik v be* personal, indulge in personalities
személyforgalom n passenger traffic
személygépkocsi n (passenger) car
személyi a personal, private, individual || ~ **adatok** particulars; ~ **igazolvány** identity card, ID card; ~ **jövedelem** personal income; ~ **jövedelemadó** income tax, a tax on personal income; ~ **kölcsön** (banktól) personal loan; ~ **kultusz** personality cult; ~ **lap** sy's file; ~ **okmányok** one's papers; ~ **szám** identity number; ~ **titkár(nő)** personal assistant (P.A.); ~ **tulajdon** personal property, personal effects pl
személyiség n personality || **kiemelkedő** ~ personage, prominent/outstanding figure/person(age), dignitary
személykocsi n (vasúti) (railway) carriage/coach, US (railroad) car
személyleírás n description (of a person)
személypoggyász n luggage, US baggage || ~**t felad** register one's luggage
személyrag n personal suffix, person marker
személyszállítás n passenger transport/ service
személyszállító hajó n passenger boat
személytelen a impersonal
személyvonat n slow train
személyzet n (alkalmazottak) staff, personnel, employees pl; (hajóé, járműé) crew || (házi) staff, servants pl
személyzeti a (alkalmazotti) staff || ~ **bejáró** (felirat) "staff only"; ~ **osz-**

tály personnel department; ~ **szoba** servant's/domestic's room; ~ **vezető** personnel director/manager
szemérem n (sexual) modesty || ~ **elleni erőszak** (public) act of indecency
szeméremajkak n pl labia
szeméremsértő a obscene
szeméremtest n genitals pl, genitalia pl
szemerkél v ~ **az eső** it is* drizzling
szemérmes a bashful, modest, demure, shy
szemérmetlen a (nem szemérmes) shameless, unabashed, indecent || (arcátlan) impudent, barefaced, brazen-faced, insolent; (viselkedés) immodest
szemérmetlenség n shamelessness, immodesty, impudence, (brazen) insolence
szemes 1. a (növ, mezőg ~ **kávé** coffee--beans pl, whole coffee; ~ **termények** cereals, grain crops **2.** n ~**nek áll a világ** kb. keep* your eyes open/skinned/ peeled
szemész n ophthalmologist, US oculist
szemészet n ophthalmology
szemészeti a ophthalmological
szemeszter n (half-year) term, semester
szemét n (házi) rubbish, refuse, US garbage; (szanaszét heverő hulladék) waste, litter; (piszok) dirt, filth || (áruról, elit) junk, trash; (olvasmányról) trash || (jelzőként) biz ~ **alak** louse, rat, US heel; ~ **lerakása tilos!** no dumping; ~**re dob vmt** throw* sg on the rubbish heap
szemétdomb n rubbish (v. US garbage) tip/heap, refuse dump
szemétégető (mű) n incinerator
szemetel v (piszkít) scatter rubbish/litter
szemételszállítás n refuse collection, removal/collection of rubbish/refuse
szemetes 1. a (szeméttel teli) full of rubbish ut. **2.** n dustman°, hiv refuse collector, US garbage collector
szemeteskocsi n (kuka) dustcart, US garbage truck
szemeteszsák n litterbag
szemétgyűjtő n (utcai, konténer) refuse (US garbage) container
szemétkosár n waste-paper basket, US wastebasket, waste bin
szemétláda n dustbin, (rubbish) bin, US garbage/trash can; (utcán) litterbin, US litterbag
szemétlapát n dust-pan
szemfedél n shroud, winding-sheet
szemfelszedés n invisible mending
szemfelszedő n invisible mender
szemfenék n fundus
szemfényvesztés n (bűvészkedés is) conjuring, jugglery, juggling || átv eyewash, deception, trickery, humbug

szemfényvesztő *a átv* deceitful, delusive
szemfog *n* eye-tooth°
szemfüles *a* clever, wide-awake, sharp, (very much) on the ball *ut.*; *(élelmes)* resourceful
szemgolyó *n* eyeball
szemgyulladás *n* inflammation of the eye, ophthalm*itis*
szemhéj *n* eyelid
szemideg *n* optic nerve
szeminárium *n (papi)* seminary || *(egyetemi)* seminar; *GB kb.* tutorial || *pol* (ideological) study group || *(tanácskozás)* seminar
szemkenőcs *n* eye ointment
szemközt *adv/post* opposite (to), facing, face to face with, in front of, vis-à-vis || ~ **ülnek (egymással)** sit* facing/opposite each other
szemközti *a* opposite, vis-à-vis
szemle *n (vizsgálat)* review, inspection, survey, view; *kat* review, muster || *(folyóirat)* review
szemlél *v* watch, contemplate
szemlélet *n* view (of sg), way of looking at (things), attitude (to sg), approach
szemléletes *a* clear, graphic, vividly/clearly described, lifelike || ~ **leírás** a graphic account/description
szemléletesség *n* graphic quality, vividness
szemléltet *v* demonstrate, illustrate
szemléltetés *n* demonstration, illustration
szemléltető *a* demonstrative, illustrative || ~ **anyag** illustrative material
szemléltetőeszköz *n* visual aid
szemlencse *n (szemé)* lens || *(műszeré)* eyepiece, ocular
szemlesütve *adv* with downcast eyes
szemmérték *n* (judgement by the) eye || **jó a** ~ **e** have* a straight eye
szemorvos *n* ophthalmologist, oculist, eye-specialist
szemölcs *n* wart
szemöldök *n* eyebrow || **összehúzza a** ~ **ét** knit* one's brows, frown
szemöldökceruza *n* eyebrow pencil
szemöldökcsipesz *n* tweezers *pl*
szempilla *n* (eye)lashes *pl*; *(szála)* eyelash
szempillafesték *n* mascara
szempillantás *n (pillantás)* glance, blink || *(pillanat)* instant, moment, second || **egy** ~ **alatt** in the twinkling of an eye, in a flash, before you could say Jack Robinson
szempont *n (álláspont)* point of view, standpoint, viewpoint, angle; *(meggondolás)* consideration || **gazdasági** ~ **ok** economic considerations; **ebből a** ~ **ból** in this respect, from this point of view; ~ **jából** from the point of view of ..., with a view to ..., in terms of
szemrebbenés *n* blink(ing), twinkle, wink(ing) || ~ **nélkül** without batting an eyelid, unblinkingly; *(hidegvérrel)* in cold blood
szemrehányás *n* reproach, reproof, rebuke || ~ **t tesz** vknek reproach sy (with/for sg), reprove sy (for sg)
szemrehányó *a* ~ **tekintet** look of reproach, reproachful glance
szemrontó *a* straining the eye *ut.*, causing eyestrain *ut.*
szemszög *n (nézőpont)* point of view, standpoint, aspect, angle
szemtanú *n* (eye)witness || ~ **ja vmnek** witness sg, be* a *(v.* an eye)witness to sg
szemtelen *a* impudent, impertinent, insolent, brazen(-faced), *biz* cheeky
szemtelenked|ik *v* behave impertinently/insolently/impudently, be* impertinent; *(nővel)* take* liberties with || **ne** ~ **j!** enough of your insolence!, damn your cheek!
szemtelenség *n* impudence, impertinence, insolence, effrontery || **micsoda** ~ **!** what a nerve!, what (a) cheek!
szemtengelyferdülés *n* astigmatism
szemüveg *n* spectacles *pl*, glasses *pl*, *biz* specs *pl*
szemüveges *a* bespectacled, wearing spectacles *ut.*
szemüvegkeret *n* (spectacle) frame
szemüvegtok *n* spectacle-case, glasses case
szemvizsgálat *n* sight-testing
szemzés *n* mezőg budding
szén *n (fűtőanyag)* coal; *vegy* carbon || *(orvosság)* medicinal charcoal (tablets *pl)* || *(rajzszén)* charcoal || ~ **né ég** get* charred/carbonized
széna *n* hay || **rosszul áll a** ~ **ja** (s)he is* going through a bad patch, (s)he is* in a bad way
szénakazal *n* haystack, hayrick
szénanátha *n* hay-fever
szenátor *n* senator
szenátus *n* senate
szénbánya *n* coal-mine, pit, colliery
szénbányász *n* (coal-)miner
szénbányászat *n* coal-mining/industry
szendereg *v* doze, take* a nap, slumber
szenderül *v* álomba ~ doze off, drop off to sleep
szén-dioxid *n* carbon dioxide
szendvics *n* sandwich
szenes *a* coaly; *(elszenesedett)* charred, carbonized
szénfejtés *n* coal-cutting

szénhiány *n* coal shortage
szénhidrát *n* carbohydrate
szenilis *a* senile, decrepit, *biz* ga-ga
szenilitás *n* senility
szén-monoxid *n* carbon monoxide
szénpor *n* coal-dust
szénrajz *n* charcoal (drawing)
szénréteg *n* coal layer/seam/bed/stratum°
szénsav *n* (H$_2$CO$_3$) carbonic acid || *(szén-dioxid)* carbon dioxide
szénsavas *a (ital)* carbonated, effervescent, aerated, sparkling; **nem ~ still** [drink]
szénszünet *n isk* ⟨school holiday due to shortage of coal⟩
szent 1. *a* holy; *(szentelt)* sacred || *(személynévvel)* St. *(kimondva:* Saint) || *biz (bizonyos)* annyi ~, **hogy** one thing (*v.* that much) is* certain *(utána kettőspont v.* that ...); **~ isten!** God Almighty!, good God/grief!, heavens!; **~ül hiszi** believe firmly **2.** *n* saint
széntabletta *n* medicinal charcoal tablets *pl*
széntartalmú *a* carboniferous, coal--bearing
szentbeszéd *n* sermon
szentel *v vall* consecrate, dedicate || *átv* devote (to), dedicate (to) || **időt ~ vmre** spend* time on sg; **pappá ~** ordain; **vmnek ~i az életét** dedicate/devote one's life to sg
szenteltvíz *n* holy/consecrated water
szentély *n (vallási szempontból)* sanctuary, shrine, *(izr.)* tabernacle || *épít* chancel, choir || *átv* shrine
szentesít *v (törvényt)* sanction; *(megerősít)* approve, confirm, sanction
szenteste *n* Christmas Eve
Szentföld *n* the Holy Land
Szentháromság *n vall* the Holy Trinity
szentimentális *a* sentimental, emotional || **~ történet** sob stuff/story, *biz* tearjerker
szentírás *n vall* **a Sz~** the Holy Scripture, the Scriptures *pl*, the Bible; **~nak veszi szavát (amit mond)** take* sy's word as gospel
Szentivánéji álom *n (cím)* A Midsummer Night's Dream
szentjánosbogár *n* glow-worm, firefly, *US* lightning bug
szentkép *n* sacred image, icon, ikon
szentmise *n* (holy) mass
szentség *n (állapot)* sanctity, holiness || *(keresztség stb.)* sacrament
szentségtörés *n* sacrilege, profanation
Szentszék *n* Holy See
széntüzelés *n* coal heating, solid-fuel heating

szenved *v* suffer || suffer, undergo*, bear*, endure || **súlyos balesetet ~ett** (s)he had a serious accident; **vereséget ~** suffer defeat, be* defeated; **vmben/vmtől ~** suffer from
szenvedély *n (érzelem)* passion || *(időtöltő szórakozás)* hobby || *(káros)* addiction || **~ e a sport** (s)he is* a sports fan (*v. biz* buff); **vmlyen ~nek hódol** be* addicted to sg
szenvedélyes *a (jellem)* passionate; *(vágy)* ardent, burning; *(vita)* heated || **~ futballszurkoló** a great soccer fan
szenvedés *n* suffering
szenvedő 1. *a* suffering || **nyelvt ~ (ige)alak** the passive (voice) **2.** *n (személy)* sufferer, victim
szenzáció *n* sensation; *(hírlapi) biz* scoop, *US* beat || **az újság tele van ~val** the paper is* full of sensational reports
szenzációs *a* sensational, thrilling || *biz (nagyszerű)* marvellous, sensational || **~ esemény** front-page news
szenny *n* dirt, filth
szennyes 1. *a* dirty, filthy, unclean, *átv* foul, filthy **2.** *n (ruha)* dirty linen, laundry || **kiteregeti a ~ét** *átv* wash one's dirty linen in public
szennyez *v (vizet, levegőt stb.)* pollute, *(vizet így is)* contaminate; *(ruhát)* soil, dirty, *átv* sully
szennyező anyagok *n pl* pollutants
szennyeződés *n (levegőé stb.)* pollution, *(vizé így is)* contamination; *(csak az eredmény)* impurity
szennyeződik *v* get* dirty/soiled; *vegy* become*/get* polluted/contaminated
szennyfolt *n (piszok)* stain, smudge || *(szégyenfolt)* blemish, slur, stain, blot
szennyirodalom *n (ponyvairodalom)* trash(y literature)
szennyvíz *n* sewage, dirty/slop water
szennyvízcsatorna *n* sewer, drain(pipe)
szép 1. *a* ált beautiful, nice, lovely; *(nő)* beautiful, lovely, pretty, attractive; *(férfi)* handsome; *(férfi, nő)* good-looking; *(idő)* fine, nice, lovely • [day]; *(ruha v. egyéb)* lovely, nice || *iron* fine, pretty || **egy ~ napon** one fine day; **ez nem ~ tőle** that's not (very) nice (*v.* that's very unkind) of him/her; **~ arc** good looks *pl*; **~ arcú** with a beautiful face *ut.*; **~ álmokat!** sleep well!, sweet dreams!; **~ fizetés(e van)** have* a nice/tidy salary; **~ tiszta** it's nice and clean **2.** *n (fogalom)* beauty, the beautiful || **a falu ~e** the belle/beauty of the village; **Magyarország ~e** Miss Hungary; **sok ~et hallottam Önről**

szépanya

I've heard a lot of good things about you; **sok ~et láttam** *(utazásom során)* I've seen much to admire (on my trip)
szépanya *n* great-great-grandmother
szépapa *n* great-great-grandfather
szépasszony *n* fair lady, beauty
szépen *adv* beautifully, nicely, prettily ‖ **kérem ~** will you please/kindly; may I trouble you for ...; please ...; **köszönöm ~** thank you very much, (many) thanks; **~ beszél angolul** his/her English is* very good; *iron* **~ vagyunk** we have had it, we are in a fine/nice mess
szépérzék *n* sense of beauty, aestheticism *(US* es-)
szépfiú *n* dandy
szépíró *n* belletrist
szépirodalmi *a* literary, belletristic
szépirodalom *n* belles-lettres *sing.,* (imaginative) literature
szépít *v (díszít)* embellish, adorn; *(szebbé tesz)* beautify, improve the look of ‖ *(kimagyaráz)* gloss over, whitewash, find* excuses for *(mind:* sg) ‖ **~i magát** titivate oneself, smarten oneself up
szépítés *n (díszítés)* embellishment, improving ‖ *(kimagyarázás)* glossing over ‖ **~ nélkül** without mincing matters, baldly
szépítőszer *n* cosmetics *pl,* make-up
szeplő *n (bőrön)* freckle ‖ *átv* blot
szeplős *a* freckled, freckly
szeplőtelen *a* stainless, unstained, taintless ‖ *vall* **~ fogantatás** Immaculate Conception
Szépművészeti Múzeum *n* Museum of Fine Arts
szépnem *n* the fair/gentle sex
széppróza *n* (prose) fiction, works of fiction *pl*
szépség *n* beauty
szépségápolás *n* beauty treatment/care; *(mint szakma)* cosmetology
szépséghiba *n* (physical) defect, blemish, *(csak vmé)* flaw
szépségkirálynő *n (báli)* the belle of the ball; *(versenygyőztes)* beauty queen ‖ **az olasz ~** Miss Italy
szépségverseny *n* beauty contest
szeptember *n* September ‖ → **december**
szeptemberi *a* of/in September *ut.,* September ‖ → **decemberi**
szeptim *n zene* seventh
szépül *v* grow* more beautiful; *(dolog)* improve, look better; *vk* get* prettier, blossom out; *(város)* blossom, bloom
szer *n (eszköz)* implement, appliance ‖ *(vegyszer)* chemical (agent), agent; *(orvosság)* remedy, drug, medicine ‖ *(tornaszer)* apparatus *(pl* -atus *v.* -atuses) ‖

532

~ét ejtette, hogy he managed to ...; **~t tesz vmre** get*/obtain/acquire sg, get* hold of sg, lay* hands on sg
-szer *suff* → **-szor**
szerb *a/n* Serbian
szerbhorvát *a/n (nyelv)* Serbo-Croat(ian)
Szerbia *n* Serbia
szerbül *adv* (in) Serbian ‖ → **angolul**
szerda *n* Wednesday ‖ → **kedd**
szerdai *a* of Wednesday *ut.,* Wednesday, Wednesday's ‖ → **keddi**
szerdánként *adv* every Wednesday, on Wednesdays, *US* Wednesdays
szerel *v (gépet egybe)* mount, assemble, set* up, put* together ‖ *sp* tackle
szerelem *n* love *(vk iránt* of/for sy) ‖ *(személy)* love, sweethart ‖ **az Isten szerelmére** for God's/Christ's/Goodness(') sake; **~ből nősül** marry for love; **szerelmem!** (my) darling!, my love!; **szerelmet vall vknek** declare one's love to sy
szerelés *n műsz (beszerelés)* mounting, fitting, installation; *(össze-)* assembly ‖ *sp* tackling ‖ *biz (öltözék)* gear, *GB* clobber, togs *pl*
szerelmes 1. *a* **~ vkbe** be* in love with sy, love sy; **~ lesz vkbe** fall* in love with sy, *biz* fall* for sy; **~ek egymásba** they're in love (with each other); **~ levél** love-letter; **~ vers** love-poem **2.** *n vknek a* **~e** *(férfi)* sy's/one's lover, *(nő)* sy's/one's sweetheart/lover
szerelmesked|ik *v* bill and coo, kiss and hug/cuddle
szerelmespár *n* the (young) lovers *pl,* loving couple
szerelmi *a* love(-) ‖ **~ bánat** lovesickness, pangs of love *pl;* **~ házasság** love match; **~ történet** love-story
szerelő *n (autó)* (car/motor) mechanic; *(gépgyári)* fitter; *(gáz)* (gas) fitter
szerelvény *n (víz, gáz, csatorna)* plumbing ‖ *vasút* train ‖ *műsz* **~ek** mountings, fittings, accessories, appliances
szerelvényfal *n (autón)* dashboard; *(repülőgépen)* instrument panel
szerenád *n* serenade
szerencse *n* (piece of good) luck ‖ **nincs ~je** have* no/hard/bad luck *(vmben* in), be* unlucky, *kif* be down on one's luck, be* out of luck; **részemről a ~** it's my pleasure; **~, hogy** fortunately ..., it is* lucky that; **~ je van** have* good luck, be* lucky/fortunate *(vmben* in); **~mre** luckily for me; **~re** luckily, fortunately, happily; **van ~m** *(köszönés)* how do you do?, pleased to meet you
szerencsejáték *n* game of chance

szerencsés *a* lucky, fortunate, happy || ~ **vmben** be* lucky/fortunate in sg; ~ **utat!** have a safe/pleasant journey!, have a good trip!

szerencsésen *adv* ~ **megérkeztem** I (have) arrived safely; ~ **megmenekült** he got* off cheaply, he had a narrow escape

szerencsétlen *a vk* unlucky, unfortunate, unhappy || *(esemény, dolog)* disastrous, calamitous, fatal, sad; *(körülmény)* adverse || ~ **nap** an evil day

szerencsétlenség *n (balszerencse)* misfortune, bad/ill luck || *(baleset)* accident; *(katasztrófa)* disaster, catastrophe || **halálos (kimenetelű)** ~ fatal accident; **vasúti** ~ railway accident

szerény *a vk (nem dicsekvő)* modest, humble, unboastful; *(igényeiben)* unassuming, unpretentious, undemanding, modest; *(visszahúzódó)* retiring, diffident, shy, quiet || *vm* modest; *(mérsékelt)* moderate || ~ **(anyagi) körülmények** moderate means; ~ **ebéd** frugal meal; ~ **kéréssel állt elő** asked for a small favour *(US* -or); ~ **véleményem szerint** in my humble opinion

szerénység *n* ált modesty, *(igénytelenség)* unpretentiousness, *(mérsékeltség)* moderation, temperateness

szerénytelen *a* immoderate, *(öntelt)* conceited

szerénytelenség *n* immodesty, (self-)-conceit, want/lack of modesty

szerep *n* part, role || *szính (a szöveg)* part || *(funkció)* role, part, function || **fontos** ~**et játszik vmben** play a significant role in sg; **Hamlet** ~**ét játssza** play (the part/role of) Hamlet; **vmnek nagy** ~**e volt vmben** sg played a great part in sg

szerepel *v (fellép vmben, vhol)* appear (in/as), play sy in sg || *(vmlyen funkciója van)* act/function as || *(jelen van)* figure; *(benne foglaltatik)* be* included (in) || **a rádióban** ~ *(éppen adásban van)* be* on (the) radio, be* on the air; **a televízióban** ~ appear/be* on television; **gyengén** ~**t a vizsgán** (s)he did* poorly in the exam/examination; **jól** ~**t a csapat Londonban** the team did* well *(v.* put* up a good show) in London

szereplés *n szính* acting, playing, appearance

szereplő 1. *a* **az ügyben** ~ **személyek** the persons involved in the affair 2. *n (színész)* actor; *(alak ir. műben)* character; *(szindarabban)* cast, dramatis personae; *(filmben)* cast || *(vmely eseményben)* participant || **főbb** ~**k** *(filmben, szindarabban)* leading roles

szereposztás *n* cast

szeret *v (vkt szeretettel)* love, like, be* fond of; *(vkt szerelmesen)* love, be* in love with || *vmt* like (sg *v.* to do sg *v.* doing sg), care for (sg *v.* to do sg), be* fond of (sg *v.* doing sg); *(nagyon)* be* keen on sg || **nagyon** ~ **vkt** love/like sy very much, be* very fond of sy; **nem** ~ **vmt** doesn't like sg, doesn't care for sg (*v.* to do sg); ~ **olvasni** he likes to read, he likes reading, he is* fond of reading; ~**ik egymást** *(szerelmesek)* they are* in love (with each other); ~**ne eljönni?** would you like to come?, would you care to visit us?; ~**ném, ha otthon lennénk** I wish we were (at) home; ~**ném tudni** I should like to know (if/whether), I wonder (if/how/where/why etc.); ~**nél inni vmt?** would you care for a drink?; **vmt vmnél jobban** ~ like sg better than sg, prefer sg to sg

szeretet *n* love, affection, fondness, liking (for) || **mindenkit** ~**tel várunk** all welcome; ~**tel** *(levél végén)* With (much) love, ...; Yours affectionately, ... *(és alattuk a keresztnév)*

szeretetotthon *n (öregeké)* old people's home [run by a church], rest-home

szeretetreméltó *a* lovable, likeable

szeretetszolgálat *n* Christian social work

szeretett *a* beloved, much-loved, dear-(est)

szeretkezés *n* love-making

szeretkez|ik *v (vkvel)* make* love (to sy), have* sexual intercourse (with sy), *biz* have* sex (with sy)

szerető 1. *a* loving, affectionate 2. *n (nőé)* lover; *(férfié)* mistress

szeretteim *n* my loved ones

szerez *v (magának)* obtain, get*, acquire, get* hold of; *(vknek vmt* procure (sg for sy), find* (sg for sy) || **állást** ~ find*/get* a job; **barátokat** ~ make* friends; **oklevelet** ~ take*/obtain a degree [at a university etc.], get* a diploma, graduate from [a university etc.]; **pénzt** ~ raise money, raise the wind; **tudomást** ~ **vmről** sg comes to one's knowledge, find* out about sg, discover sg; **zenét** ~ compose [music]; **zenéjét** ~**te** ... music by ...

-szeri *suff* (repeated) ... times || **négy**~**étkezés** meals four times a day

széria *n* series *(pl* series) || ~**ban gyárt** mass-produce

szerint *post* according to, in accordance with || **ezek** ~ so, accordingly, (in) this way, consequently; **kívánsága** ~ at/by sy's wish/request; **név** ~ **említ** mention by name; **szívem** ~ to my heart's content; **tetszés** ~ as you wish/please; ~**e**, **véleménye** ~ in his/her opinion/view; ~**em** to my mind, in my opinion; ~**em csinos** I think she is pretty

szerkeszt v *(lapot, könyvet)* edit; *(szótárt, lexikont)* compile, make*; *(rádió-, tévéműsort)* produce || *(okiratot)* draft, draw* up || *(gépet)* design, construct || *(mondatot)* construe, construct || *(mértani idomot)* construct

szerkesztés n *(lapé, könyvé)* editing; *(lexikoné)* compilation || *(okiraté)* drafting, drawing up || *műsz* construction

szerkesztő n *(lapé, könyvé)* editor; *(szótáré stb.)* editor, compiler || *(műsoré)* editor || *(gépé)* constructor || **felelős** ~ senior editor, executive editor

szerkesztő-műsorvezető n *(pl. rádióban reggeli műsoré)* news editor

szerkesztő-riporter n presenter

szerkesztőség n *(helyiség)* editorial office || *(személyzet)* editorial staff || *(állás)* editorship

szerkesztőségi a ~ **cikk** editorial; ~ **értekezlet** staff meeting

szerkezet n *(vmé ált)* structure, construction || *(gép)* machine, apparatus; *(mechanizmus)* mechanism; *(óráé)* works *pl*, mechanism; *(ötletes)* contraption, device || *(épületé)* structure; *(konstrukció)* construction || *(ir. műé)* structure, construction || *nyelvt (mondaté)* (sentence) structure, construction

szerkezeti a constructional, structural

szerpentin n winding/serpentine road

szerszám n tool

szerszámgép n machine-tool

szerszámkészlet n tool-kit, tool set

szerszámtáska n work/tool-bag

szertár n *isk* equipment store

szertartás n *ált* ceremony, formalities *pl* || *vall* rite, ritual, (religious) ceremony; *(istentisztelet)* service

szertartásos a ceremonial, formal; *iron* ceremonious

-szerte *suff* **ország**~ all over the country; **Európa-**~ all over Europe

szerteágazó a branching out, far-reaching, ramifying

szertelen a *vk* unbridled, unrestrained, uncontrolled, extravagant || ~ **ember** a hothead

szertelenség n excesses *pl*, immoderation, extravagance

szerteszéjjel *adv* in utter confusion, *(rendetlenségben)* in disorder/confusion, pell-mell

szertorna n gymnastics on the apparatus *(mint sportág: sing.; gyakorlatok: pl)*

szérum n serum *(pl* serums v. sera)

-szerű *suff* -like, resembling sg *ut.*

szerv n *(emberi, állati)* organ || *(állami stb.)* organ [of the/a government], government/state institution/organization || **a** ~ *(= rendőr)* the law

szerva n *sp* service || **nálad/tied a** ~, ~ **ott** (it's) your service

szervál v *sp* serve

szervátültetés n transplant operation/surgery

szerves a organic || ~ **kémia** organic chemistry; ~ **(alkotó)része vmnek** an integral/organic part of sg

szervetlen a inorganic || ~ **kémia** inorganic chemistry

szervez v organize; *(kisebb találkozót stb.)* arrange || *(intézményt)* set* up, found, establish || **társasutazást** ~ organize a package/conducted tour

szervezés n organizing, organization

szervezési a organizational || ~ **osztály** organization(al) department

szervezet n *(élő)* organism; *(alkat)* constitution || *(létesített)* organization, establishment || **helyi** ~ local branch/organization (v. *US* chapter)

szervezeti a constitutional || ~ **szabályzat** constitution, *(párté)* party rules *pl*

szervezetlen a unorganized, non-unionized

szervezetlenség n lack of organization, disorder, confusion

szervezett a organized || ~ **társasutazás** conducted tour

szervezettség n organization

szervező 1. a organizing 2. n organizer

szervezőbizottság n organizing committee

szervi a organic || ~ **rendellenesség** organic disorder; ~ **szívbaj** organic heart disease/trouble

szervíroz v serve/wait at table

szerviz n *(készlet)* service, set || *(gépkocsi és egyéb)* service, servicing || ~**be viszi a kocsit** have* the car serviced

szervizállomás n service station, garage

szervomotor n servomotor

szervusz *int* hello!, *US* hi!; *(távozásnál)* bye(-bye)!, cheerio!, *US* so long! || ~**tok!** hello (everybody)!, *US* hi, everybody (v. you guys)!; *(távozásnál)* bye(-bye)!, cheerio!, *US* so long!

szerzemény n *(szerzett tulajdon)* acquisition, purchase || *(zenei)* work, composition || **közös** ~ property acquired in common, common/joint acquisition; **új** ~**ek** *(könyvtár)* new accessions

szerzet n *vall* (religious) order || *biz (alak)* guy, figure || **fura egy** ~ a funny/strange chap, weirdo, *US* oddball

szerzetes n monk, friar

szerzetesrend *n* (religious) order
szerzett *a* ~ **betegség** acquired disease; ~ **jogok** established rights
szerző *n* (szellemi műé) author, writer; (zene) composer
szerződés *n* (magánjogi) contract, agreement; (szolgálati, szính) engagement; (nemzetközi nagyobb) treaty; (csak pol) pact, agreement || ~**t felbont** cancel (US -l) a contract, terminate a contract; ~**t köt vkvel** contract with sy, conclude an agreement with sy
szerződéses *a* contractual || ~ **ár** contract price; ~ **viszony** contractual relation(ship)
szerződéskötés *n* entering into a contract
szerződésszegés *n* breach/violation of (a) contract
szerződ|ik *v* vkvel contract (with), conclude an agreement with || vhová get* a(n) engagement/contract (swhere), be* taken/signed on (swhere)
szerződő *a* contracting || ~ **felek** signatories [to the/a treaty], parties to the contract; **a magas** ~ **felek** the high contracting parties
szerződtet *v* engage, take*/sign on, hire
szerzői *a* author's, of the author/writer ut. || ~ **est** an evening of X's music/poetry [etc.]; ~ **(jog)díj** (author's) royalties pl, royalty; ~ **jog** copyright
szerzőtárs *n* joint author, co-author
szesz *n* vegy alcohol, spirit
szeszély *n* caprice, whim(sy)
szeszélyes *a* capricious, whimsical; (időjárás) changeable
szeszes *a* alcoholic, spirituous || ~ **ital** alcohol, alcoholic drinks pl, US liquor; (rövidítalok) spirits pl
szeszfogyasztás *n* alcohol consumption
szeszfőzde *n* distillery
szeszfőzés *n* distillation, distilling
szeszgyár *n* distillery, distillation plant
szeszgyártás *n* distillation, distilling
szeszipar *n* distilling industry
szeszmérő *n* alcoholometer
szesztartalmú *a* alcoholic, containing alcohol ut.
szesztilalom *n* prohibition (of alcoholic drinks)
szétáll *v* stand* apart, gape
szétboml|ik *v* (anyag) dissolve, decompose || átv break* up, fall* apart, disintegrate || (öltözékdarab) come* undone
szétbont *v* (anyagot) decompose; vegy dissociate || (csomagot, csomót) untie, undo* || (ruhát) unpick, unstitch
szétcsap *v* (vkk közt) break* up [a fight]
szétcsavar *v* unscrew

szétdobál *v* send* [things] flying, throw* (sg) all over the place
szétes|ik *v* (tárgy) disintegrate, collapse, go*/fall*/come* to pieces, break* up || (felbomlik) dissolve, disintegrate, break* up; (intézmény) fall* apart, break*/fold up
szétfeszít *v* burst* (open), force/wedge open
szétfoly|ik *v* (folyadék) flow (away in every direction), spill*, spread*
szétfolyó *a* (anyag) spreading, loose || átv diffuse, rambling, disconnected; (elmosódó) fuzzy; (egyéniség) scatterbrained
szétforgácsol *v* (erőt, időt) fritter away || ~**ja erejét** dissipate one's efforts/energies
szétforgácsolód|ik *v* (erő, tehetség) be* frittered away (on sg)
szétfoszl|ik *v* (tárgy) dissolve, break* up; (köd) lift, be* clearing
szétfő *v* be* boiled to rags (v. to a pulp)
szétfut *v* run* in all directions, break* up, disperse, scatter
széthord *v* (leveleket) deliver || (gazdátlan holmit) carry off || (szél vmt) scatter, disperse
széthull *v* fall*/come*/go* to pieces, break* up, come*/fall* apart
széthúz *v* pull/draw* apart/asunder || be* at variance, disagree || ~**za a függönyt** draw* the curtains (apart/aside)
széthúzás *n* discord, disagreement, divergence, lack of unity/agreement
szétkapcsol *v* uncouple, (összeköttetést) disconnect || ~**tak** we were cut off
szétkerget *v* disperse, scatter, break* up
szétköltöz|ik *v* break* up (with sy), move out
szétküld *v* (küldeményt) post, mail, send* off/out, (embereket) send* off (in all directions)
szétmegy *v* (személyek) drift away, separate, part (company) || (ruha) fall*/go* to pieces; (varratnál) come* apart (at the seams); (tárgy) come*/fall* apart || **(majd)** ~ **a feje** (úgy fáj) have* a splitting headache
szétnéz *v* look round, (körülnéz) look about/around
szétnyíl|ik *v* (összehajtott vm) unfold; (függöny) open, be* drawn apart
szétnyitható *a* folding
szétnyom *v* squash, crush
szétoszlat *v* (rendőrség tömeget) disperse, break* up [the crowd]
szétoszl|ik *v* (tömeg) disperse, scatter, break* up || (köd) lift, clear
szétoszt *v* (vkk között) distribute (sg among people), give*/deal* out (sg to

people); *(pénzt stb.)* share out sg (among people)
szétosztás *n (vkk között)* distribution; *(pénzé)* allocation
szétpukkad *v (léggömb)* burst* || **majd** ~ **dühében** he is* apoplectic with rage
szétrág *v* chew (up); *(állat vmt)* gnaw away at; *(rozsda)* corrode, eat* away
szétrak *v (tárgyakat)* spread*/lay*/set* out || *(két lábát)* spread* [one's legs] || ~**ja a lábát(, úgy ül)** sit* with the legs wide apart
szétreped *v* burst*, split*, *(üveg)* crack
szétrobban *v* explode, blow* up, burst* || **(majd) ~ a méregtől** be* bursting with anger
szétrobbant *v* explode, blow* up || *átv* break* up, scatter, disperse
szétroncsol *v* shatter, wreck; *(testrészt)* get* one's [arm etc.] smashed up *(v.* mangled)
szétszed *v vmt* take* (sg) apart, take* (sg) to pieces; *(gépet)* dismantle || *biz vkt* **majd ~ik** be* in great demand
szétszedhető *a (bútor)* knockdown [furniture]; *(könyvespolc)* removable [bookshelf°] || ~ **(fa)ház** portable (prefabricated) hut/house
szétszerel *v* ált take* apart; *(gépet)* dismantle; *(bútort)* knock down
szétszór *v (tárgyakat)* strew*/spread* about, scatter about/over, disperse || *(ellenséget)* rout
szétszórás *n* dispersion, scattering, spreading
szétszóród|ik *v* be* scattered/dispersed
szett *n sp* set || *(készlet vmből, pulóver és kardigán)* set || *(tányéralátét)* (place-)mat
széttapos *v* crush, trample (sg)
széttár *v* open (wide) || ~**ja a két karját** open one's arms
széttép *v* tear* (sg) to pieces/bits/shreds; *(ketté)* tear* in two/half
széttör *v* break* (sg) into pieces, shatter (sg), dash (sg) to pieces
szétüt *v* ~ **vkk között** part [fighters], break* up [a fight]
szétvág *v* cut* up
szétválaszt *v (több részre)* separate, take* (sg) apart; *(ketté)* divide; *(verekedőket)* separate, part || *(megkülönböztet)* distinguish
szétvál|ik *v (tárgy)* come* apart, separate; *(ragasztás)* come* unstuck/undone || *(út)* divide, fork || *(személyek)* separate, part (company), split* up
szétver *v (darabokra)* break* (sg) into bits, smash sg up || *(ellenséget)* rout, destroy
szétvisz *v (vmt ált)* carry (sg) off in all directions || *(hírt)* spread* (about)

szétzilál *v* throw* into disorder, disarrange || **a szél ~ta a haját** the wind (has) tousled/dishevelled her hair
szétzúz *v (darabokra)* shatter (sg), break* (sg) into (small) pieces, smash (sg) to pieces || *(ellenséget)* crush, wipe out || *(érvelést)* demolish [an argument]
szevasz *int biz* = **szervusz**
szex *n* sex
szexbomba *n* sex kitten, sexpot
szext *n zene* sixth || **nagy ~** major sixth; **kis ~** minor sixth
szextett *n* sextet
szexuális *a* sexual, sex || ~ **élet** sex-life; ~ **felvilágosítás** sex education
szexvizsgálat *n* sex-test
szezon *n* season || **összetéveszti a ~t a fazonnal** make* malapropisms, *biz* cast* nasturtiums
szezonális *a* seasonal
szezoncikk *n* seasonal article/item
szezonmunka *n* seasonal work/employment/labour (*US* -or)
szezonvégi kiárusítás *n* (end-of-season) sale
szféra *n* sphere
szfinx *n* sphinx
szia! *int biz (köszönés)* hello!, *US* hi!; *(távozáskor)* bye(-bye)!, see you!
szid *v* scold, reprimand, *biz* give* sy a dressing-down, chide*, reprove
szidás *n* scolding, chiding, reprimand, rebuke, reproof || ~**t kap vmért** get* a dressing-down, *kif* be* hauled over the coals
sziget *n* island; *(földr. nevekben)* isle
szigetel *v el, épít stb.* insulate
szigetelés *n el, épít stb.* insulation
szigetelő 1. *a* insulating **2.** *n el, épít* insulator, insulation
szigetelőanyag *n* insulating material, insulation
szigetelőszalag *n* insulating tape, *US* friction tape
szigetelt *a el, épít* insulated
szigetlakó *n* islander
szigetország *n* **az angol ~** the British Isles *pl*
szigetvilág *n* archipelago
szignál[1] *v* sign, put*/set* one's name to, initial (*US* -l)
szignál[2] *n* signature tune
szigony *n* harpoon
szigorít *v* increase the severity of, render sg more severe/strict/rigorous; *(fegyelmet)* tighten (up); *(büntetést)* aggravate, increase
szigorítás *n* aggravation, tightening up, *(a gazdaságban stb.)* clamp-down [on wasteful spending etc.]
szigorlat *n* (sessional *v.* course-unit) examination

szigorlatoz|ik *v* take* (*v.* sit* for) a (sessional *v.* course-unit) examination
szigorló *n* student taking (*v.* reading/sitting for) the/her/his final examinations ‖ ~ **orvos** houseman°, *US* intern(e)
szigorú *a* strict, rigorous, severe, stern, hard; *(pontos)* exact; *(követelményekben)* demanding, exacting ‖ ~ **vkvel be*** hard on sy, be* strict with sy; ~ **ellenőrzés** tight/stringent control; ~ **ítélet** severe sentence; ~ **tanár** strict/exacting/demanding teacher; ~ **törvények** stringent laws
szigorúan *adv* strictly, severely, rigorously ‖ ~ **bizalmas** strictly confidential; *(kormányközlemény)* classified; ~ **tilos** strictly forbidden/prohibited; ~ **véve** strictly speaking; by rights
szigorúság *n* strictness, severity, rigour (*US* -or)
szíj *n* strap, thong, belt; *(póráz)* leash; *(gépszíj)* (driving-)belt; *(nadrághoz)* belt
szíjaz *v* fasten with a strap, strap
szike *n* scalpel
szikes *a* white alkali ‖ ~ **talaj** szik soil, *kb.* alkaline soil
szikla *n* rock, cliff
sziklabarlang *n* cavern, cave, rock-cavity
sziklafal *n* rock face; *(tengerparti)* cliff
sziklakert *n* rock-garden, rockery
sziklamászás *n* rock-climbing
sziklamászó *n* rock-climber
sziklás *a* rocky, craggy
Sziklás-hegység *n US* Rocky Mountains *pl, biz* the Rockies *pl*
szikra *n* fiz, el spark ‖ *átv* spark, atom, gleam, glimmer, bit, morsel, scrap (of) ‖ **nincs benne a jóindulatnak egy ~ja sem** there isn't (*v.* he hasn't) a spark of decency in him
szikrányi *a/n* **egy ~(t) sem** vmből not a spark of sg
szikráz|ik *v* give* off (*v.* throw* out) sparks, spark; *(villan)* sparkle; *(csillog)* glitter, gleam, flash ‖ ~**ik a szeme** *(dühtől)* fury gleams/glints in his eyes; *(fájdalomtól)* see* stars
szikrázó *a* glittering, sparkling ‖ ~ **napsütésben** in brilliant sunshine
sziksó *n* native soda, natron
szilaj *a (legény)* hotheaded, impetuous, unruly, violent, reckless; *(természet, jókedv)* boisterous, irrepressible; *(csikó)* wild, not (yet) broken in *ut.*
szilajság *n* wildness, impetuosity
szilánk *n* splinter
szilánkmentes *a* splinter-proof, *(pl. szélvédő)* shatterproof

szilárd *a (kemény)* firm, solid, massive; *(erős)* strong, sturdy ‖ *(állhatatos)* firm, steadfast, steady; *(mozdulatlan)* stable, fixed ‖ ~ **jellem** strong character; *fiz* ~ **test** solid
szilárdan *adv* firmly, sturdily
szilárdság *n* stability; *(anyag, épít)* solidity, strength ‖ *átv* constancy, firmness, steadfastness; *(jellemé)* firmness/strength (of character)
szilárdságtan *n* statics *sing.*
szilárdtestfizika *n* solid-state physics *sing.*
szilárdul *v* harden, solidify
szilfa *n növ* elm(-tree); *(fája)* elm(-wood)
szilícium *n (elem)* silicon
szilikát *n* silicate
szilikon *n (műanyag)* silicone
szilikózis *n orv* silicosis
szilszkin *n* sealskin
sziluett *n* silhouette; outline; *(nagyvárosé távolból)* skyline
szilva *n* plum; *(aszalt)* prune
szilvafa *n* plum(-tree)
szilvalé *n* plum juice
szilvalekvár *n* plum jam
szilvapálinka *n* plum brandy, slivovitz
szilvás *a* ~ **gombóc** *kb.* plum-dumpling(s); ~ **lepény** *kb.* plum pie
szilveszter(est) *n* New Year's Eve, *sk* Hogmanay; **szilveszterkor** on New Year's Eve
szilveszterez|ik *v* see* the (old year out and the) new year in, have* (*v.* be* at) a New-Year's Eve party
szimat *n (állati)* scent, (sense of) smell; *(emberi átv)* nose, feel, foresight
szimatol *v (szagol)* smell* ‖ *biz vk/vm* után nose about (*US* így is: around) for sy/sg
szimbolikus *a* symbolic ‖ ~ **(jelentőségű)** symbolic(al); ~**an** symbolically
szimbolizál *v* symbolize (sg); be* symbolic of sg
szimbolizmus *n* symbolism
szimbólum *n* symbol
szimfónia *n* symphony
szimfonikus *a* symphonic ‖ ~ **zenekar** symphony orchestra
szimmetria *n* symmetry
szimmetrikus *a* symmetrical
szimpátia *n* sympathy, fellow-feeling
szimpatikus *a* nice, lik(e)able, pleasant, attractive
szimpatizál *v* sympathize with, be* in sympathy with sy
szimpatizáns *n* sympathizer; *pol* fellow traveller
szimpla *a (nem dupla)* simple, single ‖ *(egyszerű, közönséges)* ordinary, simple, common; *(emberek)* simple, ordinary,

unpretentious [people] || ~ **ablak** single-glazed window

szimpózium *n* symposium

szimptóma *n* symptom

szimulál *v biz* put* on, feign, pretend || *tud, műsz* simulate || **ő csak** ~ *(betegnek tetteti magát)* he's malingering

szimuláns *n biz* malingerer

szimultán 1. *a* simultaneous || ~ **fordítás** simultaneous translation **2.** *n* simultaneous game/match

szín[1] *n ált* colour (*US* -or); *(árnyalat)* tint, hue, shade; *(ruhafestési)* dye; *(autóé)* paintwork (colour *v. US* color) || *(arcszín)* complexion; look || *(látszat)* (outward) appearance, look || *(kártyaszín)* suit || *(szöveté visszájával szemben)* right side [of the fabric] || *(felszín)* surface, exterior, level || **a föld** ~**én** in the world, on earth; **jó** ~**ben tüntet fel vmt** put* a good complexion on sg, put* sg in a favourable light; **jó** ~**ben van** look well; **rossz** ~**ben tüntet fel vkt** denigrate sy, malign sy (*v.* sy's character), *biz* put* sy down; **rossz** ~**ben van be***/look off colour (*US* -or); *biz* look seedy/rough; **semmi** ~ **alatt** by no means, on no account, under no circumstances, *biz* no way; ~**ét sem láttam már két hete** I haven't seen anything of him/her for a fortnight; ~**re** ~**t tesz** follow suit; *átv* ~**t vall** put* one's cards on the table, speak* one's mind, *biz* show* one's true colours, come* clean; *(vknek a jelenléte)* **vknek** ~**e előtt** in the presence of sy

szín[2] *n (fészer)* shed, lean-to

szín[3] *n (színpad)* stage; *(színdarab része)* scene || **a** ~: **London** the scene is laid in London, the action takes place in London; ~**re visz vmt** stage/produce/present [a play]

színarany *a/n* pure gold; *(gyűrű stb.)* solid gold

színárnyalat *n* shade, hue, tint

színdarab *n* play || **kosztümös (történelmi)** ~ costume piece/drama

színe-java *n* the very best of sg, the cream/pride/flower of sg; *(társaságnak)* the cream of society

színes *a* coloured; *összet.* colour (*US* -or) || *átv* colourful, picturesque, vivid || ~ **bőrűek** coloured people; ~ **ceruza** colour(ed) pencil, crayon; ~ **dia** colour slide/transparency; ~ **televízió** colour television; ~ **üveg** stained glass; ~ **riport** feature story, special report

színesfém *n* non-ferrous metal

színész *n* actor, player || ~**nek megy** go* on the stage, become* an actor/actress

színészbejáró *n* stage-door

színészi *a* actor's, stage-, theatrical, dramatic || ~ **játék** acting, playing; ~ **pálya** the theatrical profession, the stage

színészkedés *n* (play-)acting

színészked|ik *v (színészi pályán van)* act, be* an actor/actress, play || *átv* play-act, be* putting it on (*v.* on a show)

színésznő *n* actress

színez *v* colour (*US* -or), tint, paint || *átv* colour

színezet *n (szín)* colour(ing) (*US* -or-), shade || *átv* appearance, look || **politikai** ~**e van az ügynek** it looks like a political matter

színezüst *a/n* pure silver

színfalak *n pl* scenery *sing.*, décor *sing.* || **a** ~ **mögött** behind the scenes, backstage

színfolt *n* patch (of colour), (bright) spot

színház *n* theatre (*US* -ter) || ~**ba megy** go* to the theatre, (go* to) see* [a play]

Színház- és Filmművészeti Főiskola *n* College/School/Academy of Dramatic and Cinematic Art

színházi *a* theatrical || ~ **bemutató** first night; ~ **előadás** (theatrical) performance; *(könnyebb műfajban)* show

színházjegy *n* theatre-ticket (*US* -ter-)

színházlátogató *n* theatre-goer (*US* -ter-), play-goer

színháztudomány *n* theatre (*US* -ter) studies *pl*, dramatics *sing. v. pl*

színhely *n szính* scene || *(eseményé)* scene, spot || *(konferenciáé stb.)* venue || ~: **a királyi vár** the scene is* laid in the Royal Castle, the setting is the R. C.

színhús *n* boned and trimmed meat

színig *adv* to the brim, brimful(l) || ~ **tele** full to the brim, brimful(l) (*vmivel* with), (full to) overflowing

színikritika *n* dramatic criticism; *(a megírt kritika)* review [of a play], notice, write-up

színikritikus *n* drama critic

színinövendék *n* drama student

színjáték *n* play, drama

színjátszás *n (művészet)* theatrical/dramatic art; *(tevékenység)* acting, playing || **amatőr** ~ amateur dramatics *sing.*

színjátszó *a* ~ **csoport** *isk* dramatic society, drama group

színjeles *a* excellent [in all subjects]

színjózan *a* perfectly/cold/dead sober

színkép *n* spectrum (*pl* spectra)

színképelemzés *n* spectroscopic analysis, spectroscopy

szinkron *n film* dubbing || *biz* **nincsenek** ~**ban** they are* out of sync(h), they just don't mesh

szinkrón *a* synchronic, synchronous || ~ **tolmács** simultaneous translator/interpreter

szinkronizál *v* synchronize; *(filmet)* dub || **magyarra** ~**t angol film** British film dubbed into Hungarian

szinkronizálás *n* synchronization; *(filmé)* dubbing

szinkronrendező *n* dubbing director/ mixer

színlap *n* playbill, programme (*US* program)

színleg *adv* apparently, seemingly || ~ **belemegy** pretend to agree (to)

színlel *v* feign, simulate, affect, pretend to [do/have/be]; *biz* fake || **betegséget** ~ sham/pretend (*v. biz* fake) illness/sickness, be* malingering

színlelés *n* pretence, simulation, feigning, *biz* faking (of)

színlelt *a* feigned, pretended, false

színmű *n* play, drama

színműíró *n* playwright, dramatist

színművész *n* actor

színművészet *n* acting, dramatic art; *(a szakma)* the stage

színművészeti *a* theatrical

szinonima *n* synonym

színpad *n* stage; *ir* the boards *pl* || ~**on van** *(színész)* be* on; ~**ra alkalmaz** adapt for the stage; ~**ra állít** stage, put* on the stage; ~**ra lép** *(színdarabban)* come* on (the stage), appear on the scene, enter

színpadi *a* stage || ~ **kellékek** stage properties, *biz* props; ~ **világítás** stage-lighting

színpadias *a* theatrical(ly effective)

színrevitel *n* staging, production

színskála *n* range of colours (*US* -ors)

színszűrő *n* colour (*US* -or) filter

szint *n* level || **egy** ~**en (van) vmvel** (be*) on a level with sg, (be*) level with sg; ~**en tart** *(tudást)* keep* up [with developments in one's field etc.]

színtársulat *n* (theatre/theatrical) company

színtartó *a* colourfast (*US* -or-), non-fading, fast [dye]

szintbeni kereszteződés *n* level-crossing, *US* grade crossing

szinte *adv* almost, nearly, all but, practically || ~ **alig van, aki** there is* hardly anyone who; ~ **hallom a hangját** I seem to hear his voice; ~ **lehetetlen** it's all but impossible; ~ **mindennap eljön** he calls practically every day; ~ **semmi(t)** next to nothing

színtelen *a* colourless (*US* -or-); *(arc)* pale; *átv* flat, dull

szintén *conj* also, too, as well, similarly

-**szintes** *suff* -storeyed, -storey, *US* -storied || **három** ~ **ház** a three-storey(ed) (*v. US* three-story/storied) house/building

szintetikus *a* synthetic, artificial

szintetizátor *n* synthesizer

színtévesztés *n (vörös és zöld)* Daltonism, red-blindness

szintez *v* level (*US* -l)

szintézis *n* synthesis (*pl* -es)

színtiszta *a* (absolutely) pure || **a** ~ **igazság** the unvarnished/plain truth

szintkülönbség *n* height/level difference, difference of height/level

szintű *a* **magas** ~ *(tárgyalások stb.)* high-level

szintvonal *n* contour (line)

színű *a* -coloured (*US* colored), -colour(s), of ... colour(s) *ut.* || **milyen** ~? what colour is* it?; **barna** ~ brown; **élénk** ~ bright, brightly coloured

színültig *adv* = **szính**

színvak *a* colour-blind (*US* color-)

színvakság *n* colour-blindness (*US* color-)

színvonal *n* level, plane; *átv* level, standard

színvonalas *a* of a high standard *ut.*, *kif* have* (immense) style/class, the high standard of sg || ~ **műsor** top-class show

színvonalú *a* **alacsony** ~ low-standard, substandard, *kif* be* not up to scratch; **magas** ~ of a high standard *ut.*, high-level, good quality

szipka *n* cigarette-holder

szipog *v (náthás)* sniffle, snuffle; *(sírós)* whimper, whine

sziporkáz|ik *v* sparkle, scintillate; *(szellemes ember)* scintillate/coruscate (with wit)

szipós, szipózó *n biz* glue-sniffer

szipózás *n biz* glue-sniffing, sniffing glue

szippant *v (levegőt)* sniff, inhale, breathe in; *(cigarettából, pipából)* take* a puff, draw* on (one's pipe); *(dohányport)* take* a pinch (of snuff)

szippantás *n (levegőből)* breath, sniff; *(cigarettából, pipából)* puff, draw; *(dohányporból)* whiff, sniff

sziréna *n* siren, horn; *(gyári) GB* hooter, *US* whistle

szirénáz|ik *v* sound/blow* the siren/horn/hooter/whistle, *(kocsi) kif* with its siren screaming

szirom(levél) *n* petal

szirt *n* rock, cliff; *(zátony)* reef

szirup *n* (golden) syrup

szirupos *a (átv is)* syrupy

sziszeg *v* hiss, make* a hissing sound

sziszegő *a* hissing, whizzing

sziszszen *v* give* a hiss [when in pain], wince

szisszenés *n* hiss(ing) || ~ **nélkül** without a murmur, without wincing
szisztéma *n* system
szít *v (tüzet)* poke [the fire] (up), fan [the fire], kindle [the wood] || *átv* fan, inflame, excite, incite, stir up || **elégedetlenséget** ~ stir up feelings of dissatisfaction; **lázadást** ~ instigate rebellion
szita *n* sieve || *átv* **átlát a** ~**n** see* through sy's game/words/tricks
szitakötő *n* áll dragonfly
szitál *v (szitával)* sift, sieve || *(eső)* drizzle
szitálás *n (szitával)* sifting, sieving || *(esőé)* drizzling, drizzle
szitkozódás *n* cursing, swearing, words of abuse *pl*
szitkozód|ik *v* curse, swear*, blaspheme
szitok *n* invective, abuse, curse, swear-word
szituáció *n* situation, state of affairs
szív[1] *v (légneműt)* inhale, breathe/draw* in || *(folyadékot)* suck, draw* [liquid from] || *(cigarettát)* smoke [a cigarette] || *(sebet, fogat)* suck || **kimegy friss levegőt** ~**ni** go* (out) for a breath of fresh air; *(kikapcsolódásból)* go* for a breather, go* and clear one's head; **magába** ~ *(folyadékot)* absorb; *(szellemi hatást)* imbibe [ideas, knowledge]; **milyen cigarettát** ~**sz?** what do you smoke?; *átv* ~**ja a fogát** *kb.* fret and fume, grind* one's teeth
szív[2] *n (szerv)* heart || *(városé, országé)* heart, centre (*US* -ter) || **ami a** ~**én, az a száján** *(nem titkolja érzelmeit)* wear* one's heart on one's sleeve; *(szókimondó)* speak* one's mind; **majd megszakad a** ~**e** (s)he is* heartbroken (*vm miatt* because of sg); **nehéz a** ~**e his** heart is* heavy; ~ **alakú** heart-shaped; ~**ből** cordially, with all one's heart, wholeheartedly; ~**ből jövő** *(szavak)* whole-hearted, cordial, *(kívánság, köszönet)* heartfelt; ~**ből kívánom, hogy** ... I sincerely wish [sy sg *v.* that ...]; ~**e mélyén** in one's heart of hearts, at heart; *(megszólítás)* ~**em!** my dear!, dearest!, darling!; ~**em szerint** *(= legszívesebben)* I have* a good mind to ...; ~**et tépő** heart-breaking/rending; ~**én visel vmt** have* sg at heart, be* deeply concerned about sg; ~**ére vesz vmt** take* sg to heart; ~**hez szóló** heart-stirring, touching; **teljes** ~**vel** with all one's heart; **tiszta** ~**ből** with all my heart; **vm nyomja a** ~**ét** sg is* weighing on sy's mind
szivacs *n* sponge
szivacsos *a* spongy
szivar *n* cigar || *biz* **öreg** ~ old geezer/duffer

szivárgás *n* oozing (through), infiltration; *(tartályból, hordóból)* leaking; *(gázé)* escape; *(sebé)* oozing
szivargyújtó *n (autóban)* cigar-lighter
szivarka *n* cigarette
szivárog *v (folyadék)* ooze *(vmből* from *v.* out of), leak; *(tartály)* leak; *(gáz)* escape; *(seb)* ooze
szivaroz|ik *v* smoke/have* a cigar
szivárvány *n* rainbow
szivárványhártya *n* iris *(pl* irises *v.* irides)
szívás *n* suck(ing), suction
szívató *n* choke || **ki van húzva a** ~ it's on full choke
szívátültetés *n* heart transplant (operation), heart transplantation
szivattyú *n* pump
szivattyúz *v* pump
szívbaj *n* heart disease/trouble
szívbajos 1. *a (beteg)* suffering from heart disease *ut.* || *átv biz* **nem** ~ not easily scared, elit no shrinking violet **2.** *n* cardiac (patient), heart patient
szívbénulás *n* cardiac arrest
szívbeteg *n* cardiac (patient), heart patient
szívbillentyű *n* heart valve
szívburok *n* pericardium *(pl* pericardia)
szívderítő *a* cheering, heartwarming
szívdobbanás *n* heartbeat, heart-throb
szívdobogás *n (rendes)* heartbeat, beating of the heart, *(heves)* palpitation || ~**om van** I get palpitations
szível *v* like, be* fond of, care for || **nem** ~ dislike, cannot (*v.* can't) bear, not care for
szívelégtelenség *n* heart failure, cardiac insufficiency
szívélyes *a* hearty, cordial, warm(-hearted) || ~ **üdvözlettel** *(levél végén)* Yours sincerely, ...; *(formálisabban)* Yours truly, ...; ~**en üdvözöl vkt** *(köszönt)* give* sy one's best regards/wishes; *(fogad)* give* sy a warm welcome
szívélyesség *n* cordiality, heartiness
szíverősítő *n (itóka)* pick-me-up, bracer
szíves *a* kind, cordial, hearty, friendly || ~ **vkhez** be* kind to sy; ~ **engedelmével** with your kind permission; **köszönöm a** ~ **vendéglátást** many thanks for the/your generous/kind hospitality; **legyen/légy** ~ be so kind as to, will you kindly ..., would you mind [doing sg], kindly *(és felszólító mód)*; **legyen** ~ **megmondani az időt** could/would you (please) tell me the (right) time; **legyen** ~ **adja ide a könyvet** please hand me the book; will you kindly hand me the book?, kindly hand me the book

szívesen *adv (készséggel)* with pleasure, readily, gladly, willingly || *(kedvesen)* kindly, cordially, heartily; *(örömmel)* with pleasure; *(igével)* be* happy to [do sg] || **nem ~** unwillingly, reluctantly, grudgingly; *(igével)* be* loath to do sg; **~!** *(köszönöm-re adott válaszként)* you're welcome, don't mention it, not at all, *US* így is: don't worry; **~ ad** give* gladly/willingly; **~ elmennék moziba** I'd like/love to see a film (*v. US* go to the movies); **~ innék egy pohár sört** I shouldn't/wouldn't mind a glass of beer; **~ látja a vendégeket** give* the guests a warm welcome, welcome/receive the guests cordially
szívesked|ik *v* **~jék** be* so kind as to, be* good enough to, kindly *(és felszólító mód)*
szívesség *n (szívélyesség)* cordiality, heartiness || *(szolgálat)* favour (*US* -vor) || **~et kér vktől** ask sy a favour, ask a favour of sy; **~et tesz vknek** do* sy a favour, do* a favour for sy; **tegyen nekem egy ~et** will/would you do me a favour
szívfájdalom *n átv* heart-ache, grief, anguish || **nagy szívfájdalmat okoz vknek** break* sy's heart
szívgörcs *n* heart attack
szívinfarktus *n* cardiac infarct, myocardial infarction
szívizom *n* heart muscle
szívizomgyulladás *n* myocarditis
szívkamra *n* ventricle (of the heart)
szívműtét *n* heart operation/surgery
szívócső *n* suction pipe, siphon
szívós *a (anyag)* tough, leathery; *(tartós)* durable, tenacious || *átv* stubborn, persistent, dogged
szívósság *n (anyagé)* toughness, tenacity || *átv* stubbornness, doggedness
szívószál *n* straw || **~lal** through a straw
szívpitvar *n* atrium (of the heart) (*pl* atria)
szívritmus-szabályozó *n* pacemaker
szívroham *n* heart attack || **~ot kapott** have*/suffer a heart attack
szívsebész *n* heart surgeon
szívsebészet *n* cardiac surgery
szívszaggató *a* heart-piercing/rending
szívszélhűdés *n* heart attack/failure || **~t kapott** he had heart failure
szívtelen *a* heartless, hard/stony-hearted
szívtelenség *n* heartlessness
szívügy *n (szerelmi)* love-affair || *biz (szívesen végzett munka)* labour (*US* -or) of love, sg done for the love of the thing || **ez ~em** I've made a special point of (doing) it

szívvel-lélekkel *adv* with all one's heart (and soul), with heart and soul, wholeheartedly || **~ csinál vmt** have* one's heart in sg
szívverés *n* heartbeat || **elállt a ~e az ijedtségtől** he was frightened to death
szja = **személyi** *jövedelemadó*
szkafander *n* = **űrruha**
szkepticizmus *n* scepticism (*US* skep-)
szkeptikus 1. *a* sceptical (*US* skep-) *(of/about sg)* **2.** *n* sceptic (*US* skep-)
szkizofrén *a* schizophrenic
szkizofrénia *n* schizophrenia
szlalom *n* slalom
szlalomoz|ik *v* perform slaloms, slalom
szláv 1. *a* Slavonic, *US* Slavic || **~ népek** Slavonic peoples, the Slavs; **~ nyelv** Slavonic, *US* Slavic **2.** *n (ember)* Slav || *(nyelv)* Slavonic, *US* Slavic || **a ~ok** the Slavs
szlavista *n* Slavist
szlavisztika *n* Slavonic (*v. US* Slavic) studies *pl*
szlovák 1. *a* Slovak, Slovakian || **~ul** *(beszél)* Slovak; *(ír)* in Slovak **2.** *n (ember)* Slovak || *(nyelv)* Slovak
Szlovákia *n* Slovakia
szlovákiai *a/n* Slovakian; of/in Slovakia
szlovén 1. *a* Slovene, Slovenian **2.** *n (ember)* Slovene, Slovenian || *(nyelv)* Slovene
Szlovénia *n* Slovenia
szmog *n* smog
szmoking *n* dinner jacket, *US* tuxedo
sznob 1. *a* snobbish **2.** *n* snob
sznobizmus *n* snobbery, snobbishness
szó *n* word || **~ nélkül** without (saying) a word, without further ado; **a ~ban forgó eset** the case in point; **ad vknek a szavára** listen to sy, believe sy; **állja a szavát** keep* one's word, be* as good as one's word; **arról van ~, hogy** the question is* (that), the point/thing is* (that), the point/matter at issue is* (that); **az életünkről van ~** our lives are* at stake; **csak egy szavadba kerül** you need only say a/the word; **egy (árva) ~ sem igaz belőle** there is not a word/scrap of truth in it, not a (single) word (of it) is true; **egy ~t sem értek belőle** I can't*/don't* understand a word of it, I can't* make head or tail of it, it's all Greek to me; **egy ~t sem szólt róla** he didn't say a word about it; **erről van ~?** is that it?, is that the point?; **erről van ~!** absolutely!; **ért a ~ból** he can take the hint; **ha nem Pistáról volna ~** were it someone other than P.; **megszegi a szavát** go* back on one's word, break* one's word; **néhány ~val** in a few

words, briefly, in a nutshell; **miről (is) van** ~? what is* it all about?; **rólad van** ~ it's you they are talking about, it's (all) about you, it concerns you; **saját szavaival** in one's own words; **se** ~, **se beszéd** suddenly, out of the blue; **szavamat adtam a titoktartásra** I'm sworn/pledged to secrecy; **szavát adja vmre** give*/pledge sy one's word (that …); **szavamra mondom** take my word for it; **szavába vág vknek** cut* sy short, interrupt sy; biz cut* in on sy; ~ **sincs/se róla** (egyáltalában nem) not at all, nothing of the kind/sort, there is no question of, it's out of question, nothing like that; ~ **szerint** literally, word for word, in the literal/strict(est) sense of the word; ~ **szerinti** word for word, literal, close [translation]; ~**ba áll vkvel** speak* to sy, get* talking to sy; ~**ba kerül** [subject/topic] crops/comes* up; ~**ba se áll vkvel** (mert haragszik rá) be* not on speaking terms with sy; (nem ereszkedik le hozzá) not deign to speak to sy; ~**hoz jut** be* able to put in a word, get* the opportunity to speak, (nagy nehezen) get* a word in (edgeways); ~**ra sem érdemes** it's nothing, it's not worth mentioning; ~**ról** ~**ra** word for word; ~**ról** ~**ra megtanul vmt** learn* sg (v. get* sg off) by heart; ~**t fogad** obey (akinek sy); ~**t kér** request leave to speak, ask (permission) to speak; ~**vá tesz vmt** comment/remark on, bring* it/sg up, mention; (erélyesebben) criticize

szoba n room || **bútorozott** ~ lodgings pl, room; biz digs pl; (bútorozott) ~ **kiadó** (furnished) room to let; **bútorozott** ~**ban lakik** stay in lodgings; ~ **reggelivel** bed and breakfast (röv BB); ~ **fürdőszobával** (szállodában) room with (private) bath

szobaantenna n indoor aerial (US antenna)
szobaár n price of room
szobaasszony n chambermaid
szobabútor n furniture (pl ua.)
szobafoglalás n booking, US reservation
szobafogság n house arrest, detention
szobakerékpár n cycle exerciser, fitness cycle
szoba-konyhás lakás n studio flat (US apartment), one-room flat(let) (US apartment) [with cooking facilities]
szobalány n housemaid, GB parlourmaid; (szállóban) chambermaid
szobanövény n house plant, indoor plant
szobarendelés n booking/reservation of rooms
szobás suff -room || **két**~ **lakás** a two--room flat/apartment
szobaszám n room number
szobatárs n room-mate
szobatiszta a (kutya, macska) house--trained, house-broken; (gyermek) toilet-trained, potty-trained
szobatisztaság n ~**ra nevel** (háziállatot) house-train; (gyermeket) toilet--train
szóbeli 1. a oral, verbal, vocal || ~ **megállapodás** verbal agreement/contract; ~ **vizsgát tesz** take* (v. sit* for) an oral examination, take* a viva **2.** n (vizsga) oral (examination), viva (voce examination)
szóbeliz|ik v = **szóbeli** vizsgát tesz
szobor n statue || **szobrot állít** put* up a statue, erect a statue
szobrász n sculptor
szobrászat n sculpture, plastic art
szobroz v biz be* waiting
szociáldemokrácia n social democracy
szociáldemokrata 1. a social democratic **2.** n social democrat
szociális a social || ~ **előadó** social/case-worker; ~ **gondoskodás** (társad. biztosítás) social security (US welfare); (büntetőintézetből elbocsátottról) after-care; ~ **gondozó** social/welfare worker; ~ **intézmények** social (welfare) institutions, social services; ~ **otthon** old people's home, home for the aged
szocialista 1. a socialist || ~ **állam** socialist state **2.** n socialist
szócikk n (dictionary) entry/article
szociográfia n sociography
szociológia n sociology
szociológiai a sociological
szociológus n sociologist
szócsalád n word family
szócső n (tölcsér) speaking tube/trumpet; átv mouthpiece (of)
szóda n vegy sodium carbonate || biz soda water
szódabikarbóna n sodium bicarbonate, bicarbonate of soda, baking soda
szódásüveg n (soda) siphon
szódavíz n soda (water)
szóelemzés n analysis of words
szófaj n word class, part of speech
szófogadó a obedient, dutiful
szófosás n vulg logorrhoea
szoftver n szt software
szófukar a tight-lipped, laconic, uncommunicative
szóhangsúly n word stress
szóismétlés n repetition of a word

szójabab *n* soya bean, *US* soybean
szójaliszt *n* soya flour, *US* soy(bean) flour
szójáték *n* pun, play on words
szókapcsolat *n* phrase, idiom, idiomatic expression; collocation
szokás *n* (egyéni, megrögzött) habit; (közösségi) custom; (gyakorlat) practice; (társadalmi) convention ‖ **jó** ~ a good habit; **rossz** ~ a bad habit; ~ **dolga** it's a matter of habit; **nem** ~ it is* not customary/usual/done; **a** ~ **hatalma** the force of habit; ~**a szerint** as is*/was* his custom; **ez nekem nem** ~**om** I am not in the habit of [doing sg]; ~**ban van** it is* customary, it is* the custom; ~**ához híven** as is* his wont/custom; **a** ~**tól eltérően** unusually, contrary to (one's) custom/practice
szokásjog *n* customary/unwritten law
szokásos *a* usual, customary, habitual, ordinary ‖ **a** ~ **módon** as usual, in the usual/customary way, ordinarily
szokatlan *a* unusual, unaccustomed, uncommon ‖ ~**ul** unusually, strangely
szóképzés *n* word-formation
szókészlet *n* vocabulary, word stock, lexis
szókezdő *a* initial
szok|ik *v vmhez* get* used to sg, become*/be*/grow* accustomed to sg, get* into the habit of (doing) sg ‖ **ehhez nem vagyok** ~**va** I am not used/accustomed to it; **6-kor** ~**tam fölkelni** I generally get up at six (o'clock); **hétvégeken ki** ~**tunk menni a telekre** we usually go to our plot at the weekend; **nem** ~**tam elkésni** I'm not late, usually; ~**ott bridzsezni?** do you play bridge?
szókimondás *n* outspokenness
szókimondó *a* outspoken, *kif* speak* one's mind
szókincs *n* vocabulary
szoknya *n* skirt ‖ **rakott** ~ pleated skirt; **skót** ~ kilt
szoknyavadász *n* tréf lady-killer, ladies' man°
szokott *a vmhez* used/accustomed to sg *ut.* ‖ (szokásos) usual, habitual, customary ‖ **a** ~ **helyen** at/in the usual place
szóköz *n* space
szoktat *v vkt/vmt vmhez* get* sy/sg used/accustomed to sg, accustom/habituate sy/sg to sg; *tréf* train sy to do sg
szoktatás *n* training, accustoming
szokványos *a* customary
szól *v* (beszél) speak* ‖ *vknek/vkhez* speak* to sy ‖ (írás vknek) be* addressed to sy, be* meant for sy ‖ (könyv, cikk stb. vmről) be* about (sg), deal* with (sg), treat (sg) ‖ (szöveg) read*, run* ‖ (csengő, harang) ring*; (hang, hangszer, zene) sound; (orgona) peal ‖ (érvényes) be* valid, be* (good) for ‖ **a meghívó két személyre** ~ the invitation is* for two; **a nyugta száz forintról** ~ the receipt is* (made out) for 100 forints; **a rádió** ~ the wireless/radio is* on; **a szöveg így** ~ the text reads*/runs* thus; **a telefon** ~ the telephone rings (*v.* is ringing); **mit** ~**nál/**~**na egy csésze teához?** how/what about a cup of tea?; **magunk között** ~**va** between you and me (and the gate-post); **minden ellene** ~**t** everything told against him; **miről** ~**?** what is it about?; **mit** ~**(sz) ehhez?** what do you say (to that)?, what do you think of it?; **nem is** ~**va** *vkről/vmről* to say nothing of, not to mention (sg), let alone (sg); **őszintén** ~**va** quite honestly/frankly, to be quite honest/frank, to tell the truth; ~ **egy jó szót vk érdekében** put* in a good word for sy; ~ **vknek** *(egy ügyben, vk érdekében)* have* a word with sy about sy/sg; ~**jon neki** (= hívja) call him, please; tell him to come; **túl hangosan** ~ (zene) it is* too loud; **vk mellett** ~ speak* for (*v.* in favour of) sy
szólam *n* (frázis) stock phrase, slogan; (közhely) platitude, commonplace ‖ *zene* part ‖ **üres** ~**ok** empty slogans
szolárium *n* solarium (*pl* -ria *v.* -riums)
szólás *n* (beszéd) speech, speaking ‖ *nyelvt* idiomatic expression, idiom, (common) saying ‖ ~**ra jelentkezik** request leave to speak
szólásszabadság *n* freedom of speech, (the right to) free speech
szolfézs *n* solfeggio, solmization, *főleg GB:* tonic sol-fa
szolga *n* servant, attendant, domestic
szolgai *a* servile, slavish ‖ ~ **fordítás** a literal translation, servile/slavish translation
szolgál *v vhol, vknél, vkt* serve (sy), be* in (sy's) service ‖ *kat* see* active service ‖ *vmvel* serve (with) ‖ *vmül, vmként* serve as (sg); *vmre* serve for (sg), be* used for (sg) ‖ **a haditengerészetnél** ~ serve in the navy; **a hadseregben** ~ serve/be* in the army, do* one's military service; **hogy** ~ **az egészsége?** how are you (getting on)?; **milyen célt** ~**?** what is it used for?, what purpose does it serve?; **mire** ~**?** what is it used for?, what purpose does it serve?; **mivel** ~**hatok?** is there anything I can do for you?, can I help you (in any way)?; (üzletben) what can I do for you?
szolgálat *n ált* service; (ügyelet, készenlét) duty; (állás) post, job; *kat* service ‖

szolgálati

tényleges (katonai) ~ active service; **~ban van** *(ügyeletes)* be* on duty; **nincs ~ban** be* off duty; **miben lehetek ~ára?** what can I do for you?, is there anything I can do for you?, can I be of service/assistance to you?; **~ ára áll vknek** *vk, vm* be* at sy's service; **~ot tesz vknek** do*/render sy a service
szolgálati *a* of service *ut.*, official, service ‖ ~ **idő** term of office; *(tisztviselőé, dolgozóé)* period of service, years of service *pl*; *kat* years of service *pl*; ~ **lakás** official quarters *pl*, official residence
szolgálatkész *a* helpful, eager to help *ut.*, willing to help *ut.*, willing
szolgálatmegtagadó *n* conscientious objector
szolgalelkű *a* servile
szolgalelkűség *n* servility
szolgalmi jog *n* easement, way-leave
szolgálóleány *n* maid(servant)
szolgáltat *v* supply, furnish, provide; *(okot)* give*; *(áramot)* supply
szolgáltatás(ok) *n* service/servicing/tertiary industry, supply, services *pl*
szolgáltatóipar(ok) *n* service/tertiary industry/industries, services *pl*, the service sector
szolgaság *n* servitude; *(rabszolgaság)* slavery
szolid *a* *(személy)* steady, respectable, serious(-minded) ‖ *(öltözködés)* sober, discreet ‖ *(ker. vállalkozás)* safe, reliable, trustworthy ‖ *(ár)* reasonable, fair ‖ *(szilárd)* solid; *(alapos)* sound ‖ ~ **élet** a settled/steady life
szolidáris vkvel *v* show* (one's) solidarity with sy, stand* behind sy (in sg), stand* by sy
szolidaritás *n* solidarity ‖ ~**t vállal vkvel** show* (one's) solidarity with sy
szólista *n* soloist
szólít *v* vhova call (sy to come), call sy swhere, summon (sy); *(felszólít)* call upon/on [sy for an answer *v*. to stand up etc.] ‖ **vmnek** ~ **vkt** address sy as; **nevén** ~ call sy by his name
szolmizál *v* solmizate
szolmizálás *n* solmization
szóló[1] **1.** *a* **névre** ~ **meghívó** a personal invitation, not transferable invitation; **két személyre** ~ *(jegy)* [tickets] for two; **a Londonba** ~ **jegy** the ticket to London; **vmről** ~ **könyv** a book about/on ...; **az ellene** ~ **érvek** the arguments against it, *biz* the cons; **a mellette** ~ **érvek** the arguments for (*v*. in favour/support of) it, *biz* the pros **2.** *n (beszélő)* speaker
szóló[2] *n zene* solo ‖ ~**t énekel** sing* solo; *(műsoron kiírás)* soloist

szólóénekes *n* soloist, solo singer
szólóest *n* recital
szombat *n* Saturday ‖ → **kedd**
szombati *a* Saturday ‖ → **keddi**
szombatonként *adv* every Saturday, on Saturdays, *US* Saturdays
szomj *n* thirst ‖ ~ **át oltja** quench one's thirst
szomjan hal *kif* die of thirst
szomjas *a* (be*) thirsty ‖ ~ **vmre** *(átv is)* thirst (*v*. be* thirsting) for sg
szomjaz|ik *v* thirst, be* thirsting *(vmre átv is*: for sg), *(csak átv)* be* hungry for sg
szomjúság *n* thirst(iness)
szomorít *v* sadden, make* (sy) sad
szomorkod|ik *v* grieve *(vmn* over sg), be* sad (about sg)
szomorú *a* sad, sorrowful, *(arc)* sad, melancholy, glum [face], *(esemény)* tragic, *(hír)* sad, saddening, *(látvány)* sorry ‖ ~ **vm miatt** be* sad about sg, be* sorry/grieved to hear sg; ~**an** sadly
szomorúfűz *n* weeping willow
szomorúság *n* sadness, sorrow, grief
szomszéd 1. *a* = **szomszédos 2.** *n vk* neighbour (*US* -bor) ‖ *(szomszédság)* neighbourhood, vicinity ‖ **a (közvetlen)** ~**om** my next-door neighbour; **a** ~**ban lakik** live next door
szomszédasszony *n* neighbour (*US* -bor)
szomszédnép *n* neighbouring (*US* -bor) nation/people
szomszédos *a vmvel* neighbouring (*US* -bor-), next-door, close/near by *ut.*; *(ház, szoba stb.)* next, adjoining; *(igével)* adjoin ‖ **házaink** ~**ak** our two houses adjoin, our house adjoins theirs
szomszédság *n* neighbourhood (*US* -bor-), vicinity
szonáta *n* sonata
szonda *n orv (hajlékony)* bougie; *(tömör)* probe, sound ‖ *műsz ált* probe; *(meteorológiai)* sonde; *(űr)* (space) probe; *(mérő)* measuring/sensing head ‖ *(alkohol)* breathalyser (*v*. *US* -lyzer), *US* drunkometer
szondáz *v orv, műsz* probe, sound; *(alkoholszondával)* breathalyse (*US* -lize) sy
szondázás *n (autósé)* breath test
szonett *n* sonnet
szónok *n* speaker ‖ **jó** ~ a good public speaker
szónoki *a* oratorical, rhetorical ‖ ~ **fogás** rhetorical trick/device
szónoklat *n* speech, oration
szónokol *v* speak* (in public), make* a (public) speech ‖ *elít* speechify, hold* forth
szóösszetétel *n* compound
szopás *n* suck(ing)

szop|ik v suck || **még ~ik a baba** the baby is still at its mother's breast (v. at the breast)
szopogat v suck (at) (sg), be* sucking away at sg
szopóka n (cigarettáé) tip
szopókás a tipped
szopós a ~ **malac** sucking pig, suckling; ~ **gyerek** nursling, suckling
szoprán n soprano || ~ **énekesnő** soprano
szoptat v give* suck to, suckle, nurse; (nem mesterségesen táplál) breast-feed*
szoptatás n suckling, nursing; (nem mesterséges) breast-feeding
szoptatós a suckling, nursing || ~ **anya** nursing mother; ~ **dajka** wet nurse
-szor, -szer, -ször suff times || **hatszor kettő egyenlő tizenkettő** six times two is/equals twelve
szór v vmt sprinkle, scatter, spread*, strew || ~**ja a pénzt** squander money, (mert sok van neki) throw* one's money around, have* money to burn
szórakozás n amusement, entertainment; (szórakozóhelyen) evening out; (kikapcsolódás) relaxation, recreation; (időtöltés) hobby, pastime || ~**ból csinál vmt** do* sg for amusement/fun
szórakoz|ik v vhol enjoy/amuse oneself, have* a good time || **jól ~ott?** did you enjoy yourself?; **vmn ~ik** be* amused at/by sg
szórakozóhely n place of entertainment/amusement
szórakozott a absent-minded || ~**an** absent-mindedly
szórakozottság n absent-mindedness
szórakoztat v (társaságot) amuse, entertain; vkt entertain sy, keep* sy company
szórakoztató 1. a amusing, entertaining; (olvasmányos) worth reading ut. || ~ **irodalom** escapist literature, romantic fiction; ~ **olvasmány** light reading; ~ **zene** light music 2. n entertainer
szórás n ált spread(ing), scattering, dispersion; (behintés) sprinkling, dusting || (statisztika) dispersion, scatter
szórend n word-order
szorgalmas a (tanulmányokban) hardworking, diligent; (munkában) hardworking, industrious, assiduous || ~**an tanul** work hard, study diligently
szorgalmi a ~ **feladat** voluntary homework/task; ~ **idő** term(-time)
szorgalom n diligence, industry, hard work
szorgoskodás n activity, diligence
szorgoskod|ik v be* busy [doing sg] || ~**ik a konyhában** be* busy(ing oneself) [in the kitchen]

szorít v (nyomva) press; (kézben) grasp, grip || (cselekvésre, munkára) urge (sy to do sg), drive*, force || (cipő) pinch, hurt*; (cipő, ruha) be* too tight || biz vk- nek keep* one's fingers crossed for sy (that) || **helyet ~ vknek** make* room for sy; **kezet ~ vkvel** shake* hands with sy
szorítás n (nyomva) pressure; (kézben) grip, grasp
szorító 1. a pressing || ~ **érzés** pressure 2. n műsz vice (US vise), grip, clamp || sp ring
szorítócsavar n nut
szóródás n (statisztika) dispersion, scatter(ing)
szoród|ik v (hull) fall*, drop || (terjed) spread*, scatter
szórólap n handout, leaflet, information sheet, (single sheet) flier v. flyer
szorong v (helyileg) be* squashed/pressed/crowded together || átv be* anxious/tense, worry; pszich have* angst
szorongás n (helyileg) throng, congestion, overcrowding || (félelem) fear; pszich anxiety, angst
szorongat v (kezében) clutch, grasp, keep* clasping || **sírás ~ja a torkát** have* a lump in one's throat
szorongatott a hard pressed || ~ **helyzetben van** be* in dire/desperate straits, be* in a sorry/sad plight
szorongó a átv anguished, anxious, tense
szoros 1. a tight, close || átv close, narrow || ~ **barátság** close/intimate friendship, intimacy; ~ **ruha** tight-fitting clothes pl, a tight fit; ~**abbra húzza az övét** tighten one's belt 2. n (hegyé) pass, defile, (tengeré) strait
szorosan adv close(ly), tight(ly) || ~ **egymás mellett** side by side, closely, packed like sardines; ~ **fog** hold* tight
szoroz v multiply (vmvel by) || ~**va ...vel** multiplied by ...
szorul v vm vmben jam, get* stuck/jammed/wedged (in sg) || vmre be*/stand* in need of (sg), want (sg); vkre be* dependent on (sy) || **a ház már javításra ~ the house is* badly in need of repair; **magyarázatra ~** call for explanation
szorulás n orv constipation; ~**a van** be* constipated
szorult a ~ **helyzetben van** be* in difficulties, be* in a fix, be* in a tight corner
szorultság n difficulty, embarrassment, distress, dire straits pl
szórványos a sporadic, scattered, sparse || ~ **záporok** occasional showers
szorzandó n multiplicand
szorzás n multiplication
szorzat n product

szorzó *n* multiplier
szorzójel *n* multiplication sign
szorzószám *n* index number
szorzótábla *n* multiplication table
szósz *n (mártás)* sauce; *(húslé)* gravy || *biz (beszéd)* story, yarn
szószátyár 1. *a* verbose, garrulous, wordy **2.** *n* windbag, spouter
szószegés *n* breaking one's word, breach of faith/promise
szószegő 1. *a* faithless, perfidious **2.** *n* perfidious person, defaulter
szószék *n* pulpit
szószerkezet *n* syntactic unit, syntagm, syntagma
szószóló *n (közbenjáró)* mediator, intermediary, go-between
szótag *n* syllable
szótagol *v* syllabify
szótagolás *n* syllabification
szótár *n* dictionary; *(latin, görög)* lexicon || **nézd meg a ~ban!** look it up in the/a dictionary; **kikeres egy szót a ~ból** look up a word in the dictionary
szótári *a* dictionary, lexicographic(al) || **~ adat** lexical item, dictionary entry, reference
szótlan *a* silent, taciturn || **nem nézhetjük ~ul** we cannot just sit here doing nothing (about it)
szótő *n* stem, root [of a word]
szótöbbség *n* majority || **nagy ~gel megszavaz** pass by an overwhelming majority
szóval *adv (röviden)* briefly, in a word, in brief/short; *(vagyis)* (well,) anyway/anyhow, that is (to say), so
szóváltás *n (vita)* argument, dispute || **~a volt vkvel** (s)he had words with him/her
szóvirág *n* rhetorical flourishes *pl*, flowers of rhetoric *pl*
szóvivő *n* spokesman° || **a kormány ~je** the government's spokesman°
szovjet *a/n* Soviet || **a ~ek** the Soviets
szovjetbarát *a* pro-Soviet
szovjetellenes *a* anti-Soviet
Szovjetunió *n* Soviet Union
szózat *n ir* appeal, proclamation
سző *v (szövetet)* weave*; *(pók)* spin* || *(összeesküvést, mesét)* weave*, hatch [a plot], plot against (sy); *(tervet)* make*, hatch [a plan]
szöcske *n* grasshopper
szög[1] *n* → **szeg**[2]
szög[2] *n mat* angle || **90°-os ~ben** at an angle of 90°, at right angles
szöglet *n (sarok)* corner; *(zug)* nook; *(kiszögellés)* angle || *sp* corner (kick) || **~et rúg** take* a corner kick

szögletes *a* angular, angled, cornered; *(áll, váll)* square || *(modor)* awkward, clumsy || **~ zárójel** square brackets *pl*
szögletrúgás *n* **~t végez** take* a corner kick
szögmérő *n* protractor
szökdécsel *v* skip, hop, caper, bound, bounce, cavort
szökdel *v sp (helyben ugrál)* run* on the spot
szőke 1. *a* blond, fair(-haired) **2.** *n* blonde
szökés *n (menekülés)* flight, escape; *kat* desertion; *(börtönből)* escape [from prison], breakout, jailbreak *v.* gaolbreak || **~t kísérelt meg** he tried to escape
szökési kísérlet *n* attempted escape/breakout
szökevény *n* fugitive, runaway, escapee; *kat* deserter
szök|ik *v (menekül)* escape, flee*, run* away || *(disszidál)* defect || *(ugrik)* leap*, jump, bound, bounce || **könny ~ött a szemébe** tears came into her eyes; **külföldre ~ik** flee* the country
szőkít *v* bleach one's/sy's hair, dye one's hair blonde
szökken *v (ugrik)* leap*, bound, spring* (up)
szökőár *n* spring tide, tidal wave
szökőév *n* leap year
szökőkút *n* fountain
szöktet *v (vkt ált)* help sy escape; *(börtönből biz)* spring* sy; *(leányt)* elope with [a girl] || *(futballista)* send* (sy) away with a deep (through) pass
szöktetés *n ált* helping sy to escape; *(leányé)* elopement || *(futballban)* long running pass, pass on the run
szőlészet *n (tudománya)* grape/wine-growing, viticulture, viniculture || *(szőlőgazdaság)* vineyards *pl*
szőlő *n (növény)* (grape-)vine || *(gyümölcs)* grapes *pl* || *(terület)* vineyard || **lesz még ~, lágy kenyér** things will get better one day, *kb.* never say die; **savanyú a ~!** sour grapes; **sok ~ terem Magyarországon** there is a lot of wine-growing in Hungary
szőlőcukor *n* grape sugar, glucose
szőlőfajta *n* variety of grape, grape
szőlőfürt *n* a bunch/cluster of grapes
szőlőgazdaság *n* vineyards *pl*
szőlőhegy *n* vineyard
szőlőlé *n* grape-juice
szőlőlugas *n* vine arbour (*US* -or)
szőlősgazda *n* vine-dresser/grower, wine-grower
szőlőskert *n* vineyard
szőlőszem *n* (a) grape
szőlőterület *n* vine-lands *pl*
szőlőtőke *n* vine(-stock), grape-vine

szőlővessző *n* vine-shoot
szőnyeg *n (nagyobb, ill. faltól falig)* carpet; *(kisebb)* rug
szőnyegbombázás *n* carpet bombing
szőnyegpadló *n* (wall-to-wall) carpet, fitted carpet, broadloom (carpet)
-ször *suff* → **-szor**
szőr *n* (body) hair; *(disznóé, keféé)* bristles *pl* || ~**én üli meg a lovat** ride* bareback
szörf *n (eszköz)* (sail)board, windsurfer; *(fogódzója)* wishbone (boom) || *(a sport)* windsurfing, boardsailing
szörfözés *n* windsurfing, boardsailing
szörföz(ik) *v* go*/be* windsurfing/boardsailing
szörföző *n* windsurfer, boardsailor
szörfruha *n* wet suit
szőrme *n* fur [coat, jacket etc.]
szőrmeáru *n* furs *pl*
szőrmegallér *n* fur collar
szőrmekabát *n* fur coat
szörny *n* monster, monstrosity
szörnyen *adv biz* horribly, awfully, dreadfully, terribly || ~ **fájt a fogam** I had awful toothache, my tooth ached terribly
szörnyeteg *n* monster, monstrosity
szörnyethal *v* die on the spot, be* killed instantly
szörnyszülött *n* monster, monstrosity
szörnyű *a (irtózatot keltő)* horrible, horrid, dreadful, frightful || *biz (rendkívüli)* horrible, ghastly, appalling, awful
szörnyülköd|ik *v vmn* be* shocked and horrified at sg
szörnyűség *n (dolog)* dreadful/terrible/awful thing; *(megdöbbentő vm)* outrage
szőrös *a* hairy, shaggy
szőröstül-bőröstül *adv* lock, stock, and barrel; hide and hair
szörp *n (sűrű)* syrup || *(üdítőital)* squash
szőrszál *n* a hair
szőrszálhasogatás *n* hair-splitting, nit-picking
szőrszálhasogató 1. *a* hair-splitting **2.** *n* hair-splitter, stickler, pedant
szőrtelen *a* hairless, smooth-skinned
szőrtelenít *v* depilate, remove the hair (from)
szőrtelenítés *n* depilation
szőrtelenítő 1. *a* depilatory **2.** *n* depilatory, hair-remover
szőrzet *n (emberé)* (body) hair; *(állaté)* fur, coat
szösz *n* tow, fluff || **mi a** ~! what the devil!
szöszke 1. *a* blond **2.** *n* blonde
szőttes *n* homespun
szöveg *n ált* text; *(dalé)* words *pl*, lyrics *pl*; *(dalműé)* libretto; *(filmé, színdarabé)* script; *(kép alatt)* caption; *(okiraté)* wording || **sok a** ~! pipe down!, shut up!, *US* cut the cackle!
szövegel *v biz* jaw, yak, go* on, spiel
szövegez *v* pen, draw* up, word, draft
szöveggyűjtemény *n* collection of texts, anthology
szöveghű *a (fordítás)* faithful, close
szövegíró *n* librettist
szövegkiemelő *n* marker (pen), see-through marker
szövegkönyv *n (zenés műé)* libretto; *(filmé)* screenplay, scenario, script
szövegkörnyezet *n* context
szövegkritika *n* textual criticism
szövegmagyarázat *n* (textual) commentary
szövegszerkesztés *n* word processing
szövegszerkesztő *n szt* word processor
szövés *n* weaving
szövet *n tex* cloth, fabric, material, textile, stuff || *orv* tissue
szövetkezet *n ált* co-operative (society), *biz* co-op || **fogyasztási** ~ consumers' co-operative; **kisipari** ~ craftsmen's co-operative; **mezőg** = **termelőszövetkezet**
szövetkezeti *a* co-operative || ~ **bolt** co-operative shop, *biz* co-op; ~ **lakás** housing co-op flat; ~ **tag** member of a co-operative society, co-op member
szövetkez|ik *v vkvel* form an alliance with, ally with, join forces with
szövetminta *n* (cloth) pattern, sample
szövetruha *n* wool(len) dress
szövetség *n pol* alliance, union, league, confederacy, (con)federation || *(egyesület)* association; *(nagyobb)* federation || ~**et köt** conclude an alliance with [a country]
szövetséges 1. *a tört* allied || **a** ~ **hatalmak** the Allied Powers, the Allies **2.** *n* ally
szövetségi *a* federal || ~ **állam** federal state; ~ **köztársaság** federal republic; ~ **politika** [the party's] policy of alliance
szövettan *n* histology
szövettani *a* histological || ~ **vizsgálat** biopsy
szövőd|ik *v* weave*, be* woven || **barátság** ~**ött közöttük** they became close friends
szövődmény *n orv* complication
szövőgép *n* power-loom
szövőgyár *n* weaving mill
szövőipar *n* textile industry
szövőszék *n* loom
szövött *a* woven || ~ **áru** fabric, textile
szputnyik *n* sputnik, artificial satellite
sztálinista *a/n* Stalinist

sztár n *(film stb.)* star; *(sp főleg)* ace
sztereo- *pref* stereo-
sztereó a stereo || ~ **lemezjátszó** stereo (player)
sztereoadás n broadcast in stereo
sztereofelvétel n stereo recording
sztereolemez n stereo record
sztereotip a stereotyped, *(elcsépelt)* trite, hackneyed
sztereotípia n stereotypy
szteroid n *vegy* steriod
sztetoszkóp n stethoscope
SZTK = *Szakszervezeti Társadalombiztosítási Központ* Trades Union Health Insurance Centre; *(GB megfelelője)* National Health Service *(röv:* NHS), *US kb.:* Medicaid
SZTK-rendelő n *kb.* clinic, health centre *(US* -er)
sztomatológia n *orv* stomatology
sztori n *biz* story
sztráda n motorway, *US* expressway
sztrájk n strike, *(rövidebb)* walk-out || ~**ba lép** go* (out) on strike, come* out on strike, walk out; ~**ra szólít fel** call a strike; **fordított** ~ work-in
sztrájkjog n the right to strike
sztrájkkol v be* (out) on strike, strike* *(vm miatt* for)
sztrájkoló 1. a striking, on strike *ut.* **2.** n striker
sztrájkőr n picket
sztrájkőrség n picket, picket line
sztrájktörés n blacklegging, strike-breaking
sztrájktörő 1. a blacklegging, strike-breaking **2.** n blackleg, strike-breaker
sztratoszféra n stratosphere
sztressz n stress
sztrichnin n strychnine
sztriptíz n striptease
sztyep(p) n steppe, prairie
SZU = *Szovjetunió* Soviet Union, USSR
szú n woodborer, woodworm
szuahéli a/n Swahili
szubjektív a subjective
szubjektivitás n subjectivity
szubrett n soubrette
szubvenció n subsidy, grant
szubvencionál v subsidize || ~**t** subsidized
szúette a worm-eaten, rotten
Szuez n Suez
Szuezi-csatorna n the Suez Canal
szufla n *biz* = **szusz**
szuggerál v *vkt* influence sy by suggestion, will *(múlt idő:* willed) sy to do sg; *vkbe vmt* fill sy with sg
szuggesztió n *pszich* suggestion
szuggesztív a forceful, potent; *(egyéniség)* magnetic

szuka n bitch
szulfát n sulphate *(US* -lf-)
szulfid n sulphide *(US* -lf-)
szulfit n sulphite *(US* -lf-)
szultán n sultan
szunnyad v slumber, sleep* lightly, be* asleep; *(vkben tehetség)* lie*/be* dormant
szunnyadó a sleeping, slumbering; *átv* dormant
szúnyog n mosquito, gnat
szúnyogcsípés n mosquito bite
szúnyogháló n mosquito net
szuper *int biz* super!, excellent!
szuperbenzin n super, four-star *(v.* high--octane) petrol
szuperfoszfát n superphosphate
szuperhatalom n superpower
szupermarket n supermarket
szuperszonikus a supersonic
szupervevő n superhet receiver
szúr v *(tű, tövis)* prick; *(fegyverrel)* stab *(vk felé* at sy); *(rovar)* sting*, bite* || ~ **a háta** he gets twinges in his/the back; ~ **az oldalam** I have* a stitch in my side
szúrás n *(tű, tövis)* prick(ing), *(rovar)* sting, bite || *(szúrt seb)* stab; *(fájdalom)* stab || ~**t érez a hátában** have* a twinge (of pain) in one's back
szurkál v prick(le), keep* stabbing
szurkol v *biz (sp csapatnak)* support [a team], cheer/root for [one's team], cheer [a team] on, be* a fan of ..., be* a [Manchester United etc.] fan || *(fél)* = **drukkol**
szurkoló n *sp* fan, supporter [of a team]
szúró a pricking, stinging || ~ **fájdalom** stab, twinge, sting, stitch
szúrófegyver n cold steel
szurok n pitch, tar
szurony n bayonet
szúrópróba n spot-check/test, random sample || ~**szerűen** at random, randomly
szúrós a stinging, pricking || *(tekintet)* piercing [glance/look] || ~ **tekintetű** *(igével)* have* a piercing look, look right into sy
szurtos a grimy, grubby
szúrt seb n stab (wound)
szusz n breath, wind || **kifogy belőle a** ~ be* out of breath, be* (quite) winded; **egy** ~**ra elvégzi** do* it at one go
szuszog v pant, puff || *biz (lassú)* dawdle, be* a slowcoach *(v. US* slowpoke)
szuterén n basement
szuvas a worm-eaten, decayed; *(fog)* carious, decayed
szuvasodás n *(fogé)* caries, cavity, decay
szuvasod|ik v decay, rot*; *(fog)* decay, go* bad

szuverén *a* sovereign, supreme || ~ **joga vknek** one's sovereign right
szuverenitás *n* sovereignty, supreme power
szűcs *n* furrier, fur-trader
szügy *n* breast
szűk 1. *a (út, nyílás)* narrow; *(ruha)* tight(-fitting); *(hely)* cramped, confined || **hét ~ esztendő** seven lean years; **~ keresztmetszet** bottle-neck; **~ látókörű** parochial, narrow-minded **2.** *n* scarcity, dearth, deficiency || **~ében van vmnek** lack sg, be* short of sg, sg is* in short supply; *(időnek)* be* pressed for time
szűkebb *a* tighter, narrower || **~ hazája vknek** one's home(land); the place/area (where) one comes from
szűken *adv (szorosan)* crowded, close(ly) || **~ áll vm dolgában** be* short of sg; **~ mér** be* very sparing with; **~ vannak** they are (rather) cramped, they are rather crowded here
szűkít *v* tighten, restrict; *(ruhát)* take* in
szűkkörűen *adv* privately, behind closed doors
szűklátókörűség *n* narrow-mindedness, parochialism, parochial outlook
szűkmarkú *a* tight(-fisted), parsimonious, *biz* close-fisted
szűkös *a* **~ anyagi körülmények között él** live in straitened/reduced circumstances, can hardly make ends meet
szükség *n vmre* need, necessity (for) || *(hiány)* necessity, need, want || **mennyire van ~e?** how much do you want/need?; **mi ~ van erre?** what need is* there for this?; **~ esetén** if necessary/needed/required, *(ha baj van)* in case of emergency, in an emergency; **~ szerint** according to need/necessity, as required/needed; **~ van vmre** sg is wanted/needed/necessary; **~e van vmre** need/want/require sg, have* need of sg; *(testi)* **~ét végzi** relieve oneself
szükségállapot *n* (state of) emergency || **gazdasági ~** economic state of emergency
szükségérzet *n* feeling of want/need
szükséges *a* necessary, needed, required || **feltétlenül ~(, hogy)** it is* indispensable/essential (that), it is* absolutely necessary (that); **ha ~** if necessary; **a ~ összeg** the money/amount needed/required, the wherewithal; **~, hogy** it is* necessary that/to; **~nek látta, hogy** he thought/considered it necessary to ...
szükségesség *n* necessity
szükséghelyzet *n* (state of) emergency
szükséglakás *n* temporary accommodation *(v.* lodgings *pl)*

szükséglet *n* need, want, demand, demands *pl*, requirements *pl* || **alapvető ~ek** basic needs; **~et kielégít** meet* demands, supply sy's wants
szükségmegoldás *n* stopgap arrangement, stopgap (measure); *(vm eszköz)* makeshift
szükségtelen *a* unnecessary, needless
szűkszavú *a* taciturn, laconic, terse, reticent; *kif* a man° of few words
szűkül *v* grow* narrow, narrow, tighten
szűkület *n* bottleneck, constriction; *orv* stricture
szül *v (gyermeket)* bear*, give* birth to, be* delivered of; *(folyamatban van a szülés)* be* in labour *(US* -or), labour || *átv* beget*, be* the father of || **alkalom ~i a tolvajt** opportunity makes the thief; **gyermeket ~** have* a baby/child
szülés *n* childbirth, childbearing, labour *(US* -or), delivery || **nehéz ~** difficult birth/delivery/confinements; **nehéz ~ volt** *átv* that was no easy thing, that took some doing
szülési *a* **~ fájdalmak** labour pains *pl*; **~ segély** maternity grant; **~ szabadság** maternity leave
szülész *n* obstetrician
szülészet *n tud* obstetrics *sing.* || *(kórház)* maternity hospital, *(osztály)* maternity (ward), obstetric ward
szülészeti *a* obstetric(al) || **~ osztály** maternity/obstetric ward
szülésznő *n* midwife°, maternity nurse
születendő *a* to be born *ut.*
születés *n* birth
születési *a* of birth *ut.*, birth- || **~ anyakönyvi kivonat** birth certificate; **~ év** year of birth; **~ hely** birthplace, place of birth; **~ helye és éve** *(űrlapon)* place and date of birth
születésnap *n* birthday || **minden jót kívánok ~jára!** (I wish you) many happy returns (of the day)!, happy birthday (to you)!
születésnapi *a* birthday- || **~ ajándék** birthday present
születésszabályozás *n* birth control
születésszám *n* birth rate
született *a (leánykori név megjelölésében, röv* **szül.***)* née || *(vmnek született)* born || **első házasságából ~ gyermek** child° of/by the first marriage; **Nagy Pálné ~ Tóth Anna** Mrs. Pál Nagy, née Anna Tóth; **~ szónok** (he is*) a born orator
szület|ik *v (világra jön)* be* born, come* into the world || *átv* spring* up, be* born, (a)rise* || **fia ~ett** (s)he (has) had a son, she had a boy, she gave birth to a boy; **új városok ~tek** new towns have sprung up

szülő 1. *a* **először** ~ **nő** prim*i*para **2.** *n* parent || ~**k** (one's) parents
szülőanya *n (anya)* mother || *átv* mother, spring, *o*rigin *(mind*: of)
szülőfalu *n* native v*i*llage
szülőház *n* the house where sy was born, sy's b*i*rthplace
szülőhaza *n* one's native co*u*ntry, the/ one's mother co*u*ntry
szülői *a* parental || ~ **értekezlet** parents' meeting; ~ **ház** parental home
szülőnő *n* woman° in l*a*bour (*US* -or)
szülőotthon *n* maternity home
szülőszoba *n* l*a*bour room/ward, del*i*very room
szülött *n* native, child° || **hazánk nagy** ~**e** a great son of our co*u*ntry
szülőváros *n* home/native town
szünet *n* ált pause; *(étkezési v. események között)* break; *(isk órak*ö*zi)* (school) break, playtime, *US* recess; *(isk egészna- pos)* holiday; *szính* *i*nterval, *US* interm*i*ssion || *(munkában)* break, rest || *zene* rest || *szính* **a** ~**ben** in the *i*nterval, *US* in the intermission; *szính* **nyári** ~ *(a színészeknek)* summer holiday; *(színházé)* closed for the se*a*son; ~ **nélkül** with*o*ut stopping/interr*u*ption, inc*e*ssantly, unce*a*singly; ~**et tart** pause, make* a pause; **tíz perc** ~ ten m*i*nutes' break; **tartsunk öt perc** ~**et!** take five!, let's break off for 5 m*i*nutes; *isk* **tavaszi** ~ spr*i*ng holiday (*US* v*a*cation); *isk* **téli** ~ w*i*nter/Chr*i*stmas holiday (*US* vac*a*tion)
szünetel *v* pause, make* a pause/stop; *(működés)* be* interr*u*pted/susp*e*nded/ stopped, stand* still
szüneteltet *v* stop, put* a stop to, break*, interr*u*pt, susp*e*nd
szünetjel *n zene* rest || *(rádió)* station/ *i*nterval s*i*gnal
szünidei *a* h*o*liday, *US* vac*a*tion
szünnap *n (intézményé)* holiday; *vké* a day off || **vasárnap** ~ *(vendéglőben)* closed (on) S*u*ndays, closed on S*u*nday
szüntelen 1. *a* unce*a*sing, uninterr*u*pted, inc*e*ssant, ce*a*seless **2.** *adv* unce*a*singly, cont*i*nuously, inc*e*ssantly
szüntelenül *adv* = **szüntelen 2.**
szüntet *v* ease, st*o*p
szűr[1] *v (ált, folyadékot)* strain, f*i*lter; *vegy* f*i*ltrate, p*u*rify || *átv és orv* screen
szűr[2] *n* ⟨l*o*ng embro*i*dered felt cloak of H*u*ngarian sh*e*pherd⟩ || **kiteszi vknek a** ~**ét** turn sy out, show* sy the door, *biz* send* sy p*a*cking
szürcsöl *v* slurp, drink* no*i*sily
szűrés *n (folyadéké stb.)* f*i*ltering [of liquid], filtr*a*tion || *orv* screening test
szüret *n (szőlőé)* vintage, grape harvest || *(gyümölcsé)* gathering, p*i*cking [of fruit]

szüretel *v* v*i*ntage, g*a*ther in the grapes, h*a*rvest (grapes)
szüretelő *n* v*i*ntager, grape h*a*rvester
szüreti mulatság *n* grape h*a*rvest f*e*stival, h*a*rvest home
szürke 1. *a (szín)* grey, *US* gray || *átv* grey, *o*rdinary || **a** ~ **hétköznapok** the drab mon*o*tony of *e*veryday life, the mon*o*tonous da*i*ly round/ro*u*tine; ~ **hályog** c*a*taract **2.** *n (ló)* grey
szürkeállomány *n biol* grey matter
szürkés *a* greyish, *US* grayish
szürkeség *n (szín)* greyness, *US* grayness || *(egyhangúság)* dr*a*bness, mon*o*tony, d*u*llness
szürkül *v (vm szürkévé válik)* turn/go* grey (*US* gray), be* touched/flecked with grey || *(este)* it is* gr*o*wing d*a*rk
szürkület *n* tw*i*light, half-light; *(hajnali)* dawn; *(esti)* n*i*ghtfall, dusk, the glo*a*ming
szűrő *n (folyadéknak)* f*i*lter, str*a*iner
szűrőállomás *n orv* screening centre (*US* -ter), screening st*a*tion
szűrőpapír *n* f*i*lter-paper
szűrővizsgálat *n orv* screening test
szürrealista *a*/*n* surrealist
szürrealizmus *n* surrealism
szűz 1. *a vk* v*i*rgin, pure || **(ő) még** ~ she is still a v*i*rgin; ~ **föld** v*i*rgin/unbr*o*ken soil; ~ **hó** untr*o*dden/dr*i*ven snow; ~ **lány** v*i*rgin; *vall* **Sz**~ **Mária** V*i*rgin M*a*ry, the V*i*rgin **2.** *n* virgin, *ir* ma*i*d(en)
szűzérmék *n* médaillons of f*i*llet || **párizsi** ~ f*i*llet m*i*gnon of pork médaillons Par*i*sian style
szüzesség *n* virg*i*nity; *ir* ma*i*denhood || ~**et fogad** take* a vow of ch*a*stity
szűzhártya *n* hymen
szűzi *a* v*i*rginal, ma*i*den(ly), chaste
szűzies *a* m*a*idenly
szűzpecsenye *n* f*i*llet of pork, t*e*nderloin
szvetter *n* sw*e*ater, jersey, c*a*rdigan, *GB* jumper
szving *n* swing
szvit *n zene* suite

T

-t *suff* **a)** *(iránytárgy)* at; **néz vkt/vmt** look at sy/sg || for; **pénzt kér** ask for money || *(elöljáró nélkül)* **háztartást vezet** keep* house **b)** *(eredménytárgy)* **kenyeret süt** bake bread; **levest főz** cook/prep*a*re soup **c)** *(helyhatározó értékű tárgy)* **átússza a folyót** swim* the river **d)** *(időhatározó értékű tárgy)*

naponta tíz órát dolgozik work ten hours a day **e)** *(módhatározó értékű tárgy)* **jóízűt nevetett** laughed heartily **f)** *(számhatározó értékű tárgy)* **sétálok egyet** I am going for a walk, I am going to take a walk **g)** *(mértékhatározó értékű tárgy)* **egy kilót hízott** he put on one kilogramme **h)** *(fokhatározó értékű tárgy)* **sokat változtál** you have changed a lot; **nem sokat törődik vele** he does not bother much about it; **nagyot nevetett** he laughed heartily **i)** *(ok- és célhatározó értékű tárgy)* **mit sírsz?** why are you crying?

tabella *n* table, list, chart ‖ **a bajnoki ~ élén** at the top/head of the table

tábla *n* ált board; *(hirdető-, fali-)* notice--board ‖ *isk* blackboard ‖ *(könyvben, falon, nyomtatott)* table ‖ *(könyvkötészeti)* cover, board ‖ *mezőg* field; *sk* park ‖ *jog tört* Court of Appeal ‖ **egy ~ csokoládé** a bar of chocolate

táblabíró *n* judge of the Court of Appeal

táblázat *n (könyvben)* table, chart

tabletta *n* tablet, pill ‖ **~t szed** *(fogamzásgátlót)* be* on the pill, be* taking the pill

tabló *n (fénykép)* group photograph

tábor *n* camp ‖ **~t üt** pitch (one's) camp, set* up camp; **~t bont** break*/strike* camp

tábori *a* field-; army- ‖ **~ konyha** field--kitchen; **~ lelkész** army chaplain

tábornagy *n* field-marshal

tábornok *n* general

tábornoki *a* general's, of a general

táboroz *v* camp (out), be*/stay in camp

táborozás *n* camping

tábortűz *n* camp-fire

tabu *n* taboo

tacskó *n* basset (hound), dachshund

tag *n (testé)* limb, member, part ‖ *(cégé)* member, partner ‖ *(egyesületé)* member; *(tud. munkatárs)* fellow, associate ‖ *biz (ember)* bloke ‖ **a British Academy ~ja** fellow of the B.A.; **az MTA (rendes) ~ja** member of the Hungarian Academy; **minden ~ja reszket** tremble in every limb

tág *a (laza, bő)* loose, wide; *(cipő stb.)* loose-fitting ‖ *(széles nyílású)* wide(-open) ‖ *(tágas)* large, spacious, wide, roomy ‖ *átv* wide; *(szabály, keretek)* broad; *(fogalom)* vague; *főleg US:* catch-all ‖ **~ fogalom** a nebulous/vague concept; **~ra nyit vmt** open sg wide

tagad *v* ált deny ‖ *(ellentmond)* contradict, gainsay* ‖ *(nem ismer, el)* disclaim, refuse to admit*/accept, disown, disavow ‖ **nem lehet ~ni** there is* no denying it; **kereken ~ja** flatly deny sg, deny sg point-blank; **~ja bűnösségét** plead* not guilty

tagadás *n* ált denial, denying ‖ *fil, nyelvt* negation

tagadhatatlan *a* undeniable ‖ **~ul** undeniably, undoubtedly

tagadó *a* negative ‖ **~ mondat** negative sentence; **~ válasz** negative answer

tagadószó *n* negative particle

tagállam *n* member-state

tágas *a* spacious, large, roomy, wide

tagbaszakadt *a* sturdy, robust, hefty strapping, husky ‖ **~ legény** sturdy lad

tagdíj *n* subscription, membership fee/money

tagdíjbeszedés *n* collection of subscriptions

taggyűlés *n* (general) meeting; *(párté)* party meeting

tágít *v (szűk tárgyat)* widen, enlarge; *(cipőt)* stretch; *(feszülőt)* slacken, loosen ‖ **nem ~** (s)he won't back down (*v.* give* an inch)

tagkönyv *n* membership card/book

tagmondat *n nyelvt* clause

tagol *v (részekre oszt)* divide (sg) into [parts, chapters etc.] ‖ *(beszédet)* articulate, enunciate clearly

tagolód|ik *v (mű)* fall* into, be* divided into

tagország *n* member-state/country

tagozat *n* ált section, branch

tagozódás *n* division (into parts)

tagság *n (intézményhez való tartozás)* membership ‖ *(tagok)* membership *sing. v. pl*, members *pl*

tagsági igazolvány *n* membership card

tágul *v* ált become* larger/wider, enlarge; *(test hő hatására)* expand; *(pupilla)* dilate ‖ *átv* widen, broaden

tágulás *n* ált enlargement; *(hőhatásra)* expansion

tahó *a/n* elít boor, lout, clodhopper, yokel, *US* hick, *GB* yob, oik

táj *n (hely)* region, country, land ‖ **a világ minden ~áról** from all corners/parts of the world; **öt óra ~ban** (round) about (*v.* around) 5 (o'clock)

tájegység *n* region, area

tájék *n* region, country, land ‖ **még a ~án sem voltam** I have never been anywhere near it

tájékozatlan *a* uninformed, ignorant

tájékozatlanság *n* lack of information, ignorance

tájékozódás *n (térben és átv)* orientation; *(érdeklődés)* inquiry

tájékozódási *a* **~ futás** orienteering; **~ futó** orienteer

tájékozód|ik v *(térben)* orientate, US orient oneself, find* one's way around || *átv* get* one's bearings; *(érdeklődik)* inquire about/into; *vmben* go*/look into sg

tájékozott a *vmben* (be*) familiar with sg, (be*) knowledgeable about sg, (be*) well-versed in sg

tájékozottság n familiarity (with), knowledge (of)

tájékoztat v *(felvilágosít vkt vmről)* inform sy about/of sg, inform sy that ..., instruct sy in sg, give* sy information about/on sg || **vkt folyamatosan ~** keep* sy posted (about sg)

tájékoztatás n *(felvilágosítás)* information *(pl* ua.) (on/about); *(utasítás, eligazítás)* instruction, directions *pl* || **~ul** for your information/guidance

tájékoztató 1. a **~** *(jellegű)* informative, giving information *ut.*; **~ szolgálat** information (service) **2.** n *(ismertető)* guide, prospectus, brochure; *(egylapos)* information sheet; *(hivatalos)* press release || **múzeumi ~** museum guide

tájfun n typhoon

tájjellegű borok n *pl* local wines, wines of the region

tájkép n landscape, scene, view

tájkertészet n landscape gardening

tájnyelv n dialect, vernacular

tájoló n compass

tájszó n dialect/local word

tájszólás n (provincial) dialect, patois

tajték n *(folyadékon, szájon)* foam, froth; *(tengeren)* foam, spume, surf

tajtékos a *(folyadék, száj)* foaming, foamy, frothy; *(tenger)* foaming, spumy || **~ hullám** the surf, roller

tajtékz|ik v foam, froth || *átv* fume || **~ik a dühtől** foam with rage, be* foaming at the mouth

tájvédelmi körzet n landscape-protection area

takács n weaver

takar v *(fed)* cover *(vmvel* with) || *vmt vmbe* wrap/bundle sg (up) in sg, envelop sg in sg || *átv (rejt)* hide*, cloak

takarékbetét n (savings) deposit [in a savings bank]

takarékbetétkönyv n savings book, passbook

takarékláng n low flame, economizer || **~ on van** be* placed on the back burner

takarékos a *(személy)* economical (with), careful (with), thrifty || *(dolog)* economical || **~ ember** a saver

takarékoskod|ik v *vmn/vmvel* save/economize on sg; *(félretesz)* save (up) (for sg), make* savings || **~ ik az erejével** husband/save one's strength/energies

takarékosság n economy, thrift, saving

takarékpénztár n savings bank

takargat v *átv* try to cover up (v. hide) sg

takarít v clean/tidy up, make* [the room/flat] tidy

takarítás n cleaning/tidying (up)

takarító(nő) n cleaner; *(bejárónő)* cleaning woman°/lady, *biz* daily

takarmánynövény n fodder-plant/crop

takaró n *(pokróc)* blanket; *(paplan)* quilt, duvet || *(ágyon)* bedspread

takarod|ik v **~j!** get out (of here)!, clear off!

takarodó n *(harcban)* retreat; *(este)* tattoo || **~t fúj** *(harcban)* sound the retreat; *(este)* sound the tattoo

takaró(d)z|ik v *(takaróval)* cover/wrap/muffle oneself up || *átv vmvel* plead* sg

taknyos a snotty; *(náthás, igével)* snivel (US -l), have* a runny nose

tákolmány n *(kontármunka)* botch, shoddy piece of work; *(építmény kb.)* shanty

takony n snot, dirt from the nose

taktika n *kat* tactics *pl* v. *sing* || *(fogások)* tactics *pl*

taktikai a tactical

taktus n time || **megadja a ~t** give* the beat/time; **üti a ~t** beat* time

tál n ált dish; *(leveses)* tureen; *(nagy lapos)* platter; *(kisebb gömbölyű)* bowl; *(tűzálló)* casserole; || *(fogás)* course, dish || **egy ~ főzelék** a dish of vegetables

talaj n *(föld)* soil, earth; ált ground, land

talajgyakorlatok n *pl* floor exercises

talajjavítás n soil-amelioration/improvement, (land) reclamation

talajművelés n (soil) cultivation

talajtan n soil science

talajtorna n *sp* floor exercises *pl*

talajvíz n subsoil/ground water

talál v ált find*; *(véletlenül)* discover || *vmlyennek* find*, consider, think*, deem || *(hozzájut)* find*; *vmre/vkre* meet*, come* across, discover *(mind:* sg/sy) || *(vhogyan ~ vmt)* find* || *(lövés)* hit* the target/mark; *(átv, megjegyzés stb.)* strike* home || **ha esni ~na az eső** if it should rain; **jó állást ~t** (s)he's found a good job; **jónak ~** think*/find* sg proper/advisable/good, approve (of); **senkit sem ~t otthon** he found nobody at home *(v.* in); **úgy ~om, hogy** as far as I can judge, in my opinion, to my mind; **végre ide ~tam** I('ve) found my way here at last; **zárva ~ta a kaput** he found the gate closed

tálal v *(ételt)* serve (up), bring* in, *biz* dish up/out || *átv vhogyan* present, serve/dress up || **a vacsora ~va (van)** dinner is served

tálalás *n (ételé) biz* serving, dishing up ‖ *átv* presentation, dressing
találat *n (sp is)* hit ‖ **ötös ~a van** *(lottóban)* (s)he hit the jackpot, (s)he won first prize
találékony *a* inventive, ingenious
találékonyság *n* inventiveness, ingenuity
találgat *v* (try to) guess *(vmt* at sg), make* guesses
találgatás *n* guessing, guesswork, conjecture
található *a* to be found *ut.* ‖ **sehol sem ~** nowhere to be found
találka *n* rendezvous, date, assignation
találkozás *n (embereké, ált)* meeting; *(véletlen)* encounter; *(megbeszélt)* appointment
találkoz|ik *v ált vkk* meet* *(vkvel* sy); *(véletlenül)* run* into sy, fall* in with sy, *US* meet* with sy ‖ *(dolgok)* meet*; *(utak)* meet*, join ‖ **du. 2-kor ~om X-szel** I have an appointment with X at 2 p.m.; **hol ~hatnék veled?** where could we meet?; **még sohasem ~tunk** we've never met (before); **~ik vmvel** *(tapasztal vmt)* meet* with sg, run* into sg, experience sg
találkozó *n* meeting, appointment, rendezvous ‖ *sp* sports meeting, meet; match ‖ **barátságos ~** friendly (match); **~t beszél meg vkvel** make*/fix an appointment (*v. US* a date) with sy, arrange to meet sy
találkozóhely *n* meeting place/point ·
találmány *n* invention
találó *a* right, proper, apt, appropriate ‖ **~ megjegyzés** apposite/apt/telling remark, *biz* bull's-eye; **~ an** rightly, aptly
tálaló *n (helyiség)* pantry ‖ *(szekrény)* sideboard
tálalóasztal *n* dumb waiter, sideboard
találomra *adv* at random
találós kérdés *n* riddle, puzzle
talált *a* found, discovered ‖ **~ gyermek** foundling
talán *adv* perhaps, *biz* maybe ‖ **~ igen, ~ nem** perhaps so perhaps not, maybe yes maybe no
talány *n* riddle, puzzle, enigma
talányos *a* enigmatic(al), mysterious, puzzling
talapzat *n (szoboré)* pedestal, base; *(oszlopé)* base, socle
talár *n* gown, robe
tálca *n* tray, platter
talicska *n* (wheel)barrow
talicskáz *v* wheelbarrow, carry (sg) in a barrow
talizmán *n* talisman, amulet, mascot
tallózás *n* gleaning; *(könyvekben)* browsing, browse
tallóz(ik) *v* glean (sg from sg) ‖ **könyvekben ~ik** browse among books
tallózó folyóirat *n* digest
talp *n (emberé)* sole ‖ *(macskaféléké)* paw; *(más állatoké így is)* pad, foot° ‖ *(cipőé)* sole ‖ *(tárgyé, műsz)* support, prop, sole, bottom ‖ **ember a ~án** a man indeed, a man's man, a fine fellow; *biz* **földobja a ~át** turn up one's toes; **~ig becsületes** absolutely/thoroughly honest; **~ig férfi** every inch a man; **~on van** *(fent van, betegség után)* be* up and about, be* on one's feet (again); *(sokat áll)* be* on one's feet
talpal *v (gyalogol)* tramp, traipse around, trudge ‖ *(cipőt)* (re-)sole
talpalás *n (gyaloglás)* tramping, traipsing around, trudging ‖ *(cipőé)* (re-)soling
talpalatnyi föld *n* a patch of soil, foothold
talpalávaló *n* lively dance-music
talpas pohár *n* goblet
talpbetét *n (bélés)* inner sole, insole ‖ = lúdtalpbetét
talpfa *n* sleeper, *US* tie
talpkő *n* foundation-stone; *átv* keystone
talpnyalás *n* bootlicking, flattery
talpnyaló *n* bootlicker, toady
talpraesett *a* **~ gyerek** bright *(v.* quick-witted) child°; **~ válasz** snappy/smart repartee
táltos *n (sámán)* shaman, priest-magician ‖ *(paripa)* magic steed
tályog *n* abscess
támad *v (keletkezik)* arise*, crop up, spring* up ‖ *vkre, vkt/vmt* attack (sy/sg) ‖ **(erős) szél ~t** a (strong) wind sprang up; **nekem ~t, hogy miért késtem** he rounded on me for being late; **~t egy ötletem** I've had an idea
támadás *n* attack ‖ **~t indít** take* the offensive (against), launch an attack (on)
támadó 1. *a (ember)* aggressive, offensive ‖ *(eredő)* (a)rising, originating ‖ **~ fegyverek** offensive weapons **2.** *n* attacker, aggressor
támadójátékos *n sp* striker, forward
támasz *n* brace, support, stay ‖ *átv* mainstay, support, pillar ‖ **öregségének ~a** stay/comfort of sy's old age
támaszkod|ik *v vmhez, vmre* lean*/prop against [the wall, door etc.], lean* on [the piano etc.] ‖ *(átv vkre)* depend/rely/lean* on sy
támaszpont *n* ált point of support, foothold ‖ *kat* base
támaszt *v vmhez* lean*/prop sg against [the wall etc.] ‖ *(okoz)* bring* about, cause, create ‖ **igényt ~ vmre** lay* claim sg
támla *n* back [of chair]

támlás *a* backed [chair]
támogat *v* *(fizikailag)* support, prop up || *(erkölcsileg, anyagilag)* aid, assist, back (up), bolster up, help *(mind:* sy), be* behind sy; *(pénzzel)* give* financial assistance to; *(ügyet, társaságot pénzzel)* sponsor; *(államilag)* subsidize, support || *(kérést)* support, back
támogatás *n* *(fizikailag)* support(ing) || *átv* aiding, assistance, backing (up); *(anyagi)* financial aid/assistance; *(ügyé, társaságé)* sponsoring, sponsorship || **állami** ~ subsidy
támolyog *v* stagger, totter, reel
támpillér *n* buttress, counterfort
tampon *n* *orv* tampon; *(sebhez)* swab; *(egészségügyi)* tampon, sanitary pad
támpont *n* point of reference, basis *(pl* bases)
tan *n* *(tétel)* doctrine, tenet, dogma, thesis *(pl* theses) || *(tudományág)* science (of), study, theory
tanács *n* *(baráti stb.)* piece of advice, advice *(pl* ua.); *(tipp)* (important) tip, hint || *(tanácsadó testület)* council, board || *(államigazgatási szervezet egysége)* council || *(bíróság)* division [of a court of justice] || **jó** ~ (a) good advice; **helyi** ~ local council, *GB* local authority, *US* local government; **kerületi** ~ district/local council, *(Londonban)* borough council; **megyei** ~ county council, *GB* local authority, *US* local government; ~**ot ad vknek** give* advice to sy, give* sy (a piece of) advice, advise sy (on sg); ~**ot kér vktől** ask sy for (his/her) advice, ask for sy's advice, consult sy (on sg); **városi** ~ city/town *(US* municipal) council
tanácsadás *n* (giving of) advice, advising, consultation, guidance || **házassági** ~ marriage guidance
tanácsadó 1. *a* advisory, consultative **2.** *n* *(személy)* adviser, advisor, counsellor *(US* -selor); *(szakmai)* consultant; *(elnöké, miniszteré)* advisor, *US* aide || *(intézmény)* advice centre *(US* -er); *(jogi)* legal advice centre *(US* -er); *(egészségügyi)* health advisory centre *(US* -er) || **nemzetbiztonsági** ~ national security advisor
tanácselnök *n* president of the council, *GB* leader of the council || *(bírósági)* president of a court division
tanácsháza *n* *(városi)* town hall || **megyei** ~ county hall
tanácsi *a* council || ~ **(bér)lakás** *kb.* council flat/house
tanácskozás *n* conference, discussion, deliberation
tanácskoz|ik *v* *ált* hold* a meeting/conference; *(vkvel vmről)* confer with sy (on/about sg), consult (with) sy (about sg) || ~**nak** they are in/having a meeting, they are in conference
tanácsköztársaság *n* **a (Magyar) T**~ Hungarian Soviet Republic
tanácsol *v* *vknek vmt* advise sy to ... (*v*. that ...)
tanácsos 1. *a* advisable, wise, prudent, expedient || ~ **lesz itthon maradni** we had better/best stay at home; **nem** ~ inadvisable, inexpedient **2.** *n* councillor || **követségi** ~ counsellor; **miniszteri** ~ ministerial counsellor
tanácstag *n* member of a/the council, council member, councillor *(US* -ilor)
tanácstalan *a* helpless, perplexed; *(igével)* be* at a loss (what to do)
tanácsterem *n* council-room/hall
tananyag *n* syllabus *(pl* syllabuses)
tanár *n* *(iskolai)* (school) teacher, schoolmaster; *(nő)* schoolmistress || *(professzor)* professor || **a T**~ **úr** *(pl. neves orvosprofesszor)* Professor X *(v. csak)* Mr. X; **angol**~ teacher of English, English teacher; ~ **úr kérem ...** (please) Sir ...
tanári *a* teacher's || ~ **állás** teaching post/position; ~ **kar** teaching staff; ~ **oklevél** teacher's/teaching diploma; ~ **szoba** senior common room
tanárjelölt *n* student *(v. US* training) teacher
tanárképző főiskola *n* (teacher-)training college, *GB* college of education, *US* teachers college
tanárnő *n* teacher, schoolmistress || ~ **kérem ...** (please) Miss/Mrs. *(és a tanárnő vezetékneve)*
tanársegéd *n* assistant lecturer, *US* instructor
tánc *n* *(cselekvés)* dance || *(alkalom)* dance; ball
táncdal *n* pop song
táncdalénekes *n* pop singer/star
táncdalfesztivál *n* pop music festival
táncegyüttes *n* dance ensemble
táncest(ély) *n* dance, ball
táncház *n* dance hall
tánciskola *n* dancing-school
táncjáték *n* ballet
tánckar *n* (corps de) ballet
tánclemez *n* dance record
táncmulatság *n* ball, dance
táncol *v* *ált* dance || *(ugrál)* skip; *(csónak vízen)* rock
táncos 1. *n* dancer **2.** *a* ~ **szórakozóhely** dance-hall
táncosnő *n* (professional/ballet) dancer, ballerina
tánctanár *n* dancing master, teacher of dance

táncterem n dance-hall
tánczene n dance music
tánczenekar n dance (band/orchestra; *(kisebb, főleg dzsessz)* combo
tandíj n school fees; *(főleg főiskolán v. egyetemen)* tuition fees, fees *(mind: pl)*
tandíjmentes a exempt from school/tuition fees *ut.*
tandíjmentesség n exemption from school/tuition fees
taneszköz n school equipment
tanév n *(iskolai)* school year; *(egyetemi)* academic year, session
tanfolyam n course
tangóharmonika n piano accordion
tanít v ált teach* [at school]; vkt vmre teach* sy sg, teach* sg to sy, instruct sy in sg ‖ **történelmet** ~ teach* (sy) history; **úszni** ~**ja a gyereket** teach* a child° (how) to swim
tanítás n ált teaching, instruction ‖ *(az órák)* lessons pl, classes pl
tanítási a teaching, educational ‖ ~ **idő** school(-time); **angol** ~ **nyelvű iskola** English medium school; ~ **szünet** holiday
tanító n (primary school) teacher, schoolmaster, *US* grade teacher ‖ ~ **néni kérem** please Mrs. X
tanítói a teacher's, of a teacher *ut.* ‖ ~ **pályára lép** go* into teaching, take* up teaching
tanítójelölt n teacher trainee, practice teacher
tanítóképző n (teacher-)training college
tanítónő n (woman°) teacher, schoolmistress
taníttat v vkt send* sy to school, provide education for [one's children]
tanítvány n *(tanuló)* pupil, student ‖ *(eszmei)* disciple, follower ‖ **X** ~**a volt** he studied under X [at the university]
tank n tank
tankhajó n tanker
tankol v fill up
tankönyv n textbook, coursebook
tanrend n timetable
tanszabadság n academic freedom
tanszak n ált branch of study/learning; *(főiskolán, egyetemen)* faculty
tanszék n *(mint intézmény)* chair; *(mint helyiség)* department ‖ **az angol** ~ **the** Department of English, the English Department
tanszéki a departmental
tanszékvezető n *(egyetemi tanár)* head/chairman° of department
tanszer n school equipment
tantárgy n subject ‖ **kötelező** ~ compulsory subject

tanterem n classroom, schoolroom; *(főiskolán, egyetemen)* lecture room; *(kisebb)* seminar room; *(lépcsőzetes padokkal)* lecture theatre *(US* -er)
tantestület n teaching staff; *(US főiskolai, egyetemi)* faculty (staff)
tántorgás n reel(ing), stagger(ing)
tántorgó a reeling, staggering, tottering ‖ ~ **léptekkel** with a stagger
tántoríthatatlan a unshakable, unfaltering, unflinching, unwavering
tántorog v reel, stagger, totter
tantusz n token, counter ‖ **(végre) leesett a** ~ *GB* the penny (has) dropped, it finally/suddenly clicked
tanú, n ált és jog witness ‖ ~**ja vmnek** be* a witness to sg; ~ **k előtt** in front of witnesses
tanúbizonyság n *(tanúskodás)* evidence, testimony, witness
tanújel n proof, evidence ‖ ~**ét adja vmnek** give*/provide proof of sg
tanúkihallgatás n hearing of witnesses
tanul v vmt learn*; *(tanulmányokat folytat)* study; *(egyetemen)* study, *GB* így is: read* [history, law, etc.] (at . . .), be* reading *(v.* read*) for a degree in [history, law etc.] ‖ **a debreceni egyetemen** ~ (s)he is studying at the University of Debrecen; **a TTK-n** ~ (s)he is reading science; **angolul** ~ learn* English; **az orvosi egyetemen** ~ study medicine, be* studying to be a doctor; **fizikát** ~ *(egyetemen stb.)* study/read* physics (at . . .); *(középiskolás, otthon)* be* studying *(v. biz* doing) physics; **jogot** ~ read* law, *US* study law; **jól** ~ X is* a good student, X is* doing well at school; **kívülről** ~ learn* (sg) by heart; **vktől** ~ learn* from sy
tanulás n learning, study(ing); *(készülés)* preparation (for school)
tanulatlan a uneducated, without education *ut.*
tanulmány n *(tanulás)* study ‖ *(írott)* study; *(rövidebb)* essay ‖ **jogi** ~**okat folytat** study *(v. GB* így is: read*) law; ~**ai végeztével** ... (up)on/after graduating; *(egyetemi)* ~**ait a londoni egyetemen végezte** he graduated from London University
tanulmányi a study ‖ ~ **eredmény** school achievement; ~ **kirándulás** *(iskolai)* school trip/excursion; *(egyetemistáké, kutatóké stb.)* field trip; ~ **verseny** schools competition/contest
tanulmányoz v study, make* a study of (sg)
tanulmányozás n study(ing); *(vizsgálat)* investigation, inquiry *(US* inquiry)

tanulmányút *n* study tour/trip/visit, *(kutatóké)* field trip
tanulnivaló *n* sok a ~ m I have* a great deal of studying to do
tanuló 1. *n ált* school child°; *(kisiskolás)* pupil; *(ált. felsős és közép)* student, (grammar/secondary school) boy/girl, US high school boy/girl; *(szakmunkás~, bolti stb.)* trainee || **jó** ~ (be*) a good student; *(igével)* be* doing well at school **2.** *a* ~ **pénztáros** training cashier; ~ **vezető (T)** *(gépkocsi)* learner driver *(röv L)*
tanulóifjúság *n (ált isk)* schoolchildren *pl*; *(középiskolás)* students *pl*; *(egyetemi)* students, undergraduates *pl*
tanulószoba *n* schoolroom, preparation room
tanulság *n* lesson || **erkölcsi** ~ the moral [of a story]
tanulságos *a* instructive, illuminating, salutary [lesson], edifying
tanult *a* learned, erudite, educated || ~ **ember** a learned man°, an educated man°, a man° of learning
tanúság *n* evidence, testimony || **~ot tesz vmről** give* evidence/proof of sg
tanúsít *v (jelét adja)* give* proof/evidence of || *(igazol)* attest to (sg), certify (sg), bear* witness to (sg)
tanúsítvány *n* certificate
tanúskodás *n* (bearing) witness, (giving) evidence, testifying
tanúskod|ik *v (tanúként nyilatkozik)* give* evidence (of sg that ...); *(igazol)* bear* witness to (sg)
tanúvallomás *n* evidence, testimony, statement || **~t tesz** give* evidence (*v.* witness) (*vk mellett* for sy, *vk ellen* against sy); **hamis ~t tesz** give* false evidence, bear* false witness
tanúzás *n* **hamis** ~ perjury, false witness/evidence
tanya *n mezőg* small farm, homestead, US ranch || *(állaté)* lair, den, nest
tányér *n* plate || **egy ~ leves** a bowl/plateful of soup
tányérsapka *n* (flat) service cap
táp *n mezőg* nutrient, feed
tapad *v vmhez* stick*/adhere/cling* to || *(tapadós)* be* sticky/tacky
tapadás *n* sticking, adhesion, clinging
tapadó(s) *a ált* sticky, tacky, sticking
tápanyag *n* nutrient, nutritive(s), nutritive material/matter
tapasz *n (sebre)* (sticking) plaster, US adhesive tape
tapaszt *v (vakol)* plaster over; *(kályhát)* plaster up || *vmhez* stick* sg to sg
tapasztal *v ált* experience, learn*

tapasztalat *n ált* experience; *(megfigyelés)* observation
tapasztalatcsere *n* exchange/pooling of (technical) experience/expertise
tapasztalatlan *a* inexperienced, green || ~ **ifjonc** *(= zöldfülű) biz* greenhorn, cub [reporter etc.]
tapasztalatlanság *n* inexperience, lack of experience
tapasztalt *a* experienced, skilled *(vmben* in sg)
tápegység *n el* power supply unit, supply source
tápérték *n* nutritive value
tapéta *n* wallpaper
tapétás *a* papered
tapétáz *v* (wall)paper [the walls]; *(lakást)* decorate [a flat/house/room etc.]
tapétázás *n* (wall)papering, decorating
tapint *v* touch, feel*, finger || **elevenére** ~ touch sy on the raw
tapintás *n (folyamat)* touch(ing), feel(ing) || *(érzék)* (sense of) touch
tapintat *n* tact, discretion, consideration
tapintatlan *a* tactless, indiscreet || ~ **megjegyzést tesz** make* a tactless remark, commit a faux pas
tapintatlanság *n ált* tactlessness, indiscretion
tapintatos *a* tactful, discreet || ~ **ember** man° of tact; **~an** tactfully
táplál *v ált* feed*, nourish || *(szoptat)* suckle, nurse, breast-feed* || *(gépet)* feed* || *(érzelmet)* cherish, foster, keep* (sg) alive; *(reményt)* nurse, cherish
táplálás *n ált* feeding, nourishing, nutrition || *(csecsemőé)* nursing, suckling, breast-feeding || *(gépé)* feeding
táplálék *n (emberi)* food, nourishment, nutriment; *(állati)* nutrient, feed
táplálkozás *n* nutrition || **hiányos ~** malnutrition
táplálkozástudomány *n* (the science/study of) nutrition
táplálkoz|ik *v (ember)* eat* sg; *(állat)* eat* *(vmvel* sg), feed* *(vmvel* on sg)
tápláló *a (kalóriadús)* nourishing, nutritious; *(étkezés)* substantial
táplált *a* fed, nourished || **jól ~** well-fed/-nourished; **rosszul ~** undernourished
tapló *n* tinder
tapodtat *n* ~ **sem enged** not yield an inch
tapogat *v* feel* *(vm után* for sg)
tapogató 1. *a* feeling, touching **2.** *n (szerv)* feeler, tentacle; *(csigáé)* horn
tapogatódzás *n (kézzel)* groping about, feeling one's way || *átv* sounding out, exploratory talks *pl*

tapogatódz|ik v *(kézzel vm után)* feel*/ grope [in one's bag/pocket etc.] for sg || *átv* feel* one's way, put* out feelers [to see if ...], take* soundings || ~**ik vknél** *(vm ügyben)* sound sy out on sg

tapos v *vmre, vmt* tread*/trample on sg || ~**sa a pedált** pedal *(US* -l) (along)

táppénz n sickness benefit, sick pay || ~**en van** be* on sick-leave/pay

táppénzes a/n ~ **(beteg)** person on sickness benefit (v. *sick-pay)*

taps n applause, clapping || ~**ot kap** be* applauded

tápsó n fertilizer, chemical manure

tapsol v clap; *vknek* applaud sy

tapsvihar n thunderous applause

tápszer n nutriment, nutritive; *(készítmény)* food preparation

tár[1] v *(kinyit)* throw* open, open wide || **vk elé** ~ disclose/show* (sg) to sy

tár[2] n *(tárolóhely)* depot, store(-house), magazine || *szt* store, storage, memory || *(múzeumban)* cabinet, collection || *(puskában)* magazine || **ismeretek** ~**a** encyclopaedia (US -ped-)

tára n tare

taraj n *(madáré)* comb, crest || *(sisaké)* crest; *(hullámé)* surf, crest

tarajos a *(állat)* crested || ~ **hullám** breaker, combing wave(s), surf

tárca n *(zsebbe)* wallet, *US* billfold || *(miniszteri)* portfolio, *(hírlapi)* feuilleton

tárcsa n *műsz és ált* disc, *US* disk || *(telefonon)* dial

tárcsahang n dialling tone, *US* dial tone

tárcsáz v *(telefonon)* dial (*US* -l)

tárcsázás n dialling (*US* -l-) || **közvetlen** ~ direct dial(l)ing

taréj n → **taraj**

targonca n barrow, *(főleg US)* pushcart; *(pályaudvari)* trolley; *(egyéb)* truck

tárgy n object, article, thing || *(írásműé, képé)* subject, theme; *(beszélgetése)* topic, subject; *object* || *isk* subject || *nyelvt* (direct) object || **a** ~**ra tér** come*/get* to the point, *kif* get* down to brass tacks; **vita** ~**a** issue, the matter in dispute, bone of contention

tárgyal v *(tárgyaláson vesz részt)* be* in conference, be* in/at a meeting || *jog (bíróság tárgyalást folytat)* hold* a trial/ hearing; *(egy ügyet tárgyal)* hear* a case; *(büntetőügyet)* try a case || *(fejteget)* discuss (sg), treat [a subject], deal* with (sg) || ~ **vkvel** have* discussions/talks with sy, negotiate/confer with sy; ~ **vmről** *vkvel* discuss sg *(v.* a/the matter) (with sy), confer with sy about/on sg, talk over sg (with sy)

tárgyalás n *ált* conference, discussion(s), negotiation(s), talk(s); *(ülésen)* debate, discussion; *pol* negotiation(s), talks *pl*; *ker (üzleti)* trade talks *pl* || *(bírósági)* hearing, proceedings *pl*; *(büntető)* trial; || *(írásműben)* treatment [of a subject] || ~**okat folytat** have* talks/discussions, carry on negotiations; **zárt** ~ hearing in camera

tárgyaló 1. a ~ **fél** negotiating party, negotiator **2.** n *(helyiség)* conference room

tárgyalóterem n *(bírósági)* courtroom

tárgyas ige n transitive verb

tárgyatlan ige n intransitive verb

tárgyeset n accusative (case), case of the object

tárgyi a material, positive, real, objective || ~ **bizonyíték** material/substantive proof

tárgyilagos a objective, detached, unbias(s)ed || ~**an** without bias, objectively, impartially

tárgyilagosság n objectivity, impartiality, detachment

tárgykör n field, domain

tárgymutató n (subject) index *(pl* indexes)

tárgytalan a *(érvénytelen)* (null and) void; *(már nem időszerű)* off the agenda *ut.*, overtaken by events *ut.*; *(már elintéződött)* all sorted out *ut.* || **tekintse** ~**nak** please disregard it, ignore it

tárház n *(raktár)* storehouse, repository

tarhonya n *kb.* farfel *pl*

tarifa n tariff

tarisznya n satchel, bag

tarja n *(disznóé)* spare ribs *pl*

tarka a brightly-coloured, multicoloured, colourful (*US* -or-), mottled, dappled, variegated || *(változatos)* colourful (*US* -or-), varied, variegated, diverse, mixed || ~ **bab** mottled/spotted bean

tarkabarka a (very) brightly coloured (*US* -or-), motley, gaudy

tarkáll|ik v be* a riot/mass of colour (*US* -or)

tarkaság n colour (*US* -or), profusion of colours (*US* -ors); *átv* variety

tarkít v *átv* spice sy with sg || **idézetekkel** ~**ott** interspersed/spiced with quotations *ut.*

tarkó n back of the head/neck, occiput

tárlat n (art) exhibition

tárlatvezetés n lecture, guided tour

tarló n stubble(-field)

tárló n showcase, display cabinet

tárna n adit

tarokk n tarot

tarokkoz|ik v play tarot

tárol v store, stock, keep* || be* stored [in a warehouse] || *szt* **adatokat** ~ store data/information

tárolás n storage, storing
tároló 1. a storing **2.** n *(tartó)* storage tank || *(tárolóegység)* storage unit
társ n ált companion, *biz* mate || *(hivatalban)* colleague; *(munkában)* fellow worker || *ker* partner, (business) associate(s) || ... **és** ~**a(i)** ... and/& Co.
társadalmi a social || **vk ~ helyzete** sy's social position/status; ~ **munka** *(ingyenes)* voluntary work, community service; ~ **osztály** social class; ~ **össztermék** gross national product (GNP); ~ **ösztöndíj** kb. sponsorship; ~ **rend** social order/system; ~ **tulajdon** *(az elv)* social/collective ownership; *(vállalat stb.)* social/collective property
társadalom n society, community
társadalombiztosítás n social insurance, *GB* National Health Service
társadalomtudomány n social science; *(szociológia)* sociology || ~**ok** *(nem természettudományok)* the arts subjects
társadalomtudományi a *(nem természettudományi)* arts ...
társalgás n conversation, talk
társalgási a conversational || ~ **nyelv** the language of conversation, *(bizalmas hangú)* colloquial language; ~ **nyelvi** colloquial, informal
társalgó n *(helyiség)* lounge; *(személy)* talker, conversationalist
társalog v vkvel talk/converse with sy, *biz* chat to/with sy
társas a social; *(együttes)* joint, collective, common
társaság n *(emberek együtt)* society, company, gathering; *(összejövetel)* party, gathering, assembly || *(vkvel való együttlét)* society, company, companionship || *(egyesület)* society, association || *ker* company; *(kft.)* US corporation; *(egyéb, főleg nem haszonra dolgozó)* association || **nem szereti a ~ot** (s)he doesn't mix well, (s)he is not very sociable; **rossz ~ba keveredik get*** into bad company; **szereti a ~ot be*** sociable, like parties *(v. going out)*; **vknek ~ában** in the company of
társasági törvény n the law on companies, Company Law
társasház n owner-occupied block
társasjáték n parlour *(US* -or*)* game; *(táblán játszott)* board game
társasutazás n package tour/holiday, all-inclusive tour
társasüdülő n block of (owner-occupied) holiday flats
társbérlet n co-tenancy
társbérlő n co-tenant
társít v associate (with)
tarsoly n bag

társszerző n co-author
társtalan a lonely
társul v vkvel ált associate with sy; *(vállalkozásban)* enter into partnership with sy || *vm vmhez* be* coupled with sg
társulás n association
társulat n szính (theatre) company
tart[1] v vkt, vmt hold*, keep* || *(vhol, vhogyan ált)* keep* || *(alkalmazottat)* employ; *(állatot)* keep* || *(vmnek ítél)* think*, consider, hold*, deem *(mind:* sg), regard as || *(értékel)* value, think*, make* || **jól ~ vkt** look after sy well; **jól ~ja magát** be* well-preserved, look good/well for his age; **jónak ~ vmt** find*/think* sg good; **(kérem,)** ~**sa a vonalat!** hold/hang on!; **kocsit ~** run* a car; **maganál ~ vmt** keep* sg by/on oneself, keep* sg in one's possession; **nagyra ~** set* great store by, esteem (sg/sy) highly; *(fogva)* **ott ~ották a rendőrségen** he was *(v.* has been) detained by the police; **pénzét bankban ~ja** keep* one's money in a bank; ~**ja magát vmhez** keep*/stick*/adhere to sg; **ülést ~** hold* a meeting; **vm(lyen)nek ~ják** (sg can) pass for (sg)
tart[2] v *(időben)* last, continue || *(tartós)* last*, keep* well; *(ruhaféle)* durable, long-lasting; *(igével)* wear* well || *(vmeddig eljutott)* be* *(v.* have got) swhere || *vmerre* make* for, keep* to, head for; *(hajó)* bear* down on || *vkvel* accompany (sy), go* (along) with (sy), *biz* tag along with (sy) || *vmtől, vktől* be* afraid of (sg/sy) || **attól ~ok, hogy** I am afraid (that); **balra ~** keep* to the left; **hol (is) ~ (ott)unk?** *(diktálásnál)* where were we?, where did we leave off?; **meddig ~ ...?** how long is it?, how long does it/sg last/take?; **merre ~(asz)?** which way are you headed/going?, where are you going to?; **nem ~ soká** it won't take/be long; *(nem váratlak soká)* I won't be long; **rövid ideig ~** it doesn't/won't take long
tárt a wide open || ~ **karokkal (fogad)** (welcome) with open arms
tartalék n reserve, reserves pl || *(játékos)* reserve, *biz* bench warmer
tartalékalkatrészek n pl spare parts, spares
tartalékállomány n reserves pl
tartalékol v reserve, keep* [money etc.] in reserve
tartalékos 1. a ~ **tiszt** reserve officer **2.** n reservist
tartalmas a *(étel)* substantial || *(írás, cikk stb.)* meaty || *(élet)* full
tartalmatlan a empty, superficial

tartalmaz v contain, hold*; *(magában foglal)* comprise, include
tartalmú a of/with a ... content *ut.*, containing ... *ut.*
tartalom n *(vmnek a lényege)* content, essence; *(tartalomjegyzék)* contents *pl* ‖ **a beszéd tartalma** the content of the speech; **a doboz tartalma** the contents of the box
tartalomjegyzék n contents *pl*, table of contents
tartály n container; *(folyadéknak)* tank, reservoir, cistern
tartályhajó n tanker
tartálykocsi n tank wagon, *US* tank car; *(gépkocsi)* tanker
tartam n duration, period, term ‖ **az előadás ~a alatt** during the performance
tartármártás n tartar sauce
tartás n *(folyamat)* holding, keeping, support ‖ *(testi)* posture, carriage, deportment ‖ *(jellembeli)* firmness of mind, strength of character, *biz* backbone ‖ *(anyagé)* strength, toughness ‖ *jog (eltartás)* maintenance, support ‖ **jó a ~a** carry oneself nicely, have a good deportment/posture; **nincs ~a** *tex* be* flimsy; **rossz a ~a** carry oneself badly; **~ra kötelezett** [person] obliged to pay maintenance/support
tartásdíj n *jog (elvált feleségnek)* maintenance; *(régebben)* alimony ‖ *(egyéb, pl. gondozotté)* keep, maintenance
tarthatatlan a untenable, insupportable ‖ **~ helyzet** intolerable situation
tartó 1. a *(súlyt)* holding, keeping ‖ *(időben)* lasting, enduring ‖ **rövid ideig ~** short-lived, passing, fleeting, transient; **10 napig ~** 10-day, lasting ten days *ut.* **2.** n *(súlyt)* support, prop, stay ‖ *(tok)* case, holder
tartogat v keep*/hold* in reserve/store, reserve ‖ **meglepetést ~** have* a surprise in store
tartógerenda n (main) beam, girder
tartomány n *(országé)* land, territory ‖ *(vidék)* province
tartópillér n supporting-pillar
tartórúd n rest/bearer bar
tartós a ált lasting; *(hosszú ideig tartó)* long-lasting, permanent ‖ *(árucikk)* durable; *(élelmiszer)* long-life *(főnévvel:* long-life) ‖ **~ elem** long-life battery; **~ eső** steady rain; **~ fogyasztási cikkek** durable goods, consumer durables
tartósít v *(élelmiszert)* preserve; process
tartósítóipar n food processing industry
tartósított élelmiszerek n *pl (főleg konzerv stb.)* preserved food(s); *(csak konzerv)* tinned *(US* canned) goods; ált processed foods

tartósság n lastingness, durability, durableness, permanence
tartozás n *(pénzösszeggel)* debt
tartozékok n *pl* accessories, appurtenances
tartoz|ik v vknek vmvel owe sy sg ‖ *(vmt tenni)* be* obliged to [do sg], *(kötelessége)* ought to do sg ‖ vkhez/vmhez belong to sy/sg; *csak vmhez* (ap)pertain to sg ‖ vmbe fall* under/within, be* classed among ‖ vkre concern sy, be* the business of sy ‖ **a 3. rovatba ~ik** it comes under the third heading; **ez más lapra ~ik** that is quite another matter/story; **ez nem ~ik rám** it's no business of mine, *biz* it's not my pigeon; **mivel ~om?** vknek what (v. how much) do I owe you?; *ker* **~ik és követel** debit and credit
tartózkodás n *(vhol ideiglenesen)* stay; *(tartósan)* residence ‖ *(testi dologtól)* abstinence ‖ *(magatartás)* reserve ‖ *(szavazástól)* abstention ‖ **~ ideje** duration of stay; **30 napi ~ra érvényes** is* valid for 30 days' stay
tartózkodási a **~ engedély** residence permit; **állandó ~ hely** permanent (place of) residence, domicile
tartózkod|ik v *(vhol ideiglenesen)* stay; *(hosszabb időre)* reside, dwell* ‖ *(alkoholtól)* abstain from, *biz kif* be* on the wagon; *(dohányzástól, egyéb élvezetektől)* refrain from; *(bizonyos ételektől)* keep*/stay off, *biz* cut* out [fattening foods etc.] ‖ **szavazástól ~ik** abstain (from voting)
tartózkodó a *vhol* staying (swhere) *ut.* ‖ *(testi dologtól)* abstinent ‖ *(magatartás)* ′reserved, guarded; *(semleges)* noncommittal [attitude] ‖ **~an viselkedik** keep* one's distance, show* reserve
tartóztat v *(marasztal)* detain, keep* ‖ *(akadályoz)* hinder, delay, hold* up
tárul v open, disclose/unfold itself ‖ **gyönyörű látvány ~t a szeme elé** a wonderful scene unfolded before him/her
tárva-nyitva *adv* wide-open
tasak n bag; *(nejlon)* plastic/carrier bag
táska n ált bag; *(női)* (hand)bag, *US* purse; *(akta~)* briefcase; *(iskola~)* (school) satchel, schoolbag; *(úti~)* bag, suitcase
táskarádió n transistor (radio)
táskás a *(szem)* baggy
taszigál v jostle, shove/push sy about
taszít v *(lök)* push, thrust*, give* sg a shove ‖ *fiz* repulse; *átv vkt* repel
taszítás n *(lökés)* push(ing), thrust(ing), shove ‖ *fiz* repulsion
taszító a *(visszataszító)* repulsive; *(magatartás)* repellent

-tat, -tet *suff* make* sy do sg || **megjavíttat vmt** have*/get* sg repaired/fixed

tat *n* hajó stern

tát *v* open wide || ~**va maradt a szája** (s)he stood there gaping

tatár *n* Tartar

tatárbifsztek *n* steak tartare, tartar steak

tataroz *v (házat)* renovate

tatarozás *n (házé)* renovation

tátogat *v* gasp (for breath), be* gaping

tátong *v* gape, yawn || ~**ó szakadék** yawning gulf/chasm

tátott szájjal *kif* open-mouthed, gaping

táv *n (távolság)* distance, space; *sp* distance

tavaly *adv* last year || ~ **nyáron** last summer

tavalyelőtt *adv* the year before last, two years ago

tavalyi *a* last year's, of last year *ut.*

tavasz *n* spring || **tavasszal** in (the) spring

tavaszi *a* spring(-) || ~ **eső** spring rain

tavaszias *a ir* springlike, vernal || ~ **idő** spring(like) weather

tavaszod|ik *v* spring is* coming

távbeszélő *n* telephone → **telefon**

távcső *n (kétcsövű)* binoculars *pl*; *(egycsövű)* telescope

távfutás *n* long-distance running

távfutó *n* long-distance runner

távfűtés *n* district-heating

távházasság *n* marriage by proxy

távhívás *n (belföldi)* dialled (direct) call *(US* -l-); *GB* subscriber trunk dialling (STD); *US* direct distance dialing; *(nemzetközi) GB* international subscriber dialling (ISD) || ~**sal hív vkt** *(külföldit)* dial straight through; make* an ISD call, dial direct (from ... to ...); *(belföldit)* make* an STD call

távirányítás *n* remote control || ~ **ú** *(repülőgép stb.)* unmanned, remotely controlled, pilotless

távirányító *n (tévéhez stb.)* remote control (handset/panel)

távírász *n* telegraphist; *US* telegrapher

távirat *n* telegram, *biz főleg US:* wire; *GB* Telemessage *(másnap reggel kézbesítik)* || **tengeren túli** ~ overseas telegram, cable(gram); ~**ot felad** send* (sy) a telegram

táviratcím *n* telegraphic/*(US* cable) address

távirati *a* ~ **iroda** news agency; **Magyar T**~ **Iroda** the Hungarian News Agency, MTI; ~ **űrlap** telegraph form/ blank

táviratilag *adv* by telegraph/telegram, telegraphically; *biz* by wire

táviratoz *v vknek* send* a telegram to sy; *főleg US, biz* wire sy; *(tengeren túlra)* cable sy, send* a cable(gram) to sy

távíró *n (készülék)* telegraph(ic apparatus)

távíróhivatal *n* telegraph office

távíróoszlop *n* telegraph pole/post

tavirózsa *n* water-lily

távkapcsoló *n* = **távszabályozó**

távközlés *n* telecommunications *pl*

távközlési *a* telecommunications || ~ **műhold** telecommunications satellite

távlat *n (perspektíva)* perspective || *(kilátás)* prospect, outlook, view || *(időbeli távolság)* distance || **ennyi idő** ~**ából** in retrospect

távlati terv *n* long-term/range plan

távmérő *n fényk* range-finder

távoktatás *n GB kb.* Open University

távol 1. *adv* far (away) || ~ **áll tőlem** it is alien/foreign to my nature, I have not the slightest intention of ... ing; ...**tól/ től** ~ **levő** far away from ... ; ~ **esik vmtől** be* far away from sg; ~ **marad** stay/keep* away; ~ **tart vkt vmtől** *(óv)* shield/protect/keep* sy from sg; *(magától)* keep* sy at a distance; ~ **tartja magát vmtől/vktől** keep* away from sg/sy, avoid sy/sg; **egy hétig volt** ~ he was away (for) a week **2.** *n* distance, remoteness || **a** ~**ban** far away, in the distance, at a distance; ~**ból** from a/the distance; ~**ról** from afar, from a distance; ~**ról sem** not in the least, far from it, not at all, by no means

távolabb *adv (térben)* farther (off/ away); *átv* further

távolabbi *adv (térben és átv)* more remote/distant; *(időben)* longer-term

távoli *a* far-away, distant, remote || ~ **rokon** distant relation/relative

Távol-Kelet *n* the Far East

távol-keleti *a/n* Far Eastern, of the Far East *ut.*

távollátás *n* long-sightedness

távollátó *a* long-sighted

távollét *n* absence, non-attendance; *jog* non-appearance || **vk** ~**ében** in the absence of sy, while sy is away

távollevő 1. *a* absent, away **2.** *n* absent, absentee

távolod|ik *v vmtől* move/draw* away; *(hajó)* stand* away, clear off || *(érzelmileg)* become* distant/estranged

távolság *n (térben)* distance; *(útdarab)* stretch || *(időben)* interval, space of time || *(emberek közötti)* distance || **a két ház 400 m** ~**ra van egymástól** the two houses are 400 metres apart; **nagy** ~**ra van** it is a good distance away

távolsági *a* long-distance ‖ ~ **beszélgetés** national/inland call *(korábban GB:* trunk call); *US* long-distance call; ~ **busz** coach; ~ **buszpályaudvar** coach terminal/station
távolugrás *n* long jump
távolugró *n* long-jumper
távozás *n* ált departure, leaving ‖ ~**kor** when leaving
távoz|ik *v* ált leave*, depart; *(szállodából)* leave*, check out ‖ **angolosan** ~**ik** take* French leave, slip away
távprognózis *n* long-range weather forecast
távszabályozó *n (tévéhez)* remote control (handset/panel)
távúszás *n* long-distance swimming
távúszó *n* long-distance swimmer
távvezérlés *n* remote control
távvezeték *n el* high-tension line, power line ‖ *(olajé)* pipeline
taxaméter *n* taximeter
taxi *n* taxi, cab ‖ ~**ba ül** take* a taxi/cab; ~**t hív** *(telefonon)* ring* for *(v.* call) a taxi; ~**n megy (vhová)** take* a taxi/cab (to), go* by taxi/cab (to)
taxiállomás *n* taxi rank, *US* taxi stand, cabstand
taxisofőr *n* taxi/cab driver, *biz GB* cabbie
tbc = *tuberkulózis* tuberculosis, t.b., TB
te *pron* you; *(régen és vall)* thou ‖ *(birtokos)* your; *(régen és vall)* thy, *(magánhangzó,* ill. 'h' *előtt:)* thine ‖ **a** ~ **házad** your house; ~ **magad** you yourself; ~, **van egy ötletem** listen/hey I've got an idea
tea *n (növ és ital)* tea ‖ *(teázás)* tea ‖ **délutáni** ~ *(húsétel nélkül)* afternoon tea; **filteres** ~ tea bags *pl*; **iszik egy csésze** ~**t** have*/take* a cup of tea
teadélután *n* tea(-party)
teafőző *n* tea-kettle
teakonyha *n* kitchenette
teáscsésze *n* teacup
teásdoboz *n* (tea-)caddy
teáskanna *n (amiben beadják)* teapot ‖ *(amiben a vizet forralják)* tea-kettle
teasütemény *n* teacake(s), biscuit(s), *US* cookies *pl*
teaszűrő *n* tea-strainer
teatojás *n ker* new-laid egg ‖ *(teafőzéshez)* tea ball
teavaj *n* best/fresh butter
teáz|ik *v* have*/drink*/take* tea (*v.* a cup of tea)
téboly *n ir* = **elmebaj** ‖ *biz* **kész** ~ absolute nightmare, sheer madness
tébolyító *a* maddening, distracting
technika *n (tudomány)* technology; *(szűkebb értelemben)* engineering ‖ *(művészé, sportolóé stb.)* technique; zene ~ *(ujjtechnika)* finger action ‖ **a** ~ **kora** the age of technology
technikai *a (technológiai)* technological ‖ *(mesterségbeli)* technical ‖ ~ **fejlődés** advances in technology *pl*; **zene** ~ **követelmények** technical demands; ~ **tudás** *(zenei stb.)* technique; *(gyakorlati, ipari stb.)* technical skills *pl*; *biz* know--how
technikum *n* technical school
technikus *n* technician
technológia *n* technology ‖ **magasan fejlett** ~ high(ly developed) technology
technológiai *a* technological ‖ ~ **eljárás** technology, method/technique (of)
technológus *n* technologist
teendő *n* task, work (to do), duty, business ‖ ~**k (jegyzéke)** agenda; **mi (most) a** ~**?** what now?, what is* to be done?
téesz *n* = **termelőszövetkezet**
teflonedény *n* nonstick frying pan
téged *pron* you; *(régen és vall)* thee
tégely *n (olvasztáshoz)* crucible, melting pot ‖ *(patikai)* jar
tegez[1] *v* be* on first-name basis/terms with sy, tutoyer sy
tegez[2] *n tört* quiver
tegező viszony *n* first-name informality
tégla *n épít* brick ‖ *átv biz (beépített ember)* mole, plant
téglaépület *n* brick house/building
téglafal *n* brick wall, brickwork
téglagyár *n* brickworks, brickyard
téglalap *n* rectangle
téglapadló *n* brick-floor
téglarakás *n* heap/pile of bricks
téglavörös *a* brick-red
tegnap *adv* yesterday ‖ ~ **éjjel** last night; ~ **reggel** yesterday morning
tegnapelőtt *adv* the day before yesterday
tegnapi *a* yesterday's, of yesterday *ut.*
tehát *conj (következésképpen)* so, thus, consequently ‖ *(ez okból)* for this reason, therefore, accordingly ‖ *(úgyhogy)* so ‖ ~ **nem jössz** so you're not coming
tehén *n* cow
tehenész *n* dairyman°
tehenészet *n* dairy farm
tehénistálló *n* cow shed, *GB* byre
tehénpásztor *n* herdsman°, *US* cowboy
teher *n ált* burden, load, weight; *(rakomány)* cargo, freight ‖ *(anyagi)* burden, encumbrance ‖ *átv* burden ‖ **a házon sok a** ~ the house is heavily mortgaged; *jog* **büntetés terhe mellett** on/under pain of punishment; **hasznos** ~ payload; **számlám terhére** on (*v.* to the debit of) my account; ~**be ejt vkt** get*/make* sy pregnant; *(házasságon kí-*

vül) get* sy in(to) trouble; ~ be esik ált get*/become* pregnant; ~ ben van be* pregnant; **terhére van vknek** be* a nuisance/burden/bother to sy
teheráru *n* goods *pl, US* freight
teherautó *n* lorry, *US* truck; *(zárt, árukihordó)* van
teherbírás *n* load/weight-bearing capacity; *(max. terhelés)* maximum load; *(hajóé)* tonnage ‖ *(emberé átv)* stamina, endurance ‖ **nagy ~ ú** heavy-duty
teherbíró *a vm* heavy-duty; *vk* with great stamina *ut.*
teherforgalom *n* goods/freight traffic
teherfuvarozás *n* carriage/transport *(v. US* transportation) of goods/freight (by air/sea/rail/road)
teherhajó *n* cargo boat/vessel, freighter
teherhordó *n* porter, carrier
teherkocsi *n* vasút *(nyitott)* open goods wag(g)on, *US* open freight car; *(zárt)* covered goods van/wag(g)on, *US* boxcar
teherlift *n* goods lift, *US* goods/freight elevator
teherpályaudvar *n* goods station, *US* freight depot
teherszállítás *n* transport *(US* transportation) of goods
teherszállítmány *n* freight
teherszállító *a* ~ **repülőgép** cargo/ freight plane, (air) freighter
tehervagon *n* = **teherkocsi**
teherviselés *n (adóké)* bearing the burden of taxation
tehervonat *n* goods train, *US* freight train; *(konténeres, gyors)* freightliner, liner (train)
tehetetlen *a (személy)* helpless, impotent, powerless ‖ *fiz* inert ‖ ~ **düh** impotent rage
tehetetlenség *n (emberi)* helplessness, impotence, powerlessness ‖ *fiz* inertia
tehető *a (becsülhető; igével)* (can) be estimated/put at ‖ **jövedelme havi 12 000 Ft-ra** ~ his income can be put at 12,000 fts a month
tehetős *a* well-to-do
tehetség *n (tulajdonság)* talent, gift, ability ‖ *(személy)* talented person, highly gifted person ‖ **írói** ~ talent for writing; ~ **e van vmhez** have* talent/ gift for sg
tehetséges *a* talented, with a lot of talent *ut.; (igével)* have* a talent for sg ‖ **nagyon** ~ very/highly gifted/talented, brilliant; **zenében nagyon** ~ (s)he has a talent/gift for music etc.
tehetségtelen *a* untalented, ungifted
tej *n* milk ‖ ~ **be(n)-vajba(n) fürdik** live in the lap of luxury, be*/live in clover, *US* így is: live high off the hog

tejbedara *n* semolina pudding
tejberizs *n* milk/rice pudding
tejbolt *n* dairy
tejbüfé *n* milk bar
tejcsokoládé *n* milk chocolate
tejel *v (tehén)* give*/yield milk ‖ *biz (fizet)* stump up
tejelő *a* **jó** ~ **tehén** a good milker
tejes **1.** *a* milk-, milky **2.** *n* milkman°
tejeskanna *n (nagy)* milk-churn; *(kisebb)* milk-can
tejeskávé *n* white coffee
tejesköcsög *n* milk-jug
tejfog *n* milk-tooth°
tejföl *n* sour cream ‖ **nem fenékig** ~ (it is*) not all beer and skittles, not a bed of roses
tejfölösszájú *a* greenhorn, *kif* wet behind the ears
tejgazdaság *n* dairy (farm)
tejhozam *n* milk yield
tejipar *n* dairy industry
tejivó *n* milk bar, dairy
tejkaramella *n* caramel
tejkonzerv *n (sűrített)* condensed milk
tejkrém *n* hand cream, skin food
tejkúra *n* milk diet
tejmirigy *n* mammary gland
tejpor *n* milk powder, powdered/dried milk
tejsodó *n kb.* milk cream/whip
tejszín *n* cream
tejszínhab *n* whipped cream
tejtermék(ek) *n* dairy produce, dairy products *pl*
tejút *n* Milky Way, the Galaxy
tejüveg *n* milk/opaque/frosted glass
tejüzem *n* dairy, creamery
teke *n (golyó)* ball, bowl ‖ = **tekejáték**
tekebáb *n* pin
tekejáték *n (teremjáték 10 fával)* (tenpin) bowling, *US* tenpins, bowls; *(9 fával)* skittles, ninepins *(mind: sing.)*
tekejátékos *n* bowler, player
tekepálya *n* bowling alley
teker *v biz (kerékpározik)* pedal *(US* -l) away ‖ **orsóra** ~ **vmt** wind* sg on(to) a reel *(US* spool), spool up sg
tekercs *n (feltekercselt film, magnószalag stb.)* reel; *(film, kelme)* roll ‖ **el coil** ‖ **diós** ~ walnut roll; **egy** ~ **film** a roll of film; **mákos** ~ poppy-seed roll
tekercsel *v* wind*, reel (in/up), roll (up), roll/wind* sg (on)to a reel *(US* spool)
tekercsfilm *n* roll film
tekered|ik *v* wind*; *(kígyó)* coil up
tekereg *v (kígyózik)* wind*, twist; *(féreg)* wriggle ‖ *elit (csavarog)* loiter
tekervényes *a (út)* winding, twisting, serpentine ‖ *(bonyolult)* complicated, intricate

teketória *n biz* ~ **nélkül** without much ado, without ceremony, unceremoniously

teketóriáz|ik *v* fuss, make* a fuss (about/over sg) ‖ **nem** ~**ik** make* short work of sg

tekéz|ik *v (10 fával)* play tenpin bowling (*v.* tenpins), bowl; *(9 fával)* play (a game of) skittles/ninepins

tekint *v vkre/vmre* look at (sy/sg); *(pillant)* glance at (sy/sg), take* a glance at (sg) ‖ *(vmnek tart)* consider (sg), regard as (sg), look on (sg as) ‖ *(számításba vesz)* take* (sg) into account/consideration, consider (sg) ‖ **vm felé** ~ look towards sg

tekintély *n vké* prestige; authority; *(befolyás)* influence ‖ *(személy)* authority ‖ **nagy a** ~**e** have* great influence, be* highly respected

tekintélyes *a (személy)* influential, (highly)respected, of high standing *ut.* ‖ *(mennyiség)* considerable, siz(e)able ‖ *(állás)* prestigious

tekintélytisztelet *n* respect for authority

tekintet *n (pillantás)* look, glance ‖ *(figyelembevétel)* regard, respect, consideration ‖ *(vonatkozás)* relation, respect, point of view ‖ **ebben a** ~**ben** in this respect/regard; ~**be vesz vmt** take* sg into consideration/account, consider sg; *(körülményeket)* make* allowances for sg; ~**tel arra, hogy** considering that; **vmre való** ~ **nélkül** without respect to sg, regardless of sg

tekintve *adv vkt, vmt* considering, regarding, as regards, as for, with regard to, in view of ‖ *jog* whereas ‖ **korát** ~ considering (*v.* in view of) his/her age; ~, **hogy** since, considering that

teknő *n (edény)* trough ‖ *(völgy)* hollow

teknős(béka) *n (szárazföldi, édesvízi)* tortoise; *(tengeri)* turtle

tékozlás *n* squandering, wasting

tékozló 1. *a* lavish, wasteful ‖ ~ **fiú** prodigal son **2.** *n* squanderer, waster, prodigal

tékozol *v* squander, waste

tél *n* winter ‖ ~**en** in winter; **ezen a** ~**en** this winter; **múlt** ~**en** last winter

Télapó *n* Father Christmas, Santa Claus

tele *adv* full, filled ‖ ~ **van vmvel** be* full of sg, be* filled with sg; ~ **van munkával** be* snowed under with work, be* up to one's eyes in work; ~ **kérem** *(tankolásnál)* fill her up, please; ~ **torokból üvölt** shout at the top of one's voice

telebeszél *v* ~**i a fejét vknek** fill/stuff sy's head with sg, talk sy into sg

teleeszi magát *v* eat* one's fill, *biz* stuff oneself

telefax *n* facsimile number, Fax (number)

telefirkál *v* scribble all over, doode

telefon *n* telephone, *biz* phone ‖ **ki van a** ~**nál?** who is speaking?, who is it/that?; **önt kérik a** ~**hoz** you are wanted on the phone; **szól a** ~ the (tele)phone is ringing; ~**hoz kér vkt** ask sy to the phone; ~**on** *(közöl vmt)* (tell* sy sg) over the (tele)phone; **van önnek** ~**ja?** are you on the (tele)phone?

telefonál *v* telephone, *biz* phone; *(éppen)* be* on the phone (just now) ‖ ~ **vknek** telephone sy, *biz* phone sy (up), call sy, ring* sy (up), give* sy a ring/call, *US* call sy up

telefonállomás *n* payphone, public telephone

telefonbeszélgetés *n* (telephone) call

telefonébresztés *n* alarm (*v.* early-morning) call (service)

telefon-előfizető *n* (telephone) subscriber

telefonérme *n* (telephone) token, counter

telefonfülke *n* phone-booth/box, call-box

telefonhálózat *n* telephone network

telefonhívás *n* call

telefonkábel *n* telephone cable

telefonkagyló *n* receiver ‖ **felveszi a** ~**t** lift the receiver, answer the phone; **leteszi a** ~**t** replace the receiver; *(lecsapja)* hang* up (on sy)

telefonkészülék *n* (tele)phone, handset

telefonkezelő *n (a központban)* operator; *(irodában)* telephonist

telefonkönyv *n* (telephone) directory, phone book; *(közületi)* yellow pages *pl*

telefonközpont *n* telephone exchange; *(intézményé)* switchboard

telefonos 1. *a* ~ **játék** *(tévében)* a phone-in (*US* call-in) (programme) **2.** *n* = **telefonkezelő**

telefon-összeköttetés *n* telephone connection

telefonszám *n* (tele)phone number, (sy's) number ‖ **munkahelyi** ~ work telephone number

telefonszámla *n* (tele)phone bill

telefonvonal *n* telephone line

telehold *n* full moon

teleír *v* cover (*v.* fill up) sg with writing

telek *n (hétvégi)* plot; *(veteményes)* patch; *GB (művelésre, bérleti)* allotment; *(házhely)* building plot/site, *US így is:* lot

telekkönyv *n* land register

telel v vk spend* the winter, winter || áll hibernate || növ winter

teleobjektív n telephoto lens, biz tele

teleönt v fill (up) (vmvel with)

telep n (település) settlement, colony || (ipari stb.) works sing. v. pl, establishment, (business) premises pl; (erőműé stb.) plant || el battery

teleped|ik v vk vhová settle (down), establish oneself || (madár) perch on

telepes 1. a ~ **rádió** battery radio **2.** n settler

telepít v (telepeseket) settle || (gyümölcsöt, szőlőt) plant || (repülőjegyet vhová) route [an airline ticket] (to) || (rakétát) deploy [missiles in ...] || ~**ett jegy** prepaid ticket (advice)

telepítés n (telepeseké) settling, settlement || (szőlőé) planting || (rakétáké) deployment [of missiles]

település n settlement

telerak v = megrak

teleszkóp n telescope

teleszór v litter, scatter (all over), bestrew*

teletölt v fill (up) (vmivel with) || ~**hetem?** (tankolásnál) can/shall I fill up the tank?

teletöm v vmvel fill sg chock-full, cram/ stuff sg with sg || (fejet) stuff/cram [sy's head]

televízió n (adás, műsor) television (röv TV), biz telly, the box || (készülék) television (set), TV (set), biz telly || (intézmény) television || **a** ~**ban** on television/TV, biz on (the) telly, on the box (v. US boob tube); **a** ~**ban szerepel** appear/be* on television; **fekete-fehér** ~ black-and-white television, monochrome TV; **mi megy a** ~**ban ma este?** what's on (the) television tonight?; **nézi a** ~**t** watch television/TV; **színes** ~ colour (US -or) television

televízió-előfizető n television licence holder

televíziókészülék n television (set)

telex n (üzenet) telex || = **telexgép**

telexez|ik v telex || ~**ik Párizsba** telex Paris (that); ~**ik vknek** telex sy/him etc.

telexgép n teleprinter (US teletypewriter), biz telex

telexszám n telex number/No.

telexüzenet n telex (message)

telezabálja magát v biz make* a pig of oneself

telezsúfol v crowd/pack/cram (with); (szobát) clutter up

telhetetlen a insatiable, voracious

telhetetlenség n insatiability, insatiableness

telhető n **minden tőle** ~**t megtesz** do* one's best/utmost, do* everything in one's power (to); **tőlem** ~**en** so far as in me lies, (I'll) do what I can

teli a = **tele** || ~**be talál** hit* the mark, kif it's a bull's eye

téli a winter(-) || ~ **álom** winter sleep, hibernation; ~ **álmot alszik** hibernate; közl ~ **gumi** snow-tyre (US -tire); ~ **szünet** Christmas/winter holiday (v. US vacation)

télies a wintry

téliesít v adapt/convert [a house] for winter use

telihold n full moon

tel|ik v (tele lesz) be* filling up, become* full || (idő) pass, go* by, elapse || vmből be* enough/sufficient (for) || **ami tőlem** ~**ik** to the best of my ability; **erre nekem nem** ~**ik** I can't manage/afford it

télikabát n winter coat, topcoat

télikert n winter garden

telik-múlik v wear* on, pass, elapse

télisportok n pl winter sports

téliszalámi n Hungarian salami

telít v vegy saturate

telitalálat n direct hit, bull's-eye; (totón stb.) jackpot || ~**a volt** (s)he hit the jackpot

telj n **ereje** ~**ében** in the prime of life, in one's prime

teljes a (egész) complete, full, entire, total, whole || **két** ~ **nap** two clear/whole days; **nem** ~ incomplete, uncompleted; ~ **egészében** in full/toto, completely, wholly (and completely), in its entirety; ~ **ellátás** full board, board and lodging, US American plan; ~ **erejéből** with all one's might; ~ **gázzal megy** drive* at full throttle; ~ **gőzzel** átv at full steam/speed, biz flat out; ~ **jogú** with full powers ut., fully entitled/qualified; ~ **körű** full-scale/ scope; ~ **létszámban** in full force; ~ **mértékben** completely, fully, in full measure; ~ **mértékben helyeslem** I am all for it; ~ **név** full name, name in full; ~ **sebességgel** at full/top speed, at full tilt, biz flat out; ~ **szívemből** with all my heart/soul; ~ **terjedelmében** in full

teljesen adv entirely, fully, totally, wholly, completely || ~ **egyedül** all alone; ~ **igaza van** he's absolutely right

teljesít v (feladatot) perform, carry out [one's/the/a task]; (fizetést) make* [payment]; (kérést) fulfil (US -fill), grant, comply with [a request, sy's wish]; (megbízatást) discharge, perform; (normát) fulfil [the norm]; (parancsot, utasítást) follow, carry out, act upon, execute; (ter-

vet) fulf*i*l, *e*xecute ‖ ~**i kötelességét** do* one's d*u*ty; **katonai szolgálatot** ~ do* one's m*i*litary service
teljesítés *n (feladaté)* performance, carrying out, exec*u*tion; *(kérésé)* fulf*i*lment *(US* -fill-) ‖ **nem** ~ non-perf*o*rmance
teljesíthetetlen *a* impracticable, not fe*a*sible, unach*ie*vable; *(kérés)* impossible, ungr*a*ntable
teljesíthető *a (feladat)* that can be carried out *(v.* performed); *(kérés)* that can be fulf*i*lled/gr*a*nted; *(terv)* that can be fulf*i*lled/ex*e*cuted *(mind: ut)*
teljesítmény *n* vk*é* performance, ach*ie*vement, acc*o*mplishment ‖ *(üzemé, gépé)* performance, *ou*tput; *(járműé)* performance; *(km/üzemanyag)* m*i*leage ‖ **szép** ~ **t ér el (vk)** perform well
teljesítménybér *v* p*ie*cework, piece rate
teljesítményű *a* **nagy** ~ *(gép stb.)* high-power(ed), high-cap*a*city
teljesítőképesség *n* vk*é* efficiency, productivity ‖ *(gépé)* efficiency
teljesül *v (kívánság)* be* gr*a*nted
teljhatalmú *a* with full p*o*wers *ut.*, plenipotentiary
teljhatalom *n* full p*o*wers *pl*; *pol* dict*a*torship
telkes járatok *n pl* b*u*s/c*o*ach services to plots [esp. for w*ee*kenders]
telt *a* *á*lt *vm*vel full of sg *ut.* ‖ *(alak)* fleshy, plump ‖ ~ **arc** round face, round cheeks *pl*; ~ **ház** full house
teltkarcsú *a* b*u*xom, with a full f*i*gure *ut.,* sh*a*pely
télutó *n* late w*i*nter
télvíz *n* ~ **idején** in (the depths of) w*i*nter
téma *n (írásműé stb.)* theme, s*u*bject(-matter); *(beszélgetésé)* topic; *(kutatási)* project; *ze*ne theme ‖ **fő** ~ main theme; *biz* **nem** ~ no pr*o*blem; ~**t vált** change the s*u*bject
témakör *n* topic, s*u*bject, field
tematika *n* t*o*pics *pl*, themes *pl*
temet *v* b*u*ry ‖ **maga alá** ~**ték a romok** was b*u*ried *u*nder the r*u*ins
temetés *n (szertartás)* f*u*neral
temetési *a* f*u*neral ‖ ~ **menet** cortège, f*u*neral (procession)
temetkez|ik *v (vk meghagyása szerint)* b*u*ry, be* b*u*ried ‖ *átv vm*be b*u*ry oneself in [one's books etc.]
temető *n* cemetery; *(templom körüli)* ch*u*rchyard
tempera *n* dist*e*mper
temperamentum *n (vérmérséklet)* temperament; *(lobbanékony természet)* temper
temperamentumos *a* (high-)sp*i*rited, eb*u*llient; *(nő így is)* viv*a*cious, l*i*vely

templom *n* church, place of worship ‖ ~**ba jár** go* to *(v.* att*e*nd) church reg*u*larly, be* a ch*u*rch-goer
templomhajó *n (főhajó)* nave; *(mellékhajó)* aisle
templomi *a* church-, of the church *ut.*
templomtorony *n* ch*u*rch tower, steeple
tempó *n zene* tempo; *ált (sebesség)* speed, rate; *(járásban és átv)* pace ‖ *(úszóé)* stroke ‖ *(modorbeli)* m*a*nner(s), beh*a*viour *(US* -or) ‖ **gyors** ~ **ban** at a quick pace
tempós *a (kimért)* del*i*berate, me*a*sured ‖ *(gyors)* speedy, fast, quick ‖ ~ **an!** briskly!, look al*i*ve!
Temze *n* Thames
tendencia *n* t*e*ndency, trend
tendenciózus *a* tend*e*ntious
ténfereg *v* el*í*t lo*i*ter/loaf ab*ou*t/ar*ou*nd, dawdle
tengely *n (keréké)* *a*xle, shaft ‖ *mat a*xis *(pl a*xes)
tengelykapcsoló *n* clutch
tengelytörés *n* br*o*ken *a*xle
tenger 1. *n* sea, ocean ‖ ~ **alatti** submarine, *u*ndersea; **átkel a** ~ **en** cross the sea/ocean; ~**en** *(van)* [be*] at sea; *(szállít, utazik)* [travel, go* *v.* transport sg etc.] by sea; ~**en túli** oversea*s, (Atlanti-óceánon túli)* transatl*a*ntic **2.** *a* ~ **sok** a sea of, oceans of
tengeralattjáró *n* s*u*bmarine
tengeráramlás *n* sea c*u*rrent
tengerentúl *n* overseas c*ou*ntries *pl*; America ‖ **a** ~**on** overse*a*s, across the sea; in America; **a** ~**ról** from bey*o*nd the sea(s); from America
tengerentúli *a* → **tenger**
tengerész *n* s*ai*lor, seaman°
tengerészet *n (foglalkozás)* se*a*manship ‖ *(hadi)* navy ‖ **a** ~**nél szolgál** serve at sea, serve/be* in the N*a*vy; **kereskedelmi** ~ merchant n*a*vy, mercantile mar*i*ne
tengerészeti *a* maritime, naval ‖ ~ **minisztérium** M*i*nistry of N*a*val Aff*ai*rs, *GB* Admiralty, *US* Navy Dep*a*rtment; ~ **támaszpont** n*a*val base
tengerészgyalogos *n* mar*i*ne
tengerészgyalogság *n* the Mar*i*nes
tengerésztiszt *n* n*a*val *o*fficer
tengerfenék *n* sea-b*o*ttom/bed
tengerhajózás *n* (h*i*gh-seas *v.* m*a*ritime) navigation
tengeri[1] *a* sea(-); *(tengerészeti)* n*a*val, maritime ‖ ~ **állat** sea *a*nimal; ~ **fürdő(hely)** se*a*side resort; ~ **jog** maritime law; ~ **kikötő** se*a*port, harbour *(US* -or); ~ **út** *(útvonal)* sea route/lane; *(utazás)* voyage
tengeri[2] *n (kukorica)* maize, *US* corn
tengeribeteg *a* seasick

tengeribetegség *n* seasickness
tengerimalac *n* guinea-pig
tengerjáró 1. *a* seafaring, maritime **2.** *n* (hajó) cruiser; (nem hadi) (ocean) liner, transatlantic cruise liner
tengernagy *n* admiral
tengernyi *a* a sea of, oceans of
tengeröböl *n* bay, gulf; (keskeny) inlet
tengerpart *n* (partvidék) coast; (amit a tenger mos) (sea)shore; (üdülési szempontból) seaside
tengerparti *a* coastal, on the coast *ut.*; seaside ‖ ~ **üdülőhely** seaside resort
tengerszem *n* mountain lake, tarn
tengerszint *n* sea-level ‖ ~ **fölötti magasság** height above sea-level
tengerszoros *n* straits *pl*
tengervíz *n* sea-water
tengődés *n* scraping by/along
tengőd|ik *v* scrape by/along, drag on [an unhappy existence], subsist on [a small income, bread and water etc.]
tenisz *n* (lawn-)tennis
teniszcipő *n* tennis shoes *pl*
teniszez|ik *v* play tennis
teniszkönyök *n* tennis elbow
teniszlabda *n* (tennis) ball
teniszpálya *n* tennis court
teniszütő *n* (tennis) racket
tenni *v* → **tesz**
tennivaló *n* = **teendő**
tenor *n* (hang, szólam) tenor [voice, part]
tenorista *n* tenor
tény *n* (valóság) fact; (cselekedet) act, deed ‖ ~ **és való, hogy** true enough that, it can't be denied that
tenyér *n* palm ‖ **úgy ismerem, mint a tenyeremet** I know it like the back of my hand
tenyérjós *n* palmist
tenyérjóslás *n* palmistry
tenyérnyi *a* palm-sized, a patch (of) ‖ **egy** ~ **(kis) kert** a patch of garden
tenyészet *n* mezőg breed; stock-farm ‖ *biol* culture
tenyészt *v* breed*, rear, raise
tenyésztés *n* breeding
tényező *n* (mat is) factor
ténykedés *n* activity, action; (hivatali) functions *pl*
ténykedik *v* act, function, perform (one's) official duties
ténykérdés *n* **ez** ~ it's a question (*v.* an issue) of fact
tényleg *adv* really, indeed
tényleges *a* (valódi) real, actual, effective, true ‖ *kat* on active service *ut.* ‖ ~ **szolgálat** active service (US duty)
ténylegesen *adv* effectively, actually, de facto, in fact
teológia *n* theology, divinity

teológiai *a* theological, divinity
teória *n* theory
tép *v* (eltép) tear*, rip; (darabokra) pull/tear*/rip to pieces, shred*; (virágot, tollat) pluck ‖ **haját** ~**i be*** tearing one's hair; *biz* ~ **ett lefelé az utcán** he pelted hell for leather down the street
tépdes *v* keep* tearing/plucking
tépelődés *n* anxious speculation, fretting
tépelőd|ik *v* worry (about), fret, brood (about/over), ruminate (about/over)
tépett *a* torn
tépőfog *n* fang, canine
tépőzár *n* velcro
tepsi *n* roasting/baking dish/tin
tér[1] *v* vhová, vmerre turn ‖ **jobbra** ~ turn (to the) right; **magához** ~ regain consciousness, come* to; **más tárgyra** ~ change the subject
tér[2] *n* (űr) space; (férőhely) room, space ‖ (városban) square ‖ (szakmai) field, line, sphere ‖ **e** ~**en** in this respect; **nagy teret foglal el** it takes* up a lot of room/space; ~**t hódít** spread*, gain ground
terápia *n* cure, therapy
terasz *n* terrace
térbeli *a* spatial; (háromdimenziós) 3D, stereoscopic
térd *n* knee ‖ ~**en állva** on bended knee(s); ~**et hajt** *átv* bend* the knee (to sy); ~**ig érő** knee-deep/high; ~**re borul** go* down (*v.* fall*) on one's knees
térdel *v* kneel*, be* kneeling, be* on one's knees
térdhajlítás *n* (bók) curtsy ‖ (tornában) knee-bend(ing), knees bend
térdharisnya *n* knee socks *pl*
térdkalács *n* kneecap, patella
térdnadrág *n* (buggyos) plus-fours, knickerbockers, breeches (*mind: pl*)
térdszalagrend *n* Order of the Garter
térdvédő *n* knee-guard/pad
terebélyes *a* (fa) spreading, branchy ‖ (férfi) corpulent, portly; (nő) matronly
terebélyesed|ik *v* spread*, ramify, grow* in size, swell*
terefere *n* small talk, (chit-)chat, gossip
tereferél *v* chat, gossip, pass the time of day
tereget *v* (ruhát) hang* out/up (to dry)
terel *v* direct, turn, drive*; (nyájat) drive* ‖ **másra** ~**i a szót** change the subject, switch to another subject
terelőd|ik *v* turn, be* turned/directed (towards) ‖ **a beszéd reá** ~**ött** we came* to speak of him
terelőkorlát *n* crush barrier
terelősziget *n* (traffic) island, *US így is*: safety island

terelőút n *(ideiglenes)* diversion, US detour; *(város körüli)* bypass, relief road

terelővonal n *(Magyarországon)* broken white line, lane line

térelválasztó (elem) n partition, (room) divider

terem[1] v *(búzát stb.)* bear*, yield, produce || növ produce, yield || átv give* birth/rise to, originate || vk vhol appear suddenly, turn/bob up || **gyümölcsöt ~ bear*** fruit

terem[2] n hall, large room, chamber; *(múzeumi, kiállítási)* gallery

terembér n rent of a room

teremfoci n biz indoor football

teremőr n attendant

teremsportok n pl indoor sports/games

teremt v *(alkot)* create, make*, produce

teremtés 1. n *(alkotás)* creation || *(személy)* creature, person, individual **2.** int **a ~it!** confound/damn it!

teremtette int blast!, confound it!, damn!

teremtmény n creature

teremtő 1. a creative, creating **2. a T~** the Creator

terep n ált ground, land, area || kat terrain || **a ~en tanulmányoz vmt** study sg in the field, do* field-work

terepjáró n jeep, landrover

terepszín n protective colouring (US -or-)

térerősség n el field strength

térfél n sp half°, end (of the pitch)

térfogat n volume, capacity

térhatású a *(kép stb.)* three-dimensional, stereoscopic; zene stereophonic

terhel v vmvel burden, load (with) || *(adóval)* impose [a tax] on sy || *(terhére van)* inconvenience, trouble, bother || **őt ~i a felelősség** (s)he is* responsible, the responsibility is* his/hers

terhelés n *(teher)* burden, load; el load(ing) || **megengedett ~** *(pl. gépjárműé)* maximum permissible load

terhelő a jog incriminating || **~ bizonyíték** incriminating evidence; **~ tanú** witness for the prosecution

terhelt 1. a jog accused, charged || orv affected with a hereditary disease (v. mental illness) ut. **2.** n jog the accused

terheltség n orv hereditary disease

terhes 1. a *(vm vknek)* burdensome, irksome; *(kötelesség)* onerous, hard, trying || *(nő)* pregnant || **3 hónapos ~** 3 months pregnant **2.** n pregnant woman°

terhesgondozás n antenatal care, pre--natal care; *(foglalkozás)* pre-natal classes pl [for expectant mothers]

terhesgondozó n antenatal clinic

terhesrendelés n *(mint szervezet)* antenatal clinic; *(a vizsgálat, biz)* antenatal

terhesség n pregnancy || **a ~et megszakítja** terminate the pregnancy, perform an abortion

terhességi a **~ próba** pregnancy test; **~ tanácsadó** antenatal clinic

terhességmegszakítás n (induced) abortion

terhestorna n exercises [for expectant mothers] pl, pre-natal exercises

térhódítás n spread(ing), propagation

tériszony n agoraphobia

terít v vmt vhová spread* sg on/over sg/sy || *(asztalt)* lay* the table [for dinner etc.] || **5 személyre ~ettek** covers were laid for five

térít v vmerre turn, direct [sy swhere v. to a place] || vall proselytize (US proselyte), convert [to another faith] || **magához ~** bring* sy round

teríték n *(asztalnál)* cover, place [at table] || *(vad)* bag || **~re kerül** átv be* savaged/lambasted

terítés n *(kiterítés)* spreading out || *(asztalt)* laying, setting || ker distribution

térítés n *(irányba)* turning, directing || vall conversion, proselytizing (US proselyting || **5 forint ~e ellenében** on (the) payment of five forints

térítésmentes a free of charge ut.

terített a **~ asztal** (well-)laid table

térítő n *(asztalon)* (table-)cloth, cover || *(ágyon)* cover(let), bedspread

terjed v ált spread*, expand, increase; *(hír)* spread*, get* about/abroad/round, go* round, circulate; *(fény, hang)* travel (US -l) || *(terület)* stretch, extend (from ... to)

terjedelem n *(kiterjedés)* extent, size, dimensions pl; *(térbeli)* volume, bulk; *(könyvé)* size, number of pages || *(szövegé)* length

terjedelmes a *(síkban)* extensive, spacious, wide; *(térben)* voluminous, big, large || átv long; bulky; *(mű)* lengthy

terjedés n spread(ing), expansion

terjeng v *(szag)* spread*

terjengős a prolix, wordy, verbose, rambling, long-winded

terjeszkedés n expansion, spread

terjeszked|ik v expand, spread*

terjeszt v *(betegséget)* spread*; *(eszméket)* spread*, disseminate, diffuse; *(hírt)* spread* [news] about/around, circulate; *(röpiratot)* distribute; *(sajtóterméket)* distribute, sell* || *(vmt vk/vm elé)* submit/present/refer sg to sy

terjesztés n ált spreading || *(lapé, könyvé)* distribution (and sale) || *(vk elé)* submission, presentation (to)

térkép *n* map
térképjelek *n pl* map symbols || ~ **jegyzéke** legend
termálfürdő *n (forrás, intézmény)* hot springs *pl* || *(kezelés)* thermal baths *pl*
termék *n (ipari)* product; *mezőg* produce; *(szellemi)* product, production
termékeny *n* fertile, productive || ~ **író** prolific/voluminous/copious writer
termékenység *n* fertility, productivity
terméketlen *a* barren, unfruitful, infertile, unproductive
terméketlenség *n* barrenness, sterility, unfruitfulness, infertility, unproductivity
termel *v* *ált* produce; *mezőg* produce, grow*; *(ipar)* produce, manufacture, turn out, make*
termelékeny *a* productive, efficient
termelékenység *n* productivity, efficiency
termelés *n (folyamat)* production || *(teljesítmény) mezőg* output, yield; *(ipari)* output
termelési *a* of production *ut.*, production
termelő *n mezőg* grower, farmer; *(ipari)* producer, maker
termelőerők *n pl* forces of production
termelőeszközök *n pl* means of production
termelői *a* ~ **bor** wine (direct) from the producer; ~ **borkimérés** wine cellar
termelőszövetkezet *n* **mezőgazdasági** ~ farmers'/agricultural co-operative, co-operative farm
termény *n* (agricultural/farm) produce, crop; *(szemes)* corn, grain
termés *n mezőg* crop, yield || *növ* fruit || **jó** ~**ünk volt** we had* a good harvest
terméshozam *n* crop, yield
terméskő *n* rubble(stone) || ~ **burkolat** rubblework (cladding)
természet *n* nature || *(alkat)* nature, character, *(embernél még)* disposition, temper(ament), constitution || **jó** ~**e van** have* a happy disposition, be* good-tempered; **rossz** ~**e van** he is* difficult to get on with; ~ **után rajzol** draw* from nature
természetbarát *n* nature-lover
természetbeni *a* in kind *ut.* || ~ **fizetés** payment in kind
természetellenes *a* unnatural, perverse
természetes *a* *ált* natural; *(viselkedés)* unaffected, natural, simple, artless || ~ **gyógymód** nature cure, naturopathy
természetesen *adv* naturally, of course
természetesség *n* naturalness, unaffectedness, artlessness, ingenuousness
természetfölötti *a* supernatural
természethű *a* naturalistic, life-like, realistic

természeti *a* natural || ~ **csapás** natural disaster, act of God; ~ **erők** forces of nature, natural forces
természetjárás *n* hiking, walking
természetjáró *n* hiker, walker
természettudományi *a* science || ~ **kar** faculty of science
természettudomány(ok) *n* (the) natural science(s); *(GB, US matematika nélkül)* the sciences *pl*; *(egyes számban így is)* science
természettudományos *a* (natural-)science [point of view etc.], (natural-)scientific || ~ **gondolkodás** scientific reasoning
természetű *a vk* -natured, -tempered || *vm* of ... character/nature || **hirtelen** ~ hot/quick-tempered, impulsive
természetvédelem *n* (nature) conservation, environmental protection
természetvédelmi *a* ~ **terület** nature reserve, nature conservation area
természetvédő *n* conservationist, environmentalist
terneszt *v* grow*, produce
termesztés *n* growing, cultivation
termesztett *a* cultivated, grown || ~ **növény** cultivated plant
termet *n* stature, figure, build
termetes *a* large, tall, well-built
termetű *a* -statured, of ... build *ut.* || **kis** ~ short, of small build *ut.*; **magas** ~ very tall
terminál *n szt rep* terminal
terminológia *n* terminology
terminológiai *a* terminological
termofor *n* heated/warming pad; *(forróvizes)* hot-water bottle
termonukleáris reaktor *n* thermonuclear/fusion reactor
termosz *n* thermos (flask), vacuum flask, *US* thermos bottle
termosztát *n* thermostat
termő 1. *a* productive, producing, fertile 2. *n növ* pistil
termőföld *n* arable/agricultural land
terpentin *n* turpentine, *biz* turps
terpeszállás *n* straddling (position) || ~**ban áll** straddle
terpeszked|ik *v* sprawl, stretch
terrárium *n* terrarium *(pl* -riums *v.* -ria)
terror *n* terror(ism)
terrorcselekmény *n* (act of) terrorism
terrorista *a/n* terrorist
terrorisztikus *a* terrorist
terrorizál *v* terrorize, intimidate
terrorizmus *n* terrorism
térség *n* area, region
térti *a* ~ **jegy** = **menettérti jegy**; ~ **vevény** (acknowledgement of) receipt

terület *n (föld)* territory, area, region, land; *(kisebb)* ground, field, area ‖ *(szellemi)* domain, sphere, field, scope ‖ *mat* surface, area
területi *a* ált territorial; *(körzeti)* regional; *(helyi)* local
térül-fordul *v* be*/go* there and back, be* (there and) back in a flash
terv *n* ált plan, scheme; *(szándék)* intention, purpose; *(ütemterv)* schedule ‖ *(gazdasági)* plan ‖ épít plans *pl*, design, drawing; *(vázlatos)* rough sketch/draft/plan ‖ *(ruhához)* design ‖ **a ~eket XY készítette** [the building] was designed by YX; **teljesíti a ~et** fulfil (*US* -fill) the plan; **~ szerint** according to plan; *(menetrend szerint)* on schedule, as scheduled; **~be vesz** plan; **~eket sző** weave*/hatch plans
tervez *v (épületet)* design, plan, make* the plans of/for (sg); *(ruhát)* design ‖ *vk vmt* plan; *(fontolgat)* consider, think* of, contemplate; *(szándékozik)* intend ‖ **azt ~i, hogy** (s)he plans/intends to ...; **~te ...** (was) designed by ..., the designer was ...
tervezés *n* planning
tervezet *n* draft plan, draft; *(törvényé)* bill, draft of a new law
tervezget *v* be* planning
tervezgetés *n* making plans for the future
tervező **1.** *a* planning; *(mérnök)* designing **2.** *n* planner, technical designer, designing engineer; *(építész)* designing architect; *(ruhatervező)* (dress) designer
tervezőiroda *n (építészeti)* designing/planning office
tervezőmérnök *n* construction/designing engineer
tervgazdálkodás *n* planned economy
tervrajz *n* blueprint, plan, draft
tervteljesítés *n* fulfilment (*US* -fill-) of the plan
tessék *int (szíveskedjék)* please ..., would you kindly ...; *(átnyújtva vmt)* here you are ‖ *(asztalnál)* help yourself! (*v. pl* yourselves)! ‖ *(kopogásra)* come in! ‖ *(nem értettem)* (I) beg your pardon; sorry?; I'm sorry I didn't catch that; *US főleg*: pardon? ‖ **erre ~!** this way please!; **~ helyet foglalni** please be seated; please, sit down; take a seat; **~ megmondani** could you kindly tell me
tessék-lássék *a/adv* **~ munka** sham, pretence, show; **~ csinál vmt** do* sg (just) anyhow
test *n* ált fiz body ‖ *mat* **mértani ~** geometric solid
testalkat *n* build; *(férfié)* physique
testápolás *n* personal hygiene, body care
testápoló (szer) *n* skin/body lotion
testben-lélekben *adv* both physically and spiritually, in body and spirit
testedzés *n* physical training/education
testes *a vk* stout, corpulent, portly; *vm* bulky, large
testgyakorlás *n* physical training, (gymnastic) exercises *pl*, gymnastics *pl*; *(erőnléti)* keep-fit (exercises *pl*)
testhezálló *a (ruhadarab)* close-fitting, skintight, tight-fitting ‖ *(megfelelő)* cut out (*v.* made) for sy *ut.*, after one's own heart *ut.* ‖ **~ trikó** leotard
testhossz *n* (body) length ‖ **két ~al nyert** won by two lengths
testi *a* bodily, physical ‖ **~ épség** (good) health; **~ fogyatékosság** physical defect, deformity
testileg *adv* bodily, in body, physically
testmagasság *n* body height
testmozgás *n* (physical) exercise
testnevelés *n* physical training/education *(röv* PT, PE)
testnevelési főiskola *n* school of physical education
testnevelő tanár *n* physical/PT/PE instructor, *GB* gym teacher
testőr *n* ált bodyguard; *(a Towerben)* Yeoman° of the Guard, *biz* beefeater
testőrség *n* the Guards *pl*
testrész *n* part of the body
testsúly *n* body weight
testtartás *n* bearing, posture
testület *n* (corporate) body, corporation
testvér *n (férfi)* brother; *(nő)* sister ‖ **~ek** *(fivér és nővér)* brother(s) and sister(s); **Péter és János ~ek** Peter and John are brothers; **János és Mária ~ek** John and Mary are brother(s) and sister(s); **a Smith ~ek** the Smith brothers (*ker* Smith bros.)
testvérgyilkos(ság) *n* fratricide
testvéri *a* fraternal, brotherly, sisterly
testvériség *n* fraternity, brotherhood, sisterhood
testvérpár *n* brother and sister *pl*
testvérváros *n* twin town/city (of ...)
tesz *v (cselekszik)* do* ‖ *(helyez)* put*, place, lay* ‖ *vmvé* make*, render ‖ *(vmre kártyán stb.)* stake, lay*/put* [money] on ‖ *vmről* help ‖ **boldoggá tette** made* him happy; **hát tehetek én róla?** is that my fault?, how could I help it?; **hova tetted a kulcsot?** where did you put the key?; **jobban tennéd, ha ...** you had better [go etc.]; **jól ~ed** you are* quite right; **kettesbe ~i (a sebességet)** go*/shift into second (gear); **mit tegyek?** what shall I do?, what am I to do?; **nem tehetek mást, mint hogy** all I can do is ..., I can't do any-

teszt

thing but, I can't do other than to ...; **nem ~ semmit!** never mind!, (it) doesn't matter!; **nincs mit tenni** there is* nothing to be done; there is* nothing to do; **ruhatárba ~i a kabátját** leave* one's coat in the cloakroom; **~em azt** supposing, (let us) say, for example; **tégy, ahogy akarsz** do what you like, do as you please, have it your own way; **úgy ~, mintha ...** (s)he pretends to [be, do sg etc.], make* as if/though, sham sg; **úgy ~, mintha beteg lenne** he is shamming illness

teszt *n ált* test; *(feleletválasztós)* multiple-choice test

tészta *n (sült, édes)* cake, pie, pastry || *(száraz)* (dried) pasta; *(kifőtt) ált* pasta; *(cérnametéltből)* vermicelli; *(vastagabb)* spaghetti; *(egyéb)* pasta; noodles *pl,* dumplings *pl* || *(nyers)* (pasta/noodle) dough, batter || **~k** *(étlapon)* sweets

tesztel *v* test

tesztlap *n* test(-sheet)

tesz-vesz *v (tevékenykedik)* potter *(US* putter) around || *(sürög-forog)* busy

tét *n (játékban)* stake, amount staked || **nagy a ~** there is a lot at stake

tetanusz *n* tetanus

tetejébe *adv biz* to crown/cap it all, on top of it all

tétel *n tud (főleg mat)* theorem; *fil* proposition || *zene* movement || *(felsorolásban) item* || *isk →* **érettségi** *tételek* || *ker* **egy ~ben** in bulk; **kis ~ben** in small amounts/lots; **nagy ~ben** in bulk, in large amounts/quantities

tételes *a* **három~ szimfónia** symphony in three movements; **~ felsorolás** itemized account

tetem *n (emberi)* corpse, (dead) body; *(állaté)* carcass

tetemes *a* considerable, large, sizeable

tetet *v (csináltat)* have* sg done/made, cause sy to do sg; *(helyeztet)* have* sg put/placed swhere || **gumisarkot ~ a cipőjére** have* rubber heels put on one's shoes

tetéz *v átv* add to || **ez ~i nehézségeinket** this adds to our difficulties

tétlen *a* inactive, idle

tétlenked|ik *v* idle (about/around)

tétlenség *n* idleness, inactivity

tétlenül *adv* idly || **nem nézheti ~** he can't just sit back and watch (*v.* do nothing)

tétova *a* hesitant, hesitating, half-hearted, irresolute

tetovál *v* tattoo *(alakjai:* tattoos, tattooed, tattooing)

tetoválás *n* tattoo(ed design), tattooing

570

tétovázás *n* hesitation, indecision || **minden ~ nélkül** without (the slightest) hesitation, without a moment's hesitation

tétováz|ik *v* hesitate, be* hesitant (about), vacillate, waver

tető *n (házé)* roof, (house-)top; *(autóé)* roof, top; *(ládáé, böröndé)* lid, top || *(legmagasabb pont)* top, summit; *(hegyé)* peak; *(fáé, létráé)* top || **a ~n dolgoznak!** *(felirat)* men working overhead; *biz* **ennek nincs (semmi) teteje** *(= értelme)* there is no sense in it, there is no point [in doing sg]; **ez mindennek a teteje** that's the last straw; **nyitható ~** *(autóé)* sliding roof; **~től talpig** from top to toe, from head to foot

tetőablak *n* skylight

tetőantenna *n* roof aerial

tetőcsomagtartó *n* roof rack

tetőfok *n* pitch, peak, summit || **~ára hág** *(izgalom, érdeklődés)* rise* to fever pitch, reach a/its climax

tetőpont *n* high(est) point, culmination, height, summit, peak, top; *(pályafutásé stb.)* peak, high-water mark || **sikerei ~ján visszavonul** retire at the top

tetőterasz *n* roof garden/terrace

tetőz|ik *v* culminate || **a Duna Mohácsnál ~ik** the Danube reaches its highest point at Mohács

tetszeleg *v (tükör előtt)* admire oneself; *(vmlyen szerepben)* set* up as/for sg

tetszelgő *a* affected, mincing; *(vmlyen szerepben)* self-satisfied, pleased with oneself *ut.*

tetszés *n* approval, appreciation, satisfaction || **elnyeri vk ~ét** gain/win* sy's approval, please/impress sy; **~ szerint** at will, at sy's pleasure/discretion, as you please/wish; **~ szerinti** optional, discretional, any, no matter how/when etc.; **~t arat** meet* with success, be* successful

tetszetős *a* attractive, appealing

tetszhalál *n* suspended animation

tetszhalott *a/n* seemingly dead, in a state of suspended animation *ut.*

tetsz|ik *v (látszik)* seem, appear, look || **..., ha (úgy) ~ik, ...,** if you like/wish ...; **ahogy ~ik** as you like, (do) as you please; **akár ~ik, akár nem** (whether you etc.) like it or not, *biz* like it or lump it; **~ik vknek vm/vk** sy likes sg/sy; *(vmlyen produkció)* sy enjoys sg; **hogy ~ik (neked) a ...?** how do you like ...?, what do you think of ...?; **hogy ~ik lenni?** how are you getting on?; **mi ~ik?** *(üzletben stb.)* what can I do for you?, can I help you?; **(nagyon) ~ik nekem** *vm* I like it (very much *v.* a lot); *vk* I really like him/her, I have really taken to him/her; **nem ~ik nekem a ...** I don't like ..., I don't care for ..., I dislike ...; **tetszett** *(a hangverseny stb.)*? did you like/enjoy [the concert etc.]?; **~ik egy cigarettát?** (would you care for) a cigarette?

tetszőleges *a* = **tetszés** *szerinti*
tett *n* ált *a*ction, act ‖ = **bűncselekmény** ‖ **~en ér vkt** catch* sy in the (very) act, catch* sy red-handed
tettenérés *n* catching sy in the act (*v.* red-handed)
tetterő *n* energy, force, vigour (*US* -or)
tetterős *a* dynamic, energetic, active
tettes *n* perpetrator [of a crime], culprit ‖ **ki a ~?** who did it?
tettestárs *n* accomplice
tettet *v* pretend (to ... *v.* that), sham, feign (sg), put* sg on ‖ **betegséget ~** sham/feign illness; **~i magát** be* playacting, be* pretending/shamming
tettetés *n* pretence, shamming, putting it on
tettetett *a* feigned, sham, pretended
tetthely *n* scene of the crime
tettleg *adv* **~ bántalmaz vkt** assault sy, commit* an assault on sy
tettlegesség *n* assault (and battery), violence ‖ **~re került sor** there was resort to violence, they came to blows
tetű *n* louse° ‖ **lassú, mint a ~** go at a snail's pace
tetves *a* lousy, covered with lice *ut*.; *(haj)* nitty
tetvesség *n* lousiness
tetvészked|ik *v* search/hunt for lice (on oneself)
tetvetlenít *v* delouse
teve *n* camel
tévé *n* = **televízió**
tévéadó *n* TV/television transmitter
tévébemondó *n* television/TV announcer
téved *v (hibázik)* be* mistaken/wrong, make* a mistake, err ‖ *(számításban)* be* out in [one's calculations] ‖ *(véletlenül vhová)* stray swhere, go*/get* swhere by mistake ‖ **ha nem ~ek** if I am not mistaken; **~ni emberi dolog** to err is human; **10 Ft-tal ~** (s)he is/was 10 fts out
tévedés *n* ált error, mistake, fault ‖ *(számításban)* miscalculation, error ‖ **~ből** by mistake
tévedhetetlen *a* infallible, unerring
tévéelőfizető *n* (TV) licence holder
tévéfilm *n* (made-for-)television film, TV film
tévéhíradó *n* (the) (television) news *sing.*, news and current affairs programme (*US* program)

tévéjáték *n (színdarab)* television/TV play ‖ *(video)* video game
tévékamera *n* TV camera
tevékeny *a* active, busy, brisk
tevékenyked|ik *v* be* active, be* busy
tevékenység *n* activity, work, function
tévékészülék *n* television, TV (set), biz telly
tévéközvetítés *n* television/TV broadcast, telecast
tévelyeg *v* err, stray, deviate
tévelygés *n* erring, straying; *(elviekben)* deviation
tévéműsor *n* television/TV programme (*US* -am)
tévénéző *n* viewer
tévéreklám *n* commercial, TV ad(vertisement)
tévériporter *n* TV reporter
téves *a (hibás)* wrong, mistaken; *(nézet)* erroneous; *(pontatlan)* inaccurate ‖ **~ kapcsolás** wrong number; **~ számot hívott (azt hiszem)** (I think) you've got the wrong number
tévesen *adv* by mistake, wrongly, falsely ‖ **~ informál** misinform (sy)
tévésorozat *n* television/TV series
tévéstúdió *n* television/TV studio
tévészerelő *n* TV mechanic/engineer, repair man°
téveszme *n* erroneous belief, misconception, delusion
téveszt *v* **célt ~** miss the target/mark; átv be* wide of the mark; *(terv stb.)* come* (badly) unstuck; **szem elől ~** vkt, vmt lose* sight of (sy/sg)
tévézés *n* watching television/TV
tévéz|ik *v* watch television/TV ‖ **sokat ~ik** (s)he watches a lot of television/TV
tévhit *n* delusion, misconception, false belief ‖ **abban a ~ben él, hogy** he is under the delusion that
tévút *n* átv error, aberration ‖ **~ra vezet vkt** lead* sy astray, mislead* sy
texasi *a/n* Texan
textil *n* textile
textiláru *n* textile fabrics/goods/materials *pl*
textilipar *n* textile industry
tézis *n* proposition
ti *pron* you ‖ *(birtokos)* your; *(régen és vall)* thy, *(magánhangzó,* ill. 'h' *előtt:)* thine ‖ **a ~ kocsitok** your car; **~ magatok** you yourselves
ti. = *tudniillik (azaz)* that is, i.e. *v.* ie; *(nevezetesen)* namely, viz. *v.* viz
tied, tieid, tie(i)tek *pron* yours ‖ **ez a ház a tietek?** is this house yours?
tífusz *n (hastifusz)* typhoid (fever) ‖ **kiütéses ~** typhus, spotted fever
tífuszoltás *n* TAB vaccination

tífuszos (beteg) *n* typhoid patient
tigris *n* tiger
tikkadt *a* parched, faint
tikkaszt *v* parch
tikkasztó *a* sweltering, sultry, parching
tilalmi idő *n (vadászatban)* close *(US* closed) season
tilalom *n* prohibition || **kiviteli** ~ embargo
tilde *n (szótárban)* swung dash; *(spanyolban stb.)* tilde
tilos 1. *a* (be*) forbidden/prohibited, (be*) not allowed/permitted || ~ **a dohányzás** no smoking, smoking is prohibited/forbidden; **a fűre lépni** ~ keep off the grass; ~ **az átjárás** no thoroughfare; **(idegeneknek) belépni** ~ no admittance/entry, keep out, "private" **2.** *n* ~ **ban jár** trespass
tilt *v* prohibit, forbid*
tiltakozás *n* protest
tiltakoz|ik *v vm ellen* protest against sg, make*/lodge a protest against sg; *US* protest sg [e.g. the war]
tiltakozó 1. *a* protesting, protest-, of protest *ut.* || ~ **jegyzék** note of protest; ~ **menet** protest march **2.** *n* protester
tiltó *a* prohibitory, prohibitive || ~ **vám** prohibitive duty
tiltószó *n* negative particle/word
tiltott *a* forbidden, prohibited, illicit, unlawful || ~ **fegyverviselés** illegal possession of fire-arms; ~ **gyümölcs** forbidden fruit
tímár *n* tanner
timföld *n* aluminous earth, aluminium *(US* aluminum) oxide
timpanon *n épít* tympan(um)
timsó *n vegy* alum || *(borotválás utánra)* shaving block; *(rúd)* styptic pencil
tincs *n* curl, lock, ringlet
tinédzser, tini *n biz* teenager
tinó *n* young bullock/ox°
tinta *n* ink || *biz (pia)* booze, *US* liquor || ~**val ír** write* in ink
tintaceruza *n* indelible pencil
tintaradír *n* ink eraser/rubber
tintás *a* inky, blotted
tipeg *v* waddle; *(gyerek)* toddle
tipegő *n (kezeslábas)* crawlers *pl*, rompers *pl*
tipikus *a* typical, characteristic
tipli *n (falba)* (wall) plug || *(fejen)* lump, bump
tipográfia *n* typography
tipográfiai *a* typographical
tipor *v* trample (down) sg, tread* on sg || **lábbal** ~ tread*/trample underfoot
tipp *n biz* tip, hint, pointer
tippel *v biz* give* sg a tip/pointer || **mire** ~**sz?** what is your tip/guess?

tipród|ik *v* pace up and down agitatedly
típus *n* type, category
típusbútor *n* utility *(v.* High-Street) furniture
típusterv *n* standard design
Tiszántúl *n* ⟨Hungarian territory east of the River Tisza⟩ *kb.* Trans-Tiszanian region
tiszántúli *a* trans-Tiszanian, east of the River Tisza *ut.*
tiszavirág-életű *a* ephemeral, evanescent, short-lived
tiszt *n kat* officer || *(hivatali hatáskör)* office, function, duty || *(sakkban)* ~**ek** major pieces, chessmen
tiszta 1. *a (nem piszkos)* clean; *(tisztaságszerető)* cleanly, always clean || *(megtisztított)* clear; *(nem kevert)* pure, unadulterated || *(világos és átv)* clear; *(érthető)* clear, plain || *(erkölcsileg)* pure, innocent, virtuous || *ker* net, clear || *(fokozó szóként: merő)* sheer, nothing but ... || **öntsünk** ~ **vizet a pohárba** let us speak plainly, let's clear the air; ~ **bevétel** net proceeds *pl*; ~ **eset** straightforward case/matter; ~ **ég** clear/cloudless sky; ~ **hazugság** downright lie; ~ **hülye** a total/perfect idiot; ~ **idő** a bright (sunny) day; ~ **levegő** clean/pure air; ~ **meztelen** stark naked; ~ **őrület** sheer folly/madness; ~ **papír** a clean piece of paper; ~ **szesz** (neat/pure) alcohol; ~ **ügy** plain sailing; ~ **víz** *(átlátszó)* clear/limpid water; *(iható)* clean/drinking water; **2.** *n (tiszta ruha)* ~**t vesz** get* changed *(v.* change) (into clean clothes); **teljesen** ~**ban vagyok azzal, hogy** I am fully aware that ..., I fully appreciate (the fact) that ...; ~**ba tesz** *(csecsemőt)* change the baby('s nappy *v. US* diaper)
tisztálkodás *n* washing, grooming; *(toalett)* toilet
tisztálkod|ik *v* wash, get* tidied up, have* a wash (and brush up)
tisztán *adv (nem piszkosan)* cleanly, cleanlily, neatly || *(világosan)* clearly || *biz (csak, pusztán)* merely, purely (and simply), only, entirely || *ker* clear, net || **(kérek) két whiskyt** ~ two neat *(US* straight) whiskies, please; ~ **énekel** sing* in a clear/pure voice
tisztás *n* clearing, glade
tisztaság *n* cleanness, cleanliness || *(gondolkodásé)* clarity || *(erkölcsi)* pureness, purity
tisztáz *v (ügyet)* clear (up), make* sg clear; *(helyzetet)* clarify; *(megvilágít)* elucidate, clarify || *(személyt vm alól)* clear (sy of sg); *(viselkedést, cselekedetet)* justify || ~**za magát** clear oneself

tisztázás *n (kérdésé, ügyé)* clearing up
tisztázatlan *a (nincs felderítve)* unclarified, not cleared up *ut.*, not made clear *ut.*
tisztázód|ik *v (ügy)* be* cleared up
tisztel *v (tiszteletben tart)* respect, esteem, think* highly of (sy)
tiszteleg *v kat* salute || *(vk/vm előtt)* bow before sy/sg || **fegyverrel** ~ present arms
tisztelendő *a* reverend || ~ **úr** Reverend (X)Y
tisztelet *n (megbecsülés)* respect, esteem || *(ismerősnek)* yours sincerely || *(udvariassági kifejezésekben)* **(kérem,) adja át** ~ **emet** remember me (kindly) to, give* my respects/compliments to; **mély** ~ **tel** I am, Sir, yours very truly; **(őszinte)** ~ **tel** *(ismeretlen személynek szóló, ill. hiv. levél végén)* yours truly/faithfully; ~ **ét teszi vknél** pay* one's respects to; ~ **re méltó** respectable, honourable *(US* -or-), worthy of respect *ut., (idős)* venerable; **vk** ~ **ére** in honour *(US* -or) of sy
tiszteletbeli tag *n* honorary member
tiszteletdíj *n (szerzői)* royalty; *(orvosnak, ügyvédnek stb.)* fee(s)
tiszteletkör *n* lap of honour *(US* -or)
tiszteletlen *a* disrespectful
tiszteletlenség *n* disrespect
tiszteletpéldány *n* complimentary/free/presentation copy
tiszteletreméltó *a* → **tisztelet**
tiszteletttudó *a* respectful
tisztelgés *n kat* saluting, salute || *vknél* paying one's respects (to)
tisztelő *n* admirer, devotee
tisztelt *a* ~ **hallgatóim!** Ladies and gentlemen!; **(igen)** ~ **kollégám** *(bíróságon)* my learned friend; **T** ~ **Uraim!** *(levélben)* Dear Sirs, *(US* így is) Gentlemen
tiszteltet *v vkt* send* one's regards/respects to sy || ~ **em a bátyját** give* your brother my kind regards
tisztesség *n (becsületesség)* honesty, probity
tisztességes *a (becsületes)* honest, decent; *(korrekt)* honourable *(US* -or-), fair || *biz (meglehetős)* decent || ~ **eljárás** square deal, fair play; ~ **fizetés** fair/respectable salary; ~ **szándék** honourable *(US* -or-) intention(s)
tisztességtelen *a (becstelen)* dishonest || *ker* unfair || ~ **eljárás** foul play, sharp/corrupt practice, *biz* a dirty trick
tisztességtudó *a* respectful, deferential; *(gyerek)* dutiful
tiszthelyettes *n* non-commissioned officer

tiszti *a kat* officer's || ~ **étkezde** the officer's mess
tisztikar *n kat* staff of officers
tisztít *v ált* make* (sg) clean, clean, cleanse; *(cipőt)* clean, brush; *(ruhát)* clean; *(vegyszeresen)* dry-clean; *(fogat)* brush, clean || *(babot, borsót)* shell; *(baromfit)* clean, dress; *(zöldséget)* clean || *(orv beleket)* purge
tisztítás *n ált* cleaning
tisztító *n (üzem)* cleaner's; *(vegytisztító)* dry-cleaner('s)
tisztítószer *n* detergent
tisztított *a* ~ **baromfi** dressed poultry
tisztogat *v* clean, cleanse || *pol* clean up, purge *(vmtől* of)
tisztogatás *n* cleaning, cleansing || *pol* clean-up, purge
tisztség *n* office, function
tisztségviselő *n* official, office-holder, functionary; *(magasabb)* executive
tisztul *v ált* become* clean, purify; *(folyadék)* (become*) clear, clarify || *(ég)* clear; *(időjárás)* clear up
tisztulás *n* purification
tisztviselő *n (állami)* civil servant; *(irodai)* clerk; *(alkalmazott)* employee
titkár *n* secretary
titkárnő *n* secretary
titkárság *n* secretariat; *(kisebb)* general office
titkol *v* hide*, conceal || **nem** ~ **ja** make* no secret of; ~ **t** secret, covert, hidden
titkolódzás *n* secret-mongering
titkolódz|ik *v* be* secretive, assume an air of secrecy, keep* things secret/back
titkon *adv* secretly, in secret; *(lopva)* stealthily
titkos *a ált* secret; *(rejtett)* hidden, concealed; *(illegális)* clandestine || ~ **szavazás** secret ballot; ~ **telefonszám** ex-directory *(v. US* unlisted) (telephone) number
titkosrendőr *n* detective, plain-clothes *(v.* secret) policeman°
titkosrendőrség *n* secret police
titkosság *n* secrecy
titok *n ált* secret || *(műfogásé)* trick || **a legnagyobb** ~ **ban** in strictest confidence; **titkot tart** keep* a secret, *biz* keep* mum; ~ **ban** in secret; *(lopva)* stealthily; ~ **ban tart vmt** keep* sg secret/private
titoktartás *n* secrecy
titoktartó *a* discreet
titokzatos *a* mysterious
tíz *num* ten || **a** ~ **ujjamon el tudom számolni** I can count them on the fingers of one hand *(v.* two hands)

tized

tized *n (rész)* tenth (part) || *(adó)* tithe || **három egész öt ~ (3,5)** three point five *(írva:* 3.5)
tizedel *v* decimate
tizedes 1. *a* decimal || **~ tört** decimal fraction **2.** *n kat* corporal *(röv* corp.) || *mat* decimal
tizedesjegy *n* decimal
tizedesvessző *n* decimal point
tizedik 1. *num a* tenth; 10th || → **első**
tizedrész *n* = **tized**
tizedszer *adv (ismétlődés)* for the tenth time || *(felsorolás)* tenthly
tízen *num adv* ten (of us/you/them)
tizenegy *num* eleven || **a magyar ~** *sp* the Hungarian team/eleven
tizenegyes *n sp* penalty (kick) || **~t rúg** take* the penalty (kick)
tizenéves 1. *a* teenage **2.** *n* teenager
tizenharmadik *num a* thirteenth
tizenhárom *num* thirteen
tizenhat *num* sixteen
tizenhatod (hangjegy) *n* semiquaver, *US* sixteenth note
tizenhatodik *num a* sixteenth
tizenhatos *a/n sp* **~ (vonal)** the 18 yard line; **a ~on belül** within the penalty area
tizenhét *num* seventeen
tizenhetedik *num a* seventeenth
tizenkét *num* twelve
tizenkét fokú *a zene* twelve-tone, dodecaphonic
tizenkettedik *num a* twelfth || **a ~ órában** at the eleventh hour
tizenkettő *num* twelve
tizenkilenc *num* nineteen || **(az) egyik ~, (a) másik egy híján húsz** (it's) six of one and half a dozen of the other
tizenkilencedik *num a* nineteenth
tizennégy *num* fourteen
tizennegyedik *num a* fourteenth
tizennyolc *num* eighteen
tizennyolcadik *num a* eighteenth
tizenöt *num* fifteen || **csak ~ éven felülieknek** *(moziban)* no persons under 15 years admitted
tizenötödik *num a* fifteenth
tízes 1. *a* **~ szám** number ten; **~ szoba** room (number) ten *(írva:* room No. 10, room 10); **a ~ számrendszer** the decimal system **2.** *n (bankjegy)* a ten-forint note, *GB* a £10 note, *US* a $10 bill; *(érme)* a ten-forint piece, *GB* a ten-pence piece
tízesével *adv* ten at a time
tízéves *a* ten-year-old, ten years old *ut.*
tízezer *num* ten thousand || **a felső ~** the upper ten(-thousand), the upper crust
tízféle *a* ten (different) kinds/sorts of *pl*
tízórai *n (étkezés)* morning coffee; *GB* néha elevenses *pl*
tízórai|ik *v* take*/have* a coffee/tea break
tízparancsolat *n* Ten Commandments *pl*
tízperc *n isk* break, interval, *US* recess
tízpróba *n* decathlon
tízszer *adv* ten times
tízszeres *a* tenfold
tó *n* lake; *(kisebb)* pond, pool
toalett *n (ruha)* woman's dress || *(vécé)* toilet, lavatory, *GB biz* loo, *US* men's/women's room, *biz* john || *(tisztálkodás)* toilet
toalettpapír *n* toilet paper
tobogán *n* toboggan
toboroz *v (embereket, kat és ált)* recruit; *(híveket, vevőket, biz)* drum up
toborzás *n* recruiting, recruitment
toboz *n* cone
tobozos *növ* **1.** *a* coniferous **2.** *n* **~ok** conifers
tobzód|ik *v vmben vk* wallow/luxuriate in sg; *vm* abound in sg, be* surfeited with sg
tócsa *n* puddle, (stagnant) pool
tódul *v (vhova folyadék)* flow/rush to || *(tömeg vhová)* throng/swarm/stream to
tohonya *a* sluggish, elephantine
tojás *n* egg || **~ alakú** egg-shape(d), oval; **~t felver** beat* (up) (the/three etc.) eggs *(v.* egg whites) *(until* stiff)
tojásfehérje *n* white (of egg), egg white
tojáshab *n* whipped white of eggs
tojáshéj *n* egg-shell
tojáslikőr *n* egg-flip, advocaat
tojásos *a* with eggs *ut.*, egg-
tojásrántotta *n* scrambled eggs *pl*
tojássárgája *n* (egg) yolk
tojástartó *n* egg-cup
toj|ik *v* lay*, lay* eggs
tojó *n* hen
tok *n (tartó)* case, box; *(késé)* sheath; *(szerszámé)* tool-chest/box; *(könyvé)* slipcase || *növ (magé)* pod, capsule
toka *n (emberé)* double chin || *(sertésé)* chops *pl*, chaps *pl* || **~t ereszt** acquire a double chin
tokaji bor *n* Tokay
tokány *n kb.* stew
Tokió *n* Tokyo
tokmány *n műsz* chuck
tol *v (keréken gurulót stb.)* push; *(nehezebb tárgyat)* trundle, *biz* shove *(vhová mind:* to, into)
-tól, -től *suff* **a)** *(helyhatározó)* from; **Londontól Edinburghig** from London to Edinburgh; **apádtól jövök** I come from your father **b)** *(időhatározó)* from; **háromtól négyig** from three (o'clock) to four; **reggeltől estig** from morning till evening/night; **keddtől fogva** from Tuesday onwards, as from

Tuesday; from, since; **attól az időtől fogva** from that time (on), ever since then **c)** *(eredethatározó)* from; **ezt a levelet barátjától kapta** he (has) got this letter from a friend; **megóv vkt vmtől** protect/safeguard sy from sg || of; **kér vmt vktől** ask sg of sy || *(különféle elöljáróval)* **elbúcsúzik vktől** take* leave of sy, say* goodbye to sy; **elmegy a kedve vmtől** lose* one's interest in sg, get* tired/weary of sg; **óv vkt vmtől** caution/warn sy against sg, advise sy not to do sg || *(elöljáró nélkül)* **kér vmt vktől** ask sy for sg; **megtagad vktől vmt** refuse sy sg, deny sy sg **d)** *(okhatározó)* with; **elájul az éhségtől** faint with hunger || of; **fél a kutyáktól** he is afraid of dogs || for; **fától nem látja az erdőt** does not see the wood for the trees || *(különféle elöljáróval)* **idegenkedik vmtől** be* averse/loath to sg; **irtózik vmtől** have* a horror of sg, shudder at sg || *(elöljáró nélkül)* **fél vktől/vmtől** fear sy/sg **e)** *(különbözők összehasonlításában)* from; **különbözik vmtől** differ from sg, be* different from sg
tolakodás *n (szemtelenkedés)* intrusion, obtrusiveness, indiscretion || = **tolongás**
tolakod|ik *v (tömegben)* push (and shove) (one's way) forward, elbow one's way || *(szemtelenül)* push oneself
tolakodó *a* pushy, pushing (and shoving), self-assertive, elbowing
tolat *v vasút* shunt, *US* switch || *(autóval)* reverse/back (the/one's car)
tolatás *n vasút* shunt(ing) || *(autóval)* reversing, *US* backing up
tolatólámpa *n* reversing light
tolattyú *n* piston, slide-valve
told *v* lengthen, make* (sg) longer || **vmhez vmt** ~ add sg to sg
toldalék *n nyelvt* suffix
toldalékolás *n nyelvt* suffixing, suffixation
toldás *n* lengthening, appendage || *(folyamat)* adding, addition, lengthening
toldoz *v* piece/patch together
toldoz-foldoz *v* keep*/be* patching/mending
toll *n (madáré)* feather || *(írásra)* pen || *(evezőé)* blade || **idegen ~akkal ékeskedik** wear* borrowed plumes
tollas *a* feathery, feathered, feather-
tollaslabda *n (játék)* badminton || *(a labda)* shuttlecock
tollaslabdáz|ik *v* play (a game of) badminton
tollasod|ik *v (nő a tolla)* grow* feathers, feather || *(gazdagodik)* make* one's pile

tollászkod|ik *v* preen, plume
tollatlan *a* featherless, unfeathered, unfledged
tollazat *n* plumage, feathers *pl*
tollbamondás *n* dictation
tolltartó *n isk* pencil-case
tolmács *n* interpreter
tolmácsol *v* interpret
tolmácsolás *n (tolmácsként működés)* interpreting, translating, translation || *(művészi stb.)* interpretation || **szimultán ~** simultaneous translation
tolóablak *n (föl-le)* sash window; *(oldalt)* sliding window
tolóajtó *n* sliding door
tolód|ik *v* be* shifted/moved (from its place), slide*
tologat *v* keep* pushing, *biz* keep* shoving, shift about
tolómérce *n* vernier calliper *(US* caliper), cal(l)iper rule
tolong *v (tömeg)* throng, swarm, teem
tolongás *n* crowd, throng, crush
tolószék *n* wheelchair, bath chair, invalid chair
tolózár *n* bolt, latch
tolvaj *n* thief
tolvajbanda *n* gang/pack of thieves
tolvajnyelv *n* (thieves') cant, argot
tombol *v (személy)* rage, fume, storm || *(háború, járvány, vihar)* rage || **~ dühében** foam with rage, be* hopping mad
tombola *n* tombola
tomboló *a* **a darab ~ sikert aratott** the play was a smash hit
tompa *a (életlen, nincs hegye)* blunt, dull || *(ész)* dull, slow; *(érzékszervek)* blunt, dull; *(hang)* dull, hollow || **~ ékezet** grave (accent); **~ fájdalom** dull pain
tompít *v (vmnek az élét)* make* (sg) blunt, blunt (sg), take* the edge off || *(fényt)* soften, subdue || *(fájdalmat)* dull, palliate, alleviate || **~ja a fényszórót** dip *(US* dim) one's headlights
tompított fényszóró *n* dipped *(US* dimmed) headlight(s)
tompor *n* buttock; *(tréfás és áll)* haunch
tompul *v (kés éle)* become*/get*/go* blunt || *(fájdalom)* ease off
tompultság *n (kedélybeli)* dullness; *(elméé)* torpor, dullness
tonhal *n* tuna, tunny
tonna *n (1000 kg)* metric ton, tonne || *GB (2240 font = 1016 kg)* (long) ton; *US (2000 font = 907 kg)* (short) ton
tónus *n (szín)* tonality, tint
tonzúra *n* tonsure
topis *a biz* tatty, shabby
topog *v* stamp about, stamp one's feet || **egy helyben ~** mark time, make* no headway

toporzékol v vk be* stamping one's feet (angrily), rage || *(ló)* prance
toprongyos a ragged, tattered, biz tatty
tor[1] n → **halotti**
tor[2] n áll thorax
torkolat n *(folyóé)* mouth, estuary || *(lőfegyver csövéé)* muzzle
torkolatvidék n delta
torkoll|ik v *(folyó)* fall*/flow/discharge || *(utca)* lead* into
torkos a *(nyalánk)* fond of sweet things ut.; *(ínyenc)* gourmand || *(falánk)* greedy, gluttonous
torkoskod|ik v *(nassol)* nibble at (sg), eat* sweet things
torlasz n *(folyón)* obstruction, blockage
torlódás n ált piling up || **(forgalmi)** ~ traffic congestion/jam, tailback
torlód|ik v *(munka)* accumulate, pile up || *(forgalom)* become* congested
torma n horse-radish
tormás a with horse-radish ut.
torna n *(sportág)* gymnastics sing. || *(testgyakorlás)* (physical) exercises pl, gymnastics pl || *(régen lovagi, ma: mérkőzéssorozat)* tournament || **reggeli** ~ morning exercises pl; ~**ra jár** go* to keep-fit classes
tornác n portico, veranda(h), porch
tornacipő n gym shoes pl, tennis shoes pl, US sneakers pl
tornacsarnok n gymnasium
tornagyakorlat n (gymnastic) exercise
tornaing n gym shirt
tornanadrág n gym shorts pl
tornaóra n physical training *(röv PT)*, biz gym (class)
tornaruha n gym vest and shorts pl; *(testhezálló, lányoknak)* leotard
tornász n gymnast
tornász|ik v do* gymnastics, do* physical exercises
tornatanár n physical instructor, gym teacher
tornaterem n gym(nasium)
tornatrikó n (gym) vest, singlet
tornaverseny n gymnastic competition
tornyos a towered
tornyosul v tower, bank/pile up || ~**nak a fellegek** (the) clouds are* gathering
torok n vké throat || *(barlangé)* mouth; *(lőfegyveré)* muzzle || **fáj a torka** have* a sore throat; **torka szakadtából kiabál** shout at the top of one's voice, bawl, yell; **torkán akadt a szó** the words stuck in his throat; **torkig van vmvel** biz be* fed up with sg, be* sick of sg
torokgyulladás n inflammation of the throat, sore throat, pharyngitis
torokhang n guttural/deep voice
torokköszörülés n clearing one's throat

torokmandula n tonsil(s)
torony n tower; *(kicsi)* turret, pinnacle; *(templomé)* (bell/church) tower, steeple
toronyház n tower block, high-rise (block)
toronyiránt adv ~ **megy vhová** make* a beeline for
toronyóra n ált (church-)clock; *(a londoni parlamenté)* Big Ben || ~**t lánccal** Buckingham Palace
toronyugrás n high-board diving
torpedó n torpedo *(pl* -does)
torpedóromboló n torpedo-boat destroyer
torta n (fancy) cake, gâteau *(pl* -teaux)
tortaforma n cake-mould *(US* -mold), cake-tin, baking-tin
tortalap n wafer-sheet
tortúra n *(fizikai)* torture || átv torment, torture(s)
torz a deformed, misshapen || ~ **alak** vk freak, monster, monstrosity
torzít v *(elcsúfít)* deform, disfigure || *(arcot, tényeket, képet, hangot)* distort
torzítás n distortion
torzó n torso *(pl* torsos)
torzonborz a hirsute, hairy, shaggy
torzszülött n freak, deformity, monster
torzul v get* out of shape, become* distorted/deformed
torzulás n distortion
torzsa n *(káposztáé)* stalk; *(salátáé)* stalk, heart
torzsalkodás n discord, friction, quarrel
tószt n toast
tótágas n handstand || ~**t áll** stand* on one's hands, do* a handstand
totális a total, entire, complete || ~ **háború** all-out war(fare), total war
totalitárius állam n totalitarian state
totálkáros a ~ **a gépkocsi** the car is/was a (complete) write-off, the car has become a total loss
totó n (football) pools pl || **nyer a** ~**n win*** sg on the pools
totószelvény n (football) pools coupon
totóz|ik v bet* on *(v. biz* do*) the (football) pools
totózó n *(személy) GB* punter || *(iroda)* pools office/agency
totyakos a *(ember)* doddery, doddering
totyog v *(kisgyerek)* toddle
tova adv ir far off/away, yonder
tovább adv *(térben)* further, on(ward) || *(időben)* longer, more, on || *(folytatva)* on(ward), forth || **csak így** ~**!** keep* it up!, keep* at it!; **eddig és ne** ~ no further; this is the limit; stop; enough; **egy óránál** ~ for over an hour; **és így** ~ and so on/forth, etcetera *(röv* etc.); **lassan járj,** ~ **érsz**

more haste, less speed; **nem bírom** ~ I can't bear/stand it any longer, I can't take any more; **olvass** ~! go on reading!, continue reading!; ~! (= *folytasd*) go/carry on!, keep going!, proceed!; ~ **él** live on, continue to live; *(hagyomány, szokás)* linger on; ~ **tanul** continue one's studies/education; ~ **visz** *(tárgyat kézben)* carry/take* sg further/on

továbbá *adv* besides, moreover, further-(more); as well (as)

továbbad *v (tárgyat vknek)* hand/pass sg on to sy *v.* hand/pass on sg to sy ‖ *(megvett tárgyat elad)* resell* sg, pass sg on to sy ‖ **add tovább!** pass it on/round!; ~ **vmt vknek** hand/pass sg on to sy

továbbáll *v biz* make*/slope off, *kif* make* oneself scarce

továbbhajt *v* drive* on ‖ **segítségnyújtás nélkül** ~ fail to stop after an/the accident, leave* the scene without stopping to give assistance

továbbhalad *v* go* on, keep* on; proceed; *átv* progress, make* headway/progress

további 1. *a* further; *(újabb)* additional ‖ ~ **intézkedésig** until further notice, for the present **2.** *n* **minden** ~ **nélkül** without more/further ado, just like that, forthwith; **a** ~**akban** in what follows

továbbjut *v (versenyben)* qualify for *(v.* get* into) [the next round/heat]

továbbképzés *n* ált further/continuing education ‖ **tudományos** ~ postgraduate studies *pl*

továbbképző tanfolyam *n* further education training course; *(tanároknak)* refresher course; *(munka mellett)* in-service training

továbbmegy *v* go* on, proceed on one's way ‖ *(vmvel, pl. tanár az anyaggal)* go* on (with sg) ‖ **az élet megy tovább** life goes on

továbbra *adv* ~ **is** in the future too; **én** ~ **is** I shall continue to ...

továbbszolgáló *a kat* re-enlisted

továbbtanulás *n* further/continuing education

tovatűn|ik *v ir* fade/pass away, vanish

tóvidék *n* region of lakes; *GB földr* the Lake District, the Lakes *pl*

tő *n növ* stock, stem; *(szőlőtő)* vinestock/plant ‖ **nyelvt** root ‖ **tövestül** root and branch, radically; **tőviről hegyére ismer vmt** know* sg inside out

több 1. *num a (összehasonlításban)* more ‖ *(néhány)* several, a few, some ‖ **ez** ~ **a soknál** this is (far) too much, that is more than enough; *(felháborodva)* that's the limit, this is the last straw, that is going too far; **még** ~ even more;

nincs ~ there is no more, it is all gone; **sőt, mi** ~ what is more; ~ **mint** more than; over; ~ **mint egy éve** *(amióta)* it is more than a year (since); *(amikor)* more than a year ago; ~ **mint egy órán át** for over an hour **2.** *n* ~**ek között** among other things, among others; ~**et ad vmért** pay*/give* more (than sy else) for sg

többé *adv* (no) more, (no) longer ‖ ~ **(már) nem** no more/longer, not ... any more; **nincs** ~ does not exist any more; *vk* is no more; **soha** ~ nevermore, never again

többé-kevésbé *adv* more or less

többen *num adv* several (of us/you/them), a number of people

többes szám *n* plural

többfelé *adv* in various/several directions

többféle *a* of many/several (different) kinds *ut.*, many different (*v.* several) kinds of ...

többgyermekes *a* with a large family *ut.*

többhetes *a* several weeks', of/lasting several weeks *ut.*

többi *a/n* **a** ~ *(ember)* the rest/others *pl*; *(tárgy stb.)* the rest (of it/them), the remainder, the other/remaining [books etc.]; **a** ~ **gyerek** the other students [in my class] are ...; the rest [are ...]; **a** ~**ek** the others, the rest (of us/them); **(é)s a** ~ *(stb.)* and so on/forth (etc.)

többjegyű szám *n* multidigit number

több-kevesebb *num a* more or less

többlet *n ker, közg* surplus; *(súly)* excess

többnejűség *n* polygamy

többnyelvű *a* multilingual

többnyire *adv* mostly, for the most part, generally, usually

többoldalú *a (szerződés)* multilateral

többpártrendszer *n* multi-party system

többrendbeli *a jog* on several counts *ut.*

többség *n* majority ‖ ~**ben van(nak)** be* in the majority; *(vkvel szemben)* outnumber sy

többszólamú *a zene* of many parts *ut.*; *(önálló szólamok)* polyphonic ‖ ~ **ének** part-song

többszótagú *a* polysyllabic

többször *adv (több ízben)* several times, on several occasions, repeatedly

többszöri *a* repeated, frequent

többszörös 1. *a* manifold, multiple, repeated; ~ **milliomos** multimillionaire **2.** *n mat* multiple ‖ **legkisebb közös** ~ lowest common multiple

többtagú *a (küldöttség)* consisting of several members *ut.* ‖ *mat* ~ **kifejezés** polynomial

tőgy *n* udder

tök *n növ (főző)* (vegetable) marrow; *(sütő)* pumpkin; *US* (marrow) squash || *(kártya)* diamonds *pl* || *vulg (here)* balls *pl* || *biz (jelzőként)* dead || ~ **jó!** great!, dead good!; ~ **mindegy** it's all the same

tőke[1] *n (mészárosé stb.)* block || *(szőlőé)* vine(-stock)

tőke[2] *n közg* capital

tőkebefektetés *n* capital investment

tőkefelhalmozás *n* capital accumulation

tőkehal *n* cod(fish); *(szárított)* stockfish

tőkehús *n* carcass meat; meat on the bone

tőkekivitel *n* capital export

tőkekoncentráció *n* concentration of capital

tökéletes *a* perfect, faultless, excellent

tökéletesed|ik *v* become* perfect, arrive at perfection

tökéletesen *adv (kitűnően)* perfectly || *(teljesen)* perfectly, completely, absolutely || ~ **beszél angolul** (s)he speaks* perfect English; his/her English is* perfect; ~ **igaza van** he's absolutely right

tökéletesít *v* make* (sg) perfect, perfect, bring* (sg) to perfection

tökéletesség *n* perfection, completeness

tökéletlen *a (tárgy)* imperfect, defective || *(személy)* half-witted || ~ **alak** an idiot, *biz kif* he is not all there

tökély *n* perfection || ~**re viszi, ~re visz** *vmt* bring* sg to perfection

tőkés 1. *a* capitalist || ~ **rendszer** capitalist system, capitalism 2. *n* capitalist; stockholder

tőkesúly *n (hajóé)* keel

tőkeszegény *a* deficient in funds *ut*.; *(igével)* lack capital

tökfej *n biz* dolt, blockhead, idiot, *US* goon

tökfőzelék *n* [dish of (boiled)] vegetable marrow (*US* squash)

tökmag *n növ* pumpkin seed, vegetable marrow seed || *biz (emberről)* shrimp, mite, small fry

tökrészeg *a* dead/blind/roaring drunk, paralytic, plastered, *biz* pissed

töksötét *a* dead dark

-től *suff* → **-tól, -től**

tölcsér *n ált* funnel || *(fagylalt)* cone, cornet || *(tűzhányóé, bombáé)* crater

tölcsértorkolat *n* estuary

tőle *adv* from/by/of him/her/it || **ez nem szép ~** that is not nice of him

tölgy *n* oak(-tree)

tölgyerdő *n* oak forest

tölgyfa *n (élő)* oak(-tree) || *(anyag)* oak (-wood) || ~ **bútor** oak furniture

tölt *v (folyadékot vmbe)* pour (sg into sg) || *(vmt levegővel/gázzal stb.)* fill (up) || *(cigarettát, hurkát stb.)* fill; *(egyéb ételneműt)* stuff || *(fegyvert)* load || *(akkut)* charge || *(időt)* pass, spend* || **mivel ~öd szabad idődet?** how do you spend your leisure?, what do you do in your spare time?; **szállodában ~i az éjszakát** stay the night at a hotel; **~hetek még egy pohár teát?** can/shall I pour/give you another cup of tea?; *vmvel* ~**i az idejét** spend* one's time [doing sg]

töltelék *n (ételben, húsféle)* stuffing; *(édes)* filling

töltény *n* cartridge

tölténytár *n* magazine

töltés *n (folyamat)* filling || *(puskában)* load, charge || *(elektromos)* charge || *(földből emelt)* bank, embankment

töltet *n kat* load, charge; *(robbanó)* warhead

töltetlen *a (fegyver)* unloaded

töltőállomás *n* filling/petrol station, *US* gas(oline) station

töltőceruza *n* propelling pencil

töltőtoll *n* fountain-pen

töltött *a (étel)* stuffed || *(fegyver)* loaded || ~ **csirke** stuffed chicken; ~ **káposzta** stuffed cabbage; ~ **paprika** stuffed green pepper

töm *v ált* stuff, cram; *(pipát)* fill || *(baromfit)* cram, fatten/feed* up || *(fogat)* fill, put* in a filling

tömb *n* block || *pol* **a keleti ~ (országai)** the Eastern bloc

tömeg *n ált és fiz* mass; *(terjedelem, ker)* bulk || *(ember)* crowd; *elít* horde, mob || *pol* **a ~ek** the masses; the working class *sing*; **a ~ből** from among the crowd

tömegáru *n* mass-produced articles/ goods, bulk goods *(mind: pl)*

tömegbázis *n* mass base

tömegerő *n* power of the masses

tömeges *a* mass, in large number *ut*.

tömegesen *adv* in large numbers

tömegfelvonulás *n* mass demonstration; *(menetelés)* march

tömeggyártás *n* mass production

tömeggyűlés *n* mass meeting/rally

tömeghisztéria *n* mass hysteria

tömegkommunikáció *n* = **tömegtájékoztatás**

tömegközlekedés(i eszközök) *n* public transport (*US* transportation)

tömegmészárlás *n* massacre

tömegnyomor *n* extreme/widespread poverty (of the masses) || *átv biz (zsúfoltság járművön stb.)* suffocating crush

tömegpusztító fegyverek *n pl* weapons of mass destruction

tömegsír *n* common/mass grave
tömegsport *n* mass/popular sport
tömegszállás *n* (cheap) communal accommodation
tömegszerencsétlenség *n* serious accident
tömegszervezet *n* mass organization
tömegtájékoztatás *n* mass communications/media *pl*, the media *pl* || ~ **i eszközök** mass media, the media
tömegtermelés *n* mass/quantity production
tömegtüntetés *n* mass demonstration/protest
tömegverekedés *n* fighting/brawling in the crowd
töméntelen *a* innumerable, countless, no end of
tömény *a* concentrated || ~ **szesz** pure alcohol/spirit
töménység *n* concentration
tömérdek *a* heaps/loads of
tömés *n* *(fogé)* filling || *(vállé)* padding, wadding
tömítés *n* filler, wadding; *(csapé)* washer, gasket
tömítőgyűrű *n* washer, gasket
tömjén *n* incense
tömjénez *v átv vkt/vknek* flatter sy, fawn on sy
tömkeleg *n* ~**e vmnek** profusion/abundance of sg
tömlő *n (cső)* hose(pipe) || *(gumibelső)* inner tube || ~ **nélküli gumi** tubeless tyre *(US* tire)
tömlöc *n* dungeon
tőmondat *n* simple sentence
tömör *a (anyag)* solid, massive, compact || *(stílus)* concise, succinct, terse
tömörít *v műsz* compress, condense || *(szöveget)* boil down, summarize, condense
tömörség *n (anyagé)* compactness || *(stílusé)* conciseness
tömörül *v (vk körül)* cluster/rally round (sy); *(szervezetbe)* organize themselves into [a trade union etc.]
tömött *a (sűrű)* compact, thick || *(jármű)* jam-packed, very crowded; *(pénztárca)* bulging, well-lined
tömzsi *a* thick-set, stocky, dumpy, squat
tönk *n (fa)* stump; *(húsvágó)* block || **a** ~ **szélén áll** be* on the brink of ruin
tönkremegy *v (dolog)* be*/get* spoiled/ruined/damaged || *(vk, vm, anyagilag)* be* ruined, be*/go* bankrupt, *biz* be*/go* broke, *biz* go* bust
tönkretesz *v vkt* ruin (sy), bring* (sy) to ruin || *vmt* ruin, spoil*, damage sg (beyond repair); *(telefonfülkét stb.)* vandalize

tönkrever *v* beat* [the enemy] hollow, rout [the enemy]
töpörtyű *n* (pork) crackling(s)
töpörtyűs pogácsa *n* crackling cone
töpreng *v vmn* brood (over/about), meditate (on), ponder, have* sg on the brain
töprengés *n* brooding, cogitation
tör *v ált* break*, smash, crush; *(diót)* crack; *(cukrot)* pound, powder || *(vm cél felé)* aim at doing sg *(v.* to do sg), aim for sg, aspire to sg, endeavour (to) || **darabokra** ~ break* (sg) into (small) pieces, break* (sg) up; ~**i a cipő a lábát** the shoe pinches; ~**i a fejét** rack one's brains; ~**i magát** *ált* slave (away) (at sg), overwork oneself; *vmért* push oneself [to obtain sg], strive* for sg *(v.* to do sg); ~**i az angolt** speak* broken English; **vkre** ~ attack/assault sy; **rosszban** ~**i a fejét** be* up to (some) mischief, get* up to sg
tőr *n (fegyver)* dagger; *(vívó)* foil || *(csapda)* snare, trap || ~**be csal** ensnare, decoy, set* a trap for
tördel *v (darabokra)* break* (sg) into pieces, crumble (sg) || *nyomd* make* up, set* (sg) to pages || **kezét** ~**i** wring* one's hands
tördelés *n nyomd* making-up, make-up
tördöfés *n* stab, thrust
töredék *n (irodalmi)* fragment || *(rész)* portion, fraction || **a másodperc egy** ~**e alatt** in a split second
töredez|ik *v* break* up, crumble
törékeny *a (tárgy)* fragile || *(egészség)* frail, delicate
töreksz|ik *v (igyekszik)* endeavour *(US* -or) (to do sg), make* an/every effort (to) || *vmre* strive* (for/after sg *v.* to do sg), aspire to, aim at [doing sg] || **minden igyekezetével** ~**ik vmre** be* *(v.* go* all) out for sg
törekvés *n* ambition, endeavour *(US* -or), striving after, effort, pursuit
törekvő *a* ambitious, aspiring
törés *n ált* breaking || *orv* fracture, break
töréskár *n (gépkocsin)* collision damage
töretlen *a* unbroken; *(föld)* unploughed || *átv* ~**ül** with undiminished energy
törhetetlen *a (tárgy)* unbreakable || ~ **üveg** shatter-proof glass
tör|ik *v* break*, get* broken || **ha** ~**ik, ha szakad** come hell or high water, by hook or by crook
törköly *n* marc
törlés *n (írásé)* rubbing out, erasing; *(tollal, ceruzával)* crossing/striking out/through; *(szövegé)* deletion || *(magnón)* wiping (out) || *(adósságé)* cancellation
törleszked|ik *v vkhez átv* curry sy's favour *(US* -or)

törleszt v *(adósságot, kölcsönt)* pay* off (by/in instalments); *pénz* amortize [a debt, mortgage etc.]
törlesztés n *(adósságé, kölcsöné)* paying/payment by instalments, *pénz* amortization || *(a részlet)* instalment
törlőrongy n cloth, rag; *(konyhai)* tea cloth/towel, dishcloth, *US* dishtowel; *(portörlő)* duster
törmelék n *ált* debris *pl*; *(kő)* rubble
törődés n *vmvel* care, concern (for)
törőd|ik v *(gyümölcs)* ge**t*** bruised/damaged || *vkvel* take* care of sy, care for sy, look after sy; *vmvel* take* (good) care of sg, care for sg; *(bajlódik)* bother about/with sg || ~**j a magad dolgával!** mind your own business
törődött a *(gyümölcs)* bruised || *(ember)* tired/worn out, exhausted; *(főleg egészségileg)* broken
török 1. a *(ált (törökországi)* Turkish || *nyelvt* Turkic || **a** ~ **nyelvek** the Turkic languages; ~ **kávé** Turkish coffee **2.** n *(ember)* Turk || *(nyelv)* Turkish || *tört* **a** ~ *(= törökök)* the (Osmanli) Turks; ~**öt fog** catch* a Tartar; ~**ül beszél** speak* Turkish; ~**ül van írva** is* written in Turkish
Törökország n Turkey
törökülés n sitting cross-legged
töröl v *(tisztává, szárazra)* wipe; *(feltöröl)* wipe up; *(edényt)* dry || *(írást radírral)* rub* out; *(nevet vhonnan)* strike* off/out, cross out; *(jegyzékből)* delete [from the list]; *(szöveget)* delete, cu**t***; *(magnó-stb. felvételt)* erase || *(rendelkezést)* annul || **a nem kívánt rész törlendő** (please) delete whichever does not apply, please delete where inapplicable; ~ **ték** *(a járatot)* [the flight] has been cancelled *(US* -l-)
törölget v *(edényt)* dry [(the) dishes], dry up; *(bútort)* dust
törölgetés n drying (up)
törött a *(eltört)* broken || ~ **bors** ground pepper
törpe a/n *(jelzőként is)* dwarf *(pl* dwarfs)
törpeautó n baby car, minicar
tört 1. a *(eltört)* broken, smashed || ~ **angolság** broken English; ~ **arany** broken gold; ~ **burgonya** mashed potatoes **2.** n *mat* fraction
történelem n history || ~ **előtti** prehistoric; ~ **szakos hallgató** student of history, *US* student majoring in history, a history major
történelemkönyv n history book
történelemtanár n teacher of history, history teacher
történelmi a historical, history; historic || ~ **esemény** historic event; ~ **tény** historical fact

történés n happening, occurrence, event(s); *(cselekmény)* action, plot
történész n historian
történet n *(elbeszélés)* story, tale, narrative
történetesen adv *(úgy adódott, hogy)* it so happened that, I (etc.) happened to ... || ~ **épp jelen voltam** I happened to be there/present
történeti a historical
történetírás n history, historiography
történetíró n historian
történettudomány n history, historical scholarship/science
történettudományi a historical
történ|ik v *ált* happen, occur, come* to pass; *vm vkvel* happen to (sy); *(vm rossz)* befall* (sy) || **ami** ~**t, megtörtént** what is done can't be undone; **baleset** ~**t** there has been an accident; **bármi** ~ **jék is** whatever happens, come what may; **mi** ~**t?** what('s) happened?, what('s) the matter?; **mintha mi sem** ~**t volna** as if nothing had happened; **nem** ~**t semmi!** *(= felejtsük el)* forget it!, that's quite all right!
történtek n *pl* **a** ~ **után** after what has happened
törtet v *átv* be* pushing/pushy, push oneself (forward)
törtetés n *átv* pushiness, careerism
törtető 1. a *átv* ambitious, pushy **2.** n pushing/pushy person/fellow, careerist
törtszám n fraction
törtvonal n *mat* division sign
törülköz|ik v dry (oneself)
törülköző n towel; *(nagy frottír)* bath towel
törve adv ~ **beszél angolul** he speaks* broken English
törvény n *jog, ált* law; *(a törvényhozó testület határozata)* Act || *(igazságszolgáltatás)* law, court || *fiz, vegy stb.* law || **a** ~ **előtt** in the eyes of the law; *(bíróságon)* before the court; **a** ~ **értelmében** in terms of the law, as provided by law; **a** ~ **nevében** in the name of the law; **szükség** ~**t bont** necessity knows no law; ~ **elé idéz** bring*/cite/summon *(US* subpoena) sy before the court; ~ **be iktat** enact, codify; **új** ~**t hoz** bring* in *(v.* introduce) a new law
törvényalkotás n legislation
törvénycikk n Act, law
törvényellenes a illegal, unlawful
törvényerejű rendelet n decree with legal force, law decree
törvényerő n legal force || ~**re emelkedik** become* *(v.* pass into) law, come* into force, be* enacted

törvényes *a ált* legal; *(törvényben lefektetett)* statutory; *(eljárás)* lawful; *(jogos)* legitimate || ~ **házasság** lawful marriage; ~ **gyermek** legitimate child°
törvényesen *adv* legally, by legal means
törvényesít *v ált* legalize; *(gyermeket)* legitimize
törvényesség *n* legality
törvényhatóság *n* local/municipal authority
törvényhatósági *a* municipal
törvényhozás *n* legislation
törvényhozó *a* legislative || ~ **testület** legislative body/authority, legislature
törvényjavaslat *n* bill, the Bill || ~**ot beterjeszt** propose (*v.* put* forward, *GB* table) a Bill
törvénykezés *n* administration of justice, jurisdiction
törvénykezési *a* juridical
törvénykönyv *n* (legal) code, code of law, statute-book
törvénysértés *n* violation/infringement of the law, offence (*US* -se) (against the law)
törvényszék *n* court of law, lawcourt
törvényszéki *a* juridical, judicial || ~ **bíró** judge; ~ **orvostan** forensic medicine, medical jurisprudence
törvényszerű *a (jogilag)* legal, lawful, legitimate || *(szabályos)* regular
törvényszerűség *n (jogi)* legality, lawfulness, legitimacy || *(szabályosság)* regularity || *(a tudományban)* **vmnek a** ~**ei** the principles/laws of ...
törvénytelen *a (cselekedet)* illegal, unlawful || *(gyermek)* illegitimate
törvénytelenség *n* illegality, unlawfulness; *(cselekedet)* unlawful act
törvénytervezet *n* Bill, draft of a new law
törvénytisztelő *a* law-abiding
tőrvívás *n* foil fencing || ~**ban** at foil
tőrvívó *n* (foil) fencer
tör-zúz *v* shatter, smash to pieces, *kif* go* on the rampage
törzs *n (testé, fáé)* trunk || *(hajóé)* hull, hulk, body; *(repülőgépé)* fuselage || *kat* staff || *(nép)* tribe || *növ, áll* phylum (*pl* -la)
törzsfő(nök) *n* chieftain, chief
törzsgárda *n kb.* old guard
törzsgárdatag *n* one of the old guard
törzshajlítás *n sp* bending from the trunk
törzshely *n* regular haunt, favourite (*US* -or-) restaurant [etc.]
törzskar *n kat* (general) staff
törzskönyv *n (személyeké)* roll, register; *(kutyáké)* pedigree
törzskönyvez *v* register
törzskönyvezett *a* registered; *(állat)* pedigree

törzsközönség *n* regular customers *pl*, *biz* regulars *pl*
törzsőrmester *n* sergeant-major, *US* master sergeant
törzsszám *n mat* prime number || *(törzslapon)* reference/serial number
törzsvendég *n* regular (customer), habitué
tősgyökeres *a* pure(-blooded), genuine
tőszám(név) *n* cardinal number
tőszó *n* root-word, stem
tövis *n* thorn
tövises *a* thorny
tőzeg *n* peat
tőzsde *n* stock exchange, *(londoni stb.)* Stock Exchange, stock-market
tőzsdei *a* ~ **árfolyam** stock exchange/market quotation
tőzsdézés *n* gambling/speculation/dealings on the stock exchange (*v.* stock-market)
tőzsdéz|ik *v* gamble/speculate on the stock exchange (*v.* stock-market)
traccsol *v biz* (chit-)chat, gossip
tradíció *n* tradition
tradicionális *a* traditional
trafik *n* tobacconist('s), *US* cigar store
trafikos *n* tobacconist
tragacs *n biz (rozoga jármű)* **(ócska)** ~ *US csak:* jalopy, flivver
trágár *a* obscene, indecent || ~ **beszéd** obscene talk/language, smut; ~ **vicc** smutty/dirty joke/story
trágárság *n* obscenity, indecency
tragédia *n* tragedy
tragikomédia *n* tragicomedy
tragikum *n* tragedy
tragikus *a* tragic
tragikusan *adv* tragically; *(tragikus körülmények között)* in/under tragic circumstances || ~ **végződött** it ended fatally
trágya *n* dung, manure
trágyadomb *n* dunghill
trágyáz *v* manure, spread* (the) dung (on/over)
trágyázás *n* manuring, muckspreading
traktál *v biz (jóltart)* treat sy to sg, regale sy with/on sg || *(üggyel)* treat sy to sg, bore sy with sg
traktor *n* tractor
transz *n pszich* trance
transzformál *v* transform
transzformátor *n* transformer
transzfúzió *n orv* transfusion
transzparens 1. *a* transparent 2. *n (fényreklám)* neon sign || *(felvonuláson)* banner, placard; banner
tranzakció *n* transaction, deal
tranzisztor *n* transistor
tranzisztoros rádió *n* transistor (radio)

tranzit *n* transit
tranzitutas *n* transit passanger
tranzitváró *n* transit lounge
trapéz *n* *mat* trapezium, *US* trapezoid || *(akrobatáké)* trapeze
trappista (sajt) *n* Port-Sal*u*t [cheese]
trappol *v* trot
trauma *n* *orv, pszich* trauma
traumatológia *n* traumatology
tréfa *n* joke, fun || **durva** ~ practical joke; **ennek a fele se** ~ that is* (*v.* has gone) beyond a joke; **ízetlen** ~ stupid/silly joke; ~**ból** in fun/jest; ~**t űz vkből** pull sy's leg, make* fun of sy, poke fun at sy
tréfadolog *n* **ez nem** ~ it's no laughing matter
tréfál *v* joke; *(vicceket mond)* crack jokes || **nem** ~ he means* business, he is* serious; **ne** ~**j!** come off it!, be serious!
tréfálkoz|ik *v* crack jokes, joke
tréfás *a (történet stb.)* amusing, funny; *(megjegyzés)* facetious; *vk* funny, facetious || ~ **kedvében van** he is* in a jokey mood
treff *n (kártya)* club
trehány *a vulg (emberről)* slovenly, sloppy || *(munka)* slipshod, shoddy, sloppy || ~ **alak** *vulg* slob; ~ **munka** slopwork
tréningruha *n* = **melegítő**
triangulum *n zene* triangle
tribün *n* = **lelátó**
tricikli *n* tricycle
trigonometria *n* trigonometry
trikó *n (alsóruha)* vest, *US* undershirt; *(sportolóé, ujjatlan)* singlet; *(rövid ujjú)* T-shirt
trilla *n zene* trill, shake
trilláz|ik *v zene* trill, shake
trillió *num* (10¹⁸) *GB* trillion, *US* quintillion
trilógia *n* trilogy
trió *n* trio
tripla *a* triple, threefold
triviális *a (közönséges)* vulgar, low || *(elcsépelt)* trivial, trite
trófea *n* trophy
tróger *n elít* blackguard, pleb, slob
trolibusz *n* trolley-bus
trombita *n* tr*u*mpet
trombitál *v* blow* the trumpet
trombitás *n* tr*u*mpet(er), tr*u*mpet-player
trombózis *n* thrombosis
tromf *n (kártyában)* trump(s) || *átv* retort
trón *n* throne || ~**ra lép** come* to the throne, ascend the throne; ~**ra lépés** accession to the throne
trónbeszéd *n* speech from the throne, the Queen's/King's speech
trónfosztás *n* dethronement, deposition
trónkövetelő *n* pretender

trónol *v* be*/sit* enthroned (*v.* on the throne)
trónörökös *n* heir apparent (to the throne); *(nem GB)* crown prince/princess; *GB* the Prince of Wales
trónutódlás *n* succession to the throne
trópusi *a* tropical || ~ **éghajlat** tropical climate; ~ **hőség** tropical weather/heat; ~ **őserdő** rain forest
trópus(ok) *n (pl) földr* the tropics *pl*
tröszt *n* trust
trükk *n* trick, device || **ezerféle** ~ every trick in the book
trükkfilm *n* special effects film; *(rajzfilm)* (animated) cartoon
tsz = **termelőszövetkezet**
tsz-elnök *n* chairman° of the co-operative
TTK = *természettudományi kar* faculty of science || **a** ~**ra jár** be* a natural sciences student, be* studying science
tuba *n zene* tuba
tuberkulózis *n* tuberculosis
tubus *n* tube
tucat *adv/n* dozen || **fél** ~ **tojás 40 penny** these eggs are 40p a half dozen; **három** ~ **doboz** three dozen boxes
tucatszám(ra) *adv* by the dozen
tud *v (ismer)* know* (sg); *(vmről)* know* (sg) about/of (sg); *(tudomása van vmről)* be* aware of, have* heard of (sg) || *(képes)* can* [do sg], be* able to [do sg]; can* manage (sg *v.* to) || **amennyire én** ~**om** as far as I know; **egy kicsit** ~ **spanyolul** (s)he knows a little Spanish, (s)he has a smattering of Spanish; **el** ~**sz jönni?** can you come?, will you be able to come?; **biz** can you make it?; **honnan** ~**ja?** how do you know?; **jól** ~ **angolul** sy's English is good, know* English well; **jól** ~**ja** know* full/very well; „**ki mit** ~**?"** *(verseny)* (television) talent show; **ki** ~**ja?** who knows?, who can tell?; **meg** ~**tam szerezni a könyvet** I managed (*v.* was able) to get the book; **mit** ~**om én?** how should I know?; *biz* ask me another; **nem** ~ *(vmt tenni)* cannot (*v.* can't) [do sg]; **nem** ~ **fizetni** (s)he can't pay; **nem** ~**om** I don't know, I can't tell, I have* no idea; **ő mindent** ~ he's a mine of information; **ő** ~**ja, miért** for reasons of his own, for reasons best known to himself; **szeretném** ~**ni** ... I should like to know ...; **szeretném** ~**ni, miért?** I wonder why?; ~**od mit?** (I'll) tell you what; ~**ok egy jó éttermet a közelben** I know (of) a good restaurant near by; ~**om** I know; ~**sz úszni?** can you swim?; **úgy** ~**om, (hogy) Angliában van** I understand*/believe (s)he is in Britain; as far as I know (s)he is in Britain

tudakozó n *(helyiség)* inquiry office, inquiries pl, information

tudakozód|ik v *(vk/vm felől/után)* make* inquiries about (sy/sg), inquire/ask about/after (sy/sg)

tudálékos a pedantic, bookish ‖ ~ **ember** pedant, dilettante

tudás n *(szellemi)* knowledge, learning ‖ *(jártasság)* skill ‖ **angol** ~ one's (proficiency in) English, (one's) knowledge of English; **legjobb** ~ **om szerint** to the best of my knowledge

tudásszomj n thirst for knowledge, intellectual curiosity

tudat[1] v *vkvel vmt* let* sy know sg, notify/inform sy of sg

tudat[2] n consciousness ‖ ~ **alatt** subconsciously; ~ **alatti** subconscious; ~**ában van vmnek** be* conscious/aware of sg; ~ **ára ébred vmnek** wake* up to sg, sg becomes* clear to sy, realize sg

tudatalatti n the subconscious

tudathasadás n schizophrenia

tudatlan a ignorant

tudatlanság n ignorance

tudatos a *(tudaton alapuló)* conscious ‖ *(szándékos)* deliberate ‖ **nem** ~ unconscious

tudatosan adv consciously, deliberately, knowingly

tudattalan a unconscious

tudniillik (ti.) conj *(ugyanis)* for ..., because ‖ *(jobban mondva)* that is to say, or rather, to be more precise ‖ *(mégpedig)* namely *(írásban röv: viz.)*

tudnivaló n *(felvilágosítás)* information *(pl* ua.) ‖ *(utasítás)* instructions pl

tudomány n *(ált és természettudomány)* science; *(egyéb)* the (scientific) study of ...; [economic/historical etc.] studies pl; *(tudás, tudományosság)* scholarship, learning, knowledge ‖ *biz* **megáll a** ~**a** be* at one's wit's end

tudományág n branch of learning/science, discipline, the study of ...

tudományegyetem n university

tudományos a *(főleg természettudományok)* scientific; *(humán tud.)* scholarly, learned; *(elméleti; humán és társadalomtud.)* academic ‖ **Magyar T** ~ **Akadémia** Hungarian Academy (of Sciences); ~ **eredmény(ek)** scientific/scholarly achievement(s), contribution to knowledge; ~ **fokozat** (academic) degree; ~ **intézmény** *(természettudományi)* scientific institution; *(egyéb is)* institute, institution of higher learning; ~ **kutatás** (scientific) research (into/on sg); ~ **kutató** researches (into/on sg) pl; ~ **kutató** research worker/fellow; *(rangidős)* senior research fellow; researcher; ~ **pálya** learned profession

tudományosan adv scientifically

tudományos-fantasztikus a ~ **regény(irodalom)** science fiction *(röv sci-*fi); ~ **regény** a sci-fi novel

tudományos-technikai a ~ **forradalom** scientific and technological revolution

tudoma̧nytalan a *(ált és természettud.)* unscientific; *(humán)* unscholarly

tudomás n knowledge ‖ ~**a van vmről** have* knowledge of sg, be* aware/informed of sg, know* of sg; *(hallott róla)* have* heard of sg; **nincs** ~**a vmről** be* unaware/ignorant of sg; *(tájékozatlan)* be* unapprised of sg; **vknek** ~**a nélkül** without sy's knowledge, without asking sy, over sy's head; ~ **om szerint** to my knowledge, as far as I know; ~**t szerez vmről** get*/come* to know of, learn* (of) sg; ~**ul vesz vmt** note sg, take* notice of sg, acknowledge sg

tudomásulvétel n acknowledgement, acceptance ‖ **szíves** ~ **végett közlöm, hogy** ... for your kind information, (in reply to your kind inquiry) I should like to state that ...

tudós 1. a scholarly ‖ ~ **társaság** learned society 2. n *(főleg természettudós)* scientist; *(humán)* scholar

tudósít v *vkt vmről* inform sy of/about sg, let* sy know sg, notify sy of sg ‖ *(újságnak, rádiónak stb.)* report on sg, cover (sg); *(rendszeresen)* report for [a newspaper, radio, television]; *(külföldről)* be* a correspondent

tudósítás n ált information ‖ *(eseményről, újságnak stb., tevékenység)* (news) reporting, reportage; *(egyes)* report, dispatch ‖ ~**t küld vmről** report on sg, cover sg

tudósító n correspondent

tudta n vk ~ **nélkül,** ~**n kívül** without sy's knowledge, behind sy's back; **vknek** ~**ra ad vmt** bring* sg to sy's knowledge/notice, notify/inform sy (of sg), make* sg known to sy; **tudtommal** as far as I know (v. am aware), to my knowledge; **vk** ~**val (és beleegyezésével)** with sy's knowledge (and approval)

tudvalevő a (it is) well-known ‖ ~**, hogy** it is (a matter of) common knowledge that, it is well-known that

túl[1] adv *vmn* beyond, over, across ‖ *(időben)* beyond, after, over ‖ ~ **van a negyvenen** he is past *(v.* has turned) forty; ~ **van a nehezén** be* over the worst

túl[2] adv *(túlságosan)* too, excessively

túlad *v vmn, vkn* get* rid of (sg/sy), dispose of (sg)
tulaj *n biz* boss, *GB* gaffer
tulajdon 1. *a* own || **a ~ szememmel láttam** I saw it with my own/very eyes **2.** *n (tárgy stb.)* property || **közös ~** common/joint property; **vknek a ~ában van** be* one's/sy's property, belong to sy, sg is* owned by sy
tulajdonít *v (vknek/vmnek vmt)* attribute/ascribe/assign (sg to sy/sg)
tulajdonjog *n* proprietary rights *pl,* ownership, proprietorship
tulajdonképpen *adv (a lényeget tekintve)* in fact, properly/strictly speaking, actually, as a matter of fact, really || *(eredetileg)* originally || **~ mit akarsz?** what do you really want?, what on earth do* you want?; **~ nem** not really
tulajdonnév *n* proper name/noun
tulajdonos *n (ingatlané stb.)* owner; *(üzleté)* proprietor, owner; *(igazolványé)* holder; *(útlevélé)* bearer
tulajdonság *n* quality, attribute, property, feature || **jó ~ vké** virtue, sy's good point
tulajdonviszony(ok) *n (pl)* property relations, ownership
túláradó *a* overflowing; *(csak átv)* exuberant || **~ jókedvében** bubbling over with high spirits, overjoyed (with)
túlbecsül *v vmt* overestimate, overrate
túlburjánzás *n* overgrowth
túlburjánz|ik *v* overgrow*
túlbuzgó *a* overzealous, eager (beaver)
túlcsordul *v* run*/brim* over, overflow
túlcsordulás *n szt* overflow
túlél *v vmt* survive (sg); *vkt* outlive (sy)
túlélő *n* survivor
túlérett *a* overripe
túlerő *n* numerical superiority || **enged a ~nek** bow/yield to superior force
túlerőltet *v* overwork, overstrain || **~i a szemét** strain one's eyes
túlérzékeny *a* hypersensitive, oversensitive (to)
túlérzékenység *n* hypersensitivity
túlexponált *a* overexposed
túlfeszít *v (kötelet)* overstrain || *átv* overwork; *(idegeit)* overreach/exhaust oneself || **~i a húrt** go* too far
túlfeszített *a* overstrained || **~ munka** overwork
túlfizet *v* overpay*, pay* too much (for)
túlfolyó *n (kádé stb.)* overflow (pipe)
túlfűtött *a (helyiség)* overheated || *vk* over-excited, highly strung, *US* high-strung
túlhajt *v* **~ja magát** overwork, overdo* it, drive*/push oneself too hard
túlhalad *v (térben)* pass, go* beyond/past || *(elavulttá tesz)* supersede || *átv (költség)* surpass, exceed
túlhaladott *a* **~ álláspont** outworn/antiquated conception/notion
túlhevít *v* overheat; *ir* overcharge
túlhúz *v (órát)* overwind*
tulipán *n* tulip
túljár *v* **~ vknek az eszén** outwit*/outsmart/outmanoeuvre (*US* -neuver) sy
túljelentkezés *n (kirándulásra stb.)* being oversubscribed; *(egyetemre stb.)* over-application
túljut *v* get* over sg, pass || **~ a nehezén** be* over the hump, turn the corner, break* the back of a task
túlkapás *n* abuse(s) (of) || **~ok** excesses
túlkiabál *v* out-shout, shout/roar down (sy)
túllép *v (mértéket)* exceed, overstep the mark || **~i a hatáskörét** overstep/exceed one's authority
túllépés *n (jogköré)* transgression
túllő *v* overshoot* || **~ a célon** overshoot*/overstep the mark
túlmegy *v vmn* go* beyond, surpass (sg) || **~ minden határon** overstep the mark
túlmelegsz|ik *v* overheat
túlmenően *adv* **ezen ~** over and above that, in addition to this, beyond that
túlméretezett *a* exaggerated
túlmunka *n* (working) overtime || **~t végez** work overtime, be* on overtime
túlnépesedés *n* overpopulation
túlnyomó *a* predominant, preponderant || **az esetek ~ többségében** in the overwhelming majority of cases
túlnyomórészt *adv* predominantly, overwhelmingly, for the most part
túloldal *n* **az utca ~án** across the road/street, over the road, on the far side of the road/street; **lásd a ~on** see overleaf/over
túlóra *n* overtime || **ma három ~m volt** I did three hours overtime today
túlóradíj *n* overtime pay
túlórázás *n* (working) overtime
túlóráz|ik *v* work overtime; be* on overtime
túloz *v* exaggerate
túlságos *a* exaggerated, excessive
túlságosan *adv* (far) too, excessively
túlsó *a* opposite, of/on the other side *ut.* || **a ~ oldalon** *(utcán)* across/over the street/road
túlsúly *n ált* overweight; excess weight; *(repülőgépen)* excess baggage || *átv* preponderance, predominance (over) || **~ban van** prevail/predominate (over

sy), be* in the majority/ascendant; ~t
fizet pay* an excess baggage charge
túlszárnyal v vkt vmben surpass/outshine* sy (in sg); (vmt, pl. eredményeket) improve on sg, better sg
túltáplál v overfeed*, feed* up
túltáplált a overfed
túlteljesít v exceed [the target/plan by ... %], overfulfil (US -fulfill)
túlteljesítés n exceeding [the target/plan], overfulfilment [of the plan]
túlteng v become* excessive, predominate
túlterhel v (súllyal) overload, overburden || átv overload, overburden
túlterhelés n (súllyal) overload(ing) || átv overtaxing
túlterjed v vmn go* beyond
túltermelés n overproduction
túltesz v vkn surpass/outdo* sy (in sg), go*/do* one better than sy || ~i magát vmn disregard sg, does not bother oneself about sg, get* over sg
túlvilág n the next/other world
túlvilági a other-worldly
túlzás n ált exaggeration; (nyilatkozatban) overstatement; (viselkedésben) extravagance || ez ~! that is going too far, that is too much; ~ nélkül without exaggeration; ~ba visz vmt overdo* sg
túlzó 1. a excessive, extreme 2. n extremist
túlzott a exaggerated
túlzsúfol v overcrowd, cram || ~t overcrowded, (jam-)packed
túr v (földet) dig*; (állat) dig* up; (disznó) root about || orrát ~ja pick one's nose
túra n ált tour, trip; (rövidebb) outing, excursion; (gyalog) walk, hike; (kocsin) run, drive; (kerékpáron) ride; (csónakon) trip, (boat) ride
túrázás n hiking, walking
túráz|ik v go* on a trip/tour, tour (round) [a country]; be* away on a trip; (gyalog) hike, walk
túráztat v race [the engine]
turbékol v (galamb) coo || átv ~nak bill and coo
turbékolás n cooing
turf n (futtatás) racing, the turf || (versenypálya) race-course
turista n tourist; (városnéző) sightseer; (gyalogos) hiker
turistaárfolyam n tourist rate (of exchange)
turistaidény n tourist season
turistajelzés n blaze, trail-marking
turistaosztály n (repülőgépen) tourist/economy class
turistaszállás n tourist hostel/lodge
turistaszálló n tourist hotel
turistaút n (gyalogút) walking path; (kijelölt) (public) footpath, path, pathway
turistautazás n tour, trip
turisztika, turizmus n ált tourism; (utazás) touring
turkál v ált search, rummage
turmix n milk-shake, US így is: shake, soda
turmixgép n liquidizer, blender
turné n tour || ~ra megy go* on a tour
turnéz|ik v tour (v. be* touring) [swhere v. in ...], be* on tour [in ...] || **Angliában ~ik a zenekar** the orchestra is (currently) on tour in Britain
turnus n turn; (munkában) shift; (étkezéskor) sitting
túró n (milk) curds pl, curd (cheese)
túrógombóc n curd(s) dumplings pl
túrós a curd, with curd ut. || ~ csusza tepertővel pasta with soft cheese and cracklings; ~ rétes puff pastry (filled) with curd
turpisság n dirty trick, chicanery, jiggery-pokery
tus¹ n (festék) Indian ink, US India ink
tus² n zene flourish
tus³ n (zuhany) shower
tus⁴ n = puskatus
tus⁵ n sp (vívás) hit || (birkózás) fall
tusa n struggle, fight, combat || **lelki ~** spiritual crisis, conflict of conscience
tuskó n (fa) stump, block || elít **faragatlan ~** boor, clodhopper
tusol v = zuhanyoz
túsz n hostage || ~okat szed take* hostages
tuszkol v push (sy with one's hands), thrust*, biz shove
tutaj n raft
tutajos n raftsman°
tuti a biz a (dead) cert
tutyimutyi a ~ alak a weakling, a mollycoddle, an old woman°
túzok n bustard
tű n (varró, kötő, stoppoló) needle; (gombos és más) pin || (fenyőé) pine-needle || **injekciós** ~ hypodermic needle; ~kön ül be* on tenterhooks, be*/sit* on thorns, (be*) like a cat on hot bricks
tücsök n áll cricket
tüdő n lung, lungs pl || (levágott állaté) lights pl || **kikiabálja a tüdejét** shout oneself hoarse
tüdőbaj n = tüdőgümőkór
tüdőbajos, tüdőbeteg n consumptive, tubercular/T.B. (patient)
tüdőbeteg-gondozó n T.B. clinic
tüdőgümőkór n (pulmonary) tuberculosis

tüdőgyulladás *n* pneumonia ‖ **kétolda-li** ~ pneumonia of both lungs
tüdőrák *n* lung cancer
tüdőszanatórium *n* tuberculosis/T.B. sanatorium
tüdőszűrés *n* X-ray screening
tüdőtágulás *n* (pulmonary) emphysema
tűhegy *n* needle/pin-point
tükör *n* ált mirror; *(főleg öltözködéshez)* looking-glass ‖ **a víz tükre** surface of the water; ~**ben nézi magát** look (at oneself) in a/the mirror
tükörkép *n* (mirror) image, reflection
tükörsima *a* like glass ut.
tükörszó *n* loan translation, calque
tükörtojás *n* fried egg, *US így is:* egg sunny side up
tükröz *v* ált reflect, mirror ‖ *orv* examine by means of a speculum/cystoscope etc.
tükrözés *n orv* examination by means of a speculum/cystoscope etc.
tükröződés *n* reflection
tükröződ|ik *v* be* reflected/mirrored (in) ‖ **meglepetés** ~**ött az arcán** he (v. his) face showed/registered surprise
tülekedés *n* jostling, pushing and shoving
tüleked|ik *v* push and shove (v. elbow) one's way through/forward
tűlevél *n* pine needle
tűlevelű *a* coniferous
tülköl *v (autó)* hoot, sound one's horn
tüll *n* tulle
tülök *n (autóé is)* horn
tündér *n* fairy
tündéri *a* fairylike, magic; *biz (kisbaba stb.)* darling, sweetest
tündérmese *n* fairy tale
tündöklés *n* glittering, splendour (*US* -or), brilliance ‖ *átv* radiance ‖ **a birodalom** ~**e és bukása** the rise and fall of the empire
tündökl|ik *v* glitter; sparkle, glisten
tündöklő *a* gleaming, sparkling, glistening, glittering
tünemény *n* phenomenon *(pl -mena)*
tüneményes *a* phenomenal; *(csodálatos)* wonderful, marvellous (*US* -l-), fantastic ‖ ~ **gyorsaság** lightning speed
tünet *n* symptom, sign
tüneti *a* symptomatic
tűn|ik *v (vmlyennek látszik)* seem (to be), appear (to be v. as if) ‖ *(eltűnik)* disappear, vanish ‖ **nekem úgy** ~**ik, hogy** ... it seems to me that..., it looks to me as if ...
tűnődés *n* reflection, meditation, musing
tűnőd|ik *v* reflect (on), meditate (on), muse (over/on), ponder (on/over) ‖ **azon** ~**öm** I wonder (whether)
tüntet *v (vm mellett, ellen)* demonstrate (for/against sg) ‖ *vmvel* make* a show of sg, show* off, display ‖ **távollétével** ~ keep* ostentatiously away, be* conspicuous by one's absence
tüntetés *n (vm mellett/ellen)* demonstration (for/against sg), *biz* demo ‖ *vmvel* show, display, parade
tüntető 1. *a* demonstrative, ostentatious; ~**en** ostentatiously, in an ostentatious manner **2.** *n* demonstrator
tűr *v* have* patience ‖ endure (sg) with patience, put* up with sg, endure/suffer/ bear*/tolerate sg ‖ **nehezen** ~**i a zajt** (s)he finds noise hard to take/bear, can't take/abide noise
türelem *n* ált patience, forbearance ‖ *vall, pol* tolerance ‖ **a** ~ **rózsát terem** everything comes to him who waits; **türelmét kérjük** *(pl. jegyváltásnál)* please hold on
türelemjáték *n* puzzle
türelmes *a* ált patient (*vkvel* with sy); *(vall, pol is)* tolerant (*vmvel szemben* of sg)
türelmetlen *a* ált impatient (*vkvel* with sy); *vall* intolerant
türelmetlenked|ik *v* lose* patience, get*/grow* impatient
türelmetlenség *n* ált impatience ‖ *vall, pol* intolerance
tűrés *n (elviselés)* bearing, suffering; *(türelem)* patience ‖ *műsz* tolerance
tűrhetetlen *a (fájdalom)* unbearable ‖ *(viselkedés)* intolerable, insupportable
tűrhető *ált* passable, bearable, tolerable, decent, fair ‖ ~**en** passably, tolerably, so-so; *(hogy vagy-ra válaszként)* so-so, (fair to) middling
türkiz(kék) *a* turquoise
türtőztet *v* restrain, keep* back ‖ ~**i magát** contain/control/restrain oneself
tűsarkú cipő *n* stiletto-heel(ed) shoe, stiletto *(pl -tos)*
tűsarok *n* stiletto (heel), spike heel
tüske *n növ* thorn, prick(le), bristle ‖ *műsz* mandrel
tüskés *a* thorny, prickly, pricking
tüstént *adv* = **azonnal, rögtön**
tüsző *n növ, orv* follicle
tüszős mandulagyulladás *n* follicular tonsillitis
tüsszent *v* sneeze
tüsszentés *n* sneeze, sneezing
tűszúrás *n (átv is)* pinprick
tűz[1] *v (tűvel)* pin, fasten (sg) with a pin; *(öltéssel)* stitch; *(steppel)* quilt; *(odaerősít)* fix, stick* ‖ **célul** ~ **maga elé vmt** aim at (doing) sg, set* oneself to do sg (v. a task), *főleg US:* aim to [be/become* sg]; ~ **a nap** the sun is beating/blazing down

tűz² *n (ált és tűzeset)* fire || *átv* fire, heat, ardour (*US* -or) || **fél tőle, mint a ~től** fear sg like fire, avoid sy/sg like the plague; **két ~ közé kerül** *átv is* be* caught in the crossfire [of a dispute over sg], be* in a crossfire of questions; **két ~ között** between two fires, between the devil and the deep blue sea; **~ ! fire!; ~ van!** fire!; **tüzet ad** give* (sy) a light; **tüzet fog** catch* fire; **tüzet kiolt** extinguish the fire, put* out the fire; **tüzet nyit** open fire, fire away; **tüzet rak** make*/lay*/light* a fire; **tüzet szüntess!** cease fire!
tűzálló *a (tégla stb.)* fireproof, fire-resistant; *(edény)* heatproof, flameproof, heat-resistant [glassware] || **~ edény(ek)** ovenware; *(üveg)* Pyrex (dish/ bowl); **~ tégla** firebrick
tűzbiztonság *n* fire protection/prevention
tűzbiztosítás *n* fire insurance
tűzcsap *n* (fire) hydrant, *US így is:* fire-plug
tűzdel *v (paplant, kabátot)* quilt || *átv* (inter)lard, spice (with) || **szalonnával tűzdelt** (be*) larded; **~t** quilted
tüzel *v (fűt, pl. olajjal, fával, szénnel)* have* oil-fired heating, burn* wood/coal (for one's heating) || *(kályha)* be* burning hot, be* overheated; *(lázas test, testrész)* be* burning, be* on fire || *kat* fire, shoot* || *(állat)* be* on (*US* in) heat, rut*
tüzelés *n kat* firing, fire || *(állaté)* heat, oestrus (*US* estrus) || **= fűtés**
tüzelőállás *n* firing position
tüzelőanyag *n* fuel
tüzér *n* artilleryman°, gunner
tüzérezred *n* artillery (regiment)
tüzérség *n* artillery
tüzértiszt *n* artillery officer
tüzes *a (tárgy)* red/white-hot || *átv* fiery, ardent, passionate; *(ló)* fiery, mettlesome || **~ pillantás** fiery glance
tüzeset *n* fire
tüzesít *v* make* red-hot
tüzetes *a* minute, precise, detailed; *(vizsgálat)* thorough
tűzfal *n* fire wall, fire-stop, partition-wall
tűzfegyver *n* firearm
tűzfészek *n (tűzvészé)* seat of a/the fire || *átv (épület)* fire-trap; *(hely, helyzet)* powder keg, volcano
tűzforró *a* boiling-hot, piping hot
tűzhalál *n* death by fire
tűzhányó *n* volcano *(pl* -noes)
tűzharc *n* gun-battle, fire, firing
tűzhely *n (konyhai)* (gas/electric) cooker, *US* stove
tűzifa *n* firewood
tűzijáték *n* fireworks *pl*

tűzjelző készülék *n* fire-alarm
tűzkár *n* damage caused by fire
tűzkárosult *n* victim of a fire
tűzkő *n* flint
tűzoltó *n* fireman°, *US főleg* fire-fighter
tűzoltóautó *n* fire-engine
tűzoltó fecskendő *n* (fire-)hose
tűzoltó készülék *n* (portable) fire-extinguisher
tűzoltóság *n* fire brigade, fire-service, *US* fire department
tűző *a (napsütés)* blazing, scorching, flaming || **~ napsütésben** in the blazing sun, in the full glare of the sun
tűzön-vízen át *adv* through fire and water, through thick and thin
tűzpiros *a* fiery/flaming red, flame-coloured (*US* -or-)
tűzrendészet *n* fire prevention department
tűzrőlpattant *a (menyecske)* spirited, lively, fiery
tűzszerész *n kat* bomb-disposal expert; *(épületnél)* demolition expert
tűzszünet *n kat* ceasefire
tűzvédelem *n* fire prevention/protection
tűzvész *n* fire, blaze, conflagration
tűzveszély *n* fire hazard/risk
tűzveszélyes *a* (highly) inflammable, *főleg US:* flammable
tűzvonal *n kat* firing-line, front line
tűzvörös *a* fiery/flaming red, crimson
tűzzel-vassal *adv* **~ pusztít** put* [a country] to fire and sword; *átv* **~ harcol vm ellen** fight* against sg tooth and nail
TV, tv → **televízió(-), tévé(-)**

Ty

tyúk *n áll* hen || *biz (nő)* chick, *US* broad || **vak ~ is talál szemet** a blind man may catch a hare (*v.* may sometimes hit the mark)
tyúkhús *n* chicken
tyúkleves *n* chicken-broth
tyúkól *n* henhouse
tyúkszem *n* corn || **fáj a ~em** my corns are* aching
tyúktojás *n* hen's egg
tyű *int* goodness!; *biz* wow!; *US* gee!, wowee!

U, Ú

uborka *n* cucumber; *(kicsi)* gherkin
uborkasaláta *n* cucumber salad
uborkaszezon *n biz* silly season, lay-off
udvar *n (épületé)* (court)yard; *(hátsó)* backyard; *(iskoláé)* playground, *(US főleg)* schoolyard || *(királyi)* (royal) court || **az angol királyi** ~ the Court of St James's; **az** ~**nál** at court; ~**ra néző** looking out on (*v.* onto) the courtyard *ut.*
udvarhölgy *n* lady-in-waiting *(pl* ladies-in-waiting)
udvari *a (királyi)* court- || ~ **bolond** court jester; ~ **költő** court poet, *GB* poet laureate; ~ **szállító** (purveyor) by appointment to His/Her Majesty; ~ **szoba** room overlooking the courtyard, room at the back (of the house)
udvarias *a* polite, courteous || ~ **ember** a polite man°; ~ **vkvel** be* polite to sy, show* sy courtesy
udvariaskod|ik *v* be* courteous/polite
udvariasság *n* politeness, polite behaviour *(US* -or), courtesy, courteousness
udvariassági *a* ~ **formák** (social) formalities; ~ **látogatás** formal call
udvariatlan *a* impolite, ill-mannered
udvarlás *n* courting, courtship, wooing
udvarló *n (régen)* suitor; *(ma)* sy's young man°, (her) boyfriend
udvarol *v vknek* court (sy), pay* court to (sy)
udvartartás *n* (royal) household || **az** ~ **költségei** *GB* civil list
ugar *n* fallow (land)
ugat *v* bark
ugatás *n* bark(ing)
ugrál *v* jump (about/around), caper; *(fiatal állat)* frisk, gambol *(US* -l)
ugrándoz|ik *v* frisk, jump (about), caper
ugrás *n* ált jump(ing); *(toronyugróé)* dive; *(tornában lóval)* vault, *biz* jumping || *biz* **csak egy** ~**ra van ide** it is* quite near, it is* only a stone's throw away; **egyetlen** ~**sal** at a bound, with a single bound; ~ **a sötétbe** a leap in the dark
ugrásszerű *a (hirtelen)* sudden || ~ **fejlődés** a quantum leap, a great jump/leap forward; ~**en** by leaps and bounds
ugrat *v (lovat, lóval)* jump [one's horse over sg] || *átv biz vkt* pull sy's leg, take* the mick(e)y out of sy
ugratás *n (lóval)* jumping
ugr|ik *v* ált jump; *(szökellve)* leap* || *(magasba)* clear || *(távolba)* jumped || *(labda)* bounce || **nagyot** ~**ik** jump high, take* a great leap; *biz (elvész)* ~**ott egy százas** bang went a hundred forints
ugró *n* jumper; *(toronyugró)* diver || **jó** ~ *(ló)* a good jumper
ugródeszka *n* springboard, diving-board; *(toronyugrásnál)* platform
ugrósánc *n* ski-jump
ugrótorony *n (uszodában)* high board
úgy *adv (olyan módon)* so, in that way/manner || *(olyan nagyon)* so much, to such an extent, to such a degree, so ... that || *(körülbelül)* (just) about || ~ ..., **hogy** so that, in such a way that, so as to; ~ **fáj a lába, hogy alig tud járni** her/his feet hurt so much she/he can barely walk; ~ **hallom** I am told (that), from what I hear; ~ **hiszem** I think, *US* (I) guess; ~ **látszik, hogy** it appears/seems that, it looks like; ~ **legyen** so be it, may/let it be so; ~ **történt, hogy** what happened was that; *(úgy alakult)* it so happened that; ~ **tudom(, hogy)** as far as I know; ~ **tűnik (nekem), mintha** it seems (to me) as if ..., it looks as if ...; *(helyeslés)* ~ **van!** quite (so), that's right, that's it; *(nyomatékkal)* certainly!, absolutely; ~ **volt, hogy 6-kor találkozunk** we were (supposed) to meet at six; ~ **10 óra felé** about ten o'clock; *(kérdőn, gúnyosan)* ~**?** is that so?, *US* oh yeah?
úgy-ahogy *adv* so-so, after a fashion || ~ **kijavít** patch up; ~ **rendbe jött** *(az egészsége)* he has just about recovered
ugyan *adv/int (bár)* though || *(bizony)* **én** ~ **nem megyek el** I am certainly not going; *(kételkedve)* **ha** ~ **megérti** in case he can ever understand it; **nekem** ~ **beszélhetsz** I wasn't born yesterday!, *biz* pull the other one!; ~ **hol járhat?** I wonder where on earth he can be?; *(lekicsinylve)* ~ **kérlek!** come now!, come off it!, get away!; ~ **minek?** what on earth for?; *(csodálkozólag)* ~**?!** what?, you don't say!; *(megnyugtatólag)* ~**!** there, there!; ~ ~**!** now now!, tut tut!
ugyan- *pref* ~**abban a házban** in the same house; ~**akkor** *(ugyanabban az időben)* at the same time; *(másfelől)* on the other hand, then again; ~**akkor, amikor** just when, while, at the same time as; ~**akkora** of/just the same size *ut.*, just as large/small (as); ~**annyi** of/just the same quantity/amount *ut.*, just as many/much (as); ~**annyira** just/quite as much, to the same extent; ~**annyiszor** just as many times, as often as, the same number of times; ~**az** the same [person, thing]; **egy és** ~**az** one and

the same [person, thing], the very same; ~**azért** for the (very) same reason; ~**csak** *(szintén)* similarly, likewise, also, too; *(nagyon is)* right well; ~**ekkora** = ~**akkora**; ~**ennyi** = ~**annyi**; ~**ez** = ~**az**; ~**ide** to the same place; ~**így** in the same way, likewise, just as; ~**ilyen** similar, of the same kind *ut.*, identical, just like; ~**is** *(röv* **ui.**) *(tudniillik, minthogy)* for ..., seeing that, since; *(azaz)* namely *(röv* viz.); *(jobban mondva)* or rather, that is to say; ~**itt** just here, in the same place; ~**oda** to the same place, just there; ~**olyan** of the same kind *ut.*, similar, just like, identical; the same ... as; ~**olyan jól/gyorsan** *stb.* equally (*v.* just as) well/fast etc.; ~**ott** in/at the same place; ~**úgy** in the same way, likewise, similarly

ugye *adv (kérdésben)* || **na** ~! *(megmondtam)* there (now)!, there you are!; ~, **itt van?** (s)he/it is here, isn't (s)he/it?

úgyhogy *conj* so (that) || **nem éreztem jól magam,** ~ **lefeküdtem** I wasn't feeling well so I went to bed

úgyis *conj/adv* in any case, anyway

úgymint *conj* namely such as

úgynevezett *a (röv* **ún.**) so-called

úgyse, úgysem *conj/adv* not, by no means, not at all || ~ **maradok itt** I won't stay anyway

úgysincs *conj/adv* **ne keresd,** ~ **otthon** don't call on him, he's not in anyway

ui. = *ugyanis* namely, that is, i.e. || *(nevezetesen)* namely, viz.

Ui. = *utóirat* postscript, P.S.

új 1. *a* new, fresh; *(mai)* recent, modern; *(használatlan)* new, unused || **majdnem** ~ nearly new, as good as new; ~ **bekezdés** new paragraph; ~ **divatú** high-fashion, fashionable, up-to-date, of the latest fashion *ut.*; ~ **életet kezd** turn over a new leaf, start a new life; ~ **ember** (= *újonnan érkezett dolgozó)* new recruit/man°; **Boldog** ~ **évet (kívánok)** (I wish you a) Happy New Year; ~ **házasok** a/the newly-married couple, (the) newly-weds; ~ **keletű** recent, modern, new **2.** *n* ~**at mond** say* sg that is* new

újabb *a (időben)* new, recent, *(néha)* later || *(további)* further, additional || **a leg**~ **divat** the latest fashion; **leg**~ newest, most recent, latest; ~ **alapítású** of recent foundation, *(GB egyetem)* redbrick; ~ **keletű** recent, new, modern; ~ **kori történelem** modern history

újabban *adv* recently, lately, of late, in recent times

újból *adv* anew, afresh, (once) again, once more

újburgonya *n* new potatoes *pl*

Újdelhi *n* New Delhi

újdonság *n (tárgy)* novelty || *(hír)* news || *(árucikk)* the latest *(pl* ua.), new/recent goods/items *pl*

újdonsült *a* fresh, new(ly-fledged)

újesztendő, újév *n (napja)* New Year's Day

újévi *a* new year's, of the new year *ut.* || ~ **üdvözlet** New Year('s) greetings *pl*

újfajta *a* new (type of), of a new type *ut.*

újgazdag *n* nouveau riche *(pl* nouveaux riches), arriviste

újgörög *a/n* Modern Greek

újhagyma *n* spring/green onion(s)

újhold *n* new moon

újít *v* innovate, introduce innovations; *(üzemben)* make* an innovation

újítás *n* innovation

újító *n* innovator

ujj *n (kézen)* finger; *(lábon)* toe || *(ruháé)* sleeve, arm || ~**a köré csavar vkt** twist/wind* sy round one's (little) finger; ~**at húz vkvel** pick a quarrel with sy

újjáalakít *v (intézményt)* reorganize, restructure || ~ **ja a kormányt** reshuffle the cabinet

újjáalakítás *n (intézményé)* reorganization, restructuring; *(kormányé)* reshuffling, reshuffle

újjáalakul *v* be* remodelled *(US* -l-), be* reformed/refashioned || **a kormány** ~**t** the government/cabinet has been reshuffled

újjáépít *v* rebuild*, reconstruct

újjáépítés *n* rebuilding, reconstruction

újjáépül *v* be* rebuilt/reconstructed

újjászervez *v* reorganize, restructure

újjászervezés *n* reorganization, restructuring

újjászületés *n* rebirth, regeneration

újjászület|ik *v* be* born again, be* reborn, revive

ujjatlan *a (ruha)* sleeveless || ~ **kesztyű** mitten(s)

újjávarázsol *v* transform sy (completely)

ujjé! *int* hooray!

ujjhegy *n* fingertip

ujjlenyomat *n* fingerprint

ujjnyi *a (hosszú)* inch long; *(vastag, széles)* inch thick/broad || ~ **vastag** finger's breadth, an inch thick

ujjnyom *n* finger-mark

ujjong *v* ált exult (at, in), rejoice (at, in); *(sikere fölött biz)* crow over

ujjongás *n* jubilation, exultation, cheers *pl*

ujjper(e)c *n* knuckle
újkor *n* modern age/era/period, modern times *pl*
újkori *a* modern || ~ **történelem** modern history
újkrumpli *n* new potatoes *pl*
újlatin *a*/*n* New Latin, Neo-Latin
újmódi *a* fashionable, of the latest fashion *ut.*; *elít* newfangled
újonc *n* *kat* raw recruit || = **kezdő**
újonnan *adv* (*mostanában*) newly, lately, recently || ~ **épült ház** newly-built house; ~ **érkezettek** newcomers; *(szállodába stb.)* new arrivals
újra *adv* (*ismét*) again, anew, afresh, once more || ~ **meg** ~ again and again, (*over* and) *over* again; ~ **átél** relive, live over again; ~ **dolgozik** *(hosszas betegség után)* be* back at work; ~ **(el)jövök** I'll call again
újraértékel *v* revalue (*US* revaluate), reassess, reappraise
újraértékelés *n* revaluation, reappraisal
újrafegyverkezés *n* rearmament
újrafelfedezés *n* rediscovery
újrafelosztás *n* redistribution || **a világ** ~ **a** repartition(ing) of the world
újrafelvétel *n jog* rehearing (procedure), retrial || *(kapcsolatoké)* re-establishment [of contacts]
újrahasznosítás *n (hulladéké stb.)* recycling [of waste]
újraír *v* rewrite*, redraft
újrajátszás *n (mérkőzésé)* play-off
újrakezd *v* begin*/start again, recommence, resume
újrakezdés *n* beginning again, recommencement, resumption
újratárgyal *v jog* rehear*
újratölt *v* refill; *(akkut)* recharge
újraválaszt *v* re-elect
újráz *v* encore
újság *n (hír)* news *sing.*, piece of news || *(lap)* newspaper, *biz* paper || **mi** ~? what is the news?, *biz* what's new/up?; ~**ot járat** take* a paper, subscribe to [a paper, The Times etc.]
újságárus *n* newsagent, *US* newsdealer; *(járkálva árusító fiatal)* newsboy, *(nő)* newsgirl; *(utcán állva)* newsvendor || ~ **(bódéja)** newsagent's (shop), newsstand
újságcikk *n* (newspaper) article
újsághír *n* (news) item, report, notice
újsághirdetés *n* (newspaper) advertisement, *biz* ad || ~**t ad föl** put*/insert an ad(vertisement) in the paper(s)
újságírás *n* journalism
újságíró *n* journalist, newspaperman°, pressman°, *US* subeditor
újságkihordó *n* paperboy, newsboy; *(nő)* newsgirl

újságkivágás *n* (newspaper/press) cutting, *US* clipping
újságos *n* = **újságárus**; **újságkihordó**
újságosbódé *n* newsagent's (shop), newsstand, kiosk
újságpapír *n* newsprint
újszerű *a* new, modern; *(eredeti)* original, novel
Újszövetség *n* New Testament
újszülött *n* newborn baby, infant
újult *a* renewed || ~ **erővel** with renewed effort/strength
Újvilág *n* **az** ~ *(= Amerika)* the New World
Új-Zéland *n* New Zealand
új-zélandi 1. *a* New Zealand **2.** *n (ember)* New Zealander
Ukrajna *n* the Ukraine
ukrajnai, ukrán *a*/*n* Ukrainian || → **angol**
-ul, -ül *suff* **a)** *(helyhatározó)* **arcul üt** box sy's ears, slap sy in the face **b)** *(állapothatározó, rendsz. elöljáró nélkül)* **feleségül vesz vkt** marry/wed sy; **rosszul van** be*/feel* ill/unwell **c)** *(módhatározó, elöljáró nélkül, ill. különféle elöljáróval)* **rosszul bánik vkvel** treat/use sy badly, mistreat/maltreat sy, be* unkind to sy; **angolul beszél** speak* English; **angolul mondta** (s)he said it in English **d)** *(célhatározó)* **segítségül hív vkt** call sy to help, ask sy's help **e)** *vmként* as *(ill. elöljáró nélkül);* **bizonyítékul szolgál** serve as evidence
ultimátum *n* ultimatum *(pl* -tums *v.* -ta) || ~**ot intéz vkhez** give* sy an ultimatum, send*/present an ultimatum to sy
ultrahang *n* ultrasound, ultrasonic waves *pl* || ~**gal megvizsgálják** be* subject to ultrasound scan
ultrahangos *a* ultrasonic || *orv* ~ **vizsgálat** ultrasound scan, ultrasonography
ultraibolya *n* ultraviolet [rays]
ultramodern *a* ultramodern
ultrarövidhullám *n* ultra-short wave
umbulda *n biz* wangling, wangle
un *v* be* sick/tired/weary of, be* bored with/by (sy/sg), *biz* be* fed up with sy/sg || **halálosan** ~**ja magát** be* bored to death/tears (*v.* out of one's skull)
ún. = **úgynevezett** so-called
unalmas *a* dull, boring, tedious || ~ **alak/dolog** *biz* a bore; **halálosan** ~ **it** is* a dreadful bore
unalom *n* tedium, boredom || **megöl az** ~ it bores me to death, I am* bored to death
unatkoz|ik *v* be* bored (by sg)
uncia *n* ounce *(röv oz)* [= 28,35 g]

undok *a* disgusting, loathsome, nasty ‖ ~ **alak** disgusting fellow, creep, *US* heel
undor *n vmtől* disgust (of), loathing (of/for) ‖ **elfog az** ~ it makes* my stomach turn, it makes* my gorge rise at sg (*v.* to hear sg)
undorít *v* fill (sy) with disgust, disgust, nauseate, sicken (sy)
undorító *a* disgusting, loathsome, nauseating, foul
undorod|ik *v vktől, vmtől* have*/take* an aversion to sg/sy, find* sg/sy repellent, be* disgusted at/by/with sg/sy ‖ ~ **om tőle** it (simply) turns my stomach, I loathe him
uniformis *n* uniform
uniformizál *v* make* sg uniform, standardize
unikum *n* unique thing/copy etc., sg unique, a curiosity
unintelligens *a* slow(-witted), dull, unintelligent, *biz* stupid, dumb
unió *n* union, agreement, alliance
unitárius *a/n* Unitarian ‖ **az U**~ **Egyház** the Unitarian Church
univerzális *a ált* universal, general(-purpose); *(szakember)* all-round ‖ ~ **(tudású) ember** an all-rounder
univerzum *n* the universe
unoka *n* grandchild°; *(fiú)* grandson; *(leány)* granddaughter
unokabátya *n* (elder) cousin
unokafivér *n* cousin
unokahúg *n (fiatalabb unokanővérem)* (younger) cousin ‖ *(testvérem lánya)* niece
unokanővér *n* cousin
unokaöcs *n (fiatalabb unokafivérem)* (younger) cousin ‖ *(testvérem fia)* nephew
unokatestvér *n* cousin ‖ **első fokú** ~ first cousin
unott *a* bored
unszol *v* press, urge, stimulate
unszolás *n* urging, insistence
untat *v* bore/tire sy, make* sy tired ‖ **halálra** ~ bore (sy) stiff
untig *adv biz* ~ **elég** more than enough, plenty
uo. = *ugyanott (könyvben stb.)* in the same place, ibid.
úr *n ált* gentleman° ‖ *(gazda)* master ‖ *vmn* get*/bring* sg under control ‖ **a maga ura** be* one's own master/boss; **a tanár** ~ Mr Varga, Mr Smith etc.; *(férj)* **az uram** my husband; *vall* **az Ú**~ *(= Isten, ill. Jézus Krisztus)* the Lord; **doktor/főorvos** ~ **(kérem)**! please, doctor; **Domokos Sándor** ~**nak** *(címzés)* Mr Sándor Domokos; *(választékosabban GB)* S. Domokos, Esq.; **egy** ~ **keresi (Önt), Brown úr** Mr Brown, there's a gentleman (here) to see you; **elnézést, uram** excuse me, sir; **Hölgyeim és uraim!** Ladies and Gentlemen!; **Igen tisztelt Professzor Úr!** Dear Sir, *v.* Dear Professor ..., **Kedves Brown Úr** Dear Mr Brown; *(levélben)* **Kedves (Igen tisztelt) Uram!** Dear Sir, ...; **Uram!** Sir; ~ **rá lesz** *vkn* get* the whip/upper hand (over/of sy); *(nehézségen)* overcome* [difficulties]; ~ **rá lett rajta a félelem** (s)he was overcome by fear
urál-altaji nyelvek *n pl* Ural-Altaic languages
uralkodás *n (uralkodóé)* reign ‖ ... ~ **a alatt** during/in the reign of ...
uralkod|ik *v (uralkodó)* reign, rule (*vkn* over) ‖ *(átv, ált vkn, vmn)* dominate (sy/sg), have* domination/control over (sy/sg), predominate over sy/sg ‖ *(helyileg kimagaslik)* rise*/tower above, dominate ‖ *(túlsúlyban van)* prevail, (pre)dominate, be* predominant ‖ **anarchia** ~**ik** anarchy reigns; ~**ik magán** hold* oneself back/in, control/restrain oneself
uralkodó 1. *a ált* ruling, reigning ‖ *(túlsúlyban levő)* prevailing, (pre)dominant ‖ ~ **osztály** ruling class, the class in power, *GB* the Establishment; ~ **szél** prevailing wind; ~ **vélemény** prevalent/received opinion **2.** *n* ruler, monarch, sovereign
uralkodóház *n* dynasty, reigning/ruling family/house
uralkodónő *n (királynő)* queen, sovereign
uralom *n* domination, dominion, reign, rule; *(mint rendszer)* regime; *(hatalom)* power ‖ **vk uralma alatt áll** be* ruled by sy, be* under the rule/sway of sy; **uralmon van** be* in power; ~**ra jut** come* to power
uralomvágy *n* desire/thirst for power
urán *n* uranium
urbanisztika *n* town (*US* city) planning
urbanizáció *n* urbanization
urbanizálód|ik *v* become* urbanized
úrfelmutatás *n vall* elevation (of the Host)
úrfi *n* young master/gentleman° ‖ **Károly** ~ Master Charles
URH = *ultrarövidhullám* ultra-short wave, very high frequency, VHF ‖ **az** ~ **n** on VHF
URH-kocsi *n* patrol/squad/radio car
úri *a (viselkedés)* gentlemanly, gentlemanlike ‖ *(férfi)* ~ **divat** fashion(s) for men, men's fashions *pl*; ~ **dolga van** live like a lord; ~ **szabó** (gentlemen's) tailor

úriasszony *n* lady, gentlewoman°
úriember *n* gentleman°
úrilány *n* young lady/miss
úrinő *n* lady
Úristen! *int* Good God!, Good Heavens!, Dear me!
úrlovas *n* gentleman-rider, amateur rider
urna *n* *(hamvaknak)* (cinerary) urn || *(választásnál)* ballot box
úrnapja *n vall (ünnep)* Corpus Christi
úrnő *n* lady
urológia *n* urology
urológiai *a* urological
urológus *n* urologist
úrvacsora *n vall* Lord's Supper, (Holy) Communion || ~**t vesz** partake* of the Lord's Supper, go* to Communion
úrvezető *n* owner-driver
USA = *Amerikai Egyesült Államok* United States of America, U.S.A., *igen gyakran:* US || ~**-állampolgár** a US citizen
uszály *n (hajó)* barge, tow-boat || *(ruháé)* train
úszás *n* swimming
úszásoktatás *n* swimming lessons *pl*
úsz|ik *v (élőlény)* swim* || *(tárgy vízen)* float, drift; *(hajó)* sail; *(felhő)* sail by, drift, float || **a partra** ~**ik** swim* ashore (*v.* to the shore); **örömmámorban** ~**ik** be* overjoyed, be* in an ecstasy of delight; **szeme könnyben** ~**ik** his/her eyes are* swimming in tears, his/her eyes are* filled with tears
uszít *v* incite/instigate sy (to sg *v.* to do sg) || **vk ellen** ~ **vkt** set* sy against sy || **háborúra** ~ be* a warmonger, urge (*v.* incite to) war
uszítás *n* incitement, rabble-rousing
uszító 1. *a* inflammatory, virulent, provocative **2.** *n* rabble-rouser, agitator, demagogue (*US* -gog)
úszkál *v (személy)* swim* (about); *(tárgy)* float (about)
uszkár *n* poodle
úszó 1. *a (élőlény)* swimming || *(tárgy)* floating **2.** *n vk* swimmer || *(horgászzsinóron)* float, bob(float)
úszóbajnok *n* swimming champion
úszóbajnokság *n* swimming championship
uszoda *n (fedett)* (indoor) swimming-pool; *(nyitott)* open-air (swimming-)-pool, lido
úszódressz *n* swimming/bathing costume, swimsuit, *US* bathing suit || **egyrészes** ~ one-piece costume, swimsuit
úszólecke *n* swimming lesson
úszómedence *n (fedett)* swimming bath; *(nyitott is)* swimming-pool
úszómellény *n* life-jacket

úszómester *n (oktató)* (swimming) instructor; *(mentő)* lifeguard
úszónadrág *n* swimming/bathing trunks *pl*
uszony *n (halé)* fin; *(bálnáé, teknőcé)* paddle, flipper || *(békaemberé)* fin, flipper
úszóöv *n* swimming belt; lifebelt; *(parafa)* swimming cork
úszósapka *n* swimming/bathing cap, swim-cap
úszószemüveg *n* underwater/swim goggles *pl*
úsztat *v (fát)* float, run* [timber]
út *n* ált és *átv* way; *(közút)* road; *(városban, széles)* avenue, road; *(néha)* street; *(ösvény)* path || *(járás, utazás)* journey; *(hosszabb)* travel; *(hajóval)* voyage; *(repülővel)* flight || *(módszer)* way, method, means *(főleg: sing.)*, channels *pl* || **diplomáciai** ~**on** through diplomatic channels; **egynapi** ~ a day's journey; *(kocsival)* a day's run; **ennek az az** ~**ja, hogy** the right way to go about this is to . . .; **eredj az utamból!** (get) out of my way!; **jó/szerencsés utat!** (I wish you) a safe journey!, have a pleasant journey!, have a good/nice trip!, *(repülővel)* have a good flight!; I hope all goes well!; **jó** ~**ra tér** turn over a new leaf; **le is** ~, **fel is** ~ *kb.* get out of here!; **meg tudja mondani az utat ...?** can you tell me the way to . . .?; **melyik a legrövidebb** ~ **vhová?** which is the best/shortest way to . . .?; **Rákóczi** ~ Rákóczi Street *(helyesebben:* Rákóczi út); **rossz** ~**ra tér** *(átv is)* go* wrong, go* astray, be* led astray, stray off the straight and narrow; **utat!** gangway!, clear the way!; **utat enged vknek/vmnek** make* way for sy/sg; **utat tör magának** *(tömegben)* fight*/force one's way through (the crowd); ~**menti** wayside, roadside; ~**ba ejt** pass (*v.* stop at) (sg) on the way, call (in) on sy on the way to, call at [a place]; ~**ban van** *(elállja az utat)* be* in the/one's way; *(vhová)* be* on the way (to), be* en route (to); *(kisbaba)* be* on the way; ~**nak indít** *vkt* start/launch sy, send*/see* sy off; *vmt* start/launch sg; ~**nak indul** begin* one's journey, set* out/off (on a trip), start out; *(gyalog) biz* hit* the road; **tolmács** ~**ján érintkeznek** communicate through an interpreter; **törvényes** ~**on** legally, by legal means; **vmnek az** ~**ján** by means of sg, through sg
útakadály *n* road block
utal *v vkre, vmre* refer to (sy, sg); *(céloz)* allude/point to, hint at (sy, sg); *(könyv-*

re) make* reference to, refer to || *(vkt vhová)* refer (sy) to (sy) || **kórházba** ~ **vkt** refer/send* sy to hospital; **magára van** ~**va** be* left to his own devices/resources; **vkre van** ~**va** be* dependent on sy; **vmre** ~ *(= sejtet, kimutat)* suggest/indicate sg, be* indicative of sg

utál *v* hate, abhor, detest, loathe || ~**om, mint a bűnömet** I hate him like poison

utalás *n vkre, vmre* reference; *(könyvben)* cross-reference || *(célzás)* allusion

utálat *n* disgust, aversion

utálatos *a* disgusting

utalvány *n* = **postautalvány** || **vásárlási** ~ gift token/voucher

utalványoz *v (összeget vknek)* remit/send* [a sum] to sy

után *post (időben)* after, subsequent to, following (sg); *(vk utódaként)* in succession to (sy) || *(térben és vmt követően)* after || *(szerint, nyomán)* after, according to, by, from; *(mintánál)* on the model of || *(felől, iránt)* about, after || **a dolga** ~ **jár** attend to one's business; **a háza** ~ **adót fizet** pay* tax on one's house; **apja** ~ **örökölt** he inherited from his father; **ez** ~ **az eset** ~ after that case; **az** ~ **érdeklődik** he is inquiring about/after ...; *(vk után)* ask after sy('s health); **egyik a másik** ~ one after another *(v.* the other); **munka** ~ after work; **parancsoljon, csak Ön** ~ after you, Sir/Madam; **természet** ~ **fest** paint from nature; **tíz (óra)** ~ after 10 (o'clock); **vacsora** ~**ig** until after dinner; **vk** ~ **megy** follow sy

utána *adv (vm/vk után)* after (him/her/it) || *(azután)* after(wards) || **jóval** ~ long after; **röviddel** ~ soon after; ~ **dob** *(vmt vknek)* throw*/fling*/hurl sg after sy; ~ **kiált** *vknek* call/shout after sy; ~ **küld** *(küldeményt)* send* on, forward; ~ **visz** *vmt vknek* take* sg after sy; ~**m!** follow me!; ~**m,** ~**d** *stb.* after me/you etc.

utánajár *v (tájékozódva)* inquire/see* about, make* inquiries about; *(vizsgálódva)* try to find out sg, look into sg || **ha nem hiszi, járjon utána** if you don't believe me, find out (for) yourself

utánállít *v* adjust

utánanéz *v vmnek, vknek* see* to/about (sg/sy); *(ellenőrizve)* check (up)on (sg/sy), check (sg) || *(keres)* try to find, *US* check sg out || **majd** ~**ek** I'll check it; ~ **egy könyvben** consult *(v.* look sg up in) a book

utánaszalad *v vknek* run* after sy

utánaszámol *v* count sg (over) again, check

utánatölt *v vmt vmbe* refill [sy's glass, a container etc.] (with sg); *(olajat, deszt. vizet, italt stb. színig)* top up with [wine, oil etc.], top up [sy's drink, a battery etc.]

utánérzés *n* (strong) reminiscence; *(mű)* (virtually a) pastiche

utánfutó *n (autóé)* trailer

utánjárás *n (fáradozás)* trouble, effort, bother

utánjátszó mozi *n* second-run cinema *(v. US* movie house/theater)

utánküldés *n* forwarding

utánnyomás *n nyomd* reprint, impression

utánoz *v* imitate, copy

utánozhatatlan *a* inimitable

utánozható *a* imitable

utánpótlás *n ált* supply, new supplies *pl* || **kat** reserves *pl,* reinforcements *pl* || *(fiatalok)* recruitment, new blood

utánpótlás-válogatott *n* junior team

utántöltés *n* refilling; *(üzemanyaggal)* refuelling; *(akkué deszt. vízzel)* (battery) top-up

utánvét(tel) *n* cash *(v. US* collect) on delivery *(röv* C.O.D.)

utánzás *n* imitating, imitation

utánzat *n ált* imitation, copy; *(hamisítvány, főleg pénz)* counterfeit; *(műtárgy)* forgery || **tökéletes** ~ perfect copy

utánzó *n* imitator

utas *n* passenger; *(utazó)* traveller *(US* -l-)

utasellátás *n* catering

utasellátó *n (vállalat)* catering (company)

utasfelvétel *n* check-in

utasforgalom *n* passenger traffic

utasfülke *n* (passenger) cabin

utasít *v (felszólít vmre)* instruct/direct/order/tell* sy [to do sg] || *(vkt vkhez)* send*/refer sy (to sy)

utasítás *n (rendelkezés)* order(s), direction(s), instruction(s); *(direktíva)* directive || *(vké vhová)* referral (to) || *szt* instruction, command || **adagolás kizárólag az orvos** ~**a szerint** [dosage] as prescribed by the/your doctor, use as directed by a physician; **használati** ~ directions (for use); ~**t ad vknek** give* sy instructions (to), issue orders to sy to; **vk** ~**ait követi** follow sy's/the instructions

utaskísérő *n* **légi** ~ *(nő)* stewardess, air-hostess

utaslista *n* passenger list

utasszállítás *n* passenger transport

utasszállító repülőgép *n* airliner, passenger plane

utastér *n* passenger compartment

utazás *n (turisztikai)* travelling (*US* -l-), travel; *(maga az út)* journey, tour; *(rövidebb)* trip || ~ **hajón/vonaton/repülőgépen/buszon** travelling (*US* -l-) by ship/train/air/plane/coach; **külföldi** ~ travel(ling) abroad, overseas travel; **szervezett** ~ package tour, group travel

utazási *a* travel(ling) || ~ **biztosítás** travel insurance; ~ **csekk** traveller's cheque, *US* traveler's check; ~ **iroda** travel agency/bureau; *(kisebb, ill. maga a vezető)* travel agent; *(nagy vállalat)* tour operator

utazgat *v* **sokfelé** ~ do* a lot of travelling, travel (*US* -l) a lot, travel/get* around/about

utaz|ik *v* **vhova** go* to, leave* for || *(turisztikai célból)* travel, go*/be* travelling (*US* -l-), be* touring (round) [a place] || **autóbusszal/vonattal** *stb.* ~**ik** travel (*US* -l) (*v.* go*) by coach/train; **Európába** ~**ik** be* travelling/going round Europe, be* touring Europe; **holnap Prágába** ~**ik** he leaves for Prague tomorrow; **hova** ~**ik?** where are you going?, where are you off to?; **kevés csomaggal** ~**ik** travel light; **mikor** ~**ik?** when are you leaving?; **sokat** ~**ik** do* a lot of travelling, travel (*US* -l) a lot; *átv biz* **vkre** ~**ik** have* it in for sy

utazó 1. *a* travelling (*US* -l-) **2.** *n* ált traveller (*US* -l-); *(utas)* passenger || **kereskedelmi** ~ commercial traveller, *főleg US:* traveling salesman°

útbaigazít *v* show* sy the way, direct sy swhere || *(tájékoztat)* give* sy information about/on sg, inform sy about sg

útbaigazítás *n* (piece of) information

útburkolat *n* road surface, *GB* pavement

útburkolati jelek *n pl* road markings

utca *n* street || **az** ~**n** in the street; *(italmérés)* ~**n át** (for consumption) off the premises; *(ilyen üzlet)* off-licence, *US* package store, liquor store; **a negyedik** ~**nál (kanyarodjon) jobbra** (go* down) the fourth turning on the right; ~**ra kerül** (= munka nélkül marad) be* dismissed/sacked/fired; ~**ra néző** looking (on)to the street *ut.*, facing the street *ut.*

utcagyerek *n* ragamuffin, street Arab/urchin

utcai *a* street || ~ **árus** street vendor, *GB (néha)* costermonger; ~ **énekes** *(aluljáróban)* street singer; ~ **harc** street--fighting; ~ **ruha/viselet** day wear, (clothes *pl* for) outdoor/casual wear, casual clothes *pl*; ~ **szoba** front-room, room looking out onto the street ~ **zenész** street musician, busker

utcajegyzék *n (térkép végén)* index to streets

utcalány *n* street-walker/girl, prostitute, *US biz* hooker

utcasarok *n* (street) corner

utcaseprő *n* street sweeper/cleaner, *(gép is)* road sweeper, *US* street cleaner

útelágazás *n* fork [in the road], (road) junction

útépítés *n* ált road construction, road--making; *(közl. jelzés)* road works *pl*

útfelfagyás *n* frost riving

úthálózat *n* road network/system

úthálózati térkép *n* road atlas

úthasználati díj *n* toll(-charge); *(autópályán)* (motorway) toll

úthenger *n* steam/road-roller

úthiba *n* bump, pothole

úti *a* road, street(-); *(utazási)* travel(ling) || ~ **beszámoló** travel report, travelogue (*US* -log); ~ **cél** destination; ~ **okmányok** travel documents

útikalauz *n* guide(book)

útiköltség *n* travel expenses *pl*, fares *pl*

útikönyv *n* guide(book)

útinapló *n* travel diary

útipoggyász *n* luggage, baggage

útirajz *n* account/description of a journey; *(könyv)* travel book, travelogue (*US* -log)

útirány *n* direction, route, course

útitárs *n (utazásnál)* travelling (*US* -l-) companion; *(alkalmi)* fellow passenger || *pol* fellow traveller (*US* -l-)

útitáska *n* suitcase, (travelling) bag, *US* valise

útiterv *n* itinerary, route

útjavítás *n* road repairs/works *pl*

útjelző tábla *n* guide-post

útkanyarulat *n* bend, curve || ~ **jobbra** right bend/curve

útkereszteződés *n (városban)* junction, crossing; *(vidéken)* crossroads *pl*; *(nagyobb)* intersection, junction || ~ **alárendelt útvonallal** intersection with non-priority road

útközben *adv* on the way, en route (to)

útleírás *n* record of a journey; *(könyv)* travel book

útlevél *n* passport || **útlevelet kér** apply for a passport; ~**(fény)kép** passport photo; ~**-hosszabbítás** extension of one's passport; ~**kérelem** passport application; ~**kérelmet nyújt be** apply for a passport; ~**kérő lap** (passport) application form; ~**- és vámkezelés** passports and customs (controls/clearance); ~**kezelő** *GB* immigration officer; ~osztály passport department/office; szolgálati ~ service passport

útmegszakítás *n* break of journey; *(rövid időre)* stopover

útmutatás *n* direction, instruction, guidance; *(tanács)* advice, hints *pl* ‖ vk ~át követi follow sy's lead, follow the instructions of sy *(v.* sy's instructions)

útmutató *n* guide ‖ kezelési ~ users instructions *pl*, instructions for use *pl*

utóbb *adv* at a later date/time, later (on), afterwards ‖ előbb vagy ~ sooner or later; (az) ~ említett the latter

utóbbi 1. *a (térben)* latter; *(időben)* last ‖ (az) ~ esetben in the latter case; az ~ években in/for the last few years; az ~ időben recently, lately, of late 2. *n* az ~t the latter (one)

utód *n (hivatali, üzleti)* successor ‖ vk ~a sy's successor, a successor to sy; *(igével)* succeed sy (as...); az ~ok *(leszármazottak)* descendants, offspring *pl*

utódlás *n* succession

utófájások *n pl* afterpains

utóhatás *n* after-effect

utóidejűség *n nyelvt* posteriority

utóidény *n* late season, off-season

utóirat *n (röv* Ui.) postscript *(röv* P.S.)

utóíz *n* after-taste ‖ keserű ~t hagy maga után leaves* a bad taste (in one's mouth)

utójáték *n szính* afterpiece

utókezelés *n* after-care, follow-up care/treatment

utókor *n* posterity

utólag *adv* subsequently; *(később)* later, at a later date, afterwards

utólagos *a* post-, subsequent, after-, follow-up ‖ ~ jóváhagyás subsequent approval

utolér *v* catch* (sy) up, catch* up with (sy) ‖ ~te sorsa he met his fate

utolérhetetlen *a* peerless, matchless, without an equal *ut.*

utoljára *adv (utolsó ízben)* last, (the) last time ‖ *(utolsónak)* last ‖ ~, de nem utolsóként last but not least

utolsó 1. *a* ált last; *(jelenhez legközelebbi)* latest; *(vmt lezáró)* final, ultimate ‖ *(csak melléknévként)* next-to-the-last; *(pl. szótag)* penultimate ‖ *(rangban, értékben)* lowest, bottom ‖ *(aljas)* mean, base, low ‖ az ~ divat the latest (fashion), *biz* the in thing, the dernier cri; az ~ ítélet (napja) the Last Judgement, Judgement Day, Day of Judgement; az ~ nap *(határidő)* closing day; az ~

pillanatban in/at the last minute; az ~ szó jogán in his last plea; az ~ vasam my last penny, *US* my last cent; ~ ár rock-bottom price; ~ előtti (be*) last but one, (be*) next-to-the-last; övé az ~ szó have* the last word, *(ő dönt)* have* the final say; ő az ~ az osztályban he is at the bottom of the class 2. *n* (the) last ‖ ~kat rúgja be* on one's last legs; ~nak *(érkezik)* (arrive) last

útonállás *n* highway robbery, hold-up

útonálló *n* highwayman°

utónév *n* first/given/Christian name

úton-útfélen *adv* all over the place, everywhere, at every step

utópia *n* utopia

utópista *a/n* utopian

utórezgés *n átv* aftermath *(pl* ua.), after-effect

utószezon *n* late season, off-season

utószó *n* epilogue *(US* -log)

utótag *n mat* consequent ‖ second part/element (of a compound)

utóvéd *n* rearguard

utóvédharc *n* rearguard action/fighting

utóvégre *adv* ~ (is) after all, when all is said and done

utóvizsga *n* resit

utóvizsgáz|ik *v* resit* an examination, retake* an exam(ination)

útpadka *n* (hard) shoulder

útravaló *n (élelem)* provisions (for the journey) *pl*, food (for the journey)

útrövidítés *n* short cut

útszakasz *n* road section; *(rövidebb)* stretch

útszéli *a (út menti)* roadside, wayside ‖ *(közönséges)* common, vulgar, plebby

útszűkület *n* bottleneck; *(KRESZ-ben)* narrow road/stretch

úttalan *a* pathless, roadless, untrodden ‖ ~ utakon on/along untrodden paths

úttest *n* carriageway, roadway, *US* road(bed)

úttörő 1. *n* pioneer ‖ *átv* pioneer, trailblazer; *(felderítő)* pathfinder 2. *a* pioneering ‖ ~ jelentőségű epochmaking, pioneering, trailblazing

útvesztő *n* labyrinth, maze

útviszonyok *n pl* road conditions

útvonal *n* ált route; *(vasút)* line ‖ vmlyen ~on by way of, via

uzsonna *n* (afternoon) tea

uzsonnáz|ik *v* have* tea, have* sg for one's tea

uzsorakamat *n* usurious interest

Ü, Ű

üde *a* fresh, healthy, youthful ‖ ~ **arcbőr** youthful/blooming/fresh complexion; ~ **levegő** fresh/bracing air
üdít *v* freshen, refresh
üdítő *a* *ált* refreshing; *(olvasmány)* light
üdítőital(ok) *n* soft drink(s), non-alcoholic drink(s)
üdül *v (szabadságát tölti)* be* (away) on holiday (*v.* on one's holidays), *US* be* on vacation, be* vacationing; *(üdülőben)* stay at a holiday home/camp/village
üdülés *n (felüdülés)* recreation ‖ *(nyaralás)* holiday, holiday(mak)ing, *US* vacation(ing)
üdülő *n (épület)* holiday home ‖ *(személy)* holidaymaker, *US* vacationer; *(vendég)* guest
üdülőhely *n* holiday resort
üdülőhelyi díj *n* visitors' tax
üdülőtelep *n GB* holiday camp
üdültetés *n* organized/subsidized holidays *pl*
üdv *n vall* salvation ‖ **a haza** ~**e** the welfare/benefit of the country
üdvhadsereg *n vall* Salvation Army
üdvlövés *n* salute ‖ ~**t lead** fire a salute
üdvös *a* salutary, beneficial; *(előnyös)* advantageous, useful
üdvösség *n vall* salvation ‖ **nem elég az** ~**hez** not enough by a long chalk
üdvözítő 1. *a vall* saving, redeeming ‖ *átv* salutary, blissful **2.** *n vall* the Saviour (*US* -or) (= *Jézus Krisztus*)
üdvözlégy *n* Ave Maria, Hail Mary
üdvözlés *n* greeting; *(érkezéskor)* welcome
üdvözlet *n* greeting(s), kind regards *pl* ‖ **adja át szíves** ~**emet** Please give my kind regards to [your mother etc.], Give him/her my best regards; Remember me (kindly) to [your mother/wife etc.]; **karácsonyi/újévi** ~ (the) season's greetings *pl*; **szívélyes** ~**tel** *(levél végén)* Yours sincerely, *US* Sincerely yours; *(formálisabban)* Yours truly
üdvözlő *a* greeting-, congratulatory ‖ ~ **távirat** telegram of congratulation, telegram of good wishes
üdvözlőbeszéd *n* address (of welcome), welcoming speech
üdvözlőlap *n (karácsonyi, születésnapi stb.)* a greetings card, [birthday/Christmas etc.] card ‖ *(képes levelezőlap)* picture postcard
üdvözöl *v (köszönt)* greet (sy), say* hello (*v.* good morning etc.) to sy; *(megérkezéskor)* welcome (sy), give* (sy) a warm welcome ‖ *(vkt vmlyen alkalomból)* congratulate (sy on ...), offer one's heartiest congratulations (*v.* best wishes) (to sy) ‖ *(üdvözletét küldi)* give* sy one's (best) regards, send* one's love to sy ‖ *(gyűlést, kongresszust)* address [the meeting/congress etc.] ‖ **szeretettel** ~ *(levélben)* (With) love *(és a keresztnév)*; **üdvözlöm!** how do you do?
üdvözül *v* be* saved, find* salvation
üget *v* trot
ügetés *n* trot
ügetőpálya *n* trotting racecourse
ügetőverseny *n* harness-racing, trotting-race, trot
ügy *n (dolog)* business, affair, matter; *(kérdés)* issue ‖ *jog* case ‖ *ker* business, transaction, (business) deal ‖ *(eszméé)* cause ‖ **bírósági** ~ court case; **hogy áll az** ~**ed?** how does your case stand?; **milyen** ~**ben keresi?** what do* you wish to see (*v.* speak to) him about?; **nehéz** ~ a hard nut to crack, a tough proposition; **nem nagy** ~ it is* no great matter (*v. biz* big deal); **peres** ~ case at law; **szép kis** ~! a pretty/fine kettle of fish; ~**et sem vet vmre/vkre** pay* no attention/heed to, take* no notice of; **üzleti** ~**ben** on business
ügybuzgalom *n* ardour (*US* -or), zeal
ügybuzgó *a* zealous, eager; elit eager beaver
ügyefogyott *a* awkward, *biz* gormless
ügyefogyottság *n* awkwardness, clumsiness
ügyel *v vkre, vmre* take* care of sy/sg, pay* attention to sy/sg (*v.* what you are doing), watch over sy/sg ‖ *(figyelembe vesz)* mind, note, take* notice of, attend to ‖ *biz (ügyeletet tart)* be* on duty, be* on call ‖ *szính* be* (the) stage-manager, stage-manage ‖ ~ **arra, hogy** take* (good) care to do sg, see* that ..., be* careful to/that; ~**j arra, nehogy** be* careful not to, mind you don't ...
ügyelet *n* duty ‖ **éjszakai** ~ *ált* all-night service; *orv* night duty; **kihívja az** ~**et** call the (district) doctor on duty
ügyeletes 1. *a* on duty *ut.* ‖ ~ **gyógyszertár** duty/emergency (*v.* all-night) chemist (*US* drugstore/pharmacy); ~ **orvos** doctor on duty/call, doctor on emergency call **2.** *n* person/officer/official on duty ‖ *(igével)* be* on duty ‖ **ki az** ~? who is on duty?
ügyelő *n szính* stage-manager
ügyes *a (ember)* clever, skilful (*US* skillful), smart, (cap)able; *(járatos, képzett)* skilled; *(vmben)* (be*) good/clever at sg ‖ ~ **fogás** a good trick; ~ **keze van**

be* clever with his/her hands; ~en skilfully (US skillfully), deftly
ügyes-bajos dolog n (troublesome/ daily) business; (napi) (sy's) day-to-day affairs pl, (sy's) day-to-day business
ügyesked|ik v show* oneself to be clever/skilful (US skillful); (helyezkedik) jockey/manoeuvre (US maneuver) for position, biz he's a smooth operator
ügyesség n cleverness, skilfulness, dexterity, skill
ügyész n (a vád képviselője) public prosecutor, US prosecuting/district attorney
ügyészség n public prosecutor('s department/office) ‖ **legfőbb** ~ Chief/ Supreme (Public) Prosecutor's Office
ügyetlen a clumsy, inept; (sikertelen) ineffectual ‖ ~ **vmben** be* no good at sg
ügyetlenked|ik v blunder/mess about/ around ‖ ~ **vmvel** fiddle around/about with sg
ügyetlenség n clumsiness, ineptitude; (sikertelenség) ineffectuality; (hiba) blunder ‖ ~**et követ el** make* a mistake
ügyfél n (ügyvédé) client ‖ ker customer
ügyfélfogadás n consulting/office/business hours pl
ügyintézés n administration, office work
ügyintéző n administrator, person/official in charge (of)
ügylet n (business) deal, (business) transaction ‖ ~**et lebonyolít (vkvel)** close/complete/conclude a deal (with sy)
ügynök n ker broker, (business) agent; (utazó) (commercial) traveller (US -l-) ‖ pol agent
ügynökség n agency
ügyvéd n lawyer, US attorney; (polgári ügyekben, GB) solicitor; (bűnügyben és magasabb bíróságon eljáró, GB) barrister, US counselor-at-law ‖ ~**hez fordul** take* legal advice, take* counsel's opinion; ~**nek készül** GB read* for the Bar, US go* to law school; ~**et fogad** retain a lawyer/solicitor (v. US an attorney), retain counsel
ügyvédi a lawyer's, solicitor's, barrister's ‖ ~ **gyakorlat** legal practice; ~ **gyakorlatot folytat** practise (US -ce) law; ~ **iroda** lawyer's office; ~ **kamara** Law Society, GB the Bar, Inns of Court pl, US Bar Association; ~ **munkaközösség** lawyers' co-operative; ~ **pályára lép** take* up a legal career, be* called to the Bar; ~ **tiszteletdíj** fee(s)
ügyvezető 1. a managing ‖ ~ **igazgató** managing director 2. n manager, director
ügyvivő n (diplomáciai) chargé d'affaires (pl chargés d'affaires)

ükanya n great-great grandmother
ükapa n great-great grandfather
ükunoka n great-great grandchild°
ül v vhol sit*, be* sitting/seated; (madár ágon) perch; (tyúk tojáson) sit* (on eggs), brood ‖ vhová sit* (swhere) ‖ biz (börtönben) ~ be* in jail; biz be* in jug, be* doing time ‖ **asztalhoz** ~ sit* down to table, sit down to a meal; **autóba** ~ get* in(to) a car; **két évet** ~**t** (s)he was inside for two years; **lóra** ~ mount (a horse); **taxiba** ~ take* a taxi; ~**ve marad** keep* one's seat, remain seated/sitting; **vk nyakán** ~ be* a (heavy) burden to sy
-ül suff → -ul
üldögél v sit*/lounge about/around
üldöz v (kerget) chase, pursue ‖ vkt átv harass, hound ‖ **a balsors** ~**i** be* dogged by ill luck/fortune, have* a run of bad luck
üldözés n (kergetés) pursuit, chase, chasing
üldözési mánia n persecution complex, paranoia
üldöző n pursuer, chaser, persecutor
üldözött a pursued, persecuted (person) ‖ ~ **vad** chase
üldöztetés n persecution
üledék n (folyadéké) sediment, dregs pl, deposit ‖ geol deposit, sediment
ülep n seat, buttock, biz bottom
üleped|ik v settle, be* deposited
ülés n (tény) (act of) sitting; (helyzet) sitting position/posture ‖ (hely) seat ‖ (testületé) meeting, sitting, session; (parlamenté) session ‖ **az** ~**t berekeszti** adjourn the meeting; (véglegesen) declare the meeting closed; **az** ~**t megnyitja** open the meeting; **első** ~ front seat; **hátsó** ~ backseat; **teljes** ~ full/plenary session; ~**t tart** hold* a meeting, be* sitting, be* in session
üléses a -seater; **két**~ two-seater
ülésez|ik v have* a meeting, sit*, be* sitting, hold* a sitting ‖ **a parlament** ~**ik** Parliament is* (now) in session
üléshuzat n (kocsié) car seat cover, upholstery
ülésszak n (testületé) session, term ‖ **tudományos** ~ conference, meeting
ülésterem n (conference) hall/room; (kisebb) council room/chamber
üllő n anvil
ülnök n assessor ‖ **népi** ~ (bíróságon) lay member (of a court), people's assessor
ülő a ~ **foglalkozás** sedentary occupation/job/work; ~ **foglalkozást folytat** lead* a sedentary life, do* a desk(-bound) job
ülőfürdő n hip-bath, sitz bath

ülőhely *n* seat
ülőkád *n* hip-bath
ülősztrájk *n* sit-down strike; *(gyár, egyetem területén)* sit-in
ülte *n* **egy ~ben** at one/a sitting || **felugrott ~ből** he sprang up from his seat
ültet *v vkt* seat, sit* sy down || *(növényt)* plant || **vkt vk mellé ~** seat/place sy next to sy, seat/place sy beside sy
ültetés *n vmhez, vhova* seating || *növ* planting || **~ (i rend)** seating arrangement(s)/plan
ültetvény *n* plantation
ünnep *n ált* holiday; *(munkaszüneti nap)* (public) holiday, *(csak GB)* bank holiday, *US* legal holiday; *(egyházi)* festival, high day || *(ünnepség szűkebb körében)* celebration, party || **családi ~** family gathering/celebration/occasion; **kellemes ~eket (kívánunk)!** the season's greetings!, Merry Christmas (and a happy New Year)!
ünnepel *v vmt* celebrate || *vkt* honour (*US* -or), *(magas rangú személyt útján)* fête || *(felállva)* give* sy a standing ovation || **lelkesen ~ vkt** give* sy an ovation
ünnepelt 1. *a* celebrated **2.** *n (pl. születésnapján)* person fêted; *(kitüntetett)* honorand
ünnepély *n* celebration, ceremony || **iskolai ~** *(vm emlékére)* a commemoration of sg at school
ünnepélyes *a (csend, arc, hang, alkalom stb.)* solemn || *(szertartásos)* ceremonial, ceremonious || *(ülés)* formal opening (sitting)
ünnepélyesség *n* solemnity
ünnepi *a* festive, ceremonial; *(előadás, játékok stb.)* gala || **~ alkalom** festive/gala occasion; **~ beszéd** *(megnyitó)* inaugural (address); opening words *pl*, opening speech; *(egyéb)* (official) address/speech; **~ ebéd/vacsora** banquet, formal/gala dinner; **~ előadás/est** gala/command performance, gala evening/night; **~ játékok** festival *sing.*; **~ menet** (festival) procession
ünneplés *n* celebration; *vké* ovation
ünneplő 1. *a* celebrating || **tisztelt ~ közönség!** Ladies and Gentlemen! **2.** *n (ruha)* one's Sunday best, one's best clothes *pl*
ünnepnap *n* holiday
ünneprontó *n* spoilsport, wet blanket
ünnepség *n (ünneplés)* celebration; *(ünnepi aktus)* ceremony; *(hosszabb, sorozat)* festivities *pl*, celebrations *pl*
űr *n ált* void, gap, (empty) space || *(világűr)* (outer) space
űrállomás *n* space station

üreg *n ált* hollow, cavity, hole, pit; *orv* cavity
üreges *a* hollow; *(hegy, szikla)* cavernous; *(apró üregekkel)* spongy
üres *a ált* empty; *(ház, szoba, állás)* vacant; *(nem foglalt)* free, unoccupied || **~ csillogás** false glamour (*US* -or); **~ fecsegés** idle talk, *biz* blather *v.* blether, *US* baloney *v.* boloney; **~ frázisok** empty/hollow slogans/phrases; **~ a gyomra** have* an empty stomach; **~ ígéret(ek)** empty/hollow promises *pl*; **~ kifogás** lame/poor excuse; **~ óráiban** in his free/leisure time/hours, at one's leisure; **~ szavak** empty words, claptrap *sing.*; **~ tea** *(cukor, citrom, tej nélkül)* just tea, black tea, a cup of tea without sugar (etc.); *(csak tea, sütemény stb. nélkül)* just tea on its own; **~ a zsebe** have* empty pockets, have* an empty purse; **(egy) ~ papír** a (piece/sheet of) blank paper
üresjárat neutral (gear)
üresség *n (fizikai)* emptiness, vacuity || *(szellemi)* vapidity, emptiness
ürge *n áll* ground squirrel, s(o)uslik, *US így is:* gopher || *biz (pasas) GB* bloke, *US* guy
űrhajó *n* spacecraft, space vehicle, spaceship
űrhajós *n* spaceman°, astronaut, *(szovjet)* cosmonaut; *(utas)* space traveller (*US* -l-)
űrhajózás *n* = **űrrepülés** || = **űrkutatás**
ürít *v ált* empty, vacate || *(ürüléket, vizeletet)* void, evacuate || **~i poharát vk egészségére** drink* (to) sy's health, drink* (to) the health of sy, raise one's glass to sy
űrkabin *n* space capsule, pressurized cabin
űrkomp *n* space shuttle
űrkutatás *n* space research
űrlap *n* form, blank || **~ot kitölt** fill in (*US* out) a form/blank; complete a/the form
űrméret *n* calibre (*US* -ber); *(furat)* bore
űrmérték *n ált* measure of capacity; *(száraz)* dry measure; *(csak folyadék)* liquid measure (of capacity)
ürmös *n* vermouth
üröm *n* wormwood; *átv* bitterness, gall || **nincsen öröm ~ nélkül** (there is) no joy without alloy
űrpálya *n* orbit
űrrakéta *n* space rocket
űrrandevú *n* space rendezvous
űrrepülés *n* space flight; *(tudománya)* astronautics *sing.*
űrrepülő *n* = **űrhajós**

űrrepülőgép *n* space shuttle
űrrepülőtér *n* space centre (*US* -er), cosmodrome
űrruha *n* spacesuit
űrséta *n* space walk
űrszonda *n* space probe
űrtartalom *n* cubic capacity, volume
űrutas *n* space traveller (*US* -l-)
űrutazás *n* space travel/flight
ürü *n* áll wether || *(húsa)* mutton, *(ma gyakoribb)* lamb
ürücomb *n* leg of mutton, *(inkább)* leg of lamb
ürügy *n* pretext, pretence (*US* -se), excuse || **vm ürüggyel** on some pretext; **azzal az ürüggyel, hogy** on the pretext that
ürül *v* become* empty, empty; *biol (belek, hólyag)* evacuate
ürülék *n* áll excreta *pl*; *(bélsár)* excrement, faeces (*US* feces), stools *pl*
üst *n* cauldron, pot, kettle
üstdob *n zene* kettledrum, timpani *sing. v. pl*
üstök *n* forelock, tuft (of hair) || ~ **ön ragadja a szerencsét** take* time by the forelock
üstökös *n* comet || ~ **csóvája** tail
üszkös *a (elégett)* charred, burnt || *növ* blighted, smutted || *orv* gangrenous
üszkösöd|ik *v (fa)* become* carbonized/charred || *növ* become* smutted || *orv* become* gangrenous
üsző *n* heifer
üszök *n (parázs)* cinder; *(égő)* firebrand; *(üszkös maradvány)* (smouldering) cinders/ashes *pl* || *orv* gangrene
üt *v* áll strike*, hit*; *(ver)* beat*; *(ökölvívó)* hit*, *(súlyos ütésekkel)* pound, batter; *(labdát)* hit*, strike*, drive* || *(óra)* strike* || *(kártyában)* take*, trump; *(sakkban)* take* || *(szín másikat)* clash (with) || *(hasonlít vkre)* take* after sy || **a blúz meg a szoknya ~i egymást** the blouse clashes with the skirt; **addig üsd a vasat, amíg meleg** strike while the iron is hot; **egészen az apjára ~ött** he takes* after his father, he resembles his father, *biz kif* he is the very/spitting image of his father; **lovaggá ~ vkt** knight sy; *biz* **mi ~ött beléd?** what's come over you (to/that)?, what's got into (*v*. happened) to you?; **nagyot ~** hit*/strike* sy hard; **négyet ~ött az óra** the clock has struck four; **pofon ~** strike*/slap/smack sy in the face (*v*. on the cheek); **sok pénz ~i a markát** a lot of money is* coming his way (*v*. to him); **szeget ~ a falba** strike*/drive* a nail into the wall; **tojást ~ vmbe** break*/beat* an egg into sg; **öklével ~i az asztalt** pound/bang (one's fist on) the table; ~ **ött az óra** *átv* the time has come

ütem *n zene és* áll *(ritmus)* rhythm, cadence; *(ritmus egysége)* time, beat, measure; *(sebesség)* pace, rate, tempo || *zene (taktus)* bar || **gyors ~ben** in quick time, at a rapid/quick pace; **tartja az ~et** keep* time, be*/stay in time
ütemes *a* rhythmic(al) || ~ **taps** rhythmic clapping
ütemezés *n* schedule, timing
ütés *n (kézzel, bottal stb.)* blow, hit; *(hangja)* bang || *sp (ökölvívás)* hit, blow; *(tenisz, asztalitenisz)* stroke, shot; *(jégkorong)* hit; *(golf)* stroke || *(kártyában)* trick || *(óráé)* stroke, striking || ~ **t mér vkre** deal* sy a blow, hit* sy
ütközés *n (eseményeké)* coincidence; *(érdekeké)* conflict, clash
ütközet *n* battle, engagement, combat, fight || ~ **et vív** fight* a battle
ütköz|ik *v (tárgy vmbe)* knock/bang/bump against sg || *(két program)* clash/coincide (*vmvel* with) || **akadályba ~ik** meet* with obstacles/difficulties, come* up against a difficulty (*v*. against difficulties); **egymásba ~nek** collide, clash; **törvénybe ~ik** offend against the law, come* into conflict with the law
ütköző *n (vasúti)* buffer, *US* bumper
ütleg *n* hit, blow
ütlegel *v* hit*, beat*, thrash, drub, pummel
ütő 1. *n (személy)* hitter, beater || *(tenisz)* racket; *(asztalitenisz)* bat, *US* paddle; *(jégkorong)* stick; *(golf)* club || *zene* stick 2. *a* **egymást ~ színek** colours (*US* -ors) that clash
üt őd|ik *v vmbe* knock/strike* against sy || **egymásba ~nek** collide, clash
ütődött *a (gyümölcs)* bruised || *biz vk* crazy, cracked, loony, *kif* he is not all there, *US* dippy
ütőér *n* artery
ütöget *v* keep* hitting/beating, rap
ütőhangszer *n* percussion instrument
ütőhangszer-játékos *n* percussionist, percussion player
ütőkártya *n (átv is)* trump (card) || **kijátssza az utolsó ~ját** play one's trump/winning card
ütőképes *a kat* fit for action, combat ready; *átv és sp* fighting fit
ütött-kopott *a* áll battered; *(ház)* dilapidated, run-down; *(ruhaféle)* shabby, threadbare
üveg 1. *n* glass || *(ablaké)* (window-)pane || *(palack)* bottle, flask || **egy ~ bor** a bottle of wine; **homályos ~** frosted/opaque glass 2. *a* glass
üvegablak *n* glass window

üvegajtó

üvegajtó *n* glass door
üvegáru *n* glassware
üvegbetét *n* *(termosze)* glass inside ‖ *(üvegért adott)* refundable deposit
üvegbura *n* bell-jar/glass; glass-bell; *(lámpáé)* lampshade
üvegcserép *n (darab)* fragment of glass ‖ *(tetőn)* glass tile
üvegedény *n* glass vessel; *(gyűjtőnév)* glassware
üveges 1. *n (iparos)* glazier ‖ *(kereskedő)* dealer in glass 2. *a (palackozott)* bottled ‖ *(üvegszerű)* glassy ‖ *(tekintet)* vacant look ‖ *(üvegezett)* glassed-in ‖ ~ **szem** glassy/glazed eyes *pl*
üvegez *v* glaze, fit (sg) with glass, glass
üvegfestés *n* glass painting
üveggyár *n* glassworks *sing. v. pl*
üveggyöngy *n* (glass) beads *pl*; *(fekete)* bugle
üvegház *n* glass-house, greenhouse ‖ ~**ban nevel** grow* under glass, force
üvegházi növény *n* hothouse plant
üvegipar *n* glass industry
üveglap *n* sheet (of glass); *(ablakban)* pane
üvegpohár *n* glass
üvegszem *n* glass eye
üvegszilánk *n* glass splinter
üvegtábla *n* (glass) pane, sheetglass
üvegtál *n* glass dish
üvölt *v* howl, roar; *(dühösen)* bawl, bellow ‖ ~ **fájdalmában** howl/scream with pain
üvöltés *n* howl(ing)
űz *v (hajt)* drive*, chase, hunt, pursue ‖ *(foglalkozást)* practise (*US* -ice), carry on, pursue [a profession]; *(sportot)* pursue [a sport], play [a game]
üzelmek *n pl (tisztességtelen)* corrupt practices, *biz* wheeling and dealing sg, hole-and-corner deals
üzem *n (nagyobb)* plant, factory, works *sing. v. pl*; *(kisebb)* workshop ‖ *(működés)* functioning, working, running, operation ‖ **az** ~ **dolgozói** the workforce, *biz* the shop floor *(mind: sing.);* ~**be helyez** *(gyárat, intézményt)* start up, put* sg into operation; *(gépet)* install (*US* instal is), set* [an apparatus etc.] up, set* up [an apparatus]; ~**be helyezés** putting into operation; ~**ben tartás** running, operation
üzemág *n* branch (of production)
üzemanyag *n* fuel
üzemanyag-felvétel *n* fuelling (*US* -l-)
üzemanyagtartály *n* fuel tank; *(kocsié)* petrol (*US* gas) tank
üzemanyagtöltő állomás *n* filling/ petrol (*v. US* gas) station

üzemben tartó *n (gépkocsi) (GB)* registered keeper of the vehicle
üzembiztonság *n* safety of operation
üzembiztos *a* reliable, safe
üzemel *v* work, run*, operate ‖ **nem** ~ **is*** not working/running, does* not work; *(meghibásodott)* be* out of order
üzemelés *n* working, running, operation
üzemeltet *v* operate, run*
üzemi *a (üzemmel kapcsolatos)* works, factory; *(a dolgozókkal kapcs.)* shopfloor ‖ ~ **baleset** industrial accident/ injury, works accident; ~ **bizottság** shop committee, *(nagyobb)* works committee; ~ **dolgozó** factory worker/employee; ~ **étkezde** works canteen
üzemképes *a* in working order *ut.*
üzemképtelen *a* out of order *ut.*
üzemmérnök *n kb.* graduate engineer
üzemorvos *n* factory/works doctor/ physician
üzemszervezés *n* business organization
üzemvezető *n* (works) manager
üzemzavar *n* breakdown, *átv biz* hiccup
üzen *v vmt vknek* send* a message (to), send* word (to) ‖ *(szóbelileg)* **azt** ~**i, hogy ...** (s)he said to tell you that ...; **vkvel** ~ **(vknek) vmt** send* (sy) word through sy that ... (*v.* of sg)
üzenet *n (átv is)* message ‖ ~**et átad** deliver a message, pass on a message (to sy); ~**et hagy vknek vknél** leave* a message for sy with sy; ~**et kap** have*/ receive a message; **van egy** ~ **az ön számára X-től** there's a message for you from X
üzenetrögzítő *n* (telephone) answering machine/equipment, answerphone, Ansaphone
üzér *n* speculator, profiteer
üzérkedés *n* speculation, profiteering
üzérked|ik *v vmvel* speculate/traffic in sg *(utóbbi alakjai:* trafficked, trafficking)
üzlet *n (adásvétel, ált)* business; *(ügylet)* (business) deal, (business) transaction ‖ *(egy ügylet)* a good deal, a bargain ‖ *(helyiség, bolt)* shop, *US* store; *(cég)* business (concern) ‖ **az** ~ ~ business is business; **jó** ~ *(hasznot nyújtó)* a paying proposition; ~**et kötött** (s)he struck a good deal/bargain; **jól megy az** ~ business is good; ~**et köt vkvel** do* business with sy, do*/make*/clinch a deal with sy, make*/strike* a bargain with sy
üzletel *v biz* elit do* a little buying and selling on the side
üzletember *n* businessman°; *(igével)* be*/work in business
üzletfél *n* (business) connection; *(vásárló)* customer, client

üzletház n *(cég)* house, (business) firm
üzlethelyiség n (business) premises *pl,* shop, *US* store
üzleti *a* business ‖ ~ cím business address; ~ dolgokról beszél(get) talk business/shop; ~ érzék business sense/acumen; nincs ~ érzéke have* no head for business; ~ kapcsolatban van vkvel have* business connections/dealings with sy; ~ könyvek (account-)-books; ~ negyed business district/quarter, *US* downtown (business center); ~ tárgyalás(ok) business/trade talks; ~ titok trade secret; ~ ügy business affair/matter; ~ ügyben on business; ~ vállalkozás business undertaking/concern/enterprise
üzletkötés n transaction, deal
üzletkötő n business sales *(v.* import/export/trading) executive; travelling *(US* -l-) salesman°/saleswoman°/salesperson; *(igével)* do* business
üzletszerű *a* businesslike, professional
üzletszerző n salesman°
üzlettárs n (business) partner/associate
üzletvezető n (business) manager; *(áruházban)* sales manager
üzletzárás n closing (time)

V

-vá, -vé *suff (kezdődő, új állapot: eredményhatározó)* into, in; *(v. elöljáró nélkül, tárgyesettel)* ‖ lesz/válik vmvé become* sg, turn into sg, be* converted into sg; fiává fogad adopt sy (as son); vmt vmvé változtat transform/convert/turn/change sg into sg
vacak 1. *a (silány)* worthless, rubbishy, trashy, cheap and nasty 2. n rubbish, trash, tat, junk
vacakol *v biz (vmvel)* tinker/potter *(US* putter) about/around, tinker with
vacillál *v* vacillate, waver, hesitate
vacog *v* shiver/tremble/shake* *(hidegtől:* with cold, *félelemtől:* with fear), be* shivering (all over with cold) ‖ ~ a foga sy's teeth are* chattering
vacok n *(állaté)* den, lair, hole ‖ *vké* den ‖ *növ* receptacle
vacsora n *ált* evening meal; *(GB és US)* dinner; *(a kontinensen ált)* supper *v.* dinner ‖ hideg ~ buffet supper
vacsoraidő n dinner-time
vacsoráz|ik *v* have* dinner, dine; have* supper ‖ házon kívül ~ik eat*/dine out

vad 1. *a (állat)* wild, untamed, undomesticated [beast] ‖ *növ* wild ‖ *(műveletlen)* wild, savage, uncivilized ‖ *(kegyetlen)* ferocious ‖ *(erőszakos)* fierce ‖ *(erős támadás/fájdalom/szél)* violent, wild, fierce, raging 2. n *(vadon élő állatok)* game, wildlife ‖ *(ember)* savage ‖ sok ~at ejtettek they made*/had* a good bag
vád n *jog (vk ellen)* charge, accusation ‖ *(vádhatóság)* (public) prosecutor, the prosecution ‖ a ~ tanúja witness for the prosecution; ~at emel vk ellen bring*/prefer charges against sy
vadállat n ált wild animal, (wild) beast ‖ *átv* brute, beast
vadállati(as) *a* bestial, brutish
vadas *a* ~an in a piquant brown sauce; ~ marha(hús) *kb.* braised beef in a piquant brown sauce
vadaskert n (game) preserve
vádaskodás n (repeated) accusations *pl,* mud-slinging; *(hát mögötti)* backbiting
vádaskod|ik *v* make* repeated accusations (of)
vadaspark n wildlife/game park
vadász n hunter, huntsman°
vadászat n shooting (party); *US így is:* hunt(ing)
vadászati tilalom n close *(US* closed) season
vadászengedély n shooting/game licence *(US* -se)
vadászfegyver n shotgun, sporting gun
vadászgép n fighter (plane/aircraft)
vadászház n hunting/shooting-box, hunting lodge
vadászidény n hunting/shooting-season, (the) open season
vadász|ik *v (vadra)* shoot* *(vmre* sg); *(GB falkával és US)* hunt *(vmre* sg) ‖ *(falkával is US)* go* (out) hunting ‖ *átv vmre/vkre* hunt for/after sg/sy, search for sg/sy ‖ nagyvadra ~ik hunt big game; ~ni megy go* shooting
vadászkastély n hunting-seat
vadászkutya n hunting/gun dog; *(kopó)* (fox)hound; *(rövid lábú)* beagle
vadászkürt n hunting-horn, bugle
vadászpuska n shotgun, sporting gun
vadásztársaság n *(alkalmi)* shooting party ‖ *(állandó)* hunt
vadászzsákmány n (game-)bag
vádbeszéd n (Public Prosecutor's) charge
vadcsapás n track [of game], trail, spoor
vaddisznó n wild boar
vádemelés n accusation, preferral of charge
vadgesztenye n horse-chestnut
vadhajtás n *növ* sucker
vadhús n *(étel)* game; *(őzé, szarvasé)* venison ‖ *orv* proud flesh

vadidegen

vadidegen 1. *a* totally unknown (to) **2.** *n* complete/perfect stranger
vádindítvány *n* indictment, charge
vádirat *n* *(bűnügyben)* (bill of) indictment; *(rendőrségi bűnlajstrom)* charge sheet
vadkacsa *n* wild duck, mallard
vadkan *n* (wild) boar
vadkempingezés *n* illicit camping
vadkörte *n* wild pear
vádli *n biz* calf°
vádló 1. *a* accusatory, accusing **2.** *n* accuser, plaintiff
vádlott *n (bíróságon)* the accused, defendant ‖ ~**ak padja** dock, prisoner's box
vadmacska *n* wild cat
vadnyugat *n* the Wild West
vadnyugati *a* of the Wild West *ut.*, Wild West ‖ ~ **film** western
vadnyúl *n* hare
vádol *v vkt vmvel* accuse sy of sg, charge sy with sg, indict sy (for *v.* on a charge of sg), bring*/prefer charges against sy ‖ **vmvel** ~**ják** be* accused of sg, be* charged with sg
vadon[1] *n* wilderness, wild, desert
vadon[2] *adv* (in the) wild ‖ ~ **termő** *(növény)* growing wild *ut.*
vadonatúj *a* brand-new
vadorzó *a* poacher
vadőr *n* game-keeper, *GB* ranger
vadpecsenye *n* game; *(őz, szarvas)* venison
vádpont *n* count [of an/the indictment], charge
vadregényes *a* romantic
vadrózsa *n* dog/wild rose, briar *v.* brier
vadság *n (tulajdonság)* wildness, fierceness, ferocity, savageness
vadszőlő *n* Virginia creeper, *US* American ivy, woodbine
vadul[1] *v (féktelenkedik)* go* too far, behave boisterously/wildly
vadul[2] *adv* wildly, savagely, fiercely; *(durván)* coarsely, furiously, madly
vadvédelem *n* wildlife protection, the conservation of wildlife
vadvirág *n* wild flower
vág *v* cut* ‖ *(állatot)* slaughter; *(disznót, csirkét)* kill ‖ *(dob)* throw* ‖ *(ruha szűk)* be* too tight *(hónaljban:* under the arms) ‖ *(üt, csap)* strike* ‖ **ablakot** ~ **a falba** put*/make* a door/window in the wall; **az eső az arcába** ~ the rain beats* his face; *(tartozik vhova)* **ez nem** ~ **ide** that is out of place here, that's incongruous; **fát** ~ chop wood; **kocsiba** ~**ta magát** *(és elment)* (s)he jumped into his/her car [and drove off]; ~ **egy szelet kenyeret** cut* off/oneself a slice of bread

vagány *biz* **1.** *a* tough; *(karakán)* plucky **2.** *n* tough (guy), wide-boy
vágány *n (sínpár)* (railway) track, rails *pl* ‖ *(pályaudvaron peron)* platform ‖ **a harmadik** ~**ra érkezik** is arriving at platform 3; *átv* **más** ~**ra tereli a társalgást** change the subject
vágás *n (cselekmény)* cutting (of sg) ‖ *(nyoma testrészen)* cut; *(műtétnél)* incision ‖ *(ölés)* slaughtering, killing ‖ *(ütés)* stroke, blow ‖ *film* cutting, editing
vágású *a* **régi** ~ **ember** a man° of the old stamp/school
vágat[1] *v vmt vkvel* have*/get* sg cut/chopped ‖ **hajat** ~ have* one's hair cut, get*/have* a haircut
vágat[2] *n bány* gallery, level
vagdalkoz|ik *v vmvel* brandish (sg) (at sy), lay* about oneself (with sg), hit out (at sy) (with sg)
vagdalt *a* chopped (up) ‖ ~ **hús** minced meat, mince; *(pogácsa)* meatball, hamburger (steak), beefburger; ~ **sonka** *kb.* corned beef
vágó *n film* editor
vágóállat *n* meat/fat stock; *(marha)* slaughter cattle
vágódeszka *n* chopping board/block
vágóhíd *n* slaughterhouse, abattoir
vágómarha *n* slaughter/beef cattle
vagon *n (személy)* carriage, coach, *US* car; *(teher)* wagon (*GB* -gg- *is*), *US* freight car ‖ ~**ba rak** load into a wag(g)on/truck; ~**ból kirak** unload a wag(g)on
vágott *a* cut; *(apróra)* chopped ‖ ~ **baromfi** slaughtered poultry; ~ **virág** cut flowers *pl*
vágta *n* gallop ‖ ~**ban** at a gallop
vágtat *v* gallop, ride* at full speed/gallop
vágtáz|ik *v (ló, lovas)* gallop, ride* at full gallop ‖ *sp (futó)* sprint ‖ ~**ni kezd** break* into a gallop
vágtázó *n sp* sprinter
vagy *conj (választás)* or ‖ *(körülbelül)* about, some ‖ ~ ..., ~ ... either ... or ...; ~ **egy mérföld(nyi)re** a mile or so; ~ **húszan** there were some twenty people there; ~ **így,** ~ **úgy** one way or the other, either way, in either case; ~ **pedig** or else; ~ **úgy!** (now) I see!, *biz* (now) I get you/it!
vágy *n (vm után)* desire, wish, longing *(mind:* for) ‖ **érzéki** ~ sexual desire; *(buja)* lust; **leghőbb** ~**a, hogy** ... it is one's most ardent wish that/to, long (*v.* be* longing) to, has* always wanted to
vágyakozás *n (vm után)* longing, craving, desire *(mind:* for)
vágyakoz|ik *v* long/yearn for sy/sg
vágyálom *n* pipe dream, wishful thinking

vágy|ik *v vmre* desire (sg), have* a desire for sg, wish for sg || *(vhova)* long to (be swhere)* || *(vm/vk után)* long/yearn for sg/sy

vagyis *conj* that is to say, in other words; namely; I mean

vagylagos *a* alternative || ~**an** alternatively

vágyódás *n* longing (for)

vágyód|ik *v vmre, vm után* yearn/long for sg/sy, crave (for) sg

vagyon *n (nagy)* fortune, wealth, riches *pl*; *(tulajdon)* (personal) property, possessions *pl* || **nemzeti** ~ national wealth; ~ **elleni bűncselekmény** crime (committed) against property; ~**a van** be* well off, be* a man of means/property; *biz* **egy** ~**ba került** it (has) cost me a fortune; ~**t szerez** make* a fortune, *biz* make* one's pile

vagyonbevallás *n* declaration of assets/means

vagyonelkobzás *n* confiscation of property

vagyoni *a* relating to property *ut.*, financial, pecuniary || ~ **állapot** property status

vagyonos *a* wealthy, well-to-do, well off *ut.*

vagyontalan *a* unpropertied || ~ **ember** man° without means

vagyontárgy *n* property, asset

vaj *n* butter || **akinek** ~ **van a fején, ne menjen a napra** people who live in glass houses should not throw stones

váj *v ált* hollow (out), scoop || *(hornyol)* gouge (out) || *(mélyít)* deepen

vájár *n* miner, face-worker, hewer

vajas *a* buttered || ~ **kenyér** (a slice of) bread and butter; ~ **kifli** buttered croissant; ~ **zsemle** buttered roll

vajaskifli *n (vajjal sütött)* croissant, roll

vajassütemény *n (tészta)* shortcake

vajastészta *n* short pastry

vájat *n* ált groove, channel || *bány* (work) face, stall

vajaz *v* butter

vajda *n tört* voivode, vaivode

vájkál *v* grub/dig*/rummage about/around (in sg), keep* grubbing || *átv* **vk sebeiben** ~ reopen old sores, rub salt in sy's wounds

vajmi *a* ~ **kevés** precious/very little

vajon *adv (kérdés előtt)* if, whether || ~ **igaz-e?** I wonder whether it is* true; ~ **ki ő?** I wonder who (s)he is?; ~ **eljön-e?** I wonder if (s)he'll come?; **megkérdezte,** ~ **eljön-e?** he asked me whether/if she was coming

vajszívű *a* soft/tender-hearted

vajtartó *n* butter-dish

vájt fülű *a* sharp-eared, sensitive

vajúdás *n orv* labour (*US* -or), parturition || *átv* travail, difficult birth, being in the throes of sg

vajúd|ik *v orv* be* in labour, labour (*US* -or) || **sokáig** ~**ott a kérdés** the case dragged on for a long time

vak 1. *a (ember)* blind, sightless || **fél szemére** ~ blind in one eye; ~ **vagy?** *átv* have you no eyes? **2.** *n* blind man°/person, blind woman° || **a** ~ **is látja** it stares you in the face, you can see that with half an eye; **a** ~**ok** the blind; ~ **vezet világtalant** it's a case of the blind leading the blind; ~**ok intézete** home for the blind

vakablak *n* blind/dummy window || **világos, mint a** ~ as clear as mud

vakáció *n* (summer) holiday, *US* vacation

vakációz|ik *v* be* on holiday (*v. US* vacation), holiday, *US* vacation

vakar *v (saját magát)* scratch; *(bőrt)* scrape || *(lovat)* curry(-comb)

vakargat *v* scratch, keep* scratching

vakaródz|ik *v* scratch (oneself)

vakbél *n (féregnyúlvány)* (vermiform) appendix *(pl* -dices) || ~**lel operálták** (s)he was operated on for appendicitis

vakbélgyulladás *n* appendicitis

vakbélműtét *n* appendectomy

vakbuzgó 1. *a* bigoted **2.** *n* bigot, zealot

vakbuzgóság *n* bigotry

vakcina *n orv* vaccine

vakírás *n (vakoké)* braille || *(írógépen)* touch-typing

vakít *v (látást fény)* blind, dazzle

vakító *a* blinding, dazzling || ~ **fény** dazzling/glaring light

vakkant *v* yap, yelp, give* a yelp

vaklárma *n* false alarm

vakmerő *a* daring, audacious, bold; *elít* reckless, foolhardy || ~ **ember** dare-devil; ~ **lépés** bold step, a leap in the dark

vakmerőség *n* daring, audacity, boldness; *elít* recklessness, foolhardiness

vakol *v (falat)* plaster

vakolat *n* plaster

vakon *adv* ~ **született** (s)he was born blind; *(mint melléknév)* blind from birth *ut.*; ~ **hisz** vkben trust sy blindly/implicitly; ~ **ír** *(írógépen)* touch-type

vakond(ok) *n áll* mole

vakondtúrás *n* molehill

vakrepülés *n* blind flying/flight

vakság *n orv* blindness || *átv* blindness, infatuation

vaksi *a* weak-eyed, dim/short sighted, (as) blind as a bat

vaktában *adv (találomra)* at random || *(meggondolatlanul)* blindly, rashly

vaktöltény *n* blank charge

vaku *n* flash(-gun), flashlight || ~**val fényképez** take* a photograph with a flashlight/flashbulb
vákuum *n* vacuum
vakvágány *n* dead-end
-val, -vel *suff* **a)** *(eszközhatározó)* with; **ellát vmvel** supply/provide/furnish/stock/store/equip with sg || by; **busszal megy** go by bus; **kézzel** by hand || in; **ceruzával ír** write* in pencil || of; **gyanúsít vkt vmvel** suspect sy of sg; **b)** *(állapot- és eszközhatározó)* with, of; **megegyezik vmvel** agree with sg, correspond to sg; **tele van vmvel** be* filled with sg, be* full of sg **c)** *(társhatározó)* with; **barátkozik vkvel** make* friends with sy || *(elöljáró nélkül)* **találkozik vkvel** meet* sy, come* across sy **d)** *(állapot- és társhatározó)* with; **vkvel együtt** with sy, in company with sy **e)** *(irányulás) (cselekvésé, különféle elöljáróval)* **jót tesz vkvel** do* well by sy, do* good to sy || *(elöljáró nélkül)* **jót tesz vkvel** do* sy a good turn, do* sy a kindness, benefit sy; **rosszat tesz vkvel** do* sy an ill turn; **bír vmvel** *(birtokol)* have*/possess/own sg; **dacol a közvéleménnyel** he defies public opinion || *(magatartásé, különféle elöljáróval)* **szigorú vkvel szemben** be* hard on sy, be* strict with sy; **udvarias mindenkivel (szemben)** (be*) polite towards/to everybody || *(tartós irányulás, különféle elöljáróval)* **bánik vkvel** treat/handle sy, deal* with sy; **foglalkozik vmvel** be* employed/occupied/engaged in (doing) sg; **sok időt tölt vmvel** spend* much time on, take* a long time over sg **f)** *(módhatározó) (különféle elöljáróval)* **kész örömmel** with pleasure, with the greatest delight/joy; **tudtommal** to my knowledge; **vakbéllel operálták** (s)he was operated on for appendicitis **g)** *(hasonlítás)* **egyenlő vmvel** (be*) equal to sg; **felér vmvel** *(értékben)* be* worth of, come* up to, compare well with, equal (US -l) **h)** *(mértékhatározó) (különféle elöljáróval v. elöljáró nélkül)* **százával** by hundreds, by the hundred; **két kilóval nehezebb** two kilograms heavier; **két évvel idősebb nálam** he is two years older than I, he is my senior by two years **i)** *(időhatározó) (főleg elöljáró nélkül)* **öt perccel hat (óra) után** at five (minutes) past six (o'clock); **egy órával indulása után** one hour after his/her departure; **elsejével elmegy** he leaves on the first
váladék *n* discharge, secretion, mucus

valaha *adv (valamikor régen)* once, at one time || *(a jövőben)* ever || **itt ~ egy ház állt** there used to be a house here; **látom-e még ~?** I wonder if I will ever see it/him [etc.] (again); **szebb, mint ~** more beautiful than ever
valahány *pron* all, any, every (one) || **valahánnyal csak találkoztam** every single one (that) I have met
valahányan *pron* all of us/you/them, every one of you/us/them
valahányszor *adv* whenever, every time || **~ csak akarja** whenever you wish, as many times as you wish
valahára *adv* **(végre)** ~ at (long) last, finally
valahogy(an) *adv (vmlyen módon)* somehow (or other), in some way (or other), someway, anyhow || **~ csak** by some means or other; *biz* by hook or by crook; *biz* **ez ~ nem sikerült** this just didn't work out (*v*. come off); **majd csak lesz ~** it will turn out all right, we will try and manage somehow
valahol *adv* somewhere, *US* someplace || **~ itt** *(a közelben)* somewhere near here; **~ már találkoztunk** we have met (somewhere) before
valahonnan *adv* from somewhere, from some place or other; *(bárhonnan)* from anywhere
valahova *adv* somewhere, anywhere, to some place or other
valaki *pron (állításokban)* somebody, someone, one || *(kérdés/tagadás esetén)* anyone/anybody || *(jelentős személy)* **ő ~ a gyárban** he's a somebody in the factory
valameddig *adv (idő)* for some/a time || *(távolság)* (for) a certain distance, some distance
valamely *pron* some
valamelyest *adv* somewhat, to a certain extent/degree || **~ jobban** a thought/bit better
valamelyik *pron* one (of them), one or the other || **~** *(a kettő közül)* either of them; *(több közül)* one of them
valamennyi *pron (mind)* all, every, all (of them), all together || *(valami kevés/kis)* some, a little || **kivétel nélkül ~** all without exception, one and all, every single one (of them); **~ ideig** for some/a time, for a while; **~en** all of us/them
valamennyire *adv (valameddig)* in some measure || *(úgy-ahogy)* somehow or other, in some way or other
valamerre *adv* somewhere, in some direction (or other)

valami 1. *pron (állításban)* something ‖ *(kérdésben, tagadásban)* anything ‖ **ez már ~** that is better/sg; **fáj ~d?** is anything wrong (v. the matter) with you?; **viszi ~re** go* far, get* on, *biz* make it **2.** *a (állításban)* some ‖ *(egy kevés)* some, a little ‖ *(kérdésben, tagadásban)* any ‖ **~ állat lehetett** it must have been some animal; **~ időm még van** I can still wait a little while; **van ~ elvámolni valója?** have you anything to declare?; **van ~ pénzed?** have you got any/some money? **3.** *adv* **nem ~ jól sikerült** vm it fell rather flat; **vknek** vm (s)he wasn't too successful; **nem ~ nagy híd** it is* not much of a bridge; **nem ~ nagyon** not very much, not particularly
valamiféle *pron* a/some sort/kind of
valamiképp(en) *adv* somehow (or other)
valamikor *adv (múlt)* sometime; *(egyszer régen)* once (upon a time) ‖ *(valaha)* ever ‖ *(jövő)* some day, sometime *v.* some time ‖ **ebben az utcában ~ egy mozi volt** there used to be a cinema (v. US movie house) in this street; **jártál ott ~?** have you ever been there?
valamilyen *pron* some kind/sort of, some (... or other) ‖ **~ formában** in one form or another
valamint *conj (továbbá)* and, as well as
valamirevaló *a* decent, rather good, satisfactory
valamivel *adv* somewhat, a little ‖ **~ jobb** slightly better; **~ jobban van** be* a bit/shade/little better
válás *n jog* divorce ‖ **vmvé ~** becoming sg, turning into sg
válasz *n* answer, reply ‖ **igenlő ~** affirmative answer; **tagadó ~** negative answer; **~ fizetve** [was sent] reply (pre)paid; **~t ad vknek** give* an answer to sy, reply to sy, answer sy; **még nem kaptam ~t levelemre** I've had no answer/reply to my letter yet; **~ át várva** awaiting your reply, looking forward to (having) your reply; **~t kérünk** *(meghívásra)* R.S.V.P.; **~ul vmre** in reply/answer to sg
válaszboríték *n* self-addressed envelope
válaszfal *n* dividing wall, partition
válaszjegyzék *n (diplomáciai)* reply note
válaszképpen *adv* in answer/reply to sg, by way of an answer to sg
válaszlevél *n* reply (letter)
válasz-levelezőlap *n* reply (post)card
válaszol *v* vknek/vmre answer sy/sg, reply to sy/sg, *(reagál)* respond to ‖ **nem ~t** (s)he didn't reply (to me), (s)he didn't

answer (me); **erre nem tud mit ~ni** (s)he has* no answer to this; **f. hó 10-én kelt levelére ~va** in reply to your letter of the 10th inst.
választ *v (több közül)* choose* *(kettő közül* between, *több közül* from among), pick, select, make* a/one's choice ‖ *(képviselőt)* elect ‖ **taggá ~ vkt** elect sy a member; **tessék ~ani** take your pick
választás *n (több közül)* choice, choosing, selection ‖ *pol* election ‖ **időközi ~** by-election; **nem volt más ~a, mint** ... he had* no choice/option (but to ...); it was* Hobson's choice; **szabad ~ok** free elections; **titkos ~** secret vote/voting/ballot
választási *a pol* elective, election-, electoral ‖ **~ kampány** election/electoral campaign, electioneering; **~ lehetőség** alternative, option; **~ törvény** electoral law
választávirat *n (előre kifizetett)* reply-paid (v. pre-paid) telegram *(US* wire)
választék *n (több közül)* selection, choice, variety ‖ *(hajban)* parting, *US* part ‖ **nagy ~ vmből** a big/wide choice/selection/range of, wide variety of
választékos *a* carefully-chosen ‖ **~ stílus** polished/elegant style
választható *a (személy)* eligible ‖ **(szabadon) ~** *(tantárgy)* optional, *US* elective
választmány *n* committee, board
választó *n pol* voter; *(akinek választójoga van)* constituent ‖ **a ~k** the electorate
választói *a* electoral, voting
választójog *n* suffrage, the (right to) vote, franchise ‖ **általános ~** universal suffrage
választójogosultság *n* franchise
választókerület *n* constituency, *US* electoral district
választott 1. *a* chosen, (s)elected ‖ **~ bíró** arbiter, arbitrator **2.** *n* chosen, choice ‖ **szíve ~ja** (one's) intended/beloved, true-love
választóvonal *n* dividing line, boundary, line of demarcation
választút *n (átv is)* crossroads ‖ **~ előtt áll** be* at a crossroads
válfaj *n* variety, species°, kind, sort, type
vál|ik *v (házastárstól)* divorce (sy) ‖ *(vk/vm vmvé)* become* (sg), turn (into sg); *vm vmvé* be* converted (into sg) ‖ **jó orvos ~ik majd belőle** he will make a good doctor; **~ik a feleségétől** he is* divorcing his wife; **~nak** they are getting a divorce (v. getting divorced)
vall *v (bíróságon)* confess (sg *v.* to sg to doing sg *v.* to have done sg) ‖ *(vmlyen hitet)* profess [a faith], avow himself/her-

self to be [a Christian, a supporter of ... etc.]; || **bűnösnek ~ja magát** plead* guilty; **ez rád ~** that's just like you, biz that's you all over; **jó ízlésre ~** sg speaks* of (v. is* indicative of) (a) good taste (in sg)

váll n shoulder || **~ig érő** shoulder-length; **két ~ra fektet** (birkózásban ellenfelet) win* by a fall; **levesz a ~áról** (gondot, terhet) take* [a load/weight] off sy's mind/shoulders, relieve sy of [the burden of sg]; **~at von** shrug (one's shoulders)

vállal v ált vmt undertake* (sg v. to do sg), take* on; (megbízást) accept || **~ja a felelősséget vmért** take*/accept/assume (full) responsibility for sg; **~ja a költségeket** meet* the expenses, kif foot the bill; **magára ~ vmt** take* it upon oneself to ...; **az IRA magára ~ta a robbantást** the IRA has claimed (responsibility for) the bombing in ...; **munkát ~ get*/find* work, sign on, undertake* [a piece of work]

vállalat n company, firm, enterprise || **állami ~** state enterprise, state-owned company; **melyik ~nál dolgozol?** which company do you work for?

vállalati a company || **~ érdek** company interest

vállalatvezető n managing director, manager

vállalkozás n ált (nagyobb) undertaking, enterprise, venture; (kisebb) (small) business || **kifizetődő ~** paying proposition

vállalkoz|ik v vmre undertake* sg (v. to do sg), (be* prepared to) take* sg on

vállalkozó 1. a **~ (szellemű)** enterprising, venturesome **2.** n ker (rizikót vállaló) entrepreneur || **építési ~** building contractor; **erre nem akadt ~** nobody could be found to do it

vállalkozói szellem n entrepreneurial spirit, entrepreneurial skills pl

vallás n religion, (hit, hitvallás) (religious) faith, creed

vállas a broad/square-shouldered

vallásgyakorlás n (public/private) worship || **szabad ~** freedom of worship/religion

vallásháború n war of religion

vallási a religious, of religion/faith ut. || **~ türelem** tolerance

vallásoktatás n religious education/instruction

vallásos a religious, pious, godly || **nevelés** religious education

vallásosság n religiousness, devoutness, piety

vallásszabadság n freedom of religion/worship, religious liberty

vallástalan a irreligious, ungodly, godless

vallat v (vádlottat) interrogate, examine

vallatás n examination, interrogation

vallató n interrogator, examiner || **~ra fog** interrogate, examine closely

vállcsont n collar bone

vállfa n (clothes/coat) hanger

váll-lap n kat epaulette (US epaulet), US shoulder board/mark

vallomás n evidence, statement; (beismerő) confession || **~t tesz** (terhelt) make* a (full) confession; (tanú) give* evidence, testify (under oath) (for/against sy)

vallomástétel n (giving) evidence, confession

vállpánt n (ruhán) shoulder-strap

vállrándítás n shrug (of the shoulders)

válltömés n shoulder-pad

vállveregetés n pat(ting sy) on the back || átv condescension, patronizing

vállveregető a condescending, patronizing

vállvetve adv shoulder to shoulder

vállvonogatás n shrug (of the shoulders)

való 1. a (valóságos, igaz) real, true || (alkalmas vmre) (be*) suited/suitable for sg, (be*) fit/right for sg || (illő) proper, fitting), suitable, appropriate (mind: for); (igével) become*/suit sy, biz be* cut out for sg || (készült vmből) be* made of sg || **a kézirat a X. századból ~** the MS dates/is from the 10th century; **a ~ életben** in real life; **a vele ~ találkozás** the meeting with her/him; **Egerbe ~** (s)he comes from Eger; **ez nem ~ it** isn't done; **fából ~** (be*) made of wood; **gyermekekenek ~ könyv** a book for children; **hova ~ vagy?** where do you come from?; **kék nem ~ a zöldhöz** blue doesn't go (well) with green; **mire ~?** what is it (good/used) for?; **nem ~** it is not right/appropriate, unbecoming (for sy); **nem ~ neked a tanítás** I don't think you're cut out for teaching (v. to be a teacher); **semmire sem ~** good/fit for nothing ut.; **van magához ~ esze** he knows* how to take care of himself; **munkához ~ viszony** sy's attitude to work; **~ igaz** it is* absolutely/quite true **2.** n (valóság) reality, truth || **~ra válik** (terv, remény) be* realized, materialize, come* true

valóban adv indeed, truly, really, actually || **~ megtörtént** it is a true story, it is a story from (real) life; **~?** is that so?, really?, indeed?

valódi *a* real, true; *(nem mű)* genuine || ~ **tört** *mat* proper fraction
valódiság *n (állításé)* truth, veracity || *(okmányé)* authenticity
válófélben *adv* ~ **vannak** they are getting divorced
válogat *v (kiválaszt)* choose*, pick (out), select || *(finnyás)* be* particular, pick and choose, *biz* be* choosy, *US* be* picky || **embere** ~**ja** it all depends on the man
válogatás *n (kiválasztás)* choosing, choice, picking (out), selection || *(irodalmi művekből)* a selection *(v.* selections) from ..., anthology || *(finnyásság)* fastidiousness, picking and choosing || ~ **nélkül** indiscriminately
válogatós *a* particular (about sg), finicky, choos(e)y, *US* picky
válogatott 1. *a* (carefully) choosen, picked, selected || ~ **almák** choice apples; ~ **csapat** *sp* select/representative team; ~ **költemények** selected poems/poetry **2.** *n* **a magyar labdarúgó-**~ the Hungarian team/eleven; ~ **játékos** representative/international *(v. biz* capped) player
valójában *adv* actually, in fact/reality, really
válóok *n* ground(s)/reason for (a) divorce
válóper *n* divorce suit/case; divorce proceedings *pl* || ~**t indít** sue for (a) divorce, start/take* divorce proceedings (against sy), *US* file a petition for divorce
valóság *n* reality; *(igazság)* truth, verity; *(tény)* fact || **a** ~**ban** in reality/practice/effect, in real life; **a** ~**hoz híven** faithful/true to the facts; **megfelel a** ~**nak** it is* true, it corresponds to the facts
valóságos *a (létező)* real, true || *(túlzó)* veritable || ~ **remekmű** [this picture is] nothing less than a masterpiece; ~ **történet** a story from (real) life, a true story
valószerűség *n* verisimilitude
valószínű *a* probable, likely || ~, **hogy** it's probable/likely that; **nem tartom** ~**nek** I do not think it likely; **nem** ~, **hogy eljön** he is not likely to come
valószínűleg *adv* probably, very likely, in all probability/likelihood || ~ **esni fog** it is likely to rain; ~ **találkozom vele** I am likely to meet him
valószínűség *n* probability, likelihood || **minden** ~ **szerint** in all probability/likelihood
valószínűség-számítás *n* probability theory/calculus, theory of probability
valószínűtlen *a* improbable, unlikely
valótlan *a* untrue, untruthful, false || ~ **hír** false report
valótlanság *n* untruth, falsehood, lie

válság *n* crisis *(pl* -ses), critical stage/period || **gazdasági** ~ economic crisis, slump; *(huzamosabb)* depression; ~**ba jut** face a crisis, come* to *(v.* reach) a crisis, *biz* be* on the rocks
válságos *a* critical
vált *v (másra cserél)* change || *(pénzt)* change [money] || **ágyneműt** ~ change (the sheets on) one's bed, change the bed linen; **fehérneműt** ~ change one's underwear; **hol** ~**hatok pénzt?** where can I change my English/etc. money (for forints/etc.)?; **jegyet** ~ **vhová** *(vasúton)* buy*/book a ticket to ...; *(színházba)* buy*/book/get* seats/tickets for [the theatre]; **sávot** ~ *(úton)* change lanes; **sebességet** ~ change gear
váltakozás *n* alternation; *(határok között)* variation
váltakoz|ik *v (következik egymás után)* alternate (with, between), follow (by turns) || *(két szélső határ között)* vary/range from ... to || ~**va** alternately, by turns, one after the other, in rotation
váltakozó *a* ált alternate, alternating || **el** ~ **áram** alternating current *(röv.* AC)
váltás *n* ált change; *(pénzé, ruháé)* changing || *(pl. üdülőben)* change-over (day) || **egy** ~ **fehérnemű** a change of underwear
váltig *adv* incessantly, without stopping || ~ **erősítgeti, hogy** he keeps* asserting that, he insists on ...ing *(v.* that ...)
váltó *n ker, pénz* bill (of exchange), draft || *vasút* points *pl*, *US* switches *pl* || *sp* relay (race) || ~**t bevált** accept/honour *(US* -or) a bill/draft; ~**t forgat** negotiate a bill; ~**t kibocsát** vkre draw* a bill on sy; ~**t kifizet** meet* a bill
váltófutás *n sp* relay (race)
váltogat *v* keep* changing, chop and change || ~**ja egymást** alternate
váltogatva *adv* in rotation, by turns
váltóhamisítás *n* forging of bills, bill forgery
váltójelző *n vasút* switch signal
váltókar *n (írógépen)* switch key || *(vasúti)* switch lever
váltókezelő *n (vasúti)* pointsman°, signalman°, *US* switchman°
váltópénz *n* small coin/change
váltósúly *n sp* welterweight
váltóúszás *n* relay (race), relay events *pl*
változás *n* ált change, (process of) changing; *(hangé)* mutation; *(időjárási)* break/change [in the weather] || **gyökeres** ~**ok** radical/sweeping changes; ~**on megy át** undergo* a change
változat *n (fordítás)* version; *(helyesírási, kiejtési)* variant; *(történeté)* version;

változatlan 608

(zenei) variation ‖ **áll, növ** variety ‖ ~**ok egy témára** theme with variations, variations on a theme
változatlan *a* unchanged, unaltered, unvarying, constant, invariable ‖ **a beteg állapota** ~ the patient's condition is unchanged; ~**ul** invariably
változatos *a* varied, diversified, diverse; *(mozgalmas, színes)* variegated, varied; *(műsor)* varied, mixed ‖ ~**sá tesz vmt** give*/lend* colour (*US* -or) to sg, give*/lend* variety to sg, vary sg
változatosság *n* variety, diversity ‖ **a** ~ **kedvéért** for a change
változékony *a* changeable, changing; *átv* fickle ‖ ~ **idő** changeable/unsettled weather
változ|ik *v* change, undergo* a change, alter; *vmvé* turn/change into, be* converted into, become* (sg) ‖ ~**ott a program** the program(me) has changed
változó 1. *a* changing, varying, altering, variable **2.** *n mat* variable
változtat *v* change, alter; *vmn* make* a change/alteration in sg; *vmt vmvé* transform/convert/turn/change sg into sg ‖ **ez mit sem** ~ **a dolgon** that does* not make the slightest difference, it makes no difference (to me/him etc.)
változtatás *n* changing, change (in), alternation; *(módosítás)* modification; *(javítás)* improvement
váltságdíj *n* ransom
valuta *n* currency ‖ **kemény/nemes** ~ hard currency
valutaárfolyam *n* exchange rate, rate of exchange
valutabeváltás *n* **kötelező** ~ compulsory exchange of currency
valuta-bűncselekmény *n* foreign currency offence
valutakeret *n* **az egyéni** ~ **terhére** out of one's personal foreign currency allowance
valutarendszer *n* monetary system
valutáris nehézség *n* currency difficulties *pl*
valutáz|ik *v* traffic (-ck-) (*v*. deal*) illegally in foreign currencies
vályogtégla *n* adobe, sun-dried brick
vályú *n* trough
vám *n* (*hely*) (the) customs *pl* ‖ *(díj)* customs duty ‖ **átjut a** ~**on** get*/go* through (*v*. clear) customs, clear [goods] through customs; ~**ot fizet vmért** pay* (customs) duty on sg
vámbevallás *n* customs declaration
vámbűncselekmény *n* customs offence (*US* -se)
vámcédula *n* customs invoice, (bill of) clearance

vámcsalás *n* evasion/defraudation of the customs
vámhatóság(ok) *n* customs (authorities), the Customs *(mind: pl)*
vámhivatal *n* customs *pl*, customs house
vámkedvezmény *n* customs preference
vámkezelés *n* customs clearance/examination, customs *pl*
vámkezeltet *v vmt* clear sg through customs
vámköteles *a* liable/subject to duty *ut*., dutiable
vámmentes *a* duty-free ‖ **bolt** *(repülőtéren)* duty-free shop; ~ **terület** customs-free area/zone; ~**en** duty-free; ~**en behozható cikkek** allowance
vámnyilatkozat *n* customs declaration
vámnyugta *n* customs invoice, clearance paper, (bill of) clearance
vámol *v* clear (sg) (through customs)
vámolás *n* clearing (through customs)
vámos, vámőr *n* customs officer/official
vámpír *n* vampire
vámpolitika *n* customs policy
vámrendelkezések *n pl* customs regulations
vámsorompó *n* *(tilalom)* customs barrier
vámszabad *a* ~ **raktár** *n* bonded warehouse; ~ **raktárban** in bond
vámszabályok *n pl* customs regulations
vámtarifa *n* customs tariff
vámterület *n* customs area
vámtiszt *n* customs officer/official
vámunió *n* customs union
vámvizsgálat *n* customs clearance/examination/inspection, customs (formalities) *pl*
van *v* (**lenni**: to be; *ragozása jelen időben:* I am, you are, he/she/it is, we/you/they are; *múlt időben:* I was, you were, he/she/it was, we/you/they were; *Present Perfect:* I have been etc.; *Past Perfect* I had been etc.) ‖ *(létezik)* is, exists; *vm vhol* there is …, *pl* there are … ‖ *(van neki)* have* sg; *biz* have got sg; *(birtokol)* possess, own (sg) ‖ **én vagyok** it's me; **3 könyv** ~ **az asztalon** there are 3 books on the table, on the table there are 3 books; **hideg** ~ it is cold; **hogy** ~**?** how are you?, how do you feel?, how are you doing (*v*. getting on)?; **jól** ~ he is well, he is all right; **kék szeme** ~ she has (got) blue eyes; **már voltam ott** I have been there (before); **mi** ~ **magával?** what is the matter with you?; *biz* **na mi** ~**?** well?, what's up?; **nem volt marhahús** *(a hentesnél)* I couldn't get any beef (at the butcher's); **úgy volt, hogy eljövök** I was to have come, I was supposed to come; ~ **ceruzád?** have

you got a pencil?, *US* do you have a pencil?; ~ **egy új kocsim** I've got a new car; ~ **itt egy orvos?** is there a doctor present?; ~ **miből** I can (well) afford (it); ~ **nálad pénz?** have you got (some/any) money on you?; ~ **pénzed?** have you (got) any money?; ~**nak, akik azt mondják** ... there are some/those who say ...; ~**nak nála** he's got people with him; **vmből** ~ *(= készült)* is made of sg; **volt itt valaki?** any calls?, has anyone called?, did anyone call?

vandál *a/n (személy)* vandal || ~ **pusztítás** piece of vandalism

vándor 1. *a* wandering, roving, roaming, rambling || ~ **nép** nomadic people, nomads *pl* **2.** *n* wanderer

vándorcirkusz *n* travelling (*US* -l-) circus

vándordíj *n* challenge cup/trophy

vándorgyűlés *n* regional meeting

vándorkiállítás *n* travelling (*US* -l-) exhibition/show

vándorlás *n* ált wandering(s), travels *pl*; *(állaté, törzsé)* migration

vándormadár *n (átv is)* bird of passage; *(csak ember)* drifter, job-hopper, *US biz* floater

vándorol *v (rendeltetés nélkül)* wander, travel (*US* -l) (on foot), peregrinate; *(kóborol)* roam, rove, stroll || *(céllal)* migrate

vándorszínész *n* strolling player; *US kb.* barnstormer || ~**ek** troupe *sing.*

vándorút *n* wanderings *pl* || ~**ra kel** set* out (*v.* go* on) one's travels

vándorzászló *n* challenge flag

vanília *n* vanilla

vaníliafagylalt *n* vanilla ice

vaníliás *a* vanilla

vánkos *n* = **párna**

vánszorog *v* drag oneself along, crawl along, stagger (along) (to)

var *v* scrab, crust

vár[1] *n (épület)* castle || *(budai lakónegyed)* the Castle district || **a budai** ~ **the B**uda Castle; **királyi** ~ royal castle/palace

vár[2] *v (várakozik)* wait, be* waiting || *vkre/vmre*, *vkt/vmt* wait for sy/sg; *(számít vkre/vmre)* expect sy/sg || *(elvár vktől vmt)* expect (sg of sy *v.* sy to do sg) || *(vm kellemetlen vkre)* sg is in store for sy, sg lies* ahead of sy || **alig** ~**om, hogy láthassalak** I am looking forward to seeing you; *(lelkesebben)* I can hardly wait to see you; **arra** ~**unk, hogy Péter megérkezzék** we are waiting for Peter to arrive; **ezt nem** ~**tam volna** I should not have expected that; **intézkedtem, hogy egy kocsi** ~**ja önt** I have arranged for a car to meet you (at the station/airport); **ki tudja, mi** ~ **ránk** who knows what the future has in store (for us), it's all in the lap of the gods; **kisbabát** ~ she is expecting a baby; **sokat** ~**nak tőle** they have high hopes of him; **szíves válaszát** ~**va** looking forward to hearing from you (*v.* to your reply); ~**j!** wait a moment, hang on!; ~**j egy kicsit!** wait a bit/minute!, just a minute!

várakozás *n (várás)* wait(ing) || *(parkolás)* parking, waiting || *(remény)* expectation(s) || **minden** ~ **ellenére** contrary to (all) expectations; **minden** ~**t felülmúl** it surpasses all expectation, it is* beyond expectation; ~**ának megfelel** live up to one's expectations; ~**sal tekint vm elé** be* looking forward to sg (*v.* to ...ing sy/sg)

várakozási idő *n* waiting time/period

várakoz|ik *v vkre/vmre* wait (for sy/sg), be* waiting || *(autó)* park, park one's/the car (swhere) || ~**ni tilos!** no parking/waiting

várakozó *a vk* waiting (for) *ut.*, awaiting (sg) *ut.* || ~ **álláspontra helyezkedik** adopt a wait-and-see attitude/policy; ~ **gépkocsi** parked vehicle

várakozóhely *n* car-park, parking place/area, *US* parking lot

várakoztat *v* keep* sy waiting

várandós *a* = **terhes**

varangy(os béka) *n* toad

várárok *n* moat, fosse

varas *a* scabby, covered with scabs *ut.*

varasod|ik *v* scab (over), become* encrusted

váratlan *a* unexpected, unlooked-for, unforeseen, surprising || ~ **szerencse** windfall; ~ **vendég** chance visitor

váratlanul *adv* unexpectedly, all of a sudden || ~ **ért minket** it took us by surprise

varázs *n (varázslat)* magic (power), enchantment || *(vonzás)* fascination, charm

varázserő *n* magic power, charm

varázsige *n* magic word, spell, charm

varázsital *n* magic potion; *(bájital)* (love-)philtre (*US* -ter), love-potion

varázslás *n* magic (art)

varázslat *n* witchcraft, black art, magic

varázslatos *a* magic(al) || *átv* enchanting, magic

varázsló *n* magician, wizard, sorcerer, enchanter; *(nő)* sorceress, enchantress

varázsol *v (varázsló)* practise magic, work/use charms || *vmt vmvé* change/transform/transmute sg into sg by magic

varázsszem *n el* magic eye

varázsütés *n* **mintegy** ~**re** as if by magic
varázsvessző *n (varázslóé)* magic wand || *(forráskutatóé)* divining-rod
várfal *n* (castle) wall, wall of a fortress
varga *n* shoemaker; *(foltozó)* cobbler
vargabetű *n* ~**t ír le** go* a roundabout way, *biz* go* all round the houses
vargánya *n növ* yellow boletus *(pl* -tuses *v.* -ti), mushroom
várható *a* probable, prospective, to be expected *ut.* || **ez** ~ **volt** this was only to be expected, *biz* that's (about) par for the course
várhegy *n* castle hill
variabútor *n* unit/modular furniture
variáció *n* variation
variál *v* vary; *(színeket)* variegate || **(végletekig)** ~ **egy témát** ring* the changes on sg
variáns *n* variant
varieté *n (műsor)* variety show/programme *(US* -ram) || *(színház)* variety; music-hall; *US* vaudeville
varjú *n* crow
várkapu *n* castle gate
várkastély *n* fortified castle
vármegye *n* county
vármegyeháza *n* county hall
váró 1. *a* waiting || **megoldásra** ~ **kérdések** matters/questions pending **2.** *n (szoba)* waiting room
várócsarnok *n* waiting-hall, lounge
várólista *n* waiting-list
várományos *n jog (törvényes örökös)* heir apparent || *(birtoké)* heir; *(jog)* reversioner || **az angol trón** ~**a** heir apparent to the throne of Great Britain and Northern Ireland
város *n (kisebb)* town; *(nagyobb)* city || *(belváros)* town, *US* downtown || **bemegy a** ~**ba** go* into town, *US* go* downtown
városállam *n tört* city-state
városatya *n* alderman°
városfal *n* town/city wall
városfejlesztés *n kb.* town/city-planning/development
városháza *n* town hall, *US* city hall
városi *a* ált town, city || *(államigazgatásilag)* municipal
városias *a* urban
városiasodás *n* urbanization
városiasodik *v* become* urbanized
városka *n* small town
városkép *n* townscape, cityscape
városközpont *n* town/city centre *(US* -ter), the centre *(US* -ter) of a/the city || **Budapest** ~**ja** Central Budapest, the centre *(US* -ter) of Budapest; **London** ~**ja** *(belvárosa)* the City

városlakó *n* townsman°, city-dweller, *biz* townee || ~**k** townspeople *pl, főleg US:* townsfolk *pl*
Városliget *n* the City Park
városnegyed *n* = **városrész**
városnézés *n* sightseeing || ~**re megy** go* sightseeing, (go* to) see the sights (of)
városnéző 1. *a* ~ **autóbusz** sightseeing bus; ~ **(kör)séta** sightseeing tour **2.** *n* sightseer
városrendezés *n* town *(US* city) planning
városrész *n* quarter, district
városszerte *adv* all over the town/city, in the whole town/city
várószoba *n* waiting-room
váróterem *n* waiting-hall/room
varr *v* sew*, do* sewing; *(varrógéppel)* machine || **szoknyát** ~ make*/sew* a skirt
varrás *n* sewing, needlework || *(varrat)* seam || ~ **nélküli** seamless; ~**ból él** makes* her living by sewing
varrat[1] *v* have* sg sewn || **ruhát** ~ have* a dress made
varrat[2] *n (varrás)* seam, stitching || *orv* stitch, suture || **kiszedik a** ~**okat** take* the stitches out
varródoboz *n* sewing kit/box
varrógép *n* sewing-machine
varrókészlet *n* sewing kit, *kat* housewife
várrom *n* ruins of a castle/fortress *pl*
varrónő *n (fehérnemű)* seamstress, needlewoman°; *(ruha)* dressmaker
varrott *a* sewn; *(öltött)* stitched || **kézzel** ~ sewn by hand *ut.*, hand-sewn
varrótű *n* (sewing) needle
Varsó *n* Warsaw
varsói *a* **a V**~ **Szerződés országai** *tört* the Warsaw Pact (countries)
várt *a* waited (for) *ut.*, awaited, expected || **nem** ~ unlooked-for, unexpected; *(nem is sejtett)* undreamt-of; **várva** ~ expected/desired long/eagerly *ut.*, long-awaited
várterony *n (nagy)* donjon, keep; *(saroktorony)* turret
vas 1. *a* iron, made of iron *ut.* **2.** *n (fém)* iron || *(bilincs)* irons, chains, fetters, shackles *(mind: pl)* || *(vasaló)* (flat/laundry) iron || *(gyógyszer)* iron || *biz* **egy** ~**am sincs** I am (stony) broke, I've not a penny to my name, *US* I haven't a red cent *(v.* plug nickel); ~**at szed** take* iron; ~**ból van be*** made of iron; ~**ból vannak az idegei** have* nerves of steel/iron
vaságy *n* iron bed(stead)
vasajtó *n* iron door

vasal v *(vasalással ellát)* fit/cover sg with iron ǁ *(fehérneműt)* iron; *(felsőruhát)* press, iron; *(nadrágot stb.)* press
vasalás n *(pánt stb.)* ironwork, iron fittings pl ǁ *(vasalóval)* ironing, pressing
vasalatlan a *(fehérnemű)* unironed; *(ruha)* unironed, unpressed; *(gyűrött)* crumpled, creased
vasaló n iron ǁ **gőzölős** ~ steam iron
vasalódeszka n ironing-board
vasalónő n ironing woman°
vasalózsinór n flex, *US* cord
vasalt a *(fehérnemű)* ironed; *(ruha)* ironed, pressed
vásár n *(kisebb)* market; *(országos)* fair ǁ *(üzlet)* bargain ǁ **(engedményes)** ~ sale; **jó** ~ **t csinál** make* a good bargain; **nemzetközi** ~ international (trade) fair; **téli** ~ winter sale
vásárcsarnok n market(-hall), covered market
vásárfia n fairground souvenir
vásári a elít cheap, shoddy [goods], trash ǁ ~ **árus** stallholder [at a fair]
vásárlás n *(vétel)* purchasing, buying; *(üzletjárás)* shopping
vásárlási utalvány n gift voucher
vásárló n shopper; *(rendszeres)* customer
vásárlóközönség n shoppers pl, the shopping public, customers pl
vasárnap 1. n Sunday ǁ ~ **ra** by Sunday **2.** adv (on) Sunday ǁ **jöjj el** ~ come and see me on Sunday; **minden** ~ on Sundays, every Sunday; ~ **este** Sunday evening/night
vásárnap n market-day
vasárnapi a Sunday ǁ **egy** ~ **napon** on a Sunday; **a múlt** ~ **hangverseny** last Sunday's concert; ~ **újság** Sunday paper
vasárnaponként adv (on) Sundays, every Sunday
vásárol v vmt purchase, buy* ǁ *(üzleteket jár)* shop, go* shopping, do* one's/the shopping ǁ *(vhol rendszeresen)* be* a [shop's] customer ǁ **hol szoktál** ~ **ni?** where do you do your shopping?
vasáru n ironware, ironmongery, hardware
vasas 1. a *(vastartalmú)* containing iron ut., ferrous; *(víz)* chalybeate **2.** n *(munkás)* ironworker, metalworker
vasbeton n reinforced concrete, ferroconcrete
vasérc n iron ore
vas- és edénybolt n hardware shop *(US* store)
vasesztergályos n iron turner
vasfegyelem n iron discipline
vasfog n **az idő** ~ **a** the ravages of time pl

vasfüggöny n *(színházi)* safety curtain ǁ pol the Iron Curtain
vasgyár n ironworks sing. v. pl
vasgyártás n iron manufacture/production
vashiány n iron-deficiency
vás|ik v *(kopik)* wear* away ǁ ~ **ik a foga vmtől** [sour apples etc.] wear* down the teeth
vasipar n iron industry/manufacture
vaskalapos a straitlaced, hidebound
vaskályha n iron stove
vaskereskedés n ironmonger's (shop), hardware shop *(US* store)
vaskereskedő n ironmonger, *US* hardware dealer
vaskohász n foundryman°
vaskohászat n iron metallurgy, iron smelting
vaskohó n iron furnace; *(telep)* ironworks sing. v. pl
vaskorszak n the Iron Age
vaskos a massive, bulky; *(személy)* stocky, stout, robust, thick-set ǁ ~ **tréfa** coarse/practical joke
vaslemez n iron plate/sheet
vasmacska n anchor
vasmag n el iron core
vasmarok n ~ **kal fog** hold* in a steel grip
vasmunkás a ironworker
vasmű n ironworks sing. v. pl
vasolvasztó n blast furnace
vasorrú bába n old witch; *átv* harridan
vásott a *(kopott)* worn ǁ ~ **kölyök** a pest of a child, a hyperactive (v. an unmanageable) child°
vasöntő n *(munkás)* iron-founder
vasöntöde n iron-foundry
vasrács n *(ablaké)* iron bars pl, grille; *(szobor körül)* railings pl; *(rostély)* iron grate; *(sütéshez)* grill
vasredőny n (iron roll-)shutters pl
vasszigor n unbending rigour *(US* -or), unbending severity ǁ ~ **ral kormányoz** rule with a rod of iron *(v.* an iron hand)
vastag a vm thick ǁ *(személy)* stout, fat ǁ **3 cm** ~ **deszka** a board/plank 3 centimetres thick; *átv* ~ **bőre van** have* a thick skin, be* inured to sg; ~ **hang** thick voice; ~ **kötet** bulky/fat volume/tome; *átv biz* ~ **tréfa** practical joke
vastagbél n large intestine, colon
vastagbélgyulladás n colitis
vastagbőrű 1. a *átv* thick-skinned, insensitive **2.** n *áll* pachyderm
vastagnyakú a *átv* stiff-necked
vastagon adv thickly, heavily ǁ ~ **fog a ceruzája** *átv* charge too much, ask an exorbitant price
vastagság n thickness

vastaps n frenetic applause
vastartalmú a ált containing iron ut., ferruginous; vegy ferrous, ferric
vastartalom n iron content
vastraverz n iron bar/girder
vastüdő n iron lung
vasút n railway, US railroad; *(a brit "MÁV")* British Rail; *(vonat)* train || **a ~nál dolgozik** work for the railways *(v. US railroad)*
vasútállomás n railway *(US railroad)* station || **kimegy a ~ra** go* to the (railway v. US railroad) station; *(vk elé)* meet* sy at the station
vasutas n railway employee, railwayman°, US railroadman°
vasúthálózat n railway *(v. US railroad)* network/system
vasúti a railway-, US railroad- || **~ átjáró** *(szintbeni)* level *(v. US grade)* crossing; **~ csatlakozás** rail link/connection; **~ csomópont** railway *(US railroad)* junction; **~ híd** railway *(US railroad)* bridge; **~ kocsi** *(személy)* railway carriage, coach, US railroad coach/carriage/car; *(teher)* goods wag(g)on, US freight car; **~ menetrend** ált (railway) timetable, US schedule (of trains); *(könyv)* (railway v. US railroad) guide; **~ szerencsétlenség** railway (US railroad) accident, train crash; **~ töltés** railway *(US railroad)* embankment
vasúttársaság n railway company
vasútvonal n railway *(US railroad)* line
vasvilla n *(többágú)* fork; *(kétágú)* pitchfork
vászon 1. n *(anyag)* linen; *(könyvkötéshez)* cloth || *(festőé)* canvas || *(vetítőfelület)* screen || **~ba kötve** bound in cloth **2.** a linen
vászoncipő n canvas shoes pl
vászonkabát n linen jacket
vászonkötés n cloth binding
vászonnadrág n canvas/linen trousers pl, biz ducks pl
vászonroló n (roller-)blind
vászonruha n *(férfi)* linen suit; *(női)* linen dress
vatelin n (cotton) wadding
vatikáni a Vatican
Vatikán(város) n Vatican City
vatta n *(egészségügyi stb.)* cotton wool, US absorbent cotton
vattacukor n GB candy floss, US cotton candy
vattázott a quilted
váz n ált és átv framework; *(házé)* shell, skeleton
váza n vase
vazallus n tört vassal
vazelin n Vaseline, petroleum jelly

vázlat n ált sketch; *(rajzos)* line diagram; *(festőé)* (rough) draft, sketch, outline; *(írásműé, előzetes)* draft, sketch; *(kivonat)* outline; summary
vázlatos a *(nem részletes)* sketchy, roughly outlined || *(rövid)* brief, sketchy || **~ ismertetés** brief account; **~ rajz** rough sketch
vázlattömb n sketch-block
vázol v sketch, outline, draft, plan; *(képet, tervet)* sketch out; *(szóban)* outline
vb[1] = végrehajtó bizottság executive committee
vb[2], **VB** = világbajnokság; *(labdarúgó)* World Cup
VB-döntő n World Cup Final
vb-titkár n secretary to the council, council secretary
vécé n *(angol ~)* toilet, lavatory, GB biz loo, US bathroom, rest room, biz john || **~re megy** go* to the toilet
vécékagyló n toilet bowl
vécépapír n toilet paper
vécépapírtartó n toilet roll holder
vécétartály n toilet cistern
vecsernye n vall vespers pl, evensong
véd v *(vktől, vmtől, vk/vm ellen)* defend/protect/guard (sy) from/against sy/sg; *(várat)* defend, hold* [a fort etc. vm ellen against]; *(eső ellen)* shelter (from) || *(vádlottat)* defend, act as counsel for sy; *(ügyet)* plead* [a case] || **a törvény ~i be*** protected by (the) law; **~i vk érdekeit** safeguard/protect *(v. stand* up for)* sy's interests
védekezés n ált defence (US -se), protection || *(önvédelem)* self-defence (US -se) || *(vádlotté)* plea(ding), defence (US -se)
védekez|ik v *(vm ellen)* defend/protect/guard oneself from/against sg || *(terhesség ellen)* take* precautions, use contraceptives || sp defend || jog put* forward a defence (US -se), plead* sg || **a hideg ellen ~ik** protect oneself from the cold
védekező a ált defensive, protective || biol **a szervezet ~ mechanizmusa** the defence (US -se) mechanism of the body
vedel v elít drink* (to excess), biz swill, down, knock it back
védelem n ált defence (US -se), protection || jog defence (US -se) || sp **a ~ the** defence (US -se), the back-field; **a ~ tanúja** witness for the defence; **védelmet nyújt vm ellen** provide/offer shelter from sg, serve as shelter from sg; **vk védelme alatt** under sy's protection/patronage
védelmez v *(vkt vmtől, vm ellen)* defend, protect, guard *(mind:* from/against sg) || *(ügyet)* advocate, support, champion

védelmi *a* defensive, protective ‖ *sp* ~ **hiba** a defence error; ~ **háború** defensive war; ~ **miniszter** defence (*US* -se) minister

védenc *n* ált protégé, charge ‖ *(ügyvédé)* client

veder *n (fém)* pail; *(fém, fa)* bucket

véderő *n* armed forces *pl*

védett *a* protected, defended, sheltered ‖ ~ **műtárgy** listed work of art; ~ **név** proprietary/protected name; **törvényesen** ~ protected by law *ut.*, patent(ed)

védettség *n* ált protection; *orv, pol* immunity

védjegy *n* trademark, brand

védnök *n* patron, protector

védnökség *n vké* patronage, aegis ‖ *pol* protectorate ‖ **vknek a** ~**e alatt** under the auspices of

védő 1. *a* protective; *(védekező)* defensive **2.** *n (álláspontέ, ügyé)* supporter ‖ *jog* counsel for the defence (*US* -se), defending counsel ‖ *sp* defender ‖ **ki a** ~**d?** who is pleading your case?, who is your defending counsel?

védőállás *n kat* defensive position

védőberendezés *n* safety device/equipment, security system

védőbeszéd *n* plea(ding)

védőborító *n* dust jacket, cover

védőétel *n* prophylactic/protective food

védőfegyver *n* defensive weapon

védőgát *n* dike *v.* dyke, dam, embankment

védőhuzat *n* loose cover, *US* slipcover

védőital *n* prophylactic/protective drink

védőnő *n* health visitor, welfare officer

védőoltás *n (folyamat)* vaccination ‖ *(anyaga)* serum, vaccine

védőrács *n (kandalló elé)* fireguard; *(pénztárablakon stb.)* grille

védőruha *n* protective clothing

védőszárny *n* **vknek a** ~**ai alatt** under the wing(s)/protection/aegis of sy

védőszemüveg *n* safety goggles *pl*, eye-guard

védőszent *n* patron saint

védőügyvéd *n* counsel for the defence (*US* -se), defending counsel

védővám *n* protective tariff

védtelen *a* ált unprotected, defenceless, undefended ‖ *(fegyvertelen)* unarmed

vég[1] *n (befejezés, kimenetel)* end ‖ *(tárgyé)* tip, end; *(levélé)* close; *(szóé)* suffix, ending ‖ *(célé)* end, object, aim ‖ **a hét** ~**én** at the end of the week, at the weekend; **a negyvenes évek** ~**e felé** in the late forties; **a** ~**én** (= *végül*) in the end; **augusztus** ~**én** at the end of August; **az év** ~**e** end/close of the year; **az út** ~**én** at the end of the road;

minden jó, ha jó a vége all is well that ends well; **neki már** ~**e van!** it's all up with him; **nem lesz jó** ~**e** it will come to no good; **se** ~**e, se hossza** there is* no end to it; ~ **nélkül** without end; ~ **nélküli** endless, never ending, incessant; ~**e** *(filmnek)* the end; ~**e felé jár** it is* nearing its end, it is* drawing to its end; ~**e szakad** come* to an abrupt end, break* off; ~**e van** sg is* at an end, it has come* to an end, it is finished, it is over, it has ended; ~**em van!** I am done (for)!, it's all up with me!; ~**et ér** come* to an end, end, finish, be* over, be* finished; ~**ét járja** *(beteg)* be* dying, *biz* be on one's last legs; ~**ére ér** reach the end of sg, come* to an end; ~**ére jár vmnek** get* to the bottom of sg, look into sg, find* out the truth about sg

vég[2] *n text* piece, roll, bolt, length

végállomás *n* terminus (*pl* -ni *v.* -nuses); *(távolsági buszé így is:)* coach-station ‖ ~! *(vasútvonalé)* all change!

végbél *n* rectum (*pl* -tums *v.* -ta)

végbélkúp *n* (rectal) suppository

végbélnyílás *n* anus

végbizonyítvány *n* leaving certificate

végcél *n* ultimate object/aim, final end/goal

végeladás *n* clearance sale; *(végleges kiárusítás)* closing-down sale

végeláthatatlan *a* immense, vast

végelgyengülés *n* senile decay ‖ ~**ben meghal** die of old age

végelszámolás *n* final settlement

végeredmény *n* final result/outcome; *(futball)* final score ‖ ~**ben** after all, when all is said and done; *(végül is)* in the long run

végérvényes *a* definitive ‖ ~**en** definitely, definitively

véges *a (korlátozott)* limited, restricted; *(szám, tér)* finite ‖ *átv* transient

vegetál *v* scrape along/by, live from hand to mouth

vegetári(án)us *a/n* vegetarian

vegetatív *a* vegetative ‖ ~ **idegrendszer** autonomic nervous system

végett *post* with a view to sg, with the object/purpose/aim of ...ing sg, to **gyógykezelés** ~ **Hévízre utazom** I'm going to Hévíz for medical treatment

végez *v (munkát)* do*, perform, carry out; *(erdeményt elérve)* accomplish; *(befejez vmt)* finish/complete sg, bring* sg to an end ‖ *isk (tanulmányokat folytat)* study ‖ *isk (tanulmányait befejezi)* complete one's schooling, *US* graduate (from); *(főiskolán)* finish, complete [one's college course]; *(egyetemen)*

végeztével 614

graduate from, take* one's degree || **a harmadik helyen végzett** (s)he finished third, (s)he came in third; **főiskolát** ~ (s)he is (studying) at a college; **jogot végzett** (s)he graduated in law; **kísérleteket** ~ perform (v. carry out) experiments; **orvosi tanulmányait végzi** (s)he is studying medicine; **Oxfordban végzett** he is an Oxford graduate (v. a graduate of Oxford University); **tegnap sokat ~tem** I accomplished/did quite a lot yesterday; ~ **vmvel** finish sg completely, finish off sg; **~tem** (= befejeztem a munkát) I have finished/done (it); **végzi a kötelességét** do*/fulfil (US fulfill) one's duty; ~ **vkvel** (megöl) do* away with sy

végeztével adv **munkája** ~ having done his work, his work done (he ...)

véghangsúly n final stress, stress on the final syllable

véghezvisz v carry out/through, perform, carry into effect, accomplish || **~i szándékát** accomplish/achieve one's purpose, carry through [one's plans]

végig adv to the (very) end, from beginning to end, throughout

végigcsinál v carry through (sg), go* through with (sg), see* sg through, follow through (sg)

végigfut v vmn run* through; (vkn vm érzés) sweep* over || (átnéz) look/go* through/over (sg), glance/run*/skim through/over (sg), (lapozva) thumb through || (pályát, távolságot) do* (a course/distance) || **gondolatban ~ vmn** go* over sg in one's mind; **~ott a hátán a hideg** a cold shiver ran down his spine

végiggondol v vmt think*/ponder sg over, reflect (up)on sg

végighallgat v vmt hear* sg through/out; (rádióműsort stb.) listen to sg to the end

végighúz v (úton stb.) pull/drag along || ~ **vkn** vmvel strike* sy (with sg); **~za kezét vmn** run* one's hand over sg

végigkóstol v taste (each in turn)

végigküzd v fight* it out

végigmegy v (pontokon, leckén) go* over/through || (utcán) walk along/down; (vm mentén) go* along sg

végigmér v vkt measure sy with one's eye, get*/take* the measure of sy, US give* sy the once-over; (megvetően) look sy up and down (contemptuously)

végignéz v (eseményt) watch; (passzív szemlélőként) look on; (színdarabot) see* [the play] to the end || (vizsgál) examine, go* through/over (sg)

végigolvas v read* through

végigpillant v look/glance over

végigsétál v walk along

végigsikl|ik v slip through || **tekintete ~ik vmn** run* one's eye over sg, one's eye runs quickly over sg, glance over sg

végigsimít v (kézzel) pass one's hand over sg, smooth down

végigsuhan v dart/flit along/across

végigtekint v vmn glance over sg, run* one's eye over sg

végigül v sit* through/out [a meeting, performance etc.]

végigvágód|ik v vmn fall* (down) flat || **~ik a padlón** measure out one's length on the floor

végigvezet v vkt vmn/vhol show* sy (a)round/over [a place]

végigvonul v (menetben) walk/go* along in procession || vmn march through sg || (vk egész életén vm) run* through (sy's life)

végítélet n vall the Last Judg(e)ment

végjáték n sp endgame

végkiárusítás n closing-down sale

végkielégítés n lump-sum settlement

végkifejlet n denouement, resolution, unravelling (US -l-)

végkimerülés n complete exhaustion || **~ig harcol** fight* to the last ditch

végleg adv finally, once and for all, definitively; (örökre) for good || **ezt ~ nem értem** now I am really confused

végleges a (állás) permanent || (elhatározás, ítélet) definitive, final; (szöveg) final, definitive

véglegesít v (vkt állásában) give* sy a permanent post/position; (egyetemen stb.) grant sy tenure || vmt make* sg final

véglet n extreme || **egyik ~ből a másikba esik/csap** go* from one extreme to the other

végletes a extreme, extremist

végösszeg n (sum) total, grand total

végpont n extremity, end, furthest point || átv end, goal

végre adv at last, finally || **na ~!** at long last!

végrehajt v (megvalósít) execute, carry out, effect, fulfil (US fulfill); (parancsot) carry out, execute; (utasítást) carry out (v. follow); (törvényt) put* (sg) into effect || (adóst) distrain upon sy || **gerincműtétet hajtottak végre rajta** (s)he had an operation on his/her spine

végrehajtás n (megvalósítás) execution, carrying out, fulfilment; (parancsé) execution, carrying out; (törvényé) enforcement; (halálos ítéleté) carrying out (of the death sentence) || ~ **terhe alatt** under penalty of distraint

végrehajtási *a* executive || ~ **utasítás** enacting clauses *pl* [of an act], *US* executive order

végrehajtó 1. *a* executive || ~ **bizottság** executive board/committee **2.** *n jog* bailiff

végrendelet *n* will; *hiv* last will and testament || ~ **nélkül hal meg** die intestate, die without having made a will

végrendeleti *a* testamentary || ~ **örökös** testamentary heir

végrendelkez|ik *v* make* a/one's will; *vmről* will sg to sy

végre-valahára *adv* at long last

végső *a (utolsó)* last; *(határ, pont)* farthest, utmost, extreme; *(szükség)* extreme [necessity] || ~ **ár** rock-bottom price; ~ **esetben** in the last resort, if the worst comes to the worst, if the worst happens; ~ **fokon** in the last resort/analysis, when all is said and done; ~ **kétségbeesésében** in a fit of despair; ~ **menedéke** his/her/one's last refuge/resort; ~ **soron** after all

végsőkig *adv* **a** ~ to the utmost, to the very last, to the bitter end, to the last ditch; **a** ~ **kitart** hold* out to the very end/last

végszámla *n* final invoice/account

végszó *n (utolsó szó)* last/final word || *szính* cue, catchword || **megadja a** ~**t vknek** give* sy his/her/the cue

végszükség *n* extreme necessity/need, emergency || ~ **ben** in case of emergency, in an emergency, *biz* at a pinch

végtag *n* limb, extremity

végtelen 1. *a (vég nélküli)* endless, infinite; *(időtlen)* timeless; *mat* infinite || ~ **gonddal** with infinite care **2.** *adv* infinitely, endlessly, extremely || ~ **hálás vagyok** I'm most grateful, I am much obliged to you; ~ **sok** innumerable, a vast number of **3.** *n* the infinite, infinity

végtelenség *n* infinity

végtelenül *adv* = **végtelen 2.**

végtére *adv* ultimately || ~ **is** after all

végtermék *n* end-product

végtisztesség *n* funeral rites/ceremonies, obsequies *(mind: pl)* || **megadja vknek a** ~**et** pay* the last/funeral honours (*US* -ors) to sy

végül *adv* in the end, finally, ultimately || ~ **is** in the end, after all, in the long run

végzés *n jog* order, decree

végzet *n* fate, destiny

végzetes *a* ált fatal, disastrous || *(halálos)* fatal, mortal

végzett *a (dolog)* finished, completed, performed || **jól** ~ **munka** a good job well done, a job/work successfully done; **most** ~ (be* a) school-leaver; ~ **(diák)** a graduate (student)

végzettség *n* qualification(s) || **egyetemi** ~ (academic) qualification(s), university degree

végződés *n (befejezés)* ending, end || *(szóé)* ending, suffix

végződ|ik *v (véget ér)* finish, end, come* to an end || **ez a szó t-re** ~**ik** this word ends in a t; **kudarccal** ~**ik** end in failure; **szerencsésen** ~**ik** turn out well; ~**ik vmben** end/result in sg

végzős *n isk* school-leaver; *(főiskolán)* college leaver; *(egyetemen, stb.) GB* finalist, *US* senior

vegyérték *n* valency, *főleg US:* valence

vegyértékű *a* **egy** ~ univalent, monovalent; **két** ~ bivalent, divalent

vegyes *a* mixed, assorted; *(főleg szellemi termék)* miscellaneous || ~ **áruk** sundries, miscellaneous goods; ~ **bizottság** mixed/joint commission; ~ **érzelmekkel** with mixed feelings; ~ **kar** mixed chorus/choir; ~ **saláta** mixed pickles *pl*; ~ **társaság** motely crowd; ~ **vállalat** joint venture *(röv* JV)

vegyesbolt *n* grocer('s), *US* grocery store, general/country store

vegyész *n* chemist

vegyészet *n* chemistry; *(vegyészmérnöki tud.)* chemical engineering

vegyészeti *a* chemical

vegyészmérnök *n* chemical engineer

vegyi *a* chemical || ~ **anyagok** chemical substances/agents, chemicals

vegyileg *adv* chemically, by (a) chemical process || ~ **elemez** analyse (*US* -ze)

vegyipar *n* the chemical industry

vegyít *v vmt vmvel* mix (sg with sg), combine (sg with sg)

vegyjel *n* chemical symbol

vegyszer *n* chemical

vegyszeres *a* chemical, using chemicals *ut.*

vegytinta *n* indelible ink

vegytiszta *a* chemically pure

vegytisztít *v* dry-clean

vegytisztítás *n* dry-cleaning

vegytisztító *n (vállalat)* dry-cleaner('s)

vegyül *v vmvel* mix, mingle || *vegy* combine || **a tömegbe** ~ mingle with the crowd

vegyület *n* compound, combination

vekker *n* alarm-clock

vékony 1. *a* ált thin; *(ember)* slender, thin, slim; *(hosszú is)* lank(y) || ~ **hang** thin/piping voice; ~**ra vág** cut* into thin pieces/slices **2.** *n* **véknya** loin, flank

vékonybél *n* small intestine(s)

vékonyít *v* make* thin(ner), thin (down); *(karcsúsít)* make* slender/slim, *US* slenderize || *(ruha)* make* (sy) look slender

vékonyod|ik *v ált* grow* thin(ner), thin || *(tárgy a végén)* taper (off)
vektor *n* vector
-vel *suff* → **-val**
vél *v* think*, believe, reckon, *US biz* guess || **úgy ~em (,hogy)** I think/reckon that, I am inclined to think that, *US biz* I guess (that) ...
veláris *a* velar || **~ magánhangzó** back vowel
vele *adv* with him/her/it || **~m** with me; **~d, ~tek** with you; **velünk** with us; **velük** with them; **mi van ~?** *(mi baja?)* what's the matter with him?
velejár *v vmvel* go* (together) with sg, accompany sg; *(mint következmény)* be* a result/consequence of sg, entail sg
velejáró *n (körülmény)* concomitant (of sg); *(igével)* accompany sg, go* with sg
vélekedés *n* opinion, view(s), belief
véleked|ik *v vmről* have*/express/hold* an opinion (on/about sg), judge (sg) || **másképp ~ik a dologról** be* of a different opinion, have*/hold* a different opinion (on/about sg)
vélelem *n jog* presumption
vélelmez *v jog* presume, assume (that)
vélemény *n* opinion, view || **azon a ~en van, hogy** he is of the opinion that, he believes/thinks that; **jó véleménnyel van vkről/vmről** have* a good/high opinion of sy/sg; **más ~en van** differ from sy, disagree with sy (on/about sg); **megvan róla a ~em** I have my own views about that; **mi a ~ed róla?** what's your opinion of him/her/it?, what do* you think of him/her/it?, what are your views on (sg)?; **ugyanazon a ~en van vkvel** be* of the same mind/opinion as sy, see* eye to eye with sy; **~em szerint** in my opinion/view, to my mind, as I see it; **~t mond vmről** express/give* an opinion on sg; *vmről* hold*/form/express an opinion on/about sg
véleményez *v* express an opinion on sg
véleményezés *n* report (on sg), opinion, statement
véleménykülönbség *n* difference of opinion
véleménynyilvánítás *n* expression of an opinion, statement || **a ~ szabadsága** freedom of speech/expression
Velence *n* Venice
velencei 1. *a* Venetian, of Venice *ut.* **2.** *n* Venetian
veleszületett *a biol, orv* congenital; *(tulajdonság stb.)* innate, inborn, inherent, natural || **~ hajlam** natural bent
véletlen 1. *a* chance, accidental, fortuitous, unintentional, casual || **nem ~** it is no accident, it is not accidental; **~ szerencse** lucky fluke, stroke of luck; **~ találkozás** chance/accidental meeting; *(egybeesés)* coincidence **2.** *n* chance, luck || **szerencsés ~ folytán** by a fortunate/lucky accident, as luck would have it ... **3.** *adv* = **véletlenül**
véletlenség *n* chance || **~ből** by chance/accident
véletlenül *adv* by chance/accident, accidentally || **~ találkoztam vele** I ran across him, I chanced/happened to meet him, *biz* I bumped into him; **ha ~ ...** if, by any chance, ...; if, by some chance or other, ...; **ha ~ látnád** if you (should) happen to see him
velő *n (csonté)* marrow; *(étel)* brains *pl* || *átv* **vmnek a veleje** the gist/nub of sg, the (quint)essence of sg; **velejéig romlott** rotten to the core
velős *a (csont)* marrowy || *átv* pithy, succinct, concise || **~ csont** marrow-bone; **~ mondás** pithy saying
vélt *a (bűnös)* suspected, alleged || *(esemény)* presumed; *(képzelt)* imaginary, fictitious, invented
velúr *n (textil)* velour(s) || *(bőr)* suede [coat]
vemhes *a* pregnant (with young) *ut.* || **~ tehén** cow in/with calf; **ha akarom ~, ha akarom, nem ~** it can be either way
vemhesség *n* (period) of pregnancy
vén *a* old, aged, senile || **~ szamár** old fool
véna *n biol (átv is)* vein
vénás *a* venous || **~ vér** venous blood
vénasszony *n* old woman° || **~ok nyara** Indian summer, St. Martin's summer
vendég *n (hívott)* guest || *(szállodában)* guest; *(vendéglőben)* customer, diner; *(egyéb szolgáltatást nyújtó helyen)* customer; *(látogató)* visitor || **külföldi ~ek** visitors from abroad, *GB* overseas visitors; **legyen a ~em vacsorára** come and have dinner with me/us; **új ~ek** *(szállodában)* new guests/arrivals; **~e(ke)t hív** invite guests, give*/throw* a party; **~ül lát vkt** invite sy, receive/entertain sy at home, act as host to sy
vendégeskedés *n* entertaining
vendégesked|ik *v vknél* stay (as a guest) at sy's house, be* staying with sy
vendéghallgató *n* guest student; *US (aki nem felvett tárgyat hallgat)* auditor
vendégjáték *n* guest performance
vendégkönyv *n* visitors' book
vendéglátás *n* hospitality, entertainment of guests (*v.* a guest) (in one's house) || **köszönöm a szíves ~t** thank you for your (generous) hospitality

vendéglátó *n (férfi)* host; *(nő)* hostess
vendéglátóipar *n* catering industry/trade
vendéglátóipari egység *n* catering establishment, restaurant
vendéglő *n* restaurant
vendéglős *a* restaurateur
vendégmunkás *n* Gastarbeiter, (im)migrant/foreign worker
vendégművész *n* guest artist
vendégprofesszor *n* visiting professor
vendégség *n (társaság, összejövetel)* party, company ‖ ~**be megy vkhez** go* to a (dinner) party [at sy's house]
vendégszerepel *v* appear as a guest artist, make* a guest appearance
vendégszereplés *n* guest performance; *(karmesteré)* guest appearance
vendégszereplő *n* guest artist/actor
vendégszeretet *n* hospitality
vendégszerető *a* hospitable, sociable
vendégszoba *n (magánházban)* spare (bed)room; *(szállodában)* (guest-)room
vénember *n* old man°
vénkisasszony, vénlány *n* old maid, spinster
venni *v* → **vesz**
vénség *n (öregkor)* (old) age ‖ *(öreg nő)* old girl; *(öreg férfi)* old chap/codger
ventilátor *n* ventilator, fan; *(ablakszellőző)* extraction fan
vénül *v* get*/grow* old(er), age *(m. igenév:* ageing *v.* aging)
vény *n* prescription ‖ **csak** ~**re adható ki** only on prescription *ut.*; ~ **nélküli gyógyszer** a drug without a prescription
ver *v* beat*; *(fenyítve)* flog, thrash; *(megüt)* strike*, hit ‖ *(vmt vmbe)* drive* sg into sg ‖ *(ellenfelet)* beat*, defeat ‖ *(szív)* beat* ‖ **erősen** ~**t a szívem** *(izgalomtól)* my heart was pounding (with excitement); **szöget** ~ **a falba** drive* a nail into the wall; ~**i a mellét** beat* one's breast; ~**i a zongorát** thump/pound the piano; ~**i az ablakot** *(eső)* the rain beats*/lashes against the windows/panes; ~**i az asztalt** bang the table
vér *n* blood ‖ **alvadt** ~ coagulated blood; **az utolsó csepp** ~**ig** *átv* to the last ditch; **ez** ~**ig sértette it** offended him mortally, that cut him to the quick; **megfagyott bennem a** ~ my blood ran cold, my blood froze; **rossz** ~**t szül** breed*/beget* ill blood; ~ **szerinti rokon** blood relation; ~ **tapad a kezéhez** his hands are stained with blood; ~**be borul** *(szeme a dühtől)* become* bloodshot; ~**be fagyva** in a pool of blood; ~**be fojt** quell,

crush, put* down with ruthless violence; ~**ben forog a szeme** be* raging, see* red; ~**t ad** give* blood (to), be* a blood donor; ~**t izzad** sweat blood, toil and moil; ~**t kap** receive blood, be* given a blood transfusion; ~**t köp** spit blood, cough up blood; ~**t vesz vktől** *orv* take* a sample of sy's blood
véradás *n* giving blood, being a blood donor
véradó *a/n* blood donor ‖ ~ **központ** blood bank
véraláfutás *n* bruising
véraláfutásos szem *n* bloodshot/red eyes
véráldozat *n* blood sacrifice
véralkoholszint *n* blood alcohol level/concentration
véralkohol-vizsgálat *n* blood test
véralvadásgátló *n* anticoagulant
veranda *n* veranda(h), *US* porch
vérátömlesztés *n* blood transfusion
vérbaj *n* syphilis
vérbajos *a/n* syphilitic (patient)
vérbeli *a* genuine, real
vérbosszú *n* blood feud, vendetta
vérbőség *n* hyperaemia *(US* -rem-*)* ‖ ~**et idéz elő** cause hyperaemia *(US* -rem-*)*
verbunkos *n (tánc)* recruiting dance ‖ *(zene)* recruiting music
vércukor *n* blood sugar
vércukorszint *n* blood-sugar level
vércsoport *n* blood group/type
vérdíj *n* blood-money
veréb *n* sparrow ‖ **jobb ma egy** ~**(, mint holnap egy túzok)** a bird in the hand (is worth two in the bush)
véreb *n* bloodhound
véredény *n* blood-vessel
vereget *v* pat, beat* (gently), clap ‖ **vk vállát** ~**i** pat sy on the back/head
verejték *n* = **veríték**
verejtékmirigy *n* sweat gland
verekedés *n* fight, scuffle, brawl, fracas, affray ‖ **kocsmai** ~ drunken brawl
vereked|ik *v vkvel* fight* (with sy), exchange blows (with sy)
verekedős *a* pugnacious, quarrelsome, *biz* scrappy
verem *n* pit(fall), hole; *(állaté)* den, cave ‖ **aki másnak vermet ás, maga esik bele** hoist with one's own petard, the biter bit
vérengzés *n* carnage, butchery, massacre
vérengz|ik *v* shed* blood, butcher/slaughter [people]
vérengző *a* sanguinary, bloodthirsty
verés *n vké* beating, thrashing ‖ ~**t kap** be* spanked/thrashed ‖ *(alapos) biz* pasting

véres *a (vérrel borított)* covered with blood *ut.*, bloodstained; *(vért tartalmazó)* containing blood *ut.*; *orv* sanguineous; *(vérző)* bleeding; *(ritkán)* bloody ‖ *átv* bloodstained ‖ ~ **csata** bloody battle; ~ **események** carnage; ~ **hurka** black pudding; ~ **szatíra** mordant/caustic satire; ~ **szemek** bloodshot eyes; ~**re ver** beat* sy until he is* covered with blood, *biz* beat* sy to a jelly/pulp

vereség *n* defeat ‖ **teljes** ~ crushing defeat, (complete) rout; ~**et szenved** *ált* be* defeated, suffer defeat; *sp* be* beaten, suffer defeat; **a meccs a Honvéd** ~**ével végződött** Honvéd lost the match

véresen *adv* ~ **komoly** it is in deadly earnest

véresszájú *a átv* ranting, rabid

veret *n (érmén)* stamp, impression ‖ *(ajtón stb.)* (iron) mounting ‖ **nemes** ~**ű** noble, exquisite

vérfagyasztó *a* blood-curdling; *(látvány)* horrible; *(történet)* blood-and-thunder, gory

vérfertőzés *n* incest

vérfolt *n* bloodstain

vérfürdő *n (öldöklés)* blood bath, carnage, massacre ‖ ~**t rendez** massacre

vergődés *n* writhing, writhe

vergőd|ik *v (kínlódik, küzd)* struggle (on), fight*/push one's way (through) ‖ *(vonaglik)* writhe, wriggle

vérhányás *n* black vomit; *tud* haematemesis *(US* hem-)

vérhas *n* dysentery

verhetetlen *a (ló)* unbeatable; *(hős)* invincible, unconquerable

vérhólyag *n* blood blister

veríték *n* sweat, perspiration ‖ **csorog róla a** ~ be* perspiring profusely, be* dripping with sweat

verítékes *a (homlok stb.)* sweating, sweaty ‖ *átv* laborious, toilsome ‖ ~ **munka** toilsome work

verítékez|ik *v* sweat, be* in a sweat

vérkép *n orv* blood count

vérképző *a* blood-forming, haemopoietic *(US* hem-)

vérkeringés *n* (blood) circulation

vérkeringési zavar *n* circulatory trouble

verkli *n* barrel/street-organ, hurdy-gurdy

verklis *n* organ-grinder

vérkör *n* circulation ‖ **kis** ~ pulmonary/lesser circulation; **nagy** ~ systemic/greater circulation

vérlázító *a* revolting, sickening, outrageous

vérmérgezés *n* blood poisoning; *tud* septic(a)emia, sepsis

vérmérséklet *n* temperament ‖ ~ **dolga** it's a matter/question of temperament

vérmes *a* full-blooded, sanguineous ‖ *átv* hot-blooded ‖ ~ **reményeket táplál** *vmről* be* overoptimistic about sg, have* sanguine expectations of sg

vermut *n* verm(o)uth

vérnarancs *n* blood-orange

vérnyom *n* bloodstain, blood-mark

vérnyomás *n* blood-pressure ‖ **alacsony/magas** ~ low/high blood-pressure; **a** ~ **'per' értéke magas** have* a high diastolic pressure

vérnyomásmérő *n* sphygmomanometer

vérontás *n* bloodshed, shedding of blood ‖ ~ **nélküli** bloodless

verőd|ik *v vmihez* beat*/knock/strike* against sg ‖ **csoportba** ~**nek** form (themselves into) a group

verőér *n* artery

verőfény *n* bright sunshine

verőfényes *a* sunny, sunshiny, sunlit ‖ ~ **ég** bright sky

vérömleny *n* haematoma *(US* hem-)

vérpad *n* scaffold

vérrokon *n* blood relation/relative

vérrokonság *n* blood relationship

vérrög *n* blood clot, *tud* thrombus *(pl* thrombi)

vers *n (költemény)* verse, poem, piece of poetry ‖ *(bibliában)* verse ‖ ~**be szed** versify, put* into verse; ~**et ír** *(egyet)* write* a poem; *(versel)* write* poetry; ~**et mond** recite a poem; *ált* recite poetry

vérsavó *n* (blood) serum

versciklus *n* cycle (of poems)

vérségi kapocs *n* ties of blood *pl*

vérsejt *n* blood cell/corpuscule ‖ **fehér** ~ white blood cell, leucocyte

vérsejtsüllyedés *n* (blood/erythrocite) sedimentation; *(mértéke)* sedimentation rate; *(vörös)* erythrocyte sedimentation rate (ESR)

versel *v* write* poetry/verse, versify

verselés *n* versification, poetry

verseng *v vmért* compete (for sg), contend (for sg)

versengés *n* competition, contest, rivalry (between)

verseny *n sp (atlétikai)* athletic meet(ing), an athletics meeting, competition; *(gyorsasági)* race; *(sakk, tenisz, bridzs)* tournament ‖ *ált* competition, contest; *(horgász-, szépség- stb.)* contest ‖ *(üzleti)* competition ‖ **tisztességtelen** ~ unfair competition; ~**ben van vkvel** compete against/with sy; ~**re kel vkvel** enter into competition with sy; ~**t fut vkvel** run* a race with sy

versenyautó *n* racing car

versenybíró *n sp (krikett, röplabda, tenisz, úszás)* umpire; *(ökölvívás)* referee ‖ *(zsűritag)* member of the jury
versenyez *v sp* compete (with sy), participate (*v.* take* part) in a competition/contest/match/tournament, run*, race ‖ *ált (vkvel vmért)* compete/contend with sy for sg ‖ *(vm vmvel átv)* compare (with) ‖ **egymással** ~**ve** in contest with each other, outdoing each other (in sg)
versenyfutás *n sp* race; *(vágta)* sprint ‖ *átv* race ‖ ~ **az idővel** race against time; **100 méteres** ~ 100 metres (race)
versenyfutó *n* runner, racer
versenyhajó *n* racing-boat; *(kajak, kenu)* racing shell
versenyistálló *n* racing stable
versenyképes *a (ár)* competitive [price] ‖ *(áru)* marketable
versenykerékpár *n* racer, racing cycle
versenykiírás *n ker* invitation to tender (for)
versenyló *n* race-horse, racer
versenymotor *n* racing engine
versenymű *n (zenei)* concerto
versenypálya *n (atlétika)* track, field ‖ *(lóversenyen)* racecourse; *főleg US:* racetrack
versenyszám *n* event
versenyszerű *a* ~**en sportol** pursue sports (*v.* some sport) competitively, [run*, swim* etc.] for a club
versenytárgyalás *n* (public) tender ‖ ~**t hirdet** publish an invitation for tenders, tender for
versenytárs *n* (fellow) competitor; *(rivális)* rival
versenyúszás *n* swimming-race/contest
versenyúszó *n* swimmer
versenyuszoda *n* swimming-pool
versenyvitorlás *n* (racing) yacht
versenyzés *n* competing
versenyző *n sp ált* competitor, *(ökölvívás, íjászat, tánc-, szépségverseny stb.)* contestant
verses *a* (written) in verse *ut.*, verse-, rhymed ‖ ~ **elbeszélés** narrative poem
verseskötet *n* book of verse; *(gyűjteményes)* anthology
versforma *n* metrical form/structure, (poetic) metre (*US* -er), versification
versírás *n* versification, writting of poetry
versláb *n* (metrical) foot°
versmérték *n* (poetic) metre (*US* -er)
versmondás *n* reciting poetry
versmondó *n* reader
verssor *n* verse, line (of poetry)
versszak *n (éneké)* verse; *(nagyobb költeményé)* stanza
verstan *n* prosody, metrics *sing.*

vérszegény *a* anaemic (*US* anemic)
vérszegénység *n* anaemia (*US* anemia) ‖ **vészes** ~ pernicious anaemia (*US* -e-)
vérszemet kap *kif* become*/grow* bold, get* carried away (by/with sg)
vérszerződés *n* compact sealed with blood
vérszomjas *a* bloodthirsty, sanguinary, cruel
vérszopó 1. *a (átv is)* blood-sucking **2.** *n* blood-sucker
vert *a (arany, ezüst)* beaten; *(vas)* wrought, hammered ‖ *(legyőzött)* defeated, vanquished ‖ ~ **csipke** pillow/bobbin lace; ~ **fal** mud wall
vért *n* armour (*US* -or); *(mellen)* cuirass
vértanú *n* martyr
vértanúság *n* martyrdom
vértelen *a* bloodless ‖ ~ **arc** white/wan face
vértenger *n* sea/streams of blood
vértest *n* blood corpuscle
vértezet *n* armour (*US* -or), armour--plating
vertikális *a* vertical
vértisztító *a* blood-purifying/cleansing
vértócsa *n* pool of blood
vértolulás *n* congestion
vértörvényszék *n tört kb.* martial law court; *GB tört* Bloody Assizes
vérveszteség *n* loss of blood
vérvétel *n* taking a blood sample ‖ ~**re megy** go* for (*v.* have*) a blood test
vérvizsgálat *n* blood test
vérzékeny *a* haemophilic (*US* hem-)
vérzékenység *n* haemophilia (*US* hem-)
vérzés *n* bleeding; *orv* haemorrhage (*US* hem-) ‖ **belső** ~ internal h(a)emorrhage; **havi** ~ menstruation, period, menses *pl*; **megállítja a** ~**t** arrest bleeding
vérzéscsillapító *n* blood-clotting (agent), astringent (drug)
vérz|ik *v* bleed*, shed* blood
verzió *n* version; *(olvasat)* reading
vés *v (vésővel stb.)* chisel (*US* -l), cut*; *(bevés vmt vmbe)* engrave sg on sg ‖ **emlékezetébe** ~ engrave sg on sy's/one's memory; **fogat** ~ resect a tooth°
vese *n biol* kidney ‖ *(étel)* ~ **velővel** kidney and brains *pl*
vesebaj *n* kidney/renal disease
vesebajos 1. *a* suffering from a kidney/renal disease *ut.* **2.** *n* kidney/nephropathic patient
vesegörcs *n* renal/ureteric colic
vesegyulladás *n* inflammation of the kidney, nephritis
vesekő *n* (kidney) stone, renal calculus ‖ ~**vel operálták** was operated on for (kidney) stones

vesepecsenye *n* sirloin (steak), tenderloin

vésés *n* chiselling (*US* -l-), carving, cutting; *vmbe* engraving || *orv* resection

vésett *a* chiselled (*US* -l-), carved; *(kő)* engraved

vésnök *n* engraver

véső *n* ált chisel; *(vésnöké)* burin

vésőd|ik *v vmbe* become* engraved (on sg) || **emlékezetébe** ~**ött** was engraved on his/her memory

vesz *v (megfogva)* take* || *(ruhát magára)* put* on || *(szerez)* get*, take* (*vhonnan from*) || *(vásárol)* buy*, purchase, get* || *(rádión)* receive, pick up || *(vkt/vmt tekint vmnek)* consider/deem sy/sg sg, regard sy/sg as sg || *(vhogyan fogad/kezel)* accept as || **angolórákat** ~ take* English lessons, take* lessons in English; **bizonyosra** ~ **vmt** take* sg for granted, count on sg; **kabátot** ~ **(magára)** put* one's coat on, put* on one's coat; **kezébe** ~ **vmt** pick sg up, take* sg in one's hand; **komolyan** ~ *vkt/vmt* take* sy/sg seriously; **rossz néven** ~ **vmt** take* sg amiss, take* offence at sg; **semmibe** ~ **vmt/vkt** ignore sg/sy, not care/give a damn about sg/sy; **Sikerült a dolog? Ahogy vesszük!** Was it a success? It all depends. (*v.* Yes and no.); **10 fontért vette** (s)he bought/got it for £10; **vegyen még!** help yourself/-selves to some more

vész[1] *v* = **veszik**

vész[2] *n (járvány)* plague, pestilence, disease || *(vihar)* tempest, (thunder-)storm || *(baj)* disaster, catastrophe, calamity || **a mohácsi** ~ the Mohács Disaster/Rout

vészcsengő *n* alarm bell

veszedelem *n* danger, peril

veszedelmes *a* dangerous, danger-fraught, perilous

veszekedés *n* quarrel(ling) (*US* -l-), altercation, dispute, *biz* row

veszeked|ik *v ált* quarrel (*US* -l); *vkvel vm miatt* quarrel/wrangle with sy over/about sg; *(apróságok miatt)* squabble (with sy) about sg

veszély *n* ált danger; *(súlyosabb, ir)* peril || ~ **esetén** (if) in danger, in an emergency; ~**be sodor vkt** put* sy in danger, put* (sy's life) at risk, expose sy to danger, endanger sy; ~**ben forog** be* in danger/trouble, be* imperilled (*US* -l-), be* endangered; ~**t jelző tábla** warning sign; **veszéllyel jár** be* risky, be* fraught with peril/danger; **azzal a veszéllyel jár, hogy** it involves the risk/danger of

veszélyes *a* dangerous, perilous; *(kockázatos)* risky, hazardous; *(válságos)* critical || ~ **időszak** danger/critical period; **kihajolni** ~ do not lean out of the window

veszélyességi pótlék *n* danger money, *US* hazard bonus

veszélyeztet *v* endanger, imperil (*US* -l), put* at risk; *(eredményt)* jeopardize

veszélyeztetett *a* endangered, exposed; *(fenyegetett)* threatened || ~ **terhesség** high-risk pregnancy

veszélyhelyzet *n* danger, hazard

veszélytelen *a* safe, secure, harmless

veszélyzóna *n* danger zone/area

vészes *a (veszedelmes)* dangerous; *(végzetes)* baleful, fateful || *biz* **nem** ~ not so/too bad, not fatal

veszett *a* áll *orv* rabid, mad || *(féktelen)* ~ **jókedve van** be* brimming/bubbling over [with excitement etc.]

veszettség *n* áll *orv* rabies || ~ **elleni oltás** antirabic (*v.* anti-rabies) vaccination

vészfék *n* communication cord, emergency brake || **meghúzza a** ~**et** pull the communication cord

vészharang *n* alarm/storm-bell, tocsin

vesz|ik *v (elpusztul)* perish, be*/get* lost || **éhen** ~**ik** die of hunger; **a tengerbe** ~**ett** was drowned at sea, perished at sea; **több is** ~**ett Mohácsnál** *kb.* it could have been worse, it's not the end of the world; ~**ni hagy** leave* (sy) to his fate

veszít *v* lose* (*vmn* by/on sg), be* a loser || **értékéből** ~ go* down in value, depreciate; **kártyán** ~ lose* at cards; **súly(á)ból** ~ lose* (in) weight

vészjel *n* distress/danger/alarm signal, SOS

vészjósló *a* ominous, ill-boding, threatening || ~ **pillantást vet vkre** look daggers at sy

vészkijárat *n* emergency exit; *(tűz esetén)* fire escape/exit

vesződ|ik *v vmvel* bother about/with sg, take* the trouble to do sg; *(betegséggel)* have* a lot of trouble with sg; *(kérdéssel)* wrestle (with) || *(nehéz munkát végez)* plod, drudge || **nem érdemes vele** ~**ni** it is* not worth the trouble/candle

vesződség *n* bother, trouble

vesződséges *a* troublesome, irksome, tiresome, giving a lot of trouble *ut.*; *(aprólékos)* finicky

vessző *n (vékony ág)* twig, rod, switch || *(szőlő)* (vine-)shoot || *(fenyítéshez)* cane, switch, birch || *(ékezet)* (acute) accent || *(írásjel)* comma

vesszőfutás *n átv* ordeal

vesszőparipa *n (átv is)* hobby-horse

vesszőz *v* beat*, flog, cane, birch

veszt v lose* || **nincs ~eni való időnk** we have no time to lose; **sokat ~ettél, hogy nem voltál ott** you (have) missed a lot by your absence, you really missed out

veszte n sy's undoing/ruination/ruin/destruction; *(elvesztés)* loss || **~mre** unfortunately for me ...; **~be rohan** be* heading for disaster, be* rushing (headlong) to one's destruction, *kif* ride* for a fall

veszteg adv **maradj ~!** keep quiet, will you?

vesztegel v *(hajó, jármű, vk nem tud tovább jutni)* be* stranded; *(hajó, repülőgép, időjárás miatt)* be* weather-bound, be* delayed by bad weather; *(vk mert visszatartják)* be* held up

veszteget v *(fecsérel)* squander, trifle away; *(időt)* waste || *(elad)* sell* (at a low price) || *(lepénzel)* bribe (sy), buy* sy off, *US biz* graft || **kár a szót ~ni rá** (it's) not worth (v. no good) talking about it, save your breath!; **mennyiért ~i?** how much are you asking (for it)?

vesztegetés n bribery, bribing, *US biz* graft

vesztegzár n quarantine

vesztes 1. a *(legyőzött)* beaten, defeated, conquered **2.** n loser

vesztés n losing, loss || **~re áll** be* losing

veszteség n ált loss; *(időé)* loss (of time), waste; *(kár)* damage, detriment; *(üzletben)* loss, deficit || *vké* loss || *(emberben, háború alatt)* casualties *pl* || **~et szenved** suffer losses

veszteséges a *ker* loss-making [products etc.], losing [concern etc.]; *(költségvetés)* showing a deficit *ut*. || **~ vállalat/termék** a lossmaker

vesztőhely n place of execution, scaffold

vet v *(dob)* throw*, fling*, cast* || *(magot)* sow* || **ki mint ~, úgy arat** we must reap as we sow; **magára vessen, ha** you have* only yourself to blame if

vét v *(hibázik)* make* a mistake, commit an error || **~ vk ellen** do* harm to sy, do* sy harm; **~ vm ellen** offend against sg

vétek n *(bűn)* sin, transgression; *(hiba)* fault, wrong || **halálos ~ volna** it would be a sin

veteked|ik v *vkvel/vmvel vmben* rival (*US* -l) sy/sg in sg, be* a match for sy || **nem ~het vmvel** cannot compare with sg

vétel n *(vásárlás)* purchase, buying || *(levélé)* receipt || *(rádió, tévé)* reception || **alkalmi ~** bargain, buy; **levelének ~e után** on receipt of your letter

vetélés n abortion, miscarriage || **spontán ~** spontaneous abortion, miscarriage; **művi ~** induced abortion

vételez v *(anyagot raktárból)* draw*

vételi a *ker* purchase, purchasing || *(rádió, tévé)* receiving || **~ ajánlat** bid; **~ és eladási árfolyam** *(valutáé)* buying and selling rates *pl*

vetélkedés n rivalry, competition

vetélked|ik v *(verseng vkvel vmben)* compete (with sy in doing sg), rival (*US* -l) (sy in sg)

vetélkedő n contest; *(tévében)* quiz show/game

vetélytárs n rival, competitor; *(ismeretlen, biz)* dark horse

vetemed|ik v *(vmre lealacsonyodik)* stoop/descend to, be* not above doing sg || *(vmre merészkedik)* have* the presumption/impudence to do sg, presume to do sg || *(fa)* warp, be* warped

vetemény n vegetables *pl*

veteményeskert n kitchen garden; *(bérbe adott, GB)* allotment

veterán n veteran, *biz* old-timer, old campaigner

vetés n mezőg *(cselekmény)* sowing || *(ami kinőtt)* green/standing corn, crop || *(dobás)* throw(ing), cast(ing) || **őszi ~** sowing of the winter-corn

vetít v film, mat project || **filmet ~** *(ember)* show* a film/picture (on the screen); *(gép)* project a film (on to a screen)

vetítés n film, mat projection; *(film bemutatása)* showing/screening

vetített a projected || **~ kép** slide; **~ képes előadás** slide show, lecture/talk illustrated with slides

vetítő(gép) n projector

vetítővászon n screen

vétkes 1. a *vk* guilty || *vm* culpable, sinful || **~nek mond ki** find* (sy) guilty **2.** n sinner, transgressor

vétkesség n guilt(iness)

vétkez|ik v err, sin || *vk/vm ellen* **~ik** sin/offend against sy/sg

vetkőzés n (act of) undressing

vetkőz|ik v undress, take* off one's clothes || **meztelenre ~ik** strip off, *biz* strip to the buff; *(sztriptízben)* strip

vetkőzőszám n striptease, strip (show)

vetkőztet v undress, take* off the clothes (of sy) || **meztelenre ~ vkt** strip sy, *biz* strip sy to the buff

vétlen a *jog* blameless, innocent

vétlenül adv through no fault of his/her own

vétó n veto

vétójog n right of veto

vetőd|ik v *(veti magát)* throw*/fling* oneself; *(futballkapus)* dive || *(kerül vhova)* turn up, find* oneself swhere || **partra ~ik** be* cast ashore

vetőgép *n mezőg* sowing/seeding machine, sower, drill

vetőmag *n* seed grain, seeds *pl*

vétség *n* offence (*US* -se)

vetület *n* projection

vevény *n* receipt

vevő *n ker* purchaser, buyer; *(állandó)* (regular) customer || *(távközlési)* receiver

vevőkészülék *n (távközlési)* receiver

vevőkör *n* sy's custom, (regular) customers *pl*

vevőszolgálat *n* service department; consumer advice and protection centre (*US* -ter)

vezekel *v vmért* expiate [one's sin, a crime], atone for [a sin] || *vall* do* penance (for sg)

vezeklés *n* penance, penitence [for wrongdoing], atonement

vezényel *v kat (vezényszót ad)* command || *(karmester)* conduct [an orchestra] || ~ ... conducted by ... || **tüzet** ~ *order* fire, give* the order to fire; *kat* **vkt vhova** ~ command/detail sy swhere

vezénylés *n kat* giving (the word of) command, commanding || *zene* conducting

vezényszó *n* (word of) command

vezér *n (vezető)* leader, chief, head || *(sakkban)* queen || **tört a hét** ~ the seven Hungarian Chieftains

vezéralak *n* leading figure/personality/light, *biz* kingpin

vezércikk *n* leader, leading article, *US* editorial

vezérel *v (vezet)* guide, conduct, direct, lead*, command || *műsz* control

vezérezredes *n* general (*röv* Gen., *US* GEN)

vezérigazgató *n* director(-)general; *(ha van elnök is:)* managing director

vezérkar *n* general staff

vezérkari *a* ~ **főnök** chief of the general staff; ~ **tiszt** staff-officer

vezérképviselet *n* general agency

vezérlés *n műsz* control

vezérlő *a (irányító)* directing, managing; *kat* commanding || *műsz* control

vezérlőasztal *n* control desk

vezérlőberendezés *n* control equipment

vezérlőmű *n (gépkocsié)* valve gear

vezérlőtábla *n* control panel

vezérlőterem *n* control room

vezérmotívum *n zene* leitmotiv *v.* -tif

vezérőrnagy *n* major general (*röv* Maj--Gen., *US* MG)

vezérszólam *n zene* principal/leading part/voice

vezet *v vkt vhová* lead* (to), guide (to), conduct (to) || *(autót)* drive*; *(hajót)* pilot, steer; *(repülőgépet)* pilot || *(huzalt*

vhová) run* [a wire to] || *(irányít)* direct, control; *(ügyeket)* manage; *(üzemet, szállodát stb.)* run*, manage; *(sereget)* command, lead* || *(túrát stb.)* take*/conduct (sy on) a tour [of a town, the castle etc.]; *(múzeumban)* conduct [tourists/visitors] round/through a/the museum || *(mérkőzést)* referee [a/the match]; *(teniszt)* umpire || *(ülést stb.)* conduct; *(elnökként ülést)* chair, preside over [a/the meeting] || *(áramot, hőt)* conduct || *(út stb. visz vhova)* lead* to; *(lépcső vhova)* lead* up/down to || *sp* lead*, be* in the lead || **a műsort** ~ **te ...** the [programme] was presented by ...; **egy góllal** ~ be* one goal up/ahead; **orránál fogva** ~ **vkt** lead* sy by the nose, lead* sy up the garden path; **szobájába** ~ **vkt** show* sy to his/one's room; **vk nyomára** ~ **vkt** put* sy on the track of sy; **vmre/vmhez** ~ lead* to sg, result/end in sg

vezeték *n (huzal)* wires *pl*, line || *(cső gáznak, víznek stb.)* pipe, tube; *(olajé)* pipeline

vezetéknév *n* surname, family name

vezetés *n (cselekmény)* leading, conducting; *(idegenforgalmi)* conducted/guided tour/visit || *(járműé)* driving || *kat* command || *(ügyeké, vállalaté stb.)* direction, management || *(szerep)* lead(ership) || *pol (vezetők)* leadership || *sp* lead || *el, fiz* conduction || **átveszi a** ~ **t** take* (over) the lead; **vknek a** ~ **e alatt** under sy's leadership/direction/guidance

vezetéstechnika *n (autó)* sy's driving style

vezető 1. *a* leading; *(irányító)* directing, managing || **a Bécsen át** ~ **út** the road (passing) through Vienna; **a városba** ~ **út** road leading to (the) town; **az oda** ~ **út** the way there, approach; ~ **állásban van** hold* a top/leading post, be* in a managerial (*v.* an executive) position/job; ~ **pártok** ruling/leading parties; ~ **szerep** *pol stb.* leadership; *szính* lead (part) **2.** *n (autóé)* driver; *(mozdonyé)* (engine) driver, engineer || *(vállalkozásé)* manager, (managing) director, chief; *(bolté)* manager || *(államé)* leader, head || *el, fiz* conductor

vezetőfülke *n (teherautón)* cab; *(villamoson)* driver's position

vezetői *a (munkahellyel kapcs.)* managerial || ~ **engedély** *(gépkocsira)* driving licence; *US* driver's license

vezetőség *n (vezetők)* leadership; *(testületé, intézményé)* board (of directors), management; *(tud. társaságé)* council, executive committee/board

vezetőségi tag *n* member of the (governing/executive) board, board member
vezetőségválasztás *n* election of the board
vézna *a* puny, sickly, thin, weakling
viadal *n* fight, encounter, combat
viadukt *n* viaduct
viaskod|ik *v vkvel, vmvel* wrestle/fight*/grapple with sy/sg || **önmagával** ~**ik** struggle with oneself
viasz *n* wax
viaszgyertya *n* wax-candle
viaszsárga *a* wax-yellow, waxy, wax-coloured (*US* -or-)
vibrál *v* vibrate; *(fény)* flicker
vibrato *n zene* vibrato
vicc *n (anekdota)* anecdote, (funny) story; *(tréfa)* joke; *(viccelődés)* fun, trick || **ez nem** ~ *(hanem komoly)* that is* no joke, it is no laughing matter; **a** ~ **benne az, hogy** the funny thing (*v.* the point) is* that; ~**ből** for/in fun, as a joke; ~**eket mond** crack jokes, wisecrack; ~**en kívül** joking apart, no kidding
viccel *v* joke (*vkvel* with sy) || **csak** ~**ek!** I'm only kidding!; **te csak** ~**sz velem** you're kidding (me), *biz* you're having me on
viccelődés *n* joking, leg-pulling
viccelőd|ik *v vkvel* play jokes/tricks (on sy)
vicces *a* funny, comic, droll || **rém** ~ *biz* killingly funny, *kif* it's a howl; ~ **ember** he's great fun
vicclap *n* comic paper, satirical journal
vicsorít *v* **fogát** ~**ja** show*/bare one's teeth (in anger), snarl
vidám *a* cheerful, merry, jolly, joyful, joyous || ~ **ember** jovial/lively fellow; ~ **fickó** wag; **V**~ **Park** fun-fair, amusement park
vidámság *n* gaiety, mirth, jollity, merriment
vidék *n (város ellentéte)* country(side), rural areas/parts *pl*; *(főváros ellentéte)* the provinces *pl*; *földr (terület)* region, country || ~**en** in the country; ~**re megy** go* out into the country, be*/go*/move out of town
vidéki 1. *a* country, provincial, rural || ~ **város** country/provincial town **2.** *n* man°/woman° from the country/provinces, countryman°, countrywoman°
vidékies *a* provincial, parochial
videó *n (videózás)* video; *(készülék)* video (cassette) recorder (*röv* VCR), video (*pl* videos) || ~**ra felvesz vmt** video sg *(alakjai:* videoed, videoing), videotape sg, record sg on video; ~**t néz** watch a video (*v.* videos)

videofelvétel *n* video (recording)
videofilm *n* video film
videokamera *n* video camera
videokazetta *n* video cassette; *(műsoros)* video
videokészülék *n* video (cassette) recorder (*röv* VCR), video
videoklip *n* videoclip
videomagnó *n* video (cassette recorder); video tape recorder
videoszalag *n* videotape
videotéka *n* videotheque [loan service], video library
videózás *n (nézés)* watching of videos || *(filmezés)* making of videos, videoing
videóz|ik *v (nézi)* watch videos || *(filmez)* make* videos, video (*alakjai:* videoed, videoing)
vidra *n* otter
Vietnam *n* Vietnam
vietnami *a* Vietnamese
víg *a* cheerful, lively, merry, joyous, jolly || ~ **kedélyű** cheerful, merry, bright
vigad *v* make* merry, amuse/enjoy oneself, have* a good time, *US* have* a ball
vigasz *n* comfort, solace, consolation || **sovány** ~ **számára** it's cold comfort to him, that's poor/little/small consolation (for him)
vigaszdíj *n* consolation prize; *(utolsónak)* booby prize, *GB* wooden spoon
vigasztal *v vmért* console (sy for sg), comfort (sy for sg), give* comfort/sympathy to sy
vigasztalan *a* disconsolate, desolate(d); *(szomorú)* grieved || ~ **helyzet** hopeless/desperate state/situation
vigasztalhatatlan *a* inconsolable, disconsolate
vigasztaló *a* consoling, comforting || ~ **szavak** words of comfort
vigasztalód|ik *v vmvel* console oneself (with sg), take*/find* comfort/consolation (in sg)
vígjáték *n* comedy
vígjátékíró *n* comedy-writer
vígopera *n* comic opera, opera buffa
vigyáz *v (figyel/ügyel vmre/vkre)* take* care of sg/sy, look after sg/sy; *(vm veszélyre)* look out, take* care, watch (out), be* careful; *(figyelmet szentel vmnek)* pay* attention/heed to; *(őriz vmt/vkt)* guard sg/sy, watch over sg/sy, take* care of sg/sy || ~ **arra, hogy** ... take* care (*v.* be* careful) that; *(nehogy)* be* careful (*v.* take* care) not to; ~ **a gyerekekre** look after the children, keep* an eye on the children; ~**z!** be careful!, take care!, look/watch out!; ~**z magadra!** look after (*v.* take care of) yourself!; ~**z, kész, rajt!** ready, steady,

vigyázat 624

go!; ~z! lépcső! mind the/that step!; ~z, ha jön a vonat! beware of (the) trains; *US* stop, look and listen!; ~z! a kutya harap beware of the dog
vigyázat *n (óvatosság)* caution, care, watchfulness, attention; *(elő~)* precaution, guard || ~! take care!, look out!, caution; ~! mázolva! wet paint; ~! lépcső! mind the step; ~! a tetőn dolgoznak! danger — men working overhead; ~! autó! beware of traffic/cars
vigyázatlan *a* careless, heedless, incautious
vigyázatlanság *n* carelessness, incautiousness
vigyázz 1. *int* áll look out! || *kat* attention!; *biz* shun! **2.** *n kat* attention || ~ba vágja magát spring*/jump to attention; ~ban áll stand* at attention
vigyázzállás *n* attention
vigyor(gás) *n* (sardonic) grin, smirk, snigger
vigyorog *v* grin, smirk, smile derisively
vihar *n* storm, *ir* tempest || ~ egy pohár vízben storm in a teacup; ~ készül there is a storm approaching/brewing/gathering
viharágyú *n* gale-warning flare
viharfelhő *n* storm-cloud, thunder-cloud
viharjelzés *n* storm warning, storm--signal
viharjelző *n (készülék)* storm-warning/signal
viharkabát *n kb.* windcheater, anorak, parka, *US* windbreaker
viharos *a* stormy, windy, thundery || ~ szél storm-wind, gale; ~ taps tumultuous applause, a storm of applause
viharvert *a* weather-beaten, weather--worn; *(átv biz)* battered
vihog *v* giggle, titter, snigger; *(ló)* whinny *(múlt ideje:* whinnied)
vijjog *v* scream, screech, shriek
víkend *n* weekend *(US* weekend)
víkendez|ik *v* spend* the weekend (at), weekend (at)
víkendház *n* weekend cottage/house
viking *a/n tört* Viking
viktoriánus *a* Victorian || ~ erkölcsök Victorian moral standards, Victorian attitudes to sexual morality; ~ kor Victorian period
világ *n (föld)* earth, globe; *(mindenség)* universe || *(az élet vmely területe)* world, realm || **a film** ~a the world of the screen, the film world, filmdom; **a harmadik** ~ the Third World; **a mai** ~ban nowadays, today, these days; **a régi** ~ the old days/times *pl;* **a** ~ **minden részén** in all parts/corners of the globe; **a** ~ **vége** *(térbeli)* the ends of the earth *pl,* the back of beyond; *(időben)* doomsday, world's end; **a** ~ **végéig** to the end of the world; **a** ~**ért sem** not for (all) the world, not for the life of me, I wouldn't dream of it; **az államok** ~**a** the animal world/kingdom; **az egész** ~**on** all over the world, (all) the world over, everywhere; **ez a** ~ **sora** such is life; **éli** ~ **át** *(jól él)* live in plenty/clover; *biz* live the life of Riley; *(könnyen)* have* a good time, enjoy oneself; **ilyent még nem látott a** ~ never before has/had anything like that been seen; **két év nem a** ~ two years will not last for ever; **mióta** ~ **a** ~ from/since time immemorial; **sehol a** ~**on** nowhere under the sun, nowhere in the (wide) world; ~ **körüli útra megy** go* on a round-the-world tour *(v.* world tour); ~**ra hoz** bring* [a child°] into the world, give* birth to; ~**ra jön** come* into the world, be* born; ~**gá kürtöl** *vmt* shout sg from the housetops; ~**gá megy** go* out into the world; ~**ot lát** travel *(US* -l), see* life, see* the world; **vk szeme** ~**a** sy's (eye)sight, sy's eyes *pl*
világatlasz *n* world atlas
világbajnok *n* world champion || **ő lett a** ~ (s)he won the world championship
világbajnoki *a* ~ **cím** world title; ~ **döntő** *(labdarúgás)* World Cup Final
világbajnokság *n* ált world championship, *(atlétika, labdarúgás stb.)* World Cup || **ökölvívó-** ~ world boxing championship
világbank *n* World Bank
világbéke *n* universal/world peace
világbirodalom *n* empire
világcsúcs *n* world record
világégés *n kb.* world war, holocaust
világegyetem *n* universe, cosmos
világéletemben *adv* all my life, in all my born days
világfájdalom *n* Weltschmerz
világgazdaság *n* world economy, (international) economics *sing.*
világgazdasági válság *n* world(-wide) slump/depression, international economic crisis; *(a nagy, tört)* Great Depression (1929—35)
világháború *n* world war || **a második** ~ the Second World War, World War II; **a két** ~ **közt** between the wars, in the interwar period
világháborús *a* relating/pertaining to the World War *ut.,* of the World War *ut.*
világhatalom *n* world power
világhír *n* world-wide fame/renown, international reputation/fame/renown

világhíresség *n* international celebrity/ star, great celebrity, *biz* superstar
világhírű *a* world-famous, known all the world over *ut.*
világhódító *a* all-conquering || **vmnek** ~ **útja** *(igével)* sg sweeps* the world
világi 1. *a (földi)* worldly, earthly || *(nem vallásos)* worldly, secular, temporal, lay || ~ **élet** life on earth; ~ **iskola** secular school, non-denominational school; ~ **örömök** worldly pleasures
Világifjúsági Találkozó (VIT) *n* World Youth Festival
világirodalom *n* world literature
világít *v (fényt ad)* give* light (to sg/sy), shine* || **vmvel** ~ use/have* sg for lighting *(v.* sg to light with)
világítás *n ált* lighting || *(autóé)* lights *pl* || **bekapcsolja a** ~**t** turn one's/the lights on *v.* turn on one's/the lights, light* up, switch on the lights
világító *a ált* lighting, illuminating, light- -emitting/giving, shining || *(foszforeszkáló)* phosphorescent, luminous
világítótorony *n* lighthouse
világítóudvar *n* airshaft
világjáró 1. *a* globe-trotting || ~ **művész** international artist **2.** *n* globetrotter
világjelenség *n* universal phenomenon *(pl* -mena)
világkép *n* world concept, view of life
világkiállítás *n* international (trade) exhibition, world's fair
világkongresszus *n* world congress
világlátott *a* (widely) travelled *(US* -l-)
világmárka *n* world-famous make
világméretű *a* world-wide
világmindenség *n* universe
világnap *n* international day
világnézet *n* ideology, world-view, outlook on life; Weltanschauung; *(igen gyakori ma)* philosophy (of life)
világnézeti *a* ideological
világnyelv *n* world language
világos 1. *a (tiszta, ragyogó)* clear, bright; *(nem sötét, szín)* bright, light(-coloured) *(US* -or-) || *(sakkfigura)* white || *(egyszerű)* plain, simple; *(könnyen érthető, nyilvánvaló)* clear, obvious, manifest, self-evident, distinct || **ez** ~ that is as plain as a pikestaff; ~**?** got that?, am I making myself clear?; ~, **mint a nap** it is as clear as crystal/day(light); ~, **hogy** it is* obvious that ...; ~ **nappal** in broad daylight; ~ **pillanatában** in a lucid moment; ~ **sör** pale/light ale, lager; ~ **szoba** bright/light room; ~ **van** *(reggel)* it is day(light); *(elég a fény)* there is* plenty of light **2.** *n (sakkfigura)* white || *(sör)* light/pale ale, lager

világosan *adv* clearly, plainly, explicitly || ~ **beszél** speak* clearly/plainly, speak* straight to the point
világosító *n szính* lighting *(v.* light- -effects) man°
világoskék *a/n* light blue
világosod|ik *v* become*/grow* light, lighten || ~**ik** *(reggel)* day is* breaking, it is* dawning, it is* growing light
világosság *n (fény)* (day)light; *el* luminance, brightness || *(érthetőség)* clearness, clarity || **nappali** ~ (broad) daylight
világoszöld *a* light green
világpiac *n* world/international market
világpiaci ár *n* world market price
világpolgár *n* citizen of the world, cosmopolitan
világpolitika *n* world/international politics *sing. v. pl*
világraszóló *a* sensational, of worldwide importance *ut.*
világrekord *n* world record; *(nem sp)* all-time high
világrekorder *n* world record holder
világrengető *a* world-shattering, worldshaking, earthshaking
világrész *n (földrész)* continent
világsajtó *n* the world's/international press
világsiker *n* world-wide success
világszabadalom *n* world patent
világszerte *adv* throughout the world, all over the world
világszervezet *n* world organization
világszínvonal *n* world standard || ~**ú** state-of-the-art, the most advanced
világszövetség *n* world federation
világtáj *n (égtáj)* point of the compass || **a négy** ~ the cardinal points *pl*
világtalan *a* sightless, without sight *ut.*, blind
világtanács *n* world council
világtérkép *n* world map/atlas
világtörténelem *n* history of the world, world history
világuralom *n* domination of the world
világútlevél *n* (a full) passport
világűr *n* (outer) space
világválság *n* world slump, general depression
világváros *n* metropolis
világverseny *n sp* international/world contest/tournament
világvevő *n* all-waveband radio/receiver
világviszonylatban *adv* internationally, on a world scale || ~ **is számottevő játékos** world ranking player
villa[1] *n (evőeszköz)* (table/dinner) fork || *mezőg (többágú)* fork; *(kétágú)* pitchfork, hayfork || *(evezőé)* rowlock, *US* oarlock

villa² *n (ház)* villa, *(kisebb)* (summer) cottage/bungalow

villám *n* lightning; *(villámcsapás)* thunderbolt ‖ ~ **csap vmbe** sg is* struck by lightning; **mint a** ~ (as) quick as lightning; ~**okat szór a szeme** his eyes are blazing/flashing with anger

villámcsapás *n* stroke of lightning, (thunder)bolt ‖ **derült égből** ~ a bolt from the blue

villámgyors *a* lightning-fast ‖ ~**an** with lightning speed, like a shot

villámháború *n* lightning war, blitzkrieg

villámhárító *n* lightning-conductor/rod

villámlás *n* lightning

villáml|ik *v* it is* lightning

villamos 1. *a* electric(al), power ‖ ~ **áram** electric current; ~ **energia** electrical energy, electric power; ~ **feszültség** voltage; ~ **fűnyíró** power mower; ~ **(háztartási) gépek** electrical appliances; ~ **hajtású** driven/operated by electricity *ut.*, electrically driven, power…; ~ **kisülés** discharge; ~ **vezeték** wiring **2.** *n* tram(car), *US* streetcar; *(vonal)* tramline, tramway; **felszáll a hatos** ~**ra** take* tram *(US* car) number six, take* a number six tram *(US* car); ~**sal megy** go* by tram

villamosbaleset *n* tramway accident

villamosbérlet *n* tramway *(US* streetcar) season ticket

villamosenergia-ellátás *n* electric power (*v.* electricity) supply

villamoshálózat *n (villamosvasúté)* tram *(US* streetcar) network

villamosít *v* electrify

villamosítás *n* electrification

villamosjárat *n* tram(line), *US* streetcar (line)

villamosjegy *n* tram *(US* streetcar) ticket

villamoskalauz *n* tram conductor, *US* streetcar conductor

villamoskocsi *n* tram(car), car, *US* streetcar

villamosmérnök *n* electrical engineer

villamosmérnöki kar *n* department/ faculty of electrical engeneering

villamosság *n* electricity

villamossági szaküzlet *n* electrical appliances shop

villamosszék *n* electric chair

villamosvasút *n (villamos vontatású vasút)* electric railway ‖ *(városi)* tramway, *US* streetcar line

villamosvezető *n* tramcar *(US* streetcar) driver

villamosvonal *n* tramline, tramway, *US* streetcar line

villámsújtott *a* struck by lightning *ut.*; *(fa)* blasted

villámtréfa *n* short skit

villan *v* flash, blink, glint

villanás *n* flash(ing), blink of light

villanegyed *n* affluent (leafy) suburb

villanófény *n* flashlight

villany *n (villamosság)* electricity ‖ *(villanyvilágítás, lámpa, fény)* (electric) light ‖ **gyújtsd fel a** ~**t** switch on the light, turn the lights on; **oltsd el a** ~**t** switch off the light, turn the lights off

villanyáram *n* electric current, electricity

villanybojler *n* immersion heater, electric water-heater

villanyborotva *n* electric razor, shaver

villanycsengő *n* electric (door-)bell

villanydrót *n* electric wire; *(készülékhez, szigetelt, hajlékony)* flex, *US* cord

villanyfény *n* electric light

villanyforraló *n* electric kettle

villanyfőző *n GB* electric hob, *US* hotplate

villanyfúró *n* power drill

villanykályha *n* electric heater/stove

villanykapcsoló *n* (light) switch

villanykörte *n* (light-)bulb

villanylámpa *n* (electric) lamp, light

villanymelegítő *n* electric heater

villanymotor *n* (electric) motor

villanymozdony *n* electric locomotive

villanyóra *n (árammérő)* (electricity) meter ‖ *(időmérő)* electric clock

villanyoszlop *n* pole; *(távvezetéké)* pylon

villanypásztor *n* electric fence

villanyrendőr *n biz* traffic lights *pl, US* stop lights/signals *pl*

villanyrezsó *n GB* electric hob, *US* hotplate

villanyszámla *n* electricity bill

villanyszerelő *n* electrician

villanytűzhely *n* electric cooker

villanyvasaló *n* electric iron ‖ **gőzölős** ~ steam iron

villanyvezeték *n* electric wire/cable, wiring; *(hálózat)* the mains *sing. v. pl*

villanyvilágítás *n* electric lighting

villanyvonat *n* electric (railway) train ‖ *(játék)* (electric) train set

villanyzsinór *n* flex, *US* (electric) cord

villásdugó *n* adapter *v.* adaptor, wall-plug

villáskulcs *n* (open-ended) spanner, *US* wrench

villásreggeli *n* luncheon

villog *v* flash, gleam, blink, shine*, sparkle; *(tévékép)* flicker ‖ ~ **a szeme** his eyes are* flashing/blazing/gleaming

villogás *n (fényé stb.)* flash(ing), sparkling, gleam(ing)

villong v quarrel (US -l), contend || ~ó pártok warring factions
villongás n quarrel, disturbance
Vilmos n William || **Hódító** ~ William the Conqueror
vinnyog v whimper, whine
viola n növ stock || **kerti** ~ common stock, gillyflower; **sárga** ~ wallflower
violaszín(ű) a violet-coloured (US -ored)
violinkulcs n treble/G clef
vipera n viper, adder
VIP-váró n VIP lounge
virág n növ flower; (gyümölcsfáé) blossom || (java vmnek) cream || **élete** ~ **(j)ában** in the bloom/flower of one's youth, in the prime/flower of life, in one's prime; **vágott** ~ cut flowers pl; ~**ba borul** burst* into bloom; ~**ot szed** pick flowers
virágágy n flower-bed
virágállvány n flower stand
virágárus n (boltos) florist; (utcai) flower-seller, flower-girl
virágcsendélet n flower painting, still life (pl still lifes)
virágcserép n flower-pot
virágcsokor n bunch of flower, bouquet
virágföld n mould, US mold
virágfüzér n garland, festoon (of flowers)
virágillat n fragrance of flowers
virágkertész n floral gardener, florist
virágkertészet n floriculture
virágkiállítás n flower-show
virágkor n flowering, golden age; (életé) prime, heyday || ~ **át éli** vm flourish, it is* the golden age of sg; vk be* in one's prime
virágláda n (ablakban) window-box
virágmag n flower-seed(s)
virágméz n honey
virágnyelv n átv ~**en közöl** vmt say*/put* sg in a roundabout way to sy
virágos a (mező) flowery, covered with flowers ut. || (virággal díszített) flowered || ~ **anyag** flowered/floral material; ~ **kedvében van** be* in high spirits; ~ **mező** flowery field
virágpor n pollen
virágszál n a (single) flower, a stem || ~**am!** darling!, sweetheart!
virágszirom n petal
virágszőnyeg n carpet of flowers
virágtakaró n növ perianth || (mezőé) blanket/carpet of flowers
virágtartó n flower-stand
virágüzlet n flower shop, florist('s)
virágvasárnap n Palm Sunday
virágzás n növ flowering, bloom(ing); (gyümölcsfáé) blossom(ing) || átv flowering, golden age, heyday || ~**nak indul** begin* to flourish
virágzat n inflorescence
virágz|ik v növ flower, be* in flower, bloom; (gyümölcsfa) blossom || átv flourish, prosper
virágzó a növ flowering, blossoming, blooming || átv flourishing, prospering, prosperous || ~ **fák** trees in blossom; ~ **kereskedelem** booming trade
virgonc a agile, nimble, spry
virrad v (hajnalodik) dawn, the day is* breaking || (vk ébred vmre) (a)wake* to (find) sg || **mire** ~**unk?** what is* (there) in store for us?, what can we expect?
virradat n dawn, daybreak || ~**kor** at dawn
virradó a dawning, breaking || **a vasárnapra** ~ **éjszaka** in the early hours of Sunday; **keddre** ~**ra** by Tuesday morning
virraszt v be*/keep* awake, sit*/stay up (for sy), watch || **beteg mellett** ~ sit* up with a sick person, keep* vigil (by sy's bed)
virrasztás n sitting/staying up (all night), all-night vigil
virsli n kb. Vienna sausage, US wiener(-wurst)
virtuóz n zene virtuoso
virtuozitás n virtuosity
virtus n ~**ból tette** he did* it to show his mettle/courage/strength; (vakmerően) he did out of sheer bravado/machismo
virul v növ flower, bloom || átv vk, vm flourish, prosper || **él és** ~ be* in the pink, be* doing well, be* thriving
viruló a növ flowering, blooming || (egészség) robust, vigorous
vírus n virus
vírusfertőzés n virus infection
víruskutatás n virology
víruskutató n virologist
vírusos a viral || ~ **betegségek** viral diseases
visel v (öltözéket) wear*, have* (sg) on || **gondját** ~**i vmnek/vknek** take* care of sg/sy; **jól** ~ (bajt, csapást stb.) bear* up well against/under [misfortunes]; **jól** ~**i magát** behave well; **rosszul** ~**i magát** misbehave, behave badly, conduct oneself badly; ~**i a költségeket** bear* the costs/expenses of sg; **vm nevet** ~ bear* a name
viselet n (ruházat) costume, dress || **nemzeti** ~ national costume/dress
viselkedés n (vkvel szemben) behaviour (US -or) (towards sy), conduct, attitude || **micsoda** ~**!** such carryings-on!

viselked|ik *v (vkvel szemben)* conduct oneself, behave (towards sy) ǁ **okosan ~ik** act/behave sensibly; **~j rendesen!** behave (yourself)!, be good!

viselő *n (címé)* holder

viselt *a (használt)* worn, old; *(kopott)* shabby, threadbare ǁ **vknek a ~ dolgai** sy's acts/deeds/doings/past

viseltet|ik *v (vmvel/vhogyan vk/vm iránt)* feel*/show*/manifest sg for sy/sg ǁ **jóindulattal ~ik vk iránt** be* well-disposed towards sy; **rosszindulattal ~ik vk iránt** bear* sy a grudge

visít(oz|ik) *v* shriek, scream, shrill, squeal

viskó *n* hovel, poor/tumbledown cottage, hut

visz *v (szállít vkt/vmt vhova)* carry, take* [sy/sg to a place], transport; *(vezet)* lead*, conduct; *(terhet)* bear*; *(hírt)* convey, bring* ǁ *(rávesz vkt vmre)* induce/get* sy to do sg ǁ *(ügyeket)* direct, manage ǁ **az ördög vigye!** the devil take him/it!; **ez a puska 1000 yardra ~** this rifle carries a thousand yards; **ez az út a városba ~** this road leads* to the town; **magával ~ vkt** take* sy with one, take* sy along; **még sokra viheti** he may well go far; **nem ~i semmire** fail to get on; **odáig vitte a dolgot, hogy ...** he carried things so far as to ..., he went so far as to ...; **sikerre ~ vmt** make* a success of sg, bring*/carry/pull sg off; **vigyen, kérem ...** please take me to ...

viszály *n* discord, conflict, hostility

viszket *v* itch, be* itching, have* an itch ǁ **mindenem ~** I itch all over

viszketegség *n* **feltűnési ~** morbid desire to attract attention

viszketés *n* itching, *tud* pruritus

viszolyog *v vmtől* be* loath to do sg, loathe (doing) sg, hate the idea of doing sg, be* very reluctant to do sg

viszonoz *v* return, requite, reciprocate ǁ **~za vk szerelmét** return sy's love

viszont **1.** *conj (másfelől)* on the other hand, then again, in turn ǁ *(mégis)* nevertheless, however, still ǁ **ami ~ azt jelenti ...** which in turn means (that) **2.** *adv (kölcsönösen)* mutually ǁ **és ~** and vice versa; **köszönöm, ~** thanks, and the same to you; thanks, and you too

viszontagság *n* vicissitude, adversity, hardship, trial

viszontagságos *a* vicissitudinous, full of vicissitudes *ut.* ǁ **~ élet** a life full of ups and downs, a hard life

viszontbiztosítás *n* reinsurance

viszonthallásra! *int* good-bye!

viszontlát *v* see* (sy/sg) again

viszontlátás *n* seeing (sy/sg) again ǁ **a ma esti ~ig** until tonight

viszontlátásra! *int* (good)bye!, *biz* bye-bye!, so long!, see you (later/soon)!, I'll be seeing you, ciao!

viszontszívesség *n* kindness/favour *(US* -or*)* done in return

viszonzás *n (szívességé)* return (for a kindness), return (service) ǁ **~ul** in return (for sg)

viszonzatlan *a* unreturned, unanswered ǁ **~ szerelem** unrequited love

viszonzott *a* returned, mutual; *(érzelem)* requited [affection], reciprocated [feeling]

viszony *n (kapcsolat)* relation(ship) *(vkk között* between*)* ǁ *(nemi)* affair ǁ *(dolgoké)* relation(ship) (between); *(összefüggő)* correlation (between) ǁ *(főleg anyagi)* circumstances; *ált* situation ǁ **az árak és bérek ~a** the relationship between wages and prices; **jó anyagi ~ok közt él** be* comfortably/well off; **jó ~ban van vkvel** be* on good/friendly terms with sy, be* friendly with sy; **rossz ~ban vannak** they are on bad terms; **~a van vkvel** have* a love affair *(v.* an affair*)* with sy, *biz* carry on with sy; ǁ **~ok** *(helyzet)* conditions

viszonyít *v vmhez* compare (sg) to/with sg

viszonyítva *adv* (as) compared to, in comparison with

viszonylag *adv* comparatively, relatively

viszonylagos *a* relative, comparative

viszonylat *n (vonatkozás)* relation, respect ǁ *vasút* service ǁ **nemzetközi ~ban** internationally; **országos ~ban** nationally, nationwide

viszonyl|ik *v vmhez (vhogyan)* compare [favourably/unfavourably etc.] with sg; the relationship between ... and ... is*

viszonyszó *n* particle

viszonyul *v* **hogy ~ hozzá?** what is his attitude to this?, what is his position?; **jól ~ vmhez** have* the right attitude to sg

vissza *adv* back, backwards

visszaad *v vmt* give*/hand back, return; *(pénzt)* repay*, refund, pay* back, return ǁ *(fordításnál)* render, convey [the meaning] ǁ *(viszonoz)* return ǁ *(nagyobb címletű pénzből)* give*/hand sy his/her change ǁ **mikor adod vissza a könyvet?** when will you return (me) the book I lent you?; **~ja a labdát** pass back *(v.* return*)* the ball

visszaakaszt *v* hang* up sg again; *(szögre)* put* back

visszaáll *v (helyreáll)* be* restored

visszaállít v vmt put* back || átv restore
visszabeszél v answer/talk back, be* saucy
visszabúj|ik v slip back
visszacsatol v (területet) reannex
visszacsatolás n (területé) reannexation || el feedback
visszacsavar v (visszaforgat) turn back || (csavaros fedőt) screw [the lid/top] back
visszacsinál v undo*, dismantle || **ezt nem lehet** ~**ni** there is* no going back on it
visszacsúsz|ik v slip/slide* back
visszadob v throw*/fling* back
visszadug v stick*/put* back, reinsert
visszaél v vmvel misuse sg, abuse sg; take* advantage of sg
visszaélés n hivatali hatalommal való ~ the abuse/misuse of authority/power, abuse of one's position
visszaemlékezés n (personal) recollection (of), remembrance, memory; (emlékirat) memoir(s) || **XY** ~**ei** the memoirs of YX
visszaemlékez|ik v vmre remember/recall/recollect sg || **nem tudok** ~**ni a helység nevére** I can't seem to bring to mind the name of the place
visszaér v be*/come*/go*/get* back, return (vhová to); (hazaérkezik) return/come*/get* home
visszaérkezés n return, going/coming back; (haza) homecoming
visszaesés n (bűnözőé) relapse (into crime/sin/vice) || orv relapse || **gazdasági** ~ [an industrial/trade etc.] recession
visszaes|ik v (helyre) fall*/drop* back || orv (beteg) have* a relapse, relapse || jog (bűnbe) (re)lapse into crime, repeat one's offence (US -se)
visszaeső a orv ~ **beteg** relapsed patient, patient/person who relapses (v. has relapsed); jog ~ **bűnöző** subsequent offender, recidivist, person with a criminal record ut.
visszafejleszt v reduce, cut* down
visszafejlődés n regression, regress
visszafejlőd|ik v regress
visszafeksz|ik v vmre lie* down (on sg) again || ~**ik az ágyba** go* back to bed
visszafelé adv backwards, back, in the opposite direction || ~ **sült el** it had* the opposite effect, it backfired (on sy)
visszafizet v vknek vmt repay*/refund sy [the money], pay* [the money] back to sy, pay* (him/her etc.) back the money; (pénzt) refund [the money]
visszafizetés n repayment, refund; ker rebate

visszafogad v take* back || ~ **vkt kegyeibe** sy is* back in one's good books
visszafoglal v reoccupy, reconquer; (várost) retake*, recapture
visszafoglalás n reoccupation, recapture
visszafogott a low-key
visszafogottan adv in a low key
visszafojt v hold* (sg) back v. hold back sg, restrain || ~**ott lélegzettel** with bated breath; ~**ja könnyeit** choke/gulp back one's/the tears
visszafordít v (irányban) turn back/round, reverse, invert
visszafordíthatatlan a irreversible
visszafordul v turn (round/back), double back
visszafut v run* back
visszagondol v vmre think* back (on/to sg); vmre/vkre recall/remember sg/sy
visszahajt v (állatot) drive* back || (papírt, takarót) fold back, fold up (again); (nadrágot, inget) roll up
visszahat v vmre react (up)on sg, affect sg, have* an effect on sg, have* repercussions on sg
visszahatás n reaction; (pol, erős) backlash
visszaható a nyelvt ~ **ige** reflexive verb; ~ **névmás** reflexive pronoun
visszahelyez v (vmt a helyére) put* (sg) back (in the right place), replace sg || **jogaiba** ~ rehabilitate sy, reinstate sy in his rights
visszahív v ált call (sy) back; (követet, képviselőt) recall (sy) || (vkt telefonon) call/ring* (sy) back (later)
visszahódít v reconquer, win* back (sy/sg from sy)
visszahonosít v repatriate
visszahoz v vkt, vmt bring* (sy/sg) back
visszahúz v ált draw*/pull/hold* back || (behúz) draw* in, retract
visszahúzód|ik v withdraw*, draw* back
visszaidéz v (emlékezetébe) recall (sy/sg), call sy/sg to mind
visszaigazít v ~**ja az óráját** put* one's clock/watch back
visszaigazol v acknowledge (receipt of) sg
visszaigazolás n acknowledgement
visszája n (anyagé) the reverse/back/wrong side (of the cloth) || ~**ra fordít vmt** turn sg inside out
visszajár v (vk vhová) keep* (on) going/coming back || (pénz) be* due (back) || **25 Ft** ~ you get 25 fts change
visszajáró pénz n change
visszajátszás n (magnó) playback
visszajátsz|ik v play back

visszajön v come*/be* back, return || **visszajött már?** is he back yet?
visszajövet adv on one's/the way back
visszajuttat v return sg to sy, send*/give* sg back to sy
visszakap v get*/receive back; *(betegséget)* catch*/contract again || ~**ja állását** be* reinstated in one's former position/job, be* given one's job back
visszakapcsol v *(kisebb sebességre)* change down || most ~unk a stúdióba (and) now we (shall) return you to the studio (v. the broadcasting house)
visszakér v ask (sy) for sg back || ~**i a (kölcsönadott) könyveket vktől** ask sy to return the books (s)he (has) borrowed
visszakeres v *(adatot)* check, look up; szt retrieve
visszakeresés n *(információé)* (information/data) retrieval
visszakerül v get*/come* back/home, find* its/one's way back to swhere
visszakézből adv backhanded(ly)
visszakezes ütés n backhand (stroke), back-stroke
visszakiált v shout back (in reply)
visszakísér v see*/escort (sy) home/back
visszakoz|ik v *(nem vitatkozik tovább)* back/climb down || **kat** ~**z!** as you were!
visszaköltöz|ik v *(lakásba)* move back; *(országba)* return, remigrate
visszaköszön v vknek return sy's greeting
visszakövetel v claim/demand sg back, demand that sg be returned
visszaküld v vmt vknek return (sg to sy); *(vkt/vmt vkhez)* send* sy/sg back (to sy)
visszalép v *(hátralép)* step/stand* back || átv vmtől pull out (of sg), call off (sg), back out of, withdraw* (from); *(üzlettől, szerződéstől)* back out of [a deal, contract]
visszalépés n *(hátralépés)* stepping/standing back || átv withdrawal (from), backing/pulling out
visszamarad v vm be* left over || *(vk lemarad)* fall*/lag behind || *(fejlődésben)* be* backward
visszamaradt a *(fejlődésben)* backward || **szellemileg ~ gyermek** backward (v. mentally handicapped/retarded) child°
visszamegy v vhova go* back (to), return (to) || *(csökken)* diminish, subside || biz *(semmivé lesz)* come* to nothing || *(visszanyúlik)* date/go* back (to)
visszamenő hatályú a retrospective, retroactive
visszamenőleg adv retrospectively, retroactively || ~ **megkapja fizetését** get* arrears of one's salary

visszaminősít v demote, downgrade
visszamond v *(bizalmas közlést)* repeat [sy's confidential remarks to the person concerned] || *(meghívást)* cancel *(US* -l); *(írásban)* turn down || *(rendelést)* countermand, cancel *(US* -l) || ~**ta a vacsorameghívást** he excused himself from dinner
visszanéz v vmre look back (on)
visszanyer v *(bizalmat, szabadságot)* regain, recover, win*/get* back || ~**i eszméletét** regain/recover consciousness, come* to; ~**i nyugalmát** regain one's composure
visszanyúl|ik v *(térben)* reach back to || *(időben)* go* back to, date back to
visszapillant v *(hátra)* look/glance back (on) || ~ **a múlt év eseményeire** look back on (v. review) the events of last year
visszapillantás n *(hátra)* backward glance || *(áttekintés)* retrospect, review
visszapillantó tükör n rear-view mirror
visszarendel v vkt call/summon sy back, recall, order to return
visszarendeződés n pol putting back the clock, going back to the bad old days [of Stalinism etc.]
visszarepül v fly* back; *(repülőgépen)* return by air
visszariad v vmtől shrink* back (from) || **semmitől sem riad vissza** nothing will deter him
visszariaszt v vkt vmtől deter (sy from sg)
visszáru n ker return(ed) goods pl, returns pl
visszarúg v *(labdát)* kick back || *(lőfegyver)* kick back, recoil
visszás a *(kellemetlen)* troublesome, tiresome; *(lehetetlen)* absurd || ~ **helyzetben van** be* in an awkward position
visszasír v weep* for (the return of) sg || ~**ja ifjúkorát** she weeps* for the days of her youth
visszásság n awkwardness, perversity
visszasüllyed v sink*/fall*/drop back || átv relapse into
visszaszáll v *(madár)* fly* back; *(ágra stb. leszáll)* perch [on a branch etc.] || *(vagyon vkre)* revert to (sy)
visszaszámlálás n countdown
visszaszámol v count down
visszaszerez v ált get*/win* back, regain possession of; *(elveszett tárgyat)* recover (sg from sy) || *(becsületét)* retrieve [one's honour *(US* -or)]
visszaszól v *(telefonon)* call/ring* back
visszaszorít v *(ellenséget)* force/roll/drive* back || *(visszafojt)* repress, suppress

visszaszorul *v* be* forced back; *(háttérbe)* be* pushed *i*nto the b*a*ckground

visszatalál *v* find*/make* one's way back

visszatáncol *v* go* back on (one's word), ren*e*ge on sg, back out

visszatart *v vkt* keep*/hold* back ‖ *vkt vmben* keep*/hold* (sy) back; *vmtől* h*i*nder/prevent sy from [d*o*ing sg]; *(eséstől)* keep* back from ‖ *vmt* ret*a*in sg; *(visszafojt)* repress, suppress ‖ **mi tartja vissza?** what is st*o*pping him?; **nem lehetett ~ani** there was no h*o*lding him/her; **~ja lélegzetét** hold* one's breath

visszataszító *a* rep*u*lsive, rep*e*llent, rep*u*gnant, dist*a*steful

visszatekint *v vmre* look back on sg ‖ **~ve** in retrospect

visszatér *v vhova* return (to), go*/get* back (to a place) ‖ *vmre* revert (to), come* back (to) ‖ **erre még ~ünk** we'll come back to that l*a*ter; **utazásomból ~ve** on my return

visszatérés *n vkhez, vmhez, vmre* return(ing) (to sy/sg)

visszatérít *v (pénzt)* pay* back, ref*u*nd, rep*a*y*, return

visszatérítés *n (pénzé)* refund, p*a*ying back, repayment, return; *ker* reb*a*te

visszatérő *a* returning, c*o*ming/g*e*tting back *ut*. ‖ **~ jegy** readm*i*ssion t*i*cket, *US* check-out t*i*cket; **soha vissza nem térő alkalom** the opport*u*nity of a l*i*fetime

visszatérőben *adv* on the/one's way back

visszatesz *v vmt, vkt* put*/set*/get* (sg) back, repl*a*ce (sg) ‖ *(ficamot)* red*u*ce ‖ **~i a (telefon)kagylót** repl*a*ce the rec*e*iver

visszatetszés *n* displ*e*asure, dissatisfaction ‖ **~t szül vkben** cause sy dissatisfaction, displ*e*ase/off*e*nd sy

visszatetsző *a* displ*e*asing, unpleasant

visszatol *v* push (*v*. *biz* shove) back; *(fiókot)* push in/back

visszatoloncol *v vkt* transp*o*rt sy back/home

visszatükröz *v* reflect, m*i*rror

visszatükröződ|ik *v* be* refl*e*cted/m*i*rrored

visszaugr|ik *v* leap*/spring*/jump/fly* back; *(labda)* rebo*u*nd, bounce (back); *(rugó)* rec*oi*l

visszaút *n* ret*u*rn/*i*nward j*o*urney

visszautasít *v* ref*u*se, rej*e*ct, turn down; *(ajánlatot)* decl*i*ne, reject; *(meghívást)* ref*u*se, turn down

visszautasítás *n* ref*u*sal; *(javaslaté)* rejection

visszautazás *n* ret*u*rn j*o*urney

visszautaz|ik *v* ret*u*rn, go* back/home

visszaül *v* go* back (*v*. ret*u*rn) to one's seat

visszaüt *v vkt* hit* (sy) back ‖ *(teniszlabdát)* return [a/the ball] ‖ *vkre* take* *a*fter sy

visszavág *v vknek* hit* back ‖ *átv a*nswer sy pat, ret*o*rt ‖ *(labdát)* hit* [a ball] back, return

visszavágó (mérkőzés) *n* ret*u*rn match

visszavágyód|ik *v* long/want to be back (in a place)

visszavált *v (jegyet)* ref*u*nd a t*i*cket, give* sy a refund on a t*i*cket

visszaver *v (támadást, ellenséget)* beat* off, rep*u*lse, rep*e*l, drive*/force back ‖ *fiz* **~i a fényt** reflect light; **~i a hangot** reflect/reverberate sound

visszaverődés *n (fényé)* reflection, reflexion; *(hangé)* reverber*a*tion

visszaverőd|ik *v (fény)* be* refl*e*cted; *(hang)* be* reflected, reverberate

visszavesz *v (ajándékot, árut)* take* back ‖ *(alkalmazottat)* re-eng*a*ge, take* on ag*a*in, take* back ‖ *(visszavásárol)* buy* back, credit sy for sg ‖ *kat* ret*a*ke*, rec*a*pture

visszavet *v (dob)* throw*/cast*/fling* back ‖ *(hátráltat)* set* sy back, h*i*nder; *(fejlődést)* ret*a*rd

visszavétel *n* t*a*king back ‖ *(váré)* reoccup*a*tion, rec*a*pture

visszavezet *v vkt vhova* bring*/take*/see* (sy) back (to a place), lead* (sy/sg) back (to) ‖ *vmt vmre* tr*a*ce (sg) back (to sg), attr*i*bute (sg to sg) ‖ **ez az út ~ a városba** this road will take you back to the c*i*ty

visszavezethető *a vmre* tr*a*ceable to sg; *(igével)* can be tr*a*ced back to sg; *(tulajdonítható)* attr*i*butable/due to sg; *(igével)* can be (*v*. is) attr*i*buted/ascr*i*bed to sg

visszavon *v ált* withdr*a*w*, c*a*ncel (*US* -l); *(rendeletet)* withdr*a*w*, rep*e*al, rev*o*ke, c*a*ncel, resc*i*nd; *(vallomást)* retr*a*ct ‖ *(csapatokat)* withdr*a*w* ‖ **~ja szavát** take* back one's word, go* back on one's word

visszavonás *n (érvénytelenítés)* rec*a*ll; *(engedélyé)* withdr*a*wal; *(rendeleté)* rep*e*al [of edict] ‖ *(csapatoké)* withdrawal ‖ **~ig érvényes** *(engedély stb.)* v*a*lid unt*i*l recalled/countermanded *ut*., valid unt*i*l further notice *ut*.

visszavonhatatlan *a* irrevocable, past/beyond recall *ut*.; *(elhatározás)* firm, irrevocable, un*a*lterable

visszavonul *v vk ált* withdr*a*w*, retr*e*at; *(ügyek intézésétől)* retire (from), withdraw* (from) ‖ *kat* retreat, withdraw* ‖ *(áradat)* recede ‖ ~ **a szobájába** retire to his/her room

visszavonulás *n* állt withdrawal ‖ *kat* retreat

visszavonult *a* retired, solitary ‖ ~**an él** live/lead* a retired/quiet life, live* in retirement/seclusion

visszér *n (gyűjtőér)* vein ‖ *biz* **visszere van** have* varicose veins

visszércsomó *n* varicose vein

visszeres *a* varicosed, having varicose veins *ut.*

visszérgyulladás *n* phlebitis

visszfény *n* reflected light; *(átv is)* reflection

visszhang *n fiz* echo ‖ *(eseményé)* reaction, response ‖ **kedvező** ~**ra talál be*** well/favourably (*US* -or-) received, meet* with a warm response

visszhangoz *v* (re-)echo (sg); *átv* echo

visszhangz|ik *v vmtől* echo/reverberate/resound with

VIT = *Világifjúsági Találkozó* World Youth Festival

vita *n* debate, discussion, dispute; *(parlamenti)* debate ‖ *(szóváltás)* argument, quarrel, dispute ‖ **a** ~ **tárgya** the subject of the debate, the question under debate, the point/matter at issue; **a** ~**t bezárja** wind* up the debate; **hosszas** ~ **után** after much debate; ~ **volt köztük** they had an argument (about sg); ~**n felül áll be*** beyond dispute/question; ~**t folytat** debate sg (with sy), hold* a debate (with sy) on sg

vitafórum *n* panel discussion

vitaindító előadás *n* keynote lecture/address

vitamin *n* vitamin ‖ **C-**~ vitamin C

vitamindús *a* rich in vitamins *ut.*

vitaminhiány *n* vitamin deficiency

vitamintartalmú *a* containing vitamins *ut.*

vitás *a* disputed, debated; *(kétes)* doubtful, uncertain ‖ ~ **kérdés** controversial matter/issue, unsettled/unresolved question, the point/matter at issue; **nem** ~, **hogy** there is* no doubt that, it is beyond dispute/argument that

vitat *v (kétségbe von)* dispute (sg), argue against (sg); *(állít)* maintain, contend ‖ *(véd)* argue for (sg)

vitathatatlan *a* indisputable, incontestable, beyond dispute *ut.* ‖ ~**ul** indisputably, beyond (all) doubt

vitatható *a* disputable, contestable, controversial, debatable ‖ ~, **hogy** it is a moot/debatable point/question (whether)

vitatkoz|ik *v (vitát folytat)* debate (about sg *v.* a question with sy), dispute (sg with sy); *(megvitat)* discuss (sg with sy)‖ ~**ik vkvel vmről** argue with sy about sg; *(veszekszik)* quarrel (*US* -l) with sy about sg; **ne** ~**z velem!** don't argue with me!

vitatott *a* **(sokat)** ~ **kérdés** a controversial issue/question, much/hotly-debated question

vitazáró *n* concluding speech, winding-up speech

vitel *n (szállítás)* carriage, conveyance, transport, *US* transportation ‖ **megbíz vkt az ügyek** ~**ével** entrust/charge sy with the direction of affairs, leave* sy in charge

viteldíj *n* fare ‖ **kérem a** ~**akat!** fares, please!

vitet *v vkvel* have* sg carried/taken (by sy)

vitéz 1. *a* valiant, brave **2.** *n tört (bátor katona)* valiant/brave warrior/soldier ‖ **János** ~ John the Hero

vitézség *n* valour (*US* -or), bravery

vitorla *n* állt sail ‖ *(szélmalomé)* sail [of windmill] ‖ ~**t bevon** lower the sails, reef in; ~**t felvon** hoist the sails

vitorlarúd *n* (sail-)yard

vitorlás 1. *a* sail-, sailing **2.** *n (csónak)* sailing-boat, sailing dinghy, *US* sailboat; *(hajó)* sailing ship/vessel, (cruising) yacht

vitorlásverseny *n* yacht/sailing race; *(nagyobb)* regatta; *(versenyzés)* yacht racing

vitorlázás *n (mint versenyszám)* yachting, yacht racing; *(egyébként)* sailing, cruising

vitorlázat *n* rig, sails *pl*

vitorláz|ik *v (vízen)* sail ‖ *biz (vitorlázórepülést végez)* glide, go* gliding, sailplane

vitorlázó 1. *a (vízen)* sailing, yachting ‖ *(levegőben)* soaring, gliding ‖ ~ **repülőgép** glider, sailplane **2.** *n (vízen)* yachtsman°/yachtswoman°, cruiser ‖ *(levegőben)* glider

vitorlázórepülés *n* gliding, sailplaning

vitorlázórepülő *n* glider

vitrin *n* glass/show-case, glass(-fronted) cabinet

vív *v sp* fence ‖ *(harcol)* fight*/battle (for/against), struggle (with/against)

vívás *n sp* fencing

vívmány *n* achievement, attainment

vívó 1. *a* fencing **2.** *n* fencer

vívóállás *n* (fencing) position

vívóbajnok *n* fencing champion

vívóbajnokság *n* fencing championship/tournament

vívód|ik *v vmvel* be* in the grip of sg, wrestle with sg/oneself

vívókard n (fencing) sword
vívókesztyű n fencing-gloves pl
vívósisak n (fencing) mask
vívóterem n fencing-school/room
vívótőr n foil
vívóverseny n fencing contest
vívó-világbajnokság n world fencing championship(s)
víz n water || csupa ~ dripping/soaking wet, drenched through (v. to the skin); biz felkapja a vizet (vm miatt) be* steamed up (about sg); folyó ~ running water; biz kinn vagyok a ~ből iron (továbbra is bajban van) a lot of good that has done me! biz (sikerült kikeverednie a bajból) I'm out of the wood; nem sok vizet zavar count but little, carry little weight; úgy él, mint hal a ~ben he is having the time of his life; ~ alatt under water v. underwater; ~ alatti underwater, (tud) subaqueous; ~be fúl drown, be*/get* drowned; ~be öli magát drown oneself; ~ben oldódó water-soluble; ~re bocsát launch, set* afloat; ~re bocsátás launching, setting afloat; ~re száll (kissé tréfásan) put* out, push off; ~re szállás (űrkabiné) splashdown; vizet hord a Dunába carry coals to Newcastle
vízágyú n water-cannon (pl ua.)
vízállás n water level/line
vízállásjelentés n water-level report
vízálló a waterproof, watertight
vízáteresztő a permeable to water ut.
vízcsap n (water) tap, US faucet || kinyitja a ~ot turn on the (water) tap; elzárja a ~ot turn off the (water) tap
vízcsepp n drop of water
vízdíj n (a díjszabás) water-rate(s); (a kiszabott díj) water charges pl
vizel v pass urine, urinate
vizelde n urinal (v. GB urinal), (men's) lavatory
vizelés n passing urine, urination
vizelet n urine
vizeletvizsgálat n urinalysis
vízellátás n water supply
vízelvezető cső n drainpipe
vizenyő n oedema (US edema) (pl -mata)
vizenyős a orv oedematous (US edem-) || (nedves) humid, damp, dank
vízerőmű n hydroelectric power station (v. plant)
vizes a ált wet, watery, watered || (nedves) moist, damp, humid
vizesárok n sp water jump
vizesblokk n the plumbing
vízesés n waterfall
vizeskancsó n (water-)jar, US pitcher
vizespohár n tumbler, drinking glass

vízfejűség n hydrocephaly, hydrocephalus
vízfesték n watercolour (US -or) || ~kel fest paint in watercolours (US -ors)
vízfestmény n watercolour (US -or)
vízfogyasztás n water consumption
vízgazdálkodás n water management, water resources development
vízgőz n steam
vízgyógyászat n hydropathy, hydrotherapy, water-cure
vízgyógyintézet n hydropathic establishment, biz hydro
vízgyűjtő n (medence) reservoir, cistern || ~ terület catchment area/basin, drainage area/basin
vízhajtó n (gyógyszer) diuretic
vízhatlan a waterproof, watertight
vízhiány n water shortage
vízhólyag n blister, vesicle
vízhozam n water output
vízhűtés n water cooling
vízhűtéses a water-cooled
vízi a water-, of the water ut. || ~ jármű water craft, vessel; ~ jártasság watermanship; ~ sportok water/aquatic sports, aquatics pl; ~ úton by water
vízibusz n water-bus
vízilabda n water-polo
vízilabdáz|ik v play water-polo
víziló n hippopotamus (pl -muses v. -mi), biz hippo
vízimalom n water-mill
vízinövény n water-plant/weed, hydrophyte
vízió n vision
vízipuska n water pistol, US squirt-gun
vízisí n water-skis pl
vízisikló n áll common/grass snake
vízisízés n water-skiing
víziszony n dread of water, hydrophobia
vizit n ált visit, call || orv (kórházban) (doctors') round(s) || nagy~ van the doctors are on their rounds
vízjel n (papíré) watermark
vízkereszt n (január 6.) Epiphany; (előestéje) Twelfth Night
vízkiszorítás n displacement
vízkorlátozás n water-rationing
vízkő n (lime-)scale
vízköves a scaly, furry, scale-coated
vízkúra n water-cure
vízlépcső n (water) barrage
vízmelegítő n (elektromos) electric water heater; (gáz) gas water heater, geyser
vízmentes a damp-proof
vízmosás n gully, (water-worn) ravine
vízművek n waterworks sing. v. pl; (kezelővállalat) water authority/board
víznyomás n hydraulic/water-pressure

vízóra *n* water-meter
vízöblítéses véce *n* flush toilet
vízözön *n* vall the Flood || **utánam a** ~ after me the deluge
vízpára *n* (water) vapour (*US* -or)
vízrajz *n* hydrography
vízrajzi térkép *n* hydrographic chart/map
vízrendezés *n* (surface/land) drainage
vízsugár *n* jet of water, water jet
vízszabályozás *n* regulation of waterways; *(folyóké)* river training
vízszegény *a* poorly watered, arid, dry
vízszennyeződés *n* water pollution
vízszint *n* water level, surface of the water
vízszintes 1. *a* horizontal, level || **~en** horizontally **2.** *n* horizontal (line)
vízszintező *n* spirit level
vízszolgáltatás *n* water supply
vízszűrő *n* filter, water-filter
víztároló *n* *(tartály)* reservoir, cistern
víztározó *n* *(tó)* reservoir, storage lake/reservoir
víztartalom *n* water content
víztartály *n* tank, cistern
víztelenít *v* *(pincét)* damp-proof; *(hálózatot)* drain the (water) system
víztorony *n* water tower
víztömeg *n* a body of water
víztükör *n* water surface
vizuális *a* visual || ~ **típusú** *(ember) (igével)* be* a visual person
vízum *n* visa || **beütik a** ~**ot az útlevelébe** get* one's passport visaed (*v.* stamped with a visa); **nem kap** ~**ot** be* refused a visa; ~ **ot kap** be* granted a visa; ~**ot kér** apply for a visa; ~**ot meghosszabbít** extend a visa
vízumhosszabbítás *n* extension of one's visa
vízumkényszer *n* obligatory visa system
vízumkérő lap *n* (visa) application form
vízumkiadás *n* visa collection
vízummentesség *n* visa exemption
vízvezeték *n* *(csőhálózat)* water pipes *pl*, (water-)conduit || = **vízcsap**
vízvezeték-szerelő *n* plumber
vizsga *n* examination, *biz* exam || ~**n átmegy** pass the examination; ~**n megbukik** fail (the examination); ~**ra készül** study/prepare for an exam
vizsgadíj *n* examination fee
vizsgadolgozat *n* examination paper
vizsgaidőszak *n* examination season
vizsgál *v* examine; *(alaposan)* scrutinize, study; *(beteget)* examine; *(számadást)* check, audit
vizsgálat *n* ált examination; *hiv* inquiry; *(nyomozás)* investigation || *(tanulmány)* in-depth study || *(tudományos)* research, (scientific) investigation || **alapos** ~ thorough (and detailed) examination, scrutiny; **orvosi** ~ medical examination; **orvosi** ~**on kell átesni** have to have/take a medical; ~**ot folytat vk ellen** examine sy's case; ~**ot indít** launch/open an inquiry (into)
vizsgálati fogság *n* detention/imprisonment on/under remand
vizsgaláz *n* examination fever
vizsgáló 1. *a* examining, investigating **2.** *n* ált examiner, investigator
vizsgálóbíró *n* examining judge/magistrate
vizsgálódás *n* *(körülnézés)* looking around/about || *(tudományos)* investigation, research
vizsgálód|ik *v* *(körülnéz)* look about (oneself) || *(kutat)* investigate, research into
vizsgáz|ik *v* sit* (for) an examination/exam, take* an examination || **jól** ~**ott** (s)he did well in the examinations, (s)he passed the examination with credit
vizsgázó *n* examinee, candidate
vizsgáztat *v* vkt vmből examine sy in Latin/maths/history etc. *v.* on his/her knowledge of Latin/maths/history etc.
vizsgáztató *n* examiner
vizsla *n* vizsla ⟨a Hungarian pointer⟩; *(hosszúszőrű)* setter
vokális *a* zene vocal || ~ **zene** vocal music
voks *n* vote
volán *n* (steering-)wheel || **a** ~ **nál** at the wheel
Volánbusz *n* Coach Service
volna *v* would/should be || **ha** ~ if there were; **ha tanult** ~ if he had studied (*v.* worked hard), had he studied (*v.* worked hard); **fontos** ~ it would be important; **ha autóm** ~ if I had a car
volt[1] *a* ex-, former, late || ~ **miniszter** ex-minister
volt[2] *n* el volt
volta *n* **az idő előrehaladott** ~**ra való tekintettel** in view of the advanced hour
voltaképp(en) *adv* as a matter of fact, actually, in point of fact, in (actual) fact || **mit akar** ~? what do you really want?
voltmérő *n* el voltmeter
voltos *a* el ...-volt, of ... volts *ut.*
volumen *n* volume
von *v* *(húz)* draw*, pull || **felelősségre** ~ call sy to account; **kétségbe** ~ (call in) question, cast* doubt on; **maga után** ~ involve; *(mint következményt)* entail, bring* about/on, have* as a consequence; **vállat** ~ shrug (one's shoulders)
vonagl|ik *v* writhe, wriggle; *(arc, izom)* twitch, jerk

vonakodás *n* reluctance, unwillingness
vonakod|ik *v* ~**ik megtenni vmt** be* reluctant/unwilling to do sg, drag one's feet; ~**va** reluctantly, unwillingly
vonakodó *a* reluctant, hesitant, disinclined, unwilling
vonal *n ált* line || *(körvonal)* (out)line || *kat* line || *(közlekedési)* line, route || *(távközlési)* line || *(politikai)* (political) line || *(foglalkozási ág)* line || **a** ~ **foglalt** *(telefon)* line engaged, US line busy; *biz* **az egész** ~ **on** all along, in every respect, throughout; **egy** ~**ban vmvel** in line with sg; **egyenes** ~ straight line; **gazdasági** ~**on dolgozik** her/his line is economics, (s)he is in economics; **nagy** ~**akban ismertet** sketch out, block in, give* a broad/general outline of (sg); **tartsa a** ~**at!** hold the line!, hold on!; **védelmi** ~ line of defence; **vigyáz a** ~**aira** *(nő)* she watches her figure
vonalas *a (vonalazott)* lined, ruled || *pol* hard-line, party-line, in harmony with the party line *ut.* || **nagyon** ~ *(személy)* be* a hard-liner; ~ **rajz** line drawing/diagram
vonalaz *v* draw* lines (with a ruler), rule lines || ~**ott** ruled
vonalazás *n (művelet)* (act of) drawing lines || *(vonalak)* rule/ruling (on sg), (de)lineation
vonalka *n* short line, stroke
vonalkáz *v* mark with lines, line; *(satíroz)* shade, hachure, stipple
vonalkód *n* bar code
vonalrendszer *n ált* system of lines || *zene* staves *pl*
vonalszakasz *n (távközlési)* section, stage
vonalzó *n* ruler
vonás *n (húzás)* drawing, (act of) pulling || *(ceruzával, tollal)* line, stroke; *(morzejel)* dash || *(arcé)* feature, line (of face) || **családi** ~ family trait/characteristic, *kif* it runs in the family; **durva** ~**ok** hard/coarse features; **egyéni** ~ a personal/individual touch/trait
vonat *n* train || **a 8 órás** ~**tal érkezik** (s)he is arriving by/on the 8 o'clock train; a ~ **10.20-kor érkezik** the train is due at 10.20 a.m.; **a** ~ **...ig nem áll meg** (this is) a nonstop train to ...; **beszáll a** ~**ba** get* in(to)/on(to) the train, board the train; **ez a** ~ **megy Debrecenbe?** is this the train to D.?, am I right for D.?; **kimegy vk elé a** ~**hoz** meet* sy at the station; **kiszáll a** ~**ból** get* off the train; **közvetlen** ~ through train; ~**tal megy** go*/travel (*US* -l) by train, take* a train (to); ~**ra száll** get* in(to) the train, take* a train to ...

vonatkozás *n* connection, relation, bearing || **ebben a** ~**ban** in this respect/connection/regard
vonatkozású *a* relating to sg *ut.*, connected with sg *ut.* || **magyar** ~ Hungarian-related, of Hungarian interest/relevance *ut.*
vonatkoz|ik *v vkre, vmre* concern sy/sg, refer/relate to sg, have* connection with sy/sg; pertain to sg; *(szabály stb.)* apply (to) || **ez nem** ~**ik rád** this does not apply to you, this/it does not concern/affect you; **ez** ~**ik a fiára is** this goes for his son too; **a szabály erre nem** ~**ik** this rule does not apply, the rule does not apply to this
vonatkozó *a* relevant || **a kérdésre** ~ **irodalom** the literature on the subject; **a** ~ **iratok** the relevant documents; *vmre* ~ concerning sg *ut.*, pertaining to sg *ut.*; ~ **névmás** relative pronoun
vonatkozóan *adv* **vmre** ~ concerning/regarding sg, with reference to sg
vonatkoztat *v vmt vmre* take* sg to refer to sg; *(szabályt stb.)* apply [the/these rules etc.] to sy/sg
vonatkoztatás *n* reference
vonatköltség *n* train fare, cost of a train journey
vonatszerencsétlenség *n* train crash
vonatvezető *n* (chief) guard
vonít *v* howl
vonítás *n* howl(ing)
vonó *n (hegedűé)* bow
vonós 1. *a* ~ **hangszer** string(ed) instrument **2.** *n* **a** ~**ok** the strings
vonósnégyes *n* string quartet
vonószenekar *n* string orchestra
vonszol *v* drag, lug, pull || *(alig)* ~**ja magát** drag oneself along
vontat *v (mozdony)* pull, haul; *(hajót)* tug, tow; *(járművet)* tow
vontatás *n* traction, pulling, haul(ing); *(hajó)* towing, haulage
vontató *n vk* hauler || *(hajó)* tug(boat), tow-boat; *(gépjármű)* tractor, traction engine
vontatott *a (hajó stb.)* towed || *(elhúzódó)* long drawn-out, protracted, sluggish, slow || *(hang)* drawling || ~ **beszélgetés** desultory conversation; ~ **hangon beszél** drawl; ~ **jármű** a vehicle on tow; ~**an halad** *vm* make* slow/little progress
vonul *v ált* proceed (to a place), go*, pass || *(menetel)* march || **a madarak délre** ~**nak** the birds are* migrating to the south; **szobájába** ~ retire to one's room; **vm vm mentén** ~ *(húzódik)* run*/pass along

vonulás *n* ált proceeding (to a place), moving; *(madaraké)* migration || *kat* march(ing)
vonulat *n földr* range
vonz *v* ált attract, draw* || *(érdekel)* interest (sy), appeal to (sy), sy is interested in sg || *nyelvt* govern [a case] || **az ellentétek ~zák egymást** opposites attract (each other); **elöljárót ~ take*** a preposition
vonzalom *n (vm iránt)* attraction/attachment to, liking/sympathy/affection for
vonzás *n vmé* attraction, pull; *(kémiai)* (chemical) affinity; *(mágneses)* (magnetic) attraction || *vké* attraction, attractiveness, charm, allure || **~t gyakorol vkre** fascinate/attract sy
vonzat *n nyelvt* government; *(elöljáró)* required preposition || **a „think" ~a „of"** "think" takes (*v.* is followed by) "of"; **elöljárós ~ú ige** phrasal verb
vonzó *a (erő)* attractive, drawing, magnetic || *(modor)* engaging, alluring; *(mosoly)* charming || **~ külseje van** have* attractive looks, look very attractive; **~nak találom** it appeals to me
vonzódás *n* attraction (towards), affection (for)
vonzódik *v vkhez* feel*/be* drawn to(wards) sy, feel* attracted to sy
vonzóerő *n* ált attraction, attractive force || *átv* attractiveness, allure; *(nőé)* charms *pl* || **~t gyakorol vkre** attract (sy), have* an attraction (for sy)
vö. = *vesd össze!* compare *(röv* cf.)
vő *n* son-in-law || **a ~m** my son-in-law
vödör *n (fém)* pail; *(fém, fa)* bucket || **~szám(ra)** pailfuls/bucketfuls of . . .
vőfély *n* best man°; *(néha)* groomsman°
vőlegény *n* fiancé; *(esküvőn)* bridegroom, *biz és US* groom
völgy *n* valley || **a Duna ~e** the Danube basin
völgygát *n* dam, barrage
völgyhíd *n* viaduct
völgykatlan *n* deep valley, cirque, *sk* corrie
völgymenet *n* descent, downhill passage || **~ben** (going) downhill
völgyszoros *n* gorge, defile
völgyzáró gát *n* dam, barrage
vörheny *n* scarlet fever
vörhenyes *a (beteg)* suffering from scarlet fever *ut.* || *(szín)* scarlet, reddish
vörös 1. *a* red; *(arc)* ruddy, flushed || **~ haj** ginger/red hair; **~ káposzta** red cabbage; **~ répa** beet(root); **~ az arca** *(dühtől)* be* livid, be* black in the face; **~en izzó** red-hot; **~re fest** ált paint (sg) red, redden; *tex* dye/stain (sg) red **2.** *n* red (colour, *US* -or), red (hue/tint), crimson, ruby
vörösbegy *n* robin (redbreast)
vörösbor *n* ált red wine; *(bordeaux-i)* claret; *(portói)* port
vöröses *a* reddish, ruddy
vörösesbarna *a* auburn, reddish-brown || **~ haj** auburn/copper hair
vörösesszőke *a* reddish-blond, ginger(--haired)
vörösfenyő *n* larch(-tree)
vöröshagyma *n* onion
Vöröskereszt *n (intézmény)* Red Cross
vöröskeresztes *a* red-cross, Red Cross
vörösödik *v vm* redden; *vk* turn/go* red, blush, flush || **fülig ~ik** blush (up) to the ears
vörösréz *n* copper
vörösség *n* redness, ruddiness
Vörös-tenger *n* Red Sea
vörösvértest *n* red blood cell/corpuscle, erythrocyte
VSZ-országok *n pl tört* Warsaw Pact Countries
vulgáris *a* vulgar, coarse, low
vulgarizál *v* vulgarize, coarsen
vulkán *n* volcano
vulkáni, vulkanikus *a* volcanic
vulkanizál *v* vulcanize; *(autógumit, US)* recap
vurstli *n* fun-fair, fairground, amusement park/ground

W

walesi *a* **a ~ herceg** the Prince of Wales
walkman *n* personal stereo (cassette player), Walkman *(pl* Walkmans)
watt *n el* watt
wattóra *n (egység)* watt-hour || *(mérő)* watt meter
wattos *a* **100 ~ égő** a 100-watt bulb
watt-teljesítmény *n* wattage
WC *n (vécé)* WC, lavatory, toilet, *biz* loo, *US* john
whisky *n* whisky *(US* whiskey) || **két ~t kérek** two whiskies, please
windfix *n* draught-excluder
windsori *a* **a ~ vár** Windsor Castle; **A ~ víg nők** The Merry Wives of Windsor
wurlitzer *n* jukebox

X

X, x *n mat* x ‖ **x tengely** x-axis; **x-edik hatvány** the nth power; *biz* **x-szer mondtam már(, hogy ne)** I've told you a hundred times, not to ..., for the umpteenth time, don't ...
xerográfia *n* xerography
xerox *n (gép)* xerox, (xerographic) copier, photocopier ‖ *(másolat)* xerox ‖ ~**ot készíttet vmről** have* sg xeroxed
xilofon *n* xylophone
X-kromoszóma *n* X chromosome
x-lábú *a (ember)* knock-kneed ‖ ~ **asztal** trestle table
X. Y. Mr. So-and-so

Y

Y, y *n* **Y alakú** Y-shaped; *mat* **y tengely** y-axis
yard *n* yard (= *0,91 méter*)
Y-elágazás *n* Y-junction
Y-kromoszóma *n* Y chromosome

Z

zab *n* oats *(pl; néha: sing.)* ‖ **elmehet** ~**ot hegyezni** he can do what he likes, he can go hang
zabál *v (állat)* eat*, feed*, devour ‖ *vulg (ember)* guzzle, stuff oneself (*v.* one's face), make* a pig of oneself
zabálás *n vulg* guzzling; *(alkalom)* blow-out
zabkása *n* (oatmeal-)porridge, (porridge) oats *sing. v. pl*
zabla *n* bit, snaffle (bit)
zabliszt *n* oatmeal ‖ ~**ből való** oat(en)
zabolátlan *a* unbridled, unrestrained
zaboláz *v átv* bridle, curb, restrain
zabos *a (zabbal készült, zab-)* oat-; oaten ‖ *biz (mérges)* hopping mad
zabpehely *n (porridge-nak)* oatmeal, oatflake(s)
zabrál *v biz* loot, scrounge

zabszem *n* oat-grain ‖ *biz* ~ **van a fenekében** have* ants in one's pants
zacc *n* (coffee) grounds *pl*
zaci *n biz* ~**ba tesz vmt** hock/pop sg, put* sg in hock; ~**ban van** be* in hock
zacskó *n* bag; *(papír)* paper-bag; *(alul hegyes)* cornet; *(műanyag)* plastic bag
zacskós *a* ~ **tej** milk in a plastic bag; ~ **leves** packet soup
zafír *n* sapphire
zagyva *a* confused, muddled; *(összefüggéstelen)* incoherent ‖ ~ **beszéd** gibberish
zagyvalék *n (étel)* hotchpotch, mishmash ‖ *átv* = **zagyvaság**
zagyvaság *n* jumble, hotchpotch, muddle ‖ **mindenféle** ~**ot összehord** drivel, talk nonsense/gibberish
zaj *n* noise; *(utcai)* racket, street noise, roar of the traffic ‖ ~**t csap** make* a noise; *(veszekszik)* row
zajártalom *n* noise pollution/injury/damage
zajlás *n (jég)* breaking up (of ice), ice-floes *pl*
zajl|ik *v (jég)* break* up, drift ‖ **a Duna** ~**ik** the Danube is* full of drift-ice, the ice on the Danube is breaking up; **úgy szép az élet, ha** ~**ik** it's all part of life's rich tapestry; ~**ik a jég** the ice-floes break* up (*most:* ... are breaking up)
zajló *a (jég)* drifting, breaking up ‖ ~ **folyó** river full of drift-ice; ~ **jég** ice-floes *pl*, drift-ice
zajong *v* clamour (*US* -mor), be* noisy/turbulent
zajongás *n* noise, din, uproar, tumult
zajongó *a* tumultuous, clamorous
zajos *a* noisy, loud, clamorous, uproarious
zajszint *n* noise level
zajtalan *a* noiseless, soundless, silent
zajtompítás *n* noise-abatement
zakatol *v* clatter, clack, rattle ‖ **a vonat** ~ the train is* rattling/clattering along; ~ **a szívem** my heart is* thumping
zakatolás *n (vonaté)* clatter(ing), rattle
zaklat *v vk vkt* worry, trouble, *biz* keep* on at sy; *vkt vmvel* bother [sy with questions etc.], pester (sy with/for sg *v.* to do sg); *(adóst)* harass, harry ‖ *(vkt gond stb.)* trouble, worry ‖ **kérdésekkel** ~ bombard/badger/bother sy with questions
zaklatás *n* worrying, troubling, pestering, bother(ing)
zaklatott *a* worried, vexed, troubled, tormented ‖ ~ **élet** turbulent/unsettled life
zakó *n (kabát)* jacket, coat

zálog *n* pawn, pledge, security || *(játékban)* forfeit || *átv* pledge, token || ~**ba tesz** pawn; ~**ban van** be* in pawn; ~**ból kivesz** take* sg out of pawn; **vm** ~**ául** in token of sg, as a token of sg
zálogcédula *n* pawn-ticket
zálogház *n* pawnshop, pawnbroker
zálogtárgy *n* pawn(ed article)
zamat *n (ételé)* flavour (*US* -or), aroma; *(boré)* bouquet, aroma || *átv* flavour (*US* -or), spice
zamatos *(étel)* tasty, full of flavour (*US* -or) *ut*.; *(hús, gyümölcs)* juicy, succulent; *(bor)* full-bodied || *átv* rich
zápfog *n* molar (tooth°)
zápor *n* shower, downpour
záporoz *v (eső)* shower, be* pouring || *(ütések)* fall* thick and fast, rain/hail down on sy
záptojás *n* addled/bad/rotten egg
zár 1. *v vmt* close, shut* || *(börtönbe)* shut* (up) in, lock up/away, *biz* put* away || *(áramkört)* close (the circuit) || *(záródik)* close, shut* || **az ajtó jól** ~ the door fits close; **karjába** ~ clasp (sy) in one's arms; **kulcsra** ~**ja az ajtót** lock the door; **mikor** ~**nak?** when do you close?; **szívébe** ~ set* one's affections on sy, take* sy into one's heart **2.** *n (ajtón stb.)* lock; *(könyvé, táskáé stb.)* clasp, lock || *fényk shutter* || *(fegyveré)* lock
záradék *n jog* (additional) clause; *(végrehajtási)* codicil || *épít* crown (of arch)
záradékol *v* add a clause (to)
zarándok *n* pilgrim
zarándokol *v* go* on a pilgrimage
zarándokút *n* pilgrimage
zárás *n (üzleté stb.)* closing, closure || *(ker könyvéké)* making up, balancing [the books] || *műsz* closing, sealing || ~! the shop/store is (now) closing
zárda *n* convent, nunnery, cloister
zárhang *n nyelvt* stop, plosive
zárka *n* cell, lock-up
zárkioldó *n fényk* (shutter-)release
zárkóz|ik *v vhová* shut*/lock oneself away/up || **magába** ~**ik** withdraw* into oneself, become* withdrawn
zárkózott *a* withdrawn, uncommunicative, reticent
zárkózottság *n* reserve(dness), reticence
zárlat *n ker* balancing of the books, making up of the books || *(egészségügyi)* quarantine; *(hajózási)* embargo *(pl* -goes); *(hadi)* blockade || *el* short (circuit)
zárlatos *a el* short-circuited
záró *a* closing, final
záródás *n* closing, shutting
záród|ik *v* close, shut* || **az ablak jól** ~**ik** the window shuts* well; ~**nak az ajtók** (the) doors are shutting

záródó *a* closing || **légmentesen** ~ hermetic(ally sealed)
zárójel *n (kerek)* parentheses *(sing.* parenthesis), round brackets; *(kapcsos)* braces; *(szögletes)* bracket(s); *(csúcsos)* angle brackets *(mind: pl)* || ~**be tesz** put* in/into brackets/parentheses
zárójelenet *n szính* closing/last scene; *(zenés darabé)* finale
zárójelentés *n* final communiqué || **kórházi** ~ final hospital bulletin
zárókő *n* keystone, arch-stone
záróközlemény *n* final communiqué
zárol *v ker* sequester, sequestrate, stop; *(árut, hajót)* put*/lay* an embargo on, embargo *(múlt ideje:* -goed); *(követelést)* freeze*, block
zárolás *n* stopping, sequestration
zárolt *a* sequestered, blocked || ~ **áru** restricted/rationed goods *pl*; ~ **számla** blocked account
záróokmány *n* final act || **a Helsinki** ~ the Helsinki Final Act
záróra *n* closing time || ~! we are closing; *(kocsmában)* time, gentlemen, please!
záros *a* ~ **határidőn belül** within a set period of time, by a set/fixed date
zárószerkezet *n* closing/locking device/mechanism
zárótétel *n fil* conclusion || *zene* finale, last/final movement
záróünnepély *n* closing ceremony
záróvizsga *n isk* final examination/exam
záróvonal *n (közlekedési) (Magyarországon:)* continuous white line; *GB, US* double white line
zárszámadás *n ker* account of liabilities and assets, final accounts *pl*
zárszó *n (előszóban)* concluding/closing remarks *pl*; *(könyvben)* epilogue (*US* -log), postscript
zárt *a (ajtó, szekrény stb.)* closed, locked, shut; *ált és átv* closed || *(magánhangzó)* close [vowel], *US* high [vowel] || ~ **ajtók mögött** behind closed doors; ~ **intézet** mental hospital; ~ **kör** exclusive group (of friends), coterie; ~ **sorokban** *kat* in close order; ~ **szótag** closed syllable; ~ **tárgyalás** *(bíróságon)* hearing in camera/private; *(testületben)* private sitting; ~ **ülés** *(parlamenti)* secret meeting/session
zárthelyi *n (dolgozat)* (examination) paper, written examination
zártkörű *a* private, exclusive; *kif* by invitation only || ~ **társaság** exclusive group (of people), coterie
zárt láncú televízió *n* closed-circuit television
zártszék *n szính* (pit-)stall(s) seat, *US* back orchestra seat

zárul v *(vm eredménnyel)* close/end (with) || **a számla nyereséggel** ~ the accounts show* a profit
zárva adv ált closed; *(kulcsra)* locked; *(bankban pénztár)* till closed || **nincs kulcsra** ~ *(ajtó)* is* not locked, is* on the latch; ~ **tart vmt** keep* sg under lock and key; **hétfőn** ~ **(tartunk)** *(pl. múzeum)* [the museum] (is) closed (to visitors) on Mondays
zárvány n geol inclusion
zászló n ált flag; *(intézményé és átv)* banner, standard; *(tengerészeti)* ensign || **az angol** ~ the Union Jack/flag; **az amerikai** ~ the Stars and Stripes pl, the Star-Spangled Banner; **francia** ~ **alatt hajózik** sail under French flags; ~**t bevon** haul down (v. strike*) the flag/colours (US -ors); ~**t felvon** hoist a/the flag
zászlóalj n battalion
zászlójel n flag-signal
zászlórúd n flagpole, flagstaff
zászlós n kat ensign
zászlóvivő n standard-bearer
zátony n *(homok)* sandbank, shoal; *(szikla)* reef, (bottom-)rock || ~**ra fut hajó** go*/run* aground; átv prove abortive, fall* through, break* down
zátonyos a shoaly, full of reefs/shoals ut.
zavar 1. v vk vkt disturb, trouble, inconvenience, bother || vm vkt disturb, trouble, worry, incommode *(mind: sy)*, cause inconvenience to (sy) || vmt disturb, trouble, upset*; *(vadat stb. üldöz)* pursue, follow hot on the track/scent (of sg) || *(rádióadást)* jam, interfere (with) || **a zaj** ~ **a munkában** noise disturbs (v. interferes with) (one's) work; **bocsánat, hogy** ~**om** I am sorry to trouble/bother you, excuse my disturbing you; **nem** ~**lak?** I hope I am not disturbing; ~**ja a kilátást** obstruct the view **2.** n *(zűr)* confusion, disorder; *(nagyfokú)* chaos; *(amiben vk van)* confusion, embarrassment || *(anyagi)* difficulty, trouble, embarrassment || *(egészségi)* dysfunction || *(gép/vm működésében)* disturbance, malfunction, breakdown || el interference; *(zaj)* noise || **emésztési** ~**ok** problems with one's digestion, digestive troubles; **légköri** ~**ok** atmospherics; ~**ba hoz** embarrass, confuse, put* sy out (of countenance); ~**ba jön** become* embarrassed, be* at a loss, get* confused; ~**ban van** feel*/be* embarrassed, be* put out, be*/feel* ill at ease
zavarás n ált disturbing, disturbance, troubling, trouble, worrying; *(rádióadásé)* jamming

zavargás n (public) disturbance, riot(ing) || ~**ok törtek ki** there were riots, rioting broke out
zavarkeltés n troublemaking
zavaró a disturbing, perturbing, embarrassing, troublesome || ~ **körülmény** complication, complicating factor
zavarodott a *(zavarban lévő)* disturbed, embarrassed, confused || *(elme)* deranged, unbalanced
zavarodottság n *(zavar)* disturbance, embarrassment, confusion || *(elmebeli)* (mental) derangement
zavarog v riot, be* in (a state of) ferment, make*/raise a disturbance
zavaros 1. a *(folyadék)* turbid, muddy; *(bor)* cloudy || átv confused, muddled, mixed up, chaotic; *(beszéd)* confused; *(tekintet)* bewildered, confused, troubled; *(elme)* confused, deranged || ~ **fejű** muddle-headed; ~ **helyzet** confusion, a confused situation (v. state of affairs), "troubled waters" pl; ~ **ügy** confused/obscure affair **2.** n **a** ~**ban halászik** fish in troubled waters
zavarosság n *(folyadéké)* muddiness, turbidity || átv confusion, distraction; *(beszédé)* incoherence; *(szellemi)* derangement
zavart a ált troubled, confused, embarrassed, perplexed; *(elme)* disturbed, deranged || ~**an nézett rám** (s)he looked at me dazedly
zavartalan a undisturbed, untroubled; *(boldogság)* unalloyed, unmixed || **az árusítás** ~**ul folyik** business as usual
zavartat v nem ~**ja magát** vmben (s)he doesn't let sg/it bother him/her (v. put him/her off his/her stroke/stride); **ne zavartasd magad!** (please) don't mind me, please don't let me disturb/interrupt you
zavartság n embarrassment, confusion
závárzat n *(fegyveré)* lock, breechblock
zebra n áll zebra || *(átkelőhely)* zebra crossing; *(gyalogostól kezelt jelzőlámpával, GB)* Panda crossing
zefír n *(szellő)* zephyr, balmy breeze || tex zephyr(-fabric)
zegzug n zigzag || átv nooks and crannies pl || **minden** ~**ot átkutat vmért** search every nook and cranny for sg
zegzugos a zigzag || ~ **ház** rambling house; ~**an halad** zigzag, go* in a zigzag
zeke n (short) jacket, jerkin
zeller n celeriac, celery; *(gyökér)* celeriac
zellerkrémleves n cream of celeriac/celery soup
zendül v *(zene)* (re)sound, ring* out || *(lázad)* rise* (in rebellion), rebel, riot

zendülés *n ált* rising, rebellion || *kat* mutiny
zendülő 1. *a* rioting, rebellious 2. *n* rioter, rebel
zene *n* music || **halk** ~ *(pl. áruházban)* piped music; **a jövő ~je** dreams of the future *pl;* **ért a ~hez** be* musical, be* a connoisseur of music; **~t szerez** compose, compose/write* music, be* a composer
zeneakadémia *n* academy/college of music, music academy
zenebarát *n* music-lover
zenebolond 1. *a* music-mad 2. *n* music fan/buff
zenebona *n biz* row, racket, hullabaloo, rumpus
zenedráma *n* music drama
zeneelmélet *n* musical theory
zeneértő *a/n kb.* musical; (be*) a connoisseur of music
zeneesztétika *n* the aesthetics (*US* es-) of music *sing.*
zenegép *n (régebben)* radiogram; *(ma)* music centre (*US* -er)
zenei *a* musical, of music *ut.*; music || ~ **alkotás** musical composition/work; ~ **érzék** musicality; ~ **érzéke van** have* a feel(ing) for music, have* an ear for music; ~ **fesztivál** music festival; ~ **pályára megy** make* music one's career, (plan to) become* a (professional) musician; ~ **szerkesztő** *(rádióban stb.)* musical editor
zeneiskola *n* school of music
zenekar *n* orchestra
zenekari *a* orchestral || ~ **árok** (orchestra) pit; ~ **próba** rehearsal
zenekedvelő 1. *a* fond of music *ut.,* musical 2. *n* music-lover
zenekritika *n (lapban)* concert notice, review (of a concert); *(mint foglalkozás)* music criticism
zenekritikus *n* music critic
zenekultúra *n (egyéni)* musicality || *(zenei élet)* musical life
zenél *v* play an instrument, play, make* music
zenélődoboz *n* musical box, *US* music box
zenélőóra *n* chiming/musical/chime clock
zenemű *n* piece of music, musical composition/piece
zenemű-kereskedés *n* music(-seller's) shop
zenemű-kereskedő *n* music seller
zeneműkiadó *n* music publisher
zeneművész *n* musician, artist
zeneművészeti *a* musical, of musical art *ut.* || ~ **főiskola** academy/college of music

zeneoktatás *n* teaching of music
zeneóra *n* music lesson
zenerajongó *n* music fan/buff
zenés *a* musical || ~ **játék** musical; ~ **vígjáték** musical comedy
zenész *n* musician, artist; *(katonazenekarban)* bandsman° || **utcai** ~ (street-)-busker, street musician
zeneszám *n* piece (of music); *(könnyűzenei)* number; *(vegyes irodalmi és zenei műsorban)* musical item
zeneszerzés *n* (music) composition, composing
zeneszerző *n* composer
zeneszó *n* music
zenetanár *n* music teacher, teacher of music
zenetanítás *n* teaching of music
zeneterem *n* concert-hall
zenetörténész *n* historian of music, musicologist
zenetörténet *n* history of music
zenetudomány *n* musicology
zenetudós *n* musicologist
zeng *v* sing* || *vmitől* ring*/echo/resound/ reverberate with || **vk dicséretét** ~**i** sing* sy's praises; ~ **az ég** it is* thundering; ~ **az ének** the song resounds
zengő *a* resounding, ringing, sonorous; *(dallamos)* melodious, tuneful || ~ **hang** sonorous/ringing/silver/sound
zenit *n* zenith || **dicsőségének ~jére ért el** reached the zenith/peak of his fame
zerge *n* chamois
zergeszínű *a* chamois
zéró *num/n* zero, nought, 0 [*kiejtve:* ou]; *(semmi)* nil, naught
zihál *v* pant, gasp for breath, wheeze, be* short of breath || ~ **a melle** his chest is* heaving
zilált *a* in disorder/confusion *ut.,* chaotic, disordered; *(anyagi helyzet)* embarrassed; *(haj)* dishevelled (*US* -l-), tousled; *(ruházat)* dishevelled, in disarray *ut.* || **haja** ~ **volt** her hair was in disarray
ziláltság *n* disorder, confusion, disorderliness; *(anyagi)* embarrassment
zimankó *n* bitter cold
zimankós *a* sleety, bitter || ~ **idő** bitterly cold weather
zipzár *n* = **cipzár**
zivatar *n* thunderstorm, thunder-shower || ~ **készül** storm is* brewing/gathering
zivataros *a (átv is)* stormy
zizeg *v* rustle, swish; *(szél)* sigh, sough; *(rovar)* buzz
zizegés *n* rustle, rustling, swish; *(szélé)* sighing, sough(ing); *(rovaré)* buzz(ing)
zokni *n* socks *pl; (bokáig érő)* ankle sock(s), *US* bobby-sox

zokog v sob
zokogás n sob(s), sobbing || ~**ban tör ki** burst* out sobbing
zokon adv ~ **vesz vmt** take* sg amiss, resent sg, take offence (US -se) at sg, be* hurt by sg
zokszó n ~ **nélkül** without (a word of) complaint
zománc n enamel; *(agyagárué)* glaze; *(festék)* gloss paint; *(kocsié)* paintwork
zománcedény n enamelled pots and pans *(pl)*, enamel-ware
zománcozott a enamelled (US -l-)
zóna n zone, belt
zónahatár n zone boundary
zónaidő n zone/standard time
zongora n (grand) piano *(pl* -nos); *(hangverseny~)* concert grand || ~**n játszik** play the piano; ~**n kísér** accompany (sy) on the piano
zongoraátirat n arrangement for piano
zongoradarab n composition for (the) piano
zongoraest n piano recital
zongorajáték n piano-playing, technique || **vknek a** ~**a** sy's technique
zongorakíséret n piano accompaniment
zongorakivonat n arrangement for piano
zongoramű n composition/piece for the piano
zongoraművész n pianist
zongoraóra n piano-lesson
zongoraszék n piano stool
zongoratanár n piano-teacher; *(főiskolán)* professor of piano
zongoratanítás n piano lessons *pl*, piano teaching
zongoraverseny n *(mű)* piano concerto || *(verseny)* piano competition || **G-dúr** ~ piano concerto in G major
zongoráz|**ik** v play the piano
zongorista n pianist
zoológia n zoology
zoológus n zoologist
zord a ált grim, severe, morose; *(arc)* stern || *(időjárás)* raw, severe || *(tájék)* bleak, dismal
zökken v jerk, jolt, bump || **nagyot** ~**t a kocsi** the car(riage) gave a great jerk/ jolt
zökkenés n jolt(ing), bump(ing), jerk(ing)
zökkenő n jolt, jar, shock; *(úton)* bump, pothole || **nem megy (minden)** ~ **nélkül** it isn't all plain sailing, it isn't going without a hitch
zöld 1. a green || **megadja vknek a** ~ **utat** give* sy/sg the green light (v. the go-ahead); ~ **ágra jut** get* on (with sg), make* the grade, succeed; ~ **fény** green light; ~ **út** *(repülőtéren)* green channel;

átv (the) green light 2. n *(szín)* green-(ness) || *(a természet)* the open air, nature, the country || *(kártya)* green, *(néha)* spade || *pol* green || **a** ~**ek** the Greens; **kirándul a** ~**be** go* out for the day (v. into the country); ~**eket beszél** talk nonsense
zöldasztal n *(tanácskozó)* round/conference table
zöldbab n green/French/runner beans *pl*; US *főleg:* string beans *pl*
zöldborsó n green peas *pl*, petits pois *pl*
zöldell(ik) v (be*) green, become*/grow* green || ~ **a határ** the fields are green again
zöldellő a (growing) green, verdant || ~ **természet** verdure, green vegetation
zöldes a greenish; *(arcszín)* green
zöldeskék a greenish-blue
zöldesszürke a rifle-green
zöldfőzelék(félék) n *(pl)* greens *pl*, vegetables *pl*
zöldfülű 1. a green, callow 2. n greenhorn, tenderfoot; *kif* be* still wet behind the ears
zöldhagyma n spring/salad onion, US scallion, green onion
zöldövezet n green belt || ~ **(i villanegyed)** (affluent) leafy suburb
zöldpaprika n green pepper/paprika, sweet pepper, capsicum *(pl* -s); *(ha piros:)* red pepper
zöldség n *növ* greens *pl*, vegetables *pl*; *(csomagban levesnek)* packet of mixed vegetables (for soup) || *(ostobaság)* nonsense, foolishness, rubbish, codswallop, bilge || **mindenféle** ~**et összehord** he's talking (a load of) codswallop/ rubbish
zöldséges 1. a vegetable || ~ **kofa** greengrocer 2. n greengrocer; *(US és piaci)* vegetable man°
zöldségfélék n *pl* greens, vegetables
zöldségleves n vegetable soup
zöldtakarmány n green food, fresh fodder
zöldül v (become*/grow*/turn) green
zöldvendéglő n garden restaurant, open-air restaurant
zöm n **vmnek a** ~**e** the bulk of (sg), the main/greater/biggest part of (sg); ~**mel** by far the greatest number, for the most part
zömök a squat, stubby, stumpy, tubby
zöngés a *nyelvt* voiced
zöngétlen a *nyelvt* voiceless, unvoiced
zördül v give* a rattle; *(levél)* rustle
zörej n noise; *(láncé)* rattle, rattling; *(tompa)* thud; *(rádió)* atmospherics *pl*, interference

zörgés *n* clatter(ing), rattle, rattling; *(csörgés)* jingle, clash; *(dübörgés)* rolling, rumble, rumbling

zörget *v* rattle (sg), make* (sg) rattle || **a szél ~i az ablakot** the wind rattles the window; **~ az ajtón** rattle (*v.* rap on) the door

zörgetés *n* rattling, rapping; *(csörgetés)* jingling, clinking

zörög *v* rattle, clatter, make*/give* a rattling/clattering sound; *(levél, papír)* rustle || **~ az ajtón** rap/tap on the door; **~nek a csontjai** he is* just skin and bone

zörren *v* make*/give* a short clinking/clattering/jingling/rustling sound, rattle; *(falevél)* rustle

zötyög *v* wobble, shake*/toss about; *(~ve halad)* jolt/bump/rattle along

zötyögős *a* bumpy, rough [road]

zrí *n biz* hullabaloo, commotion, row, *GB* shindy || **nagy ~t csinál** kick up a dust/fuss/row/shindy, make* the fur fly

zubbony *n* jacket, blouse; *kat* fatigue/combat jacket

zubog *v* bubble, boil, seethe

zúdít *v (folyadékot)* pour (out) || *átv* **bajt ~ vk fejére** bring* trouble/misfortune on sy; **kőzáport ~ vkre** pelt sy with stones

zúdul *v (tódul vhová, folyadék)* come*/pouring/gushing/rushing into (*v.* out of *v.* on to etc.) || **a tömeg az utcára ~t** the crowd spilled out onto the streets; **rengeteg munka ~t a nyakába** he was snowed under with work

zug *n (szöglet)* nook, corner, cranny; *(szobácska US)* closet; *(félreeső vidék)* hole; *(a természetben)* nook, hollow; *(beugró sarok)* corner, nook || **az ország legtávolabbi ~ában** in the remotest corner of the country

zúg *v* make* a (rumbling) noise, rumble, boom; *(bogár)* buzz, hum; *(gép)* hum, buzz, whirr (*US főleg:* -r), drone; *(harang)* sound, peal, ring*; *(hullám)* roar; *(patak)* babble, murmur; *(szél)* boom, sigh; *(tenger)* boom, roar, murmur || **~ a fejem a sok lármától** all that noise has given me a splitting headache; **~ a fülem** my ears are buzzing; **~ az erdő** the leaves rustle in the wind; **~nak a harangok** the bells are* ringing/pealing

zugárus *n* black marketeer, fly-by-night operator, fly-pitcher

zúgás *n* humming (noise), rumbling, rumble; *(bogáré)* buzz(ing), hum(ming); *(fülé)* buzz(ing), ringing; *(gépé)* hum, buzz(ing); *(hullámé)* boom(ing) || **a szél ~a** (the) sighing/sough(ing)/roar/boom ing of the wind; **a tenger ~a** (the) roar(ing)/boom(ing)/roll of the sea

zugíró *n* hack(-writer)

zugkereskedelem *n* black market

zugkocsma *n* low dive, spit-and-sawdust joint

zúgó 1. *a* ált rumbling, humming; *(bogár)* buzzing, humming; *(gép)* humming, droning; *(patak)* babbling; *(szél)* soughing, sighing || **~ taps** loud/rapturous applause; **~ tömeg** *(haragos)* noisy crowd; *(éljenző)* cheering crowd **2.** *n (folyóé)* rapids *pl*; *(malmon)* mill/tail-race

zúgolódás *n* grumbling, grumbles *pl*, clamour (*US* -or) || **~ nélkül** without a murmur

zúgolód|ik *v (vm miatt)* grumble about/over/at sg, complain about (*v.* that ...); *(vm ellen/miatt)* clamour (*US* -or) against sg, murmur against/at sg

zúgolódó *a* clamorous, grumbling, complaining

zugpiac *n* black market

zugsajtó *n* gutter-press, yellow press

zugügylet *n* shady transaction/deal

zugügynök *n* unlicensed broker

zugügyvéd *n* pettifogger, *US* shyster

zuhan *v* plunge, tumble, come* (clattering) down, fall* (down) || **fejjel előre ~** fall*/plunge headlong (*v.* head first)

zuhanás *n* ált vmé fall, tumble; *(repülőgépé)* crash || *(áraké)* slump

zuhanórepülés *n* nosedive

zuhany *n* shower

zuhanyozás *n* (taking a) shower

zuhanyoz|ik *v* take*/have* a shower, shower

zuhanyozó *n (hely)* shower(-bath) || **kézi ~** wall shower

zuhatag *n (vízesés)* waterfall, falls *pl*, cataract; *(könnyeké)* flood, flow || *(szitkoké)* stream, torrent

zuhog *v* **~ (az eső)** it's pouring (down *v.* with rain), it's raining hard (*v.* cats and dogs); **~tak az ütések** the blows fell thick and fast, blows rained (down) on sy

zuhogó a ~ esőben in the pouring rain

zúz *v* pound, crush, pulverize || **darabokra ~** shatter, break* into (small) pieces, smash to pieces; **halálra ~ vkt** crush sy to death

zúza *n* gizzard || **eszem a ~dat!** you darling!

zúzás *n* pounding, pulverizing, crushing

zúzda *n (könyvnek)* paper/pulping-mill

zúzmara *n* hoar(-frost), frost, rime

zúzmarás *a* frost-covered, rimy, covered with hoar-frost *ut.*

zuzmó *n* lichen

zúzódás *n* bruise, contusion || **belső ~** internal injury

zúzód|ik v be* bruised/crushed/smashed/ contused || **darabokra ~ik** be* broken/ smashed (in)to pieces; **halálra ~ott** be* crushed to death

zúzott a ált pounded, pulverized, crushed, stamped, broken || **~ kő** *(útépítéshez)* road-metal, crushed gravel; orv **~ seb** contused wound

züllés n *(hanyatlás)* decay, decline, corruption || biz *(lumpolás)* booze-up, shindig

zülleszt v *(dolgot)* deprave, demoralize; *(személyt)* corrupt, debauch

züll|ik v *(dolog)* fall* into decay, decay, go* to the dogs; *(személy)* become* depraved, go* downhill || biz *(lumpol)* go* out (v. be*) on a spree

züllött a ált vm decayed, in utter neglect ut.; *(személy)* depraved, debauched, corrupt; *(külsőleg)* disreputable, dissipated-looking || **~ alak** depraved/corrupt/disreputable fellow, wreck

züllöttség n depravity, corruption, corruptness, debauchery || **erkölcsi ~** moral corruption/depravity

zümmög v *(rovar)* buzz, hum; *(ember)* hum, croon

zümmögés n *(rovaré)* buzz(ing); *(emberé is)* hum(ming)

zűr n biz *(zavar)* mess, tizzy, confusion, muddle, (sorry) pickle, fix; *(nehézség)* difficulty, trouble || **nagy ~ben van** be* in a fix/tizzy, be* in a sad/sorry pickle; **~t csinál** kick up a shindy/ stink, raise a stink, US raise hob

zűrös a biz chaotic, confused, messy || **~ állapotok** confused state of affairs, a mess

zűrzavar n *(rendetlenség)* chaos, disorder, confusion; *(lárma)* hubbub, hurly-burly, biz hullabaloo || **pokoli ~ a** fearful mess, pandemonium

zűrzavaros a *(rendetlen)* chaotic, disorderly, confused, at sixes and sevens ut.

Zs

zsába n neuralgia; *(deréktáji)* lumbago
zsabó n jabot, frill
zsák n *(kisebb)* bag; *(nagyobb)* sack || **~ba rak** put* in a bag/sack (v. in bags/sacks); **minden ~ megleli a foltját** every Jack will get his Jill
zsákbamacska n pig in a poke
zsákmány n *(rablott holmi)* plunder, loot; *(állaté)* prey; *(hadi)* booty, spoil; *(halász)* catch, haul; *(vadász)* (game-)- bag, quarry

zsákmányol v take*, capture, seize; *(főleg háború idején)* loot
zsákmányolt a seized, captured, looted
zsáknyi a sackful, bagful
zsákol v *(zsákba rak)* sack, put* in sacks || *(visz)* carry sack(ful)s
zsákruha n sack(dress)
zsákutca n blind alley, cul-de-sac *(pl* cul--de-sacs), US főleg: dead end || átv impasse, blind alley, deadlock || **~ba jut** reach (v. end in v. come* to a total) deadlock, come* to (v. prove* to be v. reach) a dead end
zsalu n shutters pl
zsámoly n (foot) stool
zsanér n hinge
zsáner n genre, kind, style || **nem a ~em** she is* not my type, biz (she is) not my cup of tea
zsánerkép n genre painting
zsargon n jargon
zsarnok n tyrant, despot, dictator
zsarnoki a tyrannical, despotic, autocratic, dictatorial
zsarnokoskod|ik v *(vk felett)* play the tyrant (over), tyrannize (over) [people]
zsarnokság n tyranny, despotism, absolutism, autocracy, dictatorship
zsarol v blackmail; vktől vmt extort, exact (sg from sy)
zsarolás n blackmail(ing), extortion
zsaroló 1. a blackmailing 2. n blackmailer
zsaru n biz cop, bobby, copper || **a ~k the** fuzz
zseb n pocket || **belső ~** inside pocket; **rávarrt ~** patch pocket; **~ébe tesz vmt** put*/slip sg in one's pocket, pocket sg; **saját ~éből fizeti** pay* sg from (v. out of) one's own pocket; **~re dugott kézzel** with one's hands in one's pockets; **~re tesz/vág vmt** *(tűr)* stomach/swallow/pocket sg; *(ellop)* pocket sg; **száz forintot vágott ~re** he has pocketed a hundred forints; **az ő ~ére megy** he pays the piper
zsebatlasz n pocket atlas/map
zsebes 1. a pocketed 2. n biz *(zsebtolvaj)* pickpocket
zsebkendő n handkerchief, biz hanky v. hankie
zsebkés n pocket-knife°, penknife°
zsebkiadás n pocket edition
zsebkönyv n *(feljegyzésekhez)* notebook, GB pocket-book || *(évkönyv)* almanac || *(puha fedelű könyv)* paperback
zseblámpa n torch, US flashlight
zseblámpaelem n (torch) battery
zseblámpaizzó n flashlight bulb
zsebmetszés n pickpocketing
zsebmetsző n = zsebtolvaj

zsebnaptár n (pocket) diary
zsebóra n watch
zsebpénz n pocket-money, US allowance
zsebrádió n transistor (radio)
zsebszámológép n (pocket) calculator
zsebszótár n pocket dictionary
zsebtolvaj n pickpocket ‖ **óvakodjunk a ~októl!** beware of (v. watch out for) pickpockets!
zsebtükör n pocket-mirror
zselatin n gelatine, isinglass
zselé n jelly, US jello
zsémbel(őd|ik) v = **zsörtölőd|ik**
zsemle n roll
zsemlegombóc n kb. dumpling(s)
zsemlemorzsa n breadcrumbs pl
zsemleszínű a sandy(-coloured) (US -or)
zsenge 1. a (kor) immature, young, delicate, tender 2. n firstling, first fruits pl ‖ **ifjúkori ~k** juvenile/early efforts, juvenília
zseni a genius (pl -uses) ‖ **matematikai ~** mathematical genius
zseniális a vk of remarkable talents ut., brilliant ‖ vm brilliant, inspired, splendid ‖ **~ ember** man° of genius; **~ gondolat volt** that was a stroke of a genius; **~ találmány** ingenious invention
zsenialitás n genius [for language, mathematics etc.], brilliance, ingenuity
zseníroz v inconvenience, bother, incommode
zseton n counter, token
zsibbad v become*/go* stiff/numb
zsibbadás n numbness, stiffening
zsibbadt a stiff, numb(ed)
zsibbadtság n numbness, stiffness; átv torpor
zsibbaszt v make* numb, stiffen
zsibbasztó a numbing, stiffening
zsibong v (hang) buzz, hum ‖ (sűrű tömeg) swarm, throng
zsibongás n (hang) buzzing, humming, clatter ‖ (népé) swarming
zsibvásár n flea-market ‖ biz (lárma) hullabaloo, hubbub ‖ biz (összevisszaság) mess ‖ **micsoda ~!** what a mess!
zsidó 1. a Jewish, Hebrew; (néha) Israelite ‖ **~ hitközség** Jewish community; **a ~ nép** the Jewish people, the Jews pl; **~ templom** synagogue, Jewish temple; **~ vallás** Judaism 2. n Jew; (régen) Israelite
zsidóellenes a antisemitic
zsidógyűlölet n antisemitism
zsidónegyed n ghetto, Jewish quarter
zsidóság n (nép) the Jews pl ‖ **a magyar ~** Hungarian Jewry
zsidóüldözés n persecution of Jews; (véres) pogrom

zsigerek n pl viscera, guts, innards, the intestines; (állati) lights
zsigerel v disembowel (US -l), gut, eviscerate
zsilett n safety razor
zsilettpenge n (safety) razor blade
zsilip n sluice, lock ‖ **~pel elzár** sluice, close the lock
zsilipgát n flood/lock/sluice-gate
zsinagóga n synagogue (US -gog)
zsinat vall tört council ‖ (protestáns) synod
zsindely n shingle
zsindelyes a shingled
zsindelyez v cover with shingles, shingle
zsindelytető n shingled roof
zsineg n string, packing-cord
zsinegel v cord, tie up with string
zsinór n (zsineg) string; (sodrott) twine, cord ‖ (elektromos eszközé) flex, electric wire, US cord ‖ biz **~ban** in succession; **~ban nyer** be* on a winning streak; **~on rángat vkt** have*/keep* sy on a string
zsinórozott a (sujtásos) frogged, embroidered with (military) frogging ut.
zsír n fat; (olvasztott) grease; (disznóé) lard; (pecsenyéé) dripping; vegy fats pl ‖ **~ban süt** fry [in fat]; **~ban sült** fried, roast(ed) [meat]
zsiradék n fats pl, grease
zsiráf n giraffe
zsirardi(kalap) n boater
zsírcsepp n grease drop
zsírfolt n fat/grease stain/spot
zsírfoltos a greasy
zsírkő n steatite
zsírkréta n oil pastel, crayon
zsíros a fat, fatty, containing (a lot of) fat ut., greasy ‖ átv rich, fat ‖ **~ arcbőr** oily skin/complexion; **~ állás** lucrative post/job; **~ étel** rich/fatty food; **~ kenyér** bread and dripping; **~an főz** cook with too much fat
zsírosbödön n tub of lard
zsírosod|ik v (felület) become*/turn greasy/oily
zsíroz v (gépet) grease, lubriacte
zsírozás n (gépé) greasing, lubrication; oiling ‖ (pecsenyéé) basting
zsírpapír n grease-proof paper
zsírréteg n fatty layer/tissue
zsírszalonna n raw bacon for lard
zsírszegény a (étrend) low-fat [diet]
zsírszövet n fatty/adipose tissue
zsírtalan a fatless
zsírtalanít v degrease, delubricate, defat
zsírtartalmú a fatty, containing fat ut. ‖ **nagy ~** containing a lot of fat ut.

zsírtartalom *n* fat content ‖ **a tej zsírtartalma** butterfat
zsivaj(gás) *n* noise, din, uproar
zsivajog *v* make* a noise (*v.* an uproar)
zsivány *n* (*bandita*) brigand, bandit, *US* gangster; (*betyár*) outlaw ‖ *tréf* rascal, rogue, scamp
zsiványbecsület *n* gangster-solidarity, *kif* there is honour (*US* -or) among thieves
zsoké *n* jockey
zsokéklub *n* jockey club
zsokésapka *n* jockey cap
zsold *n* (soldier's) pay
zsoldos *tört* **1.** *a* mercenary ‖ ~ **hadsereg** mercenary force, mercenary troops *pl* **2.** *n kat* mercenary ‖ *átv* hireling
zsolozsma *n* (*ének*) chant; (*ima*) office
zsoltár *n* psalm ‖ ~**ok könyve** Book of Psalms, the Psalms
zsoltároskönyv *n* psalter, psalm-book, psalmody
zsong *v* hum, murmur, boom
zsongás *n* murmur(ing), hum(ming), boom(ing)
zsongít *r* soothe, calm, soften
zsongító *a* soothing, calming; (*csak orv*) calmative, sedative
zsonglőr *n* juggler
zsömle *n* = **zsemle**
zsörtölődés *n* grumbling, nagging
zsörtölőd|ik *v* grumble, be* grumpy, nag, grouch
zsörtölődő *a* grumbling, nagging, grouchy, grumpy
zsúfol *v* cram, stuff, press, pack ‖ **a terem** ~**va van** the room is* packed/crowded

zsúfolás *n* ~**ig megtelt** jam-packed, filled to capacity/overflowing *ut.*
zsúfolód|ik *v* be* crowded/packed (*into* sg)
zsúfolt *a* (jam-)packed
zsugori 1. *a* miserly, mean, money-grubbing, *biz* stingy, tight/close-fisted **2.** *n* miser, niggard, money-grubber
zsugoriság *n* miserliness, niggardliness, parsimoniousness
zsugorodás *n* (*bőré, falevélé*) shrivelling (*US* -l-); (*gyapjúé*) shrinking, shrinkage; (*testé*) contraction; *orv* atrophy
zsugorodásmentes *a* shrinkproof, non-shrink, unshrinkable
zsugorod|ik *v* (*bőr, falevél*) shrivel (*US* -l); (*gyapjú*) shrink*; (*test*) contract
zsúp *n* thatch ‖ ~**pal fed** thatch
zsúpfedél *n* thatched roof
zsúpfedelű *a* thatched
zsuppol *v vkt vhová* transport sy (*under* duress)
zsupsz *int* (wh)oops (a daisy)!, flop!, thump!, crash! ‖ ~ **leesett!** (*a fáról*) fell flop on(to) the ground
zsúptető *n* = **zsúpfedél**
zsúr *n* (tea) party
zsúrkenyér *n* milk-loaf°
zsúrkocsi *n* tea-trolley, *US* teacart
zsúrterítő *n* tea-cloth, doily
zsűri *n* ált jury; panel (of experts); (*pl. jégtáncnál*) panel of judges; (*lovasversenyen*) the judges *pl*
zsűritag *n* jury-member, member of the jury, juror
zsűriz *v* judge, decide about [a painting, design etc.], select/pick [the best]
zsűrizés *n* ~**re benyújt** submit [a painting/design etc.] to a panel of experts

APPENDIX I
I. FÜGGELÉK

English Irregular Verbs
Angol rendhagyó igék

This list contains the verbs marked with * in the dictionary.
Ez a jegyzék a szótárban *-gal jelölt igéket tartalmazza.

Infinitive	Past Tense	Past Participle	
abide	abode	abode	tartózkodik, lakik
	abided	abided	elvisel; megmarad vm mellett
arise	arose	arisen	keletkezik
awake	awoke	awoken	felébreszt, -ébred
be (is, are)	was, were	been	van
bear	bore	borne	hord
bear	bore	born	szül
beat	beat	beaten	üt
become	became	become	vmivé lesz
beget	begot	begotten	nemz
begin	began	begun	kezd
bend	bent	bent	hajlít
beseech	besought	besought	könyörög
bet	bet, betted	bet, betted	fogad
bid	bid	bid	ajánl
	bade	bidden	megparancsol
bind	bound	bound	köt
bite	bit	bitten	harap
bleed	bled	bled	vérzik
bless	blessed, blest	blessed, blest	áld
blow	blew	blown	fúj
		blowed	
		I'm blowed if...	itt süllyedjek el, ha... kifejezésben
break	broke	broken	tör
breed	bred	bred	tenyészt
bring	brought	brought	hoz
build	built	built	épít
burn	burnt, burned	burnt, burned	ég
burst	burst	burst	szétreped
buy	bought	bought	vásárol
can	could	—	tud, ...hat, ...het
cast	cast	cast	dob
catch	caught	caught	megfog
chide	chided, chid	chided, chid, chidden	szid
choose	chose	chosen	választ
cleave[1]	cleaved, clove, cleft	cleaved, cloven, cleft	hasít
cleave[2]	cleaved, clave	cleaved	ragaszkodik
cling	clung	clung	ragaszkodik
come	came	come	jön
cost	cost	cost	vmbe kerül
creep	crept	crept	csúszik
crow	crowed, crew	crowed	kukorékol
cut	cut	cut	vág

INFINITIVE	PAST TENSE	PAST PARTICIPLE	
deal	dealt	dealt	*ad, oszt; foglalkozik (with ...val/vel)*
dig	dug	dug	*ás*
dive	dived; *US* dove	dived	*lemerül; fejest ugrik*
do	did	done	*tesz*
draw	drew	drawn	*húz*
dream	dreamt, dreamed	dreamt, dreamed	*álmodik*
drink	drank	drunk	*iszik*
drive	drove	driven	*hajt, vezet*
dwell	dwelt	dwelt	*lakik*
eat	ate	eaten	*eszik*
fall	fell	fallen	*esik*
feed	fed	fed	*táplál*
feel	felt	felt	*érez*
fight	fought	fought	*harcol*
find	found	found	*talál*
flee	fled	fled	*menekül*
fling	flung	flung	*hajít*
fly	flew	flown	*repül*
forbid	forbade, forbad	forbidden	*tilt*
forecast	forecast, forecasted,	forecast, forecasted	*előre jelez*
forget	forgot	forgotten	*elfelejt*
forgive	forgave	forgiven	*megbocsát*
forsake	forsook	forsaken	*elhagy*
freeze	froze	frozen	*fagy*
get	got	got; *US* gotten	*kap*
gild	gilded, gilt	gilded, gilt	*aranyoz*
gird	girded, girt	girded, girt	*övez*
give	gave	given	*ad*
go	went	gone	*megy*
grind	ground	ground	*őröl*
grow	grew	grown	*nő*
hang	hung	hung	*akaszt, függ*
hang	hanged	hanged	*felakaszt*
have (has)	had	had	*vmje van*
hear	heard	heard	*hall*
heave	heaved, hove	heaved, hove	*emel*
hew	hewed	hewed, hewn	*üt*
hide	hid	hidden	*rejt*
hit	hit	hit	*üt*
hold	held	held	*tart*
hurt	hurt	hurt	*megsért*
input	input, inputted	input, inputted	*betáplál*
keep	kept	kept	*tart*
kneel	knelt; *főleg US:* kneeled	knelt; *főleg US:* kneeled	*térdel*
knit	knitted	knitted	*köt*
	knit	knit	*egyesít; egyesül*
know	knew	known	*tud; ismer*
lay	laid	laid	*fektet*
lead	led	led	*vezet*
lean	leant, leaned	leant, leaned	*hajol*
leap	leapt, leaped	leapt, leaped	*ugrik*
learn	learnt, learned	learnt, learned	*tanul*

Infinitive	Past Tense	Past Participle	
leave	left	left	*hagy*
lend	lent	lent	*kölcsönöz*
let	let	let	*hagy*
lie[1]	lied	lied	*hazudik*
lie[2]	lay	lain	*fekszik*
light	lighted, lit	lighted, lit	*meggyújt*
lose	lost	lost	*elveszít*
make	made	made	*csinál*
may	might	—	*szabad*
mean	meant	meant	*jelent*
meet	met	met	*találkozik*
mow	mowed	mown, mowed	*lekaszál*
must	—	—	*kell*
output	output, outputted	output, outputted	*kiad*
pay	paid	paid	*fizet*
plead	pleaded; *US* pled	pleaded; *US* pled	*szót emel*
prove	proved	proved; *US* proven	*bizonyít*
put	put	put	*tesz*
quit	quit, quitted	quit, quitted	*otthagy, elmegy*
read [ri:d]	read [red]	read [red]	*olvas*
rend	rent	rent	*hasít*
rid	rid	rid	*megszabadít*
ride	rode	ridden	*lovagol*
ring	rang	rung	*cseng*
rise	rose	risen	*felkel*
run	ran	run	*szalad*
saw	sawed	sawn; *US* sawed	*fűrészel*
say	said	said	*mond*
see	saw	seen	*lát*
seek	sought	sought	*keres*
sell	sold	sold	*elad*
send	sent	sent	*küld*
set	set	set	*helyez; beállít stb.*
sew	sewed	sewn, sewed	*varr*
shake	shook	shaken	*ráz*
shall	should	—	*(segédige)*
shave	shaved	shaved, shaven	*borotvál(kozik)*
shear	sheared	shorn, sheared	*nyír*
shed	shed	shed	*elhullat*
shine	shone	shone	*ragyog*
	shined	shined	*(cipőt) fényesít*
shit	shitted, shat	shitted, shat	*kakál*
shoe	shod	shod	*megpatkol*
shoot	shot	shot	*lő*
show	showed	shown, showed	*mutat*
shred	shred	shred	*darabokra tép*
shrink	shrank, shrunk	shrunk	*összezsugorodik*
shrive	shrived, shrove	shrived, shriven	*gyóntat*
shut	shut	shut	*becsuk*
sing	sang	sung	*énekel*
sink	sank	sunk	*süllyed*
sit	sat	sat	*ül*
slay	slew	slain	*öl*
sleep	slept	slept	*alszik*

Infinitive	Past Tense	Past Participle	
slide	slid	slid	csúszik
sling	slung	slung	hajít
slink	slunk	slunk	lopakodik
slit	slit	slit	felvág
smell	smelt, smelled	smelt, smelled	megszagol
smite	smote	smitten	rásújt
sow	sowed	sown, sowed	vet
speak	spoke	spoken	beszél
speed	sped	sped	száguld
	speeded	speeded	siettet; gyorsan hajt
spell	spelt, spelled	spelt, spelled	betűz (betűket)
spend	spent	spent	költ
spill	spilt, spilled	spilt, spilled	kiönt
spin	spun	spun	fon
spit	spat; *főleg US:* spit	spat; *főleg US:* spit	köp
split	split	split	hasít
spoil	spoilt, spoiled	spoilt, spoiled	elront
spread	spread	spread	kiterjeszt; terjed
spring	sprang	sprung	ugrik
stand	stood	stood	áll
stave	staved, stove	staved, stove	bever
steal	stole	stolen	lop
stick	stuck	stuck	ragaszt
sting	stung	stung	szúr
stink	stank, stunk	stunk	bűzlik
strew	strewed	strewed, strewn	hint
stride	strode	stridden	lépked
strike	struck	struck	üt
string	strung	strung	felfűz
strive	strove	striven	igyekszik
swear	swore	sworn	megesküszik
sweep	swept	swept	söpör
swell	swelled	swollen, swelled	dagad
swim	swam	swum	úszik
swing	swung	swung	leng(et)
take	took	taken	fog, vesz
teach	taught	taught	tanít
tear	tore	torn	szakít
tell	told	told	elmond
think	thought	thought	gondol(kozik)
thrive	thrived, throve	thrived, thriven	boldogul
throw	threw	thrown	dob
thrust	thrust	thrust	döf
tread	trod	trodden, trod	tapos
wake	woke	woken	felébred, felébreszt
wear	wore	worn	visel
weave	wove	woven	sző
	weaved	weaved	kanyarog
wed	wedded, wed	wedded, wed	összeházasodik
weep	wept	wept	sír
wet	wet, wetted	wet, wetted	benedvesít
will	would	—	*(segédige)*
win	won	won	nyer
wind[1]	wound	wound	teker(edik)
wind[2]	winded, wound	winded, wound	kürtöl
wring	wrung	wrung	kicsavar
write	wrote	written	ír

APPENDIX II
II. FÜGGELÉK

English Irregular Nouns
Angol rendhagyó főnevek

This list contains the nouns marked with ° in the dictionary
Ebben a jegyzékben a szótárban °-val jelölt szavak szerepelnek

SINGULAR	PLURAL	
calf	calves	*borjú*
child	children	*gyermek*
elf	elves	*manó*
foot	feet	*láb*
goose	geese	*liba*
half	halves	*fél*
knife	knives	*kés*
leaf	leaves	*(fa)levél*
life	lives	*élet(rajz)* (de **still life** *'csendélet'* többese: **still lifes**)
loaf	loaves	*cipó*
louse	lice	*tetű*
man	men	*ember*
mouse	mice	*egér*
ox	oxen	*ökör*
scarf	scarves	*sál*
self	selves	*maga*
sheaf	sheaves	*kéve*
shelf	shelves	*polc*
thief	thieves	*tolvaj*
tooth	teeth	*fog*
wife	wives	*feleség*
wolf	wolves	*farkas*
woman	women	*nő*

APPENDIX III
III. FÜGGELÉK

Weights and Measures — Hungarian-English
Magyarországi mértékek angol megfelelői

LENGTH—HOSSZÚSÁG

1 mm	= 0.039 inch
1 cm	= 0.394 inch
1 m	= 39.37 inches = 1.094 yards (yd)
1 km	= 1093.61 yards (yd) = 0.6214 mile v. 5/8 mile

SURFACE—TERÜLET

1 mm^2	= 0.00155 square inch
1 cm^2 (sq cm)	= 0.155 square inch
1 m^2 (sq m)	= 1.196 square yards
1 km^2 (sq km)	= 247.1 acres = 100 hectares (ha) = 0.386 sqare mile
1 négyszögöl	= 38.42 square feet
1 kat. hold	= 6823.95 square yards = 1.412 acres
1 ár (are, a)	= 0.025 acre = 100 m^2
1 hektár (ha) (hectare, ha)	= 100 ares (a) = 2.471 acres = 10 000 m^2

WEIGHT—SÚLY

1 milligramm (mg) (milligram, mg)	= 0.015 grain
1 gramm (g) (gram, g)	= 15.43 grains = 0.035 ounce
1 dekagramm (dkg v. **dag)** (decagram, dag)	= 0.353 ounce
1 kilogramm (kg) (kilogram, kg)	= 2.205 pounds = 35.27 ounces
1 métermázsa (q) (quintal)	= 1.9688 hundredweight
1 tonna (t) (tonne)	= 19.688 hundredweight = 2204.62 pounds

CAPACITY—ŰRMÉRTÉK

1 milliliter (ml) (millilitre, ml)	= 0.00176 pint
1 centiliter (cl) (centilitre, cl)	= 0.0176 pint
1 deciliter (dl) (decilitre, dl)	= 0.176 pint
1 liter (l) (litre, l)	= 1.76 pints = 2.1 US pints = 0.22 UK gallon
1 hektoliter (hl) (hectolitre, hl)	= 22.0 gallon

CUBIC—KÖBMÉRTÉKEK

1 köbcentiméter (cm^3) (cubic centimetre)	= 0.06102 cubic inch
1 köbdeciméter (dm^3) (cubic decimetre)	= 0.03532 cubic foot
1 köbméter (m^3) (cubic metre)	= 1.308 cubic yards = 35.315 cubic feet

TEMPERATURE EQUIVALENTS—HŐMÉRŐRENDSZER

—17.8 °C	= 0 °F (Fahrenheit)
—10 °C	= 14 °F
0 °C	= 32 °F
10 °C	= 50 °F
20 °C	= 68 °F
30 °C	= 86 °F
40 °C	= 104 °F
100 °C	= 212 °F

Normal body temperature:
Normál testhőmérséklet: 36.6 °C = 97.8 °F

Conversion — Celsius into Fahrenheit
Celsius fok átszámítása Fahrenheitre

$$x\ °C = \frac{9x}{5} + 32$$

Fahrenheit into Celsius
Fahrenheitről Celsiusra

$$x\ °F = \frac{(x-32)5}{9}$$

HIPPOCRENE HUNGARIAN DICTIONARIES AND LANGUAGE BOOKS

- **ENGLISH-HUNGARIAN/HUNGARIAN-ENGLISH DICTIONARY**
  0388   ISBN 0-88254-986-3 $11.95

- **HUNGARIAN HANDY EXTRA DICTIONARY**
  0002   ISBN 0-7818-0164-8 $8.95 pb

- **BEGINNER'S HUNGARIAN**
  0079   ISBN 0-7818-0208-3 $7.95 pb

- **HUNGARIAN BASIC COURSE**
  0131   ISBN 0-87052-817-3 $14.95 pb

- **HIPPOCRENE INSIDER'S GUIDE TO HUNGARY**
  0314   ISBN 0-87052-876-9 $14.95 pb

- **THE ART OF HUNGARIAN COOKING**
  0165   ISBN 0-7818-0202-4 $8.95 pb

(All prices subject to change)

TO PURCHASE HIPPOCRENE BOOKS contact your local bookstore, or write to HIPPOCRENE BOOKS, 171 MADISON AVE, NEW YORK, NY 10016. Please enclose check or money order, adding $4.00 shipping (UPS) for the first books and $.50 for each additional book.